KB247836

옮긴이

이성현

미국 조지 H. W. 부시 미·중관계재단(George H. W. Bush Foundation) 선임연구위원이자 하버드대학교 아시아센터 연구위원.

미국과 중국에서 도합 22년을 거주하며 수학한 국제정치학자로, 미중 양국의 시각과 언어에 정통하다. 특히 중국에 11년간 체류하며 중국 사회에서 저우언라이가 갖는 정치적 상징성과 현지인들이 그에게 느끼는 남다른 향수를 직접 목격했다.

미국 그리넬칼리지(Grinnell College)와 하버드대학교(Harvard University)에서 학사와 석사 학위를, 중국 칭화대학(淸華大學)에서 정치커뮤니케이션으로 박사학위를 받았다. 2003년에는 CNN 베이징지국 통역으로 근무하며 북핵 문제 해결을 위한 6자회담을 현장에서 경험했다.

스탠퍼드대학교(Stanford University) 팬텍 펠로, 일본 규슈대학(九州大學) 조교수, 세종연구소 중국연구센터장, 연세대학교 겸임교수를 역임했으며, 미국 윌리엄앤메리칼리지(The College of Willia&Mary)에서 미중 관계와 동아시아 안보를 강의했다. 이후 하버드대학교 페어뱅크센터(Fairbank Center) 방문학자, 잘츠부르크 글로벌 세미나(Salzburg Global Seminar) 교수진으로 활동하며 학문적 지평을 넓혀 왔다.

국내 주요 저서로 『미국의 본심: 트럼프 2.0 시대의 글로벌 각자도생 시나리오』(2025) 등이 있으며, JTBC 〈차이나는 클라스〉 등에 출연하며 대중과 소통하고 있다.

감수

조영남

서울대학교 국제대학원 교수. 주요 연구 분야는 현대 중국사와 중국 통치 체제, 엘리트 정치다.

서울대학교 동양사학과를 졸업하고 동 대학 정치학과에서 석사와 박사학위를 받았다. 이후 중국 베이징대학(北京大學) 현대중국연구센터 객원연구원, 난카이대학(南開大學) 정치학과 방문학자, 미국 하버드-옌칭연구소(Harvard-Yenching Institute) 방문학자를 역임한 뒤, 2002년부터 서울대학교 국제대학원 교수로 재직하고 있다.

'중국의 통치 체제' 3부작과 '덩샤오핑 시대의 중국' 3부작을 비롯해, 『중국의 위기 대응 정책』 『중국의 엘리트 정치』 『중국 의회정치의 발전』 등 거시적 관점에서 중국의 정치 지형을 조명하는 단독 저서를 19권 집필했으며, 100편이 넘는 학술 논문을 발표했다.

서울대학교 연구공로상(2007), 니어(NEAR)재단 학술상(2008), 한국정치학회 학술상(저술 부문, 2020) 등을 수상했다.

저우언라이

ZHOU ENLAI

저우언라이

중국 최고 권력의 그림자

천젠 지음

이성현 옮김 l 조영남 감수

A LIFE

arte

홍홍에게

차례

CC	Central Committee (중앙위원회, 中央委員會)
CCP	Chinese Communist Party (중국공산당, 中國共産黨)
CCRG	Central Cultural Revolution Group (중앙문화혁명소조, 中央文革小組)
CMC	Central Military Commission (중앙군사위원회, 中央軍事委員會)
DRV	Democratic Republic of Vietnam (베트남민주공화국)
ERA	Eighth Route Army (팔로군, 八路軍)
FEB	The Comintern's Far Eastern Bureau (코민테른 극동국)
GMD	Guomindang (국민당, 國民黨)
ICP	Indonesian Communist Party (인도네시아공산당)
JCP	Japanese Communist Party (일본공산당)
KPA	Korean People's Army (조선인민군, 朝鮮人民軍)
NFA	New Fourth Army (신사군, 新四軍)
NPPCC	New People's Political Consultative Conference (신인민정치협상회의, 新人民政治協商會議)
PKU	Peking University (베이징대학, 北京大學)
PLA	People's Liberation Army (인민해방군, 人民解放軍)
PPCC	People's Political Consultative Conference (인민정치협상회의, 人民政治協商會議)
PRC	People's Republic of China (중화인민공화국, 中華人民共和國)
SAB	Soviet Area Bureau (소비에트 중앙국)
SWRRH	Shanghai Workers' Revolutionary Rebellion Headquarters (상하이 노동자혁명조반총사령부, 上海工人革命造反總司令部)
UN	United Nations (유엔)

지도 1. 국민당 치하 중국 (1912~1949)

싱안

헤이룽장

허장

만주

넌장

쑹장

랴오베이

창춘

지린

쓰핑

안둥

차하얼

러허

선양

랴오닝

동해

일본

장자커우

산하이관

다롄

이위안

베이핑

한국

허

톈진

뤼순(포트 아서)

타이위안

스자좡

허베이

황해

산시
(山西)

지난

칭다오

안

시안
(西)

정저우

쉬저우

산둥

장쑤

난징

상하이

동중국해

허난

안후이

항저우

후베이

우한

저장

닝보

충칭

후난

창사

난창

장시

푸젠

타이페이

구이저우

구이양

구이린

광둥

푸저우

타이완

광시

난닝

광저우

홍콩

랑스령
도차이나

하이난

남중국해

지도 3. 마오 치하 중화인민공화국 (1949~1976)

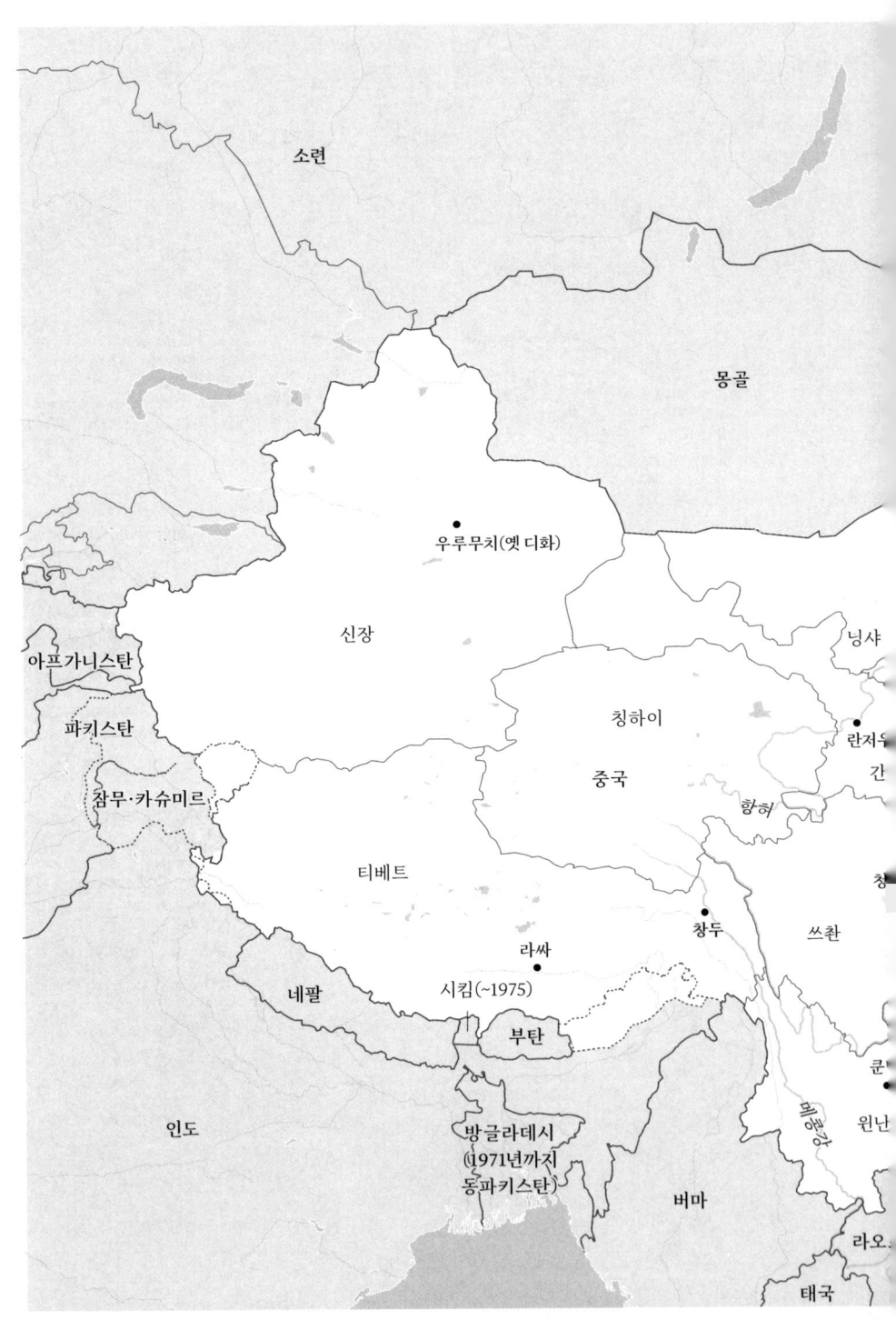

일러두기

— 이 책은 Chen Jian의 *Zhou Enlai: A Life* (Belknap Press: An Imprint of Harvard University Press, 2024)를 우리말로 완역한 것이다.
— 본문 중 모든 주석은 저자주이다. 역자 및 감수자의 보충 설명은 〔 〕로 묶었다.
— 책은 겹낫표(『 』), 정기간행물은 겹화살괄호(《 》), 기사 및 논문 등 짧은 글은 홑낫표(「 」), 영화, 연극, 음악 등은 홑화살괄호(〈 〉)로 묶었다.
— 국립국어원의 한글맞춤법과 외래어표기법을 따르되, 학술상 통용되는 표기가 있는 경우 등에는 관례를 존중하여 일부 예외를 두었다.

1976년 1월 11일, 베이징(北京)은 살을 에는 듯 추웠다.

동이 트기 전부터 남녀노소를 불문한 시민들이 전설적인 톈안먼광장 (天安門廣場)을 지나는 도시의 주요 동서 간선도로이자 중국의 '제1대로' 인 창안가(長安街)를 따라 모여들기 시작했다. 이른 오후가 되자, 수십만 인파가 12마일〔약 19킬로미터〕이 넘는 거리에 운집했다. 그들은 27년간 총리로 재임하다 사흘 전 세상을 떠난 저우언라이(周恩來)에게 마지막 작별 인사를 고하기 위해 그곳에 모인 것이었다. 그 광장과 창안가에서 열렸던 수많은 관제 대규모집회나 여타 국가 주도 행사와는 달리, 이날 추모객들은 자발적으로 모인 이들이었다. 그들 사이에 감돌던 주된 정서 는 깊은 좌절과 분노가 뒤섞인 진정한 슬픔이었다.

그날 창안가를 따라 늘어선 사람들은 아마도 그 순간의 역사적 중요성 을 온전히 인식하지는 못했을 것이다. 돌이켜 보면, 운집한 그들은 중요 한 신호를 보내고 있었다. 중국의 혁명 시대가 종말에 가까워지고 있으 며, 위대한 변혁의 시대의 빛이 지평선 너머에서 깜박이고 있다는 것을.

19

오후가 되자 하늘에서 눈발이 흩날리기 시작했다. 네 시가 조금 지나, 지난 며칠간 저우의 시신을 안치하고 있던 도심 베이징병원에서 영구차 행렬이 출발했다. 고인이 된 총리에게 경의를 표하기 위해 수천 명이 병원을 찾았다. 저우의 관은 흰색과 검은색으로 장식한 영구차에 실려 있었다. 차량 행렬이 가까워지자 거리에 늘어선 많은 시민이 흐느끼기 시작했고, 행렬이 바로 앞을 지나는 순간 눈물은 통곡으로 바뀌었다. 다섯 시경 도시 서쪽 교외에 있는 바바오산혁명공원묘지(八寶山革命公墓)에서 간략한 의식을 거친 후 시신은 화장되었다.

나흘 뒤, 저우를 공식으로 기리는 추도식이 톈안먼광장 서쪽에 자리한 인민대회당(人民大會堂)에서 열렸다. 반세기 넘게 저우의 후원자이자 동지였던 마오쩌둥(毛澤東) 주석이 불참한 것이 눈에 띄었다.[01] 덩샤오핑(鄧小平) 부총리가 추도사를 낭독했는데, 이는 그가 문화대혁명 기간 중두 번째로 숙청되기 전 마지막으로 대중 앞에 모습을 드러낸 자리였다. 저우는 "위대한 프롤레타리아 혁명가, 뛰어난 공산주의자, 중국 당과 국가의 걸출한 지도자"로 칭송받았다.[02]

이 의식을 끝으로 고인이 된 총리를 애도하는 공식 절차는 마무리되었다. 저우의 유해는 유언에 따라 중국의 산과 강에 뿌려졌다.

$$\star\star\star\star\star$$

하지만 대중은 저우를 애도하기를 멈추지 않았다. 사람들은 도시와 농촌을 막론하고 중국 전역에서 '경애하는 총리'를 기리기 위해 수많은 추모 활동을 계속해서 조직했다. 이러한 활동들은 이내 마오의 아내인 장칭(江青)이 이끌고 왕훙원(王洪文), 장춘차오(張春橋), 야오원위안(姚文元) 등 급진적 마오주의 지도자들로 구성된 '사인방(四人幇)'에 대한 은

20

밀하고 때로는 공개적인 항의로 발전했다. 이러한 비난이 암묵적으로 향하는 다섯 번째 대상은 다름 아닌 '위대한 영도자' 자신이었다.

3월 25일, 상하이(上海)에 기반을 둔 신문 《문회보(文匯報)》는 "문화대혁명을 부정하려는 우파적 경향을 격퇴하자"라는 제목으로 기사를 실었다. 기사에는 많은 이가 "자본주의 노선을 따르는 당권파(주자파, 走資派)"인 저우가 "회개하지 않는 자본주의 노선파" 덩샤오핑의 반혁명적 권력 복귀 시도를 지지했다는 암시로 여겨질 수 있는 미심쩍은 문장이 포함되어 있었다.[03] 상하이는 사인방의 정치 기반이었기에, 대중은 즉시 이 기사를 저우를 비방하려는 반(反)저우 급진파의 악의적인 책략이라 여겼다. 난징(南京)에서는 학생들을 비롯한 많은 시민이 자발적으로 집회와 시위를 열었고, 시위대는 "저우언라이를 보위하자" "저우 총리를 반대하는 자들을 타도하자"와 같은 구호가 적힌 현수막을 들었다.[04]

4월 1일, 중국공산당(CCP) 중앙위원회(CC)는 전국 당 조직에 전화를 걸어 난징 사건을 "마오 주석이 이끄는 당 중앙을 분열시키려는 심각한 정치적 음모"로 규정했다. 당 관리들은 "퍼지는 소문의 출처를 조사"하고 "배후의 음모자들"을 찾아내 처벌하라는 명령을 받았다.[05] 그러나 전국 여러 지역에서 일어나는 대중 시위는 수그러들 기미를 보이지 않았다.

마침내 1976년 4월 초 톈안먼에서 사건이 터졌다. 평범한 시민 수만 명이 몰려와 톈안먼광장을 점거했는데, 표면적 이유는 고인이 된 이들의 넋을 기리는 연례 명절인 청명절(清明節) 기간 동안 저우에게 경의를 표하기 위해서였다. 그들은 실제 경험에서 우러나온 경제 침체에 대한 광범위한 실망감과 마오의 '계속혁명(繼續革命)'이 초래한 정치적 공포를 공개적으로 표출했다.[06] 수백 편이나 되는 시가 인근 담벼락에 내걸리고 광장 점거자들 사이에 유포되었다. 그중 한 시는 다음과 같았다.

0-1　1976년 4월 초, 평범한 중국인 수만 명이 고(故) 저우언라이 총리를 추모하며 톈안먼광장에 모여 있다.

Universal History Archive/Universal Images Group via Getty Images

진시황(秦始皇) 독재의 시대는 영원히 갔으니

인민은 더 이상 그리 쉽게 속지 않으리![07]

그 시구 어디에도 주석의 이름은 나오지 않았다. 하지만 어떤 독자라도 기원전 221년 중국을 통일했으나 극도로 독재적이고 억압적인 제국을 세웠던 악명 높은 중국 최초의 황제 진시황에 대한 언급을 마오 주석과 연결 짓지 않을 수 없었다. 광장에 모인 군중은 비슷한 표현과 사상을 베이징 다른 지역으로, 나아가 전국으로 퍼뜨리기 시작했다. 중화인민공화국(PRC, 中華人民共和國) 역사상 전례 없는 규모의 대중 저항이었다.

늙고 병들어 불과 몇 달 후 스스로 "카를 마르크스를 만나러 갈〔죽음을 의미하는 완곡한 표현〕" 운명이었던 마오는 톈안먼광장에서의 활동을 "본질적으로 반동적"이라고 규정했다. 이에 그는 군중에 대한 극단적인 탄압을 승인했다.[08] 그리하여 4월 6일 새벽까지 광장에 모인 사람들은 무력으로 해산되었고, 수백 명이 구타당하거나 투옥되었다. 그러나 이 집회를 진압함으로써, 주석은 문화대혁명 기간 동안 비범한 권력과 권위를 획득하였음에도 불구하고 중국 인민의 마음과 정신에 새로운 사회 질서를 심으려던 그의 혁명적 기획이 실패했음을 인정한 셈이 되었다.

이것이 바로 중국 혁명 시대의 장례식이었다. 바로 그때에 탈혁명 시대의 막이 올랐다.

*****

마오는 1976년 9월 9일에 사망했다. 그 후 중국은 포괄적인 탈혁명화(脫革命化)와 실질적인 탈마오화(脫毛化) 과정을 겪었다. 1970년대 후반부터 정치에 복귀하여 중국 최고 지도자로 부상한 덩샤오핑은 '개혁개방

(改革開放)'이라는 거대한 캠페인을 시작했다. 중국 지도부가 점진적으로 '시장 지향 사회주의경제(市場志向社會主義經濟)'를 채택하면서 중국은 경이로운 경제성장을 이루었고, 중국 사회와 대중의 사고방식에도 깊고도 광범위하며 지속적인 변화가 일어났다. 그리하여 중국 역사상 전례 없는, 강력하고 새로운 사회적, 지적 세력이 분출했다.[09] 그 결과, 결코 공산주의적이지 않게 된 중국 공산주의국가의 정통성은 끊임없이 도전에 직면하게 되었다.

저우의 이미지와 유산도 시험대에 올랐다. 한때는 중국 당국, 일반 대중, 심지어 학계에서도 하나같이 저우의 유산이 긍정적으로 평가받을 것이라는 데 공감했다. 이는 마오의 문화대혁명 직후에 특히 두드러졌다. 저우의 인격, 청렴함, 정치적 지혜, 지도력 스타일에 대한 찬사와 존경이 중국 사회 각계각층에서 쏟아져 나왔다. 저우는 "혁명의 도덕적 귀감" "인민과 국가 의식의 상징" "미래 희망의 담지자"로 칭송되었다.[10] 이러한 맥락에서, 국제적으로 저명한 작가이자 저우언라이 전기를 쓴 한쑤인(Han Suyin, 韓素音)은 저우에게서 "결점이나 흠을 찾기"가 사실상 불가능하다고 보았다.[11]

중국 당국의 노력이 저우에 대한 찬사가 쏟아지도록 일조했다는 점은 의심할 여지가 없다. 탈마오 시대 중국 지도자들은 저우를 미화하거나 심지어 신격화하는 것이 자신들이 직면한 심각한 정통성 위기에 대처하는 데 유용하다고 판단했다. 더욱이 그들은 저우를 내세움으로써 대중으로부터 중국을 현대화하려는 당의 야심 찬 계획에 대한 지지를 얻을 수 있기를 바랐다. 그러나 동시에 평범한 중국인들이 저우에 보낸 열광적이고 광범위한 존경심은 진심에서 우러나온 것이기도 했다. 그들은 고인이 된 총리를 숭배함으로써 마오주의가 지배했던 중국의 혁명 시대로부터 벗어나고픈 열망과 기대를 드러냈다. 실제로 저우를 거의 완벽한 개인이라 여기는 집단적 기억은 사람들이 가진 고통스러운 과거에 대한 기억과 밝은 미래를 향한 무한한 희망을 연결하는 상상의 다리 역할을 했다.

*****

그러나 저우언라이의 드높은 이미지는 그가 사망한 지 사십여 년이 지난 지금 점점 더 도전받고 있다. 개혁개방 과정은 또한 중국 근현대사, 특히 마오와 마오주의 시대에 대한 심오한 재검토를 촉발했다. 거의 반세기 동안 마오와 함께하며 마오주의 혁명 대의에 복무했던 저우가 철저히 조사할 대상이 되었다는 것은 놀랍지 않다. 중국 공산주의 혁명의 가장 어두운 단면들에 관한 세부가 수면 위로 드러나고, 중국 지식인들 사이에서 중국 혁명 시대에 대한 비판적 접근법이 등장하면서 저우의 사후 명성은 빛이 바래기 시작했다.

중국의 당과 국가가 통제하는 공식 담론은 저우를 비범한 인간, 헌신적이고 이타적인 혁명가, 현명하고 선견지명이 있는 정치가, 일류 외교관으로 묘사하며 일관되게 칭송해 왔다. 주류 집단기억 속에서 저우는 긍정적인 역사 인물로서 지위를 유지해 온 것으로 보인다. 대체로 그는 20세기 동안 중국이 저명한 세계 강국으로 부상하는 장기적인 과정을 시작한 창시자이자 설계자, 주요 실행자로 기억되어 왔다.

한편 마오 혁명에 관한 부정적인 기록이 계속해서 드러나면서 저우의 인기가 지속될 수 있을지에 대한 시험은 계속되고 있다. 점점 더 많은 사람이 모범적인 지도자로서 저우의 명성에 의문을 제기하는 중이다. 일반적으로 가장 신랄한 비난을 포함한 비판은 세 가지 문제에 초점을 맞춘다. 첫째, 저우는 마오와 그의 재앙적인 혁명 노선, 특히 대약진운동(大躍進運動)과 대프롤레타리아 문화대혁명(大無産階級文化大革命)에 변함

없는 충성심을 보여 비판받아 왔다. 저명한 역사가 프랑크 디쾨터(Frank Dikötter)는 한 기록에서 그를 마오의 "충실한 개"라고 묘사했다.[12] 둘째, 저우는 다른 모든 정치적 목표보다 자기 보신을 우선시하는 정치철학을 채택했다는 이유로 "위선적"이고 "이기적"이라고 비난받아 왔다. 셋째, 저우에 대한 가장 심각한 비판은 그의 인격, 청렴함, 도덕성에 관한 것이다. 이 비판은 특히 한때 흠잡을 데 없었던 그의 대중적 이미지를 더럽혔고, 궁극적으로 심각하게 훼손했다.[13] 실제로 융 창(Jung Chang)과 존 할리데이(Jon Halliday) 같은 저명한 작가들이 마오를 히틀러(Hitler) 유형의 악당으로, 중국 공산주의 혁명을 인류 역사상 가장 어두운 장 중 하나로 묘사할 때, 그의 혁명과 '계속혁명' 내내 주석과 함께했던 저우가 어떻게 대체로 '선한 사람'이자 긍정적인 역사 인물로 남을 수 있겠는가?[14]

중국 독자들 사이에 영향력이 지대한 저우 전기 작가 가오원첸(高文謙)은 매우 시사적인 태도 변화를 보여 주었다. 가오는 공산당 간부의 아들이었다. 그의 아내는 저우의 통역사이자 측근이었던 푸서우창(浦壽昌)의 딸이다. 1980년대에 중공중앙문헌연구실(中共中央文獻硏究室)의 연구원이자 공식 저우 전기 편찬 팀의 주요 저자 중 한 명으로서, 가오는 저우를 뛰어난 책임감과 비범한 지도력을 갖춘 선견지명 있는 지도자로 칭송하는 글을 여러 편 발표했다.[15] 가오는 1989년 톈안먼 사태 이후 중국을 떠났다. 그 폭력적인 진압이 그가 이전에 당연하게 여겼던 것들을 재고하게 했고, 그는 저우와 중국 공산주의 혁명을 점점 더 비판적으로 바라보게 되었다.[16] 널리 호평받는 그의 저우 전기 『만년의 저우언라이(晚年周恩來)』에서 그는 저우의 정치 경력 전반, 특히 문화대혁명 기간 동안의 행적을 날카롭게 비판하는 시각을 제시하며, 저우의 인격과 도덕적 청렴함에 대해서도 날선 의문을 제기한다.[17]

또 다른 저우 전기를 공동 집필한 위창겅(余長庚)도 마찬가지로 의미심장한 이야기를 했다. 중국 외교계에 오랫동안 몸담았던 위는 한때 저우와 중국 외교정책을 충실히 지지했다. 그러나 저우가 핵심 추진 동력이 되었던 마오주의 정책이 실행된 과정을 면밀히 검토한 후 태도를 바꾸었다. 위는 중국 당국이 저우에 내렸던 높은 평가를 더 이상 받아들일 수 없다고 생각했다. 결국 그는 훗날 바버라 바노인(Barbara Barnouin)과 공동 집필한 저우 전기에서 "히틀러와 스탈린에 비견될 만한, 세기의 가장 잔인한 폭군 중 한 명에게 충성을 바쳤다"라고 저우를 비난하기에 이른다.[18]

★★★★★

저우언라이는 과연 어떤 사람이었을까? 그는 왜 동시대 많은 사람과 함께 혁명의 길에 들어섰을까? 그의 삶과 경력은 어떻게 평가되어야 할까? 왜 십억 인구를 가진 나라가 그가 죽은 이후 그토록 열렬히 그를 애도했을까? 저우가 세상을 떠난 지 사십여 년이 지난 지금, 20세기 중국과 세계에서 가장 중요한 지도자 중 한 명인 그의 대중적 이미지는 어째서 그리고 어떻게 그토록 극명한 평가의 분기와 논란의 원천이 되었을까?

이것이 바로 내가 이 전기에서 공산주의 혁명가, 영향력 있는 정치가이자 국정 운영가, 외교의 거인, 그리고 궁극적으로는 한 인간으로서의 저우의 삶을 추적하며 탐구하고자 하는 질문들이다. 이 노력을 뒷받침하는 것은 내가 지난 25년간 중국 공산주의 혁명과 변화하는 중국의 대외 관계에 대해 수행한 광범위한 연구(수많은 인터뷰 포함)이며, 이 두 분야 모두에서 저우는 핵심적인 역할을 했다. 이 책은 다년간에 걸친 다국어, 다중 기록 보관소, 다중 자료 연구의 지원을 받아 영어로 출판된 최초의 포괄적인 저우 전기다.

내 노력의 중심에는 중국 공산주의 혁명을 역사 기록 속에 올바르게 자리매김하려는 도전 과제가 놓여 있다. 혁명은 죄가 아니라고 나는 믿는다. 혁명은 이유가 있어서 일어난다. 혁명을 잉태한 낡은 체제가 수리 불가능할 정도로 부패하지 않았다면 혁명은 일어나지 않았을 것이다. 이는 중국 공산주의 혁명의 경우에도 마찬가지다. 그것은 중국 구체제가 국가, 사회, 심지어 문명까지 휩쓴 벅찬 내우외환에 직면하여 총체적으로 실패하며 나타난 극적인 대응이다. 따라서 중국에서 혁명 시대가 도래한 것은 결코 우연이 아니었다. 오히려 그 발생에는 역사적으로 정당화할 수 있는 요인들이 있었음에 틀림없다.

그러나 모든 혁명에는 어두운 면이 있다. 혁명은 필연적으로 파괴적이고, 잔인하며, 피비린내를 동반한다. 특히 급진적이고 변혁적인 혁명은 더욱 그렇다. 중국 공산주의 혁명과 마오의 '계속혁명'이 특히 그러한 경우였다. '새로운 인간 창조'라는 원대한 목표를 달성하기 위해 인류에 대한 형언할 수 없는 폭력을 동반하는 사악한 순간들을 감수했던 것이다.

중국 공산주의 혁명에 의해 창조된 '신중국'도 예외는 아니었다. 탄생 이래로, 신중국은 이상과 현실, 목적과 수단, 만연한 권력과 그것을 견제하고 균형을 맞출 법과 제도가 부재한 사이 지속적인 불일치로 인해 심오한 정통성 위기에 직면해 왔다. 반세기 동안 혁명의 중심에 섰던 마오는 이러한 단절을 더욱 복잡하게 했다. 방대하고, 견제받지 않으며, 불균형한 정치권력에 힘입어 그는 중국과 세계 역사상 전례 없는 장기간의 대중 동원 캠페인을 통해 자신의 유토피아적 비전과 정치적, 사회적, 문화적 변혁을 위한 거대한 기획을 융합했다. 결과적으로, 중국 공산주의 혁명, 특히 마오의 '계속혁명'은 희망과 절망, 성공과 실패, 진보와 퇴보, 밝은 시기와 어두운 순간이 뒤섞인 현상으로 전개되었다.

혁명은 혁명가들이 주장했듯이 대중의 정치의식을 계몽하고 인민 해방을 촉진하기 위한 지적, 정치적, 사회적 운동으로 시작되었다. 그것은 폭정, 한때 옹호했던 바로 그 정치의식의 완전한 억압, 인민의 비범한 고통으로 끝났다. 저우는 이 모든 과정에서 필수적인 역할을 했다.

저우를 더 깊이 이해하기 위해서는 중국 혁명 시대의 복잡한 맥락 속에서 그를 검토해야만 한다. 저우는 이 시대에 적극적으로 참여한 사람이자 그 시대가 낳은 산물이었다. 그와 그의 동지들은 혁명을 만들었고, 그들은 혁명에 의해 재창조되었다. 그들은 혁명의 주역이자 혁명의 포로였다. 저우와 그의 삶에 나타난 많은 역설은 중국 혁명 시대의 딜레마와 비극을 압축하여 보여 준다. 나는 이러한 이해가 저우의 삶과 경력을 탐구하고 서술하는 출발점이 되어야 한다고 본다.

경력 내내 저우는 도전적인 역할을 맡았고, 종종 어려운 선택을 해야 했다. 그러나 그 어떤 것도 대프롤레타리아 문화대혁명이라는 격동의 세월 동안 그가 겪었던 시련에 비할 수는 없었다. 위대한 조타수 마오가 중국이라는 거대한 배를 격렬한 폭풍 속으로 몰고 갔을 때, 일등항해사인 저우는 배가 침몰하는 것을 막기 위해 용감하게 싸웠다. 더욱이 중국은 폭풍에서 살아남았을 뿐만 아니라, 비록 느리고 고통스럽기는 했지만 전진할 수 있었고, 이로써 고통스럽고 장기적인 부상의 길을 닦았다. 여기서 저우가 기여한 바는 비판적으로 평가되고 또한 정당하게 인정되어야 한다.

결국 우리가 일반적으로 혁명을, 특히 중국의 혁명 시대를 거부하고자 한다면, 그리고 미래에 그러한 비극이 일어나는 것을 막기로 결심했다면, 단순히 혁명을 부정하는 것만으로는 충분하지 않다. 가장 중요한 행동 방침은 혁명이 시작되는 역사적 조건과 시나리오를 명확히 하는 것이다. 우리는 또한 혁명이 왜, 어디서, 어떻게 길을 잃고 혁명가들이 목표한 바, 즉 인민 해방에 반하게 되었는지를 밝혀야 한다.

　이것은 확실히 복잡한 프로젝트다. 나는 개인이 쓴 책 한 권으로는 저우의 역사적 위치를 어떻게 그리고 정의해야 하는지에 대해 결정적인 해답을 제공할 수 없으리라는 점을 충분히 알고 있다. 따라서 이 책을 쓰면서 저우의 삶과 경력을 하나의 시험 사례로 다루려 노력했다. 그것은 중국 혁명 시대의 건설적인 결과뿐만 아니라 그 깊은 역설과 지속적인 복잡성을 상징하고, 많은 핵심적 의미에서 구현하는 사례다. 저우의 이야기를 전하고 이해하는 데 사용할 수 있는 단일하거나 간단한 공식은 존재하지 않는다. 이러한 이해가 내 작업의 역사적, 지적 출발점을 형성한다.

제 1 부

유년기

ZHOU

ENLAI

제1장

유년 시절
1898~1910

  양쯔강(揚子江) 북쪽, 중국 동부 평원 한가운데에 작은 도시 화이안(淮安)이 자리 잡고 있다.[01] 지척에는 대운하(大運河)가 화이허(淮河)와 교차한다. 수 세기 동안 화이안은 장쑤성(江蘇省) 북부 상업 중심지였다. 화이안에는 유동 인구가 많았는데, 그들 중 다수는 도시의 평화로움과 지역 교통 중심지다운 편리한 위치에 매료되어 결국 그곳에 정착했다.

  1898년 3월 5일, 저우언라이는 화이안의 몰락해 가는 관료 가문에서 태어났다.[02] 그는 저우이닝(周貽能)과 그의 아내 완(萬) 부인의 장남이었으며, 저우 대가족에서 그의 세대 중 일곱 번째 사내아이였다. 온 가족이 아기의 탄생을 기뻐했고, 그에게 매우 큰 기대를 걸었다. 그들은 그에게 문자 그대로 '큰 수컷 봉황'을 의미하는 다롼(大鸞)이라는 아명을 지어주었다. 훗날 학령기에 이르렀을 때, 언라이는 당시 많은 중국인처럼 자(字)를 받았는데, 그의 경우는 '우주를 나는'을 의미하는 샹위(翔宇)였다. 그러나 당시 저우 가문의 어느 어른도 이 소년이 언젠가 20세기의 가장 중요하고 영향력 있는 인물 중 한 명이 되리라고는 상상하지 못했다.

1-1 화이안에 있는 저우언라이의 생가. Liang Zhao / Alamy Stock Photo

저우 가문의 본관은 화이안이 아닌 저장성(浙江省) 사오싱(紹興)으로, 그 역사는 길고 저명했다.[03] 위대한 선조 주돈이(周敦頤, 1017~1073)는 송나라(宋朝, 960~1279) 시대 중국의 가장 영향력 있고 뛰어난 사대부 관료이자 유학자 중 한 명이었다.[04] 근대 중국 최고의 작가이자 문학 비평가로 꼽히는 저우수런[周樹人, 필명 루쉰(魯迅)]은 아마도 저우언라이의 먼 친척뻘이었을 것이다.[05] 그러나 언라이가 세상에 나왔을 무렵, 가문의 명성은 쇠락한 지 오래였다. 그의 할아버지 저우치쿠이[周起魁, 자 저우판룽(周攀龍)]는 여러 성(省)이나 부(府)에서 관리 막료로 일하면서 1860년대 초 사오싱을 떠나 이웃 장쑤성을 포함한 다른 곳에서 관직 경력을 추구했다. 훗날 그는 장쑤성 여러 현(縣)에서 지현(知縣)직에 임명되었다. 저우 가문도 1870년대에 사오싱에서 화이안으로 이주했다.[06] 그러나 저우판룽은 그의 전 경력을 통틀어 현급 이상의 직위를 얻지 못했다. 그는 언라이가 태어난 지 불과 며칠 후에 세상을 떠났기 때문에, 언라이는 할아버지에 대한 기억이 없었다.[07]

언라이의 아버지는 더욱 보잘것없는 이력을 가졌다. 이렇다 할 재능이나 야망도 없었고, 결코 강하거나 공격적이지 않은 성격 탓에 평생 현급 참모나 그에 준하는 낮은 직위만을 맡으며 박봉을 벌었다. 당시 대부분의 다른 중국 아버지들과는 달리, 그는 집안에서 결코 강력한 발언권을 갖지 못했으며, 지배적인 권위는 말할 것도 없었다.[08]

언라이가 태어날 당시, 집안일은 물론 대외적인 문제에 이르기까지 집안의 권력과 영향력은 저우 가문의 여인들에게 있었다. 어린 시절, '큰 봉황'은 두 여인, 어머니와 양어머니(실제로는 그의 숙모였다)의 보살핌 아래 자랐다. 특히 양어머니의 영향이 컸다.

언라이의 어머니인 완 부인도 사대부 가문 출신이었다. 그의 아버지(언라이의 외할아버지) 역시 장쑤성에서 지현직을 지냈다. 완 부인 자신

37

은 교육을 몇 년밖에 받지 못해 글을 겨우 읽는 수준이었다. 그러나 그는 마음이 따뜻하고, 개방적이며, 다정하고, 꽤 유능한 여성으로 널리 알려져 있었다. 언라이의 아버지와 결혼한 후, 완 부인은 화이안 저우 가문 저택으로 이사했고, 곧 대가족의 모든 중요한 일을 관리하는 사람이 되었다. 저우언라이는 훗날 자신에게 평생 도움이 된 근면함, 세심함, 재능을 효과적으로 사용하는 자질을 어머니로부터 길렀다고 회상했다.09

언라이의 양어머니이자 숙모인 천(陳) 부인은 어릴 적 그에게 가장 큰 영향을 미쳤다. 언라이가 생후 6개월이었을 때, 아들이 없던 그의 숙부가 위독한 병에 걸렸다. 당시 중국의 관습은 남자가 아들 없이 죽는 것을 불효라 여겼다. 하지만 아들을 얻으면 더 빨리 나을 수도 있다고 했다. 그래서 언라이의 할머니는 끈질기게 권유했고, 그는 숙부와 숙모에게 입양되어 그들과 함께 살게 되었다(여전히 같은 저우 가문 저택 안, 그의 생모와 가까운 곳에 있었다). 그러나 가족이 오랜 관습을 따랐음에도 불구하고 숙부는 몇 달 후 사망했다.

숙모는 독실한 불교 신자였다고 전해진다. 그러나 그가 언라이를 교육한 방식에서 드러나듯이, 불교에 대한 그의 헌신은 진정한 종교적, 내세적 믿음이라기보다는 이 세상의 삶에 대한 자세에 가까웠다. 이제 이십대 초반에 남편을 잃은 천 부인은 불교에서 정신적, 심적인 안식처를 찾았다. 양어머니로서 그는 언라이에게 모든 사랑과 관심을 쏟았다. 남편이 죽은 후 천 부인은 언라이와 그의 부모와 함께 인근 칭장현(清江縣)으로 이사했는데, 그곳은 언라이의 생모가 출생한 지역이었다. 유모[또 다른 여인 장(蔣) 씨!]의 도움으로 천 부인은 언라이를 각별히 돌보았고, 양어머니와 아들 사이 유대는 극도로 끈끈해졌다.10

당시 기준으로 교양 있는 여성이었던 천 부인은 언라이에게 괜찮은 조기교육을 제공하기 위해 최선을 다했다. 그는 언라이가 겨우 네 살이었을 때 한자 쓰는 법을 가르치기 시작했다. 언라이가 다섯 살이 되자, 천 부인은 그를 가문 아이들을 위한 사립 서당에 보냈다. 집에서는 그에게 중국 고전문학을 읽게 하고 유교 윤리에 대한 이해를 길러 주었다. 천 부인은 불교 경전이나 서적을 읽은 적이 없었기에, 언라이에게도 불교 서적을 공부하도록 하지 않았다. 어린 언라이가 받은 교육은 본질적으로 종교적 유산이나 '저세상'에 대한 관심이 부족한 전통 중국 문화를 반영하는 것이었다. 따라서 그의 인격은 '수신제가치국평천하(修身齊家治國平天下)', 즉 자신을 닦고, 가정을 화목하게 하고, 나라를 잘 다스리고, 천하에 평화를 가져온다는 삶의 궁극적 목표를 강조하는 유교 윤리에 물들어 있었다.[11]

언라이가 공부한 책 중에는 사서(四書, 『논어』 『맹자』 『대학』 『중용』) 의 일부 장과 『시경(詩經)』이 있었다. 그는 또한 『서유기(西遊記)』 『수호전(水滸傳)』 『삼국지연의(三國志演義)』와 같은 고전소설도 읽었다. 그는 이것들을 통해 전통 중국 문화를 아는 지식의 기초를 다졌다. 여러 해가 지난 후, 저우언라이는 《뉴욕타임스(New York Times)》 특파원 헨리 R. 리버먼(Henry R. Lieberman)에게 말했다. "오늘날에도 나는 여전히 나의 (양)어머니의 계몽적인 가르침에 진심으로 감사하고 있다. 그의 사랑과 보살핌이 없었다면, 나는 그렇게 좋은 교육을 받지 못했을 것이다."[12]

언라이가 아홉 살이었을 때 양어머니와 생모가 모두 세상을 떠났고, 그는 칭장을 떠나 화이안 저우 가문 저택으로 돌아왔다. 훗날 스스로 회상했듯이, 그는 거의 하룻밤 사이에 어른이 되었다.[13] 저우 가문은 한동안 어려운 시기를 겪고 있었는데, 두 여인의 죽음이 가족을 더욱 큰 빚더미로 몰아넣었다. 언라이의 아버지는 외딴 후베이성(湖北省)에서 또 다른 저임금 행정직을 맡아야 했고, 화이안 집으로는 거의 돌아오지 못했다. 언라이는 종종 '집안의 남자 어른'으로서 의무를 떠맡을 수밖에 없었다.

훗날 기억에 따르면, 그는 가족의 가장 시급한 필요를 해결하기 위해 현금을 좀 얻으러 지역 전당포를 자주 방문했는데, 이는 그에게 어울리지 않았을 뿐 아니라 심지어 굴욕적인 경험이었다.[14] 하지만 그는 이를 통해 어린 소년에게 기대되는 것을 훨씬 뛰어넘는 복잡한 상황에 대처하는 법을 배울 수 있는 기회를 얻었다.

그 모든 역경을 겪었음에도, 언라이는 배우고 읽는 것을 그만두지 않았다. 그는 생모의 사촌인 궁인쑨(龔蔭蓀) 선생이 운영하는 가문 저택 근처 사립 서당에 다녔다. 궁은 당시 중국인으로서는 드물게 일본에서 유학한 경험이 있었기 때문에 새로운 사상, 특히 새로운 사고방식을 접한 유학자로 알려져 있었다. 궁은 대부분 언라이의 먼 사촌인 학생들에게 유교 경전 외에도 근대 서양 문명에 관한 책과 다른 읽을거리들을 소개했다. 저우는 궁을 "나를 지적, 정치적으로 계몽시켜 준 스승"으로 기억했다.[15]

어린 시절 삶과 그때 받은 교육은 저우언라이의 성격과 도전에 접근하는 방식에 두 가지 지울 수 없는 흔적을 남긴 것으로 보인다. 첫째, 그는 매우 관용적이고 사려 깊으며 유연할 수 있었고, 필요하다면 극도로 강한 회복력을 보여 주거나 강인해질 수 있었다. 둘째, 공산주의 이데올로기와 혁명 철학을 온전히 받아들인 것처럼 보였을 때조차도, 그의 마음속에는 항상 어린 시절 배운 고대 중국 현인들의 가르침이 자리하고 있었다. 이러한 자질들이 저우를 뛰어난 정치 및 외교 경력을 쌓을 수 있도록 준비시켰다는 사실이 분명해질 것이다. 그러나 아마도 이러한 자질들은 동시에, 권위주의적인 정치 문화라는 오래된 전통에 깊이 잠겨 있고 심지어 지배당했던 중국 공산주의 혁명에서 그가 최고 지도자의 자리를 요구하지 못했을 뿐 아니라 요구할 마음조차 내지 못하게 만든 단초가 되었을 것이다.

1-2 저우언라이가 태어난 방. Liang Zhao / Alamy Stock Photo

제2장

만주에서
난카이까지
1910~1917

　　1910년 궁인쑨이 화이안을 떠나기로 결정하지 않았다면 저우언라이는 평생 화이안에서 살았을 수도 있다. 언라이가 학생으로 있었던 궁의 가숙(家塾)이 문을 닫았다.[01]

　　몇 년 동안 언라이는 큰아버지 저우이경(周貽賡)과 서신을 주고받았다. 네 형제(언라이가 태어난 직후 사망한 한 명 포함) 중에서 저우이경은 비교적 성공한 편이었다. 언라이의 아버지처럼 그 역시 중국 전역에서 참모직을 맡았다. 하지만 그의 직업은 더 안정적이었고, 언라이의 아버지를 항상 비껴갔던 승진도 이루었다. 저우이경은 자식이 없어서 오랫동안 언라이를 친아들처럼 대했다. 언라이가 장쑤성 밖에서 학업을 계속할 의사를 밝혔을 때, 저우이경은 조카를 당시 그가 일하고 있던 만주(滿洲, 동북)로 와서 자신의 후원 아래 공부하고 살도록 초대했다.[02]

　　1910년 봄 어느 날, 언라이는 화이안을 떠났다. 그리고 평생 다시는 돌아가지 않았다. 짧은 방문조차도 없었다.

　　언라이는 다음 칠 년 동안 저우이경과 함께 살았는데, 처음에는 만주

에서였고, 1913년부터 1917년까지는 중국 주요 연안 조약항 중 하나인 톈
진(天津)에서 살았다. 이는 그에게 현대 정규교육을 받을 기회를 제공하
는 동시에, 그를 고향을 넘어선 세계에 노출시켰다. 훗날 저우언라이는
화이안을 떠나지 않았다면 자신의 삶은 완전히 달랐을 것이며, "아무것
도 이루지 못하고 끝났을 것"이라고 말했다.[03]

*****

외딴 만주로 여행하고, 그곳에서 공부하고 생활한 경험은 어린 저우언
라이를 즉시 눈뜨게 했다. 그는 서구 열강과 일본의 침략 속에서 심화되
는 국가 위기와 그 속으로 가라앉는 중국의 후진적 모습을 보았다.

그는 1894~1895년에 중국이 일본에 패배하여 굴욕적인 시모노세키조
약(下關條約)에 서명해야 했음을 알게 되었다. 이 조약은 중국이 막대한
배상금을 지불하고, 타이완(臺灣)을 일본에 할양하며, 조선(朝鮮)에 대
한 종주권을 포기하도록 규정했다. 저우가 태어난 해, 중국은 국가를 정
치적, 경제적, 교육적으로 개선하려는 1898년 변법자강운동(戊戌變法)을
목격했다. 그러나 개혁을 위한 노력은 불과 3개월 만에 실패했다. 늙었지
만 여전히 강력한 서태후(慈禧太后)를 둘러싼 강경 보수파는 개혁파인
광서제(光緒帝)를 가택 연금하는 쿠데타를 감행했고, 캉유웨이(康有為)
와 량치차오(梁啟超) 같은 저명한 개혁가들을 망명케 했다.[04] 이 년 후,
베이징에서 의화단운동(義和團運動)이 일어나 중국 수도가 서구 열강과
일본 군대로 구성된 국제군에 점령당하는 결과를 낳았다. 청나라 조정은
이들 열강과 더욱 해로운 신축조약(辛丑條約)을 체결했다. 청 정부는 또
다시 막대한 배상금을 지불해야 했고, 부채에 대한 담보로 가장 중요한
수입원인 해관세를 넘겨주어야 했다. 그 시대를 살던 중국인들은 중국이

심각한 위기에 직면하였다고 느꼈다.

저우이경은 당시 펑톈[奉天, 선양(瀋陽)으로도 알려졌다] 재무국에서 고위 참모로 근무하고 있었다. 그러나 그곳에서는 조카가 학기 중간에 다닐 만한 좋은 학교를 찾을 수 없었다. 그 당시 저우이경의 사촌 형 저우이첸(周貽謙)은 인근 도시 톄링[鐵嶺, 인저우(銀州)]시의 세무국장으로 근무하고 있었는데, 아마 저우언라이의 아버지도 그곳에 있었을 것이다. 저우이첸의 도움으로 언라이는 톄링으로 가서 초등교육을 제공하는 인강서원(銀岡書院)에 다녔다.05

톄링에서 6개월을 보낸 후 1910년 10월에 저우는 펑톈으로 다시 이사했다. 펑톈은 화이안과는 아주 다른 대도시였으며, 특히 저우가 고향에서는 그저 꿈만 꾸었던 교육 기회가 있었다. 저우이경은 조카를 새로 설립된 제6초등학교[1911년 혁명 다음 해에 둥관모범학교(東關模範學校)로 개명했다]에 보내기로 결정했다. 그곳에서 저우는 처음으로 많은 동시대인이 '신교육'으로 간주했던 것을 공부했다. 학생들은 중국어, 문학, 역사, 고전 지식 외에도 수학, 영어, 지리, 물리, 음악을 배우고 체육 수업을 들어야 했다.06 이 새로운 교육과정을 통해 저우는 이전에 상상했던 것보다 훨씬 더 넓은 지평이 눈앞에 펼쳐지는 것을 보았다.

둥관에서 저우에게 가장 큰 영향을 준 두 교사는 진보적인 역사 교사 가오거우(高戈五)와 보수적인 지리 교사 마오였다. 가오는 쑨원(孫逸仙)이 청나라를 타도하고 새로운 공화국을 세우기 위해 결성한 혁명 동맹 동맹회(同盟會)의 회원이었다. 그는 저우에게 장빙린(章炳麟)과 쩌우룽(鄒容)의 저작을 읽도록 지도했는데, 이 두 사람은 중국을 구하기 위해 민족주의 혁명을 수행해야 한다는 급진적인 사상으로 유명했다. 『혁명군(革命軍)』을 쓴 쩌우룽은 중국인들이 폭력을 사용하여 중국 내 만주족의 통치를 파괴해야 한다고 주장했기 때문에 중국의 교육받은 청년들 사이에서 특히 영향력이 있었다. 그는 서른 살 이른 나이에 죽음으로써 저우 언라이와 같은 어린 학생들에게 순교자, 심지어 전설이 되었다.

반면 만주족 출신인 마오는 청나라 황실 통치를 확고히 지지했다. 그러나 한편으로는 1898년 변법자강운동을 창시하고 운동이 실패한 후에는 제국을 입헌군주제로 변혁하려 노력했던 캉유웨이와 량치차오의 글을 존경했다. 마오의 지도 아래 저우는 캉과 량의 점진주의적 정치사상에 익숙해졌다.[07]

1911년 10월 저우가 만주로 이주한 지 이 년째 되던 해에 청 왕조를 무너뜨린 혁명이 일어났다. 열세 살 소년이었던 저우는 학교에서 가장 먼저 청나라에 대한 충성을 상징하는 변발을 잘라 낸 학생 중 하나였다.[08] 이 행위가 저우의 정치에 대한 관심과 아직은 막연했지만 혁명적 변화에 대한 경향을 예고했을까?

만주는 화이안보다 (특히 겨울에) 훨씬 추웠고 식단도 판이하게 달랐다. 거의 모든 식단에서 수수가 쌀을 대신했다. 저우는 훗날 만주에서의 세월이 자신을 열악한 생활에 익숙하게 했다고 언급했다. 그는 이것이 신체적으로나 정신적으로 좋았으며, 자신을 더 건강하고 강하게 만들었다고 믿었다.[09]

학교 공부는 만주에서 겪은 경험으로 보강되었고, 이는 저우에게 원초적인 애국심을 일깨웠다. 선양은 일본이 1894년 제1차 중일전쟁(청일전쟁)과 1904~1905년 러일전쟁에서 승리한 후 주장한 세력권의 중심에 있었다. 저우는 그 전쟁들에 속한 전투 현장을 방문했다. 1912년 10월에 쓴 글에서 그는 물었다. "우리는 누구인가? 미래에 나라를 책임질 시민이 될 것이라는 사실이 진실이 아닌가? 우리 나라를 위해 힘든 책임을 져야 한다는 사실이 진실이 아닌가?" 그의 대답은 "우리는 공부하고, 질문하고, 생각해야 한다"였다.[10] 저우의 한 동급생은 교사가 학생으로서 어떤 목표

2-1　1912년 선양 둥관모범학교 시절 저우언라이.　Sovfoto / Universal Images Group via Getty Images

를 추구하고 싶은지 물었을 때, 저우가 "중국의 부흥을 위해!"라고 대답했다고 회상했다.[11]

*****

저우이경이 계속 그곳에서 일했다면 저우언라이는 아마도 백부와 함께 선양에 살며 고등학교 교육을 마쳤을 것이다. 그러나 1913년 2월에 또 큰 변화가 왔다. 저우이경은 선양에서 톈진으로 전근하여 소금운송국에서 새로운 직책을 맡았다.[12] 저우는 백부를 따라 새로운 도시로 갔는데, 이는 그의 교육과 성장에 또 다른 이정표가 될 것이었다.

*****

베이징에서 남쪽으로 약 75마일(약 121킬로미터) 떨어진 해안 도시 톈진은 19세기 중반부터 개방된 '조약항'으로 지정되었다. 입법, 사법, 행정권이 주로 외국인에 의해 통제되는 외국 조계가 도시의 넓은 지역을 차지했다. 톈진은 선양보다 더 서구화, 상업화되었으며, 국제적이었고, 대체로 더 현대적이었다. 따라서 도시의 환경은 젊은 저우언라이에게 완전히 새로운 세계를 열어 주었다.

톈진으로 이사한 직후, 저우는 그곳에 새로 설립된 난카이학교(南開學校)에 입학할 준비를 시작했다. 당연한 일이 아니겠는가? 난카이는 비전통적이면서도 뛰어난 교육기관이라는 명성을 누리고 있었다. 청나라 교육 관리였던 옌슈(嚴修, 1860~1929)가 1904년에 이 학교를 설립했다. 저명한 유학자였던 그는 또한 오랫동안 근대 서양식 교육기관을 만들고자 열망해 왔다. 그는 1905년 청나라 조정에 오래된 과거제도를 폐지할 것을 청원하여 관철시킨 사대부 관리 중 한 명이었다. 청나라가 몰락한 후, 공화국 정부는 그에게 여러 차례 고위 관직을 제안했다. 그는 난카이를 중국 근대 교육의 모범 기관이자 교육개혁의 선봉으로 발전시키는 데 집중하고 싶었기 때문에 전부 거절했다.[13]

엔과 난카이 이사회는 장보링(張伯苓, 1876~1951)을 초대 교장으로 모시는 행운을 누렸다. 장은 해군 장교로 경력을 시작했다. 그는 1898년에 산둥(山東)에 위치한 해군 항구인 웨이하이웨이(威海衛)가 청나라 조정이 '조차'하도록 강요한 영국에 넘어가는 것을 목격했다. 항구에서 중국 국기가 내려가는 순간, 그는 깊은 굴욕감을 느끼고 해군을 떠나 중국 교육 발전에 헌신하기로 결심했다. 그는 곧 새로운 지식, 새로운 사상, 새로운 민족의식을 중국 학생들의 마음속에 심어 주는 것을 열정적으로 지지하는 선구자가 되었다. 난카이는 그에게 자신의 이상을 실현할 절호의 기회였다.[14]

1913년 8월, 저우는 난카이 입학시험에 합격했다. 그는 1917년 졸업반에 등록했는데, 난카이 학생들은 사 년간 학업을 마친 후 졸업하게 되어 있었다. 그는 즉시 이 새로운 학교에 매료되었고, 난카이 교육과정이 신선하고 매력적으로 설계되어 있다고 생각했다. 주요 과목은 중국어와 문학, 영어, 수학이었고, 부전공 과목은 물리, 화학, 중국사와 지리, 서양사와 지리, 생물학, 법률 지식, 체육이었다.[15] 2학년부터 중국 문학과 중국사 및 지리를 제외한 모든 과정은 영어 교과서를 사용했다. 과학 과정에서 학생들은 일본에서 수입한 장비를 갖춘 실험실을 쓸 수 있었다.

저우가 가장 자신 있는 과목은 중국어와 수학이었고, 역사에도 큰 관심을 보였다. 다른 과목에도 부지런히 임했다. 그는 처음에 영어로 진행되는 수업이 특히 벅차다고 느꼈고, 영어 실력을 향상하기 위해 많은 노력을 기울였다. 영어는 저우가 가장 잘하는 과목은 아니었지만, 그가 난

48

카이에서 우등생이 되는 데 방해가 되지는 않았다. 그는 난카이 2학년부터 수업료와 등록금을 면제받게 되었다.[16]

난카이는 학생들이 과외 활동에 참여하도록 장려했다. 학교 정책은 매주 평일 수업이 없을 때에 학생들이 교실이나 기숙사에 머무르는 것을 허용하지 않았으며, 모든 학생은 스포츠, 학생 조직 또는 기타 활동에 참여해야 했다.[17] 난카이에 입학한 직후 저우는 이 학교 정책을 최대한 활용하기 시작했다.

신문은 그동안 중국에서 점점 더 널리 보급되었다. 만주에서 길러 온 습관에 따라 저우는 열렬한 신문 독자가 되었다. 특히 국내외 정치 뉴스에 왕성한 관심을 보였다. 교육받은 많은 동시대인처럼, 그는 진심으로 중국을 구하고 나라를 강하게 만들 방법을 찾기를 갈망했다. 그는 명나라와 청나라 변혁기에 활동했던 위대한 사상가 고염무(顧炎武)와 왕부지(王夫之)의 저작을 읽었다. 또한 장 자크 루소(Jean-Jacques Rousseau)의 『사회계약론(The Social Contract)』, 샤를 루이 몽테스키외(Charles-Louis Montesquieu)의 『법의 정신(The Spirit of the Laws)』, 토머스 헨리 헉슬리(Thomas Henry Huxley)의 『진화와 윤리(Evolution and Ethics and other Essays)』, 애덤 스미스(Adam Smith)의 『국부론(The Wealth of Nations)』 등 서양의 다양한 중요 저자들의 저작 번역본을 읽었다. 이러한 저작들이 그에게 지적으로 어느 정도 영향을 미쳤는지 말하기는 어렵지만, 그것들을 읽었다는 사실이 그가 모든 종류의 사상과 생각에 열려 있었음을 나타낸다.[18]

저우는 학생 단체에도 적극적으로 참여했다. 난카이 2학년 때, 그와 몇몇 친구들은 문자 그대로 "전문성을 소중히 하고 집단주의를 선호하는 모임"을 의미하는 '경업낙군회(敬業樂群會)'를 조직하기로 했다. 그들이 내세운 목표는 "지적 발전을 주된 임무로 삼고, 도덕적 발전을 기초로 삼으며, 동료 학생들을 애정으로 연결하여 교실에서 가르치지 않는 내용을 보충하는 것"이었다.[19] 이 모임은 약 스무 명으로 시작했지만 점차 난카이에서 가장 큰 학생 단체 중 하나로 성장하여, 난카이 등록 학생의 거의 삼분의 일에 해당하는 약 삼백 명을 회원으로 확보했다. 저우는 겸손하고 성실한 태도와 훌륭한 직업윤리, 유능함과 효율성, 큰 그림과 세부 사항 모두에 주의를 기울일 줄 아는 능력으로 동료 학생들을 매료시켰다. 그는 처음에는 이 모임의 지적 발전을 책임지는 사람으로 선출되었고, 나중에는 부회장과 회장을 역임했다.[20]

이 모임이 열정적으로 추진한 활동 중 하나는 연극 공연이었는데, 옌슈와 장보링의 격려와 지원에 힘입어 난카이 학생들 사이에서 매우 인기를 끌었다. 저우는 연극을 사랑했고 곧 공연에 몰두했다. 많은 동료 학생은 〈일원전(一元錢)〉이라는 연극에서 여주인공을 연기한 그에게 깊은 감명을 받았다.

저우가 연극에서 여성을 연기한 것이 특이한 성적 경향을 드러내는 것일까? 아니면 이것이 그가 동성애자였다는 표시였을까? 난카이에서의 경력이나 삶의 다른 어떤 일화에서도 그러한 주장을 뒷받침하는 직접 증거는 없다. 저우는 젊은 학생들이 다양한 새로운 사상과 마주쳤던 시기에 난카이에 다녔다. 그리고 '남녀 간 구별과 관계가 모호한 것'을 비난하는 오래된 전통은 젊은 학생들로부터 심각한 반발에 부딪혔다. 더욱이 저우 가문은 모든 역할을 여성이 연기하는 월극(越劇)의 발상지인 저장성 사오싱에서 유래했다. 이 모든 것은 저우가 〈일원전〉에서 여주인공을 연기한 이유에 대해 유용한 단서를 제공한다.[21]

여러 해가 지나 저우가 세계적인 영향력을 가진 매우 세련된 정치가이자 외교가로 자리매김했을 때, 《뉴욕타임스》 특파원 헨리 R. 리버먼은 이렇게 말했다. 그는 1940년대에 저우와 폭넓은 인터뷰를 하고 1970년대에 그를 다시 만난 것이었다. "그는 세계에서 가장 위대한 배우 중 한 명이었다."[22] 공인으로서 모든 정치인은 어떤 의미에서는 배우가 되어야 한다. 그러나 만약 저우가 정말로 '세계에서 가장 위대한 배우 중 한 명'이라는 찬사를 받을 자격이 있다면, 난카이에서 모임과 함께 보낸 세월과 무대 연극에서의 연기 경험이 그로 하여금 정치 및 외교 경력에서 엄청난 이익이 될 연기 예술을 연습할 수 있게 해 주었음에 틀림없다.

*****

저우가 난카이에 재학하던 시절, 중국의 국가와 사회, 대외 관계는 끊임없는 위협에 직면했다. 청나라 몰락 이후 새로 등장한 중화민국은 건설하기가 극도로 어려운 사업임이 입증되었다. 의회민주주의를 세우려는 노력은 1912년부터 1916년까지 공화국 총통이었던 위안스카이(袁世凱)와 같은 정치 및 군사 지도자들뿐만 아니라, 전국에 걸쳐 지방 및 지역에서 정치권력을 행사하고 재정 자원을 통제했던 크고 작은 군벌들로부터 강력한 저항에 부딪혔다. 수천 년 동안 사대부와 지주들이 지배했던 중국 사회는 1911년 혁명 이후 거의 손대지 않은 채로 남겨졌다. 중국의 많은 지식인과 젊은 학생 들은 중국 국가와 사회 전망이 점점 더 불확실해 가는 것을 느꼈다.

중국의 국제 경험이 거론되기 시작하면서 의심은 깊은 위기의식으로 바뀌었다. 중국은 제1차 세계대전에서 협상국 편에 섰다. 그러나 19세기 후반에 중국이 강요받았던 '불평등조약'은 그대로 남아 있었다. 설상가상으로, 제국주의 일본은 서구 열강이 유럽에서의 전쟁에 몰두하고 있는 것을 이용하여 중국 내에 독점적인 세력권을 적극적으로 구축하려 했고, 제1차 중일전쟁과 러일전쟁에서 얻은 이득을 정치적, 경제적 지배력으로 전환했다. 결국 이 모든 것이 중국, 특히 중국 지식인과 젊은 학생 들 사이에 근대 민족주의가 부상하는 조건이 되었다.

저우와 난카이 동료 학생들은 널리 퍼진 국가 위기감과 중국 민족주의 출현에 깊이 영향받았다. 그러나 난카이에 재학하는 첫 이 년 동안 저우의 일상생활은 대체로 비정치적이었다. 그는 교과과정에 몰두했고 교실 밖 모든 종류의 학문적, 비정치적 활동을 즐겼다. 가끔 그는 자신과 같은 젊은 학생들이 사상과 행동을 혁신하지 못하면 '국가 사무(國事)'가 어떻게 잘못될 것인지 논의했다.[23] 결국 그는 이렇게 썼다. "우리는 사회를 위해 일하고, 국가에 봉사하며, 배운 지식을 사용하여 세계를 이롭게 해야 한다."[24] 하지만 당시 그는 혁명가가 아니었다. 또한 국가 사무나 위기를 자신이 취해야 할 개인적인 행동과 거의 연결 짓지 않았다.

전환점은 저우가 난카이 3학년이던 1915년에 왔다. 1월에 일본은 악명 높은 '21개조 요구(二十一條要求)'를 중국에 강요했다. 이 요구는 만주, 산둥, 양쯔강 유역에서 세력권을 주장하는 것 외에도, 중국의 정치, 재정, 경찰, 군사 행정부에 일본인 고문을 고용하도록 규정했다.[25] 이 조건들이 알려지자 중국 대중은 격분했다. 5월 7일, 일본은 중국 정부에 이 조건들을 수락하라는 최후통첩을 전달했다. 이 최후통첩이 젊은 중국 학생들 사이에 민족주의를 분출시켰고, 난카이 학생들도 예외는 아니었다. 많은 동급생과 교사 들처럼, 저우는 일본이 중국의 주권과 통합을 침해하려는 것에 놀라고 분노했다. 그는 이전에는 결코 중국과 중국 문화가 그토록 시급한 위협에 직면했다고 느껴 본 적이 없었다.

우궈전(吳國楨)은 난카이에서 저우와 가까운 친구였으며, 나중에 국민당(國民黨, GMD) 정부에서 상하이 시장과 타이완 성장 등 엘리트 직위를 맡게 된다. 그는 회고록에서 베이징 정부가 일본의 요구를 수락할 수밖에 없었다는 것을 알았을 때 자신을 비롯한 난카이 학생들의 심정이

어땠는지 생생하게 묘사했다.

> 운명의 5월 8일과 9일에, 우리는 모든 수업을 잊고 일본의 최후통첩에
> 대해서만 이야기했다. 우리는 마치 우리 자신이 국가적 굴욕의 원인인
> 것처럼 우울한 침묵과 수치심 속에서 서로를 지나쳤다. 5월 9일 일몰
> 때 저우언라이와 리푸징(李福景)을 보았고, 서로 아무 말도 하지 않았
> 던 것을 기억한다. 우리는 지구가 파괴되어 모든 고통이 끝나거나, 기
> 적이 일어나 나라가 미지의 방법으로 고통에서 건져지기를 바랐다. 우
> 리는 너무나 심각하게 절망적인 기분이었고…… 세상이 너무나 불공
> 평하다고 느꼈다. 차라리 극단으로 치닫고 싶었고, 심지어 집단자살까
> 지도 생각했다.[26]

저우는 더 이상 학업에만 집중할 수 없었다. 21개조 요구의 내용을 알
게 되고서 쓴 한 글에서 그는 교사와 동급생, 자신의 양심에 열정적으로
호소했다.

> 오, 우리는 중국이 생사의 도전에 직면한 긴급한 순간에 다가가는 시대
> 에 살고 있다. 우리와 같은 인종인 동쪽 이웃은 뻔뻔하게 야심적이다.
> 나쁜 소식이 도착했을 때, 온 나라가 충격을 받았다. 모두가 싸울 의향
> 이 있으며, 우리는 이것을 마지막 수단이자 돌아올 수 없는 상황에 직
> 면한 우리의 계획으로 삼았다. 나의 애국심은 끓는점에 도달했다.[27]

당시 많은 동시대인처럼, 저우가 조국의 운명을 걱정한 것은 이번이
처음이 아니었다. 그러나 이전까지는 조국의 생존 자체가 위태롭고, 중
국 민족을 구하는 것이 자신과 동급생들의 책임이라고 그토록 강하고 감

정적으로 느껴 본 적이 없었다. 난카이 시절 처음으로 저우는 정치 지향적인 행동을 취했다. 1915년 6월 6일, 그는 톈진 각계각층 사람들과 함께 '구국공채(救國公債)' 기부를 촉구하는 대규모집회에 참여했다. 17세 학생으로서 그는 집회에서 처음으로 공개 정치 연설을 했다. 그는 물었다. "오늘의 굴욕을 어떻게 씻어 낼 수 있을까?" "우리의 붉은 피를 바침으로써만" 그럴 수 있다고 그는 대답했다. 그러니 모두가 나라를 강하게 만들고 "국운이 번성"하도록 하기 위해, 아무리 사소한 기여라도 해야 한다고 했다.[28]

★★★★★

이것은 저우가 난카이 학생으로서 정치에 참여한 시작에 불과했다. 그때 그는 이미 학교에서 잘 알려진 인물이었다. 그 후, 난카이에 재학하는 마지막 이 년 동안 그는 중국이 처한 위기의 심각성과 중국 민족을 구하는 것이 얼마나 시급한지에 대해 사람들의 주의를 반복적으로 환기했다.

그는 1916년 10월에 열린 전교 연설 대회 최종 후보 중 한 명이었다. 전교 학생들 앞에서 그는 "중국이 현재 처한 위기"에 대해 이야기했다. 그는 청중에게 "오늘날 중국은 얼마나 극도로 위험한 상황에 빠져 있는가? 우리 모두가 잘 알고 있지 않은가?"라고 물으며 연설을 시작했다. 그는 이어서 중국이 국내외에서 실제적, 정신적 위기에 직면해 있다고 말했다. 그는 1911년 혁명 이후 정치제도를 민주화하려는 노력이 실패한 것에 실망했고, 중국 여러 지역에서 군벌주의가 부상하는 것에 경각심을 느꼈으며, "우리 인민의 도덕 기준 붕괴"에 깊이 좌절했다. 특히 "외부 위협"이 "우리 나라를 재앙이라 할 만한 상황으로 몰아넣었다"라고 지적했다. "일본은 충분한 힘을 가진 나라는 아니지만, 한 치를 얻으면 한 발을 더

54

2-2 1916년, 난카이학교에서 스승 및 친구들과 함께 있는 저우언라이. Album / Alamy Stock Photo

추구하며, 단계적으로 우리 민족을 큰 위험에 빠뜨렸다." 이 모든 것을 어떻게 처리해야 할까? 마치 청중이 아니라 자신에게 말하는 것처럼 그는 말했다. "나라의 흥망에 대해 걱정하는 것은 모든 사람의 책임이다……지금 우리가 해야 할 일에 집중하는 것부터 시작하자."[29]

저우가 난카이 마지막 학년에 중국이 직면한 도전을 어떻게 다룰지 숙고할 때, 사회주의사상이 그의 세계관에 침투하기 시작했다. 1917년 초 베이징을 잠시 방문한 후 그는 "사회가 얼마나 추하고 정부가 얼마나 어두운지에 대해 얼마나 분노했는지" 썼다.[30] 5월에 난카이 학생으로서 쓴 마지막 글 중 하나에서 그는 "진정한 공화주의"가 무엇이어야 하는지에 대해 논하며 "사회계급이 제거되지 않는 한, 평등이 달성될 희망은 없다"라고 말했다.[31] 저우가 중국 사회문제에 '사회계급'이라는 개념을 적용한 것은 이때가 거의 처음이라고 할 수 있다.

저우가 항상 자신의 삶과 경력에 대한 이상과 포부를 가지고 있었다면, 그의 세계관의 기초, 특히 사회에 봉사하고 국가를 구해야 한다는 책임감이 형태를 갖추고 굳어진 것은 난카이 시절이었다. 그의 정치적 성향은 여전히 매우 모호했고, 그는 결코 급진적인 혁명가가 아니었다. 그러나 혁명적 신념이 발전할 수 있는 토대는 마련되었다. 저우가 평생 난카이를 각별하게 여긴 것도 당연하다.[32]

저우언라이는 1917년 6월에 최고 성적으로 난카이를 졸업했다. 그때 그는 중국을 구하고 나라를 강하게 만드는 것이 자신의 사명이어야 한다고 굳게 믿었다. "중국이 세계에서 다시 높이 솟아오를 때 만나기를 희망하자."[33] 그가 졸업 전야에 친구들에게 쓴 말이었다. 실제로 그 말은 저우 자신뿐만 아니라, 그의 세대 전체의 모토가 되었다.

제3장

일본
1917~1919

1917년 9월 어느 날, 저우언라이는 톈진 항구에서 일본행 배에 올랐다.[01] 난카이를 졸업하고 몇 달 동안 저우는 무엇을 할지 고민해 왔다. 그는 중국에 남아 좋은 대학에 다닐 수 있었고, 많은 동급생이 선택한 것처럼 유럽으로 유학을 갈 수도 있었다. 그는 일본으로 가기로 결정했는데, 이는 주로 문화적 전통과 초기 근대 경험이 중국과 유사한 일본이 어떻게 불과 수십 년 만에 동아시아와 세계에서 인정받는 강대국으로 부상할 수 있었는지 알고 싶었기 때문이다. 더욱이 중국과 일본 정부는 중국 학생이 인가받은 일본 대학에 입학하면 등록금과 생활비를 중국 정부가 부담한다는 협정을 체결했다.[02] 저우는 부유한 가문 출신이 아니었기에, 외국에서 공부하기 위해서는 그러한 지원을 받아야만 했다.

일본행 배에 오르기 전, 저우는 시 한 수를 썼고, 나중에 몇몇 친구들과 공유했다.

큰 강을 노래하며 동쪽으로 배를 띄우니,

세상을 구할 지혜를 찾아 온갖 학파를 헤맸건만 허사였네.

벽을 마주한 십 년 수행 끝에 의식 속에서 깨어나리니,

과감히 바다를 건너 영웅이 되거나, 맹세코 돌아오지 않으리.[03]

이 시는 저우가 쓴 시 중 가장 중요한 작품 중 하나로 널리 알려져 있다. 이는 시 이상이었다. 이것은 자신의 삶에 지속적인 의미와 가치를 부여하기 위해 주변 세계를 끌어안겠다는 한 젊은이의 결의에 찬 선언이었다. 저우는 난카이와 중국을 넘어 첫발을 내디디면서 시구에 포부와 희망을 명확히 밝혔다.

★★★★★

장밋빛 전망에도 불구하고, 일본에서의 경험은 처음부터 고난과 정체로 얼룩졌다. 사실 일본에서 보낸 시간은 그의 삶에서 가장 어렵고 우울한 시기 중 하나였다.

저우는 첫째로 일본어 능력을 향상하는 과제에 직면했다. 이것은 새로운 경험이었는데, 난카이학교의 수업은 중국어 또는 영어로 진행되었고, 그는 일본어를 거의 알지 못했기 때문이다. 도쿄(東京)에 도착하여 몇몇 난카이 동문들의 도움으로 정착한 후, 저우는 거의 즉시 언어 공부에 집중했다. 10월에는 가구점 2층 비좁은 셋방에서 멀지 않은 간다(神田) 지구에 있는 대학 예비 과정인 동아고등예비학교(東亞高等預備學校)에 등록했다.[04]

저우의 목표는 일본 주요 고등교육기관인 도쿄고등사범학교(東京高等師範學校)나 제일고등학교(第一高等學校)에 입학하는 것이었다. 이 목표를 실현하기 위해서는 먼저 두 학교 중 한 곳의 입학시험에 합격해야 했

다. 몇몇 친척과 교사, 난카이의 친한 친구들이 모아 준 자금 소액이 일본 유학을 보조했다.[05] 그는 가족, 특히 지난 칠 년 동안 그를 지원해 준 백부 저우이경이 해외 경비를 감당할 수 없다는 것을 잘 알고 있었다. 일본 국립대학에 정식으로 등록해야만 중국 정부로부터 장학금을 받을 수 있었다. 이것은 그에게 학문적으로 성공하는 문제 이상이었다. 그가 일본에서 생존할 수 있는지의 문제였다.

그러나 저우는 예상했던 것보다 훨씬 더 어려운 도전에 맞닥뜨렸다. 일본에서 첫 몇 달 동안 학업에 열중했음에도 불구하고, 진전은 느리고 미미했다. 그는 날이 갈수록 점점 더 불안해졌다. 그는 1918년 1월 11일에 썼다. "나는 항상 가족이 나를 위해 한 희생을 기억해야 하며, 매시간, 매분마다 부지런히 공부해야 한다. 만약 정말로 정부 장학금을 받을 수 있다면, 그때는 크게 안도할 것이고, 한 걸음 한 걸음 나아갈 것이다. 그러면 언젠가 가족에게 보답할 수 있을지도 모른다."[06] 그러나 근면과 낙관만으로는 일본어 실력을 향상할 수 없었으며, 그가 언어 학습에 재능이 없다는 사실만 점차 분명해졌다. 일본어 공부에 많은 낮과 밤을 보냈음에도 불구하고 말이다.

그는 1월 29일에 한탄했다. "내가 여기에 온 지도 벌써 넉 달이 넘었지만, 일본어 학습에 거의 진전이 없다. 고등사범학교 시험이 빠르게 다가오고 있다. 만약 내가 더 열심히 공부하도록 자신을 밀어붙이지 않는다면, 이 시험뿐 아니라 다음 시험(제일고등학교 시험)에서도 가망이 없을 것이다."[07]

뒤이어 심지어 우울감이라 할 만한 심각한 좌절감이 저우의 마음속으로 침투했다. 그는 인생에 희망이 없고 궁극적으로 무의미하다고 느꼈다. 그때 저우는 일기에 불교식 허무주의[無生主義, 무생주의]를 받아들였다고 고백했다. 그는 썼다. "고해(苦海)는 끝이 없으니, 언덕에 이르려면 돌아서야 한다. 모든 것을 버리고 '아무것도 하지 않는' 길을 택하는 편이 나을 것이다. 그러면 적어도 내 삶은 더 쉬워질 것이다."08

이전까지는 일본에서 결코 그토록 외로웠던 적이 없었다. 그는 일본에 도착한 이후로 일본에서 공부하는 다른 난카이 졸업생들과 계속 연락해왔고, 그들로부터 온갖 도움을 받았다. 이제 1918년 초에 그는 도쿄 '난카이 서클'과 더 많은 시간을 보내기 시작했다.09 이것은 불안감을 완화하는 데 도움이 되었지만 동시에 죄책감을 고조시켰다. 그는 자신의 우선순위가 난카이 친구들과 어울리는 것이 아니라 일본어를 공부하고 시험을 준비하는 데 있음을 너무도 잘 알고 있었다. 하지만 당시 그는 배우는 일이 즐겁지 않았고, 빨리 깨치지도 못하는 언어를 공부하기 위해 그저 방에 틀어박혀 있는 것을 견딜 수 없었다.

*****

변화는 2월 상반기에 찾아왔다. 저우는 일본어 공부에서 벗어나 시험 준비와 관련 없는 독서에 몰두했다. 운 좋게도 그는 옌즈카이(嚴智開, 난카이 설립자 옌슈의 아들)에게서 얻은 잡지《신청년(新靑年)》한 권을 집어 들고 읽기 시작했다. 그리고 거기에 푹 빠졌다. 중국의 새로운 사상과 새로운 사고방식을 위한 영향력 있는 지적, 정치적 포럼인《신청년》은 예속 대신 자유를, 보수주의 대신 진보주의를, '폐쇄주의' 대신 국제주의를, 환상 대신 실용성을, 상상 대신 과학을, 후퇴하고 숨는 전술 대신 전진에 길을 내주어야 한다고 주장했다.10 이 잡지의 편집자는 나중에 중국공산당 창립자 중 한 명이자 주요 지도자가 된 베이징대학(北京大學, PKU) 교수 천두슈(陳獨秀)였다. 저우는 난카이 시절부터 이 잡지를 알고 있었고, 몇 권을 사서 읽기도 했다. 그러나 당시 그는 "학교의 다른 일로 너무 바빴기 때문에"《신청년》에 "별로 주의를 기울이지 않았다."[11]

하지만 이번에는 달랐다.《신청년》을 다시 읽기 시작했을 때, 저우는 그것이 소개하는 사상과 관점에 빠르게 몰두했다. 특히 자신이 잡지에 제시된 "반유교주의, 독신주의, 혁명적 문학 비평에 완전히 동의"한다는 것을 발견했다.[12] 그의 감정은 변했다.

난카이 시절부터 저우는 매우 강한 독신주의를 가지게 되었고, 이는 그와 친한 친구라면 거의 모두가 아는 사실이었다. 독신주의를 적극적으로 옹호하는《신청년》은 즉시 그의 눈길을 사로잡았고, '결혼'과 '사랑'의 관계에 대한 생각을 촉발했다. 2월 9일 자 일기에서 그는 "자유로운 사랑에는 남녀 차이가 존재하지 않는다. 인생에서 결혼할 필요는 없다"라고 썼다. 그는 결혼을 "실로 가장 고통스러운 것"이라고 불렀고, "사랑은 두 사람 사이 애정에서 자라난다"라고 설명했다. "남녀를 불문하고, 또는 어떤 것 사이에서든, 한 사람이 자신의 애정을 표현하고 다른 사람이 사랑이 무엇인지 느낄 수 있을 때. 그러므로 말과 개조차도 서로의 애정에 반응할 수 있다." 자신의 독신주의를 변호하기 위해, 저우는 더 나아가 "남편과 아내의 결합은 순전히 가문을 이어가려 가정을 조직하기 위한 것이다. 사랑의 결과인 부부만이 진정한 결혼이다"라고 선언했다.[13] 비슷한 논의가 다음 달 그의 여러 일기에 나타났다. 이것들은 '결혼'과 '사랑'의 본질을 철저히 탐구하려는 한 젊은이의 시도였다. 특히 우리가 이러한 표현들을 저우가 난카이 시절부터 독신주의 신봉자이자 실천가였다는 맥락에 놓는다면, 그가 결혼하지 않겠다는 선택을 정당화하기 위해 얼마나 열심히 노력했는지 명확히 볼 수 있다.[14]

더 넓은 관점에서 볼 때, '사랑'과 '결혼' 그리고 그들 사이 관계에 대한 저우의 비전통적인 논의는 삶의 의미와 태도에 대한 깊고 포괄적인 사고에서 필수적인 부분이었다. 이것은 저우가 "위대한 각성"이라고 부른 지적 과정이었으며, "새로운"이라는 한 단어로 특징지어졌다. 그 범위는 결혼과 사랑의 범위를 훨씬 뛰어넘었다. "이달 초부터 내 마음이 더 편안해진 것을 느꼈다"라고 저우는 일기에 썼다. "지난 며칠 동안 나는《신청년》세 권을 주의 깊게 읽었다. 나는 이제 집에 있을 때 내 마음에 있었던 모든 것이 크게 잘못되었음을 깨달았다…… 대신 나는 '새로운 생각'을 추구하고, '새로운 지식'을 찾고, '새로운 일'을 해야 한다." 그는 "마치 '재생'이나 '새로운 탄생'을 경험한 것 같았다."[15]

이 모든 것이 저우의 기분과 인생관을 바꾸는 데 도움이 되었다. 중국 설날인 1918년 2월 11일, 그는 자신을 위해 세 가지 새로운 목표를 세웠다. "첫째, 생각할 때 나는 최첨단보다 더 새로운, 가장 새로운 방식으로 생각해야 한다. 둘째, 일할 때 나는 가장 새로운 일을 해야 한다. 셋째, 공부할 때 나는 가장 새로운 지식을 공부해야 한다."[16] 2월 15일에 그는 "재각성"이라고 묘사한 상태에 도달했다. 그는《신청년》을 읽고 생각과 감정을 기록했으며, 허무주의에 굴복했던 것이 얼마나 어리석고 미숙한 일이었는지, "진보적인 길을 따르고" "위대한 대동(大同)의 가장 새로운 사상에 가장 가까운 일을 하는" 삶을 상상하는 것이 얼마나 즐겁고 "훨씬 더 편안한지"를 묘사했다. 그는 이날의 긴 일기를 다음 구절로 끝맺었다.

바람 불고 비 오는 시간이 끝나 가니,
붉은 해는 이미 동쪽에서 떠오르고 있다.[17]

저우는 크게 흥분했다. 이틀 후인 2월 17일, 그는 여전히 자기 각성의 기쁨에 젖어 있었다. 그는 썼다. "그저께의 각성 이후 나는 마음속 깊이 행복을 느꼈다. 과거의 내 행동은 어제가 지나감같이 죽었다."[18] 그는 자신의 초월적인 경험을 개종할 때 경험하는 "새로운 탄생"과 "재생"에 비

62

유했다. 그는 반성했다. "과거에 내가 생각하고, 공부하고, 했던 것들은 어떤 쓸모도 가치도 없다. 나는 내 생각, 학문, 행동이 진보적인 길을 따라 앞으로 나아가기를 희망한다."[19]

저우의 '자기 각성'은 일본에 대한 관점에 변화를 가져왔다. 그는 이제 일본이라는 나라 전반, 특히 일본 군국주의를 비판적인 시각으로 보게 되었다. 일본에 도착했을 때, 저우는 일본에서 중국을 구하고 현대화하는 방법을 배울 이상적인 본을 찾기를 희망했다. 난카이에 다니는 마지막 이 년 동안 중국에 대한 일본의 제국주의적 야망과 활동에 강하게 반대했음에도 불구하고, 저우는 일본이 근대화를 추진하여 얻은 효과에 깊은 인상을 받았다. 그는 또한 "강력한 군국주의 국가"와 "자비롭고 효과적인 엘리트 정치"가 일본이 성공한 주요 요인이며, 중국이 이를 배울 수 있다고 생각했다.[20]

일본에서 저우는 광범위한 사회적 불평등을 목격했고, 과연 중국이 일본과 같은 근대화의 길을 따라야 하는지 재고하기 시작했다. '자기 각성' 과정에서 저우는 일본의 군국주의와 엘리트 정치에 대해 더 깊이 반성했다. 그는 2월 20일 일기에 다음과 같이 썼다.

> 일본은 군국주의를 따르는 나라인데, 그 주요 요건은 '정의 없는 힘'에 대한 믿음이다…… 군국주의는 또한 영토 확장을 가장 중요한 문제로 삼는다…… 유럽 전쟁이 끝난 후 독일 군국주의는 계속되지 않을 것 같지만, 일본 군국주의는 어떠한가? 내 생각에, 20세기 군국주의는 절대적으로 계속 존재해서는 안 된다. 과거에 나는 군국주의와 엘리트주의가 중국을 구할 수 있을 것이라고 생각했다. 이제 나는 이것이 완전히 잘못되었음을 깨달았다![21]

이러한 깨달음과 함께, 저우는 일본 대학에서 공부하는 것이 실제로 일본을 깊이 이해하고, 중국의 근대화 경로에 대한 청사진을 개발하며, 더 넓은 의미에서 삶의 의미를 탐구하는 가장 바람직한 방법인지 생각했다. 그는 일본어 공부와 대학 입시 준비를 포기하지 않을 것이었다. 그 결정의 핵심에는 현실적인 이유가 있었다. 그에게는 계속 일본에 머물며 친구들과 가족으로부터 재정 지원을 받아야 하는 이유가 필요했다. 한편 그는 더 이상 대학 입학에 전념하지 않았다. 저우는 썼다. "지식은 어디에서나 추구할 수 있다. 그렇다면 왜 항상 교과서를 공부하는 것을 지식을 습득하는 유일한 방법으로 취급해야 하는가?…… 우리는 일본인들의 모든 계획과 움직임, 그들이 일을 처리하는 방식에 주의를 기울여야 한다…… 우리는 일본의 국가 상황을 알고 이해해야 한다."[22]

1918년 3월 초, 저우는 마침내 도쿄고등사범학교 입학시험에 응시했다. 당연히 결과는 낙방이었다. 일본어 공부에 시간과 노력을 쏟았음에도 불구하고, 부족한 언어 구사력이 일본에서 고등교육을 받으려는 그의 발목을 잡았다. 그가 그러한 실패에 대비하지 않은 것은 아니었지만, 그것은 여전히 그의 삶에서 드물게 당혹스러운 순간이었다. 그는 깊이 실망했다. 그는 썼다. "고등사범학교 시험에 실패한 후 나는 큰 불안에 빠져 있다. 7월 제일고등학교 시험을 잘 준비하지 않으면 절대 성공할 희망이 없다는 것을 안다."[23] 그는 새로운 "학습 계획"을 세웠다. 매일 열세 시간 반을 시험공부에 쓰고, 휴식과 '다른 일'에는 세 시간 반만, 그리고 약 여섯 시간을 잠에 할애했다.[24]

그러나 새로운 계획은 오래가지 않았다. 정치가 다시 그의 일상에 끼어들었다. 러시아 볼셰비키혁명 이후, 특히 볼셰비키 러시아가 1918년 3월 독일과 브레스트-리토프스크 조약(Treaty of Brest-Litovsk)을 일방적으로 체결하고 제1차 세계대전에서 철수한 후 동아시아 국제 정세는 변화하고 있었다. 일본은 그때 중국 정부에 표면적으로는 공산주의 러시아를 겨냥한 중일 공동방위 협정을 비밀리에 체결할 것을 촉구했다.

4월 초 비밀 협상 소식이 유출되어 언론에 보도되었다. 일본에 있는 많은 중국 학생들은 경악했고, 이것을 몇 년 전 일본이 중국에 강요하려 했던 21개조 요구에서 이미 드러난 바 있는 일본의 제국주의적 야망, 즉 중국에서 새로운 특권을 얻으려는 노력의 또 다른 징후로 보았다.

저우도 충격받았다. 그는 일기에 이렇게 썼다. "영자신문을 읽고, 일본 정부가 중국에 20개 요구를 제시했다는 것을 알게 되었다…… 그리고 우리 정부의 태도는 의심스러웠다."[25] 일본에 있는 많은 동료 중국 학생처럼, 저우도 이제 막 시작한 일상생활을 유지하고 하루 종일 대학 시험 준비에만 매진할 수 없음을 알았다. 그는 또한 '중국을 구하기 위한' 학생들의 활동에 참여하지 않을 수가 없었다.

5월 초, 중일 협정 체결이 임박했다는 보도가 더 많이 나왔다. 저우는 불안과 분노가 극에 달했다. 그는 5월 2일에 썼다. "나는 신문을 읽는 데 많은 시간을 보냈다. 우리 나라가 직면한 상황은 계속 악화되고 있다."[26] 그 순간, 제일고등학교(당시 저우가 간절히 공부하고 싶어 했던 곳)에 다니던 중국 학생들은 일본 유학을 그만두고 중국으로 돌아가기로 결정했다.[27] 저우는 이 학생들과 합류하지 않았는데, 아마도 그는 여전히 대학 입학시험에 합격함으로써 스스로와 다른 사람들에게 자신의 능력을 증명하고 싶었을 것이다. 그럼에도 불구하고 그는 시위에 적극적으로 참여했다. 5월 내내 그는 일기에 중일 관계의 새로운 발전에 대해 상세히 기록했다. 5월 10일 일기에 그는 이렇게 썼다. "중일 조약은 큰 천둥소리와 같았다. 우리가 나라를 잃었는데, 노예의 삶을 사는 것이 무슨 의미가 있는가?"[28]

중국 정부는 여러 중국 도시의 학생과 각계각층 사람들의 항의를 무시

하고 5월 16일 일본과 중일 공동방위 군사협정을 체결했다. 저우와 일본
의 동료 유학생들은 격분했다. 5월 19일 저우는 일본 내 중국 학생 애국
단체인 신중학회(新中學會)에 가입했는데, 그들 중 다수는 난카이 졸업
생이었다. 그날 저우는 연설했다.

> 중국이 그토록 약한 이유는 우리가 전통을 보존하지도 개혁을 수행하
> 지도 못하기 때문이다…… 나는 방금 이 학회에 가입했다. 이름에서
> '신(新)'이라는 단어를 보니 너무나 기쁘고 용기가 난다. 나는 우리 모
> 든 동지가 항상 이 '신'이라는 단어를 기억하기를 바라며, 그러면 중국
> 은 희망이 있을 것이다.[29]

그 당시 저우는 제일고등학교 시험 준비에 모든 힘과 노력을 쏟아야
했다. 그러나 5월 내내 그는 중국에 대한 일본의 침략 행위에 항의하는
것 외에는 거의 아무것도 하지 않았다.

6월 초, 저우는 3월에 세웠던 학습 계획을 다시 집어 들고 시험 준비에
집중하기로 재차 마음먹었다. 그것이 그렇게 결심한 마지막이었다. 우리
는 그가 실제로 그 계획을 어느 정도 실행했는지 모른다. 그러나 7월 초에
그가 제일고등학교 입학시험에 떨어졌다는 것을 안다.

저우는 이 실패에 놀라지 않았지만, 큰 타격을 입었음이 틀림없다. 7월
4일 자 일기에 그는 이렇게 썼다. "어제와 그저께 시험에서 또다시 실패
했다. 나는 너무나 깊이 실망했다."[30] 난카이 최고의 졸업생 중 한 명이
라는 명성에도 불구하고, 일본에서 공부하는 다른 많은 동문이 합격하는
가운데 자신은 그러지 못했다는 사실에 저우는 당황했다. 그는 심지어
"국립대학 입학시험에 합격하지 못한다면, 내 평생의 수치가 될 것이다"
라고 썼다.[31]

하지만 이 사건으로 그는 당장 직면한 문제들을 숙고한 후 과연 대학에서 공부하는 것이 자신에게 가장 좋고 적합한 삶의 길인지 다시 생각하게 되었을 수도 있지 않을까? 결국 이 모든 것이 정치활동에 헌신하려는 욕구를 자극했을 수도 있다.

저우는 휴식이 필요했다. 7월 말부터 9월 초까지 그는 6주간 중국으로 휴가 여행을 떠나 아버지를 포함한 가족들을 방문했다. 8월 7일에 그는 난카이를 찾았다. 이 외에 그가 중국에서 무엇을 했는지는 거의 알려져 있지 않다. 하지만 일본 체류를 마치고 중국으로 돌아와야 할지 감을 잡기 위해 방문했을 것이라고 생각해 봄 직하다.

저우는 9월 4일에 일본으로 돌아왔다. 그는 다음 해 봄에 중국으로 돌아갈 때까지 다른 대학 입학시험에 응시하려 노력하지 않았다.

★★★★★

저우가 일본을 떠나 있는 동안 '쌀 소동(米騷動)'이 전국을 휩쓸었다. 많은 여성을 포함한 일본 전역의 노동자와 농민들은 급등하는 쌀값과 높은 인플레이션에 때로는 폭력적으로 항의했다. 노동자와 농민들은 참담하게 낮은 소득과 사회적 지위, 그들을 착취하는 쌀 상인들을 보호하고 지원하는 듯 보이는 정부의 태도에 격분했다. 저우는 이미 일본 국가와 사회의 억압적이고 착취적인 면모를 강하게 반대하고 있었다. 쌀 소동으로 저우는 사회주의와 같은 급진적이고 변혁적인 이론에 더 주목하게 되었다.

러시아 볼셰비키혁명은 저우가 일본에 온 직후인 1917년 11월에 일어났다. 열렬한 신문 독자였던 그는 러시아의 발전을 알고 있었고 그곳 '적군'의 활동을 주목했다. 그는 1918년 4월 23일에 이렇게 썼다. "이 (러시아의) 급진파들의 목표는 노동자와 농민 들에게 매우 매력적이다. 그래서 그들의 힘은 날마다 증가했고 자본주의 체제와 종교의 제한을 깨뜨렸다. 세계에서 사회주의를 채택하는 국가들은 아마도 러시아를 첫 번째 시험장으로 삼을 것이다."[32] 그러나 당시 그의 마음은 일본의 중국에서의 제국주의적 행동이라는 더 시급한 문제에 몰두해 있었기 때문에 볼셰비키에 별로 주의를 기울이지 않았고, 러시아의 발전이 중국의 미래 변혁과 어떤 관련이 있을지 생각하지도 않았다. 일본을 중국의 근대화 모델로 삼는다는 가능성에 점점 더 환멸을 느끼게 되면서, 저우는 러시아 볼셰비키혁명에 주목했다. 그사이 그는 사회주의를 포함한 다양하고 새로운 사상 학파에 대해 열심히 배웠다.

　1918년 말 저우는 존 리드(John Reed)의 『세계를 뒤흔든 10일(Ten Days that Shook the World)』을 읽었는데, 이는 레닌(Lenin, Vladimir Ilyich Ulyanov)과 볼셰비키가 정치권력을 장악한 후 러시아에서 일어난 일에 대한 명확한 이해를 제공하는 목격담이었다. 그는 또한 일본 마르크스주의 경제학자 가와카미 하지메(河上肇)의 『빈곤 이야기(貧乏物語)』와 고토쿠 슈스이(幸德秋水)의 『사회주의 신수(社會主義神髓)』를 읽었다. 1919년 1월 가와카미가 편집하고 출판한 잡지 《사회문제연구(社會問題研究)》 창간호가 발행된 후에는 즉시 그 독자가 되었다. 한 일기에 저우는 이렇게 썼다. "스무 살에 나는 진리가 무엇인지 배우기 시작한다. 늦었지만, 나에게는 너무 늦지 않았다."[33] 그는 '진리'가 사회주의 사상을 가리킨다고 명시하지 않았다. 그러나 일본의 자본주의사회와 제국주의 외교정책에 대한 그의 비판적 시각을 고려할 때, 일본에서 사회주의를 만난 것이 적어도 그에게 사회주의, 심지어 공산주의를 향한 지적, 정치적 발전의 길을 열어 주었을 가능성이 있다. 특히 그는 이미 막연하게나마 사회주의가 중국이 처한 문제에 올바른 해결책을 제공할 수 있다고 느꼈을 지도 모른다.

이 기간 동안 저우는 일본 대학 입학 준비나 일본어 공부에 거의 힘쓰지 않았다. 마침내 1918년 3월, 난카이 학교 연장선상에 있는 난카이대학(南開大學)이 다가오는 가을에 새로 개교한다는 것을 알게 되자, 그는 즉시 중국으로 돌아가기로 결정했다. 이것은 저우가 생각하기에 일본을 떠날 훌륭한 이유가 되었다.

떠날 당시, 그는 매우 기분 좋아 보였다. 그는 교토(京都)를 지나면서 아라시야마(嵐山)를 방문했고, 거기서 시를 여러 편 썼다. 그중 하나가 「빗속의 아라시야마」다.

> 빗속에 다시 아라시야마에 오니,
> 양옆에는 푸른 소나무, 그 사이에는 벚나무.
> 길 끝에 봉우리 하나 솟아 있고,
> 봄바람은 바위를 감돌아,
> 반짝이며 옥색으로 흐르네.
> 이슬비 부슬부슬, 안개 짙어지는데,
> 한 줄기 햇살이 구름을 뚫고 나오네.
> 얼마나 더 아름답게 보이는가!
>
> 삶의 진리를 찾아서,
> 마치 노력할수록 더 흐릿하게 느껴지는 듯.
> 갑자기 한 줄기 빛이 안개를 뚫고 나오니,
> 얼마나 절묘하게 매혹적인가![34]

우리는 이 시의 의미를 어떻게 해독해야 할까? 그리고 바로 그 시와 거

3-1 1918년 4월 6일, 일본 교토에서 난카이 시절 친구들과 함께한 저우언라이. Album / Alamy Stock Photo

의 같은 시기에 쓰인 다른 많은 시의 의미는 어떻게 이해해야 할까? 단어와 행에서 저우의 기쁨이 꽤 눈에 띄게 나타났다. 많은 학자, 특히 중국의 학자들은 시에 나오는 '한 줄기 빛'을 사회주의와 마르크스주의 사상에 대한 암묵적인 언급으로 확인했다. 불가능한 해석은 아니지만, 저우의 즐거움을 새로운 사상에 계몽된 데만 기인해서는 안 될 것이다. 4장과 5장에서 더 논의하겠지만, 사실 유럽에 도착한 1919년 후반까지도 그는 여전히 어떤 "주의"에도 헌신하지 않았으며 "다른 사상 학파와 사상"을 계속 비교할 것이라고 주장했다.[35] 그렇다면 이 시는 또한 마침내 우아하게 일본을 떠나 중국으로 돌아갈 수 있게 된 기쁨과 안도를 반영한 것이 아니었을까?

며칠 후, 저우는 18개월간의 일본 '유학 생활'을 마치고 고베(神戶) 항구에서 배를 타고 중국으로 돌아갔다. 저우의 원래 목표가 일본 대학 진학이었음을 고려할 때, 유학은 실패했다. 그러나 일본 대학에 입학하여 공부하게 되었다면, 그는 학문 활동을 통해 "중국을 구하고 중국을 강하게 만드는" 데 완전히 다른 접근법을 취했을 수도 있지 않을까? 만약 그랬다면, 그는 중국으로 돌아오지 않았을 것이고, 중국에 모여드는 정치적 폭풍의 중심에 뛰어들지도 않았을 것이며, 후에 매우 영향력 있는 정치인으로 부상하지도 않았을 것이다. 적어도 오늘날 우리가 아는 저우언라이는 결코 존재하지 않았을 것이다.

제4장

5·4 운동가
1919~1920

    1919년 4월 말, 저우언라이는 톈진에 도착했다. 그의 계획은 새로 설립된 난카이대학 학생으로서 난카이에서 몇 년을 더 보내는 것이었다. 그러나 그 계획은 곧 보류될 운명이었다. 그는 며칠 뒤 중국 근현대사의 획기적인 사건인 5·4 운동이 터질 것이라고는 예상하지 못했다. 또한 그 자신이 아무런 준비 없이 이 거대한 정치적 폭풍의 중심 가까이에 서게 되고, 나아가 적극적으로 참여하게 되리라고는 생각조차 못 했다. 이를 계기로 그의 정치적 관점은 혁명적 민족주의와 일종의 사회주의를 포용하는 쪽으로 변모해 갔고, 훗날 그가 공산주의로 전향하는 문을 더욱 활짝 열어 주었다. 저우는 마침내 유럽으로 가기로 결심했고, 그곳에서 마침내 스스로 공산주의자라고 선언하며 중국공산당 유럽 지부를 만드는 데 몰두하게 될 것이었다. 저우의 5·4 운동 활동은 이러한 모든 발전의 결정적인 출발점 역할을 했다.

*****

저우언라이가 일본에서 돌아와 중국 땅에 발을 디뎠을 때, 나라는 정치적으로 긴장에 휩싸여 있었고 특히 지식인과 학생 들 사이에서는 더욱 그러한 분위기가 만연했다. 당시 프랑스에서는 1919년 1월 중순부터 베르사유평화회의가 진행되고 있었다. 저우와 같이 식견 있는 중국인들은 이 회의가 중국에 어떤 이익을 가져다줄 것이라고 낙관했다. 그들은 서구 열강, 그중에서도 특히 미국이 중국이 근대에 잃었던 권리와 이익, 특권을 되찾도록 도와 줄 것이라는 기대에 부풀어 있었다. 결국 중국 역시 제1차 세계대전 승전국 중 하나인 협상국이 아니었던가? 저우를 포함한 많은 이가 우드로 윌슨(Woodrow Wilson) 미국 대통령이 회의 개막식에서 제시한 14개조 평화 원칙에 주목했다. 그들은 특히 민족 자결과 민주주의 개념, 윌슨의 성명에 명시된 약소국의 독립과 영토 보전에 대한 보장에 큰 영감을 받았다. 훗날 중국공산당 창시자가 된 베이징대학 교수 천두슈는 윌슨을 "천하제일의 호인(好人)"이라고 칭송하기까지 했다.[01] 저우와 같은 젊은이들에게 베르사유평화회의는 국제관계의 새로운 시대, 즉 중국이 국제사회에서 더 평등한 지위를 얻게 될 시대의 여명을 의미할 수도 있었다.

이러한 새로운 민족주의 의식의 분출은 1910년대 내내 중국을 휩쓴 신문화운동이라는 지적, 문화적 격변 속에서 일어났다. 많은 급진적인 중국 지식인들은 중국 '구문화(舊文化)'의 결함에 대해 날카롭고 심지어 우상 파괴적인 비판을 가했다.[02] (일본에서 저우의 지적 재탄생을 촉발했던 《신청년》 잡지는 이 운동의 주요 발언대였다.) 제1차 세계대전 동안 일본이 중국에 가한 제국주의적 괴롭힘에서 비롯된 급진적 중국 지식인들의 굴욕감과 분노는 이 비판에 끊임없이 정보를 제공하고 불을 지폈

다. 그들이 생각하기에, 베르사유회의는 중국이 일본의 공격적이고 팽창
주의적인 야망에 맞서는 데 도움을 주어야 했고, 그들은 그렇게 되기를
매우 희망했다.[03]

　그러나 베르사유에서 상황이 전개되면서, 중국 지식인들, 특히 젊은
학생들은 점점 더 걱정이 깊어졌다. 중국 대표단은 회의에서 중국 내 외
국 세력권 철폐, 외국 군대 및 경찰 송환, 외국 우편 및 전신 서비스 규제,
외국 치외법권 폐지, 외국 조계지 반환, 중국 정부 관세 자주권 인정과 같
은 문제들을 제기했다.[04] 그러나 회의에서는 중국 동해안에 위치한 산둥
에서 일본이 이전 독일의 '권리와 특권'을 인수할 것인지에 관한 문제만
이 공식적으로 의제에 포함되었다.

　위대한 성현 공자(孔子)의 탄생지인 산둥은 오랫동안 중국 문명의 성
지로 여겨져 왔다. 1890년대 후반, 독일은 산둥반도를 자국 세력권으로
편입시켰다. 1915년 제1차 세계대전 중 일본은 21개조 요구를 제시했고,
1918년에는 중국 정부에 중일 공동방위 협정 체결을 강요했다(이는 3장
에서 설명했듯이, 저우와 일본의 다른 중국 학생들을 격분시켰다). 산둥
은 중국에 대한 지배권을 확립하려는 일본의 야심 찬 계획의 핵심 거점
이 되었다. 베르사유에서 중국 대표단은 산둥에서 중국 주권을 완전히
회복해 달라고 일본 측에 거듭 간청했지만, 일본은 조금도 양보하지 않
았다. 영국, 프랑스, 이탈리아가 "산둥에서의 독일 권리 처분에 관한 일본
의 주장을" 비밀리에 지지했다는 사실이 밝혀지면서 일본의 입지는 더욱
강화되었다.[05] 윌슨 대통령은 처음에는 중국 측 요청에 공감을 표했다.
그러나 일본이 회의에서 탈퇴하겠다고 위협하자(이는 국제연맹을 설립
하려는 윌슨의 계획을 위태롭게 할 수 있는 행동이었다), 그는 굴복했다.
4월 30일 워싱턴은 런던과 파리와 함께 산둥에서의 독일 '권리'를 인수하
려는 도쿄의 조건을 수락했다.[06]

중국이 산둥에서 완전한 주권을 되찾는 데 실패했다는 소식이 베이징에 전해지자, 국민들 사이에는 깊은 민족적 굴욕감과 함께 점점 더 급진적인 민족주의 정서가 고개를 들었다. 5월 4일, 삼천 명 넘는 학생들이 베이징 거리로 나와 대규모 시위를 벌였다. 시위대는 중국의 이익을 일본에 팔아넘긴 주범으로 널리 비난받던 차오루린(曹汝霖) 외교부 총장 겸 교통부 총장의 집에 불을 질렀다. 시위의 물결은 순식간에 전국 여러 도시로 퍼져 나갔다.

＊＊＊＊＊

저우가 톈진으로 돌아온 지 불과 며칠 안 되어 베이징에서 대중 시위가 터졌다. 그는 소식을 처음 들은 순간부터 시위의 전개 과정에 세심한 주의를 기울였고, 관련 활동에도 적극적으로 참여하려 노력했다. 난카이 동문으로서 그는 5월 4일 이후 거의 매일 난카이 캠퍼스를 찾았다.[07]

그 순간, 저우는 생애 처음으로 그의 오랜 후원자이자 찬미자였던 난카이 장보링 교장과 의견이 다르다는 것을 발견했다. 베이징 자택이 시위대에 의해 불타 버리자, 차오루린은 톈진으로 도망쳐 그곳 외국 조계에 있는 다른 집에 숨었다. 그는 자신의 대중적 이미지를 개선하고자 이전에 난카이에 상당한 금액을 기부하겠다고 제안한 바 있었다. 장 교장은 그 기부금을 받고자 했고, 차오를 난카이 이사회 이사로 임명할 계획도 가지고 있었다. 베이징에서의 5·4 시위 이후 이 소식이 알려지자 저우를 포함한 난카이 학생들은 강력히 반대했다. 일본에 있는 난카이 동문들에게 보낸 편지에서 저우는 장 교장을 날카롭게 비판했다. "난카이에 관해서는…… 모든 각도에서 상황을 검토해 본다면, 솔직히 말해서 매우 위험해 보입니다. 교장에게는 나름의 이유가 있었을지 모르지만, 나는 그 마음속에 무엇이 있었는지 이해할 수 없습니다." 저우는 장 교장에 대한 실망감을 학교이자 곧 대학이 될 난카이가 선택할 수 있는 진로에 관한 몇 가지 더 큰 문제들과 연결했다. 저우는 난카이가 "(중국의) 반역 자들과 긴밀한 관계를 유지하고 그들이 정부와 인민의 돈을 강탈하는 것을 돕는 대신, 새로운 것을 추구"해야 한다고 생각했다. 그것은 "가장 수치스러운 일"이었다. 그는 또한 장 교장이 "중국식 정치 수법을 적용하여 교육사업을 관리해 왔다…… 그는 매일 민주주의에 대해 이야기하지만, 일을 독단적으로 처리하여 사람들로부터 신뢰를 잃었다"라고 논평했다. 저우는 "(난카이에서) '새로운 것'을 창조할 유일한 희망은 우리 학생들에게 있다"라고 믿었다.[08]

난카이를 구하고, 더 나아가 중국을 구하기 위해 행동에 나서는 것은 학생들에게 달려 있다는 믿음에 따라, 저우는 톈진에서 학생 활동에 참여할 준비가 되어 있었다. 5월 14일, 톈진의 대학 및 고등학교 학생들은 톈진고등전문학교학생연합을 설립했다. 난카이 시절 절친한 친구였던 마쥔(馬駿)이 연합 부회장으로 임명되었다. 저우는 난카이에 학생으로 등록하지 않았기 때문에 연합의 정식 회원이 될 자격은 없었다. 하지만 여전히 그 활동에 참여하려고 시도했다. 5월 17일 그는 난카이 동문 및 경업회 회원 모임에 참석하여 정치 문제를 논의했다.[09]

톈진학생연합이 설립되는 것과 동시에, 급진적인 여학생 그룹도 톈진애국여동지회를 결성했다. 창립 멤버 중에는 열다섯 살 소녀 덩잉차오(鄧穎超)가 있었다. 그는 광시성(廣西省)의 청나라 부(府)급 관리 가문에서 태어났다. 아버지가 사망한 후, 덩은 의사이자 교사였던 어머니와 함께 톈진으로 이주했다. 5·4 운동이 터졌을 때, 덩은 직례제일여자사범학교 학생이었다. 그는 정치 및 애국 활동에 열정적으로 참여하여 협회 집행위원회 위원으로 임명되고 연설 책임자가 되었다.

당시 잉차오는 언라이를 알지 못했다. 그러나 그들은 결국 만나게 될 것이고, 몇 년 후 결혼하게 될 것이다.[10]

* * * * *

저우는 난카이대학 재학생이 아니었기 때문에 톈진학생연합의 활동에 공식적으로 참여하지는 않았다. 그러나 6월 말 연합이 자체 일간지 《톈진학생연합회보》를 발행하기로 결정하면서 변화가 찾아왔다. 연합의 지도자 두 명, 전즈둬(甄志墮)와 마쥔은 저우가 난카이 학생 잡지인 《경업(敬業)》과 《교풍(校風)》의 뛰어난 수필가이자 호평받는 편집자였다는 명성을 기억하고 있었고, 저우에게 회보 편집장을 맡아 달라고 요청했다. 저우는 그 제안을 수락하며, 회보 발행이 "학생들의 애국 운동이 지속적으로 발전하는 데" 도움이 되도록 하겠다고 약속했다.[11] 그는 거의 즉시 신문을 창간할 준비에 착수했다.

7월 12일 저우는 회보가 추구해야 할 목표를 강조하는 글을 발표했다. "우리는 '혁심(革心, 마음과 정신의 변혁을 추구함)'과 '혁신(革新, 사회의 개혁을 달성함)'의 정신을 이 일간지의 주요 목적으로 삼아 모든 사람의 새로운 삶의 의미를 탐구해야 한다."[12] 구 일 후, 회보 창간호가 발행되었다. 창간호에서 신문의 사명은 "사회개혁을 달성하고" "마음과 정신의 변혁을 추구하는 것"으로 정의되었다.[13]

왜 이 두 가지 목표가 제시되었을까? 그 둘 사이의 관계는 무엇이었을까? 두 목표 모두 당시 젊은 학생과 지식인 들 사이에서 꽤 인기가 있었다. 여기서 논리는 문화와 정신이 동시에 성공적으로 변혁되지 않는 한, 사회와 국가의 변혁을 달성하기란 거의 불가능하다는 것이었다. 돌이켜보면, 바로 이 지점에서 저우와 후배 동지들은 사회주의와 공산주의와 같은 급진적인 사상을 궁극적으로 수용하게 되는 개념적 길에 들어섰다.

저우의 편집 아래, 회보는 톈진과 전국에서 영향력 있는 정치 토론의 장으로 빠르게 부상했다. 초기에는 발행부수가 하루 오천 부였으나 곧 하루 이만 부 이상으로 급증했다. 이것은 결코 작은 성과가 아니었다.

편집장으로서 저우는 국내외 정치 문제에 세심한 주의를 기울였고, 특히 산둥 문제에 지속적으로 초점을 맞추었다. 1919년 7월 회보를 창간할 무렵, 산둥성의 두 도시인 지난(濟南)과 칭다오(靑島)에 주둔하던 일본 군이 현지 중국인 여러 명을 구타하고 체포했다는 사실이 보도되었다. 8월 초, 시위대 군중이 지난성 정부 청사 앞에 모여 일본 군인들의 폭력에 항의했다. 성 군사 본부 사령관인 마량(馬良)은 부하들에게 시위대를 향해 발포하라고 명령했다. 세 명이 사망했다.[14] 피비린내 나는 탄압 소식이 톈진에 전해지자 저우와 동지들은 격분했다. 저우는 8월 6일 회보에 발표한 글에 이렇게 썼다. "동포 여러분, 동포 여러분! 어둠의 세력이 해일처럼 밀려오고 있습니다⋯⋯ 우리는 행동해야 합니다. 우리 모든 시민이 스스로의 의식 속에서 깨어날 때입니다."[15]

8월 23일, 톈진학생연합은 대표단 열 명을 베이징으로 파견했다. 그들은 베이징과 중국 다른 지역 여러 학교에서 온 학생 대표들과 합류하여 산둥에서의 잔혹 행위에 항의하고 마량을 비롯하여 유혈 사태에 책임이 있는 사람들을 처벌하라고 요구했다. 그러나 정부는 대표들을 체포했다. 회보는 즉시 베이징 사건에 대한 특별호를 발행했다. 삼 일 후, 이천 명 넘는 학생들이 이끄는 시위가 베이징에서 열렸다. 저우의 친구 마쥔이 시위에서 총지휘관 역할을 했다. 삼 일간 대치한 끝에 정부는 무장 군인과 경찰을 보내 학생들을 해산시켰고, 마쥔을 포함하여 여러 명을 체포했다. 저우는 톈진 학생 수백 명과 함께 베이징으로 달려가 총통부 앞에서 연좌 농성을 벌였다. 8월 30일, 체포되었던 학생들은 모두 석방되었다.[16]

*****

　9월 2일, 저우와 친구 여섯 명은 베이징에서 톈진으로 돌아오는 기차 안에서 비공식 회의를 열었다. 여학생 장뤄밍(張若名)은 남학생과 여학생이 그들 사이 "봉건적 울타리"를 허물고 공동으로 정치활동에 참여해야 한다고 의견을 제시했다. 저우는 그 제안에 동조하며, 톈진학생연합과 톈진여학생협회 활동가들을 모두 포함하는 새롭고 더 긴밀하게 조직된 단체를 설립할 것을 제안했다. 다른 참석자들은 그 발상을 열정적으로 지지했다.[17]

　이 주 후인 9월 16일, 저우와 친구들이 톈진으로 돌아온 후, '각오사(覺悟社)'가 공식으로 출범했다. 저우는 사의 총책임자로 선출되었고, 기관지《각오(覺悟)》의 편집도 맡았다. 회보에서 그랬던 것처럼, 그는 사의 동지들에게 '사회개혁'과 '마음과 정신의 변혁'을 모임의 주요 목표로 받아들이도록 설득했다. 저우는 사를 위해 작성한 선언문에 이렇게 썼다.

　　'마음과 정신을 변혁'하고 '사회를 개혁'하는 정신에 따라, 우리는 우리
　　각자의 자각과 자결을 달성하기 위해 노력하고 있다.

　사의 정치활동 목표에 관해서는, "군국주의, 자본가 계급, 당파의 거물, 관료, 성별 간 불평등, 완고한 사상, 낡은 도덕, 오래된 윤리"를 제거하기 위해 노력할 것이라고 발표했다.[18]

　어떤 의미에서, 각오사는 중국식 남녀공학 클럽이었다. 창립 멤버 스무 명 중 열 명은 남성이었고 열 명은 여성이었다. 연대와 성평등을 보여주기 위해, 회원들은 서로를 형제자매로 여겼다. 그들은 서로를 이름으로 부르지 않았다. 대신 모든 사람은 무작위 추첨을 통해 1부터 50까지 번

호를 받았다. 저우언라이는 5번이었는데, 중국어로는 '우하오(五號)'였다. 이것은 저우가 앞으로 몇 년 동안 지하 공산당 활동을 수행할 때를 포함하여 다른 많은 경우에 사용하게 될 필명 중 하나가 되었다.

1번, 즉 '이하오(一號)'는 열다섯 살 소녀, 덩잉차오였다. 이것은 그와 저우가 더욱 친밀해지는 계기가 되었다. 각오사 활동에 참여한 때부터 우하오와 이하오 모두 서로에게 깊은 인상을 남겼다. 그들은 평생 서로를 가장 가까운 전우로 여기게 될 것이었다.

그 무렵 저우는 난카이대학 인문학부 학생으로 입학했다. 그는 이미 열정적인 정치활동가였고, 학업에만 전념하기는 매우 어려웠다. 그가 난카이에 등록한 직후, 톈진 경찰 당국은 회보의 보도가 "공공안전과 사회질서에 해롭다"라고 비난하며 발행을 중단하라고 명령했다.[19] 편집장으로서 저우는 회보에서 함께 일했던 동급생들과 함께 그 명령에 불복하기로 결정했다. 당국은 9월 22일 신문 발행을 정지시켰지만, 저우가 끈질기게 노력한 덕분에 회보는 10월 7일 발행을 재개했다. 신문 보도는 중요한 정치 문제, 특히 산둥 문제에 일관되게 초점을 맞추었고, 저우는 정치활동가로서 직접적인 경험을 반영하는 글을 썼다.

10월 1일, 톈진의 학생 대표들은 상하이, 산둥 및 다른 네 개 성 대표들과 함께 베이징으로 가서 총통부에 청원서를 제출했다. 저우가 대표들의 연락 담당자 역할을 했다. 그들은 정부가 산둥 문제에 더 단호한 입장을 취하고 "반역자" 마량을 처벌할 것을 요구했다. 모든 대표가 체포되어 일주일 동안 투옥되었다.[20] 학생들은 격분했다. 정부에 항의하기 위해 중국 전역 학생들이 10월 10일에 연합 시위를 조직했다. 톈진에서는 사만에서 오만 명에 이르는 학생과 시민 들이 난카이 캠퍼스에서 대규모집회를 열었다고 보고되었다. 저우는 집회에 참여했고, 톈진경찰서장을 만나는 학생 대표 역할도 맡았다.[21]

11월 16일, 푸젠성(福建省) 수도인 푸저우(福州)에 있는 일본 영사관 경비원과 거주자들이 일본 상품 불매운동 집회에 참여하던 중국 학생들에게 부상을 입혔다. 중국인 경찰관 한 명도 소동 중에 사망했다. 이 '푸저우 사건'이 보도되자 즉시 중국 전역에 광범위한 분노가 일어났다. 12월 20일, 십만 명이 넘는 다양한 배경의 학생과 시민 들이 난카이 캠퍼스에 모여 "일본 제국주의자들의 강도 같은 행태"를 규탄했다.[22] 집회 후 학생들은 톈진의 상점 진열대에서 일본 상품이 전부 치워졌는지 확인하기 위해 피켓 시위를 조직했다.

1월 초, 직례성(당시 톈진이 공식적으로 속해 있던 성) 성장은 모든 학교에 즉시 겨울방학을 시작하고 학생들을 집으로 돌려보내라고 명령했다. 당시 난카이대학 총장이었던 장보링은 그 결정을 지지하고 캠퍼스를 폐쇄했다. 저우와 그의 가장 가까운 동지 몇 명은 각오사 긴급회의를 소집했다. 그들은 장 교장을 존경했지만, 그 지시에 반기를 들기로 했다.[23]

1920년 1월 23일 학생 조사관들이 톈진에 있는 한 중국 상점에서 일본 상품을 진열한 것을 발견했다. 그러자 주인은 '일본 불량배' 세 명을 불렀고, 그들이 학생들을 잔인하게 구타했다는 주장이 제기되었다. 저우와 학생 연합 이사회 동료들은 반일 제국주의 시위를 계속할 뿐만 아니라 확대하기로 결정했다. 며칠 후 학생들이 시청 앞에서 대규모집회를 열기 위해 모였을 때, 시 당국은 경찰을 소환하여 학생들을 해산시켰다. 학생들이 저항하자 경찰은 그들 중 스무 명을 체포했다.[24]

6일 후, 저우가 총지휘관을 맡아 약 오천에서 육천 명 되는 학생들이 다시 직례성 정부 청사 앞에서 시위를 벌였다. 그들은 중국에서의 "일본의 만행에 대한 정부의 항복주의적 태도"를 규탄하고, 성 당국이 베이징 정부에 푸저우 비극에 대한 "합리적인 해결책"을 마련하도록 간청할 것을 요구했다. 저우와 다른 학생 세 명이 대표로 선출되었다. 경찰이 건물

입구를 바리케이드로 막았지만, 학생들은 건물 안으로 들어가 성장과 면담하게 해 달라고 요구했다. 그들은 모두 체포되었다.[25] 그 후 저우는 공식적으로 난카이대학에서 퇴학당했다.[26]

★★★★★

저우는 일생에서 처음이자 마지막으로 투옥되었다. 그와 같은 미래의 혁명가에게 감옥보다 더 나은 학교는 없었을 것이다. 그와 동료 학생들은 처음에는 톈진경찰국 구치소에 수감되었고, 일주일 후에는 톈진지방검찰청 구치소로 이감되었다. 두 곳 모두 감옥이었기에 이동은 제한되었다. 그러나 학생들은 수감 후 첫 며칠을 제외하고 두 감옥이 중국 기준으로 볼 때 상당히 지낼 만하다는 것을 알게 되었다. 두 번째 감옥에서 당국에 청원하고 논쟁한 것이 성공하여 학생들은 신문, 잡지, 책을 접할 수 있었을 뿐만 아니라 같은 감방에 머무는 것도 허용되었다.

결과적으로 수감되었던 6개월은 저우에게 긴 "학습 기간"이 되었다. 그는 다양한 사상 학파와 이념을 접하며 폭넓게 독서했고, 동료 수감자들과 "다양한 사회 문제"에 대한 일련의 토론회를 조직하여 "온갖 새로운 사상"에 익숙해졌다.[27] 그들은 독서하고 서로 의견을 나누었고, 나중에는 읽었던 책을 놓고 토론회와 세미나를 조직하기도 했다. 그들은 모두 젊었고, 당국으로부터 받은 처우에 분노했다. 그들은 정치적으로나 도덕적으로나 자신들이 옳고 당국이 틀렸다는 확신이 깊었다. 따라서 감옥에 있는 동안 급진적인 정서와 사상에 쉽게 흔들렸다. 저우의 동료 수감자 한 사람이 회상했듯이, 여러 학습 모임의 주요 주제이자 결론은 미래에 "근본적인 사회 변혁을 강조하고 추구하는 것"을 사명으로 삼아야 한다는 것이었다.[28] 이러한 맥락에서, 저우는 자신이 "일종의 전문가라 여겨졌던" 주제들에 대해 여러 차례 토론을 주재하고 발표했다. 그는 마르크스와 마르크스주의에 대해 몇 차례 강연하기로 했다. 그는 구체적으로 계급투쟁의 역사와 마르크스의 노동 잉여가치 이론, 역사적 유물론을 논했다.[29] 이 모든 것이 반드시 저우가 이미 마르크스주의자나 공산주의자였음을 의미하지는 않지만, 마르크스주의 사상을 연구하거나 심지어 포용하려는 의지가 커지고 있었음을 보여 준다.

저우와 동지들은 수감 기간 동안 언론과 난카이 및 다른 학교 학생들로부터 지속적으로 지지받았다. 저우와 학생들의 사건은 곧 당국에게 체면을 구기더라도 혐의를 기각하고 싶어 할 만큼 골칫거리가 되었다. 7월 6일부터 학생들의 재판이 시작되었다. 톈진지방법원 법정은 사람으로 꽉 찼다. 판사들은 여론이 피고인들을 압도적으로 지지한다는 사실을 알고 있었다. 더욱이 톈진학생연합은 저우와 동료 학생들이 가혹한 처벌을 받을 경우 "전례 없는 대규모 시위"를 열 계획도 세워 두고 있었다. 7월 16일, 판사들은 판결을 내렸다. 저우는 "괴롭힘 행위"로 유죄 판결을 받았고, 다른 남성 수감자 열 명과 함께 2개월 징역형을 선고받았다. 여학생 두 명은 징역형 없이 벌금 60위안만 부과받았다. 학생들은 이미 선고된 형량보다 더 오래 복역했기 때문에, 재판 직후 즉시 석방되었다.[30] 각계각층으로 구성된 거대한 군중이 감옥에서 걸어 나오는 저우와 동료 수감자들을 따뜻하게 환영했다.

저우는 자신의 개념적 영역에서 어떤 중요한 변화가 일어났다는 것을 분명히 느꼈다. 그는 훗날 회상했다. "나의 사상은 혁명을 지지하는 것에서 사회주의를 포용하는 방향으로 변했다."[31] 그는 혁명적인 방식으로 중국과 세계를 변혁한다는 생각에 그 어느 때보다 더 헌신하게 되었다. 그는 생각과 사상을 더욱 명확히 하고 행동으로 옮겨야 한다고 믿었다. 따라서 또 다른 중요한 결정을 내렸다. "그 나라들의 사회적 현실과 문제 해결 방식을 조사하고 이해하며, 우리 민족이 당면한 문제를 해결하는 데 사용할 수 있는 것들을 식별하기 위해" 유럽에서 공부하기로 결심한 것이다.[32]

제5장

유럽에서
공산주의자가 되다
1920~1924

오랫동안 유럽은 저우언라이를 매료시켰다. 그는 1917년 일본으로 떠나기 전부터 유럽을 대안 유학지로 생각해 왔다. 5·4 운동 시절, 저우는 유럽에서 시작된 사회주의와 아나키즘과 같은 급진적인 사상에 점점 더 몰두하게 되었다. 1920년 6월 아직 감옥에 있을 때, 저우는 프랑스로 유학을 떠나려는 친구를 위해 시를 한 편 썼다.

> 마르세유 해변에서,
> 혹은 파리 외곽에서,
> 아마도 우리 두 사람은
> 석 달 뒤에 서로 만나게 되겠지.[01]

파리에 있고자 하는 간절한 소망이 시에 생생하게 나타난다. 감옥에서 풀려난 직후 유럽으로 갈 기회가 생기자, 그는 즉시 그 기회를 잡았다. 이번에도 그는 난카이 인맥 덕을 보았다. 난카이 설립자인 옌슈는 새로 만든 장학금의 수혜자로 저우와 두 살 연하 남성 후배 리푸징을 특별히 지명했다. 장학금은 칠천 중국 은달러에 달했다.[02] 저우와 리 모두 난카이에서 가장 뛰어난 졸업생이라 평가받고 있었다. 옌슈가 설립한 재단의 후원 아래, 두 사람은 주로 학비와 수수료를 충당할 재정 지원을 받게 될 것이었다. 리는 저우의 절친한 친구였는데, 그는 오로지 과학에만 관심이 있었고 실제로 나중에 과학자가 되었다. 저우는 그 장학금을 유럽에서 "참된 지식을 추구하고 입신양명하기 위해 노력"하는 데 사용하고 싶다고 밝혔다.[03]

저우가 톈진학생연합 회보 편집장을 맡았던 것은 또한 가톨릭교회가 후원하는 톈진의 유력 신문 《익세보(益世報)》로부터 주목을 받았다. 신문사는 저우가 유럽에 간다는 사실을 알고 그에게 유럽 특파원으로 일해 달라고 요청했다.[04] 이 일은 저우에게 추가 수입원이 될 것이었다.

따라서 재정적인 면에서 저우의 유럽 경험은 일본 체류와는 달랐다. 그는 생활비를 충당하기에 충분한 수입을 마음대로 쓸 수 있었다. 또한 일본에서와는 달리, 언어 공부나 대학 등록이 유럽에 머물기 위한 전제조건이 아니었다. 그는 훨씬 더 자유롭게 활동을 계획할 수 있었다.

1920년 11월 7일, 저우는 상하이 항구에서 프랑스 증기선 포르토스(Porthos)호에 승선했다. 그는 당시 여권에 존 나이트(John Knight)라는 이름을 사용했는데 그 이유는 아직까지도 불분명하다.[05] 배는 사이공, 싱가포르, 콜롬보 및 인도양과 지중해의 여러 다른 기항지에 들렀다. 프랑스로 가는 길에 저우는 "해외 화교에 대한 차별"을 목격하고 깊은 굴욕감을 느꼈다. 그러나 다른 사람을 탓하는 대신, "중국이 그토록 후진적인 나라였기에 우리 자신에게도 잘못이 있다…… 자국의 흥망을 걱정하는 것은 모든 사람의 책임이다"라고 믿었다.[06]

여행 중에 저우는 감옥 안에서 경험한 일에 대해 상세히 기록했다. 그는 그것을 '경청일록(警廳日錄)'이라고 이름 붙였는데, 이 글은 나중에 먼저 신문《신민의보(新民意報)》에 실리고, 그다음에는 소책자로 출판될 것이었다.[07]

* * * * *

저우는 한 달여간 항해한 끝에 12월 중순 마르세유에 도착했다. 최종 목적지는 영국이었기 때문에, 그는 원래 임시 기착지로 계획했던 파리로 갔다. 그러나 몸이 아팠던 까닭에 파리에서 삼 주 이상 체류하게 되었다. 마침내 1921년 1월 5일, 그는 런던에 도착했다.[08] 유럽으로 떠나기 전에 저우는 에든버러대학교에 조건부 입학을 신청했는데, 이를 통해 입학시험을 면제받을 가능성이 있었다. 유럽에 도착한 후 그는 다시 대학에 문의했다. 답장은 빨리 왔다. 그가 난카이학교에서 이수한 교과과정이 인정되었다. 영어 능력 시험만 통과한다면 다른 시험을 치르지 않고도 대학교에 등록할 자격을 얻게 될 것이었다.[09] 그는 난카이에서 사 년 동안 영어를 공부하고 연습했기 때문에, 그 요건을 충족할 능력이 된다고 자신했을 것이다. 에든버러의 영어 능력 시험은 다음 가을로 예정되어 있었고 그때까지 시간이 있다는 것을 알게 되자, 학업 준비에 집중해야 한다는 부담은 더욱 줄어들었다.[10]

그 시기 영국은 제1차 세계대전의 여파로 심각한 사회 불안과 경제적 어려움, 정치적 혼란에 직면해 있었다. 《익세보》특파원으로서 저우는 자신이 "중요하거나, 의미 있거나, 흥미롭다고" 여긴다면 "무엇이든" 글로 써 달라는 임무를 수락했다. 일본에서처럼, 그는 유럽 전반, 특히 영국에서의 경험을 교육적 기회로 보았다. 그는 런던에 사는 이점을 활용하여 영국 사회에 더 깊이 파고들어 더 많은 것을 배우고 싶었다. 그는 썼다.

"런던은 세계에서 가장 큰 대도시다. 런던에서 학문을 추구하는 것은 단순히 교실에서 강의를 듣는 것 이상의 문제여야 한다. 현상으로서의 도시의 다차원적인 면모 또한 탐구할 가치가 있는 주제로 여겨야 한다."[11] 2월 초부터 저우는《익세보》에 일련의 "런던 통신"을 발표하기 시작했다. 1921년 2월 1일 자 신문에 실린 첫 번째 기사에서 그는 "유럽 땅에 발을 디뎠을 때" 그 "첫인상"이 얼마나 충격적이었는지 묘사했다. 그는 썼다. "유럽 사회는 제1차 세계대전의 거대한 영향 아래 있었고, 현 상황의 불안정성은 명백하다." 이 불안정성의 원인은 무엇이었을까? "낮은 생산성, 경제계의 불안, 일상생활의 빈곤…… 이 모든 것에 더해 정신적 손실이 있었고, 사회의 조건은 더욱 불안정해졌다." 기사 말미에 저우는 급진적인 예측을 더했다. "만약 유럽의 위기가 통제 불능 상태가 된다면, 사회혁명의 물결은 동쪽으로 이동할 것이고, 심지어 우리 나라도 그것을 피할 수 없을 것이다."[12] 저우는 이 기사에서 '계급분석' 방법을 사용하지 않았다. 그러나 사적인 편지에서 그는 "물가는 높고, 실업이 만연하다. 유럽 권력자들에게 가장 큰 골칫거리는 노동자와 자본가 사이 계급투쟁이 끝날 기미 없이 계속되고 있다는 것이다"라고 언급했다.[13]

그러나 '사회혁명'의 전망에 대한 논의와 마르크스주의 개념을 글에 적용했음에도 불구하고, 저우는 아직 공산주의자가 아니었다. 그는 여전히 "모든 '주의'에 대한 비교를 수행"하여 자기 신념을 시험하고 확립하고자 노력했다.[14] 1월 30일 그는 사촌 형이자 어린 시절 절친한 친구였던 천스저우(陳式周)에게 긴 편지를 썼는데, 당시 자신이 겪고 있던 개념적, 이념적 딜레마를 매우 상세하게 묘사했다. 저우는 천에게 썼다. "나는 다른 나라들의 사회적 조건의 진면목을 이해하려고 노력할 것이고, 내가 얻은 지식과 이해를 어떻게 우리 민족을 위해 사용할 수 있을지 생각할 것이다. 특정한 '주의'를 채택하는 문제에 관해서는, 나의 지식이 아직 피상적인 수준에 머물러 있어 지금으로서는 최종 판단을 내리기 어렵다." 편지에서 그는 또한 러시아와 영국이 채택한 서로 다른 "개혁과 변화의 길"을 비교했다. 어느 것이 더 나았을까? 그리고 어느 것이 중국에 더 적합했을까? 그는 러시아의 길에 공감을 표하면서도 영국식 모델을 대안으로서 완전히 배제하지는 않았다. 다시 말해, 그는 아직 최종 결론에 도달하지 못한 상태였다. 그는 자신이 이해하는 중국의 특수한 조건이라는 맥락에서 러시아와 영국의 길이 각각 양립 가능한지를 저울질했다. 저우는 썼다. "우리 나라에서는 문제들이 너무 깊이 축적되어 있어서, 러시아식 혁명의 예를 따르지 않는 한, 개혁과 변화의 효과에 도달하기 어려울 것이다." 그러나 저우는 또한 중국에서 혁명이 발발하면 일본과 러시아와 같은 "강력한 이웃들"로부터 격렬한 반발을 불러올 수 있다는 점을 우려했다. "우리는 강한 이웃들에게 둘러싸여 있고, 따라서 우리는 모든 움직임에 있어 매우 신중해야 한다. 어떠한 폭력적인 행동도 그들에게 구실을 제공할 것이기 때문이다. 그러므로 꾸준하고 점진적인 변화를 선호하는 생각들이 더 설득력 있어 보인다." 저우는 계속했다. "둘 사이에서, 러시아의 예를 따를 것인지 영국의 예를 따를 것인지에 대해서는 나는 아직 확고한 의견이 없다. 그러나 극단으로 가기보다는 타협하는 길을 찾는 편이 더 나을 것이라고 믿는다. 그래야 우리 나라 사람들을 적절히 이끌 수 있을 것이다."[15]

런던에 머무는 기간이 길어질수록, 저우는 영국의 생활비가 너무 비싸다는 것을 절감하게 되었다. 그는 이 문제를 옌슈와 천스저우에게 반복해서 언급했다. 한 편지에서 그는 옌슈에게 정부 장학금을 받을 수 있도록 도와 달라고 했지만, 가능성이 희박하다는 것을 알고 있었다.[16] 에든버러대학교에 등록하기까지는 아직 8개월이나 더 남아 있었기 때문에, 저우는 2월 중순에 런던을 떠나 생활비가 훨씬 저렴한 파리로 돌아왔다.[17]

＊＊＊＊＊

하지만 재정적 계산이 저우가 파리로 돌아가기로 결정한 유일하거나 주된 이유는 아니었을 것이다. 그의 톈진 친구 장선푸(張申府)와 류칭양 (劉淸揚) 부부가 1921년 새해 첫날부터 파리에 와 있었다.[18] 각오사 회원 이기도 했던 류는 저우의 절친한 친구였고, 저우는 류를 통해 그의 남편 장을 만났다. 저우보다 다섯 살 연상인 장은 5·4 운동에 참여했으며, 천 두슈와 리다자오(李大釗)의 가까운 동지였다. 리다자오는 베이징대학 교 수이자 도서관 주임이었고, 중국공산당 공동 창립자 중 한 명이었다. 유 럽에 도착할 무렵, 장은 천과 리처럼 이미 자칭 공산주의자였으며, 중국 에 공산당을 창당하는 구상을 천과 논의한 상태였다.[19] 표면적으로 장은 리옹에 있는 중불(中法)대학교에서 매월 팔백 프랑이라는 후한 보수를 받는 강사직을 맡기 위해 프랑스에 왔지만, 실제로는 또 다른 중요하고 비밀스러운 임무를 띠고 있었다. 천은 장을 "전적으로 신뢰하며" 그들이 결성할 공산당 당원을 파리에서 모집해 달라고 요청했던 것이다.[20]

장은 중국 공산주의 운동사에서 전설적인 인물이었다. 공산주의에 대 한 그의 관심과 헌신은 매우 진실해 보였지만, 그는 또한 공산주의 이론 을 버트런드 러셀(Bertrand Russell, 장은 그를 크게 존경했고 만난 적도 있었다)의 철학 및 유교 사상과 결합하고자 했다.[21] 저우는 오랫동안 장 을 지적, 정치적 의미에서 스승으로 여겨 왔다. 파리로 돌아왔을 때, 장은 이미 결혼한 지 얼마 되지 않은 아내 류를 설득하여 그가 있는 유럽 공산 주의 소조(小組)에 가입시킨 상태였다. 1921년 봄, 장과 류 두 사람이 주 선하여 소조는 저우를 신입 조직원으로 받아들였다.[22] 수년 후인 1985년 중국공산당 중앙위원회는 "저우 동지는 1921년 봄에 입당했다"라고 공식 적으로 인정했는데, 이는 당 자체가 정식으로 창당되기 몇 달 전이었다.[23]

90

이것은 결코 공식적이거나 잘 규제된 절차가 아니었다. 장이 회고한 바에 따르면, 저우가 소조에 가입하는 데에는 서류 작업도, 맹세도 없었으며, 어떠한 공식 절차도 수행되지 않았다. 장은 저우가 입회한 후 기록을 위해 천두슈에게 간단한 메모만 보냈을 뿐이다. 장은 자신이 저우를 '관심사와 사상을 공유하는 작은 친교 모임'으로 데려왔다고 믿었다. 그 모임은 계속 소규모로 유지되었다. 저우 이후에 소조 명부에 추가된 사람은 장의 친구였던 자오스옌(趙世炎)과 천궁페이(陳公培) 둘뿐이다.[24]

이후 몇 달 동안 저우의 활동은 당원의 활동처럼 보이지는 않았다. 그는 잠깐 파리 교외의 프랑스어 프로그램에 들어갔다. 그러다 다른 중국 근공검학생 네 명과 프랑스 중부 블루아(Blois)로 이주했다. 일부 프랑스어 수업을 듣는 것 외에 그는 어떤 학교에도 등록하지 않았다. 사실 그는 일본에서처럼 대학에 입학하려는 시도조차 하지 않았다. 1921년 2월 이후에는 에든버러대학교에 등록한다는 가능성을 다시는 재고하지 않은 것으로 보인다. 그의 본업은 《익세보》 특파원이었고, 신문 기사를 쓸 때는 "사회와 그 문제들을 조사하는 일"에 에너지를 집중했다. 그동안 그는 계속해서 '주의'를 탐구했던 것으로 보인다.

1921년 2월부터 1922년 3월까지는 저우가 언론인으로서 가장 생산적이었던 시기다. 그는 총 오십 편 이상 되는 기사를 《익세보》에 발표했는데, 그중 일부는 장문이었다. 저우언라이 또는 언라이라는 이름 외에도 그는 우하오(각오사 회원 시절 얻은 암호명), 샹위(그의 자), 페이페이(飛飛)와 같은 필명을 사용했다. 그가 쓴 기사들은 영국에서 발행된 신문들에 대한 광범위하고 세심한 독서와 연구에 힘입어 영국의 대규모 광부 파업, 전후 배상 문제, 태평양 문제와 1921~1922년 워싱턴회의, 영국과 프랑스 사이 불안한 관계를 포함한 폭넓은 문제들을 다루었다.[25]

이러한 문제들 중에서도 저우는 1921년 늦봄에 시작된 영국 광부 파업에 특별히 관심을 기울였다. 1921년 5월부터 7월까지 그는 파업의 원인과 전개를 묘사하고 분석하는 장문 아홉 편을 발표했다. 그는 광부들에게 크게 공감하며 영국의 자본주의 체제를 점점 더 비판적으로 바라보게 되었다. 그는 파업에 관한 마지막 글에서 이렇게 썼다. "자본가들은 이익을 추구하기 위해 무엇이든 할 것이므로, 파업이 타협적 결론에 도달하는 것은 참으로 어렵다. 근본적인 해결책을 찾고 달성하지 않는 한, 노동자와 자본가 사이 계급 전쟁을 끝낼 방법은 없다."[26]

《익세보》특파원으로서 저우는 또한 당시 이천 명이 넘었던 프랑스 내 중국 학생들의 상황과 활동에 세심한 주의를 기울였다. 이 학생들 대부분은 후난성(湖南省)과 쓰촨성(四川省) 출신이었고, 다양한 근공검학 프로그램을 통해 프랑스에 왔다. 더욱이 그들 중 다수는 5·4 운동에 참여했었다. 이제 그들은 전쟁으로 피폐해지고 여전히 전후 불황으로 고통받는 나라에서 일자리를 찾는 데 어려움을 겪으며, 일상생활에서 심각한 고난을 견뎌 내고 있었다. 1921년 봄, 중불교육협회가 재정난으로 인해 학생들에게 제공하던 미미한 원조를 중단하고 베이징 정부도 돕기를 거부했을 때, 학생들은 파리 중국공사관 앞에서 시위를 벌였다.[27] 여름에는 중국과 프랑스 정부 사이에 고금리 차관과 군수품 구매를 위한 비밀 회담이 진행되고 있다는 사실이 알려져 학생들은 그들이 "나라를 망치고 인민에게 불행을 가져오는" 것에 대해 다시 항의했다.[28] 마침내 9월 중국공사관은 중국 근공검학생들에 대한 재정 지원 종료를 발표했다. 중불대학교 또한 이미 프랑스에 있는 근공검학생들의 입학을 중단하고, 대신 중국에서 직접 새로운 학생들을 데려왔다. 학생들은 격분해 대학 캠퍼스를 점거했다. 프랑스 당국은 시위를 진압하고 차이허썬(蔡和森), 리리싼(李立三), 천이(陳毅)를 포함한 104명을 강제추방했는데, 이들은 모두 훗날 중국 공산주의 혁명의 지도자가 될 인물들이었다.[29]

저우는 근공검학생이 아니었고, 학생 시위에 직접 참여하지 않았다. 그러나 그는 두 가지 측면에서 학생 활동과 관련 있었다. 첫째, 1921년 3월부터 12월까지 그는 《익세보》에 네 차례 연재 기사(10일 이상 연재된 장문 두 편을 포함한다)를 쓰고 발표하여 학생운동 전개를 상세히 분석하고 보도했다. 특히 그는 이 활동의 중요성이 단순히 학생들 자신의 이익을 지키는 것을 넘어섰으며, 중국의 존엄과 운명, 주권과 관련된 문제들을 포함한다고 강조했다.[30]

둘째, 그는 서로 다른 배경이나 다른 지역 출신 학생들을 하나로 모으기 위해 그들 사이 차이점을 중재하고 해결하는 데 적극적이었다. 학생들 중 일부는 저우의 친구들이었다. 《익세보》 기사를 쓰기 위해 그는 학생들과 어울리며 그들 중 다수와 심층 인터뷰를 진행했다. 그 후 그는 학생 활동을 기획하고 조직하는 데 더 깊이 관여하게 되었다. 학생들이 중불대학교 캠퍼스 점거를 계획할 때, 그는 모든 인원을 보내지 말고 "일부 핵심 인원"을 뒤에 남겨 만일의 사태에 대비하고 투쟁을 계속해야 한다고 조언했다.[31] 저우는 학생운동에 관여함으로써 프랑스 내 중국 학생들 사이에서 위상과 영향력을 높였다. 학생들 중 다수가 훗날 중국공산당의 활동가 및 지도자가 되었기 때문에, 이는 또한 저우가 장차 중국 공산주의 혁명의 지도자로서 역할 기반을 강화하는 효과를 거두었다.

★★★★★

저우의 사상 학파와 정치적 지향은 1922년 봄에 결정적인 전환점을 맞았다.[32] 그는 공산주의에 큰 관심이나 강한 애착을 보였음에도 불구하고, 그때까지 자신을 명시적으로 공산주의자라고 선언한 적은 없었다. 장선푸의 파리 공산주의 소조에서도 정치활동에 많이 참여하지 않았다. 저우는 책을 많이 읽고 진지하게 생각했다. 그는 어떤 '주의'가 자신의 지적, 이념적 길잡이가 되어야 하는지 결론 내리고자 했다. 마침내 1922년 2월과 3월에 돌파구가 찾아왔다. 전 각오사 동지인 천샤오천(諶小岑)과 리이타오(李毅韜)에게 보낸 편지에서 저우는 썼다.

> 주의 문제에 관하여······ 우리는 공산주의 이론뿐만 아니라 계급 혁명과 프롤레타리아 독재의 원칙을 믿어야 하며, 물론 그것들의 실행은 특정 시간과 조건에 따라 조정될 필요가 있다······ 각오사의 원칙들은 분명히 충분하지 않고 명확하지 않다. 진실은 공산주의를 믿는 것만으로 충분하다는 것이다.[33]

비슷한 시기에 쓴 또 다른 편지에서 저우는 다음과 같이 선언했다.

> 공산주의에 대한 나의 헌신은 변하지 않을 것이며, 나는 그것을 더욱 단호하게 전파하고 그것을 위해 투쟁할 것이다.[34]

이 돌파구는 왜, 그리고 어떻게 발생했을까? 일본에서와는 달리 저우는 유럽에 있는 동안 일기를 쓰지 않았다. 그러나 두드러지면서도 상호 연관된 특징으로 나타나는 지적, 개념적 성장의 경로 세 가지를 그가 이 기간 동안 쓴 편지와 많은 글에서 확인할 수 있다. 첫째, 가장 실질적이고 시급한 차원에서 저우는 중국의 후진성을 진심으로 부끄러워했고, 중국과 중국 민족의 생존이 위태롭다고 깊이 걱정했다. 따라서 중국과 중국 민족의 운명은 그의 사고의 지속적인 주제로 나타났다. 그는 서구와 일본의 중국에 대한 제국주의적 침략을 분노에 차 규탄했고, "중국을 구하고 중국을 강하게 만드는 것"이 필수라고 믿었다.

그러나 저우는 단순히 민족주의자가 아니었다. 그를 다른 젊은 공산주의자들[저우가 파리에서 만난 호치민(Ho Chi Minh)과 같은 사람들이 있다]과 연결시킨 것은, 중국을 구하는 가장 효과적인 방법에 대한 생각과 국가의 구원이 더 큰 의미 및 목적과 결부되어야 한다는 신념이었다. 저우는 발전과 민족 독립 사상을 받아들였지만, 민족 해방이라는 개념에 훨씬 더 매료되었다. 그는 공산주의가 자신의 이상과 목표를 달성하기 위한 올바른 지적, 정치적 도구라는 것을 발견했다.

그러나 훨씬 더 깊은 차원에서, 저우는 중국 민족을 구하고 혁명적인 수단을 통해 중국의 국가와 사회를 변혁하는 것을 궁극적인 사명이나 목표로 삼지 않았다. 그가 난카이 시절부터 상상해 왔듯이 그에게는 변혁의 과정이 사람들의 마음과 영혼에 인상을 남겨 "재탄생"이나 "새로운 탄생"으로 이어지지 않는 한 설득력이 없었다. 바로 여기서 저우가 진리와 삶의 의미를 지적으로 추구하는 과정에서 마르크스-레닌주의로 전향한 궁극적인 이유를 찾을 수 있다. 처음 유럽에 도착했을 때, 그는 여전히 중국이 급진적인 정치적, 사회적 변화에 적대적인 "이웃들에게 둘러싸여 있다"는 사실을 고려할 때, 혁명이 중국에 재앙이 될 수 있음을 우려하고 있었다. 그러나 유럽에서 계속 체류하며 특히 그가 자본주의와 제국주의의 근본적인 문제라고 여겼던 것들을 목격한 후, 그는 공산주의 혁명이 상당한 해를 끼칠 수 있음에도 불구하고, "새로운 중국"과 "새로운 세계"를 달성할 수 있는 유일한 방법이라고 판단했다. 이를 위해서는 어떤 희생도 정당화되었고, 어떤 대가라도 치를 가치가 있었다.[35]

*****

1922년 3월 초, 저우는 장선푸, 류칭양과 함께 프랑스에서 독일로 이주

5-1 1922~1923년경 유럽에서의 저우언라이. World History Archive / Alamy Stock Photo

했다. 그들은 생활비를 절약하기 위해 베를린 남쪽 교외 작은 마을에 머물렀다. 이때 저우는 이미 유럽의 중국 활동가들로 구성된 새로운 공산주의 조직을 결성하는 데 적극적으로 참여하고 있었다. 6월 파리에서 유럽중국소년공산당이 결성되었다. 저우는 당의 첫 대회에 참석하기 위해 독일에서 여행 왔다. 그는 모든 당원이 당에 가입할 때 서약하여 "정치적으로 결속되고 헌신적인 세력"이 되어야 한다고 촉구했다. 장선푸의 "자유주의적 관행"과는 달리, 저우는 레닌주의적 방법을 채택하여 당을 발전시키는 것을 선호했다. 대회에서 저우는 당의 3인 집행위원회 위원으로 선출되어 인사 및 조직 문제를 담당하게 되었다.[36] 저우가 이 계획을 주도한 몇 달 후, 신생 조직은 지난 5월 광저우에서 설립된 중국사회주의청년단에 유럽 지부로 가입을 신청했다.

청년단에서 응답이 오기를 기다리는 동안, 저우와 동지들은 천두슈가 코민테른 제4차 대회에 참석하기 위해 모스크바에 도착했다는 것을 알게 되었다. 그들은 즉시 천에게 편지를 보냈는데, 이는 분명히 중국공산당 지도부의 관심을 끌기 위해서였다. 천의 답장은 1923년 1월에 왔다. 그는 저우와 동지들에게 조직 이름을 '중국공산주의청년단 유럽 지부'로 변경할 것을 제안했고, 중국의 중국공산당 및 청년단과 직접 관계를 맺으라고 지시했다.[37] 저우와 그의 동지들은 2월 17일부터 20일까지 파리에서 또 다른 대회를 열어 조직 이름을 유럽중국공산주의청년단으로 변경했다. 저우는 볼셰비키당을 모델로 삼아 청년단을 위한 규약을 기초했고, 대회는 이를 채택했다. 대회는 또한 5인 집행위원회를 선출했다. 저우는 위원회 위원으로 선출되어 서기 역할을 맡았다.[38] 대회 종료 직후, 저우와 동지들은 중국공산주의청년단 중앙위원회로부터 그들의 조직을 유럽 지부로 받아들인다는 편지를 받았다. 저우는 위원회를 대표하여 3월 13일 청년단 중앙에 첫 공식 보고서를 보냈는데, 여기서 그와 동지들

은 "공산주의의 통일된 기치 아래" 싸우는 데 노력을 아끼지 않을 것이라
고 약속했다.[39]

이때까지 저우는 중국과 세계를 변혁시키는 것을 목표로 하는 공산주
의 혁명의 대의에 전적으로 헌신한 완전한 직업 혁명가였다. 그는 그 고
귀한 대의를 위해 자신의 삶을 희생할 준비가 되어 있었다. 저우는 후난
에서 방직공장 노동자 파업을 조직하다 살해되어 중국 공산주의 혁명의
첫 순교자 중 한 명이 된 동지이자 절친한 친구 황아이(黃愛)를 위해 추
모 시를 지었다.

> 살아서 헤어지거나 죽어서 갈라지거나—
> 내게 일어날 수 있는 최악의 일.
> ……
>
>
> 씨 뿌리지 않으면,
> 거둘 수도 없으리.
> 혁명의 씨앗 뿌리지 않으면,
> 공산주의의 꽃 피울 수 없으리!
> 붉은 깃발 높이 날리는 꿈꾸면서,
> 피로 희생하지 않고서야.
> 그런 값싼 이득이, 있을 수 있으랴?[40]

1922년 중반부터 저우는 《익세보》에 기고하기를 중단하고 모든 시간
과 힘을 당을 위해 일하는 데 바쳤다. 그로써 위대한 비전과 신중함을 모
두 보여 주었는데, 그는 오직 최고로 뛰어나고, 유능하며, 헌신적인 혁명
가들만이 당에 가입할 수 있어야 한다고 믿었기 때문이다. 저우가 정식

추천하여 조직에 입단시킨 사람들 중 주더(朱德)가 있다. 1911년 혁명에 참여한 전직 군 장교 주는 수입이 좋은 직위를 포기하고 거의 마흔이 다 되어 유럽으로 유학을 왔다. 그는 1922년 10월 베를린에서 저우를 만나 공산주의 조직에 가입하고 싶다는 강한 열망을 표현했다. 그와 오랫동안 흥미로운 대화를 나눈 끝에 저우는 그를 받아들여야 한다고 생각했다. 1922년 11월 저우와 장선푸가 추천하여 주더는 당원이 되었다.[41] 훗날 주는 마오, 저우 및 다른 중국공산당 최고 지도자들과 함께 중국 공산주의 혁명의 중심인물로 부상하게 될 것이었다.

1922년 10월, 저우는 업무 목록에 상당한 경험이 있는 항목 하나를 추가했다. 바로 조직의 대변지 역할을 할 잡지 《소년(少年)》[1924년 2월에 제호를 '치광(赤光)'으로 변경했다]을 편집하고 발행하는 것이었다. 그는 이 잡지를 당의 선전 수단으로 사용하는 동시에 이론적 탐구를 위한 토론장으로 삼고자 했다. 편집실은 파리 이탈리광장(Place d'Italie) 근처 고드프루아가(Rue Godefroy) 17번지 3층 작은 방에 있었다.[42]

저우는 잡지에 「공산주의와 중국」「종교 정신과 공산주의」「노동계 친구들에게 보내는 편지」「10월 혁명」「노동조합 운동에 대하여」「러시아 혁명은 실패했는가?」 등을 포함한 일련의 글들을 발표했다. 그가 강조한 한 가지는 선봉 공산주의 조직에게 규율이 매우 중요하다는 것이었다. 따라서 일반적으로 저우는 장선푸가 제시한 관점을 지지했다. 장은 《소년》에 발표한 한 글에 이렇게 썼다. "규율은 공산당의 영혼이다. 규율이 없으면 공산당은 전혀 생존할 수 없다. 규율이 있으면 당이 있고, 규율이 없으면 당은 사라질 것이다…… 이것을 이해하지 못하는 사람은 누구든 당을 조직하는 것은 고사하고 당에 가입할 자격도 없다."[43] 그러나 동시에 저우는 규율에 대한 강조가 맹목적인 복종이나 비판적 사고를 제거하는 것을 의미한다고 생각하지는 않았다. 따라서 역시 《소년》에 발표한 글에서 다음과 같이 강조했다.

> 공산당은 확실히 '지시를 받아들일 능력도 의지도 없는' 그런 자유주의
> 자들을 포함해서는 안 된다. 그러나 공산당은 돼지처럼 비판적이지 않
> 고 복종 외에는 아무것도 모르는 당원들을 만들어 내려고 해서는 결코
> 안 된다.[44]

충성스러운 공산주의자가 되어 가는 과정에서도 저우가 비판적 사고
를 위한 공간을 유지하면서 독립적인 인격을 지키기를 간절히 바랐다는
것은 분명하다.

잡지를 편집하고 발행하는 과정에서 저우는 자신보다 여섯 살 어린 한
청년을 만났다. 그는 키가 5피트(약 152센티미터)도 채 안 될 정도로 작고
쓰촨성 사투리가 심했지만, 기력이 넘쳤고 배우는 속도도 빨랐다. 그는
저우의 지도 아래 주로 등사판 원지 긁는 일을 맡아 잡지 발행에 기여했
다. 등사기를 다루기도 하여 '등사 박사'라는 별명을 얻었다. 그가 덩샤오
핑이다.[45] 그는 쓰촨성 광안(廣安)의 "거의 몰락한 소부르주아 가문" 출
신이었다. 그의 아버지는 한때 성공한 "소관료"였다. 어린 시절 그는 "풍
족하고 행복한 삶"을 살았고, 스스로 인정했듯이 "특기는 독서를 좋아하
지 않는 것이었다." 아버지가 쓰촨성 정치에서 패배한 후, 덩은 삶의 질이
극도로 악화되었다. 덩 가문 "조상을 빛내기 위해" 그의 아버지는 자원을
총동원하여 아들을 프랑스로 유학 보냈다. 그러나 아버지가 그에게 중매
결혼을 강요했을 때, 덩은 가족과 "거의 모든 관계를 끊었다." 프랑스 근
공검학 경험에서 겪었던 고난과 《신청년》 및 다른 진보 문학을 읽은 영
향으로, 그는 공산주의 사상을 받아들이기 시작했다. 그는 1923년 6월 유
럽중국공산주의청년단에 가입했고, 그 후 파리로 와서 저우의 지도 아래

《소년》과 《치광》에서 일했다.[46] 이것은 중국 공산주의 혁명의 두 거인이자, 20세기 중국과 세계의 두 위대한 정치가 사이 반세기에 걸친 협력과 우정의 시작이 될 것이었다.

저우는 생활비와 활동비를 어떻게 조달했을까? 저우의 공식 전기에 따르면, "저우가 생활비를 충당한 주요 원천은 원고료였다."[47] 그러나 앞서 언급했듯이, 1922년 중반부터 저우는 더 이상 《익세보》에 글을 쓰지 않았고, 《소년》과 《치광》에서는 원고료를 받지 않았다. 더욱이 옌슈는 일기에 저우에게 제공했던 재정 지원이 1922년 말에 끝날 것이라고 기록했다.[48]

사실 저우가 직업 혁명가가 된 후, 그와 조직은 프랑스공산당을 통해 코민테른으로부터 재정 지원을 받았고, 아마도 중국공산당 중앙으로부터도 자금을 받았을 것이다.[49] 때로는 다른 출처에서 금전적 지원이 오는 경우도 있었다. 예를 들어 《소년》은 사실상 장선푸의 친구인 장스자오(章士釗)가 준 천 프랑으로 탄생했다.[50] 그러나 저우와 동지들이 받은 자금은 한정되어 있었다. 따라서 저우의 침실이자 《소년》 편집실로 사용된 고드프루아가 17번지 3층, 약 60평방피트〔약 5.6제곱미터〕 되는 작은 방에는 가구가 침대와 작은 책상 각각 하나뿐이었다. 사람들이 저우를 만나러 오거나, 그가 여러 사람을 모아 회의를 주재할 때는 근처 식당으로 가야 했다.[51]

유럽에서 보내는 마지막 해 동안, 저우의 업무는 국민당과 협력을 추구하는 방향으로 점점 더 초점을 맞춰 갔다. 이미 1922년 6월, 모스크바가 압력을 가중해 오는 가운데, 천두슈가 이끄는 중국공산당 지도부는 당의 현 상황을 바라보는 관점에 대해 성명을 발표했는데, "국민당 및 다른 혁명적 민주 정당들과 협력하여 민주주의 연합 전선을 구축할 용의가 있다"라고 밝혔다.[52] 두 달 후, 중국공산당 중앙집행위원회는 원칙적으로 중국공산당 당원들이 개인 자격으로 국민당에 가입할 수 있다고 결정했다.[53]

저우는 당의 새로운 정책 방향을 알게 되자마자 즉시 지지하기로 결정했다. 《소년》 제2호에 그는 장선푸의 글 「중국공산당과 그 현재 정책」을 게재했는데, 이는 국공합작이라는 발상을 확고하게 지지하는 내용이었다. 1923년 초 국민당 지도자 쑨원은 왕징치(王京岐)를 프랑스에 파견하여 당 지부를 설립하게 했다. 왕 자신도 프랑스 유학생이었고, 저우는 그를 얼마 동안 알고 지냈다. 그는 중불대학교 점거에 적극적으로 참여했다가 프랑스에서 추방된 후 중국으로 돌아갔었다. 저우는 왕이 쑨원의 대표로 프랑스에 돌아왔다는 것을 알고 즉시 그와 다시 연락을 취했다. 6월 16일 저우와 동지 두 명은 왕과 합의를 이루었는데, 이에 따라 유럽중국공산주의청년단의 모든 단원은 개인 자격으로 국민당에 자유롭게 가입할 수 있게 되었다.[54] 저우는 왕에게 편지를 써서 "세 가지 주요 과업"을 최우선 과제로 설정할 것을 제안했다. "첫째, 현재 중국에서 민주 혁명의 필요성과 그 전략 및 정책을 선전하는 것. 둘째, 유럽의 중국인 중에서 혁명 정신을 가진 사람들을 국민당으로 끌어들이는 것. 셋째, 국민당을 위한 조직 사업과 인재 양성을 강화하기 위해 노력하는 것"이었다.[55] 쑨원과 국민당은 저우를 국민당 파리 연락사무소 준비 위원으로 임명했다.[56]

11월 국민당 프랑스 지부가 리옹에서 공식적으로 설립되었다. 저우와 많은 공산주의 동지가 가입했고, 그들은 즉시 조직에서 지배적인 위치를 차지하게 되었다. 왕이 지부장이 되었고, 저우는 총무를 담당했다. 왕이 프랑스에 부재할 때, 저우는 지부장 대행으로서 그의 직무를 맡곤 했다.[57]

*****

난카이학교에 다니고 일본에서 공부하며 5·4 운동에 참여하던 시절, 저우는 많은 동급생과 친구 들에게 결혼할 계획이 없는 독신주의 실천가로 알려져 있었다. 유럽에 도착한 후, 사랑과 결혼에 대한 그의 태도는 조용히 변했다. 1923년 중반 유럽에서의 네 번째 해가 시작될 무렵, 저우는 5·4운동 시절 각오사 동지 때부터 알고 지낸 덩잉차오에게 더 자주 편지를 썼다.

덩은 저우의 첫 번째 연애 상대가 아니었다. 저우와 또 다른 각오사 동지였던 장뤄밍은 저우가 유럽에 있던 첫 이 년 동안 절친한 친구가 되었다. 장은 1902년에 태어나 저우보다 네 살 어렸다. 그도 저우처럼 각오사 창립자 중 한 명이었고, 1920년에 저우와 함께 투옥되었다.『경청구류기』에서 저우는 1월 29일부터 2월 6일까지 쓴 장의 일기를 인용했는데, 이는 그들 사이 친밀한 관계를 분명히 보여 준다.[58] 감옥에서 풀려난 후, 저우와 장은 더 가까워졌다. 그러나 저우는 여전히 독신주의자로 알려져 있었다. 덩잉차오조차도 나중에 저우의 조카에게 회상했다. "그때 장뤄밍이라는 소녀가 있었는데, 네 삼촌과 훨씬 더 가까운 관계였다. 나는 그때 만약 네 삼촌이 누군가와 결혼할 의향이 있다면, 그가 가장 적합한 사람일 거라고 생각했다. 우리 친구들 모두 똑같이 느꼈다."[59]

1920년 말 저우와 장은 프랑스 배 포르토스호를 타고 중국에서 프랑스로 갔다.[60] 장은 예쁜 소녀였고, 프랑스의 중국 동료 학생들 사이에서 가장 뛰어난 인물로 널리 인정받았다. 그와 저우는 동지였고, 외국 환경에서 생활하는 문화적 도전은 그들을 더욱 가깝게 했을 것이다. 그들을 아는 모든 사람이 그들이 약혼과 결혼을 향해 가고 있다고 생각했다. 그러나 저우는 마침내 먼저 장에게 거리를 두게 되었는데, 장에게서 "소부르주아 냄새"가 너무 많이 난다고 느꼈기 때문이었다. 수년 후, 저우는 조카에게 왜 그런 결정을 내렸는지 설명했다. "내가 혁명에 헌신하기로 결심했을 때, 나는 또한 그(장뤄밍)가 혁명가의 평생 동반자로서 적합하지 않다고 느꼈다."[61]

저우는 유럽에 도착한 이후로 계속 서신을 주고받았던 덩잉차오에게
로 눈을 돌렸다. 1923년 중반부터 저우는 덩에게 연이어 편지했다. 편지
를 보내는 주기는 점점 더 짧아졌고, 마침내 1923년 말이나 1924년 초 어
느 날, 저우가 덩에게 청혼했다. 한 글에서 덩은 마치 저우에게 이야기하
듯 그들의 관계를 다음과 같이 회상했다.

> 삼 년이 지났습니다. 당신이 이전보다 더 자주 내게 편지를 썼지만, 나
> 는 편지에 숨은 의미에 그다지 주의를 기울이지 않았습니다. 당신이 편
> 지로 청혼하며 우리 우정을 사랑으로 바꾸자고 요청한 순간, 당신은 갑
> 자기 내 마음을 사로잡았습니다. 나는 이것을 고려해야 했고, 그렇게
> 했습니다. 그리고 우리는 약혼했습니다.[62]

그 시기 중국은 국공합작에 의해 시작되고 추진된 '대혁명'의 전야에
놓여 있었다. 유럽중국공산주의청년단은 저우를 포함한 단원들을 중국
으로 돌려보내 대혁명에 참여시키기로 결정했다. 유럽중국공산주의청년
단이 저우에 대해 쓴 공식 추천서는 다음과 같다.

> 저우언라이, 저장성 출신, 26세. 성실하고 겸손하며, 활기차고 역량이
> 풍부하다. 구두 발표에 능통하고 설득력이 있으며, 글을 빠르고 재치
> 있게 쓴다. (공산)주의에 조예가 깊다. 그러므로 그는 완전히 프롤레타
> 리아화되었다. 영어 구사 능력이 매우 좋으며, 프랑스어와 독일어로 된
> 책과 신문도 읽을 수 있다. 그는 (유럽) 지부 창립자 중 한 명이다. 세
> 차례에 걸쳐 지부 집행위원회 위원을 역임했다. 그는 열정적이고 근면
> 하며, 뛰어난 성과를 거두었다.[63]

매우 공산당 스타일로 쓰인 평이었다. 누가 그것들을 썼는지는 알 수 없다. 그러나 이 편지는 저우가 당과 동지들로부터 어느 정도로 신뢰받았는지를 분명히 보여 주었다.

★★★★★

1924년 7월 말, 유럽에서 거의 사 년을 보낸 후, 저우는 중국행 배에 올랐다. 유럽에서 보낸 시간은 그의 정치 경력 발전에 매우 중요했다. 처음 프랑스에 도착했을 때, 그는 여전히 학교를 갓 졸업한 젊은 학생이었다. 5·4 운동 동안 정치활동에 참여했고 톈진의 급진적인 청년들 사이에서 명성을 얻었지만, 여전히 그는 거대한 정치적 격변기의 미미한 인물 수만 명 중 하나에 불과했다. 그의 활동과 영향력은 본질적으로 지역적인 수준을 넘지 못했다. 더욱이 급진적이고 변혁적인 사상을 포용하려는 경향에도 불구하고, 그는 궁극적인 진리를 개념적, 지적으로 탐구하는 과정에서 어떤 '주의'에도 헌신하지 않았다.

저우가 공산주의를 자신의 이념적 길잡이로 완전히 받아들인 것은 유럽에서였다. 공산주의 조직을 설립하고 발전시키는 일에 전심으로 투신함으로써, 그는 비록 아직은 작지만 새롭고 매우 활기찬 정치세력의 선봉이자 핵심 성원이 되었다. 가장 결정적으로 모스크바 코민테른 중심과 지리적으로 가까운 이점을 활용하여, 그는 유럽에서 장래 정치 경력을 발전시키기에 매우 유리한 일련의 관계를 구축했고, 코민테른의 유망 간부 후보 명단에 오르게 되었다. 결과적으로, 그는 자신이 활동한 지역을 훨씬 뛰어넘는 잠재력을 가진 정치적 영향력을 구축했다. 돌이켜 보면 이 모든 것은 중국의 급진적 혁명의 정치 무대에서 저우가 급부상하게 되는 높고 유망한 출발점이었다.

ZHOU

ENLAI

제6장

대혁명의
폭풍 속으로

1924~1927

중국 남부 주장강(珠江江) 삼각주 중심부, 홍콩에서 서쪽으로 약 120마일〔약 193킬로미터〕 떨어진 곳에 광둥성(廣東省) 성도인 아열대 도시 광저우(廣州)가 있다. 광저우는 서양인들에게 캔톤(Canton)으로 알려졌는데, 18세기 중반부터 19세기 중반까지 대외 무역이 공식적으로 허용된 유일한 중국 항구였다. 1839년 영국과 중국 간 아편전쟁이 광저우에서 발발했다. 이 전쟁에서 청나라가 결정적으로 패배하면서 중국이 서구 열강이 지배하는 조약 체제에 편입되는 문이 열렸고, 이는 중국인들이 외부 세계와의 만남에서 '굴욕의 시대'를 시작하는 계기가 되었다.[01] 광저우는 동서양 문화의 충돌을 목격했으며, 위기와 전쟁, 20세기가 시작되면서 전개된 혁명으로부터 영향을 받았다.

저우언라이는 한 달간의 해상 여정 끝에 1924년 9월 초 광저우에 도착했다. 그곳에서 그는 중국공산당이 쑨원의 국민당과 맺은 '통일전선'이 이끄는 대혁명의 중심지로 빠르게 변모하는 도시를 보았다. 표면적으로 보기에 그들의 목표는 서구와 일본 제국주의의 멍에에서 벗어난 진정한

중화민국을 추구하는 것이었다.[02]

저우는 겨우 스물여섯 살이었다. 그는 군사 지도자나 정치지도자 경험이 없었고, 유럽의 소규모 젊은 공산주의자 그룹 외에서는 무명이었다. 그러나 그는 유럽에서 헌신적이고 유능한 공산주의자로서 혁명 활동을 수행하며 축적한 정치적 자본과 명성에 힘입고 있었다. 더욱이 그는 모스크바와 코민테른으로부터 지지를 받고 있었던 것으로 보인다. [아마도 이 무렵 그는 다른 많은 중국 공산주의 지도자처럼 모스크바에서 '모스크빈(Moskvin)'이라는 가명을 부여받았을 것이다.[03]] 이 모든 것이 신생 중국공산당 내에서 저우가 빠르게 부상하고 동시에 국공합작 통일전선의 핵심 그룹에 진입할 수 있는 기반을 마련했다.

이후 사반세기 동안 1949년 중국공산당이 중국의 정치권력을 장악하는 것으로 절정에 달한 투쟁 과정에서, 저우는 밝은 시기와 어두운 순간들을 겪게 되지만 중국 공산주의 혁명의 주요 인물로 남을 것이었다. 실제로 저우의 역할이 미친 영향이 혁명 발전의 거의 모든 중요한 일화에서 나타났다. 광저우는 이 모든 것의 출발점이었다.

저우가 마오쩌둥이라는 남자를 처음 만난 곳도 바로 광저우였다.[04] 마오는 농민운동의 예비 활동가와 조직가들을 위한 훈련 프로그램을 주관하기 위해 도시에 와 있었다.[05] 광저우는 장차 주석이 될 그에게 농촌 중심 공산주의 혁명을 위한 이론적 실험장을 제공했으므로 마오의 출발점이기도 했다.

그러나 저우는 마오가 아니었다. 그는 결코 중국공산당 최고 지도자가 되지 않았고, 마오와 같이 유토피아적 이상주의와 카리스마를 보여 주지도 않았다. 저우는 사상가라기보다는 행동가에 가까운 인물로 특징지을 수 있다. 그러나 이전 장과 다음 장들이 증명하듯이, 저우를 자신만의 비전이나 생각이 없는 사람으로 묘사한다면 잘못일 것이다. 저우와 마오를 구별 짓는 것은 저우에게 사상이나 비전이 없었다는 점이 아니라, 혁명의 최고 지도자 위치에 오르고 그 자리를 유지하는 데 필요한 의지와 결단력이 부족했다는 점이다.

* * * * *

저우는 광저우에 도착하기 전 홍콩에서 며칠을 머물렀다. 9월 1일 그는 중국공산당 중앙위원회에 편지를 보내 상하이 당 지도부가 자신의 임무를 결정해 줄 것을 요청하며, "중앙위원회의 명령을 기다리기 위해 광저우로 가서 머물 것"이라고 밝혔다.[06] 이 편지는 적절한 시기에 당 중앙에 도착했다. 당시 영향력을 확대하기를 갈망하던 당 지도부는 자격을 갖춘 간부를 절실히 필요로 했다. 저우의 훌륭한 자격 증명을 고려하여, 중앙위원회는 당 광둥 지역위원회를 재조직하는 과정에서 그를 위원회 책임자 겸 선전부장으로 임명했다.[07]

그동안 저우는 황푸군관학교(黃埔軍官學校) 강사가 되어 정치경제학 과목을 가르쳤다.[08] 1923년 쑨원이 코민테른과 소비에트 러시아로부터 막대한 군사적, 재정적 지원 등을 받아 설립한 이 학교는 혁명 장교와 간부를 훈련하는 주된 임무를 띠고 있었다. 이 학교는 20세기 중국 군사 지도력의 주요 원천으로 알려지게 될 것이었다. 장선푸가 저우를 그 직책에 추천했는데, 그는 1923년에 중국으로 돌아와 잠시 황푸 정치부 부주임을 역임했다. 쑨원의 측근이자 친공산주의적인 국민당 좌파 지도자였던 랴오중카이(廖仲愷)가 장에게 황푸의 공석을 채울 후보를 추천해 달라고 요청했을 때, 장은 그에게 열다섯 명이 적힌 명단을 주었다. 저우는 그중 첫 번째였다.[09]

곧이어 1924년 11월 저우는 또 다른 중요한 기회를 마주했다. 황푸 정치부 주임 자리가 비어 있었다. 그 직책은 조직 내에서 그다지 주목받지 못했고, 실질적인 정치권력과도 연관이 없었다. 국민당 원로 당원인 사오위안충(邵元沖)이 그 자리를 맡고 있었는데, 그는 아마도 그것을 자산이라기보다는 부채로 여겼을 것이다. 그래서 쑨원이 사오에게 군벌이 통제하는 베이징 정부와 "중요한 국사"에 관해 회담하기 위해 떠나는 원정에 동행해 달라고 요청했을 때, 사오는 즉시 황푸에서 사임했다. 저우가 사오의 후임으로 정치부를 맡게 되었다.[10]

겉보기에 매우 통상적인 이 임명은 저우가 정치적으로 부상하는 중추 단계가 될 것이었다. 물론 이 직책이 그의 오랜 경력에서 가장 뛰어나거나 강력한 자리는 아니었다. 그러나 아마도 저우가 정치적 자본을 축적하는 데 결정적인 직책이 되었을 것이다. 황푸 졸업생 중 매우 많은 수가 훗날 중국공산당과 국민당의 고위급 지휘관이 되었다는 점이 중요하다. 따라서 황푸에서의 경험은 저우에게 양당의 군사 및 정치 위계 내에서 비범한 수준의 선임 자격을 부여했다. 저우의 높아져 가는 명성은 특히 중국 정치 문화에서 중요한 의미를 지녔다. 중국에서는 영향력과 권력이 종종 연공서열에 기반했기 때문이다.

저우는 그 직책을 맡자마자 주임직을 변화시키기 시작했다. 그는 자신의 임무와 업무를 정의함에 있어 황푸는 혁명 기관으로서 교육과정에 규율 의식과 "혁명 정신"을 심어 주는 것을 중요하게 여겨야 하며, 학생들을 군사적 의미뿐만 아니라 정치적 의미에서도 교육해야 한다고 강조했다.[11] 저우는 중국공산당을 정치적 올바름을 가진 정당으로 제시하며, 국민당과의 협력과 통일전선에서 공산당이 수행하는 비판적인 역할이 대혁명에서 승리하는 데 필수적이라고 역설했다.[12] 그는 새로 얻은 권력을 사용하여 공산당 동지들을 황푸의 다양한 요직에 임명했고, 공산주의자들과 공산주의에 동조하는 생도들을 모집했다.[13]

6-1 1925년경 황푸군관학교 시절 저우언라이. AFP via Getty Images

저우의 황푸 시절 학생 중 린뱌오(林彪)가 있었다. 1907년에 태어난 린은 후베이성 황강현(黃岡縣)의 부유한 상인 가문 출신이었다. 그는 열여섯 살에 우한(武漢)에서 중학교를 다니던 중 사회주의청년단에 가입했다. 1925년 황푸에 입학했고 그곳에서 중국공산당 당원이 되었다. 1926년 10월 황푸를 졸업한 후에는 북벌, 중일전쟁, 국공내전에서 군사 천재로 부상하여 1949년 공산당이 중국 정치권력을 장악하는 데 크게 공헌했다. 1959년 이후 "어떤 상황에서도 마오를 지지하는" 독특한 접근법으로 마오에게 신임을 얻었고, 문화대혁명에서 중국의 2인자이자 마오의 지정 후계자가 되는 데 이르렀다. 그러나 그의 전설은 1971년 9월 그가 마오를 배신하고 외몽골 언더르항에서 비행기 추락 사고로 비참하게 사망하면서 갑작스럽게 끝났다. 광저우는 린이 경력을 시작한 출발점이기도 했다.

저우는 또한 황푸 창립 교장인 장제스(蔣介石)를 포함한 국민당 동료들과 좋은 업무 관계를 추구하기 위해 노력했다.[14] 장 역시 저우에게 좋은 인상을 가졌던 것으로 보인다. 1925년 4월 장은 저우를 황푸의 또 다른 중요 직책인 군기부 주임으로 임명했다.[15] 장제스 전기의 권위자인 제이 테일러(Jay Taylor)에 따르면, "장의 눈에 비친 저우는 '성실한 사람'이었다." 황푸에서 함께 일했던 시간 이후 벌어진 "국민당과 중국공산당 사이 47년 넘는 경쟁, 투쟁, 격렬한 충돌 속에서 두 사람 사이에는 독특한 관계가 발전할 것이며, 여기에는 격렬한 당내 갈등 시기에 산발적으로 나타나곤 했던 상호 존중이 포함될 것이다."[16]

저우는 또한 당시 쑨원의 "소련과의 연합" 정책을 채택한 결과로 영향력과 권력을 얻고 있던 광저우의 코민테른 대표 및 소비에트 고문들과 긴밀한 업무 관계를 구축했다.[17] 당시 중국공산당 창립자이자 저명한 당 인물이었던 장궈타오(張國燾)가 관찰한 바에 따르면, 저우는 쑨원의 최고 소비에트 고문인 미하일 보로딘(Mikhail Borodin)과 "친밀한 관계"를

유지하여 그에게 지지를 얻었다.[18]

저우가 함께 일했던 사람들 중에는 베트남 공산주의자인 호치민도 있었는데, 그와는 파리 시절부터 알고 지낸 사이였다. 호는 중국어를 유창하게 구사하여 당시 보로딘의 통역사로 일하고 있었다. 호가 초청하여 저우는 당시 호가 광저우에서 후원하던 베트남 혁명 청년 훈련 프로그램에서 초빙 강연을 했다. 또 호의 요청에 따라 여러 베트남 혁명가가 황푸에 입학하는 것을 도왔다.[19]

1925년 초 광저우 혁명 정부가 제1차 동정(東征)으로 알려진 군사 작전을 시작하기로 결정했을 때 저우는 또 다른 행운을 맞았다. 당시 광둥 영토 삼분의 이, 특히 광저우 동쪽 지역은 천중밍(陳炯明)의 통제하에 있었다. 그는 한때 쑨원과 동맹이었으나 격렬한 적대 관계로 변한 군벌로, 광저우에 위협이 되었다. 1925년 1월 말 혁명 정부는 천의 군대를 공격하라고 명령했다. 황푸 생도들이 장교로 복무하는 신규 편성 부대들이 광저우 군대 주력을 이루었다. 이 '황푸 학생군'은 규율이 뛰어나고 사기가 매우 높아 천의 군대를 격파하는 데 주요한 역할을 했다. 저우는 원정에서 정치 동원을 책임졌다. 이 원정에서 승리하며 저우는 자신의 정치 교화 방법이 군대의 사기를 높이는 데 효과적임을 증명했을 뿐만 아니라, 많은 사람이 그를 군사 재능이 훌륭한 인물로 인식하게 했다.[20]

★★★★★

실제로 이 시기 저우는 마치 축제를 맞은 기분이었다. 정치 무대에서 부상함과 함께, 덩잉차오와의 사랑 또한 '수확기'를 맞았다.

그즈음 덩 역시 중국공산당에 가입하여 톈진에서 헌신적인 당 활동가가 되어 있었다(저우가 기대했던 대로였다). 저우가 유럽에 머무는 사 년간 덩은 계속 톈진에 있었다.[21] 이 기간 동안 두 젊은 활동가는 서신을 빈번히 주고받았다. 덩이 회상한 바에 따르면, 저우는 그에게 총 이백오십 통 넘는 편지를 썼지만, 그중 어느 것도 남아 있지 않은 것으로 보인다. 육십 년 후 작가 한쑤인과의 인터뷰에서 덩은 말했다. "우리는…… 서로에게 편지를 쓰면서 사랑에 빠졌다."[22] 이제 저우는 중국으로 돌아와 광저우에 자리를 잡았으므로 덩과 장거리 연애를 끝내고 결혼할 준비가 되었고, 또 그럴 수 있기를 간절히 원했다. 고위 간부는 결혼할 때 지도부에게 승인받아야 한다는 당 기존 정책에 따라, 저우는 1925년 1월 중국공산당 제4차 전국대표대회에서 중앙위원회 위원 펑수즈(彭述之)에게 덩과 결혼하는 것을 허락해 달라고 요청했다. 펑은 미소를 지으며 동의한다는 뜻으로 고개를 끄덕였다.[23]

뒤이은 이야기는 혁명과 사랑의 관계에 대한 저우와 덩의 이해를 반영한다. 그들에게는 전자가 항상 후자보다 앞서야 했다. 덩은 1925년 7월 톈진에서 배를 타고 광저우에 도착했다. 부두에 내렸지만 아무도 나와 있지 않았다. 그때 저우는 일이 너무 바빠서 당원이자 황푸 생도였던 천겅(陳賡)을 보내 덩을 맞이하게 했다. 그러나 천은 덩을 놓쳤고, 덩은 혼자서 저우의 숙소까지 찾아가야 했다.[24]

그러나 이 '작은 일화'는 장차 신랑 신부가 될 젊은이들에게는 아무런 의미도 없는 듯했다. 1925년 8월 8일 저우는 가까운 동지와 친구 약 스물네 명을 저녁 식사에 초대했다. 사실 그 자리는 그와 덩의 '결혼 피로연'이었다. 저우는 눈에 띄게 흥분했다. 그는 연거푸 잔을 비우며 위스키 세 병을 마셨는데, 그로서는 기록할 만한 음주였다. 자정 무렵 저녁 식사가 끝났을 때, 그는 완전히 취해 있었다. 다음 날 아침 깨어났을 때, 덩이 그에게 말했다. "혁명을 위해, 앞으로는 절대 그렇게 많이 마시지 마세요." 저우는 그러지 않겠다고 약속했다.[25] 저우와 덩은 '혁명가 부부'가 되었지만, 이것이 그들의 결합이 사랑으로 인한 결속이 아니라는 의미는 아니었다. 그 순간부터 저우는 덩잉차오의 이름의 세 번째 음절을 사용하여 영원히 그녀를 '샤오차오(小超, 작은 차오)'라고 불렀는데, 이는 사랑하는 사람에게만 사용하는 매우 친밀한 애칭이었다.

저우에게 이 결혼은 사랑과 이성, 정치적 계산의 교차점에 있었다. 평생 덩잉차오는 저우에게 가장 친밀한 전우였을 뿐만 아니라, 최상의 정치적 이익을 확고하게 지켜 주는 수호자였다. 덩은 저우가 죽은 후에도 그런 사람으로 남았다.[26]

정치적 고려를 결혼의 핵심 조건으로 간주하는 관행은 이후 저우와 덩의 가풍에 깊이 뿌리내렸다. 수년 후 저우와 덩이 키운 조카 저우빙더(周秉德)는 소련에서 유학한 젊은 남자와 교제했다. 두 사람은 서로를 존경했고, 사랑이 꽃피면서 서로에 대한 헌신은 더욱 강해졌다. 그러나 그동안 중소 관계가 급속히 악화되고 있었다. 저우와 덩은 빙더의 연애 사실을 알고 남자친구와 헤어지라고 조언했다. 삼촌과 숙모로서가 아니라 '동지'로서 한 말이었다.[27] 낭만적인 문제에서조차 혁명의 이익이 최우선이었기 때문이다.

★★★★★

저우는 신혼여행을 즐길 시간이 없었다. 8월 20일, 국민당 최고 지도자 중 가장 열렬한 친공산주의자였던 랴오중카이가 암살당했다. 모든 중국공산당 동지들처럼 저우도 충격을 받았다. 그는 랴오의 죽음이 국민당 내 친공산당 세력과 반공산당 세력 사이 정치적 힘의 균형을 바꿀 수 있으며, 결국 국민당 자체의 발전뿐만 아니라 공산주의자들과 국민당 사이 통일전선의 미래에 심대한 영향을 미칠 수 있음을 직감했다. 그래서 깊

이 걱정했다.[28]

그러나 국민당 내 그리고 국공 간에 깊어지는 긴장을 다루기 전에, 저우와 동지들은 광둥에서 천중밍의 잔존 부대를 제거하기 위한 제2차 동정을 조직하고 수행해야 했다. 8월 말 '황푸 학생군'은 재편성, 확장되어 새로 설립된 국민혁명군의 제1군으로 지정되었다. 저우는 제1군 정치부 주임 겸 군 제1사단 정치위원으로 임명되었다. 몇 달 전 제1차 동정에서 그랬던 것처럼, 저우는 병사들의 사기와 전투 능력을 향상하기 위해 정치 동원이 중요함을 재차 강조했다. 11월 중순까지 제1군은 연이어 승리했고, 광둥성 전체는 이제 광저우의 통제하에 놓이게 되었다.[29]

전장에서의 승리는 저우에게 또 다른 기회를 제시했다. 11월 21일 혁명정부는 그를 둥장(東江) 지구 행정위원으로 임명했는데, 이곳은 제1군이 방금 점령한 영토 대부분을 포함하는 25개 현을 관할했다.[30] 이 지구는 광저우 정부에 바다로 나가는 또 다른 출구를 제공하는 동시에, 절실히 필요했던 조세 및 기타 지원의 기반이 되었다. 중국공산당 당원이 그처럼 중요한 정치 및 행정 직책을 차지한 것은 처음이었다. 저우가 그 역할에 선택되었다는 것은 국공합작 통일전선에서 그의 정치적 힘과 영향력이 커지고 있음을 분명히 보여 주었다.

둥장에서 새로운 직책에 헌신하기 위해 저우는 황푸 정치부 주임직을 사임했지만, 여전히 제1군 관련 업무로 바빴다. 그는 둥장에서의 작업에서 두 가지 과업에 집중할 계획을 세웠다. 첫 번째는 농민을 중심으로 대중을 조직하고 동원하여 "반동 세력"의 잔존 영향력을 지속적으로 억제하는 것이었다. 그가 훨씬 더 높은 우선순위를 둔 두 번째 과업은 둥장을 "진행 중인 혁명을 위한 공고한 기반 지역으로 변모시키기 위해 교육, 상업, 수리 사업, 교통과 같은 중요한 분야에서의 발전 계획을 고안"하는 것이었다.[31]

그러나 이 계획을 실행하기 전인 1926년 3월 16일, 저우는 지역 직책에서 해임되었다.[32] 명목상으로는 저우가 제1군과 둥장에서의 직책을 동시에 감당하기가 너무 벅차다고 불평했기 때문이었다. 그러나 근본적인 이유는 중국공산당 당원들이 당적을 유지하면서 중요한 국민당 직책을 맡는 것을 허용해야 하는지를 두고 중국공산당과 국민당 사이 그리고 국민당 좌파와 우파 분파 사이에 긴장이 상당히 고조되었기 때문으로 보인다. 이 갈등의 근원은 1925년 3월 쑨원이 간암으로 갑작스럽게 사망한 후 점점 더 뚜렷하게 드러났다. 생전에 쑨원은 이 문제에 대한 논쟁을 억눌렀다. '소련 및 중국공산당과의 연합' 정책의 길을 닦기 위해서였다. 쑨원이 사라지자 국민당 내 균열은 계속해서 깊어졌다.

쑨원 사후 국민당에서 독보적인 군사 및 정치 지도자 역할을 주장한 장제스는 오랫동안 당의 좌파 핵심 인물로 여겨져 왔다. 그러나 그는 당내에서 중국공산당의 영향력이 확대되는 것을 목격하면서, 중국공산당이 국민당에서 '당내의 당'으로 부상할 것을 두려워했다. 따라서 한때 저우에게 말했듯이, 그는 국민당 내 모든 중국공산당 당원이 중국공산당에서 탈당하거나, 국민당과 황푸군관학교 모두에서 탈퇴해야 한다고 확신했다.[33] 저우는 이에 경각심을 느꼈다. 1926년 초 그는 이 문제에 대해 보로딘의 주의를 환기하며, 장의 권력을 견제하기 위해 "적절한 조치"를 취할 것을 제안했다. 또한 이 문제를 천두슈가 이끄는 중국공산당 지도부에 보고했다. 그러나 저우가 나중에 회상한 바에 따르면, 오랜 기다림 끝에 돌아온 반응은 무관심이었으며 어떠한 조치도 취해지지 않았다.[34]

* * * * *

근거 없는 걱정은 아니었다. 저우가 둥장 직책에서 해임된 지 불과 나흘 만에, 국공 관계의 주요 위기인 중산함 사건(3·20 사건으로도 알려졌다)이 터졌다. 3월 19일 장제스는 중국공산당 당원인 함장 리즈룽(李之龍) 지휘하에 있는 중산함이 허가 없이 황푸에서 광저우로 이동하고 있다는 보고를 받았다. 장은 그 여정과 목적을 알지 못했기에 그 소식을 듣고 깜짝 놀랐다.

때마침 그는 국민당 친공산 좌파 파견대 수장이자 국민당 내 지도자 자리를 놓고 자신과 경쟁하는 왕징웨이(汪精衛)로부터 행방을 묻는 전화를 두 차례 받았다. 장은 더욱 경계했다. 그는 왕이 중국공산당 친구 및 소비에트 고문 들과 공모하여 자신을 납치해서 소련 극동으로 보내려는 음모를 꾸몄을지도 모른다고 의심했다.[35] 장은 거의 즉시 광저우를 떠나 안전한 피난처를 찾기로 결정했다. 그러나 도시를 빠져나가는 길에 그는 재고했다. 만약 그가 광저우를 떠난다면, 다른 사람들은 그에게 책잡힐 만한 점이 있어서라고 여기지 않을까? 결국 그는 광저우 군사력의 상당 부분을 통제하고 있었다. 왜 그것을 사용하지 않는가? 더욱이 왜 그가 정적들이 꾸민 음모 앞에서 움츠러들어야 하는가?[36] 이러한 고려 끝에 그는 광저우로 돌아와 리즈룽을 체포하라고 명령했다. 3월 20일 아침, 장은 광저우에 계엄령을 선포하고 중국공산당이 통제하는 노동자 피켓 시위대를 무장 해제하라고 선언했다. 그날이 끝날 무렵, 그는 소비에트 고문 들의 거주지를 포위하고 저우를 포함한 공산주의자들에게 제1군에서 철수하도록 명령하는 등 일련의 조치를 취했다.[37]

저우는 충격받았다. 그가 거의 이십 년 후 회상한 바에 따르면 그는 상황이 이처럼 전개되는 것에 항의하기 위해 장의 사무실로 달려갔다. 그러나 장은 저우와 만나기를 거부했고, 그를 사무실에 24시간 동안 "붙잡아 두었다." 장은 자신을 납치하려는 음모가 없었다는 것을 깨닫고 나서야 계엄령을 해제하고 저우를 보내 주었다.[38]

3·20 사건은 오랫동안 20세기 중국 역사상 가장 신비하고 논란 많은 사건 중 하나였다. 국민당은 공산주의자들이 실제로 장을 납치하려 공모했다고 꾸준히 주장해 왔다. 반면 공산주의자들은 이 사건을 장이 공산주의자들을 국민당과 혁명군에서 축출할 목적으로 의도적으로 유언비어를 날조하고 퍼뜨린 탓으로 돌렸다.

지난 사반세기 동안 양톈스(楊天石)와 양쿠이쑹(楊奎松)과 같은 중국학자들은 3·20 사건이 대부분 우연히 일어났을 가능성이 크다는 것을 설득력 있게 증명하는 연구 결과를 내놓았다. 3월 18일 저녁, 상하이에서 광저우로 가는 상선이 황푸 근처에서 해적에게 공격받고 인근 황푸군관학교에 긴급 구조 요청을 보냈다. 중산함은 해군국에서 승인을 받고 황푸로 이동했다. 다음 날 리즈룽은 소비에트 러시아 대표단이 광저우를 방문하고자 한다는 통보를 받았고, 배를 황푸에서 광저우로 이동시키기 위해 장에게 승인을 구했다. 장은 중산함이 해적 사건 이후 해군국의 명령에 따라 황푸로 이동했었다는 사실을 알지 못했기에 자신을 납치하려는 공산주의자들의 음모라고 의심했고, 결국 자신이 필요하다고 판단한 조치를 취했다.[39]

그러나 3·20 사건의 이면에는 더 깊은 원인들이 있었다. 사건 이전에 중국공산당과 국민당 사이 그리고 국민당 우파와 좌파 분파 사이에 갈등이 격화되고 있었다. 장 자신은 제국주의에 맞서 싸우고 중국 민족 독립을 추구하는 것을 목표로 하는 '국민 혁명'을 촉진하기를 여전히 열망했다. 또한 그동안 그는 공산주의의 사상과 실천에 대해 점점 더 의심을 품게 되었다. 더하여 장과 왕징웨이 사이 그리고 장과 '키사르카(Kissarka, N. V. 쿠이비셰프)'로 알려진 소비에트 최고 군사 고문 사이에 균열이 생겼다. 쑨원 사후 장과 왕은 국민당 내 최고 지도자 자리를 다투는 주요 경쟁자가 되었다. 그들은 한 산을 차지하려는 두 마리 호랑이와 같았다. 보도에 따르면 상당히 오만했던 키사르카는 중국의 어떤 소비에트 군사 지휘관보다도 계급이 높았다. 광저우에 도착하자마자 그는 지휘관으로서 장의 자격을 얕보았고, 장은 이를 감지했다. 두 사람은 진정으로 서로를 싫어했다. 이때는 광저우 혁명 정부가 베이징 정부와 중국 동부, 중부, 북부의 다양한 지역 군벌들을 북벌할 준비를 하고 있던 시기였다. 3·20 사건 전야에 두 사람은 북벌 전략에 대해 의견이 일치하지 않았고, 어느 쪽도 타협할 의사가 없어 이미 팽팽했던 그들의 관계는 더욱 긴장되었다.[40] 무슨 일이 벌어졌을 때, 의심 많은 장이 침소봉대하기는 쉬운 상황이었다는 뜻이다.

3월 20일 밤이 되자, 장은 이미 자신을 납치하려는 음모가 없었다는 것과 계엄령을 선포하고 공산주의 장교들을 '강제 보호'하에 둠으로써 너무 멀리 나갔다는 것을 깨달았다. 3월 20일 긴 밤을 보내고 다음 날 어느 시점에 이르는 동안, 장의 기분은 분노에서 공황 상태로 바뀌었다. 그는 이제 자신이 전날 사건을 경솔히 관리하는 바람에 초래된 혼란을 어떻게 수습할 것인가를 극도로 걱정하게 되었다.[41]

이제 저우와 중국공산당 동지들이 직면한 도전은 장제스를 어떻게 다룰 것인가였다. 장과 우호적인 관계를 맺고 있었음에도 불구하고, 저우는 공격적으로 접근하는 편을 선호했다. 그는 공산주의자들이 국민당 내 친공산 좌파와 함께 "장의 공격을 단호히 격퇴할" 좋은 위치에 있다고 믿었다. 이는 특히 장의 "터무니없는 행동"에 격분하여 장을 끌어내리기로 결심한 왕징웨이의 경우에 그러했다. 소비에트 최고 군사 고문인 키사르카 역시 "장에게 치명적인 타격을 가해야 한다"라는 생각에 강력히 동조했다. 더욱이 저우는 "장에게 뼈아픈 교훈을 가르치는 것"에 대해 혁명군의 다양한 부대 지휘관들 사이에서도 광범위한 지지를 얻을 수 있으리라고 믿었다.[42]

거의 이십 년 후 저우가 설명한 바에 따르면, 그는 3·20 사건의 여파 속에서 생애 처음으로 마오를 만났다. 저우는 회상했다. "나는 (리)푸춘 [(李)富春]의 집에서 마오를 만났다. 마오는 여러 군대 간 힘의 균형에 대해 문의했고, (장에 대한) 단호한 반격을 지지했다. 마오의 조언에 따라 나는 소비에트 고문 키사르카를 만나러 갔는데, 그는 우리가 (장과) 결별해야 한다고 강조했다. 사실 당시 우리 군사력은 장에게 도전하기에 충분했다."[43] 이것이 저우의 이야기였다. 마오는 그와 저우가 언제 어디서 처음 만났는지 전혀 기억하지 못했다. 만약 저우의 기억이 정확하다면, 이 일화는 장래 주석과 그의 반세기에 걸친 인연의 시작을 알리는 것이었다. 그 관계는 주로 후자가 전자의 사상, 계획, 권위, 권력의 그늘 아래서 살고 일하는 것으로 정의될 것이었다.

그러나 상황은 저우와 마오가 희망했던 대로 전개되지 않았다. 소련 볼셰비키당 중앙위원회 위원이었던 안드레이 S. 부브노프(Andrei S. Bubnov) 장군이 이끄는 고위급 소련 시찰단이 당시 중국을 방문하고 있었고, 막 광저우에 도착한 상태였다. 그는 "장과 단결한다"라는 모스크바 기존 정책으로 이해한 바에 따라, 장제스와 타협을 추구하기로 결정했다.[44] 그러자 상황은 저우가 기대한 것과는 정반대로 급변했다. 키사르카는 직위에서 해임되어 소련으로 송환되었다. 왕징웨이는 부브노프의 결정에 깊이 실망하여 중국을 떠나 프랑스로 가기로 했다. 광저우의 정치 및 군사 권력은 장의 손에 떨어졌다.[45]

장은 일단 자신의 입지를 더욱 공고히 한 뒤 공산주의자들을 국민당의 의사결정 집단에서 몰아내기 위해 신속하게 움직였다. 한편으로 그는 공산주의자들을 배제하거나 그들의 수를 줄임으로써 자기 사람들을 일련의 국민당 핵심 직책에 앉혔다. 다른 한편으로는 국민당 내 반공 우파 세력에 맞서 싸우겠다고 큰소리치며 소비에트 및 공산주의자들과 협력하려는 확고한 의지를 과시했다.[46] 이는 말뿐인 약속에 불과했다. 5월 국민당 중앙위원회는 장의 재량에 따라 전체 회의를 열었다. 첫 번째 의제는 '당무 정돈에 관한 결의안'이었는데, 이는 국민당 내 모든 중국공산당 당원이 자발적으로 탈퇴하거나 중국공산당 당적을 포기하도록 규정했다. 회의는 그 결의안을 채택했다.[47]

회의의 여파로, 중국공산당 최고 지도자들은 장을 국민당의 '신우파', 기껏해야 '우경화된 중도파'로 간주하기 시작했다. 그러나 중국공산당의 전략을 고안한 것은 당 자체가 아니라 모스크바였다. 소비에트 지도자들은 주로 자신들의 당내 투쟁에 의해 움직였으며, 장이 중국공산당에 대해 일관되게 이상한 행동을 보였음에도 불구하고 여전히 "장과 협력하기를" 희망했다.[48] 이러한 상황에서 중국공산당 지도자들은 장을 타도하지도, 지지를 보내지도 않는 전략을 선택했다. 그런 전략이 정확히 무엇을 의미하며, 어떻게 작동할 것인가? 저우를 포함한 중국공산당 지도부 중 누구도 그 순간에는 답을 내놓을 수 없었다.[49]

이 모든 것이 저우에게 큰 영향을 미쳤다. 4월에 그는 제1군 부당대표 및 정치부 주임 직위에서 해임되었다.[50] 다른 몇몇 저명한 중국공산당 당원들도 해고되었다. 이제 저우를 군사 전문가로 취급하게 된 중국공산당 지도부는 그를 당의 광둥성위원회 산하 군사위원회 책임자로 임명했다. 저우가 맡은 주요 임무는 다가오는 북벌 준비를 조정하는 것이었다. 7월, 황푸와 제1군을 떠난 이백 명 넘는 공산주의 장교들이 광저우에 있는 한 불교 사원에 모여 특별 정치 훈련 프로그램에 참석했는데, 저우가 그 프로그램에서 책임자 겸 주임 강사로 일했다.[51] 북벌 전쟁은 거의 동시에 시작되었다.

＊＊＊＊＊

1926년 12월, 중국공산당 중앙위원회는 저우를 광저우에서 상하이로 공식으로 전출시켜 당 중앙군사위원회(CMC) 위원 겸 당 중앙조직부 서기로 임명했다. 그리하여 저우는 중국공산당의 가장 중요한 두 가지 과업인 군사 및 조직 업무 관리를 돕는 임무를 맡게 되었다.[52] 당시 이미 임신한 지 여러 달 되었던 덩잉차오는 광저우에 머물렀다.

그때까지 공산주의자들은 도시를 장악하기 위해 상하이 노동자 무장 봉기를 이미 두 차례 조직했으나, 모두 실패로 끝났다. 당 지도부는 저우가 도착한 즉시 상하이에서 또 다른 봉기 준비를 감독하도록 배정했다. 처음부터 저우는 "신중히 준비하고 행동할 적기를 포착하는 것"이 중요함을 특히 강조했다.[53]

3월 19일 북벌군 선발 부대가 상하이 교외에 도착했다. 그날 이른 아침 저우는 중국공산당 상하이지구위원회 긴급회의를 주재하고 연설했다. 그는 봉기를 시작할 적절한 시기가 왔음을 깨달았다. 저우는 말했다. "만약 적군이 붕괴할 조짐을 보인다면, 즉시 총파업을 시작하라는 명령을 내리는 동시에 (봉기를 시작하기 위한) 행동을 취해야 한다."[54]

다음 날 아침 아홉 시 저우는 봉기를 시작하라는 명령을 내렸다. 팔십만 명이 넘는 것으로 추정되는 상하이 노동자들이 총파업에 들어갔다. 중국공산당이 이끄는 노동자 군사 피켓 시위대는 상하이 기차역과 경찰서, 우편 및 통신 시설을 포함한 도시의 다양한 핵심 목표물에 공격을 개시했다. 3월 22일 오후까지 적군의 마지막 거점이었던 상하이 기차역이 노동자 피켓 시위대의 손에 떨어졌다. 저우는 봉기가 성공했음을 선언했다. 그 후 친공산당 임시 시 정부가 수립되었다.

그러나 장의 지휘하에 있는 부대들이 이미 상하이에 진입한 상태였다.

3월 26일에는 장 자신도 도착했다. 그는 시간 낭비 없이 노동자 피켓 시위대를 즉시 무장 해제할 것을 요구했다. 상하이 공산주의자들이 통제하는 임시정부를 인정하고 협력하는 것도 거부했다. 저우는 광저우에서 장을 많이 겪어 보았기에 깊이 불안해했다. 3월 30일 중국공산당 특별위원회 회의에서 저우는 동지들에게 경고했다. "모든 정황 증거는 그(장)가 우리에게 타격을 가할 준비가 되어 있음을 명확히 보여 준다. 미래에 그들이…… 상하이를 완전히 통제하려 할 때, 그들은 분명히 우리를 다루기 위해 무력을 사용할 것이다."⁵⁵ 그러나 저우는 장이 공산주의자들을 먼저 공격해 오는 것을 막을 계획을 내놓을 수 없었다.

4월 초 장의 부대들이 도시에 더 많이 도착하면서 장은 상하이에 대한 통제력을 더욱 강화했다. 그 후 그는 상하이에 계엄령을 선포하고 대규모집회와 파업, 무허가 시위를 엄격히 금지했다.⁵⁶ 모든 징후가 국민당-공산당 통일전선을 파괴할 수 있는 거대한 폭풍이 다가오고 있음을 나타냈다.

결전의 날은 1927년 4월 12일에 찾아왔다. 장과 긴밀한 관계를 맺어 온 상하이 지하조직 청방(靑幇)의 단원들이 이른 아침 도시 전역의 공산주의자들이 이끄는 노조 사무실을 습격했다. 그 후 장의 군대는 '시가전을 중단시킨다'는 구실로 상하이의 거의 모든 노동자 피켓 시위대를 무장 해제시켰다. 다음 날, 장의 군인들은 공산주의자들이 이끄는 노조의 총파업 요청에 응한 시위 노동자 수천 명에게 발포했다. 삼 일 후 장은 중국공산당과의 결별과 '국민당 정화' 의도를 공식적으로 발표했다. 그의 군대와 요원들은 도시 전역에서 공산주의자와 공산주의 동조자 들을 체포하고 학살하기 시작했다.

이 모든 것이 저우를 심각한 위험에 빠뜨렸다. 4월 11일 저녁 저우는 장의 부대 사단장이자 자신의 전 동료의 남동생인 스례(斯烈)로부터 저녁 식사 초대를 받았다. 저우는 저녁 식사에 참석했다가 다음 날 늦게까지 붙잡혀 있어야 했다.[57] 그 무렵 모든 친공산 피켓 시위대는 무장 해제되었다. 저우는 장의 움직임에 격분했지만, 자신과 그의 당은 장제스에 맞설 패가 없음을 깨달았다. 수년 후 그날의 상황을 이야기할 때, 저우는 여전히 한탄하며 말했다. "우리는 그때 정말로 매우 젊었고, 정말로 경험이 없었다…… 우리 측이 범한 가장 심각한 실수는 정신적 준비가 전혀 되어 있지 않았다는 것과 다음 단계에 대해 전혀 생각해 본 적이 없다는 것이었다."[58]

장의 4·12 쿠데타 이후 며칠 동안 상하이는 '백색 테러'에 휩싸였고, 장의 군인들은 계속해서 공산주의자와 공산주의 지지자 들을 검거했다. 상하이의 격변은 날이 갈수록 저우와 중국공산당 동지들에게 점점 더 큰 위험으로 다가왔다. 저우는 장의 요원들로부터 신변을 보호하기 위해 지하로 잠적했다.[59]

장의 쿠데타 이후 구성된 특별위원회, 즉 저우, 리리싼, 천옌녠(陳延年), 자오스옌, 그레고리 보이틴스키(Gregory Voitinsky, 코민테른 동방부 대표)로 구성된 위원회는 중국공산당이 직면한 중대한 도전에 대처할 전략을 수립하기 위해 4월 16일과 19일 두 차례 긴급회의를 열었다. 당시 우한은 여전히 국민당 좌파의 통제하에 있었지만, 그 군대는 북방 군벌 세력과 치열한 전투를 벌이고 있었다. 우한은 계속해서 북벌에 집중해야 하는가, 아니면 장과 싸우기 위해 방향을 돌려야 하는가? 저우에게 답은 명백했다. 장은 이제 혁명의 주적이었다. 따라서 공산주의자들은 국민당 좌파와 함께 장의 "반동적 면모"를 폭로하고 즉시 반장(反蔣) 캠페인을 시작해야 했다. 더욱이 저우는 우한이 "먼저 장과 싸우고, 두 번째로 북벌을 벌이는" 전략을 채택하고 장에 대응하기 위한 군사행동을 추구해야 한다고 믿었다.[60] 위원회는 저우의 권고를 채택했다. 저우는 그 후 중국공산당 지도부에 보낼 전보 초안을 작성했고, 다른 여러 회의 참석자들도 서명했는데, 여기서 그는 당 중앙에 "즉시 장에 대한 공세를 시작하는" 것을 촉구했다.[61]

이 위태로운 순간에 덩잉차오는 광저우에서 아기를 낳을 예정이었다. 출산은 힘든 시련이었고, 아기는 살아남지 못했다. 덩 자신은 적들의 숙청을 피하기 위해 즉시 지하로 숨었다. 덩은 몇 주가 지나서야 저우로부터 상하이로 와서 합류하라는 메시지를 받았다. 상하이에 도착하자마자 덩은 각오사 시절 저우가 쓰던 암호명인 우하오를 사용하여 상하이 신문에 실종자 광고를 냈다. 저우가 그것을 확인하여 둘은 상하이의 지하 정치 세계에서 비밀리에 재회했다.[62]

이제 저우가 상하이에서 할 수 있는 일은 거의 없었다. 5월 중순 어느 날 밤, 그는 유니언잭을 단 배를 타고 상하이를 떠났다.[63] 5월 20일경 그는 대혁명의 새로운 중심지인 우한에 도착했는데, 그곳에서는 여전히 중국공산당과 왕징웨이가 이끄는 국민당 좌파 사이 통일전선이 유지되고 있었다.

중국공산당은 저우가 도시에 도착하기 불과 며칠 전에 우한에서 제5차 당대회를 개최했다. 저우는 대회에 참석하지 못했지만, 중앙위원회와 정치국 위원으로 선출되었고 중앙위원회 비서실 책임자로 임명되었다. 5월 25일 저우는 정치국 상무위원회 회의에 초대받아 중앙위원회 군사부장으로 임명되었으며, "필요한 경우" 상무위원회 회의에 참석할 수 있는 권한을 부여받았다.[64] 사 일 후 저우는 상무위원회 대리 위원이라는 역할을 추가로 얻었다. 그리하여 우한에 도착한 지 이 주도 채 안 되어 저우는 당 중앙 지도부의 가장 핵심 그룹에 합류했다.

5월 하순 코민테른 집행위원회는 '중국 문제에 관한 결의안'을 채택했는데, 이는 '5월 지시'로 알려지게 되었다. 모스크바는 중국 공산주의자들에게 주로 "토지혁명 촉진"을 목표로 하는 무장투쟁을 수행하라고 명령했다. 특히 코민테른은 중국공산당에 "혁명적인 노동자와 농민으로 구성되고, 절대적으로 신뢰할 수 있는 자들이 지휘하는 여덟 개에서 열 개 사단을 조직하라"라고 지시했다.[65]

실제로 공산주의자들이 볼 때, 우한의 상황은 급속히 악화되고 있었다. 국민당 내 친공산 좌파의 지도자라는 명성을 얻었던 왕징웨이는 중국공산당과의 결별을 심각하게 고려하고 있었다. 왕은 일 년 전 3·20 사건 당시와 그 이후의 경험을 결코 잊지 않을 것이었다. 그때 그는 소비에트 고문들이 장과 대치하는 상황에서 자신을 지지해 줄 것이라고 확신했다. 그러나 그는 배신당했다. 그는 실망과 불명예 속에서 나라를 떠났다. 장제스가 이미 우위를 점한 또 다른 주요 대결에서, 모스크바와 중국공산당이 왕징웨이가 이번에 자신들의 편을 들어 줄 것이라고 어떻게 기대할 수 있었겠는가?[66]

7월 중순, 코민테른의 지시에 따라 중국공산당 지도부가 개편되었다. 새로운 임시 상무위원회가 설립되면서 천두슈는 당 총서기 직위에서 해임되었다. 7월 13일 중국공산당은 우한 정부에서 탈퇴하고 왕징웨이와의 협력을 중단할 것이라고 발표했다. 이틀 후인 7월 15일 왕은 차례로 중국공산당과 결별하기로 결정했다. 3개월 전 상하이에서 일어났던 일과 유사하게, 왕은 자기 통제하에 있는 지역에서 공산주의자와 공산주의 지지자 들에 대한 피비린내 나는 탄압을 시작했다.

장과 왕이 모두 공산주의자들과 결별함에 따라, 대혁명 기간 동안 수렴되었던 두 혁명적 흐름, 즉 국민혁명과 공산주의 혁명은 각기 다른 길을 걷게 될 것이었다. 물론 중국 공산주의자들과 국민당은 여전히 공통점이 많았다. 그중에서도 그들은 모두 여전히 반제국주의의 기치를 높이 들고 '중국을 구하고' 중국인들이 세계에 맞설 수 있도록 힘을 실어 주는 것의 비판적 중요성을 강조했다는 점이 가장 중요하다. 그러나 곧 그들을 집어삼킬 정치적, 군사적 대결에서, 공산주의자들과 국민당 모두 상대방을 제거하는 것을 최우선 과제로 삼게 될 것이며, 이는 수십 년에 걸쳐 피비린내 나는 내전으로 이어질 것이었다.

＊＊＊＊＊

이것이 대혁명이 실패했다는 사실을 의미했을까? 중국공산당도, 멀리 떨어진 모스크바 코민테른도 이를 현실로 받아들이려 하지 않았다. 중국공산당 중앙위원회는 모스크바의 지시에 따라 장시성(江西省) 성도인 난창(南昌)에서 군사 봉기를 촉발하기 위해 친공산당 부대를 동원하기로 결정했다. 그즈음 저우는 "훌륭한 군사 전문 지식을 가진" 당 지도자로서 명성을 굳혔다. 그래서 봉기를 감독할 전적위원회(前敵委員會)〔최전방 군 지휘 기구〕를 조직하고 그 서기를 맡도록 임명되었다.[67]

저우는 7월 말 도시의 거의 모든 중국공산당 지도자와 함께 우한을 떠났다. 저우와 몇몇 당 지도부 동지들은 우한에서 멀지 않은 도시 주장(九江)으로 이동하여 7월 24일에 회의를 열었다. 저우와 참석자들은 당의 영향력하에 있는 부대들을 동원하여 난창에서 무장봉기를 일으키기로 결정했다.[68] 저우와 그의 동료들은 일반적인 전략에 있어 소비에트 고문 바실리 K. 블류헤르[Vasilli K. Bliukher, '갈렌(Galen)'이라는 가명으로 알려졌다] 장군의 조언을 따르기로 결정했다. 계획에 따르면, 봉기에 참여한 부대들은 즉시 남쪽으로 광둥을 향해 이동하여, 그곳에 근거지(根據地)를 설립하고, 항구를 통제하며, '국제적 지원'을 얻으려 할 것이었다. 그런 다음 새로 형성된 광저우 기지에서 공산주의자들이 이끄는 또 다른 북벌을 시작하기로 했다.[69] 7월 27일, 저우는 비밀리에 난창에 도착했다.

8월 1일 이른 아침, 난창 봉기가 시작되었다. 불과 몇 시간 만에 친공산
부대들은 도시 전체를 장악했다. 난창에서 새로운 정치 및 군사 당국 역
할을 할 혁명위원회(저우도 위원이었다)가 설립되었다. 그러나 저우와
동지들은 도시를 지킬 생각이 없었다. 계획에 따르면, 그들의 부대는 즉
시 광둥으로 이동하여, 그곳에 새로운 근거지를 설립하고 도중에 항구를
점령할 것이었다.[70]

저우와 동지들의 지휘하에 있는 부대들은 8월 3일 난창을 떠났다. 심
각한 사상자를 낸 일련의 피비린내 나는 전투 끝에, 그들은 마침내 9월
중순에 광둥으로 들어섰다. 9월 24일 그들은 광둥 동부 항구 도시 산터우
(汕頭)를 점령했다. 저우와 동지들은 부대의 진전에 기뻐했다.

부대가 목표를 향해 진전하고 있는 것처럼 보였지만, 그들의 운은 다
하기 시작했다. 광둥에 도착하기까지 저우 부대는 수적으로 크게 감소했
다. 또한 성에 들어간 그들은 그곳 노동자와 농민 들로부터 기대했던 '지
역적 지원'을 얻지 못했다. 상황을 더욱 벅차게 만든 것은, 난창에서 광둥
까지 가는 여정 내내 그들을 추격하는 적군이 점점 더 많아졌다는 것이
다. 저우 부대가 산터우를 점령했을 때, 그때까지 저우의 부대보다 몇 배
나 더 크고 강력한 적군이 그들을 포위했다. 산터우에 대한 공세가 이어
졌다. 10월 1일까지 저우 부대는 패배했고, 산터우는 함락되었다.[71]

저우는 한때 남은 부대를 이끌고 농촌으로 가서 유격전을 벌일 생각
도 했다. 그러나 산터우가 적들에게 너무 촘촘히 포위되어 있었기 때문
에, 탈출하여 계획을 실행할 방법이 없었다. 이 결정적인 순간에 저우는
악성 말라리아에 걸렸다. 매우 높은 열에 시달렸고 며칠 동안 혼수상태
에 빠졌다. 한 지역 당원이 작은 배를 찾아, 이틀 동안 거친 파도에 시달
린 끝에 저우를 홍콩으로 데려갔고, 그는 그곳에서 치료를 받고 살아남
았다.[72]

저우의 많은 동지가 산터우 함락 이후 며칠과 몇 주 동안 사망했다. 돌이켜 보면, 저우는 순전히 운으로 간신히 같은 운명을 피했다. 그는 거의 한 달 동안 홍콩에 숨어 있었고, 10월 말경에는 점차 건강을 되찾기 시작했다. 10월 23일 그는 광둥에 살아남은 당 조직을 통해 상하이에서 열리는 긴급회의에 참석하라는 중앙위원회의 통지를 전달받았다.[73] 11월 초, 그는 홍콩에서 상하이행 배에 올랐다.

중국 공산주의자들이 볼 때, 대혁명은 실패로 끝났다. 저우에게 이것은 피로 얼룩진 학습 경험이었다. 가장 중요한 것은 그가 '통일전선' 전략을 추구하는 것과 무장투쟁에 의존하는 것 사이 관계에 대해 더 깊이 이해하게 되었다는 점이다. 실제로 저우는 장이 일으킨 반공 쿠데타의 여파 속에서 '정치권력은 총구에서 나온다'는 개념을 실천에 옮긴 최초의 중국공산당 지도자 중 한 명이었다. 따라서 대혁명에서의 실패는 저우에게 앞으로 몇 년 동안 중국 공산주의 혁명의 더 성숙한 지도자로 성장하는 데 도움이 되는, 드물고 고통스럽지만 귀중한 교훈을 제공했다.

제7장

상하이
지하 활동
1927~1931

'동방의 파리' 상하이는 모험가들의 낙원으로도 알려져 있었다. 먼 과거에는 어촌이었던 상하이는 19세기 중반까지 점차 성벽으로 둘러싸인 작은 도시로 발전했다. 아편전쟁에서 청나라가 패배하고 중국 제국이 서구 열강과 일련의 '불평등 조약'을 체결한 이후, 상하이는 중국과 동아시아의 주요 조약항이자 핵심 상업 중심지 중 하나로 급속히 변모했다. 중국인 구역과 다양한 외국 조계로 나뉜 이 도시의 주된 특징은 통일된 사법 및 행정 구조가 없다는 점이었다. 현대 대도시는 기존 질서에 반대하는 조직화된 정치세력의 지하활동을 위한 조건을 제공한다. 상하이는 당국이 분열되어 도시의 치안을 통합적으로 관리할 능력이 없었기 때문에 이러한 활동을 하기에 훨씬 유리했다.[01]

저우언라이는 신생 중국공산당에게 중대한 위기와 도전, 불안의 시기였던 1927년 11월 초에 상하이로 잠입했다. 동지들은 그가 도착하기를 애타게 기다리고 있었다. 11월 9일, 그는 3개월 전 천두슈를 대신하여 당 총서기가 된 취추바이(瞿秋白)가 주재한 이틀간의 정치국 확대회의에 참석했다. 그러나 실제 책임자는 모스크바에서 온 코민테른 대표 비사리온 로미나제(Vissarion Lominadze)였다. 집 밖에서 들려 오는 모든 소리에 위험이 도사리고 있었음에도 불구하고, 중국공산당 지도자들은 중국 혁명이 "중단 없이" 이루어져야 하며 "전국이 더 철저한 혁명 전야에 있다"라고 호언장담했다. 저우도 이러한 정서에 동조했다.

저우는 난창 봉기에서 패배한 일로 경고 처분을 받았다. 그러나 정치국 상무위원회 위원이 되었고 중앙조직부 주임으로 임명받았다. 대조적으로 마오쩌둥은 당의 전략을 따르지 않았다는 비판을 받았다. 저우와는 달리 그는 정치국 후보위원 자격마저 박탈당했다.[02]

이후 사 년 동안 저우는 상하이를 주요 활동 기반으로 삼게 될 것이었다. 이 기간 동안 다른 여러 인물이 중국공산당 내 최고 지도자 자리를 차지하게 된다. 저우는 당의 거의 모든 조직 연계망과 정보망을 통제하고 있었기 때문에 그 자리에 오를 기회가 있었다. 그러나 그는 그 기회를 잡으려 하지 않는 듯했다. 심지어 "큰 문제들"을 희생시키면서 당의 일상적인 운영에 관한 사소한 일에 너무 많은 주의를 기울인다는 비난을 몇 차례 받기도 했다.[03] 그럼에도 불구하고 저우는 결코 영향력이나 권력을 잃지 않았다. 누가 당 최고 지도자가 되고 상하이 코민테른 대표가 되든 간에, 당의 일상적인 운영을 파악하려면 저우에게 의존해야 했다.

상하이에 도착했을 때, 저우는 자신과 동지들이 극도로 위험한 환경에서 활동하게 될 것임을 잘 알고 있었다. 그들에게 상하이는 '백색 테러'가 만연한 도시였다. 4월 장제스의 반공 쿠데타 이후, 수만 명에 이르는 공산주의자와 공산주의 지지자 들이 살해되거나 투옥되었다. 이제 국민당 정부와 외국 조계 당국 모두 숨어 있는 중국공산당 조직을 파괴하는 데 혈안이 되어 있을 것이었다. 그러나 동시에 도시의 사법권과 경찰력을 통제하는 세력은 분열되어 있었다. 따라서 공산주의자들이 지하활동을

할 수 있는 공간은 충분했다.[04]

　새로운 직책을 맡자마자 저우는 '특무과(特務科)' 또는 '특과(特科)'로 알려진 당의 보안 및 정보 기관을 설립하는 것을 최우선 과제로 삼았다. 이 노력은 저우가 부서를 책임지고 있던 1927년 5월 우한 중국공산당 군사부 내에 이미 형성되었던 '특별공작과'에 그 기원을 두고 있었다. 구순장(顧順章)이 새로운 과의 책임자로 선택되었다. 노동자 계층 출신 상하이 토박이인 구는 전설적인 인물로, 한때 악명 높은 지하조직인 청방과 연계되어 있었다. 마술을 독학하여 대가가 되기도 했다. 구와 그의 동료들의 주된 책임은 정보를 수집하고 당을 위해 "비전통적이고 특별한 임무"를 수행하는 것이었다.[05]

　구와 동지들은 1927년 7월 중순 왕징웨이가 우한에서 공산주의자들을 숙청한 이후 상하이로 이동했다. 저우가 특별공작과를 특과로 재편성했을 때, 구가 새로운 부서를 이끌게 되었고, 정보, 보안, 반역자 제거, 무선통신과 관련된 임무를 부여받았다.[06] 1928년 11월, 특과가 형성된 지 일 년여 만에 중국공산당 중앙은 저우를 수장으로 하는 특별위원회를 설립하여 특과 운영을 감독하고 모스크바 코민테른과의 통신을 처리하기로 결정했다.[07]

　저우가 폭발물로 가득 찬 화약고와 같았던 상하이에서 살아남은 것은 거의 기적에 가까웠다. 한편으로는 도시 상당 부분을 외국 당국이 관할하고 있었다는 점이 확실히 도움이 되었다. 다른 한편으로 저우가 생존한 것은 그가 자신이 활동했던 위험한 환경을 능숙하게 관리한 덕분이기도 했다. 상하이에서 활동하는 몇 년 동안 그는 항상 보안을 최우선 과제로 여겼고, 작은 세부 사항에도 주의를 기울였다. 거주지를 자주 옮겼고 (거의 항상 외국 조계 내였다), 한 곳에 한 달 이상 머무르지 않았다. 새로운 장소로 옮길 때마다 그는 새로운 이름을 사용했다. 비상시가 아니면 새벽 전이나 어두워진 후에만 외출했다. 외출하기 전에는 신중하게 분장했고, 턱수염을 기르기도 했다. 종종 가까운 친구들조차도 그를 알아보지 못했다.[08]

1927년 가을과 겨울, 저우와 중국공산당 지도자 동료들은 중국 혁명이 어디에 서 있으며 어떤 미래를 맞게 될 것인가에 대해 고심했다. 1927년 12월, 당은 광저우에서 무장봉기를 일으켰다. 한때 당이 이끄는 반란군이 도시의 많은 부분을 장악했다. 그러나 며칠 만에 적군이 거대한 파도처럼 몰려왔다. 압도당한 공산주의자들은 비참하게 실패했다. 저우의 가까운 동지들 몇몇이 사망했다. 광저우 소비에트 영사관 직원들도 폭력적인 쿠데타에 연루되었다가 국민당 군대로부터 맹렬한 보복 공격을 받았다. 소련인 여섯 명이 살해되었고 그들의 시신은 며칠 동안 거리에 방치되었다. 국민당 정부는 소련과 국교를 단절했다. 그처럼 거대한 타격을 평가하고, 미래 행동의 방향을 계획하며, 그에 따라 전략과 정책을 수립하는 것이 저우와 다른 중국공산당 지도자들에게 시급한 문제가 되었다.

이러한 배경하에 1927년 말 해외에서 열리는 유일한 중국공산당 당대회를 위한 준비가 시작되었다. 모스크바가 당대회 개최지로 선정되었다. 이러한 결정에는 보안에 대한 고려가 확실히 영향을 미쳤다. 결국 중국 국경 내에서 당의 거의 모든 지도자가 안전하게 모일 수 있는 장소를 찾기는 정말로 어려웠던 것이다. 그러나 더 중요한 이유는 중국공산당 엘리트들이 불확실성이 큰 시기에 전략을 고안하면서 코민테른 가까이에서 지도받기를 원했기 때문이었다.

1928년 5월 초, 저우와 덩잉차오는 출장 가는 골동품상 부부로 위장하여 상하이를 떠났다. 그들은 먼저 다롄(大連)행 일본 증기선에 승선했다. 다롄 항구에서 두 사람은 일본 사복 요원들에게 제지당했고, 저우는 경찰서로 연행되어 심문을 받았다. 한 요원이 물었다. "무슨 일을 하는가?"

저우는 침착하게 대답했다. "나는 골동품 상인이다.""왜 그렇게 신문을 많이 가지고 있는가?""배에서 읽으려고.""만주에는 왜 왔는가?""삼촌을 뵈러." 저우가 모든 질문에 답하자, 요원들은 그를 풀어 주기로 결정했다. 부부는 같은 날 오후 다롄을 떠났다.[09] 그들은 기차를 타고 만주를 가로질러 소련으로 향했다.

저우와 덩은 5월 중순에 모스크바에 도착했다. 스탈린(Stalin, Iosif Vissarionovich)은 최근 볼셰비키당 내에서 레온 트로츠키(Leon Trotsky) 및 다른 반대파 지도자들과의 격렬한 갈등에서 연이어 승리한 상태였다. '중국 문제'는 양측 모두 무시할 수 없었다. 이제 그것은 스탈린이 반대파에 맞서고 그의 '승리'를 공고히 하는 중요한 도구가 되었다.[10] 스탈린은 6월 9일 저우를 포함한 중국공산당 대표단을 만났는데, 이는 저우와 소비에트 독재자의 첫 만남이었다. 스탈린은 대표단과 대화할 때, 그가 트로츠키와 다투었던 문제들을 분명히 염두에 두고 있었다. 그는 중국이 '중단 없는 혁명'에 관여할 수 없다고 강조했다(이는 바로 트로츠키가 선호했던 것이었다). 스탈린은 말했다. "제국주의는 중국에서 군사적으로 매우 강력한 주요 세력으로 남아 있으며, 이는 러시아혁명과 완전히 다르다. 지금은 중국 혁명이 최고조에 있다고 말할 수 없다." 그러나 중국공산당은 가만히 앉아서 혁명적 고조기가 오기를 기다려서는 안 된다고 했다. "(오히려 당은) 자체 군사력을 창설하기 위해 노력해야 한다. 군사력 없이는 아무것도 할 수 없기 때문이다."[11]

서기 역할을 했던 저우는 회의에서 발언하지 않았다. 중국공산당 지도자 리리싼이 스탈린과 견해를 나누려 시도했다. 리는 말했다. "중국에서는 노동자와 농민 들이 여전히 투쟁하고 있으므로, 혁명은 최고조에 있다." 소비에트 독재자는 차갑게 반박했다. "썰물 때에도 길 잃은 파도가 몇 개 있을 수 있다."[12] 저우는 아무 말 없이 지켜보았다.

저우와 동지들은 지속적이고 깊은 혼란에 사로잡혀 있었다. 그들은 세계혁명의 메카에서 자신들의 질문에 보다 구체적인 답을 얻기를 간절히 바랐다. 따라서 모스크바에 도착하자마자 코민테른에 일련의 질문들을 제출했다. 그중에는 이론적인 것들도 있었다. 중국에는 어떤 종류의 부르주아 계급이 있는가? 중국공산당은 소부르주아 계급을 어떻게 다루어야 하는가? 그들은 또한 중국 혁명의 상태에 대해서도 질문했다. 혁명의 상승기와 최고조기의 차이점은 무엇인가? 세계혁명이 저조기에 있을 때, 중국 혁명가들은 자신들의 운동에서 승리를 거둘 수 있는가? 가장 날카로운 질문 중 하나는 이것이었다. 왜 중국의 코민테른 대표들은 대혁명 기간 동안 종종 우파와 좌파 사이를 오갔는가?[13]

이것들은 어려운 질문들이었다. 코민테른을 대신하여 그것들에 답한 사람은 니콜라이 부하린(Nikolai Bukharin)이었다. 그는 볼셰비키당의 이론의 대가로 알려져 있었고 당시에는 여전히 스탈린과 동맹이었다. 부하린은 저우와 동지들에게 중국 혁명이 아직 '최고조'에 도달하지 않았다고 말했다. 실제로 부하린은 그것이 혁명 조류가 만들어지는 과정에서 두 파고 사이에 발생하는 골에 놓여 있다고 단언했다.[14] 중국공산당 대표들은 부하린의 답변이 그들을 계몽했다고 보고했지만, 그들이 그가 정말로 의미한 바를 명확하게 이해한 것 같지는 않았다. 예를 들어 그들은 어떻게 부하린이 제안한 이론적 이해를 전략과 정책으로 전환할 수 있을까? 이 문제는 미해결로 남았다.

중국공산당은 6월 18일부터 7월 11일까지 모스크바 교외 한 낡은 농장에서 제6차 당대회를 개최했다. 저우는 대회 조직을 책임지는 비서장(祕書長)으로서 중심인물이었다.[15] 대회에서 그는 각각 인사 및 군사 문제에 대한 보고서 두 개를 제출했고, 가장 중요하게는 취추바이의 정치 보고서에 대한 장문의 답변도 발표했는데, 이는 그 자체로 포괄적인 연설이었다. 저우는 그 답변을 부지런히 준비했다. 개요만 해도 여러 장에 달했다. 보고서에는 저우의 불안과 혼란, 포부가 드러났다. 그러나 그는 상황을 평가하고 당의 임무를 묘사하는 데서 스스로 모순되는 것처럼 보였다. 그는 한편으로 '중단 없는 혁명' 논제를 포기하기를 지지했는데, 특히 그것이 트로츠키의 잘못된 생각들과 쉽게 혼동될 수 있었기 때문이다. 그러나 다른 한편으로는 혁명이 항상 다가오는 또 다른 고조기를 향해 전진해야 한다고 주장했다.

이러한 저우의 딜레마는 예외적인 것이 아니었다. 예를 들어 취 역시 정치 보고서에서 "우리의 혁명은 계속해서 또 다른 고조기를 향해 나아가고 있다"라고 강조했다.[16] 저우의 발표에는 대혁명이 준 교훈으로부터 배우려는 의지가 명확히 드러나 보였다. 따라서 그는 대중을 동원하고, 무장봉기를 준비하며, 중국에 소비에트 정권을 수립할 필요성이 있음을 주장했다.[17]

그에 비해 저우가 작성한 인사 문제에 대한 보고서는 훨씬 더 명확했다. 상하이와 우한에서의 국민당 반공 쿠데타 여파로 중국공산당 당원과 지지자 수만 명이 살해당했거나 여전히 투옥되어 있었다. 당을 어떻게 재조직할 것인가가 저우와 동지들이 직면한 중대한 도전이었다. 저우는 '철의 규율'과 중앙집권적 리더십이 극도로 중요함을 힘주어 말했다. 창당한 이래로 저우는 당이 볼셰비키 스타일의 레닌주의 정당이 되어야 한다고 굳게 믿어 왔다. 이제 '백색 테러'가 중국 전역을 휩쓸면서 당에 규율을 부과하는 것은 그에게 생사가 걸린 중요성을 띠었다.[18]

저우가 대회에서 제출한 군사 문제에 대한 보고서는 동지들 사이에 군사 전문가로서 그의 이미지를 강화했다. 중국공산당이 얻어야 할 교훈은 고통스러운 것이었다. 어떤 의미에서, 당이 대혁명에서 패배한 것은 자체적인 총을 휘두르지 못한 결과였다. 저우는 강조했다. "우리가 지금 직면한 새로운 상황을 고려할 때, 무장봉기를 준비하고 수행하는 것이 필수다…… 그리고 그 전제는 우리 자신의 군사력을 확립하는 것이다."[19] 새로운 중국공산당 중앙위원회는 7월 19일에 첫 전체 회의를 열었다. 저우는 정치국 위원으로 선출되었고, 샹중파(向忠發), 쑤자오정(蘇兆徵), 차이허썬, 샹잉(項英)과 함께 정치국 상무위원회 위원으로 선출되었다. 그는 또한 중앙정치국 상무위원회 비서장 겸 조직부 부장으로 임명되었다.[20] 새로운 상무위원회 위원 다섯 명 중, 오직 저우만이 중국 공산주의 혁명의 승리를 목격하게 될 것이었다.

저우는 제6차 당대회에 참석했던 경험을 평생 소중히 여겼다. 그는 1940년대 옌안(延安)에서의 정풍운동 기간 동안 혹독한 비판의 대상이 되었고, 많은 문제에 대해 '자기비판'할 것을 강요받았다. 그러나 그는 제6차 당대회가 방향과 지향점에서 옳았다고 주장했다. 정풍운동이 준 시련을 견뎌 낸 후, 그가 당 간부들에게 한 첫 번째 주요 발표는 제6차 당대회에 관한 것이었다.[21]

7월 중순부터 9월 초까지 저우는 모스크바에서 열린 코민테른 제6차 대회에 참석했다. 그는 코민테른 집행위원회 후보위원으로 선출되어, 전체 국제 공산주의 운동에서 주목할 만한 인물로 부상했다.[22] 이 대회 후 저우는 소련에 한 달 더 머물렀다. 이 기간 동안 소련에서 훈련받은 중국공산당 군사 요원들을 만났고, 모스크바 쑨원대학교 중국 학생들 사이 분쟁을 조사하고 해결하는 것을 도왔다.[23] 이러한 활동 외에 그는 또 무엇을 했을까? 특과를 책임진 당 지도자로서, 그는 아마도 이 기회를 이용하여 정보 문제 및 관련 기술 능력에 대한 특별 훈련을 받았을 것이고, GPU(KGB의 전신)와의 협력에 대해서도 논의했을 수 있다.[24] 이 모든 것은 그가 중국으로 돌아온 후 중국공산당 첩보 책임자로서의 역량을 크게 향상해 주었을 것이다.

★★★★★

저우는 1928년 11월 초에 상하이에 돌아왔다. 그는 지난번과 마찬가지로 상하이에 위치한 중국공산당 본부의 안전을 절대적인 최우선 과제로 삼았다. 그다음으로 중요한 과제는 모스크바와의 통신을 유지하는 일이었다. 저우는 여행의 피로가 채 가시기도 전에 특과를 강화하기 시작했다. 1929년 10월, 그의 감독하에 중국공산당은 상하이에 첫 비밀 무선 송신 기지국을 설립했다.[25]

저우는 또한 적의 정보기관 내부에 자신의 요원과 정보원을 심기 위해 노력했다. 그리하여 중국공산당 정보활동 초기의 뛰어난 영웅 세 명, 즉 첸좡페이(錢壯飛), 리커눙(李克農), 후디(胡底)가 나타났다. 첸좡페이는 특별한 연줄을 활용하여 국민정부 군사위원회 인사부 조사과(훗날 국민당의 두 주요 정보기관 중 하나가 된다)에 잠입하는 데 성공했다. 그는 국민당 첩보 책임자이자 조사과 책임자인 쉬언청(徐恩曾)에게 신임을 얻어 측근 보좌관이 되었다. 첸은 그 후 리커눙을 추천하여 조사과의 핵심 부서 중 하나인 상하이 무선관리국에서 일하게 했다. 그동안 후디는 톈진 무선 송신 기지국에서 직책을 맡았다. 이들 세 사람 모두 저우에게 보고했다.[26]

저우가 거둔 가장 큰 성과는 영국 조계 경찰 당국과 깊이 연계된 상하이 국민당 특사 양덩잉(楊登瀛)을 포섭하는 데 성공한 것이었다. 양은 중국공산당 당원이 아니었다. 그런 그가 중국공산당을 위해 일하기로 한 것은 저우가 후하게 보상했기 때문이었다. 그는 저우와 특과가 상하이 적진에 심어 놓은 가장 중요한 정보원이 되었다.[27]

특과는 또한 조직 내에 '홍대(紅隊)'를 설립했는데, 그 주된 목적은 가장 위험하다고 여겨지는 적 요원들을 처리하고, 또한 반역자들을 처벌하기 위해 "비정상적인 수단"을 사용하는 것이었다.[28] 특과를 계속 책임지고 있던 구순장은 저우에게 직접 보고했다. 종종 저우는 특과의 의사결정과 활동에 직접 개입했다. 그는 가장 중요한 정보 연계망 일부를 구에게조차 알리지 않고 혼자만 알고 있었다. 특과는 모스크바로부터 상당한 재정 및 기술 지원을 받았고, 그 구성원 중 다수는 소련에서 훈련받았다.[29] 결과적으로 특과는 오랫동안 생존했을 뿐만 아니라, 1920년대 후반과 1930년대 초반 상하이에서 때때로 국민당과 외국 조계 당국에 대해 우위를 점하기도 했다.

★★★★★

저우에게 가장 큰 난관은 마오쩌둥과의 관계를 관리하는 일이었다. 1927년 장의 반공 쿠데타 이후, 펑파이(彭湃), 마오와 같은 여러 당원이 농촌으로 가서 농민들을 동원해 무장투쟁을 벌였다. 한때 광둥에 근거지와 소비에트 정권을 수립한 펑은 마오보다 더 큰 명성을 누렸다. 그러나 1928년 5월 광둥 기지는 압도적인 적군에게 함락되었다. 펑은 탈출하여 상하이로 도망쳤다. 나중에 그는 국민당 당국에 체포되어 처형당했다.[30]

1927년 말, 마오는 고향인 후난에서 '추수 봉기'를 조직했다. 반란은 훨씬 더 강력한 적에 의해 신속하게 진압되었다. 마오는 약 천 명 정도 되는 패잔병들을 이끌고 장시성 징강산(井岡山)으로 이동하여 새로운 기지를 세웠다. 그 후 난창 봉기가 실패한 여파로 주더가 이끄는 또 다른 남은 부대 그룹이 징강산에 도착하여 마오 군대와 합류했다. 그들은 함께 홍군 제4군을 창설했다. 원래 마오는 농촌에 근거지를 설립하는 방법에 대한 구상이나 계획이 없었다. 그와 그의 군대가 징강산을 점령한 후, 마오는 이곳이 장시성과 후난성 경계에 있는 지점으로, 양쪽 성 당국 모두 잘 통

142

제하지 못하는 곳이라는 데 생각이 닿았다. 마오의 홍군은 지주들이 소유한 토지를 몰수하고 재분배함으로써 그 지역 농민들로부터 지지를 얻었다. 그들의 영향력이 점차 확대되면서, 마오의 활동은 심지어 모스크바로부터 긍정적으로 주목받기도 했다.[31]

그러나 1929년 1월 우세한 적군이 압박해 와 마오 군대는 징강산을 버리고 남쪽 장시로 행군했다. 그들은 그곳에 있는 작은 마을 다위(大庾)에서 전투하여 대패했다. 그 후 마오는 상하이 당 본부와 연락이 끊겼다.[32]

저우는 당 중앙에서 군사 업무를 감독했으므로, 마오 및 홍군과 통신을 유지해야 했다. 2월 7일 그는 마오와 주에게 보내는 편지 초안을 작성했다. 이전에 마오와 주에게 여러 차례 편지를 보냈지만 답장을 받지 못했기 때문에, 이 메시지의 어조는 비관적이었다. 그는 마오와 주에게 홍군이 적에 의해 완전히 소멸되지 않도록 작은 분대로 나누라고 지시했다. 또한 마오와 주가 홍군을 떠나 상하이 당 중앙에 보고하러 올 것을 요청했다.[33] 4월 7일 저우는 그들에게 또 다른 편지를 보내, 다시 한번 "잠시 홍군을 떠나 상하이로 오라"라고 했다.[34]

저우가 2월에 쓴 편지가 마오와 주에게 전달되기 전에, 홍군은 그들의 지휘하에 여러 전투에서 승리했다. 마침내 4월 초에 저우로부터 온 편지를 받았을 때, 그들의 상황은 이미 크게 개선된 상태였다. 이틀 후, 마오는 답장을 써서 저우와 당 중앙의 다른 사람들이 "상황과 우리 자신의 힘에 대해 너무 비관적"이었기 때문에 심각하게 잘못되었다고 주장했다. 따라서 홍군을 떠나 상하이로 오라는 요청을 거부했다.[35] 정치국은 6월 12일에 마오의 보고서를 논의했다. 저우는 자신이 "너무 비관적"이었다는 마오의 주장을 반박하면서도, 홍군에게 해산하라고 요청한 것이 부적절했음을 인정했다. 또한 마오와 주에게 상하이로 오라고 한 요청을 철회했다. 대신 "유능한 인물을 그들의 대표로" 당 중앙에 파견할 수 있다

는 선택권을 주었다.[36]

　이것은 저우가 광저우 시절 이후 마오와 가진 가장 중요한 만남이었다. 당시 그는 당내에서 마오에게 절대적인 상급자였지만, 장래 주석이 될 그를 놀랍도록 영리하게 대했다. 자신의 권력과 권위를 사용하여 복종을 강요하려 하지 않고, 인내심과 존중을 보였다. 실제로 마오에 대한 그의 신중함에는 미묘한 두려움이 섞여 있었다. 그러한 감정의 원인을 특정하기는 어렵지만, 이것은 아마도 앞으로 반세기 동안 중국 공산주의 혁명을 승리로 이끌고 그 후 중국 공산주의국가를 통치하게 될 두 사람 사이 관계를 규정짓게 될, 독특하고도 신비로운 역학 관계의 초기 조짐이었을 것이다.

　한 파도가 가라앉기 전에 또 다른 파도가 일었다. 1929년 4월, 장제스와 광시성 군벌들 사이에 대규모 전쟁이 발발했다. 장이 주의력 대부분을 광시로 옮기자, 마오와 주는 훨씬 약화된 적군을 격파하고 징강산을 되찾을 절호의 기회를 잡았다. 상황이 개선되었음에도 불구하고, 오랫동안 존재했지만 이제까지 숨겨져 있던 마오와 주 사이 차이점이 수면 위로 떠올라 그들의 관계를 망쳤다. 이전에 홍군이 징강산을 포기하기 전에는 주가 제4군 당 위원회 서기였다. 그 위에는 마오가 서기인 당 전적위원회가 있었다. 징강산을 포기한 후, 주의 군 위원회는 일시적으로 활동을 중단하고, 벅찬 환경에서 더 효율적으로 의사결정하고 실행하기 위해 그 권력을 마오의 전적위원회에 이양했다. 그리하여 마오는 군의 모든 권력을 통제하게 되었다. 홍군 제4군이 징강산을 되찾자, 주의 군 위원회가 다시 기능하기 시작했는데, 마오는 이를 꺼렸다.

　그때 당 중앙은 최근에 소련에서 돌아온 류안궁(劉安恭)을 제4군에 파견하여 군 위원회 임시 서기로 임명했다. 류는 주와 같은 고향 출신이었고, 독일에서도 함께 공부했다. 새로운 역할을 맡은 후, 류는 주와 협력하여 점차 군 위원회의 권력을 강화했다. 기분이 상한 마오는 군 위원회를 영구 해산하려 시도했고, 주는 이에 단호히 반대했다. 그 결과 제4군 내에 두 경쟁 세력, 즉 마오를 지지하는 세력과 주를 선호하는 세력이 생겨났다. 6월 제4군 당대회에서 결전이 벌어졌다. 주 쪽으로 기울었던 천이(주와는 유럽 시절부터 알고 지냈다)가 대회를 주재했다. 그는 마오와 주 모두 분열을 조장했다고 비판했지만, "분쟁을 야기한 주된 책임은 마오에게 있다"라고 주장했다. 천은 또한 마오의 "가부장적 지도 스타일"을 비난했다. 대회 말미 투표를 통해 마오는 전적위원회 서기직에서 밀려났고, 천이 그 자리에 선출되었다.[37]

마오는 격노했다. 그는 혼자서 '치료'를 위해 떠났고, 그동안 당 중앙에 불만을 제기했다.[38] 천 역시 보고하기 위해 상하이로 달려갔다. 저우는 당 중앙에서 분쟁을 해결하는 책임을 맡고 있었다. 정치국이 마오와 주 사이 분열을 피하는 방법을 논의하기 위해 8월에 모였을 때, 저우는 이미 계획을 세워 두었다. 그는 마오를 달래고 다시 포섭하는 것이 핵심이라고 믿었다. 따라서 6월에 마오를 홍구(紅區)[공식 명칭은 '소비에트구(區)'로 공산당 통치 지역을 가리킨다]의 사실상 황제 자리에서 폐위시킨 제4군 당대회에 대해 모호한 태도를 취하며, 일부 결의안은 옳았지만 다른 것들은 틀렸다고 선언했다. 또한 류안궁을 상하이로 다시 전출시킬 것을 제안하여, 군 위원회를 기능 불능 상태로 만들었다.[39] 저우는 천이 상하이에 도착한 후 그와 장시간 대화를 나누었는데, 여기서 "마오를 다시 데려오는 것"이 필수라고 강조했다. 8월 29일 정치국 회의에서 저우는 마오의 "가부장적 경향"을 비판하면서도, "극단적 민주주의" 역시 용납할 수 없다고 강조했다. 그는 마오와 주 모두를 전적위원회에 포함시키되, 마오가 그 서기를 맡을 것을 제안했다.[40] 회의 후 저우는 천과 여러 차례 장시간 대화를 나누며 그를 설득하여 타협안을 받아들이게 했다. 그런 다음 천에게 당 중앙을 대신하여 이러한 취지를 담아 편지 초안을 작성하도록 요청했다. 저우는 그 편지를 수정한 뒤 천에게 제4군으로 가지고 돌아가 전하라고 했다.[41]

나중에 '9월 지시'로 알려지게 된 이 편지는 저우 특유의 중도주의를 반영한 또 다른 문서였다. 그는 마오와 주 모두를 비판했지만 마오 쪽으로 기울었다. 그는 마오가 동지들에게 양보를 압박하기 위해 책임을 방기한 행동은 "진정한 공산주의자의 의식과 양립할 수 없다"라고 비판했다. 또한 마오의 방식이 너무 독재적이라고 암시했다. 그러나 그는 홍군의 주요 과업이 토지혁명을 수행하고, 유격전을 벌이며, 도시를 점령하기 전에 농촌을 장악하는 것이라는 마오의 개념을 지지했다. 저우는 또한 전적위원회가 제4군을 이끌어야 하며, 마오의 권위가 약해져서는 안 되고 도리어 강화되어야 한다고 단언했다. 저우는 공식적으로 마오를 전적위원회 서기로 복직시키는 것으로 편지를 마무리했다.[42]

천이 문서를 홍군 지대로 가지고 돌아오자 주더는 9월 지시를 기꺼이 받아들였다. 그들은 함께 마오에게 돌아올 것을 권했다. 마오는 자신이 전적위원회에서 지도자 역할을 재개하게 되었다는 소식을 듣고서 즉시 "나는 병에서 회복되었다"라고 발표했다. 그런 다음 제4군 본부로 달려갔다.[43]

마오는 이 승리에 멈추지 않았다. 12월 말에 그는 한 걸음 더 나아갔다. 푸젠성 작은 마을 구톈(古田)에서 열린 또 다른 제4군 당대회에서 마오는 대회가 훗날 마오주의 군사 교리의 핵심 텍스트가 될 '구톈 회의 결의안'을 채택하도록 설득했다. 그것이 전달하는 메시지는 "총은 당의 절대적인 지휘하에 놓여야 한다"라는 것이었다.[44] 그의 논제가 채택되면서, 마오는 홍군 내에서 명성과 권력을 크게 향상했다. 그러나 돌이켜 보면, 저우가 그 결의안이 만들어지는 데 결정적인 역할을 했다.

146

＊＊＊＊＊

　1930년 3월 초, 저우는 갑자기 상하이에서 사라졌다. 그는 "정치국의 결정에 따라" 모스크바로 떠났다.[45] 중국공산당 지도부와 코민테른 극동국(FEB) 사이에 일련의 분쟁이 있은 후였다. 중국공산당 중앙 대표로서 저우는 "제6차 당대회 이후 중국공산당의 활동과 극동국과의 분쟁에 대해 보고"할 것이었다.[46]

　중국공산당 지도부와 상하이에 기반을 둔 극동국과의 관계는 한동안 긴장 상태에 있었다. 당시 폴란드인과 독일인으로 구성된 극동국은 1929년부터 구체적인 전략과 정책에 관해 중국공산당 지도자들과 일련의 논쟁을 벌여 왔다. 예를 들어 1929년 10월 광시의 두 친공산당 성향 국민당 장군인 위쭤바이(兪作柏)와 리밍루이(李明瑞)가 장제스와 결별할 의사를 발표했다. 저우와 중국공산당 중앙은 덩샤오핑을 대표로 파견하여 두 장군과 협력하게 했고, 그들은 반장 무장봉기를 일으켰다. 극동국 대표들은 위와 리에 대한 저우의 접근법을 못마땅하게 여기며, 그가 "계급 노선을 모호하게 만든" "우경적 실수"를 저질렀다고 비난했다. 이 비난은 저우와 중국공산당 지도자 동료들을 진심으로 불쾌하게 만들었고, 그들은 거꾸로 그 비판이 "러시아의 경험을 맹목적으로 채택함으로써 중국의 특수한 상황을 무시했다"라고 비난했다.[47] 사실 이 분쟁의 저변에는 중국공산당의 의사결정 과정을 지배하려는 극동국의 야망이 있었다. 저우와 동지들은 이를 받아들이려 하지 않았다.

　긴장은 1929년 12월에 더욱 고조되었다. 극동국은 코민테른이 두 달 전에 채택한 결의안을 인용하여 저우와 그의 동지들이 "우경적 실수"를 저질렀다고 다시 비난했다. 저우는 샹중파, 리리싼과 함께 극동국 대표들과 여러 차례 회의했다. 어느 쪽도 상대방에게 굴복하려 하지 않았고, 관

147

계는 더욱 경색되었다.[48] 12월 14일 중국공산당 정치국은 저우를 모스크바로 보내 코민테른에 직접 보고하기로 했다.[49] 그러나 당시 저우는 상하이를 떠나기에는 너무 바빴고, 극동국 동지들과 타협에 이를 수 있다는 희망을 여전히 포기하지 않았다. 모스크바행은 1930년 3월까지 지연되었고, 그때 중국공산당 지도자들과 극동국은 서로가 "우경적 정책 노선"을 따르고 있다고 비난하며 또 한 차례 격렬한 상호 공격에 들어갔다. 저우는 소련으로 또 한 번 여정을 떠날 수밖에 없다고 판단했다.

1928년에 처음 소련을 방문했을 때와는 달리, 저우는 유럽으로 가는 해상 경로를 택한 후 기차로 모스크바까지 갔다. 그의 정확한 여정에 대해서는 거의 알려진 바가 없지만, 그가 파리를 지날 때 유럽에서 보낸 첫 이년 동안 교제했던 장뤄밍을 예기치 않게 방문했다는 것은 알고 있다.[50] 4월 말, 그는 베를린에서 열린 당원 및 지지자 들의 소규모 모임에 참석하여 국제 정세와 중국 홍군의 발전에 대해 연설했다.[51] 또한 그는 독일 공산당 대변지인 《붉은 깃발(Red Flag)》에 중국 소비에트 공화국에 관한 기사를 게재했다.[52]

저우는 5월 10일경 모스크바에 도착했다. 중국공산당과 극동국 사이 의견 차이를 해결하기 위해, 그는 코민테른 지도자들에게 중국공산당이 "중국 상황에 가장 잘 맞는" 전략과 정책을 따랐다고 최선을 다해 설명했다. 한편으로는 코민테른이 중국의 상황을 어떻게 평가하고 있으며, 그에 따라 중국공산당이 중국에서 형성되고 있는 혁명적 상황을 어떻게 받아들여야 하는지도 분명히 하려 애썼다.[53]

저우와 취추바이는 7월 말 스탈린과 한 시간 이상 만났다. 저우와 소비에트 독재자의 두 번째 만남이었다. 토론은 스탈린의 독백이 주가 되었다. 그는 저우로부터 중국의 상황과 "다가오는 혁명적 고조기를 맞이할 적절한 시기를 포착하려는" 중국공산당의 노력을 들은 후 중국공산당 지도부를 비판하지 않았다. 대신 중국이 정치 및 경제 영역에서 불균형하게 발전한 크고 후진적인 나라라고 단언했다. 따라서 스탈린은 강조했다. 중국 혁명은 순탄치 않은 과정을 겪을 것이라고. 독일에서는 베를린 노동자들의 총봉기가 공산주의자들을 국가권력 장악으로 이끌 수 있었지만, 중국에서는 중국공산당이 먼저 한두 개 성에서 승리를 추구하고 그곳에 혁명 근거지를 설립하고 확장한 후에야 대도시를 점령하려 시도할 수 있었다. 그러한 전략을 수행하기 위해서는 강력한 홍군이 필수적이었다. 스탈린은 강조했다. "바로 여기에 중국 혁명의 희망이 있다. 여러분은 이것을 중심 과업으로 삼아야 한다."[54]

저우에게 스탈린의 말은 중국공산당 전략에 대한 비판이라기보다는 지지에 가까웠다. 실제로 7월 중순에 그는 볼셰비키당 대회에서 중국공산당이 다가오는 혁명적 분출을 어떻게 촉진할 것인지에 대해 연설했다. 그는 중국 내부 불균등한 발전 상황을 고려할 때, "소비에트 정권과 홍군은 혁명적 고조기 이전에 일부 지역에 존재하며" "혁명은 먼저 한두 개 성에서 승리를 거둘 수 있다"라고 말했다.[55] 7월 23일 코민테른은 중국에 관한 결의안을 채택했다.[56] 그 내용은 저우에게 스탈린과 모스크바가 중국공산당 지도부와 극동국 대표들의 다툼에서 중립을 유지했다는 것을 더욱 확신시켜 주었다. 그는 기쁘게 생각했다. 모스크바에서의 주된 목적이 달성되었다고.

저우가 모스크바에서 희망한 것 중 또 다른 중요 항목이 있다. 바로 코민테른으로부터 더 실질적인 재정 지원을 확보하는 것이었다. 중국공산당은 창설 이래로 모스크바로부터 자금을 받아 왔다. 1927년 이후 중국공산당이 완전히 지하로 들어가면서 그 지원은 더욱 중요해졌다. 실제로 당의 생존이 거기에 달려 있었다. 그러나 모스크바로부터의 재정 지원은 불안정했고 온갖 이유로 종종 중단되었다. 중국공산당 지도부는 이 문제를 해결하기 위해 노력해 왔지만, 그럼에도 불구하고 저우가 모스크바에 방문할 때까지 문제는 계속되었다.[57]

중국공산당 지도자들에게 홍군과 홍구를 발전시키도록 촉구했을 때, 스탈린은 중국 공산주의자들에게 더 많은 원조를 제공해야 한다는 것을 이해했다. 8월 초 스탈린은 저우를 다시 만나 자금 문제가 "만족스럽게 해결될 것"이라고 알렸다. 그는 저우에게 약속했다. "이제부터 여러분은 금 가격으로 계산된 자금을 받게 될 것이다." 스탈린의 지시에 따라 코민테른 국제부장 오시프 A. 피아트니츠키(Osip A. Piatnitsky)는 저우에게 상하이 코민테른 대표들이 중국공산당에 빚진 모든 자금을 상환할 것이라고 통보했다. 피아트니츠키는 "내가 중국공산당에 자금을 보내는 책임을 질 것"이라고 말했으며, 이는 저우가 "중국으로 돌아가기 전에" 금 가격에 따라 계산된 현금으로 전달될 것이었다.[58] 이것은 비록 당장은 서류상 약속에 불과했지만, 저우의 또 다른 비범한 성취였다.

더 많은 것이 있었다. 중국으로 돌아온 직후, 저우는 가명 중 하나인 '우하오'에서 따온 '하오미(Hao Mi, 하오 암호)'라는 새로운 비밀 암호를 발명했다고 전해진다. 이것은 최고 기밀 수준을 요하는 통신, 그리고 중국공산당 최고 지도자들만 사용하게 될 암호 체계였다.[59] 저우는 어떻게 이 암호를 만들 수 있는 지식과 전문성을 습득했을까? 어떤 중국 자료도 설명을 제공하지 않는다. 그저 저우를 천재로 묘사할 뿐이다. 그러나 이것은 희귀한 천재라도 습득하기에 너무나 전문적인 지식이다. 저우는 소련에서 돌아온 직후 하오미를 발명했기 때문에, 그가 소련에서 관련 정보 훈련을 받았고, 그로써 암호 체계를 발명할 수 있게 되었다고 가정하는 것이 합리적이다.

★★★★★

저우는 1930년 8월 19일에 상하이에 돌아왔다. 돌아온 즉시 그는 중국 공산당 중앙과 극동국 사이 긴장이 더욱 악화되었음을 깨달았다. 그가 상하이를 비운 동안 샹중파, 특히 리리싼이 일시적으로 중국공산당의 의사결정을 통제했다. 리는 정치적, 도덕적 우위를 차지하기 위해 극동국 대표들과 경쟁하면서 "임박한 혁명적 상황"을 맞이하기 위한 일련의 급진적인 계획들을 제시했다. 리는 5월 중순 "중국은 세계 제국주의 사슬의 가장 약한 고리에 속하며, 세계혁명의 화산이 가장 먼저 폭발할 가능성이 큰 곳"이라고 주장했다.[60] 그리고 6월 중순 중국공산당 중앙은 전국적인 "혁명적 분출"을 위한 결의안에서 "소비에트 연방 프롤레타리아트의 강력한 지원"을 요구했다.[61] 극동국 대표들은 그러한 요구가 스탈린의 "일국 사회주의 건설(즉 소련)"이라는 대전략에 위배된다는 것을 깨닫고 즉시 확고한 반대 의사를 표명했다.[62]

비슷한 시기에 중국 중부에서 장제스의 군대와 두 군벌, 즉 옌시산(閻錫山)과 펑위샹(馮玉祥) 사이에 대규모 전쟁이 발발했다. 이 충돌은 홍구를 공격하던 거의 모든 적군의 주의를 끌었다. 홍군은 이 드문 기회를 활용하여 7월 말에 후난성 성도인 창사(長沙)를 일시 점령했다. 리와 샹은 이것을 중국 혁명의 급속한 고조가 실제로 임박했다는 증거로 받아들였다. 8월 초 중국공산당 정치국은 비록 이것이 (소비에트와) "만주의 일본 간 전쟁"을 촉발한다 해도 전국에 혁명적 조류를 불러일으킬 수 있도록 전폭적으로 지원해 줄 것을 모스크바에 다시 요구했다.[63] 극동국은 즉시 리가 "소련이 세계 제국주의에 대한 전쟁을 선포하도록 강요함으로써" "코민테른에 대한 투쟁을 벌이려" 했다고 비난했다.[64]

이것이 저우가 상하이에 도착했을 때 직면한 상황이었다. 그는 긴장을 완화하기 위해 즉시 리와 샹을 불러 회의를 소집하고, 모스크바에 행동을 지시하려 하기보다 모스크바의 명령을 엄격히 따르는 것이 중요하다고 강조했다.[65] 8월 말 두 차례에 걸쳐 열린 정치국 회의에서 저우는 자신이 이해한 코민테른의 지시를 전달했다. 리를 설득하여 '자기비판'을 시키기 위해 저우는 중국공산당 중앙과 코민테른 사이 차이점을 의도적으로 축소해 설명했다. 요컨대 저우는 중국공산당과 코민테른 사이에는 "정치 노선 차이가 거의 없었으며," 중국공산당의 실수는 "당의 정책 결정 과정에서의 한두 가지 개별적인 사안에만 존재한다"라고 강조했다. 또한 스탈린과의 대화를 바탕으로, 그는 동지들에게 "과거보다 홍군과 홍구에 더 많은 주의를 기울여야 한다"라고 상기시켰다.[66]

저우의 부드러운 태도는 그가 중국공산당 지도부가 직면한 위험을 제대로 인식하지 못했음을 드러냈다. 리와 샹이 저우가 전달한 코민테른의 견해를 받아들이는 것은 전혀 어렵지 않았다. 리는 코민테른이 "실제로 전략과 전술에서 중국공산당 중앙과 다소 달랐다"라고 인정했다. 샹은 코민테른에 전보를 보내, "과거에 우리 측이 오해했다"라고 인정하면서도 "모든 문제가 해결되었다"라고 단언할 것을 제안했다.[67]

9월 말 저우는 취추바이와 함께 중앙위원회 전체 회의를 주재하여 '(리)리싼 노선'을 비판했다. 리는 다시 한번 자신의 "정책과 업무 배치가 모험주의의 잘못된 방향으로 갔다"라고 인정했다. 코민테른의 지시를 전달하면서 저우는 다시 한번 중국공산당의 정책 노선과 코민테른의 지시 사이에 "큰 차이가 없었다"라고 강조했다. 리의 실수는 "혁명의 현재 상황의 정도와 속도를 과대평가한 것"에 지나지 않았다.[68] 정치국은 스탈린과 저우의 대화를 인용하며 강조했다. "가장 중요한 과제는…… 홍구를 건설하고, 정치적으로나 군사적으로 완전히 준비된 프롤레타리아트가 이끄는 홍군을 창설하는 것이었다."[69]

그 무렵 저우는 상하이를 떠나 홍구로 전출되고 싶다는 의사를 밝혔다. 그는 왜 그렇게 했을까? 상하이에 곧 큰 폭풍이 닥칠 것이라는 예감 때문이었을까? 아니면 홍군과 홍구를 강화하라는 스탈린의 요청을 이행하는 데 주도적인 역할을 하고 싶었기 때문이었을까? 중앙위원회는 저우를 서기로 하는 소비에트 중앙국(中央局, SAB)을 설립했다.[70] 그러나 저우는 상하이를 떠나기에는 아직 처리해야 할 업무가 너무 많았기 때문에, 정치국은 샹잉을 저우를 대신하여 소비에트 중앙국 서기 대리로 임명하기로 결정했다.[71]

실제로 오래지 않아 큰 폭풍이 닥쳤다. 스탈린은 극동국의 보고를 받고 분노에 휩싸여 중국공산당 지도부가 모스크바의 지시를 위반했으며, 저우 역시 중국공산당 중앙이 실수를 바로잡도록 돕지 않았다고 확신했다. 11월 16일 지시에서 코민테른은 리리싼 문제를 "총노선과 관련된 심각한 문제"로 규정하며 중국공산당을 극도로 격앙된 어조로 비난했다. 실제로 코민테른에 따르면, 리의 실수는 "무작위로 저질러진" 것이 아니라 "체계적으로 만들어진" 것으로, 그의 "레닌주의뿐만 아니라 코민테른에 대한 적대감"을 드러냈다.[72] 리에게 이와 같은 비난은 정치 경력이 끝났음을 의미했다. 이러한 수사의 포화는 저우에게도 큰 충격이었을 것이다. 이는 그가 중국으로 돌아온 후 했던 모든 일이 잘못되었음을 의미했기 때문이다.

1931년 1월 7일, 중국공산당 지도부는 역사상 가장 중요한 회의 중 하나인 제4차 중앙위원회 전체 회의(제6차 당대회에서 선출되었다)를 소집했다. 회의를 지휘한 사람은 코민테른 특별 사절 파벨 미프(Pavel Mif, 미하일 알렉산드로비치 포르투스)였는데, 그는 이전에 모스크바 쑨원대학교 총장이었다. 비록 실제로 전체 회의에 참석하지는 않았지만, 그는 '슈퍼 차르'처럼 행동했다. 저우가 나중에 회상했듯이, "미프는 모든 것을 배열하고 통제했다."[73] 미프가 막후에서 지원하여 그의 제자였던 왕밍(王明)이 예기치 않게 중앙위원회와 정치국 위원으로 선출되었다.

미프가 발표한 전체 회의의 주요 임무는 "리싼 노선을 철저히 비판"하고, 그 노선에 대한 일부 당 지도자들의 "우경화된 화해주의적 태도"를 비판하는 것이었는데, 이는 "당이 직면한 가장 심각한 위험"으로 간주되어야 했다. 당연히 리가 전체 회의에서 비판의 제1표적이었다. 저우는 모스크바에서 돌아온 후 리의 실수를 바로잡지 못했기 때문에, 또 다른 주요 비판의 대상이 되었다. "원칙 감각이 부족한" 인물로 낙인찍힌 저우는 중국공산당 중앙이 '리싼 노선'을 채택한 것에 대해 '주요 책임'을 져야 했다.

이러한 상황 전개는 저우에게 충격이었을 것이다. 그는 의심할 여지 없이 불만이 많았겠지만, 자신을 거의 변호하지 않았다. 그는 '심각한 자기비판'을 해야 한다는 것을 알았고, 모든 비난을 자신에게 돌려야 했다. 그는 동지들에게 말했다. "당은 지금 매우 어려운 도전에 직면해 있다. 리싼 노선은 당의 사기를 떨어뜨렸다. 우리는 당을 다시 건강한 상태로 되돌리는 것이 절실하다." 그는 전당에 전달해 달라고 요청한 자기비판서 본문에 첨부된 메모에 썼다. "나는 전당이 나의 실수를 알고 비판하도록 이 문서를 배포해 달라고 요청했다."[74] 결국 저우는 당의 사람이었다. 그의 사고방식의 핵심에는 "당의 이익은 항상 다른 어떤 것보다 우선시되어야 한다"라는 믿음이 있었다.[75]

그러나 저우는 '일을 처리하는' 사람이었고, 그가 없으면 당 중앙은 일상적인 운영에서조차 심각한 문제를 겪을 수 있었다. 따라서 미프는 그를 제거하고 싶지 않았다. 회의에 참석했던 또 다른 코민테른 대표 알렉산더 알브레히트(Alexander Al'brecht)는 저우에게 관용을 보였다. "우리는 저우언라이 동지에게 책임을 물어야 한다. 그러나 우리가 그를 쓰러뜨리려는 것은 아니다. 우리는 그가 미래에 자신의 실수를 바로잡을 수 있도록 허용해야 한다."[76] 전체 회의에서 저우를 정치국에서 제명하자는 요구가 있었지만, 그 동의안은 반대 18표 대 찬성 6표로 부결되었다.[77] 자신을 향한 일련의 공격에도 불구하고, 저우는 계속해서 당 중앙의 일상 운영을 관리하게 될 것이었다.

제4차 전체 회의 결과, 특히 미프와 그 동료들의 가혹한 조치는 당내에 큰 파장을 일으켰다. 왕밍은 너무나 새롭고 젊었다. 당에 뿌리가 얕았던 그는 영향력과 권위가 부족했다. 전체 회의 후, 당내 일련의 분리주의 활동이 미프와 당 지도부에 도전했다. 1931년 1월 말 반체제 인사들은 당 중앙과는 독립된 특별위원회를 설립했다. 비록 저우가 최근 전체 회의에서 심한 비판을 견뎌 냈지만, 그는 처음부터 이러한 분리주의자들에 단호히 반대했고 그들의 활동을 신속하게 억제하는 데 동참했다. 저우는 분리주의자들의 보급선을 차단하고, 그들이 모스크바와 코민테른으로부터 원조를 받을 수 있는 모든 경로를 막는 강력한 무기를 쥐고 있었다.[78] 결과적으로 중국공산당 내 반대파들은 모두 점차 시들었다. 당은 단결을 유지했다. 그리고 저우는 그 공로를 주장할 자격이 있었다.

★★★★★

그 시기 중국공산당 조직들은 상하이에서 급속히 악화되는 환경에 직면했다. 국민당 정보기관들은 자체 역량을 강화하고 외국 조계 당국과 협력을 강화함으로써 숨어 있는 공산주의자들을 소탕하려는 노력을 배가했다. 저우와 동지들은 활동은커녕 생존을 위한 공간조차 거의 남지 않았음을 발견했다. 그들에게 큰 재앙이 닥치는 것은 시간문제인 듯했다.

마침내 1931년 4월 재앙이 닥쳤다. 그달 24일, 특과 책임자이자 당 정보

기관에서 저우의 오른팔이었던 구순장이 우한에서 국민당 요원들에게 체포되었다. 구는 심문이 시작되자마자 거의 즉시 심문관들에게 자신의 목숨과 유리한 처우를 보장받는 대가로 중국공산당의 모든 비밀을 넘겨 주겠다고 말했다.[79]

그러나 구는 치명적인 실수를 저질렀다. 장과의 대면 회담을 요구하며 그 전에는 어떤 정보도 공개하지 않겠다고 한 것이다.[80] 그렇게 함으로써 자신의 중요성을 과시하고, 장과 국민당이 자신을 어떻게 여기는지 시험하려 했다. 그러나 그로써 그가 체포되었다는 소식이 새어 나갈 시간을 주었음은 깨닫지 못했다, 구의 체포를 보고하는 전보가 4월 25일 토요일 저녁 쉬언청 국민당 조사과장의 난징 사무실에 도착했는데, 그때 쉬는 댄스파티에 나가 있었다. 쉬 측에 가장 깊숙이 잠입해 있던 저우의 요원 첸황페이가 그 전보를 가로챘다. 그는 역시 공산주의 요원인 자기 사위를 즉시 밤 기차로 상하이에 급파하여 구가 체포되었으며 배신했다는 사실을 저우에게 보고하는 데 성공했다.[81] 저우는 충격받았지만 지체 없이 당 지도자와 기관 들을 대피시키고 구와의 연결을 끊어 냈다. 또한 당에 구가 잘 알고 있는 모든 방법과 절차를 사용하지 말라고 명령했다.[82]

구가 장과 직접 만나고 국민당 특수 요원들이 상하이에서 소탕 작전을 시작했을 때는 이미 소중한 사흘이 지난 후였다. 그들은 수색한 장소 대부분에서 아무것도 발견하지 못했다. 중국공산당 지하망에 심각한 피해를 입었지만, 당은 대재앙을 피했다. 또한 저우가 구에 대해 오랫동안 유보적인 태도를 취하였던 것은 선견지명이었음이 증명되었다. 구가 중국공산당 지하조직과 활동에 대해 아는 지식에는 결정적인 허점들이 있었기 때문이다. 만약 그가 더 많이 알았다면, 구가 배신한 후에 저우와 중국공산당 중앙은 상하이에 남아 있지 못하게 되었을 것이다.

어떤 혁명이든 잔인하다. '정의'와 '필요성'의 이름으로, 혁명은 인간

본성의 가장 야만적인 측면을 완전히 드러낼 수 있다. 구 사건을 처리하면서 저우는 자기 성격의 상당히 잔인하고 무자비한 측면을 드러냈다. 그는 구의 여러 친척과 아내 장싱화(張杏花)가 중국공산당 지하활동에 연루되어 있었다는 것을 알았다. 저우는 특과 요원들에게 장과 두 살배기 사내아이를 포함한 구의 가족 아홉 명을 전부 살해하라고 명령했다. 시신들은 현장에 묻혔다. 우연히 집에 없었던 구의 세 살배기 딸만 살아남았다.[83]

저우는 왜 구의 일가족 모두를 살해하기로 결정했을까? 다른 잠재 '반역자들'에게 구의 전철을 밟으려는 자는 누구든 가장 가혹하게 처벌될 것임을 알리기 위해, '닭을 죽여 원숭이를 경고하기 위해' 그렇게 한 것으로 보인다. 이것은 확실히 극도로 비인간적이었다. 살해를 명령했을 때, 저우가 평소 견지하던 침착한 태도는 무너졌다. 전해진 바에 따르면, 그는 부하들에게 이것이 좋은 결정인지 나쁜 결정인지 확신할 수 없다고 털어놓았다. 그는 말했다. "역사가 판단하게 하라."[84]

*****

저우의 노력에도 불구하고 1931년 말까지 상하이의 환경은 중국공산당에게 점점 더 절망적으로 흘러갔다. 국민당 특별 기관들은 중국공산당 지하조직을 향해 포위망을 계속해서 조여 왔다. 당 간부와 활동가 들이 차례차례 붙잡혔고, 많은 이가 변절했다. 저우는 그 어느 때보다 더 신중하게 행동할 수밖에 없었다. 낮에는 은신처를 절대 떠나지 않았고, 어두워진 후에도 반드시 필요한 경우가 아니면 외출하지 않았다. 그는 이틀이나 사흘에 한 번, 혹은 더 자주 거주지를 옮겼다. 아주 드물게 거리에 나가야 하는 경우에는 전체적으로 분장을 했다. 그러한 끔찍한 상황에서 저우와 다른 중국공산당 지도자들이 처한 안전 문제가 모스크바의 주의를 끌었다. 코민테른은 중국공산당 지도자들이 직면한 보안 위협을 논의하기 위해 5월 12일 회의를 열었다. 회의는 저우가 6개월에서 일 년 동안 모스크바로 와 있어야 한다고 결의했다.[85]

얼마 지나지 않아 저우와 중국공산당은 또 다른 타격을 입었다. 1931년 6월 22일, 당시 중국공산당 총서기였던 샹중파가 국민당 정보기관에 체포되었다. 저우는 경악하여 즉시 새로운 피난처로 이전했다. 또한 모든 당 기관에 즉시 대피하라고 명령했다. 그동안 그는 적의 정보 및 기타 기관에 잠입해 있는 모든 요원을 동원하여 샹의 행방에 대한 정보를 얻었다. 처음에는 샹을 구출하는 임무를 조직하려 했지만, 그가 이미 적에게 항복했다는 것을 알게 되었다. 며칠 뒤 여전히 불명인 이유로 장제스가 직접 명령하여 샹은 처형되었다.[86]

거의 동시에 상하이 코민테른 스파이인 일레르 눌랑스(Hilaire Noulens)가 아내와 함께 체포되었다. 그의 본명은 야코프 루드니크(Jakob Rudnik)이며 1917년부터 볼셰비키당원이었던 우크라이나인이다. 코민테른의 명령에 따라 그들은 1930년 3월에 중국에 와서 상하이에 비밀 연락 기지를 설립했다.

눌랑스 부부는 1931년 초 싱가포르에서 코민테른 연락원이 체포되면서 발각되었다. 그가 가지고 있던 문서들에 눌랑스와 그가 상하이에서 하고 있는 활동이 명시되어 있었다. 6월 15일, 조계 경찰은 눌랑스 부부를 체포하고 그들의 집에서 코민테른 지시, 중국공산당의 모스크바 보고서, 극동국 대차대조표를 포함한 문서 다량을 발견했다. 눌랑스 부부가 재판에 회부되었다는 사실이 언론에 보도되자 큰 충격이 일었다.[87] 그 시기 저우는 완전히 지하로 잠적했고, 코민테른이 조직한 눌랑스 부부 구출 작전에 참여하지 않았다. 그러나 이 사건과 국민당 정보기관 및 외국 조계 당국의 협력은 저우가 상하이에서 생존하는 것을 더욱 어렵게 했다. 저우는 즉시 상하이를 떠나지는 않았지만, 다른 사람들과 거의 모든 연결을 끊어야만 했다.[88]

그럼에도 불구하고 1931년 9월 저우는 코민테른이 상하이에 파견한 전설적인 스파이 리하르트 조르게(Richard Sorge)와 만났다. 조르게는 1931년 1월부터 상하이에 있었고, 특과 요원들과 긴밀한 협력관계를 유지하고 있었다. 회의에서 조르게는 저우에게 자신을 위해 일할 수 있는 신뢰할 만한 정보 요원을 추천해 달라고 요청했다고 전해진다.[89]

상하이가 공산주의자들에게 지옥이 되면서, 코민테른은 저우의 위태로운 안전에 주의를 집중했다. 모스크바는 다시 한번 저우에게 홍구로 이동하거나 모스크바로 여행하라고 지시했다.[90] 저우는 중국을 떠나고 싶지 않았다. 당시 코민테른과 중국공산당 지도부 모두 중국 혁명을 위해 홍군의 중요성을 반복적으로 강조하고 있었기 때문에, 저우는 홍구로 가기로 선택했다.

그때 저우는 상하이에 사 년째 머물고 있었다. 돌이켜 보면 그 세월 동안 그가 거둔 가장 큰 소득은 당의 일상 운영을 확고하고 공고하게 통제할 수 있게 된 것이었다. 그리하여 그는 당 기구 내에서 자신의 행정 권력과 정보 연계망을 제도화했다.

이후 수십 년 동안, 중국 공산주의 혁명과 저우 자신은 고난의 길을 따르게 된다. 그러나 저우는 당과 그 후 당-국가(party-state)의 행정 권력과 정보망을 계속 통제하게 될 것이었다. 이로부터 흥미로운 패턴이 나타났다. 비록 저우는 결코 당의 최고 지도자가 되지 않았지만, 일관되게 당의 운영 네트워크 중심에 서 있었고, 1949년 이후에는 공산주의국가의 중심에도 서 있었다. 저우는 확실히 한 개인이었지만, 또한 하나의 현상이기도 했다. 그가 없었다면 당과 당-국가의 운영이 마비될 수 있었다고 말하는 것은 과장이 아니다. 이것이 온갖 도전과 어려움, 시련에도 불구하고 저우가 중국 공산주의 혁명에서 자기 역할을 계속 유지할 수 있었던 이유를 설명해 준다.

★★★★★

큰 나무는 바람을 부른다. 저우가 상하이를 떠난 직후, 훗날 '우하오 사건'으로 알려지게 될 일이 발생했다. 저우가 도시를 떠난 지 두 달 후인 1932년 2월, 상하이에 기반을 둔 신문《신보(申報)》는 '우하오를 포함한 243인이 공산당을 규탄하는 성명서'를 발표했다. 기억하겠지만, '우하오'는 저우가 5·4 운동 기간 동안 채택한 가명이었고, 결국 그의 암호명이 되었다. 그 성명서는 실제로는 지하 공산주의 운동의 사기를 꺾기 위해 국민당 정보기관이 조작한 것이었다. 이 가짜 기사를 반박하기 위해 상하이 중국공산당 조직들은 2월 22일《신보》에 다음과 같은 공지를 게재하는 데 성공했다. "우하오 선생 귀하: 귀하가 이달 18일에 보내 주신 반박 성명서는 잘 받았습니다. 적절한 회사 보증이 없어 게재되지 못했습니다."[91] 이것이 당시 중국공산당 지하조직이 우하오의 이전 성명서가 저우의 것이 아님을 나타내기 위해 할 수 있었던 전부였다. 이 모든 일이 저우가 모르는 사이에 일어났다.

당시 저우는 이 문제가 끝나지 않을 줄은 상상하지 못했다. 실제로 그것은 십 년 후 옌안에서의 정풍운동 기간 동안 언급될 것이었다. 그리고 문화대혁명 시절에 다시 수면 위로 떠올라 저우를 얽어맬 것이었다. 심지어 저우는 말기 암으로 투병 중일 때조차도 '우하오 사건'의 망령을 떨쳐 낼 수 없었다.[92] 여기서 드러나는 것은 마오 치하 중국공산당의 당내 정치와 투쟁이 얼마나 추악해질 수 있었는가, 하는 점이다.

제8장

장시 농촌

1931~1934

1931년 12월 초 어느 달 없는 밤, 숙련된 육체노동자로 위장한 저우언라이는 영국 회사에 등록된 증기선을 타고 상하이를 떠났다.[01] 며칠 후 그는 광둥 산터우 항구에 내려 중국공산당의 비밀 경로를 통해 홍구 중 한 곳으로 이동했다. 그달 말 그는 이전에 거의 알려지지 않았던 장시성 중심부 작은 마을 루이진(瑞金)에 도착하여, 전년도에 임명되었던 소비에트 중앙국 서기직을 즉시 인수했다.[02]

1927년 장제스의 반공산당 쿠데타 이후, 마오와 공산주의자들은 '토지혁명'의 기치 아래 일련의 무장봉기를 벌였다. 1930년대 초까지 중국 남부에는 홍구가 십여 개 나타났고, 그곳에 혁명 정권이 수립되었다. 소련의 예를 따라 공산주의자들은 그것들을 '소비에트'라고 명명했고, 그래서 홍구는 '소비에트 지역'이 되었다. 중화소비에트공화국은 1931년 11월에 수립되었다. 루이진을 수도로 하는 장시와 푸젠에 걸친 소비에트 지역은 중앙 소비에트 지역이 되었다. 전성기에는 일곱 개 현 전체와 다른 스물여덟 개 현의 일부를 포함했으며, 삼백만 명이 넘는 인구가 거주했다.

ZHOUENLAI —— *A Life*

저우가 뒤로하고 떠나온 상하이는 죽음의 도시였고, 그곳에서 그는 어두운 밤의 삶을 살았다. 이제 동지들이 통제하는 햇살 가득한 땅에 발을 디뎠을 때, 그는 기쁨이 역력했다.[03] 그러나 동시에 그는 앞에 놓인 도전들을 생각하며 상당히 불안해했다. 실제로 그는 막 완전히 새로운 환경에 들어서려는 참이었다. 비록 황푸 정치부 주임이었고 두 차례 동정에 참여했지만, 그는 야전 지휘관이 아니었다. 유일한 전투 경험은 난창 봉기와 그 후 광둥으로의 행군인데, 그것들은 완전한 실패로 끝났다. 1927년부터 그는 당 중앙 높은 자리에서 군사 업무를 주재했다. 저우는 홍구에서 마오와의 관계를 처리하는 방법을 포함하여 각종 힘든 문제들을 다루어야 할 것임을 알고 있었다.

저우와 마오는 1929년에 교류한 이후로 직접 접촉할 일이 많지 않았다. 그러나 저우는 마오의 활동에 세심한 주의를 기울여 왔으며, 특히 1930년 말에 저우가 장시 소비에트 중앙국 서기로 임명된 후에는 더욱 그러했다. 그러나 당시 그는 상하이에서 맡은 임무에 발이 묶여 장시로 갈 수 없었다. 1930년 말 샹잉이 저우를 대신하여 소비에트 중앙국 서기 대리로 봉사하기 위해 소비에트 지역으로 파견되었다. 1931년 4월에는 런비스(任弼時), 왕자샹(王稼祥), 구쮜린(顧作霖)으로 구성된 3인 중앙위원회 대표단도 소비에트 지역에 도착하여 샹, 마오와 함께 소비에트 중앙국 위원으로 합류했다. 비록 저우는 상하이에 있었지만 홍구에 산적한 복잡한 문제들을 처리해야 했다. 그렇기에 마오와 맺고 있던 간접적인 관계에서도 좀처럼 긴장이 끊이지 않았다.

샹이 루이진에 도착했을 때, 마오의 무자비한 촉구에 힘입어 'AB단(Anti-Bolshevik 團)'을 색출하는 운동이 맹위를 떨치고 있었다. 문제의 연맹은 한때 국민당 내 작은 그룹이었으나 오래전에 해체되었다. 그러나 1930년 초 마오는 상상 속 적과 싸운다는 명분으로 홍구에서 '반동분자

162

숙청' 운동을 시작했다. 당시 홍구 지도부는 현지 출신 인사들과 다른 지역 출신 인사들(가령 마오)로 구성되어 있었다. 지도자들은 서로 사회적 관계가 달라 함께 일하기가 어려웠다. 구톈 회의 이후 마오는 자신을 무오한 존재로 믿었으며, 특히 전투에서 승리한 후에는 '당 서기에 의한 독재(예를 들어, 자신에 의한 독재)'를 추구하기로 결심했다. 그러나 그는 다른 배경을 가진 동지들을 대할 때 마찰을 빈번하게 겪었다. 마오는 자신에게 반대하는 자들을 'AB단'이라는 적으로 낙인찍는 것으로 대응했고, 그의 요원들은 그 후 그와 의견이 다른 사람들을 체포, 고문, 살해하기를 연이어 감행했다. 결과적으로 사망자 수는 급증했고, 숙청은 통제 불능 상태가 되었다.[04]

상이 도착하기 직전, 홍군 제20군에 의한 반마오 반란이 장시 서부 작은 마을 푸톈(富田)에서 일어났다. 1930년 12월 초, 마오는 자신의 충신 리사오주(李韶九)를 푸톈으로 파견하여 제20군 내 "숨은 반동분자들을 소탕"하고, "그들을 대량으로 죽이라"라고 승인했다.[05] 따라서 리는 푸톈에 도착하자마자 즉시 제20군의 많은 장교를 체포하고 처형하라고 명령했는데, 그들 대부분은 현지인이었다. 12월 12일 연대장 류디(劉迪)가 반란을 일으켜 리와 그의 동료들을 체포했다. 다음 날 류와 다른 사람들은 마오의 제1방면군으로부터 분리를 선언했다.[06] 그리고 반란을 지지했던 당 장시성 위원회의 여러 지도자가 자신들의 위원회를 설립하고, 공개적으로 "반AB단 캠페인에서의 심각한 잘못"을 비난하며 상하이 당 중앙에 자신들의 불만을 전달하기 위해 특사를 파견했다.[07]

처음에 상은 푸톈 사건을 처리하는 데 마오와 협력하기를 바랐다. 따라서 "원칙적으로" 그는 마오의 "투쟁 노선"을 지지했다.[08] 그러나 실제로는 제20군 지휘관들과 협상을 통해 사건을 해결하고 싶어 했는데, 마오는 이에 단호히 반대했다. 두 사람은 격렬한 논쟁에 휩싸였고, 어느 쪽도 상대방에게 굴복하려 하지 않았다.

이 모든 것은 제4차 전체 회의의 여파로 당 지도부 내 정치적 분위기가 매우 긴장된 시기에 저우의 주의를 끌었다. 저우는 '원칙에 관한 문제'에서 어떤 실수도 저지르지 않으려 조심했다. 홍구의 보고서들을 신중하게 읽은 후, 그는 푸텐 사건이 아마도 "(마오의) 전적위원회가 성 위원회 내 'AB단원들'을 체포하려 한 시도"에서 발생한 자연스러운 결과이며, 그들이 그런 행동을 취할 수밖에 없었다는 이해에 도달했다. 2월 말 정치국이 이 문제를 논의하기 위해 모였을 때, 저우는 노련하게 행동했다. 그는 AB단이 실제로 반동 조직이었고, 푸텐 사건은 "반동적 사건"이었다고 말했다. 그러나 AB단원들 중에는 일부 "동요하고 덜 헌신적인 자들"이 있었다고 덧붙였다. 따라서 관련된 모든 이가 반동분자는 아니었다. 그러므로 모든 측은 "분쟁을 멈추고 적과 싸우기 위해 단결해야 한다."09 1931년 3월 말 코민테른 극동국이 개입하여 푸텐 사건이 "본질적으로 명백히 반동적"이며, 관련된 모든 이가 범주적으로 반동분자들이라고 선언했다. 중국공산당 중앙은 이 독단적인 판단을 받아들였다.10

바로 이때 런, 왕, 구가 마오와 샹 사이 분쟁을 관리하기 위해 홍구에 도착했다. 당 중앙과 극동국의 지시에 따라, 그들은 신속하게 푸텐 사건을 "반동적 폭동"으로 선언했다. 4월 18일 반란을 일으킨 제20군 지도자들은 마오 및 당 중앙 대표들과의 회의에 소환되어 그곳에서 체포된 후 처형되었다.11

푸텐 사건을 해결하는 데 있어서 런, 왕, 구는 마오의 편에 서서 샹을 비판했다. 한때 그들은 심지어 마오가 샹의 소비에트 중앙국 서기 대리직을 인수하기를 원하기도 했다. 그러나 마오는 또한 그들에게 이상한 인상을 남겼는데, 특히 그들이 코민테른이 중국공산당에 내린 동일한 지시, 즉 먼저 한두 개 성에서 승리를 추구하라는 지시에 묶여 있었지만 마오는 홍구에서 이것을 해내지 못했기 때문이었다. 더욱이 시간이 지나면서 그들은 또한 '당 서기에 의한 독재'라는 이름으로 다른 목소리를 전부 차단하는 마오의 관행이 극도로 불편해졌다. 이 점에서 그들은 샹과 공통점을 발견했다.

샹 이후 런, 왕, 구에 의해 이어진 마오에 대한 부정적 평가는 저우와 당 중앙에 경각심을 주었다. 저우는 이전에 마오를 다루어 보았기 때문에, 그가 어울리기 쉬운 사람이 아님을 알고 있었다. 그러나 당시 홍구에서 마오의 권위와 권력은 절정에 달해 있었다. 모스크바와 코민테른조차도 그의 진전을 신중하게 지켜보고 있었다. 저우는 영리하고 신중하게 행동해야 했다.

★★★★★

저우는 1931년 여름까지 자신이 곧 상하이를 떠나 장시로 가게 될 것임을 알고 있었다. 그때까지 왕밍은 모스크바 코민테른 주재 중국공산당 대표단장으로 봉사하기 위해 상하이를 떠나려 하고 있었다. 당 중앙의 업무는 겨우 스물네 살 소련 유학파인 보구[博古, 친방셴(秦邦憲)]가 맡게 될 것이었다. 리리싼 노선에 대한 투쟁에서 뛰어난 성과를 거둔 보구는 1931년 초 제4차 전체 회의의 여파로 공산주의 청년단 서기로 임명되었다. 샹중파가 사망한 후 극동국은 임시 정치국을 설립할 것을 제안했다. 보구는 중앙위원회 위원조차 아니었지만, 정치국 상무위원회 위원이 되었다. 왕밍과 저우 모두 곧 상하이를 떠나게 되면서, 그는 당 중앙에서 "전반적인 책임을 맡도록" 요청받았다.[12] 마오에 대한 저우의 태도는 더욱 미묘해졌다. 그는 왕밍, 보구 및 다른 '소련 유학파들'이 마오를 싫어한다는 것을 알았다. 그들은 코민테른의 지시와 비교할 때 마오의 행동

165

이 너무 '우경화'되었다고 생각했다. 저우는 그들의 의견에 어느 정도 동의했다. 그러나 마오를 통제하려 하면서도, 그는 또한 홍구에서 자신이 맡은 임무를 수행하기 위해서는 마오의 지원이 필요하다는 것을 알고 있었다. 저우가 나중에 옌안 정풍운동 중 '자기비판'에서 인정했듯이, 마오에 대한 그의 "모호한 태도"는 이러한 계산에서 비롯되었다.[13]

이전에 저우와 당 중앙은 또한 어우양친(歐陽欽)을 런, 왕, 구의 동료로 홍구에 파견했다. 7월 초 어우가 중앙위원회에 보고하기 위해 상하이로 돌아오기 전에, 런과 왕은 소비에트 중앙국을 대신하여 어우가 상하이로 가져갈 보고서를 준비했다. 보고서의 내용은 몇 단락을 제외하고는 기밀 해제되지 않았다.[14] 그러나 저우가 중앙위원회를 대표하여 소비에트 중앙국에 보낸 지시 서한에서 마오를 혹독하게 비판한 것은 바로 그 보고서를 읽은 후였다. 따라서 그 보고서에는 마오에 대한 부정적인 평가가 포함되어 있었음에 틀림없다.

8월 30일 자 저우의 지시 서한은 수십 쪽에 달했다. 그 안에서 그는 마오를 지명하지 않고 일련의 비난을 가했다. 저우는 편지에서 썼다. "중앙 소비에트 지역의 가장 심각한 실수는 명확하게 정의된 계급 노선의 부족과 효과적인 대중 사업의 부재이며, 이것이 다른 실수들을 야기했다." 군사적으로, "현재까지 홍군은 낡은 유격대의 습관이나 편협한 소집단 행동을 버리지 못했으며, 이는 한두 개 성에서 승리를 거두기 위한 대규모 작전에 참여해야 하는 지정된 과업과 양립할 수 없다." 저우는 또한 반AB단 캠페인에서의 실책들을 인용했다. 편지에 따르면, "AB단의 위협"과 "적의 파괴력"은 "과장"되었고 "우리 자신의 계급에 대한 신뢰"를 잠식했다. 당과 군대의 의사결정을 다루는 마오의 가부장적 스타일을 공격하는 편지는 미래에 주석이 될 그에게 가장 모욕적이었을 것이다. 저우가 강조했듯이 이 불만들은 마오가 "국민당의 작업 방식과 스타일에 크게 영

향받았음"을 드러냈다.[15]

저우는 당 중앙을 대신하여 편지 초안을 작성했으므로, 그 안의 생각들이 반드시 모두 그의 것은 아니었다. 또한 그는 사실상 당 중앙을 통제하고 있던 보구와 왕밍을 대변했다. 그러나 그들의 견해조차도 완전히 독창적인 것은 아니었다. 그들은 코민테른의 지시를 자신들이 이해하는 대로 따르고 있었다. 그러나 최종적으로 그 편지를 쓴 사람은 저우였고, 이로써 다음 몇 달 동안 일련의 반마오 사건들을 촉발하여 마오가 홍구의 당과 홍군에서 우월한 지위를 잃게 되는 결과를 낳았다.

저우의 편지가 홍구로 전달되고 있을 때, 마오는 저우와 당 중앙 앞에 또 다른 어려운 문제를 내놓았다. 10월 11일 소비에트 중앙국은 마오의 지지를 받아 당 중앙에 두 가지를 요청하는 전보를 보냈다. 첫째, 소비에트 중앙국이 제1방면군과 함께 이동할 것. 둘째, 샹잉이 "푸톈 사건을 처리하는 데 완전히 잘못했고…… 그리하여 다른 사람들의 신뢰를 잃고 무능함을 보여 주었으므로, 중앙국은…… 마오쩌둥 동지를 서기 대리로 삼을 것."[16] 이 두 가지 요청은 소비에트 중앙국의 새로운 서기인 저우에게 힘든 시험을 제시했다.

그 시기 저우는 상하이의 정치적 지하 세계 깊숙이 숨어 있었다. 그러나 이것은 그가 개입하지 않기에는 너무나 중요한 문제였다. 당 중앙의 답장은 10월 중순에 왔다. 첫 번째 요청은 중앙위원회가 "소비에트 중앙국이 방면군과 함께 이동하는 것은 부적절하다"라고 여겼기 때문에 거부되었다. 두 번째 요청은 승인되어, 마오가 임시로 소비에트 중앙국 서기 대리로 봉사하는 것을 허용했다. "당 중앙의 새로운 대표(즉 저우)가 곧 소비에트 지역으로 출발할 것이며, 모든 문제를 해결하기 위해 당신과 함께 일할 것이다."[17] 이 응답은 마오를 안정시키는 데 도움이 되었고, 동시에 저우가 도착한 후 홍구의 모든 권력을 장악할 길을 닦았다.

중앙위원회는 소비에트 중앙국이 저우의 8월 30일 자 편지를 받지 못했을까 걱정하여, 10월 20일경에 전보를 보내 저우의 편지가 극히 중요하다고 강조했다. 전보에 따르면, 다가오는 소비에트 지역 당대회는 "반드시 편지의 지시를 따르고, 그에 따라 결의안을 채택하며, 승인을 위해 당 중앙에 보내야 한다"라고 했다.[18]

소비에트 중앙국의 런, 왕, 구 및 다른 사람들은 오랫동안 마오와 불화를 겪어 왔다. 그러나 마오는 권력을 단단히 쥐고 있으려는 의지가 강한 사람이었기 때문에, 그들은 당 중앙에 불평을 보고하는 것 외에는 그를 견제할 방법이 없었다. 이제 저우의 편지는 그들에게 마오와 대면하여 '투쟁을 벌이기에' 절실히 필요했던 탄약을 제공했다. 그들은 즉시 행동에 나서기 시작했다.

11월 1일, 오 일간의 홍구 지도자 모임인 간난(贛南, 장시 남부) 회의가 시작되었다. 마오는 소비에트 중앙국 서기 대리 자격으로 참석했다. 그러나 실제 책임자는 런과 왕이었다. 런은 회의 참석자들에게 저우의 8월 30일 자 편지를 전달했고, 즉시 마오를 혹독한 비판의 대상으로 만들었다. 이념적으로 마오는 "편협한 경험주의" 경향을 보였다. 토지개혁 정책과 관련하여 그는 부농을 편드는 접근법을 추구했다. 그리고 군사적으로 "낡은 유격전 방식을 버리지 못했고" "진지전과 도시전"의 중요성을 무시했다.[19] 마오는 이러한 비난 중 어느 것도 받아들이지 않고 런, 왕 및 다른 사람들과 격렬한 논쟁을 벌였다. 그는 또한 회의에 자신을 지지할 간부들을 동원했다. 그러나 이 모든 것은 더 많은 비판을 불러일으키고 고립을 심화할 뿐이었다.[20]

회의는 저우의 편지와 일치하는 여러 결의안을 통과시켰다. 마오의 토지 분배 정책은 "부농을 잘못 편들었다"라고 비판받았다. 마오주의의 핵심 문건인 '구톈 회의 결의안'은 마오가 홍군에 대한 개인적인 통제를 공고히 하는 것을 정당화하여, "홍군 군사 및 정치 장교들의 독립성을 완전히 상실"시키는 결과를 낳았다고 비난받았다. 새로운 결의안들은 마오의 "홍구와 홍군에서의 행정권 독점"을 끝낼 것을 요구했다.[21] 마오는 중앙혁명군사위원회 위원으로 선출되지 못하면서 더 심각한 좌절을 겪었다. 홍군 총정치위원 자리도 잃었다.[22]

그러나 저우와 당 중앙에 마오를 완전히 불신임하려는 의도는 없었다. 중화소비에트공화국은 간난 회의 며칠 후 공식적으로 수립되었고, 저우와 중앙위원회는 마오를 공화국 주석으로 임명할 것을 주장했다.[23] 그 시점부터 마오는 '마오 주석'이 되었다. 표면적으로 이 새로운 직함은 마오의 영향력과 명성을 새로운 차원으로 끌어올리는 듯 보였다. 그러나 실상 홍구에서 그의 권력과 권위는 급격히 쇠퇴하고 있었다.

*****

저우는 여전히 상하이에 있으면서 이러한 모든 사건이 벌어지는 내내 거리를 두었다. 루이진에 도착한 후, 그는 마오와 대면해야 했다. 그는 이미 계획을 세워 두었다. 그는 다른 사람들로부터 신뢰와 지지를 얻기 위해 마오의 "반동분자 숙청"의 "과도한 실행"을 폭로하는 것부터 시작하여, 마오를 도덕적 수세에 몰아넣을 것이었다. 저우는 그러한 계획이 마오의 권위와 명성을 제한하는 동시에 자신의 권위와 명성을 공고히 하는 데 도움이 될 것이라고 믿었다.

저우는 '반동분자' 숙청 운동이 실제로 통제를 벗어나 대규모 학살을 초래하고 심각한 결과를 낳았음을 금방 발견했다. 12월 18일 당 중앙에 보낸 편지에서 그는 홍구에 온 지 불과 사흘 만에 이미 무고한 사람들이 많이 체포되고 고문당하는 것을 보았다고 보고했다. 그는 당 중앙이 이러한 잘못을 바로잡기 위한 결의안을 즉시 채택해야 한다고 제안했다.[24] 분명히 그는 마오와 결판을 낼 준비가 되어 있었다.

루이진에서 소비에트 중앙국 서기로서 저우가 내린 첫 조치는 반동분자 숙청의 "터무니없는 전개"를 중단시키는 것이었다. 그는 교묘한 전략을 고안했다. 즉 수사적으로는 운동을 긍정하되, 실질적으로는 부정하는 것이었다. 운동을 비판하면서 그는 또한 마오를 공개적으로 망신 주거나 당황시키는 것을 피했다. 저우의 지도 아래 소비에트 중앙국은 푸텐 사건을 "AB단이 이끈 반혁명적 반란"으로, "AB단에 대한 투쟁을 필요하고 올바른 것"으로 인정하는 결의안을 통과시켰다. 그런 다음 운동에서 저질러진 실수들에 대한 결의안으로 넘어갔다. 실제로 운동은 "계급 노선과 대중 노선 모두를 무시"했다. 이러한 실수들 때문에 '반AB단' 투쟁은 "단순히 용의자들의 자백에만 의존하여…… AB단원들을 체포, 심문, 처리하는 것에 지나지 않게" 축소되었다. 결의안에 따르면, 이 모든 것은 "잘못된 인식, 즉 자기 계급과 승리한 우리 혁명의 힘에 대한 신뢰 부족"에서 비롯되었다.[25]

결의안 어디에도 마오의 이름은 명시되지 않았다. 그러나 그 모든 말은 마오의 행동을 가리키고 있었다. 마오는 이것이 자신이 저우와 논쟁할 수 있거나 논쟁해야 할 문제가 아님을 알고 침묵을 지켰다. 잘 준비하여 영리하게 실행된 계획으로 무장한 저우는 홍구에서 이루어진 마오와의 첫 대결에서 명백한 승리를 거두었다. 비록 그 결과 마오가 저우에게 원한을 품게 되었지만, 겉보기에 그들의 관계는 극적으로 악화되지 않았고, 확실히 회복 불가능한 수준은 아니었다.

그러나 마오는 이 '빚'을 결코 잊지 않을 것이었다. 수년 후, 저우가 옌안 정풍운동 기간 동안 자기비판을 할 때, 그는 자신의 "심각한 죄" 중 하나가 홍구에서 반동분자들을 숙청하는 문제에 대해 마오에게 반대한 것이었다고 명시적으로 말했다.[26] 수십 년 후인 1972년 6월, 저우는 린뱌오가 사망한 여파 속에서 "자신의 역사를 검토하라"라는 마오의 요청에 따랐다. 그는 다시 한번 이 1930년대 초의 일화를 자신이 저지른 "범죄적 실수"로 강조했다.[27] 마오는 평생 저우를 결코 완전히 신뢰하거나 그를 자기 '위대한 혁명 과업'의 유력한 후계자로 삼지 않을 것이었다.

*****

저우가 루이진에 도착했을 때, 홍군은 위기에 처해 있었다. 1928년 베이징을 베이핑으로 개명하면서 난징에 국민당 정부를 수립한 장제스는 전국을 명목상으로 통일했다. 그러나 난징과 다양한 지방 군벌들 사이 갈등은 계속되었고, 일련의 전쟁으로 이어졌다. 장이 홍군을 진압하는 데 모든 주의를 기울일 수 없는 상황이었기 때문에, 소비에트 지역은 1929년에서 1931년 사이에 지속적으로 확장되었다.

1931년 말까지 장은 거의 모든 반체제 군벌들을 진압했다고 생각했다. 그런 다음 그는 중앙 소비에트 지역에 대한 또 다른 주요 작전을 위해 군대를 집결시키기 시작했다. 장의 군대는 이전에 세 차례 그러한 작전을 수행했으나, 전략, 병력 동원, 작전 조정, 군수 지원, 정보 수집에서의 심각한 결함으로 인해 각각 실패했다. 장의 군대는 이러한 측면에서 마오의 홍군과 상대가 되지 못했다. 1931년 말 제3차 국민당 작전이 실패한 후, 중앙 소비에트 지역과 다른 여러 소비에트 지역은 발전의 정점에 도달했다.

장은 그때 또 다른 주요 도전에 직면했다. 1931년 9월 18일 일본 관동군이 만주사변을 일으켰고 그 후 만주 전체를 점령했다. 1932년 1월 말, 일본군은 상하이에 주둔한 중국 제19로군과 치열한 전투를 벌였다. 전국 중국인들은 격분했고, 일본의 침략에 저항하라는 외침이 곳곳에서 들려 왔다. 장은 거대한 딜레마에 빠졌다. '일본 도적들'을 다루는 시급한 과제에 직면한 그는, 이 틈을 타 더욱 발전하고 확장한 홍군에 동시에 대처할 수 없었다.

이 모든 것이 코민테른과 중국공산당 지도자들 사이에 큰 낙관론을 불러일으켰다. 저우와 동지들은 홍군이 "유리한 정치적, 군사적 조건을 활용하여, 주요 도시 한두 개를 점령하고 한 개 이상 되는 성에서 혁명 승리를 추구해야 한다"라고 믿었다.[28] 1932년 1월, 저우가 지시하여 소비에트 중앙국은 당 중앙에서 요구해 온 바에 따라 장시의 여러 도시를 공격할 계획을 논의했다. 마오는 우세한 적군이 홍군을 압도할 것을 우려하여 이 계획들에 반대했다. 저우는 마오의 우려에 일부 공감했지만, 당 중앙에서 내려온 지시에 불복종할 생각은 없었다.[29] 마침내 저우는 마오의 반대를 무시하고 장시 남부 도시 간저우(贛州)를 공격하기로 결정했다. 저우는 간저우를 점령하면 중앙 소비에트 지역을 확장하고 다른 소비에트 지역들과 연결할 수 있을 것이라고 판단했다.[30] 그러나 마오는 이 결정에 기분이 상해 병가를 요청하고 루이진 교외로 이사했다.[31] 마오는 이것을 저우가 자신에게 또 다른 '빚'을 진 일로 기억할 것이었다.

홍군은 2월 4일 간저우 공격을 시작했다. 견고한 성벽으로 둘러치고 삼면이 물로 싸인 이 도시는 공격하기보다 방어하기가 더 쉬웠다. 적절한 장비와 화력이 부족했던 저우 군대는 거의 한 달이 지난 후에도 별다른 진전을 이루지 못했다. 3월 초, 국민당 지원군이 점차 도착하여 홍군을 포위하거나 심지어 섬멸할 위협을 가했다. 저우는 군대에 간저우 포위를 포기하라고 명령할 수밖에 없었다. 저우는 마오가 실로 비전 있는 군사 전략가임을 깨닫고 그를 다시 홍군 본부로 초대하기로 결정했다. 저우로부터 초대받았을 때, 마오의 '병'은 씻은 듯 사라졌고, 그는 그날

저녁 바로 루이진으로 돌아가는 길에 올랐다.[32]

3월 중순, 저우는 간저우 패배를 검토하고 미래 행동 계획을 세우기 위한 토론을 주재했다. 마오는 홍군을 장시와 푸젠 사이 지역으로 이동할 것을 제안했는데, 그곳에 적의 약점이 있다고 주장했다. 그는 또한 이 이동이 소비에트 지역을 더욱 확장하고 연결시킬 것이라고 저우와 다른 동지들을 설득하려 했다. 저우는 간저우에서 패배한 여파 속에서 마오의 군사적 비전에 깊은 인상을 받았지만, 여전히 마오의 제안을 전부 받아들일 준비가 되어 있지 않았다. 회의 참석자 대부분이 마오의 제안이 너무 "기회주의적"이라고 거부했을 때, 저우는 그들 편에 섰다. 그들은 홍군 일부를 간강(贛江) 유역 지역으로 파견하기로 했고, 마오는 홍군의 다른 일부를 이끌고 북쪽으로 행군하여 "신속히 확장할 기회"를 찾도록 배정되었다.[33]

마오는 이 결정에 불만스러워했다. 그는 회의 후 저우에게 다가가, 적의 힘이 서부 푸젠(장시 옆 성)에서 비교적 약해 보이기 때문에 홍군이 그곳에서 발전할 기회를 찾아야 한다고 했다. 마침내 저우는 마오의 생각을 따르기로 했다.[34] 마오가 푸젠 전선에서 자신의 뜻을 실천에 옮기려 할 때, 그는 푸젠 남부 상업 도시 장저우(漳州)에서 최적의 목표물을 발견했다. 장저우는 부유하고 풍부한 자원을 자랑했으며, 방어도 허술했다. 장저우를 점령함으로써 홍군은 절실히 필요했던 곡물, 돈, 무기 및 탄약과 다른 자원들을 얻을 수 있을 것이었다. 그는 즉시 저우에게 전보를 보내 장저우를 공격할 것을 제안했다.[35] 저우는 마오의 요점을 이해했다. 마오의 판단을 확인하기 위해 저우는 루이진에서 마오의 전선 본부가 있는 창팅(長汀)으로 달려갔다. 저우는 마오를 만난 후 그의 제안을 받아들였고, 작전을 감독하기 위해 창팅에 머물기로 결정했다.[36]

저우와 마오는 함께 일하면서 장저우에 홍군 군단 두 개를 집결시켰다. 공격은 4월 19일 이른 아침에 시작되었고, 홍군은 다음 날 장저우를 점령했다. 저우가 홍구에 도착한 이후 홍군이 거둔 가장 큰 승리였기 때문에 저우는 매우 기뻐했다.

그러나 마오에게 이 축하의 순간은 당 중앙으로부터 온 전보 한 통으로 금세 망가지고 말았다. 4월 14일, 중앙은 코민테른 정치 노선에 대한 이해에 따라 다양한 소비에트 지역 당 조직에 새로운 지시를 보냈다. 비록 이 지시에 마오의 이름이 언급되지는 않았지만, 그 안에 담긴 모든 비판은 사실상 마오를 겨냥한 것처럼 보였다. 당 중앙은 소비에트 지역이 처한 문제가 "편협한 경험주의"보다 훨씬 더 심각하다고 주장했다. 실제로 소비에트 지역이 직면한 주요 위험은 정책 결정과 실행에 만연한 "보수주의"와 "방어주의"였다. 따라서 이러한 잘못된 경향에 대한 비판을 아직 완수되지 않은 과업인 "우경 기회주의에 대한 투쟁" 수준으로 끌어올려야 했다.[37]

홍군은 방금 장저우에서 큰 승리를 거두었고, 마오의 오만은 사상 최고조에 달했다. 격분한 그는 5월 3일 답장에서 당 중앙의 지시를 맹렬히 반박했다. 그는 선언했다. "중앙위원회의 정치적 평가와 군사 전략은 완전히 틀렸다." 그의 지휘하에 있는 부대들이 장저우를 공격하고 점령한 것은 "절대적으로 옳았으며," 이는 "전쟁을 적의 영토로 이끄는 공격적 전략을 채택"한 것을 의미했다.[38]

이 모든 것이 저우를 궁지에 몰아넣었다. 마오에 대한 비판의 산사태를 시작한 사람이 바로 그였다. 마오에게 교훈을 주어 지도자로서 저우의 역할을 받아들이게 하기 위해서였다. 간난 회의 도중과 이후에 마오의 실수가 폭로되면서 저우는 목표를 달성했고, 마오를 공격하는 데 너무 멀리 나아갈 이유가 없다고 보았다. 그럼에도 불구하고 당 중앙과 많은 동지는 마오를 그렇게 쉽게 풀어 주고 싶어 하지 않았다.

5월 11일, 저우는 푸젠 서부 마을 창팅에서 소비에트 중앙국 회의를 주재했다. 당 중앙에서 요구해 온 바에 따라 그는 "과거에 소비에트 중앙국이 저지른 우경 기회주의의 잘못된 경향을 철저히 바로잡겠다"라고 약속했다.[39] "전선의 군사 업무로 바빴던" 마오는 회의에 불참했다. 그럼에도 불구하고 그는 그가 저지른 '잘못'을 겨냥한 일련의 비난의 주요 표적이 되었다. 그는 "편협한 경험주의자"였을 뿐만 아니라, 더 심각하게는 "우경 기회주의자"로 낙인찍혔다. 회의에서 통과된 한 결의안은 소비에트 중앙국 지도부에 마오의 위반을 바로잡지 못한 "실수"를 "철저히 바로잡을" 것을 촉구했다.[40] 회의는 또한 주더를 제1방면군 총사령관으로 복직시키기로 결정했다. 그러나 마오는 총정치위원 자리를 되찾지 못했다.[41]

마오가 두 달 전 창팅에서 무슨 일이 일어났는지 알게 된 것은 6월이 되어서였다. 그는 격분했고, 언제나 이 일화를 큰 수치로 기억할 것이었다. 구 년 후 옌안 정풍운동을 시작하면서 마오는 창팅 회의의 "환상적인 판결"을 통과된 지 두 달이 지나서야 받았고, 자신에게 항소할 기회도 주지 않고 그 "공식 판결"을 내렸다고 냉소적으로 불평했다.[42] 마오는 저우가 자신의 등 뒤에서 이 일을 저질렀다고 믿었다. 실제로 그가 볼 때, 이 추악한 드라마를 궁극적으로 책임져야 할 사람은 상하이 당 중앙도, 소비에트 중앙국에 있는 다른 동료들도 아니었다. 바로 저우언라이였다.

마오와 저우 사이 불화는 홍구가 다시 심각한 도전에 직면했을 때 터져 나왔다. 1932년 5월, 장의 정부는 일본과 정전협정을 맺었고, 이로써 당분간 난징에 대한 일본의 위협을 크게 감소시켰다. 그동안 장은 국민당에 도전해 오는 지방 및 성의 실력자들을 더욱 진압했다. 다시 한번 그는 장시 및 다른 곳에서 공산주의자 반란을 처리하는 데 집중할 수 있었다. 6월에 그는 홍구에 대한 또 다른 탄압 작전을 벌이기 위해 오십만 명으로 알려진 군대를 집결시키기 시작했다. 그러나 그는 모든 구역을 동시에 공격하는 대신, 먼저 주력 부대를 동원하여 두 곳을 침공할 것이었다. 하나는 장궈타오가 이끄는 후베이, 허난, 안후이에 걸친 곳이었고, 다른 하나는 허룽(賀龍)이 지휘하는 후난과 서부 후베이 경계 지역이었다. 그는 중앙 소비에트 지역 홍군을 견제하기 위해 또 다른 강력한 군대를 배치할 것이었다. 장과 허가 지휘하는 지역을 '평정'한 후, 모든 군대를 동원하여 중앙 소비에트 지역에 대한 전면 공격을 감행할 계획이었다.

저우는 그러한 복잡한 상황에 직면하여 다시 한번 마오와 긴밀히 협력할 필요가 있음을 보았다. 7월 21일 그는 루이진을 떠나 장시 남동부 전선으로 향했다. 런비스와 샹잉은 후방 지역을 책임지기 위해 루이진에 남을 것이었다. 그리하여 중앙 소비에트 지역 지도자들은 저우, 마오, 주더로 구성된 '전선 그룹'과 런, 샹 및 다른 사람들로 구성된 '후방 그룹'으로 나뉘었다.

저우가 첫 번째로 한 조치는 "전선에서 군사 지휘의 필요를 위해" 마오를 총정치위원으로 복직시키는 동의안을 제출하는 것이었다.[43] 후방 그룹은 즉시 응답하지 않았다. 저우는 그들을 압박하며 강조했다. "우리에게는 마오의 군사 경험과 강점을 최대한 활용하는 것이 너무나 절실하다…… 마오가 책임진다면, 우리는 지휘권을 올바른 손에 맡기는 것이다."[44] 8월 8일 소비에트 중앙국은 마오를 제1방면군 정치위원으로 임명했다.[45]

그러나 그동안 장과 허가 이끄는 홍군은 장제스의 압도적인 군대에 연이어 패배했다. 8월 말, 장제스의 군대는 장의 소비에트 지역 내 여러 중심 마을들을 점령했다. 절망에 빠진 장은 당 중앙에 긴급 전보를 보내, 저우와 마오를 파견하여 "우리가 시급하고 절실하게 필요로 하는 지원을 제공해 달라"라고 촉구했다.[46] 당 중앙은 시간 낭비 없이 소비에트 중앙국, 특히 마오와 저우에게 여러 차례 전보를 보내, 즉시 다른 두 소비에트 지역을 구출하러 갈 것을 명령했다. 당 중앙은 강조했다. 그러한 "직접적인 지원" 없이는, 홍구와 홍군을 파괴하려는 장제스의 "전례 없는 노력"이 성공할 수 있다고.[47]

이 메시지가 저우와 마오에게 도달한 때 저우와 마오는 장시 남동부에서 자신들 통제하에 있는 영토를 공고히 하고 확장하면서 더 많은 자원을 확보하기 위해 싸우고 있었다. 더욱이 그들은 장제스가 중앙 소비에트 지역 경계를 따라 규모가 상당한 군대를 주둔시켜 다른 두 소비에트 지역을 지원하러 가는 길을 막고 있음을 발견했다. 따라서 저우와 마오는 당 중앙에 전보를 보내, "현재 상황에서" 장궈타오를 직접적으로 지원하는 것은 불가능하다고 썼다. 그들은 주장했다. 그들의 군대는 장시 남동부에서 작전을 계속하면서 "상황이 변하기를 기다리고, 적의 주력 부대를 타격하고 섬멸할 만반의 준비를 해야 한다." 비록 이것이 "적에 대한 즉각적인 공격"은 아니겠지만, "그럼에도 불구하고 이것은 긍정적인 공세를 위한 전략적 움직임이다." 다른 한편으로 그들은 강조했다. 그들이 다른 두 소비에트 지역을 구출하기 위해 "서둘러 작전에 참여"하는 것은 "심각한 실수를 저지르는 일"이 될 것이며, 그들은 그 임무를 완전히 실행 불가능하고 바람직하지도 않다고 여겼다.[48]

루이진에서 후방 그룹의 런과 샹은 장과 허가 이끄는 소비에트 지역의 운명을 극도로 걱정했다. 그들은 즉시 마오와 저우의 계획을 반박하며, 그것이 다른 두 소비에트 지역을 구출하려는 노력을 "적어도 한 달 동안 지연시킬 것"이며 "심각한 결과"를 초래할 것이라고 한탄했다.[49] 그러나 저우와 마오는 자신들이 선택한 길에서 벗어날 의사가 없었다.[50]

완전히 기분이 상한 런과 샹은 9월 29일 마오와 저우에게 전보를 보내, 그들의 행동이 "원칙을 완전히 위반했으며 가장 위험하다"라고 비판했다. 그들은 소비에트 중앙국의 이름으로 저우와 마오에게 "모든 작전을

중단"하고 "분쟁을 해결하기 위해 즉시 소비에트 중앙국 회의를 열 것"을
요청했다.[51] 다음 날 런과 다른 사람들은 저우에게 전보를 보내 "필요한
경우 소비에트 중앙국 회의를 소집할 수 있다"라는 저우의 이전 제안을
인용했다. 그들은 "모든 실수를 바로잡기 위해" 회의를 소집할 것을 요구
했다.[52] 같은 날 오후 런과 그의 동지들은 루이진을 떠나 전선으로 달려
갔다.

런과 다른 사람들이 취한 조치들은 저우가 1931년 8월 30일 쓴 편지
의 반마오 어조를 반영했다. 이제 그들이 소집하고자 한 회의는 또한 간
난 회의에서 창팅 회의로 이어진 발자취를 따랐다. 실제로 그 회의는 그
때부터 마오 주변을 맴돌기 시작한 긴장들을 수면 위로 끌어올릴 것이었
다. 저우가 반마오의 불을 지폈다. 그는 이제 퍼져 나가는 불길을 통제할
수 없었다.

✶✶✶✶✶

10월 3일부터 저우는 장시 남동부 작은 마을 닝두(寧都)에서 오 일간
소비에트 중앙국 회의를 주재했다. 그리하여 이 회의는 닝두 회의라 이
름 붙었다. 처음부터 마오는 참가자 대다수로부터 혹독한 공격에 직면했
는데, 그들은 이 사건을 "소비에트 중앙국 역사상 전례 없는 두 반대 정치
노선 간의 투쟁"으로 규정했다.[53]

회의의 중심인물로서 저우는 그 궤적과 방향을 정의하는 데 큰 발언
권을 가졌다. 만약 그가 마오를 분쇄하고 싶었다면, 마오가 많은 동료에
게 미움받고 심지어 증오를 얻었다는 점과 마오가 이미 자신에게 반대하
는 사람들을 반동분자로 낙인찍음으로써 당내 투쟁을 해결하는 선례를
세웠다는 점을 고려하여 마오를 같은 방식으로 다룰 수 있었을 것이다.[54]

그러나 저우는 회의를 그런 방향으로 이끌기를 거부했다. 대신 더 화해적인 접근법을 채택했다. 수십 년 후 그는 회상했다. "닝두 회의에서 나의 입장은 동요하는 것이었다."[55] 한편으로 그는 마오를 심하게 비판하며, 마오의 많은 생각과 행동들을 "용납할 수 없다"라고 말했다. 특히 마오는 "당 중앙에서 내린 지시를 받아들이지 않으려는" 태도를 보였다. 다른 한편으로 저우는 또한 마오가 가장 관심을 가졌던 분야인 군사 문제에서 마오의 경험을 강조하며 그를 변호했다. 만약 마오가 군사 문제에 계속 기여할 수 있다면, "그것은 우리의 전쟁 노력에 크게 도움이 될 것"이라고 주장했다. 그리하여 저우는 "마오 동지는 전선에 머물러야 한다"라고 제안했다. 그는 두 가지 선택지를 제시했다. 첫째, 그가 전쟁에 대한 전반적인 책임을 지고, 마오는 전선에 머물며 그의 동료로 봉사한다. 둘째, 마오가 전쟁에 대한 전반적인 책임을 맡고, 저우는 마오의 동료로서 "작전 계획 실행을 감독"한다.[56]

닝두에서 저우가 마오에 대해 보인 화해적인 태도는 당내 분쟁에서 중재자 역할을 유지하려는 그의 평소 스타일에 부합하는 것이었다. 또한 저우는 중국공산당 창립 멤버이자 모스크바로부터 호의적으로 평가받는 마오가 여전히 홍군과 홍구 내에 뿌리와 인맥이 깊다는 것을 이해했기 때문에 이처럼 균형 잡힌 접근법을 선택했을 수 있다. 마오를 제거하기 위해서는 매우 비싼 대가를 치러야 했을 것이다.

더욱이 저우는 과거에 마오와 협력하며 그의 군사적 천재성에 깊은 인상을 받았다. 그는 아마도 마오가 반복적으로 강조했듯이 홍군이 주요 도시를 공격하거나 정규전을 치를 능력이 부족하므로 유격전에 참여하는 것이 더 적합함을 깨달았을 것이다. 만약 마오가 제거된다면, 저우 자신이 홍군의 최고 군사 결정권자로서 더 무거운 임무를 맡아야 할 것이고, 동시에 당 중앙과 직접 상대해야 할 것이다. 저우는 전자에서 자신의 능력에 자신이 없었고, 후자가 현실이 되는 것을 꺼렸다. 따라서 마오에게 약간 책임을 지게 하거나, 적어도 그를 동료로서 전선에 두는 것이 더 나을 것이었다.

그러나 저우의 동지들은 그가 처한 곤경이나 근본적인 고려 사항을 이해하지 못했다. 회의 말미에 혁명군사위원회는 마오를 제1방면군 총정치위원에서 해임했다.[57] 닝두 이후 저우의 화해적인 태도는 또한 역효과를 낳았다. 런, 샹 및 다른 사람들은 중앙위원회에 전보를 보내 저우에 대해 불평했다. 그들은 주장했다. "전례 없는 두 노선 간 투쟁에서" 저우는 "마오를 비판하지 못했을 뿐만 아니라, 마오의 실수 일부를 덮어 주려 하거나 심지어 마오를 대변하려 했다." 이것이 저우의 주요 약점 중 하나를 드러냈다고 그들은 발표했다. 즉 그는 "투쟁을 벌이는 데 결단력이 없다"라는 것이다.[58]

저우는 자신을 변호할 수밖에 없었다. 저우는 중앙위원회에 보낸 전보에 썼다. "나는 (마오)쩌둥 동지를 비판하는 데 미온적이었다는 것을 인정한다. 나는 당에 대해 다소 모호한 개념을 유지한 그의 실수를 충분히 비판하지 못했다." 그러나 그는 소비에트 중앙국 동료들이 마오를 너무 가혹하게 비판했으며, 그가 한 일은 양측 사이에서 균형을 맞추려는 시도에 지나지 않았다고 주장했다. 그는 자신이 "필요한 투쟁을 수행하지 못했다거나, 투쟁에서 정치 노선을 모호하게 했다"라는 규정은 단호히 거부했다.[59]

저우와 소비에트 중앙국 동료들 사이 분쟁은 당 중앙을 딜레마에 빠뜨렸다. 숙고 끝에 중앙은 저우를 편들기로 결정했다. 중앙은 발표했다. "닝두 회의에서 저우가 채택한 노선과 일반 정책들은 분별 있고 올바르다. 더욱이 (마오)쩌둥 동지가 회의에서 자신의 실수를 인정했으므로, 그의 태도를 바로잡고 그의 작업에서 더 적극적인 역할을 하도록 도울 수 있다." 저우는 일부 동지들이 주장하는 것처럼 "원칙을 존중하지 않는 사람"이 아니었다. "적의 탄압 작전을 분쇄하기 위한 목적으로" 중앙은 결론 내렸다. "가장 중요한 것은 모든 지도자를 단결시키는 일이다."[60]

당 중앙이 마오가 "자신의 실수를 인정했다"라고 언급한 것은 이상했다. 마오는 닝두 회의에서도, 그 후에도 그러지 않았기 때문이다. 이는 필시 저우의 소행이었을 것이다. 비록 마오가 어떤 자기비판도 거부했지만, 저우는 중앙에 마오가 어쨌든 그렇게 했다고 말했다. 이것은 홍구 당내 투쟁이 통제 불능 상태로 치닫는 것을 막기 위한 저우의 전술이었다.

실제로 닝두에서 저우는 마오에 대한 압력을 줄이는 데 중요한 역할을 했다. 사실 마오가 당 중앙에 미움을 받고 홍구 내 많은 동료의 반대에 부딪혔다는 점을 고려할 때, 그는 어쨌든 가혹한 공격의 대상이 되었을 것이다. 중재의 대가로서 기량을 보여 준 저우가 주재한 닝두 회의는 실제로 마오를 보호하는 역할을 했다. 그러지 않았다면, 그는 군사 지휘권을 철회당하는 것 외에도 자신을 반대했던 사람들에게 (자신이 자신의 적들에게 그랬던 것처럼) 더 심하게 숙청될 수 있었다.

그럼에도 불구하고 후일 많은 '자기비판'에서 저우는 닝두 회의를 자신이 저지른 "가장 큰 실수이자 죄"라고 묘사했다.[61] 왜 그랬을까? 아마도 두 가지 이유가 있었을 것이다. 첫째, 저우는 소비에트 지역에서 마오에 대한 비판을 시작한 사람이었다. 1931년 8월 30일 자 편지부터 간난 및 창팅 회의와 같은 일련의 반마오 사건에 이르기까지, 그는 닝두로 가는 길을 열었다. 둘째, 저우는 마오가 해임된 후 제1방면군 정치위원직을 인수했다.[62] 마오는 그가 가장 소중히 여겼던 군사 지휘권을 상실했다는 사실에 극도로 모욕감을 느꼈다. 닝두 여파 속에서 마오는 "먹고, 자고, 똥 싸는 것" 외에는 아무것도 하지 않았다고 말했다.[63] 닝두는 마오를 끊임없이 괴롭힌 악몽이었다. 닝두 회의에서 저우가 실제로 무엇을 했든 간에, 마오 눈에 그는 궁극적으로 비난받아야 할 사람이었다.

그러나 '먹고, 자고, 똥 싸는 것'밖에는 하지 않았다는 말은 과장이다. 닝두 이후에도 그는 중화소비에트공화국 주석이었고, 많은 행정 권력이 여전히 그의 손이 닿는 곳에 있었다. 그러나 '정치권력은 총구에서 나온다'고 믿었던 마오는 부차적인 권력에는 거의 관심이 없었다. 그는 더 작은 임무를 맡기에는 정치적으로 너무 야심 찼다.

그러나 더 긴 관점에서 볼 때, 비록 의도하지 않았다 해도 저우는 실제로 마오에게 큰 도움을 주었다. 닝두 이후 마오는 독서와 사색에 많은 시간을 보냈다. 두 가지 모두 마오가 중국공산당 고위 정치에 다시 등장했을 때 새로운 면모를 갖추는 데 중요했다. 이런 각도에서는 저우가 마오의 '채권자'처럼 보이기까지 하지만, 마오는 결코 저우와 닝두 회의를 이런 식으로 생각하지 않았을 것이다.

*****

당내 투쟁에도 불구하고 국민당에 대한 중국공산당의 전쟁은 계속되었다. 1932년 12월 말, 다른 두 소비에트 지역을 진압한 장제스는 중앙 소비에트 지역으로 눈을 돌렸다. 장의 군대는 장시, 푸젠, 광둥 세 방향에서 중앙 소비에트 지역을 침공할 것이었다.

닝두 회의가 끝나자마자 저우는 장의 탄압 작전에 저항하는 데 모든 주의를 집중했다. 저우로서는 처음으로 그처럼 큰 전투를 지휘하게 될 것이었다. 다행히 주더가 그의 파트너였다. 저우는 프랑스 시절부터 주를 알고 지냈고, 주가 중국공산당에 가입할 때 추천인 역할을 했다. 두 사람은 난창 봉기 동안 나란히 일했다. 주는 소비에트 지역에 여러 해 동안 있었고, 그의 경험은 저우에게 큰 도움이 되었다.

저우와 주는 당 중앙과 군사 전략에 대한 의견이 달랐다. 중앙은 그들에게 힘을 모아 난펑(南豊), 즉 적이 규모가 상당한 군대를 집결시킨 현청을 공격하고 점령하여, 결정적인 일격으로 공세를 약화하라고 명령했다. 반면 저우와 주는 "난펑 공격에 집중함으로써 우리의 의도를 노출" 하기보다는 기동전에서 적군을 섬멸하는 것이 더 바람직하다고 생각했다.[64] 그러나 중앙은 그 말을 듣지 않았고 마침내 그에게 복종하라고 명령했기에, 저우와 주는 이를 따랐다.[65]

1933년 2월 12일, 저우와 주는 제1방면군을 이끌고 난펑을 공격했다. 그곳의 국민당군 지휘관 천청(陳誠)은 난펑 부대들에게 죽음을 각오하고 방어하라고 명령했다. 그동안 그는 주력 부대를 세 경로로 난펑으로 이동시켜, 그곳에서 저우 군대를 포위하고 소탕할 의도였다. 저우와 주는 당 중앙에 승인을 구하지 않고 "난펑을 주 공격 목표로 삼는 대신 양동 작전으로 전환하고, 우리 주력 부대를 먼저 사용하여 적의 지원군을 섬멸하기로" 결정했다.[66] 그들은 삼중 기동을 명령했다. 그들 군대의 작은 일부만이 계속해서 난펑을 공격할 것이고, 다른 일부는 주력 부대로 위장하고 리촨(黎川)으로 이동하여 천청의 주력 부대를 유인할 것이며, 주력 부대는 난펑 남서쪽 지역으로 이동하고 숨어서 적의 지원군을 섬멸할 기회를 기다릴 것이었다.

그리하여 저우는 적을 위해 거대한 함정을 준비했다. 천은 미끼를 물고, 저우의 주력 부대가 있다고 생각한 리촨으로 최정예 부대를 파견했다. 그의 다른 두 사단은 난펑을 구하기 위해 달려가다가 저우의 함정에 빠졌다. 2월 27일 시작된 격렬한 전투는 이틀 동안 계속되었다. 두 사단은 거의 전멸했다. 천은 저우 군대를 공격하기 위해 두 개 사단을 더 파견했지만, 저우는 새로운 함정을 팠다. 이어 3월 20일에 발발한 전투에서 천의 사단 중 하나는 거의 전멸했고 다른 하나는 큰 타격을 입었다. 천은 즉시 나머지 군대에 철수하라고 명령했다. 장의 네 번째 중앙 소비에트 지역 공격 작전은 실패했다.

이것은 저우의 장시 시절 가장 영광스러운 순간이었다. 그의 권력과 명성은 하늘을 찔렀다. 그러나 그는 커져 가는 영향력을 즐길 수 없었다. 대신 깊은 불안이 그의 마음을 가득 채웠다. 그는 승리 뒤에 숨어 있는 홍구의 걱정스러운 현실을 엿보았다. 실제로 일련의 구조적 문제들이 구역의 기반을 잠식하고 있었고, 경제 및 사회적 상황은 점점 더 악화되며 가라앉아 갔다.

군사적인 측면에서 볼 때, 비록 장은 가장 최근의 탄압 작전으로 중앙 소비에트 지역을 정복하는 데 실패했지만, 다른 두 주요 소비에트 지역을 점령하는 데 성공하여 중앙 지역을 고립시켰다. 더욱이 반복된 전투는 홍군에 심각한 사상자를 낳았고, 소비에트 지역의 인력 및 기타 자원을 고갈시켰다. 장이 네 번째 작전을 포기했을 때, 저우와 동지들은 홍구에 징집될 만한 적령기 남성이 거의 남아 있지 않다는 것을 발견했다.[67]

홍구에 더 큰 피해를 준 것은 당의 점점 더 급진적인 토지 분배 정책과 자원을 착취하며 '알을 낳는 닭을 죽이는' 방법들이었는데, 이는 저우와 동지들을 더욱 곤궁한 환경에 처하게 했다. 홍구 토지 분배 관행에는 결코 일관성이 없었다. 지주로부터 토지를 몰수하는 것에서부터 시작하여 부농에게 나쁜 토지만 주다가 나중에는 부농에게 토지 주기를 거부하는 것에 이르기까지 혼란스러운 조치들이 반복되며 오락가락했다. '계급의 적'으로 확인된 새로운 '지주'와 '부농'의 토지 및 기타 재산 몰수가 변화하는 토지정책에 동반되었다. 그러나 이러한 '계급투쟁'은 공산주의자들의 이념적 신념을 실천하기보다는 주로 전쟁에 필요한 자원을 얻기 위해 벌어졌다. 여기서 사용된 '계급투쟁' 언어는 중국공산당의 장기적이고 과도한 전쟁 동원 노력에 절실히 필요했던 정당성을 제공했다. 저우는 진정으로 그처럼 자멸적인 관행을 지지했을까? 현실적으로 그에게 더 나은 대안이 있었을까?

또한 장이 홍구를 계속해서 공격해 오며 공산주의자들은 근거지를 공고히 할 수 없게 되었다. 장의 네 번째 탄압 작전이 실패했을 때, 저우와 동지들은 이전처럼 잠깐 숨 돌리며 재편성하고 정비할 수 있는 틈이 약간은 있을 것이라고 생각했다. 그러나 장은 즉시 훨씬 더 큰 다음 공세를 계획하고 실행하기 시작했다. 그리고 홍구는 장기전을 지속하기에는 인력과 탄약, 다른 기본 자원이 심각하게 부족하다는 것이 저우 눈에 명백했다. 그래서 저우는 몹시 걱정했다.

★★★★★

저우가 홍군의 실질적인 최고 사령관으로 머무는 시간은 오래가지 못했다. 상하이 상황이 악화되면서 중국공산당 중앙은 더 이상 그곳에 머물 수 없었다. 보구는 1933년 1월 루이진에 도착했다. 코민테른의 독일인 군사 고문 오토 브라운(Otto Braun)이 몇 달 후에 뒤따랐다. 저우의 군사 지휘권이 위태로워졌다.

저우는 처음부터 중국공산당 중앙에서 새로 도착한 사람들과 협력하기로 선택했다. 주저 없이 보구와 정치적 지도력을 공유했으며, 군사적 의사결정권 상당 부분을 브라운에게 양보했다. 저우는 1934년 2월에 중앙혁명군사위원회 부주석으로 임명되었다. 이 승진은 실질적인 강등을 의미했는데, 그가 더 이상 전선에서 부대를 배치하고 이동하는 것에 대한 최종 권한을 갖지 않게 되었기 때문이며, 이는 그 자신이 선택한 것이었다.[68]

마오에 대한 저우의 태도도 더 미묘해졌다. 그는 닝두 회의의 여파 속에서 마오와 '존중하는 거리'를 유지해 왔다. 당 중앙이 중앙 소비에트 지역으로 들어왔을 때, 그는 보구가 마오에 대해 느끼는 경멸과 브라운이 군사 문제에 관해 마오를 과소평가한다는 사실을 쉽게 감지할 수 있었다. 여전히 저우와 마오는 이따금씩 만났지만, 주도권을 잡은 쪽은 보통 저우가 아닌 마오였다.

이 시기 중국공산당 지도자들은 푸젠에서의 반장(反蔣) 반란을 활용하지 못하는 큰 실수를 저질렀다. 장은 이전에 그의 직접적인 통제하에 있는 부대는 아니었지만 제19로군을 푸젠으로 보내 홍군 공격에 참여하게 했다. 그러나 그 지휘관인 차이팅카이(蔡廷鍇) 장군과 장광나이(蔣光鼐) 장군은 장이 상하이에서 일본군과 싸우는 동안 충분히 지원해 주지 않았다고 불평했다. 홍군을 공격하기를 꺼렸던 그들은 1933년 11월 말 푸젠에 반장 '인민 정부'를 수립하여 장의 홍구 침공을 중단시켰다.

저우는 즉시 이것을 홍군의 군사적 태세를 개선할 기회로 보았다. 11월 24일 당 중앙에 보낸 전보에 따르면 그는 "장이 푸젠 인민 정부를 진압하기 위해 군대를 푸젠으로 이동시키고 있으며, 중앙 소비에트 지역에 대한 공격을 연기하고 있다"라고 관찰했다. 그는 홍군이 "즉시 행동에 나서 푸젠으로 들어가는 장의 군대를 측면에서 공격해야 한다"라고 제안했다.[69] 보구 또한 저우와 견해가 같았다.

그러나 중국공산당은 코민테른의 지시를 들어야 했다. "계급분석"이라는 렌즈를 통해 모스크바는 푸젠에서의 사건들을 매우 부정적인 시각으로 보았다. 코민테른이 경고했듯이, 장에 반대하는 장군들은 실제로는 반동적인 국민당 내 "기회주의자들"이며 따라서 장보다도 훨씬 더 위험할 수 있었다. 그러므로 그들을 돕는 일이 된다면 홍군은 어떤 상황에서도 손가락 하나 까딱해서는 안 되었다.[70] 저우와 그의 동지들은 코민테른의 지시에 복종해야 했다. 그래서 그들은 푸젠의 반장 장군들에게 거의 아무런 도움도 주지 않았다. 따라서 장의 군대가 푸젠에서 반란군과 싸우고 있을 때, 그는 홍군을 그다지 걱정할 필요가 없었다. 결국 반장 장군들은 실패했다.

이제 장은 신속하게 그동안 지연된 중앙 소비에트 지역 탄압 작전에 주의를 집중했다. 이번에 장은 다른 두 소비에트 지역을 파괴하는 데 효과적이었음이 입증된 정치 및 군사 전략을 동일하게 채택했다. 장은 홍군이 판 함정에 빠지는 것을 피하기 위해 군대를 한 걸음 한 걸음 진격시키며 끈기 있게 행동했다. 장의 군대는 꾸준히 홍구 영토를 점령하고 있었다.

저우, 보구, 브라운은 딜레마에 직면했다. 홍구에서 전쟁을 치러야 하는가, 아니면 적의 영토로 전쟁을 이끌려고 노력해야 하는가? 사실 그들은 더 많은 자원을 얻고 기동하기에 더 넓은 공간을 만들기 위해 적의 후방으로 전쟁을 가져가는 것을 고려했다. 그러나 이것은 말처럼 쉽지 않았다. 만약 그러한 계획이 실행되었다면, 홍구 영토는 필연적으로 줄어들었을 것이고, 홍군은 엄청난 보급 도전에 직면했을 것이다. 세 사람은 두 계획의 장단점을 저울질한 후 마침내 '참호전' 전략을 추구하기로 결정했다. 이에 따라 홍군은 적과 땅 한 뼘을 놓고 경쟁하게 되었으며, 이는 곧 장의 우세한 병력과 정면 대결을 벌여야 함을 의미했다.

1934년 4월 말부터 홍군은 '중앙 소비에트 지역의 문'으로 여겨지는 광창(廣昌)을 놓고 인력과 화력 모두에서 우세한 적군과 치열한 전투를 벌였다. 저우와 동지들은 이를 해결하기 위해 광창에 홍군 아홉 개 사단을 집결시켰다. 홍군은 용감하게 싸워 5500명이 넘는 병사를 잃었음에도 광창을 지켜 낼 수 없었고, 광창은 4월 28일에 함락되었다.

그러나 장은 서두르지 않았다. 그는 꾸준히 진격하는 전략을 계속 고수했고, 그의 군대는 홍군을 점점 더 좁은 구석으로 무자비하게 몰아붙였다. 저우, 보구, 브라운은 효과적인 대응책을 내놓을 수 없었다. 홍구는 날마다 줄어들었고, 구조적 문제들도 더욱 심각해졌다. 노동력 부족, 경제 불황, 자원 고갈과 같은 도전에 직면하여, 저우와 동지들은 남아 있는 모든 것에서 가능한 한 많이 짜내는 것 외에는 어떤 해결책도 고안할 수 없었다.

1934년 여름이 끝날 무렵, 중앙 소비에트 지역이 붕괴하는 것은 시간문제임이 명백해졌다. 그들은 대안을 찾아야만 했다.

제9장

대장정
1934~1935

1934년 10월 10일이었다. 어둡고 바람 부는 밤, 저우언라이는 긴 여정을 떠났다.

총 병력 8만 6천 명으로 알려진 중앙 홍군은 당과 홍군 본부의 간부들과 함께 중앙 소비에트 지역을 출발하기 시작했다. 그들이 시작한 행군은 훗날 '대장정'이라는 유명한 이름으로 불릴 전략적 기동이었다. 그러나 그 당시 공산주의자들에게는 더 나은 대안이 없었으므로 그것은 최후의 수단에 불과했다. 이 여정은 철수 또는 단순히 탈출로 묘사할 수 있다. 그러나 무엇보다 가장 중요한 것은 그 여정이 어떻게 끝날 것인가였다. 그들이 처한 심각한 상황을 고려할 때 이 여정은 충분히 홍군의 종말로 끝날 수도 있었다. 만약 그랬다면 중국 근현대사는 다시 쓰였을 것이다.

여정이 시작되기 전 저우는 여러 문제를 처리해야 했다. 그중 하나는 마오가 잠시 홍구에 남아야 할지, 아니면 주력 부대와 함께 가야 할지 정하는 문제였다. 이것은 마오의 운명에 지대한 영향을 미치는 문제였다. 당시 당 중앙에서 각각 군사 및 정치 의사결정을 주재했던 오토 브라운과 보구는 마오를 홍구에 남겨 '유격전'을 이끌게 하는 것을 고려했다.[01] 장시에 남았던 중국공산당 및 홍군 지도자들이 결국 대부분 사망했기 때문에, 만약 마오가 그곳에 남았다면 그 또한 생존하기 힘들었을 것이다. 적어도 중국공산당 지도부와 분리됨으로써 당의 최고 지도자로 다시 부상할 기회를 잃었을 것이다. 마오는 이러한 위협을 인지했다. 그래서 철수 계획을 알게 되었을 때, 이미 운명이 정해진 것이나 다름없는 홍구에 남는 일은 거부했다. 이 문제에 큰 발언권을 가졌던 저우는 마오가 당 중앙과 함께 행군해야 한다고 강력히 주장했다.[02] 결국 저우가 이겼고, 마오는 주력 부대에 합류했다. 만약 저우가 마오를 대신하여 발언하지 않았다면, 장래 주석의 삶은 뒤에 남았던 취추바이와 다른 많은 사람처럼 비참한 끝을 맞이했을까?

홍군은 원정을 서두르지 않았다. 작전 초기 계획은 광창에서 패배한 직후에 시작되었다. 군사 상황이 계속 악화되면서 원정 준비는 속도를 더했다. 또한 중국공산당 중앙은 장시 소비에트 지역을 포기하겠다는 계획을 코민테른에 보고했고, 코민테른은 6월 16일에 이를 승인했다.[03] 목적 없는 여정은 아니었다. 홍군은 장시 남부와 광둥 북부 사이 경계 지역을 통과한 다음, 후난 서부로 들어가 그곳에서 홍군 제2 및 제6 군단과 합류하기로 되어 있었다. 그들은 함께 새로운 근거지를 설립하고 확장하려 했다. 작전을 원래 계획할 때, 저우와 동지들은 대장정 이후에 주장했던 "일본에 대한 저항에 동참하기 위해 북쪽으로 행군한다"라는 개념을 생각하지 않았고, 홍군의 여정이 총 열한 개 성을 통과하는 '대장정'이 되리라는 것도 전혀 몰랐다.

행군을 지휘하기 위해 중국공산당과 홍군 지도부는 저우, 보구, 브라운으로 구성된 '3인조'를 결성했다. 브라운에 따르면, 정치국이 승인하기 전에 저우가 철수 계획 초안을 작성하고 수정했다. 또한 중앙 소비에트 지역 전체를 철수시키자는 것은 저우의 생각이었다.[04] 원정이 시작되기 전, 저우는 판한녠(潘漢年)과 허창궁(何長工)을 특사로 파견하여 오랫동안 장제스와 불화를 겪어 온 광시 군벌 천지탕(陳濟棠)과 협상하게 했다.[05] 양측은 정전에 합의했다. 합의에 따라 그들은 서로 싸우는 것을 피하고 정보를 교환하며, 천은 홍군이 그의 통제하에 있는 지역을 통과하도록 허용할 것이었다.[06] 천은 거래를 존중했다. 11월 중순까지 홍군은 (양측 하급 장교들의 부실한 소통으로 인한 소규모 전투 몇 차례를 제외하고는) 전투에 직면하지 않고 적의 봉쇄선 세 개를 넘었다.

이와 같은 대규모 작전은 갑작스럽고 신속해야 한다. 그러나 3인조의 명령에 따라 홍군은 "모든 기관, 후방 서비스, 시설"을 이끌고 장시를 떠났고, 심지어 "지폐와 선전물을 인쇄하기 위한 기계"까지 가져갔다.[07] 3인조는 이러한 자원들을 가지고 가면, 홍군 정부가 후난 서부에 도착한 후 거의 즉시 운영을 재개할 수 있을 것이라고 계산했다. 그러나 이러한 논리가 홍군에게 무거운 부담을 안겨 주었고, 군대는 하루에 겨우 십여 마일[약 19킬로미터]밖에 안 되는 훨씬 느린 속도로 이동했다.

홍군은 11월 25일에 샹강(湘江)에 도착하기 시작했다. 그러자 상황은 급격하게 변했다. 장은 홍군이 강의 다른 편에 있는 공산주의 군대와 합류하려 할 것을 정확하게 예상했다. 그의 잘 준비된 군대는 "샹강 동쪽에서" 공산주의자들을 섬멸하라는 명령을 받고 기다리고 있었다.[08] 저우 군대는 8일간 치열히 전투하여 매우 심각한 사상자를 낸 후에야 강을 건넜다. 병사들의 사기는 심각하게 손상되었다.

*****

샹강을 건넌 후, 저우와 홍군 지휘부는 다음에 무엇을 해야 하는가, 라는 어려운 문제에 직면했다. 원래 계획을 고수하여 후난 서부에 있는 제2 및 제6 홍군 군단과 합류해야 하는가? 저우와 많은 동지는 이것이 거의 불가능함을 잘 알고 있었다. 샹강 전투가 명확히 보여 주었듯이, 장은 홍군의 의도를 교묘하게 예측했다.[09] 더욱이 후난의 국민당 군대가 힘든 적임이 분명해졌다. 그들은 만약 홍군이 이제 그들의 고향 성으로 침입하려 한다면, 분명 죽기 살기로 싸울 것이었다. 잘 짜인 전략적 목표 없이, 홍군은 먼저 광시를 향해 행군했다. 그곳에서 저지당한 후, 그들은 계획에서 벗어나 대신 쓰촨, 윈난(云南), 구이저우(贵州)에 걸친 지역에서 발견한 적군 사이 틈새를 점령하기로 선택했다. 저우와 동지들은 이제 근거지로부터 지원받지 못하는 자신들의 군대가 갈수록 궁지에 몰리고 있음을 예리하게 감지했다.

그때까지 중국공산당 중앙은 모스크바와 전신통신이 끊긴 상태였다. 따라서 당과 홍군은 코민테른으로부터 어떤 지시나 조언도 받을 수 없었다. 이것은 또한 그들이 모스크바의 어떤 명령에도 복종할 필요가 없음을 의미했다.[10]

절망이 만연한 가운데 일부 당 및 홍군 지도자들은 '비정상적인 활동'에 참여하기 시작했다. 장시 말기 거듭된 패배의 여파로 브라운과 보구는 홍군 최고 지휘관들 사이에서 권위와 신뢰를 잃었고, 군사 지도부가 변화하기를 바라는 욕구가 커졌다. 마오는 이 모든 것을 주목했다. 이 년 전 닝두 회의 이후 그는 '마지못해 한가한 사람'이었다. 이제 그는 일에 착수했다. 당과 군 지도부 정상에 다시 서겠다는 목표로 마오는 다양한 동료들과 대화하며 지지를 구했다. 나중에 회상하기를, 그는 샹강 전투 후 들것에 누운 채 마찬가지로 들것에 누워 있는 다른 지도자들과 이야기했다. 특히 그는 보구와 브라운에게 소외되었던 정치국 위원 장원톈(張聞天)과 왕자샹을 자기편으로 끌어들이기 위해 노력했다. 장과 왕은 점차 마오

쪽으로 기울었다.[11]

그러나 마오는 저우에게 지지를 얻는 것이 매우 중요함을 이해했다. 저우는 군대에서 연공서열이 높았고, 보구와 브라운을 포함한 당 지도부 다른 사람들과 좋은 업무 관계를 유지하고 있었다(그가 그들의 군사 지도자 역할 수행에 불만을 가지고 있었음에도 불구하고 말이다). 그의 목소리는 중요했다. 이 문제에 대한 저우의 입장은 지도부 변화의 방향을 결정할 잠재력을 가지고 있었다.

사실 저우는 홍군이 거듭 패배한 후 마오가 복귀하기 위해 열심히 노력하고 있다는 것을 이미 알았다. 한동안 그는 마오가 재등장하는 것을 매우 꺼렸다. 그는 마오를 잘 알았다. 저우는 한번은 보구에게 말했다. "사람으로서 마오의 가장 큰 문제는 매우 야심 차고, 의심이 많으며, 주관적이고, 다른 사람 말을 듣지 않는다는 것이다."[12] 다른 당 및 군대 지도자들은 마오가 권력을 잡기를 원하지 않았다. 저우가 그들의 반발을 피하면서 마오의 재등장을 지지할 수 있는 방법은 없었다. 더욱이 만약 저우가 최고 권력을 스스로 통제하려는 야망이 있었다면, 이 시기는 하늘이 내린 기회였다. 실제로 저우에게는 마오의 정치적 부활을 거부할 이유가 많았다.

저우는 몇 주 동안 말을 타고 가면서 이 중대한 문제의 거의 모든 측면을 깊이 생각했다. 마침내 12월 중순에 전환점이 찾아왔다. 리핑(黎平) 회의에서 당 및 군대 지도자들 사이 토론과 분쟁을 겪으며 저우는 마오를 지지하기로 마음을 굳혔다.

절망적인 상황에 직면한 저우는 홍군에게 명확한 방향감각이 필요하다는 것을 알았다. 만약 그들이 또다시 큰 실수를 저지른다면, 홍군은 종말에 더욱 가까워질 것이었다. 그러나 샹강을 건넌 후, 중국공산당과 홍군의 중앙 지도자들은 어떻게 나아가야 할지에 대해 의견이 달랐다. 그들은 제2 및 제6 군단과 합류한다는 원래 계획을 고수해야 하는가, 아니면 변화하는 상황에 따라 진로를 바꿔야 하는가? 브라운은 원래 계획을 고수해야 한다고 했다.[13] 그러나 마오는 그러면 적의 함정에 빠질 것이라고 주장했는데, 이는 그가 "가로챈 적의 정보"에 접근할 수 있었기 때문에 내릴 수 있었던 결론이다. 그는 적이 더 약하고 덜 준비된 듯 보이는 구이저우를 향해 서쪽으로 방향을 틀자고 했다. 어느 쪽도 상대방을 설득할 수 없었다.[14]

12월 12일, 중국공산당 및 홍군 지도자들이 참석한 예비 회의에서 마오의 의견은 왕자샹, 장원톈 및 다른 여러 사람으로부터 지지를 얻었다. 브라운이 강하게 반대했음에도 저우 역시 마오의 계획에 찬성표를 던졌다.[15] 3일 후, 홍군은 구이저우로 들어가 작은 마을 리핑을 점령했고, 그곳에서 중국공산당 지도자들은 다시 회의를 열었다. 저우가 회의를 주재했다. 공산주의자들의 다음 행보에 대한 토론은 더욱 가열되었다. 브라운은 아파서 회의에 불참했고, 보구가 그를 대신하여 발언했다.[16] 왕과 장은 구이저우를 향해 서쪽으로 방향을 틀자는 마오의 계획을 강력하게 지지했고, 저우 또한 이 제안을 지지했다.[17] 결국 회의는 "더 이상 실행 불가능하다"라고 여겨지는 원래 계획을 고수하여 "새로운 소비에트 지역을 창설"하자는 브라운의 생각을 거부했다. 대신 홍군은 "쓰촨과 구이저우 성 경계 지역에 새로운 근거지를 설립하기 위해 단호하게 서쪽으로 방향을 틀고, 쭌이 주변 지역을 점령하는 것부터 시작"하기로 결정했다.[18]

그날 저녁, 저우는 회의에서 채택된 결의안 영역본을 브라운에게 전달했다. 저우는 회상했다. 독일인 고문은 "토론에서 졌다는 데 격분했다."[19] 브라운은 자신을 지지하지 않은 저우를 비난하며 화를 냈다. 비록 브라운의 견해가 종종 자신과 달랐음에도 저우는 오랫동안 그를 매우 정중하게 대했다. 그러나 이날 저녁, 저우는 이 독일인과 결판을 내고자 자신을 내던졌다. 두 사람은 서로에게 극도로 화가 났다. 저우가 주먹으로 탁자를 내리치자 "탁자 위 등불이 튀어 오르고 불이 꺼졌다.[20] 이것은 저우가 브라운과 결별하기로 마음먹었다는 명백한 표시였다.

저우는 왜 사고방식을 바꾸었을까? 저우는 홍군이 파멸 직전에 위태롭게 서 있다는 것을 너무나 잘 알았다. 저우는 동지들에게 반복해서 말했다. "지금 가장 중요한 문제는 전투에서 어떻게 이길 것인가이며, 다른 모든 문제는 이 원칙에 복종해야 한다."[21] 저우는 마오가 군사 천재라고 깊이 확신했기에 흔들렸다. 그는 또한 마오가 실제 의사결정권을 부여받지 못하면 전심으로 봉사하지 않을 것도 알았다. 저우는 마오를 의사결정 집단으로 다시 데려올 수밖에 없다고 생각했다. 사람이 죽기 직전에는 어떤 의사에게라도 도움을 청하는 것과 같은 심리였다.

또한 저우는 그의 군대가 현재 처한 심연에서 벗어날 수만 있다면 쓰촨 서부에서 장궈타오의 제4방면군과 합류할 수 있을 것이라고 예측했을 것이다.[22] 저우는 장을 잘 알았다. 그는 장이 마오처럼 비범하게 야심차고 다루기 어렵다는 것을 이해했다.[23] 또한 그의 모든 동지 중에서 야망과 책략에서 장과 필적할 수 있는 유일한 사람은 마오일 것임도 알았다. 장을 상대하기 위해서는 마오를 그의 편에 두어야 했다. 따라서 마오의 권력을 회복시키면 저우는 당내 정치에서 어느 정도 운신할 수 있는 여지를 얻을 것이었다. 비록 잠시뿐일지라도 말이다.

그러나 그 시기에 저우는 마오가 결국 얼마나 비범하게 폭압적인 지도자가 될 것인지 알지 못했다. 마오는 중국 공산주의 혁명을 국가적 승리로 이끌 것이다. 그러나 견제받지 않는 무제한적인 권력에 힘입어 그는 또한 중국을 대약진운동, 대기근, 대프롤레타리아 문화대혁명과 같은 대재앙으로 끌고 갈 것이다. 저우는 마오 치하에서 27년 동안 중국의 총리로 봉사하게 되지만, 또한 마오의 심리적 고문과 정치적 숙청에 여러 차

레 희생될 것이다. 만약 대장정 시절에 이러한 후일의 전개를 예견할 수 있었다면, 과연 저우는 마오가 중국공산당에서 최고 권력을 가져야 한다는 주장을 지지했을까?

*****

리핑 이후 중앙 홍군은 구이저우 깊숙이 이동하며 도중에 약한 적들만 마주했다. 장시에서 구이저우까지 내내 홍군을 추격했던 장제스 '중앙군'의 더 강력한 부대들은 추격을 중단했다. 대신 그들은 장의 명령에 따라 남서쪽으로 방향을 틀어 구이저우 군벌 왕자례(王家烈)가 통제하던 구이저우성의 성도 구이양(貴陽)을 점령했다. 이 움직임은 '홍군을 추격한다'는 구실로 다양한 지방 군벌들이 장악한 지역에 침투하고 통제하려는 장의 계획이었다.[24] 그러나 이로써 홍군에 대한 군사적 압력은 크게 줄었다. 저우는 마오가 홍군 의사결정 집단으로 복귀할 수 있도록 준비하는 데 집중하기 시작했다.

1935년 1월 7일, 홍군은 구이저우에서 두 번째로 큰 도시인 쭌이를 점령했다. 근처에 유일한 적군은 구이저우와 윈난 군벌들의 약한 병사들이었고, 장의 정예 부대들은 멀리 떨어져 있었다. 당분간 홍군은 큰 전투에 휘말리지 않을 것처럼 보였다.

리핑 여파 속에서 중국공산당 및 홍군 지도자들은 공산주의자들의 다음 행보를 놓고 계속해서 분쟁했다. 보구가 지지하는 브라운은 마오, 저우 및 다른 사람들의 견해를 받아들이려 하지 않았다. 따라서 저우는 또 다른 정치국 확대회의를 소집했다. 저우는 예방 조치로서 브라운과 보구가 통제하지 않는 수비 부대를 배치하여 회의 질서를 유지하게 했는데, 회의 중 어떤 예기치 않은 일도 일어나서는 안 되었기 때문이다.[25]

쭌이 회의는 1월 15일에 시작되어 3일 동안 계속되었다.[26] 처음에 보구는 장시 말기 군사적 패배에 대해 보고했지만, "자신의 실수를 인정하지 않았다."[27] 이 접근법은 역효과를 낳아, 보구와 브라운을 다른 중국공산당 지도자들로부터 더욱 고립시켰다.

저우가 다음으로 발언했다. 그는 장시 홍구를 상실한 일을 자신이 속한 군사 지도부가 실수를 저지른 탓으로 돌렸다. 책임을 다른 사람에게 넘기고 실패를 객관적인 이유 탓으로 돌린 보구와는 달리, 저우는 '주관적인 이유'를 강조하며, 자신도 손실에 책임을 져야 한다고 모두에게 말했다. 이것은 저우의 정치적 지혜였다. 그는 책임을 일부 인정함으로써 회의에서 더 나아가 발언하기에 유리한 위치를 차지했다.

저우에 이어 장원톈이 자신과 왕자샹, 마오를 대신하여 발표했다. 그는 당과 홍군 지도부의 "극좌 경향"을 날카롭게 공격했는데, 이는 보구와 브라운을 겨냥한 공격이었다. 마오는 길게 연설하며 "좌경 노선의 지도자들"에게 다양한 꼬리표를 붙이고 그들이 "공세 시에는 모험주의, 방어 시에는 보수주의, 적의 포위를 돌파할 때는 도피주의"를 채택했다고 비난했다.[28]

저우는 이러한 발표들이 이루어지도록 회의를 특별히 주선했다. 보구가 회상한 바에 따르면, 저우는 회의의 주요 조직자로서 권력을 휘둘러 (그가 보구와 함께 설정했던) 회의 의제를 갑자기 변경하고 장, 왕, 마오가 조율된 연설을 하도록 했다. 보구와 브라운은 불의의 일격을 당했다.[29] 저우는 마오, 장, 왕이 제기한 비난에 더욱 힘을 실어 주며, "그들이 제시한 개요와 의견에 전적으로 동의한다"라고 말했다.[30]

회의는 몇 가지 결정을 채택했는데, 그중 가장 중요한 것은 마오를 정치국 상무위원회 위원으로 선출하여 중국공산당에서 가장 핵심적인 의사결정 집단의 일원으로 만든 것이었다. 보구, 오토 브라운, 저우로 구성된 3인조는 해체되었다. 회의는 "주더와 저우언라이가 군사 업무 지휘관이 될 것이며, (저우)언라이 동지가 군사 문제에서 최종 결정을 내리는 권한을 위임받은 인물"이라고 결정했다. 회의 후 상무위원회는 책임 분담을 논의하기 위해 모였다. "장원톈이 보구 동지를 대신하여 전반적인 책임을 맡는 사람"이 되고, "마오쩌둥 동지가 저우언라이 동지를 도와 군사 지휘 문제를 처리"하기로 결정되었다.³¹ 보구와 브라운은 중국공산당 지도자 역할에서 배제되었고, 이로써 마오가 당의 군사 및 정치 지휘권을 더욱 강하게 통제하는 길을 열었다.

그럼에도 불구하고 저우는 보구와 다른 사람들이 권력 재편에 대해 보일 수 있는 반응을 우려했다. 쭌이 회의 후, 그는 먼저 보구를 찾아가 "마음을 움직이는" 대화를 나눔으로써 그가 자발적으로 직위에서 물러나도록 설득하거나, 최소한 분노에 차 보복하는 일이 없게 하려고 했다.³² 일단 보구가 회의 결과를 받아들이면, 브라운은 더 이상 문제를 일으키지 않을 것이었다. 그리하여 마오가 정치에 재등장하는 경로에 또 다른 장애물이 제거되었다.

중국공산당의 공식 역사가 오랫동안 주장해 왔듯이, 쭌이 회의가 "당과 군사 지도부에서 마오의 지휘 위치를 확립"하는 결과를 낳지는 않았다. 회의의 문서들은 실제로 홍군 최종 결정권자로서 부상한 사람은 마오가 아니라 저우였음을 분명히 나타낸다. 군사 업무가 다른 모든 문제보다 우선했다는 점을 고려할 때, 저우는 만약 스스로 원했다면 모든 권력을 쉽게 손에 넣을 수 있었다. 그러나 저우는 그러지 않았다. 회의의 결의안을 실행하면서 저우는 마오에 대해 겸손한 태도를 보이며 마오를 홍군 핵심 집단 중심으로 밀어 주었다. 실제로 그는 항상 마오의 의견에 기꺼이 귀를 기울였고, 마오의 의도가 행동으로 옮겨지도록 보장하기 위해 자신의 권한 내에서 할 수 있는 모든 것을 다했다. 결과적으로 마오의 실질적인 지위는 '조력자'에서 최종 결정권자로 바뀌었다. 돌이켜 보면, 결국 저우의 태도와 행동이 마오가 군대와 당에 대한 최종 권력을 장악할 수 있게 했다.

✦✦✦✦✦

그러나 중앙 홍군은 마오의 지도를 받으면서도 전장에서 즉시 승리하지는 못했다. 쭌이에서 채택된 결의안에 따라, 홍군은 구이저우에 기지를 설립하려는 계획을 포기했다. 대신 쓰촨을 통해 양쯔강을 건너 그곳에서 장궈타오가 이끄는 제4방면군과 합류하려 했다.[33] 1935년 1월 말, 마오가 직접 지휘하는 가운데 홍군은 양쯔강을 건너는 길을 열기 위해 투청(土城)이라는 마을에서 큰 전투를 벌였다. 그러나 이번에 마오와 저우는 부정확한 정보를 보고받았고, 그들의 병사들은 압도적인 적군과 마주쳤다. 홍군은 적에게 포위되지 않으려 서둘러 철수해야 했다. 마오와 저우는 장궈타오 부대와 합류하려는 계획을 연기해야 했다.[34]

당혹스러운 전투 결과에도 불구하고, 마오는 자신감을 잃지 않았고, 확실히 야망도 포기하지 않았다. 더욱이 그는 여전히 저우에게 지지받고 있었다. 이후 3개월 동안 중앙 홍군은 마오의 명령에 따라 윈난, 구이저우, 쓰촨성 경계를 따라 지그재그로 움직이며, 다양한 국민당 부대들 사이 틈새를 찾아 활용하려 노력했다. 그들은 치수이(淇水)강을 총 네 차례에 걸쳐 앞뒤로 건넜다. 홍군은 첫 한 달 동안 거의 매일 빠르게 행군했다. 병사들은 완전히 지쳤고 왜 매일 길 위에 있어야 하는지 이해하지 못했다. 그리하여 마오가 힘들게 얻은 새로운 지위는 도전에 직면했다. 오랫동안 마오에게 충성했던 린뱌오조차도 그에게 공개적으로 도전하며 철저한 설명을 요구했다. 린은 한탄했다. "현재 지도부 아래서는 군대가 붕괴할 것이다. 이런 상황이 계속된다면 마오가 어떻게 홍군을 지휘할 수 있겠는가?"[35]

저우는 마오가 어려움에 직면했음을 보았다. 그러나 그는 여전히 마오가 홍군을 완전한 파멸에서 구할 수 있는 유일한 사람이라고 믿었기 때문에, 마오에 대한 지지를 계속해서 정당화해야 했다. 따라서 그는 꾸준히 마오에게 큰 도움을 주었다. 장시 말기부터 저우의 지도하에 있는 홍군 정보부는 적의 암호화된 통신을 해독할 수 있었다. 저우의 정보 요원들은 대장정 기간 동안 이 능력을 유지했다.[36] 저우는 종종 적의 움직임을 미리 알았고, 이 정보를 마오에게만 공유하기로 결정했다. 그는 그것을 다른 어떤 동료에게도 공개하지 않았다. 결과적으로 마오가 군사 천재라는 신화가 홍군 장교와 병사 들 사이에 퍼지기 시작했고, 마오의 권력과 권위는 향상되었다.[37]

중앙 홍군은 마침내 쭌이로 돌아와서 "대장정이 시작된 이래 가장 큰 승리"를 거두었다. 2월 말, 그들이 치수이강을 또 한 번 건너 쭌이에 다시 접근했을 때, 그들은 그곳의 적을 기습하여 도시를 쉽게 점령했다. 적 사상자는 수천 명에 달했다. 홍군은 또한 무기와 탄약, 절실히 필요했던 다른 보급품들을 다량 노획했다.[38]

이 승리는 홍군 내에서 마오에 대한 신뢰도와 명성을 크게 높였다. 쭌이에서 승리한 이후 즉시, 마오는 긴급한 상황에서 시기적절한 결정을 내릴 수 있도록 새로운 최고 의사결정 기구를 구성하자고 제안했다. 그리하여 3월 10일, 저우(그룹 책임자), 마오, 왕자샹으로 구성된 새로운 '3인조'가 설립되었다.[39] 그러나 저우는 자신이 군사적 판단과 의사결정에서 마오만큼 영리하고 재능 있지 않다는 것을 잘 알고 있었기 때문에 그러한 직책을 맡는 것이 불편했다. 따라서 그는 장원톈과 함께 중앙군사위원회가 주더를 사령관으로, 마오를 전선 본부 정치위원으로 임명할 것을 제안했다.[40] 저우처럼 주 역시 오랫동안 마오와 권력을 다투지 않는데 익숙했고, 장시 시절에 그와 긴밀하게 협력했다. 비록 저우가 앞으로 몇 달 동안 새로운 3인조의 책임자로 남게 되지만, 마오가 실제적인 군사권력을 모두 쥐게 되었다.

저우와 홍군이 운이 좋았던 것은 마오의 현명한 비전과 교묘한 전술 때문만은 아니었다. 그들 모두는 예상치 못한 출처, 즉 장제스로부터 혜택을 받았다. 장제스는 "홍군 잔당"이 운을 다했다고 믿었고, 그동안 지방 군벌들이 통제하는 지역으로 침투하기를 희망했기 때문에, "죽어 가는 적을 끝까지 추격"하기 위해 전력을 다하지 않았다.[41] 장에게는 다른 심각한 우려들이 있었다. 이때는 "중국 북부에서 일본의 침략이 점점 더 만연"해져 "베이핑과 톈진을 위협"하는 수준에 이르렀던 시기다. 장은 "일본 도적들의 터무니없는 압박"에 대처하기 위해 주의력과 자원 상당 부분을 돌려야만 했는데, 그러지 않으면 "위기를 증대하고 심지어 (중국의) 종말"을 낳을 수 있었기 때문이다.[42] 이 외에도 장은 홍군의 진행 방향을 거듭 오판했다. 장은 계속해서 부대를 잘못 배치하고서 너무나 좌절하여, 한때 자신이 홍군이 놓은 "함정에 차례차례 빠졌다"라고 한탄하기까지 했다.[43] 결과적으로 구이저우, 윈난, 쓰촨 사이 산악 지역에서 마오, 저우, 홍군은 압도적인 국민당 군대의 포위로부터 기적적으로 살아남았다.

장궈타오 또한 마오와 저우에게 손을 내밀었다. 병사들이 전멸을 피하기 위해 싸우는 동안, 마오와 저우는 장에게 거듭 구원을 요청했다. 장은 이기적인 사람이었다. 그러나 당시 그는 또한 쓰촨 북부 기지에 잠식해 들어오는 적군으로부터 엄청난 압력을 받고 있었다. 결국 그는 5월 제4방면군에 근거지를 포기하고 작은 '대장정'에 나서라고 명령했다.[44] 장의 군대는 우세한 적군에게 포위당하는 것을 피하려는 과정에서 결과적으로 마오와 저우가 이끄는 홍군에 더 가까워졌다. 동시에 장제스의 주요 목표물 중 하나가 되었고, 그로 인해 마오와 저우가 직면한 위협은 크게 완화되었다.

1935년 늦봄과 초여름, 홍군은 구이저우와 윈난 전역에서 계속 작전을 수행하며, 적군 사이 틈새를 발견할 때마다 이를 활용했다. 한때는 구이양을 갑자기 공격하는 척하다가 갑자기 진로를 바꿔 정반대 방향으로 향했다. 장이 주둔하고 있던 곳이었다. 또 다른 시기에는 윈난성 성도인 쿤밍(昆明)을 향해 신속하게 진격하는 척하다가, 도시에서 멀지 않은 곳에서 다시 한번 마법처럼 방향을 틀었다. 장과 그의 장군들은 이러한 양동 작전에 진정으로 혼란스러워했지만, 그렇게 걱정하지는 않았다. 왜 걱정하겠는가? 장은 마오와 저우의 전술은 결국 임종을 맞은 환자의 마지막 발악에 지나지 않는다고 확신했다.

5월 초, 마오와 저우의 군대는 치열한 전투 끝에 위대한 양쯔강 상류 지류인 진사강(金沙江)을 건너면서 장이 예상한 바를 완전히 벗어났다. 그들은 이제 주로 이족(彝族)이 거주하는 쓰촨 서부 지역으로 들어섰다. 저우는 홍군 사령관 류보청(劉伯承)이 이전에 이족 귀족들과 연락을 취했다는 것을 알고, 류를 보내 그들과 협상하게 했다. 류는 이족 왕자 샤오예단(小葉丹)을 설득하여 의형제를 맺었다. 홍군은 거의 아무런 문제 없이 이족 지역을 통과했다.[45]

5월 말, 마오와 저우의 군대는 또 다른 치명적인 전투 끝에 전설적인 다두허(大渡河)를 건넜다. 칠십 년 전, 한때 강력했던 태평천국 반란군이 전멸한 곳이었다. 그러나 이번에 다두허는 홍군을 멈추게 하기는커녕 파괴하지도 못했다. 이제 자진산(夾金山), 즉 대설산이 마오와 저우의 군대 앞에 놓여 있었다. 산 정상은 높이가 삼천 미터에 달했다. 공산주의자들의 적은 자연 그 자체였다. 산을 넘는 동안, 이미 지칠 대로 지친 병사들다수가 혹한과 희박한 공기 속에서 목숨을 잃었다. 그러나 홍군 대부분은 산 반대편으로 넘어가는 데 성공했다. 그들을 추격하던 국민당 군대는 이제 진사강과 다두허라는 두 거센 강과 대설산으로 인해 그들의 먹잇감을 멀리 보내 줄 수밖에 없었다. 비록 마오와 저우, 그들의 전사들의 운명은 여전히 불확실했지만, 적어도 당분간은 파멸에 직면하지 않을 것이었다.

*****

1935년 6월 12일, 주로 티베트족이 거주하는 쓰촨의 작은 마을 마오궁(懋功)에서 남은 중앙 홍군 병력은 장궈타오의 제4방면군 선발 부대와 만났다. 두 군대 장교와 병사 들은 매우 기뻐했다. 며칠 후 마오와 저우는 장을 따뜻하게 맞이했고 밤새도록 함께 연회를 즐기며 술을 많이 마셨다. 그들은 화합과 단결의 분위기 속에서 즐거워하는 듯 보였다.[46]

그러나 이 순수한 기쁨의 순간은 피상적이고 짧았다. 오래지 않아 두 군대 사이에 심각한 문제들이 표면화되었다. 그들의 모순은 먼저 서로 다른 군사적, 정치적 접근 방식에서 드러났다. 마오와 저우는 두 군대가 합류하면 '북상' 전략을 수행하여 쓰촨, 산시(陝西), 간쑤(甘肅) 경계 지역으로 나아가 그곳에 새로운 근거지를 설립해야 한다고 주장했다. 그들은 이 지역의 "반동 통치"가 "상대적으로 약하고" 또한 "소련 및 몽골과 더 가깝기 때문에" 홍군이 "국제적 지원을 받기"가 더 쉬울 것이라고 판단했다.[47] 그러나 장은 그러한 계획에 열성을 보이지 않았다. 그는 자신의 옛 기지가 있던 쓰촨 북부에 더 가까이 머물거나, 남쪽으로 방향을 틀어 쓰촨과 시캉(西康)에 새로운 근거지를 설립하고 확장하는 편을 선호했다.[48]

이러한 전략적 차이점들이 어려운 도전들을 제기했다. 그러나 정치 및 군사 의사결정 통제를 둘러싼 마오와 장의 경쟁은 훨씬 더 긴장된 것으로 판명되었다. 두 사람 모두 권력 게임의 대가였고, 둘 다 중국공산당의 최고 지도자가 되기를 열망했다. 어느 쪽도 '두 마리 호랑이가 같은 산에 사는 것'을 허용하지 않을 것이었다. 두 군대가 합류한 직후 저우와 장궈 타오는 대화를 나누었고, 장은 저우 부대의 실제 병력 규모를 물었다. 저우는 "우리 병사는 만 명이 조금 넘는다"라고 대답했다. 그리고 장의 "얼굴이 즉시 변하는 것"을 알아차렸다.[49] 그러한 대답이 어떻게 장의 신경을 건드리지 않을 수 있었겠는가? 중앙 홍군은 규모가 줄어 잔뜩 지치고 장비가 열악한 병사 겨우 만 명이었지만, 장의 군대는 훨씬 더 잘 무장한 오만 명으로 구성되어 있었다. 또한 쭌이 회의에서 수립된 새로운 중국공산당 지도부는 아직 코민테른으로부터 승인을 받지 못했다. 따라서 장은 그 정당성이 여전히 의심스러웠다.

장은 즉시 행동에 나섰다. 그는 두 군대 간 병력 차이라는 "현실"이 암묵적으로나 명시적으로나 중앙 지도부 구조에 "진실하게 반영"되어야 한다고 요구하기 시작했다. 이것은 그 자신의 말로, "인사 문제가 정식으로 해결되어야 함"을 의미했다.[50] 마오와 저우는 상황의 장단점을 신중하게 저울질한 후 장의 요구에 굴복해야 한다고 결론 내렸다. 7월 18일 정치국 회의에서 저우는 홍군 총정치위원 직위에서 사임했다. 장이 그 직책을 맡으면서 중앙군사위원회 책임자도 맡게 되었다.[51] 그리고 다른 여러 제4방면군 지휘관들도 홍군 총사령부 최고 직책을 맡았다.

그러나 마오 및 저우와 장 사이 관계도, 두 군대 사이 관계도 개선되지 않았다. 긴장은 계속해서 악화되었다. 8월 6일 마오, 저우, 장 등이 참석한 또 다른 정치국 회의에서 마오는 북상이 유일한 올바른 선택이라고 다시 한번 강조했다. 그것이 홍군을 "지리적으로 소련과 더 가깝게" 하기 때문이었다. 소련과 근접하면 엄청난 이점이 있다고 마오는 강조했다. "비행기와 포병 부품 인도를 포함한 정치적, 물질적 지원 외에도, 우리 나라 국내 정치 발전에 큰 영향을 미칠 것이다."[52] 이번에도 장은 동의하지 않았다. 그는 또 다른 계획을 명확하게 제시했다. 홍군은 북쪽으로 향하는 대신, 남쪽에서 발전을 추구하여 쓰촨과 시캉성에 걸친 지역에 근거지를 설립하고 공고히 하며 확장해야 한다는 것이었다.[53]

이 결정적인 시기에 저우는 심각하게 병이 들었다. 그는 8월 중순부터 계속 고열에 시달렸고, 심지어 주기적으로 혼수상태에 빠지기도 했다. 홍군과 동행한 의사 두 명은 저우가 죽을 수도 있는 아메바성 이질을 앓고 있다고 추측했다. 다행히 홍군은 그 질병을 치료하는 데 특히 효과적인 약인 퀴닌을 일부 소지하고 있었다. 이전에 폐결핵을 앓았던 덩잉차오는 대장정 시작부터 요양대에 있었다. 그는 저우를 돌보기 위해 그의 곁에 머물렀다. 이 주 이상 생사를 넘나든 후, 저우는 나아지기 시작했고 결국 살아남았다.[54]

그때까지 홍군은 이전 중앙 홍군과 제4방면군 부대들이 혼합된 두 개 열로 재편성되었다. 좌로군은 장궈타오가 이끌었고, 마오와 저우가 우로군을 지휘했다. 두 열이 서로 평행하게 북쪽으로 행군하는 동안, 논란이 많은 "전보 사건"이 발생했는데, 여기서 장궈타오는 "군사적 수단을 사용하여 중국공산당 중앙을 제압"하려 했다고 전해진다.[55]

마오가 전한 이야기에 따르면 사건은 다음과 같다. 9월 9일, 장은 마오와 저우와 함께 행군하던 제4방면군 지휘관 천창펑(陳昌奉)과 쉬샹첸(徐向前)에게 전보를 보내, 우로군을 남쪽으로 이끌면서 "당내 투쟁을 철저히 해결하라"라고 명령했다. 우로군 참모장이자 마오 충성파인 예젠잉(葉劍英)이 우연히 그 전보를 보고 즉시 마오에게 전했다. 마오는 신속하게 그 전보 내용을 받아 적었다. 그날 저녁 마오는 장원톈, 보구, 왕자샹과 긴급회의를 소집했다. 여전히 열이 있었지만 저우도 회의에 참석했다. 그들은 장궈타오가 "당 중앙에 해를 끼치려 한다"라고 결론 내렸다. 따라서 우로군 내 자신들에게 충성하는 부대들에게 즉시 북쪽으로 이동하여 "이 위험한 환경을 떠나라"라고 명령하기로 결정했다.[56] 오전 두 시, 부대들이 모여 출발했다. 마오와 다른 사람들은 당 중앙위원회 이름으로 장에게 전보를 보내, "당 중앙의 견해로는, 우로군에게 남쪽으로 이동하라고 한 명령은 전적으로 부적절하다"라고 지적했다. 그들은 강조했다. "북상 전략은 어떤 상황에서도 변경되어서는 안 되며, 좌로군 또한 신속하게 북쪽으로 이동해야 한다는 것이 당 중앙의 의견이다."[57]

중국공산당 역사의 다른 많은 중요하고 의문스러운 사건들과 마찬가지로, 많은 사람이 이 '전보 사건'에 대해 여러 가지 질문을 제기했다. 전보의 원문은 결코 발견되지 않았고, 마오가 쓴 사본도 남지 못했다. 따라서 우리는 그 내용을 정확히 알 수 없다. 마오 자신의 묘사도 항상 일관되지는 않았다. 전보 수신자 중 한 명으로 지정된 천창하오(陳昌浩)는 그 전보를 본 적 없다고 단호하게 주장했다. 그리고 전보를 작성했다고 알려진 장궈타오는 자신이 그것을 쓰고 발송했다는 주장을 강력하게 부인했다.[58] 전보에 대한 진실은 아마도 결코 알려지지 않을 것이다.

전보에 관해 정확히 무슨 일이 일어났든 간에, 더 중요한 것은 마오와 저우, 그들이 지휘하는 우로군 병사들이 갑작스럽게 이탈하는 바람에 중국공산당과 홍군이 두 부분으로 나뉘었다는 것이다. 이것은 대장정 동안 홍군이 직면한 가장 심각한 위기였다. 그러나 이 분열은 마오와 저우에게 일련의 기회를 제공했는데, 그들은 즉각적인 이해관계가 동일했을 때 서로 긴밀하게 협력했다. 저우는 장과 투쟁하는 모든 단계에서 마오의 곁에 있었다. 이는 이후 반세기에 걸쳐 이어진 업무 관계 중 그들이 서로 가장 가까웠던 시기다.

★★★★★

9월 12일, 마오와 저우는 간쑤 티베트족 마을인 어제(俄界)에서 정치국 확대회의를 소집하여 다음 행보를 논의했다. 마오는 장궈타오와의 분열을 "두 정치 노선 간 투쟁, 볼셰비즘과 군벌주의 경향 간 투쟁"으로 규정했다. 그런 다음 "현재 상황에 대한 기본 정책 원칙"이라는 주제에 대해 강조했다. "유격전을 통해 우리는 국제적 원조와 철저한 연결을 위해 싸워야 하고, 우리 군대를 정비하고 재편성하며, 홍군을 확장하여, 첫 단계로서 소련 영토에서 멀지 않은 곳에 근거지를 만들고, 그것을 더욱 동쪽으로 발전시켜야 한다."[59]

회의는 또한 남은 우로군 부대를 새로운 '산시-간쑤 여단'으로 재편성하는 또 다른 중요한 결정을 채택했다. 펑더화이(彭德懷)가 사령관, 린뱌오가 부사령관, 마오가 정치위원, 왕자샹이 정치부 주임을 맡게 되었다. 그동안 중요한 군사적 의사결정을 담당할 '5인 지도부'가 마오, 저우, 펑, 린, 왕으로 구성되었다.[60] 이 결정으로 저우는 홍군에서 직위를 잃었다. 실제로 그는 다섯 명 중 실제 전투 직책을 맡지 않은 유일한 사람이었다. 군대에서 영향력이 감소함에 따라 저우는 더 이상 당과 홍군 내에서 최고 지도자 역할을 위해 노력할 필요가 없게 되었다. 만약 그가 그렇게 하려고 한 적이 있었다면 말이다. 그러나 이것이 바로 그가 갈망했던 바가 아니었을까?

하지만 마오와 저우는 여전히 큰 문제에 직면해 있었다. 비록 북쪽으로 행군하기로 했지만, 정확한 목적지를 정하지는 못했다. 그들에게 병사는 겨우 오천에서 육천 명뿐이었고, 모두 지쳐 있었다. 어떤 경로를 택하든, 그들은 불확실한 상황에 직면할 것이었다. 만약 여단이 현지 지식이나 지원 없이 행군하다가 어디선가 강력한 적군을 만난다면, 쉽게 종말을 맞이할 수 있었다.

다시 한번 운이 그들의 편을 들어 주었다. 그들이 간쑤성에 들어선 후, 산시-간쑤 여단은 9월 말에 하다푸(哈達鋪)라는 작은 마을에 도착했다. 저우는 현지 우체국에서 우연히 낡은 신문 한 부를 집어 들었다. 그는 신문에 실린 한 기사를 훑어보았다. 황푸군관학교 시절 저우의 학생이었던 류즈단(劉志丹)이 이끄는 홍군 분견대가 산시(陝西) 북부에 작지만 실질적인 소비에트 지역을 설립했다는 내용이었다. 이 소식은 그에게 하늘이 내린 선물과도 같았다. 마오와 저우, 동지들은 매우 기뻐하며 즉시 중대한 결정을 내렸다. 그들은 소련 및 몽골과 국경을 접한 지역으로 행군하는 대신, 산시 북부로 향하여 "그곳 소비에트 지역을 방어하고 확장"하기로 했다.[61]

그들은 또한 여단의 이름을 '북상 항일 선발 여단'으로 변경하는 또 다른 중대 결정을 내렸다. 대장정이 시작된 이래 처음으로 그들은 자신들의 여정을 '일본에 대한 저항'이라는 대의와 일치시켰다. 며칠 후, 마오는 여단 간부 회의에서 발표했다. "우리는 북쪽으로 행군할 작정인데, 장궈타오는 남쪽으로 가고 싶어 한다…… 일본 제국주의자들이 중국을 침략하고 있고, 우리는 일본의 침략에 저항하기 위해 북쪽으로 간다."[62]

장제스는 의도하지 않았지만 역설적으로 마오와 저우에게 또다시 큰 도움을 주었다. 분열 후, 마오와 저우는 장궈타오보다 훨씬 적은 병력을 지휘했다. 더욱이 장궈타오의 군대는 쓰촨 내륙에 더 가까운 지역에서 작전하고 있었다. 따라서 장제스는 장궈타오를 더 위험하고 시급한 위협으로 보았다.[63] 그래서 장궈타오에게 집중하며 마오와 저우에 대한 추격을 완화했다. 결국 장이 보기에, 그들 군대가 완전히 청산되는 것은 시간문제일 뿐이었다. 그렇다면 왜 그가 전력을 다해야 하는가? 그러나 역사가 나중에 증명했듯이, 이것은 장과 국민당 측이 범한 치명적인 실수였다.

9-1 대장정 이후 1936년경 산시(陝西) 북부에서 말을 타고 있는 저우언라이.

이 모든 것이 마오와 저우, 그들의 '북상 여단'에게 귀중한 생존 공간을 제공했다. 10월 말, 그들은 산시 북부 류즈단 홍군 분견대가 통제하는 영토로 들어섰다. 열한 개 성을 가로지르는 긴 여정 끝에, 한때 자신들을 '중앙 홍군'이라 불렀던 여단은 수천 명으로 줄어들었다. 그러나 그들은 마침내 비록 잠시뿐일지라도 쉴 수 있는 장소를 찾았다.

10월 22일, 마오는 산시의 작은 마을 우치(吳起)에서 "전국 혁명의 본부가 이제 이곳으로 옮겨 왔다"라고 발표했다.[64] 11월 초, 중국공산당 지도부는 서북혁명군사위원회를 설립하기로 결정했다. 마오가 위원회 주석이 되었고, 저우는 부주석으로 임명되었다. 마오와 업무 관계가 시작된 이래 처음으로, 저우는 공식적으로 그리고 명확하게 마오의 동료로 정의되었다.[65]

마오에 대한 저우의 태도도 미묘하게 달라졌다. 1935년 하반기 그와 마오가 장궈타오에 대한 격렬한 투쟁에 참여했을 때, 장은 반복적으로 그들에게 벅차고 혼란스러운 도전들을 제시했다. 저우는 모든 위기를 처리하는 데 있어서 마오의 역량과 기술이 비범함을 목격했다. 이것은 저우가 할 수 없었고 하지 않을 일이었다. 반면에 마오는 자신이 직면한 딜레마를 어떻게 다룰지 생각할 수 있었을 뿐만 아니라, 그것들을 해결하기 위해 노력했고, 결국 성공했다. 이것은 필연적으로 저우 내면에 마오에 대한 복종을 더욱 심화했다.

그러나 이것이 전설적인 대장정의 끝이었을까? 마오와 저우의 군대가 힘든 여정 끝에 도착한 곳은 산시 북부의 척박한 땅이었다. 그곳에는 그들의 임무를 지원할 자원도, 인력도 없었다. 그동안 인근 국민당 동북군과 서북군은 홍군 부대가 도착함으로 인해 높은 경계 태세를 유지하고 있었다. 또한 장제스 중앙군의 더 크고 강력한 부대들이 공산주의자들의 새로운 근거지로 향해 오고 있었다.

비록 마오가 대장정이 성공적으로 끝났다고 발표했지만, 중국공산당
과 홍군의 운명은 여전히 불투명했다.

제10장

"중국인으로서,
우리는 하나의 국가로 싸워야 한다"

1935~1937

고비사막에서 불어오는 차가운 바람이 산시 북부[산베이(陝北)라고도 알려졌다]의 황토 고원에 모래 폭풍을 일으켰다. 다시 겨울이었다.

병사들이 자리를 잡자마자 마오, 저우, 동지들은 또 다른 딜레마에 직면했다. 그들은 토양이 척박하고 가난하고 인구가 희박한 산베이가 위대한 대업을 키우기에 좋은 장소가 아님을 마음속 깊이 알고 있었다. 심지어 생존에도 적합하지 않았다. 장궈타오와 결별한 이후 마오와 저우는 몽골 및 소련과 국경을 접한 지역으로 군대를 이동시킬 계획이었다. 이것이 여전히 그들에게 최우선 선택지였다.[01] 또한 당 지도부 패권을 둘러싼 장궈타오와의 투쟁은 수그러들 기미를 보이지 않았다.[02] 그들은 신중하게 나아가야 했다.

1935년 11월 중순, 린뱌오의 사촌 류딩[劉鼎, '장하오(張浩)'라는 가명을 사용했다]이 갑자기 산베이에 나타났다. 그는 코민테른 연락원으로, 모스크바와 통신하기 위한 비밀 암호를 암기해 왔다.[03] 마오와 저우에게 그는 하늘이 내린 선물이었다. 만약 그들이 모스크바와 전신통신을 재개할 수 있다면, 코민테른의 이름으로 행동하여 장의 '당 중앙'을 제압할 수 있을 것이었다.

장하오가 마오와 저우의 본부가 있던 작은 마을 와야오바오(瓦窯堡)에 도착했을 때, 그들은 산베이에서 적의 공세를 방어하느라 자리를 비운 상태였다. 그들은 장하오가 전달한 또 다른 메시지에 지대한 관심을 보였다. 모스크바가 마오와 저우의 군대가 북쪽 "소련과 가까운 지역"으로 이동하는 것을 허용했다는 소식이었다.[04] 그들은 12월 초 와야오바오로 돌아온 후에 신속하게 "코민테른 특사" 역할을 하는 장하오를 설득하여 장궈타오에게 전보를 보내 "가짜 중앙위원회"를 해산하라고 요구하게 했다.[05] 다음 몇 주 동안 장하오는 장궈타오에게 두 차례 더 전보를 보내, 자신이 모스크바와 통신할 암호를 가지고 있으며 코민테른이 그에게 두 홍군 부대 간 "문제 해결을 돕도록" 지시했다고 알렸다. 그는 장궈타오에게 그의 당 조직을 "서남국"으로 명명하고 "(모스크바의) 당 대표단의 지도에 직접" 복종할 것을 제안했다. 또한 장과 마오 및 저우 간 분쟁은 "코민테른에 의해 판단되고 해결될 수 있다"라고 했다.[06] 만약 장궈타오가 그 제안들을 무조건적으로 받아들인다면, 그의 '당 중앙'은 그 지위를 잃게 될 것이었다. 마오와 저우는 장하오가 그러한 목소리를 내게 함으로써, 당내 투쟁을 관리하는 일치단결된 능력을 보여 주었다.

장궈타오는 매우 좋지 않은 시기에 이 전보들을 받았다. 그의 군대는 끊임없이 공격해 오는 국민당 군대와 복잡한 민족 갈등으로 인한 문제로 쓰촨 북서부와 시캉에서 일련의 좌절을 겪었다. 더욱이 장이 작전 중이던 지역은 그의 군대를 지원하기에는 너무 가난했다. 새로운 기지를 설립할 수 없게 되자 상황은 점점 더 암울해졌다. 그리하여 그는 마오 및 저우와의 경쟁에서 한 걸음 물러서기로 결정하고, 만약 그들이 자신들의 조직을 "서북국"으로 개명한다면 자신의 '당 중앙'을 "서남국"으로 개명하겠다고 동의했다. 마오와 저우는 그의 제안을 거절했다.[07] 이러한 성공적인 협력 사례는 앞으로 수십 년 동안 이어질 마오와 저우 사이 관계에 또 다른 중요한 선례를 남겼다.

마오와 저우에게 장하오의 유용성은 중국공산당 당내 정치에서의 차원을 넘어섰다. 그는 또한 그들에게 전 세계적인 "반파시스트 통일전선"을 추구하는 코민테른의 새로운 대전략을 전달했다.[08] 특히 마오와 저우는 코민테른의 비전을 즉시 수용했는데, 이는 비록 우연의 일치일지라도 그들이 이제 대장정을 홍군이 '일본에 대한 저항'에 동참하는 노력으로 부각할 수 있다는 것을 의미했기 때문이다. 통일전선 전략은 또한 그들이 국민당과의 항일 통일전선을 향해 갈 수 있게 해 줄 것이었다. 불과 몇 달 전 장궈타오와 결별했을 때에는 사건이 그렇게 전환될 것이라고 예견할 수 없었다. 순식간에 그들이 전략적으로 운신할 공간이 상당히 넓어진 것처럼 보였다.

그러나 하룻밤 사이에 새로운 전략으로 전환할 수는 없었다. 11월 말에 발표한 성명에서 중국공산당 지도부는 계속해서 장제스를 "일본 도적들"과 동일시하며 그를 가장 위험한 적으로 간주했다.[09] 코민테른의 새로운 통일전선 전략을 알게 된 후, 그들은 내전에 대한 태도를 바꾸기 시작했다. 12월 17일부터 일주일간 중국공산당 정치국 확대회의가 소집되어 당의 군사 및 전략적 선택 사항들을 논의했다. 저우의 많은 동지가 여전히 장제스와 일본 제국주의자들을 주적으로 여기자, 그는 "폐쇄주의(關門主義)적 접근"에 수반되는 위험을 상기시켰다. 그는 중국공산당이 국민당에 대한 전쟁을 "나라를 구하는 전쟁"으로 전환해야 한다고 선언했다.[10] 회의는 마침내 그 생각을 반영하는 결의안을 채택했는데, 결의안은 "폐쇄주의가 당이 직면한 주요 위험"이라고 지적하고 "국방 정부와 연합 항일군 창설"을 요구했다.[11]

중국공산당 지도자들의 상황 평가가 변화하고 있음은 1936년 1월 2일 또 다른 정치국 회의에서 더욱 명백해졌다. 저우는 다시 한번 "폐쇄주의 (關門主義)적 접근"을 버릴 필요가 있다고 강조하며 동지들에게 말했다. "지금 정치 상황 중심에는 우리 민족을 지키기 위해 어떻게 싸울 것인가 가 있다…… 우리 당은 대중을 단결시켜 혁명적인 민족 전쟁을 수행하는 데 주도적인 역할을 해야 한다."[12] 이러한 발전은 중국공산당이 '일본에 대한 저항'을 대전략의 근간으로 채택하고, 국민당과 항일 협력을 추구 하게 하는 문을 열었다.

또한 저우는 와야오바오 회의에서 새로 설립된 '동북군 공작위원회'의 서기로 임명되었다.[13] 비록 그 시기에는 이 임명이 특별히 중요해 보이지 않았지만, 그것은 홍군의 운명, 그리고 참으로 중국 근현대사의 운명을 바꿀 것이었다.

'소장(少帥)'으로 알려진 장쉐량(張學良)이 지휘하는 동북군은 산베이 근처에 주둔한 가장 큰 국민당 군대였다. 장은 삼십 대 중반으로 만주 (또는 중국 동북부)의 강력한 군벌이었던 '노장(老帥)' 장쭤린(張作霖)의 아들이었다. 1928년 초 일본 요원들이 장쭤린을 암살한 후, 장쉐량은 아버지를 계승하여 '동북의 실력자'가 되었고, 그해 12월 장제스의 난징 정부에 충성을 선언했다. 그는 애국자였고 일본을 증오했다. 그러나 장은 1931년 만주사변 여파로 일본에 고향 영토를 잃었다. 그가 이끄는 동북군 은 결국 만주에서 철수하여 중국 여러 지역을 이동한 후 산시에 정착했다. 소장의 군대는 마오와 저우의 홍군이 산베이에 도착한 후 그들과 전 투하여 여러 차례 패배했다. 홍군에 포로로 잡혔던 장의 장교 중 한 명이 석방되면서 소장에게 마오와 저우의 휴전 제안을 전달했다. 장은 그것을 기꺼이 받아들이려 했다. 그리하여 중국공산당은 이 문제를 처리하기 위 해 동북군 공작위원회를 구성했다.

10-1 1936년경 산시 북부에서, 오른쪽부터 마오쩌둥, 주더, 저우언라이, 친방셴.

*****

중국공산당 지도자들은 중국이 극적으로 변혁하는 시기에 전략적 사고에 변화를 맞았다. 장제스가 직면한 시나리오는 좋은 소식과 나쁜 소식을 모두 담고 있었다. 공산주의자들은 십 년 동안 그에게 가장 위험한 적이었다. 일본이 중국에서 공격적인 행동을 했음에도 불구하고 그는 홍군을 격파하고 그에게 복종하기를 거부하는 군벌들을 억제하는 것을 최우선 과제로 삼기로 했다. 이 '국내 우선' 전략은 효과가 있는 것처럼 보였다. 1935년 말까지 장은 '홍군 도적들'이 거의 완전히 패배했고, 중국 국내 상황 또한 전반적으로 자신에게 유리한 방향으로 크게 개선된 것을 보고 기뻐했다.

그러나 일본에 대한 걱정은 깊어졌다. 1931년 일본 제국 군대가 만주를 점령한 이후, 그는 국제연맹(the League of Nations)에게 도움받아 일본이 팽창하는 것을 저지하려 시도했으나 실패했다. 1933년 일본은 심지어 국제연맹에서 탈퇴했다. 장이 국내에서 도전해 오는 세력에 초점을 옮기면서 일본이 가하는 위협은 갈수록 고조되었다. 장은 그 위협이 중국의 생존을 위협하고 있다고 생각했으며, 전략적 우선순위를 재고하지 않을 수 없게 되었다. 그는 홍군을 제거하려는 노력을 계속하면서도, 이제 중국공산당과 협상하는 것을 일본 문제를 해결할 수 있는 그럴듯한 수단으로 보았다.[14] 그는 선언했다. "현재까지 공산 도적들을 진압하는 것을 중심 과제로 삼는 노력은 칠 할의 성공을 거두었다. 내년부터는 일본 도적들에 저항하는 것을 주된 과제로 삼으면서, 계속해서 공산 도적들을 소탕할 수 있을 것이다."[15]

장은 중국이 일본에 맞서기 위해서는 국제적 지원이 필요할 것이라고 여겼다. 그는 "일본 도적들이 소비에트를 가장 두려워하기 때문에" 모스크바에 눈을 돌렸다.[16] 1927년부터 장은 모스크바를 적으로 취급했다. 1932년 난징과 모스크바 간 외교관계가 재개된 후에도 그들 사이 의심과 적대감은 사라지지 않았다. 그러나 1935년 초, 장은 중국공산당 문제를 해결하는 데 도움이 되면서 동시에 일본에 대한 자신의 영향력을 강화할 수 있다는 희망을 품고, 소비에트와 접촉할 수 있는 경로를 신중하게 탐색하기 시작했다. 그럼에도 불구하고 그는 "러시아와는 연결하되, 중국공산당은 절대 용납하지 않는다!"라는 신념을 굳건히 지켰다.[17]

1935년 말, 장은 소비에트 연방과 연락을 취하면서 중국공산당 문제를 '정치적으로 해결'하는 방법을 모색하기 위해 일련의 조치들을 취했다. 그는 측근인 천리푸(陳立夫)를 유럽에 보내 코민테른에 접근하는 방법을 조사하게 했다. 모스크바에서는 그곳의 중국 무관 덩원이(鄧文儀)가 소비에트 관리들뿐만 아니라 코민테른 주재 중국공산당 대표인 왕밍과도 거듭 만나 중국공산당과 국민당 정부 간 공식 협상 조건을 논의했다. 그동안 천리푸의 가장 신뢰받는 동료 중 한 명인 청양푸(曾養甫)는 중개인을 통해 중국 북부 중국공산당 지하조직에 접근하여 중국공산당 중앙과 더 긴밀한 접촉을 모색했다.[18]

마오와 저우는 장의 움직임에 대해 아무것도 몰랐다. 그들에게는 생존이 여전히 가장 시급한 과제였다. 와야오바오 회의에서 그들은 또 다른 결정을 내렸다. 홍군의 주력 부대는 산시성에 인접한 산시(山西)성으로 진군할 것이었다. 그들은 그로써 "인근 쑤이위안(綏遠)으로 더욱 침투하고 소련 및 외몽골과 더 가까워질" 것이며 산시에서 영토와 인력을 확장하게 될 것이라고 전망했다. 그들은 이 원정을 "일본에 맞서 싸울 길을 열기" 위한 움직임으로 묘사함으로써 정당화할 것이었다.[19] 홍군 대부분이 산베이를 떠날 때 배후를 찔리는 것을 피하기 위해, 마오와 저우는 소장 장쉐량이 지휘하는 동북군과 휴전을 맺어야만 했다.[20]

그리하여 저우는 동북군 공작위원회 서기로서 소장에게 여러 차례 평화 제의를 했다. 그는 곧 장쉐량 역시 홍군과의 정전에 관심이 있음을 알게 되었다. 이전 두 달 동안 그의 사단 두 개가 홍군과의 전투에서 전멸했다. 그 손실은 장쉐량에게 충격을 주었고, 그는 더 이상 그러한 패배에 직면하고 싶지 않았다. 1935년 마지막 날, 저우의 지시에 따라 홍군 전선 지휘관들은 동북군 장교들과 휴전을 맺었다.[21]

홍군의 산시 원정은 1936년 1월 중순에 시작되었다. 중국공산당 지도자들은 다음과 같이 책임을 나누었다. 마오가 2월 중순에 황허를 건너 주력 부대를 산시로 이끌 것이고, 저우는 산베이에 남아 군수 문제를 처리하고 동북군과 협상할 것이었다.[22] 2월 말, 홍군은 황허(黃河)를 건넌 후 일련의 전투에서 승리했다. 산시 작전은 순조롭게 출발하는 듯했다.

산베이에서 동북군과 교섭하려는 노력 또한 착실히 진전을 이루었다. 저우의 동료 리커눙(특과 영웅 세 명 중 한 명이다)이 1월 20일 소장과 비밀리에 만났다. 저우와 마오에게 보낸 전보에서 리는 많은 동북군 장교가 국방 정부를 수립하려는 중국공산당의 계획에 공감하고 있다고 보고했다. 리는 썼다. "만약 우리가 진정한 성의를 보인다면" 장은 중국공산당 지도자들과 공식으로 토론할 용의가 있다고.[23] 2월 초, 저우는 리와 이야기한 후 장과의 또 다른 회담을 위해 그를 다시 보내기로 결정했다. 저우는 리에게 지시했다. "어떤 상황에서도 회담이 실패하게 해서는 안 된다. 최선을 다해 성공시켜야 한다."[24]

리가 떠나기 직전, 저우의 전 특과 부하 두 명 둥젠우(董健吾)와 장쯔화(張子華)가 "중국공산당 문제를 정치적으로 해결"하는 것에 관한 장제스의 메시지를 가지고 시안의 소장 본부에 도착했다. 소장은 장제스에게 메시지의 진위를 확인한 후(장이 실제로 자신이 보낸 것임을 확인했다), 둥과 장이 와야오바오까지 호송되도록 주선했다.[25] 저우는 메시지를 읽자마자 즉시 마오에게 전보를 보냈다. 저우는 강조했다. "장제스에게 우리가 난징에 정식 협상가를 파견할 것이라고 말해야 한다." 마오는 동의했다. "우리는 이 드문 기회를 반드시 잡아야 한다."[26] 중국공산당 지도자들은 산시에서 정치국 회의를 열어 공식 답변 초안을 작성하기로 했다. 저우는 즉시 회의를 위해 출발했다.

그동안 리와 장쉐량은 다시 만났다. 소장은 중국공산당이 그를 모스크바와 연결해 주기를 바란다는 희망을 거듭 밝혔고, 가까운 미래에 중국공산당 최고 지도자와 만나 이 목표를 논의하고 싶다는 소망을 드러냈다. 리는 장에게 마오나 저우 중 한 명이 당시 장의 통제하에 있던 옌안으로 그를 만나러 올 수 있다고 대답했다.[27] 리는 일단 저우에게 회의 내용을 알렸고, 저우는 그에게 산시로 가서 정치국에 보고하라고 지시했다.[28]

3월 말 산시 스러우(石樓)에서 열린 정치국 회의에서 저우는 당이 국민당과 협상하여 합의를 이루는 것이 중요함을 강조했다. 저우는 말했다. "우선 우리는 폐쇄주의에 반대해야 하며, 과거 경험에 얽매여서는 안 된다." 그는 동지들에게 "일부 국민당 지도자들은 이미 일본과 싸울 필요성을 깨달았다"라고 말했지만, 국민당 엘리트들 사이에는 여전히 약간 의견 차이가 있었다. 따라서 저우는 중국공산당이 "상층과 하층 모두로부터의 통일전선 전략"을 추구하여 "국방 정부와 연합 항일군 창설을 촉진"해야 한다고 주장했다. 정치국은 저우의 생각에 동의하며 장쉐량과 만나겠다는 계획을 지지했다.[29]

★★★★★

저우는 리와 함께 4월 7일 옌안으로 출발하여 다음 날 저녁에 도착했다. 그는 지체 없이 한 가톨릭교회에서 소장을 만나 밤새워 회의했다.

저우는 회의를 꼼꼼하게 준비했다. 그는 소장에게 "홍군은 일본과 싸우는 데 진심"이며 "공산주의자들을 탄압하는 것은 일본에 저항하는 것과 양립할 수 없다"라고 말했다. 저우는 강조했다. 내전을 끝내고 "국방정부와 연합 항일군"을 수립해야 한다고. 장은 열광적으로 반응했다. 그는 중국공산당과 "경제 및 상업 교류"를 유지하고, 공산주의자들에게 무선송신기와 의약품, 심지어 탄약까지 제공하는 데 동의했다. 저우는 장이 모스크바와 직접 소통할 수 있기를 열망한다는 것을 알았다. 저우는 중국공산당이 그가 "그의 대표들을 우호적인 소련으로 보내는 것"을 돕겠다고 말했다. 장은 저우에게 "공개적으로 장제스에게 반대하는 것은 아직 불가능하다"라고 솔직하게 말했다. 저우는 "전적으로 이해한다"라고 대답했다.[30]

저우는 소장의 마음속으로 파고들었다. 회의 후 장은 가까운 동료에게 말했다. "저우 선생은 나의 난제들을 해결하는 데 도움을 주었고, 일본과 싸우려는 신념을 강화해 주었다. 나는 회의에 완전히 만족한다."[31] 저우는 장의 우호적인 성향을 감지하고 토론 후 그에게 편지를 썼다. "일본에 대한 저항을 위해, 우리는 장제스를 지지해야 하지만, 일본에 대한 저항을 희생시키면서까지 그를 지지할 수는 없다. 일본에 대한 저항을 위해, 그리고 동북군을 위해, 당신은 준비해야 한다."[32] 그리하여 장제스에 대한 장쉐량의 태도는 바뀌기 시작했다. 그는 썼다. "만약 내가 행동을 취하고자 한다면 나는 단호하게 할 것이다."[33] 훗날 그가 장을 납치하게 되는 씨앗이 뿌려진 것이다.

저우와 장쉐량이 가까워지는 동안, 홍군의 산시 원정은 장제스가 산시로 보낸 지원군에 의해 일련의 패배를 겪었다. 국민당의 승리는 심지어 중국공산당의 산베이 근거지까지 위협했다. 4월 말 홍군은 산베이로 돌아갈 수밖에 없었고, 산시를 통해 '국제 통로'를 열려는 계획은 실패했다.

마오와 저우는 서북군과 새로 수립된 관계를 더 중요히 여기게 되었다. 마오는 저우에게 지지를 받아 정치국 회의에서 '서북대연합(西北大聯合)'을 추구한다는 구상을 제시했다. 계획에 따르면, 홍군은 일본에 저항한다는 기치 아래 동북군과 협력하여 닝샤(寧夏)와 간쑤 북부로 확장할 것이었다. 확장하는 목표는 신장(新疆)을 통해 홍군을 소련과 연결하는 길을 더욱 개척하는 것이었다.[34]

저우는 5월 12일 소장과 다시 만나 서북대연합을 상세히 설명했다. 소장은 깊은 인상을 받고 계획을 수행하는 데 중국공산당과 협력하기로 결정했다. 그들은 "서로 긴밀하게 협력하고, 서북에서 '대연합'을 실현하며, 서북 국방 정부를 수립하고, 소련과 연결"하는 데 동의했다.[35]

저우와 장의 회담이 성공함으로써 서북대연합의 전망은 그 어느 때보다 밝아졌다. 5월 20일 마오와 저우는 장궈타오와 또 다른 주요 홍군 부대인 홍군 제2방면군 사령관 허룽에게 전보를 보내 "코민테른이 서북에서 새로운 큰 기회가 나타나기를 희망하며 여러 특사를 우리에게 보냈다"라고 알렸다.[36] 그들은 장과 허에게 "서북에서 새로 위대한 지평을 창조하라는 코민테른의 지시"를 수행하기 위해 그들의 군대를 산베이로 데려오라고 촉구했다. 그들은 특히 장을 구슬리며, "지금 우리와 (장)궈타오 동지 사이에 정치적 또는 전략적 차이는 존재하지 않으며" "우리의 임무는 단결하여 일본 제국주의자들 및 장과 싸우는 것"이라고 강조했다.[37]

그동안 저우는 또한 양후청(楊虎城) 장군을 서북대연합에 영입하는데 상당한 진전을 이루었다. 산시 토박이인 양은 제17군 사령관이었는데, 이 군대는 산시에서 유래했기 때문에 서북군이라 불렸다. 양은 오랫동안 정치적으로 좌경화되어 있었고, 한때는 중국공산당 가입을 신청하기도 했다. 그는 장제스와 결코 가깝지 않았고 수년에 걸쳐 그에 대해 깊은 적대감을 키워 왔다. 1936년 봄부터 저우의 요원들이 양을 저우와 연결했다. 저우는 장쉐량과 비밀 회담을 하면서 양에게도 계속 공을 들였다. 5월 28일 정치국 회의에서 저우는 "장쉐량도 양후청도 장(제스)의 명령을 받아들이지 않을 것"이라고 보고했다.[38]

1936년 6월은 저우와 중국공산당에게 좋은 시기였다. 그달 초 광둥과 광시의 군벌들이 장제스의 최고 사령관 지위에 도전하는 군사 작전을 시작하여, 장이 홍군으로부터 주의를 돌리게 했다. 난징에서는 중국공산당 협상가들이 국민당 대표들과 '협정 초안'에 도달했다.[39] 서북에서는 공산주의자들이 장쉐량과 일련의 비밀 협정을 체결했고, 장쉐량은 심지어 중국공산당 가입 신청서를 제출하여 당 중앙이 이를 승인하기도 했다. 마오와 저우에게 가장 흥미로웠던 것은 장궈타오가 마침내 자신의 '당 중앙'을 해산하기로 결정했다는 것이었다.[40] 거의 일 년간 이어진 홍군 분열은 마오와 저우가 크게 승리하는 것으로 끝났다.

6월 중순, 중국공산당은 오랫동안 중단되었던 모스크바와의 전신통신을 재개했다. 중국공산당 지도자들은 코민테른에 전보를 보내, 서북대연합 장쉐량이 입당을 신청했다는 소식을 전하고, 모스크바의 "강력한 지원"을 요청했다.[41] 서북대연합을 준비하고 실행하는 것이 마오와 저우의 우선순위가 되었다.

모스크바의 지시는 8월에 도착했다. 그달 초 판한녠이 모스크바에서 산베이에 도착하여 중국공산당은 "장제스에 반대하면서 일본에 저항한다"라는 표어를 포기해야 한다는 코민테른의 지시를 가지고 왔다. 이틀 후인 8월 10일, 저우는 정치국 회의에서 그 표어를 폐기하자고 제안했다.[42] 마오와 다른 중국공산당 지도자들은 그 제안을 지지했지만, 여전히 "서북 국방 정부 창설"을 향한 단계로서 장쉐량과 협력하는 것이 바람직하다고 믿었다.[43]

8월 15일, 중국공산당 지도부가 6월 중순 보낸 전보에 대한 코민테른의 응답이 마침내 도착했다. 코민테른은 강조했다. 중국공산당이 "장제스와 일본 도적들을 동등하게" 간주하는 것은 "정치적으로 잘못되었다." 따라서 중국공산당은 "즉시 군사행동을 중단하고 일본에 대한 공동 저항에 관한 구체적인 협정을 체결하기 위한 협상을 시작할 것을 국민당과 장제스에게 공식적으로 제안해야 한다." 코민테른은 "장쉐량을 당원으로 받아들이려는" 계획을 단정적으로 거부하고, 중국공산당에 장을 당원으로 받아들이지 말라고 엄중히 명령했다.[44]

마오와 저우, 다른 중국공산당 지도자들로서는 이보다 더 나쁜 응답이 없었을 것이다. 모스크바가 서북대연합을 거부했다는 것은 그들이 열심히 노력하여 만들어 낸 전략을 더 이상 실행할 수 없다는 것을 의미했다. 이 응답은 저우에게 가장 큰 타격을 주었다. 결국 그가 장쉐량이 중국공산당에 가입하도록 유도하는 데 성공한 것은 빛나는 성취였지만, 이제 그 노력은 무효화되었고, 그는 이것을 자신의 실패로 여겼다. 더 큰 문제는 장이 당에서 배제되면서 홍군의 전략적 전망이 즉시 어두워졌다는 것이다. 장제스의 우세한 군대가 산베이 근거지를 파괴하려 시도하고 있었기 때문이다. 소장의 전폭적인 도움 없이 그들이 어떻게 장제스를 격퇴할 수 있겠는가? 8월 25일, 저우와 마오는 모스크바 중국공산당 대표인 왕밍에게 전보를 보내 대안 계획을 제안했다. 난징 군대와의 결전을 피하고 근거지를 방어하기 위해, "홍군 주력 부대는 소련과 가까워지고 홍군의 재정 상황과 식량 공급을 개선하기 위해 간쑤 서부, 닝샤, 쑤이위안(綏遠省)을 점령해야 한다"라는 것이었다.[45]

그동안 난징과 중국공산당의 비밀 협상은 계획대로 계속되었다. 8월 27일, 저우는 청양푸를 통해 천리푸와 그의 형제 천궈푸(陳果夫)로부터 메시지를 받았는데, 그를 '협상하러 나오라'고 초대하는 내용이었다.[46] 이에 응하여 저우는 천 형제에게 편지를 써서, 조건이 무르익으면 "귀측 대표들과 구체적인 협상을 하게 되어 매우 기쁠 것"이라고 약속했다.[47] 중국공산당 지도부는 또한 "장제스와 싸우면서 일본에 저항한다"라는 표어를 포기하고, "장을 압박하여 일본에 저항하게 한다"로 대체하기로 공식적으로 결정했다.[48]

모스크바는 홍군이 죽음의 덫에 걸리는 것을 원하지 않았다. 9월 10일, 스탈린은 개인적으로 중국공산당의 원조 요청을 승인했다. 코민테른 총서기인 게오르기 디미트로프(Georgi Dimitrov)는 몽골과의 국경에 가까운 닝샤와 간쑤에서 소비에트 무기와 탄약을 수령하려는 중국공산당의 계획을 승인했다.[49] 마오와 저우는 기뻐했지만, 모스크바가 동북군과의 동맹 계획을 반대하여 산베이의 홍군만으로는 수가 상당히 부족하다는 것도 알고 있었다. 그리하여 그들은 몽골 국경 원정을 위해 모든 홍군 부대를 산베이로 소집하는 것을 고려했다. 그렇게 함으로써 장궈타오와의 분열을 결정적으로 끝낼 수 있기를 바랐던 것이다. 9월 중순부터 말까지 그들은 장과 허룽에게 여러 차례 전보를 보내, 산베이로 군대를 급파하라고 촉구했다.[50]

정치국은 9월 중순에 다시 모여 당의 정치 및 군사 전략을 변경하라는 코민테른의 지시를 어떻게 이행할지 논의했다. 저우는 연설에서 일본과 싸우기 위해 장제스와 협력할 필요성을 강조했다. 그는 말했다. "과거에 장의 군대를 배제한 것은 잘못이었다. 장의 태도는 변했고, 일본에 저항하는 쪽으로 움직이고 있다."[51] 회의는 소비에트의 기치를 버리고 일본에 대한 통일전선에 기반한 민주공화국을 수립하는 것을 지지하는 결의안을 채택했다.[52]

그러나 난징과 협력하는 길은 다소 험난했다. 중국공산당 대표 판한녠이 11월에 난징에서 천리푸와 만났을 때, 그는 천이 극도로 엄격한 조건들을 제시하고 있다는 것을 알게 되었다. 중국공산당은 정권을 해산하고 삼천 명 이하를 제외한 군대를 해산해야 하며, 사단급 이상 모든 지휘관을 "해임하여 해외로 보내야 한다"라고 했다. 판은 즉시 천에게 이것들은 "협상 조건"이 아니라 "항복 조건"이라고 말했다. 천은 한 치도 물러서기를 거부했다. 천은 말했다. "만약 저우언라이가 협상에 와서 장과 만나려 한다면, 이 조건들은 아마도 완화될 수 있을 것이다." 판은 대답했다. "임시 휴전이 이루어지지 않는 한, 나는 그가 협상에 참여하기 위해 난징에 올 것이라고 보지 않는다."[53]

장이 태도를 바꾼 것은 놀랍지 않다. 결국 그는 '중국공산당 문제를 정치적으로 해결'하기 위해 공산주의자들과 대화하는 데 동의했다. 처음부터 그는 두 가지 가능성을 준비했다. 만약 협상이 효과가 있다면, 그는 협상할 것이었다. 그러나 만약 군사적 수단을 써야 한다면, 그렇게 할 준비도 되어 있었다. 그 시기 장은 싸우기에 좋은 때라고 판단했다. 9월에 그는 광둥과 광시 군벌들이 그에게 제시했던 군사적 도전을 성공적으로 진압했다. 그리하여 그는 홍군을 다루는 데 다시 주의를 기울일 수 있었다. 장궈타오와 허룽이 이끄는 두 홍군 부대가 11월에 산베이에 도착했다. 전체 홍군이 집결하자 군대의 영향력과 힘은 크게 강화되었다. 그러나 중국 역사가 양쿠이쑹이 주장했듯이, 홍군이 실제로 가장 큰 위험에 직면한 것은 바로 이 순간이었다.[54] 수년 동안 장은 전국 각지의 공산주의 반란을 진압하기 위해 노력했다. 이제 '홍군 도적들'이 모두 산베이에 모였다. 장이 즉시 군대를 산베이로 이동시켜 홍군을 단번에 섬멸하고자 했던 것은 당연한 일이다.

마오와 저우, 다른 홍군 지도자들은 홍군이 전장에서 힘을 보여 주지 않는 한 장과 협상해서 아무런 성과도 얻지 못할 것임을 알았다. 11월 21일, 홍군은 간쑤의 전략 요충지인 산청바오(山城堡)에서 국민당 여단 하나를 섬멸하여 적을 후퇴시켰다. 장은 깜짝 놀랐다. 그는 홍군이 여전히 강력한 적이며, 그러한 종류의 패배가 더 많아지면 "우리 진영에 엄청나게 부정적인 영향을 미칠 수 있음"을 깨달았다.[55]

판이 12월 초에 천리푸와 다시 만났을 때, 천은 "더 합리적으로" 보였다.[56] 그러나 장은 중국공산당에 대한 원래 전략을 고수하기로 결심했다. 그는 중국공산당 대표들과 계속 협상하면서도, '도적 소탕'을 위한 최종 전투 동원을 서두를 것이었다. 12월 4일, 그는 장차 올 결정적인 전투 준비를 감독하기 위해 시안(西安)에 도착했다.

그러나 이 전략을 실행함으로써 장제스는 홍군과 공모했던 장과 양을 궁지로 몰아넣었다. 장제스는 정치적으로 순진하지 않았다. 그는 내전을 끝내자는 장쉐량의 마지막 간청을 단호히 거절했다. 그의 책상 위에는 장쉐량이 공산주의자들과 공모한 내용을 상세히 기술한 정보 보고서들이 놓여 있었다. 그러나 그는 소장이 감히 자신에게 해를 끼칠 정도로 멀리 나아가리라고는 믿지 않았다.[57] 그에 비해 저우는 소장을 다루는 방법을 훨씬 더 정교하고 영리하게 이해하고 있었다.

*****

12월 12일 새벽이 오기 전, 장쉐량과 양후청은 시안에서 쿠데타를 일으켜 장제스를 납치했다. 공모자들은 이로써 그가 내전을 끝내고 일본에 저항하기 위해 전국을 통일하게 되기를 희망했다. 장과 양은 사전에 쿠데타에 대해 중국공산당 지도자들과 상의하지 않았다. 그러나 그것을 실행한 직후, 장은 마오와 저우에게 두 차례 전보를 보내 장제스를 체포했다고 알리고 공산주의 지도자들에게 "선견지명 있는 조언"을 해 줄 것을 요청했다.[58]

마오와 저우는 장이 장제스에 확고히 반대한다는 것을 알고 있었지만,

그가 그렇게 빠르고 극적으로 행동할 것이라고는 예상하지 못했다. 그들은 매우 기뻐했다. 그들은 장에게 "(저우)언라이가 이 중요한 문제를 논의하기 위해 갈 것"이라고 답장했다. 또한 장제스의 군대로부터 공격받을 것에 대비하여 장과 양이 그들의 최정예 부대를 시안 주변 지역으로 이동시킬 것을 제안했다. 홍군은 앞서 약속했듯이 "절대로 당신의 영토를 한 뼘도 점령하지 않을 것"이라고 했다.[59]

같은 날 저녁, 중국공산당 지도자들은 코민테른에 전보를 보내, 중국공산당이 장과 양과 힘을 합치면서 난징의 일부 "진보적 인물들"과 협력하여 "국방 혁명 정부"를 구성할 수 있을지 모스크바에 지시를 구했다.[60] 다음 날 아침 그들이 시안 사건을 논의하기 위해 모였을 때, 중국공산당 지도자들은 압도적으로 "장은 물러나 인민에 의한 공개재판에 회부되어야 한다"라는 데 동의했다.[61] 마오는 꽤 감정적이었다. 그는 장과 양이 취한 행동을 "우리를 투옥이라는 재앙적인 운명에서 구해 준 의롭고 혁명적인 조치"라고 칭찬했다. 그는 믿었다. "장을 처형할 모든 이유가 있으며" "시안을 전국의 중심으로 만들어야 한다."[62]

저우도 마오와 다른 중국공산당 지도자들처럼 장이 체포되었다는 소식에 흥분했다. 그러나 그는 장쉐량을 다루고 난징과의 협상을 조율해 온 사람이었기 때문에, 사건을 관리하고 해결하는 방법에 대해 자신만의 의견을 가지고 있었다. 그는 장문의 발표에서 국민당 내 파벌 분열을 분석했다. 공산주의자들은 싸울 준비를 해야겠지만, "난징에 대해 비대결적인 접근법을 채택하는 것"도 고려해야 한다고 저우는 주장했다. 따라서 그들은 일본에 저항하는 것을 다른 모든 우려 사항보다 우선시하려는 국민당 파벌들과 협력하기 위해 노력해야 했다.[63] 다음 며칠 동안 중국공산당 지도자들은 장의 체포에 어떻게 대응할지 토론했다. 모스크바로부터의 라디오 방송이 그들이 궁극적으로 문제에 대해 합의하는 데 도움이 되었다. 그들은 시안 사건에 대한 소비에트의 보도가 꽤 부정적이라는 것을 라디오 방송을 통해 알게 되었다.[64] 사건을 '비대결적인 방법'으로 해결하려는 저우의 견해가 점차 당 지도자들 사이에서 우세해지기 시작했다.

장은 시안에서 체포된 후 누구와도 이야기하지 않으려 했고, 양보는 말할 것도 없었다. 12월 14일, 미국인 저널리스트이자 한때 소장의 고문이었던 윌리엄 헨리 도널드(William Henry Donald)가 시안에 도착했다. 그는 장의 아내인 쑹메이링(宋美齡)의 서신을 가지고 왔는데, 쑹은 남편에게 "적의 손에 죽기보다는 일본과 싸우는 것을 선택하라"라고 촉구했다. 도널드와 이야기한 후, 장의 태도는 부드러워졌다. 12월 17일, 그는 측근을 난징으로 보내, 당분간 시안을 폭격하거나 공격하지 말라는 명령을 전달했다.[65]

12월 15일 이른 아침, 저우는 열여덟 명을 이끌고 옌안으로 출발했다. 그곳에서 그들은 장쉐량이 준비한 비행기에 탑승하여 12월 17일 오후에 시안에 도착했다.[66] 저우는 내색하려 하지 않았지만 들떠 있었다. 저우는 한 동료에게 비록 장제스가 구금되어 있었지만, 그의 위치는 볼셰비키혁명 후 러시아 차르나 워털루전투 후 나폴레옹과는 다르다고 말했다. 장은 여전히 강력한 군사력을 통제하고 있었기 때문이다. 따라서 현재 상황이 더 큰 내전으로 번지는 것을 막기 위해서는 최대한 노력을 기울여야 했다.[67]

저우는 소장의 거주지에 도착한 직후 그와 대화하기 시작했다. 두 사람은 밤새도록 이야기했다. 장을 어떻게 다룰 수 있을까? 저우가 물었다. 장쉐량은 만약 장이 내전을 멈추고 일본에 저항하기 위해 나라를 통일하는 데 동의한다면, 그는 석방되어 중국의 국가 지도자로서 계속 지지받아야 한다고 대답했다. 그를 처형하는 것은 정말 최후의 선택지였다. 저우는 동의하며 자기 생각을 나누었다. 장이 구금되었으나 그 사실이 그의 실제 권력과 힘에 영향을 미치지는 않았다. 따라서 "그를 다루는 데 있어서 우리는 극도로 신중해야 한다"라고 했다. 기본적으로 두 가지 선택지가 있었다. 장을 석방하거나 처형하는 것이었다. "만약 장을 설득하여 내전을 멈추고 일본에 저항하기 위해 나라를 통일하도록 할 수 있다면, 중국은 일본에 의해 파괴되는 것을 피할 수 있을 것이다." 저우는 상세히 설명했다. 반대로 만약 그들이 "장을 비난하고 결국 그를 죽인다면, 내전이 계속될 뿐만 아니라, 일본 제국주의자들은 중국을 파괴하기에 더 유리한 조건을 얻게 될 것이다." 따라서 첫 번째 선택지가 최선이었다.[68] 저우와 장쉐량은 사건을 해결하기 위한 다섯 가지 조건에 동의했다. 내전을 멈추고, 일본에 저항하기 위해 전국을 동원하며, 친일 요소를 배제한 과도정부를 수립하고, 항일 연합군을 형성하며, 모든 정치범을 석방하고 민주주의를 실천하는 것이었다.[69]

이 다섯 가지 조건은 저우의 정치적 비전과 지혜를 반영했다. 그는 즉시 '민족주의'와 '민주주의'의 기치를 장과 중국공산당의 손에 확고히 쥐여 주었다. 또한 장을 체포한 것은 '반란' 행위에서 "무력에 의한 긍정적인 간언" 행위로 의미가 바뀌었다. 그날 저녁 저우는 당 중앙에 만약 난징이 내전을 멈추는 데 동의한다면 "장의 안전을 보장할 수 있다"라고 제안했다.[70] 다음 날 중국공산당 지도부는 난징 국민당 지도자들에게 전보를 보내 내전을 멈추고 일본에 저항하기 위해 단결할 것을 제안했다. 중국공산당 지도자들은 만약 시안 사건이 평화롭게 해결된다면 "장의 안전과 자유는 전혀 문제가 되지 않을 것"이라고 약속했다.[71]

저우는 또한 시안 사건 배후에 있는 또 다른 주요 인물인 양후청 장군과도 만났다. 저우는 양에게 중국공산당이 사건을 평화롭게 해결하기로 결정했다고 말했다. 양은 장이 어떤 사람인지 알았기에 깊이 걱정했다.

그는 저우가 한 말을 직접적으로 반박하지는 않았지만, 장이 보복할 것이 두렵다고 말했다. 저우는 말했다. "대세는 일본에 저항하는 것이다. 서북 세력이 함께 서 있고, 전국 인민과 단결하는 한, 장은 결코 보복할 수 없을 것이다."72

★★★★★

중국공산당 지도자들은 여전히 모스크바의 지시를 기다리고 있었다. 코민테른은 이미 12월 16일에 중국공산당 지도부에 전보를 보냈다. 그러나 중국공산당 측은 메시지를 해독할 수 없어서 모스크바에 재전송을 요청해야 했다. 그럼에도 불구하고 중국공산당 지도자들은 소비에트 뉴스 보도를 읽어 모스크바의 태도를 이미 알고 있었다. 중국공산당 지도자들은 시안 사건을 긍정적으로 보면서도 만약 그들이 문제를 잘못 처리하면 "중국 민족에게 극도의 위험을 초래하고 전면적인 내전을 야기할 수 있음"을 깨달았다. 그리하여 그들은 12월 19일 정치국 회의에서 "난징의 좌파와 전적으로 단결하고, 중도파를 끌어들이며, 친일파에 반대하여 일본에 저항하기 위한 전국적인 통일전선 수립을 촉진"하기로 결정했다.73

12월 20일, 중국공산당 지도자들은 마침내 코민테른으로부터 전보를 재전송받고 해독하는 데 성공했다. 전보는 그들에게 시안 사건을 "평화적으로 해결하기 위해 노력하라"라고 촉구했다. 더 구체적으로 모스크바는 중국공산당에 만약 장제스가 다음 조건들을 받아들인다면 사건을 해결하라고 명령했다. 즉 그가 항일 운동 대표들을 흡수하여 정부를 재조직하고, 인민의 민주적 권리를 보장하며, 홍군에 대한 박해를 중단하고 일본에 저항하기 위해 그들과 단결하며, 중국이 일본에 저항하는 데 공감하는 나라들과 협력하는 것이었다(그러나 소련이 제시한 표어 아래서

231

는 안 되었다).[74] 이러한 조건들은 시안 사건을 평화적으로 해결하려는 저우의 생각과 충분히 양립할 수 있었다. 저우는 마오로부터 전보를 전달받은 후 즉시 그것을 장쉐량과 양에게 전달했다(현재 처한 위기에 대해 소장을 비난하는 문장은 삭제했다).[75]

바로 이때 장제스의 처남 쑹쯔원(宋子文, T. V. Soong)이 시안에 도착했다. 저우는 즉시 장쉐량에게 쑹과 만날 수 있게 주선해 달라고 요청했다.[76] 그러나 쑹은 저우를 만나기를 거부했다. 쑹과 이야기한 후, 장의 태도는 더욱 부드러워져 "점차 더 합리적이 되었다."[77] 쑹은 즉시 다시 비행기를 타고 난징으로 돌아갔다. 12월 22일, 그는 누이 쑹메이링과 함께 다시 시안으로 왔다. 장은 그들과 긴 대화를 나눈 후 만약 저우와 중국공산당이 중화소비에트정부를 폐지하고, '홍군'이라는 이름을 사용하지 않으며, 계급투쟁을 포기하고, 장의 지휘에 복종하는 데 동의한다면, "정부를 재조직하고, 3개월 내에 구국 회의를 소집하며, 소련 및 중국공산당과 단결"할 용의가 있다고 했다.[78] 장은 또한 쑹이 저우와 만나는 것을 허락하여, 쑹에게 "우리의 정책을 그에 따라 수립하기 위해 저우의 정확한 태도를 탐색"할 기회를 제공했다.[79]

저우는 소장과 동행하여 다음 날 쑹과 만났다. 저우는 여섯 가지 조건을 제시했다. 정전하고 국민당 군대를 철수시킬 것, 친일 요소를 배제하고 항일 인사를 흡수하여 난징 정부를 재조직할 것, 정치범을 석방할 것, 중국공산당 탄압을 중단할 것, 중국에 공감하는 나라들과 협력할 것이었다. 쑹은 개인적으로 이 모든 조건을 지지한다고 말하고 "그것들을 장에게 전달하겠다"라고 약속했다.[80] 그때 저우에게는 시안 사건을 평화적으로 해결할 수 있다는 희망이 더욱 커졌다.

아내와 처남이 재촉하여 장은 12월 24일 소장에게 일련의 구두 약속을 했다. 그는 난징 군대를 철수하고, 항일 인물들을 정부에 임명하며, 친일 관리들을 해외로 보내고, 민주화 지도자들을 감옥에서 석방하며, 중국공산당과 단결하고, 소련뿐만 아니라 영국 및 미국과도 동맹을 맺겠다고 동의했다. 장쉐량은 즉시 장제스의 답장을 저우에게 전달했다.[81]

그날 저녁, 저우는 장제스를 잠시 방문했다. 두 사람은 "여러 해 동안 서로 보지 못했기 때문에, 당연히 둘 다 감정이 복받쳤다." 저우가 도착했을 때 장은 이미 침대에 누워 있었기 때문에, 저우는 장과 인사를 나눈 후 곧 "작별 인사를 하고 방을 나섰다."[82] 다음 날 오전 열 시경, 그들은 다시 만나 실질적인 대화를 나누었다. 저우는 중국공산당이 "우리 나라의 힘이 유지될 수 있도록" 내전을 원하지 않는다고 장을 확신시켰다.[83] 장이 쓴 일기에 따르면, 저우가 장에게 "미래에 공산주의자들을 탄압하지 않겠다"라고 약속해 달라고 요청했을 때, 그들은 다음과 같은 대화를 나누었다.

장 내가 어떤 사람인지 아는가?

저우 물론이다. 당신은 혁명가다. 그래서 감히 당신에게 어떤 것도 강요하지 못한다.

장 내 성격을 잘 알면서, 어떻게 나에게 '미래에 공산주의자들을 탄압하지 않겠다'고 약속해 달라고 요청할 수 있는가? 나는 지금 이 순간 절대로 그렇게 말할 수 없다! 만약 당신들이 계속해서 통일을 방해하지 않고, 내 명령에 완전히 복종한다면, 나는 당신들을 탄압하는 것을 멈출 뿐만 아니라, 당신들을 내 다른 부하들과 똑같이 대우할 것이다.

저우 홍군은 당신의 명령에 절대적으로 복종하고 중앙정부의 통일 노력을 지지할 것이며, 어떤 상황에서도 그것들을 방해하지 않을 것이다.[84]

저우의 요약은 장의 기록과 다소 달랐다. 그는 장에게 중국공산당이 "중국을 통일하는 데 장을 지지"하고 "장의 명령에 복종"할 것이라고 약속했다. 그러나 저우는 또한 장이 "중국공산당 탄압을 멈추고, 일본과 싸우기 위해 홍군과 단결"하겠다고 약속했다고 회상했다. 대화 말미에 장은 "직접 협상하기 위해 난징으로 오라"라고 저우를 초대했다.[85]

저우가 장의 방에서 걸어 나왔을 때, 쑹은 그와 소장에게 장이 "지금, 오늘 떠나게 해 달라"라고 간청했다. 저우는 장이 난징으로 출발하기 전에 "정치적 문서에 서명해야 한다"라고 주장했다.[86] 그러나 소장은 시안에서의 장의 안전을 걱정했다. 그래서 저우와 상의 없이 장제스를 보내주기로 결정했고, 심지어 난징행 비행기에 동승하기로 결정했다.[87] 소장이 장제스와 함께 난징으로 날아갈 것이라는 사실을 알았을 때 저우는 외쳤다. "이건 나쁘다! 좋지 않다!" 그는 공항으로 달려갔지만, 너무 늦었다. 소장과 장제스를 태운 비행기는 이미 떠난 후였다.[88]

저우가 가장 걱정했던 것은 장쉐량의 신체적 안전이 아니었다. 그는 장제스를 잘 알았고, 장쉐량의 목숨이 위험하지 않다고 판단했다. 오히려 그는 장쉐량이 부재하면 동북군이 지휘관들과 병사들을 단결시킬 수 있는 지도자를 잃게 될 것을 가장 걱정했다. 장이 없으면 홍군, 동북군, 서북군으로 구성된 서북대연합의 '삼위일체' 구조는 심각한 도전에 직면할 것이었다. 시안 사건은 평화롭게 해결되었지만, 저우가 원했던 대로는 아니었다. 1936년 말, 그는 국공합작까지 아직 길고 어려운 길이 남아 있음을 알았다.

★★★★★

저우가 예측했듯이, 장은 시안 사건을 평화롭게 해결하도록 이끈 중국공산당, 특히 저우의 진지한 노력에 감사하지 않았다. 오히려 장은 그 사건을 통해 자신이 적의 정치적 영향력을 지나치게 과소평가했음을 깨달았다. 그는 만약 중국공산당이 확장하는 것을 억제하지 않는다면, 계속해서 자신과 자신의 정부에 중대한 위험을 제기할 것이라고 걱정했다. 그러나 그는 당시 평화로운 분위기가 지배적인 가운데 '도적 소탕' 작전을 계속하는 것은 현명하지 않음도 알았다. 스스로 계산하기에, 그가 할 수 있고 해야 할 일은 중국의 최고 지도자라는 위치와 국민당의 우월한 군사력을 이용하여 협상에서 중국공산당과 홍군을 군사적 위협으로 제압하는 것이었다.

중국공산당 수석 협상가이자 장을 대해 본 경험이 풍부한 사람으로서, 저우는 장제스를 너무나 잘 알았고 그의 마음을 거의 읽을 수 있었다. 그래서 시안 사건 이후 장과의 협상에서 지렛대로 사용하기 위해 서북의 '삼위일체' 구조를 온전하게 유지하는 데 초점을 옮겼다. 그가 보기에 장은 서북의 삼위일체 구조를 해체하는 것을 시급한 과제로 여기고 있었다. 그리하여 그는 장쉐량을 '군사재판'에 회부하기로 결정했고, 재판은 소장에게 10년 징역형을 선고하는 것으로 끝났다. 그런 다음 '특별사면'을 제안했지만, 장이 난징에서 "재교육을 위한 엄격한 제한"하에 놓이도록 명령했다.[89] 그로써 동북군은 내부의 다양한 요소들을 하나로 묶을 수 있는 유일한 인물을 잃었다.

장의 행동은 동북군과 서북군의 많은 장교를 격분시켰고, 그들은 "단호하게 장과 맞서는 것을 선호"했다. 서북군 사령관인 양후청 또한 "싸울 의도"를 가지고 있었다.[90] 저우는 시안 사건을 평화적인 방법으로 해결하기를 강력하게 추진했다. 이제 그러한 복잡한 상황에 직면하여서도 여전히 장 및 난징 정부와 군사적 대결을 피해야 한다고 믿었다. 더욱이 코민테른은 중국공산당에 "당의 주요 과제는 이제 내전을 끝내고 일본 침략자들에 맞서기 위해 난징과 단결하기 위해 노력하는 것"이라고 지시했다.[91] 마침내 중국공산당 지도자들은 "난징에 양보"하기로 결정하고, 동북군과 서북군 지휘관들에게 장의 조건을 받아들이라고 조언했다.[92] 이에 실망하고 분노한 동북군의 급진적인 젊은 장교 그룹이 1937년 2월 2일 반란을 일으켜, 왕이저(王以哲) 장군을 살해했다. 장쉐량이 사라진 그때, 그는 동북군의 단결을 유지할 수 있는 유일한 인물이었다. 저우는 상황을 진정시키기 위해 최선을 다했고, 반란은 중단되었다. 그러나 서북의 삼위일체 구조는 붕괴했다.

중국공산당이 소장을 구금한 데서 비롯된 서북의 혼란을 진정시키는 것을 도왔지만 장은 이번에도 고마워하지 않았다. 오히려 저우와 중국공산당이 골치 아픈 상황을 해결하며 보여 준 영향력은 장에게 '공산주의 문제'를 해결하는 일이 시급하다는 사실만 더욱 상기시켰다. 저우는 장의 대표들과 협상할 때, 코민테른의 지시에 따라 국민당의 국내 주도적 위치를 인정하고, 무장봉기를 중단하고 '토지혁명' 정책을 끝내며, 소비에트 체제를 폐지하고, 홍군을 재편성하며, 장의 일원화된 지휘를 받아들이겠다고 제안했다.[93] 그러나 장의 사절들은 중국공산당에 더 많이 양보할 것을 계속 압박했다. 2월, 국민당 전체 회의는 "홍색 위협을 철저히 제거"하는 것에 관한 결의안을 채택하여, 중국공산당이 홍군을 해산하고 공산주의를 폐기할 것을 요구했다. 장은 중국공산당과 홍군이 그의 조건에 따라 "재편성"되어야 함을 분명히 했다.[94] 저우는 장이 "국공합작을 인정"하는 대신 실제로는 "홍군이 항복하기를" 원한다는 것을 깨달았다. 그는 장의 대표들에게 중국공산당은 "공산주의에 대한 신념을 포기하지 않을 것"이며, "당을 해산"하거나 "홍군을 해산"하여 국민당 "정치위원" 지휘하에 두지 않을 것이라고 말했다.[95] 저우와 국민당 측의 협상은 두 가지 중요한 문제, 즉 중국공산당의 "정치적 변혁"과 홍군의 "재편성"으로 점차 좁혀졌다. 저우는 중국공산당이 부대에 대한 지휘권을 유지해야 한다고 주장했지만, 장의 협상가들은 홍군이 장의 통제 밖에 있는 군대로 남는 것을 단호히 반대했다.[96] 마침내는 저우가 이 문제들을 장과 직접 논의해야 한다고 했다.

3월 26일, 저우는 항저우(杭州)에서 장과 만났다. 대화는 순조롭게 진행되었다. 저우는 다시 한번 중국공산당이 일본에 대한 저항을 이끄는 장의 지도력과 국내 평화를 확보하고 인민의 생계를 개선하려는 노력을 진심으로 지지한다고 확신시켰다. 그러나 "중국공산당은 항복하지 않을 것이며, 홍군은 해산하지 않을 것"이라고 강조했다. 그는 "소비에트 지역"의 이름을 "변계 지역"으로 바꾸고, 홍군을 총 병력 사만 명의 3개 사단으로 재편성하겠다고 제안했다. 그러나 저우는 또한 중국공산당이 "이 부대들을 지휘할 총사령부를 설립하고, 중앙정부 대표들이 주로 연락 담당 자격으로 봉사"하도록 허용되어야 한다고 주장했다. 장은 미소 지으며 이것들이 모두 "문제가 되어서는 안 될 작은 문제들"이며, "협상이 잘 안 되더라도 확실히 더 이상의 싸움은 없을 것"이라고 논평했다. 그는 심지어 중국공산당을 "민족의식과 혁명 정신을 가진 새로운 세력"이라고 칭찬했다. 스스로 강조했듯이, 장이 가장 신경 썼던 것은 그 자신이 중국공산당과 맺는 관계와 공산주의자들이 최고 지도자인 그에게 어느 정도 복종할 것인가였다. 장은 저우에게 이러한 문제들에 대한 구체적인 대답을 제안하라며, 그때 다시 저우를 만나겠다고 말했다.[97]

저우는 장이 그에게 직접 통신하기 위해 준 비밀 암호 세트를 가지고 4월 초에 옌안으로 돌아왔다. 저우는 4월 9일 장에게 보고했다. "옌안으로 돌아온 이후, 나는 다른 사람들에게 우리와 협력하려는 당신의 성의를 표현했다. 모두가 극도로 흥분했다. 지금 우리 당은 당신과 영구적으로 협력할 계획을 논의하고 있다."[98] 그 시기에는 협상이 성공에 가까워지는 것처럼 보였다.

그러나 장의 격려에도 불구하고, 시안에서 저우와 국민당 대표들의 협상은 극히 어려운 상태로 남아 있었다. 양측은 거의 모든 세부 사항에 대해 엎치락뒤치락했고, 최종 합의는 요원해 보였다. 다시 한번 저우는 장과 만날 필요성을 느꼈다. 5월 23일, 그는 당 중앙에 자신이 곧 루산(盧山)에서 장을 만날 것이라고 보고했다.[99]

6월 초에 장과 다시 만났을 때, 저우는 장이 자신을 대하는 태도가 달라졌음을 느꼈다. 사실 장제스는 중국공산당을 "경제적으로는 관대하게" "정치적으로는 덜 관대하게" "군사 문제에서는 가장 엄하게" 대하기로 결정했다. 장은 중국공산당에 "코민테른과의 관계를 끊을 것"을 요청하는 외에도, 중국공산당 군대가 수적으로 상당히 줄어들어야 하고 중국공산당 지휘관들에 의해 통제되어서는 안 된다고 주장했다.[100] 그는 마오에게 "정부에서 봉사"할 것을 촉구하면서, 국민당과 중국공산당이 장이 지휘하는 "민족혁명동맹"으로 합병할 것을 밀어붙였다. 저우는 이 모든 조건을 거부했고, 그와 장은 "장기간 분쟁"에 들어갔다.[101]

그러나 협상은 실패하지 않았다. 양측 모두 협상을 계속할 이유가 있었다. 여전히 모스크바의 지원에 크게 의존하고 있던 중국공산당은 장과 협상을 타결하기 위해 최선을 다하라는 코민테른의 지시를 따라야 했다. 저우는 이 점을 완전히 이해하고 있었다. 옌안으로 돌아왔을 때, 그는 자신이 겪었던 어려움들은 생각하지 않으며 장과의 회담의 긍정적인 측면을 강조했다. 동지들은 저우의 말을 듣고 장에게 가능한 많이 양보하기로 했다. 그리고 저우는 중국공산당 수석 협상가로 남게 될 것이었다.[102]

★★★★★

1937년 7월 7일, 일본군은 베이징 서쪽 교외 루거우차오(蘆溝橋, 마르코 폴로 다리) 근처에서 훈련을 실시했다. 그들은 그 후 병사 한 명이 실종되었다고 주장하며 인근 중국군이 통제하는 완핑(宛平) 마을을 수색하겠다고 했다. 그 요구를 거부당하자 일본군은 완핑을 공격했고, 중국군으로부터 격렬한 저항에 부딪혔다. 이것이 바로 궁극적으로 제2차 중일전쟁을 촉발한 루거우차오 사변 또는 7·7 사변이었다.[103]

그날 저우는 장과 또 다른 회담을 위해 루산으로 가고 있었다. 일주일 후, 저우는 루산에서 국민당과의 협력에 대한 중국공산당의 선언문을 직접 장에게 전달했다. 그러나 뒤이은 협상은 여전히 쉽지 않았다. 양당은 홍군 '재편성'과 중국공산당 합법화와 같은 핵심 쟁점들에 대해 여전히 이견이 컸다. 그러나 전면적인 중일전쟁 위험이 고조되면서 시간이 촉박해졌다. 일본이 장을 굴복시키려는 결의를 더욱 굳히는 동안, 일본에 단호히 저항하라는 중국인들의 외침은 더욱 거세졌다. 8월 1일, 장은 마오, 주더, 저우를 난징으로 초대하여 '중요한 국가 문제들을 논의했다.' 일주일 후, 저우는 난징에 도착했다. 그는 거의 즉시 장과 또 한 차례 협상을 시작했다.

8월 7일, 일본 정부는 국민당 정부와 협상하지 않을 것이라고 발표했다. 6일 후 전투가 상하이에 이르렀을 때, 전면적인 항일 전쟁이 현실이 되었다. 저우와 장의 협상은 빠르게 진전되었다. 8월 22일, 국민당 정부는 홍군이 팔로군(ERA)으로 재편성될 것이라고 발표했다. 9월 말 장은 중국공산당의 법적 지위를 인정했고, 항일 국공합작 통일전선이 공식 출범했다.

★★★★★

전쟁이 발발했을 때, 마오는 중국공산당이 저항의 기치를 들면서도 자체 군사력을 발전시키고 정치적 영향력을 확장하기 위해 노력해야 한다고 주장했다.[104] 저우는 곧 중국공산당의 대전략과 정책에 관해 마오와 주요한 논쟁에 휘말리게 되었다.

중국공산당 정치국은 8월 22일부터 옌안에서 남쪽으로 약 육십 마일〔약 97킬로미터〕 떨어진 작은 마을 뤄촨(洛川)에서 회의를 열었다. 저우는 회의에 참석하기 위해 난징에서 달려왔다. 마오는 할 말이 많았다. 그는 동지들에게 장의 최종 목표는 여전히 "우리를 제한하고 약화하는 것"이라고 경고했다. 따라서 마오는 중국공산당은 "계급적 독립성"과 장의 움직임에 대한 "높은 경계심"을 유지해야 한다고 주장했다. 당의 우선순위는 일본과 값비싼 전투를 치르는 것을 피하면서 영토를 확장하고 군사력을 확대하는 것이어야 했다. 대신 마오는 공산주의자들이 "구릉 및 산악 지역에서 독립적인 유격전"을 벌여야 한다고 단언했다.[105] 저우는 마오의 관점이 반드시 틀렸다고 보지는 않았지만, 전체 그림을 다른 각도에서 보았다. 그는 장이 "일본과 타협하지 않을 것"이며 "중국공산당의 독립성이 난징의 명령을 공개적으로 위반할 정도로 지나치게 강조되어서는 안 된다"라고 생각했다. 군사 전략과 관련하여 저우는 필요할 때 "우리 군대는 여전히 정부군과 협력하여 적을 섬멸하기 위해 집결해야 한다"라고 주장했다. 비록 중국공산당이 이끄는 군대가 "그러한 행동에서 심각한 사상자를 낼 수 있지만, 그로써 전국 인민들에게 중국공산당이 적과 싸우는 데 최선을 다하고 있음을 증명할 것이기 때문에 그만한 가치가 있다"라고 했다.[106] 그러나 저우는 마오를 설득할 수 없었다. 비록 회의 참석자 대다수가 그의 요점을 지지했지만 말이다. 그리하여 그와 마오 사이에 긴장이 생겨났다.

그러나 마오는 여전히 중국공산당의 군사력을 통제하고 있었다. 그는 중앙군사위원회 주석이었고, 저우와 주더는 모두 중앙군사위원회 부주석이었다. 8월 23일, 중국공산당 지도부는 저우를 장과 국민당을 포함하는 통일전선 업무를 관리하는 책임위원회 서기로 임명하기로 결정했다.[107] 이것이 저우가 가장 하고 싶어 했던 일이었다.

뤄촨 회의 후, 저우는 일본과의 최전선인 산시(山西)로 갔다. 이십 년 넘게 산시를 통제해 온 군벌 옌시산은 중국공산당과 협력하는 데 열의를 보였다. 따라서 저우는 산시에 머물면서 중국공산당의 힘과 영향력을 확장하는 데 핵심적인 역할을 할 수 있다고 믿었다.

저우는 산시에서 보낸 3개월 동안 옌과 좋은 업무 관계를 발전시켰다. 보고된 바에 따르면, 9월 25일 중국공산당이 이끄는 팔로군은 핑싱관(平型關)에서 옌의 군대와 나란히 싸워 승리하고 천 명이 넘는 적병을 사살했다. 이것은 중일전쟁 초기에 중국이 거둔 몇 안 되는 승리 중 하나였다. 저우는 이제 산시에서 긍정적인 영향을 미칠 수 있다는 자신감이 더욱 커졌다. 그리하여 당 중앙에 산시 체류를 연장해 달라고 요청했고, 그곳을 "전쟁 지휘 문제"를 위한 자신의 기지로 사용하고자 했다.[108] 국공합작 통일전선을 촉진하려는 그의 결의는 더욱 강해졌다. 그는 11월 중순, 성도인 타이위안(太原)이 일본군에 함락될 때까지 산시에 머물게 될 것이었다.

저우는 11월 12일에 옌안으로 돌아왔다. 며칠 후 모스크바에서 중국공산당 수석 대표로 일했던 왕밍도 비행기를 타고 옌안으로 돌아왔다. 12월 9일부터 '12월 회의'로 알려진 5일간의 정치국 회의가 시작되었다. 코민테른 특사로 간주된 왕은 회의의 스타였다. 그는 거의 즉시 마오의 정치 및 군사 지도력에 심각한 도전을 제기했다.

왕은 회의 개회사에서 동지들에게 긴 연설을 했다. "중심 문제는 모든 것이 일본과의 전쟁에 복무해야 하며, 통일전선을 통해 이루어져야 한다는 것이다." 왕은 강조했다. 중일전쟁 발발과 함께 중국의 정치체제가 "민주화되기 시작했기 때문에" 국민당을 "좌, 중, 우"파로 나누는 것은 더 이상 옳지 않다고. 적과 친구를 판단하는 기준은 그들이 일본에 찬성하는지 반대하는지 여부였다. 군사와 관련하여 왕은 "통일된 지휘, 통일된 규율, 통일된 무기 체계, 통일된 보급 및 전투 계획"을 갖춘 "통일된 국방군"을 수립할 필요가 있다고 주장했다.[109] 왕은 코민테른으로부터 지지를 받고 있었다. 모스크바의 관점에서 중국이 일본과의 싸움을 계속하는 것은 중요했다. 그것이 소련이 동쪽과 서쪽에서 동시에 전쟁을 치르는 것을 피하게 해 줄 것이기 때문이었다.

왕이 한 말은 중국이 거대한 국가적 위기에 직면한 시기에 저우를 포함한 중국공산당 엘리트들에게 호소력이 있었다. 장과 직접 교섭한 경험에 비추어, 저우는 장제스가 근본적으로 민족주의자라고 믿었다. 저우는 발표에서 당의 독립성을 지나치게 강조하면서 "일본과의 전쟁을 다른 모든 것 위에 두지 못하는" 당내 경향을 비판했다. 그는 특히 산시에서의 경험을 인용했다. "산시의 상황에서 드러났듯이, 일본에 대한 저항을 최우선 과제로 삼는 원칙을 따르지 못하고, 군사 및 민간 지도자들 모두가 당의 독립성과 자립을 지나치게 강조한 결과, 저항 전쟁이나 통일전선에 좋지 않은 생각과 의견, 행동 들이 나타났다."[110] 저우는 중국공산당이 이러한 실수들을 바로잡고 국민당과의 관계를 더욱 개선해야 한다고 주장했다. 비록 그는 어떤 이름도 거명하지 않았지만, 마오가 비판 대상 중 하나였음은 분명하다.

회의에서 영향력을 발휘한 저우의 발표는 왕이 주장한 바와 맥을 같이 했다. 마오는 회의에서 자신이 고립되었음을 발견했다. 더 심각하게는,

저우와 왕 사이에 형성된 실제적인 동맹에 비추어, 마오는 자신이 쭌이 회의 이후 장악했던 권력을 잃을 수도 있다고 두려워했다. 마오가 회의 후 "나의 명령은 나 자신의 동굴을 넘어설 수 없다"라고 한탄한 것은 당연했다.[111]

사실 마오가 그렇게까지 궁지에 처하지는 않았다. 그는 권력이나 영향력을 잃지 않았다. 회의에서 그는 제7차 전국대표대회 주비위원회(籌備委員會)〔준비위원회〕 주석으로 임명되었고, 왕은 이 위원회의 서기로 임명되었다. 따라서 그들은 실제로 권력을 균등하게 나누었다. 재구성된 중앙서기처는 마오, 왕, 장원톈, 천윈(陳雲), 캉성(康生)으로 구성되었다. 저우는 포함되지 않았다.[112]

12월 회의 후, 저우는 당의 중앙 양쯔강국(長江局)을 책임지기 위해 우한으로 갔는데, 이곳은 중국 남부의 중국공산당 작전을 지휘했고, 그곳에서 장 및 국민당 정부와 협력했다. 왕밍은 옌안에 머무는 대신, 우한으로 가기로 결정했다. 그는 중국공산당과 국민당의 협력에 그처럼 중점을 두었기 때문에, 우한이 통일전선을 강화하는 데 주요한 역할을 할 수 있는 곳이라고 믿었다. 그러나 중국공산당 내 정치 측면에서, 그 결정은 치명적인 실수였다. 그가 옌안에 부재함으로써 마오는 당 중앙의 이름으로 전국 당 조직에 명령을 내리면서 모스크바와의 당 중앙 전신통신을 통제할 수 있게 되었다.

돌이켜 보면, 바로 이 순간에 중국공산당 최고 권력을 둘러싼 마오와 왕의 경쟁이 마오에게 유리하게 기울기 시작했다. 마오는 결코 왕에게 잃어버린 권위를 회복할 기회를 주지 않을 것이었다. 이러한 상황은 또한 저우가 점차 마오를 지지하는 계기가 되었다. 그러나 마오는 저우가 왕밍 편에 서서 장과 국민당에 대해 "우경화된 접근"을 취한 "거대한 실수들"을 결코 잊지 않을 것이었다. 저우는 평생 마오의 사상과 권력이 드리운 거대한 그늘 속에서 살게 될 것이었고, 결코 그로부터 벗어날 수 없었다.

제11장

충칭의 안개
1938~1943

충칭(重慶)은 양쯔강과 자링강(嘉陵江)이 합류하는 지점에 있는 언덕 많은 도시다. 10월부터 4월 사이에는 종일 짙은 안개가 도시를 뒤덮는 경우가 많다. 악천후는 전쟁 시기 일본 비행기가 도시에 폭격을 퍼붓는 것을 막아 주는 자연 방어막이 되었다. 안개 낀 날씨가 도시를 보호해 준 셈이다.

1937년 11월 20일, 국민당 정부는 난징이 포위 공격을 받고 있기 때문에 중국의 수도를 충칭으로 선제적으로 옮길 것이라고 발표했다. 12월에 난징이 일본군에 함락되자, 정부 기관 대부분은 중국 중부에서 가장 큰 도시인 우한이나 다른 내륙 도시와 마을로 이전했다. 충칭으로 직접 간 기관은 거의 없었다. 저우는 12월 18일 덩잉차오와 함께 우한에 도착했다. 이 도시는 이후 10개월 동안 그의 주요 활동 기반이 될 것이었다. 그때까지 국민당과 공산당은 협력하기로 맹세했지만, 십 년간 이어진 피비린내 나는 내전의 기억을 지우기는 어려웠다. 장제스는 조국을 구하기 위해 공산주의자들을 "두 팔 벌려" 포용할 것이라고 선언했다.[01] 그러나 마음

245

속으로는 그들을 "여전히 신뢰할 수 없는" 존재라 여겼다.[02]

저우는 12월 21일 왕밍, 보구와 함께 장제스를 만났다. 장제스는 "오랫동안 그들을 보고 싶었다"라고 말했다. 저우는 "양당 위원회 구성, 공동 강령 초안 작성, 신문 공동 발행 및 양당 활동 조정을 위한 기관 설립, 국민 참정회를 의회 형태의 기관으로 전환"하는 것과 같은 일련의 제안을 내놓았다. 장은 "이 제안들이 실현될 수 있다면 미래는 밝을 것"이라고 논평했다.[03]

그럼에도 불구하고 양당 간 상호 불신은 계속되었다. 장은 중국공산당과의 협력이 "러시아와의 관계를 증진시켜 변화하는 국제 정세에 더 잘 대처할 수 있게" 해 주기를 바랐다.[04] 그리하여 그는 중국공산당이 국민당과 합병하여 "하나의 큰 당"을 형성하기를 원했다. "하나의 이데올로기" "하나의 지도자" "하나의 군대"를 요구하는 주장이 국민당 내에 여전히 만연했고, 중국공산당은 해체되어야 할 "군벌 봉건 세력"으로 낙인찍혔다.[05]

저우는 국민당과 협력하기를 열망했지만, 양당 합병에는 반대했다. 1938년 2월, 장은 저우에게 군사위원회 산하 정치부 부주임으로 봉사해 달라고 요청했다. 그 직책이 "우리 당의 영향력을 확장"할 수 있게 해 줄 것이었기 때문에 저우는 그 제안을 기꺼이 받아들였다.[06] 그러나 그는 또한 장제스에게 양당 간 문제는 중국공산당과 국민당을 합병하는 것이 아니라 "지속적인 협력과 단결을 통해서만" 해결할 수 있다고 말했다. 장은 일기에 실망감을 표현했다. "이것은 우리 당을 변혁하려는 계획에 대한 타격이다."[07]

저우와 왕밍은 중국공산당과 국민당 관계의 복잡성을 고려하여 옌안에 거듭 전보를 보내, "최근 나타나는 많은 새로운 문제"를 논의하기 위해 정치국 회의를 소집할 것을 제안했다.[08] 그러나 마오는 미온적인 태도를 보였다. 그는 저우와 왕이 거듭 촉구한 후에야 마지못해 동의했다. 저우와 왕은 2월 말에 옌안으로 돌아왔다. 정치국 회의에서 저우는 중국공산당이 국민당과 합병하는 대신 통일전선을 계속해서 확장하고 공고히 하기 위해 노력해야 한다고 주장했다. 마오는 이 문제를 다른 각도에서 보았다. 그는 '저우-왕 동맹'이 자신이 당에서 절대적인 지도력을 추구하는 데 장애물이 된다고 느꼈다.[09]

우한으로 돌아온 저우는 중국의 대일 전쟁 상황이 악화되는 것을 계속 걱정했다. 중국군은 이긴 전투보다 진 전투가 훨씬 더 많았다. 5월 중순, 일본군은 쉬저우(徐州)를 점령한 후 즉시 우한을 향해 진군하기 시작했다. 6월 27일, 국민당 정부는 '대우한 방어'를 위한 호소를 발표했다. 이 지시를 실행하는 것이 저우에게 중심 과제가 되었다.

저우와 왕은 9월 초에 또 다른 중요한 회의, 즉 중국공산당 제6기 중앙위원회 제6차 전체 회의에 참석하기 위해 다시 옌안으로 돌아왔다. 회의에서 왕자샹은 코민테른 총서기 게오르기 디미트로프의 지시를 전달했다. 즉 지난 몇 년간 중국공산당의 정치 노선은 올발랐으며, 당은 마오 아래서 지도부 문제를 해결해야 한다는 것이었다.[10] 디미트로프의 말은 저우에게 충격으로 다가왔다. 그는 회의 내내 머물러야 했지만, 우한이 함락되면 중국공산당과 국민당의 관계가 새로운 도전에 직면할 것을 우려했다. 마오는 자신의 계산에 따라 저우에게 우한으로 돌아갈 것을 촉구했다. 그리하여 저우는 제6차 전체 회의 도중에 옌안을 떠났다.[11]

우한은 실제로 위험에 처해 있었다. 일본군이 접근함에 따라 대규모 대피가 시작되었다. 전투는 10월 25일까지 계속되었다. 저우는 도시가 일본군에 함락되기 몇 시간 전까지 도시에 머물렀다. 그는 10월 27일 저녁에 후난성 성도인 창사에 도착했다.[12]

11월 12일 자정 무렵 창사에서 화재가 발생했다. 불과 몇 시간 만에 불바다가 도시를 삼켰다. 동료들이 저우를 깨웠을 때는 공황에 빠진 군중이 모든 길을 막고 있어 도시는 완전한 혼돈 상태였다. 저우는 간신히 도시를 탈출했다. 나중에 그는 장이 만약 도시가 일본의 손에 넘어가면 잿더미로 만들라고 명령했다는 것을 알게 되었다. 군 및 민간 지도자들은 일본군이 창사에 접근하고 있다는 소문을 믿고 그날 밤 불을 질렀던 것이다. 저우는 요구했다. "화재에 책임이 있는 주범들은 반드시 법의 심판을 받아야 한다."[13] 그러나 궁극적으로는 하급 관리 세 명만이 사형에 처해졌다.

*****

저우와 덩잉차오는 12월 중순에 충칭에 도착했다. 그 시점부터 그가 1943년에 옌안으로 다시 불려 갈 때까지, 이 전시 수도는 그의 기지 역할을 했고, 그곳에서 그는 국민당 통치 지역인 '대후방(大後方)'의 중국공산당 조직과 활동을 지휘했다.

우한이 함락될 당시, 중국공산당 중앙위원회는 여전히 제6차 전체 회의를 진행하고 있었다. 저우가 부재중인 가운데 마오와 중국공산당 지도부는 저우와 류사오치(劉少奇)를 각각 새로 설립된 남방국과 중원국의 서기로 임명하기로 결정했다.[14] 후난 출신인 류는 1921년 말 모스크바에서 당에 가입했다. 그는 후난의 탄광 도시인 안위안(安源)에서 노동자 운동을 이끌며 경험과 명성을 쌓았고, 중국 노동운동의 저명한 지도자로 빠르게 부상했다.[15] 1931년에 그는 중국공산당 정치국 위원으로 선출되었다. 대장정 동안 그는 쭌이 회의와 그 이후에 마오를 확고하게 지지하여, 굳건한 마오주의자가 되었다. 그는 마오에게 신임을 받아 중국공산당의 2인자로 부상하게 될 것이었다.

저우가 남방국에서 맡은 임무는 주로 장과 국민당 정부와의 관계를 처리하는 것이었다. 그때까지 중국공산당과 국민당의 허니문은 끝났고, 장은 다시 중국공산당에 해산을 압박했다. 그는 말했다. "중국공산당은 그 이름을 포기하고 국민당과 합병해야 한다. 그러지 않으면 항전은 무의미해질 것이다."[16] 저우는 장의 제안을 "터무니없다"라고 반박했다. 그러나 장은 집요했다. 1939년 1월 20일 저우를 만났을 때 그는 "양당 통일" 문제를 압박했다. 저우는 대답했다. "그것은 불가능하다." 장은 저우에게 "이 문제를 보고하기 위해 중국공산당 중앙에 전보를 보내라"라고 주장했다.[17] 답장은 다음 날 왔다. 중국공산당 중앙은 중국공산당과 국민당이 합병하는 것은 "우리의 근본 원칙에 위배"되며 이 문제를 양당이 항전에서 협력하는 것과 혼동해서는 안 된다고 강조했다.[18] 저우는 장에게 편지를 써서 중국공산당은 국민당을 타도할 의도가 없으며, 국민당 역시 중국공산당이 발전하는 것을 두려워해서는 안 된다고 거듭 밝혔다.[19] 화가 난 장은 국민당 전체 회의에서 중국공산당이 "규율을 지키고 규제되어야 한다"라고 말했다.[20] 국민당 지도부는 중국공산당을 억제하기 위해 '이당(異黨) 활동 제한에 관한 결의안'을 채택했다.

장과의 관계를 관리하는 것을 최우선 과제로 삼으면서도, 저우는 '중간 정당들'로 알려진 충칭의 다른 세력들을 무시하지 않았다. 그는 중국공산당의 영향력을 확장하기 위해 부지런히 새로운 친구들을 사귀려 노력했다. 선전 및 문화 사업에도 상당한 주의를 기울였다. 저우는 한동안 장에게 중국공산당이 대후방에서 신문을 발행하도록 허가해 달라고 요청해 왔다. 장은 저우에게 알겠다고 말했지만 부하들에게는 그 문제에 대해 조치하지 말라고 지시했다. 우한에 도착한 후, 저우는 개인적으로 장에게 이 문제를 제기했고, 장은 다시 승인했다. 저우는 즉시 군사위원회 산하 정치부 부주임으로서 새로 얻은 권력을 사용하여 신문 등록을 완료했다.《신화일보(新華日報)》는 1938년 1월 우한에서 창간되었다. 우한이 함락되자 신문은 충칭으로 이전했다. 저우는 신문을 통해 당의 정책과 사상을 전파하기 위해 지칠 줄 모르고 일했고, 신문은 대후방에서 중국공산당의 주요 대변지 역할을 했다. 그는《신화일보》를 이용하여 국민들 사이에서 중국공산당의 이미지를 향상하는 동시에 중국공산당을 탄압하려는 장의 노력을 방해하고자 했다. 중국공산당의 관점에서 볼 때, 저우의 지휘 아래 당은 '민족주의'와 '민주주의'라는 주제를 부각함으로써 국민당에 대해 정치적, 도덕적 우위를 점했다.

저우는 또한 외교 분야로 활동을 확장했다. 1939년 4월, 남방국은 저우의 지휘 아래 국제선전부를 설립했다. 훗날 저우의 주요 외교 참모 중 한 명이 될 왕빙난(王炳南)이 책임자로 임명되었다.[21] 또한 왕이 이끄는 외교과가 12월에 남방국에 설치되었다. 그 구성원에는 차오관화(喬冠華), 궁펑(龔澎), 천자캉(陳家康), 장원진(章文晉)이 포함되었는데, 이들은 나중에 저우의 외교 '이너 서클'의 핵심을 형성하게 된다.[22] 저우가 지휘하는 가운데 남방국 외교과는 중국공산당이 외부 세계와 교류하는 중요한 통로가 되었다. 이러한 노력들은 중국공산당이 '공산 도적'과는 다른 새로운 국제적 이미지를 확립하는 데 도움이 되었다.

이 모든 활동을 수행하면서, 저우는 비밀리에 또 다른 임무에 집중적으로 관여하고 있었다. 1920년대 후반부터 저우는 중국공산당 정보활동 지도자였다. 보안 환경이 악화되어 그와 당 중앙이 상하이를 떠났을 때, 국민당 통치 지역에 있는 중국공산당 지하조직들은 반복적으로 파괴되어 거의 전멸했다. 중국공산당의 첩보 책임자로서 저우는 처음에는 장시 농촌에 기반을 두었고, 그 후 대장정을 거쳐 마침내 산베이의 외딴 땅에 도착했다. 그 몇 년 동안 국민당 통치 지역에서 당의 정보기관을 재건한다는 것은 그의 능력 밖이었다.

국공합작 통일전선이 수립되며 저우는 새로운 정보활동을 시작하기에 유리한 조건을 얻었다. 그는 충칭에 도착한 후 즉시 대후방에서 당의 지하망을 재건하고 확장할 계획을 세우기 시작했다. 사실 저우는 아직 우한에 있을 때 이미 이 중요한 문제에 착수했다. 1938년 1월 21일, 양쯔 강국을 대신하여 당 중앙에 보낸 전보에서 저우는 대후방, 특히 쓰촨에서 중국공산당 지하조직과 정보망을 복구하기 위해 즉각 조치를 취하며 그곳에서 "비밀 군사 공작을 발전시키기 위해 노력"할 것이라고 약속했다.[23] 그리고 첸즈광(錢之光), 저우이(周怡), 장위친(張聿欽) 및 다른 여러 재능 있는 정보 요원들을 충칭으로 파견하여 그곳에 중국공산당이 이끄는 팔로군 사무소를 설치하게 했다.[24] 1939년 1월, 남방국이 설립된 후 저우는 직접 정보 공작을 책임졌다. 3월에는 저우의 우한 사무소에서 일했던 정보 및 통신 직원들이 충칭으로 이동하여, 남방국 내 새로운 기밀실의 핵심이 되었다. 저우는 측근인 퉁샤오펑(童小鵬)을 실장으로 임명했다. 전신통신실도 설립되었는데, 이곳은 저우에게 신뢰받는 또 다른 부하 첸쑹푸(錢松甫)가 이끌었다.[25]

1939년 5월, 남방국은 훙옌(紅岩)에 있는 3층 건물로 이전했다. 저우의 정보 직원들이 3층 전체를 차지했는데, 이것만으로도 저우가 그들의 업무에 비상한 중요성을 부여했음을 볼 수 있었다. 전략적, 운영적 수준 모두에서 저우는 기본적으로 특과 시대의 방법들을 채택했으며, 일부 필요한 변경과 혁신을 가했다. 그는 세 가지 주요 정보 활동을 강조했다. 첫째, 그는 대후방에서 중국공산당 지하조직과 정보망을 복구하거나 재건하기 위해 노력했다. 이 중대한 과업을 완수하기 위해 그는 가장 유능하고 경험 많으며 헌신적인 당 간부 다수를 중국공산당 정보기관으로 전출시켰다. 둘째, 그는 공산주의 요원들을 국민당과 국민당 정부의 정치 및 군사 기구, 특히 정보기관 내부에 심기 위해 노력했다. 그동안 그는 일본 정보망 내에 접촉을 유지하는 중요성을 결코 경시하지 않았다. 셋째, 그는 옌안과 신뢰할 수 있는 전신통신 및 기타 통신 채널을 확립하고 유지하는 데 관여했다. 특히 중국공산당이 쓰는 비밀 암호가 국민당이나 일본 정보 전문가들에 의해 절대 해독되지 않도록 극도로 노력했다. 그 결과, 충칭에 도착한 지 불과 몇 달 만에 저우는 이미 정보활동을 수행하는 데 필요한 기관과 연결망을 확립했으며, 이를 지속적으로 개선하고 강화할 것이었다. 이 모든 일이 그가 충칭에서 여러 해를 보내는 동안 전반적인 업무 계획의 핵심이 되었다.

*****

저우와 중국공산당 지도부는 1939년 3월 이후 중국의 대외 상황이 극적으로 변화하는 것을 보았다. 모스크바는 지난 9월 뮌헨에서의 영국-독일 협정의 여파로 베를린에 대한 정책을 재구성하기 시작했다. 스탈린은 히틀러가 동쪽으로 세력을 확장할 위협을 두려워했기 때문이다. 코민테른은 중국공산당을 포함한 모든 공산당에 자국 내에서 공산주의자들을 탄압하려는 반동 세력에 저항할 준비를 하라고 명령했다. 그동안 일본이 장에게 "평화 공세"를 강화하여 마오와 그의 동료 중국공산당 지도자들은 중국이 "극동의 뮌헨"이 될 수 있다는 두려움을 느끼고 있었다.[26] 마오는 다시 한번 전당에 장이 일본에 항복할 것에 대비하라고 촉구했다. 마오는 장이 "중국공산당이 일본에 항복하려는 시도에 가장 큰 장벽이기 때문에" "공산주의 반대"와 "중국공산당 봉쇄"를 추진한다고 봤다.[27] 저우는 마오의 의견을 받아들이기 어려웠지만, 그에게 직접적으로 도전하지는 않았다.

장 역시 중국공산당이 발전하는 것을 점점 더 불안해했다. 다시 한번 그는 저우에게 중국공산당이 조직을 해산하고 활동을 중단해야 한다고 말했다. 장은 경고했다. "그러지 않으면 중국공산당이 모든 책임을 져야 할 것이다."[28] 저우는 국민당이 중국공산당에 대한 압력을 가중하고 있음을 깨달았다.

6월 말에 저우는 장과의 관계 관리에 관한 정치국 회의에 참석하기 위해 옌안으로 돌아왔다. 그는 자신이 공산주의 기지를 떠나 있던 6개월 동안 옌안의 정치적 분위기가 극적으로 변했음을 분명히 감지할 수 있었다. 빠르게 떠오르는 마오의 별에 저우는 경각심을 느꼈다. 그는 다가오는 정치국 회의 동안 신중하게 처신해야 함을 알았다. 특히 그 회의가 그가 마오와 종종 의견을 달리했던 국공관계에 집중할 것이었기 때문이다.

그러나 저우의 삶은 7월 10일 사고로 타격을 입었다. 그날 해 질 녘, 그는 마오의 새 아내인 장칭과 함께 당 중앙학교에 연설하러 말을 타고 가고 있었다. 저우와 함께 옌허(延河)를 건너는 동안 장칭은 말을 통제할 수 없게 되었다. 장칭의 말은 미친 듯이 질주하며 개를 놀라게 했고, 그 개가 다시 저우의 말을 놀래켰다. 저우는 말에서 떨어져 오른쪽 팔에 상완골 과상 골절을 입었다.[29] 옌안에 있는 인도 의료 팀 의사들이 휴대용 엑스레이 기계로 저우를 검사했고, 저우의 "오른쪽 팔꿈치가 예각으로 구부러져 있음"을 발견했다. 그들은 저우의 팔에 석고 붕대를 댔다. 다음 날, 인도 의료 팀 일원인 아텔(Atel) 박사가 옌안으로 달려왔다. 그는 "런던에서 배운 방법"을 사용하여 "붕대를 풀고 골절된 팔과 팔꿈치를 직선 부목에 고정"하며 저우에게 "조기 회복"을 장담했다. 그러나 이틀 후, 또 다른 엑스레이 검사 결과 저우의 "팔꿈치 위 상완골의 골절된 끝이 제대로 정렬되지 않았음"이 나타났다.[30]

저우에게는 쉴 틈이 없었다. 그는 7월 30일 시작한 정치국 회의에 참석해야 했다. 8월 초, 그는 국공 관계에 대해 긴 보고서를 발표했다. 그는

11-1 1939년, 팔 부상 후 류사오치와 함께 있는 저우언라이. Historic Collection / Alamy Stock Photo

중국의 통일전선이 민족주의, 민주주의, 사회를 포함한다고 말했다. 장은 "기본적으로 반공주의자"였고, 결코 통일전선을 "평등한 파트너로 구성된 법적 실체"로 취급하지 않았다. 그러나 장의 태도는 복잡했다. 그가 "중국공산당을 억제하려 시도"한 것은 사실이었지만, "나라를 총체적인 분열로 몰고 가기보다는 항전에서 단결을 고수할 의향"이 있었다. 따라서 저우는 중국공산당이 원칙을 준수하면서도 전술과 방법에서 유연성을 유지하며 장을 대해야 한다고 주장했다. 이것은 저우가 강조했듯이 "그가 어려움에 처했을 때 그를 돕고, 그가 비합리적일 때 그를 거부하며, 구체적인 제안을 제공하면서 그를 비판하고, 진보적인 요소들과 단결하고 그 주변 후진적인 요소들에 반대해야 함"을 의미했다. 저우는 결론 내렸다. 비록 "장에게 너무 많은 희망을 걸어서는 안 되지만" 장제스에 대한 정책은 "경쟁과 필요한 양보가 균형"을 이루어야 한다고.[31]

마오는 남방국이 저우의 지도를 받으며 이룬 "훌륭한 업적"을 칭찬했다. 그러나 그는 또한 저우의 단점, 즉 대후방의 당 조직들이 "공고화되지 않았고" "대중을 조직하는 작업이 여전히 약하며" "통일전선 내 중간 세력들이 충분히 개발되지 않았다"라고 지적했다.[32] 저우는 8월 25일에 결론 발언을 했다. 그는 "현재 상황을 평가하는 데 있어서" 마오에 완전히 동의한다고 말했다. 실제로 장과 일부 타협에 도달할 수도 있었기 때문이다. 저우는 마오의 비판에 응하여 자신이 "장과의 단결에 너무 주의를 많이 기울이면서" "중간 세력을 충분히 단결시키지 못했고" "대중과 충분히 협력하지 않았음"을 인정했다. 이후로는 "자신의 기반을 공고히 하면서" "발전을 추구하는 것"에 더 많은 주의를 기울이겠다고 약속했다.[33] 그리하여 회의 말미에는 마오와 저우 모두 만족할 수 있었다.

＊＊＊＊＊

　옌안의 의료 서비스는 열악했고, 저우는 부적절한 초기 치료를 받았다. 사고 후 몇 주가 지나도 그는 여전히 고통스러웠고, 오른쪽 팔을 움직일 수 없었다. 또 다른 엑스레이 검사 결과 "활발한 물리치료에도 불구하고 그의 오른쪽 팔꿈치는 여전히 강직 상태"임이 확인되었다. 저우는 "영구적인 장애 위험"에 직면했다.³⁴ 중국공산당 중앙은 8월 1일 스탈린에게 전보를 보내 저우의 상태를 보고하고 치료를 위해 그를 모스크바로 데려갈 비행기를 보내 달라고 요청했다.³⁵ 모스크바는 그 요청을 승인했지만, "정치적 고려 때문에 옌안에 비행기를 보내기보다, 저우가 차로 란저우(蘭州)까지 가서 소련으로 이동하는 것이 더 낫다"라고 설명했다.³⁶

　저우는 덩잉차오와 함께 8월 27일에 옌안을 떠나 9월 중순에 모스크바에 도착했다. 소비에트 의사들은 즉시 그의 상태를 상세히 검사했다. 그들은 상황을 "더 악화시킬" 수 있는 "큰 수술을 하는 대신," "이틀에서 사흘 안에" 작은 수술을 하는 것이 더 바람직하다고 결론 내렸다.³⁷ 9월 19일, 소비에트 의사들은 그의 팔 기능을 최대한 회복시킬 수 있기를 희망하며 교정 수술을 시행했다. 수술은 부분적으로 성공했다. 게오르기 디미트로프는 10월 8일 중국공산당에 보고했다. "수술 절개 부위가 빨리 아물고 있지만, 팔이 구부러지는 정도가 예상보다 크고, 그 운동성을 완전히 회복할 수는 없다."³⁸ 저우는 12월 말까지 병원에 머물렀다. 그는 남은 평생 움직일 수는 있지만 구부러진 오른팔을 가지고 살게 될 것이었다.

　저우는 또한 코민테른에 보고하기 위해 모스크바에 갔다. 아직 병원에 있는 동안 그는 중국의 상황과 중국공산당의 전략 및 정책을 요약하는 작업을 시작했다. 이것은 저우와 당 모두에게 매우 중요한 문제였다.

　저우는 이전에 두 차례 모스크바에 방문했을 때와는 달리 스탈린을 만나지 못했다. 1940년 1월 23일, 그는 스탈린에게 편지를 써서 중국의 항전이 중대한 기로에 있으며 국공합작 통일전선 내에 심각한 마찰이 존재한다고 밝혔다. 그는 소비에트 지도자를 만나기를 분명히 희망했다.[39] 스탈린은 여전히 그를 만나지 않았다.[40] 대신 저우는 두 코민테른 지도자 디미트로프와 드미트리 마누일스키(Dmitriy Manuisky)와 많이 토론했다.[41] 전해진 바에 따르면, 스탈린은 국민당 정부 대표들과 공식적으로 만난 적이 없었기 때문에 저우를 만나는 것을 불편하게 여겼다.[42] 그러나 스탈린이 저우를 만나지 않은 데에는 또 다른 이유가 있었을 수도 있다. 저우는 스탈린의 대숙청 시기에 소비에트 수도에 왔다. 숙청 희생자 중에는 코민테른 사무국 직원인 궈사오탕(郭紹唐)이 있었는데, 그는 저우를 포함한 수많은 중국공산당 지도자를 '공범자'로 지목했다.[43]

그러나 저우는 크렘린의 높은 성벽 뒤에서 무슨 일이 일어나고 있는지 전혀 알지 못했다. 몇 주 동안 그는 '중국 문제에 관한 각서'라는 긴 보고서를 작성하는 데 집중했다. 저우는 국민당과의 관계, 통일전선, 중국 항전의 전망에 대한 중국공산당의 관점을 제시했다. 중국공산당 정책을 변호하면서 저우는 마오의 지도력이 얼마나 중요한지를 특히 강조했다.[44] 그는 12월 29일에 코민테른에 보고서를 제출했는데, 스탈린이 그것을 읽으리라는 사실을 알고 있었다.

저우의 또 다른 임무는 창당 이래로 중국공산당의 가장 중요한 자금원이었던 코민테른으로부터 재정 지원을 확보하는 것이었다. 중일전쟁 동안 중국공산당 운영은 급속히 확장되었고 당이 보유한 현금은 고갈되었다. 디미트로프를 만났을 때, 저우는 중국공산당이 처한 재정적 어려움을 강조하고 코민테른에 도움을 요청했다. 디미트로프는 중국공산당이 스스로의 힘으로 어려움을 극복하기 위해 최선을 다해야 한다고 말했다. 한편 그는 스탈린에게 썼다. "1940년에 중국공산당에 재정 지원 35만 달러를 제공하는 것이 적절할 것이다." 스탈린은 결정했다. "우리는 그들에게 30만 미국 달러를 줄 것이다."[45] 이 현금 제공은 중국공산당에게 오랜 가뭄 끝에 내리는 비와 같았다.

저우는 1월에 코민테른 집행위원회 회의에서 연설하도록 요청받았다.[46] 3월 초 그는 마침내 코민테른으로부터 그가 한 연설에 대해 응답을 받았다. 코민테른은 "중국공산당의 정치 노선이 올발랐음"을 확인했다.[47] 디미트로프는 저우에게 그 결의안이 스탈린 지시하에 만들어진 것이라고 말했다.[48] 저우는 엄청나게 안도했다. 그와 덩잉차오는 중국으로 돌아갈 때가 다가오고 있음을 알았다.[49]

*****

모스크바에서 저우는 항상 바쁘고 심지어 긴장되는 시간을 보냈다. 양딸인 쑨웨이스(孫維世)는 그와 덩잉차오에게 기쁨을 가져다주었다. 웨이스는 1921년에 태어났다. 그의 친부는 저우의 절친한 동지였던 쑨빙원(孫炳文)이다. 쑨빙원은 1922년 독일에서 주더와 함께 중국공산당에 가입했다. 저우가 추천인이 되었다. 1927년에 그는 장제스의 반공산당 쿠데타 여파로 국민당에 체포되어 처형되었다. 1937년 말, 웨이스는 16세에 옌안으로 가서 혁명에 동참하기 위해 우한의 팔로군 사무소에 왔고, 그곳에서 저우를 만났다. 저우는 쑨웨이스가 쑨빙원의 딸이라는 사실을 알고 즉시 그의 요청을 승인했다. 저우와 덩에게는 자녀가 없었고, 둘 다 웨이스를 매우 좋아했다. 웨이스의 친모와 상의하여 동의를 얻은 후, 그들은 웨이스를 입양했다.[50] 1938년 5월, 웨이스는 옌안에서 중국공산당에 가입했다. 1939년 9월 저우가 치료를 위해 모스크바로 출발할 때, 웨이스는 "마오 주석의 승인하에" 공항에서 저우와 덩과 합류하여 함께 모스크

11-2   1939년 말 또는 1940년 초, 모스크바에서 양딸 쑨웨이스와 함께한 저우언라이와 덩잉차오.
앞줄 왼쪽부터 쑨, 덩, 런비스, 차이창(蔡暢). 뒷줄 왼쪽부터 저우, 천충잉(陳琮英, 런의 아내),
장메이(張梅, 당시 린뱌오의 아내).. Historic Collection / Alamy Stock Photo

바로 여행했다. 그는 "장래 조국에 봉사하기 위해" 소련에서 "특별한 기술을 공부"하고 싶어 했다.[51] 저우와 덩이 중국으로 돌아온 후에도 웨이스는 칠 년 동안 소련에 머물며 학업을 계속했고, 마침내 1946년 9월에 중국으로 돌아왔다. 그는 먼저 만주에서, 그다음에는 베이징에서 연극 연기와 연출에 헌신하여 중국에서 가장 유명한 연극 연출가 중 한 명이 되었다.[52] 전쟁 기간 동안 저우와 덩은 죽은 동지들의 아이들을 꽤 많이 돌보았지만, 공식적으로 입양한 아이는 웨이스가 유일했다.[53] 그는 그들을 "아빠" "엄마"라고 불렀다. 덩은 웨이스에게 보낸 많은 편지에서 그를 "내 사랑하는 딸"이라고 불렀다. 그리고 저우는 덩에게 보낸 편지에서 웨이스를 "우리 딸"이라고 칭했다.[54]

★★★★★

저우와 덩잉차오는 1940년 2월 25일에 런비스, 일본 공산주의 지도자 노사카 산조(野坂参三)와 함께 모스크바를 떠났다. 디미트로프는 마오에게 전보를 보내 저우가 중국으로 돌아가고 있으며 "중국 문제에 관해 우리가 논의하고 합의한 모든 것을 직접 당신에게 알릴 것"이라고 했다. 그는 마오에게 "모든 것을 심각하게 고려하고 전적으로 자신의 판단에 따라 결정적인 조치를 취하라"라고 했지만, 또한 "만약 당신이 일부 문제에 대해 우리와 의견이 다르다면, 그 이유와 함께 우리에게 신속히 알려 달라"라고 지시했다.[55]

저우 일행은 모스크바에서 알마티까지 기차를 탔다. 그런 다음 란저우로 가는 비행기를 탔고, 거기서부터 차를 타고 옌안으로 갔다. 저우와 동행한 사람은 십오 년 동안 소련에 살았고 나중에 중국공산당 지도자들의 수석 러시아어 통역사가 될 스저(師哲)였다. 스저는 회상했다. 저우는 새로운 무선송신기와 전신 암호 각각 두 세트, 외화 다량을 가지고 모스크바를 떠났다. 그가 든 가방은 눈에 띌 수밖에 없었다. 그들은 경찰과 국민당 특수 요원들에게 제지되었지만, 군사위원회 정치부 부주임 자격으로 행동하여 막아냈다.[56] 3월 25일, 저우는 옌안에 도착했다.

★★★★★

저우가 해외에 있던 6개월 동안 중국공산당과 국민당의 관계는 극적으로 악화되었다. 양당은 특히 중국 서북부와 북부에서 영토 통제와 중국공산당 지휘하의 군대 수를 둘러싸고 지속적으로 군사적 충돌에 휘말렸다.

저우가 옌안으로 돌아왔을 때, 국민당은 중국공산당이 이끄는 신사군(NFA)이 동중국에서 팽창하는 것을 억제하는 데 전략적 주의를 돌렸다. 처음에 장과 국민당 군사 지휘부는 양쯔강 하류의 신사군 부대들에게 안후이(安徽) 남부로 이동하라고 명령했다. 그들은 몇 달 후 새로운 명령을 내렸는데, 이번에는 양쯔강 남쪽에 위치한 신사군 부대들에게 강을 건너 그곳 중국공산당이 이끄는 팔로군과 합류하고, 주로 일본이 통제하는 황허 북쪽 지역으로 더 깊이 침투하라고 촉구했다.[57]

그 명령들이 마오와 중국공산당 지도부에 경각심을 주었다. 주석은 장제스가 "중국공산당 군대를 (일본) 적에게 노출시키는 동시에, 그들의 퇴로를 막고 굶겨 죽이려 한다"라고 믿었다. 마오는 단호하게 경고했다. "우리는 절대로 그런 함정에 빠져서는 안 된다."[58] 5월 4일 그는 중국공산당 중앙을 대표하여 신사군에 장의 명령에 복종하지 말고, 한 지역에 국한되지 않으며 대신 군대를 확장하고 새로운 근거지를 만들기 위해 노력하라고 지시했다. 마오는 결론 내렸다. "우리는 장과의 투쟁을 강조해야

한다. 그러지 않으면 거대한 실수를 저지르게 될 것이다."⁵⁹

저우는 마오가 장과 경쟁하는 데 너무 중점을 둔다고 느꼈다. 그러나 마오에게 도전하지 않았다. 충칭으로 돌아온 후, 그는 회의에서 장에게 공산주의자들이 그를 지지하며 국민당과 협력하기를 희망한다고 말했다. 저우는 대체로 강조했다. 중국공산당은 국민당과 경쟁하기보다는 일본과 그 괴뢰들과 싸움으로써 적 점령 지역에서 확장했다고. 장은 만약 중국공산당이 그의 명령에 복종한다면, 양당 간 모든 문제가 쉽게 해결될 수 있을 것이라고 말했다. 저우는 약속했다. "우리는 당신에게 기꺼이 복종할 것이다." 그러나 그는 국민당이 그 권위로 중국공산당을 압박해서는 안 된다고 경고했다. 저우는 당 중앙에 보낸 보고서에서 밝혔다. "비록 장이 (일본에) 항복할 위험이 여전히 있지만, 그가 우리와 결별할 결심을 하지는 않았다."⁶⁰

6월 19일, 저우는 중국공산당과 국민당 간 긴장을 완화하기 위한 일반 제안서를 장에게 제출했다. 마오와 논의한 후 작성한 것이었다. 제안서에서 저우는 장에게 "모든 항일 정당을 합법화"하고, "투옥된 중국공산당원들을 석방"하며, "민주주의를 실천"할 것을 요청했다. 또한 중국공산당 "해방구"를 인정하고 중국공산당이 군사력을 합리적인 선에서 확장하는 것을 받아들이라고 했다.⁶¹ 장은 중국공산당 군대 수를 줄이고 영토 확장을 제한하라는 추가 요구로 맞섰다. 회담은 교착상태에 빠졌다. 7월 16일, 장은 '중앙 지시'를 발표했는데, 여기서 그는 중국공산당에 한 달 안에 모든 군대를 황허 북쪽 지역으로 이동하는 동시에 군대를 극적으로 축소하라고 명령했다.⁶² 저우와 중국공산당은 이러한 요구들을 경고성 최후통첩으로 간주했다.

저우는 7월 27일에 국민당과 고조되는 갈등에 대해 정치국에서 논의하기 위해 옌안으로 돌아왔다.⁶³ 발표에서 저우는 양당 관계가 심각한 어려움에 직면해 있음을 인정했다. 그럼에도 불구하고 그들이 결별하지는 않았다고 강조했고, "장이 일본에 항복하는 것은 불가능하다"라고 말했다. 따라서 중국공산당은 다른 진보 정당 및 그룹과 계속 단결하여 장에게 정치개혁을 수행하도록 압박해야 했다. 저우는 중국공산당이 장을 다룰 때, "그의 반공 행위를 비판하면서도 그를 일본에 저항하도록 밀어붙여야 한다"라고 제안했다.[64] 중국공산당 중앙은 저우가 쓴 보고서에 따라 8월 12일 전당에 회람을 발표했다. 비록 양당 간 회담이 "교착상태"에 있었지만, 회람에 따르면 그들의 협력은 붕괴되지 않았다. 따라서 당은 "중간 세력을 얻는 것"을 "중심 과업"으로 삼고, "가장 반동적인 요소들을 고립시키고 분열"시켜야 했다.[65]

마오는 저우가 "통일전선을 크게 성장시키고 중간 세력에 좋은 주의를 기울인" 것을 칭찬했다. 또한 대후방에서의 작업이 중국공산당의 전략적 배치에 매우 중요하다고 인정했다. 따라서 마오는 선언했다. "대후방의 모든 당 조직은 저우언라이가 지휘해야 한다."[66] 마오가 저우를 칭찬하고 특히 국민당과의 관계를 관리하는 데 있어서 지배적인 역할을 인정한 것은 저우에게 중요했다. 저우는 이에 화답하여 마오의 어조를 따라, 중국공산당이 국공 관계 붕괴를 피하면서 장과 국민당과 계속해서 투쟁해야 한다고 강조했다. 저우의 생각은 회의에서 당 지도부의 합의로 나타났다.

저우는 8월 25일에 충칭으로 돌아왔다. 그는 장에게 중국공산당 통제하에 있는 영토를 규제하고 군대 규모 상한선을 설정하는 데 추가로 양보할 용의가 있다고 말했다. 그러나 장은 강경 노선을 취하며, 모든 공산주의 군대가 황허 북쪽으로 이동하지 않는 한, "어떤 문제도 해결될 수 없다"라고 주장했다. 그는 또한 뒤에 남는 중국공산당 유격 부대들은 "그들이 속한 지역 본부"의 지휘를 받아야 한다는 것을 분명히 했다.[67]

저우가 장과 협상하는 것과 동시에 신사군은 장쑤 북부 황차오(黄橋)

에서 전투하여 대규모 국민당 부대를 거의 섬멸했다. 저우는 사전에 이 전투에 대해 알지 못했고, 그런 일이 일어나는 것을 원하지도 않았다. 비록 이 전투로 신사군은 장쑤에서의 위치를 상당히 강화했지만, 전반적인 국공 관계를 심각하게 경색시켰다. 저우는 그 난장판을 정리하는 힘든 임무를 맡았다. 국민당 내 반공 강경파들은 당연히 이 위기를 중국공산당을 군사적으로 분쇄할 좋은 구실로 보았다. 국민당군 참모장과 부참모장인 허잉친(何應欽)과 바이충시(白崇禧)는 10월 19일 중국공산당 최고 군사 지휘관 세 사람, 즉 주더, 펑더화이, 예팅(葉挺)에게 전보를 보내, 팔로군과 신사군이 일련의 규정 및 기강을 위반했다고 비난했다. 허와 바이는 두 군대에 "한 달 안에" 국민당 정부가 지정한 지역으로 이동하라고 명령했다.[68]

이것은 중국공산당 지도자들에게 충격적인 전개였고, 저우는 직격탄을 맞았다. 마오는 장의 "열렬한 반공주의가 일본, 독일, 이탈리아에 항복을 준비하기 위한 단계"라고 의심했다. 중국공산당 중앙은 심지어 허와 바이의 전보에 "폭탄 같은 선언"으로 대응할 계획까지 세웠다.[69] 저우는 깊이 걱정하면서도 침착을 유지했다. 그가 분석하기에 허와 바이의 전보는 특히 문제가 되었는데, "국민당 내에서 반공 감정이 고조되고 있었고" 장이 공산주의자들에 대해 더 공격적으로 행동할 수 있었기 때문이다. 그러나 그는 양당의 관계가 완전한 붕괴 직전은 아니라고 강조했다. 중국공산당은 전보를 거부해야 하지만, 말로는 일부 양보를 약속해야 했다. 그리고 신사군 주력 부대 또한 유연하게 행동하여 북쪽으로 이동하거나, 제자리에 머물며 유격 습격을 수행할 수 있었다.[70]

저우의 의견은 중국공산당 지도자들 사이에서 영향력이 있었다. 심지어 마오도 어조를 바꾸어, 비록 중국공산당이 장으로부터의 전면 공격과 "매우 어두운 시나리오"에 대비해야 하지만, "국민당의 공격에 꾸준한 방식으로 대처"하고 "군사적으로 방어적인 자세를 취해야 한다"라고 말했다. 따라서 "만약 그들이 우리를 공격하지 않는다면, 우리는 마음대로 그들을 공격해서는 안 되며, 정치적으로 단결하여 일본에 저항하는 것을 강조해야 한다."[71] 그리하여 마오와 중국공산당 중앙은 신사군 본부가 양쯔강 북쪽으로 이동할 수 있다는 데 동의했다. 저우는 그 후 자신이 현재 상황을 평가한 바를 제시했다. 비록 "국민당이 반공 전쟁을 시작하여 분열로 이어질 위험이 실재하지만" "중일 타협은 성공하지 못할 것이다." 따라서 중국공산당은 "다양한 선택지를 신속하게 측정하고, 장단점을 저울질하며" "곧 적절한 결정과 지시를 내려야 한다."[72]

중국공산당 지도자들은 저우가 촉구한 대로 장에게 좀 더 양보하기로 결정했다. 11월 9일, 마오는 주더 및 다른 중국공산당 최고 지휘관들을 대신하여 허와 바이에게 전보를 보냈다. 중국공산당 지도부는 군대를 황허 북쪽 지역으로 이동시키는 것을 거부하는 대신, 신사군 부대를 양쯔강 북쪽으로 이전하는 것을 제안했다.[73] 장과 국민당 최고 사령부는 곧 회답하여, 중국공산당에게 연말까지 군대를 이동할 시간을 주겠다고 했다.[74]

✶✶✶✶✶

신사군이 북상해야 하는 기한인 1940년 말이 빠르게 다가오고 있었다. 저우는 타는 듯한 불안감에 휩싸였다. 그는 12월 25일에 장과 만나 이 문제를 논의했다. 장은 매우 진지해 보였고, 비록 자신이 극도로 바빴지만 이날은 시안에서 겪은 '우리의 공동 고난' 4주년이기 때문에 저우를 만나야 했다고 말했다. 장은 저우에게 절대로 내전을 원하지 않으며 양당의 취약한 협력관계를 산산조각 내고 싶지 않다고 확신시켰다. 그는 논리적으로 말했다. 팔로군과 신사군 모두 "나의 지휘하에 있는데" "왜 내가 형

265

제간 살육을 보고 싶어 하겠는가?" 그런 다음 결국 본색을 드러내며, 모든 중국공산당 군대가 "황허 북쪽으로 이동해야 하며, 그러지 않으면 내가 내 군대를 지휘할 입장이 되지 못한다"라고 했다. 같은 맥락에서, 만약 신사군이 그의 명령에 복종하지 않는다면, "충돌은 불가피할 것이며, 나는 당신들이 패배할 것이라고 확신할 수 있다"라고 했다.[75] 저우는 경각심을 느끼고 마오에게 전보를 보내 장을 신뢰할 수 없다고 강조했다. "그는 우리를 겁줄 뿐 아니라 좋은 말로 구슬리려 한다."[76]

장이 정한 기한이 빠르게 다가오고 있었지만 신사군 지휘관 예팅과 샹잉은 어떻게 양쯔강을 건널지 결정하지 못했다. 12월 30일, 저우는 장과 그의 장군들이 신사군을 노리고 안후이 북부에 함정을 설치했다는 보고를 받았다. 저우는 "부대가 장쑤 남부를 통해 이동하는 것이 더 낫다"라고 제안했다. 마오와 중국공산당 중앙은 즉시 그 정보를 신사군에 전달했다.[77]

그러나 샹과 예는 며칠 동안 망설였다. 마침내 그들은 북쪽이나 동쪽으로 이동하는 대신 먼저 남쪽 국민당 통제 지역을 통해 우회한 후, 북동쪽으로 방향을 틀어 양쯔강을 건너기로 결정했다. 그리하여 신사군 본부는 1941년 1월 4일에 비밀리에 출발했는데, 그때는 이동하기에 가장 좋은 시기가 이미 지난 후였다. 국민당 지휘부는 신사군의 계획을 알지 못했기에 그 전 며칠 동안, 신사군이 북쪽으로 강을 건너게 하기 위해 양쯔강 남쪽에 대규모 군대를 집결시켰다. 1월 6일, 신사군 부대는 예기치 않게 상당한 규모의 국민당 군대와 마주쳤다. 국민당군 지휘관 구주퉁(顧祝同)은 신사군이 남쪽으로 밀고 들어오려 한다고 판단했다. 신사군이 "지정된 경로를 따라 북쪽으로 이동하여 양쯔강을 건너라는 명령을 따르지 않았기 때문에" 그는 부하들에게 "반란군"을 포위하고 섬멸하라고 명령했다.[78]

예와 샹은 적에게 포위되자 무선송신기를 꺼서 당 중앙과의 통신을 끊었다. 1월 9일에는 그들 부대가 붕괴 직전이 되었다. 그러나 저우와 그의 정보망은 이 결정적인 며칠 동안 포위 사실에 대한 어떤 보고도 받지 못해 사실상 '귀머거리와 장님' 상태였다. 1월 11일, 신사군 본부가 당 중앙과 간접적인 전신 교환을 재개하고 나서야 중국공산당 지도자들은 신사군 본부가 확실히 파멸에 직면해 있다는 것을 알게 되었다.[79]

마오는 1월 12일 저우에게 신사군 본부가 "거의 섬멸"되었다는 긴급 전보를 보내고, "즉시 국민당과 접촉"하여 "공격을 멈추고 우리 군대가 북쪽으로 이동하도록 허용"하게 하라고 지시했다.[80] 저우는 충격을 받았고, 신사군이 처한 비참한 상황에 필연적으로 책임을 져야 할 것임을 알았다. 그는 이 전투가 위태로운 국공합작 통일전선에 치명적인 타격을 줄 것을 더욱 우려했다. 그는 곧 공격을 책임진 국민당 지휘관과 연락하는 데 성공했다. 그는 저우에게 "신사군이 지정된 경로를 따라 북쪽으로 이동하라는 명령을 따르지 않아…… 국민당 군대에 오해를 야기"한 데서 비롯된 사건이라고 경위를 설명했다.[81] 저우는 즉시 그 정보를 마오에게 전달했다.

그 무렵 신사군 본부는 거의 전멸했다. 예는 국민당에 체포되었다. 샹은 부대를 버렸고 나중에 자기 경호원에게 살해된다. 저우는 이러한 전개에 대해 아무것도 몰랐다. 사실 저우는 국민당 측과 이야기한 후 사건이 해결될 수 있다고 낙관하기까지 했다. 그는 당 중앙에 예와 샹에게 다음에 무엇을 할 계획인지 문의하여 자신이 국민당 측과 더 구체적으로 협상할 수 있게 해 달라고 요청했다.[82] 다음 날, 중국공산당 중앙은 포위된 신사군 부대가 거의 전멸했음을 확인했다. 마오는 저우에게 전보를 보내, 즉시 장에게 공세를 멈출 것을 요구하라고 지시했다.[83] 그러나 너무 늦었다. 저우가 할 수 있는 일은 아무것도 없었다.

*****

　신사군 사건은 중국공산당과 국민당의 관계를 파탄 직전까지 몰고 갔다. 중국공산당 지도자들은 충격에 빠졌고 마오는 특히 격분했다. 마오는 전쟁 초기부터 동지들에게 장을 다룰 때는 항상 경계해야 한다고 경고했다. 그러나 저우를 포함한 많은 동료가 충분히 귀 기울이지 않았다. 이번에는 달랐다. 1월 15일 정치국 회의에서 마오는 샹잉을 "국민당의 정치적 죄수"라고 낙인찍으며, "독립성과 자립을 고수하면서 필요한 투쟁을 감행하지 못했다"라고 비난했다. 그는 샹의 접근법이 "오랫동안 우리 지도부 일부 동지들로부터 지지받아 왔다"라고 주장했다.[84] 저우에 대한 암묵적 비판이었다. 그가 저우에게 보낸 전보에 담긴 논평은 더 직설적이었다. "장의 공세는 급진적이고, 단호하며, 포괄적인 반격에 의해서만 격퇴할 수 있다. 우리는 장과의 결별을 두려워해서는 안 되며 결단력 있게 반격해야 한다. 당신은 즉시 온건한 접근법을 버려야 한다."[85]

　신사군 사건은 저우에게 실로 큰 타격을 주었다. 장과의 협상을 책임진 사람으로서 저우는 끈질기게 국민당과의 타협을 추구해 왔다. 저우는 여전히 마오와 당 중앙이 과도하게 대응하는 것을 막으려 노력했다. 그는 1월 16일 마오에게 전보를 보내, 정치적으로 중국공산당이 장을 심각하게 비판해야 하지만, 그에게 군사적으로 과감한 조치를 취하는 것은 부적절하다고 말했다. 저우는 장에 대한 공세가 쉽게 역효과를 낳아 중국공산당을 더욱 불리하게 할 수 있다고 주장했다.[86] 류사오치는 저우의 의견을 지지했다. "비록 정치적으로 우리는 전국에 걸쳐 포괄적인 반격을 수행해야 하지만, 군사적으로는 몇몇 지역을 제외하고는 반격을 추진해서는 안 된다." 지금은 국민당과 결별하기에 적절한 때가 아니라고 류는 강조했다.[87] 마오는 저우와 류의 말을 듣고 마음을 가라앉히기 시작했다.

상황은 1월 17일에 다시 변했다. 국민당군은 승리에 고무되었고 장은 국민당 내 강경파들로부터 큰 압력을 받아 신사군을 "반란군"이라며 비난하고, 그 부대 번호를 폐지하며, 예팅을 군법회의에 회부했다.[88] 옌안은 분노로 들끓었다. 마오는 분노에 차 정치국에 장이 "우리와 결별하려는 국민당의 의도를 드러냈다"라고 말했으며, 이 움직임은 "확실히 제국주의자들의 지지를 받았다"라고 단언했다.[89] 다시 마오는 저우를 암묵적으로 비판했다. "12월 17일 이전에 우리가 가졌던 평가는 더 이상 통하지 않는다…… 우리는 결별에 대해 모호하거나 관용적인 태도를 보이거나, 두려워해서는 안 된다. 그러지 않으면 심각한 실수를 저지르게 될 것이다."[90] 다음 날 서기처는 저우에게 전보를 보내 "장이 충칭에서 회담하는 동안 온갖 허튼소리로 당신을 속였다는 것이 이제 증명되었다"라고 주장했다. 서기처는 "충칭의 환경이 급속히 악화되고 있고" 그곳에서 저우가 수행하는 역할이 "날마다 줄어들고 있기 때문에" "즉시 충칭을 떠나 옌안으로 돌아올 구실을 찾아야 한다"라고 했다. 이틀 후, 서기처는 다시 한번 저우에게 "가능한 빨리 충칭을 떠나라"라고 촉구했다.[91]

저우는 그처럼 위태로운 시기에 충칭을 떠나고 싶지 않았다. 그는 장이 신사군을 해산하기로 한 결정에 맹렬하게 반응했다. 국민당 정부의 명령을 무시하고 그는 1월 18일 자《신화일보》에 시 한 편을 발표했다.

> 천 년의 원한이 판을 치니,
> 강남에 떠 있는 외로운 잎사귀 하나.
> 형제가 형제를 공격하니,
> 어찌 그리 서둘러 서로를 죽이려 하는가?!

그날 신문 1면에는 "강남에서 나라를 위해 희생한 순교자들을 애도하며"라는 저우의 서예가 실렸다.[92] 저우가 이처럼 큰 목소리를 낸 것은 장에게 항의하고 대중으로부터 동정과 지지를 얻기 위해서였다. 중국공산당 지도부 내에서 위태로워진 자신의 입지를 강화하기 위함이기도 했다.

1월 20일, 중국공산당 중앙은 저우와 상의 없이 신사군 사건을 해결하기 위해 마오가 초안한 12개 조항을 발표했다. 조항들은 장이 "1월 17일 내린 반동적인 명령을 철회하고 자신이 완전히 틀렸음을 인정"하고, "신사군 사건 책임자들을 처벌"하며, "일당독재를 폐지하고 민주정치를 실행"할 것을 요구했다.[93] 마오는 그 후 저우에게 알렸다. "장이 자신이 내린 명령을 무효화하고 필요한 조치들을 취하지 않는 한, 우리에겐 그와 맞서는 것 외에 다른 길이 없다."[94] 저우는 즉시 12개 조항을 장에게 제출했다.

그 무렵 저우는 국민당과의 협상에 대한 통제력을 잃었다. 마오는 중국공산당 지도부에 "국공 관계를 재정의할 필요가 있다"라며 "장과 협력하는 것은 더 이상 전혀 유익하지 않다"라고 거듭 강조했다.[95] 저우에게 보낸 전보에서 그는 강조했다. "일단 우리가 태도를 분명히 한 뒤에는, 모든 것을 장에게 맡겨야 한다. 그가 12개 조항을 존중한다면 화해로 이어질 것이고, 그러지 않으면 전면적인 결렬이 있을 것이다."[96]

★★★★★

이 결정적인 시기에 일본이 예기치 않게 저우에게 도움을 주었다. 마오는 장이 중국공산당과 "완전히 결별"한 것이 "일본과의 평화 공작"과 관련 있다고 결론 내렸다.[97] 저우는 오랫동안 장에 대해 나름의 견해를 가지고 있었고, 마오가 그의 의도를 평가하는 말에도 그다지 동의하지 않았을 것이다. 그러나 당시의 정치적 분위기에서는 저우가 공개적으로 반대 의견을 표현하기가 어려웠다. 장과 일본 간 공모에 대한 마오의 경고가 아직 생생할 때, 일본군이 갑자기 허난에서 국민당군에 대한 대규모 공세를 시작했다. 국민당 내 반공 강경파들은 순식간에 기세를 잃었다. 장은 서둘러 장충(張沖)을 저우에게 보내, 중국공산당 군대가 북쪽으로 이동하는 것을 지연시키는 것과 같은 양보를 함으로써 타협하고 협상을 재개하게 되기를 희망했다. 저우는 대답했다. 국민당이 중국공산당이 제시한 열두 가지 조건을 이행하지 않는 한 협상은 재개되지 않을 것이라고.[98]

이 사건들은 장이 일본과 공모하지 않을 것이라는 저우의 주장이 옳았음을 증명했다. 이제 마오는 "우리가 과거에 이 모든 것(장과 일본 간의 깊은 갈등)을 무시했다"라고 인정했다. 마오는 상황을 기본적으로 다르게 평가하기 시작했다. 그는 이제 "우리 정책은 장과 일본 간 모순을 활용하는 데 중점을 두어야 한다"라며 장과 국민당이 "아마도 중국공산당에 반대하는 노력을 줄일 수 있을 것"이라고 동의했다.[99] 신사군 사건 여파로 저우가 견뎌야 했던 거대한 압력은 점차 줄어들었다.

국공 관계가 개선될 조짐을 보이자 미국인들이 추가로 도움을 제공했다. 충칭에서 저우는 한동안 영국과 미국에 영향을 미치려 노력했고, 중국 주재 영국 대사인 아치볼드 커(Archibald Kerr)와 좋은 업무 관계를 구축했다. 저우는 유럽에서 전쟁이 발발한 후, 심지어 중국공산당이 서방 국가들의 '반소비에트 정책'을 가혹하게 비판할 때조차도 서방 외교관들과 관계를 유지했다. 1940년 말 일본이 인도차이나를 침공하여 미국과 일본 간 긴장은 급속히 고조되었다. 1941년 2월, 루스벨트(Roosevelt) 대통령은 러클린 커리(Lauchlin Currie)를 중국에 특사로 파견했다. 커리는 중국의 대일 전쟁을 조사하고 국공 관계 중재를 돕는 임무를 띠었다.[100] 저우는 즉시 이것이 미국이 중국공산당에 준 기회임을 인식했다. 그에 비해 장은 커리의 방문을 불안해했는데, 그는 워싱턴이 "공산주의 선전에

더욱 현혹될"것을 두려워했다.[101]

커리는 2월 10일 장과 만났다. 장은 미국 특사에게 중국공산당이 대일 전쟁에서 활동적인 세력이 아니라고 말했다. 그러나 그가 그렇게 말할 수록 커리는 장이 "공산주의자들에 대한 증오로 가득 차 있으며""그들을 극도로 불신한다"라고 느꼈다. 중국공산당과 직접 접촉하기를 열망했던 커리는 장에게 미국이 중국 통화를 안정시키는 데 도움이 될 재정 지원 외에 4500만 달러 상당의 무기와 장비를 중국에 제공할 준비가 되어 있다고 말했다. 그러나 그는 워싱턴이 국민당과 공산주의자들 간 갈등을 매우 우려하고 있으며, 그것은 일본에게만 좋은 일이라 여긴다고 강조했다. 그는 장에게 저우와 만나고 싶다고 했고, 장은 커리의 요청을 받아들일 수밖에 없었다.[102]

저우와 커리는 2월 14일 영국 대사 커의 관저에서 만났다. 저우는 커리에게 무엇을 말해야 할지 정확히 알고 있었다. 저우는 진심 어린 목소리로 말했다. 중국공산당은 절대로 미국의 적이 아니며, 미국 또한 자신들을 적으로 간주하지 않기를 희망한다고. 일본과 싸우기 위해 국민당과 단결하기를 열망하는 중국공산당은 항상 장을 중국의 지도자로 간주했다. 그러나 장은 중국공산당을 우호적으로 보기를 거부했고, 양당 간에 어려움을 증대했다. 커리는 저우를 "특별히 급진적인"사람으로 보지 않았고, "그를 흥미롭고 공감 가는 인물로 여겼다." 그는 저우에게 워싱턴이 중국의 내부 단결을 지지하며 중국 정부가 개혁되어야 한다고 믿는다고 말했다.[103] 회의 후, 그는 다시 한번 장에게 중국공산당과 협력할 것을 촉구했다. 장은 일기에 썼다. "나는 이제 공산주의 선전이 미국 정부와 사회에 깊이 침투했으며, 커리가 그토록 깊이 영향을 받았다는 것을 안다. 그를 돌이킬 수 없다."[104]

커리의 중국 방문은 저우가 희망했던 결과를 낳았다. 그는 중국공산당과 미국의 관계 발전에 더 큰 비중을 두게 되었고, 이는 충칭 및 그 이후 그의 업무에 또 다른 주요 강조점이 되었다.

*****

국공 관계는 2월 중순에 좀 더 개선될 조짐을 보였다. 결국 여전히 항전 중이었기 때문에, 어느 당도 전면 대결을 감당할 수 없었다. 3월 초에 시작될 예정이었던 국민 참정회 전체 회의는 국공 협력을 이룰 수 있는지 여부를 시험하는 시험대가 되었다. 이전 몇 년 동안 참정회는 국공 협력의 장이었다. 다음 참정회 전체 회의 소집이 2월에 논의되었을 때, 저우는 전체 회의가 중국공산당에게 국민당에 실질적인 양보를 압박할 기회가 될 것임을 깨달았다. 2월 10일, 몇몇 소수 정당과 상의한 후, 저우는 마오에게 전보를 보내 중국공산당의 대표 7명이 12개 조항을 전체 회의에 가져가겠다고 제안했다. 혹은 참정회를 보이콧할 수도 있다고 했다.[105] 중국공산당 중앙은 저우의 제안을 승인했는데, 장이 이러한 조건들을 절대 받아들이지 않을 것이라고 계산했기 때문이다. 마오는 "정치적 공세로 장의 공세를 분쇄"하여 정치적 주도권을 잡기를 희망했다.[106]

저우와 마오가 예상했듯이 장은 그 조건들을 거부했다. 그러나 참정회 전체 회의가 다가오면서 장은 점점 큰 압력을 받았다. 그의 대표인 장충은 2월 25일부터 삼 일 연속으로 저우를 방문하여, 공산주의자들이 12개 조항을 고수하는 대신 "전국의 이익을 기억"하고 전체 회의에 참석할 것을 간청했다. 장은 심지어 저우에게 말했다. "나라를 위해, 나는 당신에게 머리를 조아릴 용의가 있다."[107] 그러나 장이 아무리 간절히 애원해도, 저우는 당 중앙의 지시를 따랐고 한 치도 물러서지 않았다. 장은 격분하여 만약 중국공산당이 "참정회를 보이콧한다면, 확실히 완전한 결별이 있

을 것"이라고 선언했다. 몇몇 소수 정당과 그룹 들도 극도로 걱정했다. 그
들은 저우와 연이어 회의하여 중국공산당이 참정회에 참석해야 한다고
설득했다. 저우는 동요하지 않았다.[108] 참정회 전체 회의가 시작되기 하
루 전인 2월 28일, 중국공산당 중앙은 새로운 임시 조건 12개를 제시하기
로 결정했는데, 여기서는 당이 이전에 요구했던 신사군 해산 명령 철회
와 허잉친 등을 처벌하는 것, 국민당 일당독재 폐지를 생략했다. 또한 전
체 회의를 2주간 연기하자고 제안했다.[109] 사실 마오는 장이 새로운 조건
들을 받아들이지 않을 것으로 예상했기 때문에, 다시 한번 장에게 책임
을 돌리기 위해 이 마지막 제안을 포함한 것이었다. 당연히 장충은 장제
스가 이러한 조건들을 거부할 것임을 알았기 때문에 그것들을 그에게 전
달하기를 거부했다.[110]

몇몇 소수 정당은 3월 1일에 회의를 하루 연기하여, 중국공산당이 참여
할 수 있도록 설득하자고 제안했다. 저우는 당 중앙에 긴급히 전보를 보
냈다. "우리는 이 참정회 개회를 처리하는 데 있어서 체면을 크게 세웠고
거대한 영향력을 얻었다…… 그리고 장은 강물에 빠진 개처럼 두들겨 맞
았다." 이제 "충칭 전체가 우리의 응답을 기다리고 있으며 우리가 참정회
에 참석하기를 희망하고 있다." 저우는 중국공산당이 이 문제에서 "최대
의 이점"을 취했기 때문에 "이제 전환할 때"라고 제안했다.[111]

마오는 타협하기를 거부했다. 그는 주장했다. "장은 우리에게 참정회
에 참석하라는 압력을 최대로 가하고 있다. 만약 우리가 압력에 굴복하
여 입장을 바꾼다면, 우리가 얻은 모든 정치적 이점을 잃게 될 것이다."[112]
결국 중국공산당 대표들은 국민 참정회에 나타나지 않았다.

이것은 국공 관계에 큰 타격이었다. 그러나 결국 어느 쪽도 완전한 결
별을 원하지 않았다. 참정회 전체 회의에서 장은 "중국공산당을 탄압"하
는 데 전념하지 않을 것이라고 말했다. 오히려 "공산주의자들과 진심으

로 단결하여 국가가 직면한 위험을 공동으로 극복"하고자 한다고 했다. 3월 14일, 그는 다시 한번 저우를 소환하여 "적대적인 분위기를 완화"하기 위해 대화를 나누었다. 그러나 두 사람은 "지금이 큰 문제들을 해결할 시기가 아니라는 것"을 알았다. 장은 저우가 중국공산당의 영토 범위와 군사력 확장과 같은 중요한 문제들을 언급하자 "모호하고 형식적인" 응답을 했다. 저우는 그 후 《신화일보》 발행을 허용하고, 중국공산당원 체포를 중단하며, 중국공산당 대표들에게 여권을 발급하고 중국공산당 부대에 대한 보급품 수송을 재개하는 것과 같은 "몇 가지 작은 문제들"을 제기했다. 장은 저우가 제기한 문제들을 반박하지 않았지만, 저우는 장이 단지 중국공산당과의 관계에서 "피상적이고 일시적인 완화"를 추구할 뿐이라고 감지했다.[113] 비록 당분간 국공이 완전히 결별하는 일은 피했지만, 양당 지도자들 사이에 비록 제한되었지만 한때 존재했던 상호 신뢰는 사라졌다. 미래 관계에 대한 전망은 낙관적이지 않았다.

★★★★★

5월 초, 일본군은 산시(山西) 남부 중탸오산(中條山)에서 국민당군에 대해 갑작스러운 대규모 공세를 시작했다. 그곳 국민당군은 연이어 비참한 패배를 겪었다. 5월 5일, 장은 저우에게 대표를 보내 중국공산당 군대가 중탸오산의 국민당 군대를 도울 수 있는지 문의했다. 그는 저우에게 "이틀 안에 답장"해 달라고 촉구했다.[114] 저우의 응답은 나흘 후에 도착했다. 마오의 지시에 따라 그는 만약 장이 신사군 문제를 즉시 해결하고, 중국공산당 군대에 대한 보급품 수송을 재개하며, 반공 활동을 중단하는 것과 같은 조건들을 받아들인다면, 중국공산당 군대가 산시에서 전투에 참여하는 것은 "전혀 문제가 없다"라고 말했다.[115] 장은 5월 11일 저우와 만나, 일본의 수송 및 보급선을 차단하는 것을 도와 달라고 촉구했다. 장은 약속했다. "만약 당신들이 협조해 준다면, 나는 확실히 보상할 것이고, 당신들이 진전을 이루면 탄약을 제공할 것이다."[116]

저우에게는 항상 국가적 이익이 큰 비중을 차지했다. 그는 마오와 중국공산당 중앙에 전보를 보내, 장과 나눈 대화에 대해 상세히 보고했다. 또한 충칭의 소비에트 최고 군사 고문인 V. I. 추이코프(V. I. Chuikov) 장군의 의견을 전달했는데, 그는 중국공산당 군대가 즉시 일본군과의 전투에 참여해야 한다고 했다. 더욱이 저우는 충칭에서 중국공산당이 전선에서 무력하다는 광범위한 비판이 제기되었다고 보고했다.[117] 분명히 저우는 국민당 군대를 지원하도록 마오를 압박하려 하고 있었다.

마오는 그 말을 듣기를 거부했다. 그는 거듭 저우에게 장에게 중국공산당 지도부가 이미 부대들에게 국민당군과 협력하라고 명령했다고 말하라고 했다. 이제는 장이 탄약을 공급하고 반공 활동을 중단하겠다는 약속을 지켜야 했다. 마오는 또한 "(소비에트) 최고 고문에게 근거 없는 발언을 하지 말라고 말하라"라고 했다. "국민당은 우리가 전투에 참여하지 않는다고 비난했다…… 우리는 그런 허튼소리에 휘둘려서는 안 된다."[118] 마오는 팔짱을 끼고 앉아 국민당이 일본과 싸우는 것을 지켜보기로 결심했다. 그는 팔로군 부사령관 펑더화이에게 보낸 전보에서 말했다. "지금 우리는 일본과 싸워야 하지만, 너무 열심히 싸워서는 안 된다. 만약 우리가 그들과 싸우지 않으면, 국민당이 우리를 공격할 것이고, 중간 세력들도 우리를 비난할 것이다. 그러나 만약 우리가 일본과 너무 열심히 싸우면, 그들이 우리를 공격할 것이고, 국민당은 이익을 얻거나 심지어 우리의 변계 지역을 공격할 것이다." 마오는 또한 펑에게 저우의 의견을 그저 제안으로 여기고, 저우가 말했듯이 "우리의 작전이 국민당과 외국인들의 압력에 의해 지시"되도록 허용하지 말라고 했다.[119]

중국 북부의 중국공산당 군대는 마오가 계산한 대로 행동했다. 충칭에서 저우는 장에게 "팔로군의 작전 계획"을 제출하면서도, 일본에 대한 중국공산당 군대의 영웅담을 소리 높여 선전하고 장에게 중국공산당 군대에 무기와 탄약을 공급해 달라고 거듭 요청했다.[120]

저우와 국민당 상대방이 여전히 엎치락뒤치락하며 협상하는 동안, 적은 맹렬한 공세를 퍼부어 국민당 군대에 심각한 패배를 더 많이 안겨 주었다. 마침내 장은 중탸오산 전선에서 군대를 철수시켰다. 장은 중국공산당이 "손 하나 까딱하지 않고 앉아 있었다"라고 분노에 차 비난했고, 저우는 그를 꾸짖으며 "중국공산당 군대가 전투에서 협조적이지 않았다는 것은 모두 소문"이라고 주장했다.[121] 결코 좋지 않았던 국공 관계는 더욱 악화되었다.

*****

1941년 6월 말, 히틀러 독일이 소련을 침공했다. 스탈린은 일본이 소련 극동을 공격할 것을 두려워하여 옌안에 전보를 보내 요구했다. "일본이 (소련을) 공격하는 것을 저지하는 데 도움이 될 만한 대규모 작전을 즉시 벌이라." 그동안 그는 몇 달 동안 책상 위에 놓여 있던 마오의 백만 달러 재정 지원 요청을 신속하게 승인했다.[122] 그러나 마오는 스탈린의 동원 요청에 따르고 싶지 않았다. 그는 소비에트로부터 돈을 받되, 온갖 구실을 대며 중국공산당 군대를 어떤 주요 전투에도 참여시키지 않을 것이었다. 그는 자기 생각을 저우와 나누었다. "만약 일본이 소련을 공격한다면, 나는 우리가 연합 군사작전을 수행함에 있어 큰 역할을 할 수 없을까 두렵다. 만약 우리가 결과를 고려하지 않고 행동하려 한다면, 우리는 비참하게 패배하고 심지어 우리의 근거지를 유지할 수 없게 될 가능성이 크다. 이는 모두에게 불리할 것이다. 따라서 우리는 우리 근거지를 공고히 하는 데 집중하고, 유격 작전을 수행하며, 당분간 견딤으로써 일본 도적들과의 투쟁을 연장해야 한다. 우리는 결코 우리의 모든 힘을 한번에 쏟아부어서는 안 된다." 마오는 또한 저우에게 추이코프 장군에게 모스크바에 중국공산당 군대가 탄약과 장비, 특히 기관총과 포병이 부족하다고 말해 달라고 했다.[123] 저우는 마오의 속임수를 완전히 이해했다. 소비에트 고문들이 중국공산당에 일본군을 저지하기 위한 전투에 참여하라고 촉구할 때마다, 저우는 모스크바에 무기와 탄약을 빠르게 인도해 달라고 요청하곤 했다.[124]

1941년 12월, 진주만 공격 후 미국이 일본에 선전포고하면서 중국의 대일 전쟁 전망에 큰 영향을 미쳤다. 마오는 이제 "국민당이 중국공산당 통제 지역을 공격할 가능성은 작고, 그들이 일본에 항복하거나 중국공산당을 계속 탄압하지 않을 가능성이 더 크다"라고 믿었다. 따라서 마오는 국공 관계가 개선될 것으로 예상했다.[125]

린뱌오는 1942년 1월 병가를 마치고 소련에서 중국으로 돌아왔다. 그는 시안에 도착하자마자 새로운 중국을 공동으로 건설하기 위해 국공 협력이 필요함을 열정적으로 이야기했다. 장은 린의 말에 감동받았고, 국공 협력에 유리한 새로운 흐름이 형성되는 것처럼 보였다.

그러나 저우는 낙관하지 않았다. 1월 20일 마오에게 보낸 전보에서 그는 영국과 미국이 남태평양에서 군사적으로 패배한 이후 장을 불쾌하게 만들고 싶어 하지 않는다고 추론했다. 따라서 저우는 장이 다소 오만하게 행동하고 있다고 주장했다. 비록 국공 관계가 붕괴될 가능성은 작지만, 중국공산당은 더 어려운 도전에 직면할 수 있었다.[126] 실제로 저우는 또 다른 전보에서 마오에게 1942년이 "아마도 가장 어두운 해는 아닐지라도, 국내 정치에서 가장 어려운 해"가 될 것이라고 말했다. 1942년 봄 내내 그는 "장의 오만함은 누구에게도 뒤지지 않으며" 그가 "여기저기서 우리에게 도전하고, 우리에 대한 포괄적인 정치적 억압을 완화하지 않을 것"이라고 믿었다.[127]

저우의 비관론은 주로 그가 지휘하는 중국공산당 지하망이 최근 국민당 정보기관에 겪은 끔찍한 손실에서 비롯되었다. 문제는 1941년 7월에 시작되었다. 장시 중국공산당의 지도자인 셰위차이(謝育才)와 뤄치쉰(羅启馴)이 장시 국민당의 정보 책임자이자 한때 중국공산당 정치국 위원이었으나 변절한 펑치[馮琦, 쉬시건(徐錫根)]가 계획하고 지휘한 작전에서 체포되었다. 뤄는 즉시 협력하여 장시의 또 다른 중국공산당 지도자인 옌푸화(嚴福華)를 체포할 단서를 제공했다. 이 체포로 인해 성 내 중국공산당 지하망이 완전히 파괴되었다. 펑은 '더 큰 물고기'를 잡기 위해 중국공산당 장시성 위원회 무선송신기에 상급 기관인 중국공산당 화남공작위원회와 지속적으로 접촉하라고 명령했다.[128] 저우도, 그의 요원들도 이 사실을 전혀 알지 못했다.

대후방의 중국공산당 지하조직들은 1942년 초에 일련의 추가 타격을 입었다. 뤄양(洛陽) 팔로군 사무소 책임자인 위안샤오쉔(袁曉軒)이 2월 초에 국민당 비밀경찰에 자수했다. 중국공산당 화남공작위원회 인사 책임자인 궈첸(郭潛)이 3개월 후 체포되었다. 그 후 국민당 요원들은 궈가 제공한 정보로 남중국의 거의 모든 중국공산당 지하 지도자를 체포했다. 7월까지 칠천 명이 넘는 중국공산당원들이 체포되었고, 저우의 지휘하에 있던 남중국 중국공산당 지하망은 붕괴했다.[129]

저우는 그 결정적인 시기에 탈장 수술을 받기 위해 입원해 있었다. 저우가 병원에 있었던 7월 중순에 그의 아버지가 세상을 떠났다. 덩잉차오는 그 소식을 그에게 알리지 않았다. 저우는 병원에서 퇴원한 후 아버지의 죽음을 듣고 울며 덩과 다른 사람들을 꾸짖었다.[130] 저우가 자제력을 상실한 것은 아버지를 잃은 고통 외에도, 정보 문제에서 겪은 엄청난 실패로 인한 깊은 좌절감 때문이었을 수도 있지 않을까? 8월, 저우는 남중국에 있는 모든 중국공산당 지하조직에 작전을 중단하라고 명령했다. 노출된 요원들은 모두 다른 곳으로 전출되었다. 12월에는 더 나아가 화남공작위원회를 해산하라고 명령했다.[131]

저우가 국민당과의 협상을 비관적으로 전망한 것은 당연하다. 심지어 코민테른도 국공 관계에 대한 그의 우울한 전망을 주목했다. 디미트로프는 6월 7일 중국 주재 소련 대사인 알렉산더 판유시킨(Alexander Panyushkin)으로부터 보고서를 받았는데, 여기서 판유시킨은 중국공산당 지도자들, 특히 저우가 "국민당의 중국공산당에 대한 태도가 더 악화되는 것을 막기 위해 최선을 다하지 않았다"라고 언급했다. 실제로 장은 심지어 "저우를 만나기를 꺼렸고" "7개월 동안 그를 만나지 않았다."[132] 디미트로프는 이 상황에 개입하기 위해 마오에게 전보를 보냈다. 그는 강조했다. "현재 상황에서 중국공산당은 장과 관계를 개선하여 중국의 통일전선을 강화하기 위해 모든 노력을 기울이고 모든 수단을 다 써야만 한다. 그러나 저우는 이것을 고려하지 않았다."[133] 마오는 즉시 회답했다. "우리는 당신에게 전적으로 동의한다. 우리는 이미 저우에게 당신의 지시를 철저히 수행하라고 요청했다."[134]

중국공산당은 모스크바의 압력으로 국민당과 협상을 재개했고, 당이 "장제스에게 복종하고 삼민주의를 준수할 것"이라고 약속했다.[135] 7월 21일 저우는 장과 만났고, 장은 이미 장즈중(張治中)과 류즈(劉峙)를 저우와의 협상을 처리하도록 배정했다고 말했다.[136] 장은 8월 14일 저우와 다시 만나, 일주일 후에 시안으로 여행할 것이며 그곳에서 마오를 만나기를 희망한다고 언급했다.[137] 비록 "장의 태도에서 악의를 감지하지는 못했지만" 저우는 마오에게 말했다. "(그의) 목적을 확신할 수 없다." 저우는 마오에게 "병을 핑계 대고 린뱌오를 대표로 보내 시안에서 장을 만나게 하라"라고 제안했다.[138] 그러나 마오는 "현재 상황에서 나는 장과 만나야 한다"라고 믿었다. 저우는 더 나아가 마오에게 "아직 당신이 장과 만나기에 적절한 시기가 아니"라며 자신이 "어떤 구체적인 조치"를 취할 때까지 기다려야 한다고 조언했다. 린이 장과 이야기하는 것이 더 낫고, 마오는 "더 구체적인 협상 의제가 마련될 때까지" 기다렸다가 충칭에서 장을 만나야 했다.[139] 정치국은 저우의 제안을 승인했지만, 마오는 여전히 "지금의 유리한 국제 정세를 활용하여" 장과 만남으로써 "국민당과의 관계를 개선"하기를 희망했다.[140] 저우는 마오에게 긴 전보를 보내 그러한 만남이 "시기상조"인 이유를 설명했다. 마침내 그는 마오가 무시할 수 없는 요점을 제기했다. 만약 마오가 실제로 충칭에 온다면, "장은 마오를 그곳에 장기간 붙잡아 둘 구실을 찾을 수 있다." 마오는 저우의 요점이 설득력 있다고 판단하고 장을 만나겠다는 생각을 포기했다.[141]

홍수로 인해 린이 시안으로 가는 길이 지연되었고, 그는 그곳에서 장과 만날 기회를 놓쳤다. 린은 마침내 10월 7일에 충칭에 도착했다. 저우는 린과 함께 장을 만날 것이었다. 저우는 린이 "그들 사이 긴장을 완화"하고 "협상의 문을 다시 열" 수는 있겠지만, 양당 간 구체적인 문제들을 해결하려 시도하기에는 시기상조라고 감지했다. 이러한 제한된 목표를 넘어서는 무언가를 추구한다면 중국공산당은 "통제하에 있는 영토에서 더 큰 양보를 하게" 될 것이라고 저우는 예측했다. 이번에 마오는 회답했다. "동의한다."[142]

저우가 예측했듯이, 12월 12일 린이 장과 만났을 때 양측의 차이점은 이전과 마찬가지로 컸다.[143] 마오는 그 후 장과 만나려는 계획을 포기하기로 결정했다. 저우는 장즈중과 여러 차례 회의했으나, 이 또한 아무런 결과 없이 끝났다. 장은 1943년 3월에 출판된 그의 새 책 『중국의 운명』에서 중국공산당을 맹렬히 공격했고, 국공 회담은 다시 교착상태에 빠졌다.

코민테른은 1943년 5월 말에 해산을 발표했다. 장은 중국공산당과의 협상을 공식 중단하기로 결정하고, 6월 4일 저우에게 회담이 무기한 "보류"될 것이라고 알렸다.[144] 그 시기, 저우는 정풍운동에 참여하기 위해 옌안으로 돌아오라는 소환을 받았다. 저우는 6월 7일 장과 만나 충칭을 떠나는 것을 허락받았다.[145] 그는 3주 후에 옌안으로 출발했다. 저우는 일 년 반 뒤에야 충칭으로 돌아오게 될 것이었고, 그때 국공 협상을 위해 미 육군 패트릭 J. 헐리(Patrick J. Hurley) 장군과 동행하게 된다. 이후에는 단지 몇 차례 짧은 체류를 위해서만 이 도시를 방문하게 될 것이었다.

★★★★★

저우는 사 년 넘게 충칭에 있었고, 그동안 중국의 대일 전쟁은 계속되었다. 아시아-태평양 지역에서의 연합군 공세로 마침내 길고 어두운 터널 끝에서 승리의 빛이 번쩍이고 있었다. 저우가 그토록 부지런히 관리했던 국민당과 중국공산당의 통일전선 역시, 비록 여러 차례 거의 붕괴할 뻔했지만, 살아남았다. 저우는 축하하기에 충분한 성과를 거두었다. 그러나 마오의 정풍운동이 전쟁 동안 옌안의 정치를 지배했다. 저우는 대후방에 있을 때조차도 마오의 붉은 태양이 떠오르고 있다는 징후를 결코 무시하지 않았다. 이제 그가 운동에 참여하기 위해 붉은 수도로 다시 불려 왔을 때, 그는 아마도 공산주의자로서 그의 정치 경력에 또 다른 전례 없는 경험이 옌안에서 그를 기다리고 있음을 깨달았을 것이다.

제12장

엔안의 일출

1941~1945

중국 서북부, 황토 고원의 중심부이자 시안에서 북쪽으로 약 240마일〔약 386킬로미터〕떨어진 곳에 작은 도시 옌안이 있다. 역사적으로 푸스(膚施)라 했던 엔안은 널리 알려진 곳이 아니었으며, 만약 홍군이 시안 사건 이후 이 도시를 점령하지 않았더라면, 그리고 중국공산당 중앙이 그곳으로 이전하지 않았더라면 그 이름이 중국 전역과 세계에 알려지는 일은 결코 없었을 것이다. 1937년에서 1947년 사이 중국공산당 본부가 그곳에 자리 잡으면서 엔안은 중국의 "붉은 수도"가 되었다.[01]

엔안에서 마오주의 정풍운동에 참여했던 이 년을 제외하고, 저우언라이는 그 십 년의 대부분을 주로 우한, 충칭, 난징, 상하이 등 다른 곳에서 보냈다. 그러나 그는 엔안에서 일어난 어떤 변화도 놓치지 않았다. 특히 마오가 중국공산당 최고 지도자에 오르는 것을 주시했다. 주석의 '붉은 태양'이 떠오르면서, 엔안은 저우에게 점차 성스러운 의미를 띠게 되었다.

그러나 저우는 중일전쟁 초기에는 엔안을 정치 중심지로 보지 않았다. 12월 회의 나흘 후인 1937년 12월 18일, 저우는 우한에 도착하여 일본에 강력히 저항하기 위해 국민당과 중국공산당의 통일전선을 강화해야 한다고 끊임없이 주창했다. 이것은 코민테른이 중국공산당에 지시한 것이었고, 저우 자신이 생각하기에 그와 당이 해야 할 일이었다. 장제스는 국공협력에 대한 저우의 생각을 많은 부분 지지했다.[02]

그러나 공산주의자들과 국민당 사이의 허니문은 짧았다. 머지않아 그들 사이에 일련의 균열이 나타나면서 협력이 약화되었다. 왕밍처럼 저우역시 국공합작 통일전선에 대해 마오와 의견이 달랐다. 저우는 국민당에 문제점이 많음에도 불구하고 전선이 강화되어야 한다고 믿었다. 그는 또한 장이 "일본에 항복"할 수 있다는 추측을 단호히 거부했다.[03] 반대로 마오는 통일전선에서 중국공산당의 독립성을 보존하는 것이 중요함을 강조했다.[04] 1938년 초 3월 회의에서 저우와 왕의 관점은 중국공산당 지도자 대부분에게 지지를 얻었다.[05] 마오는 비록 화가 났지만, 저우와 왕에게 맞서지 않았다. 그러나 몇 년 후, 마오는 저우와 왕이 지시한 3월 회의 의제가 "극도로 불만스러웠다"라고 인정했다.[06]

비록 그 시기에 마오는 중국공산당 전략 및 정책 결정에서 뒤로 물러나야 했지만, 당의 최고 직책 임명에 미치는 영향력을 유지했다. 3월 회의는 당의 의사결정을 조작하는 마오의 능력을 감소시키지 않았다. 사실 오히려 더 강화했을 수도 있다. 당시 중국공산당 총서기였던 장원톈은 마오를 지지했다. 한때 마오에 반대했던 런비스는 마오의 편에 섰다. 더욱이 당시 당의 북방국을 통제하던 류사오치 또한 마오주의를 포용하는 경향을 보이고 있었다.

더 나아가 마오는 당의 주류 담론 형성을 지배하기 위해 노력했다. 마오는 상황이 개선되기를 기다리며 자기 계획을 실행할 준비를 하던 이시기에, 그의 인생 어느 시점보다도 더 왕성하게 글을 썼다. 이 시기 그의 저작에는 「지구전론(論持久戰)」 「모순론(矛盾論)」 「실천론(實踐論)」 「중국 혁명과 중국공산당」과 같은 논문들이 포함되어 혁명적 사상가로서 그의 이미지를 빛냈다. 이러한 저작들은 마오주의의 핵심 텍스트가 되어, 중국공산당이 '마오쩌둥 사상'을 이념적 길잡이로 채택하는 이론적 토대를 마련했다.

중일전쟁의 궤적 또한 마오의 예측을 반영했다. 비록 일본 제국군이 중국의 거의 모든 해안 도시와 중요한 교통선을 점령했지만 중국은 계속 항전했고, 마오가 예상했듯이 장기적인 투쟁이 되었다. 중국공산당 군대는 심각한 사상자를 냈음에도 불구하고 일본군과의 전투에서 거의 승리하지 못했다. 많은 중국공산당 지도자와 군 지휘관 들은 전멸하지 않으려면 일본군과 정면 대결을 피해야 함을 깨달았다. 마오는 또한 중국공산당이 국민당과의 협력에서 직면할 문제들을 예견했다. 그리하여 그는 점점 저우를 포함한 동지들에게 국민당에 환상을 갖는 것이 위험하다고 말할 수 있는 위치에 서게 되었다. 마오는 저우와 왕을 암묵적으로 겨냥하여 선언했다. "우리는 당내에서 계급 교육을 실시해야 한다."[07]

중국공산당 지도부 내 힘의 균형은 조용하지만 꾸준히 마오에게 유리하게 기울고 있었다. 가장 단적인 예는 런비스의 충성심 변화였다. 비록 런은 장시 시절 마오에 반대했지만, 대장정 후반기부터 주석에 대한 태도를 바꾸었다. 그는 당의 정책을 처리하는 데 있어서 마오가 내린 거의 모든 결정을 지지했다. 따라서 런과 마오는 훨씬 더 가까워졌다.[08] 런은 오랫동안 중국공산당 고위 간부들 사이에서 통찰력 있고 신중한 인물로 명성을 누렸기 때문에, 그가 마오를 지지하게 된 것은 당 엘리트들이 점차 마오를 중국공산당의 지도자로 인정하고 있었음을 명확히 반영한다.

런은 정치국이 그를 왕자샹을 대신해 코민테른 주재 중국공산당 대표로 결정하여 3월에 모스크바로 떠났다.[09] 이 전개는 당 중앙에서 마오의 입지를 더욱 강화하는 결과를 낳게 될 것이었다. 소비에트 수도에 도착하자마자 런은 코민테른에 보고서 두 개를 제출했다. 보고서에서 런은 국민당과의 항일 통일전선에 대한 중국공산당의 헌신을 강조하고, 당이 통일전선에서 독립성을 유지하고 비판할 자유를 보존해야 한다는 마오의 신념을 강조했다.[10] 코민테른 지도자들을 만났을 때, 런은 마오의 이미지와 견해를 홍보하기 위해 할 수 있는 모든 것을 했다.[11] 코민테른의 응답은 6월 중순에 도착했다. 그것은 "우리는 중국공산당의 정치 노선을 전적으로 승인한다"라고 밝히며 국민당과의 통일전선에서 "정치적, 조직적 독립성과 활동 공간"을 추구하려는 노력을 지지했다.[12] 이것은 마오에게 큰 승리였다.

런은 왕자샹에게 지지를 받았다. 왕이 중국으로 떠나기 전, 그와 런은 코민테른 총서기인 게오르기 디미트로프를 만났다. 디미트로프는 그들에게 말했다. "마오쩌둥 동지는 중국 혁명의 투쟁 속에서 부상한 지도자다. 왕밍에게 그와 경쟁하지 말라고 전하라!"[13] 그리하여 마오는 또 다른 승리를 거두었다.

1938년 9월, 중국공산당 중앙위원회는 중요한 회의인 제6차 전체 회의를 개최했다. 이것은 마오에게 또 다른 전환점이었다. 그 자신이 말한 바에 따르면 "중국의 운명은 제6차 전체 회의에서 결정되었다."[14]

전체 회의는 왕자샹이 동지들에게 디미트로프의 지시를 전달하면서 폭탄선언을 하는 것으로 시작했다. "오늘날 환경에서는 중국공산당 지도자들이 한곳에 모이기 어렵다. 따라서 문제들이 쉽게 나타난다. 그것들은 마오쩌둥 동지의 지휘 아래 지도부 간 친밀하고 단결된 분위기 속에서 해결되어야 한다."[15] 마오는 그 순간을 즐겼다. 그는 나중에 고백했다. "(왕이 전달한) 코민테른의 지시가 없었다면, 제6차 전체 회의가 문제들을 해결하기는 매우 어려웠을 것이다."[16] 실제로 '디미트로프 메시지'는 왕밍에게 큰 타격을 주었고, "코민테른의 사람"으로서 그의 명성을 훼손하는 동시에 당의 최고 지도자 역할을 차지할 전망을 무너뜨렸다.

저우는 전체 회의의 일부에만 참석했고, 내내 모호한 태도를 보였다. 그는 말했다. "나는 코민테른의 지시를 전적으로 지지한다." 그는 또한 "우리 당의 독립성을 유지"할 필요가 있다는 데 동의했다. 그러나 그는 여전히 일본에 대한 장의 저항을 지지하고 통일전선을 공고히 하는 것이 필수라고 주장했다.[17] 그는 전체 회의에서 12가지 원칙을 개괄했다. 첫 번째는 "항전을 절대적인 최우선 과제로 삼는 것"이었고, 두 번째는 "당의 정치적 독립성을 유지하는 것"이었다.[18] 분명히 그 시기 저우는 여전히 마오의 모든 전략과 정책의 정확성에 대해 완전히 확신하지 못했다. 마오는 이 모든 것을 주목했고, 후일 일어난 사건들은 그가 이 일을 전부 기억해 두었음을 보여 준다.

그러나 저우는 또한 당 지도부의 전반적인 분위기가 마오에게 유리하게 기울고 있음을 감지할 수 있었다. 마오에 대한 그 자신의 태도도 미묘하게 변했다. 그와 왕밍은 전체 회의 후 다시 우한으로 갔다. 처음에 마오는 주장했다. "오늘날 상황을 고려할 때, 왕은 다시 우한으로 가서는 안 된다." 그러나 당 지도자 대다수는 마오의 반대를 무시했다.[19] 마오는 만약 왕이 우한으로 간다면, 다시 한번 저우와 힘을 합쳐 그곳에 사실상 또 다른 '당 중앙'을 형성하고 그의 지도력에 도전할 것을 우려했다.

그러나 곧 근거 없는 우려였음이 명백해졌다. 저우는 왕밍과 동맹을 맺는 데 아무런 관심도 보이지 않았다. 당 중앙은 왕이 한 달 안에 옌안으로 돌아와야 한다고 결정했다.[20] 그러나 왕은 우한을 떠나고 싶어 하지 않았다. 그동안 마오는 저우와 왕이 자신에게 도전하기 위해 동맹하는 일이 없으리라는 것을 이미 깨달았기 때문에 왕에게 떠나라고 압박하지 않았다. 저우는 나중에 왕이 "자신만의 파벌을 조직하려 하는"것을 느꼈다고 말했다.[21] 그는 왕과 거리를 두어야 한다는 것을 알았다.

저우의 태도 변화는 그 시기의 더 넓은 현상을 반영했다. 제6차 전체회의 이후 중국공산당 지도부 내에서 마오의 권위와 권력은 급격히 증가했다. 이제부터 마오는 살아 있는 동안 어떤 상황에서도 최고 권력이 자신에게서 멀어지는 일을 결코 허용하지 않을 것이었다.

★★★★★

마오의 정치적 별이 떠오르면서, 그는 중국공산당, 그 간부와 당원 들을 재창조하기 위한 거대한 계획을 구상하고 실행하기 시작했다. 그는 당을 자신의 당으로 만들고, 그것을 중국의 '해방'으로 이끌며, 중국과 중국 인민, '천하'를 변혁시키는 도구로서 휘두르며 계속해서 이끌기를 원했다.

1941년 5월, 마오는 옌안에서 열린 고급간부회의에서 "우리의 학습을 개혁하자"라는 제목으로 연설했다. 연설에서 그는 "마르크스-레닌주의의 보편적 진리"를 중국이 직면한 현실과 결합하는 것이 중요함을 논했다. 그러나 그는 많은 당 지도자와 당원이 "외국 교리"를 맹목적으로 숭배하고 중국의 상황을 거의 알지 못한다는 점을 주목했다. 따라서 마오는 강조했다. 당내에서 정풍 프로그램을 수행하여 국내외 모든 반동 세력을 격파하고 "새로운 중국"을 건설하는 위대한 사명을 이끌 준비와 자격을 갖추어야 한다고.[22] 마오는 정치적, 이념적, 담론적 의미에서 '정풍운동'의 기조를 설정하고자 했다. 그해 7월과 8월, 중국공산당 지도부는 마오의 생각들을 명시하고 지지하는 일련의 결의안들을 채택했다.[23] 옌안 지평선에서 마오주의적 정풍운동이 어렴풋이 나타나고 있었다.

그 시기 국제 정세 또한 마오에게 그러한 운동을 시작하는 데 필요한 명분을 주었다. 1941년 6월 22일 나치 독일이 소련을 대규모로 공격한 후,

스탈린과 코민테른에게는 독일의 침공에서 살아남는 것이 절대적인 우선순위가 되었다. 마오에게 이것은 비록 중국공산당이 여전히 코민테른의 한 지부로 남아 있지만, 이전 어느 때보다도 정책 결정에서 더 큰 재량권을 얻었음을 의미했다.

9월 초부터 중국공산당 정치국은 또 다른 회의, 즉 1941년 9월 회의를 소집했다. 6주에 걸쳐 다섯 차례 장시간 회의가 열렸다. 이것은 마오가 오랫동안 구상해 온 정풍운동을 준비하는 또 다른 중요 단계였다. 왕밍은 회의에서 격렬한 비판과 비난을 받았다. 그는 '좌경 기회주의자'이자 '우경 기회주의자'로 낙인찍혔다. 어떤 식으로든 왕의 '실수'나 심지어 '범죄' 각각은 회의에서 암묵적으로, 때로는 명시적으로 저우를 연루시켰다.

저우는 엔안으로 돌아오지 않았고, 회의에 불참했다. 그의 부재를 명백히 해명할 수 있는 한 가지 이유는 그가 충칭에서 여러 중요한 책임들을 맡아 정말로 바빴다는 것이다. 그러나 마오가 그가 그곳에 오는 것을 원하지 않았다는 사실도 어느 정도 작용했을 수 있다. 만약 저우가 회의에 참석하여 왕과 힘을 합쳤다면, 마오는 자신의 거대한 계획들을 실행하기가 더 어려워지거나 심지어 곤혹스러워졌을 것이다.

9월 10일, 마오는 "주관주의와 파벌주의에 반대한다"라는 연설을 하여 회의의 의제, 더 넓게는 그가 시작하려던 정풍운동의 의제를 정의했다. '주관주의'란 무엇인가? 마오에 따르면, 그것은 정책의 실제 실현 가능성과 현실 세계 상황을 완전히 무시하고 "공허한 교리"에 따라 정책을 결정하는 것이었다. 마오가 강조한 한 가지 예는 1932년 5월 11일 소비에트 중앙국이 채택한 국제 정세에 관한 결의안이었는데, 마오는 이를 "완전히 주관주의의 산물"로 규정했다. 그 문서의 주요 저자는 다름 아닌 당시 중앙국의 서기였던 저우다.[24]

이 주 후, 중국공산당 중앙은 마오를 수장으로 하는 "중앙학습조(중앙연구조)"를 설립하기로 결정했다.[25] 모든 당 간부는 1928년 제6차 당대회이후 발행된 중 선정된 당 문서들을 학습하고, 그것들을 "사상 개조" 과정의 본으로 삼아 자신의 마음속 "주관주의와 형식주의"를 "극복"하도록요구받았다.[26] 옌안에서 세운 본보기를 따라, 다른 지역 중국공산당 조직들도 신속하게 중앙학습조를 설립했다. 저우도 뒤처지지 않았다. 남방국은 중국공산당 중앙이 공식적으로 이러한 학습조들을 설립하라고 명령하기도 전에 저우가 이끄는 학습조를 설립했다.[27]

9월 회의에서 왕밍은 동지들로부터 끊임없이 날아오는 맹렬한 공격을견뎌 냈다. 그러던 중 그에게 기회가 오는 듯했다. 10월 4일, 마오는 그에게 디미트로프의 전보를 전달했다. 코민테른 총서기는 거기서 15개 질문으로 중국공산당의 상황을 물었다. 특히 디미트로프는 왕을 호의적으로언급했다.[28] 전보를 읽은 후, 왕은 마오에게 도전하기로 결정하고, 중국공산당 중앙서기처 회의에서 긴 연설을 했다. 마오에 대한 그의 마지막비판의 물결에서 왕은 주석이 국민당, 다양한 지방 정치 세력, 민족 부르주아지에 대해 지나치게 좌경화된 정책들을 수행했다고 비난했다.[29]

중국공산당은 당시 여전히 코민테른의 한 지부였기 때문에, 마오가 디미트로프의 '문의'를 무시할 여유는 없었다. 10월 13일, 그는 "왕밍이 아프니" "왕밍 문제에 대한 토론"을 모두 중단하라고 명령했다.[30] 그러나 이것이 왕이 중대한 실수를 저지르지 않았다는 뜻은 아니라고 강조했다.실제로 그는 왕이 "아직 정치 노선에서의 실수는 아니었지만" 심각한 잘못을 저질렀다고 말했다.[31] 그 결과, 왕은 추가적인 '사상 교육'을 일시적으로 면제받았다. 저우가 마오가 왕이 저질렀다고 비난한 많은 '심각한실수들'과 밀접하게 연결되어 있었다는 점은 주목할 만하며, 이는 저우가 나중에 정풍운동 기간 동안 받게 될 무자비한 비판을 예고했다.

1941년 10월 말 9월 회의가 끝날 무렵, 중국공산당 지도자들은 두 가지 중요한 결정을 채택했다. 그들은 역사청산위원회(淸算過去歷史委員會, 마오가 위원장을 맡았다)를 설립하기로 했고, "과거에 숙청된 간부들의 사건을 재심사"하기로 했다.[32] 이것들은 정풍운동의 핵심 텍스트가 될 것이며, 오래된 역사적 빚을 청산하는 것이 운동이 주안점이 될 것임을 드러냈다.

저우는 9월 회의에 참석하지 않았기 때문에 이 년 후 정풍운동에 참여하기 위해 옌안으로 돌아올 때까지 그곳에서 무슨 일이 일어났는지 거의 알지 못했다. 마오가 자신과 관련된 사건들을 주관주의, 파벌주의, '좌경' 또는 '우경' 기회주의의 예로 반복하여 드는 것을 발견했을 때, 저우는 자신이 마오의 정풍운동의 주요 표적임을 예리하게 깨달았을 것이다.

마오는 9월 회의 이후 1931년 9월에서 1932년 5월 사이에 발행된 아홉 개 핵심 당 중앙 문서를 비판하는 논평을 아홉 편 썼다. 그 날카로운 비판은 대부분 저우, 리리싼, 왕밍, 보구를 향했다. 격분한 주석은 수년간 쌓인 좌절감을 분출하듯 폭언을 썼다. 마오의 비서 후차오무(胡喬木)에 따르면, 논평의 어조는 "신랄하고, 통렬하며, 풍자적"이었다. 이 텍스트들은 마오의 "불타는 열정"의 산물이었다.[33]

아마도 이런 이유로 이 글들은 주석이 가장 아끼는 글 중 하나가 되었고 문화대혁명 전야나 '린뱌오와 공자를 비판하는 운동'과 같은 때에 여러 차례에 걸쳐 수정되었음에도 불구하고, 공식적으로 기밀 해제된 적이 없다. 이 글 아홉 편은 마오가 사망한 후 서랍 속에 잠겼다. 그 글들이 기밀 해제될 것이라는 소문이 주기적으로 떠돌았지만, 그 내용은 결코 공개되지 않았다. 마오의 글들이 저우를 공격했다는 점이 그것들이 계속 기밀로 남아 있는 중요한 이유인 듯하다.

★★★★★

1941년 9월 회의가 끝나자마자 마오는 정풍운동을 시작했다. 기본적으로 그는 운동을 통해 긴밀하게 상호 연결된 두 가지 목표를 이루고자 했다. 첫 번째는 중국공산당 대오의 '사상을 통일'하는 것이었고, 두 번째는 당내 '파벌을 제거'하는 것이었다. 두 목표 모두 당에 대한 절대적인 통제를 확립하고 중국 공산주의 혁명에 대한 최종적인 지배를 공고히 하려는 더 큰 목적에 기여했다. '정풍'은 마오가 이 두 목표를 달성하기 위해 사용할 도구였다. 마오는 그것들이 실현되면 그에게 당내에서 견제받지 않는 권력과 권위를 확립해 줄 뿐만 아니라, 당을 더욱 단결시키고 중국의 정치권력 통제권을 두고 국민당과 경쟁할 준비를 갖추게 할 것이라고 계산했다. 마오가 궁극적으로 장을 이길 수 있었던 많은 이유 중 가장 중요한 하나는 장이 국민당 내에서 이 두 가지 기본 문제, 즉 '사상 통일'과 '파벌 제거'를 해결하지 못했기 때문이다.

처음부터 마오는 모든 당 조직과 간부가 '사상 정풍'과 '조직 정풍'을 수행할 것을 요구했다. 마오에 따르면, 사상 정풍은 모든 당 간부가 "자신의 영혼에서 혁명"을 일으켜야 하며, 그들 자신을 "프롤레타리아 계급의 새로운 인간"으로 변모시키는 단계로서 그 과정을 기꺼이 받아들여야 한다는 것을 의미했다. 마오는 "마르크스주의의 중국화"가 필요함을 강조하여, 사실상 자신에게 당의 공식 이데올로기를 정의하고 해석할 담론적 권력을 부여했다. 실제로 사상 정풍은 "부드러운 절차(문서 학습과 비판, 자기비판으로 특징지어진다)"와 "강경한 절차(자신의 경험과 행동의 '어두운 면'을 강제로 폭로하고 비난하는 것을 포함한다)"를 결합할 것이었다. 마오가 생각하기에 두 절차 모두 정풍 과정에 필수적이었다. 이러한 절차들이 필연적으로 관련자들의 기본적 권리와 존엄성, 품위를 공격하

292

고 심지어 파괴하기까지 하는 신체적, 심리적 고문을 초래했다는 사실은 놀랍지 않다. 그러나 마오에게는 이것이 바로 정풍의 목적이었다. '자아' 감각을 분쇄해야만 당, 그리고 참으로 마오 자신에 의해 구현된 '집단'의 개념이 확고하게 수립될 수 있었기 때문이다.

마오는 '사상 정풍'의 이미지로 '조직 정풍'을 설계했다. '조직 정풍'은 최종적으로 당내에서 실제적으로든 상상으로든 반대하는 모든 목소리를 제거하여, 마오의 지도 아래 '절대적인 단결'을 달성하기 위한 것이었다. '조직 정풍'의 핵심은 '간부 심사' 또는 '심간(審幹)'으로 알려진 과정이 었다. 이것은 본질적으로 옌안의 모든 사람이 거쳐야 했던 마녀사냥이 었다. 숙청은 너무나 가혹하고 잔인한 수단을 사용했으며, '국민당 특수 요원 사냥'과 같이 남아 있던 이성과 합리성의 감각마저 지워 버렸다. 결 과적으로 당원 수천 명이 '계급의 적'이라는 허위 꼬리표를 달게 될 것이 었다.

그러한 방식으로 수행되는 심간은 모든 사람이 마오의 우월한 권위와 최종적인 권력을 인식하고 굴복하는, 두려움이 만연한 분위기를 만들고 자 하는 욕구에 부응했다. 주석에게는 졸들이 있었는데, 그중 가장 악명 높은 인물은 소련 유학파인 캉성이었다. 그러나 소련에서 공부하거나 일 했던 다른 많은 사람과는 달리, 캉은 마오의 신임을 얻는 데 성공했다. 그 는 마오를 읽는 법을 알았고, 그의 생각과 의도를 철저히 이해했다. 심간 의 선봉으로서 캉과 그의 수하들은 당내에서 '적 특수 요원' 수천 명을 적 발하고 '숨겨진 국민당 조직' 수백 개를 찾아냈다고 주장했다.

마오와 캉은 심간을 수행하면서 저우가 책임지고 있던 대후방 출신 간 부들에게 특히 주의를 기울였다. 캉의 '발견'은 놀라웠다. 정풍운동에 참 여하기 위해 옌안으로 다시 불려가기 직전인 1943년 4월 30일, 저우는 마 오로부터 극비 전보를 받았다. 주석은 단언했다. "심간 동안 대후방에서 온 간부들, 심지어 제7차 당대회에 참석하도록 지정된 대표들 중 다수가 적의 특수 요원으로 확인되었다." 실제로 마오는 심지어 "대후방의 우리 당 조직 대다수 또는 압도적 다수가 적이 통제하는 기관에 넘어갔다"라고 주장했다. 주석은 저우에게 이 심각한 상황을 처리하기 위해 "즉시 조치를 취하라"라고 요구했다.[34]

남방국 서기이자 대후방 중국공산당 첩보 책임자로서 저우는 마오의 경고를 가장 시급하게 처리해야 했다. 우리는 저우가 정확히 무엇을 했는지, 또는 마오와의 추가 교류에서 무슨 일이 있었는지 알지 못한다. 그러나 우리는 그가 옌안으로 돌아온 후 당 중앙에 내놓은 '최종 답변'은 알고 있다. 저우는 보고했다. 철저한 조사를 통해 적이 대후방의 당 조직에 광범위하게 침투했다는 주장은 완전히 근거 없음을 확인했다고.[35]

마오와 캉은 어떻게 그렇게 틀릴 수 있었을까? 사실 이때 저우가 겪었던 일은 별개의 사건이 아니라, 정풍운동에서 벌어진 광범위한 현상의 한 예에 불과했다. 나중에 밝혀졌듯이, 옌안 간부들 사이에서 캉이 발견한 '적들' 중 거의 어느 것도 검증되지 않았다. 더욱이 그의 마녀사냥은 결국 당 동지들 사이에 큰 분노를 유발했을 뿐만 아니라, 옌안에서 심각한 파장을 일으켜 마오의 정풍운동의 정당성을 위태롭게 했다. 주석은 아마도 캉이 너무 멀리 나갔음을 깨달았을 것이다. "당에 충성하는 동지들에게 해를 끼친 것"에 대해 공개적으로 사과하고 그들에게 "이해"와 "협력"을 구했다.[36] 그러나 캉은 처벌받지 않았다. 비록 한동안 중국공산당 정치의 중심 무대에서 배제되어야 했지만 말이다. 그러나 마오는 그를 잊지 않았다. 때가 되면 마오는 주저 없이 그에게 중요한 임무를 맡길 것이었다. 캉성은 문화대혁명에서 정치적 명성을 회복하고 다시 마오의 졸이 되었다.

심간 운동의 과잉이 그 희생자들에게 더 격렬한 저항을 초래하지 않았다는 점 또한 놀랍다. 돌이켜 보면, 이것은 대체로 마오의 정풍운동과 장시 시절 'AB단 숙청' 운동 사이 결정적인 차이점 때문이었다. 인지된 "계급의 적들"을 처형하는 대신, 마오는 "대다수는 체포되지 않을 것이며, 단 한 명도 처형되지 않을 것"이라는 원칙을 도입했다.[37] 그래서 정풍운동 동안 아무리 심하게 비난받더라도 목숨을 빼앗기지는 않았고, 대부분은 투옥되지도 않았다. 마오는 사람들을 청산하는 데 기초한 혁명이 아니라, 마음과 정신 깊은 곳에서 '혁명'을 일으키기를 희망했다. 이런 의미에서 정풍운동은 마오주의 시대 내내 일어났고 대프롤레타리아 문화대혁명 기간 동안 절정에 달했던 일련의 '사상 변혁' 캠페인의 선구가 되었다.

심간에는 또 다른 중요한 특징이 있었다. 비록 이 프로그램이 당원 수만 명을 포함했지만, 마오는 심간을 시작할 때부터 정풍운동의 강조점이 '하급 및 중급 간부들'이 아니라 당 지도자들에게 있다고 분명히 했다. 마오는 선언했다. "정풍운동의 주된 추력은 고위급 간부들을 포함하여, 그들의 개념적 영역의 문제들을 해결해야 한다. 일단 그들의 사상 문제들이 해결되면, 하급 간부들의 정풍은 순조롭게 진행될 것이다."[38]

저우는 당의 최고 지도자였다. 1920년대 중반부터 그는 당 중앙에서 중요한 직책들을 차지했고, 정치, 군사, 정보 문제에서 상당한 의사결정권을 행사했다. 수년에 걸쳐 그와 마오는 때때로 견해를 달리했다. 당연히 그는 정풍운동의 주요 표적이 될 것이었다. 실제로 그는 나중에 당내에서 '경험주의파'의 대표로 낙인찍혔고, 정풍운동에서 무수한 비난의 주요 표적이 되었다.

그러나 저우는 첫 이 년 동안 정풍운동을 피하는 데 성공했다. 한 가지 주요한 이유는 그가 당시 국민당 정부뿐만 아니라 중국 외부 세계를 다루는 책임을 맡고 있었기 때문이었다. 1941년 신사군 사건의 여파로 중국 공산당과 국민당 사이에 심각한 갈등이 터졌을 때, 저우는 분쟁을 처리하기에 가장 적합한 중국공산당 지도자였다. 그동안 중국공산당은 장의 '반공산당 음모'를 저지하기 위해 '국제적 개입'을 절실히 필요로 했다. 다시 한번 저우는 그러한 도전을 관리하는 데 능숙한 인물임을 증명했다. 사실 당 지도부 내에 그 당시 복잡한 상황을 처리할 만한 기술과 능력을 가진 사람은 아무도 없었다. 그가 충칭을 떠나 옌안으로 돌아오기는 정말로 어려웠다.

그러나 저우가 정풍운동의 첫 이 년 동안 무사히 빠져나온 데에는 또 다른 중요한 이유, 아마도 더 중요한 이유가 있었다. 마오는 정풍운동 초기에 적을 너무 많이 만드는 것은 전술적으로 현명하지 않은 처사임을 잘 알고 있었다. 그즈음 주석은 중국공산당 내 투쟁을 매우 정교하게 조작할 수 있게 되었다. 마오는 교묘하게도 먼저 왕밍과 보구와 같은 '교조주의자들,' 특히 왕을 겨냥하기로 결정했다.

여기서 마오의 정치적 예리함이 완전히 드러났다. 매우 야심 찬 인물이었던 왕은 오랫동안 코민테른의 지지를 누렸고, 따라서 당내 다른 누구보다도 마오의 야망에 더 위험한 도전이 되었다. 그러나 왕이 당 지도자들과 맺고 있는 관계와 인기는 저우의 그것과 비교할 수 없었다. 저우는 황푸군관학교 정치부 주임 시절부터 군대에서 높은 연공서열을 누렸다. 그는 또한 당의 인사 문제와 정보망을 통제했고, 오래전부터 능력을 인정받고 있었다. 마오가 저우를 정풍운동의 희생양으로 삼는 것은 시기상조이고 왕에 대한 공격을 분산시킬 뿐만 아니라, 아마도 운동 전체가 당과 군대 내에서 더 강한 저항에 직면할 수도 있었다. 마오는 그러한 위험을 감수하고 싶지 않았다.

왕과 다른 '소련 유학파들'은 비교적 쉬운 표적이었다. 그들은 모두 모스크바에서 돌아온 후에야 중국공산당 지도부에서 최고 직책을 얻었다. 따라서 저우와는 달리 당과 군대 내에 뿌리가 얕고 인맥이 부족했다. 그들은 모두 중요한 정책을 수립하고 실행하는 데서 다양한 실수를 저질렀고, 그로써 마오의 비난에 취약해졌다.

마오는 점진주의 전략을 채택했다. 1942년 2월, 그는 당 문서의 초안을 작성함에 있어 그가 "상투적인 글쓰기"라고 부른 것을 공격했다.[39] 그는 "마르크스-레닌주의를 종교적 교리로" 취급했던 당내 "교조주의자들"을 엄중히 비판하며, 그들을 "돼지보다도 더 어리석다"라고 조롱했다.[40] 5월 말, 중국공산당은 중앙총학습위원회를 설립했고, 마오가 위원장, 캉성이 부위원장이 되었다. 이 위원회는 정풍운동을 지휘하는 전반적인 책임을 맡았다.[41] 한동안 위원회는 심지어 정치국 위에 서서, 정치국 위원들 또한 정풍을 겪도록 보장했다. 마오는 옌안의 모든 간부에게 "성찰 일지" 형태로 자기비판을 쓰고, "사상 진화 일지"를 기록하여 당에서 평가할 수 있도록 제출하라고 명령했다.[42] 마오는 이 조치들을 시행하며 저우에게 계속해서 정보를 제공했다. 충칭에서 저우는 옌안에서 세운 본보기를 따라 자신만의 학습위원회를 설립했다.[43]

정풍운동이 전개되는 동안 마오는 당 지도부를 재구성하는 데 성공했고, 그의 개인적인 호불호가 그 과정을 지배했다. 1942년 초, 장원톈은 1930년대 중반부터 마오주의자였음에도 불구하고 시골에서 "조사를 수행"하기 위해 당 중앙을 떠났다.[44] 마오는 결코 장을 좋아하지 않았고, 일관되게 그를 1930년대 중반 이전에 "잘못된 정책 노선"을 만드는 데 깊이 관여했던 "소련 유학파"로 기억했다. 왕자샹은 당시에도 마오주의자였지만, 결코 마오가 가장 좋아하는 사람에 속하지는 않았다. 그는 장시 시절 초기 "마오 반대" 운동을 형성하는 데 수행했던 역할로 인해 날카로운 비판을 받았다.[45] 한편 런비스는 마오가 좋아했던 인물이다. 런은 과거에 마오와 불화했음에도 불구하고 1930년대 중반부터 확고한 마오주의자가 되었기 때문에, 더 많은 권력을 얻고 중요한 자리에 임명받았다. "역사적으로 깨끗"하고 또한 거듭 자신이 마오 충성파임을 보여 준 류사오치는 옌안으로 소환되어 빠르게 2인자로 부상했다.[46]

이러한 배경하에, 중국공산당 정치국은 1943년 3월 20일 마오를 주석으로 세우는 결의안을 통과시켰다. 마오, 류사오치, 런비스로 구성된 새로운 중앙서기처가 설립되었고, 마오가 그 수장을 맡았다. 서기처는 다음 원칙을 채택할 것이었다.

> (마오)쩌둥 동지는 주석으로서, 비정기 회의를 언제든지 소집할 수 있으며, 그 회의들에서 논의된 모든 문제에 대해 최종 결정을 내릴 권한을 가진다.[47]

그리하여 당 지도부에서 마오의 위치는 최고 의사결정자에서 논쟁의 여지가 없는 최종 의사결정자로 바뀌었다.

이 결정은 사실상 저우를 당의 가장 핵심적인 그룹에서 배제했다. 곧 밝혀졌듯이, 그 변화는 또한 저우가 정풍운동의 직접적인 표적이 될 날이 빠르게 다가오고 있음을 알리는 신호이기도 했다.

이 결정적인 시기인 1943년 5월 말, 코민테른이 해산을 발표했다. 이것은 마오에게 하늘이 내린 선물이었다. 비록 코민테른이 수년에 걸쳐 마오를 지지했고, 소련-독일 전쟁이 발발한 이후 모스크바가 중국공산당에 대한 통제를 상당히 완화했지만, 마오는 그 어렴풋한 존재감을 좋아하지 않았다. 그는 만약 자신이 과거에 어떤 식으로든 모스크바를 불쾌하게 했다면 큰 곤경에 처할 수 있음을 여전히 걱정하고 있었다. 따라서 이전 여러 해 동안 옌안과 모스크바 간 전신통신을 엄격하게 통제했다.[48]

이제 코민테른이 사라졌으니, 마오는 자기 의지대로 중국공산당을 더욱 정풍할 기회가 왔음을 알았다. 정풍운동은 새로운 단계에 들어설 것이었다. 저우에게 심판의 시간이 도래했다.

✶✶✶✶✶

5월 24일, 저우는 마오와 중국공산당 중앙위원회로부터 전보를 받았다. "코민테른이 해산되었고, 중앙위원회는 중국에서의 우리 정책을 논의할 것이다. 즉시 서둘러 옌안으로 돌아오라."[49] 그러나 저우는 당시 충칭에서 다양한 임무로 바빴다. 또한 그는 국민당 정부 고위 관리이기도 했기 때문에 충칭을 떠나려면 장에게 허가를 받아야 했다. 저우가 요청했으나, 장은 응답을 지연했고, 6월 7일이 되어서야 저우와 만나 도시를 떠날 여권을 부여하는 데 동의했다.[50] 마오는 조급했다. 그는 저우에게 거듭 전보를 보내, "정확히 언제" "출발할 것인지" 문의하고 그에게 "도중에 조금도 지체하지 않도록" 촉구했다.[51]

저우는 옌안으로 돌아가는 것을 서두르는 듯 보이지 않았다. 장이 늦게 응답한 것도 확실히 한 요인이었다. 그러나 저우는 아마도 이번 옌안으로의 귀환 여행이 이전과는 다를 것임을 예감했고, 준비할 시간이 필요했을 것이다. 그는 정풍운동에 참여하게 될 것이고, 아마도 한동안 충칭으로 돌아오지 않을 것이었다.

저우는 마침내 1943년 6월 28일에 충칭을 떠났다. 그는 거의 육 년 동안 옌안에 기반을 두지 않았다. 그는 마오의 정풍운동이 그곳에서 자신을 기다리고 있다는 것을 알았지만, 옌안에서 정확히 어떤 경험을 하게 될지는 알지 못했다. 아마도 그는 충칭으로 다시 돌아올 기회가 있을지조차 확신하지 못했을 것이다.

저우가 옌안으로 돌아가는 길에 중국공산당과 국민당 사이에 새로운 위기가 닥쳤다. 장과 국민당은 코민테른 해산을 기회로 이용하여 중국공산당 또한 스스로 해산하고 그 군대를 국민당 정부 지휘하에 둘 것을 요구했다.[52] 저우가 국민당 주요 장군 중 한 명인 후쭝난(胡宗南) 옆에 심어놓은 슈퍼 스파이 숑샹후이(熊向暉)는 장이 옌안을 공격하기 위해 군대를 집결시키고 있다는 극비 정보 보고서를 옌안에 보냈다.[53] 중국공산당 지도부는 그 보고서를 공개하여, 장이 그들의 근거지를 공격함으로써 중국공산당을 제압하려 한다고 공개 비난하기로 결정했다.[54] 마오는 또한 저우에게 여러 차례 전보를 보내, 옌안으로 가는 길에 시안에 들러 후와 직접 만나 "상황을 반전시키고 군사적 충돌을 피하기 위해 노력"하라고 지시했다.[55] 그에 따라 저우는 일주일 동안 시안에 머물렀다. 후와 만난 후, 그는 주석에게 비록 장이 후에게 옌안을 공격하라고 명령했지만 "그는 (여전히) 명령을 이행할 준비를 하고 있으므로" 당분간 옌안이 "높은 경계 태세에 있을 필요는 없다"라고 알렸다.[56] 양측 간 위기는 점차 가라앉았다.

7월 16일, 저우는 옌안에 돌아왔다. 도착하자마자 그는 '마오를 지지하는 정서'가 붉은 수도의 정치적 분위기를 지배하고 있음을 즉시 감지했다. 그는 즉시 행동에 나서기로 결정하고, 당의 최고 지도자로서 마오에 대한 확고한 지지를 명시적으로 표현했다. 8월 3일 그를 위한 환영회에서 저우는 열정적으로 말했다.

지난 삼 년간 이룬 발전보다 더 명백한 것은 없다. 과거에 마오쩌둥 동지의 지도자 역할과 그의 의견에 반대하거나 의심했던 사람이 누구든, 이제 그들이 완전히 틀렸다는 것이 증명되었다. 우리 당의 22년 역사는 마오쩌둥 동지의 사상이 당의 전체 역사를 관통하며, 마르크스-레닌주의를 중국화한 노선, 즉 중국공산당의 노선으로 발전했다는 것을 명확히 했다. 마오쩌둥 동지의 방향이 바로 중국공산당의 방향이다! 마오쩌둥 동지의 노선이 바로 중국 볼셰비키의 노선이다![57]

이것은 마오에 대한 궁극적인 충성 선언이었다. 이 말이 어느 정도 진심이었는지는 알려지지 않았다. 그러나 한 가지는 분명해 보인다. 그의 발언은 앞서 이삼 년 동안 그가 끊임없이 관찰하고 숙고한 결과를 나타냈다. 비록 이 발언이 저우를 심한 비판에서 구해 주지는 못했지만, 그가 중국공산당의 지도자로 살아남을 수 있게 해 주었다. 무엇보다도 그 발언은 저우가 앞으로 수십 년 동안 마오와 함께 일하게 될 기반을 형성했다.

저우는 정풍운동에 "적극적으로 참여"할 준비를 하면서 다음 몇 달 동안 당 문서들을 탐독했다. 그는 또한 당 정책 노선에서의 실수들과 1920년대 후반 이후 코민테른의 "잘못된 지도"에 대해 일련의 자기비판적인 '사상 일지'를 썼는데, 이를 자신의 경험과 임무와 연결시켰다. 이것은 정풍운동에 참여하고 자신이 저지른 실수들을 자기비판하기 위한 준비였다. 저우는 마오가 공격할 때 사용했던 어조를 모방하여 리리싼, 왕밍, 보구가 저지른 "범죄적 실수들"을 맹렬히 비난했다.[58] 이 과정에서 그는 마오가 자신을 향해 가한 혹독한 공격을 포함한 모든 당 문서를 검토했을 것이다. 저우는 자신을 기다리는 경험이 그의 뼈에 새겨지고 마음에 각인을 남길 것을 깨달았음이 틀림없다.

＊＊＊＊＊

1943년 9월 7일부터 중국공산당 정치국은 정풍운동을 '더 깊은 수준'으로 끌어올리는 것에 관해 일련의 회의를 개최했다. 한 발표에서 마오는 교조주의와 경험주의라는 두 가지 파벌적 경향을 비판해야 한다고 강조했다. 이 두 꼬리표 중 '교조주의'는 당시 철저히 악마화되었던 왕밍에게 붙은 것이었다. 비록 왕이 결코 자신의 실수를 인정하지 않았지만, 마오와 당 엘리트 대부분은 그를 '죽어가는 호랑이'로 간주했다. 그들이 지난 이 년 동안 그랬던 것처럼 그를 정풍운동의 주요 표적으로 삼을 필요는 없었다.

경험주의의 경우는 달랐다. 이 문제를 다루는 것은 마오에게 많은 주의와 기력을 요구했다. 마오의 오랜 비서인 후차오무에 따르면, 왕의 교조주의와 그의 "교조주의파"를 세심하게 검토한 후, "이 파벌과 관련된 지도자들이 (여전히) 위험한 인물들"이었기 때문에 "경험주의파에 관련된 위험"을 다루는 것이 더욱 시급해졌다.[59] 여기서 '경험주의'는 마오가 저우를 얽어매기 위해 특별히 맞춘 꼬리표를 가리켰다. 마오가 이 용어를 사용한 것은, 저우가 당 지도부 내에서 일 처리로 명성을 얻었음에도 불구하고, 빈번하게 잘못된 방향으로 움직였다는 것을 암시하려는 의도였다. 당 고위 간부들은 다음 단계 정풍운동의 주요 표적이 저우임을 분명히 인지했다.

9월 13일, 이제 마오의 정풍운동 부관이 된 캉성은 정치국 회의에서 발언했다. 왕밍의 "실수와 범죄"라는 주제를 상세히 설명하면서, 캉은 갑자기 신문 발행 문제를 언급했고 《신화일보》를 예로 들었다. 그는 주장했다. 지난 몇 년 동안 《신화일보》는 방향을 완전히 잃었을 뿐만 아니라, 심지어 국민당 대변지라 해도 될 정도로 악화되었다고. "거기에는 장제스가 항일 애국자였으며, 따라서 언제, 어떤 경우, 어떤 상황에서도 그의 정부를 지지해야 한다는 주장과 같은 반공 기사가 많이 게재되었다. 이것은 노골적인 항복주의에 지나지 않는다."[60] 중국공산당 지도부 모두가 알다시피, 《신화일보》를 창간한 사람은 저우였고, 그는 창간 이래로 항상 그 신문을 지휘했다. 캉은 신문을 비난하며 사실상 저우를 은근히 비판하고 있었다. 그러나 저우는 반박하려 하지 않았는데, 마오가 그 배후에 있다는 사실을 알았고 곧 그 자신이 '비판과 자기비판'의 시련에 직면할 것임을 알았기 때문이다.

마오는 저우를 한동안 옌안에 머물게 할 작정이었다. 장제스가 저우가 언제 충칭으로 돌아오느냐고 거듭 문의하자 마오는 충칭의 저우 대리인인 둥비우(董必武)에게 장에게 "저우는 삼 년 동안 충칭에서 할 일이 없었으므로, 당분간 충칭으로 돌아갈 계획이 없다"라고 말하라고 했다. 마오는 둥에게 국민당과의 모든 문제를 논의할 권한을 부여하여, 저우가 한동안 충칭으로 돌아가지 않을 것임을 숨기지 않았다.[61]

★★★★★

10월 10일, 마오는 중앙위원회를 대신하여 모든 당 고위 간부가 "당의 역사와 정책 노선에 대한 또 다른 연구"를 시작해야 한다고 발표했다. 이에 따라 정풍운동은 모든 사람의 정치의식이 "더 높은 수준으로 격상"되는 새로운 단계에 들어설 것이었다.[62] '경험주의파'의 대표로서 저우는 정풍운동의 중심 무대로 끌려 나올 것이었다.

11월 13일, 마오는 3주 동안 계속될 일련의 정치국 회의를 주재했다. 주석이 분명히 밝혔듯이, 회의의 목적은 장시 시절 '좌경 기회주의적 실수들'과 중일전쟁 초기 단계의 '우경 기회주의적 실수들'을 철저히 폭로하고 비판하는 것이었다. 마오는 사실상 이 의제를 저우를 염두에 두고 만들었다 해도 과언이 아닌데, 그가 이 정치국 모임에서 표적으로 지정되었기 때문이다.

저우는 이 순간이 올 것을 한참 전부터 알고 있었고, 온 마음과 영혼을 다해 준비했다. 회의 셋째 날인 11월 15일, 그는 2만 5천 자에 달하는 '자기비판 개요'를 완성하여 당 지도부에 제출했다. 문서에서 저우는 마오가

303

운동을 위해 설정한 어조를 따랐고, 자신을 "경험주의파"의 대표이자 수장이며 "교조주의파 지배의 공범자"라고 불렀다. "마오에 반대하고 마오로부터 권력을 탈취하려 시도"하는 것을 개요의 주된 맥락으로 삼아, 저우는 마오와 의견 차이가 있었던 모든 경우를 열거하며 자신을 비판했다. 그는 예외 없이 그들 각각에 대해 책임을 지고, 자기 체면을 깎아내리는 것도 서슴지 않으며 끊임없이 자신을 비판했다.[63]

　11월 27일부터 저우는 정치국 앞에서 오 일(그렇다, 무려 오 일이었다!) 연속으로 발언하며, 장시 시기와 중일전쟁 초기에 자신이 저지른 '실수와 죄'를 비판했다. 그가 그렇게 한 것은 무엇보다도 마오에게 들려 주기 위해서였다. 주석은 저우가 자신의 영혼을 고통스럽게 탐구하는 매 순간을 즐기는 것처럼 보였다.

　저우는 고백했다. 장시 시절 자신은 마오로부터 "당, 홍군 정부, 홍군의 권력"을 박탈하려는 음모를 "계획, 실행, 완성"하는 데 반영된 "용서할 수 없는 범죄적 실수들"을 저질렀다고. 저우는 장시에서의 "반마오 경험"을 네 단계로 나누었다. 첫 번째는 마오주의 프로그램이었던 "반동분자 숙청 운동 무효화로 절정에 달했다." 두 번째 단계는 마오가 재판에 회부된 간난 회의를 낳았다. 세 번째는 닝두 회의로 절정에 달했으며, 그는 마오가 군사 문제에서 영향력을 상실하는 것을 목격했다. 네 번째는 마오를 소외시킨 후 당과 장시 홍구에서 보구와 좌경 기회주의자들의 통치를 공고히 했다.[64] 저우는 자신이 이 네 단계 내내 핵심적인 역할을 했다고 말했다. 실제로 그는 반마오 공격의 배후 주범이었으므로, 마오의 고통에 대해 전적인 책임을 져야 하는 사람도 당연히 그였다. 특히 닝두 이후 그는 마오를 대신하여 홍구 최고 군사 지도자가 되었다. 따라서 그의 권력을 박탈한 '범죄자로서의 책임'은 압도적이고 변명의 여지가 없었다.

　저우의 자기비판은 또한 중일전쟁 초기 단계 동안 그가 저지른 '범죄적 실수들'을 강조했다. 이 비판은 저우가 이끄는 '경험주의파'와 왕밍이 대표하는 '교조주의파'의 합류에 집중되었다. 실제로 저우는 말했다. "이 것은 이 두 파벌의 합류가 일어난 두 번째 경우였다." 그와 왕은 힘을 합쳐 마오가 대표하는 "올바른 정책 노선"에 도전했고, 그 결과 "우경 기회주의" 방향으로 나아가 심각한 실수들을 낳았다.[65]

중국공산당 문화에서 일반적인 관행이 된 것을 따라, 저우는 또한 그러한 심각한 "범죄적 실수들"의 기원을 확인하기 위해 "자신의 마음과 영혼을 깊이 파고들려고" 노력했다.

> 나는 파산한 봉건 관료 가문 출신으로, 허영심, 편애, 체면치레, 이기심, 교활함, 지나친 신중함, 자기중심적 완벽주의, 완전히 제거되지 않은 저급한 취향과 추한 동기와 같은 나쁜 특성들을 물려받았다. 더욱이 어렸을 때 나는 과도한 모성애 속에서 양육되었고, 이는 당내에서 나의 유순함과 맹목적인 복종심을 더욱 증가시켰으며, 내가 자랐을 때 나의 화해주의적이고 원칙 감각이 부족한 성격의 원천이 되었다.[66]

저우는 분명히 정풍운동에서 합격점을 받기를 열망했기 때문에, 이처럼 극도로 겸손하고 심지어 자기 비하적인 방식으로 자기비판을 했다. 그러나 그는 시험을 즉시 통과하지 못했다. 그는 멈출 기미를 보이지 않는 비판과 비난을 계속해서 직면해야 했다.

저우가 엄청난 압력하에서 마침내 정치적 불명예의 나락으로 떨어질 듯 보였을 때, 마오는 사실 그를 풀어 주고자 했다. 그러나 마오는 여전히 저우와 그 자신 모두 체면을 세울 수 있는 계기가 필요했다. 곧 그러한 계기가 찾아왔다. 12월 22일, 디미트로프는 '개인적으로' 마오에게 전보를 보내 말했다. "중국공산당 상황에 대한 경각심을 당신에게 말하지 않을 수 없다." 디미트로프는 "캉성의 역할이 내게는 의심스러워 보인다"라고 인정하며, 옌안에서의 숙청에 대한 분노를 암묵적으로 표명했다. 그는 분명히 말했다.

나는 저우언라이와 왕밍에 대해 벌어지고 있는 운동이 정치적으로 잘 못되었다고 생각한다. 그들은 코민테른이 승인한 민족 전선 정책으로 기소되고 있으며, 그 결과 그들이 당을 분열로 이끌었다고 한다. 저우 언라이와 왕밍과 같은 인물들이 당에서 단절되어서는 안 된다.[67]

디미트로프는 최선을 다해 저우와 왕을 지지했다. 그는 왕보다 저우를 먼저 언급하여 모스크바가 저우에게 특별한 관심을 기울인다는 것을 보여 주었다. 그리고 모스크바의 정치구조를 아는 사람이라면 누구나 디미트로프가 스탈린의 승인 없이 그러한 편지를 쓰지는 않았을 것임을 이해할 수 있었다.

당시 코민테른은 이미 몇 달 전 해산된 상태였기 때문에, 마오가 반드시 모스크바의 지시를 따를 필요는 없었다. 그러나 그는 모스크바의 의견을 완전히 무시할 수 있는 위치도 아니었다. 더욱이 그는 결코 저우에게 정치적으로 치명적인 타격을 영구적으로 가하려는 의도는 없었다. 이제 당내 투쟁의 대가가 된 마오는 저우에 대한 비판과 같은 문제들을 점점 더 정교한 방식으로 처리했다. 그는 자신의 행동에 한계를 설정해야 한다는 것을 잘 알고 있었다. 따라서 디미트로프의 전보를 받은 즉시 그에게 '호의'를 베풀고 저우와 왕밍 모두를 풀어 주기로 결정했다.

그러나 마오는 저우와 왕을 다르게 대했다. 그는 "자신의 실수에 대한 깊은 이해"를 보이고 "진정하고 성실한 자기비판"을 한 저우가 이전에 가졌던 중요한 직책들을 유지하도록 했다. 완고하고 "자신의 실수를 인정하려 하지 않았던" 왕에 대해서는 결코 실제 권력이 있는 어떤 직책도 맡게 하지 않을 것이었다. 마오가 저우와 왕을 다르게 묘사했다는 것은 놀랍지 않다. 마오는 디미트로프에게 보낸 답장에서 말했다. "저우언라이 동지와 우리의 관계는 매우 좋았다. 우리는 그를 배제할 의도가 없다." 그러나 왕에 대해서는 더 험악한 말을 남겼다. "왕밍은 온갖 반당 활동을 수행했고, 이 모든 것이 전당의 간부들에게 전달되었다." 이것으로도 충분하지 않은 듯, 마오는 더 나아가 왕을 "신뢰할 수 없다"라고 주장했다. 그는 한때 상하이에서 체포된 후 "자신이 당원임을 자백"했다. 더욱이 그는 "(전 코민테른 특사였던 파벨) 미프와 의심스러운 관계"를 가지고 있었다.[68] 마오가 저우와 왕을 대하는 방식에서 보인 극명한 차이는 그의 지도력을 받아들이지 않으려 했을지 모르는 사람들에게 매우 실제적인 경고로 다가왔다.

★★★★★

1944년 5월 초, 저우는 중앙 당교에서 연설을 했다. 정풍운동 기간 동안 얻은 당내 투쟁에 대한 이해를 바탕으로, 그는 마오가 당의 역사 내내 어떻게 "영원히 옳았는지"를 강조했다.[69] 저우의 연설은 정풍운동에서 그의 시련이 마침내 끝났음을 의미했다.

마오가 저우에게 그러한 연설을 하도록 허용한 데에는 두 가지 목적이 있었다. 하나는 저우의 목소리를 자신에 대한 칭찬의 합창에 더하는 것이었다. 두 번째는 심각한 실수를 저질렀지만 그에 대해 뉘우친 오랜 동지에게 자신의 관용을 보여 주는 것이었다. 그의 추종자들이 주장했듯이, 주석은 저우에게 "가장 관대하게" 마오 자신이 만든 심연에서 벗어날 기회를 제공하여, 저우가 계속해서 당과 혁명에, 무엇보다도 위대한 지도자인 자신에게 봉사할 수 있도록 했다. 이것이 앞으로 수십 년 동안 마오와 저우가 함께 일하는 기반이 될 것이었다.

중국공산당 지도부는 정풍운동을 마무리하기 위해 1945년 4월 당의 역사 속에서 논란이 많은 문제들에 대한 결의안을 채택했다. 결의안에 따르면, 중국공산당 지도부는 대혁명 실패 이후 정치 노선에서 거듭 실수를 저질렀다. 이러한 위반 행위에는 천두슈 치하의 우경적 실수, 리리싼, 왕밍, 보구의 좌경적 실수, 중일전쟁 초기 단계의 우경적 실수가 포함되었다. 마오는 항상 역사의 올바른 편에 서서 이러한 각각의 실수들에 맞서 싸웠고, 당을 구했을 뿐만 아니라 그 과정에서 혁명을 승리로 이끌었다.[70] 비록 저우의 이름이 결의안 본문에 명시되지는 않았지만 그가 종종 잘못된 노선의 편에 섰다는 것은 명백했고, 이는 평생 안고 가야 할 '죄'였다. 모든 실수와 마오의 독보적인 지도력을 공식적인 결의안으로 확인함으로써, 중국공산당은 공식적으로 정풍운동을 끝냈다.

★★★★★

마오의 손아귀에 휘둘린 이 경험은 저우가 평생 잊지 못한 교훈이었다. 비록 그가 대장정 이래로 마오의 지도력을 기꺼이 받아들였고, 정풍운동에 참여하기 위해 옌안으로 돌아왔을 때도 마오를 당의 최고 지도자로 포용할 만반의 준비가 되어 있었지만, 마오가 그를 숙청하는 방식은 그가 예상한 것을 훨씬 뛰어넘었다. 결국 그는 살아남았고, 이전 어느 때보다도 더 단호하게 마오의 권위와 권력에 복종하기로 결심했다. 그는 당내 정치에 있어서 자신이 마오에게 상대가 되지 못한다는 것을 이해했다. 무엇보다 그는 마오에게서 자신의 신념을 맡길 수 있는 거장을 발견했다.

저우의 경험은 특히 정풍운동 기간 동안 형성된 중국공산당 '당 문화'의 몇 가지 기본적인 특징과 특성을 드러냈다. 당 문화의 가장 중요한 측면은 다음과 같았다. 개별 당원들은 항상 조직에 복종해야 하고, 전당은 항상 중앙위원회에 복종해야 하며, 중앙위원회는 항상 위대한 지도자, 즉 마오 주석에게 복종해야 한다는 것이었다. 이로써 '마오 숭배' 또는 '마오 컬트'가 당 문화를 절대적으로 지배하게 되었고, 이는 저우를 포함한 모든 당원과 간부의 개성을 박탈했다. 돌이켜 보면, 가장 무서웠던 것은 저우와 그의 많은 동지가 정풍운동을 겪은 후 당에 대한 신념을 잃었다는 것이 아니라, 그 여파로 새로운 신념, 즉 비판적 사고의 여지를 남기지 않고 맹목적으로 마오를 숭배하고 마오쩌둥 사상을 포용하도록 이끈 신념을 갖게 되었다는 점이다.

그 시기, 중국 공산주의 혁명의 숭고한 대의는 한 개인의 '위대함'과 그 사상의 탁월함에 집중되었다. 저우와 그의 동지들은 마오에게 혁명을 정당화하는 서사를 만들고 정의할 완전한 권력을 넘겨주었고, 그러한 권력을 견제하고 균형을 맞출 제도는 어떤 것도 만들지 않았다. 이것은 중국 공산주의 혁명 역사에서 결정적인 지점이었다. 만약 마오와 저우, 그들의 동지들이 혁명 승리를 달성할 수 있다면, 그날은 통제되지 않는 권력이 만연하고 궁극적으로 승리하도록 허용된 날로 기록될 것이었다. 혁명은 혁명가들이 한때 그토록 소리 높여 선포했던 목표, 즉 인류의 해방에 반하는 기업으로 퇴화할 것이었다.

그러나 그 시기, 마오는 여전히 중국 공산주의 혁명을 승리로 이끎으로써 자신이 그처럼 견제받지 않는 권력을 누릴 자격이 있음을 증명해야 했다. 이 경우, 진실은 결과에 의해 증명되거나 반증될 것이었다. 마오는 이것을 알았고, 그 시험에 통과할 것으로 꽤나 자신하는 듯 보였다. 주석이 보기에, 중국공산당은 정풍운동을 통해 "이념적으로 더 통일되고 조직적으로 단결"하여 "적들과 맞서는 데 훨씬 더 유능"해졌다. 마오는 그러한 당을 이끌고 중국 정치권력을 위해 국민당 정부에 도전하기로 결심했다.

★★★★★

1945년 늦봄, 중국공산당은 제7차 당대회를 개최했다. 저우는 마오에 대한 존경과 복종을 보여 주기를 열망했다. 대회 개회식 기조연설자 일곱 명 중, 그는 "마오쩌둥 동지 만세!"를 외치며 끝맺은 유일한 사람이었다.[71]

4월 30일, 저우는 대회에서 통일전선에 관해 연설했다. 그는 마오의 지도력과 마오쩌둥 사상의 탁월함을 칭찬했다. 또한 자신이 "국민당과의 관계를 관리"하는 데 저지른 실수들에 대해 또 다른 자기비판을 했다.

> 나를 포함해서 우한에서 지도자 역할을 맡았던 우리들은 국민당 군대가 승리할 수 있다는 믿음을 지나치게 많이 가지고 우리 군대를 무시했다. 군사적으로 나는 유격전에 마땅한 주의를 기울이지 않고 기동전을 강조했다.[72]

정풍운동 동안 저우는 국민당과의 중국공산당 통일전선을 다루는 데 있어서 '우경 항복주의'를 저질렀다는 비난을 받았다. 이제 그는 제7차 당대회에서 통일전선에 대해 보고할 기회를 얻었다. 이것은 그가 시험에 통과했음을 의미했고, 또한 마오가 여전히 통일전선 업무와 다른 중요한 임무들을 관리하기 위해 그를 필요로 한다는 것을 드러냈다.

그러나 저우의 '오래된 빚'은 탕감되지 않았다. 당 지도부에서 그의 영향력은 시들었다. 저우는 당 최고 지도자였음에도 선출된 중앙위원회 위원 44명 중 득표수에서 23위를 차지했다. 정치국에 지명된 13명 중 저우는 세 번째로 적은 표를 받았다. 서기처 위원 다섯 명 중에서는 가장 적은 표를 받았다.[73] 그는 조금도 불만스러운 기색을 보이지 않았다.

결국 저우는 결코 최고 지도자가 되기를 갈망한 적이 없었다. 마오의 정풍운동 이전에도 그는 이미 마오가 지도자인 한, 그 자리를 얻으려 노력하지 않을 것이라는 원칙을 세웠다. 그리고 마오가 살아 있는 한, 그 자리가 마오의 것임을 알았다. 옌안에서의 정풍운동 이후, 저우는 스스로 또 다른 원칙을 세웠다. 그는 당의 2인자 자리도 추구하지 않을 것이었다. 앞으로 몇 년 동안 마오를 최고 지도자로 포용하는 것 외에도, 저우는 류사오치를 2인자로 선호했다. 류가 문화대혁명에서 몰락한 후에는 다음 2인자이자 마오의 지정 후계자인 린뱌오에게 변함없는 지지를 보냈다.

저우는 그렇게 해야만 마오와의 또 다른 치명적인 충돌을 피할 수 있다는 사실을 잘 알고 있었다.

제13장

강대국 정치의
소용돌이

1944~1946

　　저우언라이는 1944년 대부분을 옌안에서 보냈다. 정풍운동 이후에도 그는 중국공산당 핵심 그룹 성원으로 남았지만, 이전 몇 년보다 권력과 업무량은 줄었다.

　　1944년, 중국의 대일 전쟁은 칠 년째에 접어들었다. 세계적으로 추축국이 전쟁에서 지고 있다는 사실이 명백했다. 그러나 일본은 중국 동부를 관통하는 교통로를 열기 위해 거대한 군사 작전인 '이치고 작전(一號作戰)'을 개시했다. 중국군의 저항은 순식간에 무너졌다. 불과 몇 달 만에 그들은 많은 도시와 교통선 및 연결망을 포함한 광대한 영토를 일본에 내주고 말았다. 중국의 최고 지도자로서 장제스의 지위는 심각한 의문에 부딪혔다.[01]

　　일본의 공세는 마오와 저우, 그들의 동지들에게 놀라운 일이 아니었다. 몇 달 전 미국 대통령 프랭클린 루스벨트, 영국 총리 윈스턴 처칠(Winston Churchill), 장제스는 공동으로 발표한 카이로선언에서 아시아-태평양 지역의 전쟁이 일본의 무조건 항복으로 끝나야 한다고 선언했다. 따라서 마오는 장과 일본이 타협에 이를 가능성은 더 이상 없다고 인식했고, 장의 군대가 "일본의 대규모 공격에 직면할 수 있다"라고 예측했다.[02] 장도 루스벨트에게 보낸 전보에서 비슷하게 예측했다. "일본 도적들이 곧 중국에서 대규모 공세를 시작하여 그들의 전략적 후방을 공고히 할 수 있다."[03]

중국공산당과 국민당의 회담은 저우가 1943년 여름에 옌안으로 돌아온 이후 중단되었다. 한때 장은 심지어 "옌안을 공격할" 계획도 세웠으나, 국내외에 부정적인 반응을 유발하지 않으려 포기했다.[04] 카이로회담이 열리기 전, 장은 비록 그럴 의향이 있을 수 있다고 내비치긴 했지만 중국공산당과 협상을 재개할 계획이 없었다. 특히 저우가 충칭으로 돌아올 수 있다면 "양측이 어떤 문제든 논의하기가 더 쉬워질 것"이라고 했다.[05] 그러나 카이로회담 이후 그는 중국공산당과 협상을 재개하는 데 더 긍정적인 태도를 보였다. 1944년 1월 초, 마오는 옌안에 있는 장의 연락관인 귀중룽(郭仲容)에게 중국공산당이 저우나 다른 특사를 충칭으로 보내는 것을 고려하고 있다고 말했다. 귀는 신속하게 충칭으로부터 환영한다는 답신을 가져왔다.[06] 그러나 마오는 "올해 하반기나 내년 상반기"까지 기다리는 것이 더 낫다고 생각했기 때문에, 실제로는 자기가 한 말을 지킬 준비가 되어 있지 않았다.[07] 또한 마오는 저우를 충칭으로 돌려보내기를 꺼렸다. 그는 2월까지 기다렸다가 귀에게 중국공산당이 3월 중순에 린보취(林伯渠)를 충칭으로 보내, 그곳에서 둥비우와 합류하여 국민당 측과 만나게 할 것이라고 알렸다.[08]

비슷한 시기에 장은 또 다른 주도권을 잡았다. 그는 저우의 오랜 친구이자 고위급 국민당 관리인 사오리쯔(邵力子)를 통해 저우를 충칭에서 열리는 헌정 정치에 관한 원탁회의에 초대했다. 저우는 이 주제를 오랫동안 강조해 왔지만, 초대를 정중히 거절했다. 마오가 반대했기 때문이 컸다.[09] 사실 저우는 중국공산당이 그 행사에 참석해야 한다고 믿었다. 그는 정치국 회의에서 설명했다. "헌정 운동은 국민당의 발명품이 아니라, 중간 정당들에 의해 시작되어 많은 지방 실력자가 참여한 것이다." 저우는 비록 장이 '헌정 운동'을 중국공산당을 억제하는 수단으로 사용하려 하지만, 당이 그것을 피해서는 안 된다고 주장했다. 오히려 그는 주장했다. "(중국공산당은) 그것에 적극적으로 참여하여, 정치적인 방법으로 문제들을 해결하려는 열의를 보여 주어야 하며, 이는 또한 중도파들 사이에서 우리의 영향력을 증가시킬 것이다."[10] 정치국의 지지를 받아 저우는 3월 12일 헌정 정치에 관한 공개 연설을 하여, 정풍운동에서 살아남은 후 처음으로 공식 석상에 모습을 드러냈다. 그는 중국공산당이 국민당과의 차이점을 극복하는 방법으로서 헌정 정치를 지지한다고 선언했다. 그가 강조했듯이 이것은 국민당 정부가 인민의 민주주의와 자유를 보장하고, 다른 정당들에 대한 금지를 해제하며, 지방자치를 허용해야 함을 의미했다.[11]

이번에는 마오가 저우의 말을 들었다. 비록 그 자신은 저우와는 달리 헌정 정치에 결코 관심이 없었지만, 그는 그 주제를 구두로 홍보하는 것이 제삼자들을 끌어들이고 국민당에 대해 정치적 우위를 점하기에 "좋은 정치적 전술"임을 이해했다. 저우는 4월 15일 중국공산당 서기처 회의에서 정치가 중국공산당과 국민당 간 주요 경쟁 분야이며, 장에게 "헌정 정치를 실행함으로써 민주주의와 자유를 존중"하도록 요구하면서 국민당과 긴장 완화를 추구하는 것이 중국공산당의 이익에 부합한다고 말했다. 마오는 저우의 요점을 쉽게 파악하고, 중국공산당이 "제삼자들에게는 민주주의를 강조하고 영국 및 미국에게는 일본과 싸우는 것을 강조"하면서 국민당이 위협을 느끼게 해서는 안 된다는 데 동의했다.[12] 마오와 저우 사이 이러한 교류는 중국공산당의 국내외 정책을 공개적으로 발표하는 데서 '민주주의'와 '민족주의'를 강조하려는 의도를 다시 한번 드러냈다.

★★★★★

5월 초, 저우를 대신하여 중국공산당 대표로 나선 린보취가 국민당 수석 협상가 장즈중과 협의했을 때, 장은 린에게 "현재의 교착상태를 해결하기 위한 계획"을 제시해 달라고 요청했다. 린은 저우와 린뱌오가 이미 전년도에 그러한 계획을 제시했지만 국민당이 응답하지 않았다고 대답했다. 그는 최근 헌정 정치에 관한 저우의 연설을 회담의 기초로 삼을 것을 제안했다.[13] 마오는 장이 군사적 패배의 여파로 국내외에서 심각한 신뢰 위기에 직면했다는 것을 인식하고, 중국공산당에 "가까운 미래에 큰 변화를 관리할 준비를 하라"라고 촉구했다. 그리하여 그는 국민당과 저우가 이미 도입한 조건들을 넘어서는 새로운 협상 아이디어들을 고안했다.[14] 5월 말, 린은 "정부에 의한 민주 정치 채택" "다른 정당들의 활동 허용" "인민에 의한 진정한 지방자치 실행"을 포함한 일련의 새로운 조건들을 제출했다. 중국공산당은 또한 총 병력을 47개 사단으로 확장할 것을 요청했다.[15] 이러한 새로운 조건들은 장즈중이 보기에 상당히 공격적인 것들이었고, 그는 심지어 그것들을 장제스에게 전달하기를 거부했다.[16] 그러나 수정된 조건들은 단지 중국공산당의 새로운 최저선일 뿐이었다. 국민당이 군사적 패배를 거듭할수록 '광범위한 민주주의'에 대한 공산주의자들의 요구는 더욱 커졌다. 8월 18일, 저우는 충칭의 중국공산당 협상가들에게 전보를 보내 "정부가 재조직되어야 한다"라는 명제를 강조했고, 마오는 이를 열렬히 지지했다.[17] 9월 15일, 중국공산당은 공식적으로 국민당에 "일당 통치를 끝내고…… 모든 항일 정당에 의한 연합정부를 수립할 것"을 제안했다.[18]

마오는 결국 '정치권력은 총구에서 나온다'고 굳게 믿었고, 중국공산당과 국민당 간 갈등은 일본과의 전쟁이 끝난 후 전장에서 해결되어야 할 것이라고 생각했다. 따라서 당이 강력한 군사력을 구축하고, 근거지를 공고히 하며, 대도시와 주요 교통선을 점령할 준비를 하는 것을 "최우선 과제"로 삼아야 한다고 강조했다.[19] 1944년 중반부터 중국공산당 지도부는 당의 최정예 부대 중 일부를 양쯔강 남쪽에 새로운 근거지를 만들도록 파견하라고 명령했다. 그들은 상하이와 항저우 근처 지역 및 두 도시를 연결하는 철도를 따라 유격 작전을 수행하여, "유격전으로 그들을 단단히 포위"하는 임무도 맡게 될 것이었다.[20] 가을에 중국공산당 지도부는 더 나아가 새로 형성된 남진 종대를 양쯔강 남쪽 지역으로 깊숙이 침투하게 했다.[21]

마오와 저우는 또한 국제 외교에 상당한 주의를 기울였다. 이 분야에서 가장 경험이 많은 중국공산당 지도자로서 저우는 이제 당의 가장 핵심적인 의사결정 집단으로 돌아갈 방법을 거기서 찾았다. 국민당의 참패는 해외에서 부정적인 반응을 강하게 불러일으켰다. 루스벨트와 그의 군사 기획가들은 깊이 우려했다. 장과 중국 전구 연합군 참모총장이었던 미국 장군 조지프 스틸웰(Joseph Stilwell)의 관계 또한 큰 어려움에 봉착했다. 그들의 협력은 1942년 스틸웰이 중국에 도착한 후 짧은 허니문을 누렸다. 그러나 머지않아 관계는 식었고, 점차 상호 적대감을 형성하며 악화되었다. 장은 스틸웰이 중국 전구 사령관인 자신의 권위에 불복종하고 심지어 경멸한다 여겨 불쾌해했고, 스틸웰은 장의 정부에 만연한 부패와 무능한 군대에 분노했다. 1944년 초, 국민당군이 일본의 공세에 직면하여 거듭 붕괴하자 스틸웰은 루스벨트에게 장에 대해 매우 비판적인 내용을 담은 보고서를 여러 차례 보냈다. 그는 결코 친공산주의자가 아니었다. 그러나 그는 중국에서의 항전의 흐름을 바꾸기 위해 미국이 중

국공산당과 군사 협력해야 한다고 옹호했다.[22]

　루스벨트는 장에게 정치개혁을 촉구하기 위해 1944년 6월에 부통령 헨리 월리스(Henry Wallace)를 중국에 보냈다. 월리스는 3일 동안 충칭에서 장과 여섯 차례 회담했다. 장은 "중국공산당의 선전이 매우 비판적이었다"라며 "중국공산당은 실제로 코민테른의 지지를 받았다"라고 강조했다. 그는 미국이 "중국공산당 도전의 사악한 본질을 명확히 이해"하기를 희망했다. 그러나 오랫동안 친소련 성향을 가져 온 월리스는 장에게 "만약 중국공산당 문제 배경에 소련이 있다면, 중국은 더 이른 시기에 소련과 직접 협의하기 시작했어야 했다"라고 응수했다. 그는 장에게 정부를 개혁하고 중국공산당과 협력할 것을 촉구했다. 또한 미국이 옌안에 군사 참관단을 파견하기를 원한다고 언급했고, 장은 이에 동의했다.[23]

　저우와 동지들은 이러한 전개를 주목했다. 월리스가 중국에 도착하는 것과 동시에 《해방일보(解放日報)》는 장을 독재자라 비난하는 사설을 게재하고, 중국공산당이 그들의 "해방구"에서 루스벨트가 주창한 "네 가지 자유"를 실현했다고 자랑했다.[24] 7월 초, 옌안에서는 미국 독립기념일을 축하하기 위한 대규모집회가 열렸는데, 이는 중국공산당 역사상 전례 없는 행사였다. 집회 연설에서 저우는 미국의 민주주의, 특히 독립과 민족 해방을 추구하는 미국인들의 정신을 칭찬했다.[25] '딕시 미션(Dixie Mission)'으로 알려진 데이비드 배럿(David Barrett) 대령이 이끄는 미국 군사 참관단 그룹이 7월 28일에 옌안에 도착했다. 《해방일보》는 "환영합니다, 우리의 전우인 미국 참관단!!"이라는 제목의 사설로 그들의 도착을 알렸다. 마오가 그 글의 제목에 '우리의 전우'라는 말을 추가했다.[26] 저우는 그 그룹이 공산주의 본부에 머무는 동안 배럿 및 다른 구성원들과 빈번하게 만났다.[27]

　8월 18일, 중국공산당 중앙은 저우와 동료들이 초안한 '외교 문제에 관한 지시'를 전당에 발표했다. 이것은 중국공산당 최초의 외교정책에 관한 포괄적인 문서였다. 지시에 따르면 당은 국내외 상황에서 주요한 변화에 직면해 있었다. 따라서 중국공산당은 외교 문제에 더 많은 주의를 기울여야 했고, 국내에서 통일전선 업무를 처리한 경험을 활용하여 특히 미국과의 외교를 관리해야 했다. "소련 및 영국과 비교할 때, 미국은 중국의 대일 전쟁에 더 깊이 관여해 왔기" 때문이었다. 저우는 중국공산당의 통일전선 정책이 국내에서 성공했으므로, "그러한 정책을 국제적으로 수행하면 우리에게 훨씬 더 큰 성과를 가져다줄 가능성이 크며…… 그리하여 중국 혁명 승리를 위한 유리한 조건들을 더 많이 창출할 것"이라고 판단했다.[28]

마오는 저우와 함께 당시 옌안에 있던 미국 외교관 존 S. 서비스(John S. Service)를 8월 23일에 만났다. 마오는 중국공산당의 민주주의 수용과 미국이 중국에 지원할 필요성에 초점을 맞췄다. 마오는 강조했다. "중국은 산업화해야 한다. 이를 위해서는 중국에서 자유기업과 외국 자본의 도움이 필요하다. 중국과 미국의 이익은 서로 연관되어 있고 유사하다. 경제적으로나 정치적으로나 중국과 미국은 서로 잘 맞는다. 우리는 협력할 수 있고 협력해야 한다." 그는 중국공산당이 국민당보다 더 민주적이고 군사적으로도 더 유능하다고 설명하며 강조했다. "미국은 우리가 국민당보다 더 협조적이라는 사실을 알게 될 것이다. 우리는 민주적인 미국의 영향력을 두려워하지 않을 것이다. 우리는 그것을 환영할 것이다…… 우리는 미국의 도움이 필요하다." 마오는 말했다. "당신들 미국인들이 무엇을 생각하고 계획하고 있는지 알고 싶다…… 우리는 당신들과의 갈등을 감수할 수 없다." 회의 내내 저우는 거의 듣고만 있었다. 자신이 발언할 차례가 되었을 때 저우는 서비스에게 말했다. "미국의 입장에서 중국에서의 전쟁에서 결정적으로 승리하고 내전을 피하는 유일한 방법은 국민당과 공산주의자들 모두에게 무기를 주는 것이다."[29]

　마오와 저우는 진심이었을까? 그들이 새로운 국가를 건설하기 시작하면서 전후 중국을 재건하는 데 이러한 생각들을 진정으로 실행할 계획이었을까? 아니면 그들의 확신은 단지 정치적 연극의 대사에 불과했을까? 모든 성공적인 외교는 연기 요소를 포함한다. 성공적인 외교관은 또한 훌륭한 배우이다. 이것은 특히 연극을 사랑했고 학생 시절 아마추어 배우였던 저우의 경우에 그러했다. 외교는 그 자체의 무대 위에서 펼쳐진다. 마오와 저우의 표현을 그들의 진의가 반영된 것으로도, 완전한 기만으로도 취급해서는 안 된다. 결국 정치적 반대 세력으로서 그들에게는 민주주의를 지지하고 자유를 위해 노력하는 것이 더 쉽거나 더 필요한 일이었다. 진정으로 중요한 것은 그 정치 세력이 권력을 잡은 후에도 진정한 자유와 민주주의를 계속해서 포용하고, 그 권력이 견제되고 균형을 이루도록 허용할 것인지 여부이다.

　진심이든 아니든, 마오와 저우의 연기는 효과적이었다. 중국의 정치 담론을 지배하려는 추진력 속에서 중국공산당은 민족주의와 민주주의라는 두 가지 중요한 기치를 장악하여 국민당을 수세에 몰아넣었다. 서비스와 중국에 있는 다른 많은 미국인이 두 중국공산당 지도자의 말을 들었다. 워싱턴에 보낸 보고서에서 서비스와 다른 미국 외교관들은 중국 공산주의자들을 공산주의자라기보다는 민족주의자로 묘사했다. 일부 보고서에서는 심지어 중국공산당이 진정으로 민주주의를 지지한다고 보기도 했다.[30]

* * * * *

　중국공산당 지도자들이 미국인들과 좋은 관계를 구축하기 위해 부지런히 노력하는 동안, 장과 스틸웰의 관계는 극도로 악화되었다. 7월 7일, 스틸웰이 재촉하여 루스벨트는 장에게 중국군을 지휘하는 "모든 책임과 권한"을 스틸웰에게 이양할 것을 요청했다. 루스벨트는 경고했다. "(그러지 않으면) 우리 공동의 대의는 재앙적인 좌절을 겪을 것이다."[31] 장은 즉시 이것을 자신의 권위와 권력에 대한 뻔뻔한 도전으로 받아들였다. 루스벨트와 직접 대면하는 대신, 그는 "온건한 전략"을 채택했다. 스틸웰에게 군사 지휘권을 이양하는 데 동의하면서도, 루스벨트에게 스틸웰과의 관계를 "중재"하는 데 도움이 될 "개인적으로 신뢰할 수 있는 국민투표 대표"를 중국에 파견해 달라고 요청했다.[32] 8월 10일, 루스벨트는 장에게 패트릭 J. 헐리 장군을 자신을 대신해 중국에 보낼 것이며, 그가 국민당과 중국공산당 간 관계를 중재하면서 장-스틸웰 논쟁을 관리하게 될 것이라고 알렸다.[33] 저우와 중국공산당 지도자 동료들은 헐리 사절단의 중국 방문을 도전이자 중요한 기회로 보았다. 당 중앙을 대신하여 초안한 지시에서 저우는 헐리의 방문을 적절히 처리한다면 "미국으로부터 군사 지원을 구하고자 하는" 중국공산당의 노력을 촉진할 수 있다고 강조했다.[34]

헐리는 외교관이 아닌 장군이었다. 중국에 오기 전 그는 모스크바를 방문했는데, 거기서 소련 외무장관 뱌체슬라프 몰로토프(Vyacheslav Molotov)는 그에게 중국공산당이 모스크바가 지지하지 않는 "자칭 공산주의자들"이라고 말했다. 대신 소비에트는 "중국을 통일하는 데 도움이 될 미국의 노력을 지지"할 용의가 있었다.[35] 따라서 헐리는 만약 장이 모스크바와 좋은 관계를 발전시킬 수 있다면, 중국공산당 문제를 해결하는 데 도움이 될 것이라고 생각했다. 9월 7일 장과 만났을 때, 그는 장제스에게 워싱턴이 중국의 군사력을 통일하려는 노력과 "민주주의에 기초한" 정치적 통일을 지지한다고 말했다.[36]

장과 스틸웰 사이에 일어난 균열은 그 무렵 통제 불능 상태로 치달았다. 장은 9월 24일 헐리와 만나, 스틸웰을 소환하고 "우정과 협력의 정신을 가진" 다른 지휘관을 중국에 보내 달라고 요구했다.[37] 헐리는 장의 요구가 국공 관계 중재 임무와 관련 있다고 보고, 장에게 충칭의 중국공산당 대표들과 만나고 옌안을 방문하는 것을 허락해 달라고 요청했다. 루스벨트 대통령에게 보낸 보고서에서 헐리는 양국의 전시 협력이 미국의 중국 정책 중심에 있으며, 장의 역할이 매우 중요하다고 강조했다. 그러나 루스벨트는 "장제스와 스틸웰 사이에서 선택해야 하는 상황에 직면"했다. 헐리는 대통령에게 말했다. "만약 당신이 스틸웰을 지지한다면, 장제스를 잃을 것이고, 그와 함께 중국을 잃게 될 것이다." 헐리는 만약 장이 중국의 정부 및 군사를 개혁하는 데 동의한다면 스틸웰을 소환하라고 제안했다.[38] 10월 18일, 루스벨트는 스틸웰이 중국에서 소환될 것이라고 발표했다.[39]

그동안 헐리는 충칭의 중국공산당 대표들에게 장이 그의 옌안 방문 계획에 동의했다고 알렸다. 10월 21일, 장은 헐리에게 중국공산당 문제 해결을 위한 제안서를 건넸다. 헐리는 그 제안이 "꽤 가혹하다"라고 느끼고 수정해 달라고 요청했다.[40] 11월 7일 장은 헐리에게 수정된 제안서를 주었는데, 중국공산당이 장을 "모든 중국 군대의 사령관"으로 인정해야 한다는 조항은 헐리가 요청한 대로 "중국공산당 군대가 정부에 의해 재편성"된다는 조건하에 "중국공산당 군대가 장의 명령에 복종하고 수행한다"라는 조항으로 변경되었다.[41]

헐리는 11월 7일 비행기를 타고 옌안으로 갔다. 마오와 저우는 공항에서 그를 환영했다. 다음 날부터 두 중국공산당 지도자는 미국 특사와 연이어 회담했다. 저우는 이전에 미국인들을 겪어 본 경험이 있어 신참 외교관인 헐리를 어떻게 대해야 할지 알았다. 그는 마오와 함께 중국공산당이 공산주의보다는 민주주의와 민족주의를 지지하며 진정한 민주적 원칙을 따르는 정치체제를 추구하고 있다는 것과 일본을 격파하기 위해 미국인들과 협력하기로 결심했다는 점을 강조했다.[42] 그들의 말이 헐리의 귀에는 마치 음악처럼 들렸다. 이틀간 회의한 끝에 헐리는 마오 및 저우와 5개 조항에 합의했다. 합의 조건에는 무엇보다 중국공산당이 연합정부에 참여하고, 국민당이 민주적 개혁을 수행하며, 모든 중국 군대가 새로운 연합군사위원회의 지휘하에 놓인다는 내용이 규정되었다.[43] 헐리는 "기본 원칙들이 거의 모두 우리 것"이라고 믿었기 때문에 자신이 낸 성과에 꽤 만족했다. 특히 그는 연합정부가 민주적 원칙과 양립 가능하며 장의 지위를 약화시키지 않을 것이라고 믿었다.[44]

헐리는 마오와 저우가 '연합정부'를 자신과는 다르게 정의했다는 점을 깨닫지 못했다. 그의 관점에서 볼 때, 중국공산당이 장이 이끄는 연합정부에 참여하기로 약속하면 장의 정당성과 지위는 자연스럽게 향상될 것이었다. 그러나 마오와 저우에게 연합정부란 장의 권력을 견제하고 균형을 맞추어, 장제스의 '일당독재'에 도전하는 것이었다. 저우는 헐리가 직면할 어려움들을 예견했다. 그는 다른 중국공산당 지도자들에게 말했다. "장은 우리를 그의 정부에 포함시키는 것과 연합정부를 수립하는 것의 차이점을 안다. 그러나 헐리는 이 둘을 혼동하여 장이 그것을 받아들일 것이라고 생각한다. 나는 장이 필연적으로 그러한 합의를 수정하라고 요구할 것이라 예측한다."[45]

저우와 헐리는 함께 11월 10일에 충칭에 도착했다. 저우가 예측했듯이, 장은 5개 합의 조항을 중국의 최고 지도자로서 자신의 권위에 대한 심각한 도전으로 보았다. 장이 합의에 반대하자 헐리는 좌절하여 루스벨트에게 보고했고, 루스벨트는 중국공산당과 타협하도록 장을 더욱 압박하라고 지시했다.[46] 장은 어떤 양보도 거부하면서, 그가 공산주의자들의 함정에 빠진 것이라고 거듭 경고했다. 마침내 장은 헐리를 설득하여 저우에게 새로운 제안을 전달하게 했는데, 이에 따르면 중국공산당은 군사위원회에 참여하는 대가로 군 지휘권을 포기하고, 국민당은 정부에서 지배적인 위치를 유지할 것이었다.[47]

헐리와 저우의 다음 만남은 격렬한 언쟁으로 끝났다. 헐리는 장의 역제안을 저우에게 제시하며, 그것이 추가 협상에서 기초가 되어야 한다고 설명했다. 저우는 즉시 반박하며, 장은 중국공산당이 정부와 군사위원회에 참여하도록 허용하며 명백히 양보하는 듯 보이지만 이는 중국공산당에게 실질적인 권력을 주지 않고 국민당 일당독재를 보장할 공허한 제스처라고 주장했다. 또한 헐리가 그들 두 사람이 옌안에서 도달했던 합의를 포기한 것을 엄중히 비판했다. 회의 말미에 저우는 즉시 충칭을 떠나겠다고 위협했다.[48] 회의를 보고하는 저우의 전보 여백에 마오는 논평했다. 만약 중국공산당이 장의 역제안을 받아들인다면, "국민당의 일당 통치는 변하지 않을 것이고, 우리 군대의 발전은 제한될 것이다."[49] 마오의 말은 양당 간 핵심적인 차이점들을 요약했다.

저우는 또한 장과 만났다. 장은 정부의 존엄을 지키기 위해 중국공산당의 정부 개편 제안을 거부해야 한다고 주장했다. 저우는 장에게 물었다. "정부는 내각이지 국가가 아니다. 만약 그것이 책임을 다하지 못한다면, 재조직하지 않을 이유가 무엇인가?" 회의는 두 사람이 의견 일치를 보지 못한 채 삼십 분도 채 안 되어 끝났다. 장제스는 일기에 "(저우는) 이전처럼 존중하거나 자제하지 않았다"라고 썼다.[50] 마치 한숨을 쉬는 듯했다.

그 후 저우는 "해방구평의회"를 설립할 것을 요구함으로써 "장이 연합정부에 동의하도록 강요"하는 것을 고려했다.[51] 마오는 그에게 이 새로운 제안을 제출하지 말라고 지시했다. 대신 "5개 조항의 합의를 고수"하고

"옌안으로 돌아가라"라고 지시하면서, 헐리에게 "충칭으로 돌아오지 않을 것"이라고 말하여 그의 중재 노력이 실패 직전에 있음을 알리라고 했다.[52] 막 중국 주재 미국 대사로 임명된 헐리는 크게 당황했다. 그는 거듭 중국공산당에 장의 역제안을 받아들이고 '정부에 참여'할 것을 촉구했다. 저우는 동요하지 않았다. 그는 단언했다. 만약 중국공산당이 이런 식으로 정부에 참여한다면, "실질적인 목소리와 권력 없이 단순히 손님이 될 뿐이다."[53] 저우는 12월 7일에 옌안으로 돌아갔다. 그는 헐리에게 전보를 보내 장의 정부가 변혁되지 않는 한 충칭으로 돌아오지 않을 것이라고 거듭 밝혔다. 그러나 관계를 완전히 끊지는 않으려 중국공산당이 여전히 군사 협력의 구체적인 문제들에 대해 미국인들과 상의하고 미군 참관단과 긴밀한 연락을 유지할 것이라고 언급했다.[54]

그동안 마오와 저우는 헐리를 우회하여 워싱턴과 직접적인 관계를 수립하고자 했다. 마오는 심지어 미국 지도자들, 특히 루스벨트 대통령과 만나기 위해 워싱턴 방문을 제안하기까지 했다.[55] 그들은 워싱턴으로부터 아무런 회답도 듣지 못했다.

헐리는 여전히 저우를 충칭으로 다시 데려오기를 희망했지만, 저우는 거절했다. 저우는 강조했다. 중국공산당과 국민당의 차이점은 크고, 충칭으로 돌아가기에는 너무 이르다고.[56] 헐리는 그 후 다른 방법을 시도했다. 1945년 새해가 지난 직후, 그는 마오와 저우에게 전보를 보내 옌안에서 양당 간 협상을 재개할 것을 제안하고 회담에 참석하겠다고 했다. 마오는 회답했다. 그러한 회의에서는 아무런 결과도 없을 것이라고.[57] 그러나 헐리는 끈질겼다. 그는 마오에게 다시 편지를 써서, "장의 태도가 변했다"라고 하며 회담을 재개하기 위해 저우가 충칭으로 돌아와야 한다고 촉구했다.[58] 비록 헐리와 교착상태에 빠지는 것을 피하기 위해서였지만, 이번에 저우는 동의했다.

저우가 예측했듯이, 재개된 회담은 신속하게 교착상태에 빠졌다. 저우는 2월 13일 헐리 입회하에 장과 만났다. 장은 강경한 입장을 취했다. 그의 당은 미래의 국민대회에만 권력을 이양할 것이며, "전리품을 나누려는" 다양한 정당들의 모임에는 이양하지 않을 것이라고 그는 주장했다. 장은 중국공산당이 선호하는 연합정부는, "그의 정부를 전복"하고 중국의 지도자로서 그의 지위를 약화시키려는 의도라고 했다. 저우는 장의 요점들을 하나하나 반박했고, "격렬한 언쟁"이 이어졌다.[59] 회의 후, 저우는 장이 일당독재를 고집하여 국공 협상을 결렬시켰다고 비판하는 성명을 발표했다.[60] 그는 2월 16일에 다시 옌안으로 돌아갔다.

*****

저우가 장과 헐리에 대해 강경한 접근법을 취한 이면에는 국제 정세가 자신들에게 결정적으로 유리하게 돌아가고 있다는 중국공산당 지도자들의 믿음이 있었다. 소련 홍군이 유럽에서 신속히 진격하는 것을 관찰하면서 마오와 그의 동지들은 소비에트가 동아시아 정치에서 더 큰 역할을 할 것으로 기대했다. 그들은 또한 미국인들이 일본과의 전쟁을 위해 중국공산당의 지원, 즉 군수 및 기타 지원을 필요로 한다고 믿었다. 1945년 2월 초, 스탈린은 마오에게 자신이 얄타에서 루스벨트 및 처칠과 만날 것이라고 알렸다. 마오는 "중요한 동방 문제를 결정하는 데서 소련의 목소리가 강화됨에 따라…… 미국과 장 모두 우리와 정치적으로 타협할 의향이 더 커질 것"이라고 판단했다.[61]

그러나 얄타 정상회담은 마오가 희망했던 대로 전개되지 않았다. 스탈린은 중국에 관해 루스벨트와 거래를 했다. 그는 독일이 패배한 후 2~3개월 내에 일본과의 전쟁에 참전하고, 중국의 내분에서 중국공산당을 지지하지 않으면서 장을 중국의 유일한 지도자로 인정하는 데 동의했다. 그 대가로 루스벨트는 외몽골 독립을 받아들이고 1904~1905년 러일전쟁에서 러시아가 일본에 잃었던 모든 이전 권리와 특권이 소련에 반환될 것이라고 약속했다.[62]

장은 루스벨트를 압박하여 중국에 관한 얄타협정의 주요 내용을 알아내는 데 성공했다.[63] 장은 비록 화가 났지만, 스탈린과 중소 조약 조건을 협상할 시간이 있다고 믿었다. 그러나 스탈린이 미국인들과 맺은 거래에 대해 중국공산당에 공유하지 않았기 때문에 마오와 저우는 아무것도 몰랐다. 그들은 여전히 소비에트가 일본과의 전쟁에 참여하면 국내에서 중국공산당의 힘이 크게 향상될 것이라고 생각했다. 4월 4일 모스크바가 일본과의 중립 조약을 무효화할 것이라고 발표했을 때, 마오는 모스크바가 곧 일본에 선전포고할 것이라고 더욱 자신했다. 그는 중국공산당 군대가 장래 소비에트와 협력하여 일본과 싸우게 되기를 바랐다.[64]

그 무렵 헐리는 업무 보고를 위해 미국으로 돌아갔다. 4월 2일, 그는 기자회견에서 미국 정부가 국민당 정부를 전적으로 지지하며 "어떤 무장 군벌이나 무장 정당"과도 협력하지 않을 것이라고 발표했다.[65] 마오와 중국공산당 지도자 동료들은 격분하여, 중국공산당이 "중국에 대한 미국의 잘못된 정책에 단호히 반대"하고, "헐리와 같은 미국 정부 내 제국주의자들에게 도전"할 것이라고 주장했다.[66] 그렇게 함으로써 중국공산당은 강대국 정치의 매우 복잡한 거미줄에 얽히게 되었다.

*****

그동안 국민당과 중국공산당 모두 전쟁 후 있을 정치적, 군사적 결전을 준비하고 있었다. 장의 관점에서 볼 때, 전쟁 중 그의 지도력은 중국 최고 지도자라는 지위의 정당성을 강화했어야 했다. 국민당이 군사적으로 참패했음에도 불구하고 장은 여전히 자신이 전후 시대에 중국의 정치 무대를 지배해야 한다고 믿었다. 5월 국민당 제6차 당대회에서 장은 발표했다. "오늘 우리의 주요 임무는 중국공산당을 파괴하는 것이다. 일본은 해외의 적이고, 중국공산당은 국내의 적이다. 공산주의자들을 제거해야만 우리의 임무가 완수될 것이다."[67]

중국공산당은 거의 같은 시기에 제7차 당대회를 개최했다. 마오는 대회에 대한 정치 보고서에서 중국공산당이 소비에트 홍군과 협력하여 중국에서 지배적인 정치 세력이 될 것을 촉구했다. 마오는 중국공산당이 직면한 국제 정세를 분석하면서 미국이 "일본과 싸우기 위해 장과 동맹을 맺고, 소련을 거부하며, 공산주의에 반대함으로써" 동아시아에서 패권을 확립하려 시도하고 있다고 지적했다. 그러나 마오는 소련으로부터 오는 지원이 중국 혁명의 발전에 더 결정적인 역할을 할 것이라고 믿었다. 마오는 약속했다. "국제적 지원은 반드시 올 것이다. 만약 오지 않는다면, 내 목을 베어도 좋다!" 더욱이 중국공산당의 정치적 영향력과 군사력은 전쟁 기간 동안 급속하고 전례 없는 성장을 이루었다. 마오는 완전히 자신만만해서 발표했다. "이번에는 우리가 중국을 장악해야 한다. 우리는 이 전망에 대비해야 한다."[68]

저우는 제7차 당대회에서 통일전선에 대해 긴 연설을 했다. 그는 중국공산당과 국민당의 관계를 서술하며, 당이 적과 친구를 명확히 구분하여 통일전선에서 지도적인 역할을 해야 한다고 강조했다. 저우는 자신이 과거에 "많은 심각한 실수들"을 저질렀으며, 이를 계속해서 바로잡기 위해 노력할 것이라고 말했다.[69] 그러한 연설을 함으로써 저우는 다시 한번 정풍운동을 수용하는 태도를 보였고, 동시에 마오가 "중국을 장악하기 위해 노력하는 것"이라고 묘사했던 당의 주요 과업에 동조했다.

각자 당대회를 치르는 동안 국민당과 중국공산당 지도자들은 모두 일본과의 전쟁이 금방 끝나지 않을 것이기에 다가오는 내전을 준비할 시간은 충분하다고 믿었다. 저우는 6월 16일 전보에서 "항전은 올해 최종 단계에 도달하지 않을 것이며, 내년에 극적인 변화가 있을 가능성이 크다"라고 예측했다.[70] 8월 4일 자 중국공산당 내부 지시에서는 여전히 "일본 도적들은 1946년 겨울까지 패배하지 않을 것"이라고 추정했다. 따라서 중국공산당 지도자들은 일본이 패배한 후 "불가피한 내전"을 위해 "준비 기간을 약 일 년 가지게 될 것"이라고 믿었다.[71]

장의 정부는 루스벨트와 스탈린이 얄타에서 맺은 중국에 관한 거래 내용을 알게 된 후 소비에트와 협상하기 시작했다. 그러나 양측은 외몽골 독립과 중국에서 소비에트의 '권리와 특권'을 인정하는 것과 같은 문제들에 대해 합의하기가 어려웠다. 스탈린은 장을 중국의 유일한 지도자로 인정하고 중국공산당에 대한 지원을 중단하겠다는 약속을 계속 지켰다. 그는 이 두 가지 보증을 중요한 협상 카드로 사용했다. 그러나 7월 중순, 장의 특사인 쑹쯔원과 스탈린 간 모스크바 협상은 교착상태에 빠졌다.[72] 분명히 장은 일본과의 전쟁이 곧 끝나지는 않을 것으로 예상했다. 따라서 스탈린과 거래를 서두를 필요성을 느끼지 못했다.

*****

그러나 전쟁은 마오, 저우, 장이 예측했던 것보다 훨씬 더 빨리 끝났다. 7월 27일, 연합국은 포츠담선언에서 일본에게 무조건 항복을 요구했다. 그리고 히로시마와 나가사키에 미국 원자폭탄이 두 개 투하되고 소비에트 홍군이 전쟁에 참전한 후, 일본은 8월 15일에 연합국에 무조건 항복했다. 거의 순식간에 중국의 대일 전쟁은 승리로 끝났다.

마오는 소비에트의 동북(만주) 침공 소식에 매우 기뻐했다. 그는 저우 와 다른 동지들에게 말했다. "우리가 이제 소비에트 군대와 협력하여 전 쟁을 치를 수 있다니 정말 큰 기쁨이다."[73] 그는 중국공산당 지역 지휘관 들에게 "주저하지 말고 크고 작은 도시들과 중요한 교통선들을 점령하 고, 무기와 자원을 탈취하며, 대중을 동원하고 무장시키는 데 전력을 다 하라"라고 명령했다.[74]

장은 국민당 정부가 급속히 팽창하는 중국공산당 군대를 감당할 수 없 다는 것을 알았다. 따라서 즉시 일본군에 중국공산당에게 항복하지 말라 고 했다. 그동안 그는 새로운 조약에 대한 협상에서 소비에트에게 크게 양보하기로 결정했다. 그때 쑹쯔원은 모스크바에서 스탈린과 회담을 재 개했다. 장은 큰 망설임 끝에 외몽골 독립을 받아들이는 고통스러운 결 정을 내렸고, 중소 조약 체결의 길을 열었다. 스탈린은 그 대가로 중국공 산당을 지지하지 않고, 모스크바의 도덕적, 군사적 및 기타 물질적 지원 을 "모두 중국 중앙 정부에" 돌릴 것을 약속했다.[75] 중소 조약이 체결된 8월 14일, 장은 마오에게 전보를 보내 "중요한 국제 및 국내 문제들"을 논 의하기 위해 충칭으로 오라고 초대했다.[76]

그리하여 마오와 중국공산당은 매우 어려운 입장에 놓이게 되었다. 더 욱이 스탈린은 마오와 그의 동지들에게 내전을 피하기 위해 장과 협상해 야 한다고 거듭 말했다. 8월 23일 전보에서 소비에트 독재자는 중국 동지 들에게 엄중히 경고했다. "중국은 내전을 감당할 수 없다. 만약 중국에서 내전이 발발한다면, 중국 민족은 파멸의 길로 들어서게 될 것이다."[77] 스 탈린의 관점에서 볼 때, 이것은 얄타협정의 중국에 관한 비밀 조항들과 완전히 양립 가능했다. 그러나 마오와 그의 동지들은 그것을 잔인한 배 신으로 보았다. 모스크바의 지원은 전후 중국을 통제하기 위해 장과 경 쟁하려는 그들의 원래 계획에서 중요한 부분이었다. 스탈린이 그러한 지원을 제공하기를 거부하자, 중국공산당은 소비에트 지도자의 요구를 받아들일 수밖에 없었다. 8월 22일, 중국공산당 중앙은 전당에 알렸다. "소련은 중소 조약에 구속되어 있고 평화를 유지하기 위한 목적으로 우리를 지원할 입장이 아니다. 장제스는 그의 법적 지위를 이용하여 적군의 항복을 받아들일 수 있으며, 일본군과 괴뢰군은 대도시와 중요한 교통망을 그에게 넘겨줄 것이다." 마오와 중국공산당 지도부는 그리하여 "장기적인 관점에서 변화하는 상황에 대처할 준비를 하기 위해" 인식과 전략을 재검토하기로 결정했다.[78]

중국공산당 지도자 대부분은 장의 초대에 대해 고려하면서 마오보다는 저우를 충칭으로 보내는 편이 더 낫다고 생각했다.[79] 저우도 동의했다. 결국 중일전쟁 기간 동안 그의 주요 임무 중 하나는 장 및 국민당을 다루는 것이었고, 그는 충칭에서 또 다른 임무를 처리할 수도 있었다. 그러나 마오는 생각이 달랐다. 그는 8월 23일 정치국 회의에서 소비에트의 입장을 논평하는 것으로 긴 연설을 시작했다. "일본과의 전쟁은 끝났고, 유럽과 동양을 포함한 전 세계는 전후 평화 재건의 시대에 들어섰다." 따라서 그는 추론했다. "만약 소비에트가 우리를 지원한다면, 미국인들은 확실히 장을 지지할 것이고, 그 결과 국제 평화는 고통받을 것이며, 세계대전이 뒤따를 수도 있다." 따라서 중국공산당은 변화하는 상황에 맞게 전략을 조정하고 "장이 일본의 항복을 받아들일 정당한 권리"와 "대도시를 인수할" 권리를 가지고 있음을 "인정"해야 했다. 마오는 당이 "평화, 민주주의, 단결"을 대중을 향한 지도 원칙으로 채택하면서도 장의 초대를 거절해서는 안 된다고 했다. 그는 말했다. "내가 가야 한다. 지체해서는 안 된다."[80]

국민당을 오래 다뤄 본 저우는 마오와 다른 사람들이 자신의 의견을 중요하게 여길 것임을 알았다. 그는 충칭에서 장과 만나는 도전적인 임무를 맡을 용의가 있다고 말했고, 마오가 가기에 적절한 시기인지는 "그다지 확신하지 못한다"라고 했다. 저우는 그날 문제에 대한 최종 결정을 미루고, 대신 "내가 그곳에 가서 장과 협상에 참여한 후"까지 기다릴 것을 제안했다. 그는 더 나아가 경고했다. "우리는 또한 이 모든 것이 단지 장의 음모일 수 있다는 점을 고려해야 한다."[81]

그날 마오는 장으로부터 또 다른 전보를 받았는데, 그는 저우가 충칭에 오는 것을 환영했다. 그러나 장은 마오에게 강조했다. "지금 우리가 직면한 모든 중요한 문제에 관해서는, 당신과 직접 대면하여 논의하기를 희망한다." 분명히 그는 마오와 저우가 함께 충칭에 오기를 희망했다.[82] 마오와 저우는 그 만남이 정치적 결전이 될 것임을 알았다. 다음 날 마오는 장에게 전보를 보내, "(저우)언라이 동지가 즉시 충칭으로 가서 당신을 만날 것이며, 나도 곧 뒤따라갈 것"이라고 알렸다.[83]

마오는 8월 25일 저우 및 다른 몇몇 정치국 위원들과 이야기할 때 이미 마음을 굳혔다. 그는 동지들에게 자신이 충칭에 가야 한다고 말했고, 그들을 설득하여 동의하게 했다.[84] 다음 날 마오는 정치국 전체 회의를 주재했고, 자신이 충칭에 감으로써 중국공산당이 "모든 정치적 주도권을 손에 쥘 것"이라고 강조했다. 그는 상세히 설명했다. "네 가지 조건, 즉 전쟁이 끝난 후 우리 자신의 힘, 전국 인민의 희망, 장 자신의 어려움, 국제적 개입이 갖춰진다면, 이번에는 일부 문제들을 해결할 수도 있다."[85] 마침내 중국공산당 정치국은 마오와 저우가 충칭에서 장과 만나는 것을 승인했다. 류사오치가 마오 부재중 당의 일상적인 의사결정을 책임지게 될 것이었다.[86]

돌이켜 보면, 마오의 결정은 비범하게 대담하면서도 지능적이고 전략적인 움직임이었다. 그때까지 장은 그를 협상에 초대했고, 스탈린 또한 그렇게 하라고 촉구했으며, 마오에게 주도권을 주었다. 그동안 미국인들

13-1 1945년 8월 28일, 장즈중, 마오쩌둥, 패트릭 J. 헐리, 저우언라이. public domain / Wikimedia Commons

뿐만 아니라 중국의 언론과 일반인들 모두 그에게 협상할 의향이 있는지 지켜보고 있었다. 마오는 충칭으로 가기로 결정함으로써 즉시 그의 당을 정치적으로 매우 유리한 위치에 놓았다. 임무에 걸린 이점들을 고려할 때, 마오는 그만한 위험을 감수할 가치가 있다고 느꼈다.

마오는 저우와 헐리와 함께 8월 28일 충칭에 도착했다. 양측 간 협상은 신속하게 시작되었다. 장의 원칙들은 다소 직설적이었다. 중국공산당 군사력을 크게 축소하고 중국공산당 통제 지역의 자치권을 제한하는 것 외에도, 그는 정치개혁이 "현 정부의 법적 전통을 벗어나서는 안 된다"라고 단언했고, "군사 명령과 정부 법령은 통일되어야 한다"라고 주장했다.[87] 마오의 협상 지침은 장의 그것과 극명하게 대조되었다. 그의 요구 사항 중에는 국민대회 대표들을 재선출하고, "인민이 누리는 자유"를 방해하는 기존 법령들을 무효화하며, 정당들에게 법적 지위를 부여하고, 중국공산당이 통제하는 "해방구"에 현재 존재하는 선출된 지방정부들을 인정하는 것이 포함되었다. 마오는 또한 중국공산당 군대가 48개 사단으로 재편성되어 중국공산당 장교들에게 지휘받아야 한다고 언급했다.[88] 9월 3일 저우는 토론을 위한 초안 계획을 국민당 측에 제시했다. 그 계획은 비록 '연합정부'를 언급하지는 않았지만, 만약 중국공산당이 해방구를 계속 통제하고 군대를 지휘할 수 있다면, 중국공산당은 "정부에 참여"하고 "군사위원회에 합류"할 것이라고 명시했다.[89] 장은 즉시 이해했다. 만약 이러한 조건들을 받아들인다면, 그가 중국의 정치 및 군사 질서를 통일하겠다고 강조해 온 일은 공허한 제스처가 될 것이라고.

양측의 극적인 차이점 때문에 협상은 아마도 실패할 운명이었다. 이후 6주 동안 양측은 많은 문제를 두고 엎치락뒤치락했지만, '정치의 민주화'와 '군대의 국유화'라는 두 가지 핵심 문제에 대해서는 전혀 진전을 이룰 수 없었다. 회담이 길어지면서 처음에 양측 사이에 존재했을지도 모르는 약간의 신뢰는 점차 소진되었다. 9월 27일 저우는 미래에 정치 협상 회의에 의해 해결될 때까지 해방구의 지위를 "일시적으로 유지"할 수 있다고 제안했다. 더 나은 대안이 없었던 국민당 대표들은 저우의 임시방편에 이의를 제기하지 않았다.[90]

협상은 10월까지 계속되었고, 양측 모두 그것을 마무리할 필요성을 느끼게 되었다. 그리하여 그들은 중화민국 건국 기념일인 10월 10일에 양측이 '정부와 중국공산당 간의 협상 요약'에 서명하기로 결정했다. 그 문서는 '평화, 민주주의, 통일, 단결'에 대한 공허한 수사로 가득했다. 또한 그것은 아직 해결되지 않았으며 장차 정치 협상 회의에 의해 해결되어야 할 일련의 문제들을 나열하고 있었다. 6주간 이어진 충칭 협상은 이 종이 한 장 외에는 아무것도 낳지 못했다. 저우는 중국공산당을 대신하여 요약에 서명했다. 다음 날, 마오는 옌안으로 돌아갔고, 저우는 남은 문제들을 처리하기 위해 뒤에 남았다.

$$\star\star\star\star\star$$

마오가 충칭을 떠나자마자 내전은 급속히 격화되었다. 사실 양측은 충칭 협상이 진행되는 동안에도 계속 싸웠다. 마오가 전시 수도에 도착한 직후, 중국공산당 중앙은 다른 지역 공산주의 군대들에게 "지금부터 공세를 계속하고, 북중국과 중중국에서 가능한 많은 영토를 통제하기 위해 최대한 노력을 기울이라"라고 명령했다.[91] 당 지도부는 동북 지역을 중국공산당의 전략 기지로 만들기 위해 간부와 군대 다수를 파견하기로 결정했다. 마오는 충칭에 옴으로써 자신이 정치적 주도권을 잡았다는 것을 분명히 알고 있었다. 그는 중국공산당 군 지휘관들에게 국민당 군대를 두려워하지 말고, 만약 "우리 군대가 전투에서 이길 수 있는 위치에 있다면" "자위의 이름으로 단호하고 철저하게 그들을 소탕하라"라고 특별히 지시했다. 그는 덧붙였다. "당신들이 더 잘 싸울수록, 충칭에 있는 내가 더 안전하다."[92]

이 시기 세계는 유럽과 동북아시아에서 워싱턴과 모스크바 간 긴장이 극적으로 고조되는 것을 목격했다. 따라서 스탈린은 중국의 미국과 장 정부에 대해 더 강경한 정책을 채택할 필요성을 느꼈다. 소련 극동군 사령관인 로디온 말리놉스키(Rodion Malinovsky) 원수의 대표인 벨루노소프(Belunosov) 중령이 9월 중순에 옌안에 도착했다. 그는 중국공산당 지도자들에게 만약 당의 동북 부대들이 그곳 대도시에 들어가지 않고, "미국과 국민당 측에 이것을 알리지 않는"다면, 소비에트가 그들이 동북에 들어오는 것을 허용할 것이라고 말했다. 그곳에서 중국공산당 군대는 시골과 일부 중소 도시들을 점령할 수 있었다. 소비에트 군대가 동북에서 철수할 때, 그들은 자신들이 점령했던 지역을 국민당에 넘겨주지 않고 "중국인들이 스스로 문제를 해결하게 할 것"이었다.[93]

중국공산당 지도부는 그리하여 9월 19일에 국민당과 대결하기 위해 "남쪽에서는 방어 태세를 유지하면서 북쪽에서는 공세를 취하는" 대전략을 채택하기로 결정했다.[94] 마오가 옌안으로 돌아온 후, 중국공산당 지도부는 국민당 군대가 동북 지역으로 들어오는 것을 막고, "전체 지역을 중국공산당의 통제하에 두기 위해 노력"하기로 결정을 더욱 군혔다.[95] 마오는 중국공산당이 먼저 동북에서 전투에 승리하고 입지를 강화해야 한다고 계산했다. 가능하고 필요하다면, 6개월 후 그들은 정치 협상 회의를 시작하는 시점에 장 및 국민당과 결전을 벌일 것이었다.

미국 대통령 해리 트루먼(Harry Truman)은 중국공산당과 국민당 간 적대감이 고조되며 큰 딜레마에 빠졌다. 한편으로 미국은 동아시아에서 소비에트의 영향력이 확대되는 것을 견제하고 중국의 안정을 유지하기

335

위해 장과 국민당 정부를 지지하는 것이 바람직했다. 그러나 중국에 개입할 경우 중국 내전에 직접 연루되거나 심지어 소비에트와의 대결을 유발할 위험이 있었다. 트루먼은 장단점을 저울질한 후 12월 15일에 미국이 국민당 정부를 계속 지지하겠지만, 미군을 동원해 중국의 내정에 개입하지는 않을 것이라고 발표했다. 그즈음 헐리는 대사직을 사임했다. 트루먼은 중국의 두 적대 세력 간 갈등을 중재하기 위해 조지 마셜(George Marshall) 장군을 중국에 특사로 보내기로 결정했다.[96]

마오는 즉각 반응했다. 마셜이 "장을 지지하고, 소련을 경계하며, 중국 공산당을 탄압하기" 위해 중국에 왔다는 것이었다.[97] 그러나 저우는 그 임명을 다르게 해석했다. 12월 19일 중국공산당 중앙이 내부 지시를 발표한 것은 필시 저우의 영향이었을 것이다. 지시에 따르면 트루먼의 성명은 "미국이 중국 내전에 직접 개입하지 않고, 중국을 통일하기 위해 무력을 사용하려는 장의 시도를 지지하지 않으며, 중국의 평화적 통일을 지지하기로 결정했다"라는 것을 의미했다.[98]

저우는 12월 22일 충칭공항에서 마셜을 환영했다. 그들은 다음 날 만났다. 저우는 마셜에게 말했다. "트루먼 대통령의 성명은 매우 훌륭하다. 우리는 그 성명의 많은 요점을 지지한다." 그는 강조했다. "우리가 미국 민주주의로부터 배울 점이 많다. 워싱턴의 민족 독립에 대한 헌신 정신, 링컨의 '국민의, 국민에 의한, 국민을 위한' 성명, 루스벨트의 '네 가지 자유'를 포함해서 말이다. 또한 우리는 미국의 농업 개혁과 산업화로부터도 배울 수 있다."[99]

저우는 마셜이 헐리와는 달리 국공 분쟁을 성공적으로 중재하기를 진심으로 희망한다는 것을 금방 깨달았다.[100] 따라서 그는 중국의 두 경쟁 정당 간 차이점을 공정히 다루기 위해 최선을 다할 용의가 있었다. 마셜은 저우를 "정직하고 유능한" 협상 상대라고 생각했다.[101] 마셜과 저우는 신속하게 기본적인 상호 신뢰를 구축했다. 한번은 저우가 여행을 위해 마셜의 비행기에 탑승했을 때 좌석에서 잠이 들었다. 그리고 몇몇 중국 공산당 최고 스파이에 대한 정보가 담긴 수첩을 두고 내렸다. 저우는 즉시 이 "거대한 사고"를 마오에게 "심각한 자기비판"과 함께 보고했다. 저우는 요원들을 긴급히 대피시킬 계획을 수립했지만, 즉시 행동하라고 명령하지는 않았다. 그의 직감은 "구식 신사"인 마셜이 그 정보를 국민당에 넘겨주지 않을 것이라고 말했다. 그것은 옳았다. 몇 시간 뒤에 마셜은 직원을 보내 저우에게 잃어버린 수첩이 담긴 봉인된 봉투를 전달했다. 저우의 요원 중 누구도 노출되지 않았다.[102]

마셜은 중재 임무를 세 단계로 수행할 계획이었다. 첫 번째는 양측 간 정전을 이끌어 내는 것이었다. 두 번째는 정치 협상 회의를 소집하는 것이었다. 세 번째로 마셜은 군대가 완전히 재편성되도록 할 것이었다. 그 계획은 정부 개혁이 군사 재편성보다 우선되어야 한다는 저우의 입장과 조화를 이루는 것처럼 보였다.

마셜이 소집하고, 저우가 중국공산당 수석 대표로, 장췬(張群, 나중에 장즈중)이 국민당 대표로 봉사하는 3인 그룹이 12월 말에 "정전 및 관련된 모든 문제"를 중재하기 위해 구성되었다. 마셜은 이미 정전협정 초안을 작성했는데, 이에 따르면 전국적인 정전이 발효되면 "모든 군대는 있던 곳에 머물러야 한다."[103] 저우는 즉시 그 협정 초안을 지지했다. 그러나 중국공산당과 국민당 측은 여전히 동북에서의 부대 배치에 대해 의견이 달랐다. 마셜이 의견 차이를 중재하자, 저우와 장췬은 마침내 그의 체면을 세워 주기로 결정했고, 1946년 1월 10일에 휴전 협정이 체결되었다.

저우는 기뻐했다. 류사오치를 포함한 중국공산당 다른 지도자들도 그 협정에 만족했다. 마오는 당이 그의 이름으로 "이제 중국의 평화와 민주주의의 새로운 단계가 시작되었다"라고 발표하는 데 동의했다.[104] 같은 날 첫 정치 협상 회의가 열렸다. 그러나 양측은 회의의 구체적인 의제에 대해 합의하기가 극히 어려움을 깨달았다. 그들의 의견 불일치의 핵심에는 장이 논의하기를 극도로 꺼렸던 정부 개혁 문제가 있었다. 1월 14일, 국민당은 새로운 '개혁안'을 발표했다. 정부위원회에 새로운 위원들이 추가될 것이지만, 이 새로운 위원들은 장이 지명할 것이며, 그는 위원회 결정에 대한 거부권을 유지하고 국민당은 여전히 위원회에서 과반수를 차지할 것이었다.[105]

저우는 즉시 국민당의 제안은 장이 일당 통치를 추구한다는 사실을 인정하는 것에 불과하다고 일축하고, 장의 개혁주의적 수사를 완전히 위선적이라고 묘사했다. 저우에게 만족스럽게도 다른 정당들의 대표들 또한 그 계획을 비판했다. 마셜도 그것을 좋아하지 않았다. 그는 개인적으로 장에게 정부를 재조직하기 위한 대안 계획을 보냈는데, 이에 따르면 임시통치위원회가 설립되지만 국민당 과반수에 의해 통제되지는 않을 것이었다. 장은 임시통치위원회를 통과한 결의안을 거부할 수 없으나, 대신 결의안이 통과하기 위해서는 삼분의 이가 찬성해야 했다. 장은 마셜의 계획을 터무니없다고 여겼다. 마셜은 "우리 국내 상황이나 중국공산당의 음모에 대한 이해 없이" "심지어 공산주의자들도 감히 제기하지 못하는 것을" 제안했으며, 그리하여 "매우 큰 혼란을 야기했다."[106] 그럼에도 불구하고 또 다른 '스틸웰 사건'을 피하기 위해 장은 마셜과 결별하지 않을 것이었다.[107] 비록 마셜이 그의 초안을 공개하지 않았지만, 그 계획은 여전히 장에게 몇 가지 핵심적인 양보를 압박했다. 특히 그는 정부 평의회에 국민당 위원을 스무 명만 임명하고, 나머지 스무 명은 국민당 승인 없이 중국공산당 및 다른 정당들이 지명하도록 하는 데 동의했다. 성공적인 정치 협상 회의의 문이 다시 열린 것처럼 보였다.

*****

돌이켜 보면, 이것은 마셜이 중국에서 임무를 수행하는 중 가장 영광스럽고 희망적인 순간이었다. 1월 27일, 저우는 마셜의 중재 노력에 대한 경과를 보고하기 위해 옌안으로 갔다. 그는 다음 날 중국공산당 최고 지도자 회의에서 중국공산당이 통제하는 해방구 문제가 이제 "지방자치의 정상적인 문제"로 해결될 것이며, 군대 국유화 문제는 정치 민주화 과정과 병행하여 해결될 것이고, 더욱이 정부가 개혁되면 중국공산당은 거부권을 보장받게 될 것이라고 강조했다.[108] 류사오치는 당 중앙을 대신하여 저우의 작업을 지지했다. 특히 류는 비록 중국공산당이 모든 군대의 국유화에 대해 크게 양보했지만, 그로써 전국의 민주 운동을 촉진할 것이라고 언급했다. 따라서 충분히 양보할 만한 가치가 있었다. 회의에 참석한 중국공산당 지도자들 모두 류의 칭찬에 동조했다.[109] 병가 중이었던 마오는 회의에 불참했고, 따라서 저우를 칭찬한 사람들 중에는 없었다.

저우는 흥분하여 마셜에게 보내는 마오의 인사 편지를 가지고 다시 충칭으로 갔다. 1월 31일 저녁, 정치 협상 회의는 다섯 가지 결의안을 통과시켰고, 기립박수가 터져 나왔다. 장이 이러한 결의안들을 지지하는 결론 발언을 하자 또다시 기립박수가 오랫동안 이어졌다. 마셜은 큰 성공을 거둔 것처럼 보였다.

중국공산당 지도부는 이제 의회를 통해 정치권력을 추구하려는 진정한 의도를 가진 것처럼 보였다. 중국공산당 중앙은 당내 공고를 발표하여, 정치 협상 회의에서 채택된 다섯 가지 결의안이 나타내듯이, 중국이 "평화와 민주주의를 특징으로 하는 새로운 단계에 곧 들어설 것"이라고 말했다. 따라서 "중국 혁명을 수행하기 위한 투쟁 또한 현재의 폭력적인 형태에서 비무장 대중을 동원하고 의회를 통한 비폭력투쟁으로 바뀔 것이다." 당은 "따라서 군대를 직접 이끄는 것을 중단하고…… 정부에 합류할 것이다."[110] 류는 이 새로운 노선을 매우 지지했고, 저우는 그것을 열렬히 받아들였다. 다른 당 지도자들도 대체로 진로 변경에 열성적이었다.

그러나 마오는 비폭력투쟁과 의회정치를 새로 강조하는 데 의심을 품고 있었다. 2월 12일, 중국공산당 중앙서기처는 군대 재편성 문제를 논의하기 위해 모였다. 아직 병에서 완전히 회복되지 않은 주석은 회의에 참석하여, 중국이 "프랑스식 의회 경로"를 밟을 것인지에 대해 의문을 제기했다. 더욱이 그는 미국인들과 장 모두 "군대 통일" 정책을 공산주의자들을 제거하기 위한 수단으로 사용하고 싶어 한다고 경고했다. "우리는 그런 함정에 빠져서는 안 되며, 소탕되어서는 안 된다." 그는 동료들에게 큰소리로 상기시켰다. "중국은 프랑스가 아니다!" 동지들의 머리에 찬물을 끼얹는 듯한 발언이었다. 류는 인정했다. "군대 국유화를 나라의 민주화와 교환하는 데는 위험이 있다. 민주화의 전망은 결코 확실하지 않다."[111]

마오가 예측했듯이, 국민당과 중국공산당 간 휴전은 곧 깨졌다. 2월 25일 저우, 장즈중, 마셜은 중국의 군사력을 국유화하기 위한 단계로서 군대 정돈에 관한 계획에 서명했다. 겉으로 보기에 그 계획은 이 논쟁적인 문제가 해결된다는 것을 의미하는 듯했다. 그러나 실제로 합의를 이행하려 했을 때, 양측은 즉시 또 다른 교착상태에 빠졌다. 저우는 양측이 직면한 문제를 다음과 같이 평가했다. "비록 우리에게 불리한 계획이지만, 장은 받아들일 수 없다. 그가 즉시 국방부 설립과 같은 수단을 사용하고, 군대의 부대 코드를 사단 코드로 변경한 것은 이 계획이 그에게 부과할 제한을 우회하기 위한 시도다."[112] 사실 공산주의자들도 정확히 같은 일을 하고 있었다. 군사 정돈이 막 시작되려 할 때, 중국공산당 중앙은 전당에 명령을 내렸다. "우리 주력 부대 절반을 지방 수비 부대로 변경하는 것 외에도, 우리는 최정예 장교들의 일부(약 삼분의 일)를 유지하여, 국민당에 의해 임명되도록 하지 않고 다양한 해방구에 숨겨야 한다."[113] 이런 상황이었으니 '군대를 재편성하고 국유화'하려는 노력이 실패할 운명이었다는 것은 놀랍지 않다.

양측 간에, 특히 동북에서 다시 격렬한 전투가 발발한 것도 당연한 수순이었다. 상황은 미소 관계가 급속히 악화하며 더욱 복잡해졌다. 1946년 2월, 워싱턴은 동북에서의 경제협력에 대한 모스크바와 난징 간 협상에 단호히 반대했다.[114] 그동안 미국인들은 루스벨트와 스탈린이 얄타에서 도달했던 중국에 관한 비밀 협정들을 의도적으로 유출했는데, 여기에는 중국의 주권을 약화시키는 조항들이 포함되어 있었다. 그러한 폭로는 즉시 중국 지식인들 사이에서 반소련 감정을 촉발시켰고, 일련의 시위와 항의가 뒤따랐다. 소비에트는 상황에 신속하게 대처하기 위해 맞대응했다. 3월 초, 모스크바는 갑자기 소비에트 군대가 동북을 떠날 것이라고 발표했다. 동시에 그곳의 소비에트 지휘부는 비밀리에 중국공산당에 소비에트 군대가 선양 및 다른 여러 도시에서 철수할 날짜를 알리고, 소비에트가 떠난 후 그 도시들을 장악할 것을 촉구했다. 소비에트는 또한 중국 동지들에게 중국공산당 군대가 자신들이 통제하는 지역에서 마음대로 행동해도 좋다고 말했다.[115]

이러한 전개는 동북에서 국민당과 결전을 앞둔 중국공산당에게 의심할 여지 없이 좋은 소식이었다. 중국공산당 지도부는 즉시 만주 중부와 북부에 위치한 대도시 창춘(長春)과 하얼빈(哈爾濱) 전체 창춘 철도를 장악하여 국민당 군대가 그 지역으로 들어오는 것을 전력을 다해 막기로 결정했다.[116]

장은 만약 공산주의자들이 선양 북쪽의 광대한 지역을 통제하게 된다면, 국민당과 싸울 강력한 전략적 기지를 얻게 될 것임을 잘 알고 있었다. 따라서 그는 국민당 군대에 신속하게 북상하여 소비에트 군대 철수 후

공산주의자들이 동북의 중부 및 북부 지역을 장악하는 것을 막으라고 명령했다. 그동안 중국공산당 군대도 국민당 군대를 저지하기 위해 집결했다. 양측 모두 쓰핑(四平)시가 전략적으로 매우 중요하다는 것을 발견했다. 4월 초, 장은 쓰핑을 공격하기 위해 대규모 군대를 집결시켰고, 동북의 중국공산당 사령관 린뱌오 또한 그곳에 대규모 군대를 배치했다. 양측 간 결전이 뒤따랐다.

중국공산당 지도자들은 여전히 저우와 마셜의 협상이 국민당군이 쓰핑을 공격하는 것을 중단시키거나 못해도 지연시킬 수 있기를 희망했다. 그동안 중국공산당 군대는 소비에트가 도시를 떠난 후 쓰핑 근처 창춘을 점령했다. 마셜은 만약 국민당이 쓰핑 공격을 미룬다면 중국공산당이 창춘을 포기할 수도 있다고 제안했다. 그러나 어느 당도 그의 말을 듣지 않을 것이었다. 마셜은 교착상태에 직면하여 저우에게 중국공산당과 국민당 사이 "다양한 입장들을 타협하려 노력하는 가운데 자신은 지쳐버렸다"라고 말하며, 동북에 대한 중재를 중단할 것이라고 알렸다.[117] 이로써 그의 중국 임무 종결이 임박하였음을 알렸다.

협상이 끝난 후, 양측은 쓰핑에서 거의 한 달 동안 계속 피비린내 나는 전투를 벌였다. 마침내 중국공산당 군대는 보급품과 지원군 부족에 직면했다. 5월 18일, 린뱌오는 군대에 쓰핑을 포기하라고 명령했다. 창춘은 이제 국민당의 진격에 노출되었다. 저우는 즉시 마셜에게 접근하여, 만약 국민당이 동북에서의 휴전에 동의한다면 창춘을 넘겨주겠다고 제안했다. 그러나 그와 마셜이 거래를 성사시키기 전에 창춘은 이미 국민당 군대에 함락되었다. 장은 자신의 군대에 동북에 대한 공격을 계속하라고 명령했다. 마오는 이에 대응하여 만리장성 남쪽 중국공산당 군대에 그곳 국민당 군대에 대해 보복 공세를 시작하라고 명령했다. 장은 이제 동북에 너무 많이 집중하여 전선을 과도하게 확장했음을 깨달았다. 내전이

13-2 1946년 난징에서 저우언라이와 덩잉차오. Historic Collection / Alamy

중국 절반을 휩쓸면서 '평화와 민주주의의 새로운 단계'는 사라졌다.

그러나 마셜은 중재하려는 노력을 포기하지 않았고, 저우가 협조해 주기를 희망했다. 마셜은 국민당과 중국공산당이 몇 차례 임시 정전협정에 도달하도록 설득했다. 6월 15일에 끝날 예정이었던 한 휴전 기간 동안, 국민당은 다시 '군대 정돈' 문제를 제기했다. 저우는 그 성명을 읽고 논평했다. "완전히 말도 안 되는 소리다. 전면전을 벌이려는 의도가 명백하다."[118] 그 말대로 6월 15일 휴전이 만료되기 며칠 전에 양측 간에 대규모 전투가 발발했다.

장은 7월 2일 저우를 회의에 불렀다. 회의는 극도로 긴장된 분위기에서 진행되었다. 장은 중국공산당 군대가 청더(承德), 안둥(安東), 산둥의 주요 철도노선 지역과 장쑤 북부 지역을 포함한 일련의 도시들을 국민당에 넘겨줄 것을 요구했다. 장은 그러지 않으면 "토론을 계속할 필요가 없다"라고 말했다. 저우는 그 요구를 단호히 거부했고, 장은 자기 일기에 묘사했듯이, "다소 퉁명스럽고 까다로운 기분으로 방을 나갔다." 장은 썼다. "그와 같은 도적은 동물보다도 못하다."[119] 이것이 저우와 장이 직접 대면한 마지막이었다. 그들은 다시는 서로를 보지 않을 것이었다.

다음 날, 장은 다른 정당들과 상의 없이 국민대회가 11월 12일에 시작될 것이라고 발표했다. 이것은 국공 협상에 대한 사형 선고였다. 비록 마셜은 1947년 1월까지 중국에 머무를 것이었으나, 그의 중재 노력은 이미 실패했다. 저우는 더 이상 협상을 위해 할 수 있는 일이 없음을 알았다. 그가 더 일찍 옌안으로 돌아오지 않은 것은 대체로 대중에게 중국공산당이 마지막까지 평화를 위해 노력했다는 인상을 주기 위해서였다. 11월로 넘어가며 내전은 양쯔강 북쪽 모든 지역으로 퍼졌고, 국민당 군대는 심지어 옌안을 공격할 준비를 하고 있었다. 저우는 난징을 떠날 때가 왔다는 것을 알았다. 그는 11월 16일 기자회견을 열어 장이 내전을 촉발한 것에 대해 전적인 책임을 져야 한다고 선언하고, 중국공산당은 "중국 인민 및 모든 진정한 민주 정당과 협력하여 진정한 평화와 민주주의를 위해 노력할 것"이라고 선언했다.[120]

저우는 중국공산당이 사실상 내전에서 싸우고 승리하기 위해 전력을 다하기로 결심했다는 것을 완전히 이해했다. 다음 날 저우는 오랜 친구 궈모뤄(郭沫若)에게 편지를 써서, "미래는 전장에서 결정될 것"이라고 예측했다.[121] 저우와 덩잉차오는 1946년 11월 19일 마셜이 제공한 비행기를 타고 난징에서 옌안으로 날아갔다.

제14장

내전

1946~1949

1946년 가을, 중국은 피비린내 나는 내전에 휩싸였다.

저우언라이는 옌안으로 돌아온 지 이틀 후인 11월 21일 마오쩌둥, 류사오치와 만났다. 주석은 중국공산당 제7차 당대회에서 했던 주장, 즉 내전은 불가피하다는 주장을 되풀이했다.[01] 마오는 류와 저우에게 그들이 1946년 초에 선호했던 '평화와 민주주의의 새로운 단계'는 틀렸고, 자신이 옳았음을 암묵적으로 상기시키고 있었다. 저우는 장제스 및 마셜과의 협상에 대해 보고했다. "최근 몇 년간 우리 당의 평화, 민주주의, 단결, 독립에 대한 요구는 인민에게 지지를 얻었고, 장의 독재와 중국을 독점하려는 미국인들의 진의가 완전히 폭로되었다." 그는 당이 "무장투쟁을 벌이기 위해 노력"하면서도 공개적으로 민주주의, 평화, 독립을 계속 옹호해야 한다고 믿었다. 비록 장이 중국공산당을 파괴하기를 열망했지만, 저우는 그의 정책과 전략에 심각한 결함이 있다고 보았다. 장에게는 "6개월 이상의 계획이 없었기" 때문에, 지휘관들은 "장기전에 대한 확신이 거의 없었고" 하급 장교들 사이에는 "비관주의와 전쟁에 대한 혐오감"이 만연했다. 따라서 저우는 강조했다. 중국공산당은 전쟁에서 싸워 이길 수 있다고.[02]

전쟁에 대한 저우의 전망은 마오가 오랫동안 전당에 말해 왔던 것과 정확히 일치했다. 주석은 기뻐하며 즉시 저우가 국민당 통치 지역에서 한 일, 즉 중국공산당이 "장을 고립시키면서 평화와 민주주의의 기치를 장악"할 수 있게 한 노력들을 칭찬했다. 마오는 선언했다. 중국공산당은 "3년에서 5년 안에, 기껏해야 10년에서 15년 안에" 국민당을 물리칠 수 있다고.[03]

마오가 직면한 국제 정세에 대한 이해가 낙관적인 전망을 뒷받침했다. 비록 그도 저우와 류처럼 "미국 반동분자들이 장을 대신하여 개입할 것인지" 여부를 우려했지만, 그는 워싱턴이 그렇게 하는 것을 막을 수 있는 유리한 조건들을 보았다. 그는 관찰했다. "소련이 부상하고 있고 미국은 쇠퇴하고 있다." 그는 단언했다. 이 년 안에 "소련은 회복하고, 영국과 프랑스는 좌경화하며, 미국은 위기에 접근할 것이다." 그리하여 그는 결론 내렸다. "만약 우리가 내년을 살아남을 수 있다면, 내후년에는 상황이 개선될 것이다."[04] 비록 서방 국가들에 대한 마오의 분석 대부분이 나중에 매우 부정확한 것으로 판명되었지만, 미국인들은 결코 중국 내전에 개입하지 않았다.

개념적 수준에서 국제 정세에 대한 마오의 전망은 그의 독특한 '중간지대' 이론을 반영했다. 마오에 따르면, 전후 세계에는 미국과 소련 사이에 광대한 비동맹 지대가 존재했으며, 미 제국주의자들은 그 지대를 정복하기 전까지는 소련을 공격할 수 없었다. 그는 또한 세계의 "주요 모순"이 미소 대결이라기보다는 중간지대의 인민들, 특히 중국에서의 투쟁과 "반동적인 미국 지배 계급" 사이에서 나타나는 것이라고 믿었다.[05] 주

347

석의 주장에는 중국공산당이 세계혁명과 세계적인 탈식민화 추세를 연결하는 데 중심적인 역할을 할 것이라는 신념이 명백했다. 저우는 마오주의적 '중간지대' 이론을 받아들였고 모든 당원에게 그 구상을 "주의 깊게 연구"하고 세계정세 분석에 적용하라고 촉구했다.[06]

장제스는 마오의 이러한 생각들을 전혀 몰랐다. 그러나 그는 "6개월 안에 공산주의자들을 군사적으로 분쇄"할 수 있다고 믿었다. 실제로 마오와 장이 예상했듯이, 1947년은 내전의 방향, 심지어는 결과를 결정할 해가 되었다. 그러나 전쟁이 중국공산당에 결정적으로 유리하게 돌아가면서 대패할 쪽은 장의 군대가 되었다.

그러나 언뜻 보기에 1947년 초에는 장이 전쟁에서 우위를 점하는 것처럼 보였다. 그의 군대가 수적으로 훨씬 많았고, 장비도 훨씬 더 좋았으며, 중국공산당에는 없는 공군과 해군을 포함하고 있었다. 그들은 또한 중국의 거의 모든 대도시와 주요 교통선을 통제했다. 그에 비해 공산주의자들은 모든 전선에서 우세한 국민당 군대로부터 압력을 받고 있었다. 가장 치열한 전투는 어느 쪽도 잃을 여유가 없는 지역인 만주에서 일어났다. 공산주의자들은 그곳에서 이미 1946년 5월 전략적으로 중요한 쓰핑을 포기한 후 창춘을 잃었다. 국민당의 공세는 심지어 만주 북단에 위치한 하얼빈까지 확장되었다. 다른 곳에서도 중국공산당 군대는 모두 수세에 몰려 있었다. 1946년 10월 중순, 장의 군대는 중국 북부의 공산주의 거점인 장자커우(張家口)를 점령했는데, 이 사건은 중국공산당 최악의 군사적 패배로 간주되었다.

지난 십 년 동안 중국공산당이 본부를 두었던 산베이조차도 국민당의 표적이 되었다. 1947년 2월, 장은 정치적, 군사적 이유로 옌안을 공격하고 점령하기로 결정했다. 국제적 맥락에서 그는 워싱턴, 모스크바, 런던, 파리의 외무장관들이 3월에 만날 계획이며, 그들이 "아마도 중국을 논의할 것"임을 알았다. 옌안을 점령함으로써 장은 스탈린에게 중국공산당을 계속 지원하는 것이 바람직하지 않다는 인상을 주기를 희망했다.[07] 군사적으로 장은 그때까지 6개월 안에 공산주의자들을 분쇄하겠다는 원래 목표에 미치지 못했다. 그는 전쟁이 중국공산당에 유리하게 전환될 것을 우려하여 옌안을 점령함으로써 군대의 사기를 높이고자 했다.

비록 장의 옌안 공격 명령은 "절대 기밀"이었지만, 첩보 책임자인 저우는 옌안 공격 작전을 책임진 장군 후쭝난 옆에 심어 놓은 첩자 슝샹후이를 통해 거의 즉시 그것을 알게 되었다.[08] 마오와 중국공산당 지도부는 필요하다면 옌안을 포기하는 것을 오랫동안 고려해 왔다. 이제 그들은 신속하게 붉은 수도를 대피시키기로 결정했다.[09] 3월 18일, 마오, 저우, 중국공산당 중앙은 옌안을 떠났고, 옌안은 다음 날 국민당 군대에 함락되었다.

장은 "공산 도적들의 오랜 소굴"이 파괴된 것에 매우 기뻐했다.[10] 난징은 축제 분위기에 휩싸였다. 국제 관측통들은 대체로 옌안 함락을 장이 내전에서 이기고 있다는 증거로 받아들였다. 심지어 멀리 떨어진 모스크바에 있는 스탈린은 주석에게 안전을 위해 소련으로 피신하라고 초대하기까지 했다.[11] 그러나 돌이켜 보면, 옌안 점령의 함의는 훨씬 더 복잡했다.

*****

옌안을 떠난 후, 중국공산당 지도자들은 둘로 나뉘기로 결정했다. 마오, 저우, 런비스가 이끄는 한 그룹은 산베이에 남을 것이었다. 류와 주더가 이끄는 다른 그룹은 황허를 건너 산시 서북부에 중앙공작위원회를 구성하여 "당 중앙이 할당한 업무를 수행"할 것이었다.[12] 이것은 저우에게 극히 중요한 결정이었다. 1938년 양쯔강국 시절부터 저우는 당 중앙의 핵심 전략 및 정책 결정에 대부분 직접 관여하지 않았다. 옌안 정풍운동의 여파로 당 지도부에서 그의 권력과 영향력은 감소했다. 그러나 이 새로운 결정은 그가 마오와 긴밀히 협력할 수 있게 해 주었다. 1947년 8월, 그는 공식적으로 중앙군사위원회 총참모장 대리로 임명될 것이었다.[13] 그는 핵심적인 군사 결정을 내리는 것 외에도 중국공산당의 전략과 정책 실행을 감독하게 될 것이었다. 그는 마오의 전쟁 전보 대부분을 초안하는 일을 돕고 마오의 이름으로 그것들을 발송할 것이었다. 결과적으로 저우는 중국공산당 내에서 자신의 강력한 위치를 공고히 했다.

　마오와 저우는 전략적, 전술적 고려에서 산베이에 머물기로 결정했다. 저우는 그곳에 남음으로써, "우리가 후쫑난의 주력 부대를 산베이로 끌어들여 다른 해방구가 더 많은 적을 섬멸할 수 있게 할 것"이라고 설명했다.[14] 더욱이 공산주의자들은 십 년 넘게 이 지역을 통치한 후 깊이 뿌리 내렸다. 마오는 말했다. "이곳은 산악 지역으로, 대중 기반이 좋고 기동 공간이 충분하여 안전이 보장된다."[15] 실제로 후의 부대들은 옌안 점령 후 여러 차례 마오와 저우에 가까이 접근했지만, 결코 두 '공산 도적 수괴'의 정확한 행방을 찾아내지 못했다.

　숭 외에도 저우와 그의 정보기관들은 수년에 걸쳐 적진의 핵심 인물들 옆에 최고 수준의 요원들을 많이 심어 놓았다. 그들 중에는 장의 국방부 작전 책임자인 궈루구이(郭汝瑰), 장징궈(蔣經國)의 측근인 자이빈(賈亦斌), 제46군 사령관 한롄청(韓練成), 제33군단 부사령관 장커샤(張克俠), 중국 북부 국민당군 사령관 푸쭤이(傅作義) 장군의 보좌관 옌유원(閻又文), 국방부 차관 우스(吳石)가 있었다(우는 나중에 타이완으로 이동한 후 발각되어 장의 명령에 의해 처형되었다). 이 요원들은 저우가 장의 정치 및 군사 기구에 깊숙이 박아 넣은 칼이었다.

　저우는 또한 정보 세부 사항에 대해 지휘력이 뛰어난 우수한 정보 참모들로부터 지원을 받았다. 옌안에서 대피한 직후, 저우는 국민당 정보 기관이 중국공산당의 무선 활동을 감지하고 그 요원들의 위치를 식별할 수 있는 기술을 보유하고 있다는 것을 알게 되었다. 그는 즉시 당 중앙에 사흘간 무선송신기 운영을 중단하라고 명령했다.[16] 동시에 중앙군사위원회를 대신하여 모든 인민해방군(PLA) 지휘관에게 "전투 전 배치 및 작전 중에 무선을 사용하여 명령을 내리지 말라"라고 지시했다. 대신 "작은 송신기를 사용하고, 전보를 다른 곳으로 이동시켜야 할 대형 무선 기지국에 보내 그곳에서 발송하게 함으로써 적을 교란하도록" 했다.[17] 그리하여 갑자기 중국공산당 중앙의 대형 무선 기지국으로부터 오는 신호가 끊겼고, 국민당이 마오와 저우의 움직임을 감시하기 위해 준비한 첨단 신호 추적 기술은 쓸모없게 되었다.

저우의 또 다른 주요 임무는 중국공산당의 군사 지휘 계통과 정보 요원들의 임무를 재조직하는 것이었다. 이를 위해 그는 1947년 3월 말에 황허를 건너 산시 서북부로 출발했다. 그곳에서 류 및 중앙공작위원회와 이 주간 긴밀히 협력한 끝에 그 일을 완수했다. 4월 11일, 저우는 당 중앙을 대신하여 류와 다른 사람들에게 전보를 보내, 중앙군사위원회 본부 직원들이 셋으로 나뉠 것이라고 알렸다. 하나는 산시 서북부에 머물고, 다른 하나는 타이항산맥(太行山脈)으로 이동하며, 중앙 정보기관 요원으로 구성된 하나는 그와 함께 산베이로 돌아와 그가 직접 감독하는 가운데 일할 것이었다.[18] 이러한 조직 개편으로 저우는 중국공산당 군사 지휘부에서 자신의 위치를 강화하는 동시에 정보망에서의 지배적인 역할을 더욱 강화했다.

*****

마오와 저우는 처음부터 전쟁을 양측의 정치 전략 경쟁으로 취급했다. 그들이 평가하기에 장은 "명확하게 정의된 정치 노선이 없었고" "민주주의를 실행하고 싶지도 않았고 독재를 행사할 용기도 없었다."[19] 따라서 그들은 '민주주의'와 '민족주의'의 기치를 장악할 기회를 보았다. 그러나 처음에는 쉽지 않았다. 중국 인민은 일본이 항복한 후 평화를 누리기를 원했다. 평범한 중국인 다수의 눈에 중국공산당이 정부에 대해 내전을 벌인 것은 나쁜 일이었다.

1946년 2월, 워싱턴은 얄타협정에서 모스크바와 맺었던 중국에 관한 비밀 거래 내용들을 유출했다. 이 폭로는 즉시 중국 주요 도시들에서 대규모 반소련 시위를 촉발시켰다. 저우와 동지들은 딜레마에 직면했다. 그들은 중국공산당이 이에 연루되어 시위대에게 규탄받는 일이 없게 해야 했지만, 그렇다고 소련이 관련되어 얄타에서 이루어진 비밀 거래들을 공개적으로 비판할 수도 없었다. 당시 아직 충칭에 있던 저우는 중국공산당을 반소련 열기로부터 보호하기 위해 "애국적 행동이 외국인 혐오와 혼동되어서는 안 된다"라고 주장했다. 저우는 또한 장이 어려운 상황에 처했음을 인지했다. 결국 모스크바와 조약을 체결한 것은 장의 정부였다. 저우는 "민주적 질서가 보장되도록" 장에게 시위를 진압할 것을 요구했다.[20] 반소련 시위는 중국공산당에 큰 피해를 주지 않고 몇 주 만에 진압되었다.

그러나 저우는 단순히 당의 정치적 입지를 지키는 데 만족하는 사람이 아니었다. 때가 되면 그는 공세를 취할 것이었다. 1946년 11월 옌안으로 돌아온 직후, 그는 "장제스 통치 지역의 모든 당 활동"을 책임지는 당의 도시 공작부를 인수했다.[21] 1946년 12월 말, 그는 베이핑의 중국공산당 조직으로부터 12월 24일 베이징대학 여학생 선충(沈崇)이 영화를 보러 가던 길에 미 해병대원 두 명에게 강간당했다는 보고를 받았다. 이 사건이 언론에 보도되자 대중은 즉시 크게 분노했고 베이핑, 상하이 및 다른 도시 학생들은 미국인들이 선에게 저지른 성범죄에 항의하기 위해 거리로 쏟아져 나왔다. 저우는 이 소동이 중국공산당에게 중요한 정치적 기회라고 보았다. 12월 31일에 발행된 당내 문서에서 그는 베이핑 및 다른 도시의 당 조직들에게 시위에 적극적으로 참여하고 "중국 법정에서 미국 범죄자들을 공개 재판할 것을 요구"하라고 지시했다. 저우는 더 나아갔다. 당 조직들은 "미군 전면 철수를 주장하고 미국이 중국 내정에 간섭하고 내전을 치르기 위해 국민당에 탄약을 판매하고 차관을 제공하는 것을 반대하며 중미 통상 조약 폐지 및 미국 상품 불매"를 요구하여, "대중운동을 미국과 장을 고립시키고 미국이 중국을 식민지화하는 것에 반대하는 방향으로 이끌어야 한다."[22]

저우는 국민당 통치 지역에서 "반장 및 반미" 시위가 발발하고 지속되는 것을 내전의 "제2전선"을 열었다고 간주했다.[23] 운동이 기세를 타도록 돕기 위해 저우는 국민당 통치 지역의 중국공산당 조직들에게 "선전을 확대하고, 당국과의 정면 대결을 피하며, 중간 세력을 끌어들이기 위해 노력하고, 법적 수단을 사용하여…… 시위를 지지하는 광범위한 통일전선을 수립"하라고 명령했다.[24] 저우의 지시에 따라 "인민 운동"의 추력은 "미국 반대 및 장 반대"와 같은 큰 주제에서 "내전 반대"와 "기아 반대"와 같은 더 현실적인 주제로 옮겨 갔다. 나중에 저우는 당의 정치적 목표를 "평화, 독립, 민주주의의 새로운 중국을 수립"하는 것으로 명시했다.[25] 그렇게 함으로써 저우와 중국공산당은 장과 국민당 정부를 정치적, 도덕적 전선 모두에서 수세에 몰아넣었다.

*****

그러나 저우와 중국공산당 지도자 동료들은 중국 내전이 피비린내 나는 군사적 결전이며, 그 결과는 결국 전장에서 결정될 것임을 예리하게 이해했다. 1947년 초 전쟁의 상태는 '강한 국민당과 약한 중국공산당'이라는 명백한 상황이 암시하는 것보다 훨씬 더 복잡했다. 전쟁 초기부터 마오, 저우, 중국공산당 지도부는 영토 점령과 공고화를 주요 작전 목표로 삼지 않기로 결정했다. 오히려 그들은 고립된 적을 타격하고 "적 부대를 하나씩 격파"하기 위해 공산주의 군대를 기동전에 동원하는 것이 더 바람직하다고 보았다.[26] 마오는 공산주의자들이 "일시적으로 몇몇 장소와 도시를 포기"해야 하는 상황이라고 추론했다. "그러지 않으면 최종 승리는 달성되지 않을 것이다."[27] 저우는 마오의 군사 사상에 정통했다. 중앙군사위원회를 대신하여 중국공산당 군대에 내린 명령에서 저우는 적과 싸울 때 "지속적인 기동전을 통해 적을 섬멸하기 위해 우리 자신의 군대를 집결시키면서 적의 약점을 찾는 것"이 필수적이라고 빈번하게 강조했다.[28]

그에 반해 장의 군사 전략은 "중요한 지점을 점령하고 핵심 교통선을 통제하는 것"을 강조했다.[29] 따라서 그의 군대는 옌안을 포함한 도시들을 점령하는 것을 최우선 과제로 삼았다. 그러나 국민당 군대가 도시를 점령할 때마다 그들이 섬멸하는 중국공산당 군대 수는 줄어들었고, 그들은 자신들이 이룬 성과를 방어하기 위해 점점 더 많은 자군을 뒤에 남겨두어야 했다. 결과적으로 장의 군대와 그들이 의존했던 보급선은 과도하게 확장되었다. 마오와 저우가 희망했던 대로였다. 공산주의자들은 지상에서 변화하는 상황에 따라 극적인 후퇴와 대담한 전진을 교묘하게 결합했다. 비록 공산주의자들은 수적으로 열세였지만, 종종 적의 약점에 군대를 집중시켜 고립된 적 부대들을 섬멸할 수 있었다.

　마오와 저우는 인민해방군의 고도로 규율 잡힌 지휘 구조를 최대한 활용하여 전략적 이점을 극대화했다. 마오가 중국공산당의 군사적 의사결정권을 장악한 후, 그는 다른 배경을 가진 지휘관들 사이 관계를 균형 있게 조율하는 데 최대한 주의를 기울였고, '모든 행동은 당 중앙의 명령에 따라 이루어져야 한다'라는 철칙을 세웠다. 저우는 다른 군대들을 조정하는 데 대가였다. 중앙군사위원회 총참모장으로서 그는 중국공산당 군대(비록 종종 수적으로나 장비 면에서나 열세였지만)에 '주먹' 진형을 만들어 전장의 특정 지점에서 적을 압도하라고 거듭 명령했다. 그에 비해 장의 군대는 장 자신의 파벌과 다른 다양한 실력자들과 연계된 파벌들 사이 분열로 골머리를 앓았고, 이는 전략을 실행하고 부대를 배치하는 장의 능력을 저해했다. 실제로 장은 종종 자신의 명령이 제대로 전달되기는커녕 효과적으로 실행되기도 어렵다는 것을 발견했다. 결과적으로 장의 군대는 전장에서 거듭 패배했다.

＊＊＊＊＊

　마오와 저우는 중국의 내전이 또한 중국 대중을 동원하는 양측의 능력 경쟁이라는 것을 완전히 이해했다. 이 점에서도 그들은 우위를 점했다. 장에게 유리한 점이 많았음에도 불구하고, 마오는 1946년 5월 전면적인 내전이 발발하기 전에 동지들에게 말했다. "그는 토지 문제를 해결할 수 없다는 거대한 약점을 가지고 있다."[30] 마오와 중국공산당은 그리하여 "경자유기전(耕者有其田)"의 비전을 실현하고 "토지 소유권의 근본적인 변혁"을 위한 토대를 마련하기 위해 "대중을 동원하여 지주로부터 토지를 탈취"하기 위해 노력했다. 1947년 9월, 중국공산당 중앙은 '중국 토지법 대강'을 발표했는데, 여기서 '경자유전' 원칙과 "모든 지주의 토지 소유권 폐지"를 재차 강조했다.[31] 그들은 "토지 개혁의 성과를 수호한다"라는 표어로 "해방된 농민" 수백만 명을 인민해방군에 입대시켰고, 이로써 군사력과 전쟁에서의 전망을 크게 향상했다.

사실 '경자유전'은 오랫동안 국민당의 표어였고, 그것은 쑨원의 정치적 비전에서 필수적인 부분이었다. 중국공산당이 토지개혁을 통해 농민을 동원하려 노력한 사실을 알고 장은 그것이 유망한 전략임을 간파했다. 따라서 '토지제도가 개혁될 것'을 보장하기 위해 국민당 정부의 1930년 토지법을 개정하려 거듭 시도했다. 그러나 중국공산당과는 달리, 국민당은 그러한 정책을 수행할 조직력이 부족했고, 그 관리들은 토지개혁에 대해 알지 못하거나 수행할 의사가 없었다. 그 결과, 장의 토지개혁 계획은 전부 서류상에만 머물렀다. 장의 군대는 동원 능력이 부족했기 때문에, 전투에서 형편없는 성과를 내는 것은 필연이었다.

★★★★★

1947년 중반까지 마오와 저우는 전쟁이 자신들에게 유리하게 흐르기 시작했다는 것을 보았다. 국민당의 공세는 거의 모든 곳에서 격퇴되었다. 3월에 국민당 군대가 산베이의 옌안을 점령했지만, 이 '빛나는 순간'은 짧았다. 옛 붉은 수도를 점령한 지 몇 달 만에 후쭝난 부대들은 공산주의자들에게 여러 차례 큰 패배를 겪었다. 동북, 화북, 화동을 포함한 다른 곳에서도 같은 일이 일어났다. 모든 전장으로부터 전해진 보고서가 인민해방군 본부 저우의 책상에 차례차례 올라왔다. 그것들은 각각 공산주의의 승리를 선포했다. 장의 경험은 달랐다. "동북과 화북의 전황이 극도로 걱정스럽다…… 많은 동지가 자신감을 잃고, 주저하고 두려워하는 기색을 보이고 있다"[32] 1947년 7월 말, 저우는 중국공산당 지도부 회의에서 "적의 공세가 한계에 도달했다"라고 보고했다. 저우는 공산주의자들에게 이후의 대응 방법을 제안했다. "우리는 전쟁을 적의 후방으로 가져가는 전략을 수행해야 한다…… 그리고 장의 반동 통치를 철저히 파괴해야 한다."[33]

1947년 남은 기간 동안 마오와 저우에게 모든 전선으로부터 승리 보고가 계속해서 들어왔다. 12월 말 산베이 작은 마을 양자거우(楊家溝)에서 열린 당 최고 지도자 및 인민해방군 지휘관 회의에서 마오는 자신 있게 선언했다. "전쟁은 전환점에 도달했다. 이십 년 만에 처음으로 우리 군대가 힘의 균형에서 국민당을 능가했다."[34] 저우는 군사 상황에 대해 간략히 보고하며 마오의 말을 반복했다. "올해 하반기에는 예외 없이 모든 전선에서 우리가 주도권을 잡았다." 저우는 동지들에게 말했다. 전국 영토와 인구의 삼분의 일이 온전히 중국공산당의 '해방구' 내에 놓여 있다고.[35] 며칠 후 또 다른 당 최고 지도자 회의에서 저우는 말했다. "우리는 3년에서 5년 안에 장을 물리치고 전국적인 승리를 거둘 것이라고 확신해야 한다."[36]

마오와 저우가 예상했듯이, 인민해방군은 1948년 초부터 계속 공세에 성공했다. 장은 심지어 일기에 한탄했다. "모든 것이 혼란스럽고 모든 곳이 위험하며, 마치 아마겟돈이 언제라도 올 수 있는 것 같다."[37] 4월 21일, 인민해방군은 옌안을 탈환했고, 장의 군대는 곧 산베이를 포기할 수밖에 없었다. 마오와 저우는 일 년 전 옌안에서 대피한 이후 산베이를 떠나지 않았다. 그러나 옌안으로 돌아가는 대신, 그들은 1948년 3월 23일에 황허를 건너 산시로 들어갔다. 5월 초, 그들은 허베이성(河北省) 핑산현(平山縣) 시바이포(西柏坡) 마을에 도착했다. 그곳에서 류사오치가 이끄는 중앙공작위원회와 합류했다. 마오, 저우, 중국공산당 중앙은 이 작은 마을을 다음 6개월 동안 집으로 삼게 될 것이었다.

군사적 패배 외에도 장과 국민당 정부는 급격히 악화하는 정치적 상황에 직면했다. 정부에 대한 지지를 강화하기 위해 3월 말, 장은 국민 제헌 대회를 소집하라고 명령했다. 저우와 중국공산당은 즉시 장을 '절대 독재자'라고 비난했다. 저우는 또한 중간 정당들'과의 모든 관계를 활용하여 그들에게 대회에 참석하지 말라고 촉구했다. 저우가 노력한 덕분에 대회에는 소수 정당 두 개와 국민당만이 참석했다. 그동안 국민당 대오 내에서 추악한 내부 싸움이 벌어져 당은 산산조각 날 위험에 처했다. 예상대로 장은 총통으로 선출되었다. 그러나 부총통 투표에서 쑨원의 아들이자 장이 그 자리에 지명한 쑨커(孫科)가 오랫동안 장과 불화를 겪어 온 광시 군벌 리쭝런(李宗仁)에게 패배했다. 결과적으로 국민당 지도부 내 분열은 깊어졌다. 장은 대회가 국민당을 고치는 치료제가 되기를 의도했지만, 오히려 그것은 독약으로 판명되어 장에게 더 큰 정치적 손실을 가져왔다.

국민당 통치 지역의 경제 및 재정 상황 또한 심각했다. 내전 시작부터 장은 군사 문제에 주의를 집중하느라 경제 및 재정적 도전을 관리하는 것이 시급함을 보지 못했다. 최악은 초인플레이션이었다. 중국 통화는 1945년 8월부터 1948년 6월까지 가치가 거의 370배나 하락했다. 장은 깨달았다. "경제가 너무나 끔찍한 상태에 있으며, 군사 상황보다 더 걱정스럽다."[38] 금융 위기에 대처하기 위해 장의 정부는 8월 19일에 새로운 통화인 금원권(金圓券)을 발행하라는 긴급 명령을 내렸다. 다음 날, 장은 아들 장징궈를 상하이에 파견하여 거대 이익을 거두려는 희망으로 희소 상품을 비축한 사악한 투기꾼 "호랑이를 사냥(打虎)"하게 했다. 그러나 젊은 장은 상하이에서 워털루를 만났다. "경제의 적들"에 대한 숙청이 장제스의 아내인 쑹메이링의 조카 데이비드 쿵(쿵링칸, 孔令侃)이 회장으로 있는 양쯔(揚子) 회사에 미쳤을 때, 쑹이 개입했다. 그는 장징궈에게 사촌을 풀어 주라고 요구했다. 아들 장은 거절했다. 그 시기, 아버지 장은 만주에서 벌어질 공산주의자들과의 군사 결전을 감독하기 위해 베이핑에 있었다. 그는 아내로부터 긴급 전화를 받은 후 10월 8일 상하이로 날아갔다.[39] 젊은 장의 '호랑이 사냥'은 갑작스럽게 끝났다. 그 후, 금원권의 가치는 급락했고, 지폐는 불과 몇 달 만에 휴지 조각이 되었다. 장과 그의 정부는 또한 중국 국민들 사이에서 그때까지 남아 있던 모든 신뢰를 잃었다. 심지어 장 자신도 한탄했다. "이것은 완전히 붕괴할 징조다."[40] 저우와 다른 중국공산당 지도자들은 이 모든 전개를 주목했다. 그들은 이제 장 정권이 얼마 남지 않았다고 믿었다.

그러나 사실 거듭된 군사적 패배와 다른 실패들에도 불구하고 장과 국민당 정부는 1948년 늦여름과 초가을까지는 붕괴에 이르지 않았다. 군사적 관점에서 볼 때, 그들에게는 여전히 희망이 있는 것처럼 보였다. 저우자신도 장의 정부가 군사력, 영토, 통제하는 지역의 인구에서 여전히 우위에 있다고 계산했다.[41] 만약 장이 전쟁 노력을 지속하고 적절한 시기에 필요한 개혁을 수행할 수 있었다면, 그의 정부는 그렇게 빨리 패배하지 않았을 수도 있다. 마오와 저우는 그리하여 내전에서 공산주의자들의 우위를 확장하기 위해 "몇 차례 결정적인 군사 작전"을 시작할 필요가 있음을 알았다.[42] 전쟁 궤적에 대한 일반적인 평가에서 마오는 여전히 5년 안에 장 정권을 전복시키는 것을 목표로 했다. 그러나 저우는 마오보다 훨씬 더 낙관적이었고, "만약 우리가 1948년과 1949년에 장에게 몇 차례 심각한 타격을 줄 수 있다면" "재정 붕괴와 내부 갈등을 낳는 효과와 함께, 그는 훨씬 더 일찍 몰락할 수 있다"라고 믿었다.[43] 마오와 저우는 여전히 미국인들이 군사 개입을 할 수도 있다고 두려워했다. 그러나 마오는 또한 예측했다. "미국이 수십만, 심지어 백만 명에 이르는 군대를 중국에 파견하는 것은 불가능하다."[44] 마오와 저우는 이제 전략 계획에서 1948년 하반기 동안 몇 차례 '결정적인 작전'을 시작하는 과제에 집중했다.

중국공산당의 '대규모 작전'은 산둥성 성도인 지난에서 시작되었다. 9월 11일, 저우는 중앙군사위원회를 대표하여 산둥의 인민해방군 지휘관들에게 지난을 점령하라고 명령했다. 공산주의자들은 8일 후에 공격하기 시작했다. 이 전투 중 결정적인 시기에, 저우가 오랫동안 공들여 온 국민당 사단장 우화원(吳化文)이 공산주의자들에게 투항하여 전장의 힘의 균형을 완전히 뒤바꾸었다. 인민해방군은 9월 24일 지난을 점령했다. 저우는 중국 동부에서의 전쟁이 중국공산당에 더욱 유리하게 돌아가고 있음을 깨닫고 다음 날 그곳 인민해방군 지휘관들에게 전보를 보내, 즉시 '화이하이(淮海) 전역'이라는 훨씬 더 큰 작전을 중국 중부와 동부에서 시작하라고 명령했다.[45]

거의 동시에 동북의 공산주의 군대들은 몇 차례 주요한 승리를 거두었다. 린뱌오의 지휘 아래 인민해방군 부대들은 동북의 국민당 군대들을 선양과 창춘 사이 좁은 지대에 가두었다. 만약 린의 군대가 전략적으로 중요한 진저우(錦州)를 점령한다면, 동북의 국민당 군대들은 완전히 고립될 것이었다. 10월 2일, 저우는 린에게 전보를 보내 10일 안에 진저우를 점령하기 위해 최선을 다하라고 명령했다. 그때까지 창춘의 국민당 군대는 몇 달 동안 포위되어 있었다.[46] 10월 17일, 국민당 군사령관인 청쩌성(曾澤生)이 자신의 부대를 이끌고 인민해방군에 투항했다. 창춘의 국민당 사령관 정둥궈(鄭洞國)는 그 자신과 자기 군대가 막다른 길에 이르렀음을 발견했다. 저우는 개인적으로 정에게 편지를 썼다. 그는 황푸군관학교 시절 저우의 학생이었다. 저우는 그에게 "황푸의 원래 혁명적 포부를 상기"하고 전투에서 인민해방군의 편에 설 것을 촉구했다.[47] 정은 투항하기를 꺼렸다. 도시 방어가 무너지고 부하들이 재촉하고 나서야 정은 인민해방군에 '명예롭게 항복'했다. 인민해방군은 진저우와 창춘을 점령한 후 동북에 남은 국민당 군대들을 포위했다. 또한 포위를 뚫고 만리장성 남쪽 지역으로 돌아가려는 시도를 저지한 후, 만주의 모든 반대 세력을 제거했다. 11월 2일, 인민해방군은 선양을 점령하고 동북을 '해방'했다.

이제 화북, 화중, 화동이 전쟁의 주된 무대가 되었다. 화북에서 푸쭤이 장군이 지휘하는 국민당 군대는 베이핑과 톈진 사이 작은 지역으로 밀려났다. 화동에서는 화이하이 전장에서 양측 간 결전이 시작되었다. 11월 말, 일련의 승리 끝에 인민해방군은 화북과 화동의 주요 국민당 군대들을 크게 두 개로 나누었다. 마오와 저우는 베이핑과 톈진에 있는 푸의 군대들이 서쪽으로 이동하거나 해상 경로를 따라 남쪽으로 후퇴하는 것을 막기 위해 화북 인민해방군에 그들에 대한 공세를 시작하지 말 것을 명령하기로 했다. 또한 만주의 린뱌오 군대에 11월 15일경에 만리장성 남쪽 지역으로 들어와 화북 인민해방군 부대를 강화하라고 명령했다.[48] 11월 말, 마오가 대담하고 창의적인 아이디어를 고안하고 저우가 조정하면서, 중국공산당 군대는 국민당 군대에 대한 최종 공세인 화이하이 전역을 시작했다. 저우가 이전에 국민당 군대 대오 내에 심어 놓았던 첩자들이 작전에 상당한 도움을 주었다. 1949년 1월 초까지, 인민해방군은 장의 80만 병력을 섬멸했다고 전해진다.

마오와 저우는 이제 장의 군대가 완전히 포위된 화북으로 초점을 옮겼다. 1월 16일, 인민해방군 부대는 29시간 동안 치열히 전투한 끝에 톈진을 점령했다. 베이핑의 국민당 군대가 바다를 통해 남쪽으로 도망칠 기회는 막혔다. 저우가 직접 지도하는 아래, 공산주의자들은 푸쭤이의 딸(공산주의 요원)을 통해 그를 집에서조차 압박하며 강경책과 유화책을 모두 사용했다. 1월 21일, 푸는 베이핑의 "평화적 해방"에 관한 협정에 동의했다. 공산주의자들은 그리하여 양쯔강 북쪽 모든 땅을 '해방'했다. 저우는 전쟁 궤적의 변화는 "실로 매우 빨랐고" 내전은 "사실상 끝났다…… 내년에 국민당이 패배할 것은 이제 확실하다!"라고 논평했다. 그는 덧붙여 말했다. 인민해방군에게 남은 일은 "전장을 정리하는 것 이상은 아니다."[49] 저우는 감정적인 사람이 아니었다. 그러나 그렇게 발언할 때는 자신감과 흥분이 역력했다.

★★★★★

그해는 1949년이었다. 신년사에서 마오는 중대한 질문을 제기했다. '혁명을 끝까지 관철할 것인가, 중도에 포기할 것인가.' 마오가 보기에 유일한 해결책은 전자였다. 그는 상세히 설명했다.

우리는 혁명적인 방법으로 모든 반동 세력들을 단호하고, 철저하며, 완전하게 소탕해야 한다. 우리는 제국주의, 봉건주의, 관료 자본주의를 흔들림 없이 계속 타도해야 한다. 그리고 전국에 걸쳐 국민당의 반동 통치를 타도해야 한다.[50]

장은 자신이 전쟁에서 지고 있다는 것을 알았다. 그는 신년 연설에서 평화를 호소하며, 공산주의 적들에게 공정한 해결을 위한 기초로서 중화민국의 헌법, 법적 유산, 군사력을 보존해 달라고 요청했다. 마오는 장의 간청을 비웃으며, 모든 국민당 전범을 처벌하고, 장 정권의 낡은 법적 유산과 헌법을 폐지하며, 모든 반동 군대를 재편성할 것을 주장했다.[51] 이러한 조건들, 특히 첫 번째 조건은 장이 받아들일 수 있는 한계를 훨씬 뛰어넘었다. 그동안 국민당 내에서 부총통 리쭝런과 장의 불화는 백열 상태로 치달았다. 국민당 내외로부터 거대한 압력에 직면한 장은 1월 21일 총통직 사임을 발표했다. 고향 시커우(溪口)로 돌아간 후, 장은 일기에 썼다. "양이 도망친 후에 울타리를 고쳐도 결코 늦지 않다."[52] 그러나 본토에서 장과 국민당에게 미래가 여전히 남아 있을까?

공산주의 측에서는 마오, 저우, 그들의 동지들이 이미 '신중국' 출범을 준비하고 있었다. 1월 초, 중국공산당 정치국은 시바이포에서 회의를 열어 저우가 공동 집필한 결의안을 통과시켰다. 결의안의 저자들은 "우리 손으로 이룬 국민당의 군사적, 정치적, 경제적 패배"에 환호하면서도, 혁명이 "중도에 중단되어서는 안 된다"라고 강조했다.[53] 중국공산당 중앙위원회 전체 회의가 3월 상반기 동안 시바이포에서 열렸다. 저우는 당의 거의 모든 최고 지도부가 참석한 이 모임의 보안 조치를 주선했다. 저우는 전체 회의의 보안 책임을 맡은 팡즈춘(方志純)에게 말했다. "당신은 전체 회의의 안전이 절대적으로 보장되도록 해야 한다."[54]

전체 회의에서 마오는 "혁명을 끝까지 관철하라"라고 거듭 권고했다. 그러나 그는 "장의 반동 정권을 철저히 격파"하는 목표를 강조하는 대신, "혁명의 끝"을 더 넓고, 더 깊고, 더 긴 관점에서 정의했다. 기조연설에서 마오는 강조했다.

> 전국에서 승리를 확보하는 것은 긴 행군의 첫걸음을 완수하는 일일 뿐이다…… 중국 혁명은 위대하지만, 혁명 이후의 길은 더 길고, 일은 더 크고 더 고될 것이다…… 우리는 낡은 세계를 파괴하는 데 능숙할 뿐만 아니라, 새로운 세계를 건설하는 데도 능숙하다.[55]

돌이켜 보면, 주석의 발언은 그가 이미 높은 수준에서 '혁명'과 그 '끝'을 구상했다는 것을 드러낸다. 더욱이 그의 비전은 비록 아직 모호했지만, 독특했다. '낡은 세계를 파괴'하고 '새로운 세계를 건설'하는 것은 무엇을 의미했을까? 후일의 전개가 명확히 하겠지만, 마오의 말은 중국 국가, 중국 사회, 국가 인민의 마음과 정신을 변혁하는 것을 목표로 하는 일련의 정치적, 사회적, 문화적 혁명을 시작하겠다는 결의를 예고했다. 저우 또한 전체 회의 연설에서 '혁명을 끝까지 관철'하는 것이 중요함을 강조했다. 그러나 마오와는 달리 그의 주의는 국민당의 반동 통치를 파괴하고 그 후 중국공산당이 이끄는 새로운 정권을 수립하고 공고히 하는 데 계속 집중되었다. 그는 전쟁에서 재건으로, 그리고 오랫동안 분열된 국가의 통일로 전환하는 데 있어서 중국공산당이 직면한 도전들에 대해 논의했다. 저우는 모든 정치권력을 중앙에 집중시키는 대신, 새로운 정권이 성 및 지방의 주도권을 자극해야 한다고 말했다.[56] 저우와 다른 중국공산당 지도자들은 필시 마오의 강의에 담긴 깊은 의미와 야심 찬 함의를 파악하지 못했을 것이다. 특히 그들은 마오가 다음 사반세기 동안 '혁명'을 비범하게 유토피아적인 용어로 정의하고 '계속혁명'의 이름으로 중국을 재앙적인 대프롤레타리아 문화대혁명으로 이끌게 될 줄은 당시 상상하기 어려웠을 것이다.

★★★★★

그때까지 중국공산당 지도부는 저우를 국민당과의 협상 책임자로 선택했다. 그는 즉시 리쭝런에게 "중간 길은 없다"라고 강조하는 메시지를 보냈다.[57] 마오와 함께 일하면서 저우는 국민당 '전범' 명단을 작성했다. 장의 이름이 명단 첫머리에 있었다. 공산주의 지도부는 '전범 처벌'이 양측 간 모든 평화 협정의 전제 조건이라고 주장했다. 저우는 세 가지 가능한 협상 시나리오를 구상했다. 첫째, 국민당이 중국공산당의 조건에 따라 정부를 재조직하는 데 동의한다. 둘째, 미국이 군사적 개입을 단행한다. 셋째, 전쟁이 계속된다. 저우는 중국공산당이 미국의 개입에 대비해야 하지만, 가장 가능성 있는 시나리오는 내전이 계속 이어지는 것이라고 믿었다.[58]

4월 1일, 중국공산당 수석 협상가 저우는 국민당 수석 협상가 장즈중 및 다른 국민당 대표들과 회담을 시작했다. 저우와 장은 오랫동안 협상 테이블에서 상대방이었고, 결코 서로에게 소리를 지르지 않았다. 심지어 국민당이 중국공산당보다 훨씬 강했을 때도 장은 협상 중에 저우를 당황하게 한 적이 없었다. 그러나 이번에는 두 사람이 만나자마자 저우가 장에게 물었다. "난징을 떠나기 전에 왜 시커우에 있는 장을 만나러 갔는가?" 이것은 이 상황에서 상당히 비합리적인 질문이었다. 비록 총통직에서 물러났지만, 장제스는 여전히 국민당 정부를 통제했다. 난징의 리는 이름뿐인 총통이었다. 국민당은 장의 동의 없이는 평화 회담에 들어갈 수 없었고 그 결의안을 이행할 수도 없었다. 그러나 장즈중이 저우에게 이러한 맥락을 설명했을 때, 저우는 즉시 또 다른 포문을 열었다. "우리는 장이 지시하는 어떤 가짜 평화도 받아들이지 않을 것이다."[59] 이 긴장된 만남에서 드러났듯이, 회담이 성공할 여지, 즉 내전을 끝내고 중국에 평화를 가져올 가능성은 거의 없었다.

양측은 그 후 "개별적인 교류"를 시작했고, 세 가지 분야, 즉 국민당 전범 처벌, 중국공산당 군대의 양쯔강 도하 권한, 국민당 군대 재편성에서의 교착상태가 신속히 부각되었다. 중국공산당 측에서는 마오가 개인적으로 장과 만났다. "편안하면서도 깊이 감동적인 방식"으로 주석은 장과 다른 국민당 협상가들을 설득하여 중국공산당의 조건에 동의하도록 하려 했다. 그러나 세 가지 핵심 문제에 대한 양측의 간극은 좁혀지지 않았다. 장은 중국공산당이 내건 조건들이 "사실상 항복하라는 최후통첩이며, 난징은 절대로 받아들이지 않을 것"이라고 여겼다.[60] 4월 13일, 양측은 협상의 첫 공식 회의를 열었고, 여기서 저우는 장에게 중국공산당의 '국내 평화에 관한 협정' 초안을 건넸다. 저우는 그에게 말했다. 만약 난징이 중국공산당이 제시한 주요 조건들을 진심으로 받아들인다면, 다른 모든 문제는 쉽게 해결될 것이라고. 저우는 계속했다. "중심 문제는" 중국공산당이 국민당 군대를 인수하고 재편성하는 문제다. 이것은 "인민 혁명이 끝까지 수행될 것인지 여부에 관한 일이므로, 타협할 여지는 없다."[61] 저우가 군사 문제에 강경한 입장을 보인 것이 장에게 그가 그토록 깊이 관여했던 국공 협상을 상기시켰음에 틀림없다. 그 이전의 토론들에서도 저우는 이러한 요구들에 대해 양보하기를 끈질기게 거부했고, 장 또한 단 하나도 양보하지 않았다. 이제 상황이 역전되면서, 이러한 조건들은 저우가 국민당에 대해 양보할 수 없는 선이 되었다.

다음 날, 저우는 또 다른 중국공산당 협상가인 리웨이한(李维汉)에게 베이핑의 "친민주 인사들"에게 첫 라운드 평화 회담에 대해 보고하도록 했다.[62] 저우 그 자신은 밤을 새워 대화하며 국민당 협상가들을 구슬리려 시도했다. 같은 날 저녁, 저우는 장으로부터 중국공산당이 내건 조건들에 대해 사십 개가 넘는 '수정 제안'이 포함된 응답을 받았다. 양측은 4월 15일에 2차 협상을 위해 만났다. 저우는 장에게 중국공산당의 평화 협정 최종안을 건넸는데, 일부 "공격적인 표현들"이 빠지고 신중하게 수정되었다. 그러나 인민해방군이 양쯔강을 건너고, 국민당 군대를 재편성하며, 국민당 정권을 중국공산당이 완전히 인수하는 것과 같은 공산주의자들의 핵심 조건들은 삭제되지 않았다. 저우는 장에게 "이것이 최종안"이라고 말했다. 저우는 경고했다. 만약 국민당 측이 4월 20일까지 회답하지 않는다면, 인민해방군은 양쯔강을 건널 것이라고.[63] 장과 다른 국민당 협상가들은 중국공산당의 조건을 받아들이고 난징에 제출하여 승인을 구하는 것 외에는 선택할 여지가 없음을 발견했다.

4월 20일, 저우는 리쭝런과 국민당 정부로부터 중국공산당의 최종 조건에 대한 공식적인 거부 통보를 받았다. 리와 국민당 정부가 주장하기에, 공산주의자들의 조건은 "정복자가 정복당한 자를 학대하는 것"에 지나지 않았다.[64] 저우도, 중국공산당 지도부의 다른 사람들도 놀라지 않았다. 그날 밤, 인민해방군은 양쯔강을 건넜고, 불과 며칠 후 난징을 점령했다. 국민당 정부는 광저우로 도망쳤다. 그 후, 중국 본토에서 장과 국민당 정권의 통치는 사실상 붕괴했다.

*****

수년 동안 저우는 중국공산당의 대외 문제에서 주요 실무자이자 때로는 의사결정자 역할을 했다. 이전 시기에는 정부에 반대하는 '혁명 세력'의 대표로서 외교적 문제와 도전들을 다루었다. 이제 그와 중국공산당은 중국의 새로운 통치자가 되어 새로운 종류의 외교적 도전에 직면하게 될 것이었다.

저우의 첫 번째 주요한 외교적 시험은 1948년 11월 중국공산당 군대가 선양을 점령한 직후에 찾아왔다. 저우와 다른 중국공산당 지도자들이 예상한 것과는 달리, 선양 주재 미국 총영사 앵거스 워드(Angus Ward)는 도시에 남기로 결정했다. 문제들이 뒤따랐다. 인민해방군이 선양을 점령하고 며칠 후, 중국공산당 선양 군사관제위원회 주임인 주치원(朱其文)은 워드, 영국 및 프랑스 영사, 소비에트 무역 대표를 사무실로 초대하여 회의했다. 그리고 당 중앙의 승인을 구하지 않고 미국, 영국, 프랑스 외교관들을 별도로 방문하여, 중국공산당이 "평등을 기초로 동북에서의 무역 활동을 재개"하기 위해 미국 상인들과 만날 용의가 있다고 알렸다.[65] 저우는 선양으로부터 보고를 받고 즉시 주의 행동에 매우 문제가 있음을 깨달았다. 그때까지 미국, 영국, 프랑스 영사관이 선양에 머물렀다는 소식은 이미 도시에 기반을 둔 소비에트 관리들에게 경각심을 주었고, 그들은 서양인들이 "정치적 목적"으로 선양을 탈출하지 않았다고 믿었다.[66] 주가 서방 외교관들과 무단으로 교류한 일은 미국인들에게 "비현실적인 환상"을 심어 줄 위험이 있었다. 그 위에 중국공산당 첩보 책임자로서 저우는 진행 중인 내전 속에서 미국 영사관이 국민당을 위한 정보 기지로 사용될 수 있다고 우려했다. 마오와 논의한 후, 저우는 11월 10일 중국공산당 동북국에 전보를 보내 "주치원의 행동은 극히 부적절했다"라고 밝혔다. 저우는 강조했다. "영국, 미국, 프랑스 정부가 우리 정부를 인정하지 않았기 때문에, 우리는 당연히 그들의 영사관을 인정하지 않을 것이다." 저우는 선양에서의 "현재 군사 통제 상황을 이용하여 그곳의 미국 및 영국 외교기관들을 봉쇄하고 고립"시키고 "그들이 철수하도록 압박"해야 한다고 주장했다. 저우는 또한 모든 외교문제에서 "당 중앙의 정책을 엄격히 따라야 한다"라고 강조하고, 외국 정부 또는 그 요원들과의 모든 접촉에 있어 추가 지시할 수 있도록 시기적절하게 보고해야 한다고 언급했다.[67]

그러나 어떤 이유에서인지 선양 당국은 저우의 명령을 따르지 않았다. 11월 15일, 그들은 당 중앙에 사전 승인을 구하지 않고 "전 미국, 영국, 프랑스 영사관에 그들이 소유한 모든 무선송신기를 36시간 이내에 선양 당국에 넘기라"라고 명령했다.[68] 그러나 선양 당국은 그 명령을 즉각 실행에 옮기지 않았다. 11월 17일, 마오는 중국공산당 동북국 서기 가오강(高崗)에게 전보를 보내 주의 "순진한 행동"을 엄중히 비판했다. 다음 날, 마오와 저우는 선양 군 당국에 선양에서 "영국, 미국, 프랑스 외교관들을 짜내기" 위해 "미국 영사관의 송신기를 몰수"하고 "전 미국 외교관들"의 활동을 제한하라고 명령했다.[69] 며칠 후, 저우는 선양으로부터 영사관 미국인들이 간첩 활동에 연루되었다는 보고를 받았다. 그는 경각심을 느끼고 워드와 다른 미국인들을 영사관 건물에 가두고 외부와 연결을 끊으라고 지시했다.[70] 이 사건들은 중국공산당과 미국인들 사이에 일 년 내내 해결되지 않을 외교적 교착상태를 촉발했다.[71]

워드 사건을 관리하면서 마오와 다른 중국공산당 지도자들, 특히 저우는 복잡한 외교문제에 직면했다. 이 사건은 중국공산당과 모스크바의 관계와 밀접하게 관련되어 있었다. 동북에서 소비에트가 주장하는 공개적으로 알려진 '특별한 이익'을 고려하여, 마오와 저우는 중국공산당의 '소비에트 형제들'의 조언에 신중하게 귀 기울이는 것이 중요함을 거듭 강조했다.[72] 이 모든 것은 당연히 공산주의 지도부로 하여금 '신중국'을 위한 그처럼 중요한 문제들, 즉 그들이 소련과 동맹을 맺어야 하는지, 어떻게 맺을 수 있는지에 대해 더 신중하고 세심한 접근법을 채택하도록 밀어붙였다. 워드 사건은 또한 마오와 저우에게 미국, 영국, 프랑스를 포함한 서구 열강의 의도와 가능한 정책 방향을 탐색할 중요한 기회를 제공했다. 비록 중국공산당 지도부는 반제국주의 원칙에서 후퇴할 의사가 없었지만, 만약 그 나라들이 주도권을 잡는다면 서방 국가들과의 외교관계 수립을 단순히 거부하는 것은 현명하지 않음을 깨달았다.[73]

자연히 외교는 1949년 1월 정치국 회의에서 중국공산당 지도자들 사이에서 주요한 토론 주제가 되었다. 저우는 발표했다. 중국 인민이 "한 세기 동안 억압을 겪었고, 이제 일어섰다. 그들은 더 큰 자존감을 보여 주어야 한다."[74] 1월 19일, 중국공산당 중앙은 저우가 초안하고 마오가 수정한 외교문제에 관한 지시를 발표했다. 이 문서는 새로운 정권이 외교문제에서 "새로운 출발"을 하겠다는 결의를 공식적으로 규정했다. 이 지시는 강조했다. "중국 제국주의자들의 특권은 폐지되어야 하며, 중국 민족의 독립과 해방이 실현되어야 한다." 따라서 새로운 정권은 "현재 중국에 파견된 제국주의 국가들의 외교관들을 공식적인 외교 인력으로 인정하지 않아야 한다." 그렇게 함으로써 "우리는 과거의 굴욕적인 외교적 유산에 얽매이지 않고 외교에서 긍정적인 위치를 차지하게 될 것이다."[75]

바로 이러한 맥락에서 소비에트 정치국 위원 아나스타스 미코얀(Anastas Mikoyan)이 1월 31일 스탈린 특사로 시바이포에 도착했다. 1948년 봄부터 마오가 스탈린을 만나기 위해 모스크바를 방문하는 것을 논의했지만, 아무래도 그가 내전 동안 중국을 떠나기는 어려웠다. 1948년 말, 스탈린은 마오의 견해를 듣기 위해 소비에트 정치국 위원 한 명을 중국에 파견하겠다고 제안했다. 1949년 1월, 스탈린은 마오와 중국공산당 간 오해를 피하고 마오 및 다른 중국공산당 지도자들이 가진 정책과 의도에 대한 더 완전한 그림을 얻기 위해 미코얀을 중국에 보내기로 결정했다.

미코얀 이전에는 소비에트 정치국 위원이 중국공산당 지도자들을 만나러 중국에 온 적이 없었다. 따라서 마오와 중국공산당 지도자들은 미코얀의 방문을 가장 중요한 문제로 여겼다. 저우는 개인적으로 미코얀 방문의 보안 세부 사항을 주선하여 아무리 작은 일이라도 전부 처리되도록 했다. 저우는 미코얀이 시바이포에 머무는 내내 동행했다.[76] 그는 미코얀이 마오와 다른 중국공산당 지도자들과 회의하는 모든 자리에 참여했고, 소비에트 특사와 두 차례 일대일로 만났다. 마오는 미코얀에게 중국공산당의 역사적 발전에 대한 개요를 제공하며, 그 성장의 각 단계에서 당이 모스크바의 지도와 지원을 받았다고 강조했다. 내전 동안 마오는 언급했다. "만주에 있을 때 당신들이 보내 준 지원이 매우 중요했다." 마오는 소비에트 당이 "중국공산당 본부에 대표 기관을 설립"하기를 희망했다. 저우는 즉시 마오의 말과 맥을 같이하여 "우리는 진정으로 소련이 중국공산당과 더 가까워지기를 희망한다"라고 강조했다. 왜냐하면 중국 혁명이 직면한 "주요 문제들"은 "모스크바에서 해결될 필요가 있을 것"이기 때문이다. 마오는 중국이 제국주의에 대한 국제 투쟁에서 소련의 편에 확고히 설 것이며, "중간 길은 존재하지 않는다"라고 거듭 강조했다.[77]

2월 1일 미코얀과의 개인적인 회담에서 저우는 미국 군사 참관단이 옌안에 도착하면서 시작된 중국공산당과 미국의 교류를 상세히 회상했다. 그러나 중국공산당이 중국 내전 해결을 중재하려는 마셜 장군의 제안을 거부한 후, 미국과의 접촉은 중단되었다. 저우는 중국공산당이 "미국인들과 논쟁을 일으키지 않을 것이지만, 만약 미국이 우리에게 반대한다면, 우리는 단호히 반격할 것"이라고 강조했다. 주더가 회의에 참석했기 때문에, 저우는 더 나아가 소련이 "무기를 만들기 위한 일부 전문가와 장비를 우리에게 보내고, 우리 군대를 훈련시키고, 군사학교를 설립하며, 군사 산업을 포함한 군수 작업을 조직하는 것을 돕기 위해 중국에 일부 고문들을 파견"해 달라고 요청했다. 저우와 미코얀은 또한 중국공산당이 전후에 경제를 재건하고, 새로운 정부를 수립하기 위해 세운 대략적인 계획과 중국의 외교 및 대외 무역, 외교 서비스에 관한 문제들을 논했다. 더욱이 저우는 미코얀과 중국공산당과 모스크바 간 정보 공유에 대해 논의했다.[78] 미코얀은 이전에 저우와 직접 접촉한 적이 없었다. 이 방문 후 그는 저우가 새로운 중국공산당 정권에서 총리를 맡을 최적임자라고 논평했다.[79]

미코얀은 소련으로 돌아오자마자 즉시 스탈린에게 마오, 저우 및 다른 중국공산당 지도자들과의 회담에 대해 보고했다. 스탈린은 마오와 저우의 약속을 들었고, 중국공산당에 대한 지원을 상당히 증가시켰다.[80] 중국 측에서는 마오가 3월 13일 전체 회의 결론 발언에서 명시적으로 말했다.

중국공산당-소련 관계는 형제 관계다. 우리는 소련과 같은 전선에 서

야 한다. 우리는 동맹이다. 기회가 있을 때마다 우리는 이것을 공개적으로 발표해야 한다.[81]

그리하여 미코얀의 방문은 중국공산당-소련 관계의 발전과 심화를 위한 새로운 출발점이 되었다.

*****

흥미롭게도 중국공산당과 소비에트가 관계를 강화하는 것과 동시에 미국인들이 중국 공산주의자들의 협력 의사를 타진하기 위해 문의해 왔다. 3월 말, 저우는 상하이로부터 보고를 받았다. 보고서에 따르면, 미국인들과 개인적으로 좋은 관계를 가진 친중국공산당 '민주 인사'인 천밍수(陳銘樞)가 3월 25일과 26일에 중국 주재 미국 대사 존 레이턴 스튜어트(John Leighton Stuart)와 만났다. 미국 대사는 천에게 미국의 두 가지 주요 관심사를 설명했다. 첫째는 중국공산당이 미소 대결에서 소련의 편에 설 수 있다는 것이고, 둘째는 중국공산당이 나라를 통일한 후 다른 정당들과 협력을 중단하고 민주 연합정부를 포기할 수 있다는 것이었다. 스튜어트는 만약 중국공산당이 "평화, 독립, 민주주의, 자유를 지지하는 연합정부를 수립"하고 "미국에 대한 태도를 바꿀" 수 있다면, 워싱턴은 확실히 "중국공산당과 우호적인 관계를 수립하고 중국의 부흥과 재건을 위해 새로운 정부에 원조를 제공할 용의가 있을 것"이라고 말했다.[82] 저우는 즉시 이 문제를 마오와 당 중앙에 보고했다.

그러나 스튜어트는 마오가 3월 중앙위원회 전체 회의에서 "우리 나라가 제국주의 국가들을 인정하는 문제에 관해서는 서두르지 않아야 하며, 그것은 전국적인 승리 후에도 마찬가지다"라고 강조했다는 것을 몰랐다.[83] 이런 발언들은 '새로운 출발'을 하고 '미 제국주의에 반대'하는 것을 새로운 공산주의 정권이 따를 근본적인 원칙으로 정의했다. 돌이켜 보면, 이 모든 것은 '신중국'이 세계 문제에서 기존 국제질서에 도전할 '혁명 국가'로 부상할 것을 예고했다.

★★★★★

공산주의 군대가 난징을 점령했을 때, 국민당 정부는 광저우로 이전했다. 마오와 저우는 중국공산당이 기묘한 외교 상황에 직면했다고 생각했다. 중국 주재 소련 대사 니콜라이 로쉰(Nikolai Roshchin)은 국민당과 함께 광저우로 갔다. 그러나 스튜어트는 난징에 머물렀다. 마오와 저우는 둘 다 통일전선 전략에서 경험 많은 실천가였다. 그들은 원칙적인 문제에서 미국인들과 타협하지 않으면서도, 미국인들이 제시한 모든 화해 제스처를 단순히 거부하지는 않을 것이었다. 그리하여 그들은 미국의 중국 정책이 "우리와 외교관계를 수립하는 방향으로 전환"될 것인지 여부를 감시할 의향을 보였다. 마오와 저우는 "만약 미국과 영국이 국민당과 관계를 끊는다면" 중국공산당은 심지어 "그들과 외교관계를 수립하는 문제를 고려"할 수도 있다고 결정했다.[84] 저우는 난징 해방 후 몇몇 인민해방군 병사들이 스튜어트의 거주지를 수색했다는 것을 알고 격분했다. 그는 직접 도시의 중국공산당 위원회를 위한 지시 초안을 작성하여, "외국 대사, 공사, 영사관, 외교기관 구성원 및 외국 거주자들의 실내를 수색하지 말 것"을 명령했다.[85]

마오와 저우는 또 다른 문제를 안고 있었다. 공산주의자들이 내전에서 승리에 가까워 갈수록, 그들은 미국이 갈등에 직접 군사 개입할 위협에 대해 더욱 우려하게 되었다. 1949년 1월 초, 외교문제에 관한 당 중앙의 지시는 모든 당원에게 그 위험을 구체적으로 경고했다.

> 우리는 미국이 군대를 파견하여 우리의 여러 해안 도시들을 점령하고
> 전쟁을 벌일 가능성을 항상 고려해 왔다. 우리는 이 가능성이 여전히
> 존재한다는 것에 경각심을 가져야 하며, 개입이 일어났을 때 준비되지
> 않은 상태로 붙잡히지 않도록 해야 한다.[86]

공산주의 군대가 난징과 상하이를 점령한 후, 마오는 다시 한번 중국
동부 인민해방군 지휘관들에게 경고했다.

> 최근 제국주의 국가들이 우리 혁명에 대한 공동 개입을 준비하고 있다
> 는 몇 가지 징후가 있다…… 칭다오에 미국 군함이 더 많이 나타났고,
> 난징에 있는 외국 대사관들은 떠날 준비를 하고 있으며, 영국은 홍콩에
> 군대를 증강했고, 광저우의 국민당은 종종 행복해 보인다. 이러한 징후
> 들이 (외국 개입의) 현실로 바뀔지 판단하기에는 너무 이르다. 우리는
> 미리 준비해야 하며, (우리의) 준비가 (우리가) 위험을 피할 수 있게
> 해줄 것이다.[87]

"미국 정부의 의도"와 중국 정책의 방향을 "가늠하기" 위해 저우는 동
료 황화(黃華)를 난징 군사관제위원회 외교 사무 책임자로 임명하기로
결정했다. 저우는 황에게 "옌칭(燕京) 동문으로서 스튜어트와 개인적으
로 접촉"하라고 지시했다. 더 나아가 저우는 황이 난징으로 출발하기 전
에 그에게 "미국 정부의 중국 정책에 특별한 주의를 기울이고" "모든 일
을 신중히 처리하며, 자주 보고하고 지시를 요청"하라고 조언했다.[88] 5월
10일, 저우는 마오의 이름으로 중국공산당 화중국(華中局)과 난징시 위

원회에 보내는 전보 초안을 작성했다. 그는 황에게 스튜어트와의 회담 동안 "더 많이 듣고 덜 말하라"라고 구체적으로 지시했다. 저우는 절대로 "미국인들에게 중국공산당이 미국의 원조를 받아들일 용의가 있다는 인상을 남겨서는 안 된다"라고 했다. 특히 저우는 강조했다. 스튜어트에게 워싱턴이 "국민당에 대한 모든 지원을 중단하고 반동적인 국민당 잔당들과 관계를 끊으며, 결코 중국의 내정에 간섭하지 않는" 한, 중국 공산주의자들은 미국과 관계 발전을 고려하지 않을 것임을 분명히 해야 한다고.[89]

5월 13일 스튜어트와의 첫 대화에서 황은 "어떤 갈등도 일어나지 않도록 칭다오에서 미 해군 함정과 해병대를 철수"시킬 것을 워싱턴에 직설적으로 요청했다.[90] 스튜어트는 황의 메시지를 알아들었다. 다음 회담에서 스튜어트는 황에게 미군이 5월 21일 칭다오를 떠났다고 알렸다.[91] 저우는 이 전개를 진지하게 받아들였다. 6월 3일 저우가 당 중앙을 대신하여 황과 중국공산당 난징 위원회에 보낸 전보에서 저우는 "칭다오의 미국 함대가 실제로 떠났다"라고 확인했다. 그는 황에게 보답으로 "스튜어트에게 개인적으로" 중국공산당이 "광저우 점령 후 새로운 정치 협상 회의"를 소집할 것이라고 "밝히라"라고 지시했다.[92]

황은 저우로부터 계속 지시를 받으면서 스튜어트와 그의 비서 필립 푸(Philip Fugh)와 일련의 회담을 했는데, 여기에는 미국 대사와의 세 차례 긴 대화가 포함되었다. 그러나 그들뿐만 아니라 베이핑에 있는 저우도 회담이 화기애애한 분위기에서 진행되었음에도 불구하고 중국 공산주의자와 미국인 들 사이에 공유된 정치적 언어나 국제 규범 및 행동 강령에 대한 합의가 부족하다는 것을 금방 발견했다. 스튜어트는 미국이 중국에서 이익을 찾는 일의 정당성을 강조하고, 중국 공산주의자들에게 양측 간의 외교관계를 위한 전제 조건으로서 중국 공산주의자들이 "널리 인정된 국제 규정 및 원칙"을 받아들이도록 설득하려 했다. 황은 미국이 먼저 국민당과 모든 관계를 끊고, 경제적, 정치적, 문화적인 모든 교류를 "평등과 상호 이익이라는 기초 위에서" 수행할 것을 요구했다.[93] 결국 이야기를 나눌수록, 그들은 그들 사이 정치적 관점의 넓은 간극을 정확히 인지하게 되었다.

6월 8일, 푸는 황에게 스튜어트가 "미국으로 떠나기 전에 베이핑에서 저우를 만나고 싶어 한다"라고 언급했다.[94] 저우는 그 메시지에 관심을 보이며, 그것을 중국공산당이 워싱턴의 의도를 더 탐색하는 동시에 워싱턴이 형성하려 했던 "반신중국 동맹"에 쐐기를 박을 기회로 보았다. 그러나 그는 미국인들이 그러한 제안에 대해 "비현실적인 환상"을 갖게 하거나 그의 응답을 이용하게 하지 않으려 경계했다. 그리하여 그는 옌칭대학교 총장 루즈웨이(陸志韋)에게 "옌칭의 전 총장으로서 스튜어트를 베이핑에 개인적으로 초대"하라고 요청했다. 루는 그렇게 했다. 그동안 그는 중국공산당 난징 위원회에 "만약 스튜어트가 베이핑에 오기를 요청한다면, 그는 미국으로 돌아가기 전에 옌칭대학교를 방문할 수 있다"라고 지시했다. 스튜어트가 저우를 만날지 여부는 "그가 베이핑에 도착한 후에 결정될 것이다."[95] 6월 18일, 황은 푸로부터 워싱턴이 스튜어트와 중국공산당의 접촉을 승인했음을 알게 되었다. 저우는 그 후 스튜어트에게 중국공산당이 "옌칭 방문 요청에 동의했다"라고 알리고, "그곳의 당국자들과 만나는 것"도 가능하다고 알리라고 지시했다.[96] 그러나 스튜어트는 미국 의회가 7월 말까지 휴회할 것이기 때문에 베이핑에 갈 시간이 충분하지 않을 것이라고 대답했다. 더욱이 "미국 의회에는 파벌이 많고, 베이핑 여행은 불편한 논평을 야기할 수 있다"라고 했다. 그는 국무장관 딘 애치슨(Dean Acheson)에게 그가 베이핑에 가야 할지 여부를 결정해 달라고 할 것이었다.[97] 저우는 경각심을 느끼고, 6월 30일 중국공산당 난징 위원회에 보낸 전보에서 스튜어트가 베이핑에 오든 오지 않든 중국공산당은

"미 제국주의자들이 정책을 바꿀 것이라는 환상을 갖지 않을 것"이라고 강조했다. 그는 또한 스튜어트의 베이핑 여행은 "우리의 초청이 아닌, 그 자신이 주도하여 동기 부여된 것"이라고 거듭 밝혔다. "이 점은 매우 명확히 해야 한다…… 선전 목적으로 사용되지 않도록."[98]

*****

사실 중국공산당이 미국인들과 이처럼 비밀리에 교류하는 동안, 소비에트와의 관계는 주요한 돌파구를 향해 급속히 나아가고 있었다. 중국공산당 지도자들은 황과 스튜어트의 접촉을 모스크바에 숨기지 않았다. 마오와 저우는 중국공산당 본부의 총괄 소비에트 고문인 I. V. 코발료프(I. V. Kovalev)를 통해 황-스튜어트 접촉에 대해 스탈린에게 보고했다.[99] 가장 중요하게는 미코얀의 방문에 응하여 중국공산당 지도부가 모스크바에 고위급 대표단을 파견하기로 결정했다. 6월 초, 중국공산당의 2인자인 류가 대표단을 이끌기로 결정되었다.

류는 6월 26일 모스크바에 도착하여 2개월간의 소련 방문을 시작했다. 스탈린은 다음 날 크렘린에서 류를 만났다. 소비에트 지도자는 새로운 중국공산당 정권에 저금리 차관으로 3억 달러를 제공하겠다고 제안했다.[100] 7월 4일, 류는 중국공산당을 대신하여 스탈린에게 보고서를 제출했는데, 여기서 류는 "소비에트 당은 세계 공산주의 운동의 본부이며, 중국공산당은 단지 그 운동의 한 전선의 본부일 뿐이다"라고 말했다.[101] 스탈린은 보고서를 읽고 이후 류와의 회담에서 중국 혁명에 대해 찬사를 아끼지 않으며, 세계혁명의 중심이 중국과 동아시아로 이동하고 있다고 말했다. 그는 또한 중국에 다양한 원조를 제공하고, 다른 분야의 전문가 다수뿐 아니라 군사 고문들을 파견하는 데 동의했다. 심지어 소비에트

당이 중국 혁명에 저지른 일부 잘못에 대해 사과하기까지 했다. 또한 그는 류에게 소비에트와 중국 당이 세계혁명을 촉진하는 데 있어서 "분업" 협정을 맺어야 한다고 말했다. 스탈린은 류에게 말했다. "당신들은 동양과 식민지 및 반식민지 국가들에서 더 큰 역할을 해야 한다."[102] 8월 중순, 류는 모스크바로부터 지원 약속을 받아 가지고 중국으로 돌아왔다.

이 모든 것이 중국공산당과 소련 관계에서 주요한 돌파구를 위한 무대를 마련했다. 6월 30일, 마오는 성명을 발표하여 '신중국'이 양극화된 세계에서 소련과 소비에트 블록 편에 서는 "일변도(一邊倒)" 정책을 채택함으로써 모스크바와 특별한 관계를 수립할 것이라고 발표했다. 주석은 선언했다.

> 신중국은 외부적으로…… 소련, 인민 민주주의 국가들, 그리고 다른 모든 나라의 프롤레타리아트 및 광범위한 인민 대중과 동맹을 맺고, 그들과 국제 통일전선을 형성할 것이다…… 우리는 한쪽 편에 서야 한다.[103]

황과 스튜어트의 접촉 및 후자의 베이핑 방문 계획은 순조롭게 진행되지 않았다. 7월 1일, 애치슨은 스튜어트에게 "어떤 상황에서도 베이핑을 방문하지 말라"라고 명령했다.[104] 마오의 '일변도' 발표의 여파 속에서 스튜어트는 8월 초에 중국을 떠났다. 그가 떠나기 전날, 미 국무부는 중국백서를 발표했다.[105] 마오 자신은 신화통신사를 위해 논평 다섯 편을 써서, 미 제국주의를 중국의 가장 위험한 적으로 지목했다.[106] 마오의 성명에 뒤이어 급진적인 반미 제국주의를 특징으로 하는 선전이 급류처럼 터져 나왔고, 중국과 미국 간 전면적인 대결 시대가 시작되었다.

★★★★★

그동안 남부, 서남부, 서부 중국에서는 내전이 계속되었다. 공산주의의 승리의 물결 또한 계속되었다. 1949년 마지막 몇 달 동안 장은 중일전쟁 동안 그랬던 것처럼 쓰촨을 대규모 공산주의 공세에 저항하는 마지막 보루로 만들려 했으나 실패했다. 12월 12일, 장은 쓰촨에서 두 번째로 큰 도시인 청두(成都)에서 타이완으로 가는 비행기를 탔다. 장은 다시는 중국 본토로 돌아오지 않을 것이었다. 마오와 저우, 중국공산당 지도자 동료들은 타이완과 하이난(海南), 티베트와 같은 외곽 지역에서 보류되고 있는 '해방'을 제외하고는 내전에서 승리했다고 여겼다. 그들은 신중국의 탄생을 맞이할 만반의 준비가 되어 있었다.

ZHOU

제3부

'신중국'을

건설하다

BUILDING "NEW CHINA"

ENLAI

제15장

"우리 중국인은
일어섰다!"

1949~1950

베이징은 보통 9월 초에 시작하는 아름다운 가을로 유명하다. 1949년 9월, 마오쩌둥과 저우언라이, 그들의 동지들은 중화인민공화국(PRC) 건국을 위해 베이징에 모였다. 이것은 그들에게 역사적인 순간이었고, 그들이 바라건대 중국과 세계 역사에 완전히 새로운 시대를 열게 될 출발점이었다. 그들은 의기양양했다.

9월 22일, 저우는 신인민정치협상회의(NPPCC) 개회식을 주재했다. 마오는 열정적인 연설로 선언했다. "우리 중국인은 일어섰다!"[01] 이 선언은 단지 국제사회를 향한 것만이 아니었다. 그것은 무엇보다도 중국 인민이 들어야 할 말이었다. 마오는 그와 중국공산당이 건설하려는 '신중국'의 정당성을 전면 주장하고 있었다. 저우는 신정치협상회의 공동 강령 초안과 그 주요 특징들을 요약하는 보고서를 발표하며, 신중국이 "독립적이고, 민주적이며, 평화롭고, 통일되었으며, 부유하고 강력한" "신민주주의 국가"가 될 것이라고 약속했다. 또한 신정치협상회의가 새로운 공화국을 위한 정치 참여의 "최상의 조직 형태"라고 말했다.[02]

15-1 1949년 9월 말, 중국인민정치협상회의 제1차 전체 회의에서의 저우언라이.

15-2 1949년 10월 1일 톈안먼 성루에서, 중화인민공화국 건국 기념식에 참석한 마오쩌둥과 저우언라이.
Sovfoto / Universal Images Group via Getty Images

중화인민공화국 수립 기념식이 열리는 1949년 10월 1일, 저우는 매우 이른 아침에 잠에서 깼다. 그는 행사가 시작되기 몇 시간 전에 톈안먼, 즉 천안문에 도착했다. 그는 특유의 꼼꼼함으로 현장의 모든 세부 사항을 점검했고 하나도 빠뜨리지 않았다. 마오는 오랫동안 밤에 일하고 낮에 자는 것에 익숙했지만, 그날 아침에는 그 역시 일찍 일어났다. 기념식은 오후 세 시에 시작되었다. 톈안먼 위에서 마오는 인민공화국 건국을 선포했다. 그 옆에 서 있던 저우는 주석의 선언을 들으며 미소 지었다. 그러나 자세히 보면 그 모습은 생각에 잠긴 듯하기도 했다.

저우는 무슨 생각을 하고 있었을까? 삼십 년 전 꿈꾸었던 '세계에 우뚝 서는 중국'을 생각하고 있었을까? 그의 비전이 마침내 실현되고 있다고 느꼈을까? 우리는 확실히 알 방법이 없다. 그러나 그가 이후 27년 동안 중화인민공화국 총리를 지내며 겪은 경험을 보면 이러한 질문들에 단순하거나 명쾌한 답을 내릴 수는 없음을 알게 된다.

* * * * *

저우와 동지들은 중화인민공화국을 수립하기 위해 봄부터 준비해 왔다. 3월 중앙위원회 전체 회의 결론 발언에서 마오는 말했다. "(저우)언라이가 새 정부에서 내각 총리직을 맡을 것이다."[03] 저우는 새 정부를 구성하는 데 특히 중요한 책임을 맡았다.

1949년 3월, 마오와 저우는 베이핑(도시 이름은 9월에 베이징으로 변경될 것이었다)에 입성했다. 동료들은 베이징 서쪽 교외 샹산(香山)에 그들을 위한 거주지와 사무실을 준비했다. 5월에 그들은 베이핑 중심부에 위치한 옛 황실 정원 중난하이(中南海)를 징발하여 그 단지를 중국공산당 최고 지도자들의 생활 및 업무 공간으로 만들기로 결정했다. 그때부터 중난하이는 중국의 가장 중요한 전략과 정책이 수립되는 장면을 목격하게 될 것이었다.

저우와 그의 아내 덩잉차오는 처음에 중난하이 단지 중앙에 있는 펑쩌위안(豊澤園)의 한 정원으로 이사했다. 그들은 새로운 거처가 마음에 들었다. 그러나 저우는 마오 또한 그 정원을 마음에 들어 한다는 것을 알고 양보했다. 11월, 저우와 덩은 중난하이 북서쪽 구석에 위치한 시화팅(西花廳), 즉 서화청으로 이사했다. 그 건물은 정원 두 개로 구성된 직사각형 단지였다. 단지에 들어서면 방문객들은 먼저 앞마당을 마주하게 된다. 이곳에 저우가 손님을 만나는 홀이 있었다. 단지 뒤쪽, 정원 중앙에는 저우의 회의실이 있었다. 저우와 덩의 침실은 정원 오른쪽에 덩의 사무실과 함께 자리 잡고 있었다. 저우의 사무실(그가 책임지고 있던 정보 보고서를 포함한 중요 문서들을 안전한 금고에 보관하던 곳)은 정원 왼쪽에 있었다. 저우와 덩은 이후 사반세기 동안 이곳에서 살고 일하게 될 것이었다. 저우는 1974년 6월 1일 암 치료를 위해 인민해방군 305병원으로 이송될 때까지 이 거주지를 떠나지 않았다. 덩은 저우가 사망한 후 1991년 7월 베이징병원에 입원할 때까지 계속 서화청에서 살았다.

*****

저우가 베이핑에 도착한 후 맡은 주요 임무 중 하나는 훗날 중화인민공화국의 임시 헌법 역할을 하게 될 신정치협상회의의 공동 강령을 작성하는 것이었다. 저우의 동료들은 1948년부터 당시 '중국인민혁명 공동 강령'이라는 제목으로 문서 초안을 작업해 왔다. 1949년 중반까지 그들은 초안 두 개를 완성했다. 그러나 내전이 급속히 전개되며 그 초안들은 시대에 뒤떨어진 것이 되었다. 6월 16일 신정치협상회의 준비 회의에서 저우는 공동 강령의 이전 두 초안이 "우리 전쟁 노력을 지원하기 위해 전국 인민을 동원"하는 데 중점을 두었다고 언급했다. 저우는 이제 "우리가 직면한 작업은 재건을 수행"하고 "신민주주의 중국을 건설하는 것"으로 바뀌었다고 말했다. 따라서 '신민주주의 공동 강령'이라는 새로운 제목 아래 강령을 다시 작성해야 한다고 말했다.[04] 저우는 6월 말 일주일 내내 새로운 강령 초안 작성에 매달렸다. 이후 두 달 동안 그는 많은 비공산주의 '민주 인사들'을 포함한 다양한 사람들로부터 수정 의견을 구했다. 마침내 8월 말에 새로운 문서가 완성되었고, 여기서 저우는 신중국과 그 새 정부가 어떠해야 하는지에 대한 자신의 견해를 명확히 밝혔다.

문서에 따르면, '신중국'은 '신민주주의 사회' 건설에 집중해야 했다. "그러한 사회가 공고해지고 발전한 후에야 사회주의를 추구하기 시작해야 한다." '중국 인민의 권리'라는 주제에 대해 저우의 초안은 "사상, 신체, 언론, 출판, 집회, 결사, 통신, 거주, 영업, 행진 및 시위, 종교적 신념의 자유"를 강조했다. 저우에 따르면, 신중국의 정부는 중국공산당과 다양한 민주 정당들을 포함하는 "광범위한 인민 민주 통일전선"에 기반을 둔 "민주 연합정부"여야 했다. 저우는 덧붙여 말했다. 정부는 "한 계급의 독재"도 아니며, "한 정당이…… 정부를 지배"하지도 않을 것이라고. 경제적으로 중국은 자본주의가 존속할 수 있도록 하는 "혼합 생산 양식"을 채택해야 했다. 따라서 신중국은 "공공 및 사적 이익을 모두 고려하고, 노동과 자본 모두에게 이익이 되며, 도시와 농촌 간 상호 원조, 중국과 해외 간 상품 유통"이라는 경제정책을 실행해야 했다. 국제적으로 신중국은 '일변도'와 반제국주의를 특징으로 하는 외교정책을 고수할 것이었다. '중국'과 '중화민족'의 개념과 관련하여 저우는 신중국이 "다민족 연방"이 될 것이라고 믿었다.[05]

8월 중순, 저우는 초안을 마오에게 보내 검토하고 승인해 줄 것을 요청했다. 주석은 8월 말부터 9월 중순까지 거의 6주 동안 강령을 읽고 수정했다. 그는 문서 내용 대부분을 받아들였지만, 두 가지 중요한 수정을 가했다. 첫째, 그는 '연합정부'라는 개념을 제거했다. 한 정당이 정부를 지배하지 않을 것이라는 저우의 약속 또한 삭제되었다. 둘째, 신중국은 더 이상 '연방공화국'으로 정의되지 않을 것이었다.

이것들은 중대한 변화였다. 1940년대 중반 국민당과 '민주주의'의 기치를 놓고 경쟁할 때, 마오와 저우, 중국공산당은 '연합정부'라는 개념을 사용하여 장을 정치적 수세에 몰아넣었다. 저우는 장의 대표들 및 미국인들과 협상할 때 장이 '일당에 의한 정부 지배'를 추구한다고 빈번하게 비난했다. 저우는 분명히 이것을 기억하고 있었다. 따라서 공동 강령 초안을 작성할 때, 그는 종종 '연합정부'라는 용어를 사용하여 새로운 정권을 정의하고, 중국공산당이 새로운 정부에 대한 '일당 지배'를 추구하지 않을 것이라고 약속했다. 마오는 공동 강령에서 그 개념을 삭제함으로써 중국공산당이 새로운 정권을 완전히 통제하도록 보장하겠다는 결의를 분명히 드러냈다.

중국공산당은 창당 이래로 중국이 '연방공화국'이 되어야 한다는 아이디어를 옹호해 왔다. 심지어 민족 정책의 혁명적 성격을 부각하기 위해 "중국 본토는…… 진정한 민주공화국으로 통일되어야 하지만…… 몽골, 티베트, 무슬림 신장은 민주적이고 자유로운 자치체로서 자치권을 가져야 한다"라고 주장하기도 했다.[06] 실제로 중국공산당 지도자들은 심지어 국민당의 '5족 공화(五族共和)' 약속이 소수 민족을 겨냥한 "민족 억압 정책을 은폐"하기 위해 고안된 것이라고 주장했다. 반면 중국공산당은 "모든 소수 민족의 자결권을 인정하며…… 심지어 중국으로부터의 분리로 이어질지라도" 그럴 것이라고 했다.[07] 마오는 한때 "인민 혁명이 승리한" 후 티베트, 외몽골, 신장이 "중국 연방에 부속된 자치공화국을 형성"

할 수 있다는 발상을 지지한다고 선언했다.[08] 저우도 비슷한 관점을 가지고 있었다. 중국공산당과 국민당 간 내전이 발발한 후, 저우는 "소수 민족의 자결권 옹호"를 포함하는 중국공산당 민족 정책을 지지했고, 장이 그들의 "자결권을 폐지"한 것을 비난했다.[09] 저우가 자신이 작성한 초안에 "중국의 다민족 연방"이라는 구절을 사용한 것은 우연이 아니었다. 그러나 저우의 어조는 마오가 자신의 의견을 명확히 한 후 바뀌었다. 9월 7일 신정치협상회의 준비 회의에서 저우는 중국공산당의 민족 정책을 설명하며, 신중국에서 "모든 민족을 하나의 큰 가족으로 단결"시키는 것이 중요하다고 강조했다. 그는 말했다. "우리는 제국주의자들이 민족 문제를 이용하여 중국의 통일을 방해하는 것을 막아야 한다." 따라서 '신중국'은 비록 "(소수) 민족 지역에서 자치"를 허용하겠지만, 연방이 되지는 않을 것이었다.[10]

비록 '연합정부'라는 용어를 포기했지만, 저우는 여전히 새로운 정부가 중국공산당의 지도력을 보장할 뿐만 아니라 폭넓고 포용성 있다 정의되기를 희망했다. 이미 1948년 9월에 저우는 홍콩 및 다른 곳에 기반을 둔 저명한 '민주 인사' 77명의 명단을 비밀리에 작성하여 신정치협상회의 후보로 고려하도록 했다. 그는 중국공산당 상하이국과 홍콩국 지부에 "그들이 중국 북부 해방구로 여행하도록 비밀리에 주선하라"라고 지시했다.[11] 저우가 가장 적극적으로 새 정권에 합류시키려 했던 인물은 쑨원의 아내 쑹칭링(宋慶齡)이었다. 쑹은 오랫동안 공산주의에 동조했고 코민테른을 위해 일하기도 했다. 그러나 그는 여러 해 동안 상하이에 살았고 건강이 좋지 않았다. 쑹은 쑨원이 사망한 도시인 베이징으로 가는 것을 불안해했다. 아마도 새 정권에 합류함으로써 자신의 정치적 독립성이 억제되는 것을 우려했을 수 있다. 저우는 감동적인 편지를 썼고, 덩잉차오가 상하이에서 그 편지를 쑹에게 직접 전달했다. 덩은 그 후 쑹을 계속 설득하기 위해 상하이에 머물렀다. 저우는 만약 쑹이 신정치협상회의에 참여한다면 상하이에 머물며 베이징을 편리하게 오갈 수 있도록 사려 깊게 주선했다.[12] 마침내 저우의 끈기는 결실을 맺었고, 쑹은 신정치협상회의를 위해 베이징에 오기로 동의했다. 나중에는 심지어 중화인민공화국 부주석으로 봉사하기로 동의했다.

저우는 또한 다른 '민주 인사들'을 새 정권에 봉사하도록 끌어들이기 위해 노력했다. 정무원(政務院)〔1954년 9월 이후 국무원으로 명칭이 변경되었다〕이 설립되었을 때, 그것은 '민주적 협력'의 산물처럼 보였다. 저우는 자연스럽게 평의회의 총리가 되었다. 부총리 네 명 중 황옌페이(黃炎培)와 궈모뤄는 비공산주의 '민주 인사들'이었다. 국무위원 열다섯 명 중 저우는 개인적으로 비공산주의 신분을 가진 아홉 명, 즉 탄핑산(譚平山), 장보준(章伯鈞), 마쉬룬(馬敍倫), 천사오위(陳紹禹), 왕쿤룬(王崑崙), 뤄룽지(羅隆基), 장나이치(章乃器), 사오리쯔, 황사오홍(黃紹竑)을 선정했다. 저우는 또한 삼십 명이 넘는 비중국공산당 인사들을 부장 및 부부장으로 임명했다.

한 가지 예외는 외교부였다. 저우가 새 정부를 구성할 때, 마오는 정권이 외교를 제외한 모든 영역에서 기존 관행을 계속할 수 있으나, 외교는 새롭게 출발해야 한다고 단언했다.[13] 따라서 저우는 자신과 중국공산당이 중국의 외교문제를 직접 통제할 수 있도록 스스로 외교부장이 되기로 결정했다. 새 정부 외교부는 두 그룹으로 구성될 것이었다. 첫 번째는 저우가 충칭 시절에 구성했던 외교 팀으로, 왕빙난, 차오관화, 궁펑, 천자캉, 장원진이 포함되었다. 그들 대부분은 내전이 발발한 후 옌안으로 갔다. 중국공산당 중앙이 옌안에서 철수하기 전에 저우는 예젠잉과 함께 사람들을 모아 산시 '해방구'로 이전시켰다.[14] 저우는 그 구성원들이 외교 경험이 있고 외국어를 구사한다는 것을 알았다. 저우는 지시했다. "그들을 흩어 놓거나 찾기 어렵게 만들지 마라." 저우의 지도 아래 1947년 5월에 중앙군사위원회 산하에 외교 그룹이 설립되었다. 예가 그룹을 이끌고 왕빙난이 부책임자로 봉사할 것이었다. 저우의 이전 외교 참모들이 거의 전부 그룹에 합류했다.[15] 1949년에 그들은 베이징으로 가 외교부 핵심 구성원이 되었다.

저우는 또한 군단 출신 인민해방군 지휘관 그룹을 외교부로 재배치하여 외국 대사 후보로 삼았다. 저우는 그렇게 조치한 근거를 다음과 같이 설명했다. "외교는 전투를 치르는 것과 비슷하다. 외교는 단지 비폭력적인 전투일 뿐이다."[16] 저우가 선택한 지휘관들은 외교적 배경은 없었지만, 당에 절대적으로 충성했고 중일전쟁과 내전 동안 복잡한 상황을 다룬 경험이 풍부했다. 중화인민공화국의 첫 대사단 대부분이 이 지휘관 그룹 출신이었다.

★★★★★

중화인민공화국 건국 다음 날인 10월 2일, 저우는 여전히 흥분에 들떠 있었다. 늦은 저녁, 그가 하루 종일 기다렸던 보고서가 마침내 도착했다. 모스크바가 인민공화국을 인정하고 새 국가와 외교관계를 수립할 것이라는 내용이었다.[17] 저우는 즉시 마오에게 전화하여 그 좋은 소식을 나누었다. 3개월 전 '일변도' 전략을 공개했을 때 마오의 목표 중 하나는 모스크바로부터 신중국을 신속히 인정받는 것이었다.[18] 이제 마오와 저우는 스탈린 정부가 중화인민공화국을 가장 먼저 인정했다는 소식을 환영하며 기쁨에 젖었다.

마오는 스탈린과의 대면 회담이 중국이 소련으로부터 얻을 수 있는 이익을 극대화하는 데 매우 중요하다고 믿었다. 그가 소련에 방문하며 회망한 목록에는 소련으로부터 상당한 군사 및 경제 지원을 확보하는 것과 같은 항목들이 있었다. 그러나 마오의 주된 목표는 소련과 새로운 동맹조약을 체결하여, 모스크바가 1945년에 장제스 정부와 체결했던 조약을 대체하는 것이었다. 이 새로운 조약은 즉시 마오의 '일변도' 접근법을 구체화하고 중국공산당 지도부가 신중국을 위한 현대화 경로를 설계하는 일을 용이하게 할 것이었다.

마오는 이 여행에 저우를 데려가고 싶어 했는데, 이로써 그는 배경에 머물면서 스탈린이 가진 의도를 타진할 수 있게 될 것이었다. 11월 9일, 마오는 모스크바의 새로운 중화인민공화국 대사인 왕자샹에게 전보를 보내, 스탈린에게 그의 소련 방문 계획을 알리라고 요청했다. 특히 마오는 왕에게 지시했다. "스탈린 동지에게 저우언라이 동지가 나와 함께 가야 할지, 아니면 일단 내가 모스크바에 도착한 후에 그의 방문 여부를 결정할지 정해 주기를 요청해 달라."[19] 그러나 스탈린은 답장에서 마오에 대한 초대만 확인하고 저우는 언급하지 않았다. 이것은 마오와 저우에게 좋은 징조가 아니었다. 11월 12일, 마오는 스탈린에게 12월 초에 베이징을 떠나 모스크바로 갈 것이라고 알렸다.[20] 저우는 즉시 중국 최고 전문가들로 팀을 꾸려 마오의 모스크바 방문을 준비했다.

*****

12월 6일 춥고 맑은 아침, 마오는 기차로 베이징을 떠나 모스크바로 향했다. 저우와 다른 중국공산당 지도자들이 역에 나와 마오를 배웅했다. 시베리아를 횡단하는 열흘간의 여정 끝에 마오는 12월 16일 정오에 모스크바에 도착했고, 기차역에서 뱌체슬라프 M. 몰로토프, 니콜라이 불가닌 (Nikolai Bulganin) 및 다른 소비에트 지도자들로부터 영접을 받았다.[21] 그날 저녁, 스탈린은 크렘린에서 거의 모든 소비에트 정치국 위원과 함께 마오를 환영했다. 소비에트 독재자는 외국 지도자를 위해 그처럼 성대한 환영회를 연 적이 없었다. 이것은 마오에 대한 정중한 제스처였다.

마오는 이에 감사했지만, 그가 모스크바에 온 것은 더 크고 더 실질적인 것을 얻기 위해서였다. 스탈린이 그에게 방문을 통해 무엇을 성취하고 싶은지 물었을 때, 마오는 "보기 좋고 맛도 좋은 것"을 가져가고 싶다고 대답했다. 마오의 통역사인 스저는 설명했다. "'보기 좋다'는 것은 전망이 좋다는 것을 의미하고, '맛이 좋다'는 것은 실질적인 것을 의미한다." 마오는 새로운 중소 조약을 언급하고 있었지만, 스탈린은 그 메시지를 이해하지 못하는 것 같았다. 소비에트 비밀경찰 책임자인 라브렌티 베리야(Lavrentiy Beria)는 마오의 표현에 웃음을 참지 못했다.[22]

사실 교활한 소비에트 독재자는 아마도 그저 이해하지 못하는 척했을 것이다. 두 지도자가 공식 토론을 시작했을 때, 마오는 새로운 중소 조약 체결 문제를 직접적으로 제기했다. 스탈린은 마오의 요청을 즉시 거부하지 않았다. 대신 주석에게 자신이 직면한 어려움들에 대해 길게 설교했다. "소련과 중국은 얄타협정에 따라 1945년 조약을 체결했다. 어떤 조항도 변경하지 않는 것이 바람직하다. 단 하나라도 수정한다면 미국과 영국에 쿠릴열도와 남사할린에 관한 얄타 조항을 변경할 법적 구실을 제공할 수 있기 때문이다." 실제로 1945년 체결한 중소 조약은 얄타협정에서 필수적인 부분이었다. 만약 그것이 무효화된다면, 얄타협정 또한 뒤집힐 수 있었다. 그래서 스탈린은 제안했다. 새로운 조약을 체결하는 대신, "형식적으로는 현재 조약을 유지하면서 실질적으로 수정하는 것"이 더 바람직하다고.[23]

스탈린은 또한 자신에게 전략적으로 중요한 뤼순(旅順, Port Arthur)과 중동철도(동청철도, CER, 中東鐵路)에 대해서도 언급했다. 차르 러시아

시대부터 태평양 접근을 확보하는 것은 극동에서 러시아 및 소비에트 안보 전략의 중심이었다. 1904~1905년 일본에 패배한 후, 러시아는 뤼순과 중동철도에 대한 통제권을 잃었다. 제2차 세계대전이 끝날 무렵 중소 조약이 체결되면서 소비에트는 삼십 년 동안 뤼순에 군대를 주둔시킬 권리와 중동철도를 '공동 사용'할 권리를 되찾았다. 스탈린은 마오에게 말했다. "공산주의자로서 우리에게 우호적인 외국에 군대를 주둔시키는 것은 부적절하다." 따라서 1945년 조약이 "우리에게 뤼순을 사용할 권리를 부여했지만, 우리는 그 권리를 행사하지 않을 수 있고 중국 정부가 요청하면 우리 군대를 철수시킬 수도 있다"라고 했다. 마오는 즉시 스탈린의 말에 담긴 저의를 간파했다. 그는 소비에트 독재자에게 확언했다. "당신들이 뤼순에서 군대를 서둘러 철수할 필요는 없다." 그리고 저우의 이름을 대화에 올렸다. "만약 새로운 조약을 협상하고 서명할 필요가 있다면" 저우가 모스크바에 와야 한다고. 스탈린은 부드럽게 반박했다. "우리가 정말로 해결하고 싶은 문제가 확실하지 않은데, 왜 저우를 여기 불러야 하는가?" 마오는 그 말에 대답하지 않았다.[24]

마오는 매우 언짢은 기분으로 회의장을 떠났다. 그가 회의에 대한 전보를 작성하여 베이징의 동료들에게 발송하기까지는 거의 이틀이 걸렸다. 전보는 "스탈린의 태도는 정말로 진지하다"라는 말로 시작했지만, 이어진 내용은 그렇지 않다는 것을 나타냈다. 스탈린은 중화인민공화국과 새로운 조약을 체결할 의사가 없었다고 마오는 동료들에게 말했다. 그러나 양국이 중국에 대한 소련의 차관 및 기타 지원에 관한 협정을 협상하고 서명하는 것은 가능해 보였다. 뤼순에 관해서 마오는 양측이 "현재 조항들을 공식적으로 변경하지 않고" "소련 군대의 실제적인 철수"로 이어질 방법을 찾는 것으로 문제를 해결할 수 있다고 제안했다. 또한 스탈린이 "외교부장(저우)이 단지 성명에 서명하기 위해 여기까지 날아오는 것

395

은 불필요하다"라고 생각했다고 알렸다. 그러나 마오는 만약 양국이 "차관, 항공, 무역에 관한 협정들을 서명"하게 된다면, "외교부장이 와야 할 수 있다"라고 했다. 분명히 마오는 여전히 '보기 좋고 맛도 좋은 것'을 중국으로 가져가려는 희망을 버리지 않았다. 그리고 저우가 모스크바에 오는 문제는 마오에게 스탈린과의 협상 전략에서 미묘하지만 중요한 부분이 되었다.[25]

베이징의 중국공산당 지도자들은 12월 21일에 만났다. 그들은 소련의 실질적인 지원을 협상할 수 있도록 저우가 모스크바에 합류해야 하는지 여부를 구체적으로 논의했다. 회의를 마친 후 류사오치와 저우는 마오에게 공동으로 전보를 보내 제안했다. "만약 소련 측이 뤼순, 차관, 항공, 무역에 관한 협정들에 서명하는 데 동의한다면, (저우)언라이 동지는 여전히 모스크바로 갈 수 있다…… 그러나 만약 소비에트가 이러한 협정들에 서명하고 싶어 하지 않고 단지 뤼순에 주둔한 군대와 일반적인 정치 문제들에 대한 성명만 발표하고자 한다면, (저우)언라이 동지가 갈 필요까지는 없을 것이다." 그러나 그들은 강조했다. 만약 마오가 필요하다고 생각한다면, "(저우)언라이 동지는 당신에게 전화를 받는 즉시 출발할 수 있다."[26]

12월 21일 저녁, 마오는 그의 공식 일정의 정점인 스탈린 생일 축하연에 참석했다. 스탈린은 마오에게 존경을 표하기 위해 최선을 다했고, 마오를 자기 옆자리에 앉히고 주빈으로서 연설하도록 했다. 비록 스탈린이 빈번히 미소 지으며 마오를 쳐다보았지만, 주석은 축하연 내내 "굳은 표정을 하고 거의 아무 말도 하지 않았다."[27]

다음 날, 마오는 스탈린의 연락관인 이반 코발료프(Ivan Kovalev)를 자기 숙소로 불렀다. 마오는 코발료프에게 하루이틀 안에 스탈린과 만나고 싶다고 말하며 선언했다. "우리는 다음 문제들을 논의하고 해결하고 싶다. 중소 조약 그리고 차관, 무역, 항공에 관한 협정들이다. 더 나아가 나는 저우언라이에게 서명식을 위해 모스크바로 오라고 요청할 계획이다." 마오는 또한 코발료프에게 "이 대화의 회의록이 스탈린에게 전달되도록" 해 달라고 요청했다.[28]

이틀 후, 중국 주석과 소비에트 독재자는 다시 만났다. 그들은 "국제 공산주의 운동, 베트남, 일본, 인도, 인도네시아, 동양의 공산주의 정보국, 서유럽, (미국 정치가) 헨리 월리스, 다양한 동양 국가들에서의 혁명 전략"을 포함한 광범위한 주제들을 논의했다. 스탈린도 마오도 중소 조약을 새로 체결하는 문제는 언급하지 않았다. 마오는 다시 한번 저우가 모스크바에 와야 한다고 했다. 스탈린은 대답했다. "정부의 주석인 당신이 이미 여기에 있다. 왜 당신 내각의 총리까지 와야 하는가? 그것은 다른 사람들에게 좋지 않은 인상을 남길 수 있다."[29] 회의는 다섯 시간 이상 계속되었지만, 마오는 빈손으로 나왔다. 베이징의 동지들에게 보낸 전보에서 그는 실망스럽게 보고했다. "스탈린과 대화하여 얻은 결론은 (저우)언라이 동지가 여기에 오지 않는 편이 더 낫다는 것이다."[30]

이후 며칠 동안 마오는 자기 숙소에 머물면서 러시아 영화를 보는 것 외에는 아무 일도 하지 않았다. 그는 스탈린에게 직접 도전하고 싶지 않았다. 그는 새로운 조약을 체결하기 원하는 열망을 소비에트 독재자에게 상기시키기 위해 저우를 모스크바에 부를 것을 제안했다. 그러나 교활한 늙은 여우 스탈린은 거듭 거절했다. 소비에트가 그의 숙소를 도청하고 있다는 것을 알면서도 마오는 동료들에게 "먹고, 자고, 똥 싸는 것" 외에는 모스크바에서 할 일이 없다고 큰 소리로 불평했다.[31] 그동안 그는 새로운 중소 조약을 체결하지 않고는 모스크바를 떠나 집으로 돌아갈 의사가 없음을 나타냈다. 스탈린이 행동하게 하고, 바라건대 그의 마음을 바꾸려는 전술이었다. 스탈린은 확실히 마오의 메시지를 받았다. 그는 여러 가지 가능한 대응책 사이에서 망설이며, 각각의 장단점을 신중하게 저울질했다.

그러다 다소 이상한 일이 일어났다. 12월 24일, 코발료프는 스탈린에게 보고서를 제출했는데, 여기서 그는 중국공산당의 정책들이 스탈린의 지시와 어떻게 달라졌는지를 상세히 기술했다. 예를 들어, 중국공산당은 중국 노동 계급의 역할에 충분히 주의를 기울이지 않았고, 외국 기업에 어떤 제한도 가하지 않았다. 특히 코발료프는 관찰했다. "영국과 미국이 장을 적극 지원했음에도 불구하고" 중국공산당 지도자들은 여전히 두 서방 강대국이 "인민공화국을 곧 인정"하기를 희망했다. 저우가 서방에 부드러운 입장을 취한 것이 가장 명백한 증거라고, 코발료프는 강조했다.[32] 스탈린은 그 보고서를 정치국의 몇몇 위원들과만 공유했다. 그러나 그는 마오에게도 한 부 주기로 결정했다. 소비에트 독재자는 논평했다. "코발료프는 정치적 인재가 아니라 기술자이다. 그가 정치에 관여하는 것은 매우 부적절하다."[33] 그럼에도 불구하고 스탈린은 왜 그 보고서를 마오와 공유했을까? 마오에게 신뢰를 표하거나 경고를 보내기 위해 그랬을 수 있다. 그동안 스탈린이 보인 움직임은 아마도 저우가 '친서방' 성향을 가지고 있다는 것을 암시하며, 저우를 모스크바로 초대하기를 거부한 이유를 암묵적으로 전달했을 것이다.

마침내 스탈린은 마음을 굳혔다. 결국 냉전이 격화되고 미소 대결이 악화하면서, 마오가 이끄는 중국이 소련 편에 서도록 해야만 했다. 결국 마침내 마오가 바라던 국면 전환이 찾아왔다.

1950년 1월 2일 저녁, 몰로토프와 미코얀이 마오의 문을 두드렸다. 그들은 주석에게 그가 모스크바 방문에서 성과를 거두려면 양측이 무엇을 해야 하는지 듣기 위해 스탈린이 자신들을 이리로 보냈다고 말했다. 마오는 즉시 자신의 순간이 왔음을 인식했다. 마오는 말했다. 첫 번째이자 가장 이상적인 선택지는 "우리가 새로운 중소 동맹 조약을 체결"하는 것이라고. "이것은 중소 관계를 새로운 조약의 기초 위에 둠으로써 크게 공고히 할 것이다." 주석은 국내적인 이점도 있다고 상세히 설명했다. "중국의 노동자, 농민, 지식인, 좌파 민족주의 부르주아지는 크게 고무될 것이고, 우파 민족주의 부르주아지는 고립될 것이다. 국제적으로 우리는 제국주의 국가들을 다루고 과거에 그들이 중국과 체결했던 모든 조약을 종식하는 데 더 많은 정치적 자본을 갖게 될 것이다." 첫 번째 선택지에 대한 마오의 열정은 역력했다. 그에 비해 다른 두 선택지를 제시할 때는 훨씬 더 주저했다. 두 번째는 중국과 소비에트가 "논의 중인 모든 중요한 문제에 대해 합의에 도달했다"라고 명시하는 공동성명을 발표하는 것이었다. 세 번째 선택지는 "우리 관계의 기본 원칙들을 나열하는 공개 성명에 서명하고 발표하되 조약은 맺지 않는 것"이었다.

이전처럼 마오는 세 가지 선택지를 저우가 모스크바에 와야 하는지 여부와 연결 지었다. 마오는 첫 번째 선택지가 선택될 경우에만 저우가 오게 될 것이라고 분명히 했다. 회의 전에 스탈린으로부터 지시를 받았음이 분명한 몰로토프는 즉시 마오가 제시한 첫 번째 선택지가 최선이며 저우가 모스크바에 합류해야 한다고 단언했다. 마오는 확인받기 위해 물었다. "우리가 낡은 조약을 대체할 새로운 조약을 체결하게 될 것인가?" 몰로토프는 대답했다. "그렇다!"[34]

마오는 매우 기뻐했다. 몰로토프가 떠나자마자 마오는 베이징에 전보를 보냈다. 그는 동지들에게 말했다. "여기서 우리의 작업은 지난 이틀 동안 큰 돌파구를 냈다. 스탈린 동지는 마침내 저우언라이 동지를 모스크바로 초대하고 새로운 중소 우호 동맹 조약 및 신용, 무역, 민간 항공에 관한 다른 협정들에 서명하는 데 동의했다." 그러나 마오는 러시아인들에게 그가 조약 협상을 서두른다는 인상을 주고 싶지는 않았기 때문에,

저우에게 "오 일간 준비하고…… 비행기가 아니라 기차를 타고 오라"라고 지시했다.[35] 몇 시간 후, 마오는 베이징에 또 다른 전보를 보내 지시했다. "(저우)언라이 동지의 소련 방문은 정무원 회의에 의해 공식적으로 승인되어야 하며, 그는 그 방문이 새로운 중소 동맹 조약에 서명하기 위한 것이라고 보고해야 한다." 마오는 저우가 "이것이 인민공화국을 더 유리한 위치에 놓을 것이며, 자본주의국가들이 우리의 조건들을 받아들이도록 압박하고, 다른 나라들이 중국을 무조건적으로 인정하며 낡은 조약들을 폐지하고 우리와 새로운 조약들을 체결하게 할 것"이라고 지적해야 한다고 강조했다.[36]

베이징의 동료들은 1월 3일 밤새 회의하며 주석의 모든 생각을 "전적으로 지지"했다. 저우는 "9일 저녁에 기차로 베이징을 떠나, 19일에 모스크바에 도착"하기로 결정했다.[37] 그는 마오가 지시한 대로 정무원 회의에서 중소 관계에 대해 보고했는데, 여기서 그는 그 전선에서 최근에 이룬 진전을 신중국의 주요한 외교적 성과로 강조했다.[38]

*****

저우는 1월 20일에 모스크바에 도착했다. 소비에트가 이미 그를 위해 별장을 마련해 두었지만, 그는 마오의 별장에 묵기로 했다. 소비에트 요원들이 엿듣지 못하게 하기 위해 마오와 저우는 항상 중요한 문제를 정원에서 토론했다.[39]

이틀 후, 저우는 마오와 함께 스탈린과의 회의에 참석했다. 소비에트 독재자는 준비되어 있었고, 그의 보좌관들이 새로운 조약 초안과 다른 일련의 협정 초안들을 가지고 왔다. 그는 "중국과 소련 간의 다양한 기존 협정들"뿐만 아니라 "만주와 신장과 같은 실질적인 문제들"을 다루는 것으로 토론을 시작할 것을 제안했다. 마오는 다시 한번 새로운 중소 조약을 체결하기를 희망한다고 언급했는데, 이는 "우리 사이 우호적인 관계를 더욱 확고히 할 것"이었다. 스탈린은 즉시 동의했다. 조약 내용을 논의할 때, 마오는 '우리 중국인은 일어섰다'고 선언한 것을 분명히 생각하며, 조약이 중국 내에서 가질 정치적 영향력을 강조했다. "새로운 조약에는 국제 문제에 대한 상호 협의 및 조정 조항이 포함되어야 한다. 이것이 국내에서 우리 입지를 강화할 것이기 때문이다." 스탈린은 주저 없이 대답했다. "물론 그것은 포함되어야 한다." 토론이 뤼순, 다롄, 중동철도에 관한 협정들을 수정하는 문제로 넘어갔을 때, 마오는 "이러한 협정들을 변경하면 얄타 회의에서 내린 결정들이 바뀔 것"이라고 언급했다. 스탈린의 태도는 명확하고 확고했다. "그렇게 될 것이다. 지옥에나 가 버리라고 하라. 조약을 수정하기로 선택한 이상, 우리는 끝까지 갈 것이다…… 우리는 미국인들과 싸워야 할 것이다."

스탈린은 그 후 물었다. "누가 조약 초안을 작성하도록 배정되어야 하는가?" 스탈린은 마오가 대답하기 전에 제안했다. "나는 이것이 비신스키(Vyshinsky)와 저우의 일이 되어야 한다고 생각한다." 마오는 대답했다. "동의한다."[40]

중국 측에서는 조약 및 다른 협정들의 세부 사항을 작성하는 임무가 저우의 어깨에 떨어졌다. 이는 결코 쉬운 일이 아닐 것이었다. 저우는 국민당 및 미국인들과의 일부를 포함하여 많은 협상에 참여했지만, 소비에트와의 협상은 아마도 가장 도전적인 일로 판명될 것이었다. 저우는 소비에트 형님들에게 높은 존경을 보여야 할 뿐만 아니라, 신중국의 중대한 국가 이익을 지키는 일이 자신에게 달려 있음을 알았다.

저우와 미코얀, 비신스키 및 다른 소비에트 지도자들은 1월 23일에 회의를 시작했다. 첫 번째 의제는 새로운 중소 조약이었다. 소비에트는 스

401

탈린이 새로운 조약 체결을 승인한 이후 작업해 온 조약 초안을 가지고 왔다. 그들은 또한 뤼순, 다롄, 중동철도 및 무역, 차관, 합작 투자, 중국에 소비에트 전문가를 파견하는 것과 같은 문제들에 관한 협정 초안 십여 개를 가지고 왔다. 저우는 이러한 문서들, 특히 뤼순, 다롄, 중동철도에 관한 문서들에서 "많은 중요한 내용"이 "생략"되었다고 느꼈다. 마오는 저우의 말을 듣고 제안했다. "우리 스스로 초안을 만들어야 한다."[41]

거의 즉시 저우는 '주석의 지휘 아래' 조약 초안 작업을 시작했다. 1월 24일, 초안이 준비되었다. 비교해 보니 저우의 초안과 소비에트의 초안은 꽤 비슷했다. 주요한 변경 사항은 조약 제목에 '상호 원조'라는 용어를 추가하여 '중소 우호, 동맹 및 상호 원조 조약'으로 만든 것이었다. 이것은 새로운 조약을 만드는 데 있어서 '평등'을 강조하려는 저우의 결의를 반영했다.

소비에트는 저우의 초안을 받고 자신들의 것과 '매우 가까움'을 금방 발견했다. 그들은 문구를 약간 변경하는 것 외에는 문서를 크게 수정하지 않았다. 1월 25일, 저우는 류에게 전보를 보내 조약의 텍스트가 "우리에 의해 초안되고 준비되었으며" "소비에트가 언어 편집 외에는 큰 변경을 가하지 않았다"라고 알렸다. 저우는 결론 내렸다. "거래는 이미 성사되었다."[42] 마오도 만족했다. 다음 날 아침, 그는 류에게 전보를 보내 베이징에 있는 동지들에게 "여기서의 작업이 꽤 순조롭게 진행되었다"라고 보고했다. 그러나 아직 축하할 때는 아니었기 때문에 마오는 그들에게 당분간 그 문제에 대해 "입을 굳게 다물라"라고 지시했다.[43]

이는 근거 있는 지시였다. 저우와 소비에트 상대방들은 곧 뤼순, 다롄, 중동철도를 놓고 교착상태에 빠졌기 때문이다. 이러한 문제들은 극동에서 소비에트의 중대한 이익과 관련되어 있었고, 이는 새로운 조약의 범위와 본질에도 영향을 미쳤다. 저우는 1월 23일 이러한 문제들에 대한 소비에트 협정 초안을 받았을 때, 자신의 견해가 소비에트 상대방들과 근본적으로 다르다는 것을 깨달았다. 이러한 인식은 1월 26일 소비에트가 그에게 다롄에 관한 협정 초안을 건넸을 때 더욱 확고해졌다. 소비에트는 중국이 다롄항을 통과하는 소비에트 상품에 대한 관세를 면제하고 그들이 항구 시설을 무료로 사용하도록 허용할 것을 요청했다. 그들은 중국이 항구를 통제하는 것을 허용했지만, 다롄항의 국장 및 부국장직은 양측 대표들이 번갈아가며 맡아야 한다고 요구했다. 또한 일본과 평화조약을 체결할 때까지 다롄과 뤼순을 계엄령하에 둘 것을 제안했다.[44]

저우와 마오는 소비에트가 초안에 내건 조건들이 중국의 주권을 침해한다고 느꼈다. 바로 그날 저우는 소비에트에게 중국 측 초안을 역으로 제시했는데, 여기서 그는 소비에트가 이전에 별도로 다루었던 뤼순, 다롄, 중동철도를 하나의 단일 협정 초안으로 묶었다.[45] 그러나 가장 큰 차이점은 내용에 있었다. 저우는 소련이 뤼순, 다롄, 중동철도에 관한 모든 권리를 포기하고 그것들을 중국에 반환할 것, 소련이 뤼순과 다롄에서 임대하여 임시로 소유했던 모든 재산을 중국이 인수할 것, 소련이 중동철도와 그에 부속된 모든 재산을 보상 없이 중국에 반환하기로 약속할 것을 제안했다.[46] 저우와 동료들은 분명히 그 초안을 미리 잘 준비했고 그 조건들을 신중하게 검토했다. 중국 측 초안은 저우와 마오가 새로운 중소 조약과 다른 협정들은 중국 대중에게 보여 줄 수 있는 것들이어야 하며, '우리 중국인은 일어섰다'는 사실을 드러냄으로써 국내외에 신중국의 정당성을 드높여야 한다는 주장을 반영했다.

그러나 저우의 초안은 사실상 스탈린과 소비에트를 궁지로 몰아넣어 그들에게 어려운 선택을 강요했다. 스탈린과 다른 소비에트 지도자들은 저우의 초안을 검토하고, 텍스트의 여백과 줄 사이에 큰 가위표와 물음표를 남기고 "스탈린은 동의하지 않는다"와 같은 논평을 적었다.[47] 그러나 스탈린은 단순히 이러한 의견 불일치 때문에 협상이 결렬되는 것을 원하지 않았다. 결국 새로운 조약에 대한 협상은 이미 너무 멀리 나아갔고, 문제의 세 소유물에 대한 권리는 어쨌든 결국 중국에 반환될 것이었다. 스탈린이 중국의 조건들을 거부함으로써 협상을 실패로 돌릴 수 있었을까? 소비에트가 작성한 몇몇 후속 초안들을 보면 그들이 비록 마지못해서라도 점차 자신들의 조건들을 저우의 것과 일치시키려 노력하고 있었음이 명백했다.

마침내 스탈린은 중국에 굴복하는 고통스러운 결정을 내렸다. 저우는 1월 29일에 소비에트로부터 최종 응답을 받았다. 그들은 실질적으로 양보할 용의가 있었다. 그들은 일본과 평화조약을 체결한 후 또는 늦어도 1952년 말까지 소련이 중동철도에 대한 모든 권리를 보상 없이 중국에 이전하는 데 동의했다. 소비에트 군대는 뤼순을 떠날 것이고, 그 민간 행정은 중국에 이양될 것이었다. 양측은 일본과 평화조약을 체결한 후 "다롄 문제를 처리"할 것이며, "다롄항의 행정은 전적으로 중국이 감독할 것"이었다. 만약 "어느 서명국이 전쟁에 휘말린다면" 양국은 그들 정부의 승인 하에 "침략자에 대한 공동 전투에서 그들에게 이익이 되도록 뤼순의 해군 기지를 공동으로 사용할 수 있다."[48] 이 시점에서 세 문제에 대한 소비에트의 입장은 중국의 그것과 매우 가까워졌다. 그날 소비에트는 조약의 최종안을 내놓았고, 여기서는 양측의 문구 간에 어떤 차이점도 발견할 수 없었다.[49]

2월 8일, 저우는 류사오치에게 긴 전보를 보내 소비에트와 협상하여 이룬 진전을 요약했다. 그는 베이징의 동지들에게 자랑스럽게 말했다. 의제의 거의 모든 항목이 해결되었다고. 새로운 조약에 서명할 시기가 가까워졌다.[50]

그러나 전보 말미에 저우는 "다른 전보로 보고할" "개별적인 문제들"

이 여전히 남아 있다고 언급했다.[51] 저우가 언급한 '문제들'은 몇몇 비밀 협정으로 이어진 회담들이었다. 1월 말 양측이 뤼순, 다롄, 중동철도에 대해 상당한 진전을 이룬 후, 미코얀은 소련의 신장에서의 '특별한 이익'이라는 주제를 꺼냈다. 미코얀은 소련이 '제3국의 인원'이 신장과 동북(만주)에 접근하는 것을 금지하는 협정을 선호한다고 단언했다. 저우는 그 문제를 소비에트와 논의했다. 2월 10일, 미코얀은 저우에게 소련이 "소비에트 극동이나 소비에트 중앙아시아, 또는 중국의 신장과 동북에서 외국인에게 어떤 임대나 조차도 허용하지 않을 것"을 제안하는 협정 초안을 건넸다. 분명히 소비에트는 소련의 세력권이었던 만주와 신장에 '제3국의 영향력'이 침투할 것을 우려하고 있었다. 저우는 이 문제의 민감성을 감지하고 초안을 마오에게 전달했다. 주석은 깊이 불쾌해하며 논평했다. "소비에트는 여전히 동북과 신장에서 관심을 거두지 않았고, 얄타에서 했던 일을 반복하려 하고 있다." 그러나 새로운 조약에 서명하는 날이 빠르게 다가오고 있었다. 저우도 마오도 중소 협정으로 가는 길이 다시 한번 막히는 것을 원하지 않았다. 마오는 소비에트의 요청에 동의하기로 결정했다. 2월 11일, 저우는 소비에트에게 마오가 몰로토프가 제시한 협정 초안을 승인했다고 알렸다. 소비에트는 초안을 기밀로 유지할 것을 제안했고, 저우는 동의했다.[52]

조약 서명일은 1950년 2월 14일이었다. 스탈린과 마오 모두 서명식에 참석했고, 저우와 비신스키가 문서에 서명했다. 조약은 베이징과 모스크바가 "일본의 침략과 일본의 침략 행위와 직간접적으로 관련된 제3국의 침략을 막기 위해 가능한 모든 노력을 다할 것"이라고 규정했다. 그리고 "만약 고위 계약 당사자 중 하나가 일본 또는 그와 동맹을 맺은 국가들에게 공격을 받아 전쟁 상태에 들어가게 될 경우, 다른 고위 계약 당사자는 즉시 모든 수단을 동원하여 군사 및 기타 원조를 제공할 것"이라고 했다. 저우와 비신스키는 중국이 연 1퍼센트 이자율로 소련에서 3억 달러를 차관하는 협정에도 서명했다. 저우가 소비에트와 양해했듯이, 그 자금은 대체로 소비에트 군사 장비를 구매하는 데 쓰일 것이었다. 또한 소비에트는 1952년 말까지 중동철도를 중국에 이전하고, 일본과 평화조약을 체결한 후 또는 그것이 실패할 경우 늦어도 1952년 말까지 뤼순에서 소비에트 군대를 철수시키는 데 동의했다.[53]

2월 16일 저녁, 스탈린은 크렘린에서 마오와 저우를 위해 호화로운 국빈 만찬을 주최했다. 이것은 두 중국 지도자가 모스크바에 도착한 이래 참석한 중 가장 편안한 행사였다.

기차로 베이징으로 돌아오는 긴 여정 도중과 그 후에 마오와 저우는 각각 중국공산당 고위 간부들에게 여러 차례 연설했다. 주석은 중소 조약이 "동맹을 통해 두 위대한 국가를 단결시켰으며" "전 세계에 거대한 영향을 미칠 것"이라고 강조했다. 더욱이 마오는 단언했다. "세계 최초의 사회주의국가가 우리에게 최고의 경험과 교훈을 제공할 것이다."[54] 그의 관점에서 볼 때, 베이징과 모스크바의 동맹은 그가 '일변도'를 선택한 것을 정당화했고, 그 전략이 이미 중국에 상당한 이익을 가져다주고 있음을 보여주었다. 저우는 조약에 따라 "뤼순과 중동철도는 1952년에 중국에 반환될 것"이며, "뤼순과 다롄은 이미 우리가 관리하고 있다"라고 설명했다. 실제로 그는 주장했다. "오직 중국공산당이 이끄는 중국이었기에 소련과 그러한 합의를 이룰 수 있었다."[55] 분명히 저우는 새로운 중소 조약이 '우리 중국인은 일어섰다'는 마오의 발언과 공명한다는 점을 강조하기 위해 모든 노력을 다하고 있었다.

그러나 마오는 자신과 스탈린이 매우 다르다는 것을 예리하게 간파했다. 스탈린은 날것 그대로 정제되지 않은 권력의 언어를 마음대로 휘두르는 데 익숙했다. 더욱이 그는 항상 소비에트의 전략적 이익을 다른 모

15-3 1950년 2월 14일, 중소 우호 동맹 상호원조조약 서명식에서 마오쩌둥, 스탈린과 함께한 저우언라이.
Album / Alamy Stock Photo

든 것 위에 두었다. 마오의 정신은 혁명적 낭만주의로 가득 차 있었고, 그는 공산주의자들의 이상과 역사적 사명을 논하기 위해 철학적인 언어를 사용하기를 좋아했다. 이것은 중국의 국가 이익을 정의하려는 시도에서도 마찬가지였다. 그는 결코 세계혁명의 지도자로서 스탈린의 지위에 직접적으로 도전하지 않았지만, 소비에트 독재자가 그를 자기 하급자로 취급하는 습관을 극도로 민감하게 받아들였다. 그는 스탈린과 직접 만나는 것을 즐기지 않았으며, 이것이 그가 모스크바 회담에 저우를 데려가기를 고집했던 또 다른 이유였다. 중소 조약 체결은 마오의 '일변도' 접근법을 중국의 국내외 정책의 초석으로 만들었다. 그러나 그것이 타결된 방식은 중소 관계의 미래 발전이 순탄치 않을 것임을 예고했다.

*****

마오와 저우, 동지들은 새로운 정권의 기반을 닦느라 바쁜 동안에도 여전히 장이 통제하고 아직 '해방'되지 않은 타이완을 결코 잊지 않았다. 본토에 남아 있는 국민당 군대를 꾸준히 소탕하는 것과 함께 마오와 중국공산당 지도부는 '타이완 해방'을 그들의 의제 최상단에 두기 시작했다. 1949년 6월 14일, 마오는 인민해방군 제3야전군 사령관 쑤위(粟裕)에게 전보를 보내, "타이완 점령 문제"를 고려하라고 지시했다. 마오는 그들에게 "타이완의 적군을 분열시키고, 그 일부가 우리 편으로 넘어오도록 유도하는 방법"을 탐색하라고 했다. 그는 강조했다. "만약 우리가 타이완 문제를 해결하지 못한다면, 상하이 및 다른 해안 항구들에 엄청나게 해로울 것이다."[56] 마오는 쑤에게 답장이 오기를 기다리지 않고 다시 쑤와 중국공산당 화동국에 전보를 보내, 그들이 "타이완에 충분히 주의를 기울이지 않았다"라고 비판하고, "즉시 (타이완에) 높은 우선순위를 두어라"라고 명령했다. 주석은 특히 저우가 처리해 온 정보 공작을 언급했다. 그는 상하이의 중국공산당 조직과 화동 인민해방군 사령부에 "타이완 문제를 해결할 방법을 연구하기 위해 모든 지휘 분과에 특별 기관을 설립"하라고 지시했다. 연구 외에도 기관들은 "국민당 육군, 해군, 공군 출신 인원, 정부 관리, 타이완, 샤먼(廈門), 홍콩으로 도피한 자본가들을 포함한 협력자들을 모집하는 데 큰 주의를 기울여야" 했다. 그래야 타이완 작전을 진행하는 중에 그들에게 도움을 받을 수 있을 것이었다. 마오는 강조했다. "그러한 도움이 없다면, 타이완을 점령하기란 매우 어려울 것이다."[57]

주석은 조급했다. 그는 7월 10일 저우에게 보낸 전신에 '타이완을 해방' 하기 위한 일반 전략과 작전 시간표에 대한 자신의 비전을 가장 명확하게 밝혔다.

> 우리는 타이완을 공격할 준비를 해야 한다. 군대 외에도 우리는 주로 내부 협력자들과 공군에 의존해야 한다. 만약 우리가 이 둘 중 하나를 가지고 있다면, 성공할 것이다. 그리고 만약 둘 다 가지고 있다면, 더 확실하게 성공할 것이다. 우리 공군이 단기간(예를 들어 일 년)에 적의 공군을 압도하는 것은 불가능하다. 따라서 우리는 삼사백 명을 6~8개월 동안 먼 곳(소련)에서 공부하도록 파견하는 것을 고려할 수 있고, 동시에 비행기 약 백 대를 구매하여 지금 우리가 가진 공군과 합류시켜 공격 부대를 형성할 것이다. 그들이 우리의 해협 횡단 작전을 지원하고 내년 여름에 타이완을 점령할 준비를 할 것이다.[58]

마오의 지시를 받은 후, 저우는 즉시 '타이완 해방'을 위한 준비에 착수했다. 그러나 저우와 동지들은 마오의 두 가지 요구 사항 중 어느 하나를 충족시키는 데 있어서 극복할 수 없는 장애물에 부딪혔다. 마오와 저우는 모스크바가 중화인민공화국의 해군 및 공군 전투 능력을 발전시키는 데 실질적인 원조를 제공하기를 희망했다. 1949년 여름 모스크바 방문 중, 류사오치는 스탈린에게 중국공산당의 해군을 지원해 달라고 요청했다. 소비에트 독재자는 미국과의 직접적인 대결 위험을 초래할 수 있다고 우려하여 그 요청을 승인하기를 꺼렸다. 그러나 스탈린은 중국공산당에 일부 해군 함정을 제공하고 중국공산당이 해군 인력을 훈련하는 것을 돕겠다고 동의했다.[59] 7월 말, 저우는 새로 임명된 공군 사령관 류야러우(劉亞樓)가 이끄는 중국 대표단을 구성하여 소련을 방문하게 했다. 소비에트와의 대표단 회의에서 류는 소련이 전투기 300~500대를 지원해 줄 것을 요청했고, 이를 통해 중국은 일 년 안에 타이완 침공을 지원할 수 있는 공군을 창설할 것이었다. 소비에트는 "최선을 다해 돕겠다"라고 약속했다.[60]

저우와 중국공산당 지도부가 직면한 상황은 1949년 가을 인민해방군이 푸젠과 저장 해안의 진먼(金門)과 덩부(登步) 섬을 점령하려는 시도에서 두 차례 큰 좌절을 겪으면서 극적으로 악화되었다. 인민해방군 제10병단은 10월 말에 진먼섬들을 신속하게 점령하려 시도했다. 그러나 상륙한 후, 병단의 3개 연대는 조수 변화로 인해 지원군과 단절되었다. 연대들은 완전히 파괴되었다.[61] 11월, 인민해방군 제61사단은 덩부 점령 실패에서 또 다른 큰 패배를 겪었다. 국민당 군대 사단이 하루 만에 섬에 신속하게 상륙하여 통제권을 거의 장악했고, 우세한 해군 및 공군으로부터 도움을 받아 반격을 개시했다. 국민당 연대 4개가 덩부에 상륙하여 인민해방군이 작전을 포기하게 만들었다.[62]

마오가 말한 바에 따르면, 진먼과 덩부에서의 패배는 내전 동안 공산주의자들이 경험한 일 중에서도 전례 없는 것이었다.[63] 타이완을 공격하려는 마오와 저우, 중국공산당 지도부는 전반적인 전략에 큰 타격을 입었다. 이전에 마오와 중국공산당 지도부는 1950년 여름에 타이완 작전을 시작할 계획이었다.[64] 그러나 해군 및 공군을 발전시키는 어려움과 진먼 및 덩부에서 겪은 좌절은 그들로 하여금 '타이완 해방'을 위한 시간표가 실현 가능한지 재고하게 했다. 12월 5일 니콜라이 V. 로쉰(Nikolai V. Roshchin)과의 대화에서 저우는 소련 대사에게 "타이완 작전 날짜는 1950년 9월과 10월 이전은 아닐 것 같다"라고 말했다.[65]

장제스 역시 타이완을 공격하려는 중국공산당의 계획을 좌절시키기 위해 일련의 효과적인 대응책을 내놓았다. 1950년 초, 그는 폭격기를 파견하여 상하이를 포함한 본토 해안 도시들을 폭격했다. 비록 소비에트 공군 부대가 신속하게 중국 동부로 이동하면서 폭격은 곧 중단되었지만, 장은 이미 목표, 즉 중국공산당이 해안 지역 영공을 방어하는 데 더 높은 우선순위를 두도록 압박하는 것을 달성했다. 이로써 새로 창설된 중국공산당 공군이 타이완을 침공하기 위해 준비하는 일을 상당히 지연시킬 수 있을 것이었다. 그리고 장은 타이완을 방어하기 위한 전략 전반을 더욱 조정했다. 1950년 4월, 인민해방군은 하이난섬에 대한 대규모 침공을 시작했다. 장은 하이난을 방어하기 위해 더 많은 지원군을 보내는 대신, 군대 대부분에게 섬에서 대피하고 타이완 방어에 기여하라고 명령했다.[66] 5월 말, 장은 주도권을 잡아 저장성 앞바다 저우산(舟山) 군도에 있는 국민당 군대에게 비밀리에 타이완으로 이전하라고 명령했다.[67] 결과적으로 인민해방군은 하이난과 저우산 군도를 쉽게 장악했지만, 마오와 저우가 희망했던 것처럼 국민당 군대 다수를 섬멸하는 데는 실패했다.

증대되는 장애물에 직면하여 마오와 저우, 중국공산당 지도부는 타이완 침공을 시작하기로 예정했던 날짜를 연기해야 했다. 1950년 4월, 주요 점령군으로 지정되었던 인민해방군 제3방면군은 "3군 합동작전으로 타이완을 공격할 시기"를 1951년 봄으로 미루기로 결정했다. 중앙군사위원회는 그 연기를 승인했다.[68] 6월 중순 제3차 중앙위원회 전체 회의에서 당 지도부는 1951년 여름까지는 타이완 작전을 시작하지 않을 것임을 확인했다.[69] 따라서 만약 한국전쟁이 발발하지 않았더라도, 중국공산당은 1950년에 타이완 작전을 시작할 수 없었을 것이다.

중국공산당의 타이완 해방 계획에 더 치명적인 타격을 준 것은 봄과 초여름에 일어난 중국공산당 타이완 공작위원회 서기 차이샤오첸(蔡孝乾)의 체포와 배신, 장의 군사 조직 내 최고위급 중국공산당 요원이었던 우스 장군의 노출과 처형이었다. 중국공산당의 타이완 내 지하 정보망은 붕괴했다.[70] 국민당 내에 협력자들을 심고 활용하는 것은 오랫동안 저우가 맡아 온 임무였다. 내전 내내 저우와 중국공산당은 장과 국민당에 대해 절대적인 우위를 점했다. 그러나 국민당 정부가 타이완으로 이전하면서 상황은 완전히 바뀌었다. 장은 '도적 간첩들'을 소탕하는 것을 그의 정권의 생존이 걸린 문제로 여겼고, 타이완으로 옮기자마자 공산주의 간첩들을 색출하는 데 노력을 아끼지 않았다. 실제로 중국공산당의 타이완 정보활동은 여러 가지 도전에 시달렸다. 특히 타이완은 넓은 해협으로 본토와 분리되어 있어, 중국공산당이 타이완에 정보 요원을 파견하고 그들과 통신을 유지하기가 어려웠다. 차이는 1945년에 타이완에 잠입했지만, 중국공산당 지하조직을 발전시키는 일은 순조롭지 않았다. 1948년까지 차이가 이끄는 비밀 조직은 수십 명을 모집했을 뿐이다. 장이 타이완에 도착한 후, 섬 전체는 임박한 파멸의 분위기에 휩싸였다. 섬의 중국공산당 지하조직들은 빠르게 성장하여 거의 이천 명에 이르렀다. 전환점은 1950년 초, 장의 특수 요원들이 우와 차이 사이 핵심 연락원을 체포하면서 찾아왔다. 우는 3월 초에 체포되어 6월 10일에 처형되었다. 차이는 신속히 깊은 곳에 숨었지만, 그럼에도 불구하고 4월 말에 체포되었다. 장의 요원들은 그의 정신적 방어선을 무너뜨리는 데 성공했다. 차이가 국민당에 항복하면서 중국공산당의 타이완 지하 정보망 전체는 종말을 맞았다. 이후 중국공산당은 저우와 '단선 통신'을 유지해 온 몇몇 첩자 외에는 타이완에 지하 정보망을 재건할 수 없었다.[71] 수년 동안 장은 저우와의 정보 대결에서 연이은 좌절을 겪었다. 타이완에서 그는 생사를 걸고 단 한 번의 대결을 벌여 설욕하는 데 성공했다.

한국전쟁 발발 후, 해리 트루먼 미국 대통령은 미 해군 제7함대를 파견하여 타이완해협을 '중립화'할 것이라고 발표했다. 중국공산당이 군사적 수단을 사용하여 타이완을 '해방'하는 것은 불가능한 일이 되었다. 나중에 이 역사적인 사건을 회상하면서 마오는 "전략적 실수"를 저질렀다고 고백했다. 주석은 분석했다. "본토에서는 우리가 이겼고 장이 졌다. 그러나 양쯔강을 건넌 후…… 우리는 제2 및 제3 야전군의 전력을 다해 타이완을 해방하지 못했다…… 대신 우리 군대는 분산되었다…… 그 시기, 우리는 단지 후쭝난이 서남부에 큰 군대를 가지고 있다는 것만 보았다. 그러나 후는 죽은 물고기였다…… 그리고 타이완에서 장은 두 번째 생명을 얻었다."[72]

*****

이제 마오와 저우는 다민족이 통일된 신중국을 창설하려는 목표에 중요한 또 다른 핵심 지역 티베트의 '해방'으로 주의를 돌렸다. 1949년 7월 8일, 티베트 정부는 공산주의자들과 국민당 사이 내전에서 중립을 지키기 위한 노력의 일환으로 라싸(拉薩)의 국민당 정부 대표부를 폐쇄하고 모든 한족 관리들을 티베트에서 추방했다.[73] 9월 2일, 베이징은 티베트에서 중국 관리들을 추방한 것이 "영국과 미국 제국주의자들과 그 추종자인 인도의 네루(Nehru) 정부에 의해 계획되고 시작되었으며…… 티베트의 반동적인 지방 당국에 의해 실행되었다"라고 발표했다. 베이징은 그조치는 "절대로 용납되지 않을 것"이라고 단언했다.[74] 티베트 전략을 수립하면서 중국공산당 지도자들은 티베트를 '해방'함에 있어 "무력을 사용하지 않는 것은 불가능"함을 깨달았다.[75] 그러나 그들은 "근본적으로 티베트는 또한 정치적 문제이며" 그것을 해결하기 위해서는 "군사적, 외교적, 통일전선 수단"을 결합해 사용해야 한다고 믿었다.[76] 당연히 저우는 그러한 전략을 실행하는 데 중심적인 역할을 할 것이었다.

1949년 가을, 중국공산당 지도부는 티베트를 침공하기 위한 군사 준비를 시작했다. 1950년 초까지 그들은 인민해방군 제18군과 중국공산당 서남국을 지정하여 시캉과 쓰촨에서 "티베트로의 진군"을 수행하게 했다.[77] 그동안 중화인민공화국 외교부는 "티베트 지방정부"에 티베트의 "평화적 해방"으로 이어질 협상을 위해 베이징에 대표를 파견할 것을 요청했다.[78] 이에 대해 카샥(라싸 정부)은 티베트는 역사적 과정에서 독립국이되었으며, 티베트와 중국은 사제와 후원자의 관계이고, 티베트에는 어떤 외국 제국주의도 존재하지 않는다고 주장했다. 그는 베이징에 "티베트를 무력 침공하지 말 것"을 요청했다.[79] 카샥은 또한 영국, 미국, 인도, 유엔으로부터 지지를 얻으려 시도했다. 베이징은 즉시 이 모든 것을 '티베트 지방정부'가 서구 제국주의자들의 큰 영향력 아래 있음을 주장하는 증거로 사용했다. 베이징이 압박하여 카샥은 워싱턴과 런던에 사절단을 보내려는 계획을 포기했다.

1950년 2월, 카샥은 베이징과 대화하여 "티베트의 영토가 침해되지 않을 것임을 보장받기" 위해 고위급 평신도 관리 체폰 샤캅파(Tsepon Shakabpa)가 이끄는 3인 그룹을 임명했다. 그러나 뉴델리에 있던 샤캅파가 홍콩의 베이징 대표들과 대화하기를 요청했을 때, 베이징은 그를 무시했다. 샤캅파는 5월 말이 되어서야 "중앙정부와의 회담"을 위해 베이징에 초대되었다.[80] 8월이 되어도 티베트인들은 여전히 응답하지 않았다. 저우는 인도 주재 중국 대리대사 선젠(沈健)에게 두 차례 지시하여 티베트인들이 "티베트 지방정부의 대표 자격으로" 베이징에 올 것을 촉구했다.[81]

그때까지 인민해방군 제18군은 티베트 군대의 주력이 주둔한 '라싸로 가는 문'으로 알려진 창두(昌都)에서 티베트 군대에 '결정적인 타격'을 개시할 준비를 거의 마친 상태였다. 저우의 명령에 따라 인도 주재 중국 대사 위안중셴(袁仲賢)은 9월 17일 샤캅파에게 최후통첩을 보내, 티베트 협상가들이 "9월 20일까지 베이징에 도착"할 것을 요구했다.[82] 티베트 대표단은 오지 않았다. 위안은 9월 23일 샤캅파에게 또 다른 경고를 보내, "기한한 9월 20일이 지났으므로, 인민해방군은 계획대로 조치를 취할 것이며" "그들이 즉시 베이징으로 여행하지 않는 한…… 그 결과에 대한 모든 책임은 티베트인들이 져야 할 것"이라고 강조했다.[83] 2주 후인 10월 3일, 인민해방군 서남군구는 군사 동원령을 내렸다.[84] 3일 후에 창두에서 피비린내 나는 전투가 시작되어 2주 동안 계속되었고, 여기서 인민해방군은 명백한 승리를 거두었다. 저우가 받은 보고서에 따르면, 티베트인 총 180명이 사망하거나 부상당했고, 약 900명이 포로로 잡혔으며, 또 다른 4300명이 항복했다.[85] 저우는 항복을 명령한 사람이 창두의 최고위 티베트 정치 및 군사 장교인 아푀 아왕 직메(Ngapoi Ngawang Jigme)라는 점을 주목했다. 그는 항복함으로써 중국공산당과 장기적으로 협력하기 시작했음을 알렸다.[86]

창두 전투가 아직 진행 중일 때, 저우는 위안을 시켜 티베트 협상가들에게 그들의 "고의적인 지연"이 창두에서 유혈 사태를 일으켰음을 알리라고 했다. 그러나 "만약 티베트인들이 즉시 베이징에 온다면" 협상의 문은 여전히 열려 있었다.[87] 창두에서의 패배는 라싸의 티베트 엘리트들 사이에 분열을 심화시키고 심지어 공황까지 유발했다. 11월 17일, 달라이 라마는 16세에 전통적으로 달라이 라마가 실제 지도력을 인수하는 나이보다 이 년 일찍 왕위에 올랐다. 처음에 티베트 지도자들은 "중국의 침략을 막기" 위해 다시 한번 유엔에 호소하기로 결정했다. 그러나 외교를 통해 싸움을 끝내려는 그들의 마지막 노력은 결실을 맺지 못했다.[88]

이 시점에서 인도가 그림에 들어왔다. 지정학적 이유로 뉴델리는 인민해방군의 "계획된 티베트 진군"을 심각하게 우려했다.[89] 인도인들은 또한 "티베트의 최근 상황이 (인도와 중국 간) 우호 관계와 전 세계 평화의 이익에 영향을 미쳤다"라고 느꼈으며, 이는 실제로 "그 나라들이 인민공화국에 유엔 의석을 주는 것을 거부할 구실이 될 수 있다"라고 봤다.[90] 중화인민공화국 외교부는 반박했다. "티베트는 중국 영토이며, 티베트 문제는 중국의 내정에 속한다."[91] 중국 주재 인도 대사 사르다르 K. M. 파니카르(Sardar K. M. Panikkar)는 10월 21일 저우와 만났을 때, 인민해방군의 티베트에서의 군사행동이 유엔에 받아들여지려는 베이징의 노력에 부정적인 영향을 미칠 수 있다고 강조했다. 저우는 동요하지 않았다. 저우는 거듭 말했다. "이것은 중국 국내 문제이며, 어떤 외국도 간섭할 권리가 없다."[92] 10일 후, 인도 외무차관 K. P. S. 메논(K. P. S. Menon)이 인민해방군이 티베트로 진군하는 것에 대해 '유감'을 표명했을 때, 저우는 마오로부터 지시를 받아 다음과 같이 말했다. "(인도에 대한) 우리의 태도는 더욱 강경해야 한다. 우리는 티베트 지방정부가 (중앙정부와) 협상할 의향이 있는지 여부와 협상 결과가 어떻게 나든 간에 상관없이 중국 군대는 티베트의 모든 지역에 들어갈 수 있다고 말해야 한다."[93] 11월 16일, 저우는 인도에 중국 정부가 "티베트에서 중화인민공화국의 주권 행사를 방해하고 저지하려는" 뉴델리의 시도에 "크게 놀랐다"라고 알렸다.[94] 비록 인도 총리 자와할랄 네루(Jawaharlal Nehru) 또한 많은 인도인처럼 중국 군이 티베트에 주둔하면 중국과 인도 사이 완충지대로서의 기능이 상실 될 것을 우려했지만, "티베트의 지리, 지형, 기후의 성격을 고려할 때, 상 당한 정도의 자치권은 거의 불가피하다"라고 믿었다.[95] 결과적으로 뉴델 리는 "유감과 우려"를 표명하는 것 외에는 어떤 조치도 취하지 않았다.

라싸는 창두에서 일어난 재앙의 여파로 막다른 골목에 몰렸다. 국제적 지원과 간섭이 부재한 지금, 카샥에게는 베이징과 협상하는 것 외에 달 리 선택할 여지가 없었다. 그리하여 '평화적 해결'을 말하는 목소리가 티 베트 엘리트들, 특히 아뵈에게서 점차 영향력을 얻었다. 아뵈는 카샥에 게 보낸 보고서에서 자신의 경험을 바탕으로 평화적 해결책이 티베트 인 민과 땅을 파괴적인 전쟁으로부터 구할 것이며, 베이징과 협상하는 것 이 티베트가 "어느 정도 자치권을 보전할 수 있는 유일한 기회"라고 주장 했다.[96] 젊은 달라이 라마는 상황을 신중히 지켜보았다. 1950년 12월 초, 그는 라싸를 떠나 티베트-인도 국경에 있는 마을 야둥(亞東)으로 갔다. 1951년 1월 27일, 그는 위안에게 편지를 써서 베이징과 협상할 의사를 밝 혔다. 2월 1일, 위안은 "마오 주석이 달라이 라마에게 보내는 따뜻한 안 부"를 전하고, 주석이 "티베트의 평화적 해방에 관한 문제들을 논의하기 위해 베이징에 대표를 보내는 것을 환영한다"라고 알렸다.[97] 라싸를 떠나 기 전에 달라이 라마(와 카샥)는 이미 "아뵈에게 중국과 협상을 진행할 전권을 부여했다."[98] 유엔이 티베트를 총회 의제에 포함하지 않기로 결 정했다는 것을 알고, 달라이 라마와 카샥은 협상을 위해 아뵈가 이끄는 협상단을 베이징으로 보내기로 결정했다.

저우는 티베트 문제를 해결할 때가 왔음을 알았다. 아뵈가 4월 22일 베 이징에 도착했을 때, 저우는 기차역에서 그와 다른 티베트 협상가들을 맞이했다. 5일 후, 달라이 라마에 이어 티베트의 두 번째 영적, 종교 지도자인 젊은 판첸 라마(Panchen Lama)도 저우에게 초청받아 베이징에 왔다. 마찬가지로 저우는 기차역에 나가 맞이했다. 티베트인들과 베이징의 수석 대표인 리웨이한 사이 협상은 4월 29일에 시작되었다. 양측은 이후 3주 동안 일곱 차례 회담했다. 세 가지 문제가 의제를 지배했다. 즉 티베트에서 인민해방군의 역할, 달라이 라마의 지위와 권력, 판첸 라마를 인정하는 문제였다. 비록 아푀와 그의 동료들이 인민해방군이 티베트로 진군할 필요가 없다고 주장하려 했지만, 리는 그 문제에 대해 물러서지 말라는 저우의 지시에 따랐다. 그러나 리는 인민해방군이 티베트에 들어간 후, 달라이 라마의 지위와 권력, 티베트의 종교 및 정치 체제가 유지될 것이라고 약속했다. 당근과 채찍을 결합한 저우의 전략은 효과가 있었다. 양측은 장기간 토론하지 않고도 이러한 문제들에 대해 합의했다.

그런 다음 판첸 라마의 지위와 역할 문제를 두고 협상은 거의 교착상태에 빠졌다. 역사적으로 달라이 라마와 판첸 라마는 긴장 관계에 있었다. 저우는 달라이 라마보다 더 애국적이라고 알려진 판첸 라마를 포함시킴으로써 베이징이 협상 테이블에서 더 유리한 위치를 차지하고 장기적으로 달라이 라마를 제약할 영향력을 더 많이 갖게 될 것임을 알았다. 따라서 리는 협정에 판첸 라마와 달라이 라마 간 협력을 포함시킬 것을 주장했다. 아푀는 이 조항을 거부하며, 협정은 베이징과 라싸 간 관계를 정의하기 위한 것이지 티베트인들 간 관계를 다루기 위한 것이 아니라고 주장했다. 그러나 리는 이것이 베이징에게 중요한 문제라고 강조했다. 특히 "판첸 라마와 그 세력은 20세기 역사상 조국에 반하는 어떤 일도 하지 않았기" 때문이었다. 이것은 달라이 라마와 그의 세력을 미묘하게 상기하는 말이자 실제로는 경고였다. 베이징은 과거에 그들이 저질렀다고 추정되는 비애국적이거나 심지어 '반역적인' 행동을 잊지 않았다는 것이었다.[99] 아푀는 타협할 의향이 있었다. 그가 재촉하여 달라이 라마와 카샤은 베이징이 내건 조건에 동의했다.

1951년 5월 23일, 17개 조항으로 구성된 '티베트의 평화적 해방에 관한 협정'이 베이징에서 체결되었다. 그중 가장 중요한 부분은 의심할 여지 없이 첫 번째 조항이었다. "티베트 인민은 단결하여 티베트에서 제국주의 세력을 몰아내고, 조국, 즉 중화인민공화국의 큰 가족으로 돌아가야 한다." 그 대가로 베이징은 "달라이 라마의 기존 지위, 기능, 권력을 유지"하고, 당분간 "본질적으로 봉건적이고 신정적인 티베트의 정치, 경제, 사회 체제를 변경하지 않는 것"에 동의했다. 베이징은 또한 티베트인들이 요구하고 "티베트 지도 인사들과 상의"한 후에야 "다양한 개혁들"을 추진하기로 동의했다. 협정에 첨부된 비밀문서에는 인민해방군이 티베트에 들어가 "국방 및 교통의 중요한 위치"에 주둔하고, 티베트 군대가 인민해방군 부대로 재편성되어 티베트 인민해방군 본부에게 지휘를 받을 것이라고 규정했다.[100]

이것은 베이징에게 큰 승리였다. 그러나 저우는 달라이 라마의 지지 없이는 협정을 실행하는 데 필요한 정당성을 갖지 못할 것임을 알았다. 그래서 유능한 인민해방군 정치위원 장징우(張經武)를 야둥으로 파견하여 달라이 라마가 라싸로 돌아오도록 설득하게 했다. 장의 노력은 성공했다. 1951년 10월 24일, 라싸로 돌아온 젊은 달라이 라마는 베이징에 전보를 보내 17개 조항 협정을 공식적으로 지지했다.[101] 판첸 라마는 그 후 비슷한 성명을 발표하여 "티베트의 조국 복귀"를 환영했다.[102] 두 성하(聖下)가 승인함으로써 티베트는 공식적으로 중화인민공화국의 일부가 되었다.

마오와 저우, 동지들은 '티베트의 해방'을 '우리 중국인(이제 티베트인들을 포함한 중화인민공화국)은 일어섰다'고 단언할 또 하나의 순간으로 삼았다.

제16장

한국전쟁
1950~1953

　　1950년 6월 25일 일요일은 저우언라이에게 스트레스 받을 이유가 없는 날이어야 했다. 6월 초부터 그의 일정은 각종 행사로 빽빽했다. 그날 그에게는 중요한 일정이 없었다. 그는 휴식을 취할 수도 있었다.

　　그러나 이른 아침 한반도에 관한 전화가 걸려 와 그를 깨웠다. 북한군 다수가 새벽 전에 남침을 시작하여 몇 시간 만에 남한의 저항을 분쇄했다. 그들은 공격 3일 만에 남한의 수도인 서울을 점령했다. 해리 트루먼 대통령은 미군이 신속하게 남한을 구출하러 갈 것이며, 미 제7함대 또한 타이완해협을 '중립화'하기 위해 파견될 것이라고 발표했다. 유엔은 그 후 북한을 이 분쟁의 침략자로 규탄했고, 이로써 미국이 유엔의 기치 아래 한국에 개입할 수 있게 되었다.

　　저우와 마오는 북한이 남침을 계획하고 있다는 것을 알았지만, 전쟁이 6월 25일에 시작될 줄은 몰랐다. 워싱턴이 신속한 반응을 보이자 그들은 훨씬 더 큰 충격을 받았다. 저우는 이제 주의력 대부분을 한반도 위기에 집중해야 했다.

★★★★★

　석 자 두께의 얼음은 하룻밤 사이에 얼지 않는다. 한반도의 공산주의 혁명가들과 우익 보수주의자들 사이에 누적된 긴장이 한국에서의 전쟁을 야기했다.[01] 1949년 4월 말, 저우는 조선인민군(KPA) 정치국장 김일(金一)을 비밀리에 만나 네 차례 회담했다. 마오도 김일과 만났는데, 김일은 중국에 인민해방군 내 모든 북한 병사를 북한으로 보내 달라고 요청했다. 마오와 저우는 동의했다. 마오는 또한 만약 북한이 남침한다면, 남한이 먼저 공격하도록 유도한 다음 반격하는 것이 더 낫다고 언급했다. 중국은 그들을 위해 '지원군'을 파견할 수 있다고 마오는 말했다. 그러나 아직 중국에서 내전을 치르고 있는 인민해방군은 한반도에 개입할 여유가 없었다. 따라서 "만약 북한이 남침을 한다면, 국제 정세가 우리에게 유리하게 바뀔 수 있는 1950년 초에 하는 것이 좋다"라고 했다.[02]

　인민해방군 총참모장으로서 저우는 북한 병사들의 송환 감독을 맡았다. 그의 효과적인 관리하에 1949년 여름까지 주로 한인들로 구성된 인민해방군 사단 두 개가 북한에 도착했다.[03] 이 새로운 부대들은 북한 지도자 김일성(金日成)의 자신감을 북돋웠다. 1949년 가을, 그는 먼저 모스크바에, 그다음에는 베이징에 한반도를 무력으로 통일하는 것을 지원해 달라고 요청했다. 스탈린은 동북아시아의 현상을 유지하고 싶었기 때문에 김일성의 요청을 거부했다.[04] 마오와 저우는 그들 나름대로 유보적인 입장을 가지고 있었다. 김일성이 그들에게 원조를 구한 시기는 인민해방군이 '타이완을 해방'하는 데 어려움을 겪고 있던 때였다. 따라서 그들은 김일성이 '타이완 문제 해결' 이후까지 기다려 주기를 희망했다.[05]

　그러나 김일성은 조급했고, 스탈린에게 거듭 요청했다. 1950년 1월 말, 스탈린은 태도를 바꾸었다. 그는 이제 김일성의 남침 계획을 논의하기 위해 모스크바에서 그를 만날 용의가 있었다. 그러나 스탈린은 김일성에게 경고했다. "이 문제는 비밀로 유지되어야 하며, 다른 북한 지도자나 중국 동지 들과 공유해서는 안 된다."[06]

그러나 마오와 저우가 김일성의 계획을 완전히 모르지는 않았다. 1950년 3월 말 김일성이 모스크바를 방문할 무렵, 마오와 저우는 중국 주재 북한 대사 이주연(李周淵)과 만나 '김일성과 마오의 만남 문제'를 논의했다. 마오는 김이 모스크바를 방문한 후에 그를 만나기로 동의했다. 그는 거리낌 없이 이 대사에게 직접 물었다. "언제 나라를 통일할 계획인가?" 이주연은 대답하지 않았다. 마오는 계속했다. "만약 당신들이 가까운 미래에 남쪽에 대한 군사 행동을 취할 계획이라면, 나의 (김일성과의) 만남은 공식적인 것이 되어서는 안 된다. 그는 비공식적으로 와야 한다." 저우는 분명히 이주연으로부터 답을 받아 내려 애쓰면서, 김일성이 베이징을 방문할 것을 제안했다. 이번에도 이주연은 논평하지 않았다. 마오는 그때 말했다. "한반도 통일은 평화적인 방법으로 달성될 수 없으며 무력으로 실현되어야 한다. 미국인들에 관해서는 두려워하지 마라. 그들이 그렇게 작은 곳을 두고 제3차 세계대전을 시작하지는 않을 것이다."[07]

4월 1일, 저우는 중국군 정보 전국 공작회의에서 연설했다. 그는 북한 혁명을 포함한 동양 혁명들을 지원할 중국의 의무를 강조했다.

우리는 오늘 승리를 거두었다. 우리는 더 큰 책임, 즉 전 세계를 해방하는 책임을 질 포부를 가져야 한다. 미래에 우리는 북한, 인도네시아, 베트남과 같은 동양의 억압받는 형제 인민들이 해방을 얻도록 도울 것이다. 만약 이 모든 민족이 일어선다면, 세계 인민의 힘은 더 커지고 제국주의의 붕괴는 더 쉬워지지 않겠는가?[08]

그러한 생각들을 마음에 품은 중국공산당 지도자들이 비록 실행 시기에 대한 의견이 불일치했다 한들, 혁명전쟁으로 한반도를 통일하겠다는 김일성의 계획을 거부할 수 있었겠는가?

김일성이 모스크바를 비밀리에 방문하는 동안 스탈린은 그의 남침 계획을 승인했다. 그러나 그는 또한 경고했다. "만약 당신이 된통 당한다면, 나는 손가락 하나 까딱하지 않을 것이다. 당신은 모든 도움을 마오에게 요청해야 한다."[09] 소비에트 독재자는 책임을 마오에게 떠넘겼다.

5월 13일, 김일성은 비밀리에 베이징에 도착했다. 3월에 마오와 저우, 이주연 사이에 이루어진 대화 맥락을 보면, 마오와 저우가 김일성이 "남한에 군사행동을 취하는 것"을 논의하기 위해 왔다는 사실을 이미 알고 있었음을 추측할 수 있다.[10] 더욱이 그들은 아마도 그가 스탈린의 승인 없이는 이 정도로 멀리 나아가지 않았으리라고 간파했을 것이다.

실제로 김일성은 마오 및 저우와 만나는 동안 스탈린이 자신의 남한 공격 계획을 지지했다고 털어놓았다. 회의가 끝나자마자 마오는 저우에게 스탈린에게 전보를 보내 김일성의 주장에 대해 "개인적인 해명"을 요구하라고 했다.[11] 소비에트 독재자는 자신이 김일성의 남침 계획을 논의했음을 확인해 주었다. 그러나 그는 또한 마오에게 말했다. "그 문제는 최종적으로 중국과 북한 동지 들이 함께 결정해야 하며, 중국 동지들 의견이 다를 경우, 결정은 새로운 토론이 있을 때까지 연기되어야 한다."[12]

마오는 이 거부권을 사용하지 않았다. 대신 그는 김일성에게 만약 미국이 개입할 경우 중국이 인민군을 지원하기 위해 북한 국경을 따라 몇 개 사단을 배치할 수 있겠는지 물었다. 김일성은 거부했다. 그들은 또한 미국이 개입할 가능성을 논의했는데, 김일성은 이 또한 일축했다. 마오는 미국이 개입할 가능성을 배제할 수는 없지만, 일본 용병들을 더 주의해야 한다고 말했다.[13] 저우와 소비에트 대사 로쉰이 듣고 있는 가운데,

마오는 김일성에게 말했다.

> 소련은 전투 활동에 참여하기가 용이하지 않다. 38선을 경계로 하는 미국과의 협정에 묶여 있기 때문이다. 중국은 비슷한 의무에 묶여 있지 않으므로, 쉽게 당신들에게 원조를 제공할 수 있다.[14]

저우는 마오가 김일성을 위해 주최한 송별 만찬에서 북한 지도자가 로쉰에게 하는 말을 엿들었다. "마오쩌둥 동지와의 협상은 매우 순조롭게 진행되었다. 그는 모스크바에서 스탈린 동지와 합의된 것을 지지했다."[15] 마오와 저우는 충격을 받았지만 아무 말도 하지 않았다. 그들은 아마도 김일성의 남침 계획에 대해 여전히 유보적인 입장이었을 것이지만, 막지는 않았다. 김일성은 그것을 지지한다는 표시로 받아들였다. 평양으로 돌아온 후, 그는 귀찮게 마오와 저우에게 보고할 생각조차 하지 않은 채 남침 준비에 속도를 냈다.

★★★★★

한반도에서 전쟁이 발발한 후, 마오와 저우는 먼저 타이완 문제를 다루어야 했다. 6월 28일, 저우는 미국의 "중국 영토 침공은 유엔헌장을 완전히 위반하는 것"이라고 비난하는 성명을 발표했다.[16] 이틀 후 저우는 인민해방군 해군 사령관 샤오진광(蕭勁光)에게 "타이완 작전은 연기된다"라고 알렸다.[17] 한반도로 눈을 돌린 저우는 자신이 그곳 전장 상황을 거의 알지 못한다는 사실에 골치 아파했다. 6월 30일 저우는 동독 주재 중국 무관으로 지정된 차이청원(柴成文)에게 그가 북한으로 재배치될 것이며, 그곳에서 "김일성과의 연락관" 역할을 할 것이라고 말했다.[18]

7월 2일 아침, 저우는 한반도에 관한 정치국 회의에 참석했다. 소비에트 대사 로쉰은 그날 오후 저우와 회의하며 만약 미군이 38선을 넘는다면 중국이 북한을 지원하기 위해 군대를 파견할 것인지 스탈린을 대신하여 물었다. 저우는 로쉰에게 말했다. 중국은 이미 동북에 12만 군대를 배치했으며, 만약 미국인들이 38선을 넘는다면 그들을 동원할 수 있다고. 저우는 또한 인민군이 그곳의 주요 항구들을 점령하기 위해 신속하게 남쪽으로 행군하는 동시에 후방에서 미국인들에게 갑작스럽게 공격당할 가능성에 대비하여 강력한 예비군을 유지할 것을 제안했다.[19]

스탈린의 응답은 7월 5일에 왔다. 그는 북중 국경을 따라 중국군을 배치하는 것을 지지했다. 그는 약속했다. 만약 미군이 38선을 넘은 후 중국이 한국에서 작전에 들어간다면, 모스크바가 "그들을 공중에서 지원할 것"이라고.[20] 그러나 이 약속으로 스탈린은 사실상 중국을 족쇄에 채웠다. 즉 중국은 미국인들이 38선을 넘을 경우에만 북한에 군대를 파견하고, 그러지 않으면 파견하지 않을 것이었다. 저우는 곧 스탈린이 이후 두 달 동안 이 입장에서 물러서지 않을 것임을 알게 되었다.

7월 7일, 중앙군사위원회는 저우가 주재한 회의에서 한반도 작전에 참여할 준비를 하기 위해 동북변방군(東北邊防軍)을 창설하기로 결정했다.[21] 5일 후, 마오와 저우는 인민군 부참모장 이상조(李相朝)와 만났다. 두 중국 지도자는 중국이 북한과의 국경을 따라 32만 군대를 집결시켰다고 자랑하며, "만약 북한이 지원을 필요로 한다면, 중국은 그곳에 군대를 보낼 수 있다"라고 선언했다. 그들은 평양에 8월 1일까지 "권한 있는 군사 대표단을 베이징에" 보내고, 8월 10일까지 중국이 지원해 주기를 원하는지 여부를 확인해 달라고 했다.[22] 다음 날, 저우는 베이징에 한반도의 군사 지도와 인민군 군복 견본을 제공해 달라고 평양에 요청하고, 한반도 상황을 계속해서 알려 줄 것을 부탁했다.[23]

저우는 또한 외교를 관리했다. 7월 12일 그는 한반도 문제 해결을 위한 다섯 가지 조건들을 공식화했다. 즉 모든 외국 군대는 한반도로부터 철수할 것, 미군은 타이완해협으로부터 철수할 것, 남북한 스스로 한반도 문제를 해결하게 할 것, 유엔에서 타이베이의 국민당 정권을 추방하고 중국의 유엔 의석을 베이징이 인수하는 것, 일본과의 평화조약 체결을 위한 국제회의를 소집할 것이었다.[24] 이러한 조건들은 한반도 문제 해결에 대한 중국의 공식적인 입장이 되었다.

이 시점부터 저우는 중국의 한국전쟁 개입을 감독하게 될 것이었다. 이제까지 자신의 군사 경험에 비추어, 저우는 군수 준비가 항상 군사 작전에 선행해야 하며, 특히 해외 전쟁의 경우에는 더욱 그러함을 이해했다. 7월 중순, 그는 이 중요한 임무를 동북 정부에 할당했다. 또한 구체적인 군수 문제들을 해결하기 위해 베이징과 동북의 관리들을 모아 여러 차례 회의했다.[25]

저우가 조정한 덕분에 8월 초까지 26만 명 넘는 중국군이 북중 국경을 따라 집결했다. 그러나 그즈음 한국에서의 전쟁은 교착상태에 도달했다. 8월 4일 정치국 회의에서 마오는 한국전쟁에 대한 자신의 입장을 개괄했다. "만약 미 제국주의자들이 전쟁에서 이기도록 둔다면, 그들은 더욱 오만해져 우리를 위협할 것이다. 우리는 북한인들을 도와야 한다. 그곳에 우리 지원군을 보내 그들에게 손을 내밀어야 한다."[26] 저우는 동의하며 자신의 논평을 덧붙였다.

> 만약 미 제국주의자들이 북한을 물리친다면, 평화의 대의는 고통받을 것이고 미국인들은 더욱 공격적으로 변할 것이다. 전쟁에서 이기기 위해 중국은 힘을 발휘해야 한다. 만약 중국이 그렇게 한다면, 전체 국제 정세가 바뀔 것이다. 우리는 그러한 넓은 관점을 확립해야 한다.[27]

분명히 마오와 저우 모두 중국이 북한이 전쟁에서 이기도록 돕거나, 적어도 북한이 전장에서 거둔 성과가 무효화되는 것을 막아야 한다고 믿었다.

날이 갈수록 한반도의 전세가 역전되어 저우는 걱정이 깊어졌다. 그는 자신의 우려를 마오와 나누었고, 적이 북한 전선 배후에서 상륙작전을 펼 위험을 특히 강조했다. 그는 특히 인천에 주의를 기울여야 한다고 주장했다. "이것은 한반도의 군사 상황에서 핵심적인 문제다." 저우는 강조했고, 마오도 이에 동의했다. 저우는 그 후 평양 및 모스크바와 통신하며, 북한 측에 적이 그들의 해안 측면에서 상륙해 올 가능성을 유의하라고 촉구했다.[28] 그는 북한이나 소비에트로부터 회답을 받지 못했다. 김일성은 저우가 북한에 파견한 중국 군사 참관단을 평양에 묶어 두었고, 그곳에서 그들은 전선 상황에 대해 듣지 못했다.[29]

8월 26일, 저우는 중앙군사위원회 회의에서 포괄적으로 보고했다. 그는 말했다. 북한에 대해 "긍정적인 태도"를 취하는 것이 중요하며, 한반도는 "전 세계적인 투쟁의 초점"이 되었다고. 중국은 전쟁을 준비해야 했다. "만약 우리가 몇 달 안에 북한에 갈 준비가 되어 있지 않다면 우리는 북한 인민을 실망시켜서는 안 된다. 그리고 적이 이것을 너무 이른 시기에 알게 해서는 안 된다. 이런 식으로 행동할 때 우리는 승리할 것이다."[30]

실제로 1950년 7월 초부터 9월 초까지 마오와 저우, 중국공산당 지도부는 중국군을 북한에 파견하여 북한이 후방 및 해안 방어를 강화하고 전면 전투에 전력을 다할 수 있도록 돕기를 열망했다. 그 시기, 마오와 저우, 동지들 사이에 이 계획을 두고 중대한 의견 차이는 없었다.

전쟁을 준비함과 함께 중국공산당 지도자들은 국내에서 "미국에 저항하고 북한을 돕는 위대한 운동"을 시작했으며, "우리의 가정을 지키고 우리 나라를 수호한다"를 중심 표어로 삼았다. 그들은 자신들이 동원할 수 있는 모든 선전 수단을 사용하여 중국 국민들 사이에 "미 제국주의에 대한 증오"와 "북한 인민에 대한 동정과 지지"를 불러일으켰다. 그동안 "반동분자 숙청" 운동 또한 일어나 신속하게 전국을 휩쓸었다.[31] 이러한 운동들은 한반도 위기를 관리하는 데 대한 중국공산당 지도자들의 포괄적인 접근법을 명확히 나타냈다. 그들이 생각하기에 중국의 안보 이익은 국경을 안전하게 방어하고, 국내에서 중국공산당의 권력과 권위를 강화하며, 신중국의 국제적 영향력과 명성을 증진함으로써 가장 잘 달성될 것이었다.

당시까지만 해도 김일성은 중국이 북한에 개입하도록 하지 않았는데, 이는 대체로 스탈린이 허락하지 않았기 때문이었다. 7월 초부터 김일성은 중국에 군대를 보내 달라고 요청해야 하는지 모스크바에 여러 차례 문의했지만, 결코 회답을 듣지 못했다.[32] 김일성으로부터 요청이 오지 않고 스탈린이 지원하지 않는 상황에서 마오와 저우는 결국 북한에 군대를 보낸다는 계획을 중단해야 했다.

＊＊＊＊＊

1950년 9월 15일, 저우의 악몽이 현실이 되었다. 미군과 유엔군이 인천에 상륙하여 북쪽으로 진군하기 시작했고, 신속하게 북한 군대를 둘로 나누었다. 전쟁의 흐름은 완전히 역전되었다.

저우와 중국공산당 지도자들은 즉시 북한의 입장이 더 악화되는 것을 막을 방법을 고민했다. 9월 18일, 저우는 로쉰에게 평양이 베이징에 거의 정보를 제공하지 않았으며, 따라서 베이징이 한반도의 군사 상황에 대해 알지 못한다고 말했다. 그는 모스크바에 도움을 요청했다. 또한 서방 국가들이 소련과 중국이 한반도에 개입하는 것을 "심각하게 우려"하고 있음을 언급하며, 그래서 "우리는 (개입하려는) 우리의 의도를 나타내는 것으로 간주될 조치들을 취함으로써 이것을 활용해야 한다"라고 했다.[33] 분명히 그는 모스크바가 어디에 서 있는지 확인하고자 했다.

다음 날, 저우는 이주연 북한 대사와 만나 물었다. "북한 정부는 지금 우리가 무엇을 하기를 원하는가?"[34] 또한 북한 주재 중국 대사 니즈량(倪志亮)에게 김일성에게 편지를 전달하라고 지시했는데, 여기서 그는 북한 지도자에게 전장에서 모든 것을 걸기보다는 "장기전을 치를 준비를 하라"라고 조언했다.[35] 저우는 북한군이 중국의 원조가 도착할 때까지 최선을 다해 버텨야 함을 암시하고 있었다.

그러나 이번에도 김일성은 중국을 전쟁에 끌어들이는 중대한 문제를 결정할 권한이 없었으며, 최종 발언권을 가진 스탈린은 아무 말도 하지 않았다. 북한이 중국으로부터 지원받기 위해 스탈린에게 보낸 모든 요청은 묵살되었다.[36] 2주가 지났고 그동안 김일성의 북한군은 연이어 패배했지만, 저우와 중국 지도자들은 아무것도 할 수 없었다.

*****

상황은 9월 30일 남한군이 38선을 넘으면서 바뀌었다. 북한의 저항은 붕괴 직전에 위태롭게 서 있었다. 김일성은 다시 스탈린에게 전보를 보내 도움을 요청했다. 마침내 스탈린은 회답하여 김일성에게 중국에 원조를 요청하라고 지시했다. 10월 1일, 김일성은 마오에게 편지를 써서 북한에 중국군을 파견해 달라고 공식적으로 요청했다. 스탈린 또한 마오에게 전보를 보내, 외부 지원 없이는 북한 혁명 정권이 붕괴할 것이므로 베이징이 평양을 도와야만 한다고 말했다.[37]

마오는 신속하게 반응했다. 그날 저녁 그는 저우와 당의 다른 최고 지도자들을 불러 한반도 상황을 논의했다. 그 회의에서 해결되지 않은 문제는 다음 날 정치국에서 더 논의될 것이었다.[38] 저우는 그날 밤늦은 시간과 다음 날에 대사 니에게 두 차례 전보를 보내 김일성에게 남은 군대를 둘로 나누어, 하나는 "여러 소편대로 편성해 북쪽으로 퇴각"하게 하고 다른 하나는 적진 뒤에 남겨 "가능한 많은 적군을 끌어들여 그들이 북진하는 것을 지연시키라"라고 전하게 했다.[39]

마오 역시 밤새워 작업하고 있었다. 그는 스탈린에게 보낼 전보 초안을 작성했는데, 여기서 중국 지도자들이 "지원군"이라는 이름으로 "우리 군대 일부를 북한에 파견하여, 북한 동지들이 미국과 그 주구 이승만의 군대와 싸우는 것을 돕기로" 결정했다고 밝혔다. 그는 설명했다. 이것이 "한반도와 동양의 혁명과 밀접하게 관련되어 있고, 또한 중국의 국내 정치 상황 발전에 거대한 영향을 미칠 것이기 때문에" 그렇게 해야 한다고. 마오는 덧붙였다. 중국의 참전은 "문제를 해결해야 한다. 즉 우리는 미국 및 다른 나라들로부터 온 침략자들을 섬멸하고 그들을 (한반도에서) 몰아낼 준비를 해야 한다." 초안에서 가장 중요한 부분은 다음과 같다.

> 중국군이 한반도에서 미군과 싸울 것이기 때문에(비록 '중국 지원군'이라는 이름 아래서일지라도), 우리는 미국의 선전포고에 대비해야 한다. 우리는 미 공군이 중국의 많은 도시와 산업 기지 들을 폭격할 가능성과 미 해군이 중국의 해안 지역을 공격할 가능성에 대비해야 한다.

마오는 그 후 스탈린에게 만약 중국이 참전한다면, "소련이 우리에게 무기를 공급하고, 북한에 공군 지원군을 파견하며, 만약 미국이 공군을 동원하여 베이징, 톈진, 상하이, 난징과 같은 도시들을 폭격한다면 공군 부대를 다수 배치함으로써 이들 도시의 방공을 강화하는 것을 도와 줄

수 있는지" 명확히 해 달라고 요청했다.[40]

마오의 이러한 관점들은 인천 상륙 이전과는 상당히 달랐다. 7월과 8월에 세운 계획에서 중국군은 북한 부대로 위장하여 북한에 들어갔을 것이고, 주로 북한의 후방과 측면을 방어했을 것이다. 따라서 미국과 직접적인 군사 대결에 휘말릴 가능성이 적었다. 그러나 이 10월 2일 자 전보 초안에서 마오는 중국이 참전하면 한반도에서의 중미 전쟁뿐만 아니라 심지어 중국 본토에 대한 미국의 광범위한 폭격까지 초래할 수 있다고 예상했다. 이것은 중국에게 매우 다른 전쟁이 될 것이었다.

마오의 접근법은 필연적으로 다른 중국 지도자들로부터 심각한 우려를 불러일으켰다. 10월 2일 오후 세 시, 정치국은 중국이 한국전쟁에 참전해야 하는지 여부를 논의하기 위해 모였다. 동료들은 중국이 '전면전'에 휘말리는 것에 유보적인 입장을 보였으며, 심지어 노골적인 반대를 표명하기도 했다. 그것은 그들이 이전에 지지했던 계획과는 완전히 다른 일이었다. 마오는 나중에 회상했다. 그날 회의에서 한반도에서의 전쟁에 적극적으로 개입하자는 자기 의견을 지지한 사람은 "나 자신에 저우언라이 절반을 더해 딱 한 사람 반뿐"이었다고.[41] 이것은 저우가 적어도 마오의 의견을 반대하는 사람들에게 완전히 동참하지는 않았음을 의미한다.

마오는 이제 스탈린에게 전보를 보내는 일을 보류해야 했다. 대신 그는 로쉰과 만나, 소비에트 지도자에게 다른 메시지를 보내 달라고 요청했다. 마오는 동지들의 의견을 인용하며 만약 중국이 참전한다면, "미국과 중국 간 공개적인 갈등을 유발"할 뿐 아니라 "극히 심각한 결과들을 수반"할 수 있다고 언급했다. 따라서 마오는 중국공산당 지도자들이 "신중해야 한다"라고 믿고 있으며 그리하여 "북한에 군대를 파견할지 여부를 결정하지 않았다"라고 피력했다.[42]

비슷한 시기에 저우는 인도 주재 중국 대사인 K. M. 파니카르와 만나,

그에게 워싱턴에 중요한 메시지를 전달하는 일을 도와 줄 것을 요청했다.

> 미군은 38선을 넘어 전쟁을 확대하려 하고 있다. 만약 그들이 정말로
> 그렇게 한다면, 우리는 아무것도 하지 않고 가만히 앉아 있지만은 않을
> 것이다. 우리는 개입할 것이다(我們要管).[43]

이것은 중요한 메시지였기 때문에 저우는 신중하게 준비했다. 특히 그
는 자신의 영어 통역사인 푸서우창과 상의하여 '야오관(要管)'에 대한 정
확한 영어 표현을 선택했는데, 이는 '관심을 갖다' 또는 '돌보다'로 번역
할 수 있었다. 저우는 자신이 원래 의도한 의미를 가장 잘 포착하는 용어
로 '개입하다(intervene)'를 선택했다.[44] 돌이켜 보면, 저우는 일석이조
의 효과를 노리고 그 메시지를 전달했다. 만약 그것이 실제로 미/유엔군
의 진격을 저지하는 역할을 한다면, 베이징은 전쟁을 위한 동원과 준비
를 마치는 데 절실히 필요했던 공간과 시간을 얻게 될 것이었다. 그리고
만약 워싱턴이 경고를 무시하고 전쟁을 중국 국경으로 계속 밀어붙인다
면, 베이징은 자국 국가 안보에 대한 심각한 위협 때문에 중국이 한국전
에 개입할 수밖에 없었다는 훨씬 더 설득력 있는 주장을 중국 인민과 세
계에 펼 수 있게 될 것이었다.

마오의 마음은 여전히 한국전에 개입하는 데 쏠려 있었다. 10월 3일 느
지막이 그는 저우에게 인민해방군 부총사령관인 펑더화이를 베이징으
로 이동시키기 위해 시안으로 가는 비행기를 주선해 달라고 요청했다.[45]
저우는 마오가 펑을 북한 주둔 중국군 지휘관으로 임명하려 한다는 것을
알고 즉시 그 명령을 수행했다.

정치국이 10월 4일 확대회의를 열었을 때, 마오는 한국전 개입에 유보
적인 입장을 가진 모든 사람에게 견해를 제시해 달라고 요청했다. 저우

는 이미 마오가 무슨 생각을 하는지 알았기 때문에 회의에서 아무 말도 하지 않았다. 말미에 마오는 비록 반대하는 모든 목소리가 합리적이지만, 만약 중국이 "이웃 나라가 위험에 처했을 때" 아무것도 하지 않는다면 그는 여전히 "매우 슬플 것"이라고 말했다. 회의는 결정을 내리지 않은 채 끝났다.[46]

다음 날 아침, 마오는 덩샤오핑을 보내 펑을 만나게 했다. 덩은 마오의 견해를 펑에게 전달했고, 마오가 그에게 북한 주둔 군대 지휘를 맡기고자 한다고 말했다. 마오는 그 후 펑과 이야기하며, 북한에 군대를 파견하려는 의도를 명확히 공유했다.[47] 그날 오후 정치국 회의가 재개되었을 때, 마오는 토론을 교묘하게 중국이 참전해야 하는 이유에 대한 문제로 이끌었다. 펑은 마오를 실망시키지 않았다. 그는 마침내 발언에 나서 큰 소리로 선언했다. "북한을 지원하기 위해 군대를 파견해야 한다." 그는 심지어 이렇게 말했다. "만약 우리가 진다 해도, 몇 년 후에 해방 전쟁에서 이기는 것만큼 나쁘지는 않을 것이다." 저우 또한 "북한을 돕기 위해 군대를 파견하려는 마오의 생각들을 확고하게 지지했다." 뒤바뀐 회의 분위기에 고무되어 정치국은 한국전쟁에 참전하기로 결정했다.[48]

저우는 다음 날 중앙군사위원회 회의에서 인민해방군 지휘관들에게 정치국의 결정을 전달했다. 저우는 목소리 높여 선언했다. "북한 정부가 거듭 우리에게 군대를 파견해 달라고 요청했는데, 우리가 어떻게 그렇게 하지 않을 수 있겠는가? 우리가 지금 직면한 질문은 더 이상 전쟁에 참전할지 여부가 아니다. 그 안에서 어떻게 승리를 추구할 것인가다."[49]

*****

10월 8일, 마오는 공식적으로 '중국 지원군'을 북한에 파견하라는 명령을 내리고 그 명령을 김일성에게도 알렸다.[50] 그는 베이징 주재 소련 대사관을 통해 스탈린에게 중국공산당 지도부가 참전하기로 결정했다고 보고했다. "저우언라이와 린뱌오 동지가 오늘 오전 여덟 시에 출발하여 당신을 만나러 갈 것이다."[51]

저우는 이미 스탈린을 만나러 가는 비행기 안에 있었다. 그는 스탈린에게 중국공산당 지도자들이 참전을 결정하기가 얼마나 어려웠는지를 설명하고, 북한 영공에서 중국 지상군을 엄호하고 중국 해안 영공을 보호하는 것을 포함하여 중국에 대한 소련의 군사 지원 세부 사항을 해결할 계획이었다.

10월 11일, 저우는 린뱌오와 함께 흑해 연안에 있는 별장에서 스탈린과 만났는데, 이는 그의 경력에서 가장 어려운 회의 중 하나가 될 것이었다. 회의 내내 저우는 끈질기게 토론을 소련의 군사 원조, 특히 공중 지원 형태에 대한 주제로 이끌었다. 그러나 스탈린은 주저했다. 그는 중국에 무기, 장비, 탄약을 상당량 공급하는 데 동의했다. 그러나 그는 중국이 전쟁에 개입하는 초기 단계 동안 소비에트 공군이 북한 상공에서 전투에 참여하는 것은 불가능하다고 말했다. 이것은 저우에게 큰 딜레마를 제기했다. 그는 스탈린에게 중국이 소련의 공중 지원 없이도 참전할 것이라고 말할 권한이 없었기 때문이다. 따라서 그는 만약 중국이 북한에 군대를 보내지 않는다면 모스크바와 베이징이 무엇을 할 수 있을지로 화제를 돌렸다.[52] 회의 말미에 저우는 소비에트 독재자가 이전에 결코 한 적이 없는 일을 하도록 압박했다. 즉 저우와 공동으로 마오에게 전보를 보내 "소련은 포병, 탱크, 비행기 및 기타 군사 장비에 대한 중국의 필요를 완전히 충족시킬 것"이라고 단언하면서도, "소비에트 공군이 북한에서 중국의 작전을 지원할 준비를 하는 데 최소 2개월에서 2개월 반이 걸릴 것"이라고 경고하는 것이었다.[53]

스탈린이 공중에서 지원하겠다는 약속을 어기자 마오는 중국군에게 전쟁 준비를 보류하라고 명령할 수밖에 없었다.[54] 10월 13일, 마오는 중국의 참전을 논의하기 위해 또 다른 정치국 회의를 주재했다. 마오의 지시에 따라 중국공산당 지도자들은 다시 한번 "우리 군대를 북한에 파견하는 것이 바람직하다는 합의에 도달했다." 마오는 즉시 저우에게 전보를 보내, 정치국의 결정을 스탈린에게 알리라고 요청했다. 주석은 강조했다. 참전하는 것은 "중국, 북한, 동양, 전 세계 전체의 이익에 극히 유리하다." 반대로 만약 중국이 전쟁에 개입하기를 자제한다면, "국제 및 국내의 반동적인 허풍은 확실히 더 커질 것이고, 그러한 상황은 우리에게 매우 불리할 것이다." 따라서 마오는 주장했다. 중국은 "반드시 참전해야 한다. 그것이 가장 보람 있는 일이다. 참전하지 않으면 큰 해를 입을 수 있다."[55]

마오는 또한 저우에게 재정 및 군사 원조와 기타 지원의 세부 사항을 해결하기 위해 모스크바에 며칠 더 머물라고 지시했다. 마오는 저우에게 말했다. "소련이 2개월 또는 2개월 반 안에 북한에서의 우리 전쟁 작전을 지원하기 위해 공군을 파견하고, 베이징, 톈진, 선양, 상하이, 난징, 칭다오와 같은 도시들을 방어하는 데 도움이 될 공군 부대를 보낸다면, 우리는 전반적인 공습을 두려워하지 않을 것이다."[56] 저우는 마오의 메시지를 스탈린에게 전달했고, 마오의 요청에 대해 몰로토프와 상의했다. 몰로토프는 긍정적으로 응답했다.[57]

그동안 마오는 또한 저우에게 '예비 계획'이 있다고 털어놓았다. 만약 미군과 유엔군이 평양을 점령한 후 즉시 압록강을 향해 행군을 재개하는 대신 그곳에서 멈춘다면, 중국군은 북한에 들어간 후 평양 북쪽에 방어선을 두세 개 구축할 것이었다. 만약 적들이 공세를 시작한다면, 중국군은 방어선 앞에서 그들을 소탕할 것이었다. 그러나 만약 적들이 진격하지 않는다면, 중국군은 그들을 공격하지 않을 것이었다. 중국은 6개월 후 모든 준비가 끝난 후에야 전반적인 반격을 시작할 것이었다.[58] 이 계획은 미군과 유엔군이 신속히 북진함으로써 무산되었다.

저우는 10월 17일에 베이징으로 돌아왔다. 마오는 저우로부터 스탈린에게 중국 원조에 대한 정확한 입장을 듣기 위해 중국군의 이동을 다시 한번 중단하라고 명령했다.[59] 저우로부터 스탈린의 입장을 보고받은 후, 마오는 말했다. "북한에 지원군을 파견하기로 한 결정은 변하지 않을 것이다."[60] 10월 19일, 중국군이 압록강을 건너기 시작했다.

★★★★★

중국의 참전은 한반도 전장 상황을 신속하게 바꾸었다. 10월 말, 중국군은 남한 부대와 첫 전투를 벌여, 그들을 압록강 부근에서 장진호까지 후퇴시켰다. 스탈린의 명령에 따라 11월 1일부터 동북 중국에 주둔한 소비에트 공군 부대 또한 압록강 상공의 중국 보급선을 방어하기 위해 선제적으로 출격했다.[61] 그러나 미군 및 유엔군 사령관인 더글러스 맥아더 (Douglas MacArthur) 장군은 이 모든 것을 못 본 척하기에는 너무 오만했다. 11월 중순, 그는 '전쟁 종결' 공세를 시작했다. 그 결과 그의 군대는 중국인들이 설치한 함정에 빠졌다. 11월 말, 중국은 강력한 반격을 시작했다. 12월 중순까지 그들은 이전에 적의 진격에 잃었던 38선 이북 영토를 거의 모두 회복했다.

중국이 한반도에서 군사적 승리를 거둠으로써 저우와 동지들은 만약 자신들이 원한다면 전쟁을 끝내기 위해 협상할 수도 있는 좋은 위치를 얻었다. 12월 5일, 인도가 이끄는 13개 비서방 국가들이 베이징에 휴전 제안을 건넸는데, 이는 중국이 38선에서 진격을 멈추고 "한반도에 이해

관계가 있는 강대국들"이 분쟁 해결을 논의하기 위해 만날 것을 제안했다.[62] 9일 후, 유엔은 13개국 결의안을 통과시키고 "한반도에서 만족스러운 휴전을 마련할 수 있는 기반"을 찾기 위해 3인 그룹을 구성했다.[63] 인도인들은 중국에 13개국 그룹이 서방에서 비롯되지 않았으며, 베이징이 휴전을 수락하는 대가로 중국의 다른 이익들이 고려될 것이라고 거듭 약속했다.[64]

그러나 마오와 저우는 완전한 승리 외에는 어떤 것도 받아들이려 하지 않았다. 12월 8일, 저우는 동료인 천자캉에게 인도인들에게 왜 13개국이 미/유엔군이 38선을 넘었을 때는 휴전을 제안하지 않았으면서 중국군이 진격하는 동안에야 휴전을 제안했는지 물어 보라고 지시했다. 3일 후, 저우는 파니카르에게 미국인들이 이미 38선을 위반했기 때문에 중국 또한 그것을 존중할 필요가 없다고 말했다.[65]

북한에 파견된 펑은 다른 그림을 보았다. 중국군은 초기에 성공을 거두었지만, 열악한 보급선과 공중 지원 부족으로 취약했다. 따라서 펑은 중국에서 지원군이 도착할 때까지 중국군이 남진을 중단하는 편을 선호했다.[66] 그러나 마오는 '미국인들을 한반도에서 몰아내기'를 열망했고, 미국인들에게 훨씬 더 큰 압력을 가하여 그들이 휴전을 모색하도록 강요하고 싶어 했다. 그는 저우에게 알렸다. 만약 그렇게 된다면, 중국은 미국이 38선 이남으로 후퇴하는 것을 시작으로 한국에서 철수하도록 요구할 것이라고.[67] 12월 21일, 마오는 펑에게 "또 다른 작전을 싸우고" "38선을 넘으라"라고 명령했다.[68] 다음 날, 저우는 공식적으로 13개국 휴전 결의안을 거부했다.[69]

1950년 12월 31일, 중국군은 또 다른 공세를 시작하여 5일 후에 서울을 점령했다. 중국 선발 부대는 신속하게 37선에 도달했다. 소비에트 공군은 중국 보급선에 대한 엄호를 한반도 북부까지 확장했다. 1951년 1월 11일,

유엔 3개국은 일련의 새로운 제안을 했다. 그들은 즉각적인 휴전 외에도, 외국 군대가 한반도로부터 점진적으로 철수하는 사안과 극동의 미해결 문제들, 즉 타이완 문제와 중화인민공화국의 유엔 대표권 문제를 해결하기 위해 4대 강국 회의(소련, 미국, 영국, 중국으로 구성)를 소집할 것을 제안했다.[70]

돌이켜 보면, 이것은 중국이 전쟁을 끝낼 절호의 기회였을지도 모른다. 즉각적인 휴전은 중국군이 거둔 성과를 유지할 수 있게 했을 것이다. 만약 휴전에 실패한다 해도 중국은 공세를 재건할 수 있는 귀중한 시간을 벌게 될 것이었다. 더욱이 베이징이 그 제안을 수락했다면, 워싱턴은 확실히 외교적으로 궁지에 빠졌을 것이다. 딘 애치슨 미 국무장관이 나중에 말했듯이, 당시 만약 미국이 그 제안을 지지했다면, "한국인들을 잃고 의회와 언론에 분노를 사는" 결과를 초래했을지 모른다. 반대로 그것을 거부했다면 "유엔에서 영향력과 지지를 상실"할 수 있었다. 애치슨이 고백했듯이, 워싱턴이 그 제안을 지지하기로 결정한 것은, 대체로 중국이 거부할 것이라는 희망에 기반하고 있었다.[71] 그래서 만약 저우와 동지들이 그 제안을 받아들였다면, 베이징은 군사적인 문제뿐만 아니라 국제 외교에서도 유리한 위치를 차지했을 것이다.

그러나 마오와 저우는 중국군이 전장에서 진격하는 것에 힘입어 승리감에 사로잡혀 있었다. 그들은 중국군이 또 다른 영광스러운 승리를 거둘 때까지 행군할 능력을 가지고 있다고 믿었다. 더욱이 저우는 3개국의 제안은 워싱턴의 목표를 증진하기 위해 만들어진 것이라고 오판했다. 1월 17일 저우는 베이징의 자체적인 협상 조건들을 제시하며, 3개국의 제안이 "한반도에서 미군에게 숨 쉴 공간을 주기 위해 고안되었다"라고 주장했다. 그는 중국에서 7개국 회의를 열고, 중화인민공화국이 유엔에서 중국의 의석을 차지하며, 한국과 타이완에서 모든 외국 군대를 철수시킬

것을 요구했다.[72]

이는 저우가 그의 경력에서 저지른 몇 안 되는 오판 중 하나다. 이 오판은 심각한 결과를 초래했다. 얼마 지나지 않아 저우는 실제로 재고했고, 3개국의 제안을 거부한 것을 되돌리고 싶어 했지만, 이미 너무 늦었다.[73] 이 기회를 놓침으로써 한국전쟁은 앞으로 이 년 반 동안 더 계속될 것이며, 중화인민공화국은 국제사회에서 더욱 고립될 것이었다.

저우와 동지들이 저지른 실수는 대체로 그들이 전쟁 상황을 지나치게 낙관한 데서 비롯되었다. 그러나 더 깊은 의미에서 그들은 또한 국내에서 더 광범위한 사회동원과 국가-사회 통합을 수행하려는 열망에 이끌렸다. 마오가 희망했듯이, 중국 내에서 "미국에 저항하고 북한을 돕는 위대한 운동"은 중국이 참전한 이후 새로운 단계에 들어섰고, 한반도에서의 "영광스러운 중국의 승리"는 국내 동원을 위한 강력한 힘으로 작용했다. 1951년 2월 2일, 중국공산당 지도부는 전 국민에게 "우리 민족의 자신감과 자존감을 높이기 위해" 당의 국내 변혁 운동을 지지함으로써 한반도에서 중국이 거둔 승리에 화답할 것을 촉구했다.[74] 2월 중순, 저우가 참석한 정치국 회의는 다시 한번 "미국에 저항하고 북한을 돕는 것(抗美援朝)"이 전국적이고 장기적인 노력이 되어야 하며, "전국에 있는 모든 사람이 재교육될 것"이라고 강조했다.[75]

그러나 중국 지도부의 야망을 현실로 옮기기에 중국 지원군은 능력이 부족했다. 1월 25일, 미/유엔군은 반격을 시작하여 진격해 오는 중국군을 밀어냈다. 2월 말, 펑은 베이징으로 달려가 마오에게 군이 방어 태세를 취하고 봄에 반격하기 위해 재편성해야 한다고 보고했다.[76] 마오는 펑에게 보고를 받고 장기전이 될 것임을 깨달았고, 저우가 마오를 대신하여 스탈린에게 이 판단을 전달했다. 그러나 마오와 저우는 여전히 소모전에서 심각한 손실을 감당할 마음이 없는 미국인들을 결국 한반도에서 몰아

낼 수 있을 것이라고 믿었다.[77]

2개월 후, 중국군은 또 다른 대규모 공세를 시작했다. 적절한 공중 지원과 신뢰할 수 있는 보급품 접근 없이 이루어진 공세는 전투선을 남쪽으로 크게 밀어내지 못했다. 작전의 마지막 단계에서 몇몇 선발 부대들이 포위되었고, 전체 사단 하나가 손실되었다.[78] 마오와 저우는 이 전쟁에 대한 목표들을 재고해야 했다. 마오는 베이징의 야망과 전장의 잔인한 현실 사이에 거대한 간극이 존재한다는 것을 깨달았으며, 이제는 더 이상 중국의 완전한 승리를 고집하지 않고 전쟁을 끝낼 용의가 있었다.

5월 말, 중국 지도자와 군사 기획가 들은 한반도에서의 전략을 철저히 검토하기 시작했다. 저우는 과로로 병이 났기 때문에 자리에 없었다. 마오는 그에게 해안 도시 다롄에서 병가를 보내도록 허락했다.[79] 총참모장 대리 녜룽전(聶榮臻)은 나중에 회상했다. 전략을 검토하는 동안 "대다수 의견은 우리 군대가 38선에서 멈추고, 휴전 회담 내내 계속 싸우며, 협상을 통해 전쟁을 해결하기 위해 노력해야 한다는 것이었다."[80]

마오의 주요 관심사 중 하나는 타협이 중국 국내 상황에 미칠 영향이었다. 그와 다른 중국공산당 지도자들은 이제 중국이 압록강 근처 지역에서 적을 38선까지 다시 밀어낸 성공을 부각함으로써, 중국이 전쟁에서 빛나는 승리를 거두었다고 정당하게 주장할 수 있음을 발견했다. 당시 싸움을 멈추기를 꺼렸던 김일성은 협상 테이블에 앉기 전에 또 다른 대규모 공세를 시작하기를 희망했다. 그러나 마오는 스탈린을 설득하여 "싸우면서 협상한다"라는 베이징의 새로운 전략을 지지하게 했다.[81]

*****

한국전쟁 휴전회담은 1951년 7월 10일에 시작되었고, 처음에는 개성에서, 그다음에는 판문점에서 열렸다. 저우는 협상 기간 동안 중국 측을 감독하기 위해 베이징으로 돌아왔다. 그와 마오 및 다른 중국 지도자들은 몇 주 안에 합의를 이룰 수 있을 것이라고 예측했다.

그러나 협상은 2년 동안 계속될 것이었다. 처음에 마오는 직접 의사결정에 관여했다. 나중에 회담이 길어지면서 마오는 협상 관리 임무를 저우에게 맡겼고, 가장 중요한 문제들에 대해서만 보고를 받았다. 저우는 또한 모스크바 및 평양과의 전신통신을 책임졌다. 베이징이 스탈린에게 보낸 모든 전보는 마오의 이름으로 발송되었지만, 거의 전부 저우가 초안했다.

회담은 처음부터 어려웠다. 양측은 7월 26일이 되어서야 협상을 계속하기 위한 5개 항목에 합의했다. 즉 의제 채택, 군사분계선 설정, 한국에서의 휴전을 위한 구체적인 준비, 전쟁포로(POW) 송환, 양측 정부에 관련 문제에 대한 권고안을 제시하는 것이었다.[82]

협상의 다음 단계에서는 어느 쪽도 전혀 양보하려 하지 않았기 때문에 더욱 어려웠다. 8월 말, 저우는 베이징에서 중국의 협상 전략에 관한 일련의 토론을 주재했다. 저우와 동지들은 자신들이 회담에 대해 너무 낙관했음을 깨달았다. 협상 테이블은 궁극적으로 신뢰성과 명성에 손상을 입고 싶어 하지 않는 양측의 "심각한 정치적 투쟁"의 장이 되었다. 마오의 승인하에 저우와 동지들은 전장에서 '공격적 방어' 전략을 사용하기로 결정했다. 그들은 장기전에서 사상자가 증가하면 결국 미국인들이 협상 테이블에서 베이징이 제시한 최소한의 요구를 받아들이게 될 것이라고 희망했다.[83]

이후 몇 달 동안 양측은 먼저 실제 접촉선을 분계선으로 받아들이는 데 동의했다. 1952년 2월 19일, 양측은 또한 휴전이 이루어진 후 90일 이내에 정치 회의를 소집하여 한반도 문제를 해결하기로 동의했다. 저우와 동지들은 회담의 끝이 보인다고 느꼈다.

그러나 저우는 곧 자신이 가장 쉽게 해결될 것으로 예상했던 포로 문제가 협상의 가장 큰 장애물로 부상했음을 발견했다. 이 문제에 대한 논의는 1951년 12월 11일에 시작되었다. 5개월 후, 미/유엔 측은 전쟁포로 송환을 자발적인 기초 위에서 수행할 것을 제안했다. 저우는 이 제안을 채택하면 공산주의 포로 다수가 송환되지 않을 것임을 즉시 깨달았다. 마오와 저우는 이것을 중국의 한국전쟁 참전이 정당한가 여부와 관련된 중대한 문제로 취급하면서, 조금도 물러서지 않기로 결심했다. 그동안 전장에서는 격렬한 전투가 계속되었고, 전쟁은 17개월 동안 연장되었다.

1952년 7월 12일, 미/유엔 협상가들은 "자발적 송환"에 대한 "최종적이고 변경 불가능한" 제안을 내놓았다. 김일성은 그것을 받아들일 용의가 있었다. 마오와 저우, 다른 중국 지도자들은 이 문제를 이틀 동안 논의한 후 "만약 우리가 이 해결책을 받아들인다면 극히 불리해질 것"이라고 결론 내렸다. 저우는 김일성에게 썼다. 미국인들이 제안한 것은 "결코 양보가 아니다." "만약 우리가 적의 만연한 공중 폭격에 직면하여 그것을 받아들인다면······ 그들은 더 오만해질 것이고 우리의 사기는 손상될 것이다." 오히려 "우리가 입장을 확고히 지킬 때만 적은 결국 마땅한 양보를 할 것이다." 저우는 김일성에게 "북한의 모든 필요를 솔직하게 우리와 공유하고, 만약 그것들이 중국의 능력을 넘어선다면, 당신과 내가 공동으로 스탈린 동지에게 우리를 도와 달라고 요청할 것"이라고 했다.[84] 분명히 마오와 저우는 전쟁이 곧 끝날 것이라는 환상을 떨쳐 버리기로 결심했다.

*****

휴전회담이 시작된 것과 거의 같은 시기에 일본과의 평화를 위한 샌프란시스코 회의가 소집되었다. 1951년 1월 저우가 유엔 3개국의 제안을 거부한 후, 중화인민공화국은 회의에 초대받지 못했다. 따라서 회의에서 서명된 일본과의 평화조약에는 베이징의 의견이 전혀 반영되지 않았다. 저우는 그 조약에 심각한 결함이 있다고 맹렬히 비난하고, 샌프란시스코 회의 체제가 중국에게 구속력 있는 평화협정이 아니라고 발표했다.[85] 여기에 한국전쟁의 가장 심오하고도 지속적인 유산 중 하나이자 오늘날 동중국해와 남중국해에서 중국과 다른 나라들 사이에 얽혀 있는 영토분쟁의 가장 근본적인 원인 중 하나가 숨어 있다.

*****

1952년 8월 중순, 저우는 두 가지 목표를 가지고 모스크바로 향했다. 첫째, 그는 스탈린과 한반도에서의 전쟁을 관리하기 위한 베이징의 전략을 공유하고 모스크바의 군사 지원 강화 약속을 확인하고 싶었다. 둘째, 그는 소비에트 독재자와 국내 재건을 위한 중국의 '대전략'을 논의할 계획이었다. 저우는 소비에트에 요청하는 대규모 원조 목록을 길게 작성해 가지고 왔다. 그는 스탈린이 한반도에서의 전쟁에 대한 군사적 지원 외에도 중국의 산업화 추진, 특히 첫 5개년 계획의 수립과 실행을 지원하는 데 동의하기를 희망했다. 실제로 역사상 전례 없는 규모의 지원 요청이었다.

8월 20일, 저우는 크렘린에서 스탈린과 만났다. 그는 중국의 국내 발전과 한반도의 전쟁 상황에 대해 보고하는 것으로 시작했다. 저우는 말했다. 중국군은 "이제 장기전을 치를 능력이 충분하다고 확신한다." 그는 마오와 중국공산당 지도부가 "모든 포로를 송환"하는 원칙을 고수하기로 결정한 이유를 설명했다. 이것은 의지의 싸움이었다. 중국은 합의

가능한 조건으로 전쟁을 끝낼 용의가 있지만, 미국의 불합리한 조건에는 굴복하지 않을 것이라고 저우는 덧붙였다. 만약 공산주의자들이 미국인들보다 더 큰 회복력을 보여 줄 수 있다면, 조만간 적으로부터 일부 양보를 받아 낼 수 있을 것이었다. 저우는 공산주의자들이 확고한 입장을 지키면 한반도에서의 전쟁이 연장될 수 있다는 점을 인정했지만, 그것이 제3차 세계대전을 촉발하지는 않을 것이라고 단언했다. 포로 문제와 관련하여 저우는 만약 일부 포로들이 송환되기를 원하지 않는다면, 그들은 중립국으로 갈 수 있으며, 그들의 의도를 확인한 후 송환되거나 제3국으로 갈 수도 있다고 언급했다. 그러나 저우는 강조했다. 중국은 전쟁에서 힘든 싸움에 직면해 있는데, 그것은 특히 미국인들이 포병 화력에서 중국에 대해 9대 1의 우위를 가지고 있기 때문이라고. 스탈린은 미국인들이 한반도에서 장기전을 치를 수 없다는 주장에 동의했다. 그는 말했다. 만약 공산주의자들이 협상 테이블에서 인내심을 지키며 전장에서 강력한 위치를 유지한다면, 미국인들은 결국 그들과 거래해야 할 것이라고. 저우로서는 기쁘게도 스탈린은 중국의 협상 입지를 강화하기 위해 북한에 소비에트 대공포 연대 5개를 파견하는 것을 포함하여 중국에 대한 소비에트 군사 지원을 늘리는 데 동의했다.[86] 김일성도 스탈린과 저우에게 소환되어 모스크바에 왔다. 스탈린은 그에게 마오와 저우가 하는 조언에 귀를 기울이라고 지시했다.

마오는 이제 협상 테이블에서 완고한 입장을 고수하기로 더욱 결심했다. 그와 저우는 미국인들이 전쟁이 길어지는 상황을 받아들일 수 없을 것이라고 보았다. 마오가 상황을 평가했듯이, "첫째, 그것은 미국에 사상자를 초래할 것이다. 둘째, 그것은 미국이 돈을 쓰게 할 것이다. 셋째, 그것은 국내외에서 그들에게 극복할 수 없는 어려움을 야기할 것이다. 넷째, 그들의 전략적 강조점은 유럽에 있기 때문에 그들은 전략적 딜레마

에 직면하게 될 것이다."[87] 저우는 마오의 말을 되풀이하며 말했다. 중국
은 "전쟁을 치르려는 노력을 더욱 강화"해야 하며, "적이 포기하도록 강
요받을 때까지 우리의 기반을 안정시키고 공고히 해야 한다."[88] 10월 8일,
중국 협상가들은 공식적으로 미/유엔의 '최종 제안'을 거부했고, 이로 인
해 미국인들은 회담을 무기한 중단했다. 그러나 마오와 저우는 흔들리지
않았다. 저우는 김일성에게 보낸 전보에서 베이징이 "모든 포로를 송환
한다는 원칙을 절대로 포기하지 않을 것"이라고 확언했다.[89]

마오와 저우는 또한 미국의 핵 위협을 심각하게 받아들이지 않았다.
저우는 말했다. 중국은 미국의 "빈 대포" 발사에 위협받아서는 안 된다
고. 오히려 "그렇게 겁을 먹고 테이블을 뒤엎을" 쪽은 미국의 동맹국들이
었다.[90]

12월 16일, 저우는 마오를 대신하여 스탈린에게 전보를 보냈다. 저우는
중국의 협상 전략을 요약하면서 "미군이 한반도에서 입은 손실이 전쟁을
멈추게 할 정도에 이르지 못했으며" "내년이나 그쯤에는 더욱 잔인해질
수 있다"라고 썼다. 저우는 결론 내렸다. "적이 더 많은 사상자를 겪을 때
만" 전쟁 상황이 "결정적으로 우리에게 유리하게 바뀔 수 있다."[91]

★★★★★

이 시기, 한반도의 복잡한 상황에 대처하는 것 외에도 저우언라이는
양딸 쑨웨이스의 인생을 두고 개인적인 위기에 직면했다. 웨이스는 순수
하지만 자기 주관을 가진 예쁜 소녀였다. 이는 저우와 덩잉차오가 매우
좋아했던 자질들이었다. 옌안에 짧게 머무는 동안에도 그는 일부 저명한
'혁명 원로들'로부터 애정 공세를 받았다. 그가 저우와 덩을 따라 모스크
바로 여행했을 때, 린뱌오도 치료를 위해 그곳에 있었다. 그는 당시 기혼

445

남성이었음에도[그의 아내는 장메이(張梅)였다] 웨이스를 쫓아다니기 시작했다. 그러나 웨이스는 린에게 아무런 관심도 보이지 않았다. 나중에 린은 장과 이혼하고 또 다른 젊은 여성 예췬(葉群)과 결혼했다.[92]

소련에서 중국으로 돌아온 후, 웨이스는 무대 연기에 헌신했다. 그는 1950년 유명한 소련 연극 〈강철은 어떻게 단련되었는가(Paul Korchagin)〉를 각색하고 연출하다가 당시 중국의 '연극 황제'였던 진산(金山)과 사랑에 빠졌다. 그러나 진은 두 번째 부인인 영화배우 장루이팡(張瑞芳)과 재혼한 상태였다. 웨이스가 진을 사랑하며 그와 결혼할 것이라고 덩잉차오에게 밝혔을 때, 저우와 덩 모두 즉시 완강하게 반대했다. 저우는 진과 장을 모두 잘 알았다. 진은 1940년대 초부터 중국공산당 정보국을 위해 일했던 '거물 간첩'이었고, 장 또한 충칭 시절 저우가 개인적으로 모집한 중국공산당 활동가였다. 그러나 저우와 덩으로서는 크게 실망스럽게도 웨이스는 진과 '공통점이 너무 많다'고 느끼며 그들의 진지한 조언을 듣지 않았다.

진이 장과 이혼한 후, 1950년 10월에 웨이스와 진은 결혼했다. 저우는 그들의 결혼식에 참석하지 않았다. 오직 덩만이 '신부의 부모' 자격으로 식에 참석하여 짧게 발언했다.[93] 1952년 여름, 진은 중북 연대를 다룬 영화를 만들기 위해 한 그룹을 이끌고 북한을 방문했다. 김일성은 진이 저우의 양사위라는 것을 알고 특별히 자기 비서로 일하는 예쁘고 유능한 소녀를 진의 안내인이자 통역사로 일하게 했다. 진은 그 소녀와 연애를 시작했다. 웨이스는 이것을 알고 충격받고 상심에 빠졌다. 저우는 격분하여 심지어 진이 사형 외에는 아무것도 받을 자격이 없다고 말하기까지 했다.[94] 저우와 덩 모두 웨이스가 즉시 진과 이혼해야 한다고 믿었다. 그러나 웨이스는 이번에도 그들의 말을 듣지 않았다. 덩은 그 후 웨이스의 가장 친한 친구인 린리(林利)에게 그에게 '당의 입장으로 돌아오라'고 말

16-1 1950년대 초, 양딸 쑨웨이스와 함께한 저우언라이와 덩잉차오. Historic Collection / Alamy Stock Photo

해 달라고 요청했다.[95] 그러나 웨이스는 비록 극도로 슬펐지만 자신이 여전히 진을 사랑하고 있음을 발견했고, '그에게 다시 기회를 주기로' 했다. 진은 당에서 제명되어 시골에서 '노동을 통한 개조'를 받도록 보내졌다. 웨이스가 노력한 덕분에 몇 년 후 진은 당원 자격을 회복했고 베이징의 옛 직장에서 다시 일할 수 있게 되었다.[96] 그러나 양부모에게 불순종한 웨이스는 결코 그들과 옛날처럼 친밀한 관계로 돌아갈 수 없었다.

★★★★★

한반도에서의 전쟁은 1953년 초까지 이 년 반 이상 계속되었고, 여전히 끝이 보이지 않았다. 중국은 북한에 135만 군대를 집결시켰다. 소련으로부터 탄약, 무기, 장비가 막대한 양 인도되면서 저우와 동지들은 중국의 군수 체계가 "전쟁 시작 이래 최고에 도달했다"라고 믿었다.[97]

2월 22일, 유엔군 사령관 마크 웨인 클라크(Mark Wayne Clark) 장군은 교착상태를 타개하기 위한 첫 단계로서 병든 포로 교환에 관해 제안했다. 마오와 저우는 클라크의 제안에 응답하기를 미루고, "어떤 조치를 취하기 전에 잠시 기다리며 관망"하기로 결정했다.[98]

그러나 3월 5일 스탈린이 사망하면서 상황은 곧 바뀌었다. 이틀 후, 저우는 소비에트 독재자의 장례식에 참석하기 위해 모스크바에 도착했다. 그와 소비에트 지도자들은 한국전쟁 문제를 깊이 논의하지 않았다. 그는 그 후 체코슬로바키아 대통령 클레멘트 고트발트(Klement Gottwald)의 장례식에 참석하기 위해 프라하로 날아갔다.

3월 21일에 모스크바로 돌아왔을 때, 저우는 소비에트 지도자들이 이미 한국전쟁을 끝내기 위해 더 구체적인 계획을 세웠음을 발견했다. 그들은 마오와 김일성에게 클라크가 2월 22일 한 제안에 "긍정적으로 응답"해야 한다고 제안하는 편지를 준비했다. 그런 다음 "중화인민공화국의 권위 있는 대표(바람직하게는 저우언라이 동지)가" 그 문제에 대한 "긍정적인 접근법"을 보여 주는 성명을 발표하면, 김일성과 소비에트 정부는 이를 지지할 것이었다. 포로 문제에 대해서는, "송환을 확고히 원하는 모든 포로를 송환하고, 다른 포로들은 중립국에 넘겨주어 그들의 송환 문제가 공정하고 정의로운 방식으로 해결되도록 보장"하라고 제안해야 했다. 소비에트는 저우에게 그 편지를 베이징에 전달해 달라고 요청했다.[99]

3월 21일, 저우는 게오르기 M. 말렌코프(Georgi M. Malenkov), 니키타 흐루쇼프(Nikita Khrushchev), 베리야, 몰로토프, 불가닌을 포함한 소비에트 지도부의 새로운 구성원 거의 모두와 중소 관계 및 한국전쟁을 밤새 논의했다. 저우는 말했다. 공산주의 측은 회담을 재개하기 전에 "잠시 기다려야 한다." "우리 관점에서 볼 때, 우리 포로들의 송환을 위해 노력하는 것은 정의로운 투쟁이다. 우리에게 고의로 문제를 일으키려 하는 것은 적이다." 더욱이 저우는 협상을 연장하는 것이 "미국의 인력과 돈을 소모할 수 있고, 특히 적을 전략적으로 불리한 위치에 놓이게 하며, 서방 진영 내 모순을 심화할 수 있다"라고 주장했다. 소비에트 지도자들은 동의하지 않았고, "전쟁을 연장하는 것은 소련과 중국 및 북한 인민에게 불리하다…… 지금이 휴전하기에 적절한 때"라고 주장했다.

저우는 물었다. "미국이 (전쟁을) 질질 끄는 정책을 채택하겠는가?"

소비에트 지도자들은 대답했다. "가능하다. 그러나 이것은 미국인들이 대답할 질문이다." 그들은 논리적으로 설명했다. 그러나 "만약 우리 측이 어떤 양보도 하지 않으려 거부한다면" "그들이 전쟁을 질질 끌게 될 가능성이 더 높다. 그러나 만약 우리 측이 약간 양보한다면, 미국은 전쟁을 연장하기가 더 어려워지고 타협해 올 가능성이 더 높아질 것이다."

결국 저우는 소비에트의 제안을 "큰 변화"이자 "새로운 정책"으로 묘사했다. 그는 소비에트에 회답하기 전에 베이징으로부터 지시를 받아야 한다고 말했다.[100]

저우는 즉시 마오에게 전보를 보내 소비에트의 의견을 전달했다. 저우는 소비에트의 제안을 받아들이자는 쪽으로 분명히 기울었다. 그는 설명했다. "소비에트 측 제안에서 핵심은 포로 문제에 타협할 준비를 하여 우리가 평화를 추구함에 있어 주도권을 잡을 수 있도록 하는 것이다."[101] 마오의 답장은 다음 날 왔다. "우리는 (소비에트가) 제안한 정책에 동의한다. 이것은 사실 우리가 셰미노프 동지(스탈린)에게 제시했던 세 가지 제안 중 하나와 동일하다. 즉 양측이 마련한 할당량에 따라 포로를 교환하고, 교환이 합의되지 않은 포로들은 모두 중립국에 넘겨주어, 그곳에서 장래 해결되기를 기다리게 하는 것이다…… 지금은 이 제안을 내놓기에 적절한 때다."[102] 저우는 즉시 마오의 답장을 소비에트에 전달했다.

베이징으로 돌아온 후, 저우는 마오에게 모스크바에서 회의한 내용을 보고했다.[103] 그 후 김일성에게 전보를 보내 소비에트 지도자들과의 회의에 대해 알렸다. 그는 김일성에게 알렸다. "한국전쟁에서 휴전에 도달하기 위해 포로 문제를 타협할 준비를 하라." "그러나 만약 이 노력이 실패한다면, 계속 싸울 준비를 하라."[104] 3월 30일 저우는 성명을 발표했는데, 여기서 그는 송환되기를 원하지 않는 포로들을 중립국으로 이송하는 방안을 선호한다고 밝혔다. 이런 식으로 저우는 강조했다. "그들의 송환에 대한 공정한 해결책이 보장될 것이다."[105]

협상을 통해 전쟁을 끝낼 문이 열렸다. 그러나 마오와 저우는 이번에 휴전이 이루어질 수 있을지 여전히 확신하지 못했다. 4월 3일, 저우는 정무원 회의에서 말했다. "전쟁이 끝날 가능성은 크게 증가했지만, 전쟁이 연장될 가능성도 여전히 있다."[106] 그는 적이 협상을 더 진지하게 받아들이도록 압박하기 위해 미국인들과 협상하는 동안 "맞대응 전략을 채택할 필요"가 여전히 있다고 믿었다.[107]

휴전회담은 4월 26일에 재개되었다. 비록 양쪽 모두 회담이 또다시 중단될 가능성에 대비하고 있었지만, 협상은 느리지만 확실하게 진전을 이루었다. 6월 8일, 양측은 포로의 자발적 송환 원칙에 대해 합의했다.[108] 늦은 저녁, 저우는 중국 협상단에 축하를 전했다. 6월 15일까지 양측 협상 당사자를 대표하는 군사 참모들이 최종 분계선을 마련했다. 그날 저녁 여섯 시, 펑더화이는 자기 지휘하에 있는 모든 부대에게 6월 16일부터 공격 작전을 중단하라고 명령했다.

상황은 6월 18일 이승만 남한 대통령이 남한이 억류하고 있던 2만 5천 명이 넘는 북한 포로들을 석방하라고 명령하면서 갑자기 바뀌었다. 이는 북한 포로 다수가 남한에 남을 것임을 '기정사실'로 만들기 위해서였다. 마오와 저우는 이 기회를 이용하여 "남한군에게 또 다른 타격을 가하기로" 결정했다.[109] 7월 13일 중국군이 공세를 시작했고, 남한군은 이승만의 정예 사단 두 개에서 막대한 사상자가 발생한 뒤에야 방어선을 지켜 낼 수 있었다. 7월 26일, 저우는 휴전회담에서 "모든 문제에 대한 합의가 이루어졌다"라고 발표했다.[110]

다음 날, 판문점에서 정전협정이 체결되었다. 피비린내 나는 참상 속에서 삼 년간 전쟁을 계속했지만, 양측이 최종 확정한 분계선은 전쟁 시작 전과 별반 다르지 않았다.

★★★★★

전쟁이 끝나자 저우는 매우 고무되었다. 정전협정 체결 전날 밤, 그는 마오와 함께 인도에서 온 무용단의 공연을 관람했다.

저우는 중국이 전쟁을 치르기 위해 막대한 대가를 지불했음을 잘 알고 있었다. 중국 병사 수십만 명이 목숨을 잃었다. 미국과의 계속된 대립은 더욱 악화되었다. 중국의 경제발전을 희생시키면서 막대한 자금을 전쟁 비용으로 지출했다. 타이완은 중국공산당 지도자들에게 만성적인 골칫거리가 되었다. 모스크바와의 동맹은 상당히 강화되었지만, 소련에 대한 경제적 및 다른 형태의 의존 또한 크게 증가했다. 앞으로 몇 년 동안 마오와 중국공산당 지도부는 자원 배분에서 국방과 중공업에 비상한 중점을 둘 것이었다. 결과적으로 고도로 중앙집권화된 계획경제가 중국에 등장했고, 이는 마오 시대 내내 지속된 '결핍경제'로 이어졌다.

그러나 마오와 저우, 동지들이 보기에 중국이 전쟁으로 얻은 소득도 상당했다. 중국군이 미군과 유엔군을 압록강 근처에서 38선까지 몰아냈다는 사실은 중국 지도자들이 자국민과 세계에 신중국이 한반도에서 영광스러운 승리를 거두었다고 주장하는 데 설득력을 더했다. 전쟁 동안 공산 정권은 혁명적 민족주의의 기치 아래 집중적인 대중 동원 운동을 통해 중국 사회 거의 모든 측면에 침투했다. 세 가지 전국적인 캠페인이 중국의 농촌과 도시를 휩쓸었다. 즉 반혁명분자 숙청, 토지개혁, 부패한 공산당 간부를 징계하고 '민족 자본가'를 규제하기 위한 운동이었다. 결과적으로 중국공산당은 중국 사회에 대한 조직적 통제를 효과적으로 강화하고 평범한 중국인들의 마음속에서 그 권위와 명성을 극적으로 강화했다.

마오는 훨씬 비범한 소득을 얻은 듯 보였다. 참전을 주되게 옹호한 사람으로서 그는 자신의 권력에 대한 견제와 조정이 이전보다 훨씬 더 적어진 것을 보았다. 이후 몇 년 동안 그는 이 거대하고 무제한적인 권력을 휘두르며 대약진운동과 대프롤레타리아 문화대혁명과 같은 운동을 포함한 극적이고 유토피아적인 비전을 추구할 것이었고, 이는 중국과 세계 역사상 전례 없는 규모의 재앙으로 절정에 달할 것이었다.

전쟁을 치르는 동안 마오와 중국공산당 지도부는 '반동적인 친미 사상과 정서를 소탕하기 위해' 국가의 지식인들을 '사상 개조' 운동의 주요 대상으로 삼았다. 그들은 그렇게 함으로써 한국전 참전으로 촉발된 정치적 동원 효과를 확실히 극대화하고자 했다. 또한 이 운동을 이용하여 당의 정치적 의제와 혁명 계획이 모든 중국 시민의 마음과 정신에 깊이 침투하여, 그들의 가장 내면적인 세계에서 '혁명적 변혁'으로 이어지기를 희망했다. 이 캠페인에서 저우는 베이징과 톈진의 삼천 명 넘는 대학교수들에게 일곱 시간 동안 연설을 했다. 저우는 청중에게 고통스럽지만 불가피했던 자신의 '사상 개조' 경험을 공유했다.[111] 많은 청중은 저우의 호소에 깊이 영향받았다고 말하며, 저우가 그랬던 것처럼 자신들의 개념적 영역을 변혁하겠다는 의지를 표현했다. 그러나 그들이 진정으로 그렇게 생각했을까? 청중 중에는 미국 유학 후 최근에 귀국한 베이징대학 교수 우닝쿤(巫寧坤)이 있었다. 수년 후 그는 회고록에서 당시의 진심을 다음과 같이 묘사했다. "(저우의 연설) 첫 한 시간이 지난 후 내 마음은 혼란스러워지기 시작했고, 나는 형식적으로 필기하는 것을 그만두었다." 그는 훗날 노벨상 수상자가 된 옛 동급생 리정다오(T. D. Lee)가 중국으로 돌아오기 전날 밤 그에게 "다른 사람들에게 세뇌당하지 않도록 조심하라"라고 조언했던 것을 떠올리지 않을 수 없었다.[112] 1957년 우는 '반동적 우파'로 지정되었다. 저우의 연설에 박수를 보냈던 우의 동료들 중 거의 전부가 이후 사반세기 동안 이어진 정치 운동에서 숙청을 피할 수 없었다. 심지어 저우 자신도 반복적으로 정치적 비판과 공격의 대상이 될 것이었다.

그러나 그 시기에 저우는 이 중 어느 것도 예견할 수 없었다. 그는 여전히 '중국이 한반도에서 거둔 영광스러운 승리'에 대한 기쁨에 완전히 압도되어 있었다.

제17장

사회주의 이행

1952~1955

1952년 여름, 저우는 국내 문제를 처리하는 업무에 중점을 두게 되었다. 중국공산당 정치국은 이전에 그에게 중국의 첫 5개년 계획 초안을 작성하도록 했었다.[01] 1952년 7월, 펑더화이가 중앙군사위원회에서 저우의 직무를 인수했다.[02] 저우의 초점은 외교뿐만 아니라 5개년 계획 초안 작성이라는 중대한 과제로 옮겨 갔다.[03]

이 기념비적인 프로젝트를 어떻게 수행할 것인가? 마오와 저우, 다른 중국공산당 지도자들은 소비에트 연방을 중국이 자체적인 사회주의 경제를 설계할 때 참고할 수 있는 적절한 본으로 보았다. 7월 26일, 저우는 마오를 대신하여 스탈린에게 전보를 보내, 8월에 모스크바를 방문할 계획이라고 알렸다. 그곳에서 저우는 스탈린과 "미국에 대한 중국의 저항과 북한에 대한 원조…… 그리고 (중국의) 다음 오 년간의 재건 계획"에 대해 이야기할 것이었다. 저우는 회의에 앞서 스탈린에게 중국 측 요청을 담은 긴 목록을 전했다. 중국은 "지질 산업 설계, 장비 주문 및 기술 이전"에서 소비에트의 지원이 필요했다. 저우는 또한 "중국의 대소비에트

연방 무역 적자를 메우기 위해" 소비에트에 차관을 요청했다.[04]

저우는 방문을 준비하기 위해 대규모 팀을 구성했다. 이 팀에는 중국 공산당 지도자들이 경제 문제 전문가로 간주했던 천윈과 리푸춘이 포함되었다. 8월 11일, 저우는 중국의 향후 오 년간의 목표를 설정한 전략 계획 문서를 완성하는 일을 감독했다. 문서는 세 가지 광범위하게 정의된 목표를 특징으로 했다. "중국 산업화의 기초를 닦고 국방을 공고히 하며, 인민의 물질적, 문화적 생활을 개선하고, 중국 경제를 사회주의로 이동시킨다."[05] 마오와 저우는 한국전쟁 참전 이후 스탈린에게 중국의 거대한 전략적 가치를 설득하기를 분명히 희망했다. 그들은 만약 자신들이 스탈린에게 깊은 인상을 줄 수 있다면, 소비에트로부터 중국이 경제발전하는 데 도움이 될 지원을 상당히 얻을 수 있을 것이라고 믿었다. 문서는 즉시 스탈린에게 전달되었다.

8월 17일, 저우는 대규모 중국 대표단과 함께 모스크바에 도착했다. 그는 8월 20일 스탈린과 첫 회의를 했다. 중국에 대한 소비에트의 군사 원조 주제에 대해, 스탈린은 중국이 북한에서 필요로 하는 것을 거의 모두 제공할 것이라고 말했다. 그는 또한 다른 원조 요청에 답할 기회도 얻었다. 스탈린은 말했다. "산업 자원 조사, 산업 설계, 산업 장비 공급 및 기술 데이터, 중국이 소련으로 연수생을 파견하는 것에 관해서," 소비에트는 "확실히 최선을 다해 중국을 도울 용의가 있다."[06]

9월 3일, 저우는 중국의 5개년 계획과 그 안의 구상들에 대한 지원을 논의하기 위해 다시 스탈린과 협의했다. 소비에트 지도자는 거의 모든 정치국원을 데리고 왔다. 저우는 베이징이 5개년 계획에 대해 모스크바로부터 전면적인 지원을 받기를 희망한다고 솔직하게 말했다. 스탈린은 즉시 계획의 세부 사항으로 들어갔다. 그는 계획을 전적으로 지지한다고 강조하면서도, 저우에게 계획을 실행함에 있어 약간 여유를 가질 것을 조언했다. 저우는 매우 기뻤다. 그는 마오와 중국공산당 지도부에 보고했다. "스탈린 동지는 우리가 지난 삼 년간 수행한 작업에 꽤 만족한다. 그는 또한 다음 오 년 동안 설계, 장비, 전문가 파견, 차관으로 우리를 지원할 것임을 확인해 주었다. 그들은 최종 원조 액수를 우리에게 알려 주기 전에 종합적으로 계산할 것이다."07

이틀 후 저우는 몰로토프에게 편지를 두 통 썼다. 첫 번째 편지에서 그는 향후 오 년 동안 중국이 '경제 재건 및 국방 개발 계획' 목적으로 소비에트 연방으로부터 184억 3천만 루블에 상당하는 장비와 일반 상품을 수입하기를 원한다고 말했다. 그러나 수출 및 비무역 항목으로부터 중국의 수입은 총 138억 1천만 루블로 추정되어 46억 2천만 루블의 적자가 발생했다. 저우는 소비에트가 향후 오 년 동안 중국에 40억 루블을 차관 형태로 제공해 달라고 요청했다. 중국은 그 차액을 메우기 위해 미화, 스위스 프랑, 또는 영국 파운드 형태의 현금으로 6억 2천만 루블에 상응하는 금액을 지불할 것이었다.08

두 번째 편지에서 저우는 일련의 중요한 요청을 제시했다. 그는 썼다. "중국의 기술 수준을 신속하게 향상하기 위해," 베이징은 모스크바가 다음을 포함한 일련의 핵심 기술 자료를 제공해 줄 것을 요청했다.

1. 국가 표준, 전(全) 소비에트 표준, 현재 기술 조건, 여러 기업의 생산 사양을 포함한 소비에트 연방의 현재 산업 프로젝트 및 다른 경제 부문의 제품 표준
2. 광산, 공장, 학교, 병원, 다른 프로젝트들의 몇 가지 전형적인 설계
3. 산업 및 운송 기업의 기술 운영에 관한 규정 및 절차
4. 기계 및 전기 모터의 제조 도면
5. 장비 사용 및 원자재, 전기, 연료 소비에 관한 소비에트 연방의 선진

기업들이 채택한 기술 및 경제 표준.[09]

몰로토프의 답장은 9월 8일에 왔는데, 여기서 그는 지적 재산 및 선진 기술 이전에 대한 중국의 광범위한 요청에 분명히 동의했다.[10] 더욱이 저우가 나중에 묘사했듯이 "종이와 복사 비용"을 제외하고는 모두 무료라고 했다.[11]

저우는 9월 19일 스탈린을 세 번째로 만나, 진심 어린 감사를 표했다. 저우는 사흘 후 모스크바를 떠났고, 임무를 완수했다. 스탈린은 한국전쟁에서 중국의 거의 모든 군사적 필요를 충족시키는 데 동의했다. 가장 중요하게는, 중국을 산업화하려는 베이징의 야심 찬 계획을 소비에트가 포괄적으로 지원해 달라는 저우의 요청을 거의 모두 존중했다.

리푸춘은 다음 여름까지 모스크바에 머물 것이었다. 저우는 1953년 3월 스탈린의 장례식에 참석했을 때 다시 소비에트 연방을 방문했고, 그 직후 새로운 소비에트 지도부와 논의를 더 진전시키기 위해 돌아왔다. 니키타 흐루쇼프와 그의 동료들은 저우가 한국전쟁을 끝내자는 제안을 받아들이자 중국을 지원하는 일에 엄청난 열의를 보였다. 1953년 5월과 6월, 베이징과 모스크바는 소비에트 연방이 중국의 국가 경제발전을 포괄적으로 지원할 것을 규정한 협정에 서명했다. 뒤이은 사건들은 인류 역사상 전례 없는 규모로 한 나라에서 다른 나라로 근대성과 산업화가 이전하는 일이었다. 십 년 안에 중국의 산업화는 여러 단계로 진행될 것이었다. 그러나 경제적으로나 기술적으로 중국은 소비에트 연방에 더 의존하게 되었다. 이 발전은 마오에게 표현할 수는 없지만 점차 증대되는 불평등감을 심어 주었고, 이는 결국 중소 분열을 촉발할 것이었다.

9월 24일, 저우가 베이징으로 돌아온 지 이틀 후, 마오는 중앙서기처 회의를 주재했다. 저우는 스탈린이 중국의 경제발전을 포괄적으로 지원하기로 약속했다고 보고했다.[12] 마오는 저우의 보고를 들은 후 중요한 발표를 했다.

이제 우리는 10년에서 15년 후에 전환을 시작하는 것이 아니라 10년에서 15년 안에 사회주의 이행을 완료할 수 있다.[13]

이것으로 주석은 지난 몇 년간 발전시켜 온 거대한 구상을 드러냈다. 중화인민공화국 건국 당시, 공동 강령은 중국에 '신민주주의 사회'가 수립될 때까지 사회주의 이행을 위한 조건이 무르익지 않을 것이라고 명시했다. 이제 마오는 암시했다. '신민주주의' 단계는 단축될 것이고 사회주의 이행은 즉시 시작될 것이라고.

저우와 다른 중국공산당 지도자들은 마오의 극적인 사상 변화에 어떻게 반응할 것인가? 마오는 이미 이 질문을 고려했다. 그는 중앙서기처 회의에서 국영 기업이 이미 중국 경제에서 산업의 70퍼센트, 상업의 40퍼센트를 차지한다고 강조했다. "앞으로 5년 안에, 민간 부문의 규모는 비록 증가할 수 있지만, 그 비율은 더욱 작아질 것이다." 그는 물었다. "10년 또는 15년 후 상황은 어떻게 될 것인가?"[14] 다른 중국공산당 지도자들, 특히 류사오치와 저우가 대답해야 할 질문이었다. 수년 동안 마오는 류와 저우가 사회주의 이행에 대해 자신과 의견이 다르다고 느꼈다. 마오는 속도를 강조했고, 그들은 균형과 안정을 선호했다. 이 회의 이후, 류와 저우는 여전히 마오의 비전을 실현하는 과업을 주요 우선순위로 취급하지 않았다. 마오는 불만스러웠지만, 즉시 그들에게 맞서지는 않았다.

★★★★★

그 시기 저우는 중국공산당 지도부의 최근 인사 변화에 주의력 대부분을 기울였다. 1952년 6월, 대규모 지역의 책임자였던 덩샤오핑, 덩쯔후이(鄧子恢), 시중쉰(習仲勛), 라오수스(饒漱石), 가오강이 중앙정부에서 중요한 직책을 맡기 위해 베이징으로 전출되었다. 그들 중 가장 눈에 띄는 인물은 중국 고위 정치계의 떠오르는 별 가오강이었다.

저우와 가오는 1949년 이전에는 서로 잘 알지 못했다. 그들은 한국전쟁 동안 긴밀한 업무 관계를 발전시켰는데, 이때 가오는 북한에 파병된 중국군에 대한 군수품 공급을 처리하는 책임을 맡았다. 베이징에 도착한 후 가오는 국가계획위원회 주임으로 임명되었고 저우의 권력 일부를 가져갔다. 그럼에도 불구하고, 저우는 가오에게 큰 존경을 보였다. 다른 지도자들이 검토하도록 문서를 보낼 때, 저우는 가오의 이름을 마오와 류 바로 다음에 놓았고, 때로는 심지어 마오 바로 다음에 쓰기도 했다. 비서가 이 점을 상기해 주자 가오는 저우에게 전화하여 이 관행을 중단해 달라고 요청했다.[15] 분명히 저우는 이미 가오가 마오의 후계자가 될 가능성이 있음을 인식했다.

마오의 주요 관심사는 여전히 10년에서 15년 안에 사회주의로 전환하는 것에 대해 당 지도부의 합의를 달성하는 문제였다. 주석은 1953년 초 여러 회의에서 이 주제를 언급했지만, 이 중대한 문제를 전당에 강력한 방식으로 제시할 계기가 필요했다. 그때 저우와 정무원이 새로운 조세제도를 도입했고, 이는 마오에게 '사회주의 이행' 의제를 큰 소리로 발표할 구실을 주었다.

1949년 이후, 새로운 공산주의 정권은 신속하게 자체적인 조세제도를 수립했다. 1950년 초, 저우는 일련의 새로운 조세정책들이 실행되는 것을 감독했다. 이 정책들은 당시 상대적으로 약했던 국영 및 협동조합 기업들을 지원하기 위해 세금을 면제하거나 감면해 주었다. 1953년까지 국영 기업과 협동조합은 중국 경제에서 훨씬 더 큰 비중을 차지하게 되었다. 점점 더 많은 국영 기업이 민간 기업들과 사업하게 되었고, 민간 기업들은 국영 기업이 받는 세금 혜택을 공유하기 위해 기꺼이 그들의 대리인 역할을 했다. 결과적으로 국가 세수는 감소했다. 이러한 맥락에서 재정부는 저우로부터 지원을 받아 조세개혁 계획을 도입했다. 개혁은 세금 징수가 생산 과정과 통합될 것이며, 공공 및 민간 기업에 동일한 세율로 과세할 것을 규정했다.[16] 아마도 저우는 비록 조세개혁을 시작하는 것은 중요한 문제지만, 자신은 정무원 총리로서 그것을 주재할 권한이 있다고 생각했을 것이다. 마오에게 보고하지 않고 새로운 세법을 승인했고, 정무원은 그것을 발표했다.

조세개혁의 여파로 베이징과 산둥, 다른 곳에서 심각한 가격 변동이 발생했다. 마오는 오랫동안 저우가 정무원을 매우 자체적으로 운영하는 방식에 불만을 품고 있었다.[17] 또한 저우(와 류)가 사회주의 이행에 관한 자신의 구상에 열의를 보이지 않는 것에 화가 났다. 저우가 그에게 보고하지 않고 새로운 세법을 승인한 것과 개혁이 초래한 부정적인 파급효과가 결합되어, 마오에게 저우와 맞설 좋은 구실을 주었다.

1953년 1월 15일, 마오는 저우, 덩, 천윈, 보이보(薄一波)에게 편지를 썼다. 그는 비난했다. "새로운 세법은 (당) 중앙에서 논의되지 않았다. 그것들은 적절한 준비 없이 서둘러 발표되었다." 실제로 그 자신, 즉 중화인민공화국 주석조차도 "신문을 읽기 전까지는 그것들에 대해 알지 못했다." 마오는 조율되지 않은 방식으로 서둘러 시행된 개혁이 그 이후 중국 시장 일부를 뒤흔든 가격 변동에 책임이 있다고 암시했다. 그는 저우에게 "낡은 것들에 비할 때 새로운 세법의 장단점이 정확히 무엇이며 왜 새로

17-1 저우언라이의 공식 사진, 1954년경. The Print Collector / Alamy

운 법이 가격 변동을 야기했는지" 설명하고 보고하라고 요구했다.[18]

저우는 충격을 받고 즉시 여러 부처 책임자들과 회의를 소집하여 마오가 비판한 사항을 논의했다.[19] 저우가 지시하여 재정부는 신속하게 전국에 검사관들을 파견하여 새로운 조세제도로 인해 발생한 문제들을 검토하고 해결하도록 했다. 그런 다음, 재정부, 상무부, 양식부 지도자들이 공동으로 당 중앙에 새로운 조세제도와 그 영향에 대해 보고하는 편지를 썼다.[20]

저우가 마오와 상의하지 않고 새로운 조세제도를 시작한 것은 부적절했을 수 있다. 그러나 마오의 주요 관심사는 조세개혁이 아니라 사회주의 이행과 관련된 광범위한 문제들이었다. 2월 10일 정치국 회의에서 저우와 조세개혁을 직접 책임졌던 재정부장 보이보는 자기비판을 했다. 저우는 그 실수에 책임이 있음을 시인했다. 그러나 마오는 이 문제를 이런 식으로 끝내고 싶지 않았다. 마오는 보가 "공공 및 민간 기업은 세금을 동등하게 내야 한다"라고 발언한 것을 문제 삼아, 그가 중화인민공화국 건국 당시 당이 설정한 전략과 정책을 위반했다고 주장했다. 더 심각하게는, 조세개혁을 당 중앙에 보고하는 대신 "자본가들과 상의했다"라고 단언했다. 이것은 "우경 기회주의의 큰 실수"였다.[21]

병행하는 조치로, 마오는 저우의 권력을 억제하려 했다. 1952년 12월, 마오는 "모든 주요하고 중요한 정책과 계획은 당 중앙에 의해 만들어져야 한다"라고 명령했다.[22] 1953년 3월, 당 중앙은 "정부 업무의 모든 주요하고 중요한 전략, 정책, 계획, 결정은 사전에 당 중앙에 보고하고 중앙의 논의와 승인을 받은 후에 실행되어야 한다"라고 추가로 결정했다.[23] 이 결정에 따라 지역 지도자 다섯 명이 베이징으로 전출되었고, 저우는 정무원 당조(黨組) 서기직을 그만두었다. 결과적으로 그의 행정 권력은 상당히 감소했다. 보도에 따르면, 마오는 심지어 저우의 임명을 변경하는 것까지 고려했다. 한번은 그가 가오강에게 물었다. "만약 언라이가 더 이상 총리를 맡지 않는다면 내각을 이끌 용의가 있는가?" 가오는 깜짝 놀라 어떻게 대답해야 할지 몰랐다. 그는 중얼거렸다. "아마도 린뱌오를 고려해야 할 것이다."[24]

이 모든 것은 마오가 저우에 대해 불만을 품고 있었음을 드러냈다. 그러나 주석은 류에게는 더욱 불만이었다. 류를 중국공산당의 2인자로 만든 사람은 마오였다. 그러나 최근 몇 년간 그는 류가 사회주의가 무엇이며 어떻게 추구해야 하는지와 같은 큰 문제에 대해 자신의 입장에 부응하지 못했다고 느꼈다. 따라서 그는 저우의 결함 있는 조세개혁을 비판하면서도, 류가 "중앙 문서를 서명하고 발행하기" 전에 자신에게 보고하지 못한 것을 두고 소란을 피웠다. 5월 15일 류와 중국공산당 중앙판공청 주임 양상쿤(楊尚昆)에게 보낸 편지에서 마오는 명령했다. "지금부터, 중앙의 이름으로 발행되는 모든 문서와 전보는 내가 먼저 검토해야 한다."[25] 닷새 후, 그는 저우와 펑더화이에게 편지를 써서, 지난 9개월 동안 중앙이 발행한 모든 전보와 문서 들을 검토하여 자신이 검토하고 승인하지 않은 것들을 식별하라고 지시했다. 마오는 강조했다. "중앙 회의들은 나의 승인 없이 여러 결의안을 통과시켰다. 이것은 잘못되었고 당의 규율을 위반하는 것이다."[26]

그 시기 베이징에서 기묘한 사건이 일어났다. 3월, 중앙조직부 부부장 안쯔원(安子文)이 '개인적으로' 정치국 직위 후보자 명단을 작성했다. 안의 명단은 아마도 마오가 1953년 초 가오와 공유한 생각에서 비롯되었을 것이다. 주석은 중앙 지도부를 1선과 2선으로 나누는 것을 고려했으며, 자신이 2선으로 물러날 의도가 있다고 말했다. 가오는 이를 안에게 공유하며, "주석이 그와 함께 정치국이 재구성되고 여러 중앙 직책이 강화될 것이라고 논의했다"라고 말했다.[27] 가오로부터 더 이상 설명을 듣지 못한

안은 '제8차 당대회 정치국 위원 및 여러 부처와 위원회 간 업무 분장' 명단을 준비했다.[28] 마오는 그 명단을 입수했다. 4월, 그의 비서가 가오에게 명단을 보여 준 다음 다시 가져갔다.[29] 가오는 류의 '북중국파'에 속했다고 알고 있던 보이보가 정치국 후보자 명단에 포함된 것을 주목했다. 그러나 '동북파'의 린뱌오는 포함되지 않았다. 그는 즉시 류가 그 명단의 배후에 있다고 의심했는데, 안은 오랫동안 '류의 사람'으로 알려져 있었기 때문이었다. 가오는 류가 지원하지 않고서는 안이 감히 그런 명단을 작성하지 않았을 것이라고 추측했다. 가오는 이 문제를 천원, 린뱌오를 비롯한 가까운 사람들과 논의했다. 그러나 이상하게도 이 문제를 마오에게는 보고하지 않았는데, 가오는 나중에 이것이 "하늘을 찌를 듯한 실수"였다고 인정했다.[30]

나중에 류는 명단에 대해 사전에 전혀 알지 못했다고 단호하게 부인했다. 저우는 그것이 큰 문제가 될 때까지 명단에 대해 알지 못했다. 마오는 안을 엄중히 비판하며 그에게 말했다. "조직부 부부장으로서, 당신이 무슨 권한으로 정치국 후보자 명단을 만드는가?" 안은 자신의 실수를 인정하고, 서면 자기비판을 제출했으며, '심각한 경고'를 받았다. 마오는 이 문제를 더 이상 파고들지 않았다. 그는 명령했다. "이 일은 여기서 멈춘다. 더 이상 퍼뜨려서는 안 된다!"[31] 그러나 가오와 중국공산당 중앙조직부장 라오수스 모두 마오가 엄격히 내린 명령에 불복하고 거듭 명단 내용을 다른 사람들과 공유했다. 이로써 뒤에 '가오-라오 반당 파벌' 문제가 대두하게 된다.[32]

★★★★★

여름이 왔다. 조세개혁에 대한 논쟁은 끝나지 않았다. 1953년 6월 1일 정치국 회의에서 마오는 다시 한번 조세개혁이 "공공 요소와 민간 요소를 잘못 동일시"했으며 "당 중앙에서 논의하도록 보고되지 않았다"라고 비난했다. 정치국은 6월 중순 베이징에서 전국 재정 회의를 소집하기로 결정했다. 저우가 이 회의를 주재할 것이었다.[33]

6월 13일 재정 회의를 준비하기 위해 회의를 열었을 때, 저우는 개회사에서 사회주의 이행에 대한 당의 총노선(總路線)을 간략하게 언급했다. 그런 다음 그는 "회의의 중심 주제는 재정 문제"라고 강조했다.[34] 마오는 동의하지 않았다. 그는 회의에서 강조되어야 할 것은 당의 총노선이라고 저우와 다른 사람들에게 상기시켰다.[35] 마오는 회의 주제를 재설정하기 위해 6월 15일 정치국 확대회의를 소집했고, 류와 저우 모두 참석했다. 여기서 마오는 '사회주의 이행에 대한 자신의 총노선'을 거듭 단호하게 밝혔다.

> 중화인민공화국 건국부터 사회주의 변혁의 기본적 완성까지, 전환기가 있다. 10년에서 15년 또는 조금 더 긴 시간 안에, 국가의 산업화와 농업, 수공업, 자본주의 산업 및 상업의 사회주의적 변혁이 기본적으로 달성될 것이다.[36]

그런 다음 마오는 비판할 몇 가지 "잘못된 개념들"을 골랐다. 그중 하나는 류의 아이디어였던 "신민주주의 질서 공고화"였다(비록 마오가 류를 거명하지는 않았지만). 마오는 물었다. "왜 일부 동지들은 사회주의를 추구하는 대신 '신민주주의 질서'를 고수하려 하는가? 그 개념은…… 해로운 것이다. 전환은 매일 일어나고 있고, 사회주의적 요소들도 매일 나타나고 있다. 어떻게 '신민주주의 질서'가 공고화될 수 있는가?"[37] 마오가 비판한 또 다른 표현은 사실상 저우의 것이었다(비록 마오가 저우도 거명하지 않았지만). 1952년 초, 저우는 민간경제가 국영 경제의 지도 아래 존재하고 발전해야 한다고 말했는데, 이는 "중국이 신민주주의에서 사회주의로 나아가는" 데 도움이 될 것이기 때문이었다.[38] 마오는 의견을 밝혔다. "신민주주의에서 사회주의로 나아간다?…… 이것은 모호한 표현이다. 목표를 향해 나아가는 것 이상은 아니다…… 목표가 달성되지 않았다는 것을 의미한다. 그 개념은 그럴듯하게 들리지만 면밀한 조사를 견디지 못한다."[39] 재정 회의는 원래 반달 동안 진행될 예정이었다. 그러나 6월 15일 정치국 회의 이후 회의의 주요 주제가 마오의 사회주의 이행 총노선을 지지하는 것으로 바뀌면서, 회의는 2개월 이상 계속되었다.

마오는 당내 투쟁의 대가였다. 그는 재정 회의에서 류와 저우를 공개적으로 비판하는 대신, 류의 주요 동료이자 저우의 조세개혁의 주요 참여자였던 보를 주요 비판 대상으로 삼았다. 마오는 보가 "자본가 계급 편에 서서 그들의 대리인이 되었다"라고 주장했다.[40] 이것은 또한 류와 저우에게 보내는 경고이기도 했다. 그러나 그는 류와 저우를 놓아주지 않았다. 그는 저우에게 보에 대한 비판을 처리하도록 맡겼고, 류에게는 자기비판을 하라고 했다. 마오는 그렇게 함으로써 류와 저우가 그의 총노선을 전심으로 받아들이게 하여, 자신이 중국공산당의 주류 정치 담론을 정의하는 데 있어 도전받지 않게 되기를 희망했다.

저우는 마오와 협력하고 주석의 비전에 따라 회의를 성공시켜야 한다는 것을 직감했다. 따라서 그는 보에게 편지를 써서, '자신을 더 깊이 검토하라'고 촉구했다. 그러나 보가 최선을 다했음에도 불구하고, 그가 한 자기비판은 역효과를 낳아 그에게 '우익 기회주의자'라는 낙인을 찍었다. 가오는 참가자들에게 '보를 비판하면서 류를 얽어매도록' 격려하며 논쟁에 불을 붙였다. 가오는 연설에서 보가 저지른 실수들을 엄중히 비난했지만, 류와 관련된 사건들을 많이 인용했다.[41] 결과적으로 회의는 마오가 보를 심판하는 동안 강조하고 싶었던 총노선에서 벗어났다. 심지어 류가 노골적인 언어 공격을 받을 가능성도 있었는데, 이는 마오가 희망했던 결과가 아니었다. 주석은 전당이 자신의 총노선을 받아들이는 길을 닦기 위해 류(와 저우)를 표적으로 삼았다. 그러나 일단 그것이 이루어지고 나면 여전히 류와 저우, 다른 당 지도자들에게 협력을 구해야 했다. 가오는 마오가 의도한 바를 파악하지 못했다.

회의에서 마오가 류를 표적으로 삼으려 한다는 소문이 돌기 시작했을 때, 저우는 큰 딜레마에 직면했다. 그는 단순히 가오를 막을 수도 없었고, 회의가 통제 불능 상태가 되는 것을 두고 볼 수도 없었다. 한편 저우는 자신 또한 비판의 대상이 될 수 있다고 두려워했다. 따라서 그는 마오와 상의하기 위해 나섰다. 주석은 천윈과 덩샤오핑을 회의에 불러 발언하게 하라고 했다. 그들은 모두 당내 정치에 능숙한 실무가였는데, 저우언라이가 그들과 대화한 뒤 회의에서 발언하게 되었다. 천과 덩은 보에 대해 "적절하게 표현된" 비판을 하였으며, "이행기 총노선"을 받아들이는 것이 중요함을 역설했다. 그로써 회의 분위기가 바뀌었다.[42]

회의가 진행되는 동안 또 다른 일이 일어났다. 중앙조직부장이었던 라오는 안과 사이가 좋지 않았기 때문에, 그의 부국장은 '안 명단'에 대해 그에게 전혀 알리지 않았다. 라오는 우연히 명단에 대해 듣고 심한 불쾌감을 느꼈고, 이 문제를 이용하여 안을 정치적으로 교살할 수 있다고 계산했다. 또한 라오는 안이 류에게 자신과의 충돌에 대해 말했을 때 격분했다. 류와 저우도 참석한 부서 회의에서 라오는 안에게 3월에 작성한 명단에 대해 질문했다. 안은 마오가 명단을 더 이상 논의하지 말라고 지시했기 때문에 어떻게 대답해야 할지 몰랐다. 회의 후, 류는 라오에게 더 이상 문제를 키우지 말라고 말했지만, 라오는 그 말을 듣기를 거부했다. 그리하여 스스로 몰락을 자초했다.

재정 회의는 8월 11일 류가 과거 저지른 실수에 대해 자기비판을 하면서 절정에 달했다. '신민주주의 질서 공고화'에 대해 틀렸음을 인정하는 것 외에도, 그는 수년에 걸쳐 저지른 다른 잘못들을 추적했다. 이러한 실책들에는 그가 1940년대 중반에 낸 '평화와 민주주의의 새로운 국면'이라는 아이디어와 1949년에 "자본가들의 착취가 유익할 수 있다"라고 제안한 것이 포함되었다. 더욱이 그는 토지개혁, 농업 집단화, 다른 운동들 동안 우익 경향을 보인 잘못이 있었다. 그는 이 모든 것을 마오가 듣도록 말했다.[43]

저우는 회의에서 결론 발언을 했는데, 이는 마오가 검토하고 승인한 것이었다. 그는 마오의 '사회주의 이행 총노선'을 강조하는 것으로 시작했다. 비록 저우가 자신을 공개적으로 비판하지는 않았지만, 그의 연설에는 마오가 저우의 잘못이라고 생각하는 일화들을 요약하여 추가한 몇 문장이 포함되어 있었다. 그중 하나는 다음과 같았다. "조세제도를 개정하는 실수는…… 경제 전선에서의 우경 기회주의의 표현이며, 이는 또한 당내의 부르주아 사상을 반영한다."[44] 주석 자신은 결론 발언에서 "당내 부르주아 사상에 대한 투쟁을 수행"하여 "전환기의 당의 총노선에서 벗어나는 것"을 피해야 한다고 다시 한번 강조했다.[45] 그러나 회의가 끝났을 때, 저우는 주석이 그의 '총노선'을 홍보하는 데 이룬 진전에 완전히 만족하지 않았음을 느꼈다.

*****

전국 재정 회의의 여파로, 저우는 가오의 별이 떠오르고 있음을 분명히 볼 수 있었다. 마오 아래 새로운 지도부 구조가 나타나고 있었다. 류는 당무를 책임지고, 저우는 정부를 이끌며, 가오는 계획경제를 감독했다.[46]

468

가오는 야심 차고 유능한 사람이었다. 그러나 그는 결코 당 중앙에서 일한 적이 없었고, 따라서 중국공산당 고위 정치에 익숙하지 않았다. 그는 자신이 마오의 비전과 많은 생각을 공유했으니 당연히 마오가 자신을 지지해 줄 것이라고 여겼다. 1953년 10월, 가오는 베이징을 떠나 중국 남부로 휴가를 갔고, 항저우와 광저우, 다른 도시들을 들렀다. 그는 마치 마오에게 그렇게 할 권한을 부여받은 것처럼 행동하며, 가는 곳마다 지방 지도자들에게 류가 2인자가 된 이래로 주석이 그에게 실망했다고 수군거렸다. 가오는 최근 몇 년간 류의 이념적 입장은 종종 '극좌'와 '극우' 사이를 오갔는데, 이는 그가 주석에게 신뢰할 수 있는 부관임을 증명하지 못했다는 것을 의미한다고 주장했다. 심지어 가오는 류가 당내에 '작은 사조직'을 개발하여, 다른 사람들을 배제하면서 그와 가까운 사람들에게만 중요한 직책을 할당했다고 말했다. 마오가 '안 명단'에 대해 더 이상 이야기하지 말라고 분명히 명령했음에도, 가오는 류를 공격하기 위해 그것을 빈번히 언급했다.[47] 그러나 순회 중에 가오는 결코 저우를 부정적으로 말하지는 않았다.[48] 덩샤오핑의 말에 따르면, 마침내 가오는 린뱌오와 펑더화이를 포함하여 "대규모 지역 4개로부터 지원을 받았다."[49] 사실 가오는 자신을 매우 위태로운 위치에 놓은 것이었다.

가오가 남부를 순회하는 동안, 인사 문제에 관한 또 다른 회의가 베이징에서 열렸다. 거기서 류는 다시 한번 자신의 '우익 실수들'을 나열하며 자기비판을 했다.[50] 다시 한번 마오에게 보여 주기 위함이었으며, 실제로 마오가 그것을 보았다. 결국 마오는 더 큰 계획을 가지고 있었고, 그의 '총노선'을 홍보하기 위해 류와 저우, 다른 지도자들의 도움을 필요로 했다. 류가 마오의 암묵적인 제안에 따라 거듭 자기비판을 한 후, 주석은 그를 놓아주고자 했다. 그러나 가오는 마오의 더 큰 계획을 파악하지 못했다.

가오와 스탈린 및 소비에트의 관계 또한 마오를 신경 쓰이게 했다. 주석이 1949년 12월 모스크바를 방문했을 때, 스탈린은 그에게 코발레프가 쓴 보고서를 건넸다. 가오의 친소비에트 활동을 강조하는 내용이었다. 마오는 당시 아무 말도 하지 않았다. 그러나 가오가 곤경에 처한 후 마오는 여러 차례 가오가 소비에트와 맺은 '특별한 관계'를 언급했다.[51] 마오는 이런 종류의 일을 결코 잊지 않았다.

마오는 가오가 남부 순회 중에 류를 공격하기 위해 안 명단을 거듭 언급했음을 알고 화가 났다. 12월 15일, 그는 중앙서기처 회의에서 동료들에게 남부로 여행하여 중화인민공화국 헌법 초안 작성을 감독할 계획이라고 말하며, 그가 부재중인 동안 류가 당 중앙의 업무를 책임져야 하는지 여부를 논의해 달라고 요청했다. 저우를 포함한 대다수가 그 동의안을 지지했다. 그러나 가오는 "모두가 번갈아 책임지는 것이 더 낫다"라고 주장했다. 류는 가오의 의견에 동조했다. 결국 회의는 마오가 부재중인 동안, 중앙서기처가 "모든 문제를 집단적으로 논의하고 해결"하기로 결정했다.[52]

회의에서 마오는 갑자기 누가 '그 이름 명단'을 폭로했느냐 물으며, 그 문제를 철저히 조사해야 한다고 말했다. 회의 후, 마오는 가오에게 뒤에 남으라 하여 특별히 그에게 누가 명단 내용을 유출했는지 물었다. 이것이 마오가 가오에게 준 마지막 기회였다. 만약 마오가 자기 소행임을 인정했다면, 마오는 분명히 그를 비난했겠지만, 그를 해임할 정도로 멀리 가지는 않았을 것이다. 그러나 가오는 마오에게 진실을 말하지 않았고, 주석은 크게 실망했다.[53]

그러나 가오는 자신이 이미 심각한 위험에 처해 있다는 것을 깨닫지 못했다. 회의 후, 그는 천윈 및 덩과 각각 이야기했다. 덩은 가오가 그에게 "류를 제거하기 위해 힘을 합치자"라고 했다고 주장했다. 천은 나중에 가오와의 몇몇 사적인 교류를 묘사했다. 천은 가오가 이렇게 말했다고 인용했다. "우리는 부주석을 여러 명 두어야 한다. 하나는 당신이 될 수 있고, 다른 하나는 내가 될 수 있으며, 우리는 번갈아 책임질 것이다."[54]

마오는 저우를 시작으로 다른 지도자들과 대화에 나섰다. 저우와 대화한 내용은 알려지지 않았다. 그러나 나중에 일어난 사건들에 비추어 볼 때, 마오가 저우에게 혼란스러운 상황을 통제하는 것을 도와 달라고 요청했을 가능성이 가장 높다. 마오가 저우에게 "가오는 류뿐만 아니라 당신에게도 반대한다!"라고 말한 것은 아마도 이 회의 동안이었을 것이다.[55] 나중에 저우는 마오가 가오 사건을 해결하려고 노력할 때 중심인물이 될 것이었다.

천과 덩은 마오를 만나러 와서 가오에 대해 불평했다. 천은 가오와 가까운 친구였고, 함께 베이징으로 전출된 후 가오는 거의 모든 생각을 천과 공유했다. 류를 끌어내리려 시도하며 가오는 천과 빈번하게 상의했다. 그러나 그날 마오를 만났을 때, 천은 가오가 자신에게 했던 모든 말을 마오에게 보고하며, 가오가 마오의 이름으로 류에 대해 부정적인 논평을 많이 했다고 확인했다. 천은 심지어 가오가 "우리가 번갈아 (당 중앙을) 책임져야 한다"라고 했다고 말했다. 덩은 가오가 한때 "중국의 레닌은 누구고, 중국의 스탈린은 누구인가?"라고 물었다고 덧붙였다. 이는 가오가 마오의 높은 지위를 탐냈다는 것을 암시했다. 대화는 두 시간 반 이상 계속되었다. 마오는 또한 저우를 소환하여 토론에 참여하게 했다.[56] 마오는 즉시 분노하고 당황하여 가오를 숙청하는 쪽으로 기운 것 같았다. 저우는 이 모든 것을 주목했다.

마오는 다음 며칠 동안 중앙 및 지방 지도자들과 계속 대화했다. 그는 세 가지에 가장 큰 관심을 보였다. 과거 몇 달 동안 가오가 무엇을 말하고 행동했는지에 대해 정보를 얻고, 그가 '안 명단'의 내용을 얼마나 널리 퍼

17-2 1954년 중난하이 자광각(紫光閣)에서 마오쩌둥, 주더, 천윈과 함께한 저우언라이.
World History Archive / Alamy Stock Photo

뜨렸는지 확인하며, 필요하다면 어떻게 가오를 '교정'할지 결정하는 것이었다. 그는 12월 19일 늦게 천과 덩을 다시 만났다. 그때까지 주석은 가오와 '결별'하기로 결정했음이 분명했다. 그는 천에게 가오가 순회 중에 방문했던 모든 장소로 여행하여 그곳 지도자들에게 "가오에게 속지 말라"라고 말하라고 했다.[57] 12월 20일 오후, 마오는 12월 15일 중앙서기처 회의 이후 처음으로 류와 대화했다.[58] 분명히 주석은 가오 문제를 해결할 계획을 세웠고, 류와 거래해야 했다. 그들이 가오와 라오를 함께 끌어내리기로 합의한 것은 필시 이 회의에서였을 것이다.

12월 17일부터 23일까지 마오와 저우는 여섯 차례 만났다. 마오는 저우가 당 지도부 내에서 수많은 연결망을 구축했고 막대한 행정 자원과 권력을 통제하고 있다는 것을 알았다. 그는 가오가 야기한 곤경에서 벗어나기 위해 그와 결별하려면 저우의 협력이 필수임을 이해했다. 저우는 가오가 마오에게 신임을 잃은 것은 놀랍지 않았다. 가오는 너무 솔직했고, 중국공산당 고위 정치를 너무 피상적으로 알고 있었다. 저우는 가오에게 나쁜 감정이 없었다. 비록 마오는 그가 저우에게 반대했다고 주장했지만, 저우는 사실이 아님을 알았다. 그러나 이제 가오는 큰 곤경에 처했고, 마오와 류는 그를 어떻게 처리할지 합의한 것처럼 보였다. 저우는 그 사건을 해결하기 위해 그들과 협력해야 함을 알았다.

12월 24일 오후 두 시, 마오는 류, 저우, 가오, 라오 등이 참석한 정치국 확대회의를 주재했다. 주석은 주장했다. 베이징에는 본부가 두 개 있다고. "하나는 내가 이끌고 있으며, 투명한 성명을 내고 투명한 방식으로 말한다. 다른 하나는 다른 사람이 지휘하며, 음모의 불길을 부채질한다." 그런 다음 마오는 중화인민공화국 헌법 초안 작성을 감독하기 위해 항저우로 여행할 것이라고 발표했다. 회의는 당의 단결을 강화하기 위한 결의안을 준비하자는 마오의 제안을 지지했다. 마오가 부재중인 동안 류가

당 중앙의 일상적인 업무를 책임지게 될 것이었다.[59]

✶✶✶✶✶

마오가 없는 동안 저우와 류는 수도에 머물렀다. 비록 마오가 자신이 부재하는 중에는 류가 책임질 것이라고 발표했지만, 류는 이해 당사자 중 한 명이었기 때문에 가오 사건을 마음대로 처리할 수 없었다. 따라서 저우의 역할이 중요해졌다. 마오는 중화인민공화국 헌법 제정을 감독하기 위해 항저우에 갔다고 공개적으로 말했다. 그러나 그는 여전히 가오와 관련된 딜레마를 해결하는 데 몰두해 있었다.

마오가 베이징을 떠난 지 사흘 후, 류와 저우는 당내 단결에 관한 결의안 초안을 작성하여 즉시 마오에게 보냈다. 마오는 숙고한 끝에 1954년 1월 7일 류와 저우에게 편지를 써서 1월 말에 중앙위원회 전체 회의를 소집하여 결의안을 통과시킬 것을 제안했다.[60] 마오가 제안한 전체 회의 의제에는 가오를 비판하는 것에 대한 언급이 없었다. 오히려 마오는 특별히 류에게 자기비판을 하라고 요청했다. 마오는 '짧게 요점만 말해야 하며' 그가 저지르지 않은 실수들을 인정해서는 안 된다고 지시했다. 더욱이 류는 일단 발언을 작성한 뒤 먼저 마오에게 그것들을 보여 주어야 한다고 했다.[61] 다음 날 류는 마오에게 편지를 써서 자신과 저우가 무탈하게 지내고 있다고 알렸다.[62] 정치국은 1월 30일에 전체 회의를 열기로 결정했다.

류는 저우에게 지원을 받아 1월 16일 마오에게 자기비판 초안을 전보로 보냈다. 그는 천윈, 펑전(彭真), 덩을 포함한 다른 이들이 그 글을 수정하고 승인했으며, 이제 마오가 평가하기를 기다리고 있다고 강조했다. 류는 가오의 이름을 언급하지 않았다. 단지 자신이 맹렬하지만 근거 없

474

는 공격에 직면했기 때문에 초안 중 "몇 군데에서" 스스로를 방어하려 했다고 암시했다. 류는 주장했다. "약간의 자기 방어는 필요했다."[63] 이것으로 그는 분명히 가오를 언급하고 있었다.

가오는 1월 19일 마오에게 편지를 썼다. 그는 실수를 저질렀음을 인정하고 다음 전체 회의에서 자기비판을 할 용의가 있다고 밝혔다. 그는 항저우에 가서 마오와 이야기할 수 있기를 희망했다.[64] 가오는 양상쿤에게 편지를 마오에게 전달해 달라고 요청했다. 양은 그것을 마오에게 전달하는 대신 류에게 주었고, 류는 즉시 저우 및 다른 지도자들과 회의를 소집하여 편지를 논의했다. 그들은 마오에게 네 가지 선택지가 있다고 결론지었다. 가오가 항저우로 그를 만나러 오도록 허락하는 것, 중앙서기처에 맡기는 것, 문제를 처리하기 위해 베이징으로 돌아오는 것, 류와 저우를 임명하여 가오와 대화하게 하는 것이었다. 그들은 만약 마오가 가오를 항저우로 부르거나 베이징으로 돌아온다면 문제를 '처리하기 어려워질 것'이며, 서기처가 가오와 대화하게 하는 것은 '너무 큰 일'이 될 것이라고 생각했다. 그래서 그들은 류와 저우를 덩과 함께 가오와 대화하도록 하는 것이 가장 적절하다고 했다.[65] 이 제안은 신중하게 검토되었고, 마오가 마주칠 수 있는 모든 시나리오를 다루었다. 가오가 항저우에서 마오를 방문하거나 주석이 베이징으로 돌아온다면, 두 사람 사이에 대면 논쟁이 발생할 수 있었다. 마오는 그런 당혹스러운 상황만은 무조건 피하고 싶어 했다. 저우 외에 누가 상황을 그처럼 예리하게 평가할 수 있었겠는가?

마오는 양으로부터 보고를 들은 후 항저우에서 류에게 전보를 보냈다. 주석은 류와 저우가 한 제안에 동의했다. 마오는 말했다. "전체 회의 개회가 임박했으므로, 가오강 동지가 여기에 오는 것은 부적절할 것이다." 그러나 그는 특히 전체 회의에서 "어떤 동지의 자기비판도 환영받아야 한다……실수를 저지른 자들의 각성을 기다리기 위해서"라고 강조했다. 그는 또한 류와 저우에게 "가오강 동지가 이 전보를 읽게 하라"라고 지시하고, 자신은 "그에게 직접 답장하지 않을 것"이라고 언급했다.[66] 그리하여 마오는 류와 저우에게 가오 사건을 관리할 자유 재량권을 주었다. 류, 저우, 덩은 마오로부터 전보를 받은 후 1월 25일 가오와 대화했다. 가오는 자기비판을 할 용의가 있다고 말했지만, 실제로는 그렇게 하기를 매우 꺼렸다.[67] 류와 저우는 마오에게 가오가 "각성하지 않았다"라고 보고했다.

1월 28일 양이 베이징으로 돌아가려 할 때, 마오는 다시 한번 그에게 다음 전체 회의에서 가오에 대한 비판이 "과거의 실수로부터 배워 미래에 그것들을 피한다"라는 원칙에 따라 "긍정적인 접근 방식"으로 수행되어야 한다고 강조했다. 당의 단결에 관한 결의안이 통과되면서, "음모를 키우는 활동 환경을 뿌리 뽑고" "교육과 설득을 강화"하는 것이 필수적이었다. "우리는 가오에게 출구를 주어야 한다. 그가 교착상태에 만족하지 않도록."[68] 분명히 마오는 가오를 망가뜨리고 싶어 하지 않았다.

전체 회의는 마오 없이 2월 5일에 시작되었다. 이것은 마오가 당의 최고 지도자가 된 이후 유일하게 놓친 전체 회의였다. 회의를 주재한 류와 저우는 가오를 드러내 놓고 지명하지는 않았지만, 발표자들이 가오의 행동을 "당에 대한 음모 활동"으로 낙인찍는 것을 허용했다. 전체 회의에서 발언한 사람들 중 주더의 어조가 가장 온화했다. 그는 당 지도부의 단결을 보존하는 것이 중요함을 강조하고 가오의 문제들이 "일부 동지들 사이에서 개인주의의 확산과 자기 찬양 및 자만의 성장"에서 비롯되었다고 주장했다. 마오는 전체 회의 전에 주의 연설문을 읽고 지지했다.[69] 그러나 전체 회의에서 아무도 주를 지지하지 않았다. 주와 오랜 친구였던 저우조차도 그를 나서서 지지하지 않았다.

가오는 2월 7일 자기비판을 했지만, "당내 단결의 중요성에 대한 이해가 부족했음"을 인정했을 뿐이다. 가오는 계속하여 자신이 "개인주의와 자유주의의 실수들"을 저질렀다고 인정했다.[70] 확실히 이 상황에서 그러한 자기비판을 받아들일 수는 없었다.

전체 회의의 두 가지 정점은 2월 10일에 왔다. 첫 번째는 류의 연설이었다. 중앙서기처와 정치국의 업무에 대해 보고한 후, 류는 가오에 대해 일련의 비난을 했지만 그를 지명하지는 않았다. 그런 다음, 그는 자신이 과거 저지른 실수들을 나열하며 자기비판을 했다.[71] 이러한 '역사적 부담'을 모두 버림으로써, 류는 가오에 반대하기에 더 용이한 위치에 섰다. 두 번째 정점은 '사회주의 이행 총노선'을 지지하는 결의안 통과였다.[72] 이것이 마오가 거듭 강조했던 '가장 중요한 문제'였고, 주석이 가오를 더 이상 보호하지 않기로 결정한 중요한 이유였다. 결의안이 채택되면서, 류와 저우는 마오가 가장 신경 썼던 과업을 완수했다.

★★★★★

전체 회의는 가오에게 어떤 판결도 내리지 않았다. 그 시기에는 중앙위원회가 단순히 '가오가 스스로 각성하기를' 기다리기로 결정한 것처럼 보였을 수도 있다. 그러나 닷새 후, 가오의 문제에 대한 원탁회의와 라오의 문제에 대한 원탁회의가 각각 시작되었다. 원탁회의는 주석이 계획한 바가 아니었다. 류와 저우가 전체 회의 도중이나 이후에 마오와 그것들을 소집하는 일에 대해 상의했다는 증거는 없다. 왜 그것들이 열렸는지는 미스터리로 남아 있다. 어쨌든 두 원탁회의는 두 관리를 소위 '가오-라오 반당 파벌'로 묶음으로써 사건의 본질을 철저히 바꾸었다.

가오는 그의 사건에 대한 원탁회의 첫날에 추가로 자기비판을 했다.[73]

그는 이전에 말했던 것을 단순히 반복하며, 여전히 자신을 완전히 죄인으로 인정하지 않으려 했다. 회의 중에 천원이 가오의 '실수와 범죄'를 폭로했을 때, 그들은 격렬한 언쟁을 벌이며 여러 사실을 다투었다. 저우는 천을 변호하며, 가오가 "천에게 진흙을 튀기고" 자신이 가라앉는 중에 천을 물고 늘어지려 했다고 비난했다.[74] 가오는 앉아서 더 이상 아무 말도 하지 않았다.

2월 17일, 가오는 총으로 자살을 시도했지만 죽지 않았다. 그는 자살을 시도하기 전에, 마오와 저우에게 각각 편지를 썼다. 저우에게 보낸 편지에서 가오는 "우리 두 사람 사이 수년간의 우정을 고려하여" 아내 리리안(李力安)과 아이들을 돌봐 달라고 요청했다.[75] 마오는 가오의 자살 시도를 알고 완전히 실망했다. 저우와 류는 가오를 "감독과 교육"하에 두고 그의 "실수와 범죄"에 대한 비판을 강화할 것을 제안했다. 정치국은 그 제안을 승인했다.[76] 자살 시도의 여파로 가오를 비판하는 어조는 극적으로 격상되었다.

신중한 준비 끝에, 저우는 2월 25일 신랄하고 체계적인 연설을 했다. 그는 가오의 '10대 범죄'를 나열했다. 첫째, 가오는 '당은 총으로 만들어졌다'는 개념을 고안했고, 적절한 시기에 당을 분열시키고 권력을 장악하려 시도했다. 둘째, 가오는 파벌 활동을 수행하고 다른 지도자들을 반대했다. 셋째, 그는 '정치국 및 여러 중앙 부서를 위한 명단'을 사용하여 소문을 퍼뜨렸다. 넷째, 가오는 영향력을 얻기 위해 다른 사람들에게 개인적으로 승진을 약속했다. 다섯째, 가오는 동북을 독립 왕국으로 만들었다. 여섯째, 그는 당 중앙의 이름을 도용하여 류와 다른 지도자들의 명예를 훼손했다. 일곱째, 그는 높은 계급에 오르기 위해 다른 사람들의 글을 표절했다. 여덟째, 그는 중소 관계에 어려움을 만들었다. 아홉째, 그는 국가권력을 장악하려 음모를 꾸몄다. 열째, 가오는 개인 생활에서 부패했다. 나아가 저우는 선언했다. "그의 의도가 폭로된 후," 가오는 "자살을 시도함으로써 당과 인민을 배신했다."[77] 그런 다음 저우는 연설 개요를 마오에게 제출하여 당내에 회람하도록 했는데, 마오는 이를 승인했다.[78]

가오는 오랫동안 '동북의 왕'으로 알려져 있었다. 그가 몰락한 후, 그 지역을 다시 접수하는 과업은 가장 중요한 문제가 되었다. 그 일이 저우의 어깨에 떨어졌다. 가오에 대한 원탁회의 직후, 저우는 동북의 여러 지도 간부들을 만났다. 저우는 말했다. "가오는 오랫동안 동북에서 반당 활동을 수행해 왔다. 따라서 가오의 실수들을 이해하고 폭로하기 위해" 동북 간부 회의를 소집해야 했다.[79] 회의는 3월 말 선양에서 열렸다. 저우는 공안부장 뤄루이칭(羅瑞卿)과 함께 참석했다. 저우는 회의에 모인 오백 명 이상 되는 간부들에게 가오의 문제가 "정상적인 정치적, 이념적, 또는 조직적 실수의 문제"가 아니라고 말했다. 오히려 그는 강조했다. 가오는 "당을 분열시키고 반대하려 시도한" "부르주아 출세주의자"였다.[80] 저우의 연설은 회의에 열기를 더했고, 많은 이가 가오와 그의 동류들을 심한 어조로 공격했다. 저우가 베이징으로 돌아온 후, 뤄루이칭이 회의를 주재했다. 가오에 대한 공격은 점점 더 거세졌다. 전혀 근거 없는 주장이 많았다. 마침내 동북에서 가오와 함께 일했던 고위 간부 다섯 명이 가오 반당 파벌에 속한 "다섯 마리 호랑이"로 낙인찍혔다.[81]

가오는 그 후 '징계 재교육'을 받기 위해 가택연금되었다. 그는 상세한 '자기 검토서'를 작성하여 4월 29일 당 중앙에 제출했다. 그는 마오나 저우, 또는 다른 누군가로부터 답장을 받기를 하루하루 기다렸지만, 아무런 답장도 오지 않았다. 날이 갈수록 그는 살고자 하는 의지를 잃어 갔다. 1954년 8월 17일, 가오는 자살했다. 저우는 가오가 첫 자살 시도 때 자신에게 보냈던 편지를 기억하고 가오의 집으로 달려갔다. 저우는 가오의 시신을 부검하라고 명령하고, 가오를 위해 정중한 장례식을 주선하고 가오의 아내 리리안을 잘 대우하라고 특별히 지시했다.[82] 저우가 이렇게 지시한 이유는 아마도 가오 사건으로 인한 부정적인 영향이 더 이상 퍼지는 일을 원하지 않았기 때문이었을 것이다.

가오를 버림으로써, 마오는 당내 고위 정치에 대한 통제를 유지했을 뿐만 아니라 더욱 공고히 했다. 류와 저우가 그의 '사회주의 이행 총노선'을 수용하게 하고 류로부터 체계적인 자기비판을 얻음으로써, 마오는 '총노선'을 정의하고 실행하는 문제를 포함한 일련의 큰 문제들에서 주도권을 되찾았다.

마오는 가오의 죽음에 대해 당혹스러운 태도를 보였다. 그는 가오에게 불만이 있었고 그에게 진지한 교훈을 주고 싶어 했다. 그러나 자신이 많은 정치 구상을 공유한 사람이자 꽤 유능했던 가오를 파괴할 의도까지는 없었다. 마오가 가오를 비판하는 데 동의하고 심지어 류와 저우가 가오를 '반당 인물'로 낙인찍도록 허용한 것은 대체로 가오 사건이 당 최고 지도자들에게 거대한 파장을 일으켰기 때문이었다. 결국 마오는 그때 이미 막강한 권력을 가지고 있었지만, 원하는 대로 무엇이든 할 수 있는 수준에는 이르지 못했다. 몇 년 후, 마오는 "가오를 산베이(陝北)로 다시 보내고, 그의 당원 자격을 보존하며, 그를 중앙위원회 위원으로 유지"하는 것을 고려했다고 밝혔다. 그러나 마오는 "한 걸음 늦었고," 가오는 자살했다. 마오는 한탄했다. "매우 유감스럽다."[83] 여기서 마오가 가오를 잠시 '동결'했다가 나중에 풀어 주려 했던 의도가 드러났다. 이것이 바로 마오가 몇 년 후 문화대혁명에서 덩에게 했던 일이다.

★★★★★

1953년 12월 중국공산당 최고 지도자들이 가오의 문제들을 다루면서 라오수스의 이름은 점차 가오와 연결되기 시작했다. 그러나 라오는 여전히 그와 가오 사이에 거의 연관성이 없으며, 하물며 어떤 공모도 없었다고 믿었다. 그와 가오 모두 '안 명단'을 퍼뜨리는 실수를 저질렀던 것은 사실이다. 그러나 라오는 이 잘못이 '심각한 자기비판'을 함으로써 처리할 수 있는 혹독한 비판 이상의 결과를 낳지는 않을 것이라고 생각했다. 라오는 자신이 가오가 몰락한 후 신랄한 공격을 받게 될 뿐만 아니라, '가오-라오 반당 파벌'의 또 다른 수장으로 임의로 라오와 연결될 것이라고는 상상할 수 없었다. 실제로 가오 사건은 '가오-라오 사건'으로 변모했다.

12월 중순 가오를 버리기로 결정했을 때, 마오는 라오 또한 내쫓기로 마음먹었다. 이것은 어떤 의미에서 마오와 류 사이 암묵적인 거래의 결과였다. 가오는 중국공산당 고위 정치 무대에서 '마오의 사람'이었다. 그리고 라오는 비록 류와의 사이에 균열이 나타나기 시작했지만, 여전히 '류의 사람'으로 간주되었다. 마오는 12월 21일 대화 중에 그의 오랜 숙적인 천이에게 라오에 대해 물었다. 천은 마오가 무엇을 노리는지 몰랐기 때문에 관련 없는 대답만 했다. 그러나 주석의 의도를 파악하고서는 즉시 라오의 "실수와 범죄"에 대한 일련의 비난을 내놓았다.[84] 12월 24일 중앙 지도자 회의에서 마오는 베이징에 실제로 본부가 두 개 있다고 언급했는데, 이는 가오와 라오를 직접 겨냥한 발언이었다.[85]

1954년 2월 3일, 라오는 류와 저우와의 회의에 소환되었고, 주더, 덩, 천윈도 참석했다. 류가 주요 발언자였다. 저우는 거의 아무 말도 하지 않았지만, 그의 존재는 류의 말에 무게를 더했다. 류는 라오에게 다음 중앙위원회 전체 회의에서 자기비판을 하라고 요청하며, 당의 단결 강화에 관한 결의안이 주로 그와 가오의 문제에 대한 응답으로 만들어졌다고 말했다.[86] 라오는 자신이 큰 곤경에 처했다는 것을 깨달았다. 일주일 후 열린 전체 회의에서 라오는 자신의 위반, 특히 천이와의 문제에 대해 자기비판을 했다. 그는 또한 조직부에서 안쯔원과의 문제를 언급하며, 류가 한 조언을 따르지 않았음을 인정했다.[87] 그의 자기비판이 통과하지 못했다는 것은 딱히 놀랍지 않은 일이었다. '안 명단'에 관해서, 그는 단지 "안쯔원이 제시한 어떤 명단에 대해 약간의 오해를 발전시켰다"라고 인정했다. 그러나 전체 회의에서는 아무도 이 문제를 더 이상 추궁하지 않았다.

라오에 관한 원탁회의는 2월 15일에 시작되었다. 천이는 기조연설에서 라오가 과거 저지른 실수들을 다수 열거했다.[88] 이틀 후 라오는 다시 자기비판을 했다. 그는 몇몇 오래된 사건들로 시작하여, 특히 베이징으로 전출된 후 안쯔원과 불화를 겪었고 "안이 제시한 어떤 명단에 대해 잘못된 감각을 발전시켰다"라고 언급했다. 그런 다음 라오는 계속했다. 그는 "분쟁을 중단하라는 (류)사오치 동지의 조언을 따르지 않고" 자신의 방식으로 문제를 처리하기를 고집했다. "심지어 (류)사오치 동지에 대한 불만을 표현하기까지 했다." 라오의 진술은 미묘했다. 라오의 자기비판에 내포된 인과관계는 회의에 참석한 모든 사람이 듣기에 반드시 명백하지는 않았다. 그러나 한 가지는 분명했다. 라오와 가오 사이에는 어떤 음모나 공모도 없었다. 그럼에도 불구하고 원탁회의의 당 중앙에 대한 보고서에서 라오는 "당을 분열시키기 위한 활동을 수행하기 위해 가오와 공모했다"라고 비난받았다.[89]

어떻게 이런 일이 일어날 수 있었을까? 어떤 의미에서, 라오는 단지 당내 고위 정치의 희생양이었다. 핵심은 라오의 계급이 당내에서 급상승한 것이 류가 화북국(華北局) 서기 및 신사군 수장이 되면서부터였다는 점이었다. 라오 자신의 말로, 그와 "사오치 동지의 긴밀한 관계는 잘 알려져 있었다."[90] 그러나 그는 안 명단을 관리하는 데서 심각하게 선을 넘었고, 마오와 류 모두를 불쾌하게 했다. 결과적으로 그는 마오와 류 사이에 이루어진 거래에서 희생자가 되었다. 마오는 가오의 숙청과 그 후의 죽음으로 인한 손실을 만회하기 위해 라오를 숙청했다. 류가 라오를 버린 것은 단순히 그가 자신을 불쾌하게 했기 때문이 아니다. 그는 안 명단과의 관계를 청산하는 동시에, 가오의 사망으로 마오에게 초래한 부정적 영향을 상쇄하고자 한 것이었다.

1955년 1월, 라오는 자신에게 내려진 판결을 뒤집으려 시도하다가 공식적으로 체포되었다. 그는 감옥에서 미쳤고 1974년에 그곳에서 사망했다.

*****

가오가 사망하고 라오가 체포된 후, 상하이 부시장이자 중국공산당 첩자인 판한녠과 상하이 공안국장 양판(楊帆)이 또 다른 '반동 파벌'의 지도자라는 혐의로 체포되었다. 이 사건을 주의 깊게 연구하면 저우에게 미치는 함의가 드러난다. 특히 중국공산당 내 투쟁에서, 판과 양의 숙청으로 저우는 가오 사건으로 얻었던 이득을 크게 잃었다.

판의 몰락은 우연한 전개로 촉발되었다. 가오-라오 반당 파벌의 노출 후 열린 당 회의에서, 일부는 이전에 알려지지 않았던 '역사적 문제들'을 고백했다. 마오는 이러한 자백을 승인하며, 모든 고위 간부가 솔선하여 과거의 위반 사항을 서면 고백서 형태로 당에 제출해야 한다고 발표했다. "그렇게 하는 사람은 모두 환영받을 것이며, 그러한 문제들을 여전히 숨기려 하는 사람은 모두 엄중히 처벌될 것이다."[91]

판한녠은 마오의 발표를 듣고 십여 년 동안 간직해 온 비밀을 생각했다. 일본과 전쟁하던 중에, 그는 왕징웨이 괴뢰 정권의 상하이 정보 책임자 리스췬(李士群)과 정보를 교환했다. 1943년 3월, 판한녠은 "갑자기 리에게 끌려가 왕을 만났는데," 이 사건을 즉시 당 중앙에 보고하지 않았다.

국민당 정보기관이 판한녠이 일본 및 왕 정권과 '공모'했다는 정보를 입수했을 때, 그들은 이를 중국공산당이 '중국을 배신했다'는 증거로 삼아 선정적인 언론 캠페인을 벌였다. 판한녠은 더더욱 그 만남을 당 지도부에 보고하기가 어렵게 되었다.[92] 판한녠은 마오가 회의에서 내린 지시를 따라 천이에게 가서 십여 년 전 왕과 만났었다고 털어놓았다. 천은 즉시 이 사실을 마오에게 보고했고, 마오는 논평했다. "이 사람을 결코 신뢰할 수 없다."[93] 공안부장 뤄루이칭이 판한녠이 묵고 있는 호텔에 가서 '오래 숨겨진 적 요원'이라는 죄목으로 그를 체포했다.

　판한녠은 중국공산당에게 매우 뛰어난 첩자였다. 그가 왕과의 만남을 공개하지 않은 것은 큰 실수였지만, 그 만남만으로는 그를 '적 요원'으로 낙인찍을 만한 근거가 되지 않았다. 더욱이 판한녠은 마오가 당 회의에서 과거 저지른 실수들을 고백하는 간부들은 용서를 얻고 관대하게 대우받을 것이라고 약속했기 때문에 실수를 인정했다. 그럼에도 불구하고 마오는 근거 없이 임의로 판한녠이 '적의 첩자'라고 주장하고 그를 무자비하게 숙청했다. 사실 마오가 저우를 얽어매기 위해 판한녠을 숙청했다고 믿을 만한 이유가 있었다. 1930년대부터 판한녠은 저우의 정보 및 통일전선망의 최고 요원이었다. 만약 판한녠이 정말로 적 요원이었다면, 그것은 저우의 정보망이 심각하게 손상되었고, 적이 심지어 망의 최고위층까지 침투했다는 것을 의미했다. 이것은 거의 저우의 뺨을 때리는 것과 같았다.

　저우는 판한녠을 대신하여 직접 발언하지 않았다. 그를 보증한다면 저우는 심각한 궁지에 빠질 것이었다. 그는 마오와 류 모두 가오-라오 사건의 여파로 핵심 동료를 잃었다는 사실을 잘 알고 있었다. 판한녠이 특히 미묘한 이 시기에 마오에게 새로운 사건을 안겨 준 것은 우연이었다. 마오가 판한녠 사건을 크게 키운 것은 전혀 이상하지 않았다. 그러나 저우는 영리했다. 마오와 직접 맞서는 대신, 그는 즉시 가까운 동료이자 중국 공산당 정보기관의 지도자 격 인물인 뤄칭창(羅靑長)에게 특별 조직을 구성하여 1939년부터 1948년까지 판한녠과 당 중앙 사이 전신 교환을 철저히 검토하라고 지시했다. 조직은 판한녠이 "일본 도적들의 내부 조직에 침투하고 그 구성원들을 이용하는 것"을 포함하여 그의 모든 활동을 당 중앙에 보고했다고 결론지었다. 실제로 뤄칭창은 결론지었다. 판한녠이 했던 모든 일은 당의 "비밀 작전 규범…… (당) 중앙에 의해 오랫동안 지지된" 지침 내에 있었다.[94]

1955년 4월 29일, 저우의 가까운 동료이자 중국공산당 첩자 대가인 리커눙이 저우의 지시에 따라 당 지도부에 보고서를 제출했다. 리는 판한녠이 '적 요원'이라는 주장에 여러 문제점이 있음을 지적했다. 예를 들어, 당 중앙은 판한녠이 왕의 괴뢰 정권과 추구했던 모든 정보 연결망을 승인했다. 판한녠은 당에 매우 귀중한 정보를 다량 제공했다. 더욱이 판한녠이 운영했던 정보망은 결코 노출되거나 파괴되지 않았고, 마오와 저우 모두 알다시피 그 요원들 중 일부는 여전히 활동하고 있었다.[95] 리는 자신이 제출한 보고서에 대해 아무런 응답도 받지 못했지만, 저우는 목표한 바를 달성했다. 그는 결코 판한녠을 무죄로 만들려던 것이 아니었다. 그것은 그의 능력을 넘어서는 일이었다. 저우는 자신과 중국공산당 정보기관에 대한 통제를 계속 유지할 수 있기를 원했다. 리의 보고서는 적어도 마오가 판한녠 사건을 구실로 저우를 숙청하는 것을 막았다.

판한녠은 1963년 1월까지 감옥에 수감되었고, 그의 범죄 혐의에 대한 판결을 내리기 위해 비밀 재판이 소집되었다. 저우는 누가 그리고 몇 명이 재판에 참석해야 하는지 상세하게 지시했고 재판 절차를 녹음하라고 명령했다. 이를 위해 그는 홍콩에서 녹음 장비를 구매하도록 승인했다.[96] 그러나 재판은 단지 쇼에 불과했다. 시작하기 전에, 판한녠은 '만약 판결을 받아들인다면, 선고 후 즉시 가석방될 것'이라는 말을 들었다. 실제로 판한녠은 '적 요원'으로 15년형을 선고받은 직후 가석방되었다.[97] 그는 아내와 함께 베이징 교외에 정착하고 때때로 친척과 친구들을 방문할 수 있도록 허용되었다. 판한녠은 아마도 이러한 조치들에 대해 저우에게 감사해야 했을 것이다. 그러나 문화대혁명에서 판한녠은 다시 투옥되었다. 그는 1975년에 후난에 있는 한 농장으로 옮겨졌고, 1977년에 그곳에서 사망했다. 그는 1981년에 복권되었다.[98]

★★★★★

1955년 3월 31일, 중국공산당 중앙위원회는 '가오와 라오의 반당 동맹'에 관한 결의안을 통과시켰다. 저우를 포함한 모든 중국공산당 지도자는 그 결의안을 '위대한 승리'라고 환영했다. 류가 가오 사건에서 주요한 승자로 부상한 것처럼 보였는데, 특히 그것이 당의 2인자로서 그의 위치를 공고히 했기 때문이다. 저우 역시 중요한 승리를 거둔 것처럼 보였다. 가오가 몰락함으로써 그는 행정 권력을 되찾았을 뿐만 아니라 심지어 강화했다. 그러나 현실은 훨씬 더 복잡했다. 가오 사건은 마오를 매우 불편하게 만들었는데, 류와 저우가 당 지도부에서 권력과 영향력을 확장하게 되었기 때문이다. 득실을 저울질한 끝에, 그는 가오 문제로 그들과 정면충돌하는 것을 피하기로 했으며, 대신 가오를 희생시키기로 했다. 그러나 마오는 성격상 이러한 결과를 용납할 수 없었다. 그리하여 가오 사건은 마오가 류와 궁극적으로 결별하는 단초가 되었고, 저우에 대한 마오의 오랜 불신을 심화했다. 이 년 후, 마오는 '모진(冒進)('무모한 돌진'이라는 뜻으로, '보수'의 반대어로 사용되다가 '약진(躍進)'으로 변경되었다) 반대' 논쟁을 이용하여 저우를 공격할 것이었다. 물론 마오와 저우 사이에 표면화될 긴장들은 사회주의를 어떻게 추구해야 하는가에 대하여 그들의 견해가 달랐기 때문이기도 하다. 그러나 당내 정치 수준에서, 이러한 긴장들이 가오 사건이 해결된 방식과 관련이 있었을 수도 있지 않을까?

더 긴 관점에서 볼 때, 가오-라오 사건은 중국공산당 고위 정치의 궤적에 거대한 영향을 미쳤다. 류와 저우, 중국공산당 지도자 동료들은 아마도 그 시기에 가오-라오 사건이 판도라의 상자를 열어 당의 상층부 지도자들 사이에 추악한 투쟁의 길을 닦았음을 깨닫지 못했을 것이다. 가오와 라오는 확실한 증거도 없이 '반당 파벌'의 수장이 되었고, 당에 기념비적인 공헌을 한 중국공산당 첩보 책임자인 판은 '숨겨진 적 요원'으로 낙인찍혔다. 그 사건들은 미래의 유사한 사건들을 위한 선례를 남겼다. 저우는 필연적으로 그러한 각각의 정치적 투쟁에서 마오의 비판 대상으로 끌려 들어갈 것이었다.

* * * * *

1955년이 다가오면서 중국은 공식적으로 사회주의로 이행하기 위한 포괄적인 프로그램을 전개했다. 같은 해에는 마오의 '계속혁명' 이론과 경제 산업화에 필요한 막대한 자본을 구하기 위해 시작된 집단화 운동이 중국 농촌을 휩쓸었다. 집단화 과정에서 국가는 농민들로부터 곡물을 과도하게 수탈할 것이었는데, 이는 급속한 산업화를 위해 필요한 자본을 자체적으로 축적할 수 있는 유일한 방법이었기 때문이다. 사회주의 이행을 가속하기 위해서는 그것이 필수적이었다. 이러한 배경하에서 저우는 중국의 '통일 구매 및 통일 판매' 제도를 설계하는 데 많은 주의를 기울였다.

1951년부터 중국 국가는 전국에 걸쳐 곡물 구매 및 판매를 관리하고 통제하려 노력했다. 그러나 자유 곡물 시장이 이것을 어렵게 했다. 1953년 여름 3개월 동안 국가가 곡물을 총 490만 톤 수매했지만 620만 톤 이상을 판매하게 되면서 문제는 더욱 시급해졌다. 저우는 천원과 상의했고, 천은 "농촌에서의 곡물 통일 구매와 도시에서의 곡물 통일 판매를 통해서만" 문제를 해결할 수 있다고 제안했다.[99] 저우는 즉시 천의 제안을 지지했고, 그와 마오 모두 10월 2일 정치국 확대회의에서 이를 지지할 것이었다. 특히 주석은 회의에서 비록 천이 제안한 조치들이 "농민, 도시인, 외국 언론 사이에서 불만을 야기할 수 있지만, 그럼에도 불구하고 채택되어야 한다"라고 강조했다.[100] 회의는 자유 곡물 시장을 폐지하고, 국가가 전국에 걸쳐 곡물 구매 및 판매를 독점하기로 결정했다. 이것은 국가가 농산물과 공산품 간 '가격 차이'를 이용하여 농민들로부터 과도하게 착취하고, 그리하여 국가의 야심 찬 산업화 계획을 위한 자본을 축적할 수 있는 국내의 장기적인 원천을 창출할 것임을 의미했다. 그동안 모든 시민의 기본 생활 수단을 통제함으로써, 프로그램은 인구의 삶을 국가에 단단히 묶을 것이었다. 결과적으로 중국에는 세계에서 가장 엄격한 호구 등록 제도가 등장했다.

1953년 9월, 저우는 당의 사회주의 이행 총노선을 홍보하는 것을 논의하기 위해 중국인민정치협상회의(中國人民政治協商會議, PPCC) 회의를 주재했다. 저명한 '민주 인사'이자 중국공산당 통일전선 정책의 중요한 대상이었던 량수밍(梁漱溟)과 마오 사이에 언쟁이 벌어졌다. 량은 농촌 재건에 오랜 경험이 있었고, 따라서 농촌 문제와 농민의 고통에 상당히 박식하다고 자부했다. 량과 마오는 중화인민공화국 건국 이후 여러 차례 농촌 문제를 논의했고, 겉보기에는 좋은 관계를 유지했다. 회의 시작 시에 저우는 총노선에 대한 보고서를 발표했다. 집단 토론에서 량은 저우의 보고서를 칭찬했지만, 또한 당과 정부가 평범한 사람들의 의견을 끈기 있게 듣고 그들의 문제들을 해결해야 한다고 강조했다.[101] 저우는 그 후 량에게 전체 회의에서 다른 사람들과 의견을 공유해 달라고 초대했다. 량은 수락했다.

9월 11일, 량은 신중하게 준비한 발표를 했다. 그는 저우의 보고서가 "중공업 건설과 민간 산업 및 상업의 변혁"만을 강조했다고 언급하고, "경공업과 교통 발전"에 더 많은 주의를 기울여야 한다고 의견을 제시했다. 그런 다음 그는 "시골과 마을"로 넘어갔다. 그는 강조했다. 중국 혁명에서 중국공산당은 농민들에게 의존했고 시골을 그들의 기반으로 삼았다. 그러나 당이 중국의 도시들을 해방한 후, 중국공산당은 초점을 도시 지역으로 옮겼고, "농촌 지역은 소외되었다." 량은 단언했다. "지금 노동자들은 하늘 위의 삶을 살고 있는 반면 농민들의 삶은 땅 아래에 있다." "만약 당신들이 오늘 농민들을 무시한다면, 사람들은 당신들이 농민들을 버렸다고 말할 것이다."[102]

저우는 반박하지 않았다. 실제로 저우는 필시 량의 많은 견해, 예를 들어 경공업과 농업을 희생시키면서 중공업 발전을 추구해서는 안 된다는 개념에 동의했을 것이다. 나중에 저우는 '모진 반대' 노력에서 비슷한 생각들을 표현했다. 그러나 량은 마오를 불쾌하게 했다. 다음 날, 주석은 "우리의 총노선에 동의하지 않고, 농민들이 매우 가난한 삶을 살았다고 믿으며 우리에게 그들을 특별히 돌봐 달라고 요청하는 누군가"를 겨냥해 즉흥 발표를 했다. 마오는 목소리를 높여 말했다. "우리 공산주의자들은 수십 년 동안 농민들을 동원하는 데 관여해 왔다. 우리가 농민들을 이해하지 못한다니? 그것은 정말 농담 같은 소리다!"[103]

량은 납득하지 못하고 일어서서 마오와 논쟁했다. 저우는 개입하지 않았지만, 마오는 격분하여 량이 '총노선에 반대한다'고 비난했다. 그 시기,

마오는 다른 중국공산당 지도자들에게 총노선을 받아들이도록 맹렬하게 압박하고 있었다. 그는 량에게 저우에게 했던 것과 같은 말을 했고, 따라서 저우로서는 이 중요한 문제에 모호한 입장을 유지할 수 없었다. 저우는 9월 17일 전체 회의에서 긴 연설을 했다. 마오의 어조를 따라, 그는 량이 총노선에 반대하려 했다고 주장했다. 자신의 비난을 뒷받침하기 위해 저우는 역사를 지적했다. 1949년에 량이 쓴 글(일부 중국공산당 정책에 대한 비판)을 인용하며 그는 량이 오랫동안 '반공 및 반인민 인사'였다고 주장했다. 량은 완전히 기분이 상해 일어서서는 왜 자신이 쓴 또 다른 글 「국민당에 충고함」은 언급하지 않느냐고 물었다.[104]

마오는 발표 중에 량을 세 번 방해하며, 량이 "칼이 아닌 펜으로 다른 사람들을 죽이는 위선자"라고 논평했다. 량은 여전히 자신을 변호하기를 희망했다. 마오는 회의가 하루 더 연기될 것이며, 량에게는 나중에 발언할 기회를 주겠다고 했다.[105] 다음 날 량의 발표는 십 분도 채 안 되어 중단되었다. 모든 사람이 동원되어 량을 공격했고, 그가 "극도로 반동적"이라고 했다. 량은 연설을 계속하려 애쓰며, "마오 주석이 진정으로 관대한지 보기 위해" 기다리고 있다고 말했다. 마오는 대답했다. "아니다. 내게는 아마도 당신이 보고 싶어 하는 관대함이 부족할 것이다." 그러자 회의장 전체에서 외침이 터져 나왔다. "반동분자들은 민주적 권리를 가질 자격이 없다! 나가라, 량수밍!"[106] 중국공산당 간부들 외에도 많은 '민주 인사'가 량을 비난했다. 그들은 량에게서 발표할 권리를 박탈함으로써, 미래에 자신들의 발언권이 박탈되는 토대를 마련하고, 훨씬 더 심각한 결과를 초래하고 있다는 것을 깨닫지 못했다.

량은 타협하기를 거부했다. 마침내 투표가 실시되었고, 과반수(마오를 포함하지 않았다)가 량이 계속 발표하는 것을 반대했다. 드라마는 끝났다. 저우는 량을 연설하도록 초대했지만, 또한 량에 대한 비판의 포화를 주재했고 심지어 량의 '반동적 행동'의 역사적 기원을 파헤치기까지 했다. 당시 저우는 마오의 지시에 따라 행동했다. 그러나 그렇게 함으로써 그는 또 다른 위험한 선례를 남겼다. 누군가가 비판받을 때, 그 사람의 역사가 그에 대한 근거 없는 비난을 정당화하기 위해 임의적이고 왜곡된 방식으로 사용될 것이라는 예였다. 이 방법은 문화대혁명에서 광범위하게 사용될 것이었다. 가장 악명 높은 사례는 류사오치 주석과 관련된 것이었는데, 그는 '반역자, 변절자, 파업 파괴자'로 비방받을 것이었다.

*****

량과 비교할 때, 저우는 루쉰의 친구이자 중국공산당 동조자인 후펑(胡風)과 더 가까웠다. 저우와 후는 충칭 시절에 빈번히 접촉했다. 후는 심지어 저우를 "저우 아버지"라고 불렀다.[107] 그러나 저우에게 후는 동지라기보다는 통일전선의 동맹일 뿐이었다. 1949년 이후, 후는 계속해서 저우를 스승으로 보았지만, 저우는 후를 다르게 생각했다. 비록 후가 1949년을 '시대의 시작'이라고 부를 정도로 중국공산당을 정치적으로 지지했지만, 그는 그러한 입장이 '개성의 해방'에 대한 그의 포부와 양립 가능하다고 믿었다. 지식인들을 겨냥한 중국공산당의 첫 번째 '사상 개조' 라운드 동안, 후와 중국공산당 문화계의 차르인 저우양(周揚)과의 관계는 점점 더 긴장되었다. 두 사람은 1930년대에 서로를 알았으며, 그들의 관계는 순탄치 않았다. 그때 후는 자신의 관점을 표현하고 변호했기 때문에 저우양 및 다른 중국공산당 관리들과 거듭 충돌했다. 1949년 이후, 저우양은 계속해서 후를 당의 문화 정책에 이질적인 작가로 여겼다. 그가 보기에 후의 세계관에는 "부르주아 및 소부르주아 관점, 즉 절대적으로 비판받아야 할 경향"이 깊이 침투해 있었다.[108]

저우는 저우양을 지지할 수밖에 없었다. 1952년 7월, 그는 "후의 문화 및 문학 사상을 비판하기 위해 (저우양이 제안한) 절차들"을 승인했다. 후는 저우에게 편지를 많이 썼고 그와 만나기를 요청했다. 저우는 대답했다. "나는 바쁘다." 그는 후에게 저우양과 이야기하고 "자신의 문화 사상과 태도에 대해 약간의 자기비판"을 하라고 했다.[109] 분명히 저우는 여전히 후의 문제들을 '인민 내부의 모순'으로 취급했다. 만약 저우가 후의 사건을 책임졌다면, 후는 '반동 인사'로 낙인찍히지 않았을 것이다. 그러나 마오가 개입했다. 후의 일기와 서신을 읽은 후, 주석은 후와 그의 측근들이 '반당 파벌'을 형성했다고 판단하고, 공안부에 사건을 인수하라고 명령했다. 마오는 나중에 출판된 '후 반동 파벌에 관한 자료들'의 서문을 직접 썼다. 서문에서 마오는 후와 그의 동류들을 "국민당 또는 제국주의자들의 특수 요원…… 또는 중국공산당 반역자들"이라고 비난했다.[110] 저우는 침묵을 지켰고, 후는 체포되어 이십 년 이상 구금되었다. 마침내 감옥에서 풀려나 문화대혁명 이후(저우가 사망한 지 몇 년 후) '복권'되었을 때는 이미 신체적, 정신적 건강을 잃은 뒤였다.

*****

돌이켜 보면, 1953~1955년은 중화인민공화국 역사에서 극히 중요한 시기다. 한국전쟁 종식과 소비에트의 막대한 경제 및 기술 지원 약속으로 마오는 '신민주주의'를 단축하고 사회주의 이행을 가속할 때가 왔다고 느꼈다. 저우도, 류도 마오의 계획에 충분한 열의를 보이지 않는 것처럼 보였다. 마오는 대담한 이념적, 조직적 조치로 대응하여, 류와 저우를 비판하는 동시에 (가오강을 버리면서도) 그들을 자기편으로 끌어들여 그의 일반적인 정치 노선을 받아들이도록 강요했다. 이것은 마오의 정치적 지혜와 힘을 보여 주었다. 그는 일단 중국공산당 지도부가 그의 총노선에 합의하고 그리하여 그가 당의 주류 담론을 더 확고하게 정의하게 되면, 다른 모든 일은 더 쉽게 해결될 것임을 알았다. 실제로 일단 그의 조건에 따라 무대가 설정되면, 류, 저우, 또는 다른 중국공산당 지도자들이 어떻게 연기하든, 그들은 마오가 창조한 무대 위 배우들이 될 것이었다.

겉으로 보기에 가오-라오 사건, 판 사건, 량과 후에 대한 비판은 서로 관련이 없었다. 그러나 사실 그것들은 모두 마오의 '계속혁명'이라는 거대한 계획에서 필수적인 부분들이었다. 그러나 가오-라오 사건과 판, 량, 후의 사건들 사이에는 중요한 차이점이 있었다. 가오-라오 사건은 마오, 류, 저우 및 다른 사람들 간 협상과 타협의 결과로 해결되었다. 따라서 저우는 여전히 그 과정에서 주요한 발언권을 가졌다. 후자의 세 사건들의 공통된 특징은 그것들을 정의하는 데 있어서 마오가 사실, 법률, 다른 당 지도자들의 견해를 무시했다는 점이다. 이 몰락한 인물들에 대해 내려진 판단들은 주로 마오 자신의 것이었다. 이러한 경우들에서 저우는 종종 마오와 의견이 달랐지만, 마오를 묵인하거나 심지어 마오의 공범이 되었다. 이후 몇 년 동안 마오는 끊임없이 '계속혁명'을 추진하면서, 혁명의 적으로 추정되는 사람들에 대해 터무니없는 투쟁을 벌였다. 1950년대 중반의 사건들은 단지 시작에 불과했다.

이 이 년 동안 저우의 경험을 요약하기는 어렵다. 그는 조세개혁을 설계하며 저지른 '실수'에 대해 마오로부터 심하게 비판받았고 자신의 권력이 다소 약화되는 것을 보았다. 그러나 가오-라오 사건에서 그는 마오가 책임을 면하는 것을 도움으로써 행정 권력 대부분을 회복할 수 있었다. 그러나 이를 축하하기도 전에 판이 숙청당하며 쓰라린 타격을 입었다. 돌이켜 보면, 이 모든 것은 저우가 다음 이십 년 동안 직면하게 될 유사한 사건들의 예고편이었다.

제18장

제네바에서
반둥까지
1954~1955

1954년 2월 중순 어느 추운 날, 저우언라이는 마음이 따뜻해지는 보고를 받았다. 베를린에서 한 달간 열린 회의 끝에 모스크바, 워싱턴, 런던, 파리의 외무장관들이 전쟁으로 폐허가 된 한반도와 인도차이나 문제를 평화적으로 해결하기 위해 제네바에서 회의를 소집할 것을 촉구했다는 내용이었다. 그들은 회의에 대표단을 파견해 달라고 베이징에 요청했다.[01] 저우에게 이것은 '거대한 국제적 승리'였다.[02] 어찌 그렇지 않을 수 있었겠는가? 중화인민공화국은 이제 사실상 '5대 강국' 중 하나로서 처음으로 국제회의에 참석하게 되었다! 이것은 신중국이 세계 주요 강국으로 부상했다는 명백한 신호였다.

저우는 즉시 꽉 찬 일정 중에도 시간을 내어 제네바에서 열릴 회의와 관련된 방대한 문서, 전보, 정보 보고서를 읽었다.[03] 2월 말, 그는 계획을 세웠다. 그가 보기에 제네바에서 베이징의 최우선 목표는 중화인민공화국에 대한 미국의 봉쇄와 금수 조치를 깨고, 신중국의 성과를 세계에 알리는 것이 되어야 했다. 따라서 베이징은 "회의에 적극적으로 참여"하고

"성공시켜야 한다." 미국의 경직된 입장을 고려할 때, 제네바 회의가 한반도 문제에서 돌파구를 마련할 가능성은 낮았다. 그러나 저우는 인도차이나에 대한 전망은 더 밝다고 보았는데, 특히 파리와 워싱턴이 그 문제를 두고 완전히 의견이 일치하지 않았기 때문이었다. 따라서 저우는 중국이 "프랑스 앞에는 당근을 내밀고 미국을 상대할 때는 채찍을 사용하는" 방식을 시도해야 하며, 회의가 "아무런 결과 없이 끝나지 않도록" 해야 한다고 주장했다. 3월 2일, 중국공산당 지도부는 저우가 낸 계획을 승인했다.[04]

한반도에서의 전쟁은 피비린내 났고, 정전은 갈등 당사자들 사이에서 적대감을 없애지 못했다. 저우가 제네바에서 한반도 문제를 해결하기는 불가능하다고 생각한 것은 당연했다. 그러나 그는 인도차이나 문제를 해결할 가능성을 보았다. 1954년은 베트남 공산주의자들이 이끄는 독립 동맹(비엣민)이 프랑스 식민주의자들에 대항하여 인도차이나에서 반식민 전쟁을 벌인 지 팔 년째 되는 해였다. 베이징은 1950년부터 비엣민에 상당한 지원을 해 왔고, 심지어 그들을 돕기 위해 베트남에 군사 및 정치 고문들을 파견하기까지 했다. 1954년 초 전장에서 일련의 승리를 거둔 후 비엣민은 이전 어느 때보다도 강력해졌다. 파리의 정책 입안자들은 전망이 불투명한 전쟁을 계속하는 것을 점점 더 꺼렸다. 그러나 그들은 또한 비엣민이 인도차이나를 지배하는 것을 원치 않았다. 인도차이나 문제는 제네바에서 두드러지게 다루어질 예정이었다. 저우는 중국의 비엣민 지원을 주재하지 않았다. 그것은 류사오치의 책임이었다. 이제 베트남의 운명은 국제외교를 통해 협상될 것이었고, 그 과정에서 베이징은 상당한 영향력을 행사할 것으로 추정되었다. 저우는 제네바에서 중국 수석 협상가로서 역할하기 위해 준비해야 한다는 것을 알고 있었다.

중화인민공화국의 총리 겸 외교부장으로서 저우는 제네바에 대해 여러 가지 기대를 가지고 있었다. 4월 초 외교부 회의에서 저우는 설명했다. 혁명과 인민공화국 초기 몇 년 동안 중국공산당은 "공식 무대 밖의 아웃사이더로서…… 규칙이나 규범을 지키지 않고, 전혀 두려워하지 않으며" 외교를 수행했다. 그러나 이제 베이징은 다른 시나리오에 직면했다. "우리는 국제 무대에 오를 것이고, 우리는 또한 강대국이다…… 우리는 절제된 방식으로 공식적인 드라마를 연기해야 한다." 이를 달성하기 위해 저우는 중국의 "변화하는 세계에서의 정체성"에 맞게 외교정책을 조정할 필요가 있다고 강조했다.⁰⁵

저우는 베이징의 공산주의 동맹국들과 전략을 조율해야 한다는 것을 이해했다. 저우는 비엣민 군대가 곧 디엔비엔푸(Dien Bien Phu)의 프랑스 요새에 대한 몇 달간의 포위 공격에서 최종 공세를 벌일 것임을 알고 있었다. 3월 초에서 중순 사이에 저우는 호치민을 위해 일하는 중국 군사 고문들에게 전보를 보내, 제네바에서의 다가오는 '국제적 투쟁'에 그들의 주의를 환기시켰다. 저우는 강조했다. "외교 분야에서 성공을 거두기 위해" 비엣민 군대는 전장에서 영광스럽게 승리하려 노력해야 한다고. 이를 위해 베이징은 비엣민에 대한 군사 및 기타 지원을 크게 늘릴 것이었다. 저우는 또한 호에게 공산주의자들이 제네바 회의에 "적극적으로 참여"하고 베트남에서의 갈등을 평화적으로 해결하기 위해 노력해야 한다고 말했다. 이를 위해 저우는 비엣민이 공산주의자들이 "연결된 지역을 통제"할 수 있게 해 줄 "비교적 고정된 분계선"을 받아들이는 것을 고려할 수 있다고 제안했다.⁰⁶ 베트남민주공화국(DRV)의 외무장관인 호와 팜반동(Pham Van Dong)은 3월 말에 베이징에 왔다. 호와의 회담에서 저우는 한국전쟁 협상에서 얻은 경험을 특히 강조하며, 제네바에 대해 "현실적인 기대"를 유지할 필요가 있다고 역설했다. 중국 측 기록에 따르면 호는 동의했다.⁰⁷

4월 초, 저우는 호, 동과 함께 모스크바를 방문했다. 그는 소비에트 지도자들이 협상을 통해 인도차이나 분쟁을 해결하기를 지지한다는 것을 알았다. 이것이 주요 국제회의에 참석하는 첫 번째 시간이 될 것이기 때문에, 저우는 소비에트 외무장관 뱌체슬라프 M. 몰로토프에게 소비에트 동지들의 의견에 기꺼이 귀를 기울이겠다고 말했다. 이에 응하여 몰로토프는 저우에게 만약 공산주의자들이 합리적이라면, 제네바에서 한두 가지 문제를 해결할 수 있을 것이라고 조언했다. 저우 역시 전적으로 동의했다.[08]

*****

제네바 회의는 1954년 4월 26일에 시작되었다. 저우가 예측했듯이, "한반도에 대한 논의는 신속하게 교착상태에 빠졌다." 그러나 그는 베이징에 보고했다. 인도차이나 문제를 해결할 전망은 희망적으로 보인다고. 프랑스 외무장관 조르주 비도(Georges Bidault)는 "인도차이나 문제를 논의하기를 열망"했고, 이미 "몰로토프에게 접근"하여 "우리와 만나고 싶다는 소망"을 표현했다고 저우는 언급했다. 따라서 저우는 "인도차이나에 대한 논의가 예정보다 앞서 시작될 수 있다"라고 믿었다.[09]

저우는 또한 회의에 참석한 영국인에게도 눈을 돌렸다. 몰로토프의 주선으로 저우는 4월 30일 영국 외무장관 앤서니 이든(Anthony Eden)과 '비공식 회담'에서 협의했다. 이것은 저우가 주요 서방 강대국 지도자와 가진 첫 대면 회담이었다. 이든이 중국 측이 비엣민을 설득하여 그들이 구금하고 있는 부상당한 포로들을 석방할 용의가 있는지 문의했을 때, 저우는 "관련 당사자들이 직접 만난다면" 문제가 되지 않을 것이라고 즉시 대답했다. 이 회의는 영국인들이 프랑스인들처럼 한반도보다 인도차

이나에 더 관심이 많다는 저우의 이전 추측을 확인해 주었다.[10]

인도차이나 문제에 대한 공식적인 논의는 디엔비엔푸의 프랑스군이 비엣민에 항복한 5월 8일 제네바에서 시작되었다. 비록 베트남 공산주의자들이 베이징 및 모스크바와의 사전 협의에서 베트남을 두 개 구역으로 일시적으로 분할하는 것에 기초한 해결에 동의했지만, 저우는 이제 그들이 적들로부터 더 많은 양보를 받아 내기를 희망한다는 것을 알게 되었다. 베트남 수석 협상가로 제네바에 온 팜반동은 인도차이나에서 전쟁을 끝내기 위해 비엣민이 베트남 대부분에 대한 사실상의 통제를 재확립할 것을 요구하겠다고 말했다. 게다가 동은 인도차이나 3개국을 모두 포함하는 포괄적 해결안을 추진했으며, "라오스와 캄보디아의 저항 세력"에게 "정당한 권리와 지위"를 부여해야 한다고 주장했다. 그러나 동은 부인했지만, 이들 세력 대부분은 베트남 "지원병(志願兵)"이었다.[11]

저우는 나중에 자신이 제네바에 왔을 때 "인도차이나 3개국 간의 구별과 차이점"을 알지 못했다고 인정했다.[12] 따라서 그와 소비에트 모두 원래 인도차이나를 하나의 실체로 취급하는 포괄적인 해결을 추구하는 비엣민을 지지했다. 제네바에서 라오스와 캄보디아 대표들과 회담하며 그는 "인도차이나의 세 관련 국가들을 구분하는 국가 및 주 경계가 꽤 뚜렷하며" "캄보디아와 라오스의 왕립 정부가 그들 국민 압도적 다수에 의해 합법적인 것으로 간주된다"라는 것을 깨달았다. 따라서 저우는 판단했다. "우리는 그들 세 나라를 다른 국가로 취급해야 한다."[13]

6월 초, 저우는 몰로토프와 동을 만났다. 세 사람은 공산주의자들이 정전협정에서 양측 간 통제 구역을 분할하는 전략에 전념할 것을 재확인했다.[14] 저우는 베이징에 보낸 전보에서 설명하고 또한 비엣민 최고 지도자들에게 전달했다. 현장 정전은 "우리에게 유리하지 않다." 현장 정전은 비엣민이 베트남 북부 전체를 통제하는 것을 허용하지 않을 것이기 때문

18-1 1954년 4월, 제네바 회의에 참석한 저우언라이. Historic Collection / Alamy Stock Photo

이다. 반대로 베트남을 북부와 남부 구역으로 나누는 것은 비엣민이 크고 인접한 구역을 통제하게 하는 동시에 정전을 더 시행 가능하게 만들 것이다.[15]

제네바에서 한반도에 대한 논의는 6월 15일에 결론 없이 끝났다. 저우는 회의의 인도차이나 세션 또한 실패할 수 있다고 우려했다. 이 결정적인 시기에 프랑스 의회는 조제프 라니엘(Joseph Laniel) 총리를 인도차이나 전쟁의 오랜 비평가였던 피에르 망데스프랑스(Pierre Mendès-France)로 교체했다. 망데스프랑스는 7월 20일까지 협상을 성공적으로 마무리하지 못하면 사임하겠다고 약속했다. 저우는 이것을 인도차이나에 관해 프랑스와 거래할 '기회의 창'으로 보았다.[16]

저우는 6월 15일에 몰로토프와 동과 또 다른 회의를 소집했다. 그는 동에게 직설적으로 말했다. 비엣민이 경직된 태도로 일관하면 협상에서 아무 결실을 얻지 못할 것이고, 베트남 공산주의자들 또한 평화적 해결을 달성할 절호의 기회를 낭비하게 될 것이라고. 저우는 "우리가 라오스와 캄보디아에 양보하여 상대방으로 하여금 베트남을 두 구역으로 나누는 것에 대해 양보하게 만들도록" 비엣민의 '지원병들'을 포함한 모든 외국 군대를 라오스와 캄보디아에서 철수시킬 것을 제안했다. 몰로토프는 저우의 제안을 강력하게 지지했다. 동 역시 마지못해 동의했다.[17]

저우는 즉시 자신의 새로운 접근법을 영국과 프랑스에 전달했다. 그는 이든에게 말했다. 만약 미국이 라오스와 캄보디아에 군사 기지를 유지하지 않는다면, 베이징은 두 나라의 각 왕립 정부를 인정할 용의가 있으며, 또한 비엣민을 설득하여 그들의 '지원병들'을 두 나라의 영토에서 철수시킬 것이라고.[18] 저우는 또한 비도를 만나 이든에게 말했던 모든 것을 알리고, 베이징이 라오스와 캄보디아가 프랑스 연방에 남아 있는 것에 반대하지 않는다고 언급했다.[19] 그날 오후 전체 회의에서 저우는 라오스와

캄보디아로부터 모든 외국 군대를 철수할 것을 규정한 인도차이나 정전에 대한 새로운 제안을 소개했다.[20]

저우의 노력은 회의가 실패하는 것을 원치 않았던 프랑스와 영국 측 의지와 결합했다. 양측은 6월 19일에 군사 회담이 어떻게 진행되어야 하는지에 대해 합의했다. 그리하여 라오스와 캄보디아에서 "적대 행위를 중단"하는 문을 열었다.[21] 그런 다음 제네바 회의는 3주간 휴회했고, 이는 저우에게 제네바에서의 다음 라운드 협상을 위한 공산주의 전략을 더욱 조율할 귀중한 기회를 제공했다.

★★★★★

제네바에서 베트남 동지들이 양보하도록 하려면 어떻게 설득해야 할 것인가가 저우에게 주된 관심사로 남아 있었다. 인도차이나에 대한 최상의 거래에 도달하기 위해, 저우는 베이징에 보낸 장문의 전보에서 말했다. 비엣민은 주장 일부를 포기해야 할 것이라고. 그러나 제네바에서 그들의 인식과 계획은 "현실과 일치하지 못했다." 저우는 경고했다. 만약 그들이 그러한 접근법을 고수한다면, "협상은 계속될 수 없으며, 우리의 장기적인 이익은 최선으로 충족되지 않을 것이다."[22] 이것은 복잡한 문제였고, "단순히 전신 교환을 통해서는" 베트남과 합의에 도달하기 어려웠다. 저우는 따라서 휴회 기간 동안 중국으로 돌아가 호와 직접 만나 "합의가 도출될 수 있도록" 할 것을 제안했다. 베이징은 즉시 저우의 계획을 승인했다.[23]

저우는 망데스프랑스를 또 다른 핵심 인물로 간주했다. 6월 23일, 그는 스위스 베른의 프랑스 대사관에서 프랑스 총리와 만났다. 그는 망데스프랑스에게 말했다. "나는 프랑스에 살았고 프랑스 국민에게 좋은 감정을 가지고 있다. 또한 프랑스의 국제적 명성이 더 높아지기를 희망한다." 그런 다음 베이징은 확실히 인도차이나에 평화가 깃들기를 원한다고 강조했다. 망데스프랑스의 요청에 따라 저우는 베트남 공산주의자들을 설득하여 협상을 가속하는 데 도움을 주기로 동의했다.[24]

그동안 저우는 바쁜 일정 속에서 시간을 내어 제네바 회의 캄보디아 대표단장인 텝 판(Tep Phan)과 라오스 대표단장인 푸이 사나니콘(Phoui Sananikone)과 만났다. 그는 그들에게 베이징이 캄보디아와 라오스의 주권과 독립을 존중할 것이라고 약속하며, 그들이 "인도, 인도네시아, 버마처럼 외국 군사 기지가 없는 지역의 새로운 유형의 국가" 대열에 합류하기를 희망한다고 말했다. 그는 또한 그들이 비엣민과 더 긴밀한 관계를 수립하도록 격려하며, 그러한 관계를 수립할 수 있도록 자신이 도울 것이라고 말했다.[25] 6월 24일, 저우는 제네바를 떠났다.

*****

저우는 이제 류저우(柳州)에서 있을 호치민과의 회담에 모든 주의를 돌렸다. 그는 만약 자신이 호와 다른 비엣민 지도자들을 설득하여 제네바에서 필요한 타협을 하는 중국-소련 노선을 받아들이게 하지 못한다면, 회의 전체, 중화인민공화국의 세계 무대 데뷔, 저우 자신의 외교적 노력이 모두 실패할 것임을 알았다. 따라서 저우는 결연하고 준비된 상태로 류저우에 도착했다.

회의는 7월 3일에 시작되었다. 비엣민 군사령관 보응우옌잡(Vo Nguyen Giap) 장군은 베트남에서의 군사 상황을 상세히 보고했다. 잡은 말했다. 적은 디엔비엔푸에서 큰 좌절을 겪었지만, 패배와는 거리가 멀었다고. 새로운 프랑스 지원군이 인도차이나에 도착했고, 이제 약 47만 병력에 달하는 적군은 약 30만 병사를 가진 비엣민보다 힘이 셌다. 또한 적은 여전히 하노이, 사이공, 후에, 다낭과 같은 주요 도시들을 통제하고 있었다. 잡은 전장에서 양측 간 힘의 균형에 근본적인 변화가 일어나지 않았음을 인정했다.[26]

저우는 비엣민 사령관이 장황한 발표를 마무리할 무렵 그를 가로막았다. "만약 미국이 개입하지 않고 프랑스가 군대를 더 많이 보낸다면, 우리가 베트남 전체를 점령하는 데 얼마나 걸리겠는가?" 잡은 대답했다. "아마도 2~3년, 더 가능성 있게는 3~5년이 걸릴 것이다." 회의에 참석했던 비엣민 주재 중국 최고 군사 고문 웨이궈칭(韋國淸) 장군은 잡의 추정에 동의했다.[27]

이제 저우의 차례였다. 그는 말했다. 인도차이나 전쟁은 이미 국제화되었고, 그것이 제기하는 위험은 "한반도의 위험을 훨씬 능가했다"라고. 모스크바도 워싱턴도 한반도에서 전쟁이 확대되는 것을 원치 않았기 때문에 "양측 간에 교착상태가 나타났다." 그에 비해 "인도차이나 전쟁은 인도차이나 3개국을 참여시켰을 뿐만 아니라, 동남아시아 전체, 심지어 유럽과 전 세계에 영향을 미쳤다"라고 저우는 강조했다. 그런 다음 저우는 미국이 인도차이나에 개입할 위험을 강조했다. 제국주의 국가들은 중국 혁명의 엄청난 영향력을 두려워했기 때문에, 베트남 혁명가들이 영광스러운 승리를 거두도록 허용하지 않을 것이었다. 따라서 저우는 강조했다. "만약 우리가 제네바에서 너무 많은 것을 요구하고 평화가 달성되지 않는다면, 미국은 확실히 개입할 것이며" 비엣민의 승리를 지연시킬 것이다. 저우는 강조했다. 모든 것을 고려할 때, "우리는 미국을 고립시키고 그 계획을 깨뜨려야 한다. 그러지 않으면 미 제국주의자들이 놓은 덫에 빠질 것이다." 저우는 그의 주장을 뒷받침하기 위해 '한국의 예'를 들었다. "한반도 문제의 핵심은 미국의 개입에 있었다. 미 지원군이 그렇게 빨리 도착할 것이라고는 전혀 예상하지 못했다…… 만약 미국이 개입하지 않았다면, 북한 인민군은 이승만 군대를 바다로 몰아냈을 것이다." 미국이 개입한 결과, "우리는 전쟁이 끝날 때 단지 무승부를 거두었고, 승리할 수 없었다." 따라서 저우는 결론 내렸다. 비엣민은 한반도에서 일어났던 일이 인도차이나에서 재발하는 것을 막아야 한다고.[28]

류저우 회의 마지막 이틀 동안 저우는 네 가지 기본 조건에 기초한 바람직한 해결책을 개괄했다. 즉 인도차이나 3개국 모두에서 동시 정전 시행, 베트남에서 16도선 또는 필요한 경우 17도선을 따라 분계선 설정, 해결책이 발효되면 인도차이나로의 무기 및 탄약 수송을 금지하고 인도차이나의 모든 군사 기지를 폐쇄하는 것이었다. 저우는 상세히 설명했다. 캄보디아와 라오스는 베트남과 다르기 때문에, 그들이 군사 동맹에 가입하거나 국경 내에 외국 군사 기지 설립을 허용하지 않는 한, 그들 자신의 발전 경로를 추구하도록 허용되어야 한다고.[29]

저우의 발표는 베트남인들, 특히 호에게 깊은 인상을 준 것처럼 보였다. 회의 말미에 호는 저우에게 "제네바에서 투쟁을 수행했을 뿐만 아니라, 이곳에 와서 이 중요한 보고서를 발표해 준 것"에 대해 감사했다. 그는 저우에게 "완전히 동의"했으며, "지금 베트남은 평화 또는 전쟁으로 향하는 갈림길에 서 있고, 올바른 방향은 평화를 추구하는 것이어야 하기 때문에" 저우의 조언에 따라 비엣민의 목표와 전략을 조정할 것이라고 약속했다.[30]

저우는 회의를 위해 설정했던 목표들을 완전히 달성했다. 중국과 베트남 지도자들은 제네바에서 있을 협상의 다음 단계를 위해, 베트남을 16도선을 따라 일시적으로 분할함으로써 베트남에서의 해결을 추구하기 위해 노력하고, 라오스와 캄보디아에 비공산주의 정부가 수립되는 것을 용인하기로 했다.[31]

호는 약속을 지켰다. 베트남 당 중앙위원회는 7월 5일 베트남을 두 부분으로 일시적으로 분할하는 것에 기초한 정전을 통해 인도차이나 문제를 해결하는 새로운 전략을 지지하는 지시를 발표했고, 이는 프랑스 군대 철수 후 국민투표를 통해 베트남의 통일로 이어질 것이었다.[32] 그 지시는 호와 저우가 류저우에서 도달했던 합의를 명확히 반영했다.

*****

저우는 7월 6일에 베이징으로 돌아왔다. 다음 날, 그는 중국공산당 정치국 회의에서 제네바의 중국 대표단이 "프랑스, 영국, 동남아 국가들, 인도차이나 3개국과의 협력을 추구하는 정책 노선을 채택했다"라고 보고했다. 즉 "단결할 수 있는 모든 국제 세력과 단결하고 미국을 고립시켜, 세계 패권을 확장하려는 계획을 방해하고 약화되도록" 하는 것이었다. 마오와 정치국은 저우의 보고서를 전적으로 지지했다.[33]

7월 9일, 저우는 베이징에서 모스크바로 가는 비행기를 탔다. 다음 날, 그는 게오르기 M. 말렌코프가 이끄는 소비에트 지도자단을 만났다. 저우는 그와 소비에트가 생각이 같음을 알았다. 그들은 함께 "프랑스 정부가 받아들일 수 있는 공정하고 합리적인 조건들을 도입하여, 인도차이나의 평화 회복에 관한 합의가 신속하게 달성되도록" 하는 데 동의했다. 특히 "미국의 간섭과 방해를 막는 것"이 중요했다.[34]

저우는 7월 12일 오후에 제네바에 도착했다. 그날 저녁 일곱 시, 그는 몰로토프를 만나 호와의 류저우 회담에 대해 공유했다. 몰로토프는 저우에게 16도선에 분계선을 설정하는 것이 실현 가능하다고 믿는지 물었다. 저우는 그와 호가 16도선을 따라 분계선을 긋는 해결책을 목표하기로 동의했지만, 필요한 경우 17도선도 받아들일 것이라고 대답했다.[35]

505

그러나 저우는 동이 '7월 5일 지시'를 실행하는 데 열의가 부족하다는 것을 감지했다. 따라서 그는 동과 밤새 회의했고, 그 지시가 중국, 소비에트, 베트남 지도자들 간 합의에 기초한 것이라고 말했다. 저우는 말했다. 미국이 인도차이나에 직접 군사개입할 위험은 심각하고 현실적이라고. 그는 강조했다. 그러한 개입을 피하기 위해 공산주의 측은 "적극적이고, 긍정적이며, 신속하게 해결을 추구해야 하며, 협상을 복잡하게 만드는 것을 피해야 망데스프랑스가 물러나지 않을 것이다." 저우는 또한 동에게 약속했다. "프랑스가 최종적으로 철수하면, 베트남 전체가 당신들의 것이 될 것이다." 비록 반드시 그의 압력 때문은 아니었지만, 동은 마침내 저우의 논리에 굴복했다.[36]

저우는 그날 밤 잠을 거의 자지 못했다. 7월 13일 오전 10시 30분, 그는 망데스프랑스와 악수하고 있었다. 그는 프랑스 총리가 이제 주로 분계선의 위치를 우려하고 있다는 것을 알았다. 저우는 그에게 공산주의자들이 16도선을 따라 선을 긋는 것을 선호하지만, 타협할 용의가 있다고 말했다.[37] 오전 11시 45분, 저우는 이든과 협의하여 영국 외무장관에게 중국과 베트남이 인도차이나의 평화를 추구하는 데 합의했으며, 비엣민이 타협할 용의가 있다고 말했다. 그는 이든에게 약속했다. "만약 프랑스가 구역 분할 문제에 대해 추가로 양보한다면, 베트남 측도 마땅한 양보를 할 것이다."[38]

저우는 자신이 한 말을 지켰다. 회의의 최종 협상 라운드에서 망데스프랑스는 17도선에 분계선을 설정하는 것이 자신이 최대로 양보할 수 있는 한계이며, 만약 그 이상 더 양보한다면 자신은 사임해야 할 것이라고 주장했다. 저우는 몰로토프의 격려를 받아 프랑스의 요구를 충족시키기 위해 분계선에 대한 공산주의 측 입장을 16도선에서 17도선으로 변경하기로 결정했다.[39] 그리하여 제네바 회의는 7월 21일 이른 아침에 인도차이나에 관한 해결에 도달했다. 저우는 그에게, 공식적으로 망데스프랑스가 마감 시한을 넘긴 것은 아니라고 말했다.

*****

제네바에서 저우의 의제는 인도차이나에 관한 외교에 집중하면서도, 서방 자본주의국가들과의 무역 관계를 확장하려는 노력을 포함했다. 저우가 데려간 이백 명 넘는 수행원 중에는 중국의 무역을 관리하는 그룹이 있었는데, 저우는 그들에게 자신이 세간의 이목을 끄는 외교 문제를 회의하느라 바쁠 동안, 자본주의국가들, 특히 영국 대표들과 사적으로 회담할 권한을 부여했다. 저우의 동료이자 중국의 첫 대외무역부 부부장이었던 레이런민(雷任民)이 회의의 부수적인 활동으로서 이러한 일들을 감독했다. 5월 초부터 그는 베이징에 주재하는 영국 대리 대사 험프리 트레벨리언(Humphrey Trevelyan)과 영국산업연맹 해외 이사 피터 테넌트(Peter Tennant)와 여러 차례 회의하며 양국 간 무역 기회를 탐색했다.[40]

이러한 회의의 후속 조치로 5월 28일, 레이는 노동당의 해럴드 윌슨(Harold Wilson)과 보수당의 롭슨 브라운(Robson Brown)이라는 영국 의회 중진 의원 두 명과 만났다. 이틀 후, 저우도 두 의원과 만났다. 윌슨은 영국과 중국이 각각 베이징과 런던에 무역 사무소를 설치할 것을 제안했다. 저우는 대답했다. "고려해 보겠다."[41] 저우는 6월 1일 마오에게 전보를 보내 "중영 관계를 증진하기 위해, 우리는 런던에 완전한 외교적 특권과 지위를 누릴 영구적인 무역 사무소를 설치하는 문제를 공식적으로 제기할 수 있다"라고 제안했다. 마오와 중국공산당 지도부는 이틀 만에 저우의 제안을 승인했다.[42] 저우는 6월 1일 이든과 만나 중국과 영국이 각자의 수도에 영사관을 설치하기로 합의했다.[43] 6월 17일, 중국과 영국은 양국 간 영사급 외교관계 수립을 발표하는 공동성명을 발표했다. 이어서 6월 말부터 7월 중순까지 중국 무역 대표단이 영국을 방문했다. 저우에게 이러한 발전들은 "영국과의 무역 및 외교관계 개선"을 의미했으며, 이는 "미국을 더욱 고립"시키고 "제네바 회의에서 우리가 거둔 성과를 확장"하는 데 기여했다.[44]

심지어 미국에 대해서도 저우는 기회가 있을 때마다 약간씩 유연성을 보였다. 의심할 여지 없이 미국은 당시 신중국의 주적이었다. 그러나 저우는 미국인들과 거래하기를 거부하지 않았고, 심지어 제네바 회의를 워싱턴과의 소통 창구를 열 기회로 간주했다. 그는 존 포스터 덜레스(John Foster Dulles)에 대해 매우 나쁜 인상을 가지고 있었다. 그러나 이것은 미국 국무장관이 그와 악수하기를 거부했기 때문은 아니었다(실제로 그런 일은 없었다). 그것은 베이징에 대한 덜레스의 경직된 태도 때문이었다. 그에 비해 덜레스의 대리인 월터 베델 스미스(Walter Bedell Smith)에 대한 인상은 훨씬 더 좋았다. 그는 동료들에게 말했다. "미 제국주의자들은 똑같지 않으니, 우리는 그들을 같은 방식으로 보아서는 안 된다."[45]

5월 19일, 트레벨리언은 저우의 동료 중 한 명인 환샹(宦鄕)을 만났다. 트레벨리언은 사적인 자격으로 다른 나라에 거주하는 중국인과 미국인 국민들이 자국으로 돌아갈 수 있는 해결책을 고안하는 것을 도울 용의가 있다고 말했다. 환은 "지시를 받기 위해 보고하고 나중에 회답하겠다"라고 대답했다.[46] 저우는 환으로부터 보고받은 즉시 트레벨리언의 접근 방식에 기회가 있음을 인식하고 긍정적으로 응답하기로 결정했다. 5월 26일, 당시 중국 대표단 대변인이었던 황화는 중국과 미국 측이 "이러한 문제들에 대해 직접 접촉해야 한다"라고 공개적으로 발표했다. 6월 3일 중국공산당 중앙에 보낸 전보에서 저우는 상황을 다음과 같이 분석했다. "미국 정부와 미국 대표단 내부에 차이점이 존재하는 것 같다." 따라서 중국 측은 "짧은 기간 기다렸다가, 만약 미국인들이 실제로 협상에 나온다면 그들과 접촉하기 위해 우리의 기존 정책을 따르고, 그런 다음 접촉 결과에 따라 어디서 협상할지 결정해야 한다…… 만약 미국 측이 우리와 접촉하기를 원하지 않는다면, 우리는 즉시 성명을 발표하여 우리의 일관된 정책과 법을 위반한 미국인들을 처벌하고 법을 준수하는 미국 거주자들을 보호하는 실제 상황을 명확히 하고, 우리 학생들을 억류하는 미국 측의 근거 없는 행동을 폭로하고 비난할 수 있다."[47]

6월 4일에 돌파구가 열렸다. 트레벨리언이 환에게 미국 측이 만약 트레벨리언도 참석한다면, 중국 측과 외국 거주자 송환 문제에 대한 협상을 시작하겠다고 알렸다. 미국 측은 체코슬로바키아 주재 미국 대사 유럴 알렉시스 존슨(Ural Alexis Johnson)을 대표로 임명할 것이며, 중국이 폴란드 주재 중국 대사인 왕빙난을 중국 대표로 세우기를 희망했다. 더욱이 미국 대표단은 회담이 다음 날 시작되기를 희망했다.[48] 저우는 즉시 트레벨리언의 제안을 받아들이기로 결정했다. 같은 날 오후, 환과 트레벨리언은 다시 만나 "초기 접촉은 내일 시작될 것"이라고 합의했다.[49]

6월 5일부터 저우의 직접적인 지도 아래 왕과 존슨은 제네바에서 네 차례 영사급 회의를 가졌다. 양측은 주로 상대국에 갇힌 자국민들에 관한 문제들을 논의했다. 이러한 회의들로부터 실질적인 돌파구가 나오지는 않았다. 그럼에도 불구하고 그것들은 베이징과 워싱턴 간 소통 창구 역할을 했다. 이 회담들이 6월 21일에 끝났을 때, 양측은 자국에 거주하는 상대국 국민 및 학생들의 송환에 대해 "정보를 전달하는 참모들을 통해" 연락을 유지하기로 합의했다.[50] 이로써 일 년 후 중미 대사급 회담 시작으로 이어질 좁은 문을 열어 두었다.

*****

저우는 회의를 위해 설정했던 목표를 거의 모두 달성하고 제네바를 떠 났다. 실제로 그의 국제외교 데뷔는 대성공이었다. 공산주의자들이 통치 하는 북베트남의 창설은 동남아시아의 자본주의 세계와 중국 사이에 완 충지대를 형성할 것이었다. 프랑스, 영국과 같은 서방 강대국들과 대화 를 시작한 것은 중화인민공화국이 세계적으로 고립된 상황을 끝내는 데 도움이 될 것이었다. 무엇보다 중국은 제네바 회의에서 중요한 역할을 수행함으로써 근현대사상 처음으로 친구와 적 모두로부터 진정한 세계 강국으로 인식되며 국제사회에 받아들여졌음을 보여 주었다. 이러한 성 과들은 '우리 중국인은 일어섰다'는 마오의 선언을 반영하는 듯 보였다. 그리고 이로써 마오, 저우, 중국공산당 지도부는 더 광범위하고 깊은 국 내 동원을 촉진할 새로운 권위를 얻었다.

*****

그러나 저우의 영광스러운 순간은 곧 갑작스럽게 끝났다. 제네바 회의 후, 그는 중화인민공화국과의 연대를 강화하기 위해 여러 동유럽 국가들 을 방문했다. 7월 말, 폴란드를 방문하는 동안 저우는 베이징으로부터 전 보를 받았는데, 이는 그를 즉시 혼란과 충격에 빠뜨렸다. 마오가 덩샤오 핑에게 중앙위원회를 대신하여 저우에게 전보를 작성하고 보내도록 지 시했던 것이다. 총리는 "제네바 회의 이후 상황을 연구한 결과" 중앙위원 회가 미국이 "제네바에서의 실패에 불만을 품고" 계속해서 "우리 나라를 적대"할 것이며 "국제 문제에서 긴장을 조성"하는 정책을 수행할 것이라 고 결론 내렸다는 통보를 받았다. 이어지는 내용은 타이완으로 눈을 돌렸다. "지금 우리는 여전히 장의 도적 무리와 전쟁을 벌일 전망에 직면해 있으며, 타이완을 해방하는 과업을 완수해야 한다." 전보는 계속 주장했다. "한국전쟁이 끝난 이후, 우리는 전국 인민들에게 타이완을 해방하는 과업을 시기적절하게 부각하지 못했다(우리는 약 6개월 늦었다)⋯⋯ 만약 우리가 지금 그 과업을 강조하고 완수하기 위해 노력하지 않는다면, 심각한 정치적 실수를 저지르게 될 것이다."[51]

비록 저우에게 보낸 전보였지만, 그의 이름은 어디에도 나타나지 않았다. 그럼에도 불구하고 제네바 회의 전이나 도중에 타이완 문제를 제기하지 않은 실패를 비판하는 메시지는 분명히 저우를 겨냥했다. 이는 부당한 비판이었다. 만약 저우가 제네바 회의 의제에 타이완 문제를 추가하려 했다면, 인도차이나에 대한 논의는 필연적으로 탈선했을 것이다. 그런 경우에 회의에서 평화협정이 타결될 수나 있었을까? 더욱이 전보의 어조는 저우가 제네바에서 신중국이 유연하고 합리적인 행위자임을 보여 주려고 했던 노력과 부조화를 이루었다. 마오는 제네바에서 그처럼 큰 외교적 성과를 거둔 것에 대해 저우를 칭찬하는 대신, 비판하기로 했다. 저우의 기쁨과 흥분은 사라졌다.

이 질책에서 마오는 중국의 대외 정책과 전략에 대한 자신의 기본적인 인식 일부를 드러냈다. 저우가 국제 긴장을 완화하기 위해 아무리 노력했더라도, 마오는 중국의 외부 환경에서 풍부한 긴장과 잠재된 대립을 보았다. 또한 그 국제적 긴장을 국내 동원을 촉진하는 데 사용하기를 열망했다. 같은 전보에서 그는 명시적으로 강조했다.

(타이완을 해방하는) 과업의 도입은 단지 미국-장 군사 조약 체결 음모를 약화하기 위한 것만이 아니다. 오히려, 그리고 더 중요하게는, 그 과업을 부각함으로써 우리는 전국 인민의 정치의식과 경각심을 높이

고자 한다. 우리는 우리 인민의 혁명적 열정을 불러일으켜 우리 민족의 사회주의적 재건을 촉진하고자 한다.[52]

마오가 저우에 가한 갑작스러운 공격은 아마도 더 미묘한 의미를 담고 있었을 것이다. 제네바에서의 활약은 저우에게 거대한 국제적 명성을 안겨 주었을 뿐만 아니라, 중국 내, 특히 중국공산당 지도부 내에서 그의 영향력과 위상을 더욱 증대시킬 것이 확실했다. 마오는 저우의 상승 궤도를 억제하기 위해 무언가를 할 필요성을 느꼈을까? 확실히 중앙위원회로부터 온 전보에서 저우가 제네바에서 거둔 빛나는 외교적 성과에 대해 공로를 인정받지 못하고, 도리어 '실수'를 했다며 질책받은 것은 부당했다. 그러나 저우를 비판함으로써 마오는 총리에게 경고를 보냈다. 실제로 여기서 우리는 중화인민공화국 건국 이래 수많은 경우에 일어났던 현상을 관찰한다. 즉 저우가 국가 또는 외교 문제에서 뛰어난 공헌을 할 때마다 마오는 그를 비판하거나 공격할 구실을 찾곤 했다.[53] 제네바 이후의 이 일화는 그러한 경우들 중 하나에 불과했다.

★★★★★

저우가 전보를 받았을 즈음,《인민일보(人民日報)》는 이미 "중국 인민은 타이완을 해방해야 한다"라고 선언하는 사설을 게재했다.[54] 이 움직임은 효과적으로 타이완 문제를 국제적 대결의 장으로 끌어올렸다. 저우는 즉시 주석이 그에게 저질렀다고 비난한 '실수'에 대해 '심각한 자기비판'을 발표했다. 그는 또한 즉시 행동에 나섰다. 7월 29일 모스크바에서 소비에트 지도자 흐루쇼프와 말렌코프를 만났을 때, 저우는 중국공산당의 새로운 타이완 정책을 상세히 설명했다. "제네바 이후 국제 긴장 완화를 위

해 노력한다"라는 회의의 본래 주제는 옆으로 밀려났다.[55]

마오가 빈말을 한 것은 아니었다. 중국 언론은 "우리는 반드시 타이완을 해방해야 한다"를 주요 표어로 삼고 여름 내내 선전 운동을 벌였다. 9월 3일, 푸젠의 인민해방군 해안 포병 부대가 국민당이 통제하는 진면 섬을 포격하여 타이완해협의 긴장을 고조시켰다. 이에 대응하여 워싱턴은 상호 방위 조약을 두고 국민당과 회담을 가속했고, 12월 5일에 공식 체결했다. 내부 논의에서 워싱턴의 군사 기획가들은 위기가 계속 고조될 경우 핵무기를 사용하는 것까지 고려했다.[56] 1955년 초, 미 의회가 미-타이완 조약을 비준하기 전에 인민해방군은 국민당이 통제하고 있던 저장성 해안의 섬 두 곳을 점령했다. 중미 관계는 더욱 악화되었다.

제네바에서 저우가 보여 준 외교는 타이완에 대한 베이징의 호전적인 정책들과 극명한 대조를 이루는 것처럼 보였다. 저우는 제네바에서 그랬던 것처럼 온건한 국제 정책을 선호할 것인지, 아니면 베이징의 타이완 위기 선동이 보여 주듯이 중화인민공화국이 창립 이래 추구해 온 급진적인 반제국주의 정책을 고수할 것인지 사이에서 딜레마에 직면했다. 그러나 지속적인 국내 동원을 자극하려는 마오의 시도에서, 중국 대외 정책의 두 측면, 즉 '부드러운' 측면과 '강경한' 측면은 거의 하나로 합쳐지는 것처럼 보였다. 둘 다 평범한 중국 인민의 애국 의식과 혁명적 민족주의를 자극하여 '계속혁명' 프로그램을 촉진하려는 그의 목적에 기여했다.

마오는 저우와 같이 외교정책의 '부드러운' 측면과 '강경한' 측면을 매우 미묘하고 정교한 방식으로 결합하여 실천할 수 있는 사람이 거의 없음을 알았다. 마오는 종종 저우를 비판했지만, 그는 항상 신중국의 '외교적 얼굴'로서 저우를 필요로 했다.

★★★★★

1955년 봄, 타이완해협을 따라 울리던 포성이 마침내 잠잠해졌을 때, 저우는 다시 한번 또 다른 주요 국제 행사인 인도네시아 반둥에서의 아시아-아프리카 회의로 가는 길 위에 있었다.

제네바가 저우에게 세계 무대 데뷔였다면, 반둥은 그가 국제적 스포트라이트를 받으며 공연할 또 다른 주요 기회였다. 1954년 4월과 5월, 버마, 실론, 인도, 인도네시아, 파키스탄의 지도자들은 아시아 및 아프리카 국가들의 정상회담을 소집할 것을 제안했다. 회의를 위한 계획이 구체화되기 시작하면서, 중화인민공화국을 회의에 초대할지 여부를 놓고 여러 아시아 국가들 간에 의견이 심각하게 갈렸다. 저우는 이 논란을 알고 즉시 아시아-아프리카 회의가 중국이 비서구 국가들 사이에서 영향력을 확장할 중요한 기회임을 인식했다. 그는 처음부터 중국의 많은 인구, 광대한 규모, 오랜 역사, 심오한 문화, 특히 근현대에 '반식민지 국가'였던 경험이 그 존재만으로도 회의에서 중국을 중심적인 행위자가 되게 할 것임을 이해했다. 뒤따를 일들은 중국의 국제적 영향력뿐만 아니라 중국공산당의 국내 동원 노력에도 큰 영향을 미칠 것이었다. 따라서 중국이 회의에 참석하는 것이 매우 중요했다.[57]

이전에 1954년 6월 말 제네바 회의가 휴회했을 때, 저우는 베이징으로 돌아가는 비행기에서 우회하여 뉴델리와 양곤을 방문했고, 거기서 각각 인도 총리 자와할랄 네루와 버마 총리 우 누(U Nu)를 만났다. 그는 베이징에 보고했다. "방문의 주된 목적은 동남아시아에서 미국의 침략 블록 조직 음모에 심각한 타격을 주고, 또한 인도차이나의 평화 회복을 촉진하기 위해 일종의 아시아 평화협정을 마련할 준비를 하는 것이었다."[58]

저우는 뉴델리에서 이틀을 머물렀고, 거기서 네루와 동아시아 및 남아시아에 '평화 지대'를 설정할 가능성에 대해 협의했다. 저우는 네루에게 중국과 인도는 정치 및 사회 체제가 다르지만, 역사적 배경이 유사하며 둘 다 '동양 문화'에 속한다고 말했다. 더욱이 양국 모두 서구 제국주의와 식민주의의 억압과 착취로 고통받았다. 이 모든 것을 고려할 때, 저우는 중국과 인도가 평화 공존의 원칙에 기초하여 관계 맺어야 한다고 판단했다. 그는 더 나아가 강조했다. 만약 그런다면, 베이징과 뉴델리는 다른 아시아 국가들이 따를 '좋은 모델'을 세우게 될 것이라고. 네루에게 자신의 진정성을 보여주기 위해 저우는 공산주의자로서 혁명의 필요성을 믿지만, 한 나라에서 다른 나라로 혁명을 수출하는 것을 지지하지 않는다고 말했다.[59] 저우와 네루는 공동성명을 발표했는데, 여기서 그들은 '평화 공존 5원칙'이 국가 간 관계를 뒷받침하는 기본 토대일 뿐만 아니라, 국제관계의 전체적인 토대가 되어야 한다고 선언했다.[60] 인도 방문에 이어 저우는 버마를 방문하여 우 누 총리와 유사한 공동성명을 발표했다.[61] 저우는 베이징이 반둥 회의에 참석하는 것에 대하여 인도와 버마 양국의 확고한 지지를 확보했다.[62]

네루와 우 누는 각각 1954년 가을에 베이징을 방문했다. 그곳에서 그들은 마오를 만났고 저우와 장시간 회담했다. 저우와 고위 인사들이 나눈 토론의 중심에는 아시아 및 아프리카 국가들 간 단결을 구축하는 방법에 대한 문제가 있었다. 저우는 그들에게 아시아-아프리카 회의에 참석하고 싶다고 분명히 말했다. 네루와 우 누 모두 저우에게 인도와 버마가 반둥 회의에 중화인민공화국, 특히 저우가 참여하기를 확고하게 지지한다고 말했다. 그들은 또한 중국이 회의를 성공으로 이끄는 데 중요한 역할을 하기를 희망했다.[63]

저우는 '아시아-아프리카 회의 참여 계획'을 수립하기 위한 특별 전담 조직을 이끌었다. 저우는 개인적으로 그 계획을 수정했고, 이는 중국공산당 정치국에 의해 승인되었다.[64] 계획은 지적했다. "서구 제국주의 국가들이 참석하지 않고 아시아와 아프리카 대다수 국가들이 참석하는" 회의가 "아시아와 아프리카 인민들의 민족 독립을 위한 투쟁이 급속히 발전하는" 맥락에서 소집되고 있다고. 반둥 회의에 참여할 국가들 중에는 "중화인민공화국과 베트남민주공화국과 같은 사회주의국가들뿐만 아니라 평화적 중립을 지지하는 많은 국가"가 있었다. 계획에 따르면, 회의에 참석함으로써 중국은 "세계 평화를 위한 통일전선을 확장하고, 민족독립운동을 촉진하며, 다양한 아시아 및 아프리카 국가들과 외교관계를 수립하고 강화하기 위한 조건을 창출하기 위해 노력해야 한다."[65]

회의 전략과 관련하여 저우는 중국이 정상회담에 참석하는 것만으로도 신중국 외교의 큰 승리를 의미할 것이라고 판단했다. 따라서 중국 대표들은 회의에서 급진적인 발언을 피해야 했다. 회의의 성공을 보장하기 위해, 중국 대표단은 "공산주의 문제에 대해 토론하는 대신" 중국과 다른 아시아 및 아프리카 국가들이 공유하는 역사, 문화적 유산과 제국주의 및 식민주의 침략으로 고통받은 근대 경험을 강조할 것이었다.[66]

★★★★★

저우는 인도네시아로 비행기를 타고 갈 준비를 할 때, 그의 경력 중 가장 심각한 암살 시도에 직면했다. 그를 암살하려던 자들은 타이완의 국민당 정권을 위해 일하는 특수 요원들이었다. 국민당이 저우의 목숨을 노린 이유는 매우 명백했다. 만약 저우가 아시아-아프리카 회의에 참석한다면, 이는 베이징에게 또 다른 주요한 외교적 승리가 될 것이고, 아시아 및 아프리카 국가들 사이에서 타이완의 영향력을 감소시킬 것이었기 때문이다. 아시아 및 아프리카 국가들은 여전히 대부분 장의 정부를 중국의 합법적인 대표로 인정하고 있었다. 타이완의 정보기관들은 저우를 암살하려 홍콩 및 아시아 다른 지역의 모든 자원을 동원했다. 그러나 저우의 지휘하에 있는 중화인민공화국 정보기관들이 적의 계획을 가로챘다. 원래 저우는 중화인민공화국 정부가 전세 낸 에어인디아 소유의 록히드 L-749A 항공기인 '캐시미르 프린세스(Kashmir Princess)'호를 타고 홍콩에서 인도네시아로 비행할 예정이었다. 마지막 순간에 저우는 다른 비행기를 타고 경로를 바꾸어 인도네시아로 가기로 결정했다.[67]

4월 11일, 홍콩에서 활동하는 타이완 요원들이 캐시미르 프린세스호에 폭탄을 설치하는 데 성공했다. 저우 대신 중국 대표단의 여러 직원과 기자 들이 그 비행기에 탑승했다. 베이징이 경고했음에도 불구하고 영국 홍콩 당국은 폭탄을 발견하지 못했고 따라서 그 음모를 막지 못했다. 캐시미르 프린세스호는 홍콩에서 인도네시아로 가는 도중 공중에서 폭발했고, 남중국해에 추락했다. 비행기에 타고 있던 승무원과 승객 19명 중 16명이 사망하고 3명이 살아남았다. 그러나 저우는 냉전 역사상 가장 극적인 암살 중 하나가 될 뻔한 사건에서 희생되는 것을 간신히 피했다.

중국 자료들은 베이징이 어떻게 정보를 가로챘는지, 특히 저우가 타이완 요원들이 비행기를 파괴할 것임을 알고서도 왜 여전히 그 비행기로 중국 대표단 구성원과 중국 및 친중화인민공화국 외국 기자 들을 홍콩에서 인도네시아로 수송했는지에 대해 결코 밝히지 않았다. 이러한 질문들은 여전히 명확한 답을 기다리고 있다.

그러나 저우와 동료들은 영국과의 거래에서 그 추락 사고를 활용했다. 실제로 그들은 홍콩에서 베이징의 영향력과 활동 수행 능력을 크게 향상하는 데 성공했다. 1955년 10월, 홍콩 총독 알렉산더 그랜섬(Alexander Grantham) 경이 '개인적으로' 베이징을 방문했다. 저우는 그와 세 시간 동안 '비공식' 회담을 했고, 여기서 그는 그랜섬에게 중국이 "영국이 홍콩에 계속 머무는 것을 용인할" 의향이 있음을 밝혔다. 저우는 또한 홍콩에 대한 특정 "행동 규칙"을 확인했다. 예를 들어, 영국은 그 영토를 민주주의나 자치로 이끌어서는 안 되며, 외국 세력은 그것을 군사기지로 사용해서는 안 되고, 국민당의 전복 활동은 방지되어야 하며 중국 관리들의 안전은 보호되어야 하고, 중국의 경제적 이익을 방해해서는 안 된다는 것이었다.[68] 1956년 3월 12일, 영국 정부는 베이징에 더 나아가 약속했다. "여왕 폐하의 정부는 홍콩이 누구에 대한 적대적인 활동의 기지로 사용되는 것을 허용할 의도가 없다…… 여왕 폐하의 정부는 만약 미래에 홍콩의 시설이 의도적으로 남용된다고 간주되면, 필요하다고 판단되는 모든 조치를 취할 자유를 가질 것임을 분명히 하고자 한다."[69] 이것은 저우가 매우 받고 싶어 했던 응답이었다.

*****

저우는 4월 16일에 자카르타에 도착하여 다음 날 반둥으로 가는 비행기를 탔다. 저우의 카리스마 넘치는 성격과 외교 기술은 그가 아시아-아프리카 회의에 참여할 때 예정되어 있던 기조를 세련되게 다듬었다. 공개 행사에서 그는 베이징의 국내외 정책을 발표할 때 급진적인 언어 사용을 신중하게 피했다. 사적인 회담에서 그는 베이징이 평화를 선호하며, 신중국이 다른 나라에 혁명을 수출하지 않을 것이라고 거듭 강조했다. 특히 그는 반대 의견에 정면으로 반박하는 것을 신중하게 피했고, 자신이 회의가 성공하기를 가장 열망하는 참석자라는 이미지를 만들었다. 실제로 저우는 심지어 중미 관계라는 매우 민감한 주제까지 꺼냈다. 그는 베이징이 "극동의 긴장"을 줄이고 중국과 미국 간 차이점을 해결하기 위해 워싱턴과 협상할 용의가 있다고 발표했다.[70]

　그러나 이러한 노력들은 회의 참가자들 사이에 널리 퍼져 있던 베이징이 반둥에 출현한 의도에 대한 의심을 불식시키기에는 여전히 불충분했다. 냉전 시대를 특징짓는 긴장된 분위기가 주로 암묵적으로, 때로는 드러내 놓고 회의에 만연했다. 여러 나라 대표들은 심지어 인민공화국을 '붉은 제국주의' 국가라고 공격했다. 저우는 이러한 상황을 극복하기 위해 비상한 수단이 필요하다는 것을 알았다. 그는 회의에 출발하기 한참 전인 4월 19일 전체 회의에서 발표할 연설을 준비했다. 마오는 연설의 여러 초안을 검토하고 수정했으며, 최종적으로 평화 공존 5원칙에 따라 아시아 및 아프리카 국가들 간 협력의 가능성과 필요성을 강조하는 최종안을 승인했다. 이는 서구 식민주의와 제국주의의 희생자로서 그들이 공유하는 경험 때문이었다.[71] 그러나 반둥에 도착한 후 저우는 친서방 또는 친미 국가들의 지도자들이 중국의 동기와 목적을 깊이 의심하고 있음을 감지했다. 저우가 가장 걱정하고 심지어 모욕적으로 생각했던 것은, 이 지도자들이 신중국을 사악하고 팽창주의적인 공산주의국가로 볼 뿐만 아니라, 자신만의 정체성이나 포부가 없는 소비에트의 꼭두각시로 간주했다는 점이다. 저우는 이러한 규정이 중화인민공화국이 회의뿐만 아니라 더 넓은 비서구 세계에서 중심적인 역할을 할 수 있는 기본 자격을 약화시킬 것을 점점 더 우려하게 되었다. 그는 이 문제를 해결하는 것을 중화인민공화국이 회의에 참석하는 주된 목적으로 보았다.[72]

　마오와 상의할 시간도 없이 저우는 마지막 순간에 변경을 주도했다. 그는 준비된 노트를 회의에 배포하되, 아시아 및 아프리카 국가들 간 "차이점에도 불구하고 공통점을 추구"하려는 중화인민공화국의 소망과 도덕적 능력을 더욱 강조하는 편집본을 고안하여, 그들이 집단적으로 세계 문제에서 더 큰 역할을 할 수 있도록 했다.

　4월 19일 오후, 꽉 찬 회의장에서 저우는 연단에 섰다. 그는 아시아 및 아프리카 지도자 동료들에게 큰 소리로 선언했다. "중국 대표단은 분열을 조장하기 위해서가 아니라 공통점을 찾기 위해 여기에 왔다." 그는 수사적으로 물었다. "우리 사이에 공통점이 있다고 믿을 만한 이유가 있는가?" 그런 다음 그는 자신의 대답을 내놓았다. "그렇다." 그는 여러 차이점(날카로운 이념적 분기를 포함하여)에도 불구하고, 그들은 모두 근현대사에서 "식민주의로 인한 재앙으로 고통받았고 여전히 고통받고 있는" 아시아 및 아프리카 국가들이며, "완전한 독립을 위한 투쟁을 계속" 하는 공동의 대의로 연결되어 있다고 강조했다. 그는 자신이 공산주의자이며, 공산주의가 중국을 현대화하고 세계를 변혁하는 수단으로 선호되어야 한다고 믿는다고 강조했다. 그럼에도 불구하고 그는 회의에 물었다. "우리가 서로를 이해하고 존중하며, 서로에게 지지와 동정을 보낼 수 없는 이유가 있는가?" 다시 한번 그는 자답했다. "물론 있다." 저우는 "5원칙을 우리 사이에 우정, 협력, 선린 관계를 수립하는 기초로 삼을 이유가 충분하다"라고 말했다.[73]

이 연설은 저우의 오랜 경력 중 가장 중요하고 성공적인 연설 중 하나로 널리 칭송받아 왔다. 그는 중국이 역사 발전의 거대한 계획 속에서 제국주의와 식민주의의 세계적 지배에 반대하여 서 있는 아시아 및 아프리카 국가들 중 하나임을 분명히 했다. 비록 저우의 연설에 혁명적인 용어는 없었지만, 그가 연설한 맥락은 그것에 심오한 혁명적 의미를 부여했다. 저우는 사실상 다른 아시아 및 아프리카 국가들과 중국의 공유된 경험에 의해 정당화된 새로운 국제 규범 및 행동 규범 세트를 도입했다. 그리하여 중국이 역사 발전의 올바른 편에 서 있다는 것을 분명히 했다.

그리하여 1955년 4월 19일 오후, 저우가 낮잠을 포기하고 준비한 연설을 발표했을 때, 그는 다시 한번 세계에 외교 거인이자 일류 정치가로서의 자질을 보여 주었다.

*****

　반둥 이후 저우는 아시아 및 아프리카 국가들과의 관계 발전에 더욱 주의를 기울이는 동시에, 더 넓은 비서구 세계의 국제 문제에 더 적극적으로 참여했다. 그의 지휘 아래, 때로는 긴밀한 감독 또는 심지어 직접적인 개입하에 인민공화국은 짧은 기간에 아프가니스탄, 캄보디아, 실론, 이집트, 기니, 이라크, 모로코, 시리아, 수단, 예멘을 포함한 아시아 및 아프리카 국가들과 외교관계를 수립했다.

　1956년 수에즈 위기가 발발했을 때, 저우는 베이징이 이집트 대통령 가말 압델 나세르(Gamal Abdel Nasser)의 수에즈 운하 국유화 결정을 소리 높여 지지하도록 했다. 그는 베이징 주재 이집트 대사인 하산 라가브(Hassan Ragab)와 두 차례 만나 강조했다. "만약 나세르 대통령과 아랍 인민이 계속 저항한다면, 승리는 확실히 그들의 것이 될 것이다…… 그리고 중국은 그들을 지원하기 위해 최선을 다할 것이다."[74] 11월 10일, 저우는 나세르에게 전보를 보내, 중국이 제국주의에 대한 그의 투쟁을 지원하기 위해 이천만 스위스 프랑에 상당하는 현금을 이집트에 기부할 것이라고 발표했다.[75]

　그러나 저우는 서방 자본주의국가들을 무시하지 않았다. 제네바 이후, 그는 영국, 프랑스 및 다른 서방 국가들과 열었던 새로운 채널들을 최대한 활용하려 노력했다. 1954년 가을, 그는 전 영국 총리이자 당시 노동당 지도자였던 클레멘트 애틀리(Clement Attlee)의 베이징 방문을 개인적으로 주선했다. 저우는 애틀리에게 "중국은 영국과의 평화적 협력을 증진하기 위해 모든 조치를 취할 용의가 있다"라고 약속하면서, 영국 정부가 베이징의 유엔 의석 확보와 타이완의 유엔 축출을 지지하여 중국과 영국의 외교관계를 대사급으로 격상시키도록 압력을 가할 것을 촉구했다.[76]

저우는 일부러 애틀리에게 홍콩에 대해 언급하지 않았다. 그는 외교부 간부 회의에서 설명했다. "토론할 준비가 되지 않은 문제들에 관해서는, 토론해서는 안 된다. 한 가지 예는 홍콩 문제다…… 우리가 홍콩을 되찾아야 하는가? 그리고 어떻게 되찾을 수 있는가? 우리 정부는 그 문제를 고려할 수 없었으므로, 우리는 그것에 대해 이야기해서는 안 된다."[77]

일본 또한 저우가 주의를 많이 기울인 나라였다. 1951년, 저우는 샌프란시스코 평화조약을 맹렬히 비난했다. 그러나 그동안 그는 일부 일본 민간 기업들이 중국과 무역하기를 희망한다는 징후를 포착했다. 1952년, 그는 모스크바에서 열린 국제 경제 회의에 참석한 중국 수석 대표 난한천(南漢宸)에게 야당 소속 일본 국회의원 3명, 즉 고라 도미(高良とみ), 호아시 게이(帆足計), 미야코시 기스케(宮越喜助)와 만나라고 지시했다. 그런 다음 저우의 지원을 받아 그들은 베이징을 방문했고, 6월 1일에 중국 대표 난과 비공식적인 중일 무역협정을 체결했다.[78] 그러나 한국전쟁이 여전히 진행 중이었기 때문에 협정은 이행되지 않았다.

한국전쟁 정전협정 체결과 함께, 일본 국회 양원은 각각 일본 정부에 중국과의 무역 제한을 완화할 것을 촉구하는 결의안을 통과시켰다. 저우는 즉시 이 전개를 활용하여 다양한 채널을 통해 "일본 친구들"에게 메시지를 전달했다. "우리는 일본과 평화를 회복하고, 평등과 상호 이익의 기초 위에서 무역 관계를 수립할 용의가 있다."[79] 1953년 10월, 일본 국회의원단이 중국을 방문했을 때, 저우의 지휘 아래 중국 측은 그들과 또 다른 비공식 무역협정을 체결했다.[80] 1954년 12월, 하토야마 이치로(鳩山一郎)가 일본 총리가 되어 베이징과 관계를 개선하는 데 더 유연한 접근법을 채택했다. 다음 달, 일본국제무역촉진협회 회장인 무라타 쇼조(村田省蔵)가 민간인 자격으로 중국을 방문했고, 1955년 1월 23일, 저우는 그와 만났다. 무라타는 자신이 새로운 일중 무역협정을 체결하는 길을 닦기 위해 중국에 왔다고 강조했다. 그는 또한 베이징의 일본공산당(JCP)이 일본 정부에 대한 전복 활동을 수행하는 것을 지지하는지 여부와, 중소 동맹 조약에서 일본이 어떻게 간주되는지를 설명하는 방법과 같은 베이징의 대일 정책에 관해 질문했다. 저우는 평화 공존 5원칙이 "중일 관계에 완전히 적용되어야 한다"라고 말했다. 저우는 강조했다. 비록 일본이 과거에 중국을 침략했지만, 중국은 일본에 복수하지 않을 것이라고. 중일 무역 관계는 '평등과 상호 이익'의 기초 위에서 발전하여 중일 관계를 정상화하는 길을 열어야 했다.[81]

하토야마는 직접 반둥 회의에 참석하는 것을 고려했다. 그러나 무역을 강조하면서 회의에서 복잡한 정치적 분쟁에 휘말리는 것을 우려하여, 대신 국제무역산업부 장관인 다카사키 다쓰노스케(高碕達之助)를 참석시키기로 결정했다. 4월 18일 회의 개회 30분 전, 저우는 회의장에 도착하여 다카사키와 짧은 대화를 나누었다. 그들은 더 좋은 시간과 장소를 찾아 만나기로 합의했다. 4월 22일 아침, 다카사키는 일본어를 구사하는 저우 대표단의 고위 구성원 랴오청즈(廖承志)와 동행하여 비밀리에 저우의 거주지에 도착했다. 저우는 일본 유학 경험을 회상하는 것으로 대화를 시작했다. 그는 비록 그때 일본어를 잘하지는 못했지만, 일본 신문을 읽을 수 있었다고 말했다. 이것을 계기로 그는 중국과 일본이 유사한 언어를 공유하고 오래 문화 교류한 역사가 있다고 언급했다. 비록 그들의 정치 체제는 달랐지만, 그들은 대화를 나누고 경제 및 무역 교류를 발전시켜야 했다.[82] 5월 4일, 중국과 일본 대표들은 중국의 세 번째 비공식 무역협정에 서명했고, 각 측은 3천만 파운드에 상당하는 상품을 교역하기로 약속했다. 그런 다음 양측은 성명을 발표하여, 협정이 "양국 정부의 지지와 지원을 받았으며" "순조롭게 이행될 것"이라고 했다.[83] 저우-다카사키 회담의 여파로 경제 문제, 무역, 문화 활동 및 기타 비공식 분야에서의 중

일 교류는 더욱 확대되었다. 그들은 심지어 "외교관계 회복" 문제까지 거듭 논의했다.[84]

저우는 미국과의 대화를 여는 것까지도 가능하다고 생각했다. 반둥에서 베이징이 "미국 정부와 앉아서 협상에 들어갈" 용의가 있다고 저우가 말한 후, 워싱턴은 7월 13일에 응답하여 양측의 대사급 대표들이 제네바에서 만날 것을 제안했다. 저우는 이틀 후 미국의 제안을 받아들였다. 그는 폴란드 주재 중국 대사인 왕빙난을 미국인들과의 회담을 위한 중국 대표로 임명했다.[85]

회담 시작 시 핵심 문제 중 하나는 미국과 중국에 발이 묶인 자국민들의 송환이었다. 저우는 회담이 진전되기를 매우 원했다. 따라서 저우의 지시에 따라 회담 첫날, 왕은 회담 상대방인 존슨(Johnson) 대사에게 베이징이 중국에 억류된 '불법 미군 요원들' 11명을 석방하기로 결정했다고 "갑자기 알렸다."[86] 9월 10일, 양측은 양국에 발이 묶인 중국인과 미국인들의 송환에 관한 합의를 발표했다.[87]

그러나 이것은 베이징과 워싱턴이 대사급 회담에서 도달할 수 있었던 유일한 합의로 판명되었다. 타이완의 지위, 미-대만 상호 방위 조약, 유엔에서의 중국 대표권과 같은 문제에서 양측의 견해가 다르다는 장벽 외에도, 워싱턴이 보기에 송환 협정과 관련된 문제가 하나 남아 있었다. 두 미국인, 잭 다우니(Jack Downey)와 리처드 펙토(Richard Fecteau)가 간첩 혐의로 여전히 중국에 수감되어 있었다. 그들은 1952년 10월 말 자신들이 타고 있던 비행기가 격추된 후 중국 지린성(吉林省)의 산에서 체포되었다. 워싱턴은 그들이 한국전쟁 포로로서 송환되어야 할 유엔 군인이라고 주장했다. 유엔 사무총장 다그 함마르�드(Dag Hammarskjöld)는 1955년 초 베이징을 방문하여 개인적으로 저우에게 그들을 석방해 줄 것을 요청했다. 저우는 "다우니와 펙토가 중국에서 범죄를 저질렀으므로, 중국 법에 따라 처리되어야 한다"라며 단호히 거부했다.[88] 당시 저우는 아마도 거의 이십 년 후인 1970년대 초 중미 화해 기간 동안 선의의 제스처로 그들을 석방하라고 명령하게 될 줄은 예상하지 못했을 것이다.

*****

그동안 저우언라이는 장제스와 협상을 통한 '평화적 해방'을 강조하는 방향으로 타이완에 대한 중국공산당의 주요 정책 변화에 관여했다. 1955년 7월, 저우는 전국인민대표대회(全國人民代表大會) 전체 회의에서 "중국 인민이 타이완을 해방하는 데에는 두 가지 방법, 즉 군사적 방법과 평화적 방법이 있다. 가능하다면 중국 인민은 타이완을 평화적으로 해방하기를 원한다"라고 단언했다.[89] 몇 달 후, 그는 비록 중국공산당이 필요하다면 군사적 수단을 사용하여 타이완을 해방할 준비가 되어 있지만, 이제 평화적인 수단을 통해 "타이완 문제를 해결"하는 것을 고려할 용의가 있다고 거듭 밝혔다.[90] 일련의 탐색 끝에 저우는 1956년 6월 28일에 공개적으로 발표했다. 베이징은 "타이완 당국과 타이완의 평화적 해방을 향한 구체적인 단계와 조건에 대해 논의할 용의가 있다." 그는 타이완 당국에 "우리와 그러한 대화를 시작하기 위해 베이징이나 다른 적절한 장소에 대표를 파견"할 것을 제안했다.[91]

이와 함께 막후 활동들이 이루어졌다. 그러한 채널 중 하나는 국민당 지도자들과 폭넓은 관계를 가진 홍콩 기반의 프리랜서 저널리스트 차오주런(曹聚仁)이었다. 1956년 10월 7일 차오와의 회담에서 저우는 타이완 문제의 평화적 해결을 위한 베이징의 조건들을 개괄했다. 즉 타이완이 "조국으로 돌아온" 후, 섬은 계속해서 국민당에 의해 통치될 것이며, 중앙정부에 장을 위한 "적절한 직위"가 마련될 것이었다. 저우는 또한 국민당과의 협상에 도움이 되는 분위기를 조성하기 위해 베이징이 반장 선전 운동을 중단했다고 강조했다.[92] 1958년까지 차오는 베이징과 타이베이의 최고 지도자들 사이에서 메신저 역할을 계속했다. 한번은 저우가 타이완에 대한 온건 정책을 수행하는 데 있어서 "우리는 진지하고 인내심이 있으며, 기다릴 수 있다"라고 표현하기도 했다.[93]

저우는 그 시기에 베이징의 타이완에 대한 이 '온건 국면'이 1958년 마오의 대약진운동 열풍 속에서 다시 중단될 것이라고는 알지 못했다.

제19장

돌진할 것인가,
말 것인가?

1956~1958

    1956년은 중국과 세계 역사뿐만 아니라 저우언라이의 정치 경력에서
도 다사다난한 해였다. 2월, 소비에트 지도자 니키타 흐루쇼프는 소련 공
산당 제20차 당대회에서 열린 비밀 연설에서 스탈린을 비난했고, 이는
공산주의 세계 전역에 탈스탈린화의 물결을 촉발했다. 대회에 참석한 중
국공산당 대표단은 흐루쇼프의 비공개 연설에 초대받지 못했다. 그 후,
중국 측은 연설에 대해 보고받고 그 원고를 받았지만, 더 이상의 설명은
듣지 못했다.[01]

    흐루쇼프의 스탈린 비난은 오랫동안 스탈린을 국제 공산주의의 지도
자로 여겨 왔던 마오와 저우를 비롯한 중국공산당 지도자들에게 충격을
주었다. 저우는 3월 중순부터 흐루쇼프의 연설을 논의하기 위해 일련의
중국공산당 지도부 회의에 참석했다. 마오가 기조를 정했다. 흐루쇼프는
단지 "뚜껑을 열었을" 뿐만 아니라 "엉망으로 만들었다."[02] 우선 그는 스
탈린이 "영원히 옳다"라는 신화를 깨뜨리고 모스크바의 "다른 당들을 열
등하게 대하는 잘못된 경향"을 폭로한 것에 대해 흐루쇼프를 칭찬했다.

그는 중일전쟁 초기에 스탈린이 중국공산당의 이익보다 통일전선을 우선시하는 왕밍의 "우경 정책"을 지지했다고 회상했다. 제2차 세계대전 후, 스탈린은 "중국 민족의 파멸"을 피하기 위해 중국공산당이 국민당과 타협하도록 강요했다. 마오는 특히 중화인민공화국 수립 후 모스크바를 방문했을 때 스탈린이 신중국과 새로운 동맹 조약을 체결하기를 꺼렸다고 언급했다. 중국이 한국전쟁에 참전한 후에야 소비에트 독재자는 중국 공산주의자들을 진정한 프롤레타리아 국제주의자로 간주했다. 비록 마오가 거명하지는 않았지만, 저우는 마오가 이야기한 거의 모든 일에 연루되어 있었다.[03]

그러나 마오는 또한 스탈린에 대한 흐루쇼프의 "전면적인 부정"에 강력히 동의하지 않는다고 강조하며, 그가 저지른 모든 실수에도 불구하고 스탈린은 "위대한 마르크스-레닌주의자"라고 주장했다. 주석은 최종적인 역사 분석에서 스탈린의 업적이 그의 경력의 70퍼센트를 차지해야 하며 실수는 단지 30퍼센트에 불과하다고 주장했다.[04]

회의에서 저우의 발표는 마오의 어조를 반영했다. 그는 자신의 경험을 인용하며 중국공산당이 한 많은 실수가 "우리 자신의 소행이 아니라, 코민테른의 개입에 의해 야기되었다"라고 말했다.[05] 그렇게 말함으로써 그는 이러한 '실수들'에 자신이 차지하는 몫을 비판하면서도 스스로를 변호하려 했다.

탈스탈린화의 충격파 외에도, 저우는 그 시기 국내에서 큰 도전에 직면했다. '사회주의적 재건과 변혁'의 급속한 진전은 중국의 경제 생산을 과열시켰다. 저우는 조정이 필요하다고 느꼈다. 그러나 경제에 대한 저우의 비전과 계획은 마오의 그것과 달랐다. 주석은 낭만주의자였고, 중국의 경제발전이 빠르면 빠를수록 더 좋다고 믿었다. 1955년 중국이 농업 집단화와 산업 및 상업의 국유화를 완료했을 때, 그는 물었다. "미국은 인구가 1억 명이다. 중국은 6억 명이 넘는다…… 왜 중국이 미국을 따라잡고 능가할 수 없는가?"[06] 마오의 말은 재앙적인 대약진운동을 키울 그의 사고방식을 드러냈다.

저우도 마오처럼 중국에서 사회주의를 추구하기를 열망했지만, 그는 마오보다 더 실용적이었다. 1956년 초, 그는 과도한 투자가 중국 경제에 과부하를 주고 있다는 보고서와 데이터를 읽고 경각심을 느꼈다. 그는 국무원 회의에서 강조했다. "우리의 계획은 실용적이고 실행 가능해야 하며, 모진을 추구하는 것을 피해야 한다."[07]

마오는 저우와 의견이 달랐다. 4월 말 정치국 회의에서 주석이 경제를 활성화하기 위해 기반 시설 투자에 20억 위안을 추가해야 한다고 주장했을 때 저우와 마오는 정면으로 충돌했다. 중국 경제에 깜박이는 수많은 경고등을 기억하며 저우는 동료들에게 말했다. "예산을 늘리면 물자 공급에 긴장을 유발하여 도시 인구 팽창과 일련의 다른 어려움들을 초래할 수 있다." 마오는 기분이 상해 총리가 더 이상 발표하기 전에 산회해 버렸다. 저우는 즉시 마오에게 다가가 말했다. "중국의 총리로서 나의 양심은 당신의 제안을 지지할 수 없다." 마오는 더욱 화가 났고, 곧 남쪽으로 '휴가를 가기 위해' 베이징을 떠났다.[08]

저우는 아마도 자신이 단지 총리로서의 책임과 관련된 문제에 대해 주석과 의견이 다를 뿐이라고 생각했을 것이다. 더욱이 1950년대 중반은 저우가 옌안 정풍운동 이후 어느 때보다도 더 유능하고 대담하게 자기 의견을 제시하던 시기였다. 그러나 사실 그는 마오를 심히 불쾌하게 했고, 마오는 저우와의 이 언쟁을 결코 잊지 않을 것이었다.

마오가 베이징을 떠난 후 저우는 계속해서 '모진'을 만류했다. 국무원 회의에서 그는 "보수적인 접근법과 우경적 경향에 반대"하는 데 너무 많은 노력이 들었다고 지적했다. 저우는 강조했다. 이 운동이 "영원히 계속되어서는 안 된다"라고. 대신 그는 주장했다. "우리는 생산에서 속도와 양을 일방적으로 강조하는 경향을 극복해야 한다…… 그리고 우리는 성급히 전진하려는 경향에 반대해야 한다." 그가 6월 4일 류사오치가 주재한 정치국 회의에서 1956년 예산 초안을 소개했을 때, 저우는 다시 한번 '모진'으로 인한 긴장을 강조하며, 지출을 지속적으로 조절하고 기반 시설 투자에서 균형을 맞출 필요가 있다고 역설했다.[09]

경제에 대한 저우의 입장은 중국공산당 지도자들에게 큰 영향을 미쳤으며, 특히 마오가 베이징을 비운 동안에 그러했다. 류는《인민일보》에 모진에 반대하는 사설을 준비하라고 지시했다.[10] 저우의 제안에 따라 정치국은 "포괄적인 균형을 갖춘 안정적인 경제발전"을 추구하는 데 동의했다. 일주일 후, 정치국은 보수적인 접근법에 저항하는 것과 함께 "우리는 동시에 최근 여러 지역과 경제 부문에서 나타난 성급히 전진하려는 경향과 싸워야 한다. 그것은 사회주의 재건을 촉진하는 데 도움이 되지 않을 것이다. 오히려 심각한 손실만을 야기할 것이다"라고 명시한 또 다른 결의안을 채택했다.[11]

수도에서 떨어져 있던 마오는 이 회의들 중 어느 것에도 참석하지 않았다. 그러나 그가 베이징으로 돌아왔을 때,《인민일보》사설의 교정쇄가 논평을 위해 당 지도자들 사이에 회람되었다. 류와 저우 모두 그 초안을 승인했다. 그러나 마오는 그것을 읽기를 거부했다. 나중에 그 일을 회상하며 마오는 한탄했다. "그 글은 나를 표적으로 삼았는데, 내가 왜 그걸 읽었어야 하나?"[12] 총리에 대한 주석의 혐오감, 심지어 분노는 분명히 한 계점에 가까워지고 있었다. 이것은 확실히 저우의 생각들이 마오의 정치적 충동과 날카롭게 대조되었기 때문이었다. 더욱이 정치국이 마오 부재 중에 저우를 지지하기로 결정했고, 이는 필연적으로 주석에게 권위와 권력을 잃을 수도 있다는 뿌리 깊은 두려움을 촉발했다. 그는 즉시 분노를 터뜨리지 않았다. 오히려 그는 복수하기에 적절한 때를 기다렸다.

★★★★★

중국공산당은 9월 말에 제8차 전국대표대회를 개최했는데, 이는 당 역사상 극히 중요한 모임이었다. 그 행사는 저우에게 큰 흥분을 가져다주었지만, 마오를 불안하게 했다.

가능한 짧은 시간 안에 중국의 후진성을 극복하려는 마오의 열망은 그가 대회에서 한 연설에서 명백하게 나타났다. "미국은 인구가 겨우 1억 7천만 명인데, 우리는 인구가 몇 배나 더 많고, 자원도 비슷하게 풍부하며, 기후도 거의 같은 종류이므로, 우리가 미국을 따라잡고 능가할 수 있다!"[13] 저우는 주석만큼 열정적이지 않았다. 그는 중국의 "위대한 성과들"을 이야기했지만, 또한 "우리 업무의 결함과 실수들"과 아직 배워야 할 교훈들을 거듭 언급했다. 다시 한번 그는 "합리적인 경제발전 속도를 설정하는 것"이 중요하다고 강조했다. 저우는 역설했다. "우리 나라 사회주의 산업화의 기본적 필요를 물질적, 재정적, 인적 조건들과 저울질하고, 필요한 예비비를 유지해야만 우리 계획을 실행할 수 있을 것이다."[14]

'마오쩌둥 사상'이라는 용어는 대회가 채택한 새로운 당 규약에 나타나지 않았다. 덩샤오핑이 대회에서 이 문제에 대해 발언했을 때, 그는 "지도자에 대한 사랑은 본질적으로 당, 프롤레타리아 계급, 인민에 대한 사랑이어야 하며, 어떤 개인에 대한 숭배가 되어서는 안 된다"라고 강조했다.[15] 류는 대회에 대한 정치 보고서에서 "사유 생산수단의 사회주의적 변혁에 따라 프롤레타리아와 자본가 계급 간 모순은 기본적으로 해결되었다"라고 말했다. 따라서 류는 단언했다. "우리 나라의 주요 모순"은 이제 "선진 사회주의 제도와 낙후된 사회 생산력 간" 모순이라고.[16] 류, 덩 및 다른 당 지도자들처럼 저우도 이 두 가지 중요한 변화를 강력하게 지지했다.

물론 마오는 새로운 당 규약에서 '마오쩌둥 사상'이라는 용어가 생략되는 것을 원하지 않았지만, 거기에 도전하지 않았다. 마오는 또한 제8차 당대회에서 동료들과 함께 중국 사회의 '주요 모순'에 대한 새로운 설명을 담은 보고서를 통과시키는 데 손을 들었다. 그러나 그는 그 보고서에 문제가 있다고 봤다. 류가 새롭게 정의된 '주요 모순'을 읽는 것을 들으며 그는 중얼거렸다. "좋지 않아, 좋지 않아."[17] 마오는 며칠 후 류에게 대회에서 이루어진 중국 주요 모순에 대한 설명이 부정확하다고 말했다. 류는 충격을 받고 대답했다. "그것은 이미 통과되었다. 우리가 무엇을 할 수 있는가?" 마오는 침묵했다.[18] 그는 아직 대안적인 공식을 내놓을 준비가 되어 있지 않았다.

⋆⋆⋆⋆⋆

마오, 저우, 동지들은 또한 탈스탈린화가 동유럽 국가들에서 강력한 파장을 일으켰음을 주목했다. 주요한 징후는 소비에트 블록의 일원인 폴란드의 산업 도시 포즈난(Poznań)에서 나왔다. 1956년 6월, 포즈난의 노동자들은 탈스탈린화의 물결에 자극받아 높은 세금에 항의하고 더 나은 임금을 요구하며 거리로 쏟아져 나왔다. 시위는 곧 애국적이고 반정부적인 대규모 봉기로 발전했다. 6월 28일, 정부는 무력을 사용하여 봉기를 진압했고, 많은 시위자의 목숨을 앗아 갔다.[19]

포즈난에서의 비극적인 사건은 폴란드와 소비에트 블록 전체의 공산주의를 휩쓴 심오한 위기를 드러냈고, 모스크바의 소비에트 지도자들을 충격에 빠뜨리고 베이징의 중국공산당 지도자들을 깊이 걱정하게 했다.

저우는 바르샤바로부터의 보고서, 특히 폴란드 주재 중국 대사 왕빙난과 바르샤바의 신화사 기자 셰원칭(謝文情)의 보고서에 세심한 주의를 기울였다. 그들은 포즈난 봉기의 저변에 흐루쇼프의 보고서에 대한 당원과 대중 들의 혼란이 있다고 믿었다. 왕과 셰는 또한 폴란드 노동자와 평범한 시민 들 사이 불만의 주요 원인이었던 폴란드 당의 "실수와 결함들"을 소요의 중요한 촉매제로 지목했다.[20]

마오와 저우 모두 그 보고서들을 읽었지만, 각자 거기서 얻은 교훈은 달랐다. 저우에게 포즈난 사건은 사회주의국가의 경제발전이 균형 잡힌 방식으로 수행되어야 함을 강조했다. 중앙위원회 전체 회의에서 저우는 특히 포즈난을 언급하며, "수십만 또는 수백만 명이 거리에 나와 시위를 벌이는" 것과 같은 사건들이 중국에서 일어나도록 허용되어서는 안 된다고 강조했다.[21] 마오는 다르게 생각했다. 그에게 포즈난이 주는 가장 중요한 교훈은 두 가지였다. 첫째, 제국주의자들에 의한 파괴 행위를 경계하는 태세를 결코 늦추어서는 안 된다. 둘째, 당과 대중 간 연결은 강화되어야 한다.

* * * * *

탈스탈린화의 충격파는 또한 북한의 공산주의자들을 강타했는데, 그곳에서 김일성은 조선노동당(KWP) 내 반대파들을 무자비하게 탄압하면서 스스로 독재자가 되었다. 1955년 김일성은 북한 혁명의 모든 측면에서 "토착적인 북한 방식"의 역할을 강화하는 것을 강조하는 주체사상을 도입했다. 탈스탈린화는 김일성이 북한을 주체 모델을 따르는 독특한 공산주의국가로서 수립할 새로운 공간을 창출했다. 그러나 '개인숭배'에 대한 흐루쇼프의 날카로운 비판은 자신만을 숭배하기를 추구하는 김일성에게 심각한 도전을 제기했다. 1956년 6월, 김일성은 더 많은 경제적 지원을 구하기 위해 소련과 여러 동유럽 국가들을 방문했다. 그러나 모스크바에서 흐루쇼프와 그의 동료들은 김일성의 경제정책을 비판했을 뿐만 아니라, 그가 스탈린 스타일의 '개인숭배'를 열망한다고 비난했다. 김일성은 당황했다.[22] 그의 반대자들은 소련 주재 북한 대사이자 김일성의 정치적 반대자인 이상조(李相朝)를 포함한 여러 경로를 통해 김일성에 대한 모스크바의 비판을 알게 되었다. 그들은 이것을 행동하기에 좋은 기회로 보았다.

8월 30일 노동당 중앙위원회 전체 회의에서 몇몇 저명한 당 지도자들이 일어나 김일성의 개인숭배와 경제 및 기타 정책들에 도전했다. 사전에 자신의 졸들로부터 공격에 대해 정보를 받은 김일성은 효과적인 반박을 내놓고 도전자들을 숙청하기 시작했다. 그런 다음 몇몇 주요 음모자들이 밤새 평양을 탈출하여 중국에 망명을 요청했고, 이상조는 모스크바에 망명을 요청했다. 그들은 중국과 소련 지도자들에게 김일성의 "실수와 범죄"에 대해 불평했다. 김일성은 숙청을 확대하는 것으로 대응했다. 당 최고 지도자인 최창익(崔昌益)과 박창옥(朴昌玉), 두 부총리가 체포되었다.[23]

평양에서의 '8월 위기'는 베이징과 모스크바에 경각심을 주었다. 소동은 김일성이 참석하기로 동의했던 중국공산당 제8차 당대회 전야에 시작되었다. 그러나 그는 마지막 순간에 마음을 바꾸어 북한의 2인자인 최용건(崔庸健)을 베이징에 보내기로 결정했다. 마오와 저우는 김일성의 결정에 대해 "김일성은 우리에게 적대적"이라고 느꼈다.[24] 9월 18일, 마오는 류, 저우와 함께 중국공산당 당대회를 위해 베이징에 와 있던 아나스타스 미코얀과 세 시간 동안 회의했다.

마오는 김일성이 "계속해서 스탈린처럼 행동"하고 "자신에게 반대하

는 사람은 누구든 죽인다"라고 비난했다. 그는 중국과 소련이 함께 행동
하여 "김일성이 그의 실수들을 바로잡도록" 도와야 한다고 믿었다.[25] 그
런 다음 마오와 저우는 최용건을 만나, 베이징과 모스크바 모두 김이 당
내 문제를 완전히 잘못 처리하고 있다고 생각하다고 알렸다. 마오는 말
했다. 베이징과 평양의 긴밀한 관계를 고려할 때, "당신 나라의 문제들은
또한 중국과 소련에 영향을 미칠 것이다. 따라서 우리가 개입하지 않을
수 없다."[26]

　펑더화이와 미코얀이 이끄는 중소 공동 대표단이 9월 19일 평양으로
가는 비행기를 탔다. 이들이 압박하여 김일성은 일부 양보하는 데 동의
했다. 9월 23일, 노동당 중앙위원회는 또 다른 전체 회의를 열어 최창익
과 박창옥의 중앙위원회 위원 자격을 회복하기로 결정했다.[27] 그러나 이
야기는 결코 끝나지 않았다.

＊＊＊＊＊

　1956년 10월 초 폴란드와 헝가리에서 거의 동시에 위기가 전개되면서
동유럽이 다시 마오와 저우의 주의를 끌었다. 폴란드 지도부는 포즈난
사건 이후 재편성되었고, 용감한 개혁가로 명성이 높았던 브와디스와프
고무우카(Władysław Gomułka)가 폴란드 연합노동자당 제1서기로 선출
되었다. 그러나 그의 개혁 조치들은 흐루쇼프와 소련 지도부에 경각심을
주었고, 흐루쇼프는 10월 18일 폴란드 지도자들에게 경고하기 위해 바르
샤바로 가는 비행기를 탔다. 모스크바는 그 후 폴란드의 매우 불안정한
상황을 고려하여 소련이 군사적으로 개입할 준비를 하고 있다고 중국 지
도부에 알렸다.[28]

　마오는 즉시 저우 및 다른 지도자들과 긴급회의를 소집하여 폴란드 위

기를 논의했다. 그들은 모스크바가 폴란드의 내정에 개입하려 한다고 결론 내렸다. 마오는 저우와 동행하여 소비에트 대사인 파벨 유딘(Pavel Yudin)을 자신의 숙소로 소환하고, 만약 모스크바가 폴란드에 군사적으로 개입한다면 베이징이 "가장 강력한 언어로 공개 항의할 것"이라고 경고했다.[29]

모스크바로부터의 답신은 10월 21일에 도착했다. 소비에트는 폴란드에 무력을 사용하지 않기로 결정했고, 폴란드 위기를 어떻게 처리할지 논의하기 위해 모스크바에 대표단을 파견해 달라고 요청했다. 중국공산당 지도자들은 즉시 그 초대를 수락했다.[30] 저우가 가장 적임자였지만, 그는 이미 아시아 7개국을 방문하는 일정이 잡혀 있었기 때문에 갈 수 없었다.

책임은 류사오치와 덩샤오핑에게 떨어졌다. 류와 덩이 모스크바에 도착했을 때, 폴란드의 상황은 안정되었다. 그러나 헝가리에서의 반정부 시위는 신속하게 폭력적인 봉기로 변했다. 마오와 저우는 헝가리와 폴란드의 상황을 비교하며, 폴란드 위기는 주로 반소련적이었던 반면, 헝가리 봉기는 주로 반공산주의적이었고, 두 위기 모두 모스크바의 강대국 쇼비니즘에 뿌리를 두고 있다고 믿었다.[31] 모스크바에서 류와 덩은 소비에트 지도자들에게 공산당 및 국가 간의 평등한 관계에 관한 성명을 발표할 것을 제안했다. 흐루쇼프는 그 제안에 동의했다. 10월 30일에 발표된 성명에서 모스크바는 "형제 국가 및 당들과의 더 평등한 교류" 원칙을 준수할 것을 약속했다.[32]

같은 날, 마오와 저우는 류와 덩으로부터 소비에트 지도자들이 헝가리에서 군대를 철수할 계획임을 알게 되었다. 마오와 저우는 모스크바가 "헝가리를 반동 세력에 버리는 것"에 반대하기로 결정했다.[33] 류와 덩은 그 후 흐루쇼프 및 다른 소비에트 지도자들과 만나, 소비에트의 철수가 헝가리 인민에 대한 배신에 해당하며 소비에트 지도자들을 "역사적 범죄자"로 만들 것이라는 베이징의 신념을 전달했다. 류와 덩이 다음 날 모스크바를 떠나기 위해 공항으로 가는 길에, 흐루쇼프는 그들에게 소비에트 지도부가 헝가리의 "반동적 반란"을 진압하기 위해 무력을 사용할 것이라고 알렸다.[34] 실제로 소비에트 홍군은 부다페스트와 헝가리 다른 지역의 반란군을 무자비하게 진압했다. 마오, 저우, 다른 중국공산당 지도자들은 그리하여 그들이 모스크바가 폴란드와 헝가리 위기를 올바르게 해결하는 데 결정적인 역할을 했다고 믿었다.

＊＊＊＊＊

헝가리와 폴란드 사건은 중국공산당 지도자들에게 큰 영향을 미쳤다. 베이징으로 돌아온 류는 1956년 11월 중앙위원회 전체 회의에서 모스크바에서의 경험을 설명했다. 저우는 폴란드와 헝가리 위기에 대한 자신의 생각을 나누며, 배워야 할 "두 가지 주요 교훈"을 강조했다. 첫째, 당은 "해외의 강대국 사고방식과 국내의 '대한족주의' 및 인민에 대한 독재"에 끈질기게 반대해야 한다. 둘째, "중공업 발전에 우선순위를 두는 것"이 옳지만, "인민의 즉각적인 이익을 무시하지 않는 것"이 필수라고 저우는 주장했다. 따라서 저우는 강조했다.

경공업과 농업은 인민의 이익과 가장 밀접하게 관련되어 있다. 그것들을 무시하면 나쁜 결과를 초래하여, 경제발전의 심각한 불균형으로 이어질 것이다.

그는 다시 한번 지난 이 년간의 모진이 중국의 국가경제와 산업 생산의 균형을 깨뜨렸다고 언급했다. 그는 수사적으로 물었다. 무엇이 더 중요한가, "중공업인가 인민인가?" 그는 대답했다. "물론 인민이다." 저우가 도입한 1957년 경제계획은 생산을 "적절히 축소"하여 중국 경제가 더 견고한 기반 위에서 발전하도록 할 것이었다. 저우는 경고했다. "우리는 중국에서 포즈난 사건 같은 일이 일어나지 않게 막아야 한다."[35]

마오는 저우의 관점에 동의하지 않았다. 그러나 직접 도전하지는 않았다. 오히려 그는 철학적인 언어를 사용하여 반박했다. "모든 것은 동시에 움직이기도 하고 움직이지 않기도 한다…… 그러나 운동은 절대적이며, 정지는 일시적이고 조건적이다. 우리의 계획경제는 동시에 균형과 불균형 상태에 있다. 균형은 일시적이고 조건적이다…… 이런 관점에서 볼 때, 우리 경제는 전진하고 있는가, 아니면 후퇴하고 있는가? 우리는 간부들과 대중들에게 그것이 전진하기도 하고 후퇴하기도 하지만, 주로 전진하고 있다고 말해야 한다…… 우리는 간부와 대중 들의 열정을 보호해야 하며, 그들에게 찬물을 끼얹어서는 안 된다."[36] 비록 마오가 저우를 거명하지는 않았지만, 그가 한 모든 말은 저우를 정면으로 겨냥했다. 몇 달 후 난닝(南寧) 회의에서 저우의 보고서는 "우경주의의 예"로서 심하게 비판받게 될 것이었다.[37]

✶✶✶✶✶

11월 중순에 저우는 계획했던 베트남, 캄보디아, 인도, 버마, 파키스탄, 네팔, 아프가니스탄 방문을 시작했다. 그는 중화인민공화국 수립 이후 여러 차례 해외에 나갔지만, 한번에 그렇게 많은 나라를 방문하는 것은 이번이 처음이었다.

저우의 의제에서 최우선 순위 중 하나는 이웃 국가들, 특히 버마와 인도와의 국경 분쟁이었다. 그가 이전 이 년 동안 많은 시간과 공력을 들여 연구했던 문제였다. 중화인민공화국 수립 이후 중국 지도부는 시급한 도전들이 많아 분주했고, 복잡한 국경 문제들에 대해서는 일시적으로 현상을 유지하기로 했다. 1954년 6월, 저우는 인도와 버마를 잠시 방문했다. 그런 다음 네루와 우 누는 각각 10월과 12월에 베이징을 방문했고, 둘 다 저우와 회담하며 국경 문제들을 언급했다.

1955년 11월, 중국과 버마 국경 수비대가 황궈위안(黄果園)으로 알려진 곳에서 충돌하여 양측에 사상자가 발생했다. 저우는 '버마와의 국경 분쟁 해결을 가속화'할 필요가 있다고 보았다. 1956년 1월, 양곤은 국경 문제 해결의 기초로서 '1941년 선'을 제안했다.[38] 그런 다음 중국과 버마 간에 국경 협상이 시작되었다. 저우는 관련 문서와 지도들을 여러 시간 동안 꼼꼼히 살펴보며, 버마와 인도(둘 다 영국령 인도의 일부였다)와의 국경 문제들이 1914년 심라 회의에서 영국-인도 당국이 제시한 맥마흔 라인(McMahon Line)과 관련 있음을 발견했다. 저우는 자료들을 철저히 검토한 후, 심라 회의 시점부터 1949년까지 어떤 중국 정부도 맥마흔 라인을 인정한 적이 없다는 것을 확인했다. 버마 측이 언급한 '1941년 선'은 중국-버마 국경 남쪽 부분을 포함하는 맥마흔 라인의 일부였다. 1941년, 중국이 대일 전쟁에서 가장 어두운 시간을 마주했을 때, 영국은 중국에 이 선을 받아들이라고 요구했다. 그러지 않으면 그들은 당시 중국에게 외부와의 유일한 육로였던 윈난-버마 도로를 폐쇄할 것이었다. 국민당 정부는 영국의 요구에 굴복했다. 많은 숙고 끝에 저우는 1956년 6월 22일 버마 대사 우 흘라 마웅(U Hla Maung)에게 "국경 문제들은 중화인민공화국 수립 및 버마 독립 당시의 (국경) 현 상태를 기초로 해결될 수 있다"라고 말했다.[39] 여기서 저우는 '실제 통제선(LAC)'의 초기안을 제시했는데, 이는 그가 나중에 이웃 국가들과 중국의 복잡한 국경 분쟁을 해결하는 데

539

더욱 명확히 하고 사용할 중요한 개념이었다. 저우는 버마 대사에게 베이징이 '1941년 선'을 인정할 용의가 있음을 암시했다.

8월 27일, 저우는 여러 정부 부처 책임자들과 회의하여 버마와의 국경 문제를 논의했다. 저우의 지시에 따라 회의는 1941년 선을 받아들이기로 결정했다. 저우는 회의 참석자들과 자신의 생각을 나누었다.

> 이제 '1941년 선'은 중-버마 국경 분쟁의 중심 문제다. 따라서 그것에 대한 우리의 태도를 정의하는 것이 해결의 열쇠다. 법적 의미에서, 당시 중국과 영국 정부는 1941년에 그 선을 승인하는 문서를 공식적으로 교환했다. 국제법에 따르면, 한 나라의 정권이 바뀔 경우, 정치 및 기타 조약들만 개정될 수 있고 국경 확정 조약은 개정될 수 없다. 만약 우리가 1941년 선을 인정하지 않는다면, (우리의 입장을) 지지할 법적 근거가 없다. 정치적 의미에서, 우리는 평화 공존을 지지한다. 만약 우리가 국경 문제 때문에 버마와 교착상태에 빠진다면, 우리는 거의 얻지 못하고 많이 잃기만 할 것이다.[40]

저우는 그날 저녁 9시 30분에 우 흘라 마웅과 회의했다. 회의에서 저우는 중-버마 국경 문제를 해결하기 위한 "포괄적인 계획"을 제시했다. 중국은 "어려움에도 불구하고" 국경 남쪽 부분을 따라 '1941년 선'을 실질적으로 인정하는 조치를 취할 것이다. 계획은 또한 버마가 영국-버마 당국이 국경 중앙 부분에서 얻었던 "영구 임대" 영토를 중국이 회복할 수 있도록 조치할 것을 규정했다. 그리고 국경 북쪽 부분을 따라, 버마 측은 "영국 문서들이 중국의 것"으로 인정한 피마(Hpimaw), 가오룽(Gawlum), 캉팡(Kangfang)을 중국에 반환할 것이었다. 저우는 강조했다. "남쪽에서 북쪽까지, 모든 구간이 동시에 해결되어야 한다."[41] 저우는 1956년 10월

우 누가 중국을 방문했을 때 그의 포괄적인 계획의 주요 내용들을 거듭 밝혔다. 그는 또한 중국이 "같은 원칙을 사용하여 인도, 파키스탄, 아프가니스탄, 소련, 몽골, 북한, 베트남과의 국경 문제들을 다룰 것"이라고 말했다.[42]

★★★★★

저우의 국제 여행 첫 기착지는 하노이였다. 그는 호, 팜반동 및 다른 베트남 지도자들과 다섯 차례 회담하며 두 가지 주요 문제를 부각했다. 첫번째는 1954년 체결한 제네바협정이 붕괴한 후 인도차이나 상황이었다. 협정에 따라 베트남은 17도선을 따라 일시적으로 두 구역으로 분할되었고, 국제 감독하에 이 년 안에 국가 통일을 위한 총선거를 실시할 예정이었다. 그러나 남쪽의 응오딘지엠(Ngo Dinh Diem) 정권은 워싱턴의 지원을 받아 선거를 막았을 뿐만 아니라, 남베트남 전역에 '백색 테러' 물결을 일으켰다. 저우는 제네바협정의 주요 설계자 중 한 명이었다. 이제 협정이 붕괴하고 통일 전망이 어두워진 상황에서 하노이는 무엇을 해야 하는가? 저우는 베트남 동지들에게 베트남의 통일이 "장기적인 투쟁"이 될 것이라고 조언했다. 그들은 북쪽에서 정권을 공고히 하는 데 집중해야 했다. 북쪽을 "인민 민주주의의 기반"으로 만들어야만 하노이가 전국 통일을 위해 노력할 수 있게 될 것이었다.[43]

북베트남의 결함 있는 토지개혁과 하노이가 직면한 재정적 어려움이 또 다른 큰 문제를 제기했다. 하노이는 대체로 중국 모델을 따라 토지개혁을 수행했고, 중국 고문들이 많은 토지개혁 정책을 수립하는 데 구체적으로 관여했다. 베트남인들은 당연히 토지개혁의 문제들을 바로잡기 위해 저우에게 조언을 구했다. 그들은 또한 심각한 경제 및 재정적 도

541

전에 대처하기 위해 중국으로부터 재정 지원을 받기를 희망했다. 저우는 토지개혁이란 문제들이 필연적으로 나타나는 축적 과정이지만, 이러한 문제들이 또한 베트남 공산주의자들에게 그들이 처한 어려움을 극복하는 데 도움이 될 귀중한 교훈을 가르쳐 줄 것이라고 말했다. 저우는 하노이가 직면한 경제 및 재정적 도전들이 주로 전쟁 때문에 야기되었다고 믿었다. 신중히 관리하면 그것들을 완화할 수 있었다. 저우는 중국이 베이징이 이전에 하노이에 약속했던 8억 위안 외에도 베트남을 신속히 지원하는 데 동의했다.[44]

저우는 다음에 캄보디아를 방문했다. 그리고 11월 28일에 그의 여정 중 가장 중요한 기착지인 뉴델리에 도착했다. 1950년대에 인도는 국제 문제에서 중국의 주요 파트너였다. 그들의 관계는 '바이-바이(형제)'와 같다고 할 정도로 특히 가까웠다. 1954년 6월, 저우는 인도를 잠시 방문했고, 그동안 그와 네루는 공식적으로 평화 공존 5원칙을 소개했다. 10월에 네루는 중국을 방문하여 매우 따뜻하게 환대받았다. 저우의 방문은 주요 단계(몇 차례의 다른 기착 외에) 두 개로 나뉘며 20일 이상 계속되었다. 네루와의 회담은 매우 순조롭게 진행되었다. 그들은 수에즈 운하 위기와 동유럽 상황과 같은 일련의 국제 문제들을 쉽게 합의했고, 두 문제 모두 세계적인 주목을 받았다. 그들은 또한 5원칙을 촉진하려는 공동 결의를 거듭 밝혔다. 저우는 방문의 첫 부분에서 네루와 두 차례 회담했지만, 국경 문제는 어느 회담에서도 거론되지 않았다.

저우는 그 후 버마를 방문했다. 우 누 및 다른 버마 측과의 이전 논의들은 그들이 당면한 국경 문제를 해결하기 위한 기반을 마련했다. 양측이 지금 직면한 주된 어려움은 자국 내에서 상황을 어떻게 적절하게 설명할 것인가였다. 저우는 우 누에게 자신이 넘어야 할 몇 가지 주요 장애물이 있다고 말했다. 첫째, 그는 중국 인민에게 명확히 설명해야 했다. 둘째, 만약 중국이 맥마흔 라인을 받아들인다면, 그는 달라이 라마와 판첸 라마를 설득하여 동의를 구해야 할 것이었다. 셋째, 그는 중국공산당이 중국의 국가적 이익을 배신했다는 국민당의 비난을 반박해야 했다. 저우는 말했다. "우리가 이러한 장애물들을 극복하기 위해서는 시간이 필요하다. 전체 국경 문제를 영구적으로 해결하면서도 양측이 이익을 얻도록 크게 양보하며 현재의 계획들을 내놓았고, 그것이 모든 어려움을 극복하고 작동하도록 최선을 다할 것이다."[45] 저우는 우 누와 이야기하면서, 분명히 중국과 인도의 국경 차이점을 해결하는 방법에 대해서도 고려하고 있었다. 그러나 저우는 버마에서 통했던 계획이 인도에서는 통하지 않을 줄은 예상하지 못했을 것이다.

저우는 양곤을 떠난 후 파키스탄에서 10일을 보냈고, 12월 30일에 인도로 돌아왔다. 미국과 캐나다를 방문하고 막 돌아온 네루가 공항에서 그를 맞았다. 네루는 회담에서 인도-중국 국경 문제를 제기했다. 인도 측 기록에 따르면, 저우는 "영국 제국주의자들에 의해 수립된" 맥마흔 라인이 "당시 중국 정부"에 의해 받아들여지지 않았고 또한 "불공평했다"라고 말했다. 그러나 "중국 정부는 그것이 '기정사실'이었고 중국, 인도, 버마 간의 우호적인 관계를 고려하여 맥마흔 라인을 인정해야 한다는 의견"이었다. 그러나 그는 먼저 "그것에 대해 티베트 정부와 상의"해야 했다.[46] 네루는 그 이후로 인도와 중국 사이에 영토분쟁이 없다고 주장했다. 그러나 저우는 자신이 결코 맥마흔 라인을 받아들인 적이 없으며, 중국 정부는 절대로 그것을 인도와의 법적 국경으로 인정하지 않을 것이라고 주장했다.[47] 그러나 중국 측 기록에 따르면, 저우는 네루에게 중국 측이 맥마흔 라인을 넘지 않으려 노력했으며, 그가 "현실적인 접근법"을 취하여 그 선을 인도와 협상하기 위한 참고 자료로 취급할 용의가 있다고 말했다.[48] 네루는 나중에 저우의 발언을 "기만"과 "배신"이라고 묘사했다. 그러나 그 시기, 저우도 네루도 불과 몇 년 안에 중국과 인도가 국경 분쟁 때문에 피비린내 나는 전쟁을 치르게 되리라고는 상상할 수 없었을 것이다.

인도에서 저우가 맡은 또 다른 임무는 당시 부처님 오신 날(Buddha Jayanti) 2500주년을 기념하기 위해 인도에 와 있던 달라이 라마를 설득하여 티베트로 돌아가게 하는 것이었다. 그 시기, 쓰촨과 시캉에 있는 티베트족 거주 지역에서의 급진적인 공산주의 '민주 개혁'은 티베트족의 광범위한 무장 저항을 초래했고, 이는 라싸의 티베트 정치 및 종교 엘리트들 사이에 강한 파장을 일으켰다. 저우는 달라이 라마가 티베트로 돌아가지 않고 인도에 머물 것을 두려워했다. 저우는 이미 앞서 델리에서 체류하던 중 11월 29일에 달라이 라마와 만났다. 회의의 목적은 주로 "달라이 라마의 의견과 제안을 듣는 것"이었다.[49] 12월 30일 저우는 달라이 라마와 다시 만나, 티베트 지도자들이 동의하지 않으면 티베트에서 더 이상 개혁을 수행하지 않을 것이라고 약속했다. "지금 주요 과제는 재건을 잘 수행하고, 티베트 경제를 발전시키며, 인민의 생활 수준을 향상하는 것이다. 경제가 발전하고 귀족과 승려를 포함한 인민의 생계가 지금보다 나아질 때만, 우리는 그때의 상황에 따라 개혁을 논의할 것이다."[50] 이틀 후, 저우는 달라이 라마와 다시 한번 만났다. 그는 마오를 대신하여 앞으로 육 년 동안 개혁이 없을 것이며, "육 년 후에 개혁이 도입될지 여부와 어떻게 도입할지는 당신들이 결정할 것"이라고 약속했다. 저우는 더 나아가 베이징이 이미 쓰촨과 시캉의 티베트족 거주 지역에 조사관들을 파견하여 "그곳 상황을 관리하는 데 도움을 주었다"라고 언급했다. 그는 또한 달라이 라마가 그곳에 자기 사람들을 보낼 것을 제안했다. "당신들 또한 티베트인이므로, 우리 업무의 단점을 더 잘 식별할 수 있을 것이다."[51]

네루는 저우의 대의를 도왔고, 개인적으로 달라이 라마를 만나 라싸로

19-1 1954년, 마오쩌둥이 저우언라이, 류사오치와 함께 달라이 라마와 판첸 라마를 만나고 있다.
Geopix / Alamy Stock Photo

돌아가도록 설득하려 노력했다. 네루는 그러지 않으면 달라이 라마는 "뿌리 없는 나무"가 될 것이라고 경고했다.[52] 마침내 달라이 라마는 1957년 3월 말에 라싸로 돌아왔다. 이는 저우가 거둔 또 다른 큰 성취였다.

★★★★★

원래 저우는 인도 다음으로 아프가니스탄과 네팔을 방문할 예정이었다. 그러나 11월 말, 소비에트가 갑자기 저우를 모스크바로 초대했다.[53] 12월 초, 바르샤바 정부는 마오를 폴란드에 초대했는데, 그가 방문함으로써 다가오는 총선에서 폴란드 공산주의자들이 입지를 강화하게 되기를 희망했다. 마오는 저우가 더 적합한 인물이라 생각하고 바르샤바의 초대를 전달했고, 저우는 아프가니스탄과 네팔 여행을 연기하고 먼저 모스크바와 바르샤바를 여행하기로 결정했다. 이 여행은 저우에게 당 중앙이 부여한 임무를 완수할 뿐만 아니라, 탈스탈린화의 여파 속에서 이 두 나라의 상황에 대한 직접적인 정보를 얻을 수 있게 해 줄 것이었다. 1957년 1월 초, 저우는 마오로부터 전화를 받고 베이징으로 급히 돌아왔다. 며칠 전, 《인민일보》는 국제 공산주의가 직면한 도전에 대한 마오의 관점을 체계적으로 다룬 사설을 게재했다. 마오는 저우가 모스크바와 바르샤바의 소비에트 및 폴란드 지도자들과의 토론에 더 잘 대비할 수 있도록 그와 소통할 필요성을 느꼈다.[54]

저우는 1957년 1월 7일 모스크바에 도착했다. 흐루쇼프는 거의 모든 소비에트 최고 지도자들과 함께 공항에서 그를 환영했다. 저우는 소비에트 지도자들과 만났을 때 마오의 생각에 따라 "소련이 이끄는 사회주의 진영의 단결을 강화"하는 것이 중요하다고 거듭 강조하면서도, 모스크바의 강대국 쇼비니즘을 엄중히 비판했다.[55] 저우는 흐루쇼프와 다른 소비에트 최고 지도자들이 《인민일보》의 사설을 결코 언급하지 않았음을 알아차렸고, 이것을 그들이 그 안에 제시된 관점들에 동의하지 않는다는 신호로 보았다.[56]

저우의 다음 기착지는 폴란드였다. 그는 고무우카 및 다른 폴란드 지도자들에게 중국공산당이 폴란드의 평등과 주권 추구를 확고하게 지지한다고 말하며, "이것이 우리의 책임"이라고 강조했다. 그는 또한 고무우카에게 폴란드 연합노동자당 내의 "수정주의적 경향"에 주의를 기울일 것을 요청했다.[57] 저우는 원래 헝가리를 방문할 계획이 없었다. 그러나 헝가리 지도자 카다르 야노시(János Kádár)가 저우가 모스크바에 있는 동안 특별히 그곳을 여행했고, 그가 간청하여 저우는 헝가리를 하루 방문하기로 했다. 부다페스트에 도착한 후, 저우는 "이곳 상황이 우리가 예상했던 것보다 좋고, 헝가리 지도자들은 단호하고 또한 꽤 단결되어 있다"라는 것을 알았다. 저우와 카다르의 회담 또한 "소비에트 및 폴란드 지도자들과의 회담보다 더 순조롭고 건설적으로" 진행되었다. 저우는 카다르에게 중국 정부가 이전에 약속했던 원조 외에 각각 일억 루블에 상당하는 외화와 물질적 원조를 부다페스트에 제공할 것이라고 말했다.[58]

저우는 1월 17일 모스크바로 돌아와 소비에트 지도자들과 회담을 재개했다. 저우는 폴란드와 헝가리의 사건들이 본질적으로 다르다고 강조했다. 바르샤바에 군대를 파견하겠다고 위협함으로써 모스크바는 "형제 당과 국가의 내정에 간섭"하려 했다. 저우는 스탈린을 언급함으로써 흐루쇼프의 심기를 다시 건드렸다. 저우는 흐루쇼프와 다른 사람들이 오랫동안 스탈린과 함께 일했기 때문에 그들 또한 "스탈린의 실수를 용납한 것에 대해 약간의 책임이 있다"라고 지적했다. 회의장에 긴장이 흘렀다. 저우는 모스크바와의 장기 공급 협정 체결, 더 많은 소비에트 고문들을 중국에 파견하는 것, 중소 '핵 및 미사일 기술 협력'과 같은 중요한 문제들을 제기할 계획이었다. 그러나 "그들에게 우리가 자신들이 처한 어려움을 이용하여 흥정하려 한다는 인상을 주고 싶지 않았기 때문에" 이러한 문제들을 제기하지 않기로 결정했다.[59]

저우는 1월 24일 마오와 중국공산당 중앙에 긴 전보를 보내 소비에트 지도자들과의 회담을 요약했다. 저우는 썼다. "그들의 주요한 실수들은 그들의 생각과 관련 있다. 그들은 종종 소비에트 당의 이익을 형제 당들의 이익과 분리한다." 스탈린에 대한 그들의 견해는 "변했지만, 내가 생각하기에 이것은 단지 그들의 현재 필요를 처리하기 위한 것이지, 깊게 성찰한 산물이 아니다." 중소 관계에서, "우리는 지금 거대한 공동의 적에 직면해 있으므로, 소비에트 동지들은 우리와의 단결을 공고히 하기를 열망한다. 그러나 내가 보기에 그들의 태도는 반드시 마음 깊은 곳에서 우러나온 것은 아니다." 국제 문제에서 그들은 "포괄적인 관점과 상황을 잘 예측하지 못하며, 그들의 세계 전략은 정교화되지 않았다."[60] 소비에트에 대한 저우의 비판은 국제 공산주의 운동에서의 중국의 위치와 영향력에 대한 마오의 이해를 반영했다. 따라서 마오는 그 보고서를 매우 좋아했고, 즉시 그것을 당시 베이징에서 열리고 있던 지방 당 지도자 회의에 추천했다.[61]

저우는 모스크바를 떠난 후 아프가니스탄, 네팔, 실론(마지막 순간에 추가된 기착지였다)을 방문했다. 2월 6일이 되어서야 그는 원난성 성도인 쿤밍으로 비행기를 타고 돌아왔다. 이 장기 여행은 거의 3개월 동안 계속되었고, 아시아와 유럽의 11개국을 포함했다. 저우는 그해 60세에 가까워졌지만, 거의 피로한 기색을 보이지 않았다.

＊＊＊＊＊

1957년 2월 초 베이징으로 돌아왔을 때, 저우는 수도에서 새로운 정치적 분위기를 감지했다. 그달 말, 마오는 최고 국무회의에서 "인민 내부의 모순을 올바르게 처리하는 것에 관하여"라는 제목으로 연설을 했다. 그가 그 주제에 대해 연설한 것은 대체로 1956년 봄 이래로 탈스탈린화 경향이 중국에서 "독재를 조기에 폐지하라"와 같은 비판적인 호소를 불러일으켰기 때문이었다. 중국 여러 지역에서 대규모 파업, 시위, 항의도 있었다. 마오는 이것들을 "인민 내부의 문제들"로 정의하며, "모순은 사회주의사회 존재의 일부"라고 말했다. 이러한 "소요"에 직면하여 마오는 말했다. 가장 중요한 단계는 "관료주의를 극복하는 것"이라고. 더욱이 마오는 계속했다. "우리는 단지 소요가 일어나도록 내버려 둘 수 있다. 그리고 이것은 우리가 우리의 작업을 개선하는 동시에, 우리의 노동자, 농민, 학생들을 교육하는 과정이 될 것이다." 또한 마오는 말했다. "인민에 대한 독재는 없어야 한다. 그것에 대해 이야기하는 것은 잘못이다."[62]

마오는 베이징에서 이러한 발언들을 한 후, 중국 다른 지역들에서도 그것들을 반복했다. 3월 17일, 그는 톈진의 간부들에게 말했다. "지금까지 대규모의 대중적인 계급투쟁은 기본적으로 끝났다. 제8차 당대회 결의안에서 언급되었듯이, 우리 전당은 재건에 헌신해야 한다." 더욱이 그는 말했다. 도전들에 대처하기 위해, "우리는 '백화제방 백가쟁명(百花齊放 百家爭鳴)'의 방침을 채택해야 한다. 이것이 유일한 좋은 방법이다. 다른 모든 방법은 통하지 않을 것이다." 다음 날, 그는 산둥의 간부 회의에서 계급투쟁은 기본적으로 끝났다고 발표했다. "그러나 이념 영역에서의 계급투쟁, 즉 프롤레타리아와 부르주아 사상 간 투쟁은 계속될 것이다. 이 점에 대한 경쟁과 논쟁은 앞으로 수십 년 동안 계속될 것이다."[63]

저우는 방금 소련, 폴란드, 헝가리 여행을 마쳤기 때문에 마오와 많은 부분 견해가 같았다. 3월 19일 인민정치협상회의에서 연설했을 때, 저우는 강조했다. "우리는 우리 자신의 사회주의국가 건설을 성공시켜야 한다. 이것이 가장 중요하다. 따라서 우리는 국내의 모순들을 이해하고, 그 것들을 올바르게 해결해야 한다…… 이것이 우리가 헝가리 사건과 스탈린 비판으로부터 배워야 할 것이다."[64]

4월 19일 중국공산당 정치국 회의는 "당내의 관료주의, 파벌주의, 주관주의를 제거"하는 것을 목표로 하는 '정풍운동'을 시작하는 것에 관한 결의안을 통과시켰다.[65] 저우는 인민 내부의 모순들을 올바르게 관리하기 위해 전당이 그 조치를 받아들여야 한다고 설명했다. 따라서 중국공산당은 상명하달 방식으로 자체 대오 내에서 정풍운동을 수행할 것이었다. 운동은 당의 최고위층에서 시작하여 점차 확대될 것이었다. 비당원들도 당원들과 함께 캠페인에 참여할 수 있었다.[66] 마침내 중국공산당은 '백화제방 백가쟁명'의 기치 아래 내부적으로 정풍운동을 시작했고, 다양한 민주당파(民主黨派)의 구성원들을 포함한 중국공산당에 속하지 않은 사람들도 캠페인에 참여하도록 환영받고 격려받았다.

그러나 정풍운동이 시작된 후 중국공산당을 비판하는 목소리들이 나타났다.《광명일보(光明日報)》의 편집장 추안핑(儲安平)은 "천하가 당에 속한다는 생각이야말로 모든 파벌주의의 궁극적인 기원"이라고 말했다고 전해진다. 저우는 추의 발언이 "터무니없다"라고 생각했다.[67] 나중에 일부 사람들이 중국공산당에 민주당파들과 권력을 공유할 것을 요청했다고 전해진다. 비록 마오는 한때 "사람들이 발언하도록 허용해도 하늘이 무너지지 않을 것"이라고 단언했지만, 그러한 비난과 요구들을 용납할 수 없었다. 6월 6일, 마오는 중국공산당 중앙위원회와 공유한 '정풍운동 강화에 관한 지시' 초안을 작성했다. 그는 류와 저우에게 정풍운동이

"반동적이거나 잘못된 관점을 가진 사람들의 진면목을 폭로"하기 위한 것이라고 말했다. 따라서 "건설적인 비판과 반동적인 요소들, 그들의 파괴적인 논평들이 모두 폭로되어 우리가 그에 따라 대처할 수 있도록" 허용하는 것이 바람직했다. 때가 되면 마오는 말했다. 진정한 좌파들을 동원하여 "우파 및 반동 세력의 공격을 격퇴"해야 한다고.[68]

상황은 신속하게 반전되었다. 7월 1일, 마오가 쓴 글 「문회보의 부르주아 경향은 비판받아야 한다」가《인민일보》에 게재되었다. 그 글에서 마오는 정풍운동에서 가장 목소리를 높였던 민주동맹과 공농민주당(工農民主黨)을 "공산주의와 사회주의에 반대하는 정당들"로 지명했다. 더욱이 마오는 "우파"를 "인민, 공산당, 사회주의에 반대하는 부르주아 반동분자들"로 정의했다.[69] 불과 며칠 만에 정치적 바람의 방향은 완전히 바뀌었다. 마오의 '백화제방' 요청에서 비롯된 정풍운동은 갑자기 '반우파' 운동으로 대체되었다.

저우는 이 극적인 진로 변경을 지지했다. 결국 그는 공산주의자였다. 중국공산당이 꾸짖음당하는 것을 용납할 수 없었고, 중국공산당의 권력 통제가 도전받고 약화되는 것을 원치 않았다. 중국공산당 지도부가 초점을 정풍에서 반우파 활동으로 옮길 때 그와 마오는 견해가 같았다. 그 자신의 말로, 중국공산당은 "우리 나라를 발전시키고 건설하기" 위해 정풍을 겪기로 결정했지만, "우파의 친구들"은 상황을 깊이 비판적인 시각으로 보았다. "폴란드와 헝가리 사건 이후 중국은 거의 끝났다…… 배는 가라앉을 것이고 하늘은 어두워질 것이다. 그들은 다른 계획들을 발전시켰고 그리하여 탈선했다."[70] 그러나 저우는 '우파'를 어떻게 정의하고 다룰지에 대해 마오와 의견이 달랐다. 그는 비록 우파들이 "사회주의에 반대"했지만, 여전히 일반적으로 "인민에 속하므로" 적이 아니라고 믿었다.[71] 이러한 논평들은 더 근본적인 수준에서 집단과 개인 간 관계에 대한 저우의 기본적 이해가 마오의 그것과 달랐음을 드러냈다. 이것은 저우와 마오 사이의 '담론적 만남'에서 분명히 드러났는데, 여기서 그들은 각각 집단과 개인에게 상반된 우선순위를 부여했다. 1957년 여름, 마오는 '민주집중제'를 다음과 같이 정의했다.

> 우리의 목표는 중앙집권과 민주주의, 규율과 자유, 의지의 통일과 개인 마음의 평안이 모두 있는 활기찬 정치적 분위기를 만들어 사회주의 혁명과 사회주의 재건을 촉진하는 것이다.[72]

얼마 지나지 않아 저우도 한 연설에서 민주집중제를 정의했다. 그는 마오의 공식을 거의 똑같이 복사했지만, 집단과 개인의 순서를 뒤집었다.

> 민주집중제는 민주주의와 중앙집권, 자유와 규율, 개성의 발전과 의지의 통일이 모두 있는 체제이다.[73]

의도적이든 아니든, 저우는 '민주주의' '자유' '개성의 발전'(마오는 '개인 마음의 평안'이라는 용어를 사용했다)을 먼저 두었다.

그러나 저우는 아마도 정풍에서 반우파로의 전환을 계기로 마오가 자신이 일 년 전 저질렀던 '모진에 반대하는' 실수를 따지게 될 줄은 예상하지 못했을 것이다. 늦가을 차가운 바람이 중국의 광대한 대지를 휩쓸면서, 마오는 다시 당 자체로 주의를 돌렸다. 그는 일 년 넘게 혼자서 간직해 왔던 '모진 반대' 사건에 대한 분노를 완전히 분출할 준비가 되어 있었다. 표적은 저우였다. 마오가 첫 번째로 한 일은 9월 말 중앙위원회 전체회의에서 중국의 '주요 모순들'에 대한 새로운 개념을 제시하는 것이었다. 그는 발표했다.

프롤레타리아트와 부르주아지 간 모순과 사회주의와 자본주의 간 모순은 의심할 여지 없이 현재 우리 나라 사회의 주요 모순들이다.[74]

돌이켜 보면, 이것은 비범하게 중요한 발언이었다. 이 '주요 모순들'이라는 개념은 마오가 다음 이십 년 동안 시작할 대프롤레타리아 문화대혁명을 포함한 일련의 정치운동들의 이론적 기반이 될 것이었다. 마오는 또한 이 이론을 사용하여 저우에 대한 다음 숙청을 정당화할 것이었다. 그러나 그 시기, 저우를 포함한 어떤 중국공산당 지도자도 그것에 의문을 제기하고 나서지 않았다.

*****

마오는 1957년 11월에 러시아 볼셰비키 혁명 40주년을 축하하고 공산주의 국가 지도자들의 정상회담에 참석하기 위해 모스크바를 방문했다. 이 방문 동안 마오의 사고방식은 팔 년 전 그가 소련을 처음 방문했을 때와는 달랐다. 그 당시 논쟁할 여지 없이 국제 공산주의의 지도자였던 스탈린은 다른 사람들을 만날 때 결코 우월감을 숨기지 않았다. 비록 스탈린이 중국과 동맹 조약을 체결하고 상당한 물질적 지원을 약속했지만, 마오는 소비에트 독재자와의 만남에서 느꼈던 심오한 불평등감만을 기억했다.[75] 팔 년이 지났다. 중화인민공화국은 공고해졌고 그 국제적 지위는 크게 향상되었다. 마오가 보기에 더 최근에는 베이징이 폴란드와 헝가리 위기를 해결하는 데 결정적인 역할을 했다. 그로써 이제 마오는 흐루쇼프에 대해 도덕적, 심리적 우월감을 느끼게 되었다.

모스크바 정상회담에서 마오는 명백하게 오만했다. 그는 11월 18일에 한 긴 연설을 마치 당내 발표 중 하나인 것처럼 취급했다. '우리 시대'의 특징들과 공산주의자들의 역사적 사명들에 대한 토론 중에 그는 전쟁과 평화 문제를 언급했다. 그는 특유의 독특한 스타일로 다음과 같이 생생한 언어를 사용하여 주장했다.

이제 우리는 또 다른 시나리오, 즉 저 전쟁 괴물들이 전쟁을 시작하여 어디에나 A-폭탄과 H-폭탄을 떨어뜨릴 것이라는 시나리오도 생각해야 한다. 그들은 폭탄을 떨어뜨릴 것이고, 우리도 폭탄을 떨어뜨릴 것이다. 그리하여 사람들이 죽을 것이다. 최악의 시나리오에서 몇 명이나 죽을 수 있을까? 오늘날 세계 인구는 27억 명이다. 그중 3분의 1이 사라질 수 있다…… 극단적으로는 절반이 사라지고, 다른 절반은 살아남을 것이다. 그러나 그때 제국주의는 제거될 것이고, 전 세계는 사회주의가 될 것이다. 수십 년 후, 세계 인구는 다시 27억 명에 도달할 것이고, 그 후에는 확실히 훨씬 더 많아질 것이다.[76]

이것은 확실히 중요한 연설이었다. 그러나 마오는 단지 간략한 개요를 사용하여 그것을 전달했고, 생각에서 생각으로 뛰어넘으며 자유롭게 표현하고 즉흥적으로 말했다. 중국인 통역사 리웨란(李越然)은 마오가 뭐라고 말할지 미리 알지 못했다. 그래서 마오가 말할 때 극도로 긴장했고, 주석의 사색을 최상으로 표현할 수 있는 러시아어 어휘를 생각해 낼 시간이 없었다. 그는 단지 "단어 하나하나를 문자 그대로 번역"할 수 있었을 뿐이었다.[77] 마오의 접근법은 그가 이미 국제 공산주의의 '큰 보스'가 되었다고 느끼고 있음을 분명히 보여 주었다. 그는 도덕적 우월감을 가지고 냉소적인 언어로 핵전쟁에 대해 이야기했다. 그러나 그것이 그가 핵전쟁을 통해 세계를 변혁시키는 것을 선호했음을 의미하지는 않았다. 그러나 그의 직관적인 발표는 조악한 러시아어로 번역되어 청중을 깜짝 놀라게 했다. 마오의 웅장함은 미친 오만함이 되었고, 핵 학살에 대한 그의 견해는 완전한 헛소리로 전락했다.[78] 그러나 마오는 자기 연설이 미친 재앙적인 효과를 전혀 알지 못했다. 대신 그는 미국과의 "평화 공존"을 열망하던 흐루쇼프가 핵무기 사용을 준비한다는 제국주의자들의 허세에 겁을 집어먹었다고 믿었다.

모스크바 정상회담에서 마오는 김일성에 대한 태도를 바꾸었다. 11월 9일, 마오는 그와 만나 베이징이 북한에 배치한 모든 군대를 중국으로 철수시킬 준비를 하고 있다고 말했다. 또한 북한의 정치적 반대자들을 사면할 것을 제안하며, 중국이 결코 그들을 이용하여 김일성에게 도전하지 않을 것이라고 약속했다. 그들은 곧 "양국의 단결과 우정을 강화하기 위해" 저우가 평양을 공식 방문하기로 결정했다.[79] 저우는 그 후 유딘 소련 대사에게 마오와 김일성이 나눈 대화를 보고하며, 마오가 처음 북한에서 군대를 철수시키겠다고 했을 때 김일성이 "아직 적절한 시기가 아니"라고 걱정했지만 나중에 동의했다고 언급했다.[80]

저우는 1958년 2월에 평양을 방문했다. 그와 김일성은 모든 중국 군대가 연말까지 북한을 떠나는 데 동의했다.[81] 베이징으로 돌아오는 길에 저우는 선양 지방 지도자들과 김일성에 대한 의견을 나누었다. "김일성은 재능 있는 사람이지만, 이상적인 지도자는 아니다." 그는 "개인주의와 파벌주의의 영향을 받아 일부 동지들을 잘못 대하고 심지어 죽이기도 했다." 그러나 저우는 강조했다. "북한의 현재 상황에서는 키 작은 사람들 중에서 키 큰 사람을 들어 올리는 것 외에는 다른 선택지가 없다." 따라서 김일성은 "포괄적인 관점에서 평가되어야 한다. 그의 약점은 단지 열 손가락 중 하나일 뿐이고, 나머지 아홉 개는 강점이다."[82]

마오와 저우가 김일성에 대한 태도를 바꾼 것은 대체로 중국이 '백화제방'에서 '반우파' 운동으로 전환하는 속에서 마오가 당내 반대파들을 탄압하는 김일성에게 더 공감하게 되었기 때문이었다. 그동안 북한 반체제 인사들의 행동 또한 마오와 저우가 견해를 바꾸는 데 영향을 미쳤다. 중국에 도착한 후 반체제 인사들은 꽤 잘 대우받았지만, 그들은 정치 무대에서 신중하게 행동하는 법을 몰랐다. 저우는 중국의 반우파 운동 동안 그들이 "온갖 잘못된 논평들"을 했고, "조선노동당뿐만 아니라 소련과 중국공산당에도 반대"했다고 언급했다. 그들은 또한 "중국, 북한, 소련 지도자들이 모두 민주적이지 않은 독재자들이었다"라고 주장했다.[83] 그 결과 그들은 마오와 저우의 호의를 잃었다.

흐루쇼프는 모스크바 정상회담에서 소련이 15년 안에 미국을 능가할 것이라고 언급했다. 마오는 깊은 인상을 받고 즉시 발표했다. "15년 안에 우리는 아마도 영국을 능가할 수 있을 것이다." 비록 주석이 영국을 목표치로 선택했지만, 그가 진정 희망한 바는 소련을 따라잡고 능가하는 것이었다. 중국으로 돌아와서 그는 동지들에게 말했다. "소련이 그만큼의 곡물과 다른 것들을 생산하는 데 40년 이상이 걸렸다. 만약 우리가 10년 또는 심지어 8년 안에 같은 일을 할 수 있다면, 대단한 일이 될 것이다. 우리는 인구가 많고, 정치 환경이 더 활발하며, 레닌주의를 더 잘 지휘했기 때문에 그렇게 할 수 있어야 한다."[84] 주석은 따라서 중국의 정치적, 도덕적 이점을 고려할 때, 만약 경제발전을 가속할 수 있다면, 그와 중국공산당은 당연히 국제 공산주의 운동의 지도자 지위를 누릴 자격이 있다고 믿었다.

★★★★★

마오는 이제 저우에게 눈을 돌릴 준비가 되었다. 모스크바에 있는 동안 그는 1956년의 '모진 반대' 사건을 가혹한 언어로 공격하는 《인민일보》사설을 발행하는 것을 승인했다.[85] 마오는 베이징으로 돌아오자마자 '모진 반대'라는 개념을 악마화하기 시작했다. 그가 개인적으로 수정한 또 다른《인민일보》사설에서 '모진 반대'는 정체 정책, 즉 중국의 사회주의 혁명과 재건을 방해하려는 정책으로 묘사되었다. '모진 반대'의 주요 옹호자였던 저우는 마오의 주요 표적이었다.[86]

마오는 1958년 1월 난닝에서 중국공산당 공작회의를 주재했다. 저우가 도착했을 때, 그는 마오가 못마땅해했던 1956년 6월 20일 자《인민일보》 사설과 1956년 11월 중앙위원회 전체 회의에서 그가 한 연설이 '비판을 위한 참고 자료'로서 회의 참가자들 사이에 회람되었다는 것을 알게 되었다.[87] 주석은 회의를 지배하며, 저우의 '모진 반대' 캠페인이 "6억 인민의 혁명적 활력을 억압했다"라고 거듭 주장했다. 한번은 마오가 심지어 저우를 향해 손가락질하며 선언했다. "당신은 모진을 반대하고, 나는 모진 반대에 반대한다!" 마오의 관점에서 볼 때 저우는 우파가 될 위기에 처해 있었고, 마오의 주장에 따르면 그와 그 꼬리표 사이 거리는 "단지 50미터"였다. 저우는 회의에서 주석의 맹렬한 공세에 직면하여 '예비 자기비판'을 하여, "모진에 반대한 실수"에 대해 "주된 책임을 져야 한다"라고 인정했다.[88]

그러나 이것은 단지 준비운동에 불과했다. 3월, 마오는 청두에서 또 다른 중앙 공작회의를 소집하여 '모진 반대'에 대한 공격을 격상시켰다. 그는 단언했다. "'모진'은 마르크스주의 방식이고 '모진 반대'는 반마르크스주의 방식이다. 따라서 우리는 미래에 모진에 전념할 것이다."[89] 저우는 더 포괄적인 자기비판을 했다. 저우는 국내 문제에 대한 실수들 외에도 중화인민공화국의 대외 관계를 처리하는 데 있어서 "보수적이고 우경적인 경향"을 보였음을 자기비판했다. 그는 자기 지휘하에 있는 외교부가 민족주의 국가들을 대하는 데 필요한 투쟁을 소홀히 했고, 제국주의 국가들(특히 일본과 미국)에 대해 희망적인 생각을 보였으며, 다른 사회주의국가들의 수정주의 정책들에 필요한 비판을 가하지 못했다고 인정했다.[90] 청두 회의는 마오의 소망에 따라 중국의 경제발전 계획을 대담하게 수정하기로 했고, '15년 이내에 영국을 능가'한다는 목표를 새로 포함시켰다.

그럼에도 불구하고 마오는 저우와의 결산을 계속 이어 갔다. 5월 열린 중국공산당 전국대표회의에서 그는 다시 저우가 "더 큰 그림을 보지 못했다"라고 비난하며, 만약 저우가 저지른 실수들을 바로잡지 않는다면 "당은 분열될 것"이라고 주장했다.[91] 저우는 마오의 공격에 대응하여 '더 깊고 철저한 자기비판'을 하려 노력했다. 그러나 쉬운 일은 아니었다. 저우가 옌안 정풍운동 기간 동안 숙청된 지 12년이 지났다. 비록 그는 그 교훈을 결코 잊으려 하지 않았지만, 그 이후에는 마오와 비슷한 충돌을 겪은 적이 없었다. 그가 어떻게 마오를 만족시킬 수 있었을까? 그는 머리를 쥐어짰지만 답을 찾지 못했다. 어느 날 저녁, 그는 비서 판뤄위(范若愚)를 사무실로 불러 그에게 한 문장씩 무언가를 구술하려 시도했다. 판은 회상했다. 그는 "매우 천천히 말했고, 때로는 몇 분 동안 한마디도 하지 않았다." 판은 "그가 혼자서 깊이 생각할 수 있도록" 조용히 저우의 사무실을 나갔다. 그러나 저우는 자정이 훨씬 지나서까지 사무실에 혼자 앉아 있었고, 마치 완전히 어찌할 바를 모르는 것 같았다. 마침내 덩잉차오가 개입하여, 저우가 초안을 대강 구술하면 판이 그것을 편집하여 저우가 검토하도록 하자고 제안했다. 판은 회상했다. "초안을 작성하던 2주 동안, 저우의 머리카락은 빠르게 희끗희끗해졌다." 이 일이 있은 후, 판은 "저우가 비슷한 상황에서 훨씬 덜 솔직해졌다"라는 것을 발견했다.[92]

저우는 5월 17일 당대회 전체 회의 연설에서 "나는 모진 반대라는 심각한 실수의 주범이며, 그것으로부터 많은 교훈을 얻어야 한다"라고 인정했다. 자기 잘못의 "뿌리를 깊이 파고들려" 노력하면서 그는 말했다. "내 실수의 개념적 기원은 내 생각의 주관주의와 형이상학적 성격에 있다." 그는 사회주의 재건에 대해 "보수적인 우경적 태도"를 가졌고, 그것이 마오의 "위대한 설계"를 위반함으로써 절정에 달했다고 고백했다. 저우는 가혹한 언어를 써서 자신을 비판했을 뿐 아니라, 옌안 정풍운동 기간 동안 했던 것과 같이 마오를 칭찬하는 방법을 채택했다.

> 중국의 혁명과 재건이 증명했듯이, 마오 주석은 진리를 대표해 왔다. 그의 지도에서 벗어났을 때, 우리는 방향을 잃고 실수들을 저질렀으며, 내가 저지른 모든 것이 이를 증명한다. 그에 비해 우리가 한 모든 올바른 일은 그의 지도력과 사상 덕분이다. 따라서 우리는 그의 지시, 마르크스주의의 보편적 진리를 중국 혁명의 실천과 결합한 그의 영광스러운 모범, 그의 대중 노선 방법, 위대한 공산주의자로서 그의 위대한 작업 방식과 모범을 부지런히 연구해야 한다.[93]

마오는 마침내 만족하여 발표했다. "모진 반대 문제는 이제 해결되었다. 중앙위원회와 전당은 이제 단결되었다." 그런 다음 그는 새로운 시간표를 제시했다. 중국은 7년 안에 영국을 능가하고, 또 다른 8년 안에 미국을 따라잡을 것이라고. 그는 발표했다. "앞으로 몇 달 안에 또 다른 큰 약진이 있을 것이다. 지난번보다 훨씬 더 급진적인 것이다."[94] 주석은 그리하여 대약진운동을 위한 진군 명령을 내렸다.

저우는 여전히 충격에 빠져 있었다. 6월 9일 정치국 회의에서 그는 동료들에게 자신이 계속 총리로 봉사하는 것이 적절할지 고려해 달라고 요청했다. 어떤 의미에서 이것은 또한 마오가 그를 계속 지지하는지 시험하려는 미묘한 방법이었다. 류사오치, 주더, 린뱌오, 천윈, 덩샤오핑을 포함한 동료들은 모두 저우가 사임하는 것을 반대했다. 회의에 참석했던 마오 역시 그들을 막지 않았고, 정치국은 저우가 총리로 남아야 한다고 결정했다. 덩은 그 후 회의록 초안을 작성했는데, 이는 저우가 "현재 직위를 계속 유지해야 하며, 변경할 필요가 없다"라고 확인했다. 주석은 그 회의록을 승인했다.[95]

6월 8일, 마오는 국무원의 권력을 줄이기 위해 한 걸음 더 나아갔다. 그는 재정, 법률 문제, 외교, 과학, 문화 및 교육을 책임지는 다섯 개 소조를 설립함으로써 당과 정부의 의사결정 구조를 변경할 것을 제안했다. 그것들은 각각 천윈, 펑전, 천이, 녜룽전, 루딩이(陸定一)가 이끌게 될 것이었다. 다섯 개 소조 모두 "정치국과 서기처에 직접 보고"할 것이었다. 마오는 규정했다. "큰 결정을 내릴 권한은 정치국에 있으며, 구체적인 조치는 서기처에 의해 이루어질 것이다." 요점을 강화하기 위해 그는 강조했다. "국무원과 그곳의 당 기관들은 단지 제안할 권한만을 가지고 있으며, 의사결정 권한은 당 중앙에 의해 통제된다."[96]

다섯 소조는 이틀 만에 설립되었다. 당 중앙은 재강조했다. "모든 당, 정부, 군사 기관은 중앙서기처를 통해 중앙에 보고해야 한다. 일반적인 문제들에 대해 서기처가 내린 결정들은 즉시 실행되어야 한다. 서기처는 그것들을 논의한 후, 중요한 문제들을 정치국 상무위원회에 보고해야 하며, 위원회가 최종 결정을 내릴 것이다."[97] 이 새로운 의사결정 과정은 저우가 이끄는 국무원을 완전히 우회하여, 국무원에는 단지 제안할 권리만을 남겨두었다.

그 결과 저우의 권력은 크게 손상되었다. 이후 문화대혁명이 발발할 때까지 몇 년 동안, 그는 종종 중국공산당 최고 지도자들 사이에서 주요한 의사결정자라기보다는 정책 전달자로서 역할하는 자신을 발견했다. 그는 마오의 날카로운 비판을 또 다른 중요한 교훈이자 심각한 경고로 받아들여야 했다. 만약 그가 마오의 지도력과 정책 노선에서 벗어난다면, 언제든지 마오에게 공격받거나 심지어 정치적 종말을 맞이할 수도 있었다. 이 두려움이 생애 마지막 날까지 저우를 괴롭힐 것이었다.

제20장

대약진운동

1958~1960

저우언라이는 마오쩌둥이 '15년 안에 우리는 영국뿐만 아니라 미국도 따라잡을 것이다'라고 믿게 되면서 촉발된 엄청난 열풍에 힘입어 대약진운동이 중국 전역을 휩쓸고 있을 때, 자신의 '모진 반대 실수'에 대한 마오의 혹독한 비판에서 살아남았다. 마오는 소련 또한 능가하고자 했고, 선언했다. "우리는 인구가 이렇게 많은데, 왜 세계 제1의 강대국이 될 수 없는가?"[01] '모진 반대' 운동을 분쇄함으로써 주석은 대약진을 위한 진군명령을 내렸다.

마오는 중국의 철강 생산량을 극적으로 증가시키는 것이 대약진운동 성공의 핵심이라고 보았다. 그는 1958년에 중국이 1957년보다 두 배 많은 철강을 생산하는 것을 목표로 삼았다. 저우는 새로운 철강 목표를 위한 특별 전담 조직의 책임자로 임명되었고 그 임무를 받아들여야만 했다.[02] 대약진의 맹렬한 불길은 중국의 광활한 농촌 전역에서 타올랐고, 여름 수확량이 '급증'했다. 일반적인 수확량은 1무(6분의 1에이커)당 수백 킬로그램에 불과했지만, 그해 여름 수확량은 수십, 심지어 수백 배를 기록

했다고 전해진다. 급증하는 곡물 생산량에 대한 '승전보'가 매일 중난하이로 쇄도했다. 마오는 기뻐하며 잉여 곡물을 어떻게 소비할지 논의하기 시작했다.[03]

저우는 총리였으므로 여전히 생산을 감독할 책임이 있었다. 그러나 위에 있는 다섯 개 소조가 그의 손발을 묶었다. 더욱이 거의 모든 중국공산당 지도자들이 마오의 보조를 맞추지 못할 것을 두려워했다. 덩샤오핑은 나중에 인정했다. "단지 마오만이 아니었다. 류, 저우, 나를 포함한 우리 모두가 매료되어 있었다."[04] 비록 저우가 대약진에 대해 유보적인 태도나 의심을 가졌을지라도, 운동 뒤 열광의 물결은 그에게 그것을 칭찬하는 것 외에는 다른 선택할 여지를 주지 않았고, 그것이 바로 그가 그 몇 달 동안 많은 연설에서 했던 일이었다.

그러나 저우는 흥분 속에서도 기회가 있을 때마다 다른 사람들에게 침착함을 유지하도록 상기시켰다. 7월 광둥 시찰 중에 저우는 현지 간부들에게 작물을 가능한 한 빽빽하게 심어 수확량을 극대화하려 시도하기보다는 적당한 밀도로 심는 것이 중요하다고 조언했다. 또 다른 경우에 저우는 대약진을 과장하지 말라는 마오의 최근 발언 중 하나를 인용하며, 곡물 생산량을 허위로 보고하지 말고 농민들에게 충분한 배급량을 유지해야 한다고 강조했다.[05] 그는 대규모 철강 생산 보고서를 의심스러워했다. 허난(河南)의 한 현이 철강을 100만 톤 이상 생산했다고 주장했을 때, 저우는 자기 비서 중 한 명인 구밍(顧明)을 "직접 눈으로 확인하기 위해" 그 현으로 보냈다. 구가 이 '철강'을 몇 조각 가지고 돌아왔을 때, 저우는 그것들을 검사하고 중얼거렸다. "이것은 철강이 아니다!"[06] 그러나 그는 사무실 밖에서는 반대 의견을 표명할 수 없었다.

중국공산당 지도자들은 8월 중순에 여름 휴양지로 이상적인 경치 좋은 해안가 베이다이허(北戴河)에서 중앙 공작회의를 위해 모였다. 마오가 지휘했다. 그는 연설에서 자랑했다. "1958년 철강 생산 목표에 도달한 후 3년, 5년, 또는 7년 안에 우리 나라는 위대한 산업 강국으로 변모해야 한다." 마오는 "곡물 문제가 기본적으로 해결되었기" 때문에 농촌에 인민공사를 설립해야 한다고 주장했다. 주석은 인민공사가 "많은 사람, 광대한 토지, 큰 생산 능력, 정부 행정과 사회 기능을 결합하고 공공 식당 서비스를 제공하는 큰 기업들"을 가진 큰 조직이어야 한다고 제안했다. 그는 물었다. "우리가 22년 동안 전쟁을 치러 이겼는데, 왜 사회주의 건설에 성공할 수 없겠는가?"[07] 저우는 마오의 말을 되풀이해 발표하며, 대약진이 "국가경제의 모든 부문에서 일어나고 있기" 때문에 상황이 "훌륭하다"라고 묘사했다. 그는 마오가 앞서 한 말을 따라 중국이 3년에서 5년 안에 "기본적으로 완전한 산업 기반" "현대 농업" "비교적 선진적인 기술" 뿐만 아니라 "미사일 및 핵 기술에 대한 기본적인 지휘력"을 확립할 것이라고 예측했다. 비록 "일부 목표들이 너무 급진적이었다"라고 인정했지만, 연설의 어조는 단연 긍정적이었다.[08]

베이다이허 회의는 결과적으로 대약진을 위한 일련의 매우 야심 찬 목표들을 최종 확정했다. 철강 생산량은 1958년에 두 배가 되어 1070만 톤에 이를 것이고, 곡물 생산량은 3억에서 3억 5천만 톤에 이를 것이었다.[09] 중국공산당 지도자들은 또한 중국 농촌 전역에 인민공사 수천 개를 설립하기로 결정했다.[10] 회의 후 마오는 "우리는 내년에 영국을 능가할 수 있다"라고 믿었기 때문에 대약진운동을 가속할 것을 계속해서 촉구했다. 그는 전당에 호소했다. "5년 안에 미국에 가까워지고 7년 안에 그것을 능가하는 목표를 달성하기 위해 노력하라!"[11]

대약진운동은 이미 격렬한 파도를 일으키며 전국을 휩쓸었다. 베이다이허 회의에서 분출된 열광의 급류는 대약진을 괴물 같은 홍수로 바꾸어 놓았다.

＊＊＊＊＊

1958년 여름에 또 다른 문제들이 저우를 바쁘게 했다. 그 문제들은 겉보기에 대약진과 관계가 없는 듯했으나 사실 서로 관련되어 있었다. 그 중 하나는 타이완해협에서의 또 다른 위기였다.

저우는 1955년 제1차 타이완해협 위기가 끝난 이후 베이징이 타이완 정책의 어조를 상당히 완화하도록 이끌었다. 저우는 1955년 7월 30일 전국인민대표대회 전체 회의에서 "가능하다면" 베이징이 "타이완을 평화적으로 해방할 용의가 있다"라고 말했다.[12] 일 년 후인 1956년 6월, 저우는 베이징이 "타이완 당국과 타이완의 평화적 해방을 향한 구체적인 단계와 조건에 대해 논의할 용의가 있다"라고 공개적으로 발표했다. 그는 장제스에게 "우리와 그러한 논의를 시작하기 위해 베이징이나 다른 적절한 장소에 대표를 파견"하라고 초대했다.[13] 마오는 저우의 말을 되풀이하며, 만약 타이완이 "조국으로 돌아온다면" 섬의 모든 것은 그대로 유지될 것이라고 말했다. 마오는 타이완이 본토와 통일된 후 타이완 당국이 "계속해서 '삼민주의'를 따르도록" 허용하겠다고 제안했다.[14] 저우는 또한 일련의 비공식적인 막후 채널을 통해 장과 사적으로 소통하려 시도했지만 성공하지 못했다.

베이징은 이처럼 타이완에 대한 접근법을 완화하는 듯했으나, 상황은 1958년 여름에 거의 하룻밤 사이에 뒤집히고 말았다. 마오의 명령에 따라 인민해방군 해안 포병 부대는 8월 23일 국민당이 통제하는 진먼섬에 대규모 포격을 시작하여, 90분 이내에 포탄을 약 3만 발 발사했다. 진먼 포격은 6주 동안 계속되어 타이완해협에서 전쟁에 가까운 위기를 촉발했다.

마오가 정책을 갑작스럽게 변경한 데는 베이징이 지난 몇 년간 연출한

'평화 구상'을 장이 명백히 무시했다는 좌절감이 반영되어 있었다. 따라서 그는 "협상을 촉진하기 위해 싸움을 이용"할 필요가 있다고 생각했다. 또한 샤먼, 즉 진먼에서 불과 몇 킬로미터 떨어진 해안 도시를 다른 본토 도시들과 연결하는 철도가 1957년 봄에 완공되어 중화기를 푸젠 전선으로 대량 수송할 수 있게 되었다. 1957년 말 푸젠에 새로운 비행장이 여러 개 건설되었고, 이로써 국민당은 사실상 그곳 영공에 대한 통제권을 잃었다.[15] 마오는 이제 자신이 중국 해안에 대한 국민당의 만성적인 안보 위협을 무력화할 수단을 가지고 있다고 믿었다.

그러나 더 깊은 의미에서 마오는 대약진운동을 촉진하기 위해 진먼섬 포격을 결정했다. 대중 동원의 대가로서 그는 외부 위기로 인해 발생하는 추가적인 압력이 대약진으로 고조된 내부 긴장을 정당화하는 데 도움이 될 수 있다는 것을 잘 알고 있었다. 그는 상세히 설명했다. "긴장은 사람들을 생각하게 만들고 긍정적인 정신을 자극할 수 있으며, 대중을 동원하는 데 도움이 될 수 있고, 심지어 뒤처진 사람들을 동원하고 중도파들이 투쟁에 참여하도록 할 수 있다."[16] 실제로 대약진운동이 마오에게 베이징 오페라 공연과 같았다면, 포격과 타이완해협 위기는 그 공연을 이끄는 우렁찬 북소리였다. 그것들이 없었다면 오페라는 그 리듬과 극적인 요소, 연극성을 잃었을 것이고, 결과적으로 처음에 가졌던 의미는 퇴색되었을 것이다.

제2차 타이완해협 위기 발발은 외교정책에서 저우의 책임을 극적으로 증가시켰다. 워싱턴은 1954년에 타이베이와 상호 방위 조약을 체결했다. 국무장관 존 포스터 덜레스는 베이징이 국민당 통제하에 있는 섬들을 점령하기 위해 무력을 사용한다면 "심각한 결과"에 직면할 것이라고 공개적으로 경고했다. 아이젠하워(Eisenhower) 대통령 또한 진먼을 지키는 것이 타이완 방어에 중요하다고 말했다.[17] 9월 초, 진먼섬이 점차 보급선에서 차단되면서 인민해방군 상륙작전이 임박한 것처럼 보였다. 펜타곤 기획자들은 가능한 공격에 대처하기 위해 전술 핵무기 사용까지 고려했다. 치명적인 중미 대결이 이루어질 가능성이 크게 대두되었다.[18]

저우는 이 위험을 보고 선제적으로 12해리 영해 선포를 시도했다. 저우는 몇 년 동안 중국의 영해 획정에 관여해 왔다.[19] 그는 이제 중국의 해상 경계를 신속하게 확정해야 한다고 느꼈다. 9월 3일, 마오는 저우의 우려를 논의하기 위해 중국공산당 최고 지도자 회의를 소집했다. 지도자들은 워싱턴이 타이완은 방어하겠지만, 작은 연안 섬들을 방어하거나 "그곳에서 우리와 군사적 대결에 관여"하는 것을 꺼릴 것이라고 생각했다. 저우는 "우리 영해를 12해리로 설정"함으로써 중국이 미 해군 함정들이 "진먼에 가까이 오지 못하게" 할 수 있다고 제안했다. 회의 참가자들은 저우의 제안을 승인했다.[20] 9월 4일, 저우는 중국의 영해가 12해리 거리까지 확장되며, 어떤 외국 군용기나 해군 함정도 베이징의 허가 없이 그 경계를 넘을 수 없다고 공식적으로 선언했다.[21]

마오는 또한 '군사행동은 외교와 병행되어야 한다'고 믿었다. 따라서 중국은 1955년 말에 시작된 바르샤바에서의 중미 대사급 회담을 재개할 준비가 되어 있어야 했다.[22] 1957년 말, 폴란드 주재 미국 대사가 임기를 마치고 바르샤바를 떠났을 때, 워싱턴은 미국 대리 대사가 대신 회담에 참석하도록 허용해 달라고 제안했다. 베이징은 즉시 그 제안을 회담을 격하하려는 음모라고 공격했고, 회담은 중단되었다.

저우가 영해를 선포한 바로 그날, 덜레스는 미국이 국민당 통제하에 있는 연안 섬들을 방어하는 것을 돕겠다고 거듭 밝혔다. 그러나 주목할 만한 지점은 그가 또한 타이완에 관한 위기를 해결하기 위해 베이징과 협상할 용의가 있다고 표현했다는 것이다.[23] 저우는 이틀 후 응답하여 중국이 국민당을 다루기 위해 군사적 수단을 사용하는 것은 중국의 주권이라고 강조했다. 그러나 그는 또한 베이징이 워싱턴과 대사급 회담을 재개할 준비가 되어 있다고 말했다.[24] 중국과 미국은 9월 15일 바르샤바의 스위스 대사관에서 회담을 재개하기로 신속하게 합의했다.

마오는 이것을 워싱턴으로 하여금 타이베이가 연안 섬들을 포기하도록 강요하여 위기를 끝내면서도, 미래에 워싱턴과 소통할 창구를 열어둘 기회로 보았다.[25] 저우도 동의했다. 그는 중국 측이 바르샤바에서 제시할 초안을 준비했는데, 여기서 베이징이 국민당 통제하에 있는 섬들을 해방하기 위해 "모든 적절한 수단"을 사용할 권리가 있다고 강조하고 워싱턴에 "타이완과 타이완해협으로부터 모든 군대를 철수"할 것을 요구했다. 또한 만약 "국민당 군대가 연안 섬들로부터 주도적으로 철수한다면, 인민해방군은 그들을 추격하지 않을 것"이라고 규정했다. 더욱이 인민공화국은 연안 섬들을 되찾은 후, "평화적인 수단으로 타이완과 인근 펑후(澎湖)섬들을 해방하기 위해 노력할 것이며, 일정 기간 동안 그것들을 해방하기 위해 무력을 사용하는 일을 피할 것이다."[26] 만약 초안에 개괄된 조건들이 받아들여진다면, 베이징이 무기한으로 타이완을 '해방'하기 위해 무력을 사용하지 않기로 약속하는 것이기 때문에 이 두 가지 요점은 잠재적으로 큰 양보에 해당할 수 있었다.[27]

마오는 처음에 저우의 계획을 승인했고, 이는 폴란드 주재 중국 대사인 왕빙난에게 전달되었다. 그러나 주석은 빠르게 마음을 바꿨다. 9월 13일, 그는 저우에게 바르샤바 회담 첫 주 동안 왕이 "우리의 모든 패를 테이블 위에 내놓지 말고 먼저 (미국인들을) 시험해야 한다. 그들이 모든 패를 내놓지 않고 우리를 시험하려 할 가능성이 높다"라고 했다.[28] 저우는 즉시 왕에게 회담에서 "미국인들이 먼저 모든 패를 내놓도록 압박해야 한다"라고 알렸다.[29]

회담은 9월 15일 바르샤바에서 재개되었다. 폴란드 주재 미국 대사 제이콥 빔(Jacob Beam)이 먼저 발언하여 타이완해협에서 즉각 정전할 것을 주장했다.[30] 왕은 중국이 타이완을 해방하기 위해 '모든 적절한 수단'을 사용할 권리가 있다고 강조하는 것으로 발표를 시작했다. 그런 다음 그는 마오와 저우가 새로 내린 지시를 따르지 않고, 만약 국민당 군대가 연안 섬들을 먼저 포기한다면 인민해방군은 그들을 추격하지 않을 것이며, 베이징은 연안 섬들을 되찾기 위해 "평화적인 수단을 사용하여 타이완을 해방하기 위해 노력하고, 일정 기간 동안 무력 사용을 피할 것"이라고 말했다. 참신한 제안이었지만 빔은 본능적으로 반박하며 그것이 미국 동맹국에 속한 "영토의 항복을 의미할 것"이라고 주장했다.[31]

당시 안후이를 시찰하고 있던 마오는 왕이 미국인들이 자신들의 패를 보이기 전에 베이징의 최저 요구 선을 드러냈다는 보고를 받고 격분했다. 주석은 외쳤다. "왕빙난은 돼지보다 못하다. 돼지조차도 벽에 부딪히면 돌아설 줄 아는데, 왕은 돌아설 줄조차 모른다." 그는 왕을 즉시 해고할 생각이었다. 수년 동안 그와 가까운 동료였던 저우는 왕을 변호하며, 왕을 해고하면 더 큰 혼란을 야기할 수 있다고 조언했다. 그래서 마오는 왕을 그대로 두기로 했다.[32] 그러나 그는 저우를 쉽게 놓아주지 않았다. 그는 저우가 처음에 왕에게 "너무 복잡하고 요점에 맞지 않으며" "유약하고 권위 없는" 지시를 하는 바람에 "큰 실수를 야기했다"라고 비판했다. 마오는 천이를 베이징으로 다시 불러 "이 문제를 처리하는 데 있어 저우를 돕게" 하기로 결정했다. 그는 더 나아가 앞으로 베이징에서 왕이 이후에 발표할 모든 내용의 초안을 작성할 것이며 왕은 "그것들을 단 한 단어도 바꾸어서는 안 된다"라고 했다. 마오는 저우에게 명령했다. 중국 측은 다음 대사급 회의에서 "주도권을 되찾기 위해 공격적인 전략"을 채택해야 한다고.[33]

저우는 즉시 마오의 명령을 실행했다. 그는 그 후 마오에게 편지를 써서, 그의 원래 계획이 "너무 이른 시기에 제시되어 상대방에게 우리가 회담에서 성공하기를 열망한다는 인상을 주었다"라고 인정하는 것으로 시작했다. 그런 다음 몇 가지 제안을 내놓았다. 외무부장이 덜레스 국무장관의 연설을 반박하는 성명을 발표하고, 중국 언론과 여론이 그 성명을 지지하도록 동원하며, 모스크바와 소비에트 블록 국가들에게 그것을 지지해 달라고 요청하는 것이었다. 그동안 "미 해군 및 공군과의 교전을 피하면서, 우리는 진먼 주둔군과 장의 해군 및 공군력에 큰 타격을 주기 위해 해군, 공군, 포병 부대를 사용하는 대규모 작전을 벌일 것이다."[34] 마오는 저우가 새로 세운 계획들이 마음에 들었고, 그것이 "우리의 외교적 투쟁이 되어야 할 것"이라고 논평했다.[35] 저우는 그 후 왕에게 바르샤바에서 미국인들과의 회담을 이러한 새로운 계획들에 따라 처리하라고 지시했다.[36]

왕과 빔이 9월 22일에 다시 만났을 때, 중국 대사는 반격을 준비하고 있었다. 왕은 일주일 전에 했던 제안을 언급하지 않고, 타이완해협의 긴장을 완화하기 위한 전제 조건으로 미국이 모든 군대를 철수할 것을 새로 제안했다. 빔은 즉시 거부했다.[37] 결과적으로 회담은 다시 서로 비난하고 규탄하는 전쟁터가 되었고, 각 대사는 상대방이 제기한 모든 요점을 반박했다. 그러나 적어도 베이징과 워싱턴 간 대화 창구만은 살아남았다.

그동안 인민해방군 푸젠 지휘부는 군사 작전을 격상하기 위한 새로운 계획을 고안했는데, 이에 따라 인민해방군은 "더 크고 더 포괄적인 승리"를 추구하기 위해 진먼에 대한 지상 포격과 공중 폭격을 조율할 것이었다.[38] 그러나 저우는 이제 그 계획이 부적절하다고 느꼈다. 그는 마오에게 편지를 써서, "육해공 합동작전에서 원활한 협조를 이루기 어렵고, 미군 함정과 비행기가 타격을 받을 수도 있다"라고 지적했다. 더욱이 "장의 공군에게 본토를 폭격할 구실을 제공할 수 있다"라고 덧붙였다. 따라서 "(진먼에) 포격은 하되 상륙하지 않고" "적이 밤낮으로 안절부절못하게 만들기"를 계속하는 편이 더 낫다고 했다.[39] 마오는 저우의 제안을 수용했다.[40] 인민해방군은 대결을 격화할 수 있는 조치를 취하지 않으면서 진먼섬과 국민당 보급 호송대에 대한 포격을 계속했다.

위기는 9월 말까지 한 달 이상 계속되었고, 마오와 저우는 워싱턴의 태도에 미묘한 변화가 생긴 것을 감지했다. 9월 30일, 미국이 연안 섬들로부터 국민당 군대가 철수하는 것을 지지해야 하는지 묻는 질문에 덜레스는 답했다. "만약 그 지역에 합리적으로 신뢰할 만한 것으로 보이는 정전이 이루어진다면, 대규모 군대를 계속 주둔시키는 것은 어리석은 일이라고 생각한다."[41] 이것은 아마도 2주 전 바르샤바에서 왕이 내놓은 제안에 대한 응답이었겠지만, 그때는 이미 너무 늦었다.

저우는 경각심을 느꼈다. 10월 3일 최고 지도자 회의에서 그는 덜레스가 베이징으로 하여금 타이완에 대해 비군사적 정책을 채택하도록 유도하려 한다고 평가했다. 저우는 워싱턴이 타이완의 안전을 보장받는 대가로 연안 섬들을 내놓도록 장을 설득하여, 본토 중국과 타이완 간 분리를 영속화할 것이라고 믿었다.[42] 마오는 저우의 평가에 동의하며, 만약 베이징이 그 제안을 받아들인다면, "덜레스의 함정에 빠질 것"이라고 덧붙였다.[43] 연안 섬들을 점령하려 시도하는 대신, 마오는 이제 진먼을 장의 손에 남겨 두는 "올가미 전략"을 고려했다. 마오는 상세히 설명했다. 연안 섬들은 "본토와 매우 가깝기" 때문에, 만약 그것들이 장의 소유하에 남아 있다면, 베이징이 국민당과 "접촉하는 지점"으로 역할할 수 있고, 이는 미국인들의 목에 "올가미"가 될 것이라고. "우리가 긴장을 유발하기 원하면 우리는 올가미를 조일 수 있고, 우리가 긴장을 완화하기 원하면 우리는 그곳에서 (올가미를) 풀 수 있다. 우리는 그들을 산 것도 죽은 것도 아닌 상태로 거기에 매달아 두고, 미국인들을 다루는 수단으로 사용할 것이다."[44]

10월 5일, 마오는 인민해방군에 이틀 동안 "포탄을 한 발도 쏘지 말라"라고 명령했다. 다음 날, 베이징은 펑더화이의 이름으로 발표되었지만 마오가 쓴 "타이완 동포들에게 보내는 메시지"를 방송했다. 메시지는 10월 6일부터 "미국의 호위가 없다"는 조건하에 진먼 포격이 7일 동안 중단될 것이며, 그동안 섬의 국민당 군대와 민간인들이 보급품을 받을 수 있다고 발표했다. 마오는 장에게 호소했다. "우리는 모두 중국인이다. 그러므로 화해하는 것이 우리가 따를 최선의 길이다."[45] 명령이 거듭 갱신되면서 사실상 정전이 뒤따랐다. 제2차 타이완해협 위기는 시작되었을 때처럼 갑작스럽게 끝났다. 그러나 그것은 국공 관계에 깊고 오래 지속되는 영향을 남겼다. 장과 국민당은 결코 마오와 공산주의자들을 신뢰한 적이 없었지만, 평화 제스처와 혼합된 이 포격 일화는 장과 그의 동맹국들이 중국공산당의 '통일전선' 정책에 대해 품었을지도 모르는 환상들을 전부 산산조각 냈다. 타이완에 대한 저우의 명백한 '평화 구상'은 모두 헛수고가 되었다.

★★★★★

저우는 1958년 여름에 베이징과 모스크바 관계에서 나타난 긴장을 관리하는 데도 관여했다. 타이완해협에서 중미가 충돌할 전망이 나타나 모스크바 지도자들에게 경각심을 주었다. 9월 5일, 베이징 주재 소비에트 대사관 참사관 N. G. 수다리코프(N. G. Sudarikov)가 저우에게 긴급하게 만남을 요청했다. 그는 저우에게 방금 흐루쇼프의 전화를 받았으며, 그는 타이완 위기에 대해 더 많이 배우고 양국의 움직임을 조율하기 위해 외무장관 안드레이 그로미코(Andrei Gromyko)를 베이징에 파견하고 싶어 한다고 말했다. 저우는 즉시 소비에트 외교관의 어조에서 불만을 감지하고, 그로미코를 베이징에 초대했다. 그는 설명했다. "진먼을 포격한 것은 중국이 무력으로 타이완을 해방하겠다는 의도가 아니다." 그는 또한 베이징이 그 자신이 한 행동에 대해 전적인 책임을 질 것이며, 만약 포격이 "큰 문제들"을 야기한다면 "소련을 끌어들이지" 않을 것이라고 약속했다.[46]

저우와 수다리코프의 교류는 한때 깨지지 않을 것처럼 보였던 중소 동맹이 곤경에 처했음을 드러냈다. 그러나 1958년 봄 이전에는 양국이 오랜 허니문을 즐기는 것처럼 보였다. 1957년 6월, 소비에트 대사 유딘은 저우에게 모스크바가 중국이 원자력연구센터를 설립하고 원자력산업을 발전시키는 것을 도울 용의가 있다고 알렸다.[47] 8월 초, 저우는 소비에트 국가수반인 니콜라이 불가닌에게 편지를 써서, "우리 원자력산업이 설립된 후, 우리는 핵무기와 그것을 운반할 수단을 생산해야 할 것이다. 우리는 소비에트 측이 전폭적인 지원을 해 주기를 희망한다"라고 말했다.[48] 불가닌은 신속하게 중국 측에 "원칙적으로 저우의 요청에는 문제가 없다"라고 알렸다.[49] 8월 25일, 모스크바는 공식적으로 베이징에 소비에트 연방이 "원자력 산업, 로켓 무기, 항공 기술에 관한 문제들"을 중국과 논의할 준비가 되어 있다고 알렸다.[50] 중국 대표단이 다음 달 모스크바를 방문했다. 10월 15일, 베이징과 모스크바는 '신 국방 기술에 관한 협정'에 서명했고, 이에 따라 소련은 중국에 견본 원자폭탄 형태로 핵기술을 제공할 것이었다.[51] 1958년 4월 8일, 저우는 흐루쇼프에게 양측이 핵 협력에 관한 합의 이행을 시작할 것을 제안했다. 흐루쇼프는 4월 24일 저우에게 다음과 같이 회답했다.

소비에트 정부는 올해 4월 8일 자 귀하의 서한에서 제기된, 1957년 10월 15일의 소비에트-중국 협정에 따라 베이징에 극히 중요한 그 자료들과 견본을 제공하는 것에 관한 제안에 동의한다. 소비에트 연방 각료회의 대외경제교류위원회는 이 문제와 관련된 구체적인 문제들을 논의하고 그와 관련된 계약들을 체결할 권한을 부여받았으며, 이는 귀하의 제안에 따라 위의 자료들과 견본이 최단 시간 내에 귀하에게 제공될 수 있도록 하기 위함이다. N. 흐루쇼프 (서명)[52]

문제의 매우 민감한 성격을 고려하여 흐루쇼프는 편지에서 '핵기술'과 '원자폭탄'과 같은 용어를 사용하는 것을 피했다. 이것은 핵확산이라는 극히 미묘한 문제에 손을 대는 것이었기 때문에 모스크바의 관점에서 볼 때 비범한 약속이었다. 흐루쇼프와 소비에트 지도부는 분명히 자신들에게는 베이징에 최대한의 호의를 요구할 자격이 있다고 느꼈다. 소비에트 국방장관 로디온 말리놉스키는 4월 18일 중국 국방부장 펑더화이에게 편지를 보내 소비에트가 중국 남부에 장파 무선 송수신 센터를 건설하는 데 협력하겠다고 제안했는데, 이는 모스크바가 태평양 지역 소비에트 잠수함들과 더 원활히 통신할 수 있게 해 줄 것이었다. 소비에트는 총 건설 비용 1억 1천만 루블 중 70퍼센트를 부담하겠다고 약속했으며, 완공 후에는 양측이 무선 시설을 공동으로 사용하게 될 것이었다.[53]

그러나 마오는 이 제안이 중국의 주권과 통합에 해롭다고 보아 경각심을 가졌다. 그는 중국이 모든 비용을 부담하고 독점적인 소유권을 유지하는 조건에서만 기지 건설에 동의하겠다고 결정했다.[54] 펑은 마오가 지시한 노선을 따라 답장했다.[55] 소비에트는 답장의 함의를 파악하지 못했다. 소비에트는 7월 11일 중국 측에 보낸 협정 초안에서 여전히 기지를 공동으로 건설하고 관리할 것을 주장했다.[56] 베이징은 재차 설명했다. 중국이 기지를 건설하고, 생산할 수 없는 장비를 구매하며, 시설 건설을 돕기 위해 소비에트 전문가들을 초대하고, 완공 후에는 기지를 단독으로 소유하되 양국이 공동으로 사용할 수 있게 허용할 것이라고.[57] 소비에트는 여전히 중국 측이 의미하는 바를 이해하지 못했다. 7월 11일, 모스크바는 중국 측에 또 다른 초안을 제시했는데, 여전히 기지 건설 비용을 분담하고 완공 후 공동으로 관리할 것을 주장했다.[58]

무선 시설 문제가 해결되기 전에 중소 공동 잠수함대 창설을 두고 또 다른 분쟁이 일어났다. 이미 1957년에 중국 해군 사령관 샤오진광은 중소 신 국방 기술 협정 체결 후 소비에트 측 상대방인 세르게이 고르시코프(Sergey Gorshkov)와 모스크바가 베이징에 새로운 해군 기술과 장비를 제공할 전망에 대해 논의했다.[59] 저우는 1958년 6월 28일 흐루쇼프에게 편지를 써서, 모스크바가 "단계적이고 계획적인 방식으로, 새로운 유형의 전함과 로켓 및 미사일이 장착된 함정의 설계도, 그와 관련된 기계 보급품, 부품, 재료, 무선 장비, 새로운 무기에 대한 설계도 및 계산 문서"를 제공해 줄 것을 요청했다.[60]

소비에트 대사 유딘이 7월 21일에 모스크바의 응답을 전달했다. 그는 마오와의 회담에서 설명했다. 소비에트 연방의 지리적 특성상 해군이 새로운 잠수함들을 충분히 활용하기 어렵다고. 중국은 긴 해안선과 좋은 항구들을 가지고 있기 때문에, 모스크바는 중국에 공동 잠수함 함대를 창설할 것을 제안했다. 유딘은 주석에게 말했다. 소비에트 지도부는 "저우와 펑이 경험 많은 동료들과 함께 모스크바를 방문하여 모든 것을 보고 더 구체적으로 논의하기를 희망한다." 마오는 즉시 중국의 주권을 생각했다. 그는 유딘에게 말했다. "먼저 우리는 지도 원칙들을 명확히 해야 한다. 우리가 당신들의 지원으로 그것을 해야 하는가, 아니면 우리가 공동으로 해야 하는가? 그러지 않으면 당신들은 아무런 지원도 제공하지

않을 것인가?" 마오는 중소 "군사 협동조합"을 만드는 데 관심이 없다고 강조했다.[61]

주석은 다음 날 유딘을 자신의 숙소로 소환했고, 저우와 다른 중국공산당 최고 지도자들이 합류했다. 그들은 오전 11시 30분에 시작하여 오후 4시 30분까지 대화했다. 마오는 다시 오랫동안 혼자 말하며 유딘에게 논평할 기회를 거의 주지 않았다. 주석은 중국공산당-소비에트 관계의 역사를 검토하는 것으로 시작하여, 소비에트가 항상 '강대국 쇼비니즘'의 자세로 중국 동지들을 대했으며 심지어 중국에 세력권을 개발하려 시도했다고 주장했다. 그는 장파 무선 기지와 공동 잠수함대를 설립하려는 제안들은 중국을 통제하기 위해 고안된 것이라고 불평했다. 마오는 비난했다. "당신들은 중국인들을 신뢰하지 않는다. 당신들은 러시아인들만 신뢰한다. 러시아인들은 우월하고, 중국인들은 열등하며, 손재주가 거칠다. 따라서 당신들은 이 합작 투자를 원한다. 당신들은 나를 민족주의자나 또 다른 티토(Tito)라고 비난할 수 있지만, 나는 당신들이 러시아 민족주의를 중국 해안까지 확장했다고 말할 것이다." 그는 유딘에게 요청했다. "내 모든 논평을 흐루쇼프 동지에게 보고하라…… 어떤 윤색도 없이 내가 말한 그대로를 전하라."[62]

저우는 회의에서 거의 아무 말도 하지 않았다. 그러나 마오가 저우를 가리키며 총리는 자신보다 화가 덜 난 모양이라고 말했을 때, 저우는 즉시 말했다. "이것은 우리 정치국의 만장일치 의견이다."[63] 유딘은 겁을 먹었다. 그의 입술은 떨렸고, 얼굴은 붉어지고 땀이 났으며, 말을 더듬었다. 며칠 후, 그는 큰 뇌졸중을 겪었고 치료를 위해 모스크바로 긴급히 후송되었다.[64]

흐루쇼프는 마오의 논평에 "혼란스러워했고 충격을 받았다."[65] 그는 7월 31일 베이징으로 급히 날아와 다음 나흘 동안 마오와 장시간 회의했다. 그는 모스크바는 절대로 중국을 통제할 의도가 없었다고 맹세했다. 장파 기지를 공동으로 건설하자는 아이디어는 말리놉스키의 '개인적인 의견'이었지, 소비에트 상임 간부 회의의 결정이 아니었다고 흐루쇼프는 주장했다. 그는 모스크바가 완공 후 중국이 무선 시설의 소유권을 전적으로 갖도록 할 것이라고 약속했다. 흐루쇼프는 공동 함대로 화제를 돌려 유딘이 모스크바의 제안을 정확하게 전달하지 못했다고 비난했다. 그러나 마오는 흐루쇼프의 설명을 쉽게 받아들이지 않았고, 소비에트의 대중국 태도가 '강대국 쇼비니즘'에 깊이 빠져 있다고 주장했다.[66] 저우는 첫날 회의를 제외하고 모든 회의에 참석했다. 그는 대부분 침묵을 지켰다. 마오와 흐루쇼프가 동남아시아의 해외 화교와 일본 문제를 언급했을 때만 몇 가지 정보성 메모를 제공했다.[67]

흐루쇼프는 직접 베이징으로 달려와 마오를 기쁘게 하기 위해 최선을 다함으로써 존중을 보였다. 그로써 주석은 분노를 가라앉힌 듯했다. 8월 3일, 말리놉스키와 펑은 장파 무선 기지 건설과 소비에트 전문가들의 중국 파견에 관한 협정에 서명했다.[68] 양측은 또한 "논의된 모든 문제에 대해 완전히 합의했다"라고 선언하는 공동성명을 발표했다.[69]

그러나 저우가 명확하게 감지할 수 있었듯이, 마오와 흐루쇼프 사이 심리적 간극은 지속되고 확장되었다. 이 기억은 흐루쇼프가 베이징을 떠난 후 그의 마음속에 남았다. 비록 마오가 형제 당들이 평등해야 한다고 거듭 강조했지만, 흐루쇼프는 마음 깊은 곳에서 마오가 결코 자신(또는 누구든)을 동등하게 대하지 않았다고 느꼈다.[70] 마오 또한 이 일을 잊지 않을 것이었다. 그는 나중에 1958년을 베이징과 모스크바 관계의 전환점으로 불렀는데, "그들이 중국을 군사적으로 통제하고 싶어 했기 때문"이었다.[71]

흐루쇼프가 베이징에 도착했을 때 마오는 이미 진먼 포격을 결정했지만, 그에게 공유하지 않았다. 일 년 후 마오는 흐루쇼프에게 "당신이 베이징을 떠난 후에 결정했다"라고 거짓말을 했다.[72] 당연히 흐루쇼프는 중국이 진먼을 포격했다는 소식을 듣고 격분했다.[73] 그리하여 그로미코를 베이징에 파견하기로 결정했다.

저우는 9월 6일 그로미코와 만났다. 전날 수다리코프와의 회담을 되풀이하며 그는 그로미코에게 진먼을 포격함으로써 베이징이 타이완을 해방하거나 진먼에 상륙할 계획이 아니었다고 말했다. 그는 단언했다. "우리는 국민당과 미국인들의 오만함을 억누르고, 아랍 인민들의 투쟁을 지지하기 위해 그렇게 했다." 저우의 말을 들은 후 그로미코는 대답했다. "소비에트 당 중앙위원회는 중국 동지들이 취한 입장과 조치들을 전적으로 지지한다." 저우는 즉시 소비에트의 "따뜻한 지지에 깊은 감사를" 표했다.[74] 마오도 저우와 동행하여 그날 저녁 그로미코와 만났다. 그는 저우가 그랬던 것처럼 강조했다. "우리가 진먼을 포격한 것은 타이완을 공격하기 위해서가 아니며" "우리가 전적으로 책임질 것이고, 당신들을 연루시키지 않을 것이다."[75]

마오가 '올가미 전략'을 채택하기로 결정한 후, 저우는 소비에트 대리 대사 S. F. 안도노프(S. F. Andonov)를 만나, 베이징이 '진먼을 장의 손에 남겨 두는 것이 더 낫다'고 결정했음을 알렸다. 저우는 설명했다. 미국인들은 장에게 연안 섬들로부터 군대를 철수하도록 설득함으로써 부담에서 벗어나려 하고 있다고. 올가미 전략은 미국의 '불개입' 정책을 깨뜨리기 위한 것이었다. 원래 베이징은 두 단계를 계획했다. 첫 번째는 연안 섬들을 되찾는 것이었고, 두 번째는 타이완을 해방하는 것이었다. "우리는 이제 장이 섬들에 머무르게 하는 것이 더 낫다고 믿는다. 미국인들이 지금 벗어나려 하므로, 우리는 그들이 그렇게 하도록 내버려 두지 않을 것이다…… 우리는 긴장을 원할 때마다 타격할 것이고, 긴장을 완화하기 원할 때마다 그곳에서 (올가미를) 풀 것이다. 주도권은 우리 손에 있다."[76] 저우는 모스크바가 베이징의 새로운 정책을 전폭적으로 지지해 주기를 희망했다.

흐루쇼프는 설득되지 않았다. 그는 나중에 마오와 저우에게 말했다. "당신들이 연안 섬들을 포격했으면, 그것들을 공격하고 점령해야 했다. 우리는 당신들이 점령하지도 않을 섬들을 포격한 이유를 이해할 수 없다." 중국과 소비에트 지도자들 사이에 심각한 균열이 나타났다.[77]

*****

저우는 제2차 타이완해협 위기가 끝난 후 대약진운동에 모든 주의를 돌렸다. 그때까지 9천만 명이 넘는 사람들이 도시와 시골에서 철강을 생산하는 대중운동에 참여했다. 거대한 성공 소식이 계속해서 들어왔고, 매일 새로운 기록이 보고되었다. 철강 생산 특별 전담 조직의 책임자로서 저우는 1070만 톤이라는 철강 생산 목표를 달성하는 데 절대적인 우선순위를 두어야 했다. 그는 비록 많은 '좋은 소식'이 사실이 아님을 알았지만, 철강을 더 많이 생산하라고 큰 소리로 장려해야 했다. 그리하여 그는 지쳐 버렸다.

그동안 중국 전역에서 생산, 학습, 소비, 일상생활을 통합하는 인민공사 수만 개가 거의 하룻밤 사이에 나타났다. 곡물 생산량 보고서는 계속해서 거의 천문학적인 수치들을 생성했다. 이 모든 것이 마오와 다른 중국공산당 지도자들의 혁명 열기를 자극했고, 그들은 공산주의사회 수립이 빠르게 다가오고 있다고 느꼈다. 다른 모든 사람처럼 저우도 마오의 고상한 수사를 모방하려 노력했다. 연말에 베이징은 철강 1070만 톤을 포함한 대약진의 주요 목표들이 초과 달성되었다고 큰 소리로 발표했다.

저우는 전혀 기뻐하지 않았다. 비록 아무 말도 하지 않았지만, 그는 공개적으로 보고된 수치들을 신뢰할 수 없다고 생각했다. 1958년 '역사상 최고 수확'을 거두었음에도 불구하고 1959년 초에 식량과 식용유 부족을 보고하는 문서가 저우의 사무실로 쏟아져 들어왔다. 도시에서의 곡물, 채소, 육류 공급은 상당히 감소했다. 1958년 목표를 '초과 달성'한 후 철강 생산량은 1959년 첫 두 달 동안 급격히 감소하여 1958년 마지막 몇 달 동안 생산량의 절반을 약간 넘는 수준으로 떨어졌다. 베이다이허 회의에서 설정된 1959년 철강 생산 목표를 달성할 수 없다는 것이 명백했다. 그러나 저우는 마오의 말 없이는 아무것도 할 수 없었다. 저우는 나중에 그 시기에 직면했던 상황을 회상하며 한탄했다. "총리인 나조차도 철강 생산 계획을 단 천 톤도 줄일 수 없었다."[78]

마오는 비록 매우 기분이 좋았지만 사실 경제발전 영역에서 나타나는 긴장들을 완전히 무시할 수는 없었다. 전략의 대가로서 마오는 확실히 공세와 방어 사이 균형을 유지하는 것이 중요함을 이해했다. 그는 1958년 말부터 여러 차례 중앙 회의를 소집하여 대약진운동의 추진력을 유지하면서도 그것이 "너무 과열되지" 않게 할 방법을 논의했다. 비록 그의 강조점은 계속 후자가 아닌 전자에 머물렀지만 말이다. 저우는 이 회의들에서 말을 많이 하지 않았다. 그는 몇 차례 발표에서 구체적인 내용에 집중했고, 정책이나 전략의 주요 문제들을 논의하는 것을 피했다.

1959년 2월 말부터 3월 초까지, 마오는 정저우(鄭州)에서 정치국 확대회의를 소집하고 주재했다. 그는 회의에서 "모든 것을 하룻밤 사이에 공산주의화"하려는 경향과 "과도한 중앙집권화" 현상은 중단되어야 한다고 언급했다. 또한 "노동에 따른 분배"라는 사회주의 원칙을 위반한 인민공사들은 시정되어야 한다고 선언했다.[79] 저우는 회의에 참석했고 인민공사를 관리하기 위한 새로운 규정들을 초안하는 그룹의 일원이었다. 회의는 표면적으로는 대약진의 온도를 낮추기 위해 소집되었다. 그럼에도 불구하고 마오는 그 결론에서 "우리는 1959년에 훨씬 더 큰 대약진을 확실히 이룰 수 있다"라고 발표했다.[80] 마오주의 시대 동안 주석은 '좌경적 경향'을 억제할 필요성이 있음을 여러 번 언급했지만, 결코 그것들을 완화하려 하지 않았다. 이것은 그가 항상 극좌주의의 궁극적인 원천이자 추진력이었기 때문이다.

자연스럽게 마오는 정저우 회의 직후 또 다른 중앙급 회의에서 토론을 철강 및 기타 산업 부문에서 높은 생산을 달성하고 유지하는 방법과 인민공사를 공고히 하는 방법에만 집중하도록 이끌었다. 회의는 전국에서 곡물 생산 및 공급이 심각하게 부족하다는 중대한 위험을 완전히 무시했다.[81] 그러나 곡물 부족을 상세히 기술한 보고서들이 1959년 봄에 이따금 베이징에 도착했다. 4월 17일, 마오는 저우에게 "15개 성의 2500만 인민이 스스로를 먹여 살릴 수 없는 큰 문제에 직면해 있다"라는 제목의 두 보고서를 전달했다.[82] 총리는 즉시 15개 성 당 서기들에게 편지를 써서, "실제 상황을 신속하게 조사하고 확인하며, 2500만 명이 넘는 사람들이 일시적으로 식량 공급 부족의 영향을 받고 있는 긴급한 위기에 대처하기 위해 곡물을 수송하는 조치를 취하라"라고 지시했다.[83]

그러는 동안 저우는 허베이를 시찰하며 자신이 시골에서 본 것을 기반으로 현지 지도자들에게 농민들에게 "여섯 가지 작은 자유"를 줄 수 있는지 고려해 달라고 했다. 즉 "가금류 사육, 작은 산지 보유, 집 주변 나무 소유, 땔감 수집, 가족의 생계를 위한 일부 부업 생산 유지"였다. 그는 더 나아가 논평했다.

이것은 큰 '집단' 속에서 작은 '자아'를 유지하는 것에 관한 것이고, 두 다리로 걷는 것에 관한 것이다. '자아'를 위한 공간이 남아 있어야 한다. 개인이 없다면 어떻게 '집단'이 존재할 수 있겠는가?[84]

이는 거의 직관적인 논평들이었지만, 개인과 집단 간 궁극적인 관계에 대한 저우의 기본적인 이해, 비록 보통 공산주의자로서 스스로만 간직했던 파격적인 이해를 드러냈다. 농민들에게 '여섯 가지 작은 자유'를 주자는 제안은 대약진운동의 절정기에는 달리 들어 볼 수 없는 것이었다. 실제로 중국공산당 최고 지도자들 중 중국 농촌에 잠재한 위기에 대처하기 위해 이러한 조치들을 사용하자고 말한 사람은 그가 최초였을 것이다.

그러나 저우는 그때까지 행정 권력 대부분을 잃었기 때문에, 이전처럼 직접적인 명령을 내릴 수가 없었다. 그동안 곡물 생산에 대한 과장되고 조작된 보고서들과 풍부한 곡물 비축량을 보여 주는 가짜 통계들이 계속되었다. 저우는 더 이상 전국 곡물 생산과 공급의 실제 상태가 어떠한지 확실히 알지 못했다. 1950년대 중반 이후 매년 봄마다 중국 여기저기서 식량 부족이 보고되었다. 따라서 저우와 중국공산당 지도부는 새로운 곡물 부족 보고서들을 이전 봄의 부족 사태와 같은 방식으로, 즉 국지적인 문제로 취급했다. 그들은 현재의 부족 사태를 국가에 심각한 함의를 가진 비상하고 위험한 상황으로 취급하지 못했고, 하물며 그것을 다루기 위한 강력한 조치를 취하지도 못했다. 이는 거대한 실수였고, 전국을 휩쓴 대기근의 중요한 원인이었다.

*****

마오, 저우, 중국공산당 지도부들은 또한 당시 라싸의 티베트 반란에 몰두해 있었기 때문에 대기근의 징후들을 무시했다. 저우는 중국과 인도의 악화되는 관계를 개선하는 데도 힘써야 했다.

티베트의 혼란이 임박했다는 일부 징후들이 있었다. 베이징은 1951년 그 지역의 '평화적 해방' 이후 티베트에서 대체로 점진주의적인 개혁 정책들을 수행했다. 19장에서 설명했듯이, 1956년 인도에서 저우는 달라이 라마에게 적어도 이후 육 년 동안 티베트 본토에서는 '민주 개혁'이 도입되지 않을 것이라고 약속했다.[85] 그러나 중국 전역의 '사회주의적 변혁'의 맥락에서 1956년 베이징은 쓰촨, 시캉 및 다른 티베트족 거주 지역에서 급진적인 민주 개혁을 실행했고, 이는 티베트족에게 열정적이고 강력한 저항을 촉발했다. 그들은 1958년에 '네 강 여섯 산맥' 유격대〔추시 강드룩〕를 창설했다. 이 부대가 인민해방군에 의해 진압된 후, 많은 저항 투사가 라싸로 도망쳤다. 그러나 마오는 걱정하지 않았고, "만약 티베트의 반동 세력들이 감히 전면적인 반란을 시작한다면, 그곳의 노동 인민들은 의심할 여지 없이 더 이른 시기에 해방될 것"이라고 예측했다.[86]

1959년 3월 10일, 티베트 반란이 라싸에서 실제로 일어났을 때, 우한에 있던 마오는 반란 배후에 티베트의 "반동적 상층 집단"이 있다고 주장했다. 그는 만약 소요가 격화된다면 "우리는 더 이른 시기에 민주 개혁을 수행할 수밖에 없을 것"이라고 예측했다. 그는 중국공산당 티베트 공작위원회에 "티베트 엘리트들을 분열시키고, 더 많은 사람을 우리 편으로 끌어들이며, 하층 계급과 대중을 교육하고, 반란이 더 큰 규모로 발발하는 것에 대처할 준비를 한다는 목적으로 군사적으로는 방어적으로, 정치적으로는 공세적으로 머물라"라고 지시했다. 다음 날부터 류는 베이징에서 중국공산당 지도자들에 의한 일련의 회의들을 주재하여 티베트 상황을 논의했고, 저우도 참석했다. 마오처럼 그들은 라싸의 소요를 위기라기보다는 기회로 보았다. 그들은 라싸의 상황이 더 명확해질 때까지 인민해방군이 "자위적인 자세를 취하고" "첫 발을 쏘지 않아야 한다"라고 믿었다. 그래야 반란군이 "더 오만해지고, 따라서 더 노출되어" 인민해방군에게 "그들을 철저히 진압해야 할 이유"를 줄 것이기 때문이었다. 그들은 또한 필요할 때 반란을 진압하는 데 동원할 수 있는 더 많은 군대를 티베트로 파견하기로 결정했다.[87]

우한의 마오와 베이징의 류, 저우 및 다른 중국공산당 지도자들은 달라이 라마에게도 많은 주의를 기울였다. 처음에 그들은 "우리가 달라이 라마에게 더 공을 들여야 한다"라고 믿었다.[88] 그러나 그들은 그를 반드시 라싸에 두어야 한다고 여기지는 않았다. 마오는 그가 라싸에 머무르면 좋을 것이라고 말했다. 그러나 또한 그는 말했다. "만약 달라이와 그 일행이 탈출한다면, 우리 군대는 그들을 막아서는 안 된다. 그들이 산난(山南)으로 가든 인도로 가든, 가게 내버려 두라."[89] 류와 다른 중국공산당 지도자들은 마오와 견해가 같았다. 그들은 달라이 라마를 라싸에 두려 노력하는 것이 더 낫지만, 만약 그가 떠난다 해도 크게 중요하지 않을 것이라고 믿었다. 만약 달라이 라마가 도망친다면, 티베트의 불안을 해결하는 것은 더 이상 "전 티베트 정부의 일부 상층 구성원들의 각성"에 의존하지 않고, "반란을 단호하게 진압하고 포괄적으로 개혁을 수행"함으로써 이루어질 것이기 때문이었다. 3월 17일, 달라이 라마는 라싸를 떠나 인도로 향했다. 인민해방군은 그를 막기 위해 어떤 주요한 노력도 하지 않았다.[90]

저우는 중국과 인도의 관계가 긴장된 가운데 티베트의 반란이 인도와 관련되어 있다고 생각했다. 그는 다른 중국 지도자들에게 상기시켰다. "영국과 미국 정부 모두 막후에서 꽤 활발하게 활동해 왔고, 그들은 인도 정부를 지지하며 인도를 전면에 내세웠다. 티베트 반란의 지휘 본부는 인도의 칼림퐁에 있다."[91] 3월 19일 늦은 저녁, 베이징은 라싸의 인민해방군 사령부로부터 "무장 반란군이 우리에 대한 전면적인 공세를 벌이고 있다"라는 보고를 받았다. 다음 날 아침, 베이징은 인민해방군 부대에 반

란을 무자비하게 진압하라고 명령했다. 셋째 날까지 라싸는 완전히 인민해방군의 통제하에 들어왔다.[92]

중국공산당 정치국은 3월 22일에 티베트를 다시 논의했다. 저우는 비록 아직 반란을 진압하는 중이었지만, '민주 개혁'과 관련된 구체적인 정책들을 도입할 것을 제안했다. 회의는 카샥이 "조국을 배신했으므로, '6년 동안 개혁하지 않는다'는 약속을 더 이상 지킬 수 없다"라고 결정했다.[93] 저우는 같은 날 국무원 회의에서 티베트의 봉건제도가 "우리의 사회주의 대가족"에 이질적이라고 말했다. 원래 베이징은 티베트 자체에 민주 개혁을 강요하지 않고, "(티베트인들에게) 변화할 기회"를 줄 용의가 있었다고 저우는 주장했다. 그러나 티베트의 반동 엘리트들은 "이 가장 반동적인 체제를 완강하게 유지하려 시도했고, 반란을 일으켰다. 그래서 우리는 그것을 진압할 수밖에 없다." 저우는 또한 반란에 연루된 사람들을 다르게 대우해야 하고, 개혁은 점진적으로 수행해야 하며, 종교에 관한 문제들은 최대한 신중하게 다루어야 한다고 강조했다.[94]

3월 28일, 저우는 카샥이 해산되고 티베트의 정치권력이 '티베트 자치구 준비위원회'에 이양될 것이라고 발표했다. 저우는 또한 티베트 인민에게 "함께 단결"하여 "민주적이고 사회주의적인 새로운 티베트를 건설하기 위해 노력"할 것을 촉구했다.[95] 그런 다음 인민해방군은 티베트 다른 지역의 반란군을 진압하기 위해 작전을 확대했다. 1962년까지 티베트는 이미 사실상 베이징의 통제하에 있었다.[96]

★★★★★

라싸에서 소요가 발생했을 때, 저우는 즉시 반란이 중국과 인도의 곤란한 관계와 연관되어 있다고 생각했다. 1956년부터 저우는 국경 문제가 중인 관계에 병목현상을 유발할 수 있음을 감지하기 시작했다. 실제로 1958년이 가까워지면서 베이징과 뉴델리 사이에 더 많은 긴장 징후들이 나타났다. 양측이 공유하는 국경 동쪽 구간을 두고 맥마흔 라인에 대한 의견이 불일치한 것 외에도, 뉴델리가 악사이친(Aksai Chin)을 인도 영토로 묘사했을 때 서쪽 국경에 관한 별도의 분쟁이 표면화되었다. 1958년 초, 인도인들은 중국이 신장과 티베트를 연결하는 자동차 도로를 그 지역에 건설했다는 것을 발견했다.[97] 네루는 12월 14일 저우에게 편지를 써서 중국과의 국경에 대한 인도의 입장을 매우 상세하게 묘사했다. 그는 1954년의 중인 협정이 "우리 사이에 해결되지 않았던 모든 문제를 해결했다"라고 주장했는데, 이는 '양국 간에 국경 분쟁이 없다'는 것을 의미했다.[98] 이 편지는 저우에게 충격을 주었다. 중국 지도부 중에서 저우는 네루와 가장 많이 접촉했고, 우호적인 관계를 가졌다. 저우는 네루의 편지, 특히 자신이 맥마흔 라인에 대해 언급한 내용을 총리가 "분명히 왜곡했다"라고 여긴 부분을 읽고 나서, 자신이 네루를 진정으로 이해하지 못했으며 중인 국경 문제가 이전에 생각했던 것보다 훨씬 복잡하다는 사실을 깨달았다.

저우는 1959년 1월 23일 네루에게 편지를 써서 인도와의 국경 분쟁에 대한 중국의 입장을 체계적으로 제시했다. "중국과 인도의 국경은 결코 공식적으로 확정된 적이 없다…… 역사적으로 중국 중앙정부와 인도 정부는 중인 국경에 관한 어떤 조약이나 협정도 체결한 적이 없다." 저우는 국제법 측면에서 주장했다. 맥마흔 라인은 "법적인 것이 아니었으며" "어떤 중국 중앙정부도 결코 인정한 적이 없다." 저우는 국경 문제가 해결되기 전에 양측이 어떤 사건이 일어나는 것을 피하기 위해 현재 있는 선을 유지하려 노력해야 한다고 제안했다.[99]

라싸에서 티베트 반란이 발발했을 때, 인도의 정치 엘리트들과 언론은 거의 만장일치로 베이징에 책임을 돌렸다. 달라이 라마와 그의 동료들이 3월 17일 라싸를 탈출했을 때, 그들은 망명을 요청하기 위해 신속히 인도로 향했다. 마오와 저우는 이제 티베트 반란에 '인도 요인'이 개입했다고 더욱 확신하게 되었다. 중국과 인도 간 긴장은 더욱 악화되었다.

저우는 3월 22일에 네루로부터 또 다른 편지를 받았다. 인도 총리는 계속해서 인도와 티베트의 국경이 잘 확립되어 있으며, 중국 측 지도에 인도 영토의 상당 부분이 잘못 포함되어 있다고 주장했다.[100] 저우와 중국 지도부는 이 주장을 받아들일 수 없었다. 저우는 네루에게 또 다른 포괄적인 답장을 작성해야 했다.

3월 25일 상하이에서 열린 중국공산당 정치국 상무위원회 확대회의는 인도를 주요 토론 주제로 다루었다. 저우와 중국공산당 지도부는 딜레마에 직면했다. 그들은 인도가 제국주의 국가가 아니라는 것을 알았다. 만약 중국이 인도를 직접적으로 비판한다면, 국제적으로 더욱 고립될 수 있었다. 그러나 그들은 또한 뉴델리가 티베트 반란의 배후에 있으며 중국에 대해 팽창주의적인 영토 야망을 품고 있다고 믿었다. 저우와 동지들은 추정되는 음모를 폭로하고 격퇴해야 한다고 보았다. 그들은 "인도 당국이 지금 부당한 일을 더 많이 하도록 내버려 두고, 적절한 시기가 오면 그들과의 모든 빚을 청산"하기로 결론 내렸다.[101]

'적절한 시기'는 곧 왔다. 4월 3일, 인도 외무부는 판쯔리(潘自力) 중국 대사에게 달라이 라마가 정치 망명을 요청하기 위해 인도에 왔으며, 인도가 그에게 "정중한 환대"를 베풀고 머무를 수 있도록 허용할 것이라고 알렸다.[102] 마오는 4월 8일 항저우에서 정치국 상무위원회 확대회의를 소집했다. 그는 언급했다. "지금 영국, 미국, 인도는 온갖 소음을 내며, 대규모 반중 합창에 참여하고, 중국이 반란을 진압하는 데 반대하고 있다." 그는 중국 선전가들에게 티베트에 대한 베이징의 입장을 정당화하기 위해

"공개적인 반격"을 벌이라고 명령했다.[103] 마오는 이 문제를 처리하는 책임을 저우에게 맡겼다. 4월 15일 《인민일보》는 저우의 지시에 따라 작성된 사설을 게재하여, 네루가 중국과 인도 간 우정을 손상시키도록 허용해서는 안 된다고 강조했다.[104]

저우는 그때까지 인도, 특히 네루를 비판하는 데 있어서 약간의 유연성을 유지하기를 희망했다. 4월 18일, 저우는 전국인민대표대회 지도부 회의에서 달라이 라마가 반란군들의 통제에서 벗어나 "조국으로 돌아올" 수 있기를 희망하며 그가 "인도로 납치되었다"라고 주장했다.[105] 그러나 같은 날, 달라이 라마는 인도 외교관들의 도움을 받아 배포된 성명을 발표하여 베이징을 공격했다. 네루는 4월 24일 달라이 라마와 만난 후 기자회견을 열었다. 저우가 운신할 공간은 크게 줄어들었다. 4월 25일 정치국 상무위원회 회의에서 마오는 말했다. "인도의 반중 활동을 격퇴하기 위해, 우리는 네루와 큰 논쟁을 벌이는 데 중점을 두어야 한다. 우리는 그를 날카롭게 비판하고 그를 불쾌하게 하는 것을 두려워해서는 안 된다."[106] 5월 4일 저우는 마오의 말을 따라 "네루가 국경 문제에서 달라이 라마를 협상 카드로 사용하려는 환상을 품은 것 같다"라고 단언했다.[107] 이틀 후, 저우와 마오는 소련 및 소비에트 블록의 외교관들과 만났다. 저우는 네루가 티베트를 '완충 국가'로 만들려 하는 동시에 그곳의 민주 개혁을 막고 그 지역에서 인민해방군을 몰아내려 한다고 주장했다.[108]

'힌디-치니 바이 바이(인도-중국, 형제, 형제)'라는 노래는 1950년대 내내 중국인과 인도인 수억 명을 감동시켰다. 이제 티베트 반란이 발발하고 양국 간 국경 분쟁이 격화하며 불과 몇 달 만에 중국-인도 관계 전망 위에 먹구름이 드리웠다.

＊＊＊＊＊

거의 동시에 중소 관계에 새로운 딜레마가 닥쳤다. 대약진운동이 중국에서 구체화되기 시작하면서, 그 나라에서 일하는 많은 소비에트 전문가가 대약진이 중국 경제에 부정적인 영향을 미칠 수 있다고 경고했다. 그러나 흐루쇼프와 소비에트 지도부는 대체로 여전히 대약진을 긍정적인 시각으로 보았다.[109] 그러나 장파 기지와 공동 잠수함대 설립에서 겪은 어려움과 타이완해협에서 벌어진 위기가 이를 잠식했다. 더욱이 대약진이 계속해서 비이성적이고 과장된 방식으로 전개되면서 소비에트 지도자들은 마오와 중국공산당 지도부에 대해 매우 부정적인 의견을 가지게 되었다.

소련공산당은 1959년 1월에 제21차 당대회를 개최했다. 저우는 중국공산당 대표단을 이끌고 당대회에 참석했으며, 그가 간절히 바라던 중소 관계를 개선할 수 있는 기회를 얻게 되었다. 흐루쇼프는 당대회에서 연설하며 비록 모스크바와 베이징의 우정을 칭찬했지만, 또한 "평등주의는 공산주의로 전환하는 방법이 아니고 공산주의의 명성에 해롭다"라고 선언했다. 이것으로도 충분하지 않은 듯, 그는 덧붙였다. "공산주의사회가 하룻밤 사이에 생겨날 줄로 생각하는 것은 잘못이다." 흐루쇼프의 논평에는 각주가 필요 없었다. 그 말을 들은 사람은 누구나 그가 중국의 인민공사 운동을 비판하고 있음을 알았을 것이다. 저우는 흐루쇼프와 직접 대면하지 않았다. 중국공산당 지도부가 내린 지시에 따라 그는 여전히 연설에서 국제 공산주의 운동을 "소련이 이끌어야 한다"라고 강조했다.[110] 흐루쇼프 및 다른 소비에트 지도자들과 만났을 때, 그는 중소 협력을 계속하는 길을 열기 위해 최선을 다했다. 그 결과, 그의 모스크바 방문은 향후 8년간의 중소 경제 협력 확대에 관한 합의로 마무리되었고, 이에 따라 모스크바는 총 가치 57억 루블에 상당하는 대규모 산업 프로젝트 7~8개에 대해 중국에 장비와 기술 원조를 제공하기로 동의했다.[111]

그러나 이전에 베이징과 몇 차례 충돌했던 경험이 그즈음 소비에트 지도부로부터 반발을 야기하기 시작했다. 6월 20일, 모스크바는 베이징에 소련이 핵실험 금지에 관해 미국 및 영국과 협상할 준비를 하고 있으며, 소련과 미국 지도자들이 곧 정상회담을 열 것이기 때문에 중국에 핵기술을 제공하기에는 시기가 부적절하다고 알렸다. 모스크바는 따라서 견본 원자폭탄과 관련 기술 문서들을 중국에 제공하겠다는 약속을 연기하고, 이 년 후에 당시 상황에 따라 그 문제를 재고하겠다고 약속했다.[112] 그동안 많은 소비에트 전문가들은 휴가차 고국으로 들어왔다가 중국으로 돌아가지 말라는 명령을 받았다. 이것은 중국 지도부뿐만 아니라 중소 관계에도 큰 타격이었다.

*****

1959년 여름으로 접어들면서 중국 경제는 계속해서 하락세를 보였다. 농업은 특히 문제가 되었다. 실제로 대기근이 전국에 퍼지기 시작했다. 당 상층부의 정치적 분위기는 복잡했다. 한때 마오의 정치 비서였던 리루이(李銳)에 따르면, 사람들은 일반적으로 "1958년에 너무 많은 혼란과 격변이 있었고, 마오가 자신이 책임이 있다는 것을 알았지만 책임을 지려 하지 않았다"라고 느꼈다.[113] 저우는 최고 지도자 회의에서 국내 문제에 대해 아무 말도 하지 않았다. 비록 당 중앙은 철강, 석탄, 곡물, 면화 생산 목표를 조정하고 인민공사를 덜 중앙집권적으로 관리하기로 결정했지만, 여전히 대약진운동을 계속 추진하려고 했다. 중국공산당 지도자들은 다가오는 대기근을 가리키는 징후들을 단순히 무시해 버렸다.

마오는 4월 5일 중앙위원회 전체 회의에서 연설했다. 그는 1958년이 올바른 방향으로 진행되었다고 주장했다. 물론 단점들이 있었지만, 그중 어느 것도 심각하지 않았다. 그는 다른 사람들이 자신과 소통하지 못한 것을 비난하며, "모든 권력은 정치국 상무위원회와 서기처에 의해 통제되어야 하며" 자신은 "총사령관이고 덩샤오핑은 부총사령관"이라고 강조했다.[114] 저우와 국무원은 다시 한번 소외되었다.

여름이 끝날 무렵에는 철강 1800만 톤 생산을 포함한 많은 핵심 생산 목표들을 달성할 수 없다는 것이 분명해졌다. 그럼에도 불구하고 마오는 대약진운동의 기치를 포기하거나 중국 농촌의 인민공사를 축소하려 하지 않았다. 이러한 배경하에 루산에서 정치국 확대회의가 열렸다. 그때까지 마오는 이미 당내 많은 사람이 대약진을 점점 더 의심하고 있다는 것을 감지했다. 6월 28일, 그는 저우에게 전화를 걸어 루산에서 상황을 진정시키고 정치경제학을 공부하는 데 더 많은 시간을 보내는 것이 중요하다고 말했다.[115] 4일 후, 마오는 류, 저우 및 다른 당 최고 지도자들과 회의를 소집했다. 그는 상황을 설명하며 국내 상황이 좋은지 나쁜지 물었다. 그러고는 스스로 답했다. "전반적인 상황은 좋지만, 약간 좋지 않은 면도 있다." 그는 당이 기존 정책 노선을 고수해야 한다고 믿었다. 그는 말했다. "우리는 위대한 성과들을 거두었다. 많은 문제가 있지만, 미래는 밝다."[116]

루산 회의에서 이루어진 발표 대부분이 마오의 어조를 반영했다는 것은 놀랍지 않다. 저우 또한 1958년에 위대한 성과를 이루었다고 강조했다. 일부 생산 목표들이 "약간 높았고" 기반 시설 건설 규모가 "약간 컸다"라고 언급했을 때, 그는 그것들을 크게 문제 삼지 않기 위해 구체적인 예들에 신중하게 초점을 맞추었다.[117]

펑더화이는 7월 1일에 루산에 도착했다. 그 또한 전년도의 '위대한 성과들'에 축배를 들었다. 그러나 그는 저우를 포함한 다른 사람들보다 단점들을 논의하는 데 더 대담했다. 마오는 듣고 있었다. 펑의 논평 중 가장 모욕적이었던 것은 "한 사람의 위신과 권위만을 추구하고, 집단의 위신과 권위를 추구하지 않는 것은 매우 비정상적이고 심지어 위험하다"라는 주장이었다.[118] 펑의 발표는 처음에는 큰 영향을 미치지 않았다. 그러나 회의가 끝나 갈 무렵 펑은 "매우 걱정스러웠다." 7월 14일, 앞뒤로 숙고한 끝에 그는 마오에게 편지를 썼는데, 거기서 그는 현재 상황에 대한 자신의 평가와 "얻어야 할 주요 교훈들"을 개괄했다. 비록 "대약진운동이 거둔 성과들은 확실한 사실"이며 인민공사는 "큰 의미가 있다"라고 단언했지만, 그는 편지의 많은 부분을 문제들과 교훈들을 논의하는 데 할애했다. 특히 그는 말했다. 대중의 철강 생산 참여는 "손실과 이득을 동반"했으며, "소부르주아적 광기"를 바로잡아야 한다고. 마오로서는 받아들일 수 없는 말이었다.[119]

마오는 이틀 동안 행동하지 않았다. 7월 16일, 그는 펑이 보낸 편지를 저우를 포함한 다른 당 지도자들에게 전달했다.[120] 처음에 저우는 그 문제를 심각하게 생각하지 않았다. 그는 심지어 펑의 편지가 "실제 상황을 반영"했으며 따라서 "별 문제가 아니"라고 생각했다.[121] 사실 이것은 회의에 참석한 대다수의 의견이기도 했고, 많은 사람이 펑의 관점을 지지했다.[122] 이 모든 것이 마오를 더욱 분노하게 했다. 그렇게 많은 사람이 펑의 의견에 동조한다는 것은 마오의 권위와 권력에 거대한 도전을 제기했고, 그의 '계속혁명'이라는 거대한 사업의 정당성을 심각하게 위협했다.

펑은 마오의 반응에 불안해져 7월 19일 주석에게 편지를 성급히 썼다며 철회해 달라고 요청했다. 그러나 이미 엎지른 물을 다시 주워 담을 수 없었다. 마오는 7월 22일에 복수를 시작했다. 그때 그는 류, 저우, 린뱌오와 다섯 시간 반 동안 대화를 나누었는데, 그동안 아마도 자신이 취할 행동 방침을 동료들과 공유하고, 그들의 태도를 가늠해 보려 했을 것이다.[123] 다음 날 아침, 마오는 회의에서 세 시간 동안 발표했다. 마오는 주장했다. "우리는 당 내외로부터의 공격에 직면해 왔다." 펑은 "출세주의자"이자 "음모가"였으며, 대약진을 완전히 부정하고 사회주의 재건을 위한 당의 총노선을 뒤엎으려 시도했다. 마오는 심지어 "만약 인민해방군이 나를 따르지 않는다면, 나는 홍군을 찾아 나설 것이다. 나는 인민해방군이 나를 따를 것이라고 믿는다"라고 위협했다. 그는 펑과 그를 지지하는 사람들을 "1956년 말과 1957년 초에 실수를 저지른 사람들의 길을 되풀이했다"라고 비난했다. 그들은 "우파가 될 위기에 처했으며, 단지 30킬로미터 떨어져 있을 뿐이다."[124] 마오는 저우의 경험을 언급하고 있었다. 저우가 어떻게 충격받지 않을 수 있었겠는가?

그러나 그 시점까지 저우는 여전히 마오가 펑을 쓰러뜨릴 작정이라고는 믿지 않는 듯 보였다. 국무원 회의에서 펑을 만났을 때, 저우는 펑에게 마오의 비판을 가볍게 여기지 말라고 말했지만, 매우 큰 문제로 취급하지도 말라고 했다. 그는 펑이 쓴 편지를 자신의 '모진 반대' 실수들과 비교하며 말했다. "당신은 그때 나만큼 깊이 빠지지는 않았다."[125] 그러나 마오는 펑의 문제들을 저우의 실수들보다 훨씬 더 심각하게 보았다. 그는 거대한 권위와 견제받지 않는 권력에 힘입어 펑의 '조직적인 반당 음모'에 대한 전면적인 비판을 조율했다. 펑과 그의 '공범자들'을 '우경 기회주의자들'로 낙인찍는 것 외에도 마오는 펑이 어떻게든 흐루쇼프와 소비에트와 공모하여 중국공산당의 정책 전반, 특히 인민공사와 대약진운동에 도전했다는 터무니없는 주장을 펼쳤다.[126]

저우는 펑에 대한 태도를 바꾸었다. 7월 26일, 그는 부장 및 부부장 들에게 펑의 편지에 대한 "태도를 명확히" 하고 "선을 명확히 그을" 것을 말했다. 그는 "손실이 이득을 능가한다"라는 펑의 개념을 비판하면서 펑에게 "자신의 오류 가능성을 철저히 인식하라"라고 촉구했다.[127] 8월 1일 정치국 회의에서 그는 펑을 '교활한 음모가'라고 불렀다. 실제로 그는 말했다. "소부르주아적 광기"에 대한 펑의 비판은 단지 당의 총노선과 마오의 지도자 역할을 공격하기 위한 구실에 불과했다고.[128] 펑은 나중에 저우가 "너무 교활하고 간사하다"라고 불평했다.[129] 이것은 아마도 너무 가혹한 도덕적 비난이었을 것이다. 저우는 방금 그의 '모진 반대' 실수들에 대한 마오의 맹렬한 공격에서 살아남았고, 그에게는 말할 수 없는 자신만의 딜레마들이 있었다.

중앙위원회는 8월 2일부터 또 다른 전체 회의를 열었다. 전체 회의는 2주 후에 끝날 때까지 펑이 이끌고 장원톈, 황커청(黃克誠), 저우샤오저우(周小舟)가 합류한 '반당 파벌'을 '폭로'했다. 펑은 국방부장에서 해임되었다. 마오는 자랑했다. "이 전체 회의는 큰 문제를 해결했고, 그것은 큰 승리다. 당이 분열되는 것을 시기적절하게 막았다."[130]

마오는 또한 루산에서 "비상한 생산 목표들을 적절하게 낮추는 것"에 대해 말했다.[131] 이것은 저우에게 역설적인 상황을 만들었다. 베이징으로 돌아온 저우는 1959년 생산 계획의 주요 목표들을 조정하기 위해 일련의 회의들에서 "루산의 정신"을 거듭 전달했다.[132] 그러나 그것은 달성할 수 없는 임무였다. 루산에서 펑더화이와 그의 '우파 파벌'이 숙청된 사건은 중국 전역에 거센 반향을 일으켰다. 전국 각지에서 사람들은 "대약진을 계속 추진해야 한다"라고 되풀이해 외쳤다. 마오 또한 대약진의 성과를 한껏 치켜세웠다.[133] 따라서 정치적으로 올바른 사람으로 남기 위해 저우는 우경적으로 묘사될 수 있는 실수를 저지르지 않으려 열심히 노력해야 했다. 그러나 그럼에도 불구하고 "생산 목표들을 조정"해야 했다. 이 두 상충되는 목표들 사이의 균형점은 어디였을까? 저우는 만약 자신이 똑바로 균형을 잡지 못한다면, 함정에 빠져 또 다른 심각한 '정치적 실수'를 저지를 수 있다는 것을 잘 알고 있었다.

더 무서운 것은, 정치적인 변화의 바람이 '비상한 성공들'에 대한 자랑, 곡물 생산량 조작, 시골로부터의 과도한 농산물 수탈과 같은 관행들을 만연하게 하여 전국적으로 곡물 생산과 공급 간에 심각한 불일치를 야기했다는 것이다. 그러나 루산의 여파로 인해 저우를 포함하여 중국공산당의 어떤 지도자도 진실을 찾으려 나서지 못했다. 그 결과 중국의 곡물 생산량은 급격히 감소했음에도 불구하고, 국가 수매량은 오히려 크게 증가했다. 한편 인민공사 내 공공 식당들은 여전히 곡물을 매우 높은 수준으로 소비하고 손실하고 있었다.

중국뿐만 아니라 심지어 인류 역사를 통틀어서도 전례가 없는 재앙적인 대기근이 중국의 광대한 땅과 인구를 집어삼키려 하고 있었다.

제21장

마오,
'2선'으로 후퇴하다
1959~1962

1960년 업무 달력을 펼쳤을 때 저우언라이는 다소 당혹스러웠다. 사무실로 쏟아져 들어오는 끊임없는 '승전보'에도 불구하고, 중국 경제는 급격히 쇠퇴의 길로 접어들고 있었다. 국제적으로는 워싱턴과의 대립 외에도 모스크바 및 뉴델리와의 관계에서 심각한 도전에 직면했다. 저우의 일정은 총리로서의 임무만으로 이미 과부하 상태였다. 그러나 그는 여전히 독서를 최우선 과제로 삼아야 했다. 다른 중국 지도자들도 마찬가지였다.

'독서 열풍'은 마오에게서 비롯되었다. 주석은 대약진운동의 처참한 실패로 인해 다른 당 지도자들 사이에서 자신에게 반대하는 목소리가 나올 것을 당연히 예측했을 것이다. 1959년 말, 그는 공식적으로 당 지도부의 '2선'으로 물러나 류사오치와 덩샤오핑이 '1선'의 지도력을 맡도록 했다. 그동안 마오는 류에게 편지를 써서 정치경제학을 공부할 때가 되었다고 주장했다. 그는 자신의 문필 참모진을 항저우의 조용한 장소로 소환하여 그곳에서 '정치경제학 교과서'를 읽었다.[01] 참모들은 그 후 그의 논평들을 편집하여 당 엘리트들 사이에 널리 배포했다. 마오는 독서의 목적이 사회주의 재건의 교훈을 요약하고 "그 규칙들을 찾는 것"이라고 말했다. 그러나 그 독서는 당의 주류 담론에 대한 통제력을 잃지 않으려는 시도이기도 했다. 독서 논평에서 마오는 주장했다. "자본주의의 상대적인 발전과 함께, 경제가 더 후진적일수록 사회주의 이행은 더 쉬워질 것이다." 그는 판단했다. "빈곤은 중국 대약진의 동력이다. 빈곤 때문에 혁명을 일으킬 원동력이 생긴다."[02] 이것은 대약진과 그의 '계속혁명'을 이론적으로 정당화하려는 시도였다. 돌이켜 보면, 비록 1선의 류와 덩이 의사결정 권한을 강화했지만, 마오는 2선으로 후퇴한 후에도 결코 권력, 특히 담론 권력을 잃지 않았다.

2월 초, 저우는 광둥 충화(從化)에서 리푸춘, 타오주(陶鑄), 쑹런충(宋任窮)뿐만 아니라 여러 경제학자, 철학자, 역사학자 들로 독서회를 조직하여 '정치경제학 교과서'를 공부했다. 그룹은 3주 만에 책의 사회주의에 관한 장들을 끝냈다. 저우는 책에 대해 토론하며 대약진을 거듭 칭찬하고, 그것을 중국에서 마오에 의해 이루어진 "마르크스-레닌주의의 창조적 발전"이라고 불렀다. 그러나 그는 또한 "매일 도약하는 것은 불가능하다. 약간의 조정이 필요하다"라고 강조함으로써 자신의 찬사를 한정하려 했다.[03]

그동안 '대약진 계속'은 중국의 중심 주제로 남아 있었다. 1월, 마오는 상하이 정치국 회의에서 다시 기조를 정하며 선언했다. "루산 회의는 좋았다. 그 이후로 생산은 매달 증가했다. 올해는 작년보다 훨씬 더 큰 도약을 목격할 것이다."[04] 저우는 회의에서 주요한 역할을 하지 않았다. 1958년 중반부터 그의 경제적 의사결정 권한 대부분은 중앙서기처와 다섯 개 중앙 소조에 인수되었다. 회의에서 부총리이자 재경소조(財經小組) 책임자인 리푸춘이 각각 1960년과 향후 3년 및 8년간의 경제발전 계획을 소개했다.[05] 저우는 앉아서 듣고 있었다. 회의는 3년 안에 영국을 따라잡고 8년 안에 중국 자체의 "포괄적인 산업 시스템"을 구축한다는 목표를 재확인했다.[06]

그러나 중국 경제의 현실은 마오와 다른 중국공산당 지도자들이 묘사한 장밋빛 그림과는 판이하게 달랐다. 1959년 경제 목표들이 '예정보다 앞서 완료되었다'는 발표는 대체로 거짓이었다. 저우는 이것을 잘 알고 있었다. 그에게 1959년 마지막 3개월 동안 철강 생산을 감독했던 경험은 악몽과도 같았다. 루산 회의 후, '철강 생산 보장'은 정치 영역에서 절대적인 우선순위가 되었다. 철강 생산 특별 전담 조직의 책임자로서 저우는 자신조차도 목표 철강 생산량을 단 1톤도 줄일 권한이 없음을 보았다. 전국 모든 활동은 철강 생산 광풍에 길을 내주어야 했고, 이는 양질의 철강 대신 산더미 같은 저급 고철을 낳았다. 연말에 베이징은 철강 생산 목표를 초과 달성했다고 발표했다. 그러나 새해에 들어서자 철강 생산량은 현저히 감소하여 다시 이전 몇 달의 절반 이하 수준으로 떨어졌다. 대약진운동이 실패했다는 것은 이전보다 더 명백해졌다.

대약진에 더 치명적이었던 것은 1959년에 곡물 생산량이 극적으로 감소했음에도 불구하고 국가가 곡물 수매량을 상당히 늘렸다는 점이다. 모든 사람이 굶주리고 있었다. 그럼에도 불구하고 루산 회의 후 공공 식당 서비스는 확장되었다. 심지어 씨앗까지 음식으로 소비하는 곳이 많았다. 식량 부족은 더욱 심각해졌다.

저우는 비록 총리였지만, 중국의 곡물 생산, 공급, 소비 간의 거대한 격차에 대한 지식이나 이해가 부족했다. 중국 지도자들 사이에 널리 퍼져 있던 그의 생각은 여전히 오랜 경향에 지배받고 있었다. 1949년 이후 거의 매년 봄 식량 부족을 경고하는 보고서가 들어왔지만, 식량 공급은 보통 여름과 가을 수확 후에 개선되곤 했다. 그러나 이번에 저우는 마오와 다른 당 지도자들과 마찬가지로 식량 부족 보고서가 대기근을 예고할 수 있다는 것을 명확히 인식하지 못했다.

마오는 그 보고서들을 단순히 무시했다. 4월 말부터 그는 허베이, 산둥, 허난으로 시찰 여행을 떠났다. 그가 만난 성 지도자들은 하나같이 곡물 생산과 식량 공급 상황이 꽤 좋다고 확언했다. 4월 30일, 마오는 방금 농업에 관한 회의를 주재했던 부총리 탄전린(譚震林)과 이야기했다. 탄은 보고했다. "안후이에서의 사망자들은 예외적인 사례다. 대부분은 잘 치료받았다. 식량을 구하러 집을 떠난 사람은 거의 없다. 그곳에는 식량이 많다."[07] 탄과 다른 사람들은 마오가 듣고 싶어 하는 말을 하려 했다.

마오와 중국 지도부는 그리하여 중국의 광활한 농촌을 휩쓸고 있는 기근의 징후들을 완전히 무시했고, 하물며 위기를 해결하기 위해 어떤 구체적인 조치도 채택하지 않았다. 그 결과 한 해 전체를 낭비해 버렸다. 중국 역사, 심지어 인류 역사 전체를 통틀어서도 본 적 없는 규모의 비극과 재앙이 중국에서 구체화되고 있었다.

★★★★★

저우가 대기근을 경고하는 신호들을 인지하지 못한 데에는 지도부 내 어색한 위치 외에도 또 다른 이유가 있었다. 1959년 중반부터 그는 중국과 인도의 국경에서 나타나는 긴장들에 많은 주의를 기울여야 했다.

8월 25일, 중국과 인도 국경 수비대가 국경 서쪽 구간의 룽주(Longju)에서 충돌했다. 양측 모두 사상자를 냈다. 저우는 2주 후 네루에게 편지를 써서 국경 문제에 대한 베이징의 입장을 설명했다. 저우는 말했다. 중국 정부는 "소위 맥마흔 라인을 절대 인정하지 않지만, 중국 군대는 결코 그 선을 넘은 적이 없다." "(베이징은) 현실을 직시하고 중국과 인도의 우호적인 관계를 고려하여, 양측 모두에게 공정하고 합리적인 해결책을 적극적으로 모색"할 용의가 있다. 저우는 "양국 간 국경의 오랜 상태를 회복"하기 위한 조치들을 취할 수 있기를 희망했다.[08]

그러나 10월 21일, 국경 서쪽 끝에 위치한 콩카 패스(Kongka Pass)에서 중국과 인도 수비대 간에 더 큰 교전이 발생했다. 이 사건은 인도 언론과 대중 사이에서 중국의 이미지를 더욱 악화시켰다. 우파 정당들은 심지어 중국과 외교관계를 단절하라고 요구하기까지 했다.[09] 이 모든 것이 중인 국경 분쟁 해결을 더욱 시급한 과제로 부각했다.

마오와 저우 모두 세 번째 충돌을 막아야 한다고 생각했다. 저우는 11월 3일 항저우에서 열린 업무 회의에 참석했는데, 여기서 마오는 새로운 발상을 소개했다. 주석은 네루가 양측이 룽주에서 철수할 것을 제안했다고 언급했다. 마오는 판단했다. 그 경우, 중국이 전체 국경에서 철수하지 않을 이유는 무엇인가? "각 측의 군대가 10, 15 또는 심지어 20, 30, 40킬로미터라도 후퇴"하고 "비무장 인력만이 관습적인 노선을 따라 각 측의 업무를 관리"하면서 말이다. 주석은 제안했다. 저우와 네루가 "단지 평화를 위해" 베이징이나 뉴델리에서 만날 수 있다고. 저우는 마오에게 완전히 동의하며 대답했다. "좋다. 아주 좋다." 그는 덧붙였다. "양측이 협상 전에 비무장지대를 설정할 수 있다."[10] 회의는 저우에게 이러한 발상들을 네루에게 제안할 권한을 부여했다.

저우는 11월 7일 네루에게 장문의 편지를 보내, 중국과 인도 군대가 "실제 통제선에서 즉시 각각 20킬로미터씩 후퇴"하고 분쟁 지역으로 무장 인력을 다시 보내지 않되, "그곳에 민간 행정 인력과 비무장 경찰은 계속 유지"할 것을 제안했다.[11] 다음 날, 저우는 인도 주재 중국 대사 G. 파르타사라티(Shri Parthasarathy)에게 자기 제안의 논리를 더 상세히 설명했다. 저우는 말했다. "각 측이 20킬로미터 후퇴하는 것은 단지 긍정적으로 길

600

을 열기 위한 제안일 뿐이다." 그는 중국과 인도가 서로 간 차이점에도 불구하고 우호적인 관계를 유지하고 있다고 강조했다. "우리 사이에 근본적인 이해 상충은 존재하지 않는다."[12]

네루는 11월 16일 답장에서 "적절한 시간과 장소에서" 저우와 만나는 데 동의했다. 그는 양측이 국경의 동쪽 및 중앙 구역 순찰을 중단하는 데도 동의했다.[13] 그러나 서쪽 구역이 문제가 되었다. 저명한 작가 네빌 맥스웰(Neville Maxwell)이 지적했듯이, 네루가 그 지역에서 양측의 군사 활동을 제한하기 위해 제안한 경계선은 "인도 측에게는 초소 하나를 철수하는 정도"였던 반면, 중국에게는 "약 2만 평방마일에서 철수해야 한다는 의미였으며, 이는 신장에서 티베트로 가는 육로가 완전히 끊기는 결과를 초래했을 것"이었다.[14] 저우는 12월 17일 답장에서 네루의 제안을 "불공평하고 비합리적"이라고 묘사하며, 그것이 "당분간 국경의 실제적, 기존 상태를 유지한다는 양국이 이전에 합의한 원칙에서 크게 후퇴하는 일"이라고 주장했다. 저우는 네루에게 12월 26일에 회담을 시작할 것을 제안했다.[15] 그러나 네루는 그렇게 서두르고 싶어 하지는 않았다. 1960년 2월 5일 저우에게 보낸 편지에서 그는 4월에 만나기를 희망하며, 인도와 중국의 국경은 확정되었으므로 그 문제에 대해 '협상'할 수 없다고 주장했다.[16]

저우는 네루와 앞뒤로 소통하는 동시에 버마와의 국경 분쟁 해결을 마무리하기 위해 속도를 냈다. 1950년대 중반부터 저우는 보류되어 있는 중국-버마 국경 분쟁을 해결하여 인도와의 국경 협상을 촉진하는 선례로 사용하고자 했다. 저우가 '1941년 선'을 인정함으로써 버마 측에 크게 양보한 후 1956년에 베이징과 양곤의 국경 협상이 진전되기 시작했다. 그러나 1958년과 1959년 상반기에 버마의 정치적 혼란과 저우의 '포괄적인 해결책'에 대한 버마 야당의 도전으로 협상은 중단되었다.[17] 1958년 10월

우 누가 사임한 후 네 윈(Ne Win) 장군이 총리가 되었다. 1959년 6월 4일, 버마의 정치 상황이 안정된 후, 네 윈은 중국과의 국경 분쟁 해결을 위한 '최종 제안'을 베이징에 제시했는데, 여기서 그는 저우의 '포괄적인 해결책'을 대체로 받아들였다.[18] 저우의 외교부 동료들은 그 제안이 "우리의 최저선과 일치하며, 네 윈이 문제를 해결하기를 진심으로 희망한다는 것을 보여 준다"라고 생각했다. 12월, 저우는 네 윈을 "양국의 국경 문제를 최종적으로 해결하기 위한 협상"을 위해 중국에 초대했다.[19] 네 윈은 1월 말에 베이징을 방문했고, 1월 28일에 저우와 국경 협정에 서명했다.[20]

* * * * *

3월 중순, 저우는 광둥에서 베이징으로 돌아오자마자 인도 방문을 집중적으로 준비하기 시작했다. 그 무렵 그는 인도와의 영토 문제를 놓고 "서부 지역의 영토를 동부 지역의 영토와 맞바꾸는" 포괄적인 해결책을 마련해 두고 있었다. 이 해결책의 본질은 국경의 동쪽 구간을 따라 양측이 영국 식민주의자들이 일방적으로 만든 맥마흔 라인의 정당성을 '원칙적으로 부정'해야 한다는 것이었다. 그동안 그는 실제 통제선(LAC)의 개념을 채택했는데, 이에 따라 중국은 맥마흔 라인 남쪽 지역에 대한 인도의 주권을 인정할 것이고, 이는 거의 실제 통제선과 동일했다. 또한 인도는 국경 서쪽 끝에 있는 악사이친에 대해 중국의 주권을 인정할 것이었다. 동쪽에서는 맥마흔 라인 남쪽의 창난(藏南, 남티베트)이 1950년대 초부터 인도의 통제하에 있었다. 서쪽에서는 중국이 오랫동안 악사이친을 통제했고, 1958년에 중국이 완공한 신장-티베트 자동차 도로가 그곳을 통과했다. 이것은 티베트의 아리(Ngari) 지역을 중국 내륙과 연결하는 유일한 도로였으므로, 중국에게는 전략적 측면에서 극도로 중요했다. 저우는 '서쪽을 동쪽과 바꾸는' 계획이 양국 국경에 대한 실제 상황을 존중하면서 양측의 중요한 이익에 마땅한 주의를 기울이므로 인도와 중국 양측 모두가 수용할 수 있을 것이라고 믿었다.

저우의 생각은 중국식 지혜를 드러냈다. 사실 그가 맥마흔 라인과 겹치는 실제 통제선을 도입한 주된 목적은 베이징이 그 선을 사실상 수용하되 법적으로는 거부할 길을 열기 위해서였다. 이로써 저우는 국경 분쟁 해결에 대해 중국 국민들에게 납득할 만한 설명을 내놓을 수 있을 것이었다. 그는 또한 그처럼 주요한 양보가 네루로 하여금 악사이친에 대한 중국의 주권을 인정하게 할 것이라고 희망했다. 그러나 네루는 그의 배경, 지식, 성격, 인도 여론에 대한 이해 때문에 다르게 생각했다. 비록 인도가 결코 악사이친을 통제한 적이 없었지만, 네루는 영국 식민주의자들이 일방적으로 만든 지도가 그 지역을 인도의 라다크 지역 내에 포함시켰다고 주장했다. 저우는 네루의 주장에 놀랐는데, 특히 자신이 최근에 같은 방법으로 버마와의 국경 분쟁을 성공적으로 해결했기 때문에 더욱 그랬다.

저우는 아마도 인도와 버마 사이 두 가지 중요한 차이점을 간과했을 것이다. 첫째, 버마와 우 누, 네 윈을 포함한 지도자들은 네루와 인도 정치 엘리트들과 같은 종류의 '강대국 의식'을 가지고 있지 않았다. 둘째, 버마와 비교할 때 인도는 더 다원적인 의회민주주의를 채택했다. 따라서 인도 지도부는 의사결정에서 더 폭넓은 견해를 반영해야 했고, 더 복잡한 국내 정치를 다루어야 했다.

인도로 떠나기 전 저우는 자신의 포괄적인 계획이 효과가 있을지 확신하지 못했다. 저우가 지시하여 작성된 그 계획은 "회담이 어떤 합의에 이를 가능성이 있지만, 완전한 성공이나 총체적인 실패는 아닐 것"이라고 했다. 적어도 저우는 회담이 "현재 상황을 완화하고 미래에 합리적인 해

603

결을 도출할 수 있는 조건을 준비하는 데" 도움이 되기를 바랐다.[21]

저우는 먼저 버마에 들러 당시 다시 버마 총리가 된 우 누와 만나 인도로 가기 전에 버마와 국경 조약을 체결하기를 희망했다. 그러나 우 누는 버마 의회가 그 협정을 가능하게 할 법안을 통과시키기에 시간이 충분하지 않다고 말했다.[22] 저우가 양곤을 떠나자 양측은 국경 해결에 대한 '원칙적인 합의'에 도달했다고 발표하는 공동성명을 발표했다. 우 누가 중국이 버마와의 예를 따라 인도와 국경 분쟁을 해결할 수 있다고 제안했을 때, 저우는 즉시 이것이 자신이 "절대적으로 하고 싶었던 것"이라고 확인했다. 우 누는 "그 대화를 네루와 공유"해도 되는지 물었다. 저우는 대답했다. "반대하지 않는다."[23]

저우는 4월 19일 저녁에 뉴델리에 도착했다. 그 전에 인도에 방문했을 때, 그는 공항에서 수만 명으로부터 환영받았다. 이번에는 그런 환영을 받지 못했다.[24] 회담은 저우가 예상했던 최악보다 훨씬 어려웠다. 4월 20일 아침 첫 회담에서 네루는 인도의 국경이 히말라야를 따라간다고 주장했다. 산악 지역에서 양국은 항상 대히말라야 분수령을 국경으로 삼아왔고, 심각한 문제들은 발생하지 않았다. 그러나 네루는 언급했다. 중국이 "우리에게는 침략 행위였던" 몇 가지 조치들을 취했다고. 예를 들어, 중국이 국경 서쪽 구간에 건설한 자동차 도로는 인도 영토를 가로질렀다. 또한 그는 인도가 티베트와 관련하여 중국의 내정에 간섭했다는 것을 부인했다.[25]

저우는 네루와의 두 번째 회담에서 중국의 입장을 설명했다. 그는 중국과 인도는 둘 다 오랜 국가로서 근대 국가들 사이에서 흔히 그러듯 그들 사이 경계를 확정하지 않았지만, '전통적인 관습선'이 존재했다고 말했다. 국경 동쪽 구간을 따른 맥마흔 라인은 영국 제국주의의 유물이었다. 역사적으로 창난 또는 남티베트로 알려진 선 남쪽 지역은 티베트 정부가 관리했지만, 1949년 이후 인도인들에 의해 일방적으로 변경되었다. 저우는 강조했다. 비록 중국 정부가 결코 맥마흔 라인을 인정한 적이 없었지만, 그곳의 현상을 유지하고자 했고 문제를 해결하기 위해 현실적인 접근법을 채택했다고. 국경 서쪽 악사이친은 항상 중국의 통제하에 있었고 인도의 통제를 받은 적이 없었으며, "중국의 지도들은 오랫동안 그 지역을 영토에 포함"시켰지만, "인도의 지도들은 많이 바뀌었다." 그로서는 인도가 그곳이 자기 영토라고 주장한다는 것이 놀라웠다. 저우는 국경에 대한 공식적인 해결에 도달하기 전에 양국이 현상을 유지하고 갈등을 피하기 위해 각자의 군부대를 분리해야 한다고 제안했다.[26]

저우와 네루는 세 번째, 네 번째, 다섯 번째 회담 동안 앞뒤로 논쟁을 벌였고, 각자 자기 관점을 되풀이했다. 타협점을 찾기는 극히 어려웠다. 저우는 네루가 자신이 제기한 거의 모든 요점이나 제안을 반박하거나 그저 무시해 버리고 있다는 것을 알았다. 네루는 심지어 저우와의 회담을 '협상'이라기보다는 '대화'라고 부르기를 고집했다.[27] 저우는 회담이 그처럼 극명한 의견 불일치 상태로 끝나기를 원치 않았다. 여섯 번째 회담에서 그는 양측이 분쟁을 확인하기 위해 공동위원회를 설립하고, 경계가 확정될 때까지 실제 통제선을 유지할 것을 제안했다. 저우는 또한 양측이 '회담에서 진전을 이루었다'고 발표하는 공동성명을 발표할 것을 제안했다. 네루는 마지못해 동의했다.[28]

저우와 네루는 4월 25일에 일곱 번째이자 마지막 회담을 했다. 그들은 공동성명의 내용과 문구에 대해서조차 합의할 수 없다는 것을 알았다. 그들은 공유된 국경의 위치에 대해 동의했는가? 실제 통제선이 있었는가? 양측은 절차적인 업무 외에 어떤 진전을 이루었는가? 그들은 궁극적으로 그들 사이에 차이점이 있으며 회담이 계속될 것이라고 표현하는 간략한 성명을 발표했다.[29]

21-1 1960년 4월, 뉴델리에서 저우언라이와 인도 총리 네루. Hulton Archive/Getty Image

저우의 인도 여행은 실패했다. 그는 결코 그렇게 무력감을 느껴 본 적이 없었다. 그는 국경 분쟁이 자신이 인지했던 것보다 훨씬 더 복잡함을 깨달았다. 더욱이 그의 직감은 인도와의 국경 분쟁을 해결할 최적의 시기를 영영 놓쳐 버렸다고 말하고 있었다. 후일 저우는 네루가 자기가 만났던 중 "가장 오만한" 사람이자 "가장 다루기 어려운" 사람이라고 여러 차례 말했다.[30] 심지어 중국 주재 소비에트 대사에게 "네루는 뻔뻔하며…… 제국주의의 주구로 전락했다"라고 말하기도 했다.[31] 네루 또한 저우가 그의 신뢰와 지지를 '배신했다'고 믿었기 때문에 깊이 실망했다. 나중에 저우와 네루 모두와 우정을 유지했던 한쑤인이 저우가 보내는 '우호적인 메시지'를 전달했을 때, 네루는 대답했다. "나는 저우의 우정에 질렸다."[32] 저우와 네루는 서로에 대한 신뢰를 완전히 잃었다.

★★★★★

그동안 베이징과 모스크바의 관계 또한 새로운 긴장 징후를 보였다. 1959년 6월, 모스크바는 핵에너지 협력에 관한 중국과의 협정 이행을 중단할 것이라고 발표했다. 한때 '하늘에 빛나는 태양'에 비유될 정도로 강했던 중소 관계는 급격한 쇠퇴의 길로 접어들고 있었다.

1959년 9월, 흐루쇼프는 미국을 방문하여 캠프 데이비드에서 아이젠하워 대통령과 만났다. 그는 그 후 직접 베이징으로 비행기를 타고 가서 중화인민공화국 10주년 기념행사에 참석했다. 9월 30일 저녁 그는 마오가 주최한 국빈 만찬에서 연설했는데, 여기서 소-미 정상회담의 '캠프 데이비드 정신'을 자랑했고, 그것이 동서 관계의 긴장을 완화할 것이라고 주장했다. 마오는 설득되지 않았다. 흐루쇼프가 "자본주의의 안정성을 시험하기 위해 무력을 사용하는 것은 현명하지 않다"라고 언급했을 때, 마오는 흐루쇼프가 자신과 중국을 조롱하고 있다고 느꼈다. 주석은 즉시 연회에서 연설하지 않기로 결정하고, 대신 저우가 연설하도록 했다.[33]

흐루쇼프와 마오는 10월 2일에 공식적으로 만났다. 각 지도자는 자신들의 동지 그룹을 데리고 왔다. 저우는 회의의 중국 측 대표단에 속해 있었는데, 이론적으로는 중국과 소비에트 지도자들 사이 간극을 메울 수 있는 좋은 기회였다. 그러나 회의는 다른 방향으로 흘러갔고 신속하게 격렬한 언쟁으로 번졌다.

흐루쇼프는 회의 시작 시에 미국인들로부터 중국이 미국 시민 5명을 구금했다는 것을 들었다고 말했다. 그는 마오에게 말했다. "비도발적인 정책을 채택하기 위해…… 그들을 석방하는 것이 더 낫다." 마오는 대답했다. "석방하라고? 그렇다. 결국 우리는 그들을 석방할 것이다. 그러나 우리는 미국인들의 요청을 들어주지는 않을 것이다." 저우는 중국이 이미 북한의 모든 전쟁포로를 오래전에 석방했으며, 미국인 5명 중 3명은 '신부로 위장한 스파이'였고 2명은 그들이 타고 있던 비행기가 중국 상공에서 격추된 후 붙잡힌 CIA 요원들이었다고 설명했다.

그 후 토론 주제는 타이완 문제로 옮겨 갔다. 흐루쇼프는 중국이 '모험주의적 실수들'을 저질렀다고 비난하고, 왜 타이완해협의 긴장을 완화하려 하지 않는지 물었다. 마오는 흐루쇼프의 주장을 반박하며, 중국이 미국과 전쟁을 원하지는 않지만 "우리는 미국인들이 원하는 대로 타이완 지역에서 무력을 사용하지 않겠다고 말할 수는 없다"라고 강조했다. 저우도 개입하여 말했다. "미국과의 관계를 개선하는 유일한 방법은 그들이 타이완에서 군대를 철수하는 것이다. 타이완과 본토 간의 관계는 중국의 내정이다. 우리가 타이완을 어떻게 해방하든, 평화적인 방법을 쓰든 군사적인 방법을 쓰든 누구도 간섭할 수 없다."

흐루쇼프는 중인 관계로 방향을 틀었다. 그는 중국이 '국경에서 인도인들을 죽였다'고 비난했다. "왜 당신들은 그렇게 작은 영토를 놓고 경쟁하고 싶어 하는가? 그것은 히말라야 아래에 놓인 척박한 땅일 뿐이다." 저우는 흐루쇼프와 말싸움을 벌였다. "그들이 먼저 우리를 공격했다. 우리가 어떻게 해야 했는가? 하늘에다 총을 쏘았어야 하는가?" 흐루쇼프는 대답했다. "나는 전쟁에서 싸워 봤다. 나는 누가 먼저 발포했는지 모른다. 단지 중국인은 한 명도 죽지 않았고, 인도인들이 총에 맞아 죽었다는 것만 안다." 저우는 흐루쇼프가 "옳고 그름을 분별할 능력이 없다"라고 조롱했다. 천이는 저우의 말에 동조하며 외쳤다. "당신이 네루에 대해 타협적인 태도를 취하는 것은 심각한 정치적 실수다!" 흐루쇼프는 격분하여 소리쳤다. "소련은 42년 동안 존재하면서 누구와도 타협한 적이 없다!"

저우는 언쟁이 통제 불능 상태가 되어 가는 것을 보고 온도를 낮추려 노력하며 말했다. "우리 사이에 분쟁과 해결되지 않은 문제들이 있을 수 있지만, 공개적으로 우리는 항상 소련과의 연대를 중요하게 여긴다."[34] 그럼에도 불구하고 회의는 실망스럽게 끝났다.

저우는 베이징과 모스크바의 관계가 더 이상 악화되는 것을 원치 않았다. 10월 4일 마오가 중소 관계를 논의하기 위해 정치국 회의를 소집했다. 참석한 중국공산당 지도자들은 모두 흐루쇼프를 맹비난했다. 저우도 흐루쇼프를 비판했지만, 베이징과 모스크바의 차이점에도 불구하고 양국이 멀어지지 않는 것이 더 낫다고 지적했다. 저우는 말했다. "우리는 지금 그들과 논쟁해서는 안 되며, 인내심을 가져야 한다. 우리는 그들이 객관적인 사실과 역사의 발전으로부터 깨달음을 얻을 때까지 기다릴 수 있다." 회의는 모스크바를 대함에 있어서 "우리는 여전히 단결을 강조하고 분쟁을 피하는 정책을 채택해야 한다"라고 결정했다.[35]

그러나 흐루쇼프는 느긋한 사람이 아니었다. 그는 모스크바로 돌아가는 길에 블라디보스토크에서 연설했는데, 여기서 그는 베이징과의 "형제적 연대"를 칭찬한 후, "싸움하고 싶어 안달이 난 수탉처럼 전쟁을 갈망하는 것"은 현명하지 않다고 주장했다. 마오는 흐루쇼프가 자신과 중국의 대미 정책을 암묵적으로 공격하고 있다고 믿었기 때문에 진심으로 기분이 상했다.[36] 1960년 1월, 마오는 상하이 정치국 회의에서 흐루쇼프가 수정주의자이며, 소련이 수정주의의 길을 갈 수 있다고 주장했다.[37]

사실 중소 분열의 근본 원인은 베이징과 모스크바가 국제 공산주의 운동에서 각자가 차지하는 지위를 정의하는 방식에 있었다. 1960년 4월은 레닌 탄생 90주년이었다. 마오와 중국공산당 지도부는 이 기회를 이용하여 제국주의, 평화와 전쟁, 프롤레타리아 혁명과 같은 주제들에 대한 마오와 중국공산당의 '올바른 관점들'을 부각하는 장문을 여러 편 발표하는 동시에, (이름을 거론하지는 않았지만) 흐루쇼프와 소비에트 지도부가 가진 '현대 수정주의' 견해들을 비판하기로 결정했다. 그 글들은 러시아어, 영어, 독일어, 프랑스어, 일본어 등 많은 언어로 번역되어 널리 배포되었다. 깊이 모욕을 당한 흐루쇼프와 소비에트 지도부는 마오와 중국공산당을 '교조주의자들'이자 '파벌주의자들'로 낙인찍었다.[38]

이러한 맥락에서 1960년 6월 루마니아 부쿠레슈티에서 있었던 '형제 당들의 모임'에서 소비에트와 다른 여러 당 대표들은 펑전이 이끄는 중국공산당 대표단 구성원들을 꾸짖었다. 흐루쇼프와 펑은 심지어 공개적인 논쟁에 휘말렸다.[39] 펑은 그 후 베이징으로부터 저우가 초안한 상세 지시들을 받았는데, 저우는 펑에게 "흐루쇼프와 단호하게 투쟁"하라고 지시하면서도, 큰 그림에 주의를 기울이고 여전히 모임의 공동성명에 서명하라고 조언했다. 전보를 받은 후 펑은 논평했다. "오직 저우만이 이렇게 명확하고 포괄적인 글을 쓸 수 있다. 그는 우리를 위해 모든 세부 사항을 고려했다."[40]

부쿠레슈티에서의 대결 후, 마오는 당 간부들에게 중국과 소비에트 간

차이점과 그들의 단절의 역사적 기원에 대해 더욱 경각심을 갖게 하기로 결정했다. 그는 저우에게 이 문제를 주도해 달라고 요청했다. 저우는 그해 7월 중순 베이다이허 회의에서 코민테른과 중소 관계에 대한 장문의 보고서를 발표했다.[41] 그는 중국공산당과 코민테른 및 소련의 관계를 다섯 시기로 나누어, 모스크바가 "양 끝에서는 좋았지만 중간에서는 나빴다"라고 말했다. 그는 말했다. 소비에트는 중국 혁명에 큰 도움을 주었지만, 중국공산당의 내정에 간섭하는 것과 같은 실수들도 저질렀다고. 테헤란 회의에서 저우는 스탈린은 동북을 제외한 중국 전체가 미국과 영국의 세력권하에 있다는 것을 받아들였다고 언급했다. 제2차 세계대전 후, 스탈린은 "장제스와 협상하도록 우리에게 강경한 언어를 사용했다." 중국 내전 동안 "그는 우리가 이길 것이라고 믿지 않았다." 1949년 말과 1950년 초에 주석이 모스크바를 방문했을 때 마오를 맞이하는 스탈린의 태도는 "매우 차가웠다." 중국이 한국전쟁에 참전하기 전에 그는 "우리에게 공중 지원을 제공하기로 했다가 철회했다." 그러나 저우는 강조했다. "스탈린은 자신을 비판할 용의가 있었다." 예를 들어, 1949년 여름 류가 모스크바를 방문했을 때, 스탈린은 "중국에 대한 자신의 실수들을 암묵적으로 인정했다." 그는 중국이 한국전쟁에 참전하면서 태도를 바꿨고, "중국은 '절반의 티토'가 아니라 진정한 공산주의자"임을 인정했다고 저우는 단언했다. 그리고 중국에 주요한 원조를 약속했다. 스탈린이 사망한 후, 소비에트 지도자들은 "한국전쟁을 빨리 끝내고 싶어 했고" 이는 그들이 "미국인들을 매우 두려워했음"을 드러냈다. 국내에서 흐루쇼프는 "모든 권력을 자기 손에 쥐었고, 해외에서는 자신을 자랑했다." 1958년부터 "그는 우리를 통제하려 시도했고" 중국을 "황화(黃禍)"로 취급했다. 보고서 말미에 저우는 비록 흐루쇼프와의 투쟁은 "길고 복잡"하겠지만, 중국공산당은 "분열을 위해 투쟁"해서는 안 되며 "단결을 위해 노력"해

야 한다고 강조했다.[42]

분명히 저우는 소련과의 관계가 더 이상 악화되는 것을 원치 않았다. 그러나 7월 16일, 모스크바는 중국에 파견한 소비에트 전문가들을 모두 소환하고 베이징에 대한 군사 및 다른 형태의 지원을 상당히 줄이기로 결정했다.[43] 저우는 놀랐다. 대약진운동이 중국에서 경제적, 사회적으로 대혼란을 일으키고 있던 시기에 흐루쇼프는 이와 같이 조치함으로써 마오와 중국 지도부에 심각한 타격을 주려 했다. 마오는 흐루쇼프의 "갑작스러운 공격"을 분노에 차 비판하며, 그를 "신뢰할 수 없다"라고 했다. 7월 31일, 저우는 마오의 요청에 따라 베이다이허에서 다시 연설하여, 소비에트가 중국에서 전문가들을 소환함으로써 "우리를 압박"하고 있다고 비난했다. 그는 강조했다. "우리는 우리의 명예를 지키고 그들에게 진 모든 빚을 갚아야 한다."[44]

비록 성공하지는 못했지만 그러는 동안에도 저우는 여전히 모스크바를 설득하여 일부 전문가들이 중국에 남도록 하려 했다. 8월 16일, 그는 떠나는 소비에트 전문가들을 위해 송별 연회를 주최했고, 거기서 중국의 재건을 위한 그들의 "엄청난 공헌"에 대해 감사했다. 그는 말했다. "우리는 헤어지지만, 나는 우리 두 민족과 두 나라의 우정이 영원할 것이라고 믿는다."[45]

마오의 관점에서 볼 때, 흐루쇼프와 소비에트 지도부가 소비에트 전문가들을 모두 소환하기로 한 결정은 반드시 나쁜 것만은 아니었다. 비록 아무도 그렇게 말하지는 않았지만, 사실 당 지도부 내 많은 사람이 대약진의 재앙적인 실패는 궁극적으로 마오의 책임임을 알았고, 이는 그의 '영원히 올바르다'는 신화와 논쟁할 여지가 없는 권력과 권위에 도전했다. 모스크바가 시기적절하게 모든 전문가를 자국으로 소환함으로써 마오는 중국의 모든 어려움이 모스크바의 배신에서 비롯되었다고 주장할 구실을 얻었다. 동시에 '소비에트 강대국 쇼비니즘'을 비판함으로써 마오는 '계속혁명'이라는 그의 담론으로 중국공산당의 주류 정치 서사를 지배할 훨씬 더 강력한 위치를 차지했다. 저우를 포함한 어떤 중국공산당 지도자도 그러한 마오주의적 노력에 감히 도전할 수 없었다.

*****

마오와 저우, 동지들은 여전히 엄청난 국내 도전에 직면해 있었다. '계속되는 약진'을 알리는 팡파르에도 불구하고 철강 생산량은 극적으로 감소했다. 시골은 상황이 더 나빴다. 심지어 기본적인 생산조차 위태로웠고, '대약진운동'은 말할 것도 없었다. 봄 내내 중국공산당 지도자들은 도시의 극심한 식량 부족을 경고하는 보고서들을 받았지만, 여전히 그것들을 일시적인 현상으로 치부했다. 4월 12일 당 중앙 문서는 다음과 같이 읽었다. "이제 신선한 곡물이 시장에 나올 때까지 약 50일 남았다. 이는 인민의 생계를 보장하면서 곡물을 수매, 운송, 판매하는 데 중요한 기간이다."[46] 그러나 5월 중순 이후에도 곡물 수매는 늘지 않았고, 도시의 식량 공급은 계속해서 줄어들었다. 6월이 가까워지면서 베이징, 상하이, 톈진 및 랴오닝성(遼寧省)의 십여 개 공업 도시들의 곡물 공급은 거의 완전히 고갈되었고, 거의 매일 경보가 울렸다. 심각한 식량 부족에 대한 보고서들이 중난하이로 쏟아져 들어왔다. 그리고 흥미롭게도 저우의 경제적 의사결정에 대한 마오의 태도가 미묘하게 변하기 시작했다.

상하이에서 6월 8일부터 시작된 일주일간의 정치국 확대회의에서 마오의 어조는 이전 몇 달 또는 심지어 몇 주에 비해 달라져 있었다. 대약진을 칭송하는 대신, 그는 회의 개회식 연설에서 일부 '자기비판'을 했다. "우리 재건의 시간은 아직 꽤 짧다. 우리의 경험은 불충분하다…… 우리는 우리 실수들을 덮어서는 안 되며, 우리의 경험들을 요약하여 시기적절하게 방향을 조정해야 한다."[47] 회의가 끝나기 이틀 전, 마오는 저우를 직접 언급했다. 그는 총리를 가리키며 말했다. "나는 당신이 중국공산당 제8차 당대회에서 한 연설을 좋아한다. 그 연설 덕분에 우리가 운신할 여지가 더 많아졌다."[48] 그런 다음 마오는 「10년 요약」이라는 글을 썼고, 회의 마지막 날에 배포했다. 마오는 "나 자신이 많은 실수를 저질렀다"라고 인정하는 것 외에도 저우를 칭찬했다. "저우언라이 동지의 지휘하에 있는 제2차 5개년 계획에서 설정된 철강 생산량과 같은 대부분의 목표들은 우리에게 3년 더 여유 시간을 벌어 주었다. 얼마나 좋은 일인가!"[49]

여기서 마오는 분명히 저우가 1956~1957년에 했던 '모진 반대' 노력을 이야기하고 있었다. 그때 이후로 상황이 변했기 때문에, 마오는 이제 저우의 이전 '잘못'을 긍정적인 기여로 보았다. 그러나 그가 저우를 복권시키려는 것은 아니었다. 단지 자신이 정치적으로 곤경에 처한 시기에 대약진 위기를 해결하는 책임을 다른 사람들에게 위임하려 했을 뿐이었다. 겉으로 보기에 마오는 저우가 처한 정치적 환경을 개선하여, 그에게 더 자유롭게 활동할 수 있는 여지를 준 듯했다. 그러나 실제로는 단지 철강 생산 증대와 곡물 위기 해결이라는 뜨거운 감자 두 개를 저우에게 넘겼을 뿐이었다.

회의에서 마오는 저우에게 '농업 상황에 대해 이야기하라'고 요청했다. 저우는 결코 농업을 감독한 적이 없었는데도 말이다. 주석은 그에게 촉구했다. "단번에 주도권을 되찾으라." 저우는 '전반적인 상황은 매우 좋다'고 선언했지만, 그런 다음 공격적인 목표들이 농업에 심각한 결과를 초래한 방법에 대해 논의했다. 실제로 그는 말했다. "우리는 이제 주도권을 잃을 뿐만 아니라 1962년 계획이 실패할 위험에 직면해 있다." '단번에 주도권을 되찾으라'는 마오의 지시에 화답하며 저우는 곡물, 면화, 육

류(그러나 철강은 포함되지 않았다)의 생산 목표를 상당히 낮출 것을 제안했다. 그는 강조했다. 그렇게 해야만 "우리가 주도권을 되찾을 수 있을 것이다."[50]

저우가 경제적 의사결정 권한을 일정 부분 회복하면서, 재경소조는 활동을 중단했다. 그러나 저우는 즉시 두 가지 주요한 도전에 직면했다. 즉 철강 생산을 보장하고 곡물 공급을 확보하는 것이었다. 그는 여전히 전자가 마오에게 절대적인 우선순위이고, 후자는 단지 부차적일 뿐임을 알았다. 당시 많은 도시가 여름 수확 후에도 극심한 식량 공급 감소를 겪고 있었다. 7월 13일 부총리 리셴녠(李先念)은 저우에게 베이징과 톈진의 식량 공급이 4일 안에, 상하이는 2일 안에, 랴오닝은 6일 안에 바닥날 것이라고 보고했다. 리는 강조했다. "모든 것은 곡물 수송에 길을 내주어야 하며, 곡물 수송이 제1과제가 되어야 한다."[51]

그러나 저우는 마오의 지원 없이는 이 문제에 대해 행동할 수 없었다. 7월 25일 리는 마오에게 직접 편지를 써서, 베이징, 상하이, 톈진 및 랴오닝의 공업 도시들에 대한 식량 공급이 며칠 안에 고갈될 '위험한 상황'에 놓여 있음을 보고했다.[52] 그러나 마오는 여전히 "다른 것은 모두 늦출 수 있지만, 철강 생산만은 늦출 수 없다"라는 자기 발언에 묶여 있었다.[53] 중국공산당 지도부는 곡물 부족의 근본 원인을 해결하는 대신 시골로부터 더 많은 곡물을 수매하도록 강조하는 것으로 리의 심각한 경고에 응답했다. 8월 10일 당 중앙은 두 가지 지시를 발표했다. 하나는 전당에 대외 무역을 강화하고 농업 생산을 촉진할 것을 요구했고, 다른 하나는 '곡물 및 철강 생산 보호'를 강조했다.[54] 그러나 이 지시는 곡물과 철강 생산을 동시에 강조했기 때문에, 실제로는 곡물보다 철강에 더 큰 비중이 쏠리게 되었고, 결국 철강이 최우선 과제가 되었다. 이는 8월 15일에 발표된 또 다른 중앙 지시에서 가장 분명히 드러났다. 그 지시는 성 지도자들에게

"8월과 그 이후 몇 달 동안 도시 내 곡물 수송 및 공급이 반드시 실행되도록" 전력을 다하라고 명령했다.[55]

* * * * *

9월 초, 저우는 국가계획위원회가 준비한 1961년 경제계획 초안을 받았다. 그는 리푸춘과 협력하여 중국 경제를 "조정, 실질화, 공고화, 향상" 하기 위한 조치들을 결정했다.[56] 그러나 이러한 조치들은 철강 생산 통제와는 아무런 관련이 없었고, 이는 저우의 어깨에 무거운 부담으로 남아 있었다. "철강 생산을 보호하기 위해" 저우는 많은 회의를 소집하고, "1960년에 철강을 1800만 톤 생산하는 과업을 완수하기 위해" 모든 노력을 기울여야 한다고 거듭 강조했다. 이를 달성하기 위해서는 공업 도시들에 대한 식량 공급을 보호할 필요가 있었다. 따라서 시골로부터 더 많은 곡물을 수탈해야 했다. 저우는 거의 매일 모든 성 지도자들에게 전화를 걸어, 곡물 공급 할당량을 맞추라고 촉구했다.[57] 대부분의 성에서 가을 수확 후에도 곡물 수매가 늘지 않자, 중앙 지도부는 성 지도자들을 거듭 압박했다.[58] 결과적으로 대기근의 불길은 중국의 훨씬 더 넓은 땅을 집어삼켰다.

저우는 전국적으로 식량 분배를 조정하는 과정에서 받은 통계들이 부정확하고 혼란스럽다는 것을 알았다. 비록 양식부(糧食部)가 "전국의 곡물 생산량이 약 1억 4천만 톤이 될 것"이라고 추정했지만, 여러 성에서 제공한 숫자들을 합하면 그 수치를 훨씬 초과했다. 양식부와 많은 성이 정확한 곡물 생산량에 대해 의견 일치를 이루기는 어려웠다. 관련된 모든 당사자와 이러한 불일치에 대해 논의한 후, 저우는 결정했다. "농업 생산과 관련하여 각 부서나 성은 자체적인 추정치를 내놓을 수 있다. 그러나 곡물 구매 및 소비에 대한 국가 계획은 양식부가 제공한 숫자에 기초해야 한다."⁵⁹ 그렇게 함으로써 저우는 광범위한 허위 보고로 인한 추가 피해를 제한하려 노력하고 있었다.

그때 '신양(信陽) 사건'이 발생했다. 10월 21일 중앙조직부와 감찰위원회의 간부 네 명이 당 중앙에 상세한 보고서를 제출하여, 허난성 신양 지구에서 다수가 굶어 죽었고, 그곳 간부들 사이에 부패가 만연하다고 폭로했다.⁶⁰ 3일 후, 리푸춘은 그 보고서를 마오에게 전달했고, 마오는 그 문제를 류와 저우에게 위임했다.⁶¹ 그들은 곧 네 간부들이 주장한 내용이 대체로 사실임을 확인했다.

신양에서의 기근과 높은 사망률은 매우 비극적이었다. 그러나 그것을 폭로한 간부들은 의도치 않게 저우에게 큰 도움을 주었다. 그는 이전이었다면 감히 하지 못했을 논평들도 할 수 있게 되었다. 10월 29일, 저우는 정치국 회의에서 말했다. "이처럼 거대한 기근은 우리 나라 11년 역사상 일어난 적이 없다. 내 나이대 사람들은 이처럼 극적인 규모의 기근을 들어 본 적이 없다"⁶² 11월 3일, 당 중앙은 마오의 승인을 받아 "공산주의적 평등주의의 실수들"을 바로잡고 농민들이 작은 예비지를 보유하고 자신들의 가구를 위한 식량을 생산하도록 허용하는 지시를 발표했다.⁶³ 당 중앙을 대신하여 긴급 지령을 수정하면서 저우는 지시 이행에 "다른 의견을 가진 사람들을 포함"할 것을 요구했다.⁶⁴

12월이 다가오면서 재앙적인 대기근을 완화하기 위해 외국으로부터 곡물을 대량 수입할 필요가 있다는 것이 더 명확해졌다. 그러나 이것은 말할 수 없는 진실이었다. 중국의 한정된 외화 보유고를 고갈시킬 뿐 아니라, 대약진운동과 인민공사가 완전히 실패했음을 암묵적으로 인정하는 일이 될 것이었기 때문이다. 천원과 저우 모두 즉각 곡물을 수입해야 한다고 생각했지만, 그것은 오직 마오만이 내릴 수 있는 결정임을 알았다. 마침내 12월 30일 중앙 공작회의에서 마오는 천에게 곡물 수입 제안을 지지한다고 말했다. 그는 또한 저우와 천에게 세부 사항을 처리하라고 했다.[65] 그때 저우는 베이징공항에 있었다. 중-버마 국경 조약을 체결하기 위해 오래전부터 계획되어 있던 버마 여행을 떠나기 위해서였다. 저우는 마오의 결정을 알고 공항에서 천 및 대외무역부장 예지좡(葉季壯)과 회의하여 곡물 150만 톤을 즉시 수입하기로 결정했다. 몇 시간 후 버마로 가는 길에 쿤밍에 들렀을 때 저우는 베이징에 있는 천원 및 다른 사람들과 전화로 또다시 회의했고, 곡물 수입량을 250만 톤으로 늘리기로 했다.[66]

저우가 양곤에 도착하자마자 첫 번째로 한 일은 대외무역부 차관 레이런민을 홍콩으로 파견하여 곡물 수입, 운송, 지불을 위한 경로와 방법들을 조사하게 하는 것이었다. 1961년 1월 8일, 저우는 레이로부터 국제 시장의 곡물 공급이 "풍부하고 충분하며" 운송과 지불은 중국은행 홍콩 지점이 보증하는 "인도 시 지불 방식과 외국 선박 임대"로 해결할 수 있다는 회답을 받았다.[67]

베이징으로 돌아온 후, 저우는 예지좡, 레이런민 및 다른 대외무역부 관리들로부터 국제 시장에서 '쌀 1톤이 밀 1.5톤 이상의 가치가 있다'는 것을 알게 되었다. 그는 즉시 가격 차이를 이용하여 쌀을 수출하면서 밀을 수입하기로 결정했다. 결과적으로 비록 중국이 판매한 쌀보다 1.5배 더 많은 밀을 구매했지만, 두 거래에서 거의 손익분기점에 도달했다.[68] 첫 번째 곡물 화물선은 2개월도 채 안 되어 톈진항에 인도되었다. 1960년 중국은 총 3387만 달러에 상당하는 곡물과 식용유를 수입했다. 1961년에는 이 두 상품의 수입이 극적으로 증가하여 5억 1770만 달러에 달했다.[69] 곡물을 수입함으로써 중국은 심각한 식량 부족 상황을 크게 완화했다. 그러지 않았다면 대기근의 영향은 훨씬 더 파괴적이었을 것이다.

그동안 저우는 또한 의심스러운 결정을 내렸다. 전해진 바에 따르면, 그는 전국적으로 '비정상적인 사망자'가 다수 있다는 것을 발견했을 때 그 정보를 엄격하게 기밀로 유지하며 관련 문서와 통계를 파괴하도록 명령했다.[70]

*****

1961년이 시작되던 때, 저우와 중국 지도부 동료들은 어둡고 침울해져 있었다. 그들 모두는 대약진이 재앙적이었으며, 중국 사회와 경제를 심연으로 몰아넣었다는 것을 알았다. 마오는 그림자 속에 숨어 류와 덩이 위기를 처리하도록 내버려 두었다. 저우는 최전선으로 내몰려 소방대장처럼 행동했다.

중앙위원회는 1월에 제9차 전체 회의를 열었다. 저우는 발표를 시작하며 "지난 삼 년간의 성과는 위대했다. 실로 매우 빠른 도약이었다"라고 말했다. 그런 다음 그는 1961년에 당면한 벽찬 도전들을 신중하게 묘사했다. 심각한 곡물 생산량 감소는 "우리가 향후 삼 년 동안 수행해야 할 임시 조치로서 곡물을 수입하게 만들었다." 계획과 관련하여 저우는 제안했다. "생산 수치에는 여유를 두어야 하고 실수가 발견되었을 때는 수치를 수정할 수 있도록 허용되어야 한다." 저우는 1961년이 "조정의 해"가 될 것이며, "도약이 쉽지 않은 문제일 때, 조정하는 것은 더욱 어렵다. 올해는 또 다른 힘든 노동의 해가 될 것이다"라고 말했다.[71] 전체 회의가 끝난 후, 저우는 '조정'의 중요성과 필요성에 대해 거듭 말했다.[72] 3월 중앙 공작회의에서 저우는 농민들이 스스로 잉여 곡물을 보유하도록 허용하면서 연간 기준으로 국가에 대한 농민들의 곡물 판매 할당량을 미리 정하는 것을 지지했다. 저우는 이런 식으로 농민들이 곡물을 생산하려는 동기를 자극할 수 있을 것이라고 주장했다. 회의는 연간 곡물 수입량을 500만 톤으로 늘리기로 결정했다.[73]

그동안 저우가 촉구하여 당 중앙은 공장 수만 개를 폐쇄하고 대규모 건설 프로젝트 수백 개를 중단하기로 결정했다. 그리하여 2천만 명이 넘는 도시인들이 시골로 재정착하게 될 것이었다. 한번은 저우가 이 재정착을 적절하게 관리하지 못하면 중국 사회가 혼란에 휩싸일 수 있다고 크게 우려했다.[74] 그러나 그러한 혼란은 일어나지 않았다. 저우언라이가 몇 달 만에 추진한 농촌 정책 조정, 대규모 곡물 수입, 도시 인구 대피 조치 등이 결합되어 기근이 훨씬 대규모로 확산하는 것을 막았다.

저우뿐만 아니라 류, 덩을 비롯한 다른 1선 지도자들이 중국을 재앙에서 구하기 위해 노력하는 동안, 마오는 간섭하지 않았다. 그러나 그는 여전히 대약진이 완전히 실패했다는 것을 인정하기를 꺼렸다. 5월 중앙 공작회의에서 류는 재앙이 "30퍼센트는 자연재해, 70퍼센트는 인적 실수"에 의해 야기되었다고 말했다.[75] 마오는 침묵을 지켰다. 8월 루산에서 열린 또 다른 회의에서 저우는 중국이 직면한 어려움들을 거듭 강조했다. 마오는 그에게 도전하는 대신 "실수들은 단지 몇 가지에 불과하며, 과장되어서는 안 된다"라며 "지금 우리는 저점에 도달했고, 상황은 반드시 나날이 개선될 것"이라고 논평했다.[76] 마오는 1선의 모든 지도자, 특히 류, 저우, 덩이 들도록 경고성 발언을 한 것이었다.

*****

중국의 대외 무역 구조는 1960년 모스크바가 모든 소비에트 전문가를 소환하고 중국이 서양 곡물을 대량 수입한 여파로 심대한 변화를 겪었다. 1960년 8월 베이다이허 회의에서 당 중앙은 저우, 리푸춘, 리셴녠으로 구성되고 저우가 이끄는 3인 '대외 무역 사령부'를 설립하기로 결정했다. 저우는 극히 중요한 제안을 했다. 중국은 대외 무역의 중점을 소련과 소비에트 블록에서 서방 자본주의국가들과 일본으로 옮겨야 한다는 것이었다.[77]

저우는 즉시 자신의 제안을 실행에 옮겼다. 같은 달, 그는 침체된 대일 무역 관계를 촉진하기 위한 '세 가지 정치 원칙'과 '세 가지 무역 원칙'을 소개했다. 그는 일본 정부가 중국에 대한 적대 행위를 중단하고, 두 개의 중국을 만들려는 음모에 관여하지 않으며, 중일 관계의 발전과 정상화를 방해하지 않아야 한다고 규정했다. 그동안 그는 베이징이 정부 협정, 민간 계약, 다른 특별한 약정의 형태로 중국의 대일 무역을 지지할 것임을 분명히 했다.[78] 이러한 새로운 조치들은 신속하게 중일 무역 관계를 되살렸다. 저우의 지시에 따라 영국, 프랑스, 서독, 캐나다, 호주와 같은 서방 자본주의국가들과 무역 관계를 발전시킬 길을 닦기 위해 유사한 조치들이 채택되었다.

저우의 관리하에 중국의 타이완 정책은 1958년 위기 이후 1960년에 주요한 변화를 겪었다. 5월 정치국 회의에서 중국공산당 지도자들은 '타이완을 미국인들의 통제하에 두는 것보다 장과 그의 아들의 손에 두는 것이 낫다'는 이해를 바탕으로 새로운 정책 노선을 채택하기로 결정했다. 그들은 상세히 설명했다. "타이완 해방은 서두를 수 있는 일이 아니다. 이번 세대에 이루지 못하더라도, 조건이 차차 마련되고 적기가 오면 다음 세대가 이룰 것이다." 그들은 이제 만약 타이완이 조국과 통일된다면, 베이징이 처리할 외교를 제외한 인사 결정과 모든 군사 및 정치 권력은 전적으로 장이 통제할 것이며, 타이완의 군사, 정부, 경제 예산이 빠듯할 경우 중앙정부가 보조금을 지급하고, 타이완의 사회 개혁은 조건이 더 적합해질 때까지 그리고 오직 장의 지지를 받을 때까지 연기될 것이며, 양측은 상대방에 특수 요원을 파견하지 않고 서로의 내부 단결과 질서를 방해하지 않는 데 동의할 것이라고 구상했다. 이것들은 '네 가지 구체적인 조치들'로 알려져 있었다. 나중에 이러한 조치들을 타이완 부총통 천청에게 전달하려 했을 때, 저우는 만약 타이완이 조국으로 돌아온다면 중앙정부가 장과 천청의 "의견들을 존중하여 모든 문제를 적절하게 처리"할 것이라고 덧붙였다. 저우는 이것을 "하나의 주요한 원칙"이라고 이름 붙였다.[79]

저우는 장이 자신이 출생한 마을에 깊고 감상적인 애착을 가지고 있음을 알았다. 1961년, 그는 장의 조상들의 무덤을 포함한 펑화(奉化)에 있는 가족 집을 사진 찍어 간접적인 경로를 통해 장에게 보내라고 지시했다. 저우는 한 사진 뒷면에 적었다. "펑화의 장 씨 가문 묘는 온전하게 남아 있고, 그곳의 꽃과 풀은 평소와 같다."[80]

★★★★★

1962년이 시작되었을 때 베이징은 여전히 겨울이었지만, 중국의 정치 생활에는 초봄의 기운이 느껴졌다. 1월 11일부터 2월 7일까지 당 중앙은 베이징에서 중앙, 성, 지방 수준의 간부 칠천 명이 참석한 대규모 업무 회의를 소집했다. 그리하여 이 행사는 '7천인 대회(七千人大會)'로도 알려지게 되었다. 마오의 계획에 따르면, 회의의 주요 주제는 분리주의에 반대하는 것이었다. 그는 매우 어려운 시기에 전당의 사상을 통일하기를 희망했다.

그러나 대약진의 재앙적인 결과들은 무시하기에는 너무 컸다. 회의에서 일부 참가자들은 명시적으로든 암묵적으로든 이전 몇 년간 당 중앙이 채택한 전략과 정책들에 의문을 제기했고, 대다수는 침묵을 지키거나 실질적이지 않은 발언만 했다. 마오는 이 모든 것을 주목했다. 그는 이전 어느 때보다도 더 진지한 어조로 모든 사람이 "분노와 좌절을 터뜨릴" 필요가 있다고 제안했다. "우리는 문제들을 해결하기 위해 베이징에서 이 회의를 연다. 이제 우리는 일부 동지들이 자신들의 의견을 솔직하게 나누기를 꺼리는 것을 본다. 이것은 좋지 않다." 그는 심지어 "(당) 중앙이 저지른 실수들에 대해, 나는 직간접적으로 책임이 있다"라고 인정했다. 그러나 그는 "좌절이 해소되도록 허용하지 않으면 단결이 없을 것이고, 민주주의가 없으면 중앙집권이 없을 것이다"라고 말함으로써 의도치 않게 진정한 목적을 드러냈다. 여전히 마오의 목표는 당내 '단결과 중앙집권'을 강화하는 것이었다.[81] 그가 비판을 수용하기 위해 그러한 언어를 사용했을 때, 그는 자신의 다음 행보를 암시했다.

류는 1959년 말부터 중국의 중앙 의사결정의 1선에서 주도적인 역할을 해 왔다. 그는 대약진운동으로 인한 어려움들이 "30퍼센트는 자연재해"의 결과이고 "70퍼센트는 인적 실수"에 의해 야기되었다고 믿었다.[82] 그는 회의에서 이 입장을 유지하며, "농민들에게" 그들의 고통은 "30퍼센트는 자연재해, 70퍼센트는 인적 실수"의 결과라고 주장했다. "만약 우리가 그것을 부인한다면, 그들은 설득되지 않을 것이다."[83] 베이징 시장 펑전은 오랫동안 마오의 가까운 추종자였다. 회의에서 그는 "마오가 실수를 저지르지 않는 것은 불가능하다"라고 언급했다. 그러나 그는 말했다. 마오의 "명성과 신뢰성은 히말라야와 같고" "그의 실수들은 흙 몇 톤과 같으며…… 그의 성과의 1퍼센트 또는 0.1퍼센트에 불과하다." 그럼에도 불구하고 그는 단언했다. 이러한 실수들은 "검토되고 비판"되어야 한다고. 펑은 계속했다. 그러지 않으면, "우리 당에 매우 나쁜 영향을 미칠 것이다."[84] 비록 펑은 신중했지만, 마오 또한 실수들을 저질렀고 따라서 비판받을 수 있다고 했다.

저우는 펑보다 훨씬 더 신중하고 영리했다. 회의에서 린뱌오는 마오의 위대함을 과장되게 칭송하며, 당시 중국이 처한 재앙의 기원을 "마오 사상을 따르지 않은 실패" 탓으로 돌렸다. 저우도 거의 똑같이 했다. 그는 마오를 너무나 잘 알았고, 자신이 '모진 반대'로 인해 마오에게 얼마나 무자비하게 공격받았는지를 여전히 생생하게 기억했다. 그는 단결과 중앙 집권에 대한 마오의 논평들도 확실히 주목했다. 따라서 그는 마오에 대한 불만은 단 한마디도 꺼내지 않기로 결심했다. 펑이 마오 또한 실수들을 저질렀다고 논평했을 때, 저우는 즉시 대답했다. 대약진의 여파에 대해 "책임을 져야 할 사람은 주석이 아니라 우리"라고.[85] 린처럼 저우도 연설에서 마오를 변호했다. 그러나 린과는 달리 저우는 실수들에 대해 자신의 책임을 강조했다. 그는 강조했다.

> 마오 주석이 책임을 져서는 안 된다. 만약 우리가 그의 사상과 세 개의 붉은 깃발을 고수했다면, 훨씬 더 큰 성과를 거두었을 것이다…… 주석은 오랫동안 문제들을 인식해 왔다. 실수한 사람은 우리다. 그리고 주석 혼자서는 우리를 막을 입장이 아니다. 이제 전당은 더욱 강화되고 중앙집권화된 방식으로 진심으로 단결하여, 조타수와 당 중앙에 귀를 기울여야 하며, 중앙은 마오 주석에게 귀를 기울여야 한다…… 그러지 않으면 한 치도 앞으로 나아갈 수 없다.[86]

중국공산당 당내 투쟁의 렌즈를 통해 볼 때, 저우는 이 문제를 처리함에 있어 비범한 정치적 지혜를 보여 주었다. 후일의 전개가 보여 주듯이, 마오는 회의에서 자신을 비판했던 모든 사람을 기억했다. 문화대혁명이 시작될 때, 그는 당시 류사오치의 행동을 "1962년의 우경"으로 묘사했다. 펑은 오랫동안 마오주의자였다. 그러나 7천인 대회 이후, 마오는 펑이 더 이상 자신에게 충성하지 않는다고 의심했다. 펑은 문화대혁명에서 최초로 숙청된 중국공산당 최고 지도자 중 한 명이 되었다. 그러나 저우는 마오의 분노에 직면하지 않을 것이었다.

*****

마오는 7천인 대회 후 베이징을 떠났다. 류와 덩은 전략과 정책 수립 분야를 주제로 회의를 계속 추진하고자 했다. 류는 몇 주 후 정치국 상무위원회 확대회의를 소집했다. 중난하이의 시러우(西樓) 건물에서 열렸기 때문에, 그것은 '시러우 회의'라고 불렸다. 시러우 회의의 주요 행위자는 류와 천윈이었다. 경제적 어려움을 토론하던 중에 천은 심각한 농업 생산 감소, 과도한 기반 시설 투자, 높은 인플레이션, 만연한 투기, 도시 거주자들의 극적인 생활 수준 저하를 강조했다.[87] 천의 연설은 따뜻하게 받아들여졌다. 류는 그에게 말했다. "나는 당신을 굳게 지지한다."[88] 류는 또한 몇 가지 대담하고 가혹한 논평들을 했다. 그는 7천인 대회가 "어려움들을 철저히 탐구하거나 문제들을 폭로하지 못했다"라고 여겼고, 강조했다. "지금은 평상시가 아니다…… 그래서 우리는 정상적인 방법들을 사용할 수 없고, 경제 조정을 철저히 실행하기 위해 비정상적인 방법들을 채택해야 한다."[89]

저우는 천과 류의 말에 동조했지만, 국가가 직면한 실제적인 문제들을 해결할 잠재적인 방법들에 초점을 맞추었다. 그는 발표했다. "지금 재정적 어려움들은 매우 심각하며, 우리가 이전에 본 적 없는 어려움들도 일부 있다…… 우리는 다음 10년 동안 회복 기간이 필요하다."[90] 그러나 저우는 여전히 마오의 의도에 대해 확신하지 못했고, 주석이 2선에 머물 것인지 1선으로 돌아올 것인지 알지 못했다.

★★★★★

7천인 대회의 여파로 중국의 외교기관에도 봄바람이 불어왔다. 2월 20일, 중앙 대외연락부 부장 왕자샹은 저우, 덩, 천이에게 '당내 통신문'을 썼는데, 거기에는 네 가지 제안이 담겨 있었다. 첫째, "중국 외교 정책이 평화를 지지한다는 것을 포괄적으로 묘사하고 확인하는" 성명을 발표한다. 둘째, 모든 방향에서 적들과 마주치는 것을 피하기 위해 긴장을 악화시키는 정책 대신 긴장 완화 정책을 수행한다. 셋째, 국제 투쟁에서 전술에 중점을 두고, 전진과 후퇴, 공세와 방어, 투쟁과 타협을 결합한다. 넷째, "우리 자신의 능력을 넘어서는" 대외 원조를 하지 않는다.[91]

저우는 왕의 제안에 대해 아무런 논평도 하지 않았다. 덩이 그 문제를 처리했고 그 제안을 류와 펑전에게 전달했는데, 그들 역시 아무런 조치도 취하지 않았다. 이전에 덩은 왕으로부터 또 다른 보고서를 받았고, 덩은 그것을 마오에게 제출하여 의견을 구하고자 했다. 주석은 덩에게 "먼저 그것을 토론하고, 당신의 의견들을 내게 알려 달라"라고 요청했다. 마오는 자신이 "여전히 그 문제를 고려하고 있으며" 따라서 "논평할 입장이 아니"라고 말했다.[92] 마오의 응답은 그가 왕의 제안들에 동의하지 않는다는 것을 암시했다. 6개월 후, 중국 정치의 궤적이 극적으로 좌경화되었을 때, 왕은 심한 비판의 대상이 되었다.

★★★★★

시러우 회의 후, 당 중앙은 중앙 재경소조를 부활시키기로 결정했다. 저우는 천윈을 그 책임자로 지명했지만, 천은 건강상의 이유로 소조의 일원으로 봉사할 수 있을 뿐이라고 말했다. 그리하여 리푸춘이 발탁되었고, 저우도 그 일원으로 합류할 것이었다.[93] 재경소조가 3월에 만났을 때, 천은 중공업과 기반 시설 건설에 대한 지출을 상당히 삭감함으로써 1962년 예산과 계획을 조정해야 한다고 거듭 밝혔다.[94] 저우는 천을 지지하며, "일반적으로 말해서 가장 어려운 시기는 지났다"라고 말했지만, 류의 말과 맥을 같이하여 "우리가 지금 직면한 재정 및 경제적 어려움들은 여전히 꽤 심각하며, 우리가 마주치거나 예상하지 못했던 어려움들도 있다"라고 강조했다. 그는 따라서 "경제계획의 중점을 산업과 교통에서 농업과 시장으로 바꾸고" "현 시점 가장 시급한 필요에 따라" 생산을 배열하며, "지금부터 포괄적인 균형을 추구"할 것을 제안했다. 따라서 그는 강조했다. "기반 시설 건설 규모는 더욱 축소되어야 하고, 투자는 더욱 삭감되어야 한다."[95]

천은 회의 다음 날 항저우에서 병가를 보내기 위해 베이징을 떠났다. 또 다른 정치국 상무위원회 회의에서 류는 다시 천을 재경소조 책임자로 지명할 것을 제안했다. 천은 이번에도 거절했고, 류, 저우, 덩은 이 문제에 마오의 주의를 환기했다. 주석은 천을 책임자로, 리푸춘과 리셴녠을 부책임자로 세우고 저우는 위원으로 남기기로 결정했다. 천은 6월 말까지 베이징으로 돌아오지 않았다. 그는 왜 책임자 역할을 맡기를 그토록 꺼렸을까? 그도 저우처럼 마오의 움직임을 신중하게 관찰하고 있었을까?

제22장

주석이
돌아오다

1962~1963

1962년 초 중국공산당 지도자들의 비판적 성찰의 시기와 류사오치, 저우언라이, 덩샤오핑이 도입한 유연한 정책들은 짧게 끝났다. 베이징에 여름이 찾아오면서 또다시 차가운 기류가 중국의 정치 분위기에 스며들었다. 마오쩌둥이 고위 정치의 중심 무대로 돌아오고 있었다.

주석의 복귀를 가리키는 징후들이 있었다. 그는 7천인 대회를 매우 부정적으로 기억했다. 4월 9일 베이징으로 돌아온 후, 마오는 최고 국무회의에서 대약진운동, 인민공사, 사회주의 이행을 위한 당의 총노선이라는 '세 개의 붉은 깃발'에 대해 당 지도부 내에 의견 차이가 존재한다고 언급했다. 그는 물었다. "그것들이 틀렸는가, 아니면 옳았는가?"[01] 이것은 저우를 포함한 다른 지도자들에게 보내는 마오의 경고였다.

초봄에 마오는 비서 톈자잉(田家英)을 후난으로 보내 '조사를 수행'하게 했다. 톈은 토지가 현지 농민들에게 분배되고 생산량이 각 가구의 수입과 연계되었을 때 생산량이 상당히 증가한다는 것을 발견했다. 그가 조사 결과를 마오, 류사오치, 천원에게 보고했을 때, 류와 천은 흥분했지만 마오는 무관심했다.[02] 톈은 당시 상하이에 있던 마오에게 개인적으로 보고하며, 주석의 고향 마을인 사오산(韶山) 농민들조차도 '농가 생산 책임제 또는 가구 간 균등한 토지 분배'를 선호한다고 말했다. 주석은 '차가운 얼굴'로 말했다. "대중 노선을 따르는 것이 우리가 항상 대중의 말을 들어야 한다는 것을 의미하지는 않는다. 생산량을 가구 수입과 연계하는 것에 관해서는, 그들의 말을 들어서는 안 된다."[03]

저우는 주의 깊게 지켜보고 있었다. 그는 천원 또한 농가 생산 책임제를 지지한다는 것을 알았다.[04] 그러나 천은 신중한 인물이었기에 이 민감한 문제에 대해 드러내 놓고 말하기를 꺼렸다. 저우 또한 자신의 의견을 공개적으로 표명하지 않았다. 대신 그는 톈에게 "농촌에서 사적 사업에 더 많은 여지를 주어도 되는지"를 물었다.[05] 저우는 그 문제에 대한 마오의 견해를 가늠하려 하고 있었다.

톈은 마오의 특사였다. 주석이 사적인 계획을 더 많이 허용하는 것에 반대 의사를 분명히 했으므로, 톈은 어떤 추가 조치도 취해서는 안 되었다. 그러나 그는 이상주의자였고, 류, 천, 저우는 명시적으로, 또 암묵적으로 그가 농촌 지역에서 사기업 탐사를 계속하도록 지지했다. 그는 다음 후난 여행 동안 '조사를 잘 수행'하는 것 외에도 '전반적인 상황에 대한 더 응집력 있는 데이터를 수집'하기를 희망하며 동료 두 명을 안후이로 보내 그곳의 사적인 계획들을 평가하게 했다. 마침내 톈은 생산량을 가구 수입과 연계하는 것이 농업 생산을 증진하는 좋은 방법이라고 결론 내렸다.[06] 6월 말, 그는 자신이 조사한 결과를 베이징의 류와 덩에게 보고했고, 두 사람 모두 그를 지지했다. 덩은 유명한 논평을 했다. "검은 고양이든 노란 고양이든, 쥐를 잡는 한 좋은 고양이다." 류는 톈에게 그가 내린 평가를 마오에게도 전달하라고 말했다.[07] 톈이 저우와도 이야기했는지는 불분명하다. 천이 저우에게 농민들의 생산성을 자극하는 수단으로

서 개별 가구에 토지 재분배를 시도해 볼 가치가 있다고 했을 때, 저우는 동의했다.[08]

마오는 가만히 앉아 있지 않았다. 그는 이전 두 달 동안 남중국을 여행하며 그곳의 여름 수확에 대한 정보를 수집했고, 6월 6일에 베이징으로 돌아왔다.[09] 천이 그에게 "생산을 자극하기 위해 토지 재분배를 채택해야 한다"라고 제안했을 때, 주석은 비록 즉시 천을 꾸짖지는 않았지만 "극도로 화가 났다."[10] 텐 또한 마오에게 '가구 책임제' 선택지를 강력하게 추천했다. 토지 재분배 정책은 단지 "일시적인 조치"일 뿐이며, "생산이 회복된 후 농민들은 다시 집단 농업으로 유도될 것"이라고 텐은 설명했다. 마오는 텐에게 두 가지 질문에 답하라고 했다. "당신은 집단 경제를 지지하는가, 사적 경제를 지지하는가?" "이것이 당신의 개인적인 의견인가, 다른 사람들의 의견인가?"[11]

마오는 이틀 후 류, 저우, 천보다(陳伯達), 텐과 만났다. 그는 허난과 산둥의 여름 수확에 대해 논의하는 것으로 시작하여, '그곳 상황은 그렇게 나쁘지 않다'고 주장했다. 그런 다음 '생산량을 가구 수입과 연계하는 것'에 대해 반대 의사를 분명히 했다. 그는 텐에게 매우 가혹하게 말하며, 그가 농민들 사이에 토지를 재분배하자는 잘못된 생각의 "주요 옹호자" 역할을 했다고 비난했다.[12]

저우는 마오의 모든 말을 기억했다. 일 년 후, 그는 한 연설에서 회상했다. "작년 7월, 우리 모두가 상황이 너무 어려워서 해결할 수 없다고 걱정했을 때, 주석은 가장 큰 타격을 입은 두 성인 허난과 산둥으로 갔다······ 그는 베이징으로 돌아온 후 우리에게 (두 성의) 상황이 그렇게 나쁘지 않다고 말했다."[13] 천윈은 신속하게 겁을 먹고, 7월 15일에 베이징을 떠나 베이다이허로 '휴가'를 갔다. 그는 2주 후 마오에게 편지를 써서, "농촌의 집단 경제를 공고히 하는 것"을 전적으로 지지한다고 단언했다. 그는 그 후

병가를 요청했고, 마오는 즉시 승인했다.[14]

류의 반응은 달랐다. 7월 초, 그는 중난하이 수영장에서 마오와 마주쳤다. 류가 마오에게 인사했을 때, 주석은 엄한 목소리로 그를 꾸짖으며 물었다. "왜 그렇게 서둘렀는가? 왜 압력을 견디지 못했는가? 왜 상황을 그토록 완전히 비관했는가?" 류는 화를 참지 못하고 반박했다. "너무 많은 사람이 굶어 죽었다. 당신과 내 이름은 역사에 기록될 것이다. 사람이 사람을 잡아먹었다. 이는 역사에 기록될 일이다!" 마오는 격분하여 목소리 높여 반박했다. "세 개의 붉은 깃발은 떨어졌다. 토지는 재분배되었다. 만약 당신이 압력을 견딜 수 없다면, 내가 죽은 후에 무슨 일이 일어날 것인가?" 류는 진정하고 마오와 논쟁하기를 멈췄다.[15] 그러나 그 일화는 이미 문제가 많았던 두 사람 관계에 어두운 그림자를 드리웠다. 마오는 아마도 그 시기에 류를 제거하기로 결심했을 것이다.

7월 내내 마오는 탈집단화를 계속해서 비판했고, 그것을 '사회주의를 선호하는가, 자본주의를 선호하는가'에 관한 주요 문제로 만들었다.[16] 7월 18일, 그는 중앙판공청 주임인 양상쿤과 '집단 농업을 추구해야 하는가, 사적 농업을 추구해야 하는가'에 대해 이야기했다. 마오는 저우를 언급하며, 총리가 이끄는 국무원 계획위원회와 상업부에 불만스럽다고 말했다. 양은 저우에 대한 마오의 비판이 "매우 심각한 문제"라 느끼고 그날 저녁 아홉 시에 저우에게 그에 대한 "주석의 요점들"을 전달했다.[17] 양이 준 정보는 저우에게 경종을 울렸다.

중국공산당 지도자들은 7월 말에 다시 베이다이허에 모였다. 원래 그들은 경제 조정 및 공고화에 대해 논의하기로 했고, 저우는 이를 위해 문서를 많이 준비했다. 그러나 마오는 '계급과 계급투쟁'을 부각하려는 다른 목표를 가지고 베이다이허에 도착했다.

주석은 회의 첫날 그 주제를 강조하며, "프롤레타리아트에 의해 주도

될 것인가, 부르주아지에 의해 주도될 것인가"의 문제가 "국내외의 공통된 문제"라고 발표했다. 마오에게 이것은 또한 "프롤레타리아 독재가 실행될 것인가, 자본주의 독재가 실행될 것인가" 또는 "사회주의를 추구할 것인가, 자본주의를 추구할 것인가"의 문제였다. 그는 경고했다. "이것은 매우 긴 투쟁이 될 것이다. 백 년 후에도 계속될 것이다."[18]

8월 6일 기조연설에서 마오는 회의에 참석한 모든 사람에게 "사회주의 국가에 계급이 여전히 존재하는가"를 숙고해 달라고 요청했다. 그는 또한 물었다. "국내 상황은 완전히 어두운가, 아니면 여전히 밝은 점들이 있는가?" 더욱이 그는 회의에 모인 지도자들에게 물었다. "우리는 여전히 시골에서 집단화를 원하는가?" 그는 위협적인 어조로 발표했다. "일부 동지들은 상황을 완전한 어둠으로 보았고, 그 안에서 어떤 빛도 보지 못했으며, 다른 사람들 마음속에 혼란을 야기했다." 그는 불길하게도 이 현상이 "최고 지도자들 사이에서 가장 만연하다"라고 지적했다.[19] 아무도 감히 그에게 도전하지 못했다. 류는 자신이 마오의 표적이라는 사실을 알았다. 8월 11일, 그는 자기비판을 하여 상황에 대한 자신의 이전 평가가 완전히 틀렸다고 인정했다.[20]

저우는 베이징에서의 국가 외교 업무로 분주했기 때문에 회의 첫 며칠을 놓쳤다. 베이다이허에 도착했을 때, 그는 즉시 긴장된 분위기를 감지했다. 그는 8월 17일 마오를 지지하며 발언했다. 주석이 부각한 문제들은 "매우 날카롭고, 매우 중요하며, 매우 시의적절하다." 계급투쟁은 실제로 "다른 시대에 존재했으며, 오랫동안 존재할 것이며…… 심지어 공산주의가 도래할 때까지 견딜 것이다." 저우는 또한 상황에 대한 마오의 분석을 되풀이했다. "일부 동지들은 상황이 얼마나 어려운지에 대해 너무 많이 이야기하여, 우리 당내에 나쁜 영향을 미쳤다. 그것은 힘든 시기였지만, 완전한 어둠의 시기는 아니었다."[21] 저우가 언급한 '일부 동지들'은 누구였을까? 비록 거명하지는 않았지만, 그는 아마도 류와 자신으로 이해했을 것이다. 그동안 저우는 또한 자신의 명성을 변호하려 노력했다. 그는 1962년 초부터 여러 중앙 부처 동지들은 매우 열심히 일했고, 당 중앙이 할당한 과업들을 완수하기 위해 전력을 다했다고 말했다. 저우는 그들이 거둔 성과들은 인정받아야 한다고 강조했다.

중앙위원회는 9월 말에 제10차 전체 회의를 개최했다. 회의장에는 처음부터 긴장이 감돌았다. 개회사에서 마오는 이 질문들을 되풀이했다. 사회주의국가에 계급이 여전히 존재하는가? 계급투쟁이 있는가? 마오는 '그렇다'고 단언했다. 그는 강조했다. "역사의 사회주의 단계 내내 자본주의 복고의 위험이 있다." 따라서 "계급투쟁은 결코 잊혀서는 안 된다." 마오는 동지들에게 말했다. "우리는 매년, 매달, 그리고 모든 당 전체 회의와 당대회에서 (계급과 계급투쟁에 대해) 이야기해야 한다."[22]

저우는 두 가지 요점을 부각하여 발언했는데, 둘 다 마오가 매우 듣고 싶어 했을 만한 것이었다. 첫째, 그는 상황이 '작년보다 올해가 더 좋고, 재작년보다 작년이 더 좋다'고 강조했다. 둘째, 그는 '계급투쟁'에 대한 마오의 개념을 요약하고 지지를 표명했다. "마오 주석은 우리를 이끌면서 항상 계급투쟁의 관점을 사용하여 상황을 분석하고 모순들을 식별할 필요성을 강조해 왔다." 저우는 이것이 전당이 "중심 과업을 이해하고, 방향을 알며, 모든 사람과 모든 것을 동원하고, 문제들을 해결"하게 했다고 강조했다. 저우는 또한 가구 책임제 선택지에 대한 자신의 태도를 명확히 했다. 저우는 단언했다. "주석은 그것을 주요한 문제로 인식했고, 사회주의 재건 사업에서 집단 경제를 공고히 하는 것을 중심 과업으로 부각했다."[23]

마오는 전체 회의에서 국제 문제를 토론하는 중에 소련을 맹렬하게 공격하며, 수정주의가 모스크바를 장악했다고 주장했다. 저우는 아마도 연초에 왕자샹의 보고서들을 반박하지 못한 실패를 만회하기 위해, 국제 상황을 다소 긍정적인 시각으로 묘사하며, "마르크스-레닌주의의 진리와 세계혁명의 중심이 실제로 모스크바에서 베이징으로 이동했다"라고 발표했다. 그는 중국이 해외에서 계급투쟁에 참여하기 위한 세 가지 주요 과업을 부각시켰다. "제국주의와 싸우고, 수정주의와 싸우며, 여러 나라의 반동분자들과 싸우는 것." 저우는 상세히 설명했다. "미 제국주의와의 대결은 주요한 모순이다. 소련의 흐루쇼프 수정주의와의 직접적인 대결은 새로운 단계에 들어섰다. '반동적 민족주의'에 대한 투쟁 또한 격렬해졌다."[24]

비록 '계급투쟁'을 강조하며 전체 회의 분위기가 긴장되었지만, 저우는 여전히 동지들에게 시기적절한 곡물 및 면화 수확, 관개시설 건설, 석탄 및 목제품 생산, 상업망 개선, 좋은 산업 계획 개발과 같은 문제들을 무시하지 말아야 한다고 상기시켰다. 그는 또한 용감하고, 돌이켜 보면 현명하게도 계급투쟁이 경제를 공고히 하려는 노력을 방해해서는 안 된다고 제안했다. "1959년 루산 회의의 한 가지 교훈은 (회의 후) 반우파 투쟁이 기층 수준으로 확대되어 대중을 얽어맸다는 것이다. 이번에 우경적 경향에 반대할 때, 우리는 또한 극좌적 경향을 막기 위해 주의를 기울여야 한다. 우리는 이것을 또 다른 대중운동으로 만들어서는 안 된다."[25] 마오는 저우를 반박하지 않았을 뿐만 아니라, 심지어 '일상적인 업무가 소외되어서는 안 된다'는 의견을 지지하기까지 했다.[26] 그리하여 전체 회의는 중국의 국가경제를 조정하고 공고히 하는 것에 관해 저우가 준비한 여러 문서들을 채택했다. 그러나 이것은 저우의 승리가 아니었다. 저우가 동료들에게 피하라고 촉구했던 많은 것, 예를 들어 더 큰 정치운동을 시작하거나 평범한 간부들을 숙청하고 대중을 참여시키는 일들이 결국 모두 일어났다. 마오의 의견을 따른 제10차 전체 회의는 문화대혁명의 도래를 예고하는 중국 내외 정책의 급진적인 좌경화를 촉진했다.

*****

1962년 봄과 여름에 중국의 국내 정치 환경이 큰 변화를 겪는 동안, 국가 안보 상황 또한 특히 동쪽과 서쪽에서 이례적인 일련의 도전에 직면했다.

저우는 인도 국경의 긴장이 연초부터 계속해서 악화되는 것을 크게 우려하며 지켜보았다. 1960년 4월 저우가 인도에 방문한 이후, 국경을 따라 주둔한 중국 군대는 양측 간 실제 통제선을 넘거나 심지어 가까이 가지도 않으려 노력함으로써 저우가 네루에게 약속한 바를 이행하고 인도 군대와 직접 마주하는 일을 피했다. 그러나 인도 총리는 상황을 오판했다. 1960년 말부터 그는 인도가 중국과 전쟁할 준비가 전혀 되어 있지 않다는 군의 평가를 무시하고 중국에 대한 '전진 정책'을 시작했다. 네루의 승인 하에 인도 군대는 국경으로 진격하여 중국 수비대를 계속해서 후퇴시키고 실제 통제선을 중국 내륙으로 밀어붙였다.[27] 베이징이 항의했지만, 아무런 효과가 없었다.

이러한 전개는 중국 지도부, 특히 저우에게 행동을 취하라는 강한 압력으로 돌아왔다. 비록 1960년 4월 인도 여행에서 실패한 여파로 네루에 대해 이미 극도로 실망하긴 했지만, 저우는 네루가 국경 분쟁을 부인할 뿐만 아니라 전진 정책을 시작하여 양국 국경을 적대적인 상태로 만들 줄은 상상하지 못했을 것이다. 저우는 측근인 황전(黃鎭)에게 말했다. "네루는 오만하고, 자기중심적이며, 극도로 비합리적이다. 내가 만났던 어떤 협상 상대보다도 더하다."[28]

저우는 오랫동안 인도와 상호 이해에 기초한 양보를 통해 국경 분쟁을 해결할 수 있기를 전심으로 바라 왔다. 그러나 네루는 '전진 정책'을 개시하고 특히 1961년 말 뉴델리에서 이 정책의 강화안을 채택함으로써 실제 통제선을 중국 영토 안쪽, 특히 국경 서부 구간으로 더욱 밀어붙였다. 마침내 저우는 자신의 외교 전략이 막다른 골목에 이르렀음을 발견했다. 1961년 말부터 중국 지도부는 국경 분쟁을 관리하기 위한 수단으로 군사 배치를 점점 더 언급하게 되었다. 저우는 거의 십 년 동안 베이징의 군사 의사결정에 관여하지 않았다. 이제 그는 인도의 국경 위협에 대응하기 위해 군사력을 사용하는 것에 관한 심의에 참여하게 되었다.

　1962년이 다가오면서 베이징 지도자들은 필요하다면 인도에 군사행동을 취할 준비가 되어 있어야 한다는 데 동의했다. 2월 1일, 중앙군사위원회는 티베트와 신장의 인민해방군 사령부에 "인도 군대에 대한 반침략 투쟁을 수행하기 위한 계획을 세우라"라고 지시했다. 저우는 그 지시 초안을 작성하는 데 참여했다. 저우의 제안에 따라 중앙군사위원회는 중국 수비대들이 "도발적인 행동을 취하지 않고 중국 측 전통적인 통제선으로부터 30킬로미터 이내에서 먼저 발포하지 않는다"라는 이전 명령을 엄격하게 준수해야 한다고 강조했다. 지시는 또한 "싸울지 말지에 대한 결정은 중앙군사위원회가 유보하였음"을 분명히 했다.[29]

　5월 초, 저우는 인민해방군 부참모장 양청우(楊成武)로부터 보고서를 받았는데, 이 보고서는 최근 사건들을 인용하며 인도인들이 악사이친 전체를 점차 잠식하고 점령하려는 결의를 굳혔다고 단언했다. 따라서 비록 중국이 인도인들과 피비린내 나는 충돌을 피하기 위해 노력하고 있지만, "군사적 충돌은 불가피하므로, 완전히 준비할 필요가 있다"라고 했다.[30] 5월 14일, 저우는 총참모장 뤄루이칭 및 양과 만나 상황에 대해 상세하게 보고받았다. 일주일 후, 저우는 총참모부의 한 계획에 대해 논평했다. "우리는 인도가 중인 국경에서 무장 도발해 오는 것에 대해 6월 말까지 완전히 대비해야 한다. 만약 인도 측이 감히 발포한다면, 우리는 반격할 것이다. 그리고 만약 반격한다면, 우리는 전장에서 승리해야 하고, 인도 군대가 점령한 영토를 되찾아야 한다."[31] 비록 저우는 인도와의 국경 분쟁을 협상을 통해 해결하고자 끈질기게 노력해 왔지만, 네루는 전진 정책을 실행함으로써 그런 그를 국경을 안정시키기 위해 필요하다면 제한적인 군사행동을 취하는 것을 마지못해 지지하는 사람으로 바꾸어 놓았다.

★★★★★

베이징이 인도와의 전쟁을 향해 점차 나아가고 있을 때, 중국 동해안을 따라 갑자기 긴장이 고조되었다. 국민당 정권이 타이완으로 후퇴한 이후, 장제스는 언젠가 본토로 돌아올 것이라는 희망을 결코 포기하지 않았다. 1961년이 되어서 장은 대기근이 본토에 엄청난 경제적 어려움과 사회적 불안정을 야기한 것을 보고 때가 왔다고 느꼈다. 1962년 초, 장은 '본토 회복'을 위한 대규모 작전 준비를 가속화했다.[32]

중화인민공화국 정보부는 장의 움직임을 시기적절하게 탐지했고, 베이징 지도자들은 신속하게 타이완해협으로 전략적 주의를 돌렸다. 저우는 5월 22일 중인 국경 분쟁에 관한 총참모부의 계획에 대해 "우리의 주요한 주의는 바다를 향해야 한다"라고 강조했다.[33] 5월 31일, 뤄는 마오에게 장의 의도와 본토 공격 준비에 대해 보고했다. 마오는 말했다. "우리는 장이 가을에 40만 군대를 동원하여 본토에 상륙할 것에 대비해야 한다." 그는 덧붙였다. "서쪽의 위협에 주의를 빼앗겨서는 안 된다. 주요한 전략적 방향은 동쪽이다. 바로 여기에 우리의 중요한 이익이 놓여 있다." 다음 날, 뤄는 전쟁 준비에 관한 보고서에서 발표했다. "서쪽의 위협을 심각하게 다루어야 한다. 그러나 더 심각하게 다루어야 할 것은 장이다. 우리의

주요한 전략적 방향은 서쪽이 아니라 동쪽이다."³⁴

중국공산당 지도부는 타이완으로부터의 도전에 맞서기 위해 6월 중순까지 인민해방군 부대 다수를 화북에서 푸젠 해안으로 이전하기로 결정했다.³⁵ 그동안 마오와 저우는 또한 중미 대사급 회담을 통해 워싱턴에 경고하는 동시에 미국인들의 의도를 가늠해 보기로 결정했다. 마오는 푸젠으로의 군대 이동을 공개적으로 수행하라고 명령하면서, 이로써 자신이 장에게 중국공산당이 그의 계획을 방해하고 행동을 지연시키려 노력하고 있다는 점을 알리길 원한다고 말했다.³⁶ 마오는 또한 장의 동맹인 미국에 경고 신호를 보내려 했다.

5월 말, 저우는 당시 베이징에서 휴가 중이었던 폴란드 주재 중국 대사 왕빙난을 만났다. 저우는 왕에게 장이 중국공산당이 직면한 국내외 도전들을 "천 년에 한 번 오는 기회"로 보고 "거대한 행동을 취하기로 결심했다"라고 말했다. 그는 왕에게 바르샤바로 급히 돌아가라고 지시하며 말했다. "지금 핵심은 미국인들이 장을 지지할 것인지 여부이므로, 우리는 미국인들이 본토를 공격하는 장을 막게 하도록 노력해야 한다."³⁷

사실 당시 미국인들 또한 바르샤바에서 왕과 소통하려 노력하고 있었다.³⁸ 6월 14일, 바르샤바로 돌아온 왕은 폴란드 주재 미국 대사 존 캐벗(John Cabot)에게 다음 날 '비공식 티타임'을 제안했다. 캐벗은 즉시 수락했다.³⁹ 그러나 그날 밤, 중국 외교부는 왕에게 "병을 핑계로 미국 대사와의 만남을 며칠 연기하라"라고 지시했다.⁴⁰ 홍수로 인해 인민해방군 부대가 푸젠으로 이동하는 것이 지연되었기 때문이었다.⁴¹ 마오와 저우에게 바르샤바에서의 회담과 인민해방군 부대를 푸젠에 배치하는 문제는 서로 관련되어 있었다. 6월 22일, 외교부는 다시 왕에게 "23일이나 24일에 미국 대사와 약속을 잡으라"라고 지시했다.⁴² 왕은 즉시 캐벗에게 다음 날 만나자고 했고, 캐벗은 바로 수락했다. 몇 시간 후, 외교부는 왕에

게 "베이징 시간으로 23일 23시에 장의 본토 공격 계획에 대한 보도가 방송될 것"이라고 알렸다.[43]

캐벗은 6월 23일 차를 마시기 위해 왕의 숙소로 왔다. 저우의 지시에 따라 왕은 워싱턴이 장의 본토 공격 계획을 장려했다고 비난했다. 왕은 경고했다. "미국은 불장난을 하고 있다. 일단 장이 전쟁을 시작하면, 미국은 어떤 이익도 얻지 못할 것이며, 장의 모험적인 움직임과 그것이 초래한 모든 심각한 결과에 대해 전적으로 책임져야 할 것이다." 그때까지 미국 정보부는 인민해방군이 푸젠에 40만 명이 넘는 군대를 집결시켰다는 것을 탐지했다.[44] 캐벗은 왕에게 타이베이가 워싱턴에 "우리의 허가 없이는 중국 본토에 어떤 공격도 감행하지 않겠다"라고 약속했으며, 자신은 워싱턴으로부터 "현재 상황에서 그러한 일을 허가할 의도가 없다"라고 말할 "권한을 부여받았다"라고 말했다. 캐벗은 왕에게 약속했다. 만약 장이 본토를 침공한다면, 워싱턴은 "이러한 공격들에 어떠한 개입도 하지 않을 것이다." 그는 더 나아가 타이베이에 대한 워싱턴의 약속은 "본토가 타이완을 공격할 경우에만 관련될 것"이라고 명확히 했다. 캐벗은 심지어 "우리 양측이 그러한 사건이 일어나는 것을 막기 위해 연락을 유지해야 한다"라고 말하기까지 했다. 캐벗은 그 후 왕에게 베이징도 같은 약속을 할 수 있는지 물었다. 왕은 대답했다. "인민해방군이 군사적 수단으로 타이완을 침공하는 문제는 존재하지 않는다." 이것이 바로 캐벗이 듣고 싶어 했던 대답이었다. 회의 후 왕은 즉시 베이징에 캐벗과의 대화, 특히 "타이완의 본토 공격에 반대하면서도 우리가 타이완을 공격하는 것에도 반대한다는" 미국의 입장을 보고했다.[45]

며칠 뒤 저우는 장이 군대를 집결시키는 일을 중단했다는 정보를 받았다. 7월 26일 중앙군사위원회는 마오에게 이제 장의 군대가 "본토에 대규모 또는 중규모 침공을 수행할 가능성이 훨씬 낮아졌으므로" 푸젠에 배

치한 군대를 다른 곳으로 이동시킬 수 있다고 보고했다. 마오는 그 보고서를 승인했다.[46]

타이완에 대한 베이징의 정책은 1960년에 수립된 '하나의 주요한 원칙과 네 가지 구체적인 조치들' 노선으로 돌아갔다. 저우는 중화인민공화국 타이완 정책의 주요한 실천가로 남아 있었다. 비록 중국의 국내외 정책이 극좌주의로 급격히 전환하고 있었지만, 저우는 이후 몇 년 동안 타이완 지도자들, 특히 장과 접촉을 유지하기 위해 노력했다. 1963년 7월, 타이완의 정치 상황은 천청이 병 때문에 부총통직에서 사임하면서 변했다. 저우는 놀랐는데, 특히 그는 언젠가 천이 장의 뒤를 이어 타이완의 최고 지도자가 된다면 중국공산당에 더 유연한 접근법을 채택할 것이라고 희망했기 때문이었다. 7월 9일, 저우는 1949년부터 중국공산당 협력자였던 전 국민당 장군 장즈중과 푸쭤이와 만났다. 저우는 천이 실제로 병 때문에 사임했는지 의심했다. 그는 미국의 개입이나 타이완 지도부 내분이 천의 사임을 야기했을 수 있다고 추측했다. 저우는 장과 푸에게 타이완의 상황이 어떻게 변하든, "우리의 정책은 장 선배나 그의 아들과 협력을 추구하려 노력하는 것"이라고 말했다.[47]

저우는 12월 6일 해외 방문길에 광저우에 도착했다. 다음 48시간 동안 그는 대중의 시야에서 사라졌다. 장즈중과 동행한 저우는 옛 황푸군관학교 부지를 방문한 후 남중국해 함대의 846호 전함에 승선했다. 저우는 하루 종일 항해한 후 홍콩 근처의 '미리 지정된 장소'에 도착하여, 그곳에서 장과 그의 아들 장징궈와 특히 긴밀한 홍콩 사업가 장시쥔(張西駿)을 만났다. 저우는 미국이 타이완을 독립적인 정치 실체로 만들기 위해 더욱 적극적으로 시도하고 있다고 말했다. 따라서 중국공산당과 국민당은 '두 개의 중국' 형성에 반대하는 기초 위에서 또 다른 '통일전선'을 형성해야 했다. 그는 다음과 같이 상세히 설명했다.

우리는 우리가 더 강하다고 해서 타이완을 무시하지 않을 것이고, 어려움에 직면했을 때 원칙을 희생시키면서 거래하지 않을 것이다. 문제를 단순히 우리 관점에서만 본다면, 타이완이 조국으로 돌아오는 것이 확실히 더 좋다. 그러나 만약 지금 돌아오지 않는다 해도, 조국의 강력한 지위는 위태로워지지 않을 것이다. 우리는 민족의 위대한 덕목과 조국 통일의 위대한 대의에 봉사하기 위해 노력하며, 이는 중국공산당과 국민당 모두에 의해 완수되어야 한다.

저우는 또한 장시췬에게 장징궈에게 마오타이주(茅台酒) 몇 병을 전해 달라고 요청했다.[48] 이 회담은 "저우를 장제스, 장징궈, 천청을 포함한 타이완 당국자들과 연결"했다고 전해진다. 전함이 다음 날 항구로 돌아왔을 때, 저우는 동료들에게 "최근 들어 최고로 잠을 잘 잤다"라고 말했다고 한다.[49]

*****

장제스의 본토 공격 계획으로 인한 긴장은 1962년 6월 말까지 종식되었다. 그동안 중국과 인도의 국경 상황은 더욱 악화했다. 7월 7일, 저우는 인도 군대가 이틀 전 국경 서쪽 구간 갈완(Galwan)계곡, 즉 악사이친으로 이어지는 경로를 침공했다는 보고를 받았다. 저우는 이 전개가 인도의 목표가 악사이친을 점차 잠식하고 점령하는 것임을 증명한다고 믿었다.[50] 그는 여전히 문제를 해결하거나 적어도 상황이 나빠지는 것을 막기 위해 외교적 수단을 사용하기를 희망했다. 7월 8일, 중국 외교부는 인도 측에 저우의 지도하에 작성된 엄중한 항의 서한을 보냈다. "중국 측은 침공하는 인도 군대와의 직접적인 충돌을 피해 왔다. 그러나 중국 측은 인도의 계속 고조되는 군사적 압박에 더 이상 굴복할 수 없으며, 무분별한 공격에 직면하여 자위권을 포기하지 않을 것이다. 만약 인도 군대가 침공과 도발을 고집한다면, 모든 결과에 책임을 져야 할 것이다."[51]

그러나 저우는 이제는 아무리 강력한 언어라 해도 인도 군대가 전진하는 것을 막을 수 없음을 이해했다. 7월 9일, 마오의 지지를 받아 그는 갈완강 북안의 두 고지를 점령하기 위해 정찰 소대를 파견하는 것을 승인했다. 그동안 그는 부대에 거듭 지시했다. "만약 인도인들이 먼저 발포하지 않는다면, 우리도 먼저 발포해서는 안 된다. 만약 인도인들이 우리를 공격하고 포위하려 한다면, 우리는 반격할 수 있지만, 사상자를 내기보다는 포로를 더 많이 잡으려 노력해야 한다."[52] 그리하여 1959년 이후 처음으로 중국 국경 수비대는 궁지에 몰릴 경우 발포할 권한을 부여받았다. 저우는 다음 이틀 동안 극도로 긴장했다. 그는 인민해방군 신장 사령부에 두 시간마다 자신에게 보고하라고 요구했다.[53]

저우는 7월 10일 저녁에 인도 군대가 국경 서쪽 구간을 따라 세 방향에서 다시 중국 수비대에 접근했으며, 도발적으로 중국 초소에서 50미터 이내까지 왔다는 보고를 받았다.[54] 다음 날, 저우는 "인도 헬리콥터 두 대가 새로 설립된 거점에 지원 부대를 수송했으며, 인근 지역 상공을 맴돌며 정찰 활동을 수행하면서 그곳의 중국 감시 초소와 순찰 소대를 겁주려 했다"라는 또 다른 보고를 받았다. 또한 "다른 인도 소대가 갈완계곡을 따라 더 나아가 또 다른 침략 전초기지를 세우려 시도하고 있었다." 저우는 언제라도 직접적인 결전이 일어날 수 있음을 깨달았다.[55] 그날 저녁, 그는 이 상황에 대처할 방법을 논의하기 위해 주요 군 및 외교 인력 회의를 소집했다. 회의는 자정을 넘어서까지 계속되었다. 회의가 끝나자마자 저우는 마오에게 달려가 침공하는 인도 군대를 다루기 위한 두 가지 선택지를 제시했다. 즉 무력을 사용하여 인도 군대를 축출하고 그들

의 거점을 제거하거나, 다른 수단을 계속 시도하여 인도인들을 격퇴하는 것이었다.[56]

마오는 아직 싸울 때가 오지 않았다고 말했다. 네루의 진의를 더욱 폭로하고 국제사회가 중인 국경 상황을 더 잘 이해하도록 할 필요가 있었다. 마오가 강조했듯이, "인도와의 투쟁은 복잡한 국제 문제다. 그것은 인도뿐만 아니라 인도를 지지해 온 미 제국주의자들과 소비에트와도 관련되어 있다. 그들 모두는 우리가 일시적인 어려움에 직면해 있을 때 우리를 처벌하려 시도했다. 우리는 그들의 함정에 빠져서는 안 된다. 우리는 먼저 발포하지 않는다는 원칙을 고수해야 한다." 저우는 즉시 마오의 지시를 총참모부에 전달했고, 총참모부는 인도에 대해 다음과 같은 정책들을 내놓았다. "절대로 더 이상 양보하지 않으면서, 유혈 사태를 피하기 위해 노력한다. 양측 간 교착상태에서 장기간 공존한다."[57]

7월 21일 인도 수비대가 칩찹(Chip Chap)강 계곡에서 다시 중국 초소에 접근했다. 1959년 이후 처음으로 중국 병사들이 인도군의 진격을 막기 위해 경고 사격을 했다.[58] 저우는 오전 1시 30분에 그러한 전개를 보고받고 즉시 마오에게 전달했다.[59] 다시 한번 그들은 당분간 '외교 우선' 정책을 준수하기로 결정했다. 저우는 총참모부를 통해 신장 인민해방군 사령부에 다음과 같은 명령을 내렸다. "먼저 발포하지 않는다는 원칙을 계속 따라야 한다. 그들이 우리를 포위하려 할 때, 우리는 그들을 포위함으로써 응답해야 한다. 그리고 그들이 우리를 차단하려 할 때, 우리는 그들을 차단함으로써 응답하여, 그들의 진격과 잠식을 효과적으로 중단시켜야 한다." 오직 인도인들이 거듭된 경고를 무시하고 공세를 시작할 경우에만, "우리는 자신을 방어하기 위해 싸울 수 있다." 그러나 저우는 강조했다. "그러한 상황에서조차도 우리 군대는 여전히 인도 군대에게 대피할 길을 남겨 두어야 한다. 만약 그들이 도망친다면, 막아서는 안 된다. 만약 그들

이 탈출하지 않는다면, 그들과 대치 상태를 유지해야 한다."⁶⁰

그날 저우는 또한 인도 주재 중국 대사 판쯔리로부터 보고서를 받았다. 판은 저우에게, 네루가 국경 협상에 참여하기 위한 전제 조건으로 반드시 중국군이 인도가 주장하는 영토에서 전부 철수해야 한다고 요구하지는 않을 것이라고 말했다고 전했다. 저우는 이것을 분쟁에 대한 네루의 입장이 완화되고 있다는 새로운 징후로 보았다.⁶¹ 7월 22일, 마오의 승인을 받아 저우는 당시 인도차이나에 관한 회의를 위해 제네바에 있던 천이에게 '최고 긴급' 전보를 보냈다. 저우는 천에게 "네루가 협상 재개에 관심을 보인 기회"를 포착하여 당시 역시 제네바에 있던 인도 국방장관 V. K. 크리슈나 메논(V. K. Krishna Menon)과 회의하고 중국이 "국경 문제는 직접적인 회담을 통해서만 해결될 수 있다"라고 믿기 때문에 협상을 재개하기를 원한다고 말하라고 지시했다. 저우는 천에게 회담의 "절차, 시기, 장소, 수준"과 같은 세부 사항들을 메논과 해결하라고 했다.⁶²

천은 바로 그날 제네바에서 메논과 막 만난 참이었다. 그럼에도 불구하고 그는 지체 없이 메논에게 연락하여 다음 날 다시 만나자고 했다. 메논은 즉시 동의했다.⁶³ 다음 날 아침 만났을 때, 두 사람은 분명히 국경 회담 재개에 관해 모종의 합의에 도달했고 공동성명을 준비하기 시작했다. 그러나 메논이 "기술적인 이유로" 뉴델리와 연락할 수 없었기 때문에 성명은 발표되지 않았다.⁶⁴ 사실 메논이 뉴델리로부터 허가를 받았더라도, 협상은 재개되지 않았을 것이다. 천이 메논과 함께 있을 때 한 파파라치가 두 관리가 함께 있는 사진을 찍었고, 그것이 인도 신문에 게재되었다. 일부 인도 국회의원들은 그 사진을 이용하여 네루가 중국에 유화적인 태도를 보인다고 비난했다.⁶⁵ 저우는 네루가 보여 준 '약간의 유연성'에 인도 언론이 극적으로 반응하는 것을 주목했다. 그리고 그 어느 때보다도 깊이 실망했다. 인도와의 국경 분쟁을 외교를 통해 해결하거나 못해도 완화할 수 있다는 전망이 빠르게 사라지고 있었기 때문이다.

마오와 저우를 비롯한 거의 모든 중국공산당 지도부는 8월 중순에 베이다이허에 모였을 때, 인도와의 국경 분쟁에 대해서도 논의했다. 그들은 중앙군사위원회로부터 "인도의 잠식에 대해 맞대응 투쟁을 벌일" 필요가 있다고 강조하는 보고서를 받았다. 마오는 그 보고서를 승인했다.[66] 9월 초, 중앙군사위원회는 국경의 서쪽 및 동쪽 구간에 주둔한 중국 군대에 최고 지도부로부터 그렇게 하라는 명시적인 명령을 받지 않는 한 먼저 발포해서는 안 된다고 거듭 밝히면서도, 인도 군대가 대치 상황에서 밀고 들어오려 할 때 후퇴하지 말라고 명령했다.[67]

중국-인도 국경을 따라 흐르던 긴장은 마침내 10월 초에 폭발 직전에 도달했다. 10월 5일, 저우는 총참모부로부터 뉴델리의 《AP통신》과 《프랑스통신》의 보고서를 인용하는 정보 보고를 받았다. 인도 군대가 다음 며칠 안에 공세를 시작할 가능성이 높다는 내용이었다.[68] 저우는 보고서 여백에 논평했다. "만약 적이 국경 동쪽 구역에서 행동을 시작한다면, 우리는 그곳에서 그들에게 쓰라린 타격을 줄 뿐만 아니라, 서쪽 구역에 있는 그들의 거점 일부를 제거해야 한다." 이것은 중국 군대가 전체 국경을 따라 '반격 작전'을 수행할 것임을 의미했다. 저우는 뤄에게 "당 중앙이 고려할 계획들을 제출하라"라고 지시했다.[69] 거의 같은 시기에 인민해방군은 중인 국경 지역에 군사 및 기타 물자들을 대량 전달했다.[70]

10월 8일, 저우는 마오가 소집한 정치국 상무위원회 확대회의에 참석하여 인도와의 갈등에 대응하는 전략에 관해 총참모부의 보고를 들었다. 마오는 뤄와 다른 사람들의 의견을 들은 후, "침공하는 인도 군대에 대해 자위전쟁"을 벌이기로 결정했다.[71] 뤄는 즉시 중앙군사위원회 공작회의를 소집하여 마오의 지시를 전달하고 전쟁을 위한 최종 동원을 명령했다.[72] 바로 그날 저우는 중국 주재 소비에트 대사 스테판 체르보넨코

(Stepan Chervonenko)를 만나, 인도가 중국과의 국경에서 대규모 공세를 시작할 수 있다고 알렸다. 저우는 말했다. "만약 그들이 실제로 우리를 공격한다면, 우리는 확실히 자위 조치를 취할 것이다."[73] 며칠 후 흐루쇼프는 모스크바 주재 중국 대사 류샤오(劉曉)를 만나 마오와 저우 모두를 놀라게 했다. 흐루쇼프는 류에게 모스크바가 중국과 인도의 국경 분쟁에서 베이징의 편에 서며, 이는 소비에트 상임 간부회가 저우와 체르보넨코의 토론에 응하여 만장일치로 선택한 입장이라고 말했다. 흐루쇼프는 류에게 말했다. "우리는 마땅한 외교적 조치를 취할 것이다."[74]

그러한 결정적인 시기에 네루는 중국 지도자들의 인내심이 고갈되었고, 중국이 '자위전쟁'을 벌일 것임을 깨닫지 못했음이 분명하다. 10월 12일 언론과의 문답에서 한 기자가 네루에게 중국과의 국경에 있는 인도 군대에 어떤 명령을 내렸는지 물었다. 네루는 자랑했다. "우리의 지시는 우리 영토를 해방하는 것이다."[75] 신화사는 네루의 발언을 "우리의 명령은 그들 모두를 우리 영토에서 소탕하는 것"이라고 번역하여 보도했다.[76] 저우와 다른 중국 지도자들은 즉시 이를 대규모 공세를 시작하겠다는 의도를 폭로한 것으로 보았고, 행동할 명분을 얻었다.

마오는 10월 17일 오후 1시 30분에 최고 지도자 회의를 소집하여 제안된 '인도에 대한 자위전쟁'을 최종 토론했다. 뤄는 보고했다. "이제 우리가 자위전쟁을 벌이지 않는 한 출구가 없는 것 같다. 우리는 즉시 행동해야 한다."

마오가 물었다. "우리가 전쟁에서 이길 수 있는가?"

뤄는 대답했다. "이길 수 있다."

마오는 뤄의 눈을 보며 말했다. "당신들은 첫 발을 쏘기 전에 최고 사령부의 명령을 기다려야 한다. 그 첫 발을 쏜 후 전쟁을 어떻게 치를지는 전적으로 당신들의 책임이다."[77] 중국 지도자들은 이전까지 국경의 서쪽 구간에서 군사행동을 취하는 것만 생각했다. 회의에서는 비록 충돌 대부분이 악사이친에서 발생하고 있지만, 대규모 병력을 투입하기에는 국경 동쪽 지역이 더 적합하다고 결정했다. 마오는 전쟁이 "인도 반동분자들"에게 크고 고통스러운 타격을 주어야 하므로, 국경의 동쪽 및 서쪽 구간 모두를 포함해야 한다고 판단했다. 그날 저녁, 마오는 "침공하는 인도 군대를 섬멸하기 위한 작전"을 상세히 기술한 명령에 서명했다. 다음 날 오후, 중앙군사위원회는 중국 군대에 "국경 자위 작전"을 시작하라고 명령했다.[78]

★★★★★

중국의 공세는 10월 20일 이른 아침에 시작되었다. 인도 군대의 저항은 신속하게 무너졌다. 불과 3일 만에 중국 군대는 인도 정부의 '전진 정책'하에 인도인들이 서쪽 구간에 설립했던 거점들을 모두 제거했다. 10월 29일까지 그들은 1959년 11월 양측 간의 실제 통제선에 접근했다. 동쪽 구간에서 중국 군대는 맥마흔 라인에 접근하고 건넜으며, 서쪽의 타왕(Tawang)을 점령하고 동쪽의 왈롱(Walong)에 접근했다.[79]

전쟁이 발발하자마자 저우는 취해야 할 다음 단계에 대해 생각하기 시작했다. 10월 21일, 그는 국무원 회의에서 다음과 같이 말했다.

우리는 협상을 통해 국제 분쟁을 해결하는 것을 지지한다. 그러나 네루는 협상을 거부하고 전쟁을 요구하며 공격을 시작했다. 갈등은 인도가 영국 제국주의의 유산을 받아들인 데서 비롯되었다. 우리는 끝없이 양보하기만 할 수는 없으므로 반격한다. 만약 네루가 계속 완고하게 타협을 거부한다면, 우리는 그에게 뼈아픈 교훈을 가르치는 것 외에는 달리

선택할 여지가 없다.[80]

10월 24일, 중국 정부는 저우의 지도하에 작성된 성명을 발표하여 세 가지 제안을 개괄했다. 즉 양측 간의 국경 문제를 평화적으로 해결하고, 갈등을 중단한 후 상호 군대를 철수하며, 협상을 재개하는 것이었다. "평화적 해결에 도달하기 전에, 양측은 1959년 11월 7일에 그들 사이에 존재했던 실제 통제선을 존중해야 하며, 양측 군대는 직접적인 접촉을 피하기 위해 그 선에서 각각 20킬로미터 후퇴해야 한다."[81] 같은 날, 저우는 네루에게 편지를 써서 양국 간 국경 충돌에 대해 "극히 고통스럽다"라고 말하면서 베이징의 세 가지 제안을 거듭 밝혔다.[82] 네루는 모든 군사행동을 끝내기 위한 전제 조건이 1962년 9월 8일에 있던 상태로 국경을 복원하는 것이라고 대답했다. 저우가 제안한 1959년 11월 7일의 선과 네루가 주장한 1962년 9월 8일의 선 사이에는 6500평방킬로미터만큼 차이가 있었다. 이것은 인도인들이 1960년 초 이후, 특히 네루가 '전진 정책'을 채택한 후에 점령했던 땅이었다.

저우로서는 인도 군대가 전장에서 총체적인 패배를 겪고 1959년 11월 7일의 선 남쪽으로 밀려난 가운데 네루가 여전히 1962년 9월 8일 선을 협상의 기초로 삼아야 한다고 고집할 것이라고는 생각할 수 없었다. 저우는 10월 29일 중국 주재 버마 대사 마웅 마웅 초 윈(Maung Maung Kyaw Win)과의 회담에서 설명했다. 네루의 입장은 인도가 지난 이 년 동안 악사이친에서 점령했던 영토를 유지할 것임을 의미했다. 그리고 동쪽 구간에서는 중국이 이미 맥마흔 라인 북쪽에 있는 위치에서 더 북쪽으로 후퇴해야 했다. 저우는 한탄했다. "이것을 어떻게 정전이라고 할 수 있는가? 이것은 정전이 아니다. 우리에게 항복하라는 것이다."[83] 그럼에도 불구하고 10월 29일, 베이징은 중국 군대에 모든 작전을 중단하라고 명령했다.

저우는 다시 외교에 주의를 돌렸다. 그는 중국과 외교관계를 맺고 있는 수십 개국 지도자들에게 중인 국경 분쟁의 기원과 직접적인 원인에 대해 직접 소통하며, 중국이 영토를 얻기 위해 무력을 사용한 것이 아니라 구석으로 몰려 자위전쟁을 치를 수밖에 없었던 것이라고 강조했다. 중국의 목적은 여전히 협상 테이블로 돌아와 평화적인 수단으로 국경 분쟁을 해결하는 것이었다. 그러나 인도 군대는 11월 14일 왈롱 지역에서 대규모 공세를 시작했다. 이틀 후 중국은 강력한 반격을 시작하여 신속하게 역전했다. 이제 뉴델리조차도 중국의 공세에 노출되었다. 네루는 전국적인 비상사태를 선포했다.

그러나 베이징은 공세를 계속할 의도가 없었다. 11월 18일, 마오는『참고 자료(參考資料, 중국 최고 지도자들이 외국 뉴스 보도를 접하기 위해 의존했던 자료)』에서 인도의 사르베팔리 라다크리슈난(Sarvepalli Radhakrishnan) 대통령이 중국과의 의견 차이를 협상을 통해 해결하는 데 관심이 있다고 언급한 내용을 읽었다. 주석은 즉시 그 소식을 저우에게 전달하며 말했다. "왜 갑자기 평화적 해결에 대해 그렇게 큰 소리로 이야기하는가? 이것을 읽어 보라. 외교부는 다른 인도 지도자들이 지난 며칠 동안 비슷한 논평을 했는지 연구해야 한다."[84] 저우는 삼십 분 후에 마오의 거주지로 달려갔고, 거기서 마오에게 이는 새로운 것이라고 말했다.[85] 자정에 저우는 베이징 주재 인도 대리 대사 P. K. 바네르지(P. K. Banerjee)와 긴급회의를 소집했다. 저우는 라다크리슈난에 동의하며, 양측이 즉시 협상을 재개해야 한다고 말했다. "비록 지금 상황이 꽤 긴장돼 보이지만, 우리가 더 긴 관점을 가지고 더 깊이 생각한다면, 중국과 인도는 계속해서 친구가 되어야 한다. 나는 뉴델리에 네 번 갔다. 나는 다섯 번째로 그곳에 갈 용의가 있다." 저우는 바네르지에게 즉시 네루에게 보고하라고 요청했다.[86]

마오와 저우는 네루의 응답을 기다리지 않았다. 대신 그들은 거의 모든 예상을 뛰어넘는 또 다른 거대한 조치를 취했다. 11월 21일, 베이징은 중국 군대가 11월 22일 오전 12시부터 일방적으로 전투를 중단할 것이라고 발표했다. 더욱이 12월 1일부터 그들은 1959년 11월 7일 양측 간의 실제 통제선 뒤 20킬로미터까지 후퇴할 것이었다. 한 달간의 전쟁은 갑작스럽게 끝났다.

왜 중국은 전쟁에서 큰 승리를 거둔 후에 먼저 철수했을까? 사실 철수는 마오와 저우를 비롯한 중국 지도부가 전쟁을 시작하기 전에 계획했던 것이었다. 제10차 전체 회의에서 저우는 만약 중국이 인도와 전쟁을 치를 수밖에 없다면, "협상으로 가는 길을 열기 위해" 그렇게 할 것이라고 분명히 했다.[87] 10월 20일, 전쟁이 시작된 바로 그날, 저우는 국무원 회의에서 네루의 "머리가 깨지고 피를 흘린" 후에 중국이 인도인들과의 국경 분쟁을 해결하기 위해 테이블로 돌아올 것이라고 말했다.[88] 처음부터 마오와 저우는 "인도 반동분자들이 쓰라린 교훈을 얻었을 때" 즉 "적절한 시기를 포착"하여 군사작전을 중단하고자 했다. 마오는 인민해방군이 두 번째 작전 라운드에서 일련의 큰 승리를 거둔 것을 보고 네루와 '인도 반동분자들이' 심하게 패배했다고 느꼈고, 논리적으로 정전이 다음 수순이 되었다.

국내의 더 깊은 고려 사항들도 마오가 전쟁을 멈추고 중국 군대를 철수시키기로 한 결정에 한몫했다. 전쟁이 시작되었을 때, 저우는 "이 전쟁은 무엇보다도 정치적 전투"임을 분명히 했다.[89] 마오는 전쟁을 베이다이허 회의와 제10차 전체 회의의 여파 속에서 중국 의사결정 집단의 1선으로 복귀하는 중요한 단계로 보았다. 실제로 전쟁 결정은 항상 정치권력의 가장 좋은 시금석이다. 언제 어떻게 싸우고 끝낼지를 결정하는 데 결정적인 목소리를 냄으로써 마오는 중국 군대의 최고 사령관으로서 자신의 위치를 공고히 했다.

마오에게 전쟁은 또한 전국에 걸쳐 거대한 대중 동원을 촉발했다. 저우는 이것을 잘 알고 있었고, 다음과 같이 말했다.

> 주석은 맹자를 인용하여 "적이 없고 외부 위협이 없는 나라는 반드시 멸망의 길로 향할 것이다"라고 말했다. 걱정과 고통을 겪음으로써 번성하고, 즐거움과 과도한 보호 속에서 시들게 된다. 국가는 많은 어려움을 극복함으로써 나타난다. 우리가 이 표어를 사용하여 우리 인민을 동원한 성공은 주석의 사상이 얼마나 옳은지를 증명했다.[90]

인도와의 전쟁에서 울려 퍼지는 승전보는 "본토를 공격하려는 장의 음모를 분쇄"하기 위한 중국공산당의 성공적인 군사 및 사회적 동원과 결합하여, 재앙적인 대약진운동과 대기근의 어두운 그림자에서 아직 벗어나지 못한 중국의 거대한 인구를 크게 고무시켰다. 11월 14일, 당 중앙은 공식 문서를 발표하여 인도와의 전쟁이 "인도 반동분자들의 진면목"을 폭로하는 동시에 "중국 군대와 조국의 힘과 명성"을 부각했다고 자랑했다.[91] 전쟁에서 승리한 후, 전쟁 영웅들로 구성된 선전 그룹들이 "애국심과 사회주의 조국에 대한 평범한 사람들의 사랑과 지지"를 불러일으키기 위해 전국을 순회하며 모습을 드러냈다.[92] 이 모든 것은 마오가 자신의 의도에 따라 중국 전역에서 대중 동원 운동을 전개하는 데 있어 지극히 중요한 일이었다.

*****

전쟁은 끝났지만, 중국의 군사적 성공을 국내외에서 후속 조치하기 위해 해야 할 일이 훨씬 더 많았다. 이것이 다시 저우의 과제로 돌아왔다. 국내에서 저우는 왜 전쟁을 치러야 했는지뿐만 아니라, 전장에서 큰 승리를 거둔 후 왜 군대를 철수했는지도 설명해야 했다. 실제로 중국 군부 내 많은 사람이 비록 작전을 중단하거나 심지어 군대를 철수시키는 것까지는 납득할 수 있지만, 적어도 남티베트의 옛 수도인 타왕과 전략적으로 중요한 마을인 왈롱은 중국의 손에 남겨 두었어야 한다고 믿었다.[93] 저우는 정부 결정의 배후 논리를 설명했다. 저우는 전국인민대표대회 지도자들에게 말했다. "네루는 위대한 인도 제국이라는 자신의 비전을 포기하려 하지 않았다. 그리하여 침략 정책을 포기하기를 거부했다. 실제로 그가 어려움에 직면하여 후퇴하도록 강요하는 것은 자위전쟁을 통해서만 가능했다. 이를 위해 우리는 전쟁을 치러야 했고, 작은 전쟁으로는 효과가 없었기 때문에 큰 전쟁을 치러야 했다." 저우는 물었다. "전쟁을 치른 후 우리 군대를 철수시키지 않았다면 효과가 있었을까?" 저우는 대답했다. "물론 이것은 가능성이다. 그러나 그렇게 하는 것은 다른 사람들에게 우리가 군사적 수단을 사용하여 현 상태를 바꾸려 계획했다는 잘못된 인상을 줄 것이다." 그는 강조했다. "우리는 정의를 위해 싸웠지, 현 상태를 바꾸기 위해서 싸운 것이 아니다. 현 상태는 오직 협상을 통해서만 바꿀 수 있다…… 따라서 우리는 군대를 철수시켰다."[94]

저우는 또한 심각한 국제적 도전들에 직면했다. 처음에 그와 마오는 국제사회가 아마도 중국이 인도 군대가 중국의 통제하에 있는 영토를 잠식하려 시도하는 것을 거듭 용인했음을 알아차렸을 것이라고 믿었다. 또 전장에서 완전히 승리했음에도 불구하고 중국은 작전을 중단하고 네루가 '전진 정책'을 채택하기 전 실제 통제선 뒤 20킬로미터까지 먼저 후퇴했다. 이것은 세계 역사상 전례가 없는 일이었다. 그러나 미국과 영국 같은 서방 국가들뿐만 아니라 많은 아시아 및 아프리카 국가도 중국이 무력 사용에 의존했다고 비난했다. 여기서 핵심은 인도의 전진 정책 실행이 일련의 작고 예고 없는 움직임들로 수행되었다는 점이다. 중국이 거듭 항의했음에도 불구하고 주류 국제 언론은 이러한 움직임들을 거의 보도하지 않았다. 그에 비해 중국의 반격은 너무나 커서 즉시 세계의 주목을 받았다. 따라서 네루는 국제 무대에서 희생양을 자처할 수 있었다. 더욱이 네루는 오랫동안 영향력 있는 반식민주의 투사이자 비동맹 운동의 지도자, 민주주의의 옹호자였다. 인도는 인도와 중국 모두에 우호적이었던 국가들로부터 쉽게 동정을 얻었고, 이는 저우가 예상하지 못한 일이었다.

저우는 전쟁이 시작된 직후 아시아 및 아프리카 수십 개국 지도자들에게 편지를 썼다. 그는 중인 국경 분쟁의 진전과 갈등의 원인들을 서술하며, 중국이 영토를 얻기 위해 무력을 사용하려는 의도가 아니라 구석으로 몰린 후 자위전쟁을 치를 수밖에 없었던 것이라고 강조했다. 중국의 목적은 여전히 협상 테이블로 돌아와 평화적인 수단으로 국경 분쟁을 해결하는 것이었다.[95] 전쟁이 중국의 일방적인 정전과 철수로 끝난 후, 저우는 외교적 노력의 중점을 '콜롬보 6개국', 즉 실론, 인도네시아, 버마, 캄보디아, 아랍연합공화국(이집트), 가나와의 교류로 옮겼는데, 그는 그들이 중국의 입장을 지지하거나 적어도 중립을 지켜 주기를 희망했다.[96] 저우의 지칠 줄 모르는 노력으로 결국 콜롬보 6개국 지도자들은 중국의 접근법을 이해하게 되었다. 이것은 또한 저우에게 베이징이 아시아와 아프리카의 광대한 지역에서 외교 활동을 확장하는 것이 중요함을 깨닫게 했다.

중인 전쟁 발발 후 거의 전 세계가 중국을 비난했을 때, 모스크바의 태도는 예외적이었다. 소비에트 정부는 흐루쇼프가 중국 대사 류샤오에게 한 약속을 지키며 이전의 중립 입장을 바꾸어 중국과 인도의 국경 분쟁에서 명시적으로 중국 편에 섰다. 10월 22일 베이징에 보낸 메모에서 모스크바는 소련이 전쟁에 대한 중국의 입장을 지지한다고 밝혔다. 더 구체적으로, 맥마흔 라인에 관하여 모스크바는 "중국의 입장, 즉 그것이 확립된 국경선이 아니라 비극적인 역사적 과거의 유산이라는 입장을 지지한다"라고 선언했다.[97] 이 모든 것이 최근 몇 년간 극도로 긴장되었던 중소 관계를 더 긍정적인 방향으로 나아가게 했어야 했다.

물론 흐루쇼프에게는 자신만의 의도가 있었다. 중인 국경 전쟁은 쿠바 미사일 위기 발발과 거의 동시에 일어났다. 인도와의 국경 분쟁에서 중국을 지지함으로써 흐루쇼프는 분명히 베이징이 쿠바 미사일 위기에서 모스크바를 지지함으로써 그 호의에 보답하기를 희망했다.[98] 그것은 오산이었다. 마오는 흐루쇼프의 호의에 보답하기를 거부하고 냉담한 태도를 보였다. 그때까지 마오는 국제적으로는 '반수정주의'를, 국내에서는 '수정주의 방지'를 중심 주제로 하는 '계속혁명'을 위한 거대한 청사진을 그려 놓았다. 중인 국경 분쟁은 그러한 거대한 계획의 맥락에서 그다지 중요하지 않았다. 마오의 생각을 따라, 베이징은 공개적으로 쿠바를 지지했다. 10월 28일, 저우는 '영웅적인 쿠바 동지들'을 지지하는 1만 명 넘는 사람들이 참석한 대규모집회를 주재했고, 피델 카스트로(Fidel Castro)에게 연대 전보를 보냈다.[99] 그러나 베이징은 또한 모스크바를 비판하며, 쿠바에서 미사일을 철수하기로 한 결정을 "미 제국주의에 대한 굴종이자 쿠바 혁명에 대한 배신"이라고 묘사했다.[100] 이것은 즉시 흐루쇼프와 소비에트 지도부를 불쾌하게 했고, 그들은 중국의 "인도에 대한 잘못된 정책"을 공격하기 시작했다. 뒤로는 중소 관계가 지속적으로 악화했다.

그러나 이것이 바로 마오가 희망했던 바였다. 그는 그리하여 '반수정주의'의 기치를 훨씬 더 높이 들고, 소비에트 지도자들을 '인도 반동분자들'과 연결함으로써 그들을 더욱 맹렬하게 공격할 수 있었다.

*****

1962년 말이 되자, 저우는 중국이 대약진운동에 실패한 이후 가장 어려운 시기를 극복했다는 것을 알았다. 그러나 그는 또한 경제를 회복하는 과제가 거대함을 알았다. 그는 쉴 시간이 없었다. 당 중앙은 1963년 2월 11일부터 베이징에서 공작회의를 열었다. 저우는 회의 의제 초안을 작성했고, 거기서 "곡물, 급여, 생산 증대, 원자재 낭비 감소, 부패 반대"라는 토론 주제들을 나열했다. 그는 회의가 이러한 주제들에 집중할 것으로 예상했다.[101]

그러나 상황은 회의가 시작되기 전에 변했다. 류가 주재한 정치국 및 중앙서기처 확대회의에서 마오가 개입하여 또 다른 문제를 제기했다. 마오는 발표했다. "우리 나라에도 수정주의가 나타날 것인가? 두 가지 가능성이 있다. 나타나거나 나타나지 않거나." 그는 자신의 질문에 답하기 전에 말했다. "사회주의 교육 운동을 수행해야만 우리 나라에서 수정주의를 방지할 수 있을 것이다."[102] 마오는 2월 9일 저녁에 저우와 장시간 대화를 나누었다. 그들이 무엇을 논의했는지는 알려지지 않았다. 그러나 대화의 맥락과 그 후에 일어난 일을 판단할 때, 그들은 필시 다가오는 중앙 공작회의의 주제를 변경하는 건을 논의했을 것이다.[103]

2월 11일 업무 회의가 시작했을 때, 그 주요 초점은 더 이상 저우가 설정한 주제들이 아니라, 국내외에서 수정주의에 반대하는 문제가 되었다. 마오는 회의에 참석하여 개회식에서 다시 자신이 좋아하는 질문을 제기했다. "중국에 수정주의가 나타날 것인가?" 그는 강조했다. "중국에 수정주의가 나타나는 것을 막는" 유일한 방법은 "사회주의 교육을 수행하는 것"이라고.[104]

저우 또한 발표에서 반수정주의를 논했지만, 또한 곡물 생산과 관료주의 억제를 부각하는 데 성공했다.[105] 마오는 저우가 반수정주의 주제에서 벗어나는 것을 용납했다. 비록 계급투쟁과 '수정주의 반대'를 강조하기를 열망했지만, 그는 저우의 '모진 반대' 운동을 비판했던 관행을 반복하고 싶지 않았다. 그는 대약진의 재앙적인 결과를 잊지 않은 듯 보였다. 그리하여 주석과 총리 사이에 흥미로운 관계가 나타나고 있었고, 이는 앞으로 몇 년 동안 지속될 것이었다. 마오가 '수정주의 반대 및 방지'를 강조하는 동안, 그는 저우가 중국 경제를 조정하고 발전시키는 작업을 하도록 허용했다. 실제로 때때로 마오는 심지어 경제 전선에서 저우가 한 노력들을 칭찬하기까지 했다. 사회주의 교육 운동에서 문화대혁명에 이르기까지, 마오의 '계속혁명'은 한 단계에서 다른 단계로 나아갔고, 결국 중국을 혼돈 상태로 몰아넣었다. 저우는 중국 경제를 관리하는 데 중심적인 역할을 했고, 평범한 중국인 수억 명의 생계를 유지하기 위해 자신이 가진 모든 수단을 다 사용했다.

★★★★★

1963년 새해가 지난 직후, 거대한 중소 논쟁이 전면적으로 폭발했다. 2월, 중국공산당 지도부는 1963년의 두 가지 상호 관련된 과제를 설정했다. 국제적으로는 반수정주의를 부각하고, 국내에서는 수정주의 방지를 강조하는 것이었다. 따라서 사회주의 교육 운동을 수행할 필요가 있었다.

이 주제를 전면에 내세우려는 마오의 노력으로 중국 지도자들은 국제적인 반수정주의 투쟁을 거듭 논의했다. 각 라운드의 토론은 '소비에트 수정주의'를 비판하는 어조를 새로운 수준으로 끌어올렸다. 이에 대응하여 소비에트는 중국의 공격에 대해 더 큰 목소리를 내면서 다른 공산당들을 동원하여 그들과 합류하게 했다. 국제 공산주의 운동은 깊이 분열되었다. 7월 초, 덩은 중국공산당 대표단을 이끌고 모스크바에서 소비에트 측과 만났다. 양측은 그들이 논의한 거의 모든 문제에 대해 격렬한 논쟁을 벌였다. 어느 쪽도 양보할 의사가 없었다.[106] 결과적으로 마오가 예측했듯이, 중국과 소비에트 당 간의 관계는 완전한 붕괴 직전까지 이르렀다.

국제적인 '반수정주의' 투쟁이 격화되면서, 사회주의 교육 운동이 중국 전역에 퍼지고 있었다. 5월 초, 중국공산당 중앙은 "농촌 전역에서 사회주의 교육을 수행할 필요가 있다"라고 발표하는 문서를 채택했다.[107] 5월 7일, 마오는 "사회주의 교육의 본질은 계급, 계급투쟁, 사회주의 교육, 가난한 하층 중농에 의존하여" 시골에서 운동을 수행하는 것, 또는 그가 다른 경우에 말했듯이, "수정주의의 뿌리를 파헤치는 것"과 관련된다고 상세히 설명했다.[108]

저우는 그 문서를 읽은 후 한 가지 제안을 했다. 그는 간부와 대중의 "90퍼센트 이상과 단결한다"라는 문구를 "95퍼센트 이상과 단결한다"로 변경할 것을 제안했다. 마오는 동의했다.[109] 이것은 임의적인 변경이 아니었다. 실제로 수십만 또는 수백만 명이 운동의 대상에 포함되느냐 되지 않느냐의 문제였다. 저우는 또한 동지들에게 산업 및 농업 생산의 정상적인 질서를 유지하는 것이 중요함을 상기시키려 노력했다. 저우는 9월 19일 다른 경우에 언급했다. "상황이 개선되면서, 모든 것이 꽤 좋다고 잘못 생각하고 지나치게 낙관하기 쉽다. 그러나 중국은 여전히 후진국이다. 우리가 부상하기 위해서는 훨씬 더 많은 노력이 필요하다."[110]

1964년에 들어서면서 사회주의 교육 운동에 의해 촉발된 좌경 정치 바람은 중국 정치와 사회에서 점점 더 강력해졌고, 마오는 "수정주의를 막는 것"이 중요함을 더 빈번하게 강조했다. 6월에 그는 "프롤레타리아트의 자격을 갖춘 후계자 양성" 문제를 제기했는데, 이는 중국에서 자본주

의가 복고하는 것을 막는 데 필수적이었기 때문이었다.[111]

*****

그동안 마오는 중국의 산업 발전에서 '3선(三線)' 건설이 중요함을 강조했다. 리푸춘이 이끄는 국가계획위원회는 중국 경제가 개선되면서 1963년 초에 제3차 5개년 계획 초안 작성을 시작했다. 리와 그의 동료들은 대기근의 교훈을 염두에 두고 "곡물, 의복 및 기타 일상 필수품에 대한 인민의 필요"가 충족되도록 농업과 경공업에 세심한 주의를 기울였다. 위원회의 초안은 저우로부터 전폭적인 지지를 받았다.[112] 그러나 마오가 갑자기 개입했다. 4월 25일, 총참모부 보고서는 중국의 경제구조가 적의 갑작스러운 공격에 제대로 대비되어 있지 않다고 언급했다. 실제로 중국의 주요 산업들은 모두 동부에 있었고, 국가의 주요 도시들은 거의 모두 해안을 따라 위치하여 태평양으로부터 오는 공격에 노출되었다. 중요한 교통선과 연결망 또한 폭격에 취약했고, 불충분한 방류 능력을 가진 저수지들이 만약 적에 의해 파괴된다면 엄청난 피해를 야기할 수 있었다.[113] 이 보고서는 마오의 주의를 끌었다. 5월 11일, 그는 한 회의에서 논평했다. "우리 국가경제는 주먹 두 개, 즉 농업과 국방, 그리고 하나의 기반, 즉 기반 시설과 산업을 가지고 있다. 그러나 5개년 계획 초안은 '기반'에 제대로 앉아 있지 못했다."[114] 5월 27일, 마오는 최고 지도자 회의에서 핵 시대에 전략적 후방을 갖는 것이 필수적이라고 더욱 강조했다. 따라서 새로운 5개년 계획은 국가의 산업 배치를 1선, 2선, 3선으로 나누어야 했다. 각각 연안 성 및 도시, 중부 지역의 성, 그리고 서남부의 내륙 성을 대표했다. 마오는 어떤 상황에서도 국가경제의 '기반'인 기반 시설과 산업이 경시되어서는 안 된다고 주장했다.[115]

다음 날 회의에서 저우는 향후 5년 동안 3선 개발이 중심적인 위치를 차지하는 것을 지지한다고 표명했다. 그러나 포괄적이고 장기적인 계획 또한 필요함을 언급하며 선언했다. "우리는 3선에 주의를 기울여야 하지만, 1선과 2선을 무시해서는 안 된다." 5개년 계획에서 저우는 말했다. "우리는 3선 관점을 확립해야 하고, 또한 1선과 2선을 어떻게 지속적으로 촉진할지 알아야 한다."[116] 분명히 저우는 3선을 지나치게 강조한 결과로 중국의 국가경제가 무시되는 것을 원치 않았다.

6월 8일, 마오는 다시 3선 개발을 강조하는 동시에 중국에 수정주의가 나타날 위험을 부각했다. 그는 불길한 발언을 했다. "내 생각에 우리 나라 권력의 3분의 1은 우리가 아니라, 우리의 적들이 통제하고 있다." 저우는 그 말에 동조하며, 수정주의자들이 실제로 "많은 기층 단위의 권력을 통제했다"라고 가정했다.[117] 3일 후, 류는 마오의 수사에 기초하여 "수정주의와 싸우는 것"에 대해 연설했다. 그는 물었다. 만약 소련이 형성된 지 사십여 년 후에 수정주의적으로 변할 수 있다면, 미래에 중국도 수정주의적으로 변할 수 있을까? 마오는 대답했다. "가능하다. 만약 우리가 충분히 주의를 기울이지 않는다면, 확실히 그렇게 될 것이다."[118] 그러나 류와 저우를 포함한 다른 중국 지도자들은 마오가 이미 류를 '수정주의 반대' 운동의 표적으로 지정했다는 것을 알지 못했다. 류는 마오를 지지함으로써 스스로 정치적 함정에 빠졌고, 다가오는 문화대혁명에서 '중국의 흐루쇼프'로 지명될 길을 닦았다.

제23장

중간지대의
혁명들

1962~1965

1963년 1월 어느 날, 저우는 마오로부터 시 한 편을 받았다.

해야 할 일 너무나 많아, 언제나 시급하고,
세상은 굴러가네, 시간에 쫓기어.
만년은 너무 길어,
오늘을, 이 순간을 잡으라!
혁명의 정신이 사해를 뒤흔드니,
노동자와 농민이 긴 창을 흔드네.
우리의 힘은 막을 수 없으니,
모든 해충을 쓸어 버리라![01]

저우는 마오를 거의 사반세기 동안 알고 지냈지만, 마오가 그에게 이런 작품을 보낸 것은 이번이 처음이었다. 그 안에서 마오는 중국에 대한 깊은 우려와 원대한 포부를 드러내면서 국제 정세에 대한 자신의 견해를 명확히 밝혔다. 시의 마지막 행인 "모든 해충을 쓸어 버리라!"는 널리 퍼진 문화대혁명 표어 "모든 괴물과 유령을 쓸어 버리라"로 다시 나타날 것이었다. 마오가 국제적 우려와 국내적 우려를 융합하여 생각하는 것은 드문 일이 아니었다. 그의 개념적 영역에서 '국제'와 '국내'는 모두 '천하'의 필수적인 부분이었다. 저우는 주석이 자신에게 이 시를 보낸 의도를 해독하려 시도하면서 필시 그것이 중국공산당의 당내 투쟁과 관련 있음을 감지했을 것이다.

그러나 시의 주된 관심사는 마오의 국제적 전망이었다. 당시 미국은 중국에게 가장 위험한 적이었다. 마오의 '반수정주의' 십자군은 모스크바 또한 베이징의 적이 되었음을 의미했다. 십 년 반 전, 중국 내전 동안 마오는 자신의 '중간지대' 이론을 소개했다. 이제 극적으로 변화하는 중국 내외 상황에 비추어, 주석은 미국과 소련 사이에 '두 중간지대'가 존재함을 강조하는 새로운 안을 제시했다. 마오에 따르면, "아시아, 아프리카, 라틴아메리카는 제1중간지대에 속하고, 유럽, 북미와 캐나다, 호주, 일본은 제2중간지대에 속한다." 주석은 강조했다. 두 지대 모두 두 초강대국이 그들을 통제하려는 시도에 반대한다고.[02]

마오의 국제 사상을 반영하여 저우는 이미 1962년 9월 중앙위원회 제10차 전체 회의에서 "세계혁명의 중심이 모스크바에서 베이징으로 이전했다"라고 말했다.[03] 마오의 시를 받은 후, 저우는 여러 내부 연설에서 중국이 유망한 "혁명적 국제 정세"에 직면해 있다고 강조했다. 중국 국내 정치가 극적으로 좌경화됨에 따라 저우는 중국의 대외정책 또한 급진적인 변화를 겪을 것임을 의심하지 않았다.

*****

저우는 아시아, 아프리카, 라틴아메리카, 특히 동남아시아와 인도차이나가 마오의 세계관에서 중심적이라는 것을 알았다. 실제로 마오는 인도차이나에서의 전쟁과 혁명의 발발을 그의 '계속혁명' 프로그램을 촉진할 전면적인 국내 동원과 대중운동을 위한 구실로 활용하기를 희망했다. 그러나 이것은 저우에게 딜레마를 제시했다. 1954년 제네바 협정의 주요 지지자 중 한 명으로서, 저우는 그 협정이 중국 국경 남쪽의 안보 상황을 강화하면서 베트남의 통일을 가져오기를 진심으로 희망했다. 그러나 제네바 협정에 규정된 통일에 관한 국민투표는 미국과 사이공의 반공 응오딘지엠 정권에 막혀 결코 열리지 않았고, 남쪽에 남아 있던 비엣민 구성원들은 무자비하게 탄압받았다. 저우는 현실적인 반응을 보였다. 1956년 11월 하노이를 방문했을 때, 저우는 호치민과 다른 베트남민주공화국 지도자들에게 그들의 통일 추구가 "장기적인 투쟁"이 될 것이라고 조언했다. 따라서 남쪽 사람들을 끌어들이면서 "북쪽의 인민 민주주의를 개선"하는 것이 중요했다.[04] 1958년 여름, 하노이는 베트남에서 '남방 혁명'을 재개하는 것에 대해 베이징의 조언을 구했다. 저우는 중국공산당 지도부를 대표하여 베트남 혁명가들이 직면한 "가장 근본적이고, 중요하며, 시급한 과업"은 "북쪽에서 사회주의 혁명과 재건을 어떻게 수행할 것인가"라고 거듭 밝혔다. 저우는 상세히 설명했다. 남베트남에서는 "지금 혁명적인 변혁을 달성하는 것이 불가능"하므로, 그곳의 공산주의자들은 "혁명을 재개할 적절한 시기"가 올 때까지 "힘을 키우고, 대중과 연결하며, 오랫동안 자신들을 숨겨야 한다."[05] 이번에 베트남인들은 베이징의 조언을 따르지 않았다. 그때까지 중국 모델을 모방했던 북베트남의 토지개혁은 심각한 좌절을 겪었고, 베트남인들 사이에서 한때 드높았던 중국공산

662

당의 명성은 손상되었다. 그동안 지엠의 피비린내 나는 탄압에서 살아남았던 남쪽의 전 비엣민 구성원들은 무장 저항을 시작했다. 1959년, 하노이는 '남방 혁명을 재개'하기로 결정했다.

1960년 5월 하노이를 방문했을 때, 저우는 더 미묘한 태도를 취했다. 그는 비록 남방 혁명 개념에 반대 의사를 표명하지는 않았지만, 베트남 동지들에게 "정치적 투쟁과 군사적 투쟁을 결합하는 유연한 접근법"을 채택하라고 조언했다. 그는 강조했다. 비록 폭력이 불가피해지더라도, "정치적 행동을 포기하지 않아야 한다."[06] 1961년 6월, 팜반동이 베이징에 왔다. 마오가 베이징은 남쪽에서의 무장투쟁을 지지한다고 말하는 동안, 저우는 동과의 이전 회담에서 설정했던 어조를 고수했다. 그는 말했다. "남쪽은 해방되어야 한다. 그러나 전술은 유연하고 다각적이어야 한다…… 불법적인 투쟁은 합법적인 것들과 결합되어야 하고, 무장투쟁은 정치적인 것들과 연관되어야 한다."[07] 실제로 베이징은 하노이에 막대한 경제 원조(곡물 상당량을 인도하는 것을 포함했다)를 계속 공급했지만, 남방 혁명에 대한 군사 지원을 실질적으로 늘리지는 않았다.

상황은 1962년 하반기에 변했다. 남쪽에서 베트남 공산주의자들의 무장투쟁이 점차 구체화되었다. 베이징과 모스크바의 분쟁은 중국 국내외 정책이 극도로 좌경화되며 함께 격화되었다. 마오는 남베트남에서 공산주의자들이 이끄는 무장 저항이 부상하는 것에 더욱 열광했다. 그는 심지어 인도차이나에 관한 1954년 제네바 협정에 대해 "우리가 그때 실수를 저질렀다"라고 인정하며 자기비판까지 했다.[08] 마오의 논평은 저우를 은근히 비판하고 있었는데, 저우는 자신이 그 협정에 기여했음에 자부심을 가졌었다.

저우는 신속하게 베트남에 대한 접근법을 조정했다. 1962년 여름, 그는 호와 베트남노동당(공산당) 남방국 서기인 응우옌 치 탄(Nguyen Chi

Thanh)에게 중국이 남방 혁명을 전적으로 지지한다고 말했다. 베트남 지도자들은 미국인들이 공군이나 지상군으로 베트남에 개입하거나 심지어 북쪽을 공격할 가능성이 증가하고 있다고 언급했다.[09] 그들의 논평은 저우의 신경을 건드렸고, 그는 8월 말 둥에게 남베트남 동지들이 "무장투쟁을 벌이는 데 있어서 주로 자신들에게 의존해야 한다"라며, 워싱턴의 반응에 진지하게 주의를 기울여야 한다고 말했다.[10] 그는 중국이 북쪽을 방어하는 데 도움을 줄 것이라고 약속하지 않았다. 그것은 마오가 내릴 결정이었다. 10월 5일, 마오와 저우는 잡을 만났다. 남베트남에서의 유격전을 칭찬하면서도 마오는 인정했다. "지난 몇 년 동안 우리는 제국주의자들의 공세에 대해 많이 생각하지 않았다. 이제 우리는 그것에 주의를 기울여야 한다." 주석은 판단했다. 베트남 공산주의자들이 "미국인들의 다섯 손가락 중 하나를 잡았기" 때문에 "남베트남의 상황은 꽤 좋다." "미국이 개입하는 것은 쉬운 결정이 아니다." 마오는 약속했다. 중국은 "남베트남과 라오스의 상황에 매우 긴밀하게 주의를 기울일 것이다."[11]

1963년 초부터 베이징은 하노이에 대한 군사 및 기타 원조를 상당히 증가시켰다. 3월, 중국 총참모장 뤄루이칭이 하노이에서 베트남민주공화국 지도자들을 만나 "만약 적이 북쪽을 공격한다면 중국이 베트남을 지원하기 위해 무엇을 할 수 있는지, 그리고 양측이 전쟁을 벌이는 데 어떻게 협력할 수 있는지" 논의했다.[12] 5월, 류사오치는 하노이에서 호에게 말했다. "우리는 당신들 편에 서 있다. 만약 전쟁이 발발한다면, 당신은 중국을 당신의 후방 지역으로 간주할 수 있다."[13] 6월 4일, 마오는 레주언(Le Duan)과 다른 사람들에게 인정했다. "남베트남에 관해서, 우리는 틀렸다. 한 번은 우리가 당신들에게 군사 투쟁 대신 정치투쟁만을 벌이라고 조언했다…… 미 제국주의자들과 응오딘지엠이 우리에게 가르쳐 주었다."[14] 비록 저우는 회의에 참석하지 않았지만, 마오는 베트남에 대한 그의 입장을 비판하고 있었다. 저우는 주석이 그렇게 함으로써 자신에게 또 다른 경고 사격을 가하고 있음을 깨닫지 않을 수 없었다.

저우는 즉시 행동했다. 1963년 9월, 그는 호, 라오스 공산주의 지도자 카이손 폼비한(Kaysone Phomvihane), 인도네시아 공산주의 지도자 D. N. 아이디트(D. N. Aidit)를 광둥성 충화로 초대하여 "동남아시아 혁명 촉진"에 관해 전략적 토론을 했다. 저우는 발표하며 동남아시아를 "세계 모순의 초점"이라고 불렀는데, 그곳은 "제국주의와 식민주의가 깊이 뿌리를 내렸지만" 인민들이 각성한 곳이었다. 저우는 중국이 "동남아시아 혁명의 대후방" 역할을 할 것이며, "여러 동남아시아 국가들의 반제국주의 투쟁을 지원하기 위해 최선을 다할 것"이라고 약속했다.[15]

1964년 6월, 베트남전쟁이 격화되고 중소 관계가 더욱 경색되면서 마오는 베트남 인민군 총참모장 반띠엔중(Van Tien Dung)에게 약속했다. 주석은 말했다. "만약 미국인들이 감히 북베트남에 전쟁을 가져온다면, 중국 군대를 그곳에 파견할 것이다…… 우리 인민에 의해 자발적으로 조직되고 우리 정부가 통제하지 않는 지원병으로서 말이다. 그리고 당신들은 같은 방식으로 남쪽에 지원병을 보낼 수 있다."[16] 그리하여 마오는 중국, 베트남, 라오스 공산주의 지도자들의 정상회담에 참석하려던 저우에게 기조를 정해 주었다. 7월 초, 저우는 하노이에서 호, 폼비한과 협의했다. 그들 모두는 미국인들이 남베트남을 "사회주의국가들을 공격하기 위한 기지"로 사용하려 한다고 믿었다. 저우는 다시 한번 동남아시아를 '세계 모든 모순의 초점'으로 보았다. 그의 관점에서 볼 때, 미 제국주의자들은 남베트남, 라오스, 태국에서 "특별 전쟁"을 벌이려 하고 있었다. 저우는 강조했다. "동남아시아에 대한 그들의 침략은 멈추지 않을 것이며" "그들은 남베트남과 라오스에 더 많은 군대를 보내거나, 북베트남을 폭격하거나 심지어 공격함으로써 '특별 전쟁'을 격화시키거나 심지어 지역

전쟁으로 확대할 수도 있다." 그는 이 위협에 대응하기 위해 중국은 베트남에 대한 군사 및 경제 원조를 늘릴 것이라고 약속했다. 워싱턴이 무엇을 하든, 중국은 "동남아시아 인민들의 투쟁을 단호하게 지지"할 것이었다. 그동안 저우는 호와 폼비한에게 "전쟁을 현재 범위에 국한시키기 위해 최선을 다하라"라고 조언했다. 베이징에 관해서는 그들을 안심시켰다. "미국이 한 걸음 나아가면, 중국도 한 걸음 나아갈 것이다. 미국이 군대를 보내면, 중국도 그곳에 군대를 보낼 것이다."[17]

*****

하노이에서 저우, 호, 폼비한이 정상회담을 한 지 한 달도 채 안 되어, 저우가 오랫동안 두려워했던 시나리오가 현실이 되었다. 8월 2일, 미 해군 구축함 매독스(Maddox)호가 통킹만에서 정보 감시 작전을 수행하던 중 베트남 어뢰정 세 척에게 공격을 받았다. 3일 후 워싱턴은 베트남민주공화국 군대가 다시 미군 함정을 어뢰로 공격했다고 발표했다. 미국인들은 북베트남의 여러 전략적 목표물들을 폭격하는 것으로 대응했다. 미 의회는 린든 존슨(Lyndon Johnson) 대통령에게 무력 사용을 승인하는 통킹만 결의안을 통과시켰다.

저우는 통킹만 사건을 알자마자 뤄루이칭과 함께 호, 동, 중에게 전보를 보내 세부 상황을 문의했다. 저우는 베트남민주공화국 지도자들에게 조언했다. "상황을 명확히 하고, 필요한 정책들을 만들며, 충분히 준비하라."[18] 8월 6일, 중국 정보부가 제공한 정보로 저우는 "8월 2일 통킹만에서의 충돌은 진짜였지만, 양측 모두에게 예상치 못한 조우였다"라고 확인했다. 그러나 8월 4일에 주장된 두 번째 공격은 "미국인들이 북베트남에서의 침략 확대를 정당화하기 위해 꾸며 낸 것"이었다. 그는 존슨 행정

23-1 1960년대 초, 베이징에서 저우언라이와 호치민. CPA Media Pte. Ltd. / Alamy Stock Photo

부의 행동 뒤에는 여섯 가지 핵심 동기가 있다고 판단했다. "첫째, 남베트남에서의 패배를 만회하고, 인민의 마음을 혼란스럽게 함으로써 보복하는 것. 둘째, 그들의 하수인을 포함한 동맹국들의 반응을 시험하는 것. 셋째, 베트남 저항 세력의 힘을 시험하는 것. 넷째, 중월 관계와 중국의 반응을 시험하는 것. 다섯째, 사회주의 진영의 반응을 시험하는 것. 여섯째, 미국 대통령 선거에서 우위를 점하는 것."[19]

8월 중순, 레주언은 비밀리에 베이징을 방문하여 마오에게 하노이가 8월 2일 공격을 명령하지 않았다고 말했다. 주석은 그 말에 동조하며, 그 사건이 미국인들의 "의도적인 공격"이 아니라 잘못된 정보의 결과라고 말했다. 주석은 관찰했다. "미국인들은 전쟁을 원하지 않는 것 같다. 당신들도 전쟁을 원하지 않고, 우리도 반드시 전쟁을 원하는 것은 아니다. 전쟁은 일어나지 않을 것이다." 레주언 대표단의 한 구성원이 워싱턴이 "북쪽을 공격하겠다고 떠들고 있다"라고 말했을 때, 마오는 논평했다. "만약 미국인들이 북베트남을 공격한다면, 그들은 우리 중국인들에게도 걷기 위한 다리가 있음을 기억해야 할 것이다." 그는 주언에게 중국이 베트남을 지지함을 보여 주기 위해 "가시적인 조치"를 취하겠다고 약속했다.[20] 10월 5일 베이징에서 동을 만났을 때, 마오는 베트남인들에게 미국인들과의 직접적인 충돌을 최대한 피하면서 사이공 정권을 무너뜨리기 위해 전력을 다하라고 격려했다. 저우는 마오의 선례를 따라 동과 "사이공 정권을 붕괴시키는 데 어떻게 집중할 것인지" 논의했다.[21] 1965년 1월, 저우는 베이징의 베트남 군사 대표단에게 주력 부대를 동원하여 남쪽에 있는 적의 '전략촌'에 잘 조율된 총공세를 시작할 것을 제안했다. 그는 그러한 공세가 사이공 정권의 "정치적 붕괴"와 결합되면 "원래 예상보다 더 일찍" 베트남 공산주의자들의 승리로 이어질 것이라고 추정했다.[22]

그러나 미국인들이 개입하고 나섰다. 2월 초, 로버트 맥나마라(Robert

McNamara) 미국 국방장관이 사이공을 방문하는 동안, 베트남 공산주의 게릴라들이 플레이쿠(Pleiku) 공군 기지의 미군을 공격했다. 존슨 대통령은 이에 대응하여 북쪽을 폭격하기 위한 '롤링 썬더 작전(Operation Rolling Thunder)'을 시작하고 남쪽에 미 지상군을 다수 파견할 것을 명령했다. 베트남전쟁은 신속하게 격화되었다. 이후 몇 년 동안 이 갈등은 중국 대외정책의 초점이자 마오의 국내 동원을 지속적으로 정당화하는 역할을 할 것이었다.

★★★★★

베트남전쟁에도 불구하고 마오와 저우를 비롯한 베이징의 지도자들은 아프리카, 라틴아메리카 및 아시아 다른 지역의 발전에도 계속 세심한 주의를 기울였다. 아시아와 아프리카의 여러 이전 식민지들이 독립을 쟁취하면서 세계적인 탈식민화 운동이 빠르게 기반을 넓히고 있었다. 저우가 관찰했듯이, "아시아, 아프리카, 라틴아메리카 인민들은 각성하기 시작했고 결코 멈출 수 없다."[23]

쿠바혁명의 승리는 마오와 저우에게 기분 좋은 놀라움으로 다가왔고, 피델 카스트로가 국내에서 일련의 급진적인 정치 및 사회 운동을 시작하고 아바나가 베이징과 외교관계를 수립했을 때 깊은 인상을 받았다. 1960년 11월, 체 게바라(Che Guevara)가 쿠바 경제 대표단을 이끌고 중국을 방문했다. 저우는 게바라를 맞이하고 마오와의 회담에 동행했다. 주석은 쿠바혁명이 라틴아메리카뿐만 아니라 아시아와 아프리카 전역에 미친 거대한 영향력을 칭찬했다. 게바라는 말했다. "우리 혁명의 승리는 제국주의가 졸고 있느라 우리를 다루는 데 집중하지 못했을 때 일어났다." 그리고 혁명 쿠바는 당시 벅찬 도전에 직면해 있었다. 저우는 게바라에게 약속했다. "비록 우리가 큰 자연재해를 겪었지만, 형제 국가 쿠바가 우리보다 더 큰 어려움을 겪고 있다면 최선을 다해 지원할 것이다."[24] 게 바라가 방문한 후 베이징과 아바나의 협력은 급속히 발전했다. 1962년 쿠 바 미사일 위기 이후, 마오는 심지어 쿠바를 "반제국주의와 반수정주의 의 국제적 기치"로 간주했다.

동남아시아는 당시 중국 지도부의 또 다른 핵심 초점이었다. 마오와 저우를 비롯한 중국 지도자들은 베트남 외에도 수카르노(Sukarno) 대통 령의 인도네시아와 그의 신흥 세력 운동의 부상에 특별한 주의를 기울였 다. 자카르타는 중화인민공화국 건국 직후 베이징과 외교관계를 수립했 다. 1955년, 저우는 반둥 회의에 참석하고 중국에서 수카르노를 접대했 다. 수카르노와 인도네시아 정부를 크게 괴롭혔던 문제인 이중 국적 개 념을 거부함으로써 저우는 베이징이 자카르타와 안정적으로 관계를 발 전시키는 기반을 마련했다. 1958년, 수카르노는 수마트라에서 발생한 무 장 반란을 진압하는 데 도움을 구하기 위해 비밀리에 중국에 군사 사절 단을 파견했다. 마오와 저우는 인도네시아 지도자에게 중국이 "당신들의 정당한 투쟁을 확고하게 지지한다"라고 확신시키고 인도네시아에 2천만 달러에 상당하는 무기와 기타 군사 장비를 제공했다.[25] 1960년대 초, 인도 네시아는 서이리안(West Irian)에서 주권을 회복하려는 노력에 대해 중 국의 지원을 구했다. 1962년 1월, 베이징은 자카르타에 1억 2950만 스위스 프랑을 특별 차관으로 제공했다.[26] 1958년부터 1960년까지 이어진 인도 네시아의 화교에 대한 일련의 공격과 배제 조치에 대하여 저우는 중-인 도네시아 관계를 보존하기 위해 "이성과 침착함"으로 대응할 것을 주장 했다.[27] 1961년 말, 수카르노는 비밀리에 저우에게 심각한 신장 질환을 치 료하는 것을 도와 달라고 요청했다. 저우는 우제핑(吳階平) 박사가 이끄 는 중국 의료 전문가단을 자카르타로 보내 주었다. 우와 그의 동료들은

중국 및 서양 의학을 조합하여 수카르노를 치료하고 그의 증상을 크게 완화했다.[28]

1963년 이후, 수카르노는 국내에서 인도네시아공산당(ICP)과 동맹을 맺고 점점 더 급진적인 외교정책을 채택하면서 정치적 방향을 극적으로 좌경 전환했다. 그는 심지어 인도네시아가 국제올림픽위원회를 탈퇴하고 올림픽에 필적할 "신흥 세력 경기 대회"를 시작하도록 명령했다. 그는 또한 말레이시아를 "신식민주의의 산물"이라고 부르고, 1964년 12월 말레이시아가 유엔안전보장이사회에 선출된 것을 구실로 유엔에서 탈퇴했다. 베이징은 수카르노의 이러한 모든 움직임을 지지했고, 수카르노가 이끄는 신흥 세력 운동에 적극적으로 참여했다. 1965년 1월, 인도네시아 제1부총리 수반드리오(Subandrio)가 중국을 방문했을 때, 저우는 그에게 베이징이 자카르타와의 "포괄적인 정치, 경제, 기술, 군사 협력"을 확대할 것이라고 말했다.[29] 9월 말, 고위급 인도네시아 대표단 네 개가 동시에 중국을 방문했다. 마오는 심지어 중국이 핵기술을 인도네시아와 공유할 용의가 있다고 말했다.[30] 그러나 이 허니문은 오래가지 않을 것이었다. 인도네시아에서 9·30 사건이 발발하며 베이징-자카르타 동맹의 종말이 시작되었음을 알렸다.

*****

저우는 또한 아프리카에서 베이징의 영향력과 관계를 확장하기 위해 노력했다. 중인 국경 전쟁 발발 후, 저우는 중화인민공화국과 외교관계를 맺고 있는 많은 아시아 및 아프리카 국가가 베이징보다 뉴델리에 더 공감한다는 것을 알았다. 중국과 인도 간 정전이 발효된 후, 실론은 중인 분쟁을 중재하기 위한 노력에서 아시아 및 아프리카 국가 여섯 개를 이끌었다. 참여한 국가들은 중국에 우호적이었다. 그러나 중재가 시작되자 그들은 모두 어떤 식으로든 베이징을 비난했다. 저우는 '관습선'과 '실제 통제선'의 개념을 도입한 이유와 그 개념들의 법적, 정치적, 역사적, 현대 적 의미를 설명하며 '콜롬보 6개국' 지도자들에게 중국의 관점을 설명하 기 위해 모든 정치적 기술을 동원했다.[31] 이 경험으로 저우는 베이징이 더 많은 아시아 및 아프리카 국가들과 교류를 강화할 필요성이 있음을 깨달 았다. 1963년 12월 중순, 저우는 알바니아와 아시아 및 아프리카 13개국을 방문하는 3개월간의 긴 여정에 올랐다.

저우의 첫 기착지는 아랍연합공화국(당시 이집트의 공식 명칭)이었 다. 나세르 대통령이 주최한 공식 환영회에서 저우는 회상했다. "1924년, 내가 유럽에서 고국으로 돌아가는 길에 수에즈운하를 지날 때, 아프리카 대륙 전체는 여전히 제국주의의 어두운 지배하에 있었다…… 사십 년은 역사에서 스쳐 지나가는 순간에 불과하다. 그러나 세계, 중동, 아프리카 는 크게 변했다."[32] 저우는 이집트에서 5일간 체류하는 동안 나세르와 세 차례 회담했다. 저우는 나세르에게 말했다. 중국은 민족 독립을 위한 투 쟁에서 제국주의에 맞서는 아랍 국가들의 투쟁과 비동맹 정책 실행을 지 지한다고. '아랍 단결'에 대한 나세르의 호소에 응하여 저우는 중국이 "자 신들의 방식대로 아랍 국가들의 단결"을 지지한다고 말했다. 그는 베이 징의 대미 정책을 설명하는 데 많은 시간을 할애했다. 그는 비난했다. 워 싱턴은 "양국 간의 나쁜 관계에 책임이 있다." "중국에 반대하기 위해 미 국은 타이완, 남한, 인도차이나를 긴장 지역으로 만들었다." 저우는 계속 했다. "일부는 중국이 호전적이고 팽창주의적인 국가라고 비난했지만, 사실 중국은 해외에 군인을 단 한 명도 두지 않았고, 미국은 해외에 군대 를 백만 명이나 배치했다." 워싱턴이 베이징에 적대적이었고 중국을 포 위하려 시도했기 때문에 "우리는 미국에 반대할 수밖에 없다." 그럼에도 불구하고 그는 강조했다. "우리는 미국 인민에게 우호적이며" "양국 간에 군사적 충돌은 존재하지 않는다." 중국과 인도의 국경 분쟁 주제에 관해 저우는 강조했다. "지금은 평화롭다…… 만약 인도인들이 실제 통제선을 넘지 않는다면, 양측은 군사적 충돌에 휘말리지 않을 것이다." 저우는 장비와 원자재 구매 자금을 조달하기 위해 3억 3500만 스위스 프랑을 10년 무이자 차관으로 이집트에 제공하는 데 동의했다.[33]

12월 21일, 저우는 알제리에 도착했는데, 베이징은 그곳을 이집트보다 사회주의적 성향이 더 강하다고 보았다. 수도 알제(Alger)에 도착하자마자 저우는 알제리 혁명의 승리를 "거의 기적"이자 중국 및 쿠바 혁명의 여파 속에서 이루어진 "1960년대의 위대한 사건"이라고 불렀다.[34] 이후 6일 동안 저우는 알제리 대통령 벤 벨라(Ben Bella)와 네 차례 회담했다. 저우는 알제리 부통령이자 국방장관인 우아리 부메디엔(Houari Boumédiène)과 함께 나라를 순회했다. 벤 벨라가 저우에게 진정한 사회주의를 추구하기로 결심했다고 말했을 때, 저우는 그를 칭찬하면서도 조언했다. "그처럼 고귀한 목표를 서둘러 추구하지 말라." 제국주의의 영향을 제거하기 위해 저우는 제안했다. "다차원적인 대결을 피하고, 전략과 정책을 만드는 데 있어서 원칙과 유연성을 결합하는 것이 중요하다." 저우는 벤 벨라에게 말했다. "우리와 미국인들 사이에 두 가지 주요한 문제들이 있다. 첫째, 양국 간의 관계는 (평화 공존) 5원칙에 기초해야 한다는 것, 둘째, 미국인들이 타이완과 타이완해협으로부터 철수하는 데 동의해야 한다는 것이다." 비록 미국이 중국에 대해 전쟁을 시작할 가능성이 있었지만, "그러한 전쟁이 즉시 일어나거나 제3차 세계대전으로 이어질 가능성은 낮다. 만약 미국이 중국에 새로운 전장을 연다면, 다른 곳에서의 힘이 크게 약화될 것이기 때문이다. 그들의 주요한 관심사는 여전히 유럽이다."[35]

알제를 떠난 후 저우는 12월 27일부터 31일까지 모로코를 방문했고, 거기서 하산 2세(King Hassan II) 국왕을 만나 중국과 모로코가 어떻게 양자 관계를 강화할 수 있는지 논의했다. 머무는 동안 저우는 또한 "북아프리카의 석유 산업을 탐사하고 연구"했으며, 프랑스와 이탈리아 기술로 건설된 정유 공장을 방문했다. 베이징에 보낸 특별 보고서에서 그는 강조했다. 이집트, 알제리, 모로코는 "외국 원조를 사용하여 현대 장비를 갖춘 새로운 산업들을 건설했다. 그들 모두는 적은 투자, 최신 장비, 높은 수준의 자동화, 빠른 수익, 적은 노동자 참여의 혜택을 누리고 있다. 이것은 우리에게 외국 산업 장비 수입과 원조 사용에 있어서 새로운 주제를 제시했다."[36]

1963년 섣달그믐날 저우는 지중해를 건너 알바니아를 방문했는데, 이곳은 모스크바와의 격렬한 경쟁 속에서 베이징의 확고한 동맹국이었다. 알바니아 지도자 엔베르 호자(Enver Hoxha)와의 회담은 거의 전적으로 "흐루쇼프와 소비에트 현대 수정주의와 싸우는" 문제에만 집중했다. 호자 또한 중국에 일련의 막대한 원조를 요청했고 저우는 거의 모두 수락했다. 그리하여 양국 간에 매우 비대칭적인 동맹 관계가 형성되기 시작했다. 인구가 겨우 2백만 명인 알바니아가 중국으로부터 다른 어떤 나라보다도 더 많은 원조를 받게 될 것이었다. 1970년대 후반, 베이징이 워싱턴과 화해한 여파로 중-알바니아 협력이 붕괴되었을 때, 중국이 알바니아에 원조한 금액은 100억 인민폐를 초과했다.[37]

저우는 그 후 튀니지로 날아갔고, 거기서 하비브 부르기바(Habib Bourguiba) 대통령과 중국과 튀니지가 외교관계를 수립할 것이라는 공동 성명을 발표했다. 원래 튀니지 다음 기착지는 가나였다. 그러나 저우는 가나 대통령 콰메 은크루마(Kwame Nkrumah)가 실패한 쿠데타에서 거의 암살당할 뻔했다는 것을 알게 되었다. 가나의 안보 상황은 불분명했고, 모든 동료는 그가 방문을 취소해야 한다고 생각했다. 그러나 저우는 "주인이 일시적으로 어려움에 처했다 하여 여행을 포기"할 수 없다며 가나 방문을 강행하기로 결정했을 뿐만 아니라, 오수성(Osu Castle)에 있는 그의 거주지에서 은크루마를 만나겠다고 했다.[38] 1964년 1월 15일, 저우는 가나의 수도 아크라에서 중국이 다른 나라들에 경제 원조와 기술 지원을 제공하는 데 엄격하게 따를 여덟 가지 원칙을 발표했다. 즉 평등과 상호 이익의 원칙에 따라 원조를 제공하고, 결코 그러한 원조를 일방적인 자선으로 간주하지 않는다. 수혜국의 주권을 엄격하게 존중하고, 어떤 조건이나 특권도 요구하지 않는다. 수혜국의 부담을 덜어 주기 위해 무이자 또는 저금리 차관 형태로 원조를 제공하고 차관 기간을 연장한다. 수혜국을 중국에 의존하게 만들지 않고 그들이 자립을 달성하도록 돕는다. 수혜국이 적은 투자로 더 빠른 결과를 낳는 프로젝트를 건설하도록 돕는다. 최고 품질의 장비와 자재를 제공하고, 만약 장비와 자재가 합의된 사양과 품질에 미치지 못하면 교체한다. 수혜국의 인력이 중국이 제공한 기술을 완전히 숙달하도록 보장한다. 중국이 파견한 전문가들이 수혜국의 전문가들과 같은 생활 수준을 갖도록 보장한다.[39]

1월 중순, 저우는 서아프리카로 가서 말리와 기니를 방문했는데, 두 나라 모두 중국에 매우 우호적이었다. 사실 기니는 사하라 이남에서 최초로 중화인민공화국과 외교관계를 수립한 국가였다. 더욱이 기니 대통령 아메드 세쿠 투레(Ahmed Sékou Touré)는 중국 편에 서서 중인 국경 전쟁을 "공정하고 합리적"이라고 묘사하는 성명을 발표한 몇 안 되는 아시아 및 아프리카 지도자 중 한 명이었다. 다음으로 저우는 동북아프리카로 눈을 돌려 수단, 에티오피아, 소말리아를 방문했다. 2월 5일, 저우는 50일간의 아프리카 여행을 마치고 중국으로 돌아왔다.

2월 14일, 쿤밍과 청두에서 열흘간 휴식한 후, 저우는 여정을 재개하여 먼저 버마로 갔다가 파키스탄으로 떠났다. 저우의 파키스탄 방문 기조는 몇 년 전 첫 방문 때와는 극적으로 달랐다. 중국과 인도가 국경에서 충돌한 이후 베이징과 파키스탄의 관계는 급속히 진전을 이루었다. 파키스탄 대통령 아유브 칸(Ayub Khan)은 저우에게 양국 간에는 "전쟁도 없고 갈등도 없다"라며 "우리는 역사가 드러내고 우리 국민들이 바라는 대로 같은 방향으로 나아가고 있다"라고 강조했다. 저우는 그 메시지를 이해했다. 그는 중국과 인도의 국경 분쟁에서 "우리는 협상을 고수했지만, (우리의) 원칙을 포기할 수는 없다"라고 언급했다. 또한 중국이 "자신의 독립과 주권을 유지하려는 파키스탄의 투쟁"을 지지한다고 말했다.[40] 저우와 아유브는 공동성명에서 "카슈미르 분쟁이 카슈미르 인민의 의지에 따라 해결될 수 있기를" 희망한다고 표현했다.[41] 중국이 카슈미르 문제에 대해 친파키스탄적인 성명을 낸 것은 이번이 처음이었다. 중국과 파키스탄은 동맹국이 아니었지만, 두 국가 사이에 확고한 신뢰와 협력을 중심으로 한 관계가 나타나기 시작했다.

2월 26일, 저우는 동파키스탄의 수도 다카에서 쑨원의 아내이자 중화인민공화국 부주석인 쑹칭링과 합류했다. 그들은 함께 실론을 방문했다. 실론 총리인 시리마보 반다라나이케(Sirimavo Bandaranaike)가 콜롬보 6개국을 소집했기 때문에, 저우는 쑹칭링에게 중국의 입장을 철저하고 상세하게 거듭 밝혔다. 그는 말했다. "우리는 실제 통제선에서 20킬로미터 후퇴했고, 그곳에 민간 행정기관 몇 개만 남겨 두었다. 그리고 우리는 절대로 도발하지 않을 것이다." 저우는 덧붙였다. "만약 인도 군대가 진격한다면, 우리는 콜롬보 6개국에 중재를 요청할 것이고 인도인들과 직접 충돌하지 않을 것이다." "우리는 중재가 실패할 경우에만 자위 조치를 취할 것이다."[42]

저우와 쑹은 3월 1일에 쿤밍으로 돌아왔다. 전국인민대표대회에 제출한 보고서에서 저우는 3개월간의 여행이 "중국과 아시아 및 아프리카 국가들 간 우정을 더욱 증진시켰으며, 이는 또한 세계 인민들 사이에 반제국주의의 위대한 단결을 강화할 것"이라고 강조했다. 특히 저우는 언급했다. "오늘날의 아프리카는 더 이상 19세기 후반이나 20세기 초의 아프리카가 아니다. 아프리카는 각성하고, 투쟁하며, 전진하는 대륙이다." 그는 또한 "제국주의자들의 침략, 간섭, 파괴, 통제에 대한 반대가 아시아 민족 혁명들의 밝은 신호가 되었다"라고 강조했다.[43]

*****

마오는 영리한 전략가였다. 그는 미 제국주의, 소비에트 수정주의, 인도 반동분자들을 중국의 가장 쓰라린 세 적으로 간주했다. 그러나 그는 '제2 중간지대'의 자본주의국가들에 대해서는 더 유연한 태도를 보였다. 비록 중국의 대외정책이 날마다 더 급진적으로 되어 가고 있었지만, 마오는 모든 방향으로 동시에 공격하지는 않았다. 이것은 저우에게 자본주의국가들과의 관계를 발전시킬 여지를 주었다.

저우가 마오의 지지를 받아 가장 부지런히 공을 들인 나라는 일본이었다. 1962년 봄 중앙위원회 제10차 전체 회의에서 주석은 언급했다. "일본은 우리에게 화학 비료, 특수 유형의 강철, 살충제, 사회주의국가들이 우리에게 팔지 않을 세계 최고의 비닐론 생산 장비를 팔았다. 그들의 대표인 다카사키 다쓰노스케가 아마 다음 달에 여기에 올 것이다."[44] 무역 협상을 위해 다카사키를 중국에 초대한 사람은 저우였다. 저우는 1955년 반둥에서 그를 처음 만나 중일 무역의 문을 열었다.[45] 그러나 1958년 5월 히로시마의 우익 일본인들이 중화인민공화국 국기를 불태웠을 때 중국과 일본 간 경제 및 문화 교류는 거의 완전히 중단되었다. 7월 7일, 국무원 외사판공실 부주임인 랴오청즈는 저우의 지시에 따라 '세 가지 정치 원칙'을 소개했다. 즉 일본 정부는 중국에 대한 적대 행위를 중단하고, 두 개의 중국을 만들려는 음모에 관여하지 않으며, 중일 관계 정상화의 진전을 방해하지 않는다는 것이었다.[46] 베이징에 대해 적대적인 정책을 수행했던 기시 노부스케(岸信介)가 1960년 6월 일본 총리직에서 사임했을 때, 저우는 일본과의 무역 관계를 재개할 기회를 보았다. 8월 27일 일본-중국 무역촉진협의회 상임 이사 스즈키 가즈오(鈴木一雄)와의 회담에서 저우는 세 가지 정치 원칙을 거듭 밝히고, 정부 협정, 민간 계약, 특별 약정의 형태로 중일 무역을 발전시키고자 하는 중국의 선호를 정의하는 '세 가지 무역 원칙'을 소개했다.[47] 다카사키는 10월 중순에 베이징에 왔다. 다카사키와 만났을 때, 저우는 중일 관계 개선을 위한 세 가지 '최소한의 조건'을 설명했다. 조건들은 양국이 상호 적대 행위에 관여하지 않고, 일본이 '두 개의 중국' 정책을 추구하는 워싱턴을 따르지 않으며, 일본이 중국과의 관계가 정상화되는 방향으로 나아가는 것을 막지 않는다고 규정했다.[48]

중앙위원회 제10차 전체 회의에서 일본에 대한 마오의 긍정적인 논평은 저우로 하여금 일본과 더욱 교류하도록 동기를 부여했다. 또한 그달에 중국을 방문한 사람은 집권 자민당의 고위 국회의원인 마쓰무라 겐조(松村謙三)였다. 저우는 마쓰무라에게 제안했다. "(양국이) 과거 일에 얽매이지 말고…… 선견지명을 가지고 미래를 내다봐야 한다." 저우는 주장했다. "우리는 촉진적이고 점진적인 방법을 채택해야 한다." 그리고 세 가지 정치 원칙, 세 가지 무역 원칙, 정치와 경제의 불가분성에 기초하여 중국과 일본 간 정치 및 경제 관계를 개선하려 노력해야 한다고 했다.[49] 랴오와 마쓰무라는 9월 19일에 무역협정에 서명했는데, 이에 따라 양측은 물물교환, 지연 지불, 장기 협정을 통해 중일 무역을 확대할 것이었다. 10월 말, 다카사키는 거대한 대표단을 이끌고 중국을 방문했다. 저우는 방문 중에 다카사키와 이야기했다. 11월 9일, 랴오와 다카사키는 무역 각서에 서명했는데, 이는 훗날 중일 간 L-T 무역협정의 길을 닦았다. 1963년 6월, 저우의 참여하에 중국은 비닐론 생산을 위한 전체 설비 수입에 관한 일본과의 준공식적인 협정에 서명했는데, 이는 중화인민공화국 역사상 최초였다. 그 거래는 2277만 달러 지연 지불을 포함할 것이었다.[50] 1963년에 중국과 일본의 무역은 이미 1956년 수준으로 돌아갔다. 이 년 안에 중일 무역은 1963년 수준보다 다섯 배 이상 증가할 것이었다.[51]

*****

'제2 중간지대'에서 저우가 거둔 가장 큰 성과는 1964년 초 파리와 외교관계를 수립한 것이었다. 프랑스는 총리의 마음속에 특별한 자리를 차지하고 있었다. 그는 1920년대 초에 프랑스에 살았고, 그곳에서 혁명 경력을 시작했다. 인도차이나에 관한 1954년 제네바 협정은 저우와 프랑스 총리 피에르 망데스프랑스가 협력한 산물이었다. 제네바 경험은 저우에게 비록 프랑스와 미국이 동맹국이지만, 그들의 관계는 복잡하며 중국이 프랑스 정치인들과 협력할 수 있다는 것을 가르쳐 주었다. 1957년 5월, 저우가 주선하여 전 프랑스 총리 에드가르 포르(Edgar Faure)가 중국을 방문했다. 두 사람은 5월 24일에 만났다. 저우는 중국과 프랑스 간에 공식적인 외교관계를 수립하는 열쇠가 타이완 문제에 대한 합의에 도달할 수 있는지 여부에 달려 있다고 말했다. 저우는 포르에게 말했다. 만약 프랑스가 이것이 너무 큰 부담이라고 생각한다면, "우리는 기다릴 수 있다."[52] 5월 30일, 저우는 포르와 함께 마오와의 회담에 합류했고, 마오는 포르에게 말했다. "저우 총리가 당신에게 말했듯이, 우리는 프랑스와 외교관계를 수립하기를 원한다. 이는 양국 모두에게 유익하다." 마오는 "중국은 독립국가이며, 소련으로부터 독립되어 있다"라고 강조하며, '공산주의 블록'이라는 용어를 싫어한다고 설명했다. 마오는 단언했다. "프랑스는 영광스러운 역사를 가지고 있으므로, 국제 문제에서 중재하고 화해시키는 역할을 해야 한다." 저우는 동의하며 고개를 끄덕였다.[53]

1958년 샤를 드골(Charles de Gaulle)이 프랑스 대통령이 된 후, 저우는 드골의 "프랑스의 독립과 주권을 유지하려는 영웅적인 행동"을 칭찬했다. 그러나 알제리전쟁이 일어나 알제리가 1962년 7월에 독립할 때까지 프랑스와 중국 사이 관계에 돌파구가 나타날 전망을 막았다. 1963년 10월 21일, 포르는 드골의 친필 서한을 가지고 중국으로 돌아왔는데, 드골은 명시적으로 포르에게 자신을 대신하여 중국과 외교관계 수립을 논의할 권한을 부여했다.

저우는 이러한 전개에 흥분했고, 중국외교협회 회장 장시뤄(張奚若)를 포르의 공식 접대역으로 배정했다. 그러나 저우는 포르의 방문을 직접 처리할 것이었다. 포르는 10월 22일 베이징에 도착했다. 다음 날 아침 그를 만났을 때, 저우는 포르에게 세 가지 선택지를 제시했다. 첫 번째는 "중화인민공화국을 인정하고 유엔에서 그 의석을 지지하면서 중국과 대사를 교환"하는 것이었다. 대안으로 프랑스는 "영국과 네덜란드처럼 부분적인 외교관계를 수립"하는 것을 선택할 수도 있었다. 마지막으로 만약 "타이완과 관련된 어려움들"이 너무 크다면, 프랑스와 중국은 "무역 대표 기관 및 다른 준공식적 및 민간 기관들을 설립"함으로써 외교관계 수립 없이 "양국 간 관계를 증진시키려 노력"할 수 있었다. 저우는 또한 "중국은 두 개의 중국을 확고히 반대하며 이는 변하지 않을 것"이라고 강조했다. 포르는 이해했고, 드골 치하에서 프랑스가 중국과의 관계를 처리하는 데 있어서 "영국의 방식을 배제"할 것임을 분명히 했다. 그는 "만

약 우리가 행동한다면, 우리는 중국과 대사를 교환하기를 원한다"라고 덧붙였다.[54]

둘째 날, 저우는 천이를 포르와 만나도록 배정했다. 천이 프랑스인에게 전달한 단 한 가지 가장 중요한 메시지는 "프랑스가 타이완과 모든 관계를 끊지 않는 한, 중국과 프랑스 간에 공식적인 외교관계가 수립될 수 없다"라는 것이었다. 천은 말했다. "만약 당신이 장제스 일파의 대표들을 추방하기 어렵다면, 우리는 기다릴 수 있다."[55] 10월 25일 포르와의 회담에서 저우는 베이징이 프랑스에 제시한 세 가지 선택지, 즉 공식 인정, 조건부 인정, 외교적 인정 없는 '특별한 지위' 개발을 거듭 밝혔다. 포르는 중국과 프랑스가 외교관계를 수립하는 것을 선호한다고 말했다. 그는 저우에게 '개인적인 제안'을 제시했다. 프랑스가 중화인민공화국 정부를 공식적으로 인정한다는 성명을 발표하면, "당신들은 프랑스의 제안에 매우 만족한다고 답하면서, 이것이 프랑스가 타이완과 관계를 단절했다는 의미라고 밝히면 된다." 그렇게 함으로써, "당신들은 프랑스에 조건을 부과하지 않고, 아무도 두 개의 중국이 존재한다고 말할 수 없다." 저우는 즉시 그 제안이 참신함을 알아차렸다. 그는 포르에게 프랑스가 '두 개의 중국'이나 '하나의 중국과 하나의 타이완'이 아니라 오직 하나의 중국만을 인정하며, 타이완은 중국의 한 성이며, 중국과 외교관계를 수립함으로써 프랑스가 타이완과 관계를 끊을 것이라는 점을 명확히 해 달라고 압박했다. 포르는 긍정적으로 응답했다. 저우는 말했다. "만약 그렇다면, 조만간 이 문제를 해결할 수 있을 것이다."[56]

저우는 협상이 결정적인 지점에 도달했다고 평가했다. 그는 중국과 프랑스 양측이 포르 보고서에 대한 드골의 응답을 기다리는 동안, 포르가 산시의 다퉁(大同)과 윈강석굴(雲崗石窟)을 방문하도록 주선했다(이례적으로 포르는 자신의 보고서를 중국 측과 공유했다). 마오의 승인을 받아 저우는 큰 결정을 내렸다. 그는 프랑스가 중화인민공화국과 외교관계를 수립하기 위한 전제 조건으로 타이완과의 외교관계를 끊어야 한다고 요구하지 않을 것이었다. 11월 2일, 그는 포르에게 서면으로 3단계 계획을 제출했다. 첫째, 프랑스는 공식적인 메모에서 중화인민공화국을 인정하고 양국이 외교관계를 수립하고 대사를 교환할 것을 제안한다. 다음으로 중화인민공화국은 중국을 대표하는 유일한 합법 정부로서 프랑스의 제안을 환영하며 즉시 프랑스와 외교관계를 수립하기 위해 움직일 것이라고 회답한다. 마지막으로 두 정부는 그 후 위의 메모들을 동시에 발표하고, 즉시 서로의 나라에 대사관을 설립하며, 대사를 교환하는 데 동의한다. 저우가 강조했듯이, 그 계획의 저변에는 그와 포르가 도달했던 이해들이 있었다. 즉 프랑스가 중화인민공화국을 중국의 유일한 합법 정부로 인정한 것은 이미 "자동적으로 '중화민국 정부'가 더 이상 프랑스에 의해 인정되지 않음을 의미"했으며, 프랑스는 유엔에서 중화인민공화국의 법적 권리와 지위를 지지할 것이고, 중화인민공화국과 외교관계를 수립한 후 타이완으로부터 대표들을 철수시킬 것이었다. 포르는 저우에게 비록 자신이 어떤 공식 문서에 서명할 권한은 없지만, 그 계획을 드골에게 가져가고 그가 결정을 내리면 즉시 중국 측에 알리겠다고 말했다.[57]

며칠 후, 저우는 드골이 포르의 보고서를 승인했다는 것을 알게 되었다. 12월 12일부터 '더 구체적인 문제들'에 관한 중불 협상이 스위스 베른에서 스위스 주재 중국 대사 리칭취안(李淸泉)과 프랑스 외무부 유럽 사무국장 자크 드 보마르셰(Jacques de Beaumarchais) 사이에서 계속되었다. 저우가 직접 절차를 감독했다. 드 보마르셰가 리에게 파리가 베이징이 주장하는 대로 공동성명에 "중화인민공화국이 전체 중국 인민을 대표하는 유일한 합법 정부"라는 표현을 포함시키는 것을 선호하지 않는다고 말했을 때, 당시 알제리에 있던 저우는 리에게 비행기를 타고 와서 자신에게 직접 보고하라고 명령했다. 저우는 만약 프랑스가 '두 개의 중국' 정책을 고수하지 않으며, 위의 표현이 그들이 받아들일 수 없는 유일한 언어라면, 중국은 공동성명에서 그 문장을 삭제할 용의가 있다고 결정했다. 더욱이 저우는 결론 내렸다. 베이징은 공동성명이 발표된 후 이 문제에 대한 설명을 발표할 것이고, 프랑스는 "이 중국 방식(의 문제 설명)을 재진술함으로써 확인할 것"이라고.[58] 양측은 그 후 신속하게 공동성명의 문안을 최종 확정했고, 1월 27일에 발표했다. 저우가 예상한 대로 드골은 약속을 지켰다. 2월 10일, 파리는 타이베이에 중화인민공화국 외교관들이 파리에 도착한 후에는 타이완이 프랑스 수도에 대사관을 유지할 이유가 없을 것이라고 알렸다. 타이완은 같은 날 프랑스와 외교관계를 단절했다. 저우는 또 다른 주요한 외교적 승리를 거두었다.

* * * * *

1960년대 초 중소 관계가 급속히 악화됨과 함께 중국과 사회주의 블록의 무역은 극적으로 감소했다. 그러나 저우는 또 다른 기회를 보았다. 즉 서방 자본주의국가들과의 무역 관계를 확장하는 것이었다. 이미 언급했듯이 1963년 6월, 중국은 전체 비닐론 장비 수입에 관한 일본과의 협정에 서명했다. 베이징과 파리 간 외교관계 수립은 또한 중국에 대한 미국 주도의 경제 봉쇄를 더욱 약화시켰고, 중서 무역의 문을 더욱 활짝 열었다. 저우는 일본과의 무역 및 대중국 첨단 기술 수출을 성사시킨 것과 같은 방식으로, 서방 자본주의국가들과 무역 관계를 촉진하기로 신속히 결정했다. 저우의 직접적인 지도 아래, 중국은 1963년에 석유 생산, 광업, 화학, 금속, 전자, 정밀 기기 산업에서 사용될 전체 설비와 기술을 수입하기 시작했다. 그러한 프로젝트를 총 84개 확보했으며, 총 가치는 22억 달러였다.[59] 그동안 서방 국가들은 점차 소련과 소비에트 블록을 대체하는 중국의 주요 대외 무역 원천이 되기 시작했다. 1965년 중국의 총 수출입액은 42억 4500만 달러에 달했으며, 그중 52.8퍼센트가 서방 국가들과의 무역에서 나왔다.[60] 중국이 프랑스와 외교관계를 수립한 후, 저우는 중국이 로마와 비엔나에 무역 사무소를 설치하도록 허용하는 이탈리아 및 오스트리아와의 협정을 감독했다. 만약 문화대혁명이 아니었다면, 중국은 경제, 상업, 심지어 제2 중간지대 국가들과의 정치적 관계에서 더 빨리 새로운 돌파구를 얻었을지도 모른다.

★★★★★

중국과 소련의 관계는 저우에게 일련의 도전들을 제시했다. 저우는 일본과의 무역 및 대중국 첨단 기술 수출을 성사시킨 것과 같은 방식으로, 서방 자본주의국가들과 무역 관계를 촉진하기로 신속히 결정했다. 거대한 중소 불화는 빠르게 통제 불능 상태가 되었고, 각 측은 상대방을 '수정주의자' 또는 '교조주의자'로 낙인찍었다. 양자 무역량이 급격히 감소했을 뿐만 아니라, 기술 협력과 문화 및 체육 교류 또한 중단되었다.

저우는 베이징과 모스크바 간에 고함치는 경기에 적극적으로 참여하지 않았다. 대신 그는 1963~1964년에 많은 시간을 소비에트와 국경을 협상하는 데에 바쳤다. 이는 한 측이 영토를 잃고 다른 측이 일부를 얻는 것을 포함했기 때문에 어려운 과정임이 입증되었다. 그러나 1964년 초여름까지 중국과 소련은 세 차례 집중적으로 토론하고 협상한 끝에 마침내 국경 동쪽 구간에 대한 합의에 도달했다. 그러나 마오가 개입했다. 7월 10일, 그는 일본 사회당 대표단에게 말했다. "소련은 너무 많은 땅을 점령했다. 얄타에서 외몽골은 명목상의 독립을 얻었고 중국으로부터 빼앗겼다. 사실 그것은 소련에 의해 통제되었다. 외몽골의 영토는 당신들의 쿠릴 열도보다 훨씬 크다. 우리는 외몽골이 중국에 반환되어야 하는지 여부에 대해 문제를 제기했다. 그들은 '아니오'라고 말했다. 우리는 1954년 흐루쇼프와 불가닌이 중국을 방문했을 때 그들에게 이 문제를 제기했다."[61] 마오는 이처럼 놀라운 발언을 하기 전에 저우와 상의하지 않았다. 7월 19일, 저우는 일본 사회당 방문단에게 일본이 소련에게 북방 도서들을 반환하라고 한 요구를 지지하는 것이 중국의 일관된 정책이자 기본 입장이라고 말했다.[62] 마오의 논평은 일본 언론에 의해 신속하게 보도되어 모스크바로부터 분노에 찬 반응을 불러일으켰는데, 여기에는 《프라우다(Pravda)》에 발표된 마오의 발언을 반박하는 장문이 포함되었다. 흐루쇼프는 개인적으로 마오의 노골적인 "영토 야망"을 비난했다.[63] 이전에 저우의 지시에 따라 베이징과 모스크바는 국경 분쟁을 해결하는 데 상당한 진전을 이루었다. 이제 그 협상들은 붕괴 직전이 되었다.

그날 밤늦게 중국 주재 소련 대사 스테판 체르보넨코가 마오를 만나기를 긴급하게 요청했다. 체르보넨코는 중국공산당 중앙 대외연락부 부부장 우슈취안(伍修權)에게 흐루쇼프가 사임했다고 말했다.[64] 저우의 초기 반응은 "매우 좋은 일"이라는 것이었다. 그는 즉시 그 소식을 마오와 다른 중국공산당 지도자들에게 보고하고, "이 문제를 즉시 연구하기 위해 회의를 열 것"을 제안했다.[65] 다음 날 오후, 마오는 정치국 상무위원회 회의에서 논평했다. "모스크바에는 변화가 있을 것이지만, 매우 크거나 빠른 변화는 아닐 것이다. 두고 봐야 한다."[66] 오 일 후 또 다른 정치국 상무위원회 회의에서 저우와 다른 몇몇은 중국공산당이 "긍정적인 관점에서 우리의 태도를 제시"해야 한다고 제안했다. 마오는 동의하지 않았다. "내 의견은 우리가 먼저 먼지가 가라앉기를 기다려야 한다는 것이다." 그는 심지어 류, 덩, 저우에게 다소 냉소적인 어조로 말했다. "나는 중도좌파다. 당신들은 모두 좌파다. 그들(소비에트)은 수정주의자들이다. 그러나 지금 그들은 미국을 걱정하고 있다. 그래서 그들은 중국을 친구로 삼을 필요가 있다." 마오는 "10월 혁명 기념행사를 위해 모스크바에 부총리를 파견하는 것"에 대해 생각했다.[67]

마오는 며칠 후 다시 열린 중국공산당 최고 지도자 회의에서 마음을 바꾸었다. 그는 흐루쇼프의 몰락이 다른 공산당들로부터 강한 반응을 불러일으킨 것을 보고 이것이 국제 공산주의 운동에서 베이징의 영향력을 확장할 좋은 기회가 될 수 있음을 깨달았다. 그는 저우와 다른 사람들에게 말했다. "우리는 행동해야 한다." 아마도 "모스크바에서 열리는 10월 혁명 기념행사에 (저우)언라이가 이끄는 대표단을 모스크바에 파견"함으로써 말이다. 중국공산당 지도부는 마오의 생각에 따라, 저우가 "국제 공산주의, 중소 관계 및 기타 상호 관심사들을 소비에트 지도자들과 논의하기 위해" 모스크바를 여행할 것이라고 결정했다.[68] 그러나 마오는 저우에게 "중소 관계 개선을 추진"하려 하기보다는 "끈기 있게 지켜보라"라고 경고했다. 주석은 예측했다. "(모스크바에서) 곧 큰 변화가 있을 것 같지는 않다."[69]

저우의 태도는 마오보다 더 긍정적이었다. 그는 "소비에트에게 공을 들이고 그들이 변하도록 압력을 가하는 것"이 가능하고 바람직하다고 믿었다. 10월 28일, 저우는 체르보넨코에게 자신이 중국공산당 대표단을 이끌고 모스크바로 갈 것이라고 알리고, 소비에트가 10월 혁명 기념일을 알바니아를 포함한 12개 사회주의 국가 모두의 대표들을 모스크바 회의에 초대하는 기회로 삼을 용의가 있는지 물었다.[70] 그날 저녁 저우는 북한, 북베트남, 루마니아, 알바니아, 쿠바 대사들과 만났는데, 이들 국가는 모두 국제 공산주의 운동에서 친베이징이거나 적어도 중립적이었다. 저우는 대사들에게 제안했다. 사회주의국가들은 모두 이상적으로는 각국의 총리가 이끄는 대표단을 모스크바에 보내 새로운 소비에트 지도자들을 만날 수 있다고. 그는 관찰했다. "모스크바의 상황은 변했고" 이것은 "소련뿐만 아니라 다른 형제 국가 및 당들, 전체 국제 공산주의 운동, 우리 공동의 적인 제국주의자들과 그들의 대리인들에게도 영향을 미칠 것이다." "기다리며 지켜볼 필요성"을 강조하면서도, 베이징은 "(모스크바에서의) 긍정적인 변화들을 지지"하고 "그들이 좋은 방향으로 변하도록 압력을 가할 것"이라고 했다.[71] 다음 날 저우는 동독, 불가리아, 헝가리, 체코슬로바키아, 폴란드, 몽골 대사들에게 같은 제안을 전달했다.[72] 체르보넨코는 10월 31일에 저우와 긴급히 약속을 잡았고, 그동안 그는 새로운 소비에트 지도자들의 응답을 전달했다. 그들은 10월 혁명 기념행사에 대한 베이징의 세심한 주의에 감사하며 저우를 모스크바에 환영했다. 저우는 대답했다. "10월 혁명은 우리 모두에게 길을 열어 주었다. 이것은 국제적인 축제이지, 당신들만의 축제가 아니다."[73]

저우는 11월 5일 베트남민주공화국 총리 팜반동과 함께 모스크바로 가는 비행기를 탔다. 모스크바에서 자신들을 어떻게 맞이할지 팜반동과 이야기하면서 저우는 대리인 중 한 명을 활주로에 보내 맞이하기보다는 소비에트 총리 알렉세이 코시긴(Alexei Kosygin)이 나와 주었으면 좋겠다고 언급했다. 저우가 탄 비행기가 모스크바에 착륙했을 때, 다른 사람이 아닌 코시긴이 그를 맞이했다. 저우는 기뻐했다.[74]

저우는 다음 날 오전 11시 10분에 레오니트 브레즈네프(Leonid Brezhnev), 코시긴, 그의 '오랜 친구' 미코얀과 각각 회담을 시작했다. 러시아인들의 속을 떠보기 위해 저우는 브레즈네프에게 10월 혁명 기념 집회에서 연설하고 싶다고 말했다. 새로운 소비에트 지도자는 그 문제에 아무런 관심도 보이지 않았다. 그러나 미코얀은 실제적인 문제를 건드렸다. 그는 저우에게 물었다. "당신은 10년 또는 15년 전의 우리 관계를 회복할 계획을 가지고 왔는가?" 저우는 대답했다. "우리는 축하 전보를 통해 선의를 표현했다. 우리는 우리 두 당과 두 나라가 마르크스-레닌주의와 프롤레타리아 국제주의의 기초 위에서 단결하고, 우리 공동의 대의를 위해 공동의 적들과 투쟁하기를 희망한다. 우리는 당신들과 이 목적을 위해 의견을 교환하면서 축하 행사에 참여하기 위해 여기에 왔다. 우리는 이것이 미래를 위한 좋은 출발점이 되기를 희망한다."[75]

상황은 11월 7일 저녁 저우가 소비에트 지도자들이 주최한 연회에 참석했을 때 갑작스럽게 변했다. 소비에트 국방장관 로디온 말리놉스키가 술을 많이 마신 후 중국 대표단 부단장인 허룽에게 다가가 말했다. "우리는 다시는 어떤 마오나 흐루쇼프도 우리를 방해하도록 해서는 안 된다…… 우리는 흐루쇼프를 축출했다. 왜 당신들은 마오를 제거할 수 없는가?"[76] 저우는 그 소식을 전해 듣고 충격에 빠졌고, 즉시 허룽과 함께 브레즈네프를 만나러 갔다. 저우는 단호한 목소리로 말했다. "말리놉스키가 한 말은 심각한 도발이며, 우리는 그것에 절대적으로 반대한다." 브레즈네프는 갑작스럽게 들은 말에 놀라 즉시 말리놉스키가 소비에트 지도부를 대표하지 않으며, 그가 술에 취해 헛소리를 한 것이라고 일축했다. 저우는 반박했다. "이것은 술김에 한 헛소리가 아니라, 술김에 진의를 폭로한 것이다."[77]

그날 저녁, 저우는 중국인 통역사들과 말리놉스키의 논평 내용을 확인한 후 '최고 긴급 전보'로 그 사건을 당 중앙에 알렸다. 베이징의 답신은 다음 날 아침에 도착했고, 저우에게 "공세를 취하고""이 문제를 단단히 잡고…… 다른 어떤 것에 의해 방해받지 않도록" 하라고 지시했다.[78] 다음 날 브레즈네프 및 다른 소비에트 지도자들과 다시 만났을 때, 저우는 즉시 그들에게 일련의 어려운 질문들을 제기했다. "당신들은 우리에게 공개적으로 도전하기 위해 여기에 환영했는가?" "당신들은 중국공산당이 마오 주석의 지도력을 뒤집기를 원하는가?" 브레즈네프는 그와 다른 소비에트 지도자들이 그 사건에 대해 "전적으로 불안해하고 분노했다"라고 대답했다. 말리놉스키는 소비에트 상임 간부회 위원이 아니었다. 그의 말은 소비에트 지도부의 입장을 대표하지 않았고, 단지 "술 취한 사람의 헛소리"였다. 브레즈네프가 거듭 사과했음에도 불구하고 저우는 그를 쉽게 놓아주지 않았다. "'술 취한 사람의 헛소리'라는 말은 설명이 될 수 없다. 오래된 중국 속담에 '술이 들어가면 진실이 나온다'는 말이 있다. 나는 (이) 대화를 우리 당 중앙에 보고할 것이다."[79]

저우의 완강한 태도는 그가 이 사건의 정치적 민감성이 중대함을 감지했음을 드러냈다. 그는 만약 자신이 이 문제에 대하여 주저한다면, 마오와의 관계를 돌이킬 수 없게 되거나 더 나쁘게는 그 자신의 정치적 종말로 이어질 수 있다는 것을 잘 알고 있었다. 이후 3일 동안 그는 브레즈네프 및 다른 소비에트 지도자들과 연이어 회의했고, 내내 공격적인 접근법을 유지하며 소비에트 지도자들에게 '철저하고 완전히 만족스러운 설명'을 내놓으라고 압박했다. 마침내 미코얀은 너무 기분이 상해서 말했다. "중국에 대한 우리의 태도는 흐루쇼프와 다르지 않다." 저우는 반박했다. "만약 그렇다면, 우리가 논의할 것이 무엇이 있는가?"[80] 10월 12일, 저우는 베트남 지도자 레주언에게 말했다. "지난 며칠간의 접촉을 통해, 우리는 상황이 우리가 이전에 예상한 것보다 나쁘다는 사실을 알게 되었다."[81] 그럼에도 불구하고 저우는 브레즈네프와 마지막으로 회담했을 때 이렇게 말했다. "우리는 비록 이번에 광범위하고 포괄적인 토론을 할 수 없었지만, 우리 두 당이 추가로 협의할 문은 여전히 활짝 열려 있다."[82] 그럼에도 불구하고 저우는 이는 자신이 아니라 마오가 결정할 문제라는 것을 정확히 알고 있었다.

마오는 거의 모든 중국공산당 지도부와 함께 베이징공항에서 저우를 맞이했다. 이 성대한 제스처는 모스크바에서의 '영웅적인 활약'에 대해 주석이 내린 보상이었다. 그날 오후, 저우는 정치국 상무위원회에 모스크바에서의 경험을 이야기했다. 저우는 단언했다. 새로운 소비에트 지도부는 "자신들이 왜 흐루쇼프를 끌어내렸는지 명확하게 설명하지 못했다. 그들은 그의 정책 노선이 아니라 지도 방식에 불만을 품었을 뿐이고, 단지 일부 구체적인 문제들에서만 흐루쇼프와 견해를 달리했다."[83] 중소 관계 전망에 대한 베이징의 신중한 낙관론은 다시 한번 어두워졌다.

* * * * *

10월 16일, 흐루쇼프의 몰락과 거의 동시에 중국은 첫 번째 원자폭탄을 성공적으로 폭발시켰다. 두 사건은 직접적으로 관련이 없었다. 그러나 마오와 저우를 비롯한 중국 지도자들은 둘 다 좋은 소식으로 보았다.

저우는 오랫동안 중국의 핵산업 발전에 관여해 왔다. 사실 그는 중화인민공화국이 건국되기 전부터 핵기술에 관심을 가지고 있었다. 1949년 2월, 중국공산당은 파리에서 열리는 세계평화회의에 대표단을 파견하기로 결정했다. 대표단 후보 명단에서 저우는 이렌 졸리오퀴리(Irène Joliot-Curie)와 장 퀴리(Jean Curie) 교수의 지도하에 물리학 박사학위를 마친 첸싼창(錢三強)을 지명했다. 저우는 회의를 중간 크기 사이클로트론용 전자석 및 기타 장비를 구매할 기회로 삼고 싶다는 첸의 요청을 말이었다. 그에게 그것들을 살 수 있는 미국 달러를 많이 주었다.[84]

마오와 저우가 1954년 중국 방문 중 흐루쇼프를 만났을 때, 저우는 그에게 말했다. "우리는 정말로 큰 것이 필요하다." 이는 암묵적으로 소비에트에 중국의 원자폭탄 개발 노력을 지원해 달라고 요청하는 것이었다. 흐루쇼프는 당황했다. 저우가 의미하는 바를 깨달았을 때, 흐루쇼프는 대답했다. "그것은 매우 비싸다. 더 긴 계획이 필요하다." 그는 또한 논평했다. "우리의 큰 사회주의 가족에게는 핵우산 하나면 족하다." 마오와 저우는 흐루쇼프의 응답에 만족하지 않았다.[85]

1955년 1월 14일, 저우는 첸싼창과 중국의 선도적인 지질학자 리쓰광(李四光)을 만나 중국의 핵 연구 현황, 관련 연구자, 우라늄 광산 저장에 대해 문의했다.[86] 다음 날, 마오는 중국공산당 중앙서기처에서 중국이 어떻게 자체 핵산업을 개발할 수 있는지에 대한 토론을 이끌었다. 저우는 리와 첸을 회의에 초대했다. 첸은 회의에 우라늄 탐지 장치를 가져와 참석자들에게 사용법을 보여 주었다. 마오는 회의에서 발표했다. "우리는 소련에게 지원받아 원자력을 개발해야 한다!…… 우리에게는 사람과 자원이 있다. 우리가 만들어 내지 못할 기적이 무엇이겠는가?" 회의는 중국이 자체 핵산업을 개발하기로 결정했다.[87] 1월 31일, 저우는 국무원 전체회의에서 말했다. "우리는 한편으로 핵무기 사용에 반대해야 하고, 다른 한편으로는 원자력을 지휘해야 한다."[88]

저우는 그 후 모스크바가 중국에 전문가를 파견하고 중국에 주요한 기술 지원을 제공하는 것을 논의하기 위해 유딘 소련 대사와 여러 차례 만났다.[89] 이때는 중소 동맹의 전성기였고, 소비에트 지도자들은 중국을 지원하는 데 큰 열의를 보였다. 1957년 6월, 유딘은 저우에게 소련이 중국이 원자력연구센터를 설립하는 것을 도울 용의가 있다고 알렸다.[90] 8월 6일 저우는 불가닌에게 편지를 써서, 중국이 핵무기와 그 운반 시스템을 생산할 수 있도록 모스크바가 중국에 "주요한 지원"을 제공해 줄 것을 요청했다. 소비에트는 신속하게 중국과 "원자력산업 설립 및 핵무기, 로켓, 항공 기술 생산과 같은 문제들"에 대해 논의하는 데 동의했다.[91] 녜룽전은 그 후 중국 대표단을 이끌고 모스크바를 방문했고, 소비에트와의 협상은 매우 순조롭게 진행되었다. 10월 15일, 양측은 '신 국방 기술에 관한 협정'

에 서명했는데, 이에 따라 소련은 중국과 핵기술을 공유하고 심지어 중국에 폭탄 견본을 제공할 것이었다.[92] 1958년 4월 8일 저우는 흐루쇼프에게 편지를 써서 1957년 10월 15일에 협정 이행을 시작할 것을 제안했다. 이 주 후 흐루쇼프는 저우에게 모스크바가 "극히 중요한 자료들과 견본들"을 베이징에 제공하는 데 동의했다고 알렸다.[93]

그러나 중소 관계가 악화되면서 흐루쇼프의 태도는 변했다. 1959년 6월, 모스크바는 베이징과의 핵 협력에 관한 협정 이행을 중단했다. 1960년 7월, 모스크바는 더 나아가 중국에서 일하는 모든 소비에트 전문가를 소환하고 핵 협력에 관한 모든 협정과 관련 계약들을 취소했다. 전문가들은 또한 모든 설계도와 다른 자료들을 소련으로 가지고 돌아갈 것이었다. 이 중소 협력의 붕괴는 중국의 상황이 암울한 가운데 일어났다. 대약진운동은 실패했고 대기근이 중국의 광대한 인구를 휩쓸고 있었다. 그럼에도 불구하고 중국 지도부는 핵 계획을 포기하지 않기로 결심했다. 저우는 당 지도부의 결정을 발표했다. "우리는 8년 안에 우리 자신의 폭탄을 만들 계획이다."[94] 1961년 7월 16일, 중국공산당 지도부는 중국의 핵 산업 발전을 강화하기 위해 전국에서 자원을 동원하기로 결정했다.[95] 이 결정을 실행하기 위해 저우는 대약진으로 인한 파괴 때문에 다른 예산들이 삭감되는 동안에도 미사일과 폭탄 개발을 위한 자금과 자원은 보장되어야 한다고 결론 내렸다.[96] 국가과학위원회 연설에서 저우는 핵산업이 중국 국가경제가 겪게 될 전면적인 조정으로부터 보호되어야 한다고 강조했다. 그는 말했다. "우리 자신의 미사일과 핵무기를 갖는 것이 그것들이 우리에게 사용되는 것을 막는 유일한 방법이다."[97] 저우의 승인을 받아 국무원에 국방산업사무소가 설립되었고, 이는 그와 당 중앙에 직접 보고할 것이었다.[98]

핵무기를 개발하려는 중국의 노력은 1962년 하반기에 결정적인 기술적 어려움으로 인해 병목현상을 맞닥뜨렸다. 10월 10일, 뤄루이칭은 저우에게 1964년으로 예정된 첫 번째 폭탄 실험에 앞서 "중앙의 직접적인 지도 아래 특별위원회"를 설립할 필요가 있다고 제안했다. 뤄는 더 나아가 저우가 위원회를 이끌 것을 제안했는데, 그의 임무에는 "핵산업에 대한 지도 강화, 언제든지 계획 실행을 감독하고 검토하는 감시 역할 수행, 인력 및 자원 할당, 연구, 설계, 건설 과정에서 발생하는 모든 문제를 시기적절하게 해결"하는 것이 포함될 것이었다.[99] 마오는 11월 3일 그 제안을 승인하며, 위원회가 "전력을 다해 협력함으로써" 업무에 임해야 한다고 지시했다.[100] 11월 17일, 저우를 수장으로 하여 특별위원회가 공식적으로 설립되었다.[101] 위원회는 그달이 끝나기 전에 세 차례 회의했다. 저우는 회의에서 "사실 존중, 점진적인 진전 추구, 끈기, 겸손 유지"라는 원칙들을 특히 강조했다.[102]

저우와 중국공산당 지도부가 폭탄을 개발하기 위해 노력하는 동안, 핵 문제는 중국과 소련 간 분쟁의 초점이 되었다. 1962년 8월, 모스크바는 베이징에 소비에트 정부가 핵 비확산에 관한 워싱턴의 제안에 동의했다고 알렸다. 베이징은 즉시 모스크바가 "핵기술을 독점"하려 한다고 비난하고, 소비에트가 "중국 주권을 훼손하거나 중국을 책임지려 하지 말 것"을 요구했다.[103] 1963년 7월, 워싱턴, 모스크바, 런던은 핵무기에 대한 부분적 핵실험 금지 조약에 서명했다. 베이징은 그것이 핵보유국들이 "계속해서 핵무기를 만들고, 비축하고, 사용하는" 것을 허용하면서 "다른 나라들의 팔다리를 묶으려는" 시도라고 비난했다. 베이징은 공개서한을 발표하여 주장했다. "폭탄을 가진 나라가 많을수록 폭탄이 사용되지 않을 가능성이 더 높다."[104]

저우와 중국공산당 지도부는 핵 계획을 가속화하기로 결정했다. 원자폭탄의 이론적 설계는 1963년 3월에 완료되었다. 그해 7월, 저우는 폭발

외에도 중국이 "핵무기의 실제적인 사용"을 위한 수단을 획득해야 한다고 주장했다. 연말에 그는 "미사일 개발을 주요 과제로, (원자폭탄) 공중 투하를 보조 과제로 삼아야 한다"라고 강조했다.[105] 12월 24일, 폭탄은 서북부의 개발 기지에서 포괄적인 검사와 시험을 통과했다. 1월 14일, 폭탄에 사용될 수 있는 농축 우라늄 제품 또한 시험을 통과했다. 저우는 그 성과들을 환영하며, 핵 계획에 관련된 모든 이에게 "미래의 모든 과업을 끈기 있게 계속해서 완수"할 것을 촉구했다.[106]

그리하여 핵 계획은 최종 단계에 들어섰다. 1964년 4월 11일, 저우가 주재한 특별위원회 회의는 첫 번째 폭탄 폭발 준비가 9월 10일까지 "시험 한 번으로" 완료되어야 한다고 결정했다.[107] 6월 6일, 시험 폭발이 성공했다. 폭탄 조립은 8월 19일에 끝났고, 시험을 모방한 훈련이 9월 1일에 순조롭게 진행되었다. 9월 중순, 저우는 또 다른 특별위원회 회의에서 "시험을 늦추는 것보다 일찍 하는 것을 선호한다"라고 말했다. 시험의 정확한 날짜는 당시 상황에 따라 "국경절(10월 1일) 전에 결정"되어야 하며, 이는 당 중앙에 의해 검토되고 승인될 것이었다.[108] 마오는 저우를 지지하며 논평했다. "폭탄은 다른 사람들을 겁주기 위해 사용하는 것이다. 따라서 폭발을 일찍 하는 것이 더 낫다."[109] 저우는 9월 21일 마오에게 편지를 써서, 시험을 10월 24일까지 실시할 것을 제안했다. 주석은 같은 날 승인했다.[110] 저우는 시험을 책임진 관리들에게 그 결정을 전달하며, 다른 중요한 세부 사항들을 제기했다. 그는 썼다. "10월에는 좋은 날이 네 번 있을 것이다. 만약 10월 중순에 하루를 잡을 수 없다면, 10월 말에 또 다른 날이 있다." 그는 시험을 수행하는 사람들에게 "풍향 변화와 방사성 낙진의 확산 반경을 신중하게 계산"하고, "기밀을 절대적으로 유지"하라고 지시했다.[111] 10월 11일, 저우는 마오에게 보고했다. "이제 모든 것이 준비되었다…… 폭발의 정확한 날짜와 시간은 10월 15일에서 20일 사이의 기상

조건에 따라 결정될 것이다."[112]

행동 개시는 10월 16일이었다. 폭탄은 15시에 폭발했다. 현장 지휘관 장아이핑(張愛萍)은 4분을 기다린 후 저우에게 간단하게 "성공!"이라고 선언하는 전보를 보냈다. 저우가 물었다. "진짜 폭발인가?" 장은 대답했다. "그렇다." 몇 분 후, 저우는 주석으로부터 받은 지시를 장에게 전달했다. "그것이 진짜 핵폭발이었는지 확인하라." 장은 또다시 "그렇다"로 회답했다.[113]

그날 저녁, 저우는 마오와 함께 인민대회당에서 눈에 띄게 흥분하여 발표했다. "우리는 첫 번째 원자폭탄 시험에 성공했다!"[114] 저우와 마오에게 그 폭발은 약 15년 전 마오가 '우리 중국인은 일어섰다'고 한 선언을 또 한 번 목격하는 순간이었다.

제24장

거센 바람 속의 먹구름

1965~1966

    1964년 말, 저우언라이는 중국공산당 역사상 전례 없는 규모의 정치적 폭풍이 다가오고 있음을 분명히 감지할 수 있었다. 특히 마오쩌둥이 류사오치와 덩샤오핑에게 드물게 분노를 터뜨리는 것을 목격한 후에는 더욱 그러했다. 중앙 공작회의에서 류가 사회주의 교육 운동에 대해 발언하는 동안 마오는 그를 거듭 가로막았다. 류가 운동이 '신흥 부르주아 분자'라는 용어를 채택해야 하는지 물었을 때, 마오는 끼어들었다. "여기서 '부르주아'는 무슨 뜻인가? 농민들은 그것을 이해하지 못한다." 류는 '당을 정돈한다'는 개념을 사용해서는 안 된다고 제안했다. 그러면 많은 당원이 당에서 제명될 수 있기 때문이었다. 마오는 반박하며 말했다. "나는 당을 정돈하는 것을 지지한다." 당원 중 수백만 명이 "진정한 공산주의자가 아니기" 때문이었다.[01] 류가 아무리 노력해도 마오를 만족시킬 표현을 생각해 낼 수 없었다. 저우는 회의에 참석한 다른 사람들처럼 침묵을 지켰다.

    마오와 류 사이 긴장은 12월 말 또 다른 최고 지도자 회의에서 더욱 명백해졌다. 사회주의 교육 운동이 다루어야 할 '주요 모순들'이라는 주제에 대해 류는 물었다. "모순의 본질이 인민 내부의 모순과 우리와 적 사이의 모순이 혼합된 것이라고 말할 수 있겠는가?" 마오는 류의 개념을 거부했다. "그것 말고 또 무엇이 될 수 있겠는가?…… 본질적으로 그것은 반자본주의적이다."[02] 마오가 보기에 류는 사회주의 교육 운동의 주요 대상을 '권력 내의 자본주의 노선파'가 아닌 평범한 간부들과 대중으로 삼았기 때문에 완전히 틀렸다. 다시 한번 저우는 말없이 지켜보았다.

12월 26일은 마오의 일흔한 번째 생일이었다. 그는 아내 장칭에게 자신을 대신하여 연회를 준비하도록 요청했고, 36명을 초대하기로 했다. 마오는 류, 덩, 저우를 포함한 중앙 및 지방 지도자들 외에도 과학자 첸쉐썬(錢學森), 모범 농민 천융구이(陳永貴), 선구적인 지식 청년 농민 둥자겅(董加耕)과 싱옌쯔(邢燕子)를 연회에 초대했다. 마오는 첸, 천, 둥, 싱에게 자신의 테이블에 앉으라고 요청했다. 류, 덩, 저우 및 다른 지도자들은 다른 두 테이블에 앉았다.[03] 연회 분위기는 기묘했다. 마오는 "우리는 단지 먹기만 해서는 안 되고, 이야기도 해야 한다"라고 말하며 대화를 시작했다. 그런 다음 그는 즐거운 웃음과 신랄한 논평이 섞인 독백을 시작했다. 그는 다시 한번 누군가가 사회주의 교육 운동의 본질이 당 내외의 모순이라고 주장했다고 언급했다. 그는 말했다. "이것은 마르크스주의가 아니다." 이는 다시 류를 겨냥한 것이었다. 마오가 "당내에 수정주의가 나타날 위험이 있다"라고 경고했을 때, 방 전체는 "죽음 같은 침묵"에 빠졌다.[04] 기층 손님들은 주석이 의미하는 바를 이해하지 못했다. 그러나 저우뿐만 아니라 류, 덩 및 다른 지도자들은 마오가 왜 이러한 논평을 했는지 알고 있었다. 그들은 마오의 말을 심각하게 받아들여야 했다.

연회는 마오에게 단지 준비운동에 불과했다. 이틀 후, 그는 정치국 회의에서 류와 덩을 공격했다. 그는 중화인민공화국 헌법과 중국공산당 규약

사본을 준비해 왔다. 그는 물었다. "나는 당원인가? 나는 시민인가? 만약 그렇다면, 왜 나는 발언의 자유가 없고, 몇 마디 말도 할 수 없는가?" 마오는 류와 덩이 한 회의에서 자신을 배제하고 다른 회의에서 발언하도록 초대하지 않음으로써 당원이자 시민으로서 자신의 권리를 침해했다고 비난하고 있었다. 마오는 다시 한번 사회주의 교육 운동이 "권력 내 자본주의 노선파들을 폭로"해야 한다고 말했다. 류와 덩은 할 말을 잃었다.[05]

저우는 그때까지 마오가 자신을 연루시키는 거대한 정치적 공세를 계획하고 있다는 것을 깨달았어야 했다. 몇 달 전, 마오는 1941년에 '1930년대 초의 잘못된 노선들'을 비판하기 위해 썼던 글 아홉 편을 갑자기 언급했다. 마오는 저우와 다른 당 최고 지도자들에게 그 글들을 논평해 달라고 요청하며, 그것들을 수정하고 싶다고 했다.[06] 주석은 왜 거의 사반세기가 지난 후에 그것들을 다시 검토하고 싶어 했을까? 저우는 그 글들에서 주요 비판 대상이었다. 마오는 그로써 저우에게 경고 신호를 보냈다.

1964년 말 무렵, 마오는 류, 저우, 덩과의 대화에서 저우의 오랜 측근이었던 문화부 차관 치옌밍(齊燕銘)을 언급하며 자신이 그를 지켜보고 있음을 다시 한번 저우에게 알렸다. 그는 저우에게 말했다. "치는 좋은 사람이 아니다. 그가 당신 사무실의 책임자인가? 그는 그 역할에 적합한 사람이 아니다."[07] 저우는 경각심을 느끼고 곧 치를 내보내기로 결정했다. 치는 이후 문화대혁명 기간 중 숙청되었다.

마오는 1965년 새해가 시작된 후 다시 자신이 썼던 글 아홉 편을 언급했다. 이번에 그는 특별히 논평했다. 그것들이 "총리의 이름을 포함하고 있는데, 총리는 그의 경력에서 실수보다 올바른 일을 더 많이 했기 때문에 그 글에서 삭제되어야 한다."[08] 마오의 말은 비밀스러운 의미로 가득 차 있었다. 한편으로 그는 저우가 다음 당내 숙청의 주요 표적이 되지 않을 것임을 암시했다. 다른 한편으로 마오는 저우에게 비록 그가 과거 저지른 실수들이 그가 한 올바른 행동들보다 수적으로 적기는 하지만 잊힌 것은 아니라고 상기시켰다. 그러나 필요할 때마다 마오는 과거에 이미 그랬던 것처럼 언제든지 저우의 실수들을 꺼내어 부각할 수 있었다.

만약 이러한 불길한 사건들이 없었다면, 1964년은 저우에게 축하하는 해가 되었을 것이다. 중국 경제는 1963년에 재앙적인 대약진운동으로부터 회복하여 상당히 성장했다. 저우는 중국의 가장 어두운 시간들은 끝났다고 생각했다. 12월 말, 저우는 전국인민대표대회 전체 회의에서 다시 총리로 임명되었다. 그는 대회에서 정부 업무에 관해 연설했는데, 가장 결정적인 부분은 저우가 "그리 길지 않은 역사적 기간 안에" 중국이 "현대 농업, 현대 산업, 현대 국방, 현대 과학기술을 갖춘 사회주의 강국"이 될 가능성이 높다고 단언한 것이었다.[09] 마오는 저우의 연설을 검토하고 한 단락을 추가했다. "우리는 기술 발전에 있어 다른 나라들의 낡은 길을 되풀이하며 그들 뒤에서 한 걸음 한 걸음 기어갈 수 없다. 우리는 규범을 깨고 선진 기술을 채택하기 위해 최선을 다하여, 오래지 않아 우리 나라를 현대 사회주의 강국으로 건설해야 한다. 이것이 우리가 '대약진운동'이라고 불렀던 것이다."[10] 마오는 재앙적인 대약진을 변호하고, 또한 자신의 '계속혁명' 의제를 공고히 하려 했다. 저우는 분명 이 무거운 말들을 읽기가 고통스러웠을 것이다.

실제로 그 시기에 일어난 사건들은 저우가 마음의 평화를 유지하는 데 거의 도움이 되지 않았다. 1964년 12월 공작회의에서 마오는 류와 대결하여 쉽게 우위를 점했다. 류는 자기 지도하에 작성된 사회주의 교육 문서를 철회함으로써 한 걸음 물러섰다. 그러나 마오의 공세는 거기서 멈추지 않았다. 1965년 1월, 그는 개인적으로 또 다른 중앙 공작회의를 주재했고, 사회주의 교육에 관한 새로운 문서, 즉 23개 조항을 낳았다. 문서의 최종 편집에서 마오는 사회주의 교육 운동의 핵심 임무가 '당 내외의 모순들'을 해결하는 것이라는 류의 견해를 계속해서 비판했다. 마오는 그러한 정의는 중국 사회가 가진 주요 모순들의 본질을 포착하지 못했다고 논평했다. 마오는 썼다. 사회주의 교육의 초점은 "당내 권력을 가진 자본주의 노선파들을 숙청"하는 것이라고.[11] 훗날 문화대혁명의 중심 임무를 정의하는 데 사용될 이 문구가 공식적으로 중국공산당 문서에 포함된 것은 이번이 처음이었다. 이런 의미에서 23개 조항 발표는 문화대혁명의 개막극이었다.

★★★★★

중국 국내 정치 지형은 베트남전쟁이 급속히 격화되는 동안 극적인 변화를 겪었다. 2월 7일, 비엣콩 게릴라들이 사이공 교외의 플레이쿠 공군 기지를 습격했다. 린든 존슨 미국 대통령은 즉시 '롤링 썬더 작전'을 개시하여 북베트남의 전략적 목표물들에 대해 대규모 폭격을 시작하기로 결정했다. 그동안 워싱턴은 남베트남에 미 지상군을 다수 파견하기 시작했다.

마오와 저우를 비롯한 중국공산당 지도부는 일련의 질문들에 직면했다. 미국이 전쟁을 북베트남으로 확대할 것인가? 전쟁이 중국 영토로까지 번질 수도 있을까? 마오는 문화대혁명으로 중국을 이끌면서 동시에 베트남전쟁의 영향을 어떻게 평가할 것인가? 중국은 전쟁이 제기하는 도전에 어떻게 대처해야 하는가? 돌이켜 보면 마오는 위기를 통제하면서 그것이 발생시킬 국제적 압력을 최대한 활용하여 집중적인 국내 동원을 정당화하고자 했다. 마오는 전쟁을 두려워하지 않았다. 그러나 그는 중국을 문화대혁명으로 이끌고 있는 시기에 전쟁, 특히 미국과의 대규모 전쟁을 원하지 않았다.

마오의 첫 번째 움직임은 모스크바를 겨냥했다. 베트남전쟁의 격화는 깊이 분열된 국제 공산주의 운동이 반제국주의의 기치 아래 함께 모일 가능성을 만들었다. 1965년 2월 초, 소비에트 총리 코시긴이 중국을 방문했는데, 이는 흐루쇼프가 몰락한 이후 소비에트 지도자의 첫 방문이었다. 모스크바의 온건파였던 코시긴은 중국공산당이 3월 1일에 시작될 예정인 모스크바의 공산당 정상회담에 참석하도록 설득하기를 희망했다.[12] 저우와 코시긴은 이틀 동안 네 차례 회담했다. 중소 관계를 개선하기 위해 그들은 중소 우호 동맹 조약 15주년을 축하하고, 양자 무역을 촉진하며, 그동안 지연되었던 소비에트의 중국에 대한 원조 계획을 모두 완료하고, 서로의 나라에 학생들을 보내는 데 동의했다. 베트남의 반미 전쟁에 대한 지원을 조율하는 것 외에도 말이다. 그러나 저우는 모스크바 정상회담에 참석해 달라는 코시긴의 요청을 거부했다. "모스크바 정상회담은 소비에트 당이 일방적으로 소집한 것이므로, 우리는 참석하지 않을 것이다."[13]

코시긴은 다음에 하노이를 방문했고, 2월 10일 평양으로 가는 길에 베이징에 하루 들렀다. 저우는 공항에서 코시긴을 만나 그가 머물 숙소까지 동행했다. 차 안에서 그들은 베이징과 모스크바가 베트남을 지원하기 위해 취할 구체적인 조치들을 논의했다. 예를 들어, 그들은 미국의 침략을 규탄하기 위해 세계 여론을 공동으로 동원하고, 중국이 중국 철도를 통해 베트남에 소비에트 무기를 전달하는 일을 도울 것이었다. 그들은 다음 날 아침 관련 협정에 서명하기로 합의했다.[14]

그러나 상황은 하룻밤 사이에 변했다. 코시긴과 일대일로 만나는 대신, 저우는 류, 덩 및 다른 중국 지도자들과 주석과 함께 소비에트 총리를 만났다. 마오는 토론 내내 주로 혼자서 말했다. 저우는 마오가 그를 부를 때 몇 가지 간략한 논평만 했다. 코시긴은 마오에게 모스크바가 하노이에 지대공 미사일, 포병 부대, 어뢰정 및 기타 무기들을 모두 무료로 제공

701

했다고 말했다. 소비에트는 베트남을 지원하는 데 중국 동지들과 협력하기를 희망했으며, "베트남 동지들 또한 그러한 협력을 환영한다"라고 그는 말했다. 마오는 코시긴이 이끄는 대로 따라가지 않았다. 그는 북베트남을 지원하는 것 외에도 남베트남 게릴라들을 더 많이 지원해야 한다고 말했다. 코시긴은 모스크바에서 열릴 공산주의 정상회담을 언급했다. 마오는 즉시 베이징이 참석하지 않을 것이라고 대답했다. 코시긴이 양당이 공개적인 분쟁을 중단할 것을 제안했을 때, 마오는 반박했다. "나는 공개적인 분쟁을 지지한다. 공개적인 분쟁은 또 다른 만 년 동안 계속될 것이다." 코시긴은 말했다. "그렇게 오래 계속되어서는 안 된다." 주석은 대답했다. "알겠다. 그렇다면 나는 그것을 천 년 단축하여, 구천 년만 남기겠다." 그런 다음 저우가 논쟁에 끼어들었다. 코시긴이 "전쟁을 피하기 위해 모든 노력을 기울여야 한다"라고 말했을 때, 저우는 응수했다. "만약 제국주의자들이 우리에게 전쟁을 강요하려 한다면, 우리는 확실히 싸울 것이다." 코시긴은 베이징보다 모스크바가 베트남에 더 많이 지원했다고 강조했다. 저우는 쏘아붙였다. "우리가 충분한 지원을 하지 않았는가?" 그는 또한 모스크바가 "중국에 반대하는 인도 반동분자들을 지지했다. 이것이 당신들의 가장 큰 문제다"라고 언급했다.[15] 흐루쇼프가 몰락한 후 중소 관계를 개선하고자 했던 희망은 산산조각 났고, 코시긴은 절망하며 베이징을 떠났다.

돌이켜 보면, 마오가 코시긴에게 그토록 적대적이었던 것은 이상한 일이 아니었다. 그 시기 마오는 중국을 문화대혁명으로 이끌려 하고 있었다. 그는 중소 관계 개선을 결코 원치 않았다. 중소 관계가 개선되면 소련 수정주의에 대한 반대를 중심 목표로 삼았던 그의 '계속혁명'의 정당성이 손상되거나 심지어 약화될 것이었기 때문이다.

마오는 베트남전쟁을 베트남에 국한시키자는 저우의 또 다른 구상을 전적으로 지지했다. 그들 둘 다 전쟁의 불길이 계속 타오르기를 희망했지만, 그것이 통제를 벗어나 중국으로 번지는 것을 원하지는 않았다. 이를 위해 저우는 미국인들과 '소통'하고 싶어 했다. 저우는 1965년 4월 2일 카라치에서 모하마드 아유브 칸(Mohammad Ayub Khan) 파키스탄 대통령과 만났다. 그는 칸에게 다가오는 워싱턴 방문 중에 존슨 대통령에게 세 가지 요점을 전달해 달라고 요청했다. "중국은 미국에 대해 먼저 전쟁을 도발하지 않을 것이다. 중국은 자신이 한 말을 지킨다. 중국은 준비되어 있다."[16]

저우가 이 '파키스탄 채널'을 사용했을 때 그는 '한국전쟁으로부터 얻은 교훈'을 기억했다. 1950년, 한반도에서의 군사적 결전이라는 위협 속에서 저우는 미국인들에게 만약 그들이 38선을 넘는다면 '우리가 개입할 것'이라고 말했다. 그 메시지는 미국인들이 신뢰하지 않았던 인도인들을 통해 전달되었고, "미국인들은 우리 말을 듣지 않았다." 이번에 저우는 강조했다. "이제 우리 친구는 인도가 아니라 파키스탄이다." 적어도 메시지가 워싱턴에 도달할 수 있도록 하기 위해서였다.[17] 그러나 저우는 존슨이 아유브 칸의 미국 방문을 갑자기 연기할 것이라고는 예상하지 못했다.[18] 따라서 칸은 저우의 메시지를 미국인들에게 직접 전달할 수 없었다.[19]

저우는 버마, 인도네시아, 탄자니아 지도자들과의 회담에서 미국인들에게 같은 세 가지 요점을 되풀이해 경고했다.[20] 그러나 그는 워싱턴이 그의 말을 들었는지 알 방법이 없었다. 마침내 그는 베이징에 영사관을 유지하고 있던 미국 동맹국인 영국을 생각했다. 5월 31일, 중국 주재 영국 대리 대사 도널드 홉슨(Donald Hopson)은 외무부장 천이에 의해 소환되었다. 드문 일이었다. 천은 홉슨에게 저우 총리가 아유브 칸 대통령에게 베트남전쟁에 관한 메시지를 워싱턴에 전달해 달라고 요청했다고 말했다. 그러나 존슨이 칸의 방문을 연기했기 때문에 저우의 메시지는 아마도 전달되지 않았을 것이다. 천은 말했다. 만약 런던이 "미국인들에게 남베트남에서 철수하도록 압력을 가하는" 동시에 세 가지 요점을 워싱턴에 전달하도록 도와준다면 "감사하겠다."[21] 영국인들은 즉시 행동했다.[22] 며칠 후, 저우는 미국 최고 지도자들이 자신의 메시지를 받았다는 사실을 알게 되었다.[23] 홉슨은 그 대가로 홍콩 및 영중 무역에 관한 문제들을 베이징과 논의할 수 있기를 희망했지만, 다시 한번 베이징에서 '관습적으로 고립된' 자신을 발견했다.

저우의 경고와 워싱턴의 반응은 중국과 미국이 군사적 결전을 피할 수 있게 해 주었다. 이후 몇 년 동안 미 지상군은 결코 북베트남을 침공하지 않았고, 북쪽에 대한 공중 폭격은 결코 20도선을 넘지 않아 중국 국경과 안전거리를 유지했다. 베이징은 하노이에 중국 공병 부대와 대공 포병 부대를 보내는 것을 포함하여 군사 및 기타 물질적 지원을 대량 제공했지만, 결코 전투 부대를 파견하지는 않았다. 결과적으로 중국과 미국은 또 다른 군사적 대결에 휘말리지 않았다.[24] 이것이 바로 마오와 저우가 추구했던 결과였다.

*****

1965년 초, 저우는 마오의 지시에 따라 3선 건설의 특수한 필요를 충족시키기 위해 '소규모 계획위원회' 네 개를 설립했다. 리푸춘과 그의 동료들이 준비한 제3차 5개년 계획 초안은 폐기되었고, 저우는 전쟁 준비와 3선 건설을 강조하는 새로운 계획을 만들기로 결정했다.

그동안 중국공산당 지도자들은 격화되는 베트남전쟁에 어떻게 대처할지 논의하기 위해 일련의 회의를 열었다. 4월 12일 류가 주재한 정치국 회의에서 덩은 다가오는 전쟁에 대한 네 가지 가능성을 개괄했다. "첫

24-1   1965년 카이로에서 인도네시아 대통령 수카르노와 이집트 대통령 나세르와 함께한 저우언라이.
Keystone Press / Alamy Stock Photo

24-2 1965년경 저우언라이와 덩샤오핑. Imaginechina Limited / Alamy Stock Photo

째, 전쟁은 남베트남에서 치러질 것이다. 둘째, 전쟁은 남북 베트남 모두에서 치러지고 라오스에서의 전쟁과 연결될 것이다. 셋째, 전쟁은 베트남과 인접한 우리 성들에서 치러질 것이다. 넷째, 미 제국주의자들은 심지어 한국을 포함하여 우리와 더 큰 지역 전쟁을 벌일 것이다." 중국은 네 가지 전망 모두에 대비해야 했다.[25]

4월 12일 정치국 회의가 열리기 전에 저우는 이미 전쟁 준비를 위한 회의를 소집했다. 그 회의에서 그는 비록 당분간 세계대전이 벌어질 가능성은 낮지만, 베트남전쟁의 불길이 중국으로 번질 가능성이 있다고 말했다. 따라서 중국이 국내 생산을 강화하고 전쟁에 대비하면서 베트남을 가능한 많이 지원하는 것이 중요했다. 저우는 강조했다. 3선이 건설되는 동안 1선과 2선을 무시해서는 안 된다고. 만약 전쟁이 곧 발발한다면, 이 전선들이 여전히 주된 부담을 져야 할 것이기 때문이었다.[26] 저우는 정치국 발표에서 같은 사고방식을 따랐고, 거기서 그는 덩의 의견들을 지지했다. 그는 말했다. 전쟁 준비에서 "군수 산업, 3선, 대외 원조 모두 가속해야 한다." 그러나 그는 경고했다. "일부 움직임들은 다른 것들보다 더 느려야 하고, 일부는 심지어 연기되어야 한다." 중국 정책을 국제적으로 대변할 때에는 "여지를 남겨 두어야 하며, 일부 성명은 점진적으로 이루어져야 한다. 우리는 적이 먼저 우리를 공격한 후에야 그를 공격해야 한다." '베트남 지원 및 미국 저항'이라는 표어를 제시하는 것에 관해서는, "실제로 문장을 둘로 나눌 수 있다. 먼저 '베트남을 지원'하고, 그다음에 '미국에 저항'하는 것이다"라고 했다.[27]

마오는 이후 몇 달 동안 전쟁에 관여하게 되든 안 되든 3선 건설을 최우선 과제로 간주해야 한다고 계속해서 강조했다.[28] 저우에게 남은 핵심 질문은 3선과 다른 두 선을 어떻게 균형 있게 조절할 것인가였다. 그는 정치국 회의에서 전쟁 준비와 3선 건설을 보장하는 것이 필수적이지만,

국가경제의 다른 "핵심적인 측면들," 특히 농업과 식량 공급을 무시해서는 안 된다고 말했다. 그는 기반 시설 개발, 전쟁 준비, 대외 원조를 "어느 정도 통제해야 하며" "무제한적인 확장을 허용해서는 안 된다"라고 믿었다. 그는 강조했다. 어떤 경우에도 "1958년과 1959년에 벌어진 상황이 반복되어서는 안 된다."[29]

이러한 배경하에서 저우는 마오의 담화에서 몇 가지 표현들을 선택하여 "전쟁에 대비하고, 기근에 대비하며, 모든 것을 인민을 위해 한다"라는 간결하고 직설적인 마오 어록을 만들었다.[30] 어록을 작성하면서 저우는 확실히 몇 년 전 대기근을 기억했다. 그리하여 그는 중국 경제발전의 불균형을 피하기 위해 기근에 대비하는 것'을 '전쟁에 대비하는 것'과 동일시했다. 특히 농업을 첫 번째로 보호해야 했다.[31] 이번에 마오는 저우의 노력을 받아들였다.[32] 저우가 많은 시간을 들여 작업했던 새로운 5개년 계획은 결코 최종 확정되지 않았지만, 전쟁과 기근에 대비하는 것에 관한 어록은 전국이 따를 '최고 지시'가 되었다. 이후 십여 년 동안 이 마오 어록은 저우에게 중국 경제발전, 특히 농업 발전의 최저선을 보존하기 위한 진정한 '황제의 검(尙方寶劍)'을 갖추게 해 주었고, 이는 중국이 문화대혁명의 혼란 속으로 빠져들었을 때 특히 중요했음이 입증되었다.

*****

1965년 여름에서 가을로 넘어갈 때 국내외적인 도전들 외에 저우를 자주 사로잡았던 또 다른 주제는 예정된 제2차 아시아-아프리카 회의였다. 인도네시아 대통령 수카르노는 1964년 4월에 그 회의에 대한 구상을 내놓았고, 1955년 반둥 회의 10주년에 인도네시아에서 그것을 개최하자고 제안했다. 저우는 즉시 그 구상을 지지했지만, 회의가 아프리카 국가에서 열린다면 더 좋겠다고 했다. 수카르노는 저우의 제안을 받아들였다. 1965년 4월, 저우는 반둥 회의 10주년을 축하하기 위해 인도네시아 수도 자카르타를 방문했고, 거기서 많은 외국 지도자를 만났다. 그들은 제2차 아시아-아프리카 회의가 알제리에서 열릴 것이라고 결정했다. 저우에게 이는 중국의 국제적 영향력을 강화하고 확산하기에 좋은 기회가 될 것이었다.

회의로 가는 길은 험난했다. 한 가지 장애물은 모스크바를 초대할지 여부에 대한 중국과 인도의 입장 차이였다. 6월 초부터 저우와 천이는 파키스탄, 탄자니아, 이집트를 방문한 후 회의를 위해 알제리로 여행했다. 저우는 외국 지도자들과의 회담에서 회의의 모든 참가자가 아시아 및 아프리카 국가들이어야 하며, "예외 없이 다른 지역 국가들은 초대되지 않을 것"이며, "제국주의자들의 꼭두각시 정권들 또한 참석할 수 없다"라고 주장했다.[33] 저우가 6월 19일 카이로에 도착했을 때 알제리에서 쿠데타가 발생하여 벤 벨라 대통령이 전복되었다. 저우는 회의를 포기하고 싶지 않았다. 그는 카이로에 머물렀고, 회의를 준비하기 위한 외무장관 회의에 참석하도록 천을 알제리로 보냈다. 그러나 알제리의 상황은 여전히 혼란스럽고 불확실했고, 결국 회의는 "아시아 및 아프리카 국가들 간 분열을 피하기 위해" 연기되었다.

그러나 저우가 아시아 및 아프리카 국가들과 교류한 것이 아무 수확 없이 끝나지는 않았다. 1965년 11월, 유엔총회에서 베이징과 타이베이 중 어느 쪽이 중국의 유엔 의석을 차지해야 하는지에 대한 투표가 유엔 역사상 처음으로 동점으로 끝났다. 이것은 저우에게 엄청난 국제외교 성과였다.

그러나 그동안 중국의 대외 관계는 강력한 역류의 출현을 목격했다. 저우가 9월 30일 저녁에 국경절 환영회를 주최하고 있을 때, 그는 인도네시아에서 '매우 큰 일'이 일어났다는 것을 알게 되었다.

저우는 놀라지 않았다. 8월 초, 마오와 저우는 중국을 방문했을 때 인도네시아공산당(ICP) 의장인 아이디트를 만났다. 그는 마오와 저우에게 만약 인도네시아 우익 세력이 "우리를 공격하려" 한다면, 인도네시아 공산당은 "군사위원회를 설립하고 반격할 것"이라고 말했다.[34] 저우는 인도네시아 주재 중국 대사인 야오중밍(姚仲明)을 아이디트와 베이징의 '유일한 연락책'으로 배정했다. 8월 중순, 아이디트는 야오에게 인도네시아공산당이 "인도네시아의 정치권력을 장악하기 위해 단호한 조치를 취하기로 결심했다"라고 알렸다. 9월 초, 야오는 아이디트에게 베이징의 답신을 전달하여, 인도네시아공산당에 "결연하고 잘 준비하여 단호하게 전진하라. 좌절될 경우, 시골에서 투쟁을 지속할 결심을 하라"라고 조언했다. 그런 다음 아이디트는 야오에게 9월 30일에 '결정적인 움직임'이 있을 것이라고 알렸다. 저우는 며칠 후 아이디트에게 전보를 보내, 인도네시아공산당의 결정을 지지하고 그에게 "봉기가 성공한 후, 인도네시아공산당은 계속해서 수카르노를 대통령으로 인정하고 '나사콤(Nasakom)'을 유지해야 하며, 이는 국제적으로 유용할 수 있다"라고 조언했다.[35]

10월 2일, 저우는 베이징을 방문한 인도네시아 대표단에게 외국 보도로부터 "우익 장군들 위원회에 의한 쿠데타가" 자카르타에서 "실패했으며" 수카르노 대통령의 "경호원들이 상황을 통제하기 위해 혁명위원회를 조직했다"라는 것을 알게 되었다고 말했다.[36] 이후 이틀 동안 저우는 다른 두 인도네시아 대표단에게 수카르노가 "꽤 안전하다"라고 말했다. 그러나 저우는 대표단에게 더 이상 인도네시아 상황을 판단할 수 없다고 말했다.[37] 그러나 베이징과 자카르타의 중국 대사관 간 전신통신은 결코 중단되지 않았다. 저우는 야오에게 "신중하고, 논평하지 말고, 공개적으로 정보를 찾지 말고, 인도네시아 관리들과 정상적인 접촉을 유지하라"라고 지시했다. 또한 "군에 의한 대사관 공격을 포함한 갑작스러운 변화

에 정신적으로 대비하라"라고 상기시켰다.[38]

이 주가 지나서야 저우와 중국공산당 지도부는 비록 "인도네시아공산당 당원 및 지지자 들에 대한 학살이 시작되지 않았지만" 우익 세력이 실제로 인도네시아의 통제권을 장악했다는 것을 확인했다.[39] 그러나 수카르노가 11월 초에 중국 대사관에 "만약 자신에게 시간이 약간 주어진다면, 상황을 통제할 수 있을 것"이라고 알렸기 때문에, 저우를 포함한 중국 공산당 지도자들은 "인도네시아공산당과 좌익 세력들이 힘을 모아" 반격을 시작할 것이라는 희망을 계속 품고 있었다.[40] 천이는 북한 대표단과의 회의에 저우와 동행하며 심지어 "인도네시아공산당은 3백만 당원을 가지고 있다. 수만 명만 단호하게 저항해도 충분할 것이다…… 만약 우익 세력이 수카르노를 전복시킨다면, 그것은 좋은 일이 될 수도 있다"라고 주장했다. 이런 식으로 인도네시아공산당은 "무장투쟁을 수행하는 쪽으로 확고하게 전환"할 것이었다.[41]

그러나 인도네시아의 상황은 저우와 다른 중국공산당 지도자들이 희망했던 대로 전개되지 않았다. 아이디트는 11월 말에 처형되었고, 연말까지 인도네시아공산당은 어떤 '단호한 반격'도 하지 않았다. 인도네시아 군부는 저우의 매우 오랜 친구였던 수카르노를 점차 소외시키면서 권력을 완전히 장악했다. 불과 몇 달 만에 인도네시아공산당은 파괴되었고, '베이징-자카르타 혁명 축'은 붕괴했다. 1966년 3월, 중국공산당 지도부는 베이징과 인도네시아공산당 지도부 간의 기밀 전신 교환 기록을 모두 파괴하라고 명령했다.[42]

인도네시아 상황이 극적으로 반전되며 저우는 제2차 아시아-아프리카 회의를 추구하기를 포기했다. 10월 말 아시아-아프리카 국가 지도자들에게 보낸 편지에서 그는 "합의 원칙을 위반하면서 회의를 강행"하기보다는 "일시적으로 보류하는 것이 낫다"라고 인정했다.[43] 그러나 11월에

여러 외국 방문객들에게 말했듯이, 저우는 이제 회의를 개최할 수 없다는 것을 알았다.[44]

★★★★★

1965년 여름에서 가을로 넘어갈 때 중국이 처한 국제적 도전 외에도 점점 더 긴장되는 국내 정치 상황이 저우에게 가장 큰 골칫거리가 되었다. 중국공산당 지도자들은 9월 18일에 시작하여 거의 한 달 동안 계속 베이징에서 중앙 공작회의를 개최했다. 이 회의들에서 마오는 매우 도발적인 연설과 논평을 했다. 그는 한탄했다. "머지않아 나는 마르크스를 만나러 떠날 것이다. 내가 그에게 어떻게 보고해야 하는가? 당신들은 나로 하여금 자본주의 꼬리표를 달고 떠나게 하려 한다. 나는 받아들이지 않을 것이다!…… 만약 중앙위원회가 수정주의를 채택한다면, 나는 반란을 일으킬 것이다!"[45] 저우와 다른 지도자들은 주석이 중국공산당 역사상 전례 없는 규모의 정치적 행동을 취할 계획임을 분명히 감지할 수 있었다.

1965년 11월 10일, 상하이에 기반을 둔《문회보》는 이전에 거의 알려지지 않았던 야오원위안이라는 저자가 쓴 「새로운 역사극 '해서파관(海瑞罷官)'에 관하여」라는 장문을 게재했다. 언뜻 보기에 그 기사는 평범한 학술적인 글처럼 보였다. 만약 그 주제에 특이한 점이 있었다면, 그것은 그 드라마의 작가가 베이징 부시장이었던 우한(吳晗)이라는 점이었다. 그러나 마오에게 그 기사는 문화대혁명으로 가는 중요한 단계였다. 초봄에 장칭은 상하이를 여행하여 야오에게 그 글을 쓰도록 의뢰했다.[46] 그 글이 발표되었을 때, 당 최고 지도부 중 거의 누구도 그것에 그다지 주의를 기울이지 않았다. 중국공산당 베이징 위원회, 특히 위원회를 이끌었던 펑전은 상황을 학술적인 논쟁으로 묘사함으로써 우를 보호하려 시도

했다. 그들은 또한 베이징의 신문들이 그 글을 재인쇄하는 것을 막았다.[47]

저우는 야오의 글에 대해 사전에 알지 못했지만, 아마도 그것이 간단한 문제가 아님을 직감했을 것이다. 그는 처음부터 극도로 신중했고, 마오의 움직임을 주의 깊게 지켜보았다. 그동안 그는 마오가 그 글에 대한 입장을 분명히 할 때까지 문제가 통제 불능 상태가 되는 것을 막으려 노력했다. 11월 26일, 저우는 오랫동안 중국에 살았던 좌파 미국 언론인 안나 루이즈 스트롱(Anna Louise Strong)의 80세 생일 축하 행사에 참석하기 위해 상하이에 도착했다. 상하이 당서기인 천피셴(陳丕顯)은 뤄루이칭에게 야오의 글에 대해 저우에게 전해 달라고 요청하며, "주석이 베이징이 현지 신문에 그것을 게재하기를 거부한 것에 대해 꽤 불만스러워했다"라고 말했다. 저우는 다음 날 그를 만났을 때 천에게 감사했다.[48]

베이징으로 돌아온 후, 저우는 즉시 펑을 불러 베이징의 신문들이 야오의 글을 게재하도록 강요했다.[49] 또한 그와 펑은 그 글이 《인민일보》에 게재될 때 함께 실릴 '편집자 주'를 썼다. 그 노트는 "비판과 반비판의 자유가 있어야 한다. 잘못된 의견에 관해서는, 우리는 그들과 이성적으로 논쟁하고, 사실을 존중하며, 이성을 통해 다른 사람들을 설득하려 노력해야 한다"라고 강조했다.[50] 분명히 그 시기, 저우는 여전히 그 문제를 학술적인 문제로 취급하기 위해 최선을 다했다.

그러나 곧 더 많은 사건이 전개되었다. 12월 21일, 마오는 항저우에서 있었던 한 담화에서 말했다. "'해서파관'의 핵심은 파면 문제였다. 가정제(嘉靖帝)는 해서를 파면했고, 1959년에 우리는 펑더화이를 파면했다. 펑더화이가 바로 해서이다."[51] 마오의 말은 해서 사건에 대한 비판이 저우가 예상했던 것처럼 단지 '학술적인 문제'가 아님을 분명히 나타냈다. 그것은 정치적인 사건이었고, 주석은 그 사건을 정적들을 얽어매기 위해 사용할 것이었다.

저우는 12월 초 중앙판공청으로부터 상하이에서 열리는 '극히 중요한 회의'에 참석하라는 갑작스러운 통보를 받았다. 그러나 통지서에는 어떤 의제도 첨부되지 않았다. 저우는 즉시 매우 이례적인 일이 일어났다는 것을 알았다. 그는 상하이로 달려갔고, 거기서 총참모장인 뤄가 새로운 숙청 대상이 될 것임을 알게 되었다.

숙청을 시작한 사람은 린뱌오였다. 린이 중국 국방부장이 된 후, 그와 뤄는 잠시 허니문을 즐겼다. 그러나 린이 건강이 좋지 않아 중앙군사위원회의 일상적인 업무에 참여하기 어려워지자, 마오는 허룽 원수를 린을 돕도록 배정했다. 그러나 점차 린은 뤄가 자신을 멀리하면서 허룽과 가까워지고 있다고 느끼기 시작했다. 린은 11월 30일 마오에게 편지를 써서, "보고할 중요한 문제들이 몇 가지 있다"라고 말했지만, 먼저 아내 예췬을 마오에게 보내 예비 보고를 하고 싶다고 말했다.[52] 예는 같은 날 항저우로 비행기를 타고 가서 다섯 시간 동안 '예비 보고'를 계속했다.[53] 12월 2일, 마오는 린이 그에게 보낸 보고서에 대해 논평하여, "정치를 부각"하는 린의 접근법을 지지하고, 인민해방군에서 "절충주의(즉 기회주의)를 퍼뜨린 자들"을 비난했다.[54] 그리하여 마오는 뤄를 숙청하는 데 동의한다는 의사를 표했다. 그는 또한 그 발언들을 저우와 류를 비롯한 다른 최고 지도자들에게 전달했다.[55]

마오가 린의 편을 들기로 결정한 데에는 두 가지 이유가 있는 것 같다. 그가 문화대혁명을 시작하기 위해서는 린의 확고한 지지가 필요했고, 뤄가 류와 덩과 너무 가깝다고 느꼈다.[56] 그는 뤄를 제거하는 데 저우의 봉사가 필요할 것임을 알았다. 마오는 12월 5일 밤늦게 상하이에서 저우와 이야기했고, 그때 뤄를 숙청할 계획을 공유했음에 틀림없다.[57] 이것은 저우에게 큰 놀라움으로 다가왔을 것이다. 특히 그가 불과 며칠 전 상하이에서 뤄를 만났고, 뤄가 그에게 마오와 야오의 글과의 연관성에 대한 천피셴의 메시지를 전달했기 때문이었다. 회의 후, 저우는 즉시 주석의 지시에 따라 행동했다.

뤄 사건에 대한 회의는 12월 8일에 시작되어 일주일 내내 계속될 것이었다. 정치국 상무위원회가 처음으로 그 사건에 대해 회의했을 때, 마오는 뤄를 "야심 찬 음모가"로 지칭하고 "세계관이 우리와 다르다"라고 말함으로써 토론의 기조를 정했다. 특히 주석은 "뤄는 사실상 린뱌오 동지를 적으로 취급했다"라고 강조했다. 그런 다음 회의는 정치국 위원, 여러 부처의 책임자, 고위급 인민해방군 지휘관들을 포함하도록 확대되었다. 예췬은 린을 대신하여 총 열 시간에 걸쳐 세 차례 연설을 했다. 예췬은 주장했다. "뤄의 개인주의는 린뱌오 동지가 그에게 국방부장 자리를 내주지 않는 한 만족하지 않을 정도에 이르렀다."[58]

저우와 덩은 회의장 밖에서 뤄와 대화를 나누었다. 그들은 마오가 뤄가 "린에게는 반대하지만, 나에게는 반대하지 않는다"라고 믿으며, 만약 뤄가 린이나 "정치 부각"이라는 주제에 반대하지 않고 더 많은 권력을 요구하지 않는다면, 그의 사건은 당분간 보류될 수 있다고 알렸다. 뤄는 마오가 자신을 숙청하기로 결정했음을 믿지 않았고, 마오가 보는 앞에서 린과 직접 대면하기를 요청했다. 저우는 뤄를 바라보며 무슨 말을 해야 할지 몰랐다. 한참 후에 그는 뤄에게 말했다. "어떻게 그렇게 순진할 수 있는가?" 그리고 뤄에게 '진정하라'고 했다. 저우는 말했다. 마오나 린과 이야기할 필요가 없다고.[59]

뤄의 숙청은 이례적인 사건이 아니었다. 거의 같은 시기에 양상쿤 또한 중앙판공실 책임자로서 여러 해를 보낸 후 마오의 지시에 따라 해임되었다. 양의 후임은 오랫동안 마오의 경호 책임자였던 왕둥싱(汪東興)이었다. 이 개편으로 마오는 권력을 자신의 손에 더욱 집중시켰다. 양은 당 간부이자 국가 관료로서 이론적으로 여전히 당과 국가에 책임을 져야 했던 반면, 마오의 측근인 왕은 무엇보다도 먼저 마오에게 책임을 져야 했을 것이었다. 저우는 양과 긴밀한 관계를 유지했고, 양은 빈번히 저우에게 마오의 행방을 알렸다. 왕과의 관계는 가깝지 않았기에, 그는 거의 처음부터 왕과 관계를 발전시켜야 했다.

고위급 인사 변경은 당과 국가의 조직구조와 운영 체계를 전면에 내세웠다. 저우뿐만 아니라 류, 덩 및 다른 당 지도자들은 적어도 양을 왕으로 교체하는 결정에 의문을 제기하려 시도라도 했어야 했다. 그러나 그들은 침묵을 지켰다. 아마도 그 무렵에는 그들 모두가 마오가 어떤 결정을 하든 반대할 여지가 없음을 깨달았기 때문일 것이다.

＊＊＊＊＊

1966년 초, 마오는 문화대혁명을 위한 준비를 가속화했다. 2월에 겉보기에는 관련이 없는 두 가지 사건이 일어났다. 첫째, 펑전이 이끄는 '5인 소조'가 '현재 학술 문제에 관한 토론 개요('2월 개요'로 알려졌다)' 초안을 작성했다. 거의 동시에 장칭은 마오의 이름으로 인민해방군에 의한 문학 및 예술 작업에 관한 원탁 토론을 소집했다. 사실 두 사건은 밀접하게 연결되어 있었다.

2월 개요는 주로 펑전으로 대표되는 당 기득권층의 작품이었다. 그들은 새로 나타나는 대중운동을 자신들이 구상한 방향으로 유도하기 위해 일련의 규범과 규정을 고안해 내느라 머리를 쥐어짰다. 한편으로 2월 개요의 저자들은 '해서파관'에 대한 비판이 "이데올로기 영역에서의 큰 투쟁"을 대표하며, 그것이 "사회주의와 자본주의 간 투쟁의 일부"라고 단언했다. 다른 한편으로 문서는 "진실 앞에서는 모두가 평등하다"라는 정신으로 "모든 다른 의견을 제시하고 이성으로 다른 사람들을 설득하려 노

력"하라는 마오의 가르침을 준수할 것을 요구했다.[60]

저우는 2월 개요 초안 작성에 참여하지 않았다. 그러나 그는 처음부터 그 문서에 세심한 주의를 기울였다. 2월 5일, 그는 류와 덩이 주재한 정치국 상무위원회 회의에 참석했고, 여기서 펑은 개요가 어떻게 구성되었는지 보고했다. 그는 우한의 문제들이 정치적인 사건이 아니라 학술적인 문제이며, 우와 펑더화이 사이에 어떤 연관성도 없다고 주장했다. 류와 덩은 펑의 판결을 지지했고, 저우도 동의했다. 결과적으로 회의는 2월 개요를 승인했다. 덩은 즉시 그 결정과 개요의 문안을 마오에게 전달했다.[61]

펑은 2월 8일 캉성, 루딩이와 함께 마오에게 보고하기 위해 우한으로 갔다. 류, 덩, 저우 및 다른 사람들이 2월 개요를 승인했다는 것을 알았기 때문에 마오는 그 문서에 어떤 반대 의견도 표명하지 않았다. 그럼에도 불구하고 그는 물었다. "우한을 반당 및 반사회주의 인물로 간주할 수 있는가?" 펑은 대답했다. "아니다. 그럴 수 없다. 그러나 그는 매우 긴장하고 있다." 마오는 우가 계속해서 베이징 부시장으로 봉사할 수 있으므로 긴장할 필요가 없다고 말했다.[62] 그 말은 펑과 다른 사람들에게 마오가 개요를 승인했다는 인상을 주었다. 2월 12일, 덩이 문서에 서명한 후 2월 개요가 전당에 전달되었다.[63]

그러나 마오는 사실상 장칭에게 또 다른 임무를 부여했다. 2월 20일, 장은 인민해방군의 문학 및 예술 작업에 관한 원탁 토론을 조직했다. 마오의 의견을 반영하여 여러 차례 수정된 후 원탁 토론의 내용은 구체적으로 요약되었는데, 이는 1949년 이래로 "문화 전선에서 격렬한 계급투쟁이 있었고, 반당 및 반사회주의적 흑선이 그 독재를 행사했다"고 강조했다. "이 노선을 철저히 뿌리 뽑기 위해" "문화 전선에서 위대한 사회주의혁명을 벌일" 필요가 있었다.[64] 린뱌오는 원탁 토론에 전혀 관여하지 않았다. 그러나 마오가 요약을 수정할 때, 그는 그것이 "린뱌오 동지의 위

임"으로 이루어졌음을 나타내는 몇 단어를 제목에 추가했다.[65] 그렇게 함
으로써 마오는 린에게 그 결론들을 지지하도록 강요하면서 문서에 더 큰
힘과 정당성을 부여하려 했다.

원탁 토론은 장칭이 중국 정치 무대에 화려하게 데뷔한 중요 사건이었
다. 이전 몇 년 동안 그는 '경극 혁명'이라고 불리는 것을 적극적으로 추
진했다. 그런 다음 마오의 지지를 받아 야오의 글이 작성되고 출판되는
것을 조율했다. 이제 장은 공식적으로 중국 정치의 최전선에 섰고, 곧 문
화대혁명의 '기수'가 될 것이었다. 이전에 저우는 그와 직접적인 접촉이
많지 않았다. 이 사건 이후 몇 년 동안, 저우와 장의 업무 관계는 매우 가
까워질 것이었다.

일단 린의 이름이 장의 요약에 첨부되자, 마오는 신속히 그에게 보상
하고 이전 12월부터 계류 중이었던 뤄 사건을 마무리하기로 결정했다.
3월 4일부터 덩, 펑, 예젠잉은 마오의 지시에 따라 중앙군사위원회 회의
를 주재하여 뤄를 계속 비판하고 그의 사건을 해결했다. 뤄는 그 절차를
'정말로 견딜 수 없다'고 느끼고 3월 18일에 자살을 시도했다. 그는 죽지
않았지만, 다리가 부러져 영구적인 장애를 갖게 되었다.[66]

★★★★★

마오는 3월 중순에 다시 반수정주의 문제를 제기했다. 3월 17일부터
20일까지 그는 항저우에서 중국공산당 최고 지도자들이 참석하는 정치
국 상무위원회 확대회의를 열어 당이 소련공산당 제23차 당대회에 대표
단을 파견해야 하는지 여부를 논의했다. 사실 류, 저우, 덩을 비롯한 다른
지도자들은 이미 그 문제를 논의했다. 앞뒤로 숙고하고 마오의 의도를
거듭 추측한 끝에 그들은 중국공산당 대표단을 모스크바에 보내기로 결

정했다.[67] 그러나 마오는 항저우 회의에서 발언했을 때, 그 결정을 단정적으로 거부했다. 마오는 말했다. 소비에트는 거대한 국내외적 어려움 속에서 당대회를 소집하고 있다고. "우리는 그곳에 가서는 안 된다. 그들에게 어떤 환상도 남겨서는 안 된다. 우리는 그들에게 축하 전보조차 보낼 필요가 없다. 단지 그들에게 우리는 가지 않는다고 말하기만 하면 된다."[68]

마오는 '반수정주의'를 확고하게 고수해야 했는데, 소련이 '수정주의 국가'로 전락했음을 끊임없이 강조해야만 중국에서 수정주의와 싸우기 위해 극적인 조치를 취하려는 자신의 노력을 정당화할 수 있을 것이었다. 더욱이 수년에 걸쳐 마오는 항상 '반소비에트 수정주의' 투쟁을 중국에 대한 소비에트의 강대국 쇼비니즘에 대한 반대와 연결하여, '반소비에트 수정주의'에 혁명적 민족주의와 중국 애국주의 정신을 불어넣었다. 이것은 다른 중국공산당 지도자들이 이 문제에 대해 그에게 도전하는 것을 더욱 어렵게 만들었다.

놀랍지 않게도 마오는 그의 국내외 '반수정주의' 의제를 강화하기 위해 무엇이든 할 용의가 있었다. 마침 일본공산당(JCP) 총서기인 미야모토 겐지(宮本顯治)가 '베트남 지원 및 미국 저항의 국제 통일전선'을 수립하기 위한 노력의 일환으로 당시 중국을 방문하고 있었다. 비록 이것은 오랫동안 류와 덩이 관리해 온 분야였지만, 마오는 완전히 독단적인 방식으로 개입했다.

미야모토는 2월 중순에 중국에 도착하여, 하노이로 여행하기 전에 상하이와 광저우에서 펑전과 일련의 회의를 했다. 미야모토는 2월 말에 베이징으로 돌아와 3월 4일부터 8일까지 류, 덩과 연이어 회의했다. 국제 공산주의 운동에서 일본공산당은 소비에트 수정주의에 대한 중국공산당의 투쟁을 확고하게 지지했다. 그러나 미야모토는 중국 동지들에게 말했다. 이번에는 베트남을 지원하는 것이 최고 우선순위여야 한다고. 그는 설명했다. 흐루쇼프가 몰락한 후 모스크바는 베트남에 더 많은 지원을 제공하기 시작했고, 그리하여 미 제국주의에 대항하여 모스크바를 포함하는 더 넓은 통일전선을 수립할 기반을 마련했다고. 류와 덩은 동요하지 않았고, 여전히 반제국주의가 반수정주의와 연결되어야 하며, 중국과 일본 당들이 새로운 소비에트 지도부에 너무 많은 환상을 가져서는 안 된다고 주장했다. 회의는 교착상태에 빠졌다.[69]

미야모토는 3월 11일부터 11일 동안 북한에 머물렀다. 그곳에서 그와 김일성은 또한 반미 전선을 수립하는 데 동의했다.[70] 그는 그 후 류와 덩과 추가로 회의하기 위해 베이징으로 돌아왔다. 그는 베트남과 북한 동지들 모두가 반미 국제 전선에 모스크바를 포함하는 것을 지지한다고 보고했다. 마침내 류와 덩은 미야모토와 마지막 순간에 타협에 도달하여, 소비에트를 지명하지 않고 수정주의를 비판하는 공동성명을 발표하는 데 동의했다.[71] 양측 동료들이 공동성명의 초안을 작성하고 수정하기 시작했다.

류와 덩이 이 문제를 처리한 방식은 전례 없는 것은 아니었다. 베이징과 모스크바 간의 거대한 논쟁에서 중국공산당은 더 많은 지지를 얻기 위해 보통 다른 당들에게 수정주의를 비판할 때 소비에트를 지명하도록 강요하지 않았다. 일본공산당은 국제 공산주의의 주요 행위자이자 중국공산당의 오랜 동맹국이었다. 또 다른 중국공산당 동맹국이었던 인도네시아공산당은 9·30 사건의 여파로 붕괴했다. 따라서 중국공산당에게는 일본공산당의 지지가 이전보다 더욱 중요해졌다. 더욱이 '반수정주의' 투쟁에서 중국공산당 편에 섰던 하노이와 평양 모두가 반미 전선에 모스크바를 포함하는 것을 분명히 지지했다. 베이징이 그러한 통일전선에 계속 반대한다면 국제적으로 고립될 수 있었다. 그리하여 류와 덩은 미야모토와 타협했다.

저우는 미야모토와의 회의에 참석하지 않았다. 공동성명이 거의 완성되었을 때, 그는 1만 6천 명 넘는 사람들이 참석한 대규모집회를 주재하여 일본공산당 대표단을 환영했다. 일단 양측이 공동성명 문안의 모든 세부 사항을 해결하자, 저우는 다시 일본공산당 대표단을 만나 '따뜻한 축하'를 전했다. 그는 미야모토에게 공동성명 문안을 마오에게 승인받기 위해 긴급히 보냈으며, 공식적인 서명식은 "일본 동지들이 적절하다고 생각하는 시기에" 열릴 것이라고 말했다. 저우는 그 후 인민대회당에서 미야모토를 위한 송별 연회를 주최했다.[72]

그러나 마오는 전체 문제를 뒤집었다. 마오는 공동성명을 검토한 후, '소비에트 수정주의'를 지명하지 않음으로써 가장 중요한 요점을 놓쳤고 따라서 단지 "이름 없는 발표"에 불과하다고 논평했다. 그는 즉시 문안을 수정하여 세 곳에 "소비에트 주도 집단"을 언급하는 문장들을 추가했다.[73] 3월 28일 마오는 상하이에서 미야모토를 만나, 일본공산당이 류와 덩과 도달했던 모든 합의가 무효이며, 공동성명을 발표해서는 안 된다고 말했다. 미야모토는 일본공산당과 중국공산당 모두 "제국주의와 수정주의에 대한 투쟁을 수행했으며, 이 두 문제에 대한 합의에 기초하여 공동성명이 발표될 수 있다면 바람직할 것"이라고 거듭 설명하려 시도했다. 마오는 대답했다. "나는 단지 두 가지를 말하고 싶다. 첫째, 당신의 태도는 소비에트 지도부가 환영하는 것이다. 둘째, 우리는 그것을 환영하지 않는다." 그렇게 마오는 류, 덩, 미야모토가 열심히 노력하여 만든 공동성명을 휴지 조각으로 만들어 버렸다.[74]

마오의 행동은 큰 결과를 가져왔다. 그와 류, 덩 사이의 모순을 드러내는 것 외에도 그는 중국공산당과 일본공산당의 관계에 심각한 위기를 만들었다. 미야모토는 격분하여 중국을 떠났다. 나중에 중국공산당으로부터 만족스러운 설명과 사과를 받지 못하자, 일본공산당은 공식적으로 중

국공산당과 관계를 단절했고, 중국공산당은 국제 공산주의에서 가장 중요한 동맹국 중 하나를 잃었다.[75]

마오의 매우 비정상적인 움직임은 저우에게 또 다른 심각한 경고였다. 비록 주석이 예측할 수 없는 방식으로 행동하는 것으로 알려져 있었지만, 이번에 그가 한 행동은 중국공산당의 국제적 명성과 신뢰성에 영향을 미쳤다. 마오의 행동은 모든 규범과 의례를 깨뜨렸다. 이것은 그가 오랫동안 계획했던 '매우 큰 행동'의 초읽기를 시작했음을 나타내는 것이었다.

*****

당내 투쟁의 대가인 마오는 이제 저우가 더 명확하게 자기편을 들게 할 때임을 알았다. 3월 말, 그는 캉성을 상하이로 소환하여 3일 연속으로 이야기했다. 주석은 주장했다. 펑전이 이끄는 당의 베이징 위원회와 루딩이가 지휘하는 중앙선전부 모두 "나쁜 놈들을 보호"했고 "수정주의 편에 섰다." 따라서 그들은 해체되어야 했다. 그는 발표했다. "만약 수정주의가 당 중앙에 나타난다면, 모든 곳에서 그에 대한 반란이 일어나야 한다."[76] 3월 31일 베이징으로 돌아온 후, 캉은 즉시 마오의 폭발적인 의견들을 저우와 펑전에게 전달했다.[77]

저우는 마오가 그에게 큰 도전을 제시했다는 것을 즉시 깨달았어야 했다. 그는 이틀 동안 응답하지 않았는데, 이는 그가 허베이성 싱타이(邢台)에 일어난 대지진의 여파를 관리하고 있었기 때문이기도 했다. 그러나 저우가 이례적으로 마오에게 응답하기를 미룬 것은 또한 그가 어떻게 응답할지 결정하기가 심리적으로 얼마나 어려웠는지를 드러낸다.

저우는 마침내 4월 2일 저녁에 마오에게 편지를 썼다. 그는 "펑전 및 캉성과 상의하여" "주석의 지시를 따르고 프롤레타리아 문화대혁명의 기치를 높이 들고, 문학, 역사, 철학의 반동적인 학술 사상을 철저히 비판하고 그러한 학술 권위자들이 가진 반당 및 반사회주의적 부르주아 입장을 폭로"하기로 결심했다고 보고했다. 실제로 그는 주장했다. "이것은 문화 영역에서 지도적인 위치를 장악하는 것에 관한 문제이다." 그는 더 나아가 "5인 소조의 보고서(즉 2월 개요)는 틀렸으며" "부르주아지를 억압하면서 프롤레타리아트에게 활력을 불어넣기 위해" "주석의 검토와 승인을 받은 또 다른 중앙위원회 통지로 그것을 대체"할 필요가 있다고 말했다.[78]

마오는 저우의 응답이 마음에 들었다. 총리는 다가오는 거대한 투쟁들에서 마오의 편에 설 것이라고 분명히 선언했다. 저우가 충성심을 표현하는 이 편지를 쓰기까지 48시간 동안 그의 마음속에 무엇이 오갔는지 우리는 알 길이 없다. 그러나 그는 고통스러웠을 것이고, 심지어 영혼을 탐색하는 과정까지 겪었을 것이다. 궁극적으로 그는 중국공산당 역사상 전례 없는 정치적 폭풍 속에서 마오의 편에 서기로 결정했다. 저우의 응답은 또한 그가 옌안 정풍운동 이래로 따라 왔던 원칙들과 잘 부합했다.

돌이켜 보면, 1966년 봄은 아마도 류, 저우, 덩 및 당 기득권층의 다른 사람들이 마오가 중국을 재앙적인 문화대혁명으로 이끄는 것을 막을 수 있는 마지막 기회였을 것이다. 실제로 그것은 한번 놓치면 다시는 오지 않는 종류의 순간이었다. 그러나 점점 더 대담하고 파렴치해지는 마오에 직면하여 저우와 그의 동료들은 취약했고, 행동하기를 꺼렸으며, 용기와 상상력이 부족했다. 결국 그들은 마오의 비합리적이고, 만연하며, 미친 공세에 저항하지 못했다.

그렇다면 왜 그들과 전체 당 및 국가 기득권층은 마오에 대해 그토록 무력했을까? 왜 그들은 마오의 비범하게 도발적인 움직임에 반격할 용기나 능력을 보여 주지 못했을까? 마오의 전제적인 권력과 반신적인 권위 때문이었을까? 아니면 1943년 결의안이 그에게 모든 중요한 결정을 내릴 최종 권한을 부여했기 때문이었을까? 이 두 가지 이유 모두 사실이다. 그러나 핵심은 아마도 류, 저우, 덩 또는 다른 어떤 중국공산당 지도자도 중국 혁명과 '계속혁명'에 대한 마오의 서사에 대항할 대안적인 거대한 정당성 서사를 제시할 수 없었다는 점에 있을 것이다. 소비에트 수정주의에 반대하는 것에서부터 중국에서 수정주의가 지배하는 것을 막기에 이르기까지, 마오는 중국을 문화대혁명으로 이끌 일련의 이론들을 집대성했다. 또한 그동안 그는 그러한 이론들을 중국에 대한 소비에트의 강대국 쇼비니즘에 반대하는 민감한 주제와 연결했다. 사실 1964년부터 그는 중국이 소비에트에게 공격받을 위협에 대비해야 한다고 주장하기 시작했다.[79] 실제로 마오는 그의 공산주의 유토피아적 비전을 중국 애국주의 및 혁명적 민족주의와 결합함으로써 이념적, 담론적 지배를 확립했고, 이는 '우리 중국인은 일어섰다'를 그 모토로 삼았다. 중국의 정치발전에서 이러한 역동성은 견제받지 않는 정치권력 및 감히 도전할 수 없는 권위와 결합하여 마오를 무적으로 만들었다.

★★★★★

이제 펑전이 마오의 다음 표적이 되었다. 중국공산당 지도부 중에서 펑은 오랫동안 마오의 심복으로 간주되어 왔다. 실제로 그는 심지어 '총서기의 권력 절반'을 가진 것으로 생각되기도 했다. 그러나 주석은 펑이 7천인 대회에서 마오 또한 비판받을 수 있다고 말한 후 그를 점점 더 의심하게 되었다. 펑을 숙청하는 것은 문화대혁명을 준비하는 마오의 또 다른 인사 개편이었다.

저우는 내내 펑을 매우 신중한 태도로 대했고, 결정을 내릴 때는 항상 그를 참여시키려 노력했다. 그러나 4월 초, 상황은 신속하게 변했다. 4월

9일부터 덩이 주재한 중앙서기처는 3일간 회의했다. 비록 저우는 서기처 위원은 아니었지만, 회의에 참석했다. 4월 12일, 저우는 덩, 펑전과 함께 마오에게 편지를 써서, 뤄를 "마오와 마오 사상에 반대"하고, "자신의 독립 왕국을 관리"하면서 "린을 물러나게 강요"한 범죄자로 낙인찍는 결정을 보고했다.[80]

비록 펑이 그 편지에 서명했지만, 마오는 이미 그를 "뤄의 공범자"로 지목했다. 중앙서기처가 4월 중순에 회의했을 때, 캉성은 펑과 2월 개요에 대한 마오의 가혹한 비판을 전달했고, 즉시 펑을 동지들의 맹렬한 공격에 노출시켰다.[81] 마오는 4월 23일 회의에 나타났다. 그는 우한을 지지하는 사람으로서 펑이 우에 대한 비판을 극히 어렵게 만들었다고 주장했다. 그런 다음 주석은 큰 목소리로 경고했다. "수정주의는 문화계에 나타났을 뿐만 아니라, 당, 정부, 군대에도 나타났으며, 이는 매우 큰 문제다."[82] 회의는 공식적으로 펑전을 뤄루이칭, 루딩이, 양상쿤과 '반혁명 집단'으로 묶었다.

네 사람이 같은 파벌에 속했다는 주장을 뒷받침할 증거는 전혀 없었다. 실제로 그들은 업무 관계를 넘어서는 상호작용조차 많지 않았다. 그럼에도 불구하고 그들은 '반혁명 집단'의 구성원들로 임의로 함께 묶였다. 가오강과 라오수스가 숙청되었을 때, 그들은 근거 없이 '집단'으로 지칭되었다. 1959년 루산 회의에서 펑더화이, 장원톈, 황커청, 저우샤오저우도 똑같이 근거 없는 방식으로 '집단'으로 확인되었다. 이러한 비난들을 뒷받침할 사실적 증거는 어느 것도 제시되지 않았지만, 어쨌든 판결은 내려졌다. 피고인 중 누구도 자신을 변호할 수 없었다. 아이러니하게도 펑, 뤄, 루, 양은 이전에 그러한 사건들을 만들어 내는 데 적극적으로 관여했던 사람들이었다. 이제는 그들이 다른 사람들을 위해 열었던 지옥의 문에 스스로 걸어 들어가야 할 차례였다.

*****

문화대혁명의 두 기념비적인 문서가 1966년 5월 초에 탄생했다. 첫 번째는 '5·7 지시'로, 마오가 인민해방군의 농업 생산 참여에 관해 린에게 쓴 편지였다. 이야기는 대약진운동 이후 군대가 충분한 식량 공급을 유지하는 데 어려움을 겪으면서 시작되었다. 저우의 지시와 린의 지원에 따라 병사들은 곡물을 생산하도록 동원되었고, 이는 군대의 식량 공급을 크게 개선했다. 그때부터 군대는 계속해서 농업 생산에 참여했다. 마오는 군대의 곡물 생산 관행을 칭찬하면서도 일련의 '큰 생각들'을 제시했다. 중국의 모든 조직, 즉 군대, 공장, 인민공사, 학교, 상업 및 서비스업, 당 및 정부 기관은 "큰 학교"가 되어야 했다. 각각은 "정치, 군사, 문화를 배우고, 농업 생산에 참여하며, 자체 사용 및 다른 동등한 가치의 상품을 교환하기 위한 중소 규모의 작업장을 자체적으로 건설"해야 했다. 또한 군대는 "대중 사업, 공장 사업, 농촌 사회주의 교육에 참여해야 한다. 사회주의 교육 후에는 군대와 인민을 하나로 단결시키기 위한 다른 종류의 대중 사업이 항상 있다. 군대는 또한 자본주의 문화에 대한 혁명적 투쟁에 참여해야 한다."[83]

마오의 발언은 그가 상상한 중국의 당, 국가, 사회의 '청사진'을 드러냈다. 그의 비전은 본질적으로 유토피아적이었고, 그것은 주석이 중국과 중국 인민을 변혁시키기를 희망했던 방식들을 반영했다. 이런 의미에서 마오의 비전은 또한 '계속혁명'에서 '거대한 파괴'의 과정과 동시에 '거대한 재건'의 과정을 시작하려는 그의 의도를 드러냈다.

정치국은 5월 9일부터 류가 주재한 일련의 확대회의를 열었다. 마오는 참석하지 않았지만, 회의의 전체 과정을 통제했다. 저우는 5월 중순에 루마니아와 알바니아를 방문할 예정이었다. 루마니아 지도자 니콜라에 차우셰스쿠(Nicolae Ceaușescu)는 저우의 방문을 이용하여 모스크바의 압력에 저항하는 부쿠레슈티의 '독립적인 외교정책'을 부각하기를 매우 희망했다.[84] 그는 그리하여 루마니아 제1부총리 에밀 보드너라슈(Emil Bodnăraș)를 베이징에 파견하여 저우의 방문을 확인하게 했다. 5월 13일까지 중국 측은 보드너라슈에게 저우의 루마니아 여행이 예정대로 진행될 것이라고 약속했다. 그러나 5월 14일, 베이징은 갑자기 보드너라슈에게 저우의 방문이 연기될 것이라고 알렸다.[85]

저우가 정상적인 외교 의례를 위반하며 여행을 연기한 것은 중국공산당 최고 지도자들 간의 정치적 투쟁이 또 다른 결정적인 지점에 도달했기 때문이었다. 5월 15일, 저우는 마오에게 "수도 지역의 안보"를 강화하기 위해 예젠잉 원수가 이끄는 '수도 공작 소조'를 설립했다고 보고했다.[86] 그동안 저우는 마오의 명령에 따라 "베이징 및 주변 지역의 안전"을 확보하기 위해 "신뢰할 수 있는 군부대들"을 추가로 배치했다.[87] 저우는 이러한 매우 이례적인 조치들을 주목하며 자신이 베이징에 머물러야 한다는 것을 알았다.

5월 중순, 중국공산당 중앙위원회는 문화대혁명의 헌법적 문서인 '5·16 통지'를 발표했다. 마오가 직접 그 문안을 수정하고 편집했다. 마오가 이 통지에 추가한 사항 중 가장 주목할 만한 것은 다음 단락이었다.

> 당, 정부, 군대 및 여러 문화계에 잠입한 부르주아지 대표들은 반혁명적 수정주의자들의 무리다. 조건이 무르익으면, 그들은 정치권력을 장악하고 프롤레타리아 독재를 부르주아 독재로 바꿀 것이다. 우리는 그들 중 일부를 발견했지만, 다른 일부는 발견하지 못했다. 일부는 여전히 우리의 신뢰를 받고 있으며 우리의 후계자로 양성되고 있다. 흐루쇼프와 같은 사람들이 여전히 우리 곁에 둥지를 틀고 있다. 모든 수준의

당위원회는 이 위험에 충분히 주의를 기울여야 한다.[88]

이 단락에서 마오는 다가오는 '대프롤레타리아 문화대혁명'에서 자신이 추구할 임무와 목표들을 가장 명확하게 확인했다. 저우는 마오에 대한 지지를 더 명확하고 확고하게 보여 주어야 한다는 것을 알았다. 그리하여 그와 린뱌오는 정치국 회의에서 주요한 두 인물이 되었다. 그들의 발표는 가장 이례적이었고 가장 영향력 있었다.

린은 중국에서 '반동적 쿠데타'가 일어날 위험과 그것을 어떻게 막을 것인지를 부각했다. 마오의 모든 말이 진리를 대표한다고 자랑하면서 그는 말했다. "마오의 한마디는 다른 사람들의 만 마디에 해당한다." "마오에게 반대하는 자는 누구든 전당에 의해 사형에 처해지고 전국에 의해 저주받을 것이다."[89]

저우는 5월 21일에 연설했는데, 여기서 그는 수정주의와 싸움으로써 '반동적 쿠데타'를 막는 것에 대한 린의 견해를 전적으로 지지했다. 그는 비록 당이 최선을 다해 노력했음에도 불구하고 "수정주의는 중앙 및 지방 수준 모두에서 생겨날 것"이라고 경고했다. 따라서 "수정주의가 우리의 권력 통제를 장악하게 해서는 안 된다"라고 했다. 그런 다음 그는 "말년의 정치적 절개를 지키는 것"이라는 주제로 전환하여, 마오에 대한 영원한 충성을 맹세했다.

우리는 마오 주석을 따라야 한다. 마오 주석은 오늘날 우리의 지도자이며, 백 년 후에도 우리의 지도자로 남을 것이다. 만약 누군가 말년에 그에게 충성하지 않는다면, 그의 과거 모든 공헌은 완전히 무효화될 것이다. 그의 관이 봉해지거나 (그의) 시신이 화장된 후에도, 그는 여전히 파멸할 것이다.[90]

중국공산당 최고 지도자 중 누구도 그런 발언을 한 적이 없었다. 중국 지도부에서 저우가 가진 지위를 고려할 때, 이 말들의 영향은 단순히 비범한 정도를 넘어섰다. 이것은 정치적, 상징적 의미 모두에서 마오에게 매우 중요한 발언이었다.

실제로 저우와 린의 태도는 마오가 중국을 문화대혁명으로 이끌 때 매우 중요했지만, 특히 저우의 태도는 아마도 주석에게 더욱 필수적이었을 것이다. 중국공산당 1선으로 복귀한 후 마오는 저우에게 공을 들이기 시작했고, 총리가 모진에 반대한 이후 보류했던 존중을 베풀었다. 결국 저우는 중국의 행정 및 집행 권력을 통제하고 있었다. 마오는 류 및 다른 '권력 내 자본주의 노선파들'과 정치적 결전을 벌이는 것이나, 정치적 혼란이 큰 시기에 당과 국가의 일상적인 운영을 유지하는 데 있어서 저우의 봉사가 필수 불가결함을 잘 알고 있었다.

그러나 이것이 저우가 마음대로 마오를 견제하고 균형을 맞출 수 있었다는 뜻은 아니었다. 만약 그가 자신의 행정 및 집행 권력을 사용하여 마오에게 도전했다면, 그는 "자신을 희생하여 궁극적인 덕을 보존(殺身成仁)"하려는 결단과 용기뿐만 아니라, 무엇보다 주석에 대한 도전을 뒷받침하고 마오의 서사에 대항할 거대한 정당성 서사가 필요했을 것이다. 그러나 그러한 서사를 절대적으로 통제하고 있던 사람은 마오였고, 그것은 마오의 사상과 생각들과 깊이 얽혀 있었으며 그의 무제한적인 정치권력에 의해 추진되었다. 그 결과, 문화대혁명의 거대한 물결이 중국 사회와 국가의 정치 지형을 휩쓸었을 때, 저우는 거의 직관적으로 그 흐름에 따르기로 선택했다. 이것이 바로 마오가 기대했던 바였다.

ZHOU

제4부

문화대혁명에서

살아남기

SURVIVING THE CULTURAL REVOLUTION

ENLAI

제25장

문화대혁명의
서막
1966~1967

1966년 6월 1일 저녁, 중국중앙라디오방송은 베이징대학 교수 일곱 명이 작성한 '대자보' 전문을 전달했다. 그들은 대학 지도부의 '문화대혁명에 대한 음모 활동'을 맹렬히 공격했다. 캉성이 그 내용을 마오에게 알렸고, 주석은 그것을 읽은 후 신화통신사에 "이 전문을 전체 방송하라"라고 명령했다.[01] 이것이 바로 대프롤레타리아 문화대혁명을 위한 마오의 진군 명령이었다.

저우는 그처럼 극적인 상황 전개에 대비되어 있지 않았다. 그는 베이징대학에서 사회주의 교육 운동이 교수진과 대학 지도부 사이에 큰 긴장을 야기했음을 알고 있었고, 특히 캠퍼스에 수십 개국에서 온 외국인 학생들이 있다는 점을 고려하여 그들에게 행동을 완화하라고 조언했다.[02] 불과 며칠 전, 그와 류사오치, 덩샤오핑은 베이징대학의 상황을 논의했고, "운동을 지도하기 위해" 그곳에 공작조를 파견하기로 결정했으며 주석에게 승인받았다.[03] 이제 마오가 갑자기 마음을 바꾸자 저우는 경각심을 느꼈다.

마오는 당시 항저우에 있었고, 류가 베이징에서 당 중앙의 일상적인 의사결정을 처리하고 있었다. 저우와 류를 비롯한 중국공산당 지도자들은 캠퍼스에서 일어나는 대중 활동을 규제하기 위해 베이징의 고등학교와 대학에 공작조를 파견하고자 했다. 그들은 베이징의 상황 전개를 마오에게 계속 알렸고, 도시로 돌아와 책임을 맡아 달라고 요청했다.[04] 6월 9일, 류, 저우, 덩은 마오를 만나기 위해 항저우로 갔다. 마오는 그들에게 혼란을 두려워하지 말고 대중을 총동원하라고 말했다. 따라서 "먼지가 가라앉을 때까지" 공작조는 필요하지 않을 것이었다.[05] 류가 마오에게 베이징으로 돌아오라고 재차 요청했지만, 주석은 거부했다.

베이징으로 돌아온 저우는 즉시 오랫동안 계획되었고 두 번이나 연기되었던 루마니아와 알바니아 방문 준비를 시작했다. 이제 저우는 베이징의 정치적 소용돌이에서 벗어나게 해 줄 이 여행을 더 이상 미루고 싶지 않았다. 마오는 저우의 여행 계획을 승인했다.[06]

저우는 7월 1일에 해외에서 돌아왔다. 베이징공항에서 그를 환영한 사람들 중에는 캉성이 있었는데, 그는 저우와 함께 차를 타고 도시로 돌아왔다. 그는 저우에게 문화대혁명에 너무 깊이 관여하지 말고, 대신 새로운 중앙문화혁명소조(中央文革小組. CCRG)에 더 많은 주의를 기울이라고 제안했다. 캉은 또한 저우에게 말했다. "류와 덩은 몰락할 수 있다…… 당신은 공작조 파견에 관여해서는 안 된다."[07] 캉은 마오와 매우 가까웠고, 저우와도 오랫동안 긴밀한 우정을 이어 왔다. 그는 아마도 마오의 동의 없이는 저우에게 이처럼 중요한 제안들을 하지 않았을 것이다. 마오는 총리가 류와 덩을 위해 놓은 정치적 함정에 빠지는 것을 원치 않았던 듯하다.

마오는 베이징과 거리를 두었다. 6월 15일, 그는 항저우를 떠나 고향 사오산에서 멀지 않은 외딴곳 디수이둥(滴水洞)에 숨었다. 그는 들끓는 정치적 폭풍이 상륙하기 전에 '몇 가지 큰 문제들'을 조용히 생각할 수 있는 환경이 필요했다. 6월 말, 그는 우한으로 이동했다.

베이징의 상황은 불투명했다. 비록 겉보기에는 문화대혁명이 활발하게 추진되고 있었지만, 류와 덩은 문화대혁명이 정확히 무엇을 위한 것인지 몰랐기 때문에 극도로 신중했다. 이 무렵, 베이징대학에 배정된 공작조와 그것에 반대하는 사람들 사이에 심각한 갈등이 발생하여 '6·18 사건'이 일어났다.[08] 류와 덩은 대중운동을 지도하기 위해 베이징의 여러 학교에 공작조를 더 많이 보내야 한다고 믿었다. 그들은 자신들이 내린 모든 결정을 승인받기 위해 마오에게 보고했지만, 실질적인 응답을 받지 못했다.[09] 류와 덩은 한 걸음 내딛고 주위를 살핀 다음, 또 다른 걸음을 내디딜 수밖에 없었다. 마오는 7월 11일 저우를 우한으로 갑자기 소환했다. 그들은 그날 오후 세 시간 동안 만났고, 다음 날 아침에는 두 시간 더 이야기했다.[10] 이때 마오는 필시 자신의 생각과 계획을 저우와 공유했을 것이다.

마오는 7월 16일 양쯔강에서 수영하며 전국을 놀라게 했다. 그날 수만 명이 1956년 마오의 양쯔강 수영 10주년을 축하하기 위해 강변에 모였다. 그들 중 다수는 마오가 마치 "뒷마당을 거니는 것처럼" 강에 예기치 않게 나타나는 것을 목격했다. 그 장면은 "격렬한 폭풍과 파도는 전혀 무섭지 않다. 인류 사회는 그것들에도 불구하고 발전해 왔다"라는 마오 어록과 함께 중국 전역에 널리 홍보되었다.[11] 주석은 말과 행동으로 전 국민, 특히 젊은 세대에게 강력한 메시지를 보냈다. 만약 그가 73세임에도 여전히 양쯔강에서 수영할 수 있다면, 사실상 그는 무엇이든 할 수 있다는 것이었다.

마오는 이틀 후 베이징으로 돌아왔다. 류가 그를 만나러 달려갔다. 마오는 안에 있었고, 여러 중앙문화혁명소조 구성원들과 이야기하고 있었다. 주석은 류가 밖에서 기다리고 있다는 것을 알면서도 비서에게 말했다. "나는 그를 만나고 싶지 않다."¹² 다음 날 류는 저우가 참석한 정치국 상무위원회 확대회의를 주재했다. 이제 중앙문화혁명소조 책임자인 천보다는 수도 주변 학교들로부터 모든 공작조를 즉시 소환할 것을 제안했다. 류와 덩을 포함한 대다수는 그 동의안에 반대했다. 저우는 공작조를 "일시적으로 소환하고 따라서 대중이 스스로 운동을 수행하도록 허용" 할 수 있다고 교묘하게 제안했다.¹³ 마오는 그날 저녁 회의에 합류했다. 그는 류와 덩의 보고를 듣고 공작조에 대해 아무 말도 하지 않았다.¹⁴

확대회의는 다음 날 계속되었다. 덩은 필시 마오가 공작조에 대해 어떤 부정적인 논평도 하지 않았다는 사실에 자극받아 그들을 철수시키는 것에 단호히 반대했다. 덩은 드물게 흥분하여 충동적으로 천보다에게 소리쳤다. "만약 모든 공작조를 소환한다면, 당이 어떻게 이끌 수 있겠는가?" 류는 덩을 지지했고, 둘 다 공작조가 대부분 훌륭했다고 주장했다. 저우는 침묵을 지켰고, 공작조를 철수시키자는 동의안은 보류되었다.¹⁵ 마오는 비록 회의에 불참했지만, 모든 세부 사항을 신속하게 알게 되었다. 주석이 보기에 덩이 류와 협력한 것은 큰 범죄였다. 나중에 문화대혁명에서 덩은 "중국의 두 번째로 큰 권력 내 자본주의 노선파"라는 꼬리표를 달게 될 것이었다.

마오는 이제 행동할 때라고 느꼈다. 그는 7월 23일 베이징 지도자들로부터 도시 학교들의 상황에 대해 보고받은 후, "공작조를 파견한 것은 실수였으며" 그것이 "대중운동의 장벽"이 되었다고 발표했다.¹⁶ 다음 날 그는 중앙문화혁명소조 회의에서 "모든 공작조는 소환되어야 한다"라고 거듭 밝혔다.¹⁷ 세 번째 날 그는 중앙문화혁명소조 확대회의에서 다시 한 번 강조했다. "공작조 파견 정책은 바뀌어야 한다." 그래서 "교사와 학생들이 스스로 혁명 활동을 수행할 수 있도록" 해야 한다.¹⁸

저우는 마오가 공작조 소환을 명백히 지지한다는 것을 통보받은 후 류, 덩과 장시간 대화를 나누었다. 그런 다음 그들에게 편지를 썼는데, 거기서 그는 그들과 주석의 의견 차이가 "주로 현재 상황에 대한 평가와 이해가 다른 데서 야기되었다"라고 썼다. 총리는 그들 모두가 당시 "그렇게 할 필요가 있다"라고 믿었기 때문에 공작조 파견에 대한 류와 덩의 "일반적인 이해"를 한때 공유했다고 인정했다. 그러나 "모든 공작조는 각자 자신들이 있던 곳에서 나름의 구체적인 경험을 가지고 있다." 따라서 저우는 류와 덩에게 조언했다. "각각의 경우를 조사하고 구체적으로 분석할 필요가 있다."[19] 저우는 부담스러운 공작조 문제에서 스스로를 해방하고, 또한 공작조를 변호함으로써 심연에 빠진 류와 덩을 돕기 위해 이처럼 논평했다. 7월 26일, 정치국은 모든 공작조를 소환하여 해산할 것이라고 결정했다.[20]

7월 29일, 중국공산당 베이징 위원회는 인민대회당에서 대학 및 고등학교 활동가들을 위한 집회를 소집했고, 여기서 류, 저우, 덩이 연설했다. 저우는 학교에서 "투쟁하고, 비판하고, 변혁"하는 세 가지 과업을 완수하라는 마오의 지시를 전달했다. 저우는 말했다. 문화대혁명은 새로운 현상이라고. "원로 혁명가"로서 그는 이제 "새로운 문제들에 직면했다."[21] 류와 덩도 집회에서 같은 말을 했다.[22] 그들은 모두 진실을 말하고 있었다.

마오는 아무에게도 알리지 않고 집회에 왔고, 류, 저우, 덩이 연설하는 동안 막 뒤에 머물렀다. 마지막 연설 후, 집회에 참석한 사람들은 외치기 시작했다. "마오 주석을 보고 싶다!" 그러자 마치 마법처럼 마오가 막 뒤에서 무대로 걸어 나왔다. 그는 군중에게 손을 흔들고 아무 말도 하지 않았다. 학생들은 우레와 같은 박수로 응답했다.[23]

그 장면에 대한 소식이 신속하게 베이징 모든 학교로 퍼졌고, 그 후 전국 캠퍼스로 퍼져 나갔다. 주석이 출현했다는 소식은 즉시 전국의 젊은 학생들을 흥분시켰다. 8월 1일, 흥분을 더욱 돋우기 위해 마오는 칭화대학부속고등학교의 홍위병들에게 다음과 같은 메시지를 보냈다. "나는 여러분에게 따뜻한 지지를 표한다. 전국에 걸쳐 문화대혁명을 수행하면서, 우리는 여러분과 같은 혁명적 태도를 채택하는 모든 사람을 따뜻하게 지지할 것이다."[24] 주석은 문화대혁명에 대한 지지를 높이기 위해 이러한 매우 이례적인 조치를 취했다.

*****

중국공산당 중앙위원회 제11차 전체 회의는 8월 1일에 시작되었다. 류는 첫날 업무 보고를 했다. 그가 공작조에 대해 이야기하는 동안 마오는 그를 거듭 가로막았다. 마오는 주장했다. "공작조의 90퍼센트 이상이 완전히 틀렸다. 그들은 투쟁을 벌일 수도, 비판을 할 수도, 변혁을 추구할 수도 없다. 그들은 단지 대중을 억압하고 막는 역할만 했을 뿐이다."[25]

저우는 다음 날 발언했다. 그는 방금 마오의 거주지에서 열린 회의에서 돌아왔다고 전체 회의에 말했다. 그런 다음 야오의 글에서부터 베이징대학 교수 일곱 명이 쓴 대자보와 '주석의 모든 공작조를 소환하는 결정'에 이르기까지 문화대혁명의 전개를 검토했다. 저우는 강조했다. "정치 노선이 그들 모두의 중심에 있었다." 더 구체적으로 이것은 "대중을 동원하여 수정주의와 자본주의 노선파들과 감히 투쟁할 것인가 아닌가"에 관한 것이었다. 마오의 어조를 따라, 그는 모든 사람에게 "대중과 함께 혁명을 만드는 반란의 결의"를 가질 것을 격려했다. 그는 이 모든 것이 "일시적으로 베이징을 혼란스럽게 하거나" 심지어 "우리 정권의 질서를 방해"할 수도 있다고 인정했다. 그러나 그는 강조했다. "우리는 두려워할 것이 없다. 두려움은 주석의 사상과 양립할 수 없기 때문이다." 저우는 또한 6월 초에 베이징 학교들에 공작조를 파견하는 결정에 참여한 것에 대해 자기비판을 했다. 비록 그와 류, 덩이 그 결정을 마오에게 보고했지만, 자신들은 "낡은 질서를 보존하기 위해" 행동했다고.[26]

주석은 이제 중심 무대에 설 준비가 되어 있었다. 8월 4일, 그는 정치국 상무위원회 회의를 소집했다. 그와 류는 나란히 앉아 "일부 문제들에 대해 격앙된 분위기에서 언쟁을 벌였다."[27] 마오는 회의에서 류를 향해 포문을 열며, "당 지도부가 자신의 약속을 위반했다"라고 주장했다. 그는 소리쳤다. "대중 노선? 대중을 신뢰하는 것? 마르크스-레닌주의를 믿는 것? 모두 거짓이다!" 류는 진정하려 애쓰며 말했다. "나는 베이징에 있으니, 내가 주된 책임을 져야 한다." 마오는 그를 조롱하며 외쳤다. "당신이 무엇을 했는가? 당신은 베이징에 부르주아 독재를 수립했다!" 이것으로도 충분하지 않은 듯, 마오는 선언했다. "오늘 여기에 앉아 있는 사람들 중에 사악한 요소와 괴물 들이 있다!"[28]

주석은 다음 날 또 다른 비밀 토론을 위해 저우를 소환했다. 이후 저우는 류에게 전화를 걸어 공개 행사에 참석하거나 외국 손님을 만나지 말라고 했다.[29] 마오는 또한 "사령부를 포격하라"라는 제목의 대자보를 썼는데, 여기서 그는 류와 덩이 "반동적이고 부르주아적인 입장을 취하고, 부르주아 독재를 실행하며, 프롤레타리아트가 그토록 장관하게 수행한 문화대혁명을 억압하려 시도했다"라고 엄중히 비난했다.[30]

다롄에서 휴가 중이었던 린뱌오는 마오의 명령에 따라 전체 회의에서 그를 돕기 위해 8월 6일 베이징으로 급히 돌아왔다.[31] 실제로 전체 회의의 방향은 완전히 바뀔 참이었다. 마오의 대자보는 8월 7일 전체 회의에 배포되어 류와 덩을 즉시 맹렬한 공격의 대상으로 만들었다. 원래 5일간으로 예정되었던 전체 회의는 12일로 연장되었다. 당 지도부는 전체 회의의 마지막 며칠 동안 일련의 승진과 강등 속에서 재편성되었다.

8월 12일에 새로운 중앙 지도부가 탄생했다. 마오가 중앙위원회 주석으로, 린뱌오가 부주석으로 임명되었다. 마오, 린, 저우, 타오주, 천보다, 덩, 캉성, 류, 주더, 리푸춘, 천윈이 새로운 정치국 상무위원회를 구성했다. 이 새로운 구조에서 린은 중앙위원회의 유일한 부주석이 되는 것 외에도 마오의 후계자로 지정되었다. 저우는 더 이상 부주석이 아니었지만 정치국 상무위원회에는 남아 있었다.³² 중앙서기처는 더 이상 독립적으로 회의를 열지 않을 것이었다. 그 대체물은 저우가 소집하고 장칭, 천보다, 캉성 및 다른 중앙문화혁명소조 구성원들이 참석하는 중앙 연락 회의였다. 예췬 또한 린의 대표이자 린과 저우 간 연락 담당자로서 회의에 참석할 것이었다.³³ 그 변화는 저우에게 승진처럼 보였을 수 있다. 실제로 당, 정부, 군대의 권력을 통합한 중앙 연락 회의의 소집자로서의 지위는 그가 새로운 권력구조에서 중심적인 위치를 차지했음을 시사했다. 그러나 실제로는 마오가 모든 권력을 통제하고 있었다. 저우는 새로운 구조가 자신을 안전하게 하는 동시에 위험을 주는 원천임을 잘 알고 있었다. 이제 그는 마치 숲속에서 다른 나무들보다 높이 서 있는 한 그루 나무와 같았다. 강하고 예기치 않은 바람이 불어 와 언제든지 그를 쓰러뜨릴 수 있었다.

마오는 다음으로 베이징과 전국 각지에서 온 젊은 활동가들의 대규모 행진을 주최하기로 했다. 저우는 마오가 그의 구상을 소개한 후 불과 며칠 만에 모든 준비를 완료했다. 마오는 젊은이들의 혁명적 열정과 정신을 고취하여 그들이 "혁명적이고 반란적인 행동"에 대담하게 참여하도록 격려하고자 했다. 그는 동료들에게 대규모 행진 뒤에 숨은 논리를 공유했다. "우리는 소련으로부터 교훈을 얻어야 한다. 그곳에서는 레닌을 볼 기회가 있었던 사람이 거의 없었다. 그리하여 그들은 레닌의 기치를 버렸다."³⁴ 마오는 같은 실수를 저지르지 않을 것이었다.

마오는 8월 18일 오전 다섯 시 직후에 군복을 입고 톈안먼에 도착하여 도합 백만 명에 달하는 홍위병과 젊은 학생 들의 행진을 검열했다. 행진이 시작되었을 때, 한 여학생이 마오의 왼쪽 팔에 홍위병 완장을 채워 주었다. 저우 또한 그날은 평소 복장과 달리 군복을 입었다.[35]

*****

8·18 집회의 여파로 문화대혁명은 완전한 광란의 단계에 들어섰다. "모든 사악한 괴물을 타도하자"라는 표어 아래 혼란이 수도를 휩쓸었다. 주로 혁명 간부 및 다른 '홍색 계열' 가정의 자녀들로 구성된 베이징의 홍위병 부대들은 '흑색 계열'에 속한 것으로 확인된 사람들을 구타하고 그들의 집을 습격하는 등 도시 전역에서 폭력적인 '혁명 행동'을 시작했다. 그러한 '혁명적 행위'는 그 후 전국으로 퍼져 나갔다. 며칠 동안 베이징의 홍위병들은 심지어 "전 세계를 붉게 만들기 위해" 신호등을 바꾸어 녹색이 정지를, 빨간색이 '전진'을 의미하도록 해 달라고 요구하기까지 했다. 저우는 즉시 그들의 대표들과 회의를 열었고 그 제안이 왜 위험한지를 설명하느라 몇 시간을 보냈다. 결국 그들은 수긍하고 돌아갔다.[36]

이후 몇 달 동안 문화대혁명 운동은 대체로 여전히 당과 국가 기구의 통제하에 있었다. 중앙 부처의 지도자 대부분과 성 및 시의 거의 모든 최고 관리는 공격받지 않았다. 대체로 홍위병들의 '반란 행동'은 '권력 내의 자본주의 노선파들'보다는 사회의 지정된 '나쁜 요소들'을 겨냥했다. 그 결과는 비록 훨씬 더 큰 규모였지만 반우파 운동의 재현이나 다름없었다.

저우는 큰 딜레마에 직면했다. 한편으로 그는 자신이 이해한 '불을 지피라'는 마오의 의도를 따라야 했기에 '혁명적 반란의 정신'으로 문화대혁명을 수행할 것을 거듭 요구했다. 다른 한편으로 그는 불길이 통제 불능 상태로 퍼지지 않게 운동을 규제하려 노력했다. 8월 말, 저우와 타오주는 핵심 당 및 국가기관과 그 지도자들을 보호하기 위해 열 가지 조치들을 초안했다. 이것은 마오의 의도와 최저선을 가늠해 보려는 시도이기도 했다.[37] 만약 마오가 그 조치들을 거부한다면, 그로써 저우는 이 운동을 향한 마오의 비전에 대해 통찰을 얻을 수 있을 것이었다. 그러나 만약 마오가 그것들을 승인한다면, 저우는 따를 수 있는 일련의 규정들을 갖게 될 것이었다. 마오는 그 조치들을 거부하고 저우와 다른 사람들에게 "대중에게 어떤 제한도 두지 말고 운동이 스스로 진행되도록 내버려두라"라고 명령했다.[38] 9월 초, 저우는 홍위병들의 과도한 행동을 억제하기 위한 규율적 제약을 제안하는 두 번째 문서 초안을 작성하라고 지시했다. 9월 3일, 그는 타오주, 천이, 리푸춘 및 중앙문화혁명소조 구성원들과 함께 문서를 논의하기 위한 회의에 소환되었다. 마오가 좋아하는 것과 싫어하는 것에 대한 감각이 예리한 중앙문화혁명소조 출신들은 그것에 단호히 반대했다. 문서는 주석이 보기도 전에 폐기되었다.[39]

8월부터 수십만 명에 달하는 홍위병과 젊은 학생들이 "혁명 사상을 전파하기 위해" 중국 전역을 무료로 여행했다. 이것은 국가의 교통 체계에 엄청난 부담을 주었다. 대거 유입되는 학생들은 마치 베이징과 다른 도시들이 새로 들어오는 인원을 얼마나 수용할 수 있는지 시험하는 듯했다. 저우는 전국적인 추세를 막을 수 없었기 때문에, 중국의 교통 기반 시설과 국가경제가 마비되는 것을 막기 위해 최선을 다할 수밖에 없었다. 9월 15일, 마오가 톈안먼광장에서 젊은 학생 백만 명의 행진을 세 번째로 검열했을 때, 저우는 마오 옆에 서서 연설을 했다. 그는 국가의 산업 및 농업 부문 생산을 건전한 수준으로 보장하는 것이 중요하다고 강조했다. 따라서 저우는 거대한 군중에게 외쳤다. "홍위병과 혁명 학생들은 공장과 기업에서 연락 활동을 해서는 안 된다." 또한 그는 강조했다. "공장과

25-1 1966년 9월 15일, 톈안먼 성루에서. 왼쪽부터 장칭, 저우언라이, 린뱌오, 마오쩌둥.
World History Archive / Alamy Stock Photo

농촌 지역은 생산을 중단하고 혁명을 해서는 안 된다."⁴⁰ 위대한 조타수가 중국을 격렬한 폭풍 속으로 몰고 가는 동안, 저우는 중국이 암초에 부딪히는 것을 막기 위해 할 수 있는 모든 일을 하고 있었다.

1966년 가을, 북풍이 베이징의 마지막 잎사귀들을 떨어뜨릴 때까지 문화대혁명은 수도의 많은 당 및 정부 기관을 마비시켰다. 혼란은 계속해서 전국으로 퍼져 나갔다. 그러나 전반적으로 기존의 당 및 정부 기관 들은 완전히 통제력을 잃지는 않았다. 한번은 마오가 저우에게 중앙 수준의 문화대혁명이 연말까지 끝날 수도 있다고 말하기도 했다.⁴¹

그러나 주석의 말에도 불구하고 1966년 마지막 3개월 동안 문화대혁명은 더욱 격화하고 확장되었다. 10월 2일, 《인민일보》는 「부르주아 반동 노선을 철저히 비판하라」라는 사설을 게재했다. 여기서 '부르주아 반동 노선'이라는 개념은 새로운 발명품이었으며, 문화대혁명의 불길을 더욱 부채질하려는 마오의 의도를 드러냈다. 저우는 그 글을 읽은 후 마오와 이 새로운 개념에 대해 논의했다. 당의 역사 내내 정치 노선이 정의되어야 할 때마다, 그것은 보통 '좌경'이나 '우경'과 같은 형용사를 포함했다. '부르주아 반동'과 같은 용어는 이전에 결코 사용된 적이 없었다. 그것은 무엇을 의미하는가? 저우가 물었다. 마오는 '반혁명 노선' 대신 '반동 노선'을 사용하는 것은 그 노선에 참여했던 사람들이 반드시 적으로 정의되지는 않을 것임을 의미한다고 대답했다. 마오의 모호한 응답은 저우가 총리로서 일상 업무를 처리하는 것을 더 복잡하고 혼란스럽게 만들었다.⁴²

마오는 '부르주아 반동 노선'을 어떻게 비판할 것인지 논의하기 위해 10월 9일에 중앙 공작회의를 소집했다.⁴³ 회의는 7일간으로 예정되었지만, 3주 후에야 끝날 것이었다. 10월 16일, 천보다는 마오가 수정하고 승인한 기조연설을 했다. 천은 당의 역사에서 두 노선 간 투쟁이 복잡하고 치열했다고 언급했다. 따라서 그는 두려움을 떨쳐 버리고 대중을 동원하여 문화대혁명을 심화해야만 한다고 강조했다.[44] 류와 덩 모두 회의에서 자기비판을 하여, "부르주아 반동 노선을 실행함으로써 심각한 실수들"을 저질렀다고 인정했다.[45] 그러나 참석자 대부분은 미온적이었고, 심지어 드러내 놓고 분개하기도 했다. 마오는 이 모든 것을 주목했다. 마오는 연설에서 문화대혁명은 단지 6개월 동안만 계속되었으니, 많은 사람이 그 필요성을 보지 못한 것도 이해할 만하다고 말했다. 그러나 마오는 그들에게 말했다. "혁명 운동은 본질적으로 정당하다."[46]

저우는 회의에서 극도로 신중했다. 제11차 전체 회의 이후, 그는 마오의 모든 움직임, 특히 류와 덩에 대한 태도를 드러내는 움직임들을 면밀히 지켜보았고, 마오의 다음 단계가 무엇일지 알아내려 노력했지만 헛수고였다. 저우는 공작회의에서 발언했을 때 "현재 상황은 우리가 여전히 운동의 초기 단계에 있음을 보여 주며, 주석이 우리가 다음 5년 동안 약간의 경험을 얻을 것이라고 말했듯이, 그것은 또 다른 5년에서 10년 동안 계속될 수 있다"라고 언급했다. 그러나 그는 또한 "문화대혁명을 위한 시간표를 설정할 필요성"이 있음을 논의했다. 특히 그는 중앙 기관에서의 운동이 "다가오는 중국 설날까지 끝날 수 있기를" 희망했다.[47] 실제로 저우는 문화대혁명으로 정확히 무엇을 성취할 것인지 결정할 수 없었다. 이상한 일이 아니었다. 결국 마오조차도 이 질문에 명확하게 답할 수 없었는데, 저우가 어떻게 할 수 있었겠는가?

10월 공작회의가 끝나면서 마오는 문화대혁명에서 큰 승리를 거둔 것처럼 보였다. 류와 덩은 자신들이 저지른 실수에 대해 자기비판을 한 후 철저히 소외되었고, 마오의 권위와 권력은 전례 없이 치솟았다. 그러나 실제로는 마오가 딜레마에 직면했다. 문화대혁명이 '승리했다는 결론'을 선포할 때가 되었는가? 마오는 운동을 그렇게 빨리 끝내고 싶지 않았다.

그는 기존 당과 국가 구조의 힘이 비록 보이지 않게나마 지속되고 있다는 것을 분명히 감지할 수 있었다. 더욱이 문화대혁명을 통해 "인민의 정신세계를 혁명화"하려는 그의 목표를 달성하려면 아직 멀었다. 그가 지금 누리는 정치권력이 거의 무제한적이라는 것은 사실이었다. 그러나 그가 여전히 종종 자신의 통제를 벗어난 보이지 않는 힘에 굴복해야 한다고 느꼈다는 것도 사실이었다.

마오는 수많은 고위 간부가 그 운동을 계속 추진하는 것을 깊이 꺼리고 있음을 감지했다. 그들은 입으로는 그에게 충성을 맹세했지만, 마음으로는 그러지 않았다. 당과 국가 관료제, 즉 이론적으로는 그의 비전을 위한 추진력이 되어야 했던 바로 그 요소들이 마오가 의도했던 문화대혁명과 그것이 실제로 되어 버린 것 사이에 놓여 있었다. 마오는 류가 그의 생전에 다시 부상할 것을 두려워하지 않는 듯 보였고, 당내 정치투쟁을 능숙하게 통제할 수 있다는 자신감을 유지했다. 그의 가장 큰 걱정은 '계속혁명'이라는 거대한 사업이 자기 사후에 약화되거나 심지어 뒤집히지는 않을지 여부였다. 이 모든 것을 고려할 때, 문화대혁명은 어떻게 끝나야 하는가? 마오는 명확한 답을 내놓을 수 없었다. 그러나 한 가지는 확신했다. 이번 폭풍은 거대했지만, 그가 거둔 승리는 피상적일 뿐이었다. 다음 단계는 무엇이어야 하는가? 사실 마오 자신조차도 이 질문에 답할 수 없었고, 하물며 다른 덜 직설적인 질문들에 대해서도 좋은 답을 내놓을 수가 없었다.

저우의 상황은 위태로웠다. 그는 자신이 '모진에 반대'하여 공격당한 이후 정치적으로 가장 안전한 위치에 있으며 자신의 존재가 당분간 마오에게 필수 불가결하다고 직감했을 것이다. 그럼에도 불구하고 저우는 여전히 불안해했다. 마오는 규칙이나 관습적인 논리를 따르지 않는 사람이었다. 이제 저우가 감지할 수 있듯이, 마오는 역사상 결코 전례가 없는 규모의 카드 게임을 하려 하고 있었다. 그러나 총리는 마오가 어떤 카드를 쥐고 있는지, 또는 그 판이 얼마나 커질지 알지 못했다.

*****

1966년 마지막 두 달 동안 문화대혁명의 대중운동은 더욱 억제되지 않았다. 그것은 점점 더 중국공산당이 이전 정치운동에서 수립한 규범과 규정들을 깨뜨리는 방향으로 나아갔다. 마오는 그러한 돌파구들을 받아들였을 뿐만 아니라, 심지어 장려했다. '안팅(安亭) 사건'에 대해 그가 보인 태도가 특히 그러했다. 11월 10일, 새로 설립된 '상하이 노동자혁명조반총사령부(SWRRH)'의 천 명 넘는 구성원들이 상하이에서 약 20킬로미터 떨어진 작은 기차역 안팅에 도착했다. 그들은 중앙문화혁명소조로부터 자신들의 조직을 인정받고 지지를 얻기 위해 베이징으로 여행할 작정이었지만, 상하이 당국이 안팅에서 그들을 막았다. 노동자들은 항의의 표시로 철로 위에 누워 20시간 이상 상하이-베이징 철도를 막았다.[48]

인민공화국 역사상 결코 그런 사건이 일어난 적이 없었다. 상하이의 당 지도자들은 그 사건을 베이징에 보고했다. 저우는 노동자들의 행동이 상하이와 심지어 중국 전역에 새로운 혼란의 물결을 촉발할 잠재력이 있었기 때문에 바람직하지 않다고 생각했다. 그러나 그는 직접 개입하지 않았다. 대신 천보다를 설득하여 노동자들에게 전보를 보내 그들의 항의가 "그들 자신의 작업 단위 또는 심지어 전국 전체의 생산성에 영향을 미칠 것"이므로 상하이로 돌아가라고 요청하게 했다.[49] 전환점은 11월 11일 중앙문화혁명소조 부단장 장춘차오가 노동자 지도자들과 협상하기 위해 상하이로 비행기를 타고 갔을 때 찾아왔다. 처음에 그는 그들에게 상하이로 돌아가라고 요청하며, 노동자들에게 "모든 것을 그곳에서 논의할 수 있다"라고 확신시켰다. 그러나 점차 그는 태도를 바꿨다. 그는 노동자들의 수도 방문 계획을 "혁명적 조치"라고 묘사하고, 상하이로 돌아가면 그들의 모든 요청이 만족스럽게 해결될 것이라고 약속했다.[50] 노동자 대부분이 상하이로 돌아온 후, 장은 상하이 중국공산당 위원회가 통과시킨 결의안에 반하여 그들의 지도자들과 합의서에 서명하여, "상하이 노동자 혁명조반총사령부가 합법적인 혁명 조직이며, 그들이 베이징으로 여행하려 한 노력이 혁명적 조치임을 인정"했다.[51]

장은 문화대혁명에 노동자들을 참여시키려는 주석의 열망을 감지했기 때문에 대담한 조치를 취했다. 장이 베이징으로 돌아왔을 때, 역시 중앙문화혁명소조 고문이었던 타오주는 장의 행동에 의문을 표명했다.[52] 그러나 마오는 장이 그 문제를 해결한 방식을 승인했다. 정치국 회의에서 주석은 중화인민공화국 헌법 사본을 들고 물었다. "노동자들은 집회의 자유가 있는가? 당신들은 헌법을 읽었는가?" 그는 주장했다. "먼저 행동하고 나중에 승인을 얻는 것은 괜찮다. 개념은 항상 사실이 있은 후에 생겨나기 때문이다."[53] 저우는 안팅의 상황에 세심한 주의를 기울였고, 그에 대응하여 매우 영리하게 행동했다. 사건이 시작되었을 때, 그는 천보다를 전면에 내세워 그것을 처리하게 했고, 타오주가 사건에 대한 장의 관리를 문제 삼는 것을 지지했지만 직접 반대 의견을 제기하지는 않았다.[54] 그리하여 마오가 장에 대한 지지를 선언한 후 입장을 쉽게 바꿀 수 있었다.

또한 당시 베이징에서는 산업 및 교통에 관한 국가 계획 회의가 진행되고 있었다. 천보다는 회의를 위해 노동자들이 자신들의 조직을 설립하고 학생들이 공장에서 "혁명적 연계"를 만들도록 허용하는 문서를 초안했다.[55] 회의에 참석한 당 및 정부 관리들은 거의 만장일치로 그 문서에 반대하며, "만약 학생들과 노동자들이 '혁명적 반란'에서 힘을 합친다면,

국가경제는 완전한 무질서에 빠질 것”이라고 항의했다.[56] 회의는 저우의 지지를 받아 작성된 두 번째 문서를 검토했는데, 이는 노동자들이 “여가 시간에만 혁명할 수 있으며” 학생들이 공장에서 “혁명적 연계를 추구”하는 것을 허용하지 않을 것이라고 규정했다.[57] 마오는 즉시 그 제안을 거부했다. 주석은 지시했다. 노동자들이 혁명 조직을 설립할 권리를 지지하는 추가적인 문서가 필요하다고.[58]

회의는 원래 단 오 일간으로 예정되었지만 거의 삼 주 동안 계속되었다. 린뱌오는 12월 6일 회의에 합류하여, 그것이 순조롭게 진행되지 않았다고 발표했다. 실제로 그는 산업 및 교통 부문에서 문화대혁명이 완전히 방향을 바꿀 때가 되었다고 주장했다.[59] 회의의 방향은 변모했다. 천보다가 조정자 역할을 하면서 “혁명을 일으키고 생산을 촉진”하는 것에 관한 새로운 문서가 초안되었다. 천이 이전에 초안했던 문서에 기초한 그 제안은 노동자들이 근무 외 시간에 혁명에 참여하고, 자신들의 조직을 설립하며, 학생들과 ‘혁명적 연계’를 만들도록 허용했다. 마오가 승인한 후, 그 문서는 전국에 전달되었다.[60]

저우는 회의에서 다소 흥미롭고 두드러지는 논평들을 했다. 문화대혁명에서 나타난 ‘반란의 물결’이라는 주제에 관해 그는 말했다. “우리는 그것을 막을 수 없으므로, 대신 그것을 유도하려 시도할 수 있다.” 그는 이것을 ‘처벌’로 보았고, 한탄했다. “그 처벌은 과거 우리 자신의 행동에 의해 만들어졌다. 만약 우리가 그것에 대해 책임지지 않는다면, 누가 책임지겠는가? 만약 우리가 지옥에 들어가지 않는다면, 누가 들어가겠는가? 만약 우리가 호랑이 굴에 들어가지 않는다면, 누가 들어가겠는가? 우리는 이 모든 것에 정신적으로 대비해야 한다.”[61]

그 혼란스러웠던 문화대혁명 시기에 저우에게서 이런 고백이 나오는 것은 드문 일이었다. 운동 시작부터 저우는 대체로 행동하도록 내몰렸다. 그러나 그는 또한 마오의 의도를 읽음으로써 주도권을 잡으려 노력했다. 결국 저우는 문화대혁명 기간 동안 권력과 권위가 절정에 달했던 진정한 반신반인과 마주하며 함께 일하고 있었고, 그의 '계속혁명'이라는 거대한 서사가 중국공산당의 주류 담론을 지배했다. 저우는 중국이 급류와 폭풍 속으로 항해하는 동안 마오와 함께 머무를 수밖에 없었다.

*****

1966년 12월 26일은 마오의 일흔세 번째 생일이었다. 그와 장칭은 천보다, 장춘차오, 야오원위안, 왕리(王力), 치번위(戚本禹), 관펑(關鋒), 즉 중앙문화혁명소조의 모든 구성원을 저녁 식사를 위해 집으로 초대했다. 그러나 이것은 단순히 연회가 아니었다. 마오는 할 말이 있었다. 그는 자신이 죽은 후 자본주의가 돌아올 것을 우려하며 단언했다. "이것이 우리가 문화대혁명을 수행해야 하는 이유이며" "권력 내 자본주의 노선파들과 투쟁"해야 하는 이유라고. 그는 상세히 설명했다. 투쟁은 오래전에 시작되었지만, 이제 그것은 "전국을 포함하는 거대한 결전"으로 절정에 달할 것이었다.[62] 그러더니 갑자기 자리에서 일어섰다. 그는 와인잔을 높이 들고 저녁 식사에 참석한 모두의 예상을 완전히 뛰어넘는 말을 했다. "내년에 전국에서 이루어질 전면적인 내전에서 승리하기 위하여 건배!"[63]

마오는 73세였다. 그의 발언은 단순한 충격 그 이상이었다. 그것은 사실상 히스테리적인 외침에 가까웠다. 그러나 그는 그런 건배사를 했다. 이는 전국이 아무런 보류 없이(毫无保留) 실행에 옮겨야 할 '최고 지시'로 받아들여졌다.

저녁 식사의 여파로 여러 중앙문화혁명소조 구성원이 모여 1967년 신년 사설 초안 작성을 논의했다. 숙고한 끝에 그들은 '전국에서의 전면적

750

인 내전'이라는 문구를 '전국에서의 전면적인 계급투쟁'으로 대체하기로 결정했다. 그들은 또한 문화대혁명의 '끝'이 무엇이어야 하는지에 초점을 맞추기로 결정하고, 글의 제목을 "대프롤레타리아 문화대혁명을 끝까지 관철하자"로 정했다.[64] 마오는 그 글을 승인했다. 그것은 국가에 극히 중요한 메시지를 전달했다. 문화대혁명은 곧 훨씬 더 큰 혼란을 특징으로 하는 새로운 단계에 들어서게 된다는 것이었다.

저우는 마오의 저녁 식사에 참석하지 않았지만, 장칭이 다음 날 마오가 한 말을 전달해 주었다. 그는 필시 문화대혁명이 그가 이전에 경험해 본 적 없는 방식으로 계속될 것임을 감지했을 듯하다.

공격적인 언어를 사용했음에도 역설적으로 마오는 자신이 최고의 창조자이자 수혜자였던 기존의 당과 국가 구조와의 관계를 완전히 끊을 수는 없었다. 겉보기에 무제한적인 권력을 누리는 듯했지만, 그는 기존 구조에 대하여 마치 부처의 손바닥에서 결코 벗어날 수 없었던 손오공과 같았다.[65] 마오가 기존의 당과 국가 구조를 파괴하기 위해 아무리 노력했더라도, 그는 여전히 그것의 포로로 남아 있을 것이었다. 저우언라이는 감지할 수 있는 것과 감지할 수 없는 것 모두에서 기존 구조가 지닌 권력의 화신이었다. 이런 의미에서 마오가 기존 구조에 도전하고자 했을 때, 그는 이전 어느 때보다도 더 저우의 협력을 필요로 했다.

★★★★★

마오가 문화대혁명을 더 깊은 수준으로 이끌기 위해 새롭고 비상한 조치들을 취할 것이라는 첫 번째 징후는 당시 여전히 문화대혁명의 스타였던 타오주를 갑작스럽게 숙청한 것이었다. 마오의 생일 연회 다음 날, 장칭은 중앙 보고 회의에서 갑자기 타오를 공격하며 "낡은 질서의 가장 큰 수호자"라고 비난했다. 저우는 충격받았지만, 여전히 타오를 보호하고 싶었다. 그래서 그가 도전에 더 잘 대비할 수 있도록 마오의 "전국에서의 전면적인 내전"이라는 개념을 공유해 주었다.[66] 12월 29일, 마오는 장칭이 자기 마음대로 행동했고 너무 빨리 움직였다고 비판했다.[67] 돌이켜 보면, 마오가 장을 꾸짖은 것은 아마도 아직 타오의 운명에 대해 마음을 정하지 못했기 때문이었을 것이다. 그러나 새해가 지난 후, 타오는 계속되는 공격의 포화에 직면했다. 1967년 1월 4일, 장칭과 천보다는 공개적으로 타오가 "반동적인 부르주아 노선의 진정한 운반자"라고 발표했다.[68] 저우는 타오를 보호하는 데 전념했다. 다음 날 이른 아침, 그는 타오에게 며칠 동안 집에 머물라고 조언했다.[69] 그러나 상황은 급속히 악화되었다. 1월 8일, 마오는 "더 이상 타오를 보호하지 않겠다"라고 말했다.[70] 거의 하룻밤 사이에 타오는 류와 덩 다음으로 문화대혁명에서 맹렬한 공격의 또 다른 주요 표적이 되었다.

돌이켜 보면, 타오의 몰락은 갑작스러운 것이 아니었다. 광둥과 남중국의 중요한 당 지도자로서 그는 오랫동안 마오의 신임과 지지를 누렸던 것처럼 보였다. 문화대혁명이 시작되었을 때, 그는 베이징으로 전출되어 신속하게 마오, 린, 저우에 이어 중국의 4인자가 되었다. 그는 당과 정부의 일상적인 운영을 책임지게 되었고 저우와 긴밀한 업무 관계를 수립했으며, 동시에 그가 없었다면 총리가 개인적으로 처리해야 했을 온갖 도전들로부터 저우를 막아 주는 장벽 역할을 했다. 그들은 유사한 정치적 관점을 공유했다. 그들 중 누구도 문화대혁명에 대한 마오의 생각과 계획을 완전히 이해한 것 같지는 않았지만, 둘 다 마오의 의도로 이해한 바에 따라 행동할 용의가 있었다. 그들 중 누구도 마오가 문화대혁명을 이용하여 전체 당과 국가 구조를 파괴하려 한다고 믿지 않았다. 오히려 그들은 모든 수준의 당 및 정부 기관, 간부 및 관리 들이 문화대혁명의 주요한 추진력이 될 것이라고 믿었다. 마오가 중국의 당과 국가 시스템을 파괴하기 위해 대중을 동원할 정도로 멀리 나아갈 것이라고는 절대로 상상하지 못했다.

마오는 문화대혁명을 심화하는 결정적인 단계로서 타오를 숙청하기로 결정했다. 그때까지 비록 전국적으로 대중운동이 나타났지만, 당과 정부 기관들은 여전히 전반적인 상황을 통제할 수 있었다. 타오를 끌어내림으로써 마오는 자신이 중국 전역의 당 및 정부 기관들에 대한 공격을 시작할 의향이 있고 준비가 되어 있다고 명백한 신호를 보냈다. 주석은 "천하가 큰 혼란에 빠져야만 큰 질서의 장소로 바뀔 수 있다"고 믿었기 때문에, 세상이 무질서한 것을 보고자 하는 욕망이 있었다.[71]

마오가 타오를 공격하기 위해 움직였을 때, 장칭이 중심 무대에서 그를 마무리했다. 이 시기에는 장이 중앙문화혁명소조의 여왕으로 부상하면서, 장뿐만 아니라 중앙문화혁명소조가 중국에서 비상한 정치적 권력을 공고히 하기 시작했다. 그리하여 문화대혁명은 어떤 의미에서 마오와 장으로 구성된 부부 기업이 되었다.

타오의 정치적 종말은 저우를 극히 어렵고 복잡한 상황에 놓이게 했다. 마오는 1월 8일 "이 친구는 신뢰할 수 없다"라고 말하며 자신이 타오를 버린 이유를 설명했다.[72] 저우가 마오의 논평을 듣고 어떻게 느꼈는지 알 길이 없다. 그는 마오가 자신 또한 잠재적인 표적으로 보고 있다고 생각했을 가능성이 매우 높다. '신뢰할 수 없다'는 것은 무슨 의미였을까? 그 문구는 마오의 생각과 의도를 철저히 따르지 않은 타오의 실패를 가리켰는가? 그러나 그 시기에는 저우를 포함하여 누구도 주석의 소망을 정확하게 추론할 수 없었다. 타오를 '신뢰할 수 없다'는 마오의 주장은 또한 '낡은 정부'를 대표하고 그 권력을 구현한 저우에 대한 심각한 경고이기도 했다.

★★★★★

타오주의 숙청은 예외적인 사건이 아니었다. 당과 군의 또 다른 주요 인물이었던 허룽 원수도 거의 동시에 공격받았다. 이번에도 숙청을 주도한 사람은 린뱌오였다. 중국공산당 군사 체계 안에서 허룽과 린뱌오는 각기 다른 전선의 군대를 지휘하고 있었다. 두 사람의 관계는 가깝지는 않았으나, 그렇다고 적대적이지도 않았다. 1959년 린뱌오가 국방부장에 올랐고, 허룽은 린뱌오의 건강이 악화된 1963년 말부터 중앙군사위원회의 일상 업무를 임시로 맡았다. 그러나 이때부터 두 사람 사이에 갈등이 싹트기 시작했고, 그것은 나중에 뤄루이칭이 숙청당하는 주요 원인으로 작용했다. 처음에 허룽은 문화대혁명의 공격 대상이 아니었다. 하지만 린뱌오는 끊임없이 마오에게 그에 대해 불평하며, 허룽이 제거되지 않는 한 자신은 안심할 수 없다고 암시했다. 마침 마오 자신도 허룽이 류사오치와 덩샤오핑과 가깝게 지내는 것에 불만을 품고 있었다. 이런 모든 요인이 겹쳐 마오는 결국 허룽을 버리기로 결정했다.

그러나 이것은 마오에게조차 매우 이례적인 결정이었다. 그는 당과 군의 인사 문제를 다룰 때 언제나 각 파벌과 집단 사이 균형을 세심히 고려해 왔다. 역사적으로 허룽은 한 번도 마오에 반대한 적이 없었다. 마오와 장칭의 결혼도 적극 지지했다. 그런 그를 숙청한 것은, 마오가 오랫동안 당내 투쟁을 관리하기 위해 지켜 온 비공식적이지만 결정적인 규칙들을 스스로 깨뜨린 행위였다. 이 사건은 마오가 린뱌오의 지원을 절박하게 필요로 했음을 보여 주는 것이었으며, 그 결과 문화대혁명은 기존의 정치적 규범이 무너지고 무질서가 격화되는 방향으로 나아가게 되었다.

마오가 허룽을 숙청한 것은 저우언라이에게 보내는 경고 신호이기도 했다. 저우는 역사적으로 허룽과 매우 가까운 사이였다. 1927년 난창 봉기가 시작될 때, 저우가 허룽을 설득해 봉기에 참여시키고 공산당에 입당하게 했다. 이후 오랫동안 허룽은 저우를 형처럼 따랐다. 이제 그런 그가 정치적으로 완전히 파멸했다. 저우가 자신 또한 위험에 처했다는 불안감을 느끼지 않을 수 있겠는가?

1월 11일, 허룽과 그의 부인은 절망 속에서 저우의 중난하이 관저 겸 집무실인 서화당을 찾았다. 저우는 잠깐 그들과 이야기를 나눴지만, "매우 바쁜 일정" 때문에 그 후 일주일 동안은 만나지 않았다.[73] 1월 19일 오후 네 시, 저우와 리푸춘이 허룽 부부를 정식으로 접견했다. 저우는 린뱌오가 허룽이 뒤에서 자신에 대해 좋지 않은 소문을 퍼뜨리고 군 내 인맥을 파괴했다고 주장하며 "허룽이 있는 한 마음이 편할 수 없다"라고 말했다고 전했다. 허룽이 억울함을 호소하자, 저우는 그를 막으며 이렇게 말했다. "더 말할 필요 없다. 주석이 당신을 두둔하고 있다. 나 역시 당신을 두둔한다. 잠시 쉴 수 있는 곳을 마련해 주겠다. 가을에 다시 부르도록 하겠다."[74] 이 말에는 숨은 뜻이 있었다. 자신은 마오가 허룽을 두둔할 때에만 그를 도울 수 있다는 뜻이었다. 다음 날 새벽 네 시, 허룽 부부는 베이징 서쪽 교외의 샹산(香山) 근처 별채로 떠났다. 허룽은 '가을에 복귀시키겠다'는 저우의 약속을 잊지 않았지만, 저우는 끝내 그 약속을 지키지 못했다.[75] 허룽은 당뇨병을 앓고 있었는데, 외딴곳에 감금되어 열악하게 생활하며 의료 조치를 받지 못해 병이 급격히 악화되었고, 1969년에 세상을 떠났다.

당시 저우의 태도는 냉정하고 무정해 보였다. 허룽은 여러 차례 책망했다고 한다. "다른 사람들은 몰라도, 당신은 나를 잘 알지 않는가?"[76] 그러나 저우 역시 이루 말하기 어려운 딜레마에 직면해 있었다. 린뱌오가 허룽을 정치적으로 철저하게 파멸시키려 했고, 마오가 이미 그를 버리기로 결심한 상황에서, 저우가 나서서 마오의 뜻을 바꾸는 것은 불가능했으며 아무런 소용도 없었다.

타오주와 허룽이 잇달아 몰락한 뒤, 저우는 외교부 간부들을 소집해 회의를 열었다. 참석자들의 근황을 물은 뒤, 그는 갑자기 이렇게 말했다. "지금 우리가 겪고 있는 이 운동은 우리 당 역사상 가장 잔혹한 것이다."[77] 저우가 문화대혁명 중 이처럼 속내를 드러낸 것은 매우 드문 일이었다. 그는 그 이후로 더욱 신중하게 행동해야 했고, 마오의 불분명한 생각과 의도를 최대한 맞추기 위해 모든 움직임을 세심하게 조정해야 했다.

*****

타오주와 허룽이 숙청된 것과 거의 같은 시기에 상하이의 혁명 반란군들이 시의 당 및 정부 당국으로부터 모든 권력을 탈취했다. 그 사건은 즉시 '1월 혁명'이라는 이름을 얻었다. 돌이켜 보면, 그 반란은 문화대혁명이 마오가 명령했던 '전면적인 내전'으로 진화하는 개막극 역할을 했다. 마오는 상하이에 세심한 주의를 기울여 왔다. 1967년 1월 2일, 그는 장춘차오와 야오원위안을 그 도시로 파견했고, 그들은 안전한 전화선을 통해 마오와 비밀리에 소통했다.[78] 1월 5일 상하이에 도착한 후, 그들은 상하이 당 위원회 대변지인 《문회보》와 《해방일보》를 장악하려는 혁명 반란군들의 노력을 지지했다. 다음 날, 상하이의 혁명 반란군들은 장과 야오의 축복을 받아 10만 명이 참석한 집회를 열었다. 반란군들은 상하이 당 위원회와 정부로부터 권력을 박탈할 것이라고 발표했다.[79] 이것은 인민공화국에서 혁명 반란군들이 성 및 시 당국으로부터 권력을 탈취한 첫 사례였다.

마오는 상하이의 1월 혁명에 대해 즉각 논평하지 않았다. 《인민일보》 또한 침묵을 지켰다.[80] 며칠 후 중앙문화혁명소조 구성원들과 회의했을 때, 마오는 권력을 장악하기 위한 상하이 반란군들의 1월 6일 집회를 언급하지 않았다. 대신 그는 그들이 《문회보》와 《해방일보》를 장악한 일의 중요성을 강조했다. 마오는 말했다. "이것은 국가적인 문제다. 우리는 그들의 반란 행동을 지지해야 한다. 좌파들이 권력을 장악한 것은 좋은 일이다. 그 방향은 올바르다. 이것은 한 계급이 다른 계급을 전복시키는 위대한 혁명이다. 그것은 동중국뿐만 아니라 전국 모든 성과 시에서 대프롤레타리아 문화대혁명을 강하게 촉진할 것이다."[81]

마오의 행동은 그가 기존 당과 국가 질서에 대해 '파괴'와 '건설'을 어떻게 조화시킬 것인가 하는 거대한 딜레마에 직면해 있음을 드러냈다. 기존의 당, 정부, 군사 기득권층은 어떻게 취급되어야 하는가? 그들 모두 파괴된 후 처음부터 다시 세워져야 하는가? 그 시기, 저우는 여전히 마오의 진의를 알지 못했다. 그러나 마오인들 알았을까? 그는 '전면적인 내전'을 지지하는 발언을 했다. 이제 그의 말이 행동으로 옮겨질 때, 이 '내전'은 정확히 무엇이 되어야 하며, 어느 정도까지 싸워야 하는가? 마오 자신조차도 이러한 질문들에 명확한 답을 가지고 있지 않았다.

상하이에서 1월 혁명이 발발했을 때, 전국적으로 점점 더 많은 평범한 사람이 광범위한 경제적 요구들을 제시했고, 이는 '경제주의의 악풍'이라고 불리는 경향을 낳았다. 그 운동은 그 후 반란과 '정치권력을 장악'하려는 경향들과 함께 퍼져 나갔다. 이것은 조금도 이상하지 않았다. 결국 문화대혁명 기간 동안 부상한 대중 반란은 상부로부터의 동원뿐만 아니라 하부로부터의 힘에 의해서도 자극을 받았다. 이는 중국공산당이 중국에서 권력을 잡은 이후 꾸준히 억눌린 채 누적되어 온 사회적, 정치적, 경제적 긴장들이 분출한 것이었다. 반란의 먹구름이 몰려오는 가운데 평범한 사람들이 경제적 이익을 추구하고 자신들의 이익을 증진하려 시도하는 것은 불가피했다. 특히 시간제 노동자나 계약직 노동자들과 같이 사회 변두리에서 살았던 사람들에게 그러했다.

1월 9일,《문회보》와《해방일보》는 상하이 노동자혁명조반총사령부가 이끄는 32개 반란 조직들이 쓴 "긴급 통지"를 발표했다. 통지에서 그들은 혁명적 반란의 일반적인 방향을 고수하고 "정치권력을 장악"하는 것이 중요함을 강조했고, 임금을 자유롭게 인상하고, 보조금을 널리 발행하며, 공공주택을 점거하고 차지하는 것과 같은 '경제주의의 악풍'이 즉시 중단되어야 한다고 선언했다. 통지의 저자들은 또한 그 경향이 "당의 낡은 상하이시 위원회가 끈질기게 추구해 온 부르주아 반동 노선의 한 형태"라고 주장했다.[82] 다음 날, 장칭은 그 '긴급 통지'에 마오의 주의를 환기시켰다. 마오는 즉시 그 통지를 전국에 전달함으로써, 상하이의 혁명 반란군들에 대한 지지를 보여 주면서도 상황이 완전히 통제 불능 상태가 되는 것을 막을 수 있음을 깨달았다. 그는 논평했다. 그 통지는 "매우 좋다." 그러고는 상하이의 "정책과 행동 들"이 "올바르며" 전국 다른 사람들도 따라야 한다고 논평했다.[83] 마오의 지시에 따라 당 중앙, 국무원, 중앙군사위원회, 중앙문화혁명소조는 즉시 상하이에 공동으로 축하 전보를 보냈다.[84]

상하이의 '긴급 통지'에 대한 마오의 반응이 바로 저우가 보고 싶어 했던 것이었다. 저우는 신속하게 반응했다. 1월 10일, 저우는 천보다, 장칭, 캉성 및 다른 중앙문화혁명소조 구성원들과 함께 베이징 및 다른 곳의 혁명 반란군 대표들과 만났다. 그는 특별히 왕리에게 '긴급 통지'와 그것에 대한 강력한 지지를 표명한《인민일보》사설을 읽어 달라고 요청했다.[85] 저우는 강조했다. 그 통지를 발견하고 전국에 방송하기로 결정한 사람은 바로 주석이었다고.[86]

마오는 매우 기뻐했다. 1월 16일 중앙 연락 회의에서 그는 말했다. "좌파 대중이 정치권력을 장악하기 위해 동원된 것은 좋은 일이다." 그러나 그는 또한 덧붙였다. "그들은 단지 정치를 감독하고 감시하는 역할을 해야 하며, 일상적인 업무를 관리해서는 안 된다."[87] 저우는 이 '최고 지시'가 매우 유용하다고 생각했다. 이제부터 그는 혁명 반란군들에 의한 "정치권력 장악"을 큰 소리로 지지하겠지만, "주석의 지시를 따라" 반란군들의 활동에 다양한 제한을 둘 것이었다. 특히 그는 혁명의 이름으로 생산을 방해하는 일은 잘못이라고 거듭 상기시킬 것이었다. 1월 말, 저우는 마오의 승인을 받아 '정치권력 장악'을 위한 네 가지 지침을 구술했다. 즉 그것은 진정한 혁명적 좌파에 의해 추구되어야 하고, 좌파의 단결된 행동이어야 하며, 자신의 작업 단위 내에서 수행되어야 하고, 한번에가 아니라 단계적으로 수행되어야 했다.[88]

장과 야오가 지휘하는 아래, 상하이의 혁명 반란군들은 2월 5일에 '상하이 인민공사' 설립을 발표했다. 코뮌의 기원은 마오 자신에게서 찾을 수 있었다. 1월 중순, 마오는 '베이징 코뮌'을 설립할지 여부를 고려하고 있다고 말했다.[89] 사실 '코뮌'이라는 용어는 오랫동안 주석을 매료시켰고, 그는 1871년의 파리 코뮌을 존경했다. 대약진운동 기간 동안 그는 "인민공사는 좋다"라고 큰 소리로 발표했다.[90] 이제 이론적으로는 낡은 국가권력을 분쇄하는 마오의 비전을 실현하고, 또한 마오가 꿈꿔 왔던 새로운 국가 기구를 수립하는 더 큰 과정을 시작했음을 알리는 코뮌이 상하이에서 탄생했다. 따라서 장과 야오, 상하이의 혁명 반란군들은 주석의 전폭적인 지지와 지원을 기대할 이유가 충분했다.

그러나 마오는 그 선언에 대해 모호한 반응을 보였다. 상하이 코뮌이 탄생한 후 베이징은 침묵을 지켰고, 《인민일보》는 그 전개를 보도하지 않았다. 마오가 나중에 설명했듯이, 만약 상하이 인민공사 소식이 발표되었다면 "코뮌이 모든 곳에 나타날 것이다. 그러면 우리는 여전히 당, 정부, 또는 군대가 필요한가? 코뮌이 모든 것을 운영할 것인가?" 마오는 더 나아가 판단했다. "그런 경우, 우리는 또한 국가의 이름을 '중화인민코뮌'으로 바꿔야 할 것이다." 그는 따라서 '상하이 인민공사'라는 이름을 폐기해야 한다고 결론 내렸다. "그것을 혁명위원회라고 부르는 것이 더 나을 것이다."[91]

마오의 숙고와 최종 결정은 '새로운 유형의 국가 기구들'에 대한 그의 진정한 생각들을 드러냈다. 이것은 용을 공언하는 애호가였던 예공(葉公)이 진짜 용이 그의 앞에 나타났을 때 겁을 먹었다는 고전 이야기 '섭공호룡(葉公好龍)'의 현대판과 같았다. 예공처럼 마오는 그의 상상 속 '용'인 코뮌에 대해 열정적으로 이야기했다. 그러나 일단 코뮌이 실제로 형성되자, 그는 겁을 먹었다. 그는 중국을 통치하기 위해서는 당, 정부, 군대와 같은 제도적 세력들을 버릴 수 없다는 것을 알았다. 그리하여 그는 과거 어느 때보다도 더 저우의 봉사와 지원을 필요로 했던 것이다.

또한 마오는 그가 나라에 풀어놓은 '전면적인 내전'이라는 악마를 거의 통제할 수 없다는 사실을 알게 될 것이었다. 모든 대중운동에는 자체적인 역동성과 발전 궤적이 있다. 마오는 거대한 권위와 권력을 가졌음에도 반란을 확실하게 장악할 수 없었다. 상하이의 1월 혁명과 다른 곳에서 유사하게 일어난 '혁명적 행동들'의 여파 속에서 '정치권력 장악'을 위한 대중운동이 중국 전역에 들불처럼 번져 나갔다. 그동안 그 운동들은 광범위한 파벌 갈등을 동반했고, 심지어 소화기와 포병을 사용하는 피비린내 나는 무장투쟁으로 이어졌다. 진짜 '전면적인 내전'이 중국의 광대한 풍경을 신속하게 휩쓸 것이었다. 마오가 이 괴물을 창조했다. 이제 그 괴물을 우리에 가두는 것은 그의 힘과 능력을 넘어서는 일이 되었다. 마오는 용의 이빨을 뿌렸다고 생각했지만, 단지 벼룩을 거두게 될지도 모른다는 사실이 드러나고 있었다.

제26장

천하대란

1967~1968

　　1967년 봄은 저우언라이의 정치 경력에서 또 다른 위태로운 시기로 다가왔다. 그와 당 및 국가 기구는 오랫동안 상호 의존적인 관계였고, 이것이 그의 행정 및 집행 권력에서 기둥 역할을 했다. 이제 문화대혁명의 격렬한 폭풍이 그 기둥을 무너뜨리려 위협하고 있었다. 그는 극도로 신중하게 나아가야만 했다.

　　마오쩌둥의 '권력 탈취' 촉구로 촉발된 쓰나미가 상륙하면서 실로 '천하'에 거대한 혼란이 펼쳐졌다. 1966년 10월, 마오는 문화대혁명이 "더 길어지지 않는다면 아마도 10개월 더 지속될 것"이라고 예측했다. 나중에 1967년 2월, 그는 문화대혁명이 "전반적인 승리"를 달성하는 데 "3개월이 더 필요하다"라고 말했다.[01] 주석은 그리하여 "좌파 혁명 반란군들"이 권력을 장악하고 신속하게 승리하는 것을 돕기 위해 인민해방군 투입을 고려했다. 1월 말, 그는 린뱌오에게 "좌파 대중을 지원하기 위해 군대를 파견"하는 것에 관해 편지를 썼다. 그는 주장했다. "과거에 인민해방군에게 문화대혁명에서 멀리 떨어져 있으라고 요청한 것은 잘못이었다. 어쨌든 그들은 실제로 관여해 왔다." 따라서 그는 계속했다. "미래에 인민해방군은 진정한 혁명가들의 지원 요청을 존중해야 한다."02 마오의 지시에 따라 중앙군사위원회는 전체 군대에 "좌파 대중을 지원"하라고 명령했다.03 저우는 이 새로운 전개를 열성적으로 받아들였는데, 아마도 인민해방군의 개입을 중국의 혼란스러운 정치 지형에 어느 정도 질서를 가져오고 문화대혁명을 끝낼 길을 열어 주는 방법으로 보았을 것이다.

그러나 그 결정은 마오 자신에게 양날의 검이었다. 그는 한편으로는 저우처럼 인민해방군이 참여하면 대중운동이 통제 불능 상태가 되는 것을 효과적으로 막을 수 있다고 믿었다. 다른 한편으로 군대를 동원하는 것은 필연적으로 린의 지위와 영향력을 강화하고, 이미 위태로운 공존 상태에 있던 다른 군사 파벌들과 극적으로 증가하는 린의 권력 사이 취약한 균형을 더욱 교란할 것이었다. 오랜 숙고 끝에 마오는 군대가 여전히 자신의 통제하에 확고하게 남아 있다는 자신감을 가지고 인민해방군을 문화대혁명에 참여시키기로 결정했다. 비록 린이 중국의 2인자였지만, 이론적으로 그는 마오의 승인 없이는 단 한 개 소대도 움직일 수 없었다. 더욱이 그때까지 마오는 이미 린의 군사력을 견제하고 균형을 맞추기 위해 이전에 다른 인민해방군 파벌에 속했던 쉬샹첸(徐向前) 원수를 인민해방군 문화대혁명 지도 소조의 책임자로 지명한 상태였다.

그러나 마오는 거의 같은 시기에 한 무리의 원수와 원로 지도자 들이 나중에 '2월 역류'로 알려지게 될 노력에 참여하여 자신의 전략적 계획들을 뒤엎을 것은 예상하지 못했다. 천이, 리셴녠, 탄전린(譚震林) 및 여러 사람들은 1967년 새해가 지난 후 리푸춘의 집에 모여 문화대혁명에 대한 불만을 토로했다.04 1월 20일, 인민해방군 최고 지도자들은 징시(京西)호텔에서 만나 인민해방군 정치부 주임인 샤오화(蕭華)가 대규모집회에서 공개적으로 규탄받아야 하는지 여부를 심의했는데, 이는 장칭과 중앙

문화혁명소조가 지지하는 발상이었다. 예젠잉 원수는 장과 격렬히 토론하던 중 너무 화가 나서 테이블을 내리치다가 손가락을 다쳤다.[05] 저우가 개입했고, 샤오는 집회에 참석하여 규탄받지 않아도 되었다.[06]

원수들은 '징시호텔 사건'의 여파로 어떤 후속 조치도 취하지 않았지만, 저우는 행동할 필요가 있고 기회가 왔다고 생각했다. 2월 2일, 그는 정기적으로 만날 연락 그룹 두 개를 설립할 것을 제안했다. 첫 번째는 중앙문화혁명소조 구성원들과 저우 자신으로 구성되어 "상황, 정책 결정 및 관련 문서 초안 작성"에 관한 문제들을 논의하고 결정할 것이었다. 두 번째는 저우, 천보다, 캉성, 리푸춘(모두 정치국 상무위원회 위원이었다), 여러 원수와 원로 지도자 들, 장칭과 여러 중앙문화혁명소조 구성원을 포함할 것이었다. 이 그룹의 주요 임무는 "당과 정부 운영에 관한 일상적인 문제들"을 논의하고 처리하는 것이었다.[07] 아마도 저우는 이 제안을 통해 마오를 시험하고 혼란스러운 정치 상황을 명확히 하려 했을 것이다.

마오는 즉시 저우가 한 제안들을 거부했다.[08] 그러나 그는 또한 약간은 균형 잡힌 조치를 취할 필요가 있음을 감지했다. 2월 6일, 주석은 저우, 장 및 중앙문화혁명소조의 다른 구성원들과 회의를 소집했다. 저우로서는 놀랍게도 마오는 장을 엄중히 꾸짖었다. "당신은 비판받아야 한다. 당신은 정치적 경험도, 노동자나 농민으로서의 경험도, 군사 투쟁에서의 경험도 없다…… 만약 당신이 모든 원로 간부를 쓰러뜨리려 한다면, 당신 자신도 조만간 쓰러질 것이다."[09] 마오는 자기 측근들도 공정하게 대한다는 것을 보여 주면서 원수들을 달래려 시도하고 있었던 듯하다. 또한 원수들에게 속임수를 쓰고 있었을 수도 있다. 장을 비판함으로써 그는 아마도 그들이 자신들의 진면목을 더 드러내도록 유도하려 했을 것이다. 만약 그가 실제로 그러한 계획을 가지고 있었다면, 상하이 인민공사에 대한 마오의 차가운 반응을 관찰했던 원수들은 미끼를 문 것이었다.

그들은 더 대담하게 행동할 수 있다고 믿었다. 2월 11일 저우가 주재한 정치국 보고 회의에서 원수들은 장과 다른 중앙문화혁명소조 구성원들을 꾸짖었다. 예는 장에게 삿대질하며 외쳤다. "당신은 당, 정부, 공장과 시골에 혼란을 야기했다! 이제 당신은 심지어 군대에 혼란을 가져오려 하고 있다." 그런 다음 장과 야오가 "우리 국가구조에 그처럼 큰 문제인 상하이 코뮌을…… 정치국을 거치지 않고" 시작했다고 공격했다.[10] 쉬샹첸은 예의 말에 동조했다. "군대는 혁명의 기둥이다. 당신들은 여전히 그것을 원하는가? 만약 그렇지 않다면, 나는 그만두겠다!"[11] 사실 예와 쉬는 단지 며칠 전 마오가 했던 말을 되풀이하고 있었을 뿐이다. 그러나 그들은 암묵적인 규칙을 위반했다. 마오의 말을 다른 사람들이 반드시 되풀이할 수 있는 것은 아니었다. 저우는 예, 쉬 및 다른 사람들이 중앙문화혁명소조를 공격할 때 그들과 합세하지도, 그들을 막지도 않으면서 침착함을 유지했다.[12]

저우와 원수들은 며칠 후 마오가 장에게 자기비판을 하라고 촉구하고, 장을 들어 "높은 포부를 가졌지만 능력은 낮다"라고 주장했을 때 더욱 놀랐다. 주석은 심지어 중앙문화혁명소조를 "정치국과 그 상무위원회를 무시한 독립 왕국"이라고 불렀다. 그는 또한 "모든 간부를 쓰러뜨릴" 의도가 없었다고 주장했다. 이것이 "실제적인 무정부주의"가 될 것이기 때문이었다. 다시 마오는 상하이 인민공사를 언급했다. 그는 말했다. "이것은 거대한 문제이지만, 사전에 논의되지 않았다."[13] 원수와 다른 원로 지도자 들은 더 나아가 행동할 때가 왔다고 생각했다.

2월 16일, 저우는 "혁명을 일으키고 생산을 촉진"하는 것을 논의하기 위해 모든 중앙문화혁명소조 구성원(장은 제외되었다)뿐만 아니라 원수와 원로 지도자 들의 회의를 주재했다. 원로들은 회의가 시작되자마자 문화대혁명의 스타들을 공격하기 시작했다. 탄전린은 장춘차오를 겨냥하여, 장과 그의 동류들이 '대중 동원'을 당의 지도력에 도전하고 원로 간부들을 숙청하기 위한 구실로 사용했다고 비난했다. 장이 부재중인 가운데 탄은 말했다. "나는 장이 나를 보호하기를 원치 않는다. 나는 그를 위해 일하지 않는다. 나는 당을 위해 일한다." 그는 불평했다. "지금의 투쟁은 우리 당 역사상 가장 무자비하다. 비록 당신들이 내 머리를 베거나 나를 감옥에 넣을지라도, 나는 끝까지 투쟁할 것이다." 저우는 듣고 있었다. 탄이 일어나 방을 나가려 할 때만 그에게 머물라고 명령했다. 이전 회의들에서 조용했던 천이는 탄을 재촉하며 외쳤다. "떠나지 마시오! 남아서 그들과 투쟁하시오!" 그런 다음 천은 분개한 어조로 불평을 토로했다. "옌안 정풍운동에서 총리, 나, 다른 많은 사람이 숙청당했다." 그런 다음 그는 류사오치, 덩샤오핑, 펑전을 그들을 숙청한 주동자들로 지명했다. 그는 계속했다. "그러나 오늘날 증명되었듯이, 마오 주석의 반대자들은 누구인가?"[14] 원수와 원로 지도자 들은 차례로 탄과 천에게 동조했다. 저우는 그러지 않았다. 그가 한 가장 가혹한 발언은 천보다에 대한 반박이었다. "왜 당신은 '홍기(紅旗)'가 모든 원로 간부를 타도할 것을 요구하는 글을 발표할 때 우리와 상의하지 않았나?"[15] 분명히 그는 원로들의 편에 섰다. 저우는 또한 지시를 받기 위해 마오에게 여러 차례 전화를 걸었다.[16] 마오가 그에게 원로들을 침묵시키라고 요청하지는 않은 것 같았다.

저우는 회의가 끝나자마자 즉시 마오에게 보고하지 않았다. 그는 아마도 분쟁이 저절로 진정되기를 바랐을 것이다. 장칭은 회의에 불참했다. 그러나 장춘차오, 야오원위안, 왕리로부터 이야기를 전해 듣고 장칭은 즉시 그들과 캉성을 강요하여 마오를 만나게 했다.[17] 주석은 캉이 옌안 정풍운동에 대한 천이의 불평을 언급하기 전까지는 '웃는 얼굴'로 들었다. 마오는 격분하여 소리쳤다. "정풍운동이 틀렸는가? 내가 왕밍에게 돌아오라고 요청해야 하는가?" 천이의 말은 주석에게 문화대혁명의 정당성에 대해 근본적인 도전을 제기했다.[18] 마오는 저우에게도 불만스러웠다. 장이 '홍기'의 글에 대한 저우의 논평을 인용했을 때, 마오는 반박했다. "당 규약에는 그 글이 그의 승인을 받아야 한다는 내용은 없다!"[19]

마오는 사흘을 기다렸다. 2월 19일, 그는 린뱌오, 저우, 원수들, 원로 지도자들, 중앙문화혁명소조의 모든 구성원을 회의에 소집했다. 그는 '천둥 같은 분노'에 휩싸여 있었다.[20] 그는 사흘 전 일어난 일은 "거대한 문제"였고, 회의에서 불평했던 사람들은 "큰 말썽꾼들"이었다고 주장했다. 그런 다음 며칠 전에 자신이 장과 중앙문화혁명소조에 대해 했던 발언과는 모순되게 선언했다. "중앙문화혁명소조가 한 일의 1, 2, 또는 3퍼센트만이 부정확하고, 97퍼센트는 정확하다. 나는 그들에게 반대하는 자는 누구든 단호히 반대할 것이다. 당신들은 그들을 불신임하고 싶은가? 어림없다!"[21] 모두가 그 말을 듣고 깜짝 놀랐다. 저우는 즉시 2월 16일 회의가 잘못된 것에 대한 책임을 졌다. 마오는 그에게 문제를 해결하기 위한 회의를 주재하라고 명령했다. "만약 한 번으로 통하지 않으면, 두 번째 회의가 뒤따를 것이다. 만약 한 달이 충분하지 않으면, 두 달로 연장될 것이다. 만약 정치국이 (문제를) 해결할 수 없다면, 전당이 동원되어 그것을 처리할 것이다."[22]

마오의 명령에 따라 저우는 이제 '2월 역류'로 알려진 사건의 여파를 처리하기 위해 이후 몇 주 동안 일련의 회의를 주재했다. 마오의 지지를 받아 장과 중앙문화혁명소조 동지들은 공격적으로 행동하며, 원수와 원로 지도자 들을 "마오 주석에 반대하고 자본주의 복고를 갈망한 음모가들"이라고 불렀다. 원로들은 겁을 먹고 차례로 끊임없이 자신들을 비판했다.[23] 저우 또한 자신이 정치적으로 "둔감"하고 "어리석다"라고 인정했다. 장은 저우에게 말했다. "당신은 단지 동요하는 요소일 뿐이다."[24]

그러나 마오는 이 원로 지도자들을 축출할 의도가 없었다. 그는 더 이상 그렇게 할 입장이 아니었다. 원수들은 유서 깊은 인민해방군 파벌들의 수장들이었다. 그때까지 허룽은 숙청되었고, 만약 이제 원수들 또한 몰락한다면 린의 권력과 영향력은 더욱 확장될 것이었다. 분할 통치의 대가인 마오는 확실히 린의 파벌이 군대에서 지배적인 세력이 되는 것을 원치 않았다. 그럼에도 불구하고 2월 역류는 베이징의 의사결정 구조를 효과적으로 재편했다. 이후 1969년 제9차 당대회까지 이 년 동안 중앙문화혁명소조는 '중앙 연락 회의'를 통해 중요한 당 및 국가 업무를 처리하는 책임을 맡은 기관으로서 정치국과 중앙서기처를 대체할 것이었다. 마오는 저우를 그 회의의 소집자로 봉사하도록 지명했다.[25] 이것은 저우에게 다소 미묘하고 위험한 임무였다. 그는 새로운 그룹에서 고상한 직함을 가졌지만, 실제 권력은 없었다. 종종 최종 발언권을 가진 사람은 장칭이었다. 저우는 그를 용납해야 했다. 결국 그는 장칭이 주석의 아내일 뿐만 아니라 가장 신뢰받는 대리인이라는 것을 알았다.

*****

2월 역류와 관련된 모든 문제에도 불구하고 저우는 여전히 문화대혁명이 조만간 끝나기를 희망했다. 3월의 여러 경우에 그는 만약 더 많은 성에 혁명위원회가 수립된다면, 문화대혁명은 승리하는 결말에 훨씬 더 가까워질 것이라고 추측했다.[26] 그러나 주석은 다르게 느꼈고, 2월 역류에서 나타난 원로 지도자들의 문화대혁명에 대한 비협조적인 경향이 예사롭지 않음을 보았다. 그는 따라서 두 가지 전면적인 조치로 응수했다. 첫째, 그는 인민해방군에 "좌파 세력"이 "정치권력을 장악"하는 것을 돕기 위해 필요한 곳에 군정을 실시하라고 명령했다.[27] 분명히 마오는 이 비상조치를 통해 극적으로 격화되는 문화대혁명을 자기 통제하에 둘 수 있기를 희망했다. 다시 한번 저우는 마오의 계획을 강력히 지지했다. 그는 고위급 인민해방군 지휘관들이 참석한 회의에서 연설하며 자기 생각을 드러냈는데, 마오의 행동이 "혁명가들의 위대한 단결을 위한 길을 열어 줄 것"이라고 지적했다. 그는 또한 "혁명 간부들이 자본주의 노선파들과 결별할 기회를 만드는 것"이 필요함을 강조하여, 그들이 성 및 지방 수준에서 새로운 혁명위원회 설립에 자유롭게 참여하도록 했다.[28] 분명히 저우는 군정이 일부 소외된 간부들이 권력을 되찾게 하는 동시에 문화대혁명을 종결시킬 수 있기를 희망했다.

그러나 저우는 중앙 수준에서의 군사적 장악에 대해서는 조건부 지지를 표했다. 그는 군대가 교통, 운송, 통신, 재정 및 경제, 생산을 감독하는 부처들을 장악하는 것을 확고하게 지지했으며, 심지어 이러한 부처들을 "조금도 지체 없이" 장악해야 한다고 촉구했다.[29] 그러나 그는 "혁명 반란군들이 권력을 장악"하거나 외교부에서 군정을 실시하는 것을 강력하게 반대했다. 그러지 않으면 심각한 국제적 결과를 초래할 수 있다고 우려했다.

마오가 취한 두 번째 주요 조치는 류사오치에 대한 혐의를 극적으로 격상하는 것이었는데, 그는 이제 공식적으로 중국의 '가장 큰 자본주의 노선파'로 지명되었다. 마오는 딜레마에 직면했다. 마오에게 류는 의심할 여지 없이 주요 정적이었지만, 주석이 문화대혁명을 시작한 것은 류를 숙청하는 것보다 훨씬 더 큰 목적을 달성하기 위해서였다. 만약 그의 유일한 목표가 류를 쓰러뜨리는 것이었다면 그는 1966년 10월 공작회의에서 문화대혁명을 끝낼 수 있었을 것이고, 1월 혁명까지는 불필요했을 것이다. 궁극적으로 2월 역류는 그의 사후 유산에 대한 깊은 불안감을 일깨웠다. 마오는 만약 류를 확실히 무너뜨리지 않는다면, 자신이 죽은 후에 류가 다시 부상할 수도 있다고 두려워했다. 더 결정적으로, 마오는 아마도 류를 극도로 사악한 적으로 선포함으로써, 대중들 사이에 공동의 적에 대한 증오심을 공유하고, 그 감정을 이용하여 자신의 지속적인 지배를 공고히 할 수 있기를 희망했을 것이다. 마오는 따라서 류의 정치 경력에 사형을 선고하기로 결심했다. 그는 더 이상 류를 '동지'라고 부르지 않았다. 심지어 류를 중국 혁명의 "가장 큰 반역자"라고 묘사한 치번위의 《인민일보》기사를 지지하고 개인적으로 편집하기까지 했다.[30]

마오는 저우를 류사오치 중앙전안조(中央專案組)〔특별 조사 기구〕 책임자로 지명하고 류 사건을 감독하는 임무를 맡겼다. 비록 저우는 그 임무를 받아들이는 것을 극도로 꺼렸겠지만, 결국 거부할 수는 없었다. 역사적으로 저우는 류와 결코 가깝지 않았고, 류는 저우가 정풍운동에서 숙청되는 동안 중국공산당의 2인자가 되었다. 그러나 저우는 결코 류를 적으로 보지 않았다. 저우는 류가 자신과 주석 사이에 서 있는 한, 자신이 마오의 경쟁자로 간주될 가능성이 적다는 것을 알았다. 1949년 이후, 저우는 류와 직접 대립한 적이 없었다. 예를 들어, 그들은 가오강 사건을 처리하는 데 서로 협력했다. 마오가 '모진 반대' 실수로 저우를 비판했을 때, 류는 다른 중국공산당 최고 지도자들과 함께 그가 계속 총리직을 유지해야 한다고 지지했다. 재앙적인 대약진운동의 여파를 처리하기 위한 작업은 두 지도자의 업무 관계를 더욱 강화했다. 저우는 문화대혁명 동안 류가 마오의 주요 표적이라는 것을 깨닫고, 극도로 신중하게 대응하는 전략을 취했다. 이는 단지 류에게만 관련된 문제가 아니라, 잠재적으로 모든 사람을 위협한다는 것을 저우는 알았다. 만약 국가 원수인 류가 그렇게 쉽게 숙청될 수 있다면, 다른 누가 안전하겠는가?

마오가 저우에게 류 사건을 감독하게 한 것은 일석이조였다. 그는 그 사건이 매우 많은 논란을 불러일으킬 것이며, 오직 저우만이 광범위한 인맥과 비범한 정치적 기술로 논란을 지나치게 키우지 않고 그 사건을 밀어붙일 수 있다는 것을 알았다. 게다가 마오는 이 사건과 관련된 모든 문서에 저우가 서명하게 하면서, 만약 류를 기소하는 데 성공한다면 후대의 역사 기록에서 저우는 사건의 주요 설계자가 아니라 단순한 참여자로만 묘사될 것이라고 계산했을 가능성이 크다. 그러나 만약 사건이 잘못된다면, 저우는 그 문제에 대한 거대한 책임으로부터 벗어날 수 없을 것이었다. 저우에게는 이 운명을 피할 길이 없었다.

5월 말, 베이징 여러 대학교에서 그를 공격하는 대자보들이 발표되면서 저우는 더욱 난처해졌다. 베이징철강대학에서 어떤 "5·16 병단"이 "저우에게 보내는 공개서한"을 발표하여, 그를 문화대혁명에서 "우경 기회주의 노선의 대표"라고 비난했다. 그런 다음 저우 비판을 주요 목표로 하는 시 전체의 '5·16 홍위병단'이 설립되었다.[31] 그동안 저우의 모교인 난카이대학의 홍위병들은 1932년 2월 말 상하이에 기반을 둔 출판물《신보》에 발표된 「공산당과의 결별에 관한 우하오의 성명서」를 발견했다. 그들은 신속하게 우하오가 저우가 사용했던 가명이라는 사실을 알아냈고, 즉시 그 신문을 "저우가 반역자"라는 증거로 중앙문화혁명소조에 제출했다. 장칭이 그것을 저우에게 전달했다.[32]

만약 단순히 학생들에게만 공격받았다면, 저우는 크게 걱정할 필요가 없었다. 핵심은 마오의 태도였다. 주석은 문화대혁명에서 저우의 활약을 변호하며 말했다. "(저우에 대한) 극좌파들의 견해는 틀렸다. 중앙문화혁명소조 동지들은 학생들을 설득해야 한다." 마오는 이러한 특정 논평들을 저우에게 전달했다.[33] 중앙문화혁명소조는 그 후 5·16 병단이 "나쁜 요소들에 의해 통제되는 반동 조직"이라고 선포했다.[34] 그러나 우하오 사건은 저우에게 더 큰 문제를 제기했다. 장이 보낸 신문을 받았을 때, 저우는 즉시 장에게 이것이 "적에 의해 만들어지고 유포된" 소문이라고 말했다. 그런 다음 동료들과 함께 1932년 2월의《신보》옛 판들을 꼼꼼히 살펴

보았다. 저우는 '우하오의 성명서'와 그 반박문을 찾아낸 후, 개인적으로 연대기를 편집하여 직접 쓴 메모와 함께 모든 문서를 마오에게 보냈다. 저우는 강조했다. '우하오의 성명서'는 그가 상하이를 떠나 장시에 도착한 후에 적이 조작한 것이라고.[35] 주석은 이상한 반응을 보였다. 마오는 그 문제에 대해 꽤 잘 알고 있었을 것임에도 저우에게 지시했다. "자료들을 중앙문화혁명소조 동지들에게 전달하여 읽게 하고, 서류철에 보관하라."[36] 그렇게 함으로써 마오는 그 사건을 종결하지 않고 계속 끌게 했다. 마오는 겉보기에는 저우를 보호하고 있었지만, 동시에 그의 목에 올가미를 걸고 있었다.

류에 대한 공격이 격화되면서 마오는 2월 역류에 연루된 원수와 원로 지도자 들에 대한 태도를 바꿨다. 마오가 요청하여 저우는 원로 지도자들이 그해 5월 1일(또는 국제 노동절) 열병식을 톈안먼 위에서 참관할 수 있도록 주선했다. 그러나 저우는 마오가 언제든 마음을 바꿀 수 있다는 것을 잘 알고 있었다. 따라서 천이와 다른 사람들에게 어떤 상황에서도 "거만해져서는 안 된다"라고 상기시켰다. 저우는 경고했다. 그러지 않으면 "또 다른 반전이 있을 수 있다."[37] 이러한 말들은 또한 저우 자신의 위치에 대한 평가를 드러냈다. 실제로 그는 천과 구세대의 다른 구성원들에게 자신의 감정과 경험을 공유하고 있었다.

＊＊＊＊＊

1967년 여름이 다가왔지만, 마오가 일으킨 '천하대란'은 끝날 기미를 보이지 않았다. 중국 전역에서 문화대혁명의 주요 주제들은 온갖 복잡한 파벌 및 지역 분쟁들과 섞여, '혁명 반란군들' 사이에 깊은 분열을 낳았고, 모든 곳에서 폭력적인 파벌 투쟁을 초래했다.

저우는 매우 어려운 시간을 보내고 있었고, 때때로 다양한 대중 조직
들로부터 비판에 직면했다. 국무원과 외교부의 많은 동료는 거대한 압력
하에 놓였다. 그는 종종 그들을 비판의 포화로부터 보호할 힘이 없음을
깨달았지만, 그럼에도 불구하고 여전히 그들을 보호하려 노력했다. 그가
최선을 다해 변호한 사람은 천이 원수였다. 저우는 타오주의 몰락으로부
터 교훈을 얻고 마오가 개입하기 전에 행동하려 노력했다. 주석이 명시
적으로 반대하지 않는 한, 그는 천을 지지할 것이었다. 저우는 외교부 반
란군들이 천을 규탄하기 위해 조직한 집회에 왔고, 군중이 "천이를 타도
하자!"라고 외쳤을 때 항의했다. 그는 선언했다. "만약 당신들이 감히 천
원수를 데려가겠다면, 내 몸을 밟고 넘어가야 할 것이다!"³⁸ 천을 변호함
으로써 저우는 또한 자신의 행정 및 집행 권력의 최후 전선을 보호하고
있었다.

천하에 거대한 혼란이 만연했지만, 중난하이에 있는 자기 숙소에 앉은
마오는 그 혼란을 막연히 알 뿐이었다. 그러나 상황이 얼마나 통제 불능
인지 알았더라도, 그는 너무 많이 걱정하지 않았을 것이다. 그는 여전히
자신의 절대적인 권위와 신과 같은 힘으로 거대한 혼란을 쉽게 '위대한
해결'로 이끌 수 있다고 굳게 믿었다. 그가 문화대혁명을 신속하게 끝낼
기미는 보이지 않았다.

우한의 혼란은 전국에서 최악이었다. 그해 초, 그곳의 대중들은 거대
한 파벌 두 개로 나뉘었다. 하나는 후베이성과 우한의 당 위원회를 공격
하는 것에 반대하는 '백만웅사(百萬雄師)'였다. 다른 파벌인 '노동자연합
회(工人聯合會)'는 성 및 시 당국과 관련된 '낡은 권력구조'를 파괴하는
것을 지지했다. 두 파벌 간 대결은 봄 내내 점점 더 폭력적으로 변했다.
우한의 인민해방군 사령부는 백만웅사 편에 섰다. 노동자연합회는 중앙
문화혁명소조의 지지를 받아 군대를 맹렬한 공격의 표적에 추가하는 것

으로 응수했다. 결과적으로 우한은 훨씬 더 큰 혼란 속으로 빠져들었다.

7월 초, 마오는 갑자기 우한의 상황을 시찰하기 위해 여행하겠다고 했다. 7월 13일, 그는 린뱌오, 저우 및 중앙문화혁명소조 구성원들을 회의에 소집했고, 거기서 "그곳 대중들이 어떻게 지내는지 보기 위해" 우한에 갈 것이라고 알렸다. 저우는 안전 위협을 언급하며 마오를 단념시키려 노력했다. 그러나 주석은 가기로 결심했다. 그는 왕둥싱에게 여행을 위해 자신의 개인 기차를 준비하라고 명령했다.[39]

마오는 다음 날 새벽이 되기 전에 인민해방군 총참모장 대리인 양청우와 동행하여 베이징을 떠나 우한으로 향했다. 저우는 삼십 분 전에 베이징에서 우한으로 가는 비행기를 탔다.[40] 마오는 다음 날 오후에 우한에 도착했고, 그때 저우는 이미 주석의 도시 순회를 위한 모든 준비를 마친 상태였다. 이후 이틀 동안 마오와 저우는 문제 해결을 위해 우한으로 여행했던 공안부장 셰푸즈(謝富治)와 중앙문화혁명소조 위원 왕리로부터 보고받았다. 마오는 우한의 파벌 갈등을 끝내는 방법을 안다고 생각했다. 그는 지시했다. 첫 번째 업무는 ""노동자연합회의 명예를 회복"하는 것이라고. 그동안 백만웅사 또한 합법적인 대중조직으로 인정되어야 하고, 서로 간의 갈등을 끝내도록 두 파벌을 압박해야 한다고 마오는 주장했다. 그동안 각각 인민해방군 우한 본부 사령관과 정치위원인 천짜이다오(陳再道)와 중한화(鍾漢華)는 노동자연합회에 대한 태도를 바꾸고 자신들이 심각한 실수를 저질렀음을 인정해야 했다. 마오는 두 파벌 모두 "지금 내 이름을 이용하려 하고 있기" 때문에, 이러한 지시들로 우한과 후베이의 문제들을 어렵지 않게 해결할 수 있을 것이라고 믿었다.[41]

저우는 또한 천과 중이 "좌파 노동자들"을 지지하도록 격려하며, 만약 그렇게 한다면 마오가 그들을 숙청하지 않을 것이라고 말했다.[42] 7월 18일 저녁, 저우는 마오와 함께 천, 중과의 담화에 합류했다. 주석은 명시적으로 그들에게 "관점을 바꾸고" "백만웅사들이 입장을 바꾸도록 설득하는 것을 도우라"라고 요청했다. 그런 다음 마오는 두 교전 파벌의 회의를 주재하고 그들 사이에 "위대한 단결"을 가져올 것을 조언했다. 천과 중은 마오의 지시를 단호하게 수행할 것이라고 약속했다.[43] 저우는 우한의 위기가 곧 해결될 것이라고 믿고 그날 저녁 다시 베이징으로 가는 비행기를 탔다. 마오는 기뻐했다. 그는 동료들에게 말했다. "내년 봄 문화대혁명이 끝난 후, 우리는 제9차 당대회를 소집할 것이다." 그는 심지어 허룽과 덩샤오핑과 같이 숙청된 "원로 동지들"이 중앙위원회에 재선될 것이라고 언급했다.[44]

그러나 마오와 저우 모두 오산했다. 마오는 쉽게 지시했지만, 다른 사람들은 그것을 따르기가 어려웠다. 7월 19일, 천과 중은 셰푸즈와 왕리를 동반하여 사단급 이상 지휘관 회의에 참석했고, 거기서 자기비판을 했다. 왕은 그 후 긴 연설을 하여 백만웅사를 "방향성 실수를 저지른 보수 조직"이라고 지칭했다.[45]

그러나 왕의 연설은 백만웅사 구성원들과 그들을 지지했던 많은 인민해방군 장교 및 병사를 격분시켰다. 7월 20일, 그 조직에 속한 군중과 그들을 지지하는 많은 인민해방군 장교 및 병사가 왕리가 머물고 있던 동호(東湖) 영빈관을 포위하고 침입했다. 그들은 방마다 뒤지며 왕을 찾았다. 왕을 발견했을 때, 그들은 그를 마당으로 끌고 가 규탄하고 고문했다. 폭도들은 그때 마오가 근처 다른 방에서 "겁에 질려 있었다"라는 사실은 알지 못했다.[46]

저우는 마오가 '거의 공격당할 뻔했다'는 소식을 듣고 충격받았다. 그는 즉시 이것을 린뱌오와 장칭에게 보고했고, 그들은 즉시 마오에게 편지를 써 우한을 떠나라고 했다.[47] 다음 날 이른 아침, 마오는 서둘러 우한에서 수십 마일 떨어진 군용 공항으로 가 상하이로 향하는 비행기를 탔다.⁴⁸ 우한에서 겪은 경험은 마오에게 심대한 영향을 미쳤다. 그는 천하의 모든 사람이 자신의 지시를 듣고 복종할 것이라고 가정했지만, 사실은 그렇지 않았다. 마오가 후일 한 행동으로 판단하건대, 그는 우한에서 탈출한 이후 대중운동에 대한 감탄 대부분을 잃었을 것이다.

마오는 1967년 9월 중순까지 상하이에 머물렀다. 당시 중국 최대의 도시에서도 두 대중조직이 치열한 경쟁을 벌이고 있었다. 불화는 상하이 디젤 엔진 공장의 파벌 투쟁에서 비롯되었는데, 거기서 '연합 본부'와 '붉은 동방'이 그해 초부터 서로 싸우고 있었다. 우한의 백만웅사처럼 연합 본부 또한 '보수 조직'으로 간주되었다. 그러나 백만웅사와는 달리, 그것은 군대의 지지를 받지 못했다. 반면에 붉은 동방은 장춘차오와 야오원위안이 이끄는 상하이 혁명위원회의 지지를 받았다. 마오가 상하이에 도착할 때까지 디젤 엔진 공장의 파벌 투쟁은 도시 전체로 번져 나갔다. 반체제 '반란 조직들'은 집단적으로 (주로 다른 혁명위원회들에서 소외감을 느꼈기 때문에) 시 전체의 동맹을 형성하여 연합 본부를 지지했다. 동맹은 장과 야오, 상하이 혁명위원회에 도전했다.

8월 4일, 상하이의 주류 '혁명 조직들'은 장과 야오의 지지를 받아 수십만 노동자들을 동원하여 연합 본부를 공격했다. 그날이 끝날 무렵, 연합 본부 구성원들은 항복했고, 그것을 지지했던 상하이 전체 동맹은 그 후 붕괴했다. 상하이 혁명위원회는 더 이상 어떤 심각한 도전자도 마주하지 않았다. 마오는 그 사건의 영상을 보고 흥분했다. 그는 장과 야오에게 말했다. "좋다, 좋다. 아주 좋다."⁴⁹ 그 말은 우한에서의 여파로 마오가 이전에 대중 반란에 대해 품고 있던 애정이 그의 통제하에 있지 않은 대중운동에 대한 불신, 또는 심지어 혐오감으로 미묘하게 대체되고 있었음을 드러냈다.

*****

마오가 부재중인 동안 저우는 베이징에 머물렀고, 그곳에서도 문화대혁명이 통제를 벗어났다. 류사오치는 맹렬히 규탄받았다. 7월 초부터 수만 명에 이르는 홍위병과 다른 반란군들이 중앙문화혁명소조의 지지를 받아 중난하이를 포위하고 중앙 지도부의 거주지에서 류를 축출하려 시도했다. 저우는 다소 어려운 상황에 처했다. 한편으로 그는 마오가 류를 파괴하기로 결심했음을 알았다. 따라서 그는 대담해진 대중이 중난하이를 포위하는 것에 단순히 간섭할 수 없었다. 그러나 다른 한편으로 그는 만약 포위가 계속된다면 중난하이의 안보, 심지어는 수도의 일반적인 질서가 위태로워질 수 있다는 것을 이해했다. 그는 모든 움직임에서 비상한 신중을 기해야 했다.

이때 왕리가 문화대혁명의 슈퍼스타가 되었다. 그는 야심 찬 인물이었다. 왕은 우한에서 베이징으로 돌아온 후 연설에 연설을 거듭하며, 도시의 위기를 종식시킨 영웅처럼 행동했다. 저우는 과거에 왕과 문제가 없었지만, 왕이 의도적이든 아니든 외교부로 영향력을 확장하기 시작했을 때 경각심을 느꼈다. 인도네시아는 당시 외교부에서 뜨거운 주제였다. 중국과 인도네시아의 관계는 약 이 년 전 9·30 사건 이후 급속히 악화되었다. 1967년 4월, 자카르타는 중국 대리 대사 야오덩산(姚登山)이 더 이상 인도네시아에서 환영받지 못한다고 발표했다. 야오는 4월 30일 베이징으로 돌아와 공항에서 저우, 장칭 및 중앙문화혁명소조의 모든 구성원으로부터 환영받았다. 5월 1일, 마오는 톈안먼에서 야오를 만났고(저우가 주선하지 않은 만남이었다), 야오가 마오와 장칭 사이에 서 있는 사진이 찍혔다. 갑자기 야오는 문화대혁명의 유명인사가 되었다. 야오는 8월 4일 회의에서 중앙문화혁명소조의 또 다른 구성원 치번위를 우연히 만났고, 치는 그에게 혁명 반란군들이 외교부에서 권력을 장악하고 천이를 비판하는 것이 적절하다고 말했다. 야오는 치의 의견을 외교부 간부들에게 전달했다.[50] 8월 7일, 왕은 외교부에서 연설했는데, 여기서 그는 야오가 전달한 치의 관점뿐만 아니라 천이에 대한 그들의 공격을 포함하여 외교부에서 '권력을 장악'하려는 반란군들의 행동들을 전적으로 지지했다.[51] 저우는 크게 기분이 상했지만, 즉시 조치를 취하지는 않았다. 그는 참을성 있게 적절한 시기를 기다리고 있었다.

중난하이 포위는 거의 같은 시기에 해제되었다. 8월 5일, 류를 규탄하기 위해 톈안먼광장에서 '백만 명 규모의 대규모집회'가 열렸고, 그 후 중난하이 밖에 모였던 군중의 규모는 상당히 줄어들었다. 많은 홍위병은 이제 홍콩의 폭발적인 상황 때문에 베이징의 영국 사무소에서 항의했다. 연초부터 문화대혁명의 열기는 여전히 영국 식민지였던 홍콩으로 퍼져 나갔고, 반영국 시위의 물결이 일었다. 홍콩의 악화되는 상황은 저우에게 벅찬 도전을 제시했다. 1949년 이래로 홍콩은 중화인민공화국 국제무역의 주요한 창구 역할을 했을 뿐만 아니라, 외화 공급원 및 정보 수집 기지 중 하나였다. 저우는 '어떤 상황에서도 우리가 홍콩을 되찾도록 압박받아서는 안 된다'는 것을 완전히 이해했다. 따라서 그는 홍콩의 중국공산당 기관들에게 식민지에서는 본토에서처럼 문화대혁명 방식을 동원하려 해서는 안 된다고 거듭 상기시켰다. 그동안 그는 그들에게 홍콩에서 중국공산당의 위치와 영향력을 확장하면서 영국 당국에 압력을 가하기 위해 좌파 대중이 이끄는 '반영국 애국 활동'에 적극적으로 참여하라고 지시했다.[52] 두 지시를 구분하는 경계는 매우 희미했음이 분명하다.

5월 초, 구룽(Kowloon)의 한 인조 꽃 공장 노동자들이 공장주들과의 분쟁으로 파업에 들어갔고 그 후 진압 경찰과 충돌했다. 많은 사람이 부상당했고 노조 대표 21명이 체포되었다. 중국 외교부는 저우의 승인을 받아 5월 15일 "가장 긴급하고 격렬한 항의"를 발표하여, 홍콩 당국에 그들이 저지른 심각한 실수들을 인정하고, 숙청된 대중에게 사과하며, 책임자들을 처벌하고, 미래에 유사한 행위를 저지르지 않겠다고 약속할 것을 요구했다.[53] 삼 일 후, 저우는 '홍콩에서의 투쟁'을 지지하는 베이징의 대규모집회에 참석하고, 베이징 영국 사무소 밖에서 계속해서 항의하도록 사람들을 동원하는 것을 승인했다. 그러나 절대로 사무실 건물에 들어가거나, 사무실 구성원들이 출입하는 것을 막거나, 영국 외교관이나 직원들을 고문해서는 안 된다고 분명히 했다.[54] 상하이의 홍위병들이 영국 관리의 거주지에 침입하여 가구를 파괴하고 벽에 모욕적인 말을 썼으며, 영국 대표들을 마당으로 끌고 가 '규탄받게' 했다는 것을 알았을 때, 저우는 분노하며 물었다. "왜 당신들은 우리가 베이징의 영국 사무소에서 대규모 시위를 위해 만든 규정들을 상하이 대중과 공유하지 않았는가?"[55]

홍콩 좌파 대중들의 반영국 투쟁은 이후 며칠과 몇 주 동안 계속해서 퍼져 나갔다. 영국 홍콩 당국이 사실상 어떤 양보도 하지 않자 상황은 점차 통제 불능 상태가 되었다. 5월 22일, 홍콩 총독 관저 앞에서 좌파 대중들의 대규모 시위가 폭력적으로 변했다. 진압 경찰이 발포하여 여러 시위자가 부상당하고 수십 명이 체포되었다. 그 사건에 대한 신화사 보도는 이백에서 삼백 명에 달하는 시위자들이 부상당하거나 사망했다고 주장했다. 《인민일보》는 그것을 "피비린내 나는 학살"이라고 불렀다.[56] 같은 날, 저우는 홍콩 상황을 알기 위해 긴급회의를 열었다. 그는 사상자 수에 대한 신화사와 《인민일보》의 심하게 과장된 보도를 엄중히 비판했다. 이것은 "심각한 신뢰도 상실"을 초래할 것이라고 저우는 선언했다. 이는 긍정적인 결과를 낳지 않고 단지 "사람들의 분노를 점화"시킬 뿐이었다. 그는 회의에 참석한 사람들에게 왜 그렇게 큰 기사를 내기 전에 자신에게 승인받지 않았는지 물었다. 홍콩 문제를 책임진 관리들이 "그들에게 심각한 경고를 보내기 위해 몇몇 홍콩 경찰을 죽일 것"을 제안했을 때, 저우는 화를 내며 소리쳤다. "이것은 무정부 상태다!" 그는 판단했다. "비록 우리가 홍콩을 외국 영토로 인정하지는 않지만, 그것은 지금 영국의 지배하에 있다." "우리는 지금 홍콩을 되찾을 계획이 없으며, 영국과 전쟁을 벌일 계획도 없으므로, 그곳에서 우리의 투쟁은 합리적이고, 우리에게 유리하며, 통제 가능해야 하며, 우리가 먼저 공세를 취해서는 안 된다." 따라서 "홍콩에서 우리의 작업은 본토 홍위병들의 방식을 따를 수 없다."[57] 그러나 홍콩 문제를 책임진 관리들은 끈질겼다. 5월 30일 또 다른 회의에서 그들은 다시 홍콩의 경찰서에 대한 무장 공격을 수행하고 "최악질 경찰관들 몇 명을 죽일 것"을 제안했다. 저우는 그들을 꾸짖으며 외쳤다. "터무니없는 소리다!" 그는 덧붙였다. "공산주의자로서 우리는 정치투쟁을 수행하지, 암살을 하지 않는다."[58]

그러나 베이징이 홍콩에 대해 정확히 무엇을 해야 하는가? 저우조차도 답을 가지고 있지 않았다. 유일한 선택은 홍콩에 대한 선전의 어조를 격상하는 것이었다.《인민일보》는 홍콩에 관한 사설을 준비하고 있었다. 6월 2일, 저우는 그 글의 초안을 검토했지만, 어떤 논평도 하지 않았다. 나중에 그는 천보다에게 그 글의 표현을 수정하고 다듬어 그 어조가 "너무 높지 않게" 해 달라고 요청했다. 그 글은 다음 날 "영국 제국주의자들의 도발을 단호히 격퇴하자"라는 제목으로 발표되었다. 그러나 그 어조는 여전히 꽤 강렬했다.[59] 홍콩에 대해 명확하고 일관된 접근법을 취하지 못한 것은 저우가 여전히 마오가 그 문제에 대해 최종적으로 말해 주기를 기다리고 있었음을 나타냈다.[60]

홍콩의 상황은 7월 초에 극적으로 악화되었는데, 7월 8일 홍콩과의 국경에 있는 마을 샤터우자오(沙頭角)에서 중국 민병대와 영국 경찰 간에 무장 충돌이 발생하여 중국인 2명과 영국인 5명이 사망했다. 이번에 마오는 명확한 지시를 내렸다. "홍콩은 그대로 유지되어야 한다…… 그곳에서 무력을 사용하지 않는 것이 더 낫다." 저우는 지체 없이 마오의 말을 총참모부와 홍콩 문제를 책임진 관리들에게 전달했다. 샤터우자오에서의 충돌에 관해서 저우는 말했다. "다음번은 없어야 한다. 그것은 홍콩에서 무력을 사용하지 않는다는 우리의 현재 정책과 일치하지 않는다." 그는 더 나아가 상세히 설명했다. "홍콩에서의 투쟁은 길어질 것이다. 우리는 그것을 서둘러서는 안 된다. 서두르는 것은 우리의 이익에 부합하지 않는다. 우리는 주석이 설정한 정책 노선을 만장일치로 따라 행동해야 한다."[61]

그러나 홍콩의 상황은 저우가 희망했던 대로 전개되지 않았다. 홍콩의 급진 좌파들의 격앙된 분위기는 절정에 달했다. 그들은 계속 항의하는 것 외에도 도시 전역에 진짜 및 가짜 폭탄을 설치했다. 영국 홍콩 당국은 비상법을 시행하여 좌파 신문들을 금지하고, 좌파 학교들을 폐쇄하며, 좌파 지도자와 활동가 들을 다수 체포했다. 이러한 배경하에서 중국 외교부는 8월 중순에 홍콩 당국에 좌파 신문 세 개에 대한 금지를 해제하고 기자 19명을 석방할 것을 요구하는 최후통첩을 초안했다. 이번에 저우는 그 최후통첩을 승인했고, 베이징은 8월 20일 오후에 영국에 그것을 전달했다.[62] 그러나 중국 측은 만약 최후통첩이 거부될 경우를 위한 어떤 강력한 후속 조치도 준비하지 않았다. 한 설명에 따르면, 중국의 최종 선택은 베이징의 영국 사무소에서 언론 업무를 담당하는 2등 서기를 추방하는 것이었다.[63] 이 마지막 수단은 최후통첩이라는 언어와 그 내용과는 양립할 수 없는 것임이 명백했다. 따라서 그 계획은 도박이거나 단지 허풍이었다.

저우는 보통 그러한 문제들을 처리하는 데 극도의 예방 조치를 마련했다. 그렇다면 그는 왜, 그리고 어떻게 그 최후통첩을 승인할 수 있었을까? 저우는 아마도 그때까지 더 나은 선택지가 없었기 때문에 그렇게 했을 것이다. 그는 홍콩의 상황이 더 악화되어 베이징이 '홍콩을 조기에 되찾도록' 압박받는 상황을 허용할 수 없었지만, 그 자신이 '우경 항복주의자'로 낙인찍히는 것도 받아들일 수 없었다. 최후통첩을 승인함으로써 그는 아마도 홍콩의 영국 당국이 겁을 먹고 단지 상징적인 양보라도 하여 그에게 홍콩의 혼란을 끝내라는 명령을 내릴 이유를 제공하기를 희망하며 운에 맡겼을 것이다. 다시 한번 저우는 오산했다. 영국은 아무것도 하지 않았다. 8월 22일 마감일이 지난 후, 베이징은 통제 불능 상태가 되었고, 영국 사무소를 둘러싼 군중이 침입하여 불을 질렀다.[64] 저우는 자신이 점점 깊어지는 정치적 수렁에 대한 책임 일부를 피할 수 없다는 것을 알았다. 실제로 마오는 "그와 천보다, 캉성을 엄중히 비판했다."[65] 저우는 상황이 더욱 악화되는 것을 막기 위해 즉시 행동해야 한다는 것을 알았다.

★★★★★

영국 사무소의 화재가 진압되고 몇 시간 후, 저우는 외교부의 '혁명 반란군' 지도자 회의를 소집했다. 그는 방화를 "만연한 무정부주의의 전형적인 사례"라고 부르며 철저히 조사해야 한다고 말했다.[66] 이것은 또한 저우가 자신을 방어하는 방법이었다. 비록 자신의 입장이 극히 위태로웠지만, 그는 운명을 기다리기를 거부했다. 많은 숙고 끝에 그는 위험한 행동을 취하기로 결정했다. 8월 24일 자정 가까이, 그는 마오와 함께 있던 양청우에게 전화를 걸어 베이징으로 돌아올 것을 촉구했다. 8월 25일 이른 아침, 두 사람은 일대일로 대화를 나누었다. 저우는 양에게 왕리가 외교부에서 반란군들에게 권력을 장악하도록 격려하는 터무니없는 연설을 했으며, 중난하이 포위를 지지하고 시위자들이 영국 사무소에 불을 지르도록 부추겼다고 말했다. 실제로 저우는 그가 심지어 "군대 내 자본주의 노선파들을 파헤치라"라고 요구했다고 강조했다. "나의 가장 큰 우려는 이 모든 것이 일으킬 연쇄 반응이다." 저우는 양에게 왕의 8월 7일 연설 사본을 주며 전부 마오에게 보고하라고 했다.[67]

저우는 이것이 위험한 행동임을 알았다. 왕이 중앙문화혁명소조의 영웅으로 칭송받았기 때문이다. 따라서 그는 왕의 8월 7일 연설을 교묘하게 부각하면서, 외교부에서의 권력 장악, 영국 사무소 화재, '인민해방군 내 자본주의 노선파들을 공격하라'는 요구에 대한 언급들을 섞었다. 그럼에도 불구하고 저우가 한 일은 호랑이 굴에 제 발로 들어가는 격이었다. 결과는 마오의 예측할 수 없는 반응에 달려 있었다. 저우의 지시에 따라 양은 즉시 상하이로 가는 비행기를 탔고, 거기서 오전 아홉 시에 저우의 보고서를 주석에게 전달했다.[68]

저우는 8월 25일 남은 시간 동안 마오나 양으로부터 한마디도 전해 듣지 못했다. 불안은 절정에 달했다. 저녁에 오랫동안 베이징에 살았던 고(故) W. E. B. 두 보이스(W. E. B. Du Bois) 박사의 아내 셜리 그레이엄(Shirley Graham)이 막 떠나기 전에 저우에게 작별 인사를 하러 왔다. 그레이엄은 저우가 "우울하고 지쳐 보인다"라고 관찰했다. 저우는 낙담하고 심지어 절망적이기까지 한 목소리로 말했다.

중국 혁명 전체가 한동안 패배할 수 있다. 우리는 모든 것을 잃을 수 있다. 그러나 괜찮다. 만약 우리가 여기서 패배한다면, 아프리카의 당신들은 우리의 실수로부터 배울 것이고, 당신들은 당신들 자신의 마오쩌둥을 발전시킬 것이며, 더 잘하는 법을 배울 것이다. 그리하여 결국 우리는 성공할 것이다.

그레이엄은 저우에게 "무슨 의미인지" 물었다. 저우는 단지 "상황이 매우 복잡하고 미래가 불확실해 보인다"라고 말했다.[69]

저우는 다음 날까지 계속 기분이 좋지 않았다. 8월 26일 오전 아홉 시, 마오는 양을 소환하여 "왕리, 관평, 치번위는 좋은 사람들이 아니다. 그들은 문화대혁명을 방해하려 하고 있다"라고 말했다. 그는 양에게 즉시 다시 비행기를 타고 베이징으로 가서 저우에게 직접 보고하라고 지시했다. 마오는 명령했다. 왕과 관은 즉시 체포되어야 하고, 치는 나중에 체포될 때까지 보호관찰에 처해야 한다고.[70] 정오 무렵, 양은 마오의 결정을 한마디 한마디 저우에게 전달했다. 저우는 크게 안도했다. 그날 저녁, 그는 장칭, 천보다, 캉성 및 다른 중앙문화혁명소조 구성원들을 회의에 소집했다. 한마디 한마디, 한 문장 한 문장, 그는 양이 그에게 전달한 마오의 지시를 읽었다.[71] 왕과 관은 즉시 체포되었다. 다음 해 1월, 치 또한 구금될 것이었다. 비록 장칭이 왕, 관, 치의 숙청에 동의했지만, 이 전개는 여전히 중앙문화혁명소조에 큰 타격이었다.

돌이켜 보면, 저우가 자신이 사용할 수 있는 정치적 지혜와 기술을 모두 사용했다는 것이 분명하다. 그는 정확히 옳은 순간에 행동하기로 선택했다. 그 시점에는 한편으로 장칭과 왕, 관, 치 사이에 다양한 이유로 갈등이 나타났다. 다른 한편으로 마오는 우한에서의 여파로 질서를 회복하기 위해 문화대혁명의 '전면적인 내전'을 끝내는 것을 고려할 용의가 있었다. 날카로운 정치적 직관으로 무장한 저우는 이러한 미묘한 변화들을 감지했다. 그가 자신의 대담한 계획을 실행에 옮겼을 때, 그는 그 성공을 보장할 방법이 없었다. 이것은 그의 정치 경력에서 보기 드문 도박이었고, 저우의 승리로 끝났다.

마오가 왕, 관, 치를 버리기로 결정한 것은 단지 저우를 달래기 위해서만이 아니라, 인민해방군을 안정시키기 위해서였다. 우한 이후 마오는 인민해방군 지휘관들 사이에 문화대혁명에 대한 광범위한 불만이 존재한다는 것을 감지했다. 그는 '총구'를 쥐고 정치권력을 장악했고, 군대에 대한 통제를 확고히 유지하기로 결심했다. 따라서 그는 어떤 상황에서도 군대에 대한 왕의 도전들을 용납하지 않을 것이었다. 저우는 주석의 생각을 정확하게 인지했다.

중앙문화혁명소조는 마오가 문화대혁명을 수행하는 데 사용했던 주요한 제도적 도구였다. 이제 그는 그 그룹의 팔 하나를 희생하여 몸체를 보호하기로 결정했다. 이것은 중요한 신호였다. 마오는 확실히 중앙문화혁명소조를 버릴 의도는 없었다. 또한 문화대혁명을 갑자기 끝낼 의도도 없었다. 그러나 그는 문화대혁명이 실제적인 정치 과정으로서 너무나 멀리 나갔다는 것을 깨달았다. '혁명 반란군들'은 더 이상 그의 말을 듣거나 그의 지시를 맹목적으로 따르려 하지 않았다. 마오가 보기에 혁명, 즉 그 자신의 창조물은 잘못된 길로 들어섰다.

마오는 또한 자신이 이전 어느 때보다도 그 순간에 저우에게 더 의존한다는 것을 알았다. 1968년 말, 마오가 우하오 사건에 대해 베이징대학 학생이 보낸 편지를 읽었을 때, 그는 썼다. "이 문제는 명확해졌다. 그것은 국민당이 만든 소문이었다."[72] 이것은 저우가 기다려 왔던 말이었지만, 우하오 문제에 대한 마오의 최종 응답은 아닐 것이었다.

*****

1968년 초까지 중국의 29개 성 및 지역 중 9곳에서만 혁명위원회가 수립되었다. 인민해방군이 개입했음에도 불구하고 전국적인 내전은 수그러들 기미를 보이지 않았다. 마오는 거듭 "노동계급 내에는 근본적인 모순이 존재하지 않는다"라고 발표하고, 전국에 걸쳐 "파벌주의를 억제"할 것을 요구했다. 그러나 효과는 크지 않았다. 저우는 중앙문화혁명소조 및 군대와 협력하여 한 성씩 '파벌 문제들을 해결'하려 노력했지만, 진전은 느렸다. 문화대혁명의 거대한 혼란의 끝은 여전히 지평선 너머에 있었다.

중국공산당 최고 지도자들 간의 투쟁 또한 점점 더 예측 불가능하게 흘러갔다. 오늘의 귀족이 다음 날의 죄수가 될 수 있었다. 3월, 총참모장 대리인 양청우, 공군 정치위원 위리진(余立金), 베이징 군사 수비대 사령관 푸충비(傅崇碧)가 아무런 예고 없이 체포되었다. 3월 22일, 그들은 직위에서 해고되었다. 이틀 후, 린뱌오는 대규모집회에서 세 지도자가 축출되었다고 발표했다. 린은 마오 앞에 서서 그들의 죄를 나열하며, 그들이 마오 사상에 반대하면서 파벌주의에 참여하는 심각한 실수를 저질렀다고 단언했다. 그러나 린은 또한 그들의 실수들이 "아주 크지도, 아주 작지도 않다"라고 말하며, 그들이 정확히 무슨 실수를 저질렀는지 구체적으로 밝히지 않았다.[73] 돌이켜 봐야만 숙청의 진정한 이유를 추측할 수 있다. 푸는 장칭을 불쾌하게 했을 수 있고, 양은 린뱌오를 소외시켰을 수 있으며, 위는 린의 심복인 공군 사령관 우파셴(吳法憲)과 불화를 겪었다. 그들이 어떤 지하활동에 연루되었거나 어떤 식으로든 파벌을 형성했다는 증거는 없었다.

이러한 숙청들이 왜 그리고 어떻게 이처럼 갑자기 일어났는지에 대해 아무것도 모르기는 저우도 다른 사람들과 마찬가지였다. 그가 불명예스러운 지도자 세 명에 대한 마오와 린의 판단을 지지하기 위해 집회에서 연설했을 때, 그는 장칭을 칭찬하는 데 집중했고, 장이 문화대혁명에서 했던 '비범한 역할'을 부각했다. 저우는 말했다. "장칭 동지는 결단력 있고 용감한 당원이며, 프롤레타리아 병사다. 그는 이미 단호하고 용감한 공산주의자이자 온갖 적과 싸우는 여전사였던 1930년대부터 줄곧 그랬다."[74] 이는 마오와 장에게 들려주기 위한 말들이었다.

마오는 3월 28일 회의에서 중앙군사위원회가 더 이상 회의할 필요가 없으며, 린뱌오가 이끄는 군사 집행부가 그 역할을 대신할 것이라고 발표했다.[75] 이로써 마오는 린에게 보상하고 있었다. 그러나 이 결정은 군대에 대한 마오의 절대 권력 일부를 린에게 넘겨주는 것처럼 보였고, 이것이 미래에 마오-린 분열을 만드는 또 다른 씨앗을 뿌렸다.

$$\star\star\star\star\star$$

1968년 여름이 다가올 무렵 마침내 마오는 '천하대란'을 보는 것에 지쳐 버렸다. 심지어 마오는 자신이 몰두해 있던 중국이 세계혁명의 중심이라는 개념에 대해서도 매력을 느끼지 못하게 되었고, 이제 질서를 회복할 필요가 있음을 느꼈다.[76] 저우는 마오의 사고방식에 일어나는 미묘한 변화를 놓치지 않았다. 총리는 광시에 주의를 집중했는데, 그곳은 파벌 간에 '무장투쟁'이 만연하기로 중국 전역에서 악명을 떨쳤다. 베트남과 국경을 접한 광시는 소련과 여러 동유럽 국가들이 베트남에 보낸 물자 원조가 통과하는 통로 역할을 했다. 광시의 다른 파벌들 간에 일어나는 폭력적인 대규모 대결은 필연적으로 베트남으로 향하는 원조가 정상적으로 전달되는 것을 방해했다. '혁명 반란군들'이 선적물에서 탄약과 무기를 훔쳤을 때 상황은 더욱 악화되었다. 베트남, 소련, 동유럽 국가들은 광시의 불안이 원조 선적에 미치는 영향에 대해 베이징에 거듭 불평했다.[77] 그러나 저우가 신경 쓰고 개입했음에도 불구하고 '광시 문제'는 계속해서 악화되었다.

이제 저우는 광시를 그 지방의 무질서를 해결할 뿐만 아니라 전국 각지의 소요를 진압하기 위한 지침 문서를 만드는 데 대표 사례로 삼기로 결정했다. 저우가 직접 문서 초안 작성을 감독했고, 마오는 신속하게 그 것을 승인했다. 7월 3일, '7·3 명령'으로 알려진 문서가 발표되었다. 명령 은 광시 여러 지역의 폭력 사태, 즉 철도 운송이 중단되고, 베트남행 물자 원조가 강탈당하며, 인민해방군 막사가 공격당한 사건들을 절대적으로 "반동적인 활동"이라고 주장했다.[78] 저우는 그 후 광시의 두 교전 파벌 대 표들과 만나, 질서를 회복하라고 엄히 명령했다. 저우는 경고했다. 그러 지 않으면 그들은 "가장 심각한 성격의 범죄를 저지르게 될 것이다."[79] 광 시의 군 당국은 즉시 성내 대중조직들에 대해 피비린내 나는 탄압을 시 작했고, 그 결과 광시는 문화대혁명 기간 동안 가장 많은 사람이 살해당 한 지역이 되었다.

그러나 7·3 명령은 중국 다른 지역에서 맹위를 떨치던 혼란을 억제하 지 못했다. 저우는 그 후 일주일 동안 산시성(陝西省)의 상황을 다루는 '7·24 통지' 초안을 작성하며 시간을 보냈다. 그는 직접 문서를 수정하며, "무장투쟁을 즉시 중단하고, 무장 순찰대, 거점, 통행로를 해체하며, 전문 무장 소대를 해산"할 필요성을 강조했다. 그는 덧붙였다. "모든 중단된 육로 및 수로 교통선, 우편 서비스 및 전신통신은 무조건적으로 재개되 어야 한다." 그리고 "인민해방군으로부터 빼앗은 모든 무기 및 기타 장비 는 즉시 그리고 무조건적으로 반환되어야 한다."[80]

마침내 7월 27일에 결정적인 전환점이 찾아왔다. 그날 아침, 마오의 명 령에 따라 '노동자 마오쩌둥 사상 선전대' 수천 명이 몇 달 동안 폭력이 만연했던 칭화대학교 캠퍼스에 들어갔다. 그들은 그곳의 두 경쟁 파벌에 게 싸움을 멈추고, 거점을 해체하며, 무기를 넘겨줄 것을 요구했다. 한 파 벌인 징강산(井岡山)은 명령에 복종하기를 거부했고, 노동자대에 발포했 다. 5명이 사망하고 수백 명이 부상당했다.[81]

7월 28일 이른 아침, 마오는 베이징대학 및 단과대학의 '5대 지도자들',

즉 베이징대학의 녜위안쯔(聶元梓)와 칭화대학의 콰이다푸(蒯大富)를 포함한 사람들을 회의에 소환했다. 저우도 회의에 참석했다. 주석은 학생 지도자들에게 긴 강의를 했는데, 여기서 그는 7·3 명령과 7·24 통지를 특히 강조했다. 그는 이 두 문서가 단지 광시와 산시에 대한 것이 아니라 중국 전체에 적용된다고 강조했다. "만약 누군가가 계속해서 이러한 규정들을 위반하여 인민해방군을 공격하고, 교통을 방해하며, 사람을 죽이거나 불을 지른다면…… 그들은 도적이며, 국민당이다. 그들은 검거될 것이고, 만약 저항한다면 소탕될 것이다."[82]

마오의 발언은 그가 문화대혁명에서 지금까지 만연했던 반란적인 대중운동과 결별할 준비가 되어 있음을 분명히 나타냈다. 7월 30일, 저우는 장칭, 천보다, 캉성과 함께 마오의 7월 28일 연설을 전국에 전달하고, 혼란이 뿌리내린 모든 대학, 고등학교, 작업 단위에 노동자 및 군인을 파견할 것을 제안했다.[83] 그 시점부터 모든 홍위병 조직은 사실상 붕괴했고, 홍위병 운동은 끝이 났다.

★★★★★

문화대혁명이 국내에서 후퇴하는 동안, 8월 20일 소비에트 홍군이 체코슬로바키아를 침공했다. 저우는 즉시 외교부에 중국이 어떻게 대응해야 할지 논의하라고 지시했다.[84] 8월 22일, 마오는 저우 및 다른 최고 지도자들과 그 문제를 논의했다. 주석은 소비에트 침공을 모스크바가 '극히 어려운 시기'에 직면했다는 증거로 간주했다. 그는 또한 소비에트가 중국을 침공할지 여부를 우려했다. 회의는 중국이 가장 강력한 용어로 침공을 규탄하고, 역시 소비에트에 침공당할 위협하에 있는 루마니아와 알바니아의 '반침략 노력'을 확고하게 지지하기로 결정했다.[85]

저우는 루마니아 대사 아우렐 두마(Aurel Duma)가 8월 23일에 루마니아 국경절 환영회를 주최한다는 것을 알고 즉시 참석하여 연설하기로 했다. 8월 22일 밤늦게 그는 연설 초안 작성 그룹 구성원들과 연설 내용에 대해 논의했다. 다음 날 아침, 그는 연설문을 수정하는 데 두 시간을 보냈다.[86] 8월 23일 《인민일보》는 체코슬로바키아 침공이 "소비에트 배신자 집단이 오래전에 사회 제국주의자들의 무리로 타락했다"는 것을 드러냈으며, '소비에트 사회 제국주의'가 미 제국주의만큼 세계 인민들에게 위험하다고 주장하는 사설을 게재했다.[87] 그날 저녁 두마의 환영회에서 저우는 체코슬로바키아에 대한 소비에트의 침공을 "과거 히틀러가 체코슬로바키아를 침략한 것과 오늘날 미 제국주의가 베트남을 침략하는 것과 정확히 같다"라고 비난했다. 그는 또한 소련을 "사회 제국주의와 사회 파시즘의 나라"라고 불렀다.[88]

저우의 주장은 의미심장했다. 중화인민공화국 수립 이래로 반미 제국주의는 신중국의 정치 담론을 지배했고, 중국의 국가, 사회, 국제적 전망을 변혁시키려는 마오주의 프로그램과 정책들을 정당화하는 주요한 주제 역할을 했다. 마오는 중국에서 '소비에트식 자본주의 복고'를 막기 위해 문화대혁명을 시작했다. 그러나 그때까지 베이징은 결코 모스크바를 '사회 제국주의'라는 꼬리표로 지칭한 적이 없었다. 이제 소련을 사회 제국주의 국가라고 부름으로써, 베이징이 소련을 중국의 가장 위험한 적으로 정의할 이론적 문이 열렸다.

*****

9월 초까지 티베트와 신장에 혁명위원회가 수립되면서 중국의 29개 성 및 지역 각각에 '새로운 혁명 당국'이 나타났다. '전면적인 내전'은 끝났다. 9월 7일, 10만 군중이 베이징에 모여 '전국이 붉게 물들었다'고 축하했다. 저우는 집회에서 연설했는데, 여기서 그는 1월 혁명 이후 20개월이 지났다고 언급했다. 문화대혁명은 전국 각지에서 "자본주의 노선파들로부터 권력을 성공적으로 탈취"함으로써 큰 승리를 거두었다.[89] 그러나 저우는 문화대혁명이 끝나기까지는 아직 멀었음을 곧 깨닫게 된다.

중국공산당 중앙위원회는 10월에 '위대한 혁명 결산'을 마무리하기 위해 제12차 전체 회의를 개최했다. 그러나 당 규약에 따르더라도 전체 회의는 정족수가 부족하여 불법이었다. 당의 제8차 당대회에서 선출된 중앙위원회 위원 및 후보위원들 중 87명이 여전히 살아 있었지만, 그들 대부분은 숙청되었다. 저우는 '한직으로 밀려난' 중앙위원회 위원들을 급히 베이징으로 부르도록 했는데, 그중 일부는 감방에서 바로 이송되었다. 그럼에도 불구하고 제8차 당대회에서 선출된 위원들 중 단 40명만이 전체 회의에 참석했는데, 이는 절반 미만이었다. 따라서 전체 회의의 첫 번째 조치는 중앙위원회 후보위원 10명을 정식 위원으로 만들어 모임에 정당성을 부여하는 것이었다.[90] 중앙위원회 위원이 아니었던 문화대혁명 스타들 수십 명 또한 전체 회의에 참석했다.

전체 회의의 제1 과업은 류를 당에서 '영구히 제명'하는 것이었다. 마오는 저우에게 이 터무니없는 드라마에서 중심 역할을 맡도록 했다. 여러 달 동안 중앙전안조는 이 순간을 준비해 왔고, 류가 '변절자, 반역자, 파업 파괴자'라고 주장하는 수천 쪽에 달하는 보고서를 작성했다. 그의 풍부한 경험을 고려할 때, 저우는 문서에서 수많은 결함을 쉽게 찾을 수 있었을 것이다. 그는 그러한 가짜 보고서에 서명하기를 극도로 꺼렸다. 따라서 거의 2주 동안 그것을 자기 책상 위에 놓아 두었다. 그러나 그는 그 보고서를 작성한 사무실의 책임자였기 때문에, 마오가 의도한 대로 거기 서명할 수밖에 없다는 것을 알았다. 마침내 그는 자신의 인생과 경력에서 가장 어려운 결정을 내렸다. 그는 보고서에 서명하고 다음과 같이 논평했다.

> 류는 실로 큰 반역자, 변절자, 스파이, 적의 요원, 배신적인 인물이다. 그는 온갖 범죄를 저지른 용서할 수 없는 반동분자다. 우리는 우리의 위대한 지도자 마오 주석이 시작하고 이끈 대프롤레타리아 문화대혁명을 환호한다. 그것이 없었다면, 류와 그의 동류들이 당과 나라를 배신한 죄가 어떻게 그토록 철저히 폭로될 수 있었겠는가?

저우는 또한 문화대혁명 전야에 그랬던 것처럼 말년에 충성을 유지하는 것이 중요함을 언급했다. "이것은 우리가 공산주의자가 될 자격이 있는지, 그리고 우리가 말년에 혁명적 충성을 유지할 수 있는지에 대한 시험이다. 이 점에 있어서 우리 모두는 당신, 장칭 동지로부터 배워야 한다."[91] 전체 회의에서 저우는 당을 대신하여 류 사건에 대해 연설을 했다.

저우는 마오가 보도록 이 모든 일을 했다. 만약 그가 압력에 굴복하지 않았다면, 그는 문화대혁명의 정당성에 대해 마오와 의견이 다르다 여겨졌을 것이다. 아마도 그는 류 문제가 해결되면 문화대혁명이 끝나리라고 희망했을 것이다. 그래서 양심을 거스르면서도 결국 류를 희생시켰다. 수년 후 감옥에서 풀려난 류의 아내 왕광메이(王光美)는 저우를 용서하기를 거부했다. 그로서는 충분히 그럴 만했다. 그러나 비록 이것이 저우의 삶과 정치 경력에서 어두운 순간이었지만, 역사가 곤경에 처한 정치인이자 덫에 걸린 사람으로서 저우를 용서할 이유가 있다. 이 시기 저우는 폭풍우에 갇힌 작은 배와 같았고, 언제든지 전복될 수 있었다. 그러나 저우가 없었다면 승객 수억 명을 태운 중국이라는 큰 배는 침몰했을지도 모른다.

전체 회의가 진행되는 동안 저우는 또 다른 비극을 경험했다. 10월 14일, 그의 양딸 쑨웨이스가 감옥에서 사망했다. 저우와 덩잉차오에게는 자녀가 없었다. 비록 웨이스가 진산과의 결혼에 대한 그들의 조언을 듣지 않아 멀어졌지만, 그들은 여전히 웨이스를 매우 사랑했다. (그리고 진산은 다시는 바람을 피우지 않았다.) 그러나 문화대혁명 동안 웨이스는 1968년 3월 1일 "반혁명 활동에 연루"되고 "소련을 위해 간첩 활동"을 한 혐의로 투옥되었다. 전해진 바에 따르면, 그 사건은 장칭과 린뱌오의 아내 예췬에 의해 조작되었다.[92] 장은 웨이스에 대한 자료를 비밀리에 수집한 후 갑자기 그 '증거'를 저우언라이에게 가져와 체포영장에 서명하도록 강요했다. 웨이스의 죽음에 대해 알고 저우는 10월 17일에 썼다. "웨이스는 자살했는가, 아니면 살해당했는가? 이것은 조사되어야 한다. 그의 시신은 정확한 사망 원인을 확인하기 위해 해부 검사를 거쳐야 한다." 그러나 웨이스의 시신은 부검이 수행되기 전에 화장되었다. 덩잉차오는 이 소식을 듣고 큰 소리로 흐느끼며 탄식했다. "이 얼마나 비참한 죽음인가!"[93] 웨이스는 문화대혁명이 끝난 후에야 복권되었다.

쑨웨이스의 비극적인 경험은 별개의 사건이 아니었다. 1968년 1월, 저우의 남동생 저우언서우(周恩壽) 또한 체포되어 투옥되었다. 문화대혁명 전에 언서우는 류사오치의 아내 왕광메이의 오빠 왕광치(王光琦)가 조직한 식사 모임의 일원이었다. 장칭은 일부 홍위병들이 수집한 언서우의 '잘못'에 관한 자료들을 받고서 그것들을 저우에게 전달했다. 저우는 류의 처남이 그 문제에 연루되어 있다는 것을 보고 즉시 그 복잡성을 감지했다. 그는 곧바로 그 문제를 마오에게 보고했고, 마오는 저우가 "상황에 따라 그것을 처리"할 수 있다고 응답했다. 저우는 그 후 인민해방군 베이징 수비대에 언서우를 체포하여 '보호 구금'에 처하라고 지시했다. 저우 언서우는 1975년 5월까지 석방되지 않을 것이었고, 저우가 사망하고 문화대혁명이 끝난 후에야 '완전히 복권'될 것이었다.[94] 이 두 경우에 중국의 총리인 저우언라이는 자신이 사랑하는 사람들을 감옥에 보내는 데 동의해야 했다. 이것이 저우언라이의 비극이었다. 넓은 의미에서 이것은 또한 마오의 대프롤레타리아 문화대혁명의 비극이자, 중국 전체 혁명 시대의 비극이었다.

★★★★★

마오와 저우 모두 문화대혁명을 끝내기 위해서는 홍위병 운동을 철저히 진압해야 한다는 것을 알았다. 12월 21일, 중국중앙방송은 마오의 '최신 지시'를 발표했다. "지식 청년들이 시골로 가서 가난한 하층 중농들로부터 재교육을 받아야 한다."[95] 이것은 마오가 문화대혁명을 마무리하기 위해 취한 중요한 단계였고, 먼저 학교에서 시작되었다. 삼 년 동안 중학교 이상 수준의 학생들은 "혁명을 수행하기 위해" 학교에 머물러 있었다. 이제 문화대혁명이 끝나 감에 따라 도시 청년 수백만 명을 시골로 보내는 결정은 동시에 세 가지 목적을 달성할 것이었다. 첫째, 그 움직임은 홍위병들의 정치적 동력과 능력을 약화시킬 것이었다. 둘째, 그것은 도시에 쌓인 거대한 고용 압력을 크게 경감할 것이었다. 더 나아가 논리적으로 보았을 때, 그것은 문화대혁명이 마오가 5·7 지시에서 개괄한 비전을 구현하는 데 있어 중요한 단계, 즉 '파괴'에서 '건설'로 이행하는 중요한 한 걸음으로 제시될 수도 있었다.

《인민일보》는 제12차 전체 회의가 휴회한 후 마오의 어록을 게재했다. "대프롤레타리아 문화대혁명은 프롤레타리아 독재를 공고히 하고, 자본

793

주의 복고를 막으며, 사회주의를 건설하기 위해 완전히 필요했고 매우 시의적절했다."[96] 그 성명은 겉보기에는 문화대혁명의 역사적 위치를 확보하기 위한 것이었다. 그러나 문화대혁명은 마오와 저우 모두 '마르크스를 만나러' 간 후로부터도 칠 년이 더 지나서야 끝날 것이었다.

제27장

린뱌오의
죽음
1969~1971

　1969년 4월 1일 늦은 오후, 저우언라이는 중국공산당 제9차 당대회를
위해 인민대회당에 도착했다. 마오쩌둥은 오후 다섯 시에 대회를 개회하
며, 대회가 "단결과 승리"의 기념비적인 행사가 될 것이며 문화대혁명을
"승리하는 결론"으로 이끌 것이라고 선언했다.[01] 그러나 제9차 당대회는
마오의 '계속혁명'이 크게 성공하는 것으로 마무리되지 않았다. 오히려
그것은 문화대혁명을 지지했던 사람들 사이의 깊은 분열을 확인했고, 격
동하는 운동을 파멸로 이끌 과정을 촉발했다.
　당내 격변을 예고하는 걱정스러운 징후들이 있었다. 1969년 초부터 대
회 정치 보고서 초안이 작성되고 있었다. 처음에 마오는 천보다에게 장
춘차오와 함께 그 작업을 이끌어 달라고 요청했다. 그러나 천과 장은 보
고서에 포함되어야 할 주제들에 대해 의견이 달랐다. 천은 당이 경제발
전에 주의를 돌릴 때라고 믿었지만, 장은 혁명이 끝나지 않았다고 강조
했다. 마오는 장과 동의하고 그에게 자신의 초안을 준비하라고 지시했
다. 그럼에도 불구하고 천은 자신만의 보고서를 완성했고, 마오는 그것

을 무시했다. 마침내 장의 초안이 주석의 지지를 받아 채택되었다.[02] 비록 저우는 보고서 초안 작성에 관여하지는 않았지만, 마오가 천에게 차가운 태도를 보이고 있음을 알아차렸음에 틀림없다.

천은 보고서를 준비하면서 린뱌오와 상의했다. 천이 초안에서 경제를 강조한 것은 그 주제에 우선순위를 두려는 린의 선호를 반영했다.[03] 마오는 논평을 위해 장의 초안들을 린에게 거듭 공유했다. 린은 초안의 내용에 결코 반대하지 않았다. 사실 그는 그중 어느 것도 읽지 않았다. 그는 대회에서 장의 보고서를 "띄엄띄엄" 전달했다.[04] 마오는 비록 짜증이 났지만 아무 말도 하지 않았다. 저우는 그 모든 것을 지켜보았다.

그럼에도 불구하고 린은 대회의 스타였고, 대회는 그를 마오의 후계자로 공식 확인하는 새로운 당 규약을 채택했다. 저우는 그 선택을 정당화할 의무가 있었다. 그는 모든 당내 투쟁에서 마오를 지지했던 린의 역사를 부각했다. 저우는 강조했다. 마오가 문화대혁명을 시작했을 때, 린은 "전당, 전군, 전국 인민, 심지어 전 세계에 마오의 사상을 전파하는 데 필수적인 역할"을 했다고.[05] 오랫동안 당의 2인자 후보로서 자신을 배제해왔던 저우는 린의 부상을 받아들였다.

린의 지위와 권력은 새로운 위상으로 치솟았다. 그러나 숲에서 다른 나무들보다 우뚝 솟은 나무는 필연적으로 거센 바람을 부른다. 돌이켜보면, 린은 공식적으로 마오의 후계자로 지명된 순간부터 아마도 궁극적인 몰락의 길로 들어서기 시작했을 것이다.

마오가 단결을 호소했음에도 불구하고 제9차 당대회에서는 서로 다른 세력들이 권력을 놓고 다투었다. 대회 주석단 비서장(祕書長)으로서 저우는 지도부 직책 후보 지명을 처리했다. 비록 저우는 여러 파벌들의 욕구를 균형 있게 조절하는 데 능숙했지만, 이번에는 모두가 동의할 만한 해결책을 내놓기가 어렵다는 것을 알았다. 장칭이 가장 큰 골칫거리였

27-1 1969년 4월, 중국공산당 제9차 당대회에서 투표하는 마오쩌둥과 그 뒤를 따르는 린뱌오, 저우언라이, 천보다, 캉성, 장칭, 장춘차오, 야오원위안. World History Archive / Alamy Stock Photo

다. 저우와 지명 그룹은 장을 정치국 후보 위원 명단에 포함했지만, 마오의 아내를 만족시키기에는 충분하지 않았다. 장은 자신이 '문화대혁명에 엄청나게 기여'했기 때문에 정치국 상무위원회에 합류할 자격이 있다고 믿었다. 저우는 장칭이 그러한 역할에 부적격하다는 것을 알았지만, 언제나처럼 최종 발언권은 마오에게 있었다. 주석은 비록 장을 이따금 비판했음에도 불구하고 여전히 그녀를 가장 확고하게 지지하는 사람이었다. 따라서 저우는 장의 이름을 상무위원회 예비 명단에 추가했다. 마오가 "장칭은 그럴 만한 자격이 없다"라고 논평하며 그의 이름을 명단에서 삭제했을 때 저우는 안도했다.[06]

마오는 만장일치로 중앙위원회 위원으로 선출되었다. 린은 마오보다 두 표 부족했는데, 아마도 그(그리고 그의 아내 예췬)가 마오와 같은 지위를 얻는 것을 피하기 위해 자신에게 투표하지 않았기 때문일 것이다. 저우 또한 두 표 부족했는데, 필시 그와 덩잉차오의 소행이었을 것이다. 문제는 장칭이 십여 표 부족했다는 것이었다. 장은 이것이 린의 휘하 장군들 소행이라고 의심했다. 장춘차오가 "그 문제를 조사할 것"을 제안했지만, 마오는 그를 막았다.[07] 대회가 끝나기도 전에 다른 파벌들이 서로 불화를 겪고 있었다.

대회에서 수립된 정치구조는 세 가지 세력으로 구성되었다. 첫 번째는 장칭의 문화대혁명 파벌이었는데, 그 대열에는 많은 문화대혁명 스타들 외에 천보다, 캉성, 장춘차오, 야오원위안이 포함되었다. 두 번째는 린이 이끄는 군사 파벌이었는데, 이는 중앙위원회에 직위를 얻은 여러 군 지휘관들로 구성되었다. 린과 가까운 장군 네 명, 즉 황융성(黃永勝), 우파셴, 리쭤펑(李作鵬), 추후이쭤(邱會作)는 심지어 정치국 위원이 되었다. 그러나 마오가 중앙군사위원회 주석으로 남아 있었기 때문에 린이 인민해방군을 완전히 통제하지는 못했다. 세 번째 그룹은 문화대혁명에서 숙청되지 않았거나 최근에 복권된 원로 관리들로 구성되었다. 넓게 말해서 저우 또한 이 그룹에 속했다.

마오는 구조의 정점에 서 있었지만, 린이 눈에 띄게 영향력을 얻고 있었기 때문에 그의 권력 통제는 절대적으로 안전하지는 않았다. 결국 린을 현재의 명성 수준으로 끌어올린 사람은 마오였다. 린을 승진시켰을 때, 주석은 군대가 다른 배경을 가진 세력들이 균형을 이루는 가운데 통제되어야 한다는 자신의 오랜 규칙을 뒤집었다. 돌이켜 보면, 그 결과로 발생한 긴장들에서 비롯된 문제들을 해결하는 과업이 마오가 문화대혁명을 끝내는 데 직면했던 어려움에서 많은 부분을 차지했다. 판도라의 상자가 활짝 열렸고, 당내 투쟁은 또 다른 라운드로 접어들었다.

★★★★★

마오는 중국공산당 제9차 당대회 이후 큰 딜레마에 직면했다. 비록 그는 문화대혁명을 끝내고 싶어 했지만, 동시에 자신의 '신선한 발상들' 일부와 계속되는 당내 분쟁에 이끌려 일련의 새로운 정치운동들을 시작했다.

새로운 운동들 중 가장 불가해하고 터무니없는 것은 5·16 분자를 숙청하는 운동이었다. 5·16 병단은 저우를 표적으로 삼았던 젊은 학생들이 이룬 작은 그룹이었지만, 1969년 당시에는 이미 해체된 지 오래였다. 그러나 마오는 1969년 이후 담화에서 여러 차례 '5·16 분자들'에 대해 모호하게 언급하며, 문화대혁명의 비상한 혼란은 그들의 음모가 낳은 결과라고 주장했다.[08] 실제로 마오는 종종 어제의 '혁명 반란군들'이나 홍위병들을 제거하기 위한 구실로 5·16 분자들을 들먹였고, 그리하여 국가의 사회 통제를 재확립하고자 했다. 저우는 외교부에서 권력을 장악하려 시도했던 급진 반란군들을 제거하는 것을 정당화하기 위해 '5·16 분자들'을 인용했다.[09] 그렇게 함으로써 저우는 사실상 중국의 대외 정책 실행을 정상화했다.

그동안 저우는 문화대혁명이 진행되는 이전 몇 년 동안 심각한 좌절을 겪었던 중국 경제를 활성화하는 데 많은 주의를 기울였다. 그는 침체된 경제를 되살리기 위한 노력을 정당화하기 위해 '혁명을 일으키고 생산을 촉진하라'는 마오의 지시를 빈번하게 인용했다.[10] 그 노력은 결실을 맺었다. 1969년, 중국의 총 산업 및 농업 생산은 1968년의 최저치에서 23.8퍼센트 증가했고, 산업 생산은 34.3퍼센트 성장했다.[11] 비록 문화대혁명이 아직 끝나지 않았지만, 중국 경제는 이후 몇 년 동안 계속해서 개선되어, 문화대혁명이 마침내 끝난 1976년까지 7년 중 5년 동안 10퍼센트 이상 성장했다.

경제가 회복되었지만, 장칭이 이끄는 중앙문화혁명소조와 군사 파벌 간의 대립은 여전히 완전히 사라지지 않고 은근한 긴장 상태를 이어 갔다. 분쟁의 핵심에는 지정된 후계자가 자신을 배신할 수 있다는 마오의 의심이 있었다. 그는 또한 자신과 2인자 사이의 미묘한 이념적 차이점들을 감지했다. 그러나 이 모든 것에도 불구하고, 마오는 '전쟁 대비'를 목표로 하는 전국적인 동원 추진을 선동했을 때 의도치 않게 린의 권력과 영향력을 강화했다.

1969년 3월 우수리강(Ussuri River)의 전바오섬(珍寶島)에서 중국과 소비에트 수비대가 두 차례 국경에서 충돌한 후, 마오는 전국에 '전쟁에 대비하라'고 촉구했다. 그가 그렇게 한 것은 중국이 대규모 전쟁에 휘말릴 것이라고 믿었기 때문이 아니라, 주로 제9차 당대회를 앞두고 국가적 동원 의식을 불러일으키기 위해서였다. 베이징과 모스크바 간의 긴장이 악화되면서 8월에 소비에트 군대가 신장의 한 국경 수비대에서 중국군 한 소대를 섬멸했다. 그동안 모스크바가 중국의 핵시설에 대한 선제공격을 준비하고 있다는 소문이 퍼졌다.[12] 8월 28일, 베이징은 소련 및 외몽골과 국경을 접한 중국의 성 및 지역에 총동원령을 내렸다.[13] 9월 말, 중국의 국경절이 빠르게 다가오자 마오는 "적이 그 기회를 이용하여 우리 지도부를 소탕할 수 있으므로" 어떤 지방의 민간 또는 군사 지도자도 명절 축하 행사에 참여하기 위해 베이징으로 여행해서는 안 된다고 결정했다.[14] 9월 30일, 린은 베이징에 군사 비상사태를 명령했다. 그는 심지어 소비에트에 핵 공격을 당할 경우를 대비하여 베이징 교외 미윈(密雲) 저수지의 주 댐을 선제 파괴하는 것까지 고려했다. 다행히도 저우가 그 계획을 막았고, 저수지는 보존되었다.[15]

국경절에 소비에트의 공격은 없었다. 더욱이 베이징과 모스크바는 국경 협상을 재개하기로 합의했고, 소비에트 대표단이 10월 19일에 베이징에 도착할 예정이었다. 그러나 마오는 자신이 촉발한 전쟁 공포에 사로잡혀 소비에트가 협상을 베이징을 기습 공격하는 기회로 이용할 것을 두려워했다. 그는 저우에게 말했다. "우리 중앙 지도자들 모두가 베이징에 머무는 것은 좋지 않다. 원자폭탄 한 발로 많은 사람이 죽을 것이다. 우리는 흩어져야 한다."[16] 10월 14일 저녁, 마오는 베이징을 떠나 우한으로 갔고, 다른 모든 중앙 지도자는 10월 20일까지 베이징에서 대피했다.[17] 저우는 수도에 남았다. 총참모장 황용성, 우, 리, 추(모두 린뱌오의 오랜 부하이자 부참모장이었다)가 이끄는 '전적(前敵) 사령부〔최전방 사령부〕'가 베이징 서쪽 교외에 있는 지하 벙커로 이동했다.[18]

전쟁 공포는 쑤저우(蘇州)에 떨어져 있던 린에게도 영향을 미쳤다. 10월 18일, 린은 마오에게 알리지 않고 비서에게 "적의 갑작스러운 공격에 대비"하라는 '긴급 지시'를 구술했다.[19] 린의 비서는 그 후 그 명령을 황에게 전화로 구술했고, 황은 그 명령이 전 인민해방군에 전달되도록 지시했다. 그날 저녁 당직을 서던 부참모장 옌중촨(閻仲川)은 '편의를 위해' 그것을 '린 부주석 1호 명령'이라고 명명했다.[20] 인민해방군은 즉시 전투 준비 태세에 들어갔다.

린이 마오의 인지 없이 명령을 내린 것은 중국 군대에 대한 주석의 절대적인 통제에 비상한 도전을 제시했다. 저우가 린의 명령 등사본을 받았을 때, 그것은 이미 발송된 후였다. 저우는 즉시 그것을 주석에게 보고했다. 마오를 지키는 수비대 책임자인 왕둥싱이 린의 명령을 마오에게 건넸을 때, 주석은 소리쳤다. "불태워 버려라!" 그는 왕으로부터 문서를 빼앗아 직접 불태웠다. 왕은 봉투만 겨우 건질 수 있었다.[21] 그날 저녁, 저우는 왕에게 전화를 걸어 린의 명령에 대한 마오의 반응을 물었다. 왕은 대답했다. "그는 그것을 태워 잿더미로 만들어 버렸다." 저우가 물었다. "태워졌다고 했는가?" 왕은 확인했다. "그렇다."[22] 저우는 틀림없이 마오와 린 사이 간극이 극적으로 넓어졌음을 깨달았을 것이다.

★★★★★

1970년 상반기에는 마오-린 관계가 명백하게 악화하지는 않았지만, 문제 징후들이 점차 나타나기 시작했다. 그것은 겉보기에는 무해한 문제, 즉 중국의 형식적인 의회인 다음 전국인민대표대회 소집을 준비하는 데서 시작되었다.

마오는 여전히 우한에 있었다. 3월 7일, 그는 갑자기 국가 주석 및 부주석 직위를 유지할 필요가 있는가에 대해 의문을 제기했다. 그것들은 명목상의 역할이고, 전국인민대표대회 의장들이 그 역할을 대신할 수 있다는 것이다.[23] 다음 날, 저우는 정치국 회의에서 마오의 의견을 전달했다. 주석의 관점은 '만장일치 지지'를 받았다. 그에 따라 정치국은 저우를 전국인민대표대회 대표들을 선정하고 그 의제를 마련할 그룹의 책임자로

지명했고, 캉성과 장춘차오에게 중화인민공화국 헌법을 개정하는 책임을 맡겼다.[24]

10일 후, 저우가 주재한 중앙 공작회의는 다시 국가 주석직 폐지를 지지했다. 그 시기, 여전히 쑤저우에 있던 린이 개입했다. 그는 마오의 비서에게 메시지를 보내, '마오 주석이 국가 주석이 되어야 한다'고 제안했다. 마오는 그 제안에 대해 아무런 논평도 하지 않고, 비서에게 말했다. "린뱌오 동지에게 안부를 전하라."[25]

4월 중순 또 다른 정치국 회의 전야에 린은 마오와 정치국에 재차 메시지를 보내, 마오가 중화인민공화국 주석직을 맡아야 한다고 했다. 린은 강조했다. "그러한 조치는 당 내외의 기대와 국내외 인민들의 희망에 부응한다."[26] 저우와 동료들은 다음 날 정치국 회의에서 린의 제안을 지지했다. 저우가 그 사건들을 보고했을 때, 마오는 신속하게 반응했다. "나는 더 이상 그럴 수 없다. 이 제안은 부적절하다."[27] 마오는 며칠 후 베이징으로 돌아와 정치국 회의에서 자신의 입장을 거듭 밝혔다. "나는 국가 주석이 되지 않을 것이다. 그 직책을 가질 필요가 없다."[28] 그러나 그 말이 진심이었을까? 저우는 확신하지 못했다.

린은 마오가 거부했음에도 불구하고 생각을 바꾸지 않았다. 회의 직후 린은 우파셴 장군과의 사적인 대화에서 말했다. "중국과 같은 큰 나라에 국가 원수가 없는 것은 상상할 수 없다." 더욱이 린은 강조했다. '건강이 좋지 않은' 자신은 그 역할을 맡을 수 없으며, 마오는 '그 직책에 봉사할 수 있는 유일한 사람'이라고. 우는 린이 "매우 진지했다"라고 느꼈다.[29] 그러나 이것은 린이 사망한 후 나타난 이 문제에 대한 중국의 공식적인 서사와 모순된다. 그 서사는 린이 "줄을 끊고 들어가기" 위해 그리고 "당을 분열시키고 권력을 장악하기" 위해 국가 주석직 유지를 제기했다고 주장했다.[30] 그러나 이 비난은 설득력이 없다. 중화인민공화국 주석은 실질적인 권력이 거의 없는 상징적인 직책이었다. 이미 마오의 후계자로 지정된 린은 그 직책을 추구할 필요가 전혀 없었다.

그러는 동안 저우는 마오와 린 사이에서 동요하는 것처럼 보였고, 그처럼 민감한 문제, 특히 주석과 부주석이 의견을 달리하는 문제에 대해 한쪽 편을 드는 것을 피하기 위해 무진 애를 썼다. 그는 아마도 그 문제가 다가오는 루산에서의 중앙위원회 전체 회의에서 해결되기를 희망했을 것이다.

저우는 8월 13일 린의 장군들과 문화대혁명 스타들 간의 또 다른 충돌을 목격했다. 저우가 주재한 정치국 회의에서 우파셴은 장춘차오가 헌법 초안에서 린이 마오의 마르크스-레닌주의 발전에 대한 기여를 묘사하기 위해 '발명한' 세 가지 형용사, 즉 '천재적인' '창조적인' '포괄적인'을 삭제했다고 지적했다. 우는 장이 린을 공격하면서 마오를 얕보기 위해 그렇게 했다고 주장했다. 저우는 우나 장 중 누구도 비난하지 않고 언쟁을 해결하기 위해 최선을 다했다.[31] 둘째 날 또 다른 회의에서 장은 저우가 그에게 조언한 바에 따라 양보했고, 정치국은 그 세 가지 형용사를 초안에 추가하기로 결정했다.[32]

그러나 저우는 여전히 꽤 불안했다. 그가 고전 문헌에서 손으로 베낀 시 한 편이 그의 양가감정을 분명히 반영했다.

2월 날씨는 한 해 중 가장 만족시키기 어렵다.
누에는 따뜻한 것을 좋아하고, 인삼은 차가운 것을 좋아한다.
채소를 기르는 소년들은 비가 필요하고,
뽕잎을 따는 소녀들은 맑고 건조하기를 원한다.[33]

이 구절들은 린의 장군들과 마오의 아내 및 그의 동료들 간 불화로 저우가 직면한 거대한 딜레마를 생생하게 드러냈다. 저우는 어느 쪽 편도 들 수 없었는데, 서로 다투는 파벌들 뒤에 린과 마오가 각각 서 있다는 것을 잘 알고 있었기 때문이다. 저우는 그들 중 어느 한쪽을 불쾌하게 만드는 것을 감수할 여유가 없었다.

*****

루산은 중국공산당 역사에서 다사다난한 곳이었다. 11년 전, 펑더화이는 1959년 루산 회의에서 파멸과 수치를 겪었고, 린은 펑의 몰락을 이용하여 극적으로 부상할 것이었다. 이제 1970년 8월 말, 또 다른 중앙위원회 전체 회의가 루산에서 열릴 예정이었다.

전체 회의 전야에 마오가 주재한 예비 회의에서 거의 모든 최고 지도자가 국가 주석직을 유지하는 것을 지지했다. 천보다는 당 주석과 국가 주석 직위를 통일할 필요가 있다고 주장했다. 린은 물론 심지어 저우도 그 입장을 지지했다. 마오는 창백해져서 말했다. "당신들이 그 직위를 유지하고 싶다 해도, 나는 그것을 맡지 않을 것이다." 그는 위협적인 어조로 말했다. "전체 회의는 단결과 성공을 이루어야지, 분열과 실패로 끝나서는 안 된다."[34]

이때 저우는 이상한 태도를 보였다. 옌안 정풍운동 이후, 특히 '모진 반대'로 시련을 겪은 이후, 그는 일관되게 마오에게 도전하지 않는다는 규칙을 따랐다. 그는 주석과 의견이 다를 때마다 마오가 그를 용서할 때까지 서둘러 자기비판을 하곤 했다. 그런 저우가 마오 자신이 거듭 반대했음에도 불구하고 국가 주석직 유지를 지지했다는 것은 매우 이례적이다. 마오가 저우에게 개인적으로 다른 말을 했을까? 아니면 마오의 진의가 너무 모호하여 저우조차도 판단할 수 없었던 것일까? 저우는 마오가 그 문제에 대한 자신의 의견을 철저히 명확하게 할 때까지 그 직위를 유지하자고 주장하는 것이 안전하다고 생각했을 수 있다. 그러나 이제 저우는 마오의 메시지를 받았다.

전체 회의는 8월 23일 오후 3시에 시작될 예정이었지만, 마오와 린은 저우를 포함한 다른 모든 사람이 기다리는 동안 근처 방에서 이야기한 후 3시 45분이 되어서야 나타났다. 아무도 그들이 무엇을 논의했는지 몰랐다.[35] 린이 개회사를 했지만 제대로 구성되지 못하고 같은 말을 반복했으며 청중에게 유의미한 인상을 주지 못했다. 발표는 그 상태로 한 시간 넘게 계속되었다. 그는 마오는 '천재'라고 아첨했다. 그는 국가 주석직 유지 여부를 언급하지 않으면서 강조했다. "위대한 지도자, 국가 원수, 최고 군사령관으로서 마오 주석의 지위는 법적 의미에서 공식화되어야 한다." 또한 어떤 특정 인물이 당과 국가에 논쟁의 여지가 없는 지도자로서 마오의 지위에 반대하려 시도하고 있다고 암시했다.[36] 대다수 청중에게 부주석의 연설은 단지 상투적인 말의 나열에 불과했다. 그들 모두는 의례적인 존경의 표시로 박수를 쳤다.

마오는 린이 아첨하는 것에 익숙했고, 그 발표를 들으면서 미소 지었다. 그러나 린이 문화대혁명 스타들을 암묵적으로 공격하기 시작했을 때 마오의 얼굴은 굳어졌다. 이후 주석은 '산회'를 선언하고서 즉시 방을 나갔다.[37] 마오와 린 옆에 앉아 있던 저우는 경각심을 느꼈다.

린의 연설은 처음에는 큰 반응을 일으키지 않았다. 회의에 참석한 거의 모든 사람이 그가 한 말의 함의를 파악하지 못했다. 그러나 천보다는 린이 장춘차오를 겨냥했다는 것을 알았다. 따라서 회의 후 린에게 다가가 주석이 당신이 연설하기 전에 그 내용을 알았느냐고 물었다. 린은 대답했다. "그렇다. 알았다." 천은 매우 기뻐했다. 그는 한동안 장과 불화를 겪어 왔고, 이제 복수할 기회를 보았다. 그는 즉시 우파셴과 정보를 교환

하고 의견을 나누러 갔다. 그들은 다음 날 장에게 포문을 열 준비가 되어 있었다.[38]

8월 24일 전체 회의 참석자들은 몇 개 조로 나뉘어 전날 린이 한 연설 녹음본을 들었다. 천은 자기 조에 열심히 참여하여 마오의 위대함을 화려한 언어로 자랑하고, '천재가 역사에 큰 차이를 만든다'는 자신의 논제를 강조했다. 천은 마오를 칭찬하면서 장을 은근히 비난했다. 예췬과 우파셴 또한 각자의 조에서 린의 연설에 대해 열정적으로 이야기했다. 왕둥싱이 가장 주목할 만한 지지를 보였는데, 그는 부주석에 대한 지지를 큰 소리로 표명했다. 마오와 그의 긴밀한 관계를 고려할 때 왕의 말은 큰 영향을 미쳤다.[39] 문화대혁명 파벌은 대표들 사이에서 인기가 없었지만, 아무도 감히 그들에게 직접적으로 도전하지 못했다. 이제 모든 방향에서 장에게 비난의 포화가 쏟아졌다. 루산의 정치적 분위기에는 곧 긴장이 감돌았다.

저우는 장에 대한 공격을 장려하지도, 막지도 않으면서 냉정하게 지켜보았다. 그날 저녁, 왕둥싱은 저우에게 전화를 걸어 천이 편집한 천재에 관한 어록 모음집을 배포해야 하는지 물었다. 저우는 대답했다. "아니다, 지금은 하지 말아라."[40] 그는 이것이 간단한 문제가 아님을 정치적으로 직감하고 있었다.

다음 날 아침, 천의 발표 등사본을 실은 소식지가 널리 배포되면서 전체 회의 소동에 더욱 불을 지폈다. 사람들은 국가 주석직 유지를 지지하기 위해 앞다투어 발언했다. 또한 천이 연설에서 암시했던 '반마오 음모가들'을 폭로하라고 외쳤다. 장은 이처럼 거센 비판 앞에서 속수무책이었다.[41] 정오 무렵, 장과 야오원위안은 장칭과 동행하여 마오를 만나러 갔다. 그들은 눈물을 터뜨리며 전체 회의에서 장이 얼마나 비참한 일을 겪었는지 묘사했다.[42] 그 대화는 2월 역류 기간 동안 장칭이 장과 다른 사람

807

들을 이끌고 원로 관리들에 대한 불만을 마오에게 보고했던 장면을 사실상 재현한 것이었다. 장칭, 장춘차오, 야오는 주석과 만난 후 즉시 저우에게 갔다. 피해를 입은 그들은 필시 마오가 그들에게 말한 내용을 전달했을 것이다.[43]

주석은 행동에 나섰다. 오후 세 시, 그는 정치국 상무위원회 확대회의를 소집했다. 그는 침울한 표정으로 국가 주석직에 대한 토론을 즉시 중단할 것을 요구했다. 다시 한번 그는 그 직책을 맡지 않겠다고 거부했다. 그는 단언했다. "만약 당신들이 계속해서 소란을 피운다면, 나는 당신들이 그렇게 하도록 내버려 둘 것이다…… 그리고 나는 단지 중앙위원회 주석직을 사임할 수도 있다." 회의는 린의 연설을 보관하고, 천과 우에게 자기비판을 명령하기로 결정했다.[44]

저우는 산회한 직후 장, 캉성과 협의했는데, 이는 분명히 마오의 지시를 어떻게 이행할지를 논의하기 위해서였다.[45] 그런 다음 천과 왕둥싱 또한 저우와 이야기했다. 왕이 회상한 바에 따르면, 저우는 그에게 '제일 먼저 자기비판을 하는 사람이 되라'고 촉구했다. 왕은 다음 날 마오에게 그러한 편지를 제출했다.[46]

전체 회의는 8월 26일부터 이틀간 휴회했다. 마오는 저우를 거듭 불러 일대일로 대화를 나누었다. 저우는 사람들을 차례로 만나 이야기하거나 밤낮으로 소그룹 회의를 주재했다.[47] 마오는 천을 소환하여 "엄중히 꾸짖었다."[48] 저우는 린의 장군들, 특히 우에게 즉시 자기비판을 하라고 요청했다.[49]

그러나 린은 분개했다. 그는 우에게 말했다. "당신은 아무 잘못도 하지 않았다." 우가 스스로를 비난할 필요가 없다는 뜻이었다.[50] 린은 과거에 마오에게 거의 도전한 적이 없었다. 그러나 이번에는 그렇게 했다. 린이 마오에게 맞선 것은 아마도 그가 주석이 자신을 속였다고 느꼈기 때문일 것이다. 또한 린은 필시 자신의 정치적 힘을 과대평가했을 것이다.

저우는 8월 29일 정치국 확대회의에서 천과 우를 꾸짖으며, 그들이 "조별 토론에서 잘못된 관점들을 제시했다"라고 주장하고, "마오 주석이 이 위험한 경향을 인식했다"라고 단언했다. 그러나 저우는 "동지가 실수를 저지르는 것을 허용해야 하며, 그것들을 바로잡을 기회를 주어야 한다"라고 말했다. 분명히 그는 린과 그의 장군들을 너무 가혹하게 처벌하고 싶지 않았다. 또한 문제를 과장하고 싶지도 않았다.[51]

그러나 마오는 '루산의 폭풍'을 쉽게 해결할 의사가 없었다. 그는 8월 31일에 「나의 몇 가지 의견」이라는 짧은 글을 배포했는데, 이는 그가 1966년 8월 중앙위원회 전체 회의에서 류와 덩에게 도전하기 위해 「사령부를 포격하라」를 썼던 움직임을 반영했다. 이 시기 마오의 글은 린이 아닌 천을 표적으로 삼았다. 주석은 심지어 천이 천재에 관한 가짜 논제를 퍼뜨린 것이 잘못이었다고 그와 린 "둘 다 믿었다"라고 썼다.[52] 주석의 극적인 행동은 전체 회의의 방향을 결정적으로 바꾸었다. 저우는 전체 회의에서 주석의 '반격'을 조율하는 임무를 맡았다. 9월 1일, 저우는 천에게 그가 비판받을 것이라고 알렸다.[53] 전체 회의에서 장에 대해 가장 시끄럽게 주장했던 예와 우 또한 비판 대상이 될 것이었다.

전체 회의는 9월 6일에 끝났다. 마오는 폐회식에서 "루산은 폭발 한 번으로 평지가 되지 않을 것이고, 지구는 계속해서 회전할 것"이라고 발언하여 또다시 린에게 경고를 보냈다.[54] 저우는 연설에서 전체 회의가 "단결과 승리의 하나"로 남아 있다고 강조했고, '천을 비판'하려는 추진력이 계속될지 여부에 대해서는 언급하지 않았다.[55] 저우가 루산을 떠나기 전에 린의 장군들인 우, 리, 추와 이야기했을 때, 그는 마오가 "단결이 더 낫다. 그래서 모든 문제가 루산에서 해결되어야 한다"라고 단언했다고 전했다.[56]

마오는 불과 이틀 후 저우와 또 한 번 독대했고, 총리에게 천에 대한 특별 조사를 맡겼다.⁵⁷ 저우는 깨달았다. '루산에서의 투쟁'은 끝나지 않았다.

*****

저우언라이는 베이징에 막 복귀하자마자 마오로부터 추가 지시를 받았다. '루산에서 해결되지 않은 문제들'을 해결하기 위해 '천 비판 운동'이 즉시 시작될 것이었다. 저우가 첫 번째로 한 일은 왕둥싱을 '해방'하는 것이었다. 비록 왕이 이미 전체 회의에서 자기비판을 했지만, 저우는 이제 그가 '더 심오한' 자기비판 노선을 내놓도록 최선을 다해 지도했고, 마오는 신속하게 그것을 받아들였다.⁵⁸ 저우는 그 후 린의 장군들, 특히 우에게 눈을 돌려, "진심으로 비판"할 것을 촉구했다. 또한 린을 만나, 휘하 장군들이 마오와 린에게 편지를 써서 "천보다와 완전히 결별한다"는 입장을 밝히도록 하라고 제안했다.⁵⁹ 이것이 저우가 린을 시험에 통과시키면서 린의 장군들을 돕는 방법이었다.

저우가 이 모든 일을 한 것은 린뿐만 아니라 자기 자신을 위해서이기도 했다. 그와 린은 1920년대 중반부터 서로를 알고 함께 일해 왔다. 저우는 린이 중국공산당 군사 기구에서 점점 더 높이 올라감에 따라 그에게 점점 더 큰 경의를 표했다. 특히 그가 1959년에 국방부장이 된 후에는 더욱 그랬다. 문화대혁명 동안 저우는 린을 중국의 2인자로서 전심으로 지지했는데, 이 지지는 마오 치하에서 그 자리를 위해 경쟁하지 않는다는 저우의 원칙과 일치했다. 더 중요하게는 그와 린 모두 경제발전에 더 큰 중점을 두어야 한다고 여겼다. 실제로 중국공산당 내 정치에서 저우는 문화혁명가들보다 린과 그의 군사 그룹과 더 긴밀한 동맹 관계를 맺고 있었다.

마오-린 균열이 나타나자마자 저우는 그 문제에 대해 마오 편을 들어야 한다는 것을 알았다. 그러나 그는 또한 마오-린 모순의 독특함을 이해했다. 결국 린을 자신의 후계자로 선택한 사람은 마오였다. 린 또한 군대 내에 뿌리가 깊고 영향력이 있었다. 비록 린의 장군들과 장칭 및 그 추종자들 간의 대치가 저우에게 새로운 도전들을 제시했지만, 이론적으로 그는 풍부한 정치적 경험을 통해 극복할 수 있을 것이었다. 동시에 저우는 그 불화가 자신에게 정치적으로 운신할 수 있는 추가적인 완충 장치를 제공하여 정치적 안전을 증대해 줄 수 있다고 보았다. 만약 린이 몰락한다면, 저우는 이 완충 장치를 잃고 마오의 뿌리 깊은 의심과 절대적인 통제욕에 더 노출될 것이었다. 따라서 저우로서는 마오-린 분쟁이 통제 불능 상태로 격화되지 않게 막는 것이 최선이었다.

그러나 린에 대한 마오의 깊은 불신은 이 분쟁에서 양측에 걸쳐 있으려는 저우를 어렵게 하고 심지어 위험하게 만들 것이었다. 그때까지 마오는 린을 자신의 후계자로 삼지 않기로 거의 마음을 굳혔다. 그럼에도 불구하고 그는 린과 공개적으로 결별하고 싶지는 않았다. 그래서 대신 천보다를 표적으로 삼아, 린이 처음 소개했던 천재에 관한 개념들을 비판했다. 마오는 린과 직접적인 대결을 피해야 그를 함정에 빠뜨릴 시기와 방식을 결정함에 있어 선택지가 더 많아질 것이라고 계산했다.

린은 마오의 의도가 매우 의심스러웠기 때문에 협조하지 않았다. 그는 루산 이후 자신을 위해 세 가지 원칙을 세웠다. 마오가 아무리 그를 압박하더라도 그는 "아무 말도 하지 않고, 아무것도 하지 않으며, 자신에 대해 아무것도 비난하지 않을 것"이었다.[60] 비록 저우가 마오에게 굴복할 것을 암묵적으로 거듭 간청했지만, 린은 완강하게 거부했다.

마오와 린은 1970년 10월 1일 중국 국경절에 톈안먼 위에서 나란히 섰다. 그들은 루산이나 '천 비판' 추진에 대해 전혀 언급하지 않았다. 마오는 예췬을 만났을 때 그와 다소 우호적인 대화를 나누었는데, 이는 린에 대한 또 다른 선의를 보여 주는 신호였다.[61] 며칠 후, 예는 자기비판문을 작성했다. 우도 거의 같은 시기에 자기비판문을 제출했다.[62]

그러나 마오가 가장 신경 썼던 것은 린의 태도였다. 따라서 그는 예와 우의 자기비판을 극히 가혹하게 취급하며, 예가 "뒷골목 정보"에 지나치게 영향을 받았다고 비난하고 우의 간접적이고 수수께끼 같은 스타일을 질책했다. 마오는 주장했다. "이것(루산에서 일어난 일)은 소수가 이백 명이 넘는 중앙위원회 위원들을 속이기 위해 시작한 음모였다."[63] 비록 마오가 그 폭언에서 린을 거명하지는 않았지만, 그는 린이 그것을 듣고 자신의 '실수들'을 인정하도록 압박하려 했다. 마오가 발언한 지 이틀 후, 저우는 캉성과 함께 린을 방문하여 그에게 마오의 논평 사본을 건넸다.[64] 린은 동요하지 않았다.

12월 18일, 마오는 미국 언론인 에드거 스노(Edgar Snow)와 인터뷰를 했다. 마오는 갑자기 스노에게 말했다. 다른 사람들이 자신을 "위대한 지도자, 위대한 사령관, 위대한 조타수, 위대한 스승"이라고 부르는 것은 "다소 역겹다."[65] 이것은 또 다른 암시였다. 이러한 명명법은 린에게서 비롯되었기 때문이었다. 외국 언론인과의 대화에서 이러한 명예로운 칭호들을 공격함으로써 마오는 린에 대한 자신의 적대감이 막다른 골목에 접어들고 있음을 보여 주었다.

*****

1970~1971년 겨울에는 마오-린 관계가 눈에 띄게 악화하지 않았다. 그러나 이 소강상태는 단지 폭풍 전 고요일 뿐이었다. 마오가 에드거 스노를 만난 바로 그날 저녁, 저우는 마오의 지시에 따라 정치국 회의를 소집

했다. 회의에서는 화북(華北) 지방 인민해방군 지휘관 회의를 열기로 결정했다.[66] 이 회의는 '화북 회의(華北會議)'로 알려져 있으며, 1970년 12월 12일에 시작되어 몇 주간 이어졌다. 저우는 마오의 지시에 따라 12월 12일에 시작되어 몇 주 동안 계속된 화북 인민해방군 지휘관 회의를 소집했다. 마오는 예, 황(비록 그가 루산 회의에 참석하지 않았지만), 우, 리, 추에게 행사에 참석할 것을 요청했고, 저우가 그 책임을 맡았다. 그는 마오와 긴밀히 소통하며, 그에게 보고하는 동시에 지시를 받았다. 처음에 저우는 네 장군들에게 자기비판을 하도록 설득하여 그들을 린으로부터 '떼어 내려' 노력했다. 그러나 장군들은 "천을 비판하지도, 자기비판을 하지도 않았다."[67] 저우는 1971년 1월 24일에 회의를 마쳤다. 총리는 발표했다. "천보다를 폭로하고 비판함으로써 모든 참가자가 그의 반당 범죄를 더 분명히 인식하게 되었다."[68]

비록 회의에서 마오가 원하는 결과가 실현되지는 않았지만, 그는 회의를 끝내도록 허용했다. 그렇게 한 것은 대체로 그가 이미 1월 9일에 시작된 또 다른 '천 비판' 회의를 서둘러 소집했기 때문이었고, 여기에는 네 장군들을 포함한 인민해방군 지휘관들이 약 150명 참석했다. 마오는 새로운 회의를 이용하여 린을 고립시키면서 그들의 태도를 탐색하기를 희망했지만, 장군들은 여전히 그의 의제를 따르려 하지 않았다. 마오의 인내심이 바닥나고 있었다. 2월 19일, 저우는 마오의 지시에 따라 회의에서 "천을 비판하라"는 의제에 "미온적인 태도를 취하거나" "시간만 흘려보내며 아무 성과도 내지 않는" 일은 결코 허용하지 않겠다고 발표했다.[69] 다음 날, 마오는 개인적으로 네 장군들을 지목하며 그들에게 요구했다. "왜 당신들은 천을 비판하는 데 그토록 소극적이었는가? 왜 당신들은 밀리지 않고 긍정적으로 행동하지 못했는가?…… 당신들은 태도를 바꿔야 한다."[70]

회의 의장이었던 황은 루산 회의에 참석조차 하지 않았기 때문에 무슨 말을 해야 할지 몰랐다. 황과 다른 사람들을 설득하여 발언하게 하기 위해 저우는 2월 22일 정치국 회의에서 오랫동안 발표했다. 총리는 자신이 역사상 많은 실수를 저질렀으며, 그것들을 인정하는 일이 고통스러웠다고 털어놓았다. 이는 자기비판을 더욱 필요한 일로 만들었다.[71] 황은 침묵을 지켰다. 저우는 회의 후 그를 막아서며 물었다. "왜 회의에서 그렇게 조용했나?" "주석에게 당신이 무슨 말을 하는지는 중요하지 않다. 가장 중요한 것은 그에 대한 당신의 태도다. 그가 없애고 싶은 것은 당신의 파벌주의다!"[72] 마침내 황은 우, 리, 추와 함께 그들 모두가 루산에서 "정치노선에서 심각한 실수들"을 저질렀으며, 자신들의 잘못을 인정했어야 했고, 무대응이라는 훨씬 더 심각한 실수를 하였으며, 그것을 바로잡을 용의가 있다고 인정했다. 저우는 장군들의 성명을 마오에게 보고했다. 마오는 외쳤다. "아주 좋다! 이것은 긍정적인 신호다. 당신들 모두는 약속을 지켜야 한다!"[73] 며칠 후, 장군들은 또 한 차례 자기비판을 했고, 마오는 이에 더욱 만족하는 듯했다. 그는 응답했다. "잘 썼다! 핵심은 미래에 문제들을 어떻게 철저히 해결할 것인가이다."[74] 분명히 마오는 이제 장군들과 린 사이에 쐐기를 박을 전망을 보았다.

마오와 저우는 3월 24일 네 장군들과 만났다. 마오는 예천과 우에게 자기비판서를 다시 제출하라고 요청했다. 그는 또한 저우를 린이 있는 베이다이허로 보내 그에게 장군들의 자기비판서를 읽어 주라고 했다.[75] 그렇게 함으로써 마오는 자신이 린이 자기비판을 하기를 기다리고 있음을 암시했다.

린은 저우와 네 장군들과 만났을 때 회피하는 태도를 보이며 마오를 실망시켰다. 린은 자신이 "마오의 모든 지시를 전적으로 지지한다"라고 단언하고, 예와 네 장군들의 자기비판을 보고 기쁘다고 말했다.[76] 린은 심지어 자신이 무심코 "천보다에게 이용당했다"라고 유감을 표명하기도 했다. 그러나 여기까지가 그가 갈 수 있는 한계였다. 루산에서 연설하기 전에 린은 저우에게 말했다. 그는 "주석과 상의했으며" 전체 회의에서 "그에게 공유했던 것과 정확히 같은 것을 말했다."[77] 린은 주석이 루산에서 자신이 한 연설에 대해 사전에 분명히 알고 있었으므로 자신을 너무 심하게 압박해서는 안 된다는 것을 상기시키려 하고 있었다.

이것은 저우가 희망했던 응답이 아니었다. 마오는 저우로부터 서면 보고서를 받고 저우와 네 장군들을 소환해 구두 보고를 받았다.[78] 대화 말미에 마오는 네 장군들을 가리키며 저우에게 말했다. "내 생각에 이제 그들의 문제들은 모두 해결되었다." 저우는 기뻐하며 마오의 말이 "전당이 함께 단결하는 데 큰 의미가 있다"라고 말했다.[79]

그러나 그것은 마오의 진심에서 우러나온 말이 아니었다. 여전히 그의 마음속에서 린 사건이 해결되려면 한참 멀었다. 마오는 4월 15일에 또 다른 정풍 회의를 소집했다. 저우는 그것을 주재하며 개회사에서 회의의 기조를 정했는데, 여기서 그는 예뿐만 아니라 네 장군들이 루산 회의 후 "자신들을 교육할 기회"를 거듭 놓쳤다고 단언했다. 그들은 주석의 "끈질긴 압박"이 있고 나서야 자기비판을 했다. 저우는 이어서 그들의 "병은 더 치료되어야 했고, 그로써 그들을 구할 수 있기에" 추가 회의를 소집할 필요가 있었다고 했다. 그는 강조했다. 그들은 회의를 "현실을 더 잘 이해함으로써 자신들을 교육"할 또 다른 기회로 삼아야 한다고. 그리하여 "더 견고한 기초 위에서 새로운 단결"을 달성할 수 있게 될 것이었다.[80]

저우는 예와 네 장군들에게 지나치게 가혹하게 들리지 않도록 신중하게 연설했다. 그럼에도 불구하고 그들은 회의에서 맹렬한 비난의 대상이 되었다. 가장 열정적인 비평가들은 문화대혁명의 스타들과 문화대혁명 기간 동안 계급이 상승한 몇몇 인민해방군 지휘관들이었다. 주더, 녜룽

전, 리셴녠과 같은 원로 지도자들은 거의 아무 말도 하지 않았다. 저우의
아내이자 중앙위원회 위원인 덩잉차오는 심지어 예와 장군들에 대한 "과
도한 비난"을 멈추기 위해 일어서기까지 했는데, 이는 그가 과거 유사한
경우에 거의 한 적이 없는 일이었다.[81] 분명히 덩은 저우를 대신하여 발언
했고, 이는 공격받는 다섯 사람을 시험에 통과시키고자 하는 저우의 열
망을 드러냈다.

예와 네 장군들은 4월 말에 마지막으로 자기비판을 했다. 그 후, 저우
는 즉시 마오에게 보고하여, 그들이 "'천 비판' 운동에 더 적극적으로 참
여함으로써 '단결을 추구'할" 의향을 보였다고 말했다.[82] 저우는 또한 린
을 설득하여 회의에서 '약간의 자기비판'을 포함한 발표를 하도록 하려
했다. 다시 한번 린은 거절했다. 저우는 비록 깊이 실망했지만, 더 이상
자신이 할 수 있는 일이 없음을 알았다.

저우는 4월 29일에 회의를 마쳤다. 신중하게 표현된 연설에서 그는 예
와 네 장군들이 정치 노선과 파벌주의에 참여하기로 결정한 것은 심각하
게 잘못되었다고 말했다. 그러나 반당 인물로 낙인찍힌 천보다와는 달리
예와 장군들은 오도되었지만 본질적으로는 좋은 당원들로 묘사되었고,
그들의 문제들은 "우리 대오 내의 문제들"이었다. 저우는 또한 장군들이
주석의 지시를 따르지 못했기 때문에 실수들을 저질렀지만, 이제 그들이
자신들의 오류를 바로잡도록 격려받아야 한다고 주장했다. 저우는 이것
이 "마르크스-레닌주의와 마오 사상에 기초한 단결"로 이어져 당이 "더
큰 승리를 달성하기 위해 노력"하게 할 것이라고 강조했다.[83] 저우는 비
록 긍정적인 어조로 연설을 마쳤지만, 마오에게는 린뱌오 사건이 아직
끝나지 않았다는 것을 알았다.

＊＊＊＊＊

정풍운동이 진행 중일 때, 린뱌오의 아들 린리궈(林立果)는 자기 측근으로 있던 젊은 인민해방군 장교들에게 도움을 받아 '571 개요'라는 문서를 초안했다. 개요는 마오 치하의 정치 노선과 인사 및 경제발전 전략에 대한 날카로운 공격을 담고 있었다. 린리궈와 장교들은 개요에서 "10년 이상 국가경제가 정체"되었고, "평범한 대중과 기층 간부들의 실제 생활 수준이 하락했으며, 그들 사이에 불만이 커지고 있다"라고 주장했다. 그들은 더 나아가 "당과 국가의 정치 생활이 봉건적 독재로 만들어졌다"라고 단언했다. 그들은 마오를 맹비난하며, 그를 'B-52'라고 불렀는데, 이는 중국적 맥락에서 주석을 모욕하는 방식이었고, 그를 "망상증 환자이자 가학 도착자"로 묘사하며, "모든 나쁜 일에 대한 비난을 희생자들에게 돌리면서" 정적들을 무자비하게 숙청했다고 했다. 그러나 전반적으로 개요는 정교한 정치 계획이라기보다는 마오에 대한 규탄의 서문에 가까웠다. 비록 저자들이 그 문서를 '무장봉기(중국어로 '우치이(五七一)'로 발음되는 571은 '무장봉기(武起義)'처럼 들린다)'를 위한 계획이라고 암시했지만, 그것은 쿠데타의 조직과 참여자, 또는 그것이 어떻게 수행될지에 대해 상세히 기술하지 않았기 때문에 결코 실행 가능한 쿠데타 계획이 아니었다.[84] 젊은 린의 주된 관심사는 심각하게 위태로워진 아버지의 지위와 권력을 방어하는 것이었다.

린뱌오가 그 계획에 대해 알았다는 증거는 없다. 더욱이 린의 깊은 정치적 경험을 고려할 때, 만약 그가 관여했다면 그렇게 조악하고 실행 불가능한 계획이 만들어졌을 것 같지는 않다. 그러나 그 계획의 내용은 의심할 여지 없이 린의 생각 일부를 드러냈다. 마오가 린의 아내 예췬에게 거듭 자기비판을 하라고 압박했을 때, 린은 필연적으로 혐오감을 느꼈다. 네 장군들이 그 음모에 대해 알았다는, 하물며 그것을 고안하는 데 도움을 주었다는 증거는 없다. 1980년 린 사건이 마침내 재판에 회부되었을 때, 피고인으로서 네 장군들은 '571 개요' 초안 작성과 마오 암살 음모에 연루되었다는 혐의를 받지 않았다. 장군들의 주요한 죄는 마오에 반대하여 린의 편에 섰다는 것이었다.

＊＊＊＊＊

정풍 회의의 실패는 마오와 린을 더욱 멀어지게 했다. '아무 말도 하지 않고, 아무것도 하지 않으며, 아무것도 비난하지 않는' 린의 태도는 마오를 진심으로 불쾌하게 하거나 심지어 격분시켰고, 자기비판을 하라는 마오의 공격적인 재촉은 린을 겁먹게 하고 우울하게 만들었다. 주석과 부주석의 관계는 불길한 막다른 골목에 도달했다.

린은 그해 5월 1일, 즉 국제 노동절 기념행사를 톈안먼 위에서 지켜보았다. 비록 그는 주석 옆에 앉았지만, 그날 마오나 저우와 거의 아무런 교류도 하지 않았다. 사실 그는 불과 몇 분 후에 행사장을 떠났다. 현장에 있던 신화사 사진작가가 린의 재석을 기록하는 공식 사진조차 찍지 못했다는 것을 알았을 때, 저우는 화를 내며 "책임을 다하지 못한" 것에 대해 사진작가를 꾸짖었다. 그런 다음 개인적으로 비디오 영상을 훑어보며 린이 마오와 함께 있는 이미지를 찾아 다음 날 신문에 게재했는데, 부주석의 뒷모습만 보일 뿐이었다.[85] 그 이미지는 국가의 두 최고 지도자 간의 단결을 보여 주었다. 비록 사진이 전달하는 서사가 사실이 아니더라도, 저우는 여전히 그것을 전국과 전 세계에 보여 주고 싶어 했다.

마오는 필시 린이 한 행동을 극심히 오만하다고 보았을 것이다. 사실 린은 두려움에 사로잡혀 있었고, 이는 그가 썼지만 결코 보내지 않은 편

818

지에 생생하게 반영되어 있었다. 5월 1일 기념행사 3주 후, 린은 "당의 단결과 그 지도자들의 안전"에 대해 저우와 대화를 나누었다. 그런 다음 마오에게 보낼 편지 초안을 작성했는데, 여기서 "문화대혁명의 위대한 승리" 이후 "중앙위원회와 정치국이 장기간에 걸쳐 단결하여 견고하게 유지"되도록 보장하는 것이 중요하다고 말했다. 그는 모든 현직 정치국 위원과 인민해방군 지역 본부 이상의 지휘관 들이 "향후 10년 동안 체포, 구금, 처형 또는 해고되지 않아야 한다"라는 정책을 수립할 것을 제안했다. 린은 그 정책이 "베이징 및 다른 도시 수비대의 모든 병사에게" 전달되어 충실하게 이행되도록 보장해야 한다고 했다. 린은 "천 비판 회의에 대한 문서들을 읽은 후 일부 동지들이 자신들의 안전을 크게 걱정했으며" 그리하여 이것이 "주의를 기울일 만한 중요한 문제"가 되었기 때문에 그 정책을 공식화하기로 결정했다고 설명했다. 린은 마오에게 그 문제에 대해 저우와 상의하고 "총리에게 이러한 걱정들을 해결할 방법을 찾도록 지시"해 달라고 요청했다.[86]

린은 그 편지를 마오에게 보내지 않았다. 아마도 그것을 쓴 후에 그 안에 담긴 생각들이 '완벽하지 않거나 심지어 부정확하다'는 것을 알았기 때문일 것이다.[87] 그러나 더 가능성 있는 가설은 저우가 린에게 그 편지를 보내지 말라고 조언했고, 린이 그 조언을 받아들였다는 것이다. 그 편지는 린이 사망한 후 그의 비밀 기록 보관소에서 발견되었다.

마오-린 관계는 계속 악화하며 저우를 점점 더 위태롭게 했다. 저우는 장춘차오가 당 기념일을 축하하기 위해 쓴《인민일보》사설 초안에 린에 대한 어떤 칭찬도 포함하지 않았다는 것을 발견하고 린이 "마오 주석 어록 연구 촉진"에 기여한 바를 부각하는 문장을 추가했다.[88] 저우는 중국 공산당 지도자들이 여전히 완전히 단결해 있다는 인상을 만들고 공고히 하기 위해 머리를 쥐어짰다. 그러나 곧 밝혀졌듯이, 마오와 린의 관계 붕

괴를 막는 것은 저우의 능력을 넘어서는 일이었다

*****

마오는 1971년 8월부터 남중국 순회에 나섰다. 그때 그는 린을 중국의 2인자 자리에서 제거하기로 결심했다. 이제 그에게 남은 문제는 더 이상 정말로 린을 제거할 것인가 여부가 아니라, 어떻게 그리고 언제 그렇게 할 것인가였다. 그는 순회에 나서며 두 가지 목표를 가졌던 것으로 보인다. 첫째, 그는 린과 그의 동료들에게 일련의 경고 신호를 보내 그들이 어떻게 반응할지 보고자 했다. 둘째, 그는 다음 중앙위원회 전체 회의에서 있을 린과의 결전에 동원할 의도로 지방의 당 및 군 지도자들과 만날 것이었다. 그는 두 목표 모두를 달성할 수 있다고 자신했다. 과거에 그는 장궈타오와 맞섰고, 저우언라이, 왕밍, 보구를 비판했으며, 가오강, 펑더화이, 펑전, 뤄루이칭, 루딩이, 양상쿤을 숙청했고, 마침내 문화대혁명 기간 동안 류사오치와 덩샤오핑을 약화시켰다. 이 일화들 중 어느 것에서도 그는 필적이라고 부를 수 있는 적수를 만난 적이 없었다. 린 또한 그에게 특별히 강력한 상대가 되지는 않을 것이었다. 결국 마오는 여전히 중국의 당, 군대, 언론, 주류 담론을 통제하고 있었다. 따라서 그는 만약 자신이 원한다면 린을 쓰러뜨릴 수 있다고 믿었다.

마오의 가장 큰 딜레마는 고위 정치가 아니라, 당뿐만 아니라 전국에 린의 몰락을 어떻게 정당화할 것인가에 있었다. 마오는 이미 류사오치가 몰락한 후 문화대혁명이 '단결'과 '승리'를 가져왔다고 선언했다. 만약 이제 그가 자신에게 '가장 가까운 전우'로 알려진 린을 숙청한다면, 아무리 그가 비범한 권위와 권력을 가졌더라도 설득력 있는 설명을 내놓기는 어려울 것이다. 따라서 마오는 린을 직접 쓰러뜨리는 대신, 그에게 약간의 존중을 보이면서(사실 이것은 또한 마오 자신의 자존심이었다) 그가 '자발적으로' 물러나도록 압박할 방법을 찾고자 했다.

마오는 순회 중 모든 기착지에서 민간 및 군 지도자들과 이야기했다. 그는 "루산의 추문은 끝나지 않았으며" "다른 음모가들의 계획, 조직, 프로그램이 천보다 배후에 있다"라고 말했다. 마오는 "국가 주석직을 유지"하고자 하는 그들의 노력은 "최고 권력을 장악하려는 조급한 시도"를 위한 구실이라고 주장했다. 그 말을 들은 사람들이라면 린이 마오의 비난의 표적임을 인지하지 못할 수 없었을 것이다. 마오는 순회 후반부에 린의 이름을 더 자주 언급하며, 린이 "나와 상의 없이" 루산에서 연설을 했다고 단언했다. 따라서 린은 "루산에서의 투쟁에 대해 약간의 책임을 져야 한다."[89] 마오는 저우에게 자신의 활동에 대해 계속 알렸다. 9월 4일, 왕둥싱은 마오의 담화 등사본을 저우에게 전달하기 위해 특별 전령을 보냈다.[90] 저우는 자신이 읽은 내용에 경각심을 느끼고 깊이 우려했다.

베이다이허에 있던 린은 마오가 자신을 거듭 지명하고 비판했다는 소식에 루산 이후로 그랬던 것처럼 반응했다. 그는 자신의 운명을 하늘에 맡겼다. 그는 다른 사람들과 거의 교류하지 않는 내성적인 사람이었다. 이제 그는 어두운 거실을 떠나지 않았고, 거기서 한마디도 하지 않고 몇 시간 동안 앉아 있었다.[91]

그러나 린리궈는 행동해야 한다고 느꼈다. 그와 그의 작은 파벌의 몇몇 심복들은 상하이 근처나 주석이 베이징으로 돌아가는 길에 지나는 다른 곳에서 그가 탄 기차를 파괴하여 마오를 살해할 계획을 신속하게 세웠다. 젊은 린은 또한 만약 쿠데타 시도가 실패할 경우, 부친에게 베이다이허를 탈출하여 중국 남부에 또 다른 당 중앙을 설립하라고 요청하는 것도 고려했다.[92] 그러나 린뱌오가 아들의 음모에 대해 알았다는 증거는 없다. 네 장군들도 전혀 몰랐다. 더욱이 젊은 린과 동료 음모가들은 암살 계획을 실행할 수단이 부족했고, 그 계획은 결코 구체화되지 않았다.

남중국에서 마오의 움직임은 점점 더 불가해해졌다. 그는 9월 10일 저녁에 상하이에 도착하여 기차에서 밤을 보냈다. 다음 날 오후 한 시, 그는 갑자기 상하이를 떠나 베이징으로 직행하라고 명령했다.[93] 기차는 9월 12일 정오 무렵 베이징 교외 펑타이(豊台)역에 도착했다. 저우는 왕둥싱에게 전화를 받고 마오의 귀환을 알게 되었다. 저우는 물었다. "주석은 왜 그렇게 조용하고 갑작스럽게 돌아왔는가? 나조차도 사전에 통지받지 못했다."[94] 마오는 그 후 기차에서 몇몇 당 관리들과 인민해방군 지휘관들을 맞이했고, 그들에게 "당내 다른 노선들 간의 투쟁은 여전히 진행 중"이라고 강조했다.[95] 그는 마침내 오후 네 시경에 중난하이 거주지로 돌아왔다.

린뱌오는 그날 오후 어느 때쯤 마오가 베이징에 돌아왔다는 것을 알게 되었다. 린리궈는 주석 암살 음모가 실패했다는 것을 깨닫고 큰 소리로 울기 시작했다. 그와 예췬은 린뱌오에게 그가 인근 산하이관(山海關)공항으로 옮겨 놓은 트라이던트 제트기 256호를 타고 광저우로 가서 그곳에서 "어떤 결정적인 조치를 취하라"라고 요청하는 것에 대해 논의했다. 젊은 린은 또한 이 계획을 가장 핵심적인 측근 몇몇과 공유했다. 반면에 린뱌오는 오후 내내 그리고 저녁 대부분 동안 극도로 침착했다. 그는 불안한 기색을 보이지 않았다. 그와 예췬은 심지어 동료들이 바쁘게 준비하고 있던 딸 린더우더우(林豆豆)의 약혼식에 대해서 논의하기도 했다.[96] 젊은 린이 어머니와 함께 아버지의 방으로 들어가 한 시간 동안 대화를 나눈 후 상황은 극적으로 변할 것이었다.

★★★★★

9월 12일은 저우에게 평범한 근무일이었다. 낮 동안에는 별다른 일이 일어나지 않았다. 초저녁에는 정부의 전국인민대표대회 보고서를 논의하기 위해 오래전부터 계획된 회의를 주재했다. 그러나 오후 열 시경 그는 왕둥싱으로부터 전화를 받았는데, 린더우더우가 베이다이허의 린뱌오를 지키는 중앙 수비대로 달려가 그 장교들에게 린뱌오, 예췬, 린리궈가 탈출을 준비하고 있다고 말했다고 보고했다.[97] 저우는 공군과 확인한 후, 트라이던트 제트기가 산하이관공항에 정박해 있다는 것을 알게 되었다. 오후 11시 30분, 저우는 예췬으로부터 전화를 받았는데, 그는 "린뱌오가 다롄으로 시찰 여행을 가고 싶어 한다"라고 말했다. 저우가 물었다. "그는 비행기로 가고 싶어 하는가, 아니면 육로로 가고 싶어 하는가?" 예가 대답했다. "비행기로." 저우는 즉시 예에게 밤에 그렇게 떠나는 것은 안전하지 않다고 조언했다. 또한 출발하기 전에 만나자고 제안했지만, 예는 모호하게 응답했다.[98] 저우는 경각심을 느끼고 산하이관공항의 어떤 비행기도 이륙하게 해서는 안 되며, 비행기를 이동시키라는 모든 명령은 저우, 황융성, 우파셴, 리쭤펑이 공동으로 발행해야 한다고 했다.[99] 저우는 린이 불과 십 분 후에 아내와 아들과 함께 차에 올라타 산하이관공항으로 달려갈 것이라고는 예상하지 못했다. 그들은 9월 13일 오전 12시 32분에 서둘러 현장으로 불려 온 승무원 다섯 명(조종사는 단 한 명이었다)과 함께 트라이던트 제트기 256호에 탑승하여 이륙했다.

저우는 린의 비행기가 이미 출발했다는 사실을 알고 충격을 받았다. 그는 그 소식을 마오에게 보고하고 지금 즉시 중난하이 거주지를 떠나 인민대회당 피난처로 이동해야 한다고 전했다.[100] 그러는 동안 전국의 비행장을 폐쇄하고, 전체 레이더 부대에 하늘을 감시하라고 명령했다. 또

823

한 모든 항공 교통 관제 센터에 린의 비행기에 계속해서 전화를 걸어 돌아올 것을 요청하라고 지시했다. 저우가 "직접 공항에서 그들을 환영할 것"이라고 했다.[101]

아무런 회답도 오지 않았다. 레이더는 처음에 린의 비행기가 특정한 한 방향으로 날아가지 않고 공중에서 큰 원을 그리고 있었음을 보여 주었다. 비행기는 거의 이십 분 후에 북서쪽으로 방향을 틀었다. 비행기가 몽골 국경에 접근하자, 저우는 주석에게 가서 비행기를 요격하거나 격추해야 하는지 물었다. 마오는 한탄했다. "구름은 비를 내리고 싶어 하고, 홀어머니는 개가하려 한다." 그는 오래된 중국 속담을 인용했다. "그를 가게 내버려 두라!"[102] 오전 1시 50분경, 린의 비행기는 국경을 넘어 몽골 영공으로 들어갔다.

저우는 린의 비행기가 중국을 떠났다는 것을 알았을 때 중얼거렸다. "반역자!" 그는 즉시 그 전개를 마오에게 보고했다. 그런 다음 베이징의 모든 정치국 위원을 회의에 소집했다. 그는 그들에게 말했다. 린이 비행기를 타고 해외로 갔다고.[103]

저우는 자정 직후에 '전화 마라톤'을 시작하여, 인민해방군 11개 지역 본부 모든 지휘관과 29개 성 및 시의 모든 책임자에게 린의 비행에 대해 알렸다. 그는 24시간 동안 잠도 자지 않고 이따금 몇 분씩 졸았을 뿐이었다. 마오의 명령에 따라 전국 인민해방군은 높은 경계 태세에 들어갔다.[104] 린의 네 장군, 즉 황, 우, 리, 추는 "10일간 관찰"하에 놓였다.[105]

다음 날 오후, 저우는 린의 비행에 대한 외교적 대응을 준비하기 위해 정치국 회의를 소집했다. 그는 네 가지 선택지를 나열했다. 린이 '조국을 배신'했다는 공개 성명을 발표하거나, 제3자를 통해 중립적인 성명을 발표하거나, 침묵을 지키거나, 아니면 단순히 사라지는 것이었다. 예젠잉은 린이 자신의 입장을 이야기하는 경우를 대비하여 먼저 성명을 발표할 것을 제안했다. 마오는 거부했다. 그날 저녁 늦게 저우는 공군 본부로부터 정보 보고를 받았는데, 공군 본부는 몽골 레이더 장교가 보낸 전보를 가로챘다. 전보는 오전 2시 30분에 신원 미상의 중국 비행기가 언더르항에서 북동쪽으로 약 60킬로미터 떨어진 곳에서 불이 붙어 추락했다고 밝혔다. 몽골 국방장관은 모든 군대에 최대 전투 준비 태세에 들어가라고 명령했다. 저우는 상황에 대한 자신의 판단을 마오에게 전달했다. "아마도 그 비행기는 추락했거나, 아니면 단지 적의 속임수일 수 있다."[106]

다음 날, 저우는 48시간 동안 쉬지 않고 일한 후 마침내 수면제의 도움을 받아 잠이 들었다. 오후 두 시, 외교부로부터 온 전화가 그를 깨웠다. 몽골 외무부가 막 중국 대사관에 중국 비행기가 언더르항에 추락했으며, 탑승자 전원이 사망했다고 알린 참이었다.[107]

저우는 서둘러 그 정보를 마오에게 보고했다. 주석이 물었다. "신뢰할 수 있는 정보인가?" 저우가 대답했다. "그렇다."[108] 마오는 "린뱌오가 나에게 큰 도움을 주었다"라고 말하지 않을 수 없었다.[109] 실제로 린이 외국 땅에서 죽은 것은 마오에게 그를 비난할 최상의 구실을 주었고, 린 사건의 가장 어두운 함의와 결과로부터 벗어날 수 있게 해주었다. 저우도 마오와 같은 감정이었다. 그러나 린의 죽음은 마오에게 또 다른 중대한 문제를 제기했다. 마오는 자기 손으로 뽑은 후계자인 린이 왜 나라를 배신했는지 설득력 있게 설명할 수 있을까?

며칠 후, 저우는 린 사건의 여파를 처리하라는 주석의 명령을 수행했다. 그는 린의 "나라를 배신한 후의 탈출"을 상세히 기술한 통지 초안 작성을 감독했다. 주석의 승인을 받아 그 통지는 9월 18일부터 국가의 당 및 군사 기구 내에서 회람되기 시작했다.[110] 저우는 마오가 요구한 대로 9월 24일에 황, 우, 리, 추를 구금했고, 예젠잉이 중앙군사위원회 업무를 인수하게 될 것이었다.[111] 린의 군사 파벌은 파괴되었다.

마오와 저우가 직면한 가장 큰 도전은 린의 몰락을 설득력 있게 설명하는 것이었다. 저우는 딜레마를 논의하기 위해 거듭 정치국 회의를 소집했다. 10월 24일, 그들은 린이 "온갖 아름다운 발언을 하면서 어두운 구석에서 사악한 음모들을 꾸민" 반역자라고 강조하는 회람 초안을 작성했다. 마오는 린이 나라와 당을 배신한 것에 대한 서사를 전국에 전달하는 데 동의했다.[112] 조사관들은 린리궈의 거주지에서 '571 개요'를 발견했고, 이는 마오와 저우 모두를 충격에 빠뜨렸다. 저우의 즉각적인 반응은 그 문서를 완전히 기밀로 유지해야 한다는 것이었다. 그러나 마오는 "린과 그 동류들의 진면목"을 폭로하기 위해 그것을 당과 전국 전체에 그대로 전달해야 한다고 명령했다.[113]

저우는 자신이 린의 비행기를 격추하라고 명령했다는 소문이 돌고 있다는 것을 알고 한 무리의 고위 군 장교들에게 자신은 린의 죽음과 아무런 관련이 없다고 확언했다. "다시 한번 말하지만, 나는 린뱌오의 비행기를 격추하라고 명령하지 않았다. 그것은 강제 착륙 중에 추락했다. 린은 스스로를 파괴했다⋯⋯ 내가 어떻게 당 중앙위원회 부주석이자 군 부총사령관을 죽이라고 군에 명령할 수 있겠는가? 그는 제9차 당대회에서 채택된 당 규약에 지정된 후계자였다!⋯⋯ 주석은 그를 관대하게 대했다. 내가 왜 그를 죽이겠는가?"[114]

마오의 혁명은 반종교적인 대의였다. 혁명에 대한 인민의 신념은 그것을 추진하고 유지하는 데 필요했고, 최악의 시나리오는 대중이 혁명에 대한 신념을 잃는 것이었다. 비록 마오가 일상생활에서 국가의 '위대한 지도자'로 남아 있었지만, 린의 죽음의 여파 속에서 그의 천상의 이미지는 평범한 중국인들의 마음속에서 땅으로 추락했다. 실제로 마오의 '영원한 올바름'이라는 신화는 중화인민공화국 역사상 처음으로 산산조각 났다. 마오는 이 변화를 감지했다. 린이 사망한 후, 주석은 약간 자기비판을 하기 시작했다. 점차 문화대혁명에서 숙청되었던 많은 '자본주의 노선파들'이 정치 무대로 돌아왔다. 돌이켜 보면, 이것은 문화대혁명이 마오가 죽은 후에 파멸할 운명이라는 신호였다.

중국공산당 지도자들 사이에서 전설적인 인물로 여겨지는 천이 원수가 1972년 1월 6일에 세상을 떠났다. 천과 마오의 관계는 초기에는 순탄하지 않았다. 그러나 그는 마오가 중국공산당의 최고 지도자가 되자마자 그의 권위와 권력을 전심으로 받아들였고, 천천히 그러나 확실하게 마오의 신임을 얻었다. 그는 1920년대 유럽에서 저우와 함께하며 친구가 되었다. 따라서 그는 저우를 자신의 상급자이자 형으로 대했다. 문화대혁명에서 저우는 천을 보호하기 위해 최선을 다했고, 특히 마오가 천을 파괴하고 싶어 하지 않는 것 같다고 생각한 후에는 더욱 그러했다. 그럼에도 불구하고 천은 린이 사망할 때까지 베이징의 의사결정에서 소외되었다.

마오는 처음에 천의 추도식에 참석할 계획이 없었고, 따라서 그것은 최고 수준의 행사로 계획되지 않았다. 그러나 추도식 당일, 주석은 갑자기 참석하기로 결정했다. 저우는 즉시 천에 대한 주석의 심경 변화가 지닌 중대한 정치적 의미를 파악했다. 이것은 문화대혁명에서 숙청되었던 다른 원로 관리들이 복권될 수 있다는 신호였다. 저우는 지체 없이 행사를 격상하고 베이징의 고위 지도자는 모두 참석하라고 알렸다. 그는 또한 당시 베이징에 망명 중이었던 천의 오랜 친구인 캄보디아의 시아누크(Sihanouk) 왕자를 행사 직전에 초대했다. 저우는 그 후 추도식 장소로 달려가 최종 준비를 감독했다. 예젠잉이 추도식에서 천의 조사를 읽도록 지정되었지만, 마오가 도착한 후 저우가 예가 준비했던 조사를 받아 직접 연설했다.[115]

★★★★★

린의 죽음의 영향으로 마오의 건강은 심각하게 손상되었다. 그는 하루하루 더 늙어 가는 것 같았다. 그는 천의 추도식에서 돌아온 후 심한 감기에 걸렸지만, 오랫동안 의사를 불신했기 때문에 치료받기를 거부했다. 마오의 건강이 계속 악화되자, 저우는 1월 25일 주석에게 쪽지를 써서 치료를 받도록 설득했다.[116] 그러나 효과가 없었고, 상태는 더욱 악화되었다.

2월 12일 이른 아침, 저우는 긴급 전화를 받았다. 마오가 갑자기 쓰러졌다는 것이다. 그가 마오의 숙소로 달려갔을 때, "다리에는 힘이 하나도 없었고, 차에서 내리는 데 꽤 오랜 시간이 걸렸다."[117] 저우가 주석을 보았을 때 그는 의식이 없었다. 저우는 완전한 충격 상태에 빠졌고 "방광과 장을 통제할 힘을 잃어 바지를 더럽혔다."[118] 의사와 간호사 들은 마오를 구하려 애쓰고 있었다. 몇 분 뒤, 주석은 의식을 되찾았다. 저우는 그에게 말했다. "주석, 권력은 여전히 당신의 완전한 지휘하에 있다!"[119]

마오는 살아남았다. 그는 이제 치료를 받을 용의가 있었고, 점차 회복되었다. 그러나 그는 죽음의 문턱에 누워 있던 순간을 잊지 않을 것이었다. 저우에 대한 의심과 불안은 깊어졌다. 앞으로 몇 년 동안 주석과 총리의 관계는 험난할 운명이었다.

제28장

닉슨과 키신저,
중국에 오다

1969~1972

1969년부터 1971년까지 거의 이 년 동안 저우언라이에게 가장 큰 관심사는 마오쩌둥과 린뱌오 사이의 불화였다. 그러나 그는 결코 미국에서 눈을 떼지 않았다. 그는 언론인 에드거 스노, 프랭클린 루스벨트 대통령의 특사 러클린 커리, 외교관 존 서비스와의 만남에서부터 헐리 및 마셜 장군과의 협상에 이르기까지 미국인들을 다뤄 본 경험이 많았다. 중국과 미국은 한국전쟁 동안 쓰라린 적이 되었고, 그들 사이 적대감은 전쟁 후에도 지속되었다. 저우는 반미 제국주의를 핵심으로 하는 중국 국내외 의제의 주요 설계자이자 실천가였다. 그러나 그는 또한 가능할 때마다 양국 간 긴장을 완화하려 시도했다. 실제로 베이징이 워싱턴과 대사급 회담에 참여하도록 추진한 사람도 그였고, 궁극적으로 미국인들과의 베이징 회담을 지휘한 사람도 그였다.

문화대혁명 기간 동안 저우는 중국과 미국의 관계가 최악에 이르렀음을 보았다. 그러나 1968년 말과 1969년 초, 중소 관계가 급속히 악화되면서 중미 관계에 변화할 기류가 보이기 시작했다. 리처드 닉슨(Richard

Nixon)이 1969년 1월 미국 대통령이 되었을 때, 워싱턴은 당시 중단되었던 바르샤바에서의 중미 대사급 회담을 재개하자고 제안했다. 베이징은 '전례 없는 속도'로 긍정적인 응답을 보냈다.[01] 저우가 내린 결정이었다. 마오처럼 그 역시 닉슨이 대통령으로 선출된다면 아시아 전반, 특히 중국에 대한 미국의 정책이 바뀔지 여부를 면밀히 연구하고 있었다. 닉슨이 승리한 직후, 저우는 한 외국 공산주의 지도자에게 중국이 미국과 소련을 대할 때, "그들 사이의 모순을 포착하고 활용하려 시도해야 한다"라고 말했다.[02] 거의 같은 시기에 저우는 소외되었던 외교부장 천이 원수로부터 보고서를 받았는데, 그는 미국의 세계 전략이 소련을 주적으로 간주하면서 미국과 유럽을 계속해서 강조했다고 주장했다. 따라서 천은 주장했다. "미 제국주의자들의 주된 관심이 베트남전쟁 때문에 동쪽으로 옮겨 갔다거나, 미국과 소련 모두 중국에 반대했기 때문에 그들 사이에 모순이 존재하지 않는다고 생각하는 것은 잘못이다."[03] 저우는 즉시 그 보고서를 마오에게 전달했다.

2월 19일, 저우는 마오, 린뱌오, 중앙문화혁명소조 구성원들, 천이, 쉬샹첸, 녜룽전, 예젠잉을 포함한 원수 네 명이 참석한 회의에 참여했다. 천의 보고서를 읽었던 마오는 국제 정세를 연구할 필요가 있다고 특별히 언급했다.[04] 이틀 후, 저우는 네 원수들에게 국제 문제들을 논의하라고 지시했고, 천을 발탁하여 그 토론을 주재하도록 했다. 3월 중순까지 원수들은 네 차례 회의했다.[05]

*****

그러나 원수들이 마오와 저우가 내린 임무를 수행하기 전에, 3월 2일 우수리강 전바오섬[러시아에서는 다만스키(Damansky)로 알려졌다]에

830

서 중국과 소비에트 국경 수비대 간에 충돌이 발생했다.[06] 양측이 그곳에 추가 병력을 이동시키자, 저우는 전화로 전선 지휘관들과 긴밀한 연락을 유지했다.[07] 3월 15일, 더 크고 격렬한 싸움이 벌어져 양측에 더 많은 사상자를 냈다.[08]

전바오 전투는 중소 관계를 위기로 몰고 갔다. 소비에트 정부의 온건파였던 알렉세이 코시긴 총리는 중국과의 갈등이 통제 불능 상태로 치닫는 것을 원치 않았다. 3월 21일, 그는 수년간 사용되지 않았던 직통 전화를 통해 베이징에 전화를 걸어 마오나 저우와 통화하기를 요청했다. 그러나 젊은 중국인 교환원은 연결해 주기를 거부했다.[09] 코시긴은 포기하지 않았다. 그는 베이징 주재 소비에트 대사관에 전화하여 중국 외교부와 연결해 달라고 요청했다. 외교부 소련 및 동유럽 국장인 리롄칭(李連慶)이 그 전화를 받고 대답했다. "총리에게 보고하겠다."[10]

다음 날 아침 외교부 회의에서 저우는 코시긴의 전화를 연결해 주기를 거부한 교환원을 엄중히 비판하고, 코시긴을 거절하지 않은 리를 칭찬했다. 그럼에도 불구하고 저우는 코시긴과 직접 통화하기에 좋은 시기라고 생각하지 않았다. 대신 그는 결정했다. 만약 "소비에트가 할 말이 있다면" "외교 채널을 통해 공식적으로 제기"해야 한다고. 마오는 저우의 입장을 승인했다.[11] 베이징과 모스크바는 전바오 전투에 대한 책임을 서로에게 돌리는 일련의 외교 각서를 교환했지만, 양측 모두 행동에 있어서는 더 자제하게 되었다. 위기 상황은 당분간 가라앉았다.

사실 마오는 중국과 소련 사이에 전쟁이 발발하는 것을 원하지 않았다. 오히려 그는 중국공산당 제9차 당대회와 맞물려 국내 동원을 추진하기 위해 그 충돌을 이용하기를 희망했다. 따라서 소비에트와의 갈등이 억제되지 않고 격화하는 것은 그가 원하지 않는 일이었다. 그는 전바오에서의 두 번째 전투 후 명령했다. "그만하면 됐다. 더 이상 싸우지 마라."[12] 주석은 저우 및 다른 중국 지도자들과 당대회에 관해 회의하던 중에 고백했다. "강력한 적에 직면해 있을 때 동원되고 준비하는 것이 유리하다." 그는 저우에게 전쟁 준비와 전국적인 동원 시작에 관한 내부 연설을 하라고 지시했다.[13]

'전쟁 대비'를 위한 동원의 물결이 3월 말부터 중국 전역에 나타났다. 저우는 전국에 상영될 전바오 전투에 관한 다큐멘터리 영화 두 편의 제작을 감독했다.[14] "땅속 깊이 파라"라는 마오의 지시에 따라 중국 전역 도시의 남녀들은 지하 방공호를 건설하기 시작했다. 어떤 의미에서 이것은 대약진운동 중 '철강 만들기' 대중운동을 거의 재현한 것이었다.

★★★★★

전바오 충돌의 여파로 네 원수들은 중국에 대한 소비에트의 전략적 의도를 분석하는 데 토론을 집중했다. 3월 18일, 그들은 모스크바가 중국에 대한 대규모 전쟁을 벌일 준비가 되어 있다는 개념에 의문을 제기하는 보고서를 완성했는데, 이는 "최소 3백만 군대 동원"을 요구할 것이기 때문이었다. 그러나 그들은 중미 관계라는 민감한 주제에 대해서는 언급하지 않았다.[15] 코시긴과 전화 통화한 이후 전바오의 상황이 안정되기 시작하자, 저우는 다가오는 제9차 당대회로 주의를 돌렸다. 원수들은 자신들이 마오가 내린 임무를 완수했다고 생각했다.

그러나 마오는 원수들을 잊지 않았다. 5월, 저우는 원수들에게 국제 문제에 대한 연구를 계속하고 "성숙한 아이디어들"을 발전시킨 후에 자신에게 보고하라고 알렸다. 그러면 그가 그들의 보고서를 주석에게 제출할 것이었다. 저우는 또한 가까운 동료 슝샹후이와 야오광(姚廣)을 배정하여 원수들이 토론하고 보고서 초안을 작성하는 것을 돕게 했다.[16]

원수들은 6월 11일 마오와 저우에게 또 다른 보고서를 제출했다. 그들은 서쪽에 전략적 중점을 둔 미 제국주의자들이 중국에 대한 공격을 쉽게 시작할 수 없다고 주장했다. 따라서 그들은 말했다. 미국은 아시아 국가들을 중국에 대한 제1선으로 밀어 넣으려 시도했다. 그에 비해 "소비에트 수정주의자들은 우리를 주적으로 보고 있으므로, 더 심각한 안보 위협이다." 그럼에도 불구하고 심지어 "소비에트도…… 만약 중국과 큰 전쟁을 벌이려 한다면 큰 어려움에 직면할 것이다."[17] 원수들은 중국의 국제 정책이 어떻게 조정되어야 하는지에 대해서는 제안하지 않았다.

그 무렵 중미 관계 개선 가능성을 보여 주는 몇 가지 새로운 징후들이 나타났다. 7월 21일, 미국 국무부는 미국인들의 중국 여행 제한을 완화할 것이라고 발표했다. 닷새 후, 캄보디아의 시아누크 왕자가 중국과의 "20년간의 대결에 대한 해결책"을 모색하기 위해 베이징을 방문하고 싶다는 미국 상원의원 마이크 맨스필드(Mike Mansfield)의 편지를 저우에게 전달했다.[18] 원수들은 저우에게 이러한 새로운 전개에 대해 공유받은 후 워싱턴과 모스크바 모두가 상대에 대한 중국의 모순들을 이용하고자 할 수 있다고 관찰했다. 따라서 "우리도 의도적으로 미소 모순들을 이용하려 시도해야 한다." 그러나 그들은 너무 빨리 행동할 필요는 없다고 경고했다. 원수들은 제안했다. "우리는 맨스필드의 중국 방문 요청을 보류해야 한다. 미국인들이 우리와 접촉하기를 열망하므로, 우리는 그들을 기다리게 해야 한다."[19] 저우는 맨스필드에게 중국 방문 초청장을 보내지 않았다.

＊＊＊＊＊

늦여름, 소비에트 군대가 30명으로 구성된 신장의 중국 국경 소대를 학살했을 때 중소 긴장은 다시 고조되었다.[20] 몇 달 동안 베이징은 소비에트가 중국의 핵시설에 선제공격을 감행할 수 있다는 경고 보고서를 받아 왔다.[21] 이제 마오와 저우는 진심으로 경각심을 느꼈다. 8월 23일, 저우가 제안하여 베이징은 갑작스러운 핵전쟁 발발에 대비하기 위해 총리가 이끄는 방공 지도 소조를 설립하기로 결정했다.[22] 닷새 후, 중국공산당 중앙은 소련 및 외몽골과 국경을 접한 모든 성 및 지역에 전투 경계 태세에 들어갈 것을 명령했다.[23] '전쟁 대비'를 위한 또 다른 대중 동원 운동의 물결이 중국 전역을 휩쓸었다.

9월 2일 전쟁의 망령이 베이징을 뒤덮고 있을 때, 저우는 호치민이 사망했다는 소식을 듣게 되었다. 그는 즉시 비행기를 타고 하노이로 가기로 했다. 베트남 측은 호의 장례식이 며칠 동안 열리지 않을 것이기 때문에 그 시기에 저우를 맞이하기가 불편할 것이라고 응답했다. 그러나 저우는 가겠다고 고집했다. 마침내 이례적인 조치가 이루어졌다. 안치되어 있는 호에게 조의를 표하기 위해 저우가 하노이로 짧게 여행하고, 그 후 부총리 리셴녠이 중국의 특사로서 호의 장례식에 참석할 것이었다.[24] 저우의 움직임은 외교 규범에서 벗어났는데, 그는 "중국과 베트남, 그리고 호와 나 사이의 친밀한 관계"를 강조함으로써 이를 정당화했다. 그러나 호의 장례식에서 소비에트 지도자들과의 당혹스러운 만남을 피하려는 의도가 컸을 것이다.

모스크바는 코시긴 총리를 하노이에 파견했다. 저우는 코시긴이 하노이를 통해 중국 당국에 "베이징에 들러 저우 총리와 만날" 수 있는지 문의할 것이라고는 예상하지 못했다.[25] 마오가 뒤늦게 승인하여 저우는 베이징공항에서 코시긴을 만나기로 결정했다. 그러나 중국의 응답이 하노이에 도착했을 때, 코시긴은 이미 모스크바로 돌아가는 비행기 안에 있었다. 그는 타지크 소비에트 공화국의 수도인 두샨베에서 비행기가 재급

유하는 동안 중국의 메시지를 알게 되었다. 코시긴의 비행기는 방향을 틀어 베이징으로 날아갔다.[26]

저우와 코시긴의 사고방식에는 약간 공통점이 있었다. 특히 두 사람 모두 베이징과 모스크바 간 관계가 더 이상 악화되는 것을 원치 않았다. 그러나 그들은 둘 다 자국이 직면한 더 넓은 환경에 의해 제약을 받았다.

9월 11일, 저우와 코시긴은 베이징공항에서 만났다. 저우는 마오가 '코시긴 동지'에게 보내는 인사를 전하는 것으로 시작했다. 소비에트 총리는 즉시 대답했다. "브레즈네프 동지와 모든 소비에트 정치국 위원 또한 나에게 당신과 마오쩌둥 동지에게 안부를 전하라고 요청했다." 저우는 중국에 대한 소비에트의 핵 위협 문제를 직설적으로 제기했다. "당신들은 우리의 핵 기지들을 파괴하기 위해 선제적 수단을 사용할 것이라고 위협한다. 만약 당신들이 그렇게 한다면, 우리는 이것이 전쟁이고, 침략이며, 단호하게 저항하고, 끝까지 저항할 것이라고 선언하겠다." 그런 다음 저우는 어조를 바꾸어, 중국이 심지어 자국의 모든 문제도 처리할 수 없는 상황에서 소련과 전쟁하는 것은 절대로 원하지 않는다고 설명했다. 사실 중국은 양국 관계 정상화를 선호했다. 이 말들은 코시긴의 귀에 음악처럼 들렸다. 그는 단호하게 대답했다. "소련 또한 중국과 전쟁하기를 원하지 않는다."

저우는 세 가지를 제안했다. 즉 현재 위치에서 국경을 유지하고, 새로운 무력 충돌을 피하며, 양측 군대를 분쟁 지역에서 멀리 떨어뜨리는 것이었다. 코시긴은 세 가지 제안을 모두 받아들이며, 긴장 상황이 발생할 경우 양측 국경 기관들이 사전에 서로 상의해야 한다고 덧붙였다. 저우는 즉시 이 제안을 지지했다. 두 지도자는 또한 이 조건들에 대한 합의를 확인하는 서한을 공식적으로 교환하기로 했다. 또한 각국은 곧 상대방의 수도에 대사를 보낼 것이며, 양국은 무역 관계를 확장할 것이었다. 그들은 더 나아가 곧 국경 문제에 대한 협상을 재개하기로 합의했다.[27] 마오는 저우가 코시긴과의 회담을 처리한 방식을 승인했다.[28]

저우는 네 원수들에게 이 내용을 공유하여 소련이 중국에 대규모 공격을 감행할 가능성이 낮다는 것을 더욱 확신시켰다. 마오와 저우에게 보낸 보고서에서 그들은 "적절한 시기에" 중국이 소비에트와의 거래에서 "미국 카드"를 사용하는 것을 고려할 수 있다고 제안했다.[29] 천이는 저우에게 자신의 "비정통적인 생각들"을 털어놓았다. 그는 바르샤바에서의 대사급 회담 외에도, 중국이 "미국과 장관급 또는 그보다 더 높은 수준의 회담을 주도적으로 개최해 중국과 미국 관계의 기본적인 문제들을 해결할 수도 있다"라고 제안했다.[30]

그러나 마오는 여전히 소비에트가 중국을 기습 공격할 가능성을 깊이 우려했다. 9월 17일, 그는 중화인민공화국 기념행사를 위해 만들어진 공식 표어에 한 문장을 추가했다. "핵무기를 사용한 침략 전쟁에 대처할 준비를 하라."[31] 저우는 코시긴이 모스크바로 돌아왔을 때 공항에서 "2급 또는 3급 인물들"에게만 환영받았고, 소비에트가 어떤 후속 조치도 취하지 않았다는 것을 주목했다.[32] 9월 18일, 저우는 코시긴에게 편지를 써서 그들이 도달했던 합의들을 나열했다. 저우는 말했다. "당신이 확인한 후, 그것들은 중소 정부 간의 합의가 될 것이다…… 그리고 즉시 이행될 것이다."[33] 코시긴의 답장은 모호했다. 그는 단지 "우리 측이 국경을 따라 상황을 정상화하기 위한 실제적인 조치들을 취했다"라고 표현했을 뿐, 저우와 구두로 합의했던 조건들을 확인하지 않았다.[34] 그 결과, 중국공산당 최고 지도자들 사이에 전쟁 공포가 지속되었다.

그때가 9월 말이었고, 중화인민공화국 20주년 기념일이 가까워 오고 있었다. 관례에 따르면 이것은 국가의 모든 최고 지도자가 참석하는 평소보다 더 성대한 축하 행사가 되어야 했다. 그는 지방 지도자와 군 지휘관 들에게 말했다. "올해 국경절에는 지방의 민간 및 군사 지도자들이 베이징에 오지 말아야 한다. 나는 적이 그 기회를 이용하여 우리 지도부를 소탕할 것을 두려워하고 있다."[35] 저우는 마오의 우려를 공유하며 말했다. "현재 국제 정세는 매우 긴장되어 있다. 우리는 전쟁에 대비해야 한다. 특히 적의 갑작스러운 공격에 대처할 준비가 되어 있어야 한다."[36]

국경절이 가까워질수록 전쟁 공포는 더욱 거세졌다. 9월 30일, 린뱌오는 베이징 교외의 한 군용 공항을 시찰했고, 거기서 모든 비행기를 대피시키고 활주로를 바리케이드로 막으라고 명령했다. 저녁 늦게 그는 저우에게 긴급 메시지를 보내, 적이 "휴일 동안 저수지를 폭격하여 거대한 댐을 붕괴시킬" 가능성을 보고 베이징 근처 미윈 저수지에 저장된 물을 방류할 것을 제안했다. 저우는 그렇게 극단적인 조치를 취하면 주변 저지대에 치명적인 홍수가 일어날 것임을 알았다. 저우가 강력히 주장하여 아무런 조치도 취해지지 않았다.[37]

*****

10월 1일에 소비에트는 중국에 대해 아무 일도 하지 않았다. 그러나 마오와 저우가 예상하지 못했던 또 다른 일이 일어났다. 문화대혁명 기간 동안 최저점에 이르렀던 중국과 북한의 관계가 극적인 개선을 보였다. 9월 30일 오후, 베이징은 평양으로부터 중국이 북한의 2인자인 최용건을 중국 국경절 축하 행사에 초대할 것인지 묻는 문의를 받았다. 저우는 즉시 그 문의를 마오에게 보고했다. 오후 여섯 시, 베이징은 평양에 최용건을 환영한다는 응답을 보냈다. 오후 열한 시, 최용건이 탄 비행기가 베이징공항에 착륙했다.[38]

마오는 저우와 동행하여 다음 날 톈안먼 위에서 최용건을 만났다. 최용건은 마오에게 평양과 베이징의 관계가 "두꺼운 피로 만들어진 입술과 이빨 사이의 관계와 같다"라고 말했고, 또한 평양은 "수정주의에 대한 투쟁"에서 항상 모스크바보다 베이징에 더 가까웠다고 설명했다. 마오는 대답했다. "맞다. 당신들은 그들과 다르다." 주석은 최용건에게 말했다. "(미국인들이) 당신들을 공격하려 한다. 그러나 그들의 목표는 단지 당신들만이 아니다. 그들의 주요 목표는 중국이다. 따라서 우리 두 나라는 단결해야 한다." 마오는 김일성을 "공개적으로든 비밀리에든" 중국을 방문하도록 초대했다. 그는 저우를 가리키며 말했다. "우리는 저우 총리를 북한에 파견할 수 있다."[39] 다음 날, 저우는 최용건에게 자신이 곧 평양을 방문할 것이라고 확인했다.[40]

*****

그때까지 베이징과 모스크바는 10월 20일에 베이징에서 국경 협상을 진행하기로 합의했다. 이는 양국이 마침내 긴장을 완화하기 위해 한 걸음을 내디뎠다는 점에서 좋은 일이었다. 그러나 베이징의 지도자들은 전쟁 공포로 인해 깊은 의심에 사로잡혀 있었다. 그들은 소비에트가 체코슬로바키아에 대해 그랬던 것처럼 이를 중국에 대규모 기습 공격을 가할 기회로 이용할까 봐 여전히 우려했다.

이러한 우려들이 아무리 터무니없어 보일지라도, 마오는 그것들을 매우 심각하게 받아들였다. 그는 저우에게 말했다. "우리 중앙 지도자들이 모두 베이징에 머무는 것은 좋지 않다. 원자폭탄 한 발로 많은 사람이 죽을 것이다. 우리는 흩어져야 한다."[41] 저우와 정치국은 그 후 저우와 총참모장 황용성만이 베이징에 남아 정부와 군대의 일상적인 운영을 처리하기로 결정했다. 마오와 린뱌오를 포함한 다른 모든 최고 지도자는 10월

20일까지 베이징을 떠날 것이었다.[42] 저우는 그 후 대피 계획을 수립했고, 이에 따라 마오는 우한으로, 린은 쑤저우로 이동할 것이었다. 네 원수들은 다른 장소로 이전될 것이었고, 그리하여 그들의 토론은 끝날 것이었다.[43]

10월 18일, 린뱌오는 마오에게 알리지 않고 전쟁을 준비하며 적이 쑤저우로부터 갑작스럽게 공격해 올 것에 대비하라는 긴급 지시를 구술했다. 같은 날 저녁, 황융성은 이제 '린 부주석 1호 명령'으로 명명된 그 지령을 전국 군 사령부에 전달했고, 그리하여 그들은 전투 준비 태세에 들어갔다. 27장에서 설명했듯이, 마오는 격분했다. 이것은 주석과 그의 지정 후계자의 궁극적인 결별로 이어지는 중요한 순간이 되었다.

소비에트 대표단이 베이징에 도착하고 국경 협상이 예정대로 시작되었지만, 이상한 일은 전혀 일어나지 않았다. 마오와 저우는 그들이 단지 헛되이 경보를 울렸을 뿐임을 깨달았다. 중국과 소련 간에 극도로 긴장된 상황이 완화되기 시작했다.

＊＊＊＊＊

워싱턴의 닉슨 대통령은 여전히 베이징을 염두에 두고 있었지만, 베이징과 직접적인 소통 창구가 없었기 때문에 우회적인 방법을 택해야 했다. 1969년 여름 세계 순회 중에 닉슨은 베이징과 좋은 관계를 유지하고 있던 파키스탄 대통령 모하마드 야히아 칸(Mohammad Yahya Khan)과 루마니아 지도자 니콜라에 차우셰스쿠와 이야기했다. 닉슨은 그들에게 "중국과 같이 큰 나라가 고립되어 있는 한 아시아는 '앞으로 나아갈 수 없다'"라는 자신의 신념을 중국 지도자들에게 전해 달라고 요청했다.[44] 1969년 11월 파키스탄 주재 중국 대사로부터 야히아 칸의 메시지를 받았을 때, 저우는 그것을 마오에게 보고하고 논평했다. "닉슨과 키신저가 움직이는 방향을 주목할 만하다."⁴⁵ 그러나 그 시기, 저우도 마오도 워싱턴의 변화를 활용할 준비가 되어 있지 않았다.

그러나 닉슨은 중국인들이 행동할 때까지 기다리지 않았다. 12월 3일, 모든 외국 외교관이 바르샤바에서 열린 유고슬라비아 패션쇼에 초대되었다. 폴란드 주재 미국 대사 월터 스토셀(Walter Stoessel)은 임무를 띠고 그 행사에 왔다. 중국 외교관들을 발견했을 때, 그는 신속하게 다가가 중국인 통역사에게 어설픈 폴란드어로 말했다. 닉슨 대통령이 중국과 "중요하고 구체적인 대화"를 하고 싶어 한다고.⁴⁶

저우는 미국 대사의 "이례적인 행동"에 관한 폴란드 주재 중국 대사관의 전보를 즉시 마오에게 보고했다. 그는 논평했다. "기회가 오고 있다. 우리는 이제 미국인들의 문을 두드릴 수 있다."⁴⁷ 저우는 안전하게 응답할 방법을 찾았다. 미국인 두 명이 자신들의 요트가 홍콩 근처 중국 영해로 표류한 후 몇 달 동안 중국에 억류되어 있었다. 외교부는 "적절한 시기에" 요트 승무원들을 석방할 것을 제안했다. 12월 4일, 저우는 오랜 지연 끝에 그 제안을 승인했다.⁴⁸ 사흘 후, 두 미국인은 풀려났다. 태평양 건너편에 있는 닉슨의 국가 안보 보좌관인 헨리 키신저(Henry Kissinger)는 즉시 이 신호를 포착하고, 이것이 저우의 작품이라고 추측했다.⁴⁹

12월 11일, 폴란드의 중국 대리 대사 레이양(雷陽)이 바르샤바에서 '비공식적으로' 스토셀과 만났다. 레이의 보고서를 받았을 때, 저우는 야히아 칸에게 워싱턴에 "만약 닉슨 대통령이 중국과의 접촉을 재개하려 한다면" "바르샤바의 공식 채널"을 사용해야 한다고 알리라고 요청했다. 워싱턴은 다음 주에 그 메시지를 받았다.⁵⁰ 1970년 1월 8일, 레이와 스토셀은 바르샤바의 미국 대사관에서 또 다른 '비공식 회담'을 했는데, 이는 중미 대사급 회담 역사상 처음이었다. 그들은 1월 20일에 공식 회담을 재개하기로 합의했고, 이는 양국 대사관에서 차례로 열릴 것이었다.[51] 1월 20일 레이와 스토셀이 중국 대사관에서 공식적으로 만났을 때, 그들은 양측이 미래에 "더 높은 수준에서" 또는 "다른 채널을 통해 회의"할 가능성을 논의했다.[52]

2월 12일, 저우는 대사급 대화를 위한 레이의 회담 요점을 논의하려 정치국 회의를 주재했다. 그들은 만약 워싱턴이 장관급 대표나 대통령 특별 사절을 베이징에 보낸다면, "중국 정부는 그를 맞이할 것"이라고 결정했다. 외교부가 준비한 문안의 원래 표현은 중국 정부가 미국 관리를 "맞이하는 것을 고려할 것"이었다. 저우는 그 표현을 "맞이할 것"으로 바꾸며 논평했다. "만약 우리가 '고려할 것'이라고 한다면, 너무 가벼운 발언이다. 따라서 나는 메시지를 더 긍정적으로 만들기 위해 표현을 '맞이할 것'으로 바꿨다." 마오는 다음 날 회의록을 승인했다.[53]

레이는 2월 20일에 스토셀과 다시 만났다. 저우의 지시에 따라 그는 다시 한번 타이완 문제를 부각하며, 어떤 중미 관계 개선이든 미군이 타이완으로부터 철수하는 것에서부터 시작되어야 한다고 강조했다. 그러나 그는 또한 미국 대사에게 중국 정부가 베이징에서 미국 고위급 미국 대표를 "기꺼이 맞이할 것"이라고 알렸다.[54] 이것은 십 년간의 중미 대사급 회담의 마지막 회의가 될 것이었다. 닉슨 대통령은 베이징과의 소통을 더 높은 수준으로 끌어올리기를 열망하며 다시 한번 야히아 칸을 통해 중국 지도부에 메시지를 보냈다. 이번에 닉슨은 바르샤바 회담에 대한 "미국 언론의 추측을 통제하기 어렵기" 때문에, "만약 베이징이 동의한다면 베이징에 직접적인 백악관 채널을 열 준비를 할 것"이라고 말했다.[55] 저우는 메시지를 읽은 후 논평했다. "닉슨은 (미-베트남) 파리 협상의 방법을 채택하고, 키신저가 접촉하게 하려 한다."[56]

그러나 시기가 좋지 않았다. 불과 며칠 전, 캄보디아의 시아누크 왕자가 연례 휴가로 해외에 있는 동안 친미 장군 론 놀(Lon Nol)에 의한 쿠데타로 축출되었다. 시아누크는 3월 19일 모스크바에서 베이징에 도착했다. 저우는 공항에서 시아누크를 맞이하고 중국이 무슨 일이 있어도 그를 계속 캄보디아 국가 원수로서 인정할 것이라고 말했다. 저우는 말했다. "내가 유일하게 알아야 할 것은 당신에게 끝까지 싸울 결심이 있는지 여부다." 시아누크는 대답했다. "그렇다." 저우는 즉시 왕자를 안심시켰다. "우리는 당신을 굳게 지지한다."[57] 이후 며칠 동안 저우는 베트남 총리 팜반동을 초대하여 베이징에서 시아누크와의 회담에 합류하게 했고, 또한 당시 역시 베이징에 있던 크메르루주(Khmer Rouge)의 지도자 폴 포트(Pol Pot)와 만나 시아누크와 협력할 것을 촉구했다.[58] 3월 23일, 시아누크가 이끄는 반미 망명정부가 베이징에 수립되었다. 저우는 캄보디아 상황에 비추어 미국인들과의 다음 회담을 연기할 것을 마오에게 제안했고, 마오는 이 제안을 승인했다.[59]

베이징-워싱턴의 외교 개방에 대한 전망은 이후 몇 달 동안 더욱 어두워졌다. 5월 초, 닉슨은 남베트남의 미군에 캄보디아의 베트남 공산주의자 피난처들을 파괴하기 위해 대규모 작전을 수행하라고 명령했다. 5월 16일 저우가 주재한 정치국 회의는 미국인들과의 회담을 연기하기로 결정했다.[60] 4일 후, 중국인 백만 명이 톈안먼광장에서 시위를 벌였다. 마오는 성명을 발표하여 호소했다. "세계 인민들이 단결하여 미 침략자들과 그 모든 주구를 물리치라."[61]

그러나 베이징도 워싱턴도 서로와 대화하기를 포기할 의도는 없었다. 6월 15일, 파리의 미국 무관 버논 월터스(Vernon Walters)는 중국 무관에게 "바르샤바 포럼이 너무 공개적이고 너무 형식적이었기 때문에" "비밀 소통 채널"을 열어야 한다고 제안했다. 당시 베이징은 그 제안을 받아들일 준비가 되어 있지 않았다.[62] 그러나 저우는 워싱턴에 또 다른 신호를 보내기로 결정했다. 7월 10일, 그는 1958년부터 간첩 혐의를 받고 중국에 수감되어 있던 미국인 제임스 월시(James Walsh) 주교를 석방하라고 명령했다.[63]

그러나 마오와 저우는 초가을이 되어서야 다시 미국인들에게 주의를 돌릴 수 있었다. 마오는 닉슨처럼 바르샤바 채널의 형식주의적인 성격에 불만을 품고 있었다. 그러나 미국 대통령과는 달리, 마오는 베이징에서 닉슨이나 미국 고위급 관리를 맞이함에 있어 국내에 설명하고 동원하는 일에 대해 또 다른 미묘한 우려를 마음속에 품고 있었을 것이다. 따라서 주석은 중미 긴장 완화 과정이 워싱턴의 의도에 의해 결정되도록 하고 싶지 않았다. 이 결정적인 지점에서 저우는 마오의 마음을 놀랍도록 명확하게 읽었다. 마오는 워싱턴과 긴장을 완화하기를 선호했지만, 서두르지는 않을 것이었다.

*****

10월과 11월, 저우는 파키스탄과 루마니아 채널을 통해 워싱턴으로부터 더 많은 제안을 받았는데, 이는 닉슨이 여전히 중국에 고위급 대표를 파견할 용의가 있음을 나타냈다. 이번에 마오와 저우는 긍정적으로 응답할 준비가 되어 있었다.[64] 11월 중순, 저우는 베이징에서 야히아 칸 대통령에게 만약 미국인들이 진정으로 타이완 문제를 해결할 용의가 있다면, 중국 정부가 "닉슨 대통령의 대표를 베이징에서 맞이할 것"이라고 말했다. 저우는 강조했다. 베이징의 응답이 "수뇌부로부터, 수뇌부를 통해, 수뇌부에게서" 온 것은 이번이 처음이라고.[65] 일주일 후, 저우는 루마니아 부총리 게오르게 라둘레스쿠(Gheorghe Radulescu)를 만나, "루마니아 친구들이 워싱턴에" 베이징의 중국 정부가 닉슨 대통령의 대표 또는 심지어 대통령 본인이라도 환영할 것이라고 "말해 달라"라고 요청했다.⁶⁶ 저우는 또한 파키스탄과 루마니아인들에게 그 메시지를 즉시 워싱턴에 전달하지는 말라고 했다. 그래서 파키스탄인들은 12월 9일에 워싱턴에 메시지를 전달했고, 루마니아인들은 1971년 1월 11일까지 미국인들에게 메시지 보내는 것을 미뤘다.⁶⁷

저우가 메시지 발송을 연기해 달라고 요청한 것은 아마도 미국 작가인 에드거 스노가 당시 베이징을 방문하고 있었기 때문일 것이다. 스노는 마오, 저우 및 다른 많은 중국 지도자의 오랜 친구였고, 1930년대에 홍구에서 그들을 인터뷰했다. 스노는 나중에 『중국의 붉은 별』을 출판하여 중국 내외에서 중국 공산주의자들에 대한 긍정적인 이미지를 키우는 데 매우 큰 도움을 주었다. 스노는 중화인민공화국 수립 후 두 차례 중국을 방문했다. 문화대혁명 기간 동안 그는 다시 중국 방문을 신청했지만 비자를 받을 수 없었다. 1970년 8월, 당시 스위스에 살고 있던 스노는 1930년대부터 알고 지냈던 프랑스 주재 중국 대사 황전으로부터 갑자기 여러 차례 전화를 받았다. 파리에서 황을 만났을 때, 스노는 베이징이 이전 몇 년간 그를 거부한 것에 대해 불평했다. 황은 그에게 중국 방문을 다시 신청하라고 촉구했다. 황은 스노에게 말했다. "저우 총리가 직접 그 문제를 처리했으며, 당신은 마오 주석의 귀빈으로 대우받을 것이다."⁶⁸

스노는 8월 말에 중국에 도착했다. 저우는 직접 그의 일정을 주선했다. 10월 1일, 저우는 스노와 그의 아내를 톈안먼 위에서 국경절 축하 행사를 관람하도록 초대하고, 직접 그가 마오 옆에 서도록 안내했다. 저우는 스노와 마오가 이야기하는 "사진이 잘 찍히도록" 주선했고, 이는 나중에 중국 전역 주요 신문 1면에 인쇄될 것이었다.⁶⁹ 이것으로 저우는 미국인들에게 핵심적인 신호를 보내려 했다. 그러나 키신저는 그 메시지를 알아차리지 못했고, 나중에 중국인들이 "미묘함을 알아차리는 우리의 감각을

28-1 1970년 10월 1일 톈안먼 성루에서 마오쩌둥, 에드거 스노, 로이스 휠러 스노(Lois Wheeler Snow)와 함께한 저우언라이. CPA Media Pte. Ltd. / Alamy Stock Photo

과대평가했다"라고 인정했다.[70]

그러나 마오와 저우에게는 중국 인민이 그 사진을 주목하는 것이 훨씬 더 중요했다. 이십 년 넘는 세월 동안 미국은 반미 선전에 의해 수백만, 수천만 명에 이르는 평범한 중국인들의 마음속에서 철저히 악마화되었다. 이제 마오가 미국과 새로운 관계를 맺을 계획을 세웠기에, 중국 국민의 마음속에 미국에 대한 새로운 이미지를 만들어야 할 것이었다. 이와 같은 미묘한 신호들이 중국 인민을 다가오는 중미 관계 급변에 점차적으로 대비하게 할 것이었다.

12월 18일, 마오는 스노와 다섯 시간 동안 만났다. 그전에 저우는 11월 5일 스노와 장시간 대화를 나누었는데, 국제 문제에 초점을 맞추었다. 저우는 스노에게 중미 대사급 회담이 시작된 이래로 문제를 단 하나도 해결하지 못했다고 말했다. 저우는 양국 간 문제들을 해결하기 위해 먼저 타이완에 대한 미국의 군사 침략과 점령을 논의해야 한다고 강조했다. 저우는 단언했다. "협상에 대한 우리의 태도는 변하지 않았다. 변해야 하는 쪽은 미국 정부이다."[71] 비록 상투적으로 들릴 수 있는 논평이었지만, 그가 마오에게서 스포트라이트를 빼앗지 않기 위해 만든 표현이었다. 스노와 만났을 때, 주석은 국내외 문제 영역의 많은 주제를 다루었다. 마오는 스노에게 미국 정치에서 민주당보다 공화당을 더 좋아한다고 말했다. "나는 닉슨이 대통령이 된 것을 환영한다. 그는 덜 기만적이기 때문이다. 만약 그가 베이징에 오고 싶어 한다면, 그에게 전하라. 그는 공개적으로가 아니라 비밀리에 와야 한다. 그는 단지 비행기에 타기만 하면 된다. 그는 올 수 있다…… 나는 그와 이야기할 용의가 있다. 그는 관광객으로도, 대통령으로도 올 수 있다."[72] 닉슨에 따르면 "마오가 발언하고 며칠 안에 미국 정부는 그 내용을 알게 되었다."[73]

*****

1971년 첫 몇 달 동안 베이징과 워싱턴 간의 교류는 잠잠해졌다. 사실 중국과 미국 양측 모두 다음 단계를 밟을 적절한 기회를 기다리고 있었다. 마오에게는 이것이 특히 중요했다. 그는 워싱턴과 화해하는 일의 장단점을 전략적, 지정학적 의미에서 저울질하는 것 외에도, 중국 인민 내부에서 미국과의 새로운 관계에 대한 지지를 이끌어 내고 그들을 동원할 수 있도록 촉발하는 사건이 필요했다.

1971년 3월 말 갑자기 일본 나고야에서 기회가 나타났는데, 당시 중국 탁구 팀이 거기서 탁구 세계 선수권 대회에 참가하고 있었다. 세계 최고였던 중국 선수들은 문화대혁명 때문에 1967년과 1969년 대회를 놓쳤다. 1971년 초, 일본탁구협회 회장 고토 고지(後藤鉀二)는 나고야에서 열릴 선수권 대회에 중국을 초대하기 위해 최선을 다했다. 저우가 직접 개입하고 마오가 승인하여 중국은 그 초대를 수락했다.[74]

저우는 중국 선수들의 일본에서의 활동에 특별한 주의를 기울였고, 그들의 지도자들에게 "하루에 최소 두 번 베이징에 전화하라"라고 지시했다. 마오 또한 큰 관심을 보였고, 자신의 수석 간호사인 우쉬쥔(吳旭君)에게 매일 그 내용을 들려 달라고 요청했다.[75] 행사 중에 전 중국 세계 챔피언이었던 좡쩌둥(莊則棟)이 셔틀버스에서 우연히 미국 선수 글렌 코언(Glenn Cowan)을 만났다. 그들은 인사를 나누고 작은 선물을 교환했다. 중국 선수들이 리셉션에서 미국인들을 만났을 때, 한 미국 선수가 언젠가 중국을 방문하고 싶다고 정중하게 말했다. 중국 팀 지도자들은 이러한 전개들을 미국인들이 중국을 방문할 의향이 있다는 징후로 보고 베이징에 보고했다.[76] 많은 숙고 끝에 중국 외교부와 체육 관리들은 "미국인들이 중국을 방문하기에는 아직 시기가 적절하지 않다"라고 결론 내렸

847

다. 저우는 그 보고서를 지지하고 승인받기 위해 마오에게 보냈다.[77] 주석은 이틀 동안 응답하지 않았다. 4월 6일 밤늦은 시간 그는 수면제를 복용한 후 침대에 누워 있었다. 그러다 갑자기 우쉬췬을 불러 외교부에 전화하여 '미국 팀을 중국에 초대하라'고 했다. 우는 자신의 귀를 의심했다. 비록 수면제의 영향을 받고 있었지만 마오는 우에게 전화를 걸라고 재촉했다.[78]

저우와 많은 동료는 마오의 갑작스러운 심경 변화 때문에 잠 못 이루는 밤을 보냈다. 다음 날 아침, 중국 팀의 지도자 자오정홍(趙正洪)은 미국인들을 찾아 중국 방문 초청장을 전달했다. 저우의 지시에 따라 그는 만약 여행 경비가 부족하다면 중국이 그들을 보조할 것이라고 말했다.[79] 저우는 미국 선수들을 맞이할 준비를 책임졌다. 베이징에서의 첫 '친선 경기' 전에 그는 중국 선수들에게 모든 경기에서 미국인들을 이기지 말고 몇 경기는 이기게 해 주라고 명령했다.[80] 또한 관중이 "적절한 분위기에 박수를 치도록 사전에 알려야 한다"라고 지시했다.[81] 그는 미국 선수들도 만났다. 그는 이 행사가 너무 극적으로 보이지 않게 하고 초점을 미국인들로부터 멀리 돌리기 위해, 캐나다, 콜롬비아, 영국, 나이지리아 선수들도 초대하기로 결정했다.[82] 거의 하룻밤 사이에 이 '핑퐁 외교'는 중국과 미국 간의 정치적 분위기를 완전히 바꾸었고, 양국 관계 개선이라는 주제를 키신저가 말했듯이 "세계의 상상력을 사로잡은 국제적인 센세이션"으로 만들었다.[83]

저우는 이제 중미 화해 과정을 더욱 추진할 때라는 것을 알았다. 4월 21일, 다시 파키스탄 채널을 통해 저우는 닉슨에게 메시지를 보내, 타이완이 "어떤 관계를 회복하기 전에 해결해야 할 주요하고 전제적인 문제"라고 강조했다. 그는 중국이 타이완 문제를 해결하는 수단으로서 "직접적인 토론에 이제 관심이 있다"라며, 따라서 "미국 대통령의 특별 사절

(예를 들어 키신저)이나 미국 국무장관 또는 심지어 미국 대통령을 베이징에서 공개적으로 맞이하여 직접 회담하고 토론할" 용의가 있다고 분명히 했다.[84] 닉슨은 답장에서 "중화인민공화국 지도자들과 직접 대화하기 위해 베이징을 방문"하라는 저우의 초대를 받아들일 준비가 되어 있다고 분명히 말했다. 또한 사전 의견 교환을 시작하고 대통령 방문을 위한 의제를 조율하기 위해 키신저가 비밀리에 베이징을 방문할 수도 있다고 제안했다.[85]

저우는 5월 말에 베이징의 중미 관계 개선 전략을 논의하기 위해 정치국 회의를 소집했다. 보고서에서 저우는 키신저와 닉슨의 중국 방문에 관한 여덟 가지 '기본 원칙들'을 요약했다.

> 모든 미군 및 군사 시설은 타이완과 타이완해협에서 철수해야 한다. 타이완은 중국의 영토이며, 타이완 해방은 중국의 내정 영역에 속한다. 중국은 타이완을 평화적으로 해방하기 위해 노력할 것이다. '두 개의 중국' 또는 '하나의 중국과 하나의 타이완'을 조장하는 활동들은 단호히 반대되어야 한다. 이전 세 가지 조건들이 완전히 실현되지 않는 한 중국과 미국은 외교관계를 수립할 수 없으며, 대신 서로의 수도에 연락 사무소를 설치할 수 있다. 중국은 유엔에서 의석 문제를 제기하지 않을 것이다. 중국은 중미 무역 문제를 주도적으로 제기하지 않을 것이다. 모든 미군은 인도차이나, 한국, 일본, 동남아시아에서 철수해야 한다.[86]

저우는 또한 중국과 미국의 관계 개방이 중국공산당의 정당성에 가져올 수 있는 도전을 고려했다. 이를 위해 그는 특별히 몇 가지 우려 사항을 열거했다. 중미 화해가 '독점 자본가 지배 계급'에 대한 미국 인민의 투쟁에 부정적인 영향을 미칠 것인가? 그것이 파리 평화 회담에서 하노이의 입지를 약화할 것인가? 미소 관계에 미치는 영향은 무엇일까? 저우는 중국-미국 관계 해빙을 통해 미군이 인도차이나에서 철수하도록 더욱 강요할 수 있다고 주장했다. 실제로 이것은 "제국주의, 수정주의, 반동 세력들에 대한 우리 투쟁의 승리"를 나타낼 것이었다. 만약 양국 간 관계를 열려는 노력이 성공한다면, "두 초강대국 간의 경쟁"은 더욱 치열해질 것이고, 만약 실패한다면, 미 제국주의의 "반동적 얼굴"은 더욱 폭로될 것이며, "우리 인민의 의식"은 더욱 고양될 것이었다.[87]

5월 29일 마오가 그의 보고서를 승인한 후, 저우는 다시 한번 파키스탄 채널을 사용하여 워싱턴에 공식 응답을 보냈다.

> 저우언라이 총리는 1971년 4월 29일, 5월 17일, 5월 22일 자 닉슨 대통령의 메시지들을 진지하게 검토했으며, 닉슨 대통령이 중화인민공화국 지도자들과 직접 대화하기 위해 베이징을 방문하라는 그의 제안을 받아들일 준비가 되어 있다는 것을 마오쩌둥 주석에게 큰 기쁨으로 보고했다. 마오쩌둥 주석은 닉슨 대통령의 방문을 환영하며, 그 기회에 대통령 각하와 직접 대화를 나눌 수 있기를 고대하고 있으며, 그 대화에서 각 측은 각자의 주요한 관심사를 자유롭게 제기할 수 있을 것이라고 밝혔다.[88]

닉슨은 저우에게서 온 메시지를 받고 논평했다. "이것은 제2차 세계대전이 끝난 이후 미국 대통령에게 온 가장 중요한 통신이다."[89]

6월 4일부터 저우는 미국에 대한 새로운 정책을 논의하기 위해 중국 전역의 이백 명 넘는 지도 간부들이 참석한 업무 회의를 주재했다. 회의는 원래 5일간으로 예정되었지만, 2주 동안 계속되었다. 저우는 장문의 기조연설을 하여, 중미 관계의 역사를 상세히 기술했다. 그는 민주당이

28-2 1971년 5월, 파키스탄을 통해 닉슨 대통령에게 보낸 저우언라이의 메시지.
『공화국 50년 진귀 당안(共和國五十年珍貴檔案)』(중화인민공화국 50년 귀중 기록물), 중국중앙기록관 편,
베이징: 중국당안, 1999, 2:1030; 저우언라이 원고 컬렉션; 국립기록보관소.

한반도와 베트남에서의 전쟁을 포함하여 "거듭 전쟁을 시작했다"라고 비판했다. 대통령으로서 닉슨은 "우리와 정상적인 관계를 수립하기를 열망"했고, 이는 "상황에 의해 추진된 야망이며, 재선을 위한 정치적 자본을 모으기 위한 것"이었다. 따라서 그는 중국과 협상하기 위해 고위급 관리들, 심지어 키신저까지 파견할 용의가 있었다. 저우는 베이징은 닉슨의 특별 사절을 환영하면서도 "그 입장과 원칙들"을 고수할 것이라고 강조했다. "만약 키신저가 실제로 중국에 온다면, 협상은 닉슨의 방문 길을 열기 위해 어떤 결과를 낳을 수도 있고, 아무런 결과를 낳지 않을 수도 있으며, 그것은 우리에게 조금도 해를 끼치지 않을 것이다." 저우는 "오늘의 상황은 우리가 제국주의자와 수정주의자 들에 대해 지속적으로 투쟁한 결과"라고 강조하며 결론을 내렸다. 협상이 성공하든 실패하든, 중국은 잃을 것이 없었다.[90]

회의 기간 동안 중국공산당 지도부는 마오와 스노의 대화를 전국에 전달하며, "그 문안이 모든 당원에게 구두로 전달되고, 그것을 진지하게 연구해야 한다"라고 했다.[91] 저우는 중앙 공작회의에서 한 또 다른 연설에서 스노와 마오의 대담이 전국에 전달되어야 하며, "대중들이 신중한 조직을 통해 연구하여 교육받도록" 해야 한다고 더욱 강조했다.[92] 이제 닉슨이 중국에서 환영받을 것임을 전국이 알았다.

★★★★★

7월 9일, 키신저는 파키스탄을 경유하여 비밀리에 베이징에 도착했다. 그는 중화인민공화국 수립 이후 중국을 방문한 미국 최초의 고위급 관리가 되었다. 저우는 키신저의 여행을 신중하게 준비했다. 그는 오랜 동료인 장원진과 탕원성(唐聞生, Nancy Tang), 마오의 조카손녀인 왕하이룽

(王海容)을 이스탄불로 보내 키신저를 만나 베이징까지 동행하게 했다. 저우는 장이 말수가 적은 사람이라는 것을 알았기 때문에, 그에게 특별히 "더 적극적으로 행동하여, 손님들이 첫 중국 여행에서 소외감을 느끼지 않도록" 하라고 했다.[93] 그는 기밀을 유지하기 위해 키신저의 비행기가 베이징 남쪽 교외에 있는 군용 공항 난위안(南苑)에 착륙하도록 했다. 키신저는 댜오위타이(釣魚台)국빈관에 머물게 될 것이고, 모든 회의 또한 그곳에서 열릴 것이었다. 만약 토론이 성공한다면, 양측은 키신저가 베이징을 떠난 후에 토론이 있었다고 발표할 것이었다. 그러나 만약 실패한다면, 그들은 아무 말도 하지 않고, 마치 아무 일도 일어나지 않았던 것처럼 할 것이었다.

저우는 예젠잉 원수에게 공항에서 키신저를 맞이하도록 했다. 이후 48시간 동안 저우와 키신저는 총 17시간에 걸쳐 여섯 차례 회의했다.[94] 두 사람은 곧 서로를 존중하게 되었다. 저우는 키신저를 "매우 지적인 사람, 실로 박사"라고 생각했으며, 키신저는 저우를 "내가 만났던 중 가장 인상적이었던 두세 사람 중 한 명"이라고 했다.[95]

7월 9일 오후 4시 25분, 저우와 키신저의 첫 회담이 시작되었다. 그는 손님인 키신저에게 먼저 발언하도록 요청했다. 키신저는 자신이 '양측의 관심사들'과 닉슨의 유력한 중국 방문에 대해 예비 토론을 하기 위해 왔다고 말했다. 그는 닉슨 대통령은 협상을 통해 베트남전쟁을 끝내기로 약속했으며, 만약 미국의 명예와 자존심이 보호된다면 미군은 베트남에서 철수할 것이라고 말했다. 타이완을 논의하기 위해 화제를 전환했을 때 그는 약간 긴장한 것처럼 보였다. 그는 베트남전쟁이 끝난 후 미국은 타이완에 있는 군대의 3분의 2를 철수시킬 것이고, 중미 관계가 더욱 개선됨에 따라 타이완으로부터 더 많은 군대를 계속 철수시킬 것이라고 말했다. 또한 워싱턴이 타이완을 중국의 일부로 인정하고 타이완의 독립을 지지하지 않을 것이며, 미국은 타이완 문제를 평화적인 수단을 통해 해결하는 것을 확고하게 지지한다고 강조했다. 저우는 주의 깊게 들었고, 닉슨이 중국에 방문하는 길을 닦기 위해 키신저가 이미 타이완에 대해 결정적인 양보를 했음을 즉시 깨달았다. 특히 그는 키신저가 타이완을 중국의 일부로 인정한 것에 주목했다. 그러나 그는 키신저가 타이완을 베트남과 연결한 것을 베이징과 흥정하려는 시도로 간주했다.

저우는 자기 발언 차례에 타이완을 부각했다. 그는 모든 미군은 타이완에서 철수해야 하며, 미국과 장제스 정부 간 조약은 폐지되어야 한다고 강조했다. 그러나 "타이완에 대한 중국과 미국의 지속적인 의견 차이가 양자 관계 개선을 막는 장벽이 되어서는 안 된다"라고 말했다.[96]

저우는 회의가 끝나자마자 마오에게 보고했다. 총리가 미국인들이 중국은 단 하나이고 타이완이 중국의 일부라는 것을 받아들일 용의가 있다고 언급했을 때, 마오는 동의하며 고개를 끄덕였다. 저우가 워싱턴이 타이완으로부터 일부 미군을 철수시키겠지만 전부는 아니라고 보고했을 때, 마오는 미소 지으며 논평했다. "원숭이가 인간으로 진화하는 데는 시간이 걸릴 것이다. 그들은 지금 유인원 단계에 있다." 마오는 인도차이나 문제가 더 중요하다고 강조했다. "타이완에서는 전투가 벌어지고 있지 않기 때문에 우리는 그곳 문제에 대해 서두르지 않는다. 베트남은 전쟁 중이고 사람들이 죽고 있다. 우리는 단지 우리 자신의 이익만을 위해 닉슨을 초대해서는 안 된다." 마오는 저우에게 다음 날 키신저와 이야기할 때 구체적인 문제들에 집중하지 말고, "천하가 큰 혼란 속에 있지만 상황은 훌륭하다"라는 "큰 전략적 그림"에 대해 "자랑하라"라고 지시했다.[97]

그리하여 저우는 다음 날 완전히 다른 접근법을 취했다. 그는 이념적으로 공격적인 언어를 사용하여 세계가 큰 혼란에 빠져 있음을 말하며, 베트남, 인도, 일본, 한국, 타이완을 포함한 일련의 국제 문제에 대한 베이징의 '주요 입장'을 제시했다. 이는 각각 워싱턴의 해당 정책에 정면으로 도전하는 것들이었다.

키신저는 저우의 '맹렬한 장광설'에 깜짝 놀랐다. 그러나 자신이 그 발언을 조목조목 반박하기 시작했을 때, 그는 총리의 태도가 다시 부드러워졌다는 것을 알았다. 만약 저우의 '빈말'이 주로 그를 위한 것이 아니라 중국의 평범한 사람들을 위한 것임을 알았다면 그가 그렇게까지 긴장하지는 않았을 것이다. 회의 말미에 저우는 닉슨의 중국 방문 날짜를 논의하자고 제안했다. 그들은 닉슨이 1972년 봄에 베이징에 와야 한다는 데 동의했다.[98] 7월 15일, 베이징과 워싱턴은 동시에 닉슨이 중국을 방문할 것이라고 발표했다. 세계가 깜짝 놀랐다.

$$\star\star\star\star\star$$

키신저가 떠난 직후, 저우 또한 중국을 떠나 7월 13일 늦은 시간에 하노이로 가는 비행기를 탔다. 그는 거기서 24시간 이내에 베트남 지도자들과 세 차례 회의했다. 그는 베트남인들에게 "베이징이 베트남을 위한 평화 협상 장소가 아니라는 것을 키신저에게 매우 명확히 했다"라고 표현했다. 저우는 베이징과 워싱턴의 관계가 개선되면 미국이 베트남에 머물러야 할 이유가 약해지고, 그 결과 협상 테이블에서 하노이의 협상력이 강해질 것이라고 진정으로 믿는다고 말했다.[99] 저우는 많은 베트남 지도자에게 설득력 있는 협상가이자 신뢰받는 친구로 알려져 있었다. 그러나 이번에는 그들을 설득하는 데 실패했다. 비록 그들이 저우의 면전에서 그를 반박하지는 않았다. 결국 그들이 미국인들과 전쟁을 계속하려면 중국의 강력한 지원이 중요했기 때문이다. 그러나 그들은 베이징의 의도를 매우 의심스러워했다. 베트남 내부 지시에 베이징과 워싱턴의 접촉을

"거의 익사할 뻔한 닉슨에게 구명조끼를 던져 주는 것"이라고 묘사한 것은 놀라운 일이 아니었다.[100]

저우는 옌안으로 돌아오자마자 거의 쉴 틈도 없이 7월 14일 늦게 평양으로 가는 비행기를 탔다. 총 일곱 시간에 걸쳐 두 차례 회의한 끝에 저우는 북한 지도자 김일성을 설득하여 워싱턴과 관계를 개선하려는 베이징의 노력을 받아들이게 했다. 그러나 그 대가로 김일성은 중국이 "한반도 긴장을 완화하기 위한 평양의 제안을 테이블에 올려 놓는 것을 도와 달라"라고 요청했다. 저우는 그렇게 하겠다고 말했다.[101] 한 달 후, 김일성이 비밀리에 중국을 방문했을 때, 저우는 그에게 중국공산당이 과거에 '통일전선' 전략을 어떻게 수행했는지 설명했다. 저우는 김일성에게 말했다. "우리는 타협이 필요하고 가능할 때에 그것을 거부하지 않으면서 끈질기게 투쟁할 것이다."[102]

저우의 다음 대화 상대는 베이징의 반미 망명정부 지도자인 시아누크 왕자였다. 저우는 시아누크에게 약속했다. "어떤 상황에서도 중국은 오랜 친구를 버리지 않을 것이다." 그는 또한 베이징과 워싱턴 간에 긴장이 완화되면 왕자가 캄보디아로 돌아가는 데 도움이 될 것이라고 했다.[103]

중국 주재 알바니아 대사 조르지 로보(Xhorxhi Robo)와 만났을 때, 저우는 어려운 도전에 직면했다. 저우가 중미 접촉으로 인해 베이징의 반제국주의 및 반수정주의가 변하는 일은 없을 것이라고 최선을 다해 강조했지만, 로보는 들으려 하지 않았다. 8월, 알바니아 노동당은 중국공산당 지도부에 편지를 써서, 베이징이 워싱턴과 긴장 완화를 추구하는 것을 단호히 반대하고 중국인들이 세계 프롤레타리아 혁명의 대의를 "배신했다"라고 주장했다.[104]

당시는 또한 마오와 저우가 린뱌오 사건과 그 여파에 완전히 몰두해 있던 시기였다. 일단 베이징의 정치 상황을 확고하게 통제하게 되자, 그들은 다시 중미 관계에 주의를 돌렸다. 황전 대사와 미국 대사 월터 스토셀은 새로 열린 '파리 채널'을 최대한 활용하여 한쪽 최고 지도부의 가장 중요한 메시지들이 가능한 한 안전하고 신속하게 다른 쪽 최고 지도부에 전달되도록 했다.[105]

★★★★★

1971년 10월 20일, 저우는 다시 베이징에서 키신저를 환영했다. 이번에는 공개적으로 환영회를 열었다. 저우는 이후 육 일 동안 총 23시간 40분 동안 키신저와 열 차례 회의했다.[106]

회의 전반부 동안 저우와 키신저는 상황과 정책에 집중했다. 그런 다음 후반부에 키신저의 제안에 따라 닉슨 방문을 위한 공동성명 준비에 대해 논의하기 시작했다. 저우는 중국 측에서는 이것을 생각하지 않았다고 말했다. 따라서 키신저에게 공동성명 초안을 작성해 달라고 요청했고, 키신저는 10월 22일 저녁에 그것을 그에게 건넸다. 저우는 초안을 훑어본 즉시 상당 부분을 수정해야 함을 알았다. 그럼에도 불구하고 키신저에게는 그것을 추가 토론을 위한 기초로 사용할 수 있다고 말했다.

마오는 키신저의 제안에 관심이 없었다. 저우는 그러나 미국인들은 진정으로 공동성명을 원하므로 하나 갖는 것이 더 낫다고 설명했다. 마오는 대답했다. "알겠다. 그럼 그렇게 하자. 나는 천하가 큰 혼란 속에 있다고 여러 번 말했으므로, 각 측이 스스로를 위해 발언하게 하는 것이 좋은 방법이다." 마오는 저우에게 만약 미국인들이 "평화, 안보, 패권 추구 거부"에 대해 이야기하고 싶어 한다면, 중국인들은 "혁명, 세계 억압받는 인민들의 해방, 강대국들이 작은 나라들을 괴롭히고 모욕할 권리가 없음"을 강조해야 한다고 지시했다. 마오는 인정했다. 이것은 "빈 대포를 쏘는 것"에 지나지 않는다고. 그러나 그는 주장했다. "이 모든 요점이 부각되어야 하며, 그보다 못한 것은 받아들일 수 없다."[107]

키신저는 중국 측 초안을 받아 들고 처음에는 믿기 어려워했다. 그는 저우에게, 미국 대통령이 미국 제국주의를 그렇게 거칠게 비난하는 표현이 담긴 문서에 서명할 수는 없다고 말했다. 하지만 "공허한 대포 소리"로 가득한 그 문서를 끝까지 읽고 나서는 그 초안의 참신함을 인식하게 되었고, 워싱턴의 신뢰성을 유지하는 데 있어 "우리가 겪고 있는 난제를 해소할지도 모른다"라고 느꼈다.[108] 이후 저우와 키신저는 다시 자리에 앉아 중국 측 초안을 바탕으로 또 다른 안을 완성했다. 그 문서는 양측의 공통된 입장을 정의했을 뿐 아니라, 중요한 사안들에 대한 각자의 입장을 분명하면서도 절제된 언어로 표현했다. 그렇게 해서 결국 양측이 수용할 수 있는 공동성명 초안이 점차 만들어졌다.

가장 어려운 문제는 타이완의 지위를 명시하는 것이었다. 타이완 문제에 대한 돌파구는 키신저가 다음과 같이 명시하는 제안을 내놓았을 때 달성되었다. "미국은 타이완해협 양측의 모든 중국인이 단 하나의 중국만이 있으며 타이완이 중국의 일부라고 주장하는 것을 인정한다. 미국 정부는 그 입장에 이의를 제기하지 않는다."[109] 저우는 그것이 마음에 들었다. 그는 나중에 이 단락이 "우리 중 누구도 적절한 표현을 생각해 낼 수 없었기 때문에 키신저가 기여했다"라고 논평했다. "결국 의사는 의사로서 확실히 유용하다."[110] 그러나 사실 이는 키신저가 만들어 낸 표현은 아니었다. 이미 1968년에 맨스필드 상원의원이 공개 연설에서 타이완 문제를 키신저가 사용한 것과 매우 유사한 말로 표현했다.[111] 타이완 문제에도 불구하고 중국과 새로운 관계를 추구하는 것에 대한 미국 내 초당적인 지지가 있었다. 키신저가 10월 26일 베이징을 떠났을 때, 저우와 키신저는 불과 6일 만에 이룬 진전에 대해 만족할 이유가 있었다.

키신저는 공항으로 가는 길에 유엔총회가 압도적인 다수의 찬성으로 장의 국민당 정권을 축출하고 유엔 및 그 안전보장이사회에서 중화인민공화국의 대표권을 회복하기로 했다는 것을 알게 되었다. 이것은 그의 예상을 뛰어넘는 일이었다. 그 전개는 저우에게도 놀라움으로 다가왔고, 그는 즉시 외교부 관리들과 회의를 소집하여 중국이 유엔에 대표단을 보내야 하는지 여부를 논의했다. 처음에 저우와 그의 동료들은 내년까지 기다리는 쪽으로 기울었다. 저우가 마오에게 보고하러 갔을 때, 주석은 브루클린 태생의 탕원성과 농담을 하고 있었다. "낸시 탕 양, 당신의 나라가 패배했다!"[112] 저우는 마오에게 비록 중국이 유엔에서 명백한 승리를 거두었지만, "우리는 그러한 결과에 대해 전혀 준비되어 있지 않았다"라고 말했다. 저우는 "현장 상황을 조사하고 미래의 행동을 준비하기 위해" 소규모 그룹을 유엔에 파견할 수 있다고 제안했다. 마오는 말했다. "아니다. 유엔 사무총장이 이미 우리에게 전보를 보내지 않았는가? 우리는 대표단을 그곳에 보내야 하며, 차오관화가 그들을 이끌어야 한다."[113] 저우는 지체 없이 마오의 명령을 수행했다.

닉슨의 방문 날짜가 가까워지면서 저우는 또 다른 큰 우려에 직면했다. 그는 마오가 미국 대통령을 만날 수 있을지 확신하지 못했다. 린뱌오가 죽은 후 마오의 건강은 급속히 악화되기 시작했다. 1972년 2월 12일 이른 아침, 닉슨이 베이징에 도착하기 불과 구 일 전에 마오는 의식을 잃었고, 죽음의 문턱에서 살아 돌아왔다.[114] 저우는 의사들에게 말했다. "주석이 그를 만날 수 있을 만큼 건강하도록 확실히 신경 써야 한다."[115] 그러나 저우도, 의사들도 확신할 수 없었다. 저우는 단지 기도할 뿐이었다.

28-3 1972년 2월 21일, 베이징공항에서 저우언라이와 닉슨. AFP via Getty Images

★★★★★

2월 21일, 일기예보는 눈이 내릴 것이라고 했지만 그날 눈은 내리지 않았다. 저우는 정오 무렵 베이징 수도 공항에 도착했다. 닉슨의 비행기인 에어 포스 원(Air Force One)이 착륙하여 활주로에 멈춘 후, 저우는 활주로로 나아가 닉슨과 영부인 팻 닉슨(Pat Nixon)이 비행기 계단을 내려오는 동안 꼼짝 않고 서 있었다. 저우는 닉슨이 먼저 악수를 청하기를 기다렸고, 그가 그렇게 한 후에야 손을 내밀었다. 저우의 공식 사진사에 의해 포착된 이 역사적인 순간에, 저우는 자신이 정치가로서 연기를 하고 있음을 알았다. 악수의 함의는 분명했다. 거의 이십 년간 이어진 중국과 미국의 완전한 대립 끝에, 닉슨이 베이징에서 총리와 악수하기 위해 지구 반 바퀴를 날아왔다. 닉슨과 저우의 만남은 중요한 상징이었고, 필시 모든 중국인에게 그들이 '일어섰다'는 사실을 상기시켰을 것이다.

며칠 동안 저우는 마오가 건강상의 문제로 닉슨과 만나지 못할까 봐 걱정했다. 그러나 마오는 그날 기분이 좋았고, 이른 아침부터 닉슨에 대해 거듭 물었다. 닉슨이 베이징에 도착했다는 것을 알자마자 그는 동료들에게 자신이 즉시 닉슨을 보고 싶어 한다는 것을 저우에게 알리라고 지시했다.[116]

그래서 닉슨이 댜오위타이국빈관에 도착하자마자 키신저가 달려와 마오가 그를 보고 싶어 하며 저우가 아래층에서 기다리고 있다고 말했다.[117] 닉슨은 저우와 함께 서둘러 떠났다. 대통령은 키신저와 그의 보좌관인 윈스턴 로드(Winston Lord)를 데리고 갔다. 그러나 그는 윌리엄 P. 로저스(William P. Rogers) 국무장관을 대동하지 않았다.

마오는 중난하이에 있는 자기 서재에서 닉슨을 맞이했다. 그는 닉슨에게 말했다. "오늘은 말이 잘 안 나온다." 그러나 실제로는 말을 많이 했다.

그는 "구체적인 문제들"을 논의하기를 거부했다. 대신 "철학의 문제들"을 이야기할 것이라고 말했다. 실제로 주석은 자신의 넓은 통찰력을 과시하고 싶어 하는 것 같았고, 미국인들에게 자신이 중국과 관련된 모든 문제를 완전히 통제하고 있을 뿐만 아니라, 이 알려진 우주에서 중요하다면 '어떤 것이든' 이해하고 다룰 수 있는 지적인 자격을 갖추었음을 보여 주었다. 마오는 닉슨과 키신저가 자신에게 가르침을 듣기 위해 그렇게 먼 길을 왔다는 것이 엄청나게 만족스러웠다. 저우는 거기에 앉아 때때로 시계를 힐끗 쳐다보았다. 그는 닉슨에게 회의가 10분에서 15분 이내로 짧게 끝날 것이라고 말했었다. 하지만 그것은 1시간 5분 동안 계속되었다.[118]

저우와 닉슨의 회담에서 타이완 문제는 여전히 공동성명 문안을 최종 확정하는 데 있어 핵심이었다. 이는 키신저와 중국 부외교부장이자 저우의 주요 동료인 차오관화가 해결해야 할 문제였다. 핵심 과제는 타이완으로부터 미군이 철수하는 시간표와 타이완 문제를 평화적으로 해결하겠다는 베이징의 약속 사이의 연관성에 대한 워싱턴의 입장을 상호 수용 가능한 방식으로 표현하는 것이었다. 중국인들에게 이것은 중요한 문제였다. 그들은 타이완에 관한 모든 문제는 "중국의 내정에 속한다"라고 주장했기 때문이었다. 그러나 저우의 지도 아래, 중국인들은 유연성을 보였고 이 문제에 대해 타협점을 찾았다.

닉슨 방문에서 마지막으로 골치 아픈 일화는 미국인들 내 긴장에 의해 촉발되었다. 닉슨이 마오를 만나러 갔을 때, 로저스 국무장관은 함께 하지 못했다. 키신저는 공동성명을 최종 확정하면서 로저스와 그의 동료들과 상의하지 않았다. 2월 25일, 로저스는 저우에게 마오에게 작별 인사를 하고 싶다고 말했다. 저우는 그 요청이 의례 절차를 어기는 것임을 알았다. 마오 또한 건강상의 문제로 로저스를 만나기 어려울 것이었다. 저우가 키신저에게 상의하자, 그는 "전혀 그럴 필요 없다"라고 말했다. 저우는 로저스가 그런 요청을 한 것은 닉슨이 "마오를 만나러 갈 때 그를 데려가지 않았기 때문"임을 깨달았다.[119] 키신저와 차오가 공동성명의 문안을 합의한 후, 로저스와 그의 동료들은 그 안에서 일련의 '허점'들을 발견하고 문서를 더 수정해야 한다고 요구했다. 저우는 중국식 표현으로 "그들의 체면을 세워 주기"로 결정했다. 다음 날, 저우는 갑자기 로저스가 머물고 있는 층에 나타나 로저스에게 인사하고 그와 그의 동료들이 미국의 대중국 긴장 완화에 기여한 것에 대해 감사했다.[120] 또한 차오에게 공동성명 문안을 최종으로 수정하기 위해 키신저를 다시 만나라고 지시했다. 닉슨이 떠나기 전날 밤, 공동성명이 완성되었다.

2월 28일, 중미 공동성명이 상하이에서 공식적으로 발표되었다. 그것은 중국과 미국 모두 "아시아-태평양 지역에서 패권을 추구해서는 안 되며, 각자는 다른 어떤 나라나 국가 그룹이라도 패권을 확립하려 노력하는 것을 반대한다"라고 발표했다. 비록 거명되지 않았지만 소련을 지칭하였음이 명백하다. 여러 면에서 이것은 20세기 가장 중요한 역사적 문서 중 하나이자, 저우의 가장 중요한 외교적 성과 중 하나였다.

저우는 술을 잘 마셨지만, 외교적인 자리에서는 거의 마시지 않았다. 그러나 닉슨을 위한 송별 연회에서 그는 마오타이주를 연거푸 마셨다. 닉슨도 많이 마셨다. 두 사람 모두 불콰해졌다.[121]

* * * * *

에어 포스 원이 상하이에서 이륙하는 것을 본 후, 저우는 즉시 베이징으로 돌아가는 비행기를 탔고, 거기서 닉슨과의 회담과 상하이 공동성명 발표에 대해 마오에게 보고했다. 3월 3일, 그는 당 중앙과 국무원의 지도 간부들에게 연설했다. 그는 공동설명의 조항들을 단락마다 설명하며, "소련, 일본, 장제스가" 그 문서에 "큰 패배자들"로 기록되었으며, "우리가 미국의 문을 열었다"라고 강조했다.[122]

이 순간은 저우의 순간이자, 중국과 세계 역사에서 매우 중요한 순간이었다. 이는 중화인민공화국과 미국의 거의 25년에 걸친 전면적인 대립을 끝내고, 세계에서 가장 인구가 많은 나라와 가장 강력한 나라 간의 관계에 새로운 장을 열었다. 또한 냉전의 본질을 바꾸어, 사회주의와 자본주의가 현대성을 달성하는 방식의 차이를 모호하게 만들었고, 세계 공산주의자들 사이에 공유되던 "자신들의 이념이야말로 세계가 직면한 문제들에 최선의 해답을 제공한다"라는 의식을 묻어버렸다. 동시에 이 사건은 중국의 발전 경로 자체에도 중대한 전환을 가져왔다. 상하이 공동성명이 발표됨으로써, 중국은 이미 훗날 '개혁개방' 시대로 이어지는 첫걸음을 내디딘 것이라고 말할 수 있지 않을까?

제29장

영광이
눈물을 거두다
1972~1974

린뱌오가 사망한 후, 저우언라이는 사실상 중국의 2인자로 부상했다. 그는 미국과의 관계 개선에 크게 기여하여 국제적으로 엄청난 명성을 얻고 국내에서 찬사를 받았다. 그는 정치가이자 국가지도자로서 황금기를 누리고 있는 것처럼 보였다. 그러나 그의 쾌활한 태도 뒤에는 모호한 불안감이 도사리고 있었다.

어느 날 정치국 위원 지덩쿠이(紀登奎)는 저우가 이례적으로 완전히 자제력을 잃는 모습을 목격했다.

총리는 마치 무아지경에 빠진 듯, 나쁜 감정에 휩싸여 임시 사무실에 홀로 앉아 있었다. 리셴녠과 나는 그가 왜 그렇게 침울해 보이는지 몰라서 위로하려고 다가갔다. 그는 아무 말 없이 듣고만 있었다. 내가 말했다. "린뱌오는 자멸했다. 이제부터 우리는 나라의 경제 재건에 집중할 수 있다. 이것은 행복한 순간이다." 이는 당시 그에게 벅찬 말들이었음이 분명하다. 그는 눈물을 흘리더니 금세 통곡하기 시작했다. 그는 점점 더 큰 소리로 울부짖었고, 흐느끼다 목이 메었다…… 마침내 그는 진정되었고 한참 후에 말했다. "당신들은 이해하지 못한다, 그렇게 간단하지 않다. 아직 끝나지 않았다." 그는 거기까지 말하고 더 이상 한마디도 하지 않았다.[01]

저우는 의지가 강철 같은 사나이였다. 그는 평생 거의 한 번도 동료들 앞에서 그런 식으로 감정을 터뜨린 적이 없었다. 그런데 그때는 왜 그랬을까?

저우의 가장 깊은 내면세계에 들어가 그 질문에 답할 수 있는 사람은 아무도 없다. 그러나 우리는 몇 가지 다른 각도에서 그 질문을 고찰해 볼 수 있다. 그 시기 저우는 아마도 극심한 스트레스에 시달렸을 것이다. 그가 긴장을 풀 수 있게 되었을 때, 엄청난 기쁨과 깊은 슬픔이 뒤섞인 이중적인 감정은 흔들리는 마음으로 감당하기에는 너무 벅찼고, 그 결과 그는 통제력을 잃었다. 또한 그는 마오의 문화대혁명이 재앙이었다고 믿었고, 자신이 마오의 공범으로 비칠 수 있다는 것을 이해했기 때문에, 중국 인민과 역사의 심판에 직면할 때 겪게 될 어려움을 예견했을 수도 있다. 대안으로, 저우는 린이 몰락한 후 사실상 중국의 2인자가 되었기 때문에 끔찍한 예감을 가졌을 수도 있다. 린은 마오의 "가장 가까운 전우"이자 후계자로 알려져 있었지만, 갑작스럽고 비참한 끝을 맞았다. 저우는 자신이 린의 길을 따를 수도 있다는 두려움에 사로잡혔을까? 저우가 '아직 끝나지 않았다'고 말한 것은 무슨 의미였을까? 아무도 확실하게 말할 수 없다. 그러나 그가 앞으로의 길이 험난할 것을 직감했다는 한 가지만은 확실하다.

＊＊＊＊＊

어쨌든 린이 사망한 후 맞는 봄에 중국 지도부 내 저우의 권력과 지위
는 높아졌다. 중국 국내외 상황에 겨우내 쌓인 눈이 녹고 있었다. 봄의 달
콤한 향기가 공중에 감돌았다. 중미 화해는 중화인민공화국이 유엔 및
그 안전보장이사회에서 중국의 의석을 차지하는 것과 함께 중국의 대외
관계에 새로운 돌파구를 가져왔다. 1971년 중반부터 1972년 말까지 일 년
반 동안, 미국을 제외한 모든 주요 서방 강대국들을 포함하여 거의 30개
국이 중화인민공화국과 외교관계를 수립했다.

영국은 서방 강대국 최초로 인민공화국을 인정했다. 그러나 중국과 영
국 간의 관계는 타이완 문제로 인해 거의 이십 년 동안 영사급 수준에 머
물러 있었다. 1972년 초, 중국과 영국은 관계 격상에 관한 일련의 회의를
했고, 저우가 이 회의에 직접 관여했다. 닉슨이 중국을 떠난 지 이틀 후
인 3월 2일, 저우는 베이징 주재 영국 대리 대사인 존 덴슨(John Denson)
과 회의했다. 그때까지 베이징의 영국 공관은 문화대혁명의 절정기에 손
상되었던 이전 사무실 건물로 다시 이사했다. 저우는 덴슨에게 사과하며
말했다. "당신 사무실에 불을 지른 것은 나쁜 분자들이었고, 중국 정부는
그것에 반대했기 때문에 우리가 수리 비용을 부담했다." 저우는 또한 덴
슨에게 중영 관계를 격상하기 위해 런던이 타이완에 영사관을 유지해서
는 안 되며, "타이완의 법적 지위가 미정"이라거나, "두 개의 중국" "하나
의 중국과 하나의 타이완"과 같은 개념들을 명확하게 거부해야 한다고
말했다.[02] 런던은 긍정적으로 응답했다. 3월 13일, 베이징과 런던의 외교
관계는 대사급으로 격상되었다.

저우는 또한 서독에 주의를 기울였다. 중화인민공화국 초기에 '일변
도' 원칙에 따라 베이징은 독일연방공화국을 인정하기를 거부했다. 모

스크바가 본(Bonn)과 외교관계를 수립한 후, 중국 또한 독일과 전쟁 종식을 선언했다. 그러나 베이징과 본은 외교관계에서 아무런 진전도 이루지 못했다. 1969년, 사회민주당의 빌리 브란트(Willy Brandt)가 서독 총리가 되었다. 1970년대 초부터 베이징과 본은 외교관계 수립을 논의하기 시작했다. 당시 브란트는 소련과의 긴장을 적극적으로 완화하려 하고 있었고, 중국은 우선순위가 아니었다. 브란트의 명백한 친소련 외교 또한 베이징을 불안하게 했다.

그 시기, 저우는 본에 주재하던 신화사 기자 왕수(王殊)의 여러 보고서를 읽었다. 왕은 서독이 수정주의 국가가 아니며, 나토(NATO) 회원 자격은 소련의 위협을 막기 위한 것이라고 강조했다. 왕은 야당인 기독교민주연합 또한 중국과의 외교관계 수립을 지지했다고 언급했다. 저우는 왕의 분석을 주목하고 외교부 회의에서 여러 차례 언급했다.[03] 1972년 7월, 기독교민주연합 부의장 게르하르트 슈뢰더(Gerhard Schröder)가 중국을 방문했다. 저우는 슈뢰더와 회담하는 중에 1920년대에 베를린에 살았던 시절을 회상했다. 그는 특히 콘라트 아데나워(Konrad Adenauer)의 선견지명 덕분에 서독이 일본과는 달리 타이완과 직접적인 관계를 발전시키지 않았다고 언급했다. 그 덕에 중국과 서독이 외교관계를 수립하는 데 크게 눈에 띄는 장애물은 존재하지 않았다.[04]

7월 21일, 저우는 독일에서 베이징으로 소환된 왕을 만나 베이징과 본 간의 외교관계 전망에 대한 보고를 들었다.[05] 사흘 후, 저우는 왕을 데리고 마오를 만났다. 본과 외교관계를 수립하기를 전적으로 지지했던 주석은 국제적으로 언명했다. "나는 특히 우파를 좋아한다.""닉슨과 그의 부류처럼."[06] 왕은 서둘러 본으로 돌아가 이례적으로 서독과의 수석 협상가로 임명되었다. 토론은 조용하지만 꾸준히 진행되었다. 9월 29일, 양국은 외교관계 수립에 관한 협정 초안에 도달했다. 11월 11일 베이징에서 공식적으로 문서에 서명이 이루어졌다.

저우는 또한 프랑스와의 관계 개선에 눈을 돌렸다. 베이징과 파리는 1964년에 외교관계를 수립했지만, 그 관계는 문화대혁명 기간 동안 동결되었다. 1969년, 샤를 드골은 1968년 5월 사건의 여파로 프랑스 대통령직에서 사임했다. 저우는 마오의 지지를 받아 드골의 중국 방문을 계속해서 계획했다. 그러나 드골은 방문이 이루어지기 전인 1970년에 사망했다. 그 무렵 베이징과 파리의 관계는 해빙되기 시작했다. 1972년 7월, 프랑스 외무장관 모리스 슈만(Maurice Schumann)이 당시 프랑스 대통령이었던 조르주 퐁피두(Georges Pompidou)의 중국 방문을 준비하기 위해 베이징을 방문했다. 저우는 슈만에게 중국과 프랑스 모두 독립과 자결을 지지한다고 강조했다. 그는 1920년대 프랑스에서의 시절을 회상했다. "〈라 마르세예즈(La Marseillaise)〉와 〈인터내셔널(L'Internationale)〉, 우리가 그토록 자주 불러 익숙한 그 노래들은 모두 프랑스에서 왔다. 우리는 이 친밀한 관계를 소중히 여긴다."[07] 1973년 9월, 퐁피두는 마침내 중국을 방문했다. 저우는 마오와 함께 퐁피두를 만났고, 방문 내내 그와 동행했다. 공식 회담에서 저우는 중국과 프랑스 모두 "세계의 어떤 초강대국도 우리를 통제하도록 허용하지 않는" 독립적인 외교정책을 고수한다고 거듭 강조했다. 중국에서 퐁피두의 마지막 기착지는 항저우 관광이었고, 거기서는 공식적인 회담이 예정되어 있지 않았다. 경치 좋은 시후(西湖)를 둘러보는 동안 저우는 거의 반세기 전에 배웠던 프랑스어로 간간이 이야기하며 퐁피두를 기쁘게 했다.[08] 저우언라이는 어떤 경우에서든 외교적인 성과를 낼 수 있었다.

★★★★★

반세기 전, 저우는 영국, 독일, 프랑스에서 생활하고 일했으며, 그 경험
이 그의 말년까지 영향을 미쳤다. 그러나 어떤 것도 학생으로서 일본에
살았던 기억에 비견할 수는 없었고, 그 기간 동안 그는 평생 그와 함께할
일본에 대한 특별한 감정을 키웠다. 그는 항상 일본을 중요한 나라로 여
겼고, 중국과 일본이 외교관계를 수립하기를 오랫동안 희망했다. 1950년
대 최악의 냉전이 중국과 일본 사이에 간극을 만들었을 때도 저우는 여
전히 일본과의 무역, 문화, 체육 교류를 촉진할 기회를 잡기 위해 최선을
다했다. 1970년대 초에 전환점이 찾아왔다. 일본이 미국의 주요 아시아
동맹국이었음에도, 워싱턴은 1971년 7월 키신저의 비밀 중국 방문에 대해
사전에 공유하지 않았다. '닉슨 쇼크'로 알려진 이 사건은 일본, 특히 극
도로 친미적이었던 사토 에이사쿠(佐藤榮作) 총리에게 큰 타격이었다.
10월, 저우는 중일 외교관계 정상화를 위한 세 가지 원칙을 소개했다. 즉
중화인민공화국 정부가 중국의 유일한 합법 정부이며, 타이완은 중국에
게 불가분의 일부이고, 일-대만 조약은 불법이고 무효이며 폐기되어야
한다는 것이었다.[09] 1972년 7월, 사토는 일본 총리직에서 사임했다. 저우
는 즉시 중일 관계에 돌파구를 낼 순간이 왔다는 것을 깨달았다.[10]

1972년 4월, 집권 자민당 총재 후보였던 미키 다케오(三木武夫)가 중국
을 방문했다. 베이징으로 출발하기 전에 미키는 저우의 '세 가지 원칙'을
지지한다고 발표했다. 저우는 그의 측근이자 중일우호협회 회장인 왕궈
취안(王國權)에게 미키와 예비 회담을 하도록 했다. 만약 이 회담에서 진
전이 이루어진다면, 저우가 미키를 만날 것이었다. 왕과 미키는 신속하
게 일련의 문제들에 대해 합의에 도달했다. 그런 다음 왕은 갑자기 댜오
위다오[釣魚島, 일본에서는 센카쿠 열도(尖閣諸島)]를 언급하며, 미키에

게 "댜오위댜오가 고대부터 중국의 영토였다"라는 사실을 받아들이라고 요청했다. 왕은 심지어 만약 미키가 그 문제에 대해 양보하지 않는다면, "중국 방문을 성공적으로 끝마치기는 불가능할 것"이라고 암시하기까지 했다. 미키는 갑작스러운 주제 변화에 깜짝 놀랐다. 저우는 이 사실을 알고 즉시 미키를 만나기로 했다. 그는 미키에게 말했다. "왕은 너무 급진적인 좌파다. 그는 나보다 훨씬 더 급진적이다. 그가 당신에게 큰 딜레마를 주었다. 어떻게 당신이 방문한 목적과 직면한 상황을 고려하지 않고 그렇게 할 수 있나? 이 점에 있어서 나는 그와 생각이 같지 않다." 저우는 댜오위댜오가 어느 나라에 속하는지에 대해서는 "우리 사이에 명백한 이견들"이 있으며, 그것이 "중요한 문제"라고 인정했다. 그러나 저우는 그 문제는 "시기가 적절할 때 우리 두 정부 간의 협상을 통해서만 해결될 수 있다"라고 강조했다. 이제 "우리 둘이 직면한 가장 시급한 질문은 모든 어려움을 극복하고 모든 장벽을 제거하여 가능한 최단 시간 내에 우리 두 나라 간 외교관계를 회복하는 방법이다."[11]

일본 사회당 지도자 사사키 고조(佐佐木更三)가 7월 중순에 베이징을 방문했다. 저우는 그에게 만약 일본의 새로운 총리인 다나카 가쿠에이(田中角榮)와 외무장관 오히라 마사요시(大平正芳)가 중화인민공화국과 외교관계를 맺는 것을 논의하기 위해 중국을 방문할 용의가 있다면, 자신이 따뜻하게 환영할 것이라고 했다. 저우는 말했다. "우리는 이제 과거를 돌아보기보다는 미래를 내다보고 문제들을 해결해야 한다."[12]

7월 말, 일본 공명당(公明党) 위원장인 다케이리 요시카츠(竹入義勝)가 스스로 주도하여 베이징에 도착했지만, 그는 자신을 일본 정부의 비공식 특사로 내세웠다. 저우는 3일 동안 그와 세 차례 장시간 회담했다. 대화의 초점은 만약 중화인민공화국과 일본이 외교관계를 수립한다면 타이완을 어떻게 다룰 것인가였다. 저우는 일본이 중화인민공화국을 중국의 '유일한 합법 정부'로 인정하고 타이완과 공식적인 관계를 끊어야 한다고 주장했다. 댜오위다오에 관해서는 "그 질문을 포함시킬 필요는 없다. 외교관계 회복과 비교할 때, 그것은 중요한 문제가 아니다"라고 말했다. 다케이리는 저우의 의견을 다나카에게 사실대로 보고하겠다고 말했다.[13]

다나카와 오히라는 9월 말에 중국을 방문했다. 저우는 이미 일본 지도자들과 토론하기 위한 전략을 계획했다. 특히 마오는 이미 오래전에 일본에게 전쟁 배상금을 요구하지 않기로 결정했고, 저우는 이를 전적으로 지지했다. 장제스는 그의 '중일 평화 조약'에 서명하면서 이미 배상금 요구를 포기했다. 장과 마찬가지로 마오와 저우도 강대국으로서 중국의 관대함을 보여 주기 위해 '악행에 덕으로 답하는' 접근법을 채택하고자 했다.

타이완 문제에 관해서 저우는 '세 가지 원칙'이 외교관계 수립의 기초가 되어야 함을 분명히 했다. 따라서 만약 이러한 원칙들을 받아들이지 않았다면 다나카는 베이징에 올 수 없었을 것이다. 이 모든 점을 고려할 때, 저우는 다나카의 방문이 중일 외교관계 개선으로 이어질 것이라고 꽤 자신했다. 저우는 다나카와의 모든 회담에 관여했다. 저우와 다나카 모두 협상이 성공하기를 열망했기 때문에, 양측의 다양한 문제들이 차례로 해결되었다.

중국 측에게 한 가지 큰 장애물은 저우가 주최한 환영 만찬에서 다나카가 쓴 표현이었다.[14] 중국에 대한 일본의 전쟁을 묘사하면서 다나카는 말했다. "과거에 일본이 중국 인민에게 많은 폐를 끼친 것에 대해, 다시 한번 유감을 표한다." 저우를 포함하여 그 자리에 참석한 거의 모든 중국인은 이 말을 듣고 혼란스럽고 불쾌했다.

일본의 중국 침략이라는 거대한 재앙을 '폐를 끼쳤다'라는 가벼운 표현으로 요약할 수 있을까? 저우의 얼굴은 어두워졌다. 다음 날, 다나카와

29-1 1972년 9월 말, 일본 총리 다나카 가쿠에이와 함께한 저우언라이.
Bettmann Archive / Getty Images (514871852)

의 공식 회담에서 저우는 "폐를 끼쳤다"라는 표현이 왜 적절하지 않은지 설명하는 데 거의 한 시간을 할애했다. 그것은 예를 들어 "거리의 누군가가 여성의 치마에 물을 쏟았을 때" 종종 사용하는 표현이었기 때문이었다. 다나카는 주의 깊게 들었다. 마침내 그는 저우에게 만약 중국 측이 더 적절한 표현을 가지고 있다면, 기꺼이 받아들일 것이라고 말했다.[15]

9월 27일 저녁, 마오와 저우는 다나카와 오히라를 만났다. 주석은 논평했다. "수십 년 또는 심지어 백 년 동안 해결할 수 없었던 문제들이 불과 며칠 만에 해결되었다. 이것은 지금 우리 둘 다 이 결과를 필요로 하기 때문이다."[16]

마오와 다나카의 만남은 오히라와 중국 외무부장 지펑페이(姬鵬飛)가 그들의 회담에서 남은 모든 문제를 해결할 수 있는 긍정적인 분위기를 조성했다. 오히라는 지에게 자신과 다나카 모두 그 침략 전쟁을 경험했으며 "그 본질을 완전히 이해한다"라고 매우 진지하게 말했다. 그러나 그들은 일본의 국가적 상황, 정서 및 이익을 고려해야 했다. 회담 마지막 날 저녁, 공동성명의 문안을 최종 확정해야 했을 때, 오히라는 지에게 한 문장씩 읽어 주며, 이것이 자신이 양보할 수 있는 한계라고 말했다. "일본 측은 과거 전쟁을 통해 중국 인민에게 심각한 피해를 야기한 것에 대한 책임을 깊이 통감하며, 깊이 반성한다." 지는 긴 침묵 끝에 십 분간 휴회할 것을 제안하고, 옆방으로 가서 저우에게 보고했다. 방 안에 있던 누군가가 '전쟁'이라는 용어를 '침략 전쟁'으로 바꾸어야 한다고 제안했다. 저우는 반박하며, 공동성명을 읽는 사람은 누구나 그 안의 '전쟁'이 '침략 전쟁'임을 알 것이라고 지적했다. 그게 아니라면, 왜 일본 정부가 '깊이 반성'하고 '그 책임을 깊이 통감'해야 하는가?[17] 지는 즉시 회의실로 돌아와 오히라에게 그가 제안한 표현이 받아들여졌다고 말했다.

다나카는 센카쿠/댜오위다오 문제를 제기했다. 일본 측 회의록에 따르면, 그는 저우에게 물었다. "센카쿠에 대한 당신의 견해는 무엇인가? 많은 사람이 그것에 대해 나에게 물었다." 저우는 대답했다. "나는 지금 댜오위다오에 대해 논의하고 싶지 않다. 지금 그 문제를 논의하는 것은 좋지 않다. 이제 그곳에서 석유가 발견되었기 때문에 더욱 문제가 되었다. 만약 석유가 발견되지 않았다면, 타이완도 미국도 (댜오위다오를) 심각한 문제로 간주하지 않았을 것이다." 그러나 중국 측 기록에 따르면, 대화는 거기서 끝나지 않고 다음과 같이 계속되었다.

> **다나카** 좋다! 이 문제를 지금 논의할 필요는 없다. 나중에 다시 논의할 수 있다.
>
> **저우** 나중에 다시 논의하자. 이번에는 지금 해결할 수 있는 기본적인 문제들을 해결할 것이다. 가령 먼저 양국 관계를 정상화해야 한다. 이것이 가장 시급한 문제다. 일부 문제들은 상황이 변한 후에 나중에 논의해야 한다.
>
> **다나카** 일단 외교관계가 수립되면, 다른 문제들도 해결될 수 있다고 믿는다.[18]

그리하여 몇 차례 이야기를 주고받은 끝에 저우와 다나카 모두 자신의 정치적 지혜를 보여 주며, 댜오위다오/센카쿠 열도에 대한 분쟁을 보류하기로 합의했다.[19]

9월 29일, 저우와 다나카는 중국과 일본 간 외교관계 수립을 발표하는 공동성명에 서명했다. 저우는 또 다른 큰 임무를 완수했다. 21세기가 펼쳐지면서 중일 관계에 크고 작은 방해들이 거듭되는 가운데, 두 나라 위의 하늘이 햇빛으로 가득 찬 듯했던 시절을 회상하는 것은 매력적인 일이다.

★★★★★

저우는 또한 서방 자본주의국가들로부터 전체 공장 설비와 선진 기술을 43억 달러에 수입하는 것을 포함하는 '4-3 계획'을 시작하고 추진하는 데 중심적인 역할을 했다. 그 계획의 기초는 사실 닉슨이 중국에 방문하기 전에 마련되었다. 1971년 말, 중미 관계가 완화되고 중화인민공화국이 유엔에 가입하면서 주요 서방 국가들은 과잉 생산으로 인한 경제적 긴장에 직면했다. 그동안 중국에서는 곡물 생산이 정체되었고, 면화 및 다른 원자재가 거의 항상 부족했으며, 한정된 비료 생산 능력이 농업이 발전하는 속도를 늦추었다. 심지어 마오도 저우와의 대화에서 이러한 문제들을 언급했고, 저우는 즉시 이를 비료 및 화학 섬유용 전체 설비 및 기술을 수입하는 것에 대해 부총리 리셴녠과 논의할 기회로 삼았다.[20]

1972년 1월 23일, 리, 화궈펑(華國鋒), 위추리(余秋里)는 저우에게 화학 섬유 제조용 설비 4세트와 비료 제조용 설비 2세트, 낡은 공장들을 개조하는 데 사용될 프랑스와 일본의 핵심 장비 및 부품 들을 수입할 것을 제안하는 보고서를 제출했다. 수입 물품은 총 약 4억 달러에 상당할 것이었다.[21] 저우는 그 제안을 승인했고, 마오도 마찬가지였다.[22]

그 계획이 실행되며 많은 성 사이에 장비를 유치하기 위한 경쟁이 촉발되었다. 다른 여러 산업 부문들도 수입 물품을 제안했다. 예를 들어, 8월 6일 국가계획위원회는 서독으로부터 1700밀리미터 압연기를 수입하는 것에 관한 보고서를 제출했고, 저우는 신속하게 그것을 승인했다.[23] 그동안 리는 다양한 수입 제안들의 균형을 맞추기 위해 동료들과 협력했다.[24] 1973년 1월 2일, 국가계획위원회는 '장비 수입 증대 및 경제 교류 확대'에 관한 보고서를 저우에게 제출했다. 보고서는 "신기술을 도입하고, 농업을 지원하며, 기초 산업과 경공업을 강화"하기 위해 전체 설비 및 기술 수입 계획 26개를 채택할 것을 제안했다. 여기에 총 43억 달러가 들 것으로 예상되었다. 저우는 주저 없이 그 보고서를 받아들였다. 그 후 마오도 그것을 승인했다.[25]

1970년대 초, 중국의 연간 대외 무역액은 50억 달러 미만이었고, 그중 수입은 약 20억 달러를 차지했다. 따라서 저우가 4-3 계획을 시작하도록 지지한 것은 중대한 움직임이었다. 비록 규모와 목적 면에서 그것을 1970년대 후반에 베이징이 채택한 전면적인 '개혁개방' 정책과 비교하기는 어렵지만, 그럼에도 불구하고 그 수입 프로젝트는 중국이 더 큰 세계 자본주의 시장을 받아들이게 될 시대의 중요한 서곡이었다.

*****

마오는 노련한 정치가였고, 정치 상황과 권력 균형의 변화를 탐지하는 비범한 능력을 가졌다. 린의 죽음의 여파 속에서 그는 문화대혁명이 직면한 엄청난 역풍을 감지했고, 그것들을 다루기 위해 어떤 조치를 취해야 한다는 것을 알았다. 따라서 1972년 초, 그는 문화대혁명 기간 동안 숙청되었던 특정 원로 간부들을 복권시키는 데 동의했다. 그는 이제 모든 비난을 린에게 돌리며, 숙청에 궁극적으로 원인을 제공한 사람은 죽은 원수였다고 주장했다.

저우는 간부들을 복권시키자는 마오의 의견에 기꺼이 동의했다. 일단 마오가 청신호를 주자, 저우는 즉시 그 계획을 진행했다. 차례차례, 그리고 나중에는 그룹별로, 숙청된 관리들이 중국 정치 무대에 다시 나타났고, 그들 중 다수는 이전에 누리던 지위를 되찾았다. 저우는 중앙 수준에서 심사와 승인이 필요한 거의 모든 사건에 관여했다. 저우가 그중 어떤 사건에서든 부정적인 역할을 했다는 증거는 없다.

복권된 간부들 중 가장 주목할 만한 인물은 문화대혁명 기간 동안 불명예를 안았던 중국의 '두 번째로 큰 자본주의 노선파' 덩샤오핑이었다. 덩은 오랫동안 중국공산당 지도부 내에서 마오가 좋아하고 신뢰했던 인물이었다. 1950년대 후반, 마오는 심지어 덩을 당의 '2인자'라고 불렀다.[26] 그러나 1960년대가 시작되면서 마오는 몇몇 이유로 덩에게 실망했고, 심지어 덩이 반대자가 되었다고 여기고 문화대혁명에서 그를 숙청했다. 그러나 마오는 여전히 덩이 마오주의자였던 시절을 기억했다. 실제로 그는 류사오치와 덩에 대해 뚜렷이 다른 태도를 보였다. 문화대혁명이 절정에 달했을 때, 류와는 달리 덩은 마오에게 비교적 관대한 대우를 받았다. 류가 '반역자, 스파이, 변절자'로 낙인찍히고 '영구히 당에서 제명'된 반면, 덩은 마오가 그를 대변하여 당원 자격을 유지할 수 있었다.[27] 1969년, 덩은 장시성으로 보내졌다. 저우가 개인적으로 장시 혁명위원회 주석에게 전화하여, 덩은 장시의 성도인 난창 근처 한 장소에 배정되었는데, 그곳은 생활 조건이 더 좋았다.[28] 저우는 분명히 덩에 대한 마오의 미묘한 태도를 인지했다. 정치적인 의미에서 마오는 나중에 덩과 함께 일할 문을 열어 두려 했다.

1972년 1월 초 천이의 추도식에서 마오는 천의 아내에게 덩의 문제가 '인민 내부의 모순'이라고 말했다. 저우는 이 사실을 알고 즉시 덩의 가족에게 마오의 발언을 흘렸다.[29] 1월 24일 정치국 회의에서 저우는 린과 그의 패거리가 덩을 숙청하고 죽음에 이르게 하려 시도했으며, 이는 주석의 의도에 반하는 것이었다고 말했다.[30] 그러나 그 후에도 덩의 복권은 지연되었고, 저우는 이후 몇 달 동안 추가적인 조치를 취하지 않았다.

마오는 사실 덩이 문화대혁명에 대한 태도를 명확히 하기를 기다리고 있었다. 결국 덩은 '두 번째로 큰 자본주의 노선파'로 악명이 높았다. 그가 중국 고위 정치 영역에 재등장하도록 허용하면 문화대혁명의 정당성이 약화될 수 있었다. 이것은 심지어 마오에게도 복잡한 문제였다. 그동안 저우는 마오가 승인하지 않는 한 앞으로 나아가지 않을 것이었다.

1972년 8월 3일, 덩은 마오에게 편지를 써서 "약간의 기술적인 일을 할 수 있도록 나올 수 있게" 허락해 달라고 요청했다. 그러나 편지에 담긴 가장 중요한 메시지는 다음 단락이었다. "1968년 6월과 7월에 쓴 자서전에서 나는 나 자신과 내가 저지른 실수와 범죄들에 대해 자기비판을 했다. 나는 그 자기비판에서 말했던 모든 것을 여전히 지지한다. 나는 당 중앙에 했던 약속, 즉 나에 대한 판결을 결코 뒤집지 않겠다는 약속을 다시 한 번 확인한다."[31]

이것이 바로 마오가 기다려 왔던 말이었다. 불과 며칠 후, 마오는 저우에게 다음과 같이 지시했다. "덩샤오핑 동지가 저지른 실수들은 심각하다. 그러나 그는 류사오치와는 다르다." 그런 다음 마오는 당의 역사에서 덩이 한 몇 가지 주요한 기여들을 부각했다.[32] 같은 날, 저우는 정치국 회의를 주재했고, 거기서 덩에 대한 마오의 논평들을 전달했다.[33] 저우는 덩이 즉시 복권되지 않았다는 것을 알고 12월 18일 정치국 회의에서 다시 그 문제를 제기하며 강조했다. "덩샤오핑 동지가 나와서 약간의 일을 하기를 요청했다. 그의 요청을 고려해 주기를 바란다. 주석 또한 이것을 여러 번 언급했다."[34] 마침내 1973년 1월, 덩은 베이징으로 귀환하는 것을 허가한다는 쪽지를 받았다. 2월 20일, 그는 수도에 도착했다. 3월 9일, 마오는 덩의 당원 자격을 회복하고 그를 국무원 부총리로 복직시키는 내용을 골자로 저우가 정치국을 대신해 올린 보고서를 승인했다.[35]

4월 9일, 저우는 덩 부부와 긴 대화를 나눈 후 저녁 식사를 했다. 저우는 "덩에게 그의 작업 환경이 얼마나 도전적일 수 있는지에 대해 조언했다." 그는 또한 덩에게 진정한 비장의 카드를 주며, "장춘차오는 반역자이지만, 주석이 우리가 그를 조사하게 하지는 않을 것"이라고 말했다.[36]

훗날 중국과 세계를 변혁시킬 덩이 중국 정치 무대에 다시 나타났다.

*****

저우가 자신의 오랜 정치 경력에서 가장 바쁜 시기를 겪고 있을 때, 경보가 울렸다. 1972년 5월 12일 정기 검사에서 채취한 소변 샘플에서 적혈구가 2~4개 발견되었다. 추가 검사를 한 후, 총리는 방광암 초기 진단을 받았다.[37] 우제핑 박사가 이끄는 최고의 의료 전문가들로 구성된 특별 전담 조직은 신속하게 치료를 제안했다. 즉 저우는 즉시 철저한 검사를 받아야 하고, 필요한 경우 가능한 한 빨리 수술을 받아야 한다는 것이었다. 우는 특별 전담 조직을 대신하여 당 중앙에 보고서를 보내, 즉시 저우에 대한 방광경 검사를 실시할 수 있도록 허가해 달라고 요청했다.[38]

당 중앙에서는 저우의 치료를 감독하기 위해 예젠잉, 장춘차오, 왕둥싱으로 구성된 그룹을 설립했다. 그룹은 즉시 우 박사의 보고서를 마오에게 전달했다. 며칠 후, 마오에게서 답신이 왔다. "첫째, 어떤 수술도 시행해서는 안 된다. 둘째, 저우 자신과 덩잉차오에게는 알려서는 안 된다. 셋째, 좋은 영양이 필요하다."[39] 마오는 "수술이 암을 퍼뜨릴 수 있고, 따라서 위험할 수 있다. 한약을 사용하여 병을 통제해야 한다"라고 설명했다.[40] 특별 전담 조직 구성원들은 모두 "매우 곤혹스럽고 극도로 걱정스러웠다." 그들은 저우를 시기적절하게 치료해야 하며 치료가 지연될 경우 심각한 결과들이 발생할 수 있다고 거듭 표명했다. 그러나 그들이 재촉해도 소용없었고, 의사들은 저우에게 "보수적인 치료"를 할 수 있었을 뿐이다.[41]

왜 마오는 그토록 비합리적으로 반응했을까? 그것은 순전히 무지 때문이었을까, 아니면 다른 목적이 있었을까? 이것은 우리가 결코 답할 수 없는 질문이다. 어쨌든 의사들은 마오에게 복종해야 했다. 진의가 무엇이었든 간에, 그는 저우가 제때 치료받는 것을 막았다. 그 후 채 사 년도 안 되어 저우는 암으로 사망할 것이었다.

*****

그동안 저우는 또 다른 문제에 주의를 돌려야 했다. 5월 3일, 마오는 그를 회의에 소환하여, 그에게 "린뱌오를 비판하는 데 초점을 맞춘 중앙 정풍 회의를 소집"하는 것을 고려해 달라고 요청했다. 마오는 또한 저우에게 그 자신의 경험을 참고하여 "당내 정치 노선 투쟁의 역사에 대해 이야기"해 달라고 했다.[42] 그는 즉시 예리한 정치적 감각으로 마오의 움직임에 깊은 정치적 함의가 있음을 깨달았다. 그는 같은 날 정치국 회의를 소집했고, 참석자들은 린을 비판하기 위한 '정풍 회의'를 소집하기로 결정했다. 마오는 3일 후 그 결정을 승인했다.[43]

얼마 지나지 않아 저우는 방광암 진단을 받게 될 것이었다. 그러나 5월 중순부터 6월 초까지 그는 린을 비판하기 위한 회의를 조직하는 데 많은 시간을 할애해야 했고, 그동안 자신의 '정치적 실수들'에 대해 성찰했다. 저우의 주치의 장쭤량(張佐良) 박사는 당시 총리의 상태를 생생하게 묘사했다.

갑자기 그는 사무실에 틀어박혀 글을 쓰기 시작했다. 그는 기분이 매우 좋지 않았다. 어떤 외국 방문객도 만나지 않았고 어떤 회의에도 참석하지 않았다. 그는 10일 이상 책상 앞에 앉아 거의 산책하러 나가지 않았다…… 밤낮으로 글을 쓰고 거의 잠을 자지 않아 눈꺼풀은 물론 얼굴 전체가 부어 있었다. 그는 더 이상 탁구를 치지 않았고, 이발이나 면도

조차 하지 않았다…… 내가 서화청에 도착한 이후로 그가 그렇게 지저 분한 모습을 본 적이 없다.[44]

5월 21일, 린을 비판하기 위한 회의가 시작되었고, 당 중앙과 각 성에서 삼백 명이 넘는 간부들이 참석했다. 저우가 회의를 주재했고, 첫 순서에서 연설했다. 저우는 말했다. "우리는 우리 당 역사상 열 번째 정치 노선 투쟁에 참여하고 있다. 이제 우리의 주요 목표는 린뱌오 반당 파벌을 폭로하고, 비판하며, 분쇄하는 것이다." 회의에 배포된 문서들을 소개하면서 저우는 1966년 7월 마오가 장칭에게 보낸 편지를 특별히 부각했는데, 여기서 마오는 "린뱌오가 가진 어떤 개념들"에 대한 "약간의 불안감"을 드러냈다. 저우는 이 편지가 깊이 숨겨진 린의 사악한 의도들을 마오가 오랫동안 감지하고 있었음을 나타냈다고 주장했다. 그러나 "문화대혁명을 시작하고 대중을 동원하기 위해" 마오는 즉시 그를 폭로하지 않았다. 저우는 강조했다. "이제 보니, 오직 우리의 위대한 지도자 마오 주석만이 그처럼 통찰력 있게 사물들을 예견할 수 있었다."[45]

저우 자신조차도 이러한 논평들을 납득할 수 없었을 테니, 하물며 회의에 참석한 삼백 명 넘는 고위급 간부들은 말할 것도 없었다. 그럼에도 불구하고 그는 그렇게 말해야 했다. 실제로 그는 그러한 논평들을 할 수 있는 유일한 사람이었을 것이다. 정풍 회의는 한 달 내내 계속되었지만, 어떤 실제적인 문제도 해결하지 못할 것이었다.

6월 10일부터 저우는 3일 연속으로 저녁마다 자기비판을 했다. 그는 1920년대와 1930년대에 당이 저지른 여섯 가지 주요한 정치 노선상의 실수들을 상세히 묘사하고 설명했다. 왕밍과 다른 사람들의 실수들을 논의하면서 저우는 또한 자신의 개인적인 경험을 언급했고, 가혹한 자기비판을 했다. 그는 심지어 자신을 "범죄자"라고 부르며 말했다. "내가 이러한 실수들을 저질렀을 때, 만약 마오 주석이 나를 구출하고, 교육하며, 내 실수들을 바로잡을 기회를 주지 않았다면, 나는 오늘 당신들 앞에 서 있지 못했을 것이다!" 저우는 또한 청중에게 말했다. "나의 과거 실수들을 앎으로써, 당신들은 더 이상 나에 대한 어떤 맹목적인 믿음에도 얽매이지 않을 것이다. 당신들은 나에게 내 실수들을 바로잡으라고 요청할 권리가 있다. 만약 내가 그렇게 하지 않고 다시 큰 실수들을 저지른다면, 당신들은 당 중앙에 그것들을 경고할 수 있고, 만약 그 실수들이 심각하다면, 나를 해임할 권리가 있다."[46]

마오는 저우에게 "역사에 대해 이야기하라"라고 지시했을 때 '우하오 사건'을 언급했다. 6월 23일, 저우는 '우하오 사건'에 대해 발표했다. 발표는 녹음되었고, 테이프는 등사되었다. 정치국은 마오의 지시에 따라 저우에게 등사본에 서명하도록 요청했다. 테이프와 등사본 모두 중앙기록보관소에 영구 보관될 것이었다.[47] 그러나 저우는 당시 등사본에 서명하지 않았고, 그것은 그가 사망할 때까지 그의 사무실에 보관되었다.[48]

그리하여 저우는 닉슨의 중국 방문 이후 명성을 누리고 세계적인 인정을 받고 있을 때, 중국공산당 지도부 내에서 또다시 극히 어려운 장을 경험했다. 그러나 궁극적으로 그는 다시 한번 살아남았다.

*****

회의에 참가한 사람들은 모두 고위급 관리였다. 그들은 린의 죽음의 여파 속에서 당의 일반적인 전략과 정책에 대해 많은 질문을 제기했다. 따라서 저우가 먼저 참석자들에게 말했다. "린의 모든 극좌적 발언들은 겉으로는 좌파였지만 본질적으로는 우파였다." 그로서는 린뱌오 사건을 어떻게 정의하고 비판할 것인지 결정하는 데 영향을 미치기 위해 최선의 노력을 한 것이었다. 그것은 또한 저우의 마음속에 그가 스스로 답할 수 없는 질문, 즉 이번에는 문화대혁명이 마침내 끝날 것인가, 하는 질문을 다시 한번 불러일으켰다.

8월 초, 저우는 중국 외교관들에게 연설했다. 린을 비판하는 회의에서 그랬던 것처럼 그는 극좌주의의 위험을 강조했다. 그는 말했다. 이것은 세계적인 현상이었고 심지어 외교부와 해외 중국 대사관들까지 퍼져 나갔다고. 그렇다면 극좌주의란 무엇인가? 그것은 사실을 존중하지 않고 과장된 발언을 하는 것과 관련 있다고 저우는 단언했다. 따라서 극좌주의는 겉으로는 좌파였지만 본질적으로는 우파였다. 저우는 강조했다. "만약 극좌주의가 철저히 비판되지 않는다면, 우경적 경향들이 다시 우세해질 것이다."[49]

그러나 저우의 연설은 당 지도부 내 급진 좌파들을 불쾌하게 했다. 좌파 대표 장칭은 저우의 연설 내용을 알고서 즉시 반대 의견을 표명했다. 며칠 후, 장의 동맹인 장춘차오와 야오원위안은 공개적으로 장의 입장을 지지했다.[50]

문화대혁명이 시작된 이래로 저우는 여러 문제에 대해 장과 그 동맹자들과 의견이 달랐다. 그럼에도 불구하고 그는 그들과 협력하려 노력했고 대체로 성공했다. 그러나 이번에는 달랐다. 그와 그들 사이에 나타난 균열이 근본적인 중요성의 문제에 관한 것이었기 때문이다. 이 균열은 잠재적으로 또한 저우와 마오 사이에 놓여 있었는데, 마오는 장과 그 일파를 지속적으로 지원했다. 돌이켜 보면, 이것은 저우가 그의 생애 마지막 몇 년 동안 마오와 겪어야 했던 매우 힘든 관계 문제의 서곡이었다. 그러나 1972년 말까지 마오 자신은 '린 비판'의 본질을 어떻게 정의할지 아직 명확히 하지 않았다.

주석이 그 문제에 대한 자신의 의견을 분명히 드러내기 전에, 저우는 계속해서 자기 생각에 따라 행동했다. 11월 말, 저우는 중국 외교기관으로부터 "외교 문제에서의 극좌주의와 무정부주의를 철저히 비판"하기 위한 회의를 소집하자는 제안을 받았다. 저우는 그것을 승인했다.[51] 그러나 장춘차오는 의문을 제기했다. "우리가 지금 직면한 문제가 여전히 극좌주의와 무정부주의 비판인가?" 장칭은 장춘차오의 감정에 동조하며 논평했다. "우리가 비판해야 할 것은 중국의 반역자 린뱌오의 극우주의다."[52] 그리하여 그들은 회의가 열리지 못하게 막았다. 이것은 저우에게 경고 신호였다. 그는 마오의 지지 없이는 그가 그렇게 자신에게 도전하지 않았으리라는 사실을 필시 깨달았을 것이다.

곧 새로운 전개가 뒤따랐다. 12월 5일, 《인민일보》 편집자 왕뤄수이(王若水)는 마오에게 편지를 써서, 저우와 장춘차오 사이에 최근 극좌주의 비판을 두고 분쟁이 발생했다고 보고했다. 왕은 논평했다. "이것은 극좌주의가 충분히 비판되었는지 여부에 대한 질문을 제기했다. 나는 총리가 옳고, 장춘차오와 야오원위안이 틀렸다고 믿는다."[53] 마오는 린뱌오가 내내 극우주의자였다고 즉시 응답했다. 그는 장칭에게 왕이 쓴 편지를 저우, 장춘차오, 야오에게 전달하라고 요청하며 조언했다. 그들 모두가 왕과 만나 "이 문제를 해결"해야 한다고.[54]

12월 19일, 저우, 장칭, 장춘차오, 야오는 왕과 만났다. 저우는 마오가 설정한 어조에 따라 말했다. "내가 극좌주의가 철저히 비판되어야 한다고 말했을 때, 나는 외교정책과 우리 업무의 일부 문제들을 언급하고 있었다. 나는 린뱌오의 전체 정책 노선을 언급하지 않았다. 린은 당과 나라를 배신했고, 그것은 극우주의였다." 그런 다음 저우는 왕의 견해가 "이론적으로 혼란스럽고 실제적으로 사실에 기반하지 않았다"라고 말했다. 저우는 결론 내렸다. "린은 반동분자였고, 우리는 이것을 폭로하고 비판해야 한다."[55] 린뱌오 사건을 어떻게 정의할지에 대한 저우의 논평은 장칭, 장춘차오, 야오가 저우와의 분쟁에서 우위를 점했다는 것을 드러냈다. 이것은 그의 생애 마지막 몇 년 동안 거듭될 저우의 '우경적 행동'에 대한 공격이 시작되었음을 알리는 포성이었다.

*****

저우의 치료는 계속해서 지연되었다. 1972년 5월 이후 의사들은 보수적인 방법으로 저우의 병을 통제하려 노력했다. 그들은 저우에게 그의 병에 대해 알리지 않았다. 그러나 저우는 문제의 근원을 파고드는 데 익숙했다. 우 박사는 회상했다. "과거에 우리가 검사할 때마다, 그는 항상 우리와 함께 그 검사를 하는 이유를 철저히 탐구했다. 그러나 이번에 그는 여러 차례 검사를 받은 후, 우리에게 더 이상 아무것도 묻지 않았다. 단지 자신의 일에만 집중했다."[56] 11월 11일, 의사들은 보고서에서 저우가 "휴식을 충분히 취하고, 수면 시간을 늘리며, 업무량을 줄이기 위해 특별한 주의를 기울여야 한다"라고 제안했다. 다음 날, 마오는 보고서에 대해 논평했다. "(저우는) 휴식을 충분히 취하고, 업무량을 제한하며, 자신의 증상을 가벼이 여겨서는 안 된다."[57]

1973년 초, 갑자기 저우에게 혈뇨가 나타났다. 우 박사는 예젠잉 원수에게 달려갔다. 의사는 예에게 더 이상 지체 없이 저우를 검사하고 치료하게 해 달라고 호소했다. 며칠 후, 예는 마오를 만나 피가 섞인 저우의 소변 시험관을 보여 주었다. 다음 날, 당 중앙은 저우를 더 검사하게 해 달라는 우 박사의 요청을 승인했다.[58]

그러나 검사는 또다시 2개월간 지연되었다. 3월 9일, 저우는 정치국 회의에서 자신의 병을 알리고 2주간 병가를 요청했다. 마오는 다음 날 저우의 요청을 승인했다.[59] 그런 다음 저우는 방광경 검사를 받기 위해 임시

의료 시설에 입원했다. 검사 전날, 의사들은 마오로부터 추가 지시를 받았다. 주석은 신중을 기하기 위해 검사를 '두 단계로' 진행해야 한다고 조언했다. 즉 "선 검사, 후 치료"였다. 우는 덩잉차오를 만나 그의 의견을 들었다. 덩은 그에게 말했다. "작은 것이 들어 있다면, 그냥 꺼내면 된다. 간단하다." 우는 이제 자신이 무엇을 해야 할지 알았다.[60]

3월 10일, 저우는 암 진단을 받고서 거의 10개월 만에 처음으로 방광경 검사를 받았다. 우 박사는 상황이 예상보다 좋다는 것을 확인했다. 암은 여전히 초기 단계였다. 녹두보다 작은 병변이 세 개 있었다. 검사와 치료를 각각 나누어 두 단계로 수행하라는 마오의 명령을 무시하고, 우는 즉시 병변들을 제거했다. 치료에 효험이 있어, 혈뇨 증상은 사라졌다.[61] 7월부터 의사들은 치료를 공고히 하기 위해 저우에게 방광 내 치료를 실시했다.[62] 그 시기, 저우의 예후는 꽤 낙관적으로 보였다.

＊＊＊＊＊

총리의 건강이 나아져 가는 동안, 마오는 그에 대한 불만으로 들끓었다. 그가 저우와 겨룰 경기장은 중국의 대외 관계였다. 중미 화해는 중국의 국내외 정책에 큰 변화를 가져왔다. 중국을 위한 새로운 정당성 서사를 수립하고 국가가 새로운 국제적 도전들에 대처하는 것을 돕기 위해, 마오는 '제3세계론(第三世界論)'을 제시했는데, 여기서 그는 변화하는 세계 구조에 대한 새로운 정의를 제공했다. 그러나 마오의 새로운 국제 서사들은 정확히 무엇이었을까? 거의 반세기 동안 마오와 함께 일했던 저우조차도 그 본질을 파악하기 어려웠다.

6월, 《신상황》이라는 내부 회람용 외교부 소식지가 외교부 연구 그룹 중 한 곳의 글을 게재했다. 그 기사는 두 초강대국 사이에 경쟁과 협력이 공존하며, "미소가 공동으로 세계를 지배할 가능성이 증가했다"라고 주장했다. 저우는 그 보고서를 좋아했고, 그 안에서 제기된 질문들을 "더 연구할 가치가 있다"라고 논평했다. 그러나 마오는 보고서의 주장들에 이의를 제기하며, 그것이 워싱턴과 모스크바 간 문제들을 과소평가했다고 주장했다. 비록 저우는 마오가 왜 그 보고서를 비판했는지 몰랐지만, 주석의 반응을 알자마자 즉시 외교부에 소식지를 회수하라고 명령하며, "주된 책임은 내가 져야 한다"라고 단언했다.[63]

그러나 마오는 거기서 멈추지 않았다. 7월 4일, 그는 장춘차오와 왕홍원을 만나, 세계 정세에 대한 연구 그룹의 분석을 다시 비판했다. 주석은 주장했다. "최근 외교부가 여러 문제를 처리하는 방식이 마음에 들지 않는다. 나는 종종 큰 혼란, 큰 분열, 큰 변혁을 강조했건만, 외교부는 갑자기 큰 기만과 큰 공동 지배(두 초강대국에 의한)와 같은 것을 내놓았다." 마오는 또한 이것이 외교부가 사물의 외부로 나타난 모습만 보고 그 본질은 꿰뚫어 보지 못하는 무능력을 나타낸다고 말했다. 사실 주석의 비판이 향하는 암묵적인 표적은 저우였다. "큰 문제들에 대한 토론은 없고, 일일보고서는 작은 문제들만 다룬다. 만약 이 경향이 바뀌지 않는다면, 수정주의가 필연적으로 뒤따를 것이다." 이 날카로운 발언들로도 충분하지 않은 듯, 주석은 비장하게 덧붙였다. "만약 미래에 수정주의가 일어난다면, 아무도 내가 사전에 경고하지 않았다고 주장해서는 안 된다."[64]

장춘차오는 대화 직후 저우에게 마오의 논평들을 논의하기 위해 정치국 회의를 열어야 한다고 알렸다. 저우는 즉시 동의했다.[65] 다음 날, 저우가 주재한 정치국 회의에서 장은 외교부에 대한 마오의 비판을 전달했다. 저우는 정치국 동료들에게 6월 말부터 마오가 외교부를 어떻게 비판했는지 상세히 설명했다. 그는 또한 자기비판을 하여, 다시 한번 자신이 그 실수에 대한 책임을 져야 한다고 인정했다. 7월 12일, 그는 주요 외교부 관리 회의를 소집하여 소식지의 실수들을 비판하고 바로잡기 위한 또 다른 글을 쓰는 것에 대해 논의했다. 그는 또한 그러한 실수들을 분석한 보고서를 마오에게 제출했다. 자신이 마오의 요점이라고 이해한 바를 고수하며 저우는 초강대국 간의 경쟁이 "양측의 장기적인 약속"이며, 그들의 공모는 단지 "더 넓은 영역에서의 그들의 경쟁"에 기여하는 "피상적인 현상"일 뿐이라고 받아들였다.[66] 마오는 그 후 저우에게 더 이상 자기비판을 할 필요가 없다고 말했다. 그로써 이 문제는 끝난 듯 보였으나, 사실은 그렇지 않았다.

★★★★★

1973년 8월, 중국공산당은 제10차 전국대표대회를 개최했다. 저우는 주요한 정치 보고서를 발표하고 중앙위원회 부주석으로 선출되었는데, 이는 그가 당 위계에서 사실상 2인자 위치를 유지했다는 것을 의미했다. 덩샤오핑 또한 대회에 참석하여 중앙위원회 위원으로 선출되었다.

그러나 모든 이로부터 주목받은 사람은 왕훙원이었다. 마오는 왕을 농민, 군인, 노동자였던 인물로서 당 지도자가 될 자격이 충분하다고 소개했다. 제10차 당대회에서 왕은 여러 계급을 뛰어넘어 저우와 같은 직급인 중앙위원회 부주석으로 선출되었다. 대회 이후 왕은 마오를 동반하여 중국을 방문하는 외국 지도자들을 여러 차례 만났다. 이것은 마오가 왕에게 그의 자질을 과시할 기회를 제공하면서도, 왕을 자신의 후계자로 삼으려는 궁극적인 전망을 가지고 그를 계속해서 관찰하고 시험하고 있었음을 보여 주었다.

저우는 처음부터 왕의 부상을 지지했다. 대회에서 만들어진 뉴스 영상에는 저우가 떠오르는 정치적 별에 대한 큰 존경을 표시하며 왕이 자신보다 앞서 걷도록 고집하는 장면이 포함되어 있었다. 이것은 문화대혁명 초기 린이 마오의 후계자로 지정되었을 때 저우가 린에게 했던 모습을 거의 재현한 것이었다.

대회 후, 저우는 제4차 전국인민대표대회를 준비하는 과업에 초점을 돌렸다. 저우는 9월 12일 정치국 회의를 주재했고, 이 회의는 전국인민대표대회를 조직하고, 중화인민공화국 헌법을 개정하며, 정부 보고서를 작성하기 위해 세 그룹을 설립하기로 결정했다. 저우는 그 후 이 결정을 마오에게 알렸다. 10월 11일, 당 중앙은 전국인민대표대회 소집에 관한 통지를 발표했는데, 이는 주석으로부터 온 최근 지시를 전달했다. "이 대프롤레타리아 문화대혁명은 8년 동안 수행되었다. 이제 안정과 단결의 때다. 전당과 전국은 단결해야 한다."[67] 이것이 문화대혁명이 마침내 끝날 것이라는 신호였을까?

*****

10월 말 어느 저녁, 저우는 정치국 회의 휴식 시간에 화장실에 갔다. 그때 그는 자신의 소변이 피로 완전히 붉은 것을 보았고, 이는 암이 재발했음을 나타냈다. 우 박사는 전문가 수십 명을 모아 여러 차례 회의했고, 만장일치로 수술해야 한다고 결정했다. 총리를 수술할 수 있게 해 달라고 요청하고 승인이 나기를 기다리는 동안 그들은 저우가 일주일에 두 번 수혈을 받아야 한다고 결론 내렸다.[68] 저우에게는 충분한 휴식과 시기적절한 치료가 절실히 필요했다.

그러나 저우는 곧 또 다른 정치적 소용돌이의 중심에 서게 되었기 때문에 그 둘 다 얻지 못할 것이었다. 11월 중순, 저우는 이번에는 미국 국무장관으로서 중국을 다시 방문하는 헨리 키신저를 맞이하는 데 주의를 기울여야 했다. 당 지도부 내에서 혼자서 높이 솟아 있는 나무 한 그루와 같은 자신의 지위를 고려할 때, 그는 이전 어느 때보다도 더 신중하게 행동해야 한다는 것을 알았다.

키신저는 11월 10일 베이징에 도착하여 수도에 4일간 머물렀다. 저우는 그와 총 다섯 차례 공식 회담을 했고, 키신저에 따르면 그것은 양자, 지역, 세계적 문제들의 일련을 다루었으며 "모든 면에서 성공적이었다."[69] 11월 12일, 마오는 저우와 동행하여 키신저를 2시간 45분 동안 만났다. 대화는 매우 편안한 분위기에서 국제 문제, 타이완, 워터게이트 스캔들, 중동, 심지어 철학을 포함한 광범위한 주제들을 다루었다. 마오는 워터게이트를 경멸하는 투로 언급했다. 그는 미국인들이 왜 그처럼 "쓰레기 같은" 풍선이 매우 큰 문제로 변하게 내버려 두었는지 물었다.[70]

매우 심각한 문제를 논하기도 했다. 마오가 소비에트의 팽창주의적 야망을 억제할 필요가 있다고 말했을 때, 키신저는 즉시 워싱턴이 베이징을 대함에 있어서 모스크바와 공모하지 않을 것이라고 강조했다. 그는 마오에게 약속했다. "우리가 소련과 하는 일 중에 당신이 모르는 것은 아무것도 없다. 앞으로도 그럴 것이다." 키신저는 "소련이 중국을 공격하고 싶어 한다"라는 마오의 주장에 동조하며, 실제로 소비에트가 "당신들의 핵 능력을 파괴하고 싶어 한다"라고 말했다. 마오는 농담했다. "그러나 우리의 핵 능력은 여기 있는 이 파리만도 못하다." 키신저는 진지한 어조로 응수했다. "우리는 만약 그런 일이 결국 벌어진다면, 모두에게 매우 심각한 결과를 초래할 것이라고 믿는다. 우리는 중국과 어떠한 합의가 없어도 우리 스스로 그것을 반대하기로 결심했다."[71]

저우는 이미 키신저가 이 주제를 마오에게 제기할 것임을 알았기 때문에 대화에 참여하지 않았다. 키신저는 이틀 전 첫 회담에서 저우에게 워싱턴이 중국에 관한 전략적 정보를 교환하자는 소비에트의 제안을 거부했다고 말했다. 키신저는 강조했다. 미국인들이 그렇게 한 것은 "이타심 때문이 아니라" "소련의 중국에 대한 대규모 공격"을 막는 것이 "우리 이익에 부합한다"라고 믿었기 때문이었다. 키신저는 소비에트와의 이 상호작용에 자극받아 문제를 조사하기 시작했다.

나는 우리 정부에서 오직 네댓 명만이 아는 몇 가지 연구를 지시했다. 그러한 위협에는 어떤 것이 있을 수 있는지, 우리가 가진 지식으로 그것을 막기 위해 무엇을 할 수 있는지, 우리가 눈에 띄지 않는 방식으로 당신들에게 어떤 도움을 줄 수 있는지에 대해서였다. 공식적인 관계가 우리 둘 모두에게 바람직하지 않다고 생각하기 때문이다. 이 연구들은 기술적인 성격을 띠게 될 것이다…… 우리는 당신들 군대의 취약성을 줄이고 경고에 대비할 시간을 늘리는 방법에 대해 몇 가지 구상을 가지고 있다. 다시 말하지만, 이것은 매우 비밀스럽고 눈에 띄지 않게 이루어져야 한다.

키신저는 이어 "그 세부 사항은 총리나 총리가 지명한 소수 인사에게만 언급할 수 있다"라고 말했다. 그는 또한 "이것은 상호주의나 어떤 공식적인 관계를 포함하는 것이 아니라, 우리의 경험과 일부 정규화된 정보에 기초한 조언"이라고 강조했다.[72]

저우는 즉시 키신저가 제기한 문제가 가장 중요함을 인식했다. 그것은 마오가 '큰 문제'라고 부를 만한 사안이었다. 따라서 그가 회의 후 그 문제를 마오에게 보고하지 않았을 것이라고 상상하기는 어렵다.

11월 13일 저녁, 모든 공식 회의가 끝난 후, 저우와 키신저는 특별한 대화를 나누었고, 여기서 그들은 만약 중소 전쟁이 발발할 경우 중국과 미국이 어떻게 협력할 것인지에 대해 상세히 논의했다. 키신저는 저우에게 미국이 두 가지 방식으로 그들을 도울 것이라고 말했다. 첫째, "장비 및 기타 서비스들"을 공급할 것이고, 둘째, 중국이 "미사일 발사에 대한 경고를 조기에 받을" 수 있도록 조기 경보 능력을 확립하게끔 도울 것이었다. 키신저는 두 번째 방법을 구체적으로 설명했다.

이제 상호 이익을 위해 우리가 당신들에게 어떤 도움을 제공하든 눈에 띄지 않는 형태로 이루어져야 한다. 미사일 발사에 관해서는, 우리가 조기 경고를 제공하는 매우 좋은 위성 시스템을 가지고 있다. 문제는 그 정보를 당신들에게 신속하게 전달하는 것이다. 우리는 위성과 베이징 사이에 직통 전화를 설치하여 몇 분 안에 당신들에게 정보를 전송할 수 있도록 준비할 것이다.

저우가 물었다. "위성을 통해서 말인가?" 키신저는 대답했다. "음, 정보는 워싱턴으로 가고 그다음에 베이징으로 간다." 그런 다음 그는 자신의 제안을 상세히 설명했다.

우리가 주목을 끌지 않으면서 그렇게 할 수 있는 방법이 한두 가지 있다. 우리는 단지 모스크바, 일본 등과 하듯이 직통 전화를 설치한다고 발표할 수 있다. 물론 당신들의 것은 특수한 성격을 갖겠지만, 일반에 알려지지는 않을 것이다. 그러면 공격이 임박했을 경우 폭격기를 이동시키고 가능하다면 미사일도 이동시킬 수 있을 것이다. 이를 위해서는 베이징과 여러 기지들 간에 원활한 통신망이 필요하겠지만, 우리가 어떤 형태로든 도울 수 있을 것이다. 또 다른 방법은 우리가 소련과 체결한 것과 같은 우발적 핵전쟁 방지에 관한 협정을 체결하고, 직통 전화를 설치하는 것이다.

키신저는 더 명확히 했다. "나는 단지 주목을 끌지 않으면서 베이징에 직통 전화를 설치하는 방법들을 생각하고 있을 뿐이다. 우리는 또한 특정 종류의 레이더 기술을 제공할 수 있지만, 당신들이 그것들을 스스로 만들어야 한다." 저우는 그 말을 들었다. 작별 인사를 할 때, 그는 키신저에게 말했다. "당신이 논의하고 싶어 했던 구체적인 문제에 관해서는 좀 더 검토해야 한다. 내일 아침, 당신이 떠나기 전에 작별 인사를 하러 찾아가겠다. 우리에게 도움이 될 만한 몇 가지가 있다고 생각한다."[73]

저우는 그 후 어떻게 했을까? 중국에서 널리 알려진 바에 따르면, 그는 즉시 마오의 숙소로 달려가 직접 보고하려 했다. 하지만 그때 마오는 수면제를 먹고 잠들어 있었다. 저우는 그를 깨울 엄두를 내지 못해 결국 보고하지 않았다.

하지만 다른 이야기도 있다. 부외상 차오관화의 아내이자 한때 마오와 가까웠던 장한즈(章含之)에 따르면, 키신저와 회담을 마친 뒤 차오가 저우에게 "이제 남은 일이 있는가?"라고 물었다고 한다. 그러자 총리는 "급한 일이 있다. 키신저의 질문에 즉시 답해야 하므로 주석께 보고를 올려야 한다"라고 답했다는 것이다. 다음 날 아침, 저우는 차오에게 이렇게 말했다고 한다. "키신저가 중국과 미국 간의 공식적인 군사 협력을 제안했다. 미국은 자국의 첨단 위성 기술을 이용해 소련이 극동 지역에서 군사 활동 하는 것을 감시하고, 양국은 군사 정보를 교환하게 될 것이다. 주석이 이를 승인했다."[74] 만약 장한즈가 회고한 바가 사실이라면, 저우는 실제로 마오에게 보고했고 그에게 승인을 받은 셈이 된다.

다음 날 아침 일찍 저우는 키신저의 숙소를 찾았다. 두 사람은 일본 문제에 관해 잠시 의견을 나눈 뒤, 단둘이 마주 앉았다. 이 자리에서 저우는 말했다. "당신이 구상한 대로 경보 체계에서 협력할 수 있다면 매우 도움이 될 것이다. 물론 통신망 문제도 있다. 다만 누구도 우리가 동맹 관계라고 느끼지 않도록 해야 한다." 키신저는 동의하면서 이렇게 지적했다. "비밀리에 직통 전화를 설치하는 것은 불가능하다." 저우는 이해한다며 고개를 끄덕였다. 그러자 키신저가 말을 이었다. "일단 그 회선을 설치하면, 어제 당신이 말한 목적에 따라 사용할 수 있다. 그 부분은 비밀로 유지할 수 있을 것이다."

끝으로 저우는 말했다. "지금 우리가 다룬 문제는 매우 구체적이고 복잡하다. 더 논의하기에 앞서 충분히 검토할 시간이 필요하다." 이후 양측 간의 협의는 "권위 있는 수준에서" 수행되어야 했다. 저우는 제안했다. "당신이 직접 오는 것 외에, 우리는 연락 사무소를 통해 서로 접촉할 것이다. 여기 있는 (데이비드) 브루스(David Bruce) 대사와 그곳에 있는 황천 (황전)이 연락을 맡을 것이다. 그리고 그것은 오직 그와 통역사 한 명을 통해서만 이루어질 것이다…… 우리 측에서는 나, 예(葉) 원수, 그리고 당신이 지난번에 만났던 부부장 차이홍칭만이 이 일에 관여할 것이다." 키신저는 동의하며 강조했다. "당신들의 대사는 오직 나하고만 이야기해야 한다. 다른 사람들은 내가 당신에게 말한 것을 모르기 때문이다. 당신이 이해하도록 솔직히 말해 두건대, 나는 결정할 때마다 동료들에게 딱 그 단계에 대해서만 알려 줄 것이다. 그 이상은 아니다. 그런 식으로 해야 유출될 위험이 가장 적다." 저우는 덧붙였다. "알겠다. 우리는 당신이 비밀을 지킬 수 있다는 것을 알지만, 그럴 때는 더욱 엄격해야 한다." 키신저는 대답했다. "알았다."[75]

키신저는 문서 초안 두 개를 가지고 왔다. 하나는 "직통 전화와 우발적 전쟁"을 연결하는 조약 초안이었고, 다른 하나는 "단순히 직통 전화"에 관한 양해각서(MOU)였다.[76] 키신저는 설명했다. "우리는 조약에 신경 쓰지 않는다. 단지 직통 전화 협정에 서명할 구실을 원했을 뿐이다." 그는 두 초안 모두를 저우에게 남겨 두고, "조약 없이 직접 직통 전화를 설치할 준비가 되어 있다"라고 말했다. 저우가 마지막으로 한 말에는 깊은 신중함이 담겨 있었다. "우리 나라의 성격상 우리는 이 문제들을 좀 더 연구해야 한다. 이는 국제적으로 큰 영향을 미칠 수 있는 행동 방침을 채택하는 일이기 때문이다…… 만약 이것이 불편하다면, 아예 조약 체결을 조금 미뤄도 괜찮다."[77]

그러나 키신저가 떠난 후, 중국 측에서 누구도 그에게 접근하지 않았다.[78] 그리하여 이 중요한 문제가 어떤 후속 조치도, 결론도 없이 끝났다.

* * * * *

저우는 키신저가 베이징을 떠나자마자 고초를 겪었다. 마오는 "두 젊은 여성" 낸시 탕과 왕하이룽을 통해 저우가 미국인들에게 "너무 유화적"이었다는 것을 듣고 격분하여 총리가 키신저와의 회담에서 "잘못된 발언들"을 했다고 주장했다.[79]

11월 17일, 마오는 저우를 회의에 소환하여, 키신저와의 회담에 대해 논평하며 경고했다. "미국인들에게 속지 않도록 조심하라. 그들은 중국으로부터 짚 한 오라기를 얻어 자신들의 목숨을 구하려 하고 있다. 미국을 다룰 때 우리는 그들과 투쟁하다 좌경화되기 쉽고, 그들과 단결하려 하다 우경화되기 쉽다는 것을 기억해야 한다." 마오는 더 나아가 말했다. 중국은 "그들과 군사 동맹을 맺는 것과 같은 문제들에 관여해서는 안 된다."[80] 이러한 발언들은 사실상 중미 군사 협력으로 이어지는 문을 닫았다. 마오는 정치국에 회의를 열어 자신의 의견들을 논의하라고 지시했다.

저우는 지체 없이 행동했다. 그날 저녁 정치국 회의에서 그는 마오의 지시를 전달했고, 또한 동료들에게 키신저와의 회담에 대해 공유했다. 장칭은 즉시 저우가 그의 "우경 항복주의"라는 "문제의 본질"을 피하고

896

있다고 비난했다. 저우는 평소와는 달리 그러한 비판에 대해 공개적으로 반박했다. "나 저우언라이는 경력에서 많은 실수를 저질렀지만, '우경 항복주의자'라는 꼬리표는 나에게 전혀 맞지 않는다!"[81] 둘째 날, 저우는 정치국 회의에 대한 보고서 두 편을 마오에게 제출했다. 자기비판을 하면서 그는 단지 키신저와의 회담에서 "충분히 하지 못했다"라고 인정했을 뿐이다.[82]

11월 18일, 마오는 정치국에 저우가 키신저와의 회담에서 저지른 심각한 실수들을 비판하기 위해 회의를 열라고 더 명확히 지시했다. 그동안 마오는 또한 (린이 사망한 후 중앙군사위원회의 일상 업무를 책임지고 있던) 예젠잉 원수를 언급하며, 키신저 방문 중 군사 문제에 대한 토론을 처리하는 데 있어 그가 저지른 "심각한 실수들"에 대해 비판할 것을 요구했다.[83]

정치국은 11월 21일부터 12월 초까지 연이어 회의를 열었고, 각각은 주로 저우를 겨냥했다. 낸시 탕이 마오를 대신하여 개회 발표를 했다. 장한즈의 회상에 따르면, 서른 된 마오의 통역사는 거의 세 시간 동안 이야기했다. 저우, 예, '사인방'을 포함한 정치국의 모든 구성원이 앉아서 듣고 있었다. 마오는 저우에게 꽤 가혹했다. "만약 소비에트가 중국을 침공한다면, 저우는 그들의 꼭두각시 황제가 될 것이다! 그리고 만약 미 제국주의자들이 중국을 침공한다면, 저우는 비천한 항복주의자에 지나지 않을 것이다."[84] 이는 저우의 정치 경력을 무너뜨릴 수 있는 말들이었다.

이후 며칠 동안 정치국 구성원들은 차례로 저우를 공격하며, 그가 키신저와의 회담에서 "국가를 모욕하고 주권을 위태롭게 했다"라며 "우경 항복주의"의 길을 걸었다고 비난했다. 마오가 지명한 "방청객"으로서 장한즈 또한 회의에 참석했다. 그는 사람들이 저우에 대해 반복적이고 공허한 비난을 퍼붓기 위해 서로 경쟁했다고 회상했다.[85] 그때 회의에서 가장 적극적인 축에 속했던 장칭과 야오원위안은 심지어 저우를 "잘못된 정치 노선의 사악한 수장"으로 낙인찍었다.

저우에게 이것은 모두 완전한 헛소리였다. 옌안에서의 정풍운동 이래로 그는 마오가 자신을 놓아줄 때까지 거듭 자기비판을 함으로써 마오의 비판에 대응해 왔다. 그러나 이번에 그는 "중국에 대한 반역자"라는 비난에 직면했기 때문에, 그 공격들을 용납하고 '자기비판'을 함으로써 암묵적으로 잘못을 인정하기를 거부했다. 마오로부터 추가 지시가 있기 전까지 회의 참석자들이 할 수 있는 일이라고는 그저 점점 더 목소리를 높이며 같은 비난을 반복하는 것 뿐이었다. 회의는 교착상태에 빠졌다. 그동안 저우는 치료를 제대로 받을 수 없었다. 그는 회의에 참석하기 위해 여러 차례 수혈을 중단해야 했다.[86]

덩샤오핑 또한 회의에 있었는데, 이는 마오의 발상이었다. 덩을 중국 의사결정 집단으로 다시 데려옴으로써 마오는 그가 저우를 견제하고 균형을 맞추기를 의도했다. 이제 그는 덩의 태도를 관찰하고 시험하기 위해 회의에 참석하도록 요청했다. 덩은 마오를 매우 잘 알았기에 그의 의도를 쉽게 이해했을 것이다. 그는 그 순간까지 아무 말도 하지 않았는데, 발언하기에 가장 적절한 시기를 기다리고 있었기 때문이다. 그는 자신이 저우를 쓰러뜨릴 정도로 멀리 가서는 안 되지만, 마오를 만족시킬 만큼 강력해야 한다는 것을 잘 알았다. 이 결정적인 지점에서 그는 두 젊은 여성들로부터 마오가 저우를 완전히 없애 버리기보다는 쓰라린 교훈을 주기 원한다는 것을 알게 되었다. 이제 덩은 발언할 준비가 되어 있었다.

덩은 저우를 '중국에 대한 반역자'라고 비난하지 않았다. 대신 그는 키신저와의 마지막 회담 전에 마오에게 보고하지 않은 실패를 부각했다. 덩은 총리에게 말했다. "(당신 문제의 본질은) 당신이 주석 바로 한 단계 아래에 있다는 점이다. 다른 사람들에게 주석은 시야에 들어오지만 손이 닿지는 않는 곳에 있다. 그러나 당신에게는 주석이 시야에 들어오는 동시에 손이 닿을 수도 있다. 이것이 당신 문제의 본질이다."[87]

저우가 마오의 지위를 얻으려 한다는 덩의 주장은 심각하게 들렸지만, 그것이 저우에게 정치적 파멸을 의미하지는 않을 것이었다. 결국 많은 사람이 마오가 사망한 후 저우가 마오를 계승하여 중국의 최고 지도자가 될 것이라는, 상당히 합리적인 가정을 했을 수 있다. 이것은 너무 지나친 기대도 아니었고 당의 헌법과 관행을 위반하는 것도 아니었다. 덩이 발표를 마친 후, 장과 다른 사람들은 저우를 "마오를 대체하기에 가장 조급했던" 인물로 그리고자 노력했다. 그러나 이것은 덩이 의미한 바가 아니었고, 저우 또한 이러한 규정을 단호히 거부했다. 나중에 마오도 그 혐의를 기각했다. 저우가 '중국을 배신했다'는 비난은 달랐다. 애국주의와 혁명적 민족주의가 중국공산당과 국가의 정당성 서사의 기초가 된 시대에, 만약 저우가 '나라를 배신하고 모욕했다'고 확인된다면, 그는 확실히 불명예스러운 죽음을 당했던 린뱌오와 같은 운명에 직면할 것이었다.

저우는 장의 비난과 덩의 논평의 차이점에 대해 꽤 명확히 인지했던 것 같다. 덩이 발표한 후, 저우는 덩의 어조를 따라 "심각한 자기비판"을 했다.[88] 마오는 두 젊은 여성들로부터 덩의 발언을 전해 듣고 꽤 만족했다. 마오는 말했다. "나는 그가 그렇게 말할 줄 알았다." 그는 덩이 장칭과 다른 사람들보다 정치적으로 더 능숙하다고 칭찬했다.[89]

정치국 회의에서 저우가 명백히 항복했다는 사실은 그의 정치 경력이 끝났음을 알리는 것처럼 보였다. 그 시절, 저우의 경호원은 회상했다. "총리는 깊이 외로웠다. 그가 회의실에 들어오거나 나가도 아무도 그에게 인사하지 않았다."[90]

그러나 마오가 갑자기 칼을 거두면서 정치적 바람은 하룻밤 사이에 바뀌었다. 마오와 저우는 12월 9일 네팔의 비렌드라(Birendra) 국왕을 만났다. 주석과 총리는 "따뜻하고 긴 악수"를 나누었다. 마오는 또한 통역사로 거기에 있던 두 젊은 여성을 가리키며 저우에게 말했다. "총리, 이 작은 병사들을 다루기 어렵다. 우리가 이들을 승진시켰지만, 이들은 당신뿐만 아니라 나에게도 문제를 일으켰다."[91] 마오는 몇 마디 말로 정치국이 저우를 그토록 가혹하게 비판한 것은 자신이 의도한 바가 아니라고 저우에게 은연중에 암시하는 듯 보였다. 그리하여 마오는 저우를 비판하는 일을 잠시 중단했다.

회의 후, 마오는 저우, 왕홍원과 이야기했다. 그는 이전 2주간의 정치국 회의를 칭찬하며, 그것들이 "매우 잘 진행되었다"라고 논평했다. 결국 '저우 비판'은 실수가 아니었다. 사흘 후 정치국 회의에서 마오는 다시 "정치국(저우 치하)은 정치를 논의하지 않고" "중앙군사위원회(예 치하)는 군사 문제를 논의하지 않는다"라고 비난했다. 마오는 저우와 예에게 경고했다. "만약 당신들이 변하지 않는다면, 나는 여기서 또 다른 회의를 소집할 것이다."[92] 저우는 마오의 메시지를 받았다. 첫째, 마오는 항상 절대적인 지배를 행사할 것이다. 둘째, 저우는 항상 경계해야 하며, 어떤 상황에서도 마오보다 돋보여서는 안 된다.

폭풍은 지나갔다. 저우는 정치국 회의 소집자로서 역할을 재개했다. 마오의 지시에 따라 1973년 12월 22일 저우는 당 중앙을 위한 통지 초안을 작성하여, 덩이 "정치국 위원이 되어 중앙 지도부 업무에 참여"하고 "중앙군사위원회 위원이 되어 위원회에서 주도적인 역할을 할 것"이라고 발표했다.[93]

하지만 마오는 '저우-키신저 스캔들'을 잊지 않고 있었다. 그는 1974년 말 덩샤오핑과 대화하며 그 일을 다시 언급했다. 마오는 덩에게 말했다. "그건 보호 우산과 관련된 일이었다. (미국놈들이) 우리에게 보호 우산을 씌워 주겠다고 했다."[94] 마오에게 그 일은 단지 서랍 속에 잠시 넣어

두었을 뿐, 필요하다고 판단되면 언제든 다시 꺼내 저우에게 책임을 묻
기 위해 사용할 수 있는 문제였다.

제30장

마지막 날들

1974~1976

1974년 봄, 저우언라이의 건강에 다시 적신호가 켜졌다. 3월 초부터 그의 소변에서 하루 100밀리리터가 넘는 혈액이 다량 섞여 나왔다. 3월 11일, 그는 인민해방군 305병원에서 종합 건강 검진을 받았다. 의사들은 결과를 보고 경악했다. 총리의 암이 재발한 것이었다. 그들은 즉시 그에게 또 다른 전기소작술을 시행했지만, 병세를 잡는 데는 실패했다. 5월 초, 또 다른 검사에서 저우의 암이 다시 돌아왔음이 밝혀졌다.[01]

6월 1일, 저우는 이른 오후에 사무실에 도착하여 주위를 유심히 살폈다. 그런 다음 거의 사반세기 동안 살고 일했던 서화청을 떠났고, 305병원에 입원했다. 덩잉차오가 그와 동행했다. 그는 일 년 반 후 사망할 때까지 다시는 그 정자에 발을 들여놓지 못할 것이었다.

같은 날, 의사들은 저우의 담낭에서 암에 걸린 부분을 제거하는 수술을 시행했다. 시술은 순조롭게 진행되었다. 저우는 빠르게 회복했고, 소변에 피가 섞여 나오는 일도 사라졌다.[02] 그러나 암은 의사들에게 축하할 시간도 주지 않고 또다시 재발했다. 저우는 8월 10일 재차 수술을 받았지

902

만, 상태는 나아지지 않았다.[03] 아마도 저우와 의사들 모두 그가 살아서 병원을 떠나지 못하리라는 사실을 알았을 것이다.

*****

병원에 있으면서도 저우는 여전히 최고위급 의사결정에 관여했고, 정치국 회의를 주재했다. 그러나 그는 또한 자신이 과도기의 과도기적 인물에 불과함을 완전히 이해하고 있었다.

1974년 초부터 '린뱌오 비판과 공자 비판'이라는 다소 기묘한 운동이 중국 전역을 휩쓸었다. 린은 사망한 후 중국 정치 담론에서 비판과 공격의 중심 대상이 되었다. 그렇다면 고대 중국의 성인 공자는 왜 비난받았는가? 그 답은 저우를 어리둥절하게 했다.

운동의 기원은 1973년 8월 마오와 장칭이 나눈 대화에 있었다. 마오는 말했다. "중국 역사상 모든 뛰어난 정치가들은 법가(法家)였다. 그들 모두는 법에 의한 통치를 옹호했고, 모두 과거보다 현재를 강조했다. 그에 비해 유학자들은 덕과 도덕을 강조했고, 현재보다 과거에 더 중점을 두었으며, 역사의 수레바퀴를 되돌리려 시도했다."[04] 장칭은 마오가 왜 이렇게 말했는지 분명히 이해하지는 못했지만, 중국공산당 제10차 당대회의 정치 보고서에 그것들이 포함되도록 요청하며 정치국 회의에서 마오의 말을 전달했다. 저우는 마오의 목적을 알지 못했지만, 이것이 간단한 문제가 아님을 예감했다. 마오의 생각들을 소화할 시간이 필요했기 때문에, 그는 장에게 주석의 논평을 즉시 공개해서는 안 된다고 대답했다.[05]

1973년 말부터 야오원위안이 지휘하는 중국 공식 언론은 공자를 비판하는 일련의 기사들을 발표했다. 거의 동시에 마오로부터 린뱌오의 소장품을 살펴볼 임무를 받은 베이징대학의 두 교사 그룹이 린이 공자를 존경했음을 나타내는 많은 물건을 발견했다. 특히 린은 "자신을 다스리고 예로 돌아가는 것이 만 가지 일 중 가장 중요하다"라는 공자의 말을 담은 서예 작품을 소유하고 있었다. 마오는 정치국에 린에 대한 비난을 공자 비판과 연결하라고 지시했고, 이것이 린이 "과거로 돌아가려" 시도했다는 것을 증명할 것이라고 생각했다. 그리하여 린의 문제들은 본질상 극우적이라 특징지어질 수 있었다. 결과적으로 공자와 린 모두 맹렬한 공격의 대상이 되었다.

마오는 자신이 시작한 린과 공자에 대한 비판의 물결을 두고 큰 계획을 가지고 있었다. 린이 죽은 후, 문화대혁명이 막다른 골목에 이르렀다는 것이 명백해졌다. 그러나 마오는 그것을 그런 식으로 끝내고 싶지 않았다. 그는 린과 공자를 악마화함으로써 혁명은 여전히 계속된다'는 자신의 생각을 반영하는 정치 분위기를 조성하기를 희망했고, 동시에 '사인방'과의 동맹 속에서 덩을 주축으로 하는 과도기적 권력 구조를 구축했다. 따라서 린과 공자를 비판하는 운동은 문화대혁명 전야의 '해서파관' 비판과는 매우 달랐다. 비록 둘 다 자신의 목적에 부합하는 특정한 정치적 환경을 조성하려는 시도였지만, 후자가 문화대혁명을 시작하기 위해 고안되었다면, 전자는 문화대혁명을 마무리하기 위한 것이었다. 그러나 장칭은 이 둘을 구별하지 못했다.

린과 공자 비판은 1974년 중국공산당 중앙이 발표한 첫 번째 지시에서 두드러지게 다루어졌다. 저우가 몇 달 전에 공개하기를 꺼렸던 마오의 말들이 중심 주제가 되었다.[06] 1월 25일, 장칭은 저우와 상의하지 않고 정치국에서 토론하지도 않은 채 중앙위원회와 국무원의 행정사무소와 관련된 간부들을 동원 집회에 소집했다. 그는 저우에게 집회를 주재해 달라고 요청했다. 저우는 비록 불만스러웠지만, 그 요청을 들어주었다. 마오의 아내는 집회에서 극도로 공격적으로 행동했다. 장은 특정 개인들의 이름을 들먹이며 차례로 그들의 행동을 비난했다. 그는 흥분한 나머지 심지어 예젠잉 원수가 자기 친척들을 위해 "뒷문"을 열어 특권을 누리게 했다고 공격하기도 했다. 연단에 앉아 장칭의 과도한 연기를 지켜보던 저우는 한마디도 하지 않았다.[07] 그는 장칭 배후에 마오가 있다는 것을 잘 알고 있었다.

당시 당 중앙 대외연락부 부장이었던 경뱌오(耿飈)는 집회에서 지명되고 비판받은 사람들 중 하나였다. 그 후 경은 저우를 찾아가 자기가 겪은 일에 대해 불평했다. 저우는 경에게 말했다. "나는 당신에게 세 가지 조언을 해 주고 싶다. 그들이 아무리 당신을 무너뜨리려 노력해도, 무너져서는 안 된다. 그들이 아무리 필사적으로 당신을 쫓아내려 해도, 버텨야 한다. 그리고 그들이 아무리 추한 말로 당신을 모욕하더라도, 자살해서는 안 된다."[08] 그 조언은 저우 자신이 유사한 상황에 대처하는 방법들을 반영하고 있었다.

그러나 장칭은 이미 마오의 계획을 잘못 처리했다. 마오에게 린과 공자를 비판하는 것은 정치 노선과 관련된 중대한 노력이었다. 그러나 그의 아내는 특권 접근과 같은 사소한 것들에 초점을 맞춤으로써 운동의 요지를 놓쳤고, 마오가 주요한 정치적 문제들을 다루면서 동시에 인사 문제를 관리하는 것을 더 어렵게 만들었다. 마오는 불쾌해하며 장칭이 "린과 공자를 비판하는 것의 중요성을 경시"하고 "작은 일들로 그것을 엉망으로 만들었다"라고 비난했다.[09] 이것은 마오가 나중에 사인방을 비판하게 될 전조였다.

그 무렵 마오는 점차 스스로를 고립하여 심지어 아내조차도 그를 쉽게 만날 수 없었다. 만약 장칭이 마오를 방문하고 싶다면, 왕둥싱에게 승인을 구하거나 당시 여전히 마오와 정치국 간의 연락관이었던 두 젊은 여성, 왕하이룽과 탕원성을 거쳐야 했다.

저우는 계속해서 정치국 회의를 주재했다. 2월 초, 그는 린과 공자 비판에 대한 보고서를 마오에게 보냈다. 이것은 확실히 중요한 운동이었지만, 그는 "그것을 위한 경험을 축적"하는 일이 또한 중요하다고 강조했다. 그 말에는 이 운동이 통제 불능 상태가 되도록 허용해서는 안 된다는 속뜻이 담겨 있었다. 저우는 마오의 마음을 읽는 데 능했다. 그는 이번에 마오가 원했던 것이 이념 영역에서 '혁명을 계속하는' 분위기를 조성하는 것이지, 다시 '천하'에 '큰 혼란'을 가져오는 것이 아님을 알았다. 마오는 더 이상의 지시 없이 그 보고서를 승인했다.[10]

*****

인사 문제에서 주석은 덩샤오핑에게 주의를 집중했는데, 그는 1973년 초 중국 정치 무대에 재등장한 이후 일 년 동안 그를 지켜봐 왔다. 동시에 왕홍원 또한 주시했는데, 마오는 그가 자신의 후계자로서 결코 적임자가 아니라는 사실을 신속하게 깨달았다. 1973년 12월 저우를 비판하기 위한 정치국 회의에서 마오는 다시 한번 덩을 시험했고, 덩은 그 시험을 통과했다. 1974년 3월, 마오는 덩을 뉴욕의 유엔 특별 총회에 참석시키는 것까지 생각했는데, 이는 덩을 띄워 주기 위한 큰 조치가 될 것이었다.

바로 이 무렵 마오는 그의 제3세계론을 소개했다. 1973년 말부터 1974년 중반까지 중국을 방문한 외국 지도자들과의 일련의 담화에서 마오는 주장했다. "미국과 소련은 제1세계에 속한다. 일본, 유럽, 호주, 캐나다와 같은 중간 요소들은 제2세계에 속한다. 우리는 제3세계다."[11] 마오는 '혁명'이라는 단어 대신 '발전' 수준을 사용하여 '세 개의 세계'를 정의했다. 이것은 사실상 린뱌오가 사망한 후 계속 심화되었던 그의 '계속혁명' 개념의 정당성 위기에 대한 마오의 응답이었다. 중국을 강하게 만들고,

세계 모든 나라 사이에서 일어서게 하는 것은 그가 중화인민공화국 건국 시에 '우리 중국인은 일어섰다'고 선언한 이래로 마오 신중국의 정당성 서사를 이끌어 온 강력한 동력이었다. 마오는 제3세계론을 도입함으로써 중국 인민에게 중국이 여전히 세계를 변혁하는 데 중심적인 역할을 하고 있으며, 그리하여 그들이 실제로 '일어섰다'는 감각을 유지하고 배양하려 했다.

따라서 마오는 유엔 특별 총회에서 제3세계론을 소개하는 것이 중요하다고 믿었다. 당연히 그 임무를 맡을 최적임자는 저우였다. 그러나 총리는 너무 아파서 여행할 수 없었다. (만약 저우가 갈 수 있는 건강 상태였다 한들, 마오가 그를 보냈을까?) 그렇다면 저우 외에 덩보다 더 적합한 이가 있었겠는가? 덩과 같이 중요한 인물이 국제 무대에 재등장하면 언론에 막대한 영향을 미칠 뿐 아니라, 중국 국내 정치에서 덩의 위상을 높이려는 마오의 목적에도 부응할 것이었다.

마오는 먼저 왕하이룽과 낸시 탕을 통해 외교부가 덩이 유엔 주재 중국 사절단을 이끌 수도 있다는 보고서를 제안하게 했다.[12] 흥미롭게도 마오는 두 여성에게 이것이 자신의 생각임을 밝히지 말라고 요청했는데, 아마도 저우의 반응을 가늠하고 싶었기 때문일 것이다. 저우는 주저 없이 외교부 보고서를 승인했고, 그 후 마오 또한 그 보고서를 승인했다.[13] 그러나 그것이 정치국에 상정되었을 때, 장칭은 그 제안에 반대하고 나섰다.[14] 마오는 그 사실을 알고 두 여성에게 "덩이 유엔총회에 참석하는 것은 내 의견이다. 그러나 만약 정치국 동지들이 동의하지 않는다면, 이 문제를 보류할 수 있다"라고 말하라고 지시했다.[15] 저우는 그 제안을 보류하지 않을 것이었다. 그가 주재한 또 다른 정치국 회의에서 참석 인원 중 과반수가 덩이 유엔 주재 중국 대표단장으로 봉사하는 것을 지지했다. 그러나 장은 계속해서 반대표를 던졌다.[16] 두 여성은 이것을 마오에게 보고했다. 주석은 아내에게 썼다. "덩샤오핑 동지가 해외로 나가는 것은 내 생각이다. 당신은 그것에 반대하지 않는 게 좋겠다." 다음 정치국 회의가 끝난 후, 저우는 마오에게 보고할 수 있었다. "정치국은 덩샤오핑 동지를 유엔 특별 총회에 파견하라는 주석의 결정을 만장일치로 지지한다."[17]

며칠 후, 정치국은 덩이 유엔에서 발표할 연설을 논의하고 승인했는데, 그 연설의 중심에는 마오의 제3세계론이 있었다. 장칭은 병가를 요청하고 회의에 참석하지 않았다.[18] 4월 6일, 저우를 비롯한 다른 최고 지도자들은 직접 공항에 나가 덩을 전송했다.

덩의 유엔 특별 총회 연설은 언론에 거대한 파장을 일으켰다. 그는 마오의 제3세계론을 명확히 설명하며, 제3세계가 아시아, 아프리카, 라틴아메리카의 개발도상국들로 구성되어 있으며, 중국도 그 대열에 속한다고 강조했다.[19] 이로써 덩은 해외에서의 명성과 국내에서의 좋은 이미지를 동시에 얻었다.

덩이 파리를 경유하여 베이징으로 돌아왔을 때, 그는 저우와 프랑스 크루아상 몇 개를 나누었다. 크루아상은 거의 반세기 전, 그들이 프랑스에서 혁명 활동에 참여했을 때 가장 좋아하던 음식이었다.

★★★★★

저우가 305병원에 입원한 직후 마오의 건강에도 적신호가 켜졌는데, 그의 건강은 1972년 2월 위기 이후 악화되고 있었다. 1974년 6월 중순에 새로운 증상들이 나타났다. 그는 혀를 움직일 수 없었고, 입을 다물 수 없었으며, 말이 어눌했고, 오른손과 다리 근육이 위축되고 있었다. 정치국은 심장학, 신경학, 마취학, 이비인후과, 호흡기 내과, 일반 외과, 중환자 치료 분야의 의료 전문가들을 소환하여 주석을 검사하고 치료할 특별 의료진을 구성했다. 몇 년 동안 의사들은 마오가 파킨슨병을 앓고 있다고 의심했다. 그러나 이번에 그들은 마오의 병이 예상보다 훨씬 더 복잡하고 다루기 어렵다는 것을 알았다. 마오는 일종의 운동 뉴런 질환을 앓고 있었다. 신체의 수의근을 통제하는 세포들이 기능 장애를 일으키고 점차 죽어 가고 있었다.[20] 이 병을 앓는 사람들은 보통 진단을 받은 후 이 년 안에 사망했다. 따라서 의사들과 마오 모두 그의 날이 얼마 남지 않았음을 알았다. 주석은 종종 중얼거렸다. "염라대왕이 함께 독주를 들자고 나를 불렀다."[21]

건강이 극적으로 악화되며 마오는 중국을 위한 사후 조치를 취하기에 더욱 마음이 급해졌다. 그는 말했다. "프롤레타리아 문화대혁명은 8년 동안 계속되었다. 이제 안정과 단결이 더 낫다."[22] 이를 달성하기 위해 마오는 덩과 자신의 아내가 이끄는 문화대혁명 파벌 사이에 정치적 동맹이 발전하는 것을 보고 싶어 했고, 이는 또한 당 지도부 내에 새로운 권력구조를 형성할 것이었다.

그러나 몇 달 동안 마오가 본 것은 그의 딜레마나 의도를 전혀 이해하지 못하는 장칭뿐이었다. 마오는 확실히 자기 아내와 그의 가까운 동료들이 그의 '혁명 노선'에 가장 헌신적임을 알았다. 당 최고 지도자들 중에서 그가 완전히 신뢰할 수 있는 유일한 사람들이었다. 결국 장이 정치적 지위와 권력을 얻은 것은 그가 마오의 아내였기 때문이었으므로, 장은 어떤 상황에서도 마오를 배신하지 않을 것이었다. 그러나 장은 정치적 기술, 비전, 성격 면에서 정교함이 현저히 부족했다. 마오는 종종 장에게 실망했는데, 특히 그가 마오 자신이 부각하려 했던 '큰 문제들'에서 벗어났을 때 더욱 그러했다.

그 시기, 마오는 중국 남부로 또 다른 순회를 떠날 계획을 세우고 있었다. 출발하기 전날인 7월 17일, 그는 중난하이 거주지에서 정치국 회의를 주재했고 여기서 아내를 비판했다. 마오는 그에게 말했다. "장칭 동지, 조심해야 한다. 사인방을 형성해서는 안 된다. 다른 사람들이 당신에게 불만을 가지고 있지만 감히 직접 말하지 못하므로, 당신은 그것을 모른다. 당신은 두 개의 공장, 즉 쇠막대기용 공장과 큰 꼬리표용 공장을 세워서는 안 된다. 이것은 좋지 않다. 조심해야 한다."[23] 마오는 이후에도 여러 번 이러한 비판을 되풀이할 것이었다.

그러나 마오는 확실히 장과 그의 가까운 동료들을 파괴할 의도는 없었다. 그는 장의 행동에 수정주의, 좌경 또는 우경 기회주의, 교조주의, 파벌주의, 또는 경험주의와 같은 꼬리표들을 붙이지 않았는데, 이는 그가 과거 당내 투쟁에서 다른 경쟁자들과 종종 그랬던 것과는 달랐다. 주석에 따르면, 장과 그 동료들의 주요 문제는 다른 사람들과 협력하지 못한다는 것이었다. 마오는 장이 변증법적 렌즈를 통해 보아야 한다고 강조하며, "그의 일부는 매우 좋고, 일부는 그다지 좋지 않다"라고 말했다.[24] 마오는 여전히 사인방이 덩과 협력하기를 희망했고, 덩이 새로운 권력구조의 핵심이 될 것이었다. 그러나 장과 그 동료들은 마오의 생각과 목표를 이해하지 못하는 것 같았다. 정치적으로 그들은 '다수와 단결'하는 것이 중요함을 파악하지 못했다. 린과 공자를 비판하면서 그들은 '핵심 요점들'을 놓쳤고 종종 어리석게 행동했다. 따라서 마오는 그들을 비판해야 한다고 생각했지만, 이것이 그가 갈 수 있는 한계였다. 그의 말은 아내가 자신의 기대를 충족시키지 못한 것에 대한 실망감 외에는 아무것도 드러내지 않았다.

저우는 마오가 회의에서 하는 말을 한마디도 놓치지 않았다. 그러나 마오의 또 다른 말이 즉시 그의 주의를 끌었다. "더 이상 아홉 편의 글들은 필요 없다. 나는 그것들을 태워 잿더미로 만들었다."[25] (사실 그는 그렇게 하지 않았다.) 마오가 옌안 정풍운동 기간 동안 쓴 이 글들에는 저우를 직접적으로 비판하는 두 편이 포함되어 있었다. 그리하여 저우는 자신이 여전히 마오의 표적이 되고 있다는 것을 알았다.

그동안 린과 공자를 비판하는 운동은 계속해서 커져 나갔다. 6월 중순, 사인방 필진들과 회의하며 장은 기묘한 논평을 했다. "왜 당신들은 단지 린뱌오와 천보다만 비판하는가? 왜 우리 시대의 공자를 언급하지 못하는가? 왜 현대의 공자가 당신들의 비판 기사들에서 사라지는가?"[26] 이로써 장은 비록 암묵적이었지만 저우를 향해 창을 겨누었다. 장은 이 문제에 대해 마오가 자신을 지지한다는 것을 알았다.

9월 30일, 중화인민공화국 건국 25주년 전야에 저우는 국경절 환영회를 주재했다. 이는 그가 주재한 마지막 행사가 될 것이었다. 그가 인민대회당 연회장에 들어섰을 때, 참석한 많은 사람이 일어서서 총리에게 몇 분 동안 기립박수를 보냈다. 그 무렵 꽤 많은 손님이 저우가 말기 암을 앓고 있다는 사실을 알고 있었다. 그들은 그의 깡마른 모습을 보고 눈물을 흘렸다. 저우의 암이 온몸으로 퍼지며 그를 서서히 죽음으로 몰아가고 있을 때, 중국인들의 마음속에서 그의 명성은 새로운 정점에 이른 듯했다. 마오는 그 환영 행사에 참석하지 않았고, 그에 대한 보고를 받았을 때 기뻐할 이유는 아마 없었을 것이다.

*****

1974년 말, 중국 고위 정치의 초점은 제4차 전국인민대표대회 계획으로 옮겨 갔다. 정부의 최고 직책들이 그 대회에서 배정될 것이었다. 그것은 이미 진행 중인 권력 이양의 또 다른 단계를 의미했다. 누가 새로운 내각을 이끌게 될 것인가, 내각 직책들은 어떻게 배분될 것인가? 이것들이 핵심 질문들이었다.

마오는 이미 덩을 중국 고위 정치의 중심 무대에 세우기로 결정했다. 10월 4일, 그는 왕홍원에게 덩이 제1부총리로 지명되어야 한다고 정치국에 알리라고 지시했다.[27] 이것은 덩을 주요 기둥으로 하는 새로운 권력구조를 수립하려는 중요한 움직임이었다. 왕에게 메시지를 전달하도록 함으로써 그는 장칭이 덩을 임명하는 데 어떤 반대 의견도 표명하지 않기를 희망했다.

그러나 장은 어쨌든 그 결정에 도전했다. 10월 17일 정치국 회의에서 그는 덩과 격렬한 언쟁에 휘말렸다. 덩은 나중에 주장했다. "나는 장을 다루기 위해 철권을 썼다."[28] 그가 그렇게 할 용기를 얻은 것은 아마도 저우가 그에게 장칭과 장춘차오 모두 '반역자'로 간주되었다고 알려 주었기 때문일 것이다. 또한 당시 덩은 자신이 마오의 신임과 지지를 받고 있다고 믿었다.

장의 지지를 받아 왕홍원은 다음 날 창사로 비행기를 타고 가서 마오에게 덩에 대해 불평했다. 그러나 마오는 그 말을 듣기를 거부했다. 주석은 심지어 왕에게 "장칭과 너무 자주 어울리지 말고" 대신 "덩샤오핑 동지와 단결 관계를 발전시키라"라고 경고했다.[29] 비록 마오가 왕을 경고하는 것처럼 보였지만, 실제로는 조언을 주고 있었던 것이다.

저우는 덩을 지지했다. 두 사람은 유사한 정치적 관점을 공유했고, 저우는 또한 덩이 부상함으로써 정치적으로 본인이 결코 자신을 진정으로 신뢰하지 않았던 마오로부터 더 보호받게 될 것임을 알았다. 덩은 총리의 병실에 더 자주 방문하여 조언을 구했다. 저우는 또한 여전히 마오의 연락관이었던 왕하이룽과 낸시 탕과 장시간 대화를 빈번하게 나누었다. 저우는 그들에게 말했다. "그 사람들은 꽤 오랫동안 샤오핑 동지를 공격할 계획을 세워 왔고, 그는 극도로 인내심 있고 관대했다."[30] 저우는 두 사람이 자신의 말을 마오에게 전달할 것을 알았다.

저우가 예상했던 대로 두 여성은 곧 당시 창사에 있던 마오에 의해 덴마크 총리 폴 하틀링(Poul Hartling)과의 회담을 위한 통역사로 봉사하도록 소환되었다. 덩 또한 그 회담에 참석했다. 두 여성은 그 기회를 이용하여 저우의 메시지를 마오에게 전달했다. 다음 날, 마오는 덩에게 새로운 내각을 조직하는 데 그를 전적으로 신뢰한다고 말했다. 주석은 또한 두 여성에게 "총리는 우리의 총리로 남아야 하며" "건강이 허락한다면, 그는 왕훙원 동지와 함께 다른 사람들과 상의하여 인사 배치 명단을 마련할 수 있다"라고 말했다. 마오는 특히 "덩이 제1부총리 및 총참모장 직책을 맡아야 한다"라고 거듭 밝혔다. 결국 마오는 "정책은 단결과 안정을 위한 것이어야 한다"라고 강조했다.[31]

12월 말 저우는 잠깐 퇴원하여 비행기를 타고 창사로 향했고, 거기서 마오와 만나 다가오는 전국인민대표대회에서 발표될 최고 직책 임명을 최종 확정했다. 어떤 의미에서 저우는 이미 덩에게 중요한 임무를 부여하려는 마오의 의도를 예리하게 알고 있었기 때문에 그 여행에 동의했다. 저우는 자신에게 시간이 얼마 남지 않았음을 잘 알고 있었다. 만약 그가 죽은 후에 명성을 유지하고 싶다면, 자신과 핵심 관점을 공유한 덩 이외에 그를 위해 횃불을 들 적임자가 누가 있겠는가? 그러나 당시 저우는 불과 일 년 후 마오가 두 번째로 덩을 숙청하고 화궈펑을 명목상의 후계자로 선택하리라고는 예견할 수 없었을 것이다. 저우 또한 그것을 보지 못할 것이었다. 덩이 다시 숙청되었을 때, 저우는 이미 '카를 마르크스를 만나러' 갔다.

저우가 창사로 갈 때 왕훙원 또한 마오를 만나기 위해 그 도시로 여행했다. 주석은 저우와 왕이 도착한 직후 그들을 맞이했고, 두 시간 동안 이야기를 나눴다. 주석은 다음 이틀 동안 저우와 왕을 다시 만날 것이었다. 분명히 마오는 이미 전국인민대표대회에서의 인사 배치에 대해 많이 생

ZHOUENLAI —— *A Life*

각했다. 그는 말했다. "총리는 총리로 남을 것이다." "(덩은) 정치적으로 매우 강하다." 그래서 제1부총리 직책 외에도 중국공산당 중앙위원회 부주석, 중앙군사위원회 부주석, 인민해방군 총참모장으로 임명되어야 한다고 했다. 덩의 새로운 권위에 균형을 이루기 위해, 군사 경험이 전혀 없었던 장춘차오가 인민해방군 정치부 주임이자 제2부총리가 될 것이었다. 마오는 왕에게 말했다. "당신은 장칭과 다른 사람들과 계속해서 어울려서는 안 된다. 당 중앙은 단지 이 몇 사람으로 구성되어 있다. 당신들은 함께 단결해야 하고, 파벌을 만들어서는 안 된다. 그러지 않으면 쓰러질 것이다."[32] 마오가 왕에게 한 이 조언은 다시 한번 그가 정상에서의 정치 권력을 균형 있게 조절하는 방식을 드러냈다.

1974년 12월 26일은 마오의 여든한 번째 생일이었다. 저우는 자정이 지나 마오의 숙소로 불려 갔고, 두 사람은 밤새도록 이야기를 나눴다. 마오는 다시 한번 저우가 작업한 정부 직책 배정을 자신이 승인하였음을 확인했다. 그런 다음 화제를 바꾸어 프롤레타리아 독재하에서 혁명을 계속하는 것에 대한 자신의 이론을 상세히 설명하기 시작했다. 마오는 말했다. "중국은 사회주의국가이므로, 급여가 8등급으로 나뉘고, 노동 기여에 따른 분배, 화폐에 의한 교환과 같은 부르주아적 권리들이 여전히 존재한다." 주석은 이 모든 것은 "오직 프롤레타리아 독재하에서만 제한될 수 있다"라고 강조했다. 현재의 문화대혁명은 곧 끝날 것이다. 그러나 마오는 유사한 혁명이 앞으로 여러 번, "7~8년에 한 번씩 다시 일어날 것이다"라고 예측했다.[33] 저우는 듣고 있었다. 그는 또한 이 기회를 이용하여 마오에게 장춘차오가 "심각한 역사적 문제들"을 가지고 있다고 말했다. 마오는 말했다. "이미 알고 있다."[34]

저우가 창사 여행에서 마오와 나눈 대화는 주석이 자신의 무제한적인 권력으로도 결코 해결할 수 없었던 딜레마를 드러냈다. 한편으로 그는 절대로 권력과 자신의 거대한 '혁명적 기업'을 저우에게 넘겨주고 싶지 않았다. 그러나 다른 한편으로 그는 자신이 창설한 당-국가의 일상 기능을 유지하기 위해 저우의 놀라운 행정적 재능에 의존해야 했다. 1974년 말, 마오는 저우가 문화대혁명을 종착점으로 이끌 수 있는 몇 안 되는 인물 중 하나라는 사실을 알고 있었다. 다시 말해, 이는 저우의 행정 능력이 무한한 듯했던 마오의 권력을 결국 포획했다는 점을 분명히 드러내는 순간이었다.

*****

저우는 베이징으로 돌아왔을 때 지치고 극도로 쇠약했지만, 쉴 여유가 없었다. 12월 28일, 그는 왕훙원, 예젠잉, 장춘차오, 덩샤오핑과 회의하여 창사에서 주석과 나눈 대화를 전달했다. 특히 저우는 마오가 전국인민대표대회를 위한 최고위급 정부 직책 배치에 대한 합의를 승인했다고 그들에게 말했다. 이것이 '최고 지시'였다. 물론 아무도 반대 의견을 제기하지 않을 것이었다.[35]

다음 날, 저우는 정치국 회의를 주재했고, 여기서 동료들에게 자신과 마오가 결정한 정부 최고 직책 후보 지명을 논의하고 승인해 달라고 요청했다. 저우는 총리직을 유지할 것이었다. 그는 또한 참석자들에게 마오가 "이론 문제"에 주의를 기울여야 한다고 강조했으며, 전당과 전국이 "안정과 단결을 더 잘 추구"하도록 당부했다고 전했다.[36]

저우는 1975년 새해 첫날을 병실에서 덩, 리셴녠과 비밀스러운 토론을 하는 것으로 시작했다.[37] 그런 다음 세 사람은 인민대회당으로 함께 와서 또 다른 정치국 회의에 참석했고, 여기서 1월 중순 전국인민대표대회에서 이루어질 정부 임명이 승인되었다. 저우와 덩은 각각 총리와 제1부총리로 봉사하게 될 것이었다. 저우가 말기 암 환자였기 때문에 덩이 총리 대행으로서 그의 직무를 맡게 될 것이었다. 덩의 권력에 균형을 이루기 위해 장춘차오가 제2부총리로 지명될 것이었다.[38] 저우는 마오에게 보내기 위해 이러한 결론들을 정리한 보고서를 직접 초안했다. 그는 매우 신중했기 때문에 왕훙원에게 그 보고서들에 공동으로 서명해 달라고 요청했다.[39] 저우는 또한 보고서에 특정 문장을 포함했다. "나는 린과 공자를 비판하는 데 훌륭한 역할을 하지 못한 것에 대해 자기비판을 할 계획이다." 며칠 후, 그는 두 젊은 여성들로부터 마오의 응답을 전달받았다. "자기비판할 필요는 없다."[40]

전국인민대표대회에 앞서, 중앙위원회 전체 회의는 마오와 저우 및 정치국이 결정한 정부 직책 배치를 승인했다. 중앙위원회 위원들은 또한 저우로부터 마오가 "이론 문제"에 주의를 기울일 필요성을 강조했으며, 전당과 전국이 "안정과 단결을 더 잘 추구"해야 한다고 한 말을 들었다.[41]

1월 13일, 제4차 전국인민대표대회가 인민대회당에서 시작되었다. 저우는 정부 업무에 관해 연설했다. 한 목격자가 설명한 바에 따르면, 그는 "깡마르고 꽤 아파 보였지만, 발걸음은 안정적이었다. 모든 대표가 일어섰고, 박수는 영원히 계속될 것처럼 이어졌다." 저우의 연설은 약 5천 자(字) 정도였는데, 중국 기준에서는 짧았다. 그럼에도 불구하고 그는 너무 쇠약해져 있었기에 개회 및 결론 단락만 읽었다. 그는 "또 한 차례 우레와 같은 기립박수 속에서" 연단을 떠났다.[42] 저우의 연설에서 가장 주목할 만한 부분은 그가 12년 전 마지막 전국인민대표대회에서 했던 말을 되풀이한 것이었다. 즉 중국은 "20세기 말까지 산업, 농업, 국방, 과학기술 네 가지 영역에서 현대화"를 실현하겠다는 것이었다.[43]

당시 중국은 여전히 문화대혁명의 심연에 있었고, '계속혁명'이라는 수사는 변함없이 중국 정치의 주류 담론이었다. 저우는 필시 대회에서 이렇

30-1 1975년 1월 제4차 전국인민대표대회 제1차 전체 회의에서 연설하는 저우언라이
Imaginechina Limited / Alamy Stock Photo

게 말하기에 앞서 마오에게 허락을 받았을 것이다. 저우의 연설은 또한 그 자신의 신념을 표현한 것이기도 했다. 그렇지 않았다면, 그가 이미 오래 살지 못할 것임을 알면서도 왜 남은 힘을 모아 대회에서 연설했겠는가? 저우가 공개 석상에 모습을 드러낸 것은 그 연설이 마지막이었다.

저우는 그 후 국무원 업무 회의를 주재했는데, 이 또한 그에게 마지막이 될 것이었다. 그는 발표했다. "내 건강 상태가 실망스럽다. 이제부터 내가 국무원에서 맡은 업무는 덩샤오핑 동지가 이어받을 것이다."[44]

★ ★ ★ ★ ★

저우가 극도로 바빴던 이 시기는 전국인민대표대회가 끝나면서 마무리되었다. 그동안 그의 건강은 더욱 악화되었다. 대변 검사에서 잠혈이 발견되었고, 그 후의 직장경 검사 결과 결장에 종양이 자랐다는 사실이 드러났다. 방광암이 전이된 것은 아니었다. 그와는 관련이 없고 훨씬 더 악성인 편평세포암에 걸린 것이었다.[45] 의사들은 깜짝 놀라 말문이 막혔다. 이로써 저우가 예상보다 훨씬 더 빨리 죽게 될 것임을 그들 모두 알았다.

2월 4일, 저우는 네 시간에 걸쳐 또 다른 수술을 받았지만, 효과가 거의 없었다. 3월 6일, 의사들은 저우에게 대장 내시경 검사를 실시하여 그의 대장에서 간과 가까운 곳에 호두만 한 종양이 있는 것을 발견했다. 정치국은 저우가 또 다른 수술을 받을 수 있도록 허락했고, 3월 26일에 이루어진 수술은 여덟 시간 동안 계속되었다. 이전처럼 수술은 거의 효과가 없었고, 오히려 저우를 죽음에 한 걸음 더 다가가게 했다.

그때까지 사인방은 저우가 정치국에 전달했던 마오의 '이론 문제에 관한 지시'에 기초하여 또 다른 전국적인 정치운동을 열정적으로 추진하고 있었다. 3월 1일, 장춘차오는 갑자기 경험주의 비판 문제를 제기하며, 비록 경험주의가 교조주의만큼 해롭지만 1949년 이래로 비판받지 않았다고 단언했다. 따라서 그는 그 위험을 과소평가해서는 안 된다고 판단했다.[46] 장칭은 즉시 그 말에 동조했다. 그들의 사전에서 '경험주의'는 특별히 저우를 위해 예약된 꼬리표였다. 병실에 있는 저우는 아무런 반응도 보이지 않았다.

1975년 5월 3일, 마오는 그의 생애 마지막으로 정치국 회의를 주재했다. 저우는 회의에 참석하기 위해 잠시 병원을 떠났다. 마오는 총리를 맞이하며 물었다. "어떠한가? 건강 상태는 어떤가?" 그 회의는 마오가 덩과 사인방을 화해시키기 위해 마련한 자리로 판명되었다. 마오는 회의의 기조를 정하며 말했다. "우리에게는 안정과 단결이 필요하다. 교조주의나 경험주의는 마르크스-레닌주의를 수정하려 하고 있으며, 둘 다 교육을 통해 바로잡아야 한다."[47] 마오는 "장칭은 약간 경험주의자"라고 논평한 후, 장과 그와 함께한 사람들에게 조언했다. "계속해서 '사인방'처럼 행동하지 말고, 덩샤오핑 동지와 단결된 관계를 발전시키라." 그는 이 문제를 이전에 여러 번 강조했다고 그들에게 상기시켰다. 그는 물었다. "왜 당신들은 중앙위원회의 이백 명 넘는 위원들과 단결하려 노력하지 않는가?" 그러나 마오는 또한 이것이 "큰 문제가 아니며, 작은 문제를 크게 키워서는 안 된다"라고 강조했다. 마오는 그 문제를 해결하기 위해서는 인내와 단결이 필요하다고 덧붙였다.[48]

다음 날, 덩은 병원에 있는 저우를 찾았다. 그들이 나눈 토론의 세부 내용은 결코 기밀 해제되지 않았다. 우리가 아는 것은 그들이 "5월 3일 정치국 회의에서 마오의 지시를 어떻게 이행할지에 대해 의견을 교환했다"라는 것이다.[49]

★★★★★

비록 저우가 죽어 가고 있었지만, 마오는 여전히 마음을 놓을 수 없었다. 1975년 여름, 마오는 옌안 정풍운동 중에 썼던 글 아홉 편을 다시 읽고 수정했다. 이전에 언급했듯이, 마오는 이 중 일부에서 저우를 비판했다.[50] 저우는 자신을 향한 마오의 감정에 어떤 환상도 가지고 있지 않았다. 6월 16일, 그는 마오에게 편지를 썼는데, 여기서 그는 사실상 자신을 모욕했다.

> 쭌이 회의 이래로 사십 년이 지났다. 주석의 끝없는 가르침에도 불구하고, 나는 여전히 거듭 실수를 저질렀고 심지어 죄를 지었다. 이 모든 것에 대해 나는 엄청난 부끄러움과 후회를 느낀다. 이제 병중에 있으면서 나는 그 실수들을 거듭 회상했다. 말년에 충심을 지키는 것 외에도, 나는 내 경력을 제대로 요약한 보고서를 작성할 용의가 있다.[51]

그러나 저우는 그러한 요약을 완성하기 전에 사망했다.

6월 9일, 저우는 육 년 전 죽은 허룽의 추도식에 참석하기 위해 극도로 허약한 몸을 이끌고 바바오산혁명공원묘지로 갔다. 이것은 저우에게 매우 중요한 일이었다. 추도식에 참석함으로써 그는 오랜 친구를 더욱 보호하지 못한 것에 대한 후회를 보여 줄 뿐만 아니라, 문화대혁명에서 숙청된 원로 지도자들의 복권을 더욱 추진하려 했다. 추도식장에 도착하자마자 저우는 허의 초상화 앞에서 여덟 번 절했다. 그는 허룽의 아내에게 큰 소리로 자기가 원수를 보호하지 못해 매우 미안하다고 말했다.[52] 그러한 장면, 특히 저우가 "나 자신도 오래 살지 못할 것이다"라고 한 말은 거기에 있던 거의 모든 사람을 눈물짓게 하지 않을 수 없었다.

*****

1975년 여름, 덩샤오핑은 자신이 "정돈 및 공고화 운동"이라고 부른 것을 전속력으로 추진했다. 그는 마오의 말에서 세 문장을 선택하여 "마오의 세 가지 중요한 지시들"이라고 포장했다. 즉 "이론을 연구하고 수정주의와 싸우고, 안정과 단결을 추구하며, 국가경제를 발전시키는 것"이었다. 덩은 이 '세 가지 지시들'을 길잡이 별로 삼아, 철도 운송 질서를 회복하려 시도하는 것으로 시작하여 군대, 국방 시스템, 과학기술 부문, 철강 산업을 정돈하려 노력했다. 중국의 산업 생산 통계에서 나타나듯이 이러한 노력들은 곧 좋은 결과를 낳았다. 비록 덩은 이 기간 동안 사인방에 의해 거듭 도전받았지만, 그들과 타협하지 않았다. 대신 자신만의 "철의 방식"을 사용하여 장칭을 다루었다. 한번은 마오로부터 지지를 받아 장칭이 "사인방을 만든" 실수에 대해 정치국에서 자기비판을 하도록 강요하기까지 했다.[53]

돌이켜 보면, 마오가 덩에게 이 모든 일을 할 수 있게 한 것은 두 가지 서로 얽힌 목적 때문이었다. 하나는 명시적인 목적이고 다른 하나는 암묵적인 목적이다. 명시적인 목적은 문화대혁명을 끝내기 위해 마오가 '정돈과 공고화'를 통해 중국의 국가와 사회에 대한 중국공산당의 통제를 재확립하고, 동시에 오랫동안 침체되었던 중국 경제를 재활성화해야 했다는 것이었다. 결국 마오는 만약 중국 경제가 실질적으로 발전하지 않는다면, 그의 주요한 정당성 주장인 "우리 중국인은 일어섰다"라는 발언이 설득력을 잃을 것임을 이해했다. 암묵적인 목적은 마오가 사람들에게 권력을 주는 것이 그들이 진정한 자신을 드러내도록 유도하는 최선의 방법임을 이해했다는 데서 나왔다. 마오는 덩을 강력하게 만듦으로써 그를 더욱 시험하여, 문화대혁명에 대한 그의 진의를 알아내고자 했다.

　사실 마오는 덩을 완전히 풀어 주지 않았다. 덩이 '정돈 및 공고화 운동'을 위해 부지런히 일하는 동안, 사인방의 구성원인 장춘차오와 야오원위안은 "부르주아 계급에 대한 포괄적인 독재"에 관한 것과 "린뱌오 반당 파벌의 사회적 기초"에 관한 장문을 두 편 발표하여, 선전 영역을 통제하고 조작하려는 욕구를 분명히 보여 주었다. 초가을, 사인방은 공고화를 향한 덩의 노력에 균형을 맞추기 위해 "교육 전선에서의 혁명"을 시작했다. 비록 마오가 '안정과 단결'을 거듭 강조했지만, 중국공산당 지도부 내 정치투쟁은 점점 더 치열해지고 있었다.

　덩은 복권된 후 자신의 경력에서 가장 가까웠던 저우와 매우 긴밀한 관계를 유지했다. 그는 거의 매주, 때로는 며칠에 한 번씩 병원에 있는 저우를 방문했다. 그들이 대화를 나누는 시간은 주제와 저우의 상태에 따라 달랐다. 한 시간, 심지어 두 시간 이상 지속된 적도 몇 번 있었다. 저우는 덩을 전심으로 지지했다. 그러나 그는 마오를 깊이 알고 이해하고 있었기에 덩에게 거듭 "너무 세게 밀어붙이지 말라"라고 조언했다.[54] 사인방은 저우와 덩의 긴밀한 관계가 극도로 불편했다. 그들은 마오에게 "덩이 총리를 자주 방문한다"라고 말했다.[55] 마오는 당시에는 논평하지 않았지만, 그 말을 듣고 있었다.

　저우의 신중함은 근거 없는 것이 아니었다. 1975년 여름이 끝나기 전, 중국 정치권은 '수호전에 대한 평론'과 '투항주의 비판'이라는 새로운 정치운동에 직면했다. 마오는 8월 한 대화에서 고전소설 『수호전』을 언급하며 말했다. "이 책은 부정적인 본보기로서 좋은 책이다. 적에게 투항한 영웅들을 묘사했기 때문에 부정적인 예로 삼을 수 있다."[56] 야오원위안은 『수호전』에 대한 마오의 견해를 접하고 곧바로 그에게 편지를 썼다. "이것은 매우 중요한 문제다. 『수호전』을 논평하고 비판하면 수정주의를 반대하고 방지하는 데 있어 매우 좋은 효과를 낼 수 있을 것이다." 마오는

야오의 의견에 "동의한다"라고 회신했다.[57]

가을바람이 불기 시작하면서, 극도로 기묘한 정치적 유령이 다시 중국의 광대한 풍경을 배회했다. 한편 덩샤오핑은 여전히 '포괄적인 공고화'를 열심히 추진하고 있었다. 다른 한편으로 공산당 중앙급 신문들이 이끄는 운동이 나타나, "우리 당내에 투항주의자들이 있다는 것을 모두에게 알리기" 위한 목적으로 『수호전』을 평론하고 비판했다.[58]

저우는 예리한 정치적 감각으로 이것이 간단한 문제가 아님을 즉시 깨달았다. 마오가 야오의 보고서를 승인한 다음 날, 저우는 동료들에게 『수호전』의 여러 판본들을 가져오라고 지시했고, 그것들을 읽기 시작했다.[59] 야오가 통제하는 신문들에 게재된 『수호전』에 관한 몇몇 "미친 글들"을 읽은 후, 저우는 논평했다. "그들은 너무 터무니없다. 『수호전』에 대한 그러한 논평들과 항복주의 비판이 가리키는 표적은 무엇인가? 그것은 자명하다."[60] 저우는 다시 한번 덩에게 공고화를 너무 빨리 추진하지 말라고 조언했다. 그러나 덩은 그 조언에 귀를 기울이지 않는 듯했다.[61] 저우는 한탄했다. "그는 항상 너무 서두른다."

건강이 계속 악화되면서, 중국 총리로서 저우의 국제 외교 활동은 마침내 끝을 향해 가고 있었다. 4월, 북한 지도자 김일성이 베이징을 방문했다. 저우는 당시 건강이 매우 좋지 않았다. 그럼에도 불구하고 그는 병원 응접실에서 김일성과 잠시 만났다. 그는 발이 너무 부어서 신발이 더 이상 맞지 않았다. 회의 당일, 그를 위해 면화 한 켤레가 급히 지어졌다. 덩샤오핑도 참석한 그 회의는 의례적인 것이었고, 약 십오 분 동안 계속되었다.[62] 김일성이 떠난 후, 저우는 덩과 대화를 나누었다. 두 사람이 무엇을 논의했는지는 아무도 모른다.

4월 18일, 마오는 김일성을 만났다. 주석은 김일성에게 말했다. "우리 총리가 아팠다. 그는 지난 일 년 동안 세 차례 수술을 받았다. 첫 두 번은 방광 때문이었다. 그다음에는 결장 외부에 무엇인가가 나타나 또 다른 수술을 받았다." 김일성은 대답했다. "덩샤오핑 부주석이 이미 나에게 알려 주었다." 주석은 중얼거렸다. "총리는 아프고, 나도 아프다. 나는 이미 여든둘이다. 나는 오래 살지 못할 것이다."[63]

8월 말 어느 날, 캄보디아의 시아누크 왕자가 병문안을 와서 그에게 작별 인사를 했다. 시아누크는 곧 당시 크메르루주가 통치하던 캄보디아로 돌아갈 것이었다. 시아누크의 미래가 극히 불확실하다는 것을 알았기 때문에, 저우는 당시 함께 있던 크메르루주의 명목상 지도자인 키우 삼판(Khieu Samphan)에게 눈을 돌려 말했다. "나는 당신이 왕자와 단결하여 당신들의 승리를 굳건히 하기를 가장 진심으로 희망한다!" 그는 슬픈 목소리로 시아누크에게 말했다. "내가 공항에서 당신을 전송하지 못해 미안하다. 지금 작별 인사를 하자."[64]

9월 7일, 저우는 루마니아 부총리 일리에 베르데츠(Ilie Verdeț)를 만났다. 모든 의사가 저우와 회의하면 안 된다고 조언했지만, 베르데츠는 끈질기게 요청했다. 또한 저우는 그럼에도 불구하고 자신의 '오랜 루마니아 친구'를 만나기로 결정했다. 그는 이것이 아마도 외국 방문객과의 마지막 회담이 될 것임을 분명히 알았을 듯하다. 결국 그에게 15분에서 20분 남짓 되는 시간이 주어졌지만, 회의는 45분 동안 계속되었다. 저우는 자신이 덩에게 바통을 넘겼음을 확실히 언급했다. 그는 베르데츠에게 말했다. "당신은 덩 동지를 완전히 신뢰해도 된다. 그가 계속해서 우리 당의 국내외 정책들을 수행할 것이다." 저우는 불과 십 년 전 루마니아 지도자 게오르게 게오르기우데지(Gheorghe Gheorghiu-Dej)의 장례식에 참석했을 때는 가벼운 외투만 입고 네 시간 동안 혹한 속을 걸을 수 있었다고 회상했다. "나는 지금 혼자서 4분도 걸을 수 없다. 나는 카를 마르크스를 만날 순간에 다가가고 있다."[65]

*****

9월 중순, 의사들은 저우의 하복부에서 큰 종양을 발견했다. 9월 20일 오후, 그는 또 다른 큰 수술을 받을 예정이었고, 만약 잘못되면 목숨을 잃을 수 있었다. 수술실에 들어가기 전에 저우는 있는 힘을 모두 모아 무언가를 썼다. 그는 비서에게 자신이 1972년 6월 23일에 녹음했던 '우하오 사건'에 대한 설명의 등사본을 가져오라고 했다. 그는 떨리는 손으로 첫 장에 자신의 이름, 저우언라이를 서명했고, 그 옆에 "수술실에 들어가기 전에"라고 썼다. 그런 다음 덩샤오핑을 만나고 싶다고 말했다. 저우는 덩의 손을 잡고 말했다. "당신은 지난 일 년 동안 훌륭한 일을 해냈다. 내가 한 것보다 훨씬 낫다." 저우는 수술실로 들어가며 목소리 높여 외쳤다. "나는 당과 인민에게 충성한다! 나는 투항주의자가 아니다!"[66] '우하오 사건'과 '키신저 스캔들'의 그림자가 여전히 그의 마음속에 남아 있었다. 덩잉차오는 즉시 역시 거기에 있던 왕둥싱에게 저우의 '마지막 말'을 마오에게 보고하라고 했다.[67]

수술은 다섯 시간 동안 계속되었다. 비록 저우는 살아남았지만, 의사들은 암이 저우의 온몸에 퍼졌고, 더 이상 자신들이 할 수 있는 일이 없음을 알았다. 밖에서 기다리던 덩샤오핑은 의사들에게 "저우의 고통을 줄이고 생명을 연장"하기 위해 가능한 모든 것을 하라고 지시했다.[68]

이후 며칠과 몇 주 동안 저우의 건강은 계속해서 악화되었다. 그의 면역 체계는 사실상 붕괴했다. 그는 더 이상 아침 산책을 할 수 없었다. 단 몇 분조차도. 10월 12일, 그는 또 다른 수술을 받았지만 소용없었다. 그러나 저우는 여전히 사람들을 만나고 있었다. 그는 또한 자신에게 '투항주의자'라고 한 비난을 기억했다. 11월 15일 상태가 조금 나아졌을 때, 그는 비서에게 종이 한 장을 가져오라고 했다. 그는 썼다. "나는 마오 주석, 당,

인민에게 충성해 왔다. 나는 많은 실수를 저질렀지만, 결코 투항주의자가 아니다."[69] 이것은 '수호전 평론' 운동이 그에게 가했던 공격들에 대한 그의 필사적인 응답이었다.

*****

1975년 가을, 북쪽에서 불어온 찬바람이 베이징의 나뭇잎을 모두 쓸어가던 시기, 중국의 정치적 분위기가 다시 변하기 시작했다. 마오쩌둥은 몇 달 동안 덩샤오핑을 관찰했고 점차 그에 대한 지지를 철회하기 시작했다.

10월 초, 마오와 정치국 사이 연락 통로에도 변화가 생겼다. 왕하이룽과 낸시 탕이 마오의 신임을 잃었는데, 아마도 마오가 그들이 저우와 덩과 지나치게 가까워졌다고 느꼈기 때문이었을 것이다. 10월 10일부터 마오의 조카 마오위안신(毛遠新)이 랴오닝에서 베이징으로 전근되어, 마오와 정치국을 잇는 연락관 역할을 맡게 되었다.[70]

젊은 마오위안신은 어린 시절 삼촌 집에서 자라 장칭과도 관계가 좋았다. 그는 문화대혁명 당시 랴오닝 지역 혁명파의 수장이었다. 그가 마오의 개인 연락관이 된 이후, 장칭과 사인방은 마오에게 접근하기가 훨씬 쉬워졌고, 이는 마오의 태도가 덩과 사인방 쪽으로 기울기 시작했음을 의미했다.

그 무렵 칭화대학 간부 류빙(劉氷)이 마오에게 편지 두 통을 보냈다. 과거 마오를 위해 일했던 칭화대 지도자 두 명의 행동을 비판하는 내용이었다. 덩샤오핑이 이 편지를 마오에게 전달하는 역할을 맡았다. 첫 번째 편지는 8월에 전달되었으나 마오는 아무런 반응도 하지 않았다. 그러나 10월 말 두 번째 편지를 받았을 때는 격노했다. 그는 덩을 자신의 거처로 불러, 류빙의 편지를 전달한 일을 질책했다.[71] 다음 날 마오는 조카 마오위안신과 대화를 나눴는데, 조카가 "덩은 문화대혁명의 성과에 대해 거의 이야기하지 않는다"라고 하자, 마오는 말했다. "그가 문화대혁명에 불만을 가지고 있기 때문이며, 그래서 류빙의 편을 든 것이다." 이어서 "이건 단순한 문제가 아니다. 두 정치 노선 간 투쟁의 반영이다"라고 덧붙였다.[72]

마오의 지시에 따라 마오위안신은 덩과 여러 차례 대화를 나누며, 그가 문화대혁명에 대한 태도를 바로잡을 수 있도록 "도와 주려" 했다. 그러나 대화는 잘 풀리지 않았다.[73] 결국 마오는 "사소한 문제들로" 덩과 맞서는 것은 무의미하다고 판단하고, 대신 정치국이 문화대혁명에 관한 결의문을 채택하도록 이끄는 일에 집중하라고 지시했다. 마오는 결의문의 방향을 이렇게 제시했다. "전반적으로 보아, 문화대혁명은 70퍼센트는 옳고 30퍼센트 잘못되었다고 결론지으면 된다."[74]

그 후 며칠 동안 저우와 덩은 여러 차례 이야기를 나누었다. 저우는 덩에게 마오와 직접 대립하지 말라고 조언했다. 그는 마오를 너무나 잘 알고 있었다. 덩이 자리를 지킬지, 해임될지는 마오의 한마디에 달려 있었기 때문이다. 저우는 문화대혁명에 대한 결의문을 작성하라는 과제가 사실상 마오가 덩에게 주는 마지막 시험이자 마지막 기회임을 명확히 인식하고 있었다.

그러나 숙고 끝에 덩은 마오의 지시를 따르지 않기로 결심했다. 11월 20일 정치국 회의에서 덩샤오핑은 자신이 문화대혁명의 위대한 의의를 제대로 이해하지 못했다고 장시간 자기비판을 했다. 따라서 자신이 문화대혁명에 관한 결의문 채택 과정을 주재하는 것은 부적절하다고 했다. 그는 말했다. "나는 복사꽃 피는 도원에 있었다. 한(漢)나라에 무슨 일이 있었는지도 모르는데, 어찌 위(魏)와 진(晉)나라 이후의 일을 논할 수 있겠는가?"[75]

　마오는 덩의 이런 태도에 깊이 실망했다. 그는 덩이 자신의 가장 예민한 발끝을 밟았다고 느꼈다. 몇 해 전, 마오가 덩이 정치에 복귀하도록 허락할 때, 덩은 "나는 문화대혁명 시기의 결정을 결코 뒤집지 않겠다"라고 약속한 바 있었다. 이제 마오는 한탄했다. "그가 '결코 뒤집지 않겠다'고 했지만, 그건 아무 소용이 없다!"[76] 이로써 덩샤오핑의 두 번째 실각은 확정된 것이나 다름없었다.

　저우는 덩의 반응을 듣고 "그는 언제나 너무 성급하게 행동한다"라고 한숨을 쉬었다. 그러나 어쩌면 이 중대한 문제에 관해서만큼은, 덩이 저우보다 더 멀리 내다보고 있었는지도 모른다. 덩은 이미 한 차례 "문화대혁명을 부정하지 않겠다"라고 말한 적이 있었고, 두 번은 반복하고 싶지 않았다. 그러지 않으면, 마오 사후 그가 다시 정치 전면에 복귀했을 때, 어떻게 재앙 같은 문화대혁명 이후의 미래를 감당할 수 있었겠는가?

★ ★ ★ ★ ★

　12월에 접어들면서 저우의 상태는 더욱 악화되었고, 그는 더 자주 혼수 상태에 빠졌다. 그러나 살고자 하는 욕망만은 그보다 더 강할 수가 없었다. 먹을 수 있을 때, 그는 더 많은 힘을 얻어 암과 싸우기 위해 음식을 한두 숟가락이라도 더 삼키려 애쓰곤 했다. 12월 20일 이른 아침, 그는 갑자기 깨어났다. 그는 중국의 정보망과 타이완에 대한 '통일전선' 정책을 책임져 왔던 오랜 동료 뤄칭창을 보고 싶어 했다. 당시 규칙에 따르면, 뤄가 첩보 책임자였기 때문에 이 만남은 정치국의 승인을 받아야 했다. 덩샤오핑은 보고를 받고 말했다. "지금이 어떤 때인가? 총리가 많이 아프다. 그가 원하는 사람은 누구든 만나게 하라. 승인을 구할 필요가 없다!"[77] 뤄가 저우의 방으로 달려갔을 때, 총리는 타이완과 관련된 이름들에 대해 몇 마디 중얼거렸다. 그는 더 이상 말을 잇지 못하고 의식을 잃었다. 뤄가 기다렸지만, 저우는 깨어나지 않았다.[78]

1976년이 시작되면서 저우는 빠르게 생의 마지막을 향해 다가갔다. 그는 이제 대부분의 시간을 혼수상태로 보냈다. 1월 5일 이른 아침, 그는 병원에 입원한 이후 여섯 번째 시술을 받았지만 소용없었다. 1월 7일 저녁 열한 시, 저우는 그의 생애 마지막으로 의식을 되찾았다. 극도로 약하지만 여전히 명료한 목소리로 그는 우제핑 박사에게 말했다. "여기서는 더 이상 할 일이 없다. 당신은 캉성 동지를 돌보러 가도 좋다. 나보다는 그가 당신을 더 필요로 한다."[79]

며칠 동안 저우를 간호해 온 덩잉차오는 잠을 자기 위해 서화청으로 돌아갔다. 그날 밤, 덩은 병원으로부터 전화를 받았다. 저우가 죽어 가고 있었다. 덩은 몇 분 만에 저우의 병상으로 달려갔지만, 그는 이미 깊은 혼수상태에 빠져 있었다. 덩과 주위의 다른 사람들이 끈질기게 그를 불렀지만 그는 그 소리를 들을 수 없었다.[80] 1976년 1월 8일 시계가 오전 9시 57분을 가리킬 때, 저우언라이는 향년 77세로 세상을 떠났다.

*****

덩잉차오는 저우가 떠난 이후 16년을 더 살게 될 것이었다. 저우가 살아 있을 때, 덩은 비록 세 차례 당대회에서 중국공산당 중앙위원회 위원으로 선출되었지만, 당이나 정부 지도부에서 어떤 중직도 부여받지 못했다. 남편이 사망한 후, 그는 1977년에 정치국에 들어갔고, 1982년에는 저우가 27년 동안 맡았던 중국인민정치협상회의 전국위원회(전국정협)의 주석이 되었다. 고인이 된 남편의 명성을 보존하고, 아마도 마오 치하 그

929

의 경력에서 가장 어두운 일화들 일부를 덮기 위해, 덩은 1973년 정치국 회의에서 '저우를 비판한' 기록을 모두 파괴할 것을 요구했고, 당 지도부 는 이를 수용했다. 덩잉차오는 1992년에 87세로 세상을 떠났다.

이 프로젝트는 거의 이십 년 전, 멜빈 레플러(Melvyn Leffler) 교수로부터 자신이 편집하던 '국제사의 형성자들' 시리즈에 저우언라이의 짧은 전기를 써 보지 않겠느냐는 제안을 받아 시작되었다. 그 제안이 없었다면, (멜이 처음 생각했던 것보다 훨씬 방대한) 이 책은 세상에 나오지 못했을지도 모른다.

책의 저자는 나지만, 그 지적·학문적 기반은 여러 스승의 지도와 격려를 통해 쌓아 올린 것이다. 내가 대학원생이자 젊은 교원으로 화동사범대학(华东师范大学, East China Normal University)에 있을 때, 리쥐롄(李巨廉), 판런제(潘仁傑), 왕쓰더(王斯德), 펑지셴(馮契賢) 교수님께서 역사를 연구하는 방법을 가르쳐 주셨고, 비판적 사고가 중요함도 일깨워 주셨다. 이후 서던일리노이대학교(Southern Illinois University)에서는 데이비드 윌슨(David Wilson), 윌리엄 터리(William Turley), 우톈웨이(吳天威) 교수님의 지도 아래, 중국이 한국전쟁에 이르게 된 과정과 중미 간 대립의 형성에 대한 박사학위 논문을 집필할 수 있었다.

그 후 삼십 년 넘는 세월 동안, 워런 코언(Warren Cohen), 존 루이스 개디스(John Lewis Gaddis), 마이클 헌트(Michael Hunt), 필립 쿤(Philip Kuhn), 로더릭 맥파커(Roderick MacFarquhar), 조너선 스펜스(Jonathan Spence), 낸시 터커(Nancy Tucker), 에즈라 보겔(Ezra Vogel), 프레더릭 웨이크먼(Frederic Wakeman), 마릴린 영(Marilyn Young) 등 수많은 뛰어난 학자로부터 지지와 도움을 받았다. 그중 몇 분은 지금은 고인이 되었지만, 그분들의 기억과 영감은 평생 내 안에 살아 있을 것이다.

이 책을 집필하는 과정에서 원고를 읽고 조언해 주거나, 문서 및 자료를 공유해 주거나, 연구를 발표하고 피드백을 받을 기회를 제공해 준 많은 동료와 친구, 학자분 들께도 깊이 감사드린다. 이들 가운데는 데이비드 애트윌(David Atwill), 천둥린(陳東林), 토머스 크리스텐슨(Thomas Christensen), 셔먼 코크런(Sherman Cochran), 구윈선(辜雲深), 한강(韓鋼), 제임스 허시버그(James Hershberg), 람 구하(Ram Guha), 진충지, 진광야오(金光耀), 술만 칸(Sulmaan Kahn), 제이슨 켈리(Jason Kelly), 윌리엄 커비(William Kirby), 마크 크레이머(Mark Kramer), 찰스 크라우스(Charles Kraus), 마릴린 A. 레빈(Marilyn A. Levine), 리단후이(李丹慧), 리하이원, 리샤오빙(李曉兵), 랴오신원(廖心文), 프레더릭 로게발(Frederic Logevall), 루한차오(盧漢超), 로렌츠 뤼티(Lorenz Lüthi), 라나 미터(Rana Mitter), 뉴쥔(牛軍), 크리스티안 오스터만(Christian Ostermann), 엘리자베스 페리(Elizabeth Perry), 친훙(秦弘), 세르게이 라드첸코(Sergey Radchenko), 프리실라 로버츠(Priscilla Roberts), 마크 셀던(Mark Selden), 선즈화(沈志華), 조애나 웨일리코언(Joanna Waley-Cohen), 왕페이링(王飛凌), 왕하이광(王海光), 왕시(王希), 웨이청쓰(魏承思), 오드 아르네 베스타(Odd Arne Westad), 데이비드 울프(David Wolff), 샤야펑(夏亞峰), 샤오둥렌(蕭冬連), 샤오궁친(蕭功秦), 쉬궈치(徐國琦), 쉬지린(許紀霖),

쉬싱(徐行), 쉬옌(徐焰), 양쿠이쑹, 이선쓰(易伸思), 위웨이민(余偉民), 자이창(翟強), 장바이자(章百家), 장수광(張曙光), 장쑤린(張素林), 장양(張揚), 저우즈싱(周志興), 주쉐친(朱學勤) 등이 있다.

또한 버지니아대학교(UVA)의 가오베이(高崝)와 자오한(趙涵), 코넬대학교(Cornell University)의 제이슨 켈리, 크리스토퍼 탕(Christopher Tang), 왕신이(王心怡), 왕위안충(王元崇), 저우타오모(周沫), 화동사범대학의 장화제(江華潔), 뉴욕대학교 상하이(NYU Shanghai)의 차이러창(蔡樂長), 왕이린(王憶霖)에게도 감사드린다. 존 페인(John Payne)은 원고를 세심하게 예비 교정해 주었다. 그 수고에 깊이 감사드린다.

연구와 집필을 가능하게 해 준 재정적·제도적 지원도 빼놓을 수 없다. 버지니아대학교에서 맡았던 C. K. 옌(C. K. Yen) 미중관계 석좌교수직은 초기 저우 연구에 큰 도움이 되었다. 코넬대학교에서는 마이클 J. 잭(Michael J. Zak) 미중관계사 석좌교수직과 후시(胡適) 역사학 석좌교수직의 후원 아래 집필을 이어 갈 수 있었다. 마이클 잭의 지지와 격려를 결코 잊지 못할 것이다. 뉴욕대학교 상하이의 지속적인 지원도 매우 귀중했다. 딩징쑹(丁勁松) 선생, 위리즈중(俞立中) 총장, 퉁스쥔(童世駿) 총장, 제프리 레먼(Jeffrey Lehman) 부총장, 특히 조애나 웨일리코언 학술부총장께 깊이 감사드린다. 케이시 오언스(Casey Owens), 조이스 양(Joyce Yang), 샐리 니(Sally Ni), 슝신이(熊信怡), 에이미 왕(Almee Wang)의 행정적 지원도 큰 힘이 되었다.

하버드대학교 출판부에서는 편집자 샤밀라 센(Sharmila Sen)에게 각별한 감사를 전한다. 그는 통찰력 있는 조언을 아끼지 않았고, 내가 여러 차례 탈고를 미루었음에도 흔들림 없는 신뢰와 지지를 보내 주었다. 헤더 휴스(Heather Hughes), 서맨사 M. 마테오(Samantha M. Mateo)의 뛰어난 작업에도 감사드린다. 오랜 시간 격려를 아끼지 않은 캐슬린 맥더멋

(Kathleen McDermott), 원고 편집을 훌륭히 마무리해 준 스티븐 바이텔 (Stephen Beitel), 출판 제작을 이끌어 준 메리 리베스키(Mary Ribesky)에게도 감사드린다.

무엇보다 가장 깊은 감사는 내 가족에게 바친다. 아버지 천리창(陳立鏘)은 구십 대임에도 중국어 자료 수집을 도와주셨고, 아내 천즈훙(陳知紅)은 내 건강을 살피는 것을 넘어 많은 도움을 주었다. 천즈훙은 언어에 뛰어난 감각을 가진 학자이자 20세기 국제사 연구자이기도 하다. 이 책에 인용된 모든 러시아 문서 번역을 함께 검토해 주었고, 원고의 여러 판본을 가장 먼저 비판적으로 읽어 준 독자이기도 했다. 이 책을 그에게 바친다.

태양 옆의 2인자,
그의 생존과 비극

한 권의 책을 번역하는 여정은 때로 깊은 숲을 헤치고 나아가는 것과 같다. 특히 그 숲이 20세기 중국 현대사라는 거대하고 복잡한 지형이라면 더욱 그렇다. 중국에서 태어나 미국 학계의 정점에 선 천젠(陳兼) 교수의 저우언라이 평전, 『저우언라이: 중국 최고 권력의 그림자』는 바로 그런 숲이었다. 이 책을 한국어로 옮기는 작업은 단순히 한 언어를 다른 언어로 바꾸는 기술을 넘어, 한 시대와 인물을 깊이 이해하고 그 의미를 성찰하는 지난한 과정이었다.

이 책의 번역은 특히 섬세한 접근을 요구했다. 중국인 저자가 영어라는 프리즘을 통해 자국의 역사를 서술한 텍스트를 다시 한국어로 옮기는 작업은, 세 언어와 문화권 사이에 놓인 미묘한 결을 탐색하는 여정이었기 때문이다. 저자의 깊이 있는 사유는 영어라는 매체를 거치면서도 중국 현대사의 복잡한 맥락을 고스란히 담아냈고, 역자로서 그 뉘앙스를 온전히 한국 독자들에게 전달하는 것은 큰 도전이자 보람이었다. 역사적 사실의 정확성은 물론, 인물들의 심리와 시대의 공기를 생생하게 되살리는 데에 주력했다. 이 모든 과정은 한 연구자이자 번역가로서 누릴 수 있는 지적인 호사였다.

번역을 시작하기 전, 저우언라이는 내게 '위대한 혁명가' '인민의 좋은 총리' 혹은 마오쩌둥의 충실한 2인자라는 익숙한 이미지로 존재했다. 특히 중국인들이 저우언라이 총리에 대해 가지는 느낌은 내가 중국에서 11년을 생활하면서 생생히 경험하여 아직도 기억하고 있다. 한번은 식당에서 계산하기 위해 지갑을 꺼내는 중국 대학생을 보게 되었는데, 지갑 안에 한 남성의 흑백사진이 들어 있었다. "아버지신가?"라고 묻자, 뜻밖에 "저우언라이 총리"라는 대답이 돌아왔다. 그러면서 그는 "자신이 가장 존경하는 사람"이라고 했다. 이처럼 한 세대가 지난 후에도 젊은이의 지갑 속에 간직될 만큼 깊이 존경받는 인물. 그러나 책장을 넘길수록 그 단편적인 이미지들은 산산이 부서지고, 혁명과 권력이라는 거대한 폭풍 속에서 생존하기 위해 고뇌했던 한 복합적인 인간의 모습이 드러나기 시작했다. 이 책은 단순히 저우언라이의 일대기를 넘어, 마오쩌둥이라는 거대한 그림자 아래에서 펼쳐진 인간 심리, 권력의 속성, 격동의 국제정치에 대한 깊이 있는 탐구서다.

저우언라이는 어떤 인물이었는가? 청년 시절 그는 세상을 구하겠다는 뜨거운 열망을 품고 바다를 건넌 이상주의자였다. "벽을 마주한 십 년 수행 끝에 의식 속에서 깨어나리니, 과감히 바다를 건너 영웅이 되거나, 맹세코 돌아오지 않으리"라고 읊조렸던 그의 모습에서 우리는 한 시대의 고뇌를 짊어진 청년의 결기를 느낀다. 그는 뛰어난 지성과 카리스마를 겸비한 행동가였고, 공산당 초기부터 정보기관 '특과'를 창설하고 군사 전략을 지휘하며 당의 핵심 인물로 자리매김했다. 놀랍게도 중화인민공화국이 창립된 1949년 이전까지 당내 서열은 대부분 저우가 마오쩌둥보다 높았다. 29세에 이미 정치국 상무위원이 된 그에게 마오는 때로 비판 대상일 뿐이었다. 저우는 사석에서 마오에 대해 "사람으로서 마오의 가장 큰 문제는 그가 매우 야심 차고, 의심이 많으며, 주관적이고, 다른 사람의 말을 듣지 않는다는 것"이라고 평하기도 했다.

하지만 저우언라이는 '권력 의지'가 부족했다. 그는 사상가라기보다는 실무가였고, 최고 지도자의 자리를 갈망하기보다는 자신이 믿는 거장(마오)을 보좌하는 데서 안정감을 찾는 인물이었다. 이러한 성향은 마오라는 비범한 인물을 만나면서 그의 운명을 결정지었다. 그는 마오의 천재성을 누구보다 먼저 알아보았고, 그가 부상하게끔 도왔으며, 동시에 그의 위험성을 경계했다. 쭌이 회의에서 마오가 당의 지도력을 잡도록 판을 깔아 준 사람도, 대장정 와중에 숙청될 뻔한 마오를 구한 사람도 저우였다. 어쩌면 저우언라이가 없었다면 오늘날 우리가 아는 마오쩌둥은 없었을지도 모른다. 이는 역사의 분기점에서 한 인물의 결정이 어떻게 다른 이의 운명, 나아가 역사의 흐름까지 바꿀 수 있는지를 보여 주는 대목이다.

그러나 저우의 삶은 혁명가의 낭만과는 거리가 멀었다. 혁명은 잔인했다. '정의'와 '필요'의 이름 아래, 인간 본성의 가장 야만적인 측면이 고개를 들었다. 동료의 배신에 분노한 저우는 그의 두 살배기 아들을 포함한 일가족 아홉 명을 살해할 것을 직접 명령했다. "역사가 판단하게 하라"라는 그의 말에는 혁명의 대의 뒤에 가려진 인간적 고뇌가 서려 있다. 젊은 시절 남성 후배와의 브로맨스는 그가 동성애자였을지 모른다는 추측을 낳았지만, 그가 평생 사랑했던 덩잉차오와의 관계는 혁명 동지애와 부부의 정이 얽힌 복잡한 서사 그 자체였다. 그는 이처럼 수많은 모순을 안고 살았던 입체적인 인간이었다.

마오쩌둥이라는 그림자
그리고 권력의 비정함

이 책의 가장 강력한 축은 단연 저우언라이와 마오쩌둥의 관계다. 흔히 마오를 태양, 저우를 그 곁을 맴도는 행성에 비유하지만, 두 사람의 관계는 그보다 훨씬 더 복잡하고 때로는 비극적이었다. 마오는 한번 품은 원한을 결코 잊지 않는 무서운 인물이었다. 그는 저우가 과거에 자신에게 반대했던 일을 '빚'으로 여기고 평생 그를 의심했다. 1972년, 린뱌오가 사망한 후 마오는 저우에게 "자신의 역사를 검토하라"라고 지시했다. 저우는 1930년대 초에 자신이 마오에게 반대했던 일을 사십여 년이 지난 후 다시 한번 '범죄적 실수'로 규정하며 자기비판을 해야 했다.

마오의 의심은 저우의 생존 전략을 결정했다. 그는 옌안 정풍운동에서 살아남은 후, 마오의 후계자로 지목되는 것을 필사적으로 피했다. 2인자의 자리는 곧 숙청의 대상임을 그는 류사오치와 린뱌오의 비극적 최후를 통해 똑똑히 보았다. 그는 죽어서도 마오에게 충성하겠다고 맹세하며 자신을 낮췄고, 심지어 마오보다 두 표 적게 받기 위해 자신과 아내의 표를 스스로에게 던지지 않는 치밀함까지 보였다. "만약 누군가 말년에 마오 주석에게 충성하지 않는다면, 그의 과거의 모든 공헌은 완전히 무효화될 것이다. 그의 관이 봉해지거나 시신이 화장된 후에도, 그는 여전히 파멸할 것이다"라고 외쳤던 그의 모습은 처절하기까지 하다.

이 기이한 관계의 정점은 저우의 암 치료 과정에서 드러난다. 1972년, 저우에게 방광암이 발견되었을 때 마오는 수술을 허가하지 않았다. 표면적인 이유는 '수술이 암을 퍼뜨릴 수 있다'는 것이었지만, 우리는 그 이면에 깔린 복잡한 정치적 계산과 인간적 질투를 읽지 않을 수 없다. 최고 지도자의 신체는 사적인 것이 아니라 국가적 자산으로 취급되는 공산당 체제에서, 저우의 생사는 철저히 마오의 정치적 통제하에 있었다. 10개월이 지나서야 의사들이 마오의 지시를 어기고 수술을 감행했지만, 때는 이미 늦었다. 이는 단순히 한 개인의 비극을 넘어, 인간의 존엄성마저 권력의 도구로 전락시키는 전체주의의 잔혹한 민낯을 보여 준다.

외교 무대의 거인:
미중 관계와 북중 관계의 막후

저우언라이는 당내에서는 생존을 위해 몸을 낮췄지만, 국제 무대에서는 중국의 국익을 대변하는 거인이었다. 이 책은 특히 미중 관계 정상화 과정의 숨 막히는 막후 협상을 생생하게 보여 준다. 소련의 핵 위협이라는 공동의 적 앞에서, 이십 년 넘게 서로를 악마화했던 미국과 중국이 어떻게 비밀리에 손을 잡게 되었는가?

저우는 이 과정을 총감독했다. 그는 파키스탄과 루마니아를 통해 비밀 채널을 가동하고, 핑퐁 외교라는 기발한 아이디어로 전 세계의 이목을 집중시켰다. 중국 선수단에게 일부러 미국에 몇 경기를 져 주라고 지시하고, 관중의 박수 타이밍까지 연출하는 치밀함을 보였다. 1972년 닉슨의 방중 당시, 저우는 닉슨이 먼저 악수를 청하며 손을 내미는 장면을 연출하며 '우리 중국인은 일어섰다'는 메시지를 전 세계에 각인했다.

더욱 놀라운 것은 미국이 중국의 핵시설을 선제 타격하자는 소련의 제안을 거부했을 뿐만 아니라, 이 정보를 중국 측에 전달하며 미사일 조기경보 시스템까지 제공하겠다고 제안했다는 사실이다. 냉전 시대의 적국이었던 미국이 중국의 안보를 보장해 주겠다고 나선 이 극적인 장면은 국제정치의 냉혹한 현실과 실용주의를 보여 준다. 대한민국 독자들에게는 특히 한국전쟁을 둘러싼 북중 관계의 이면이 흥미로울 것이다. 우리는 흔히 북한의 남침이 북·중·소의 긴밀한 공모 아래 이루어졌다고 생각하지만, 이 책은 마오와 저우조차 6월 25일이 디데이(D-day)가 될 줄은 몰랐다고 밝힌다. 오히려 당시 중국의 목표는 타이완 침공이었으며, 한국전쟁이 발발하자 이 계획을 접고 한반도에 개입했다는 사실은 역사의 아이러니를 느끼게 한다. 저우는 김일성을 "재능은 있지만 이상적인 지도자는 아니다"라고 평가하면서도, 지정학적 현실 속에서 그를 지지할 수밖에 없었던 복잡한 속내를 드러낸다. 한반도를 둘러싼 강대국들의 힘이 작동하는 방식을 이보다 더 생생하게 보여 주기는 어려울 것이다.

왜 지금 저우언라이를
읽어야 하는가

천젠 교수는 묻는다. 저우언라이는 어떤 인물인가? 왜 한때 '혁명의 도덕적 모범'으로 칭송받던 그가 이제는 '마오의 충실한 개' '위선자'라는 상반된 평가를 받게 되었는가? 이 책은 그 답을 찾아가는 여정이다.

저우언라이는 한 시대의 산물이었다. 그는 제국주의 침략으로 스러져가던 조국을 구하겠다는 열망으로 혁명에 뛰어들었고, 공산당의 운명과 자신의 운명을 동일시했다. 그는 마오쩌둥이라는 거대한 카리스마와 권력 의지 앞에서 때로는 협력하고, 때로는 굴복하며, 때로는 그를 이용해 자신의 정치적 생명을 연장했다. 자기 손으로 양딸과 남동생의 체포영장에 서명해야 했던 그의 삶은 혁명이 인간의 영혼을 어떻게 파괴할 수 있는지를 보여 주는 비극이다.

하지만 동시에 그는 혼란 속에서 질서를 잡으려 했던 현실주의자였고,

탁월한 외교가였으며, 대약진운동과 문화대혁명의 광기 속에서 수많은 사람의 목숨을 구하기 위해 고군분투했던 행정가였다. 마오가 '천하대란(天下大亂)'을 외치며 중국을 혼돈으로 몰아넣을 때, 저우는 어떻게든 그 거대한 배가 침몰하지 않도록 안간힘을 썼다.

이 책을 번역하며 나는 저우언라이라는 거울을 통해 권력의 본질과 인간의 심리를 들여다보는 귀중한 경험을 했다. '정치권력은 총구에서 나온다'는 마오의 철학이 21세기 미중 갈등 시대에 어떤 함의를 가지는지, 강대국에 둘러싸인 대한민국의 외교는 어떤 지혜를 발휘해야 하는지 생각하게 되었다. 특히 저우가 국제 무대에서 보여 준 실용주의와 유연성은 오늘날 우리에게 많은 것을 시사한다. 그는 이념적 적대 관계에 얽매이지 않고 국익을 위해 과감하게 미국과 손을 잡았으며, 중일 관계 정상화를 위해 "폐를 끼쳤다"라는 모호한 표현의 이면을 파고들어 일본의 책임을 명확히 하려 했다. 이는 명분과 실리를 모두 챙기려는 외교적 지혜의 정수였다. 대한민국은 과연 이러한 외교적 거인을 키워 낼 수 있는 사회적, 정치적 토양을 갖추고 있는가? 이 책은 우리에게 그러한 질문을 던진다.

또한 마오의 무자비한 권력욕과 편집증적 의심이 어떻게 한 국가를 재앙으로 몰고 갔는지를 보며, 우리는 견제받지 않는 권력의 위험성을 다시금 절감하게 된다. 대약진운동으로 수천만 명이 굶어 죽고 '사람이 사람을 먹는' 참상이 벌어졌음에도, 마오는 자신의 과오를 인정하기는커녕 이를 비판한 펑더화이를 무자비하게 숙청했다. 이러한 비극의 시대에 저우는 때로는 침묵하고 때로는 동조하며 살아남았다. 그의 생존은 그 개인에게는 성공이었을지 모르나, 역사 앞에서 우리는 그의 선택에 대해 복잡한 질문을 던질 수밖에 없다.

이 책은 단순히 한 인물의 평전을 넘어, 중국 현대사를 이해하고, 나아가 오늘날의 국제 정세를 통찰하는 깊이 있는 시각을 제공한다. 부디 많은 독자가 이 책을 통해 저우언라이라는 복합적인 인물과 그가 살았던 격동의 시대를 입체적으로 만나 보시길 바란다.

역자 이성현

조지 H.W. 부시 미·중관계기금회 선임연구위원, 하버드대학교 아시아센터 방문학자. 현재 보스턴 거주.

기록보관소 및 데이터베이스

APRF	러시아대통령기록보관소(Russian Presidential Archive)
AVPRF	러시아연방외교정책기록보관소(Archive of Foreign Policy of the Russian Federation)
CCA	중국중앙기록관(Chinese Central Archive, 中央檔案館)
CFMA	중국외교부기록보관소(Chinese Foreign Ministry Archive, 外交部檔案館)
FPA	푸젠성기록보관소(Fujian Provincial Archive, 福建省檔案館)
GSPA	간쑤성기록보관소(Gansu Provincial Archive, 甘肅省檔案館)
HBPA	후베이성기록보관소(Hubei Provincial Archive, 湖北省檔案館)
HPA	허베이성기록보관소(Hebei Provincial Archive, 河北省檔案館)
JLPA	지린성기록보관소(Jilin Provincial Archive, 吉林省檔案館)
JSPA	장쑤성기록보관소(Jiangsu Provincial Archive, 江蘇省檔案館)
LBJL	'린든 B. 존슨 대통령 도서관(Lyndon B. Johnson Presidential Library)'
NA	미국국립기록보관소(National Archive of the U.S.)
NMML	'네루 기념 박물관 및 도서관(Nehru Memorial and Museum Library)'
NSA	국가안보기록보관소(National Security Archive)
PLAA	중국인민해방군기록보관소(Chinese People's Liberation Army Archive, 中國人民解放軍檔案館)
RGANI	러시아현대사국가기록보관소(Russian State Archive of Contemporary History)
RGASPI	러시아사회정치사국가기록보관소(Russian State Archive of Social and Political History)
SHMA	상하이시기록보관소(Shanghai Municipal Archive, 上海市檔案館)

TsAMO RF   러시아연방국방부중앙기록보관소(The Central Archives of the Ministry
            of Defence of the Russian Federation)

UKNA   영국국립기록보관소(United Kingdom National Archive)

WWCDA   '우드로윌슨센터 디지털 아카이브(Woodrow Wilson Center Digital
            Archive)'

ZGWGWK   쑹융이(宋永毅) 외,『중국 문화대혁명 문고(中國文化大革命文庫)』
            (중국 문화대혁명 데이터베이스)

기타 참고 자료

CYNP   주자무(朱佳木) 외,『천윈 연보(陳雲年譜)』(천윈 연대기), 베이징: 중앙문헌,
            2000.

DNP-A   양성췬(楊勝群), 옌젠치(閻建琪) 외,『덩샤오핑 연보, 1904~1974
            (鄧小平年譜, 1904~1974)』(덩샤오핑 연대기, 1904~1974), 베이징: 중앙문헌,
            2009.

DNP-B   렁룽(冷溶), 왕쮜링(汪作玲) 외,『덩샤오핑 연보, 1975~1997(鄧小平年譜,
            1975~1997)』(덩샤오핑 연대기, 1975~1997), 베이징: 중앙문헌, 2004.

DWX   『덩샤오핑 문선(鄧小平文選)』(덩샤오핑 저작 선집), 베이징: 인민, 1993.

FRUS   미국의 외교 관계(Foreign Relations of the United States)

GCGJZGGM   『코민테른, 볼셰비키당, 중국혁명 기록자료 총서(共產國際, 聯共(布), 和中國革
            命檔案資料叢書)』, 전 21권, 베이징: 중앙문헌, 1997~2012.

JDYLZYWX   『건당 이래 중요 문헌 선편, 1921~1949(建黨以來重要文獻選編,
            1921~1949)』(중국공산당 창당 이래 중요 문헌 선집, 1921~1949), 전 26권,
            베이징: 중앙문헌, 2011.

JGYLZYWX   『건국 이래 중요 문헌 선편(建國以來重要文獻選編)』(중화인민공화국
            건국 이래 중요 문헌 선집), 베이징: 중앙문헌, 1994.

LNP   류충원(劉崇文), 천사오서우(陳紹授) 외,『류사오치 연보, 1898~1969
            (劉少奇年譜, 1898~1969)』(류사오치 연대기, 1898~1969), 베이징:
            중앙문헌, 1996.

LWG   『건국 이래 류사오치 문고(建國以來劉少奇文稿)』(인민공화국 건국 이래

류사오치 원고), 베이징: 중앙문헌, 2005~.

MJSHDJS 위안웨이(袁偉) 외,『마오쩌둥 군사활동 기실(毛澤東軍事活動紀實)』
(마오쩌둥 군사 활동의 주요 사건들), 베이징: 해방군, 1994.

MJSWG 『건국 이래 마오쩌둥 군사 문고(建國以來毛澤東軍事文稿)』(인민공화국
건국 이래 마오쩌둥 군사 원고), 베이징: 군사과학 및 중앙문헌, 2009.

MJSWJ 『마오쩌둥 군사 문집(毛澤東軍事文集)』(마오쩌둥 군사 논문 모음), 전 6권,
베이징: 군사과학 및 중앙문헌, 1993.

MNP-A 팡셴즈(逢先知) 외,『마오쩌둥 연보, 1898~1949(毛澤東年譜, 1898~1949)』
(마오쩌둥 연대기, 1898~1949), 베이징: 중앙문헌, 1993.

MNP-B 팡샤오즈(逢先知), 펑후이(馮蕙) 외,『마오쩌둥 연보, 1949~1976
(毛澤東年譜, 1949~1976)』(마오쩌둥 연대기, 1949~1976), 전 6권, 베이징:
중앙문헌, 2013.

MWG 『건국 이래 마오쩌둥 문고(建國以來毛澤東文稿)』(중화인민공화국 건국 이래
마오쩌둥 원고), 베이징: 중앙문헌, 1987~1999.

MWJ 『마오쩌둥 문집(毛澤東文集)』(마오쩌둥 저작 모음), 전 8권, 베이징: 인민,
1993~1999.

MWJWX 『마오쩌둥 외교 문선(毛澤東外交文選)』(마오쩌둥 외교 논문 선집), 베이징:
중앙문헌, 1994.

MXJ 『마오쩌둥 선집(毛澤東選集)』(마오쩌둥 저작 선집), 전 5권, 베이징: 인민,
1977.

MXZWX 『마오쩌둥 시짱 공작 문선(毛澤東西藏工作文選)』(티베트에 관한 마오쩌둥
저작 선집), 베이징: 중앙문헌 및 중국장학, 2001.

MZ-A 진충지(金沖及) 외,『마오쩌둥전, 1898~1949(毛澤東傳, 1898~1949)』
(마오쩌둥 전기, 1898~1949), 베이징: 중앙문헌, 1996.

MZ-B 팡샤오즈(逢先知) 외,『마오쩌둥전, 1949~1976(毛澤東傳, 1949~1976)』
(마오쩌둥 전기, 1949~1976), 베이징: 중앙문헌, 2003.

MZWTWX 『민족 문제 문헌 휘편(民族問題文獻彙編)』(민족 문제에 관한 문서 모음),
베이징: 중앙당교, 1991.

PNP 왕옌(王焰) 외,『펑더화이 연보(彭德懷年譜)』(펑더화이 연대기), 베이징:
인민, 1998.

RMRB 《인민일보(人民日報)》

WGYJZL　국방대학 당사 교연조 편,『문화대혁명 연구 자료(文化大革命研究資料)』
(문화대혁명 연구 자료), 베이징: 국방대학, 1988.

ZGDSJXCKZL　『중공 당사 교학 참고 자료(中共黨史教學參考資料)』(중국공산당 역사
교육 참고 자료), 베이징: 국방대학, 1986.

ZGZYKRTYZXWX　편집부,『중공 중앙 항일 민족 통일전선 문건 선편(中共中央抗日民族
統一戰線文件選編)』(항일전쟁 시기 반일 민족 통일전선에 관한 중국
공산당 중앙위원회 문서 선편), 베이징: 당안, 1986.

ZGZYWJXJ-A　『중공 중앙 문건 선집, 1921~1949(中共中央文件選集, 1921~1949)』
(중국공산당 중앙위원회 문서 선집, 1921~1949), 전 20권, 베이징:
중앙당교, 1991.

ZGZYWJXJ-B　『중공 중앙 문건 선집, 1949~1966(中共中央文件選集, 1949~1966)』
(중국공산당 중앙위원회 문서 선집, 1949~1966), 전 50권, 베이징: 인민,
2013.

ZGZYWXZLHB　『중공 중요 역사 문헌 자료 휘편(中共重要歷史文獻資料彙編)』
(중국공산당 중요 역사 문서 및 자료 모음), 로스앤젤레스, CA: Chinese
Publication Service Center, 2006~.

ZHMGZYSL　친샤오이(秦孝儀) 주편,『중화민국 중요 사료 초편(中華民國重要史料
初編)』(중화민국 중요 역사 자료 모음), 타이베이: 국민당 중앙위원회 당사
편찬위원회, 1970~.

ZJSHDJS　편집부,『저우언라이 군사활동 기실(周恩來軍事活動紀實)』(저우언라이
군사 활동 사실 기록), 베이징: 중앙문헌, 2000.

ZJSWX　『저우언라이 군사 문선(周恩來軍事文選)』(저우언라이 군사 논문 선집),
전 4권, 베이징: 중앙문헌, 1997.

ZNP-A　리핑(李平), 팡밍(方銘) 외,『저우언라이 연보, 1898~1949(周恩來年譜,
1898~1949)』(저우언라이 연대기, 1898~1949), 개정증보판, 베이징:
중앙문헌, 2007.

ZNP-B　리핑(李平), 마즈쑨(馬芷蓀) 외,『저우언라이 연보, 1949~1976(周恩來
年譜, 1949~1976)』(저우언라이 연대기, 1949~1976), 베이징: 중앙문헌,
1998.

ZSXXJ　『저우언라이 서신 선집(周恩來書信選集)』(저우언라이 서신 선집),
베이징: 중앙문헌, 1988.

ZTYZXWX 『저우언라이 통일전선 문선(周恩來統一戰線文選)』(저우언라이 통일전선 저작 선집), 베이징: 인민, 1984.

ZWG 『건국 이래 저우언라이 문고(建國以來周恩來文稿)』(중화인민공화국 건국 이래 저우언라이 원고), 베이징: 중앙문헌, 2008~.

ZWJHDDSJ 페이젠장(裴堅章) 외, 『저우언라이 외교 활동 대사기, 1949~1975(周恩來 外交活動大事記, 1949~1975)』(저우언라이 외교 활동의 주요 사건들 1949~1975), 베이징: 세계지식, 1993.

ZWJWX 『저우언라이 외교 문선(周恩來外交文選)』(저우언라이 외교 논문 선집), 베이징: 중앙문헌, 1990.

ZXJ 『저우언라이 선집(周恩來選集)』(저우언라이 저작 선집), 베이징: 인민, 1984.

ZYBJWTWJHB 중국 외교부, 『중국과 인도의 양국 간 중국 시짱 지방 관계 문제, 중인 국경 문제 및 기타 문제에 관한 왕래문건 휘편, 1950년 8월~1960년 4월(中國和印度 關于兩國在中國西藏地方的關系問題中印邊界問題和其他問題來往文件 彙編, 1950年8月~1960年4月)』(중국의 티베트 지역, 중인 국경 및 기타 문제에 관한 중국과 인도의 문서 교환 모음, 1950년 8월~1960년 4월).

ZZ-A 진충지(金沖及) 외, 『저우언라이전, 1898~1949(周恩來傳, 1898~1949)』 (저우언라이 전기, 1898~1949), 베이징: 중앙문헌, 1998.

ZZ-B 진충지(金沖及) 외, 『저우언라이전, 1898~1949(周恩來傳, 1898~1949)』 (저우언라이 전기, 1898~1949), 베이징: 중앙문헌, 1998.

ZZQWJ 류옌(劉焱) 편, 『저우언라이 조기 문집(周恩來早期文集)』(저우언라이 초기 저작 모음), 톈진: 난카이대학, 1993.

프롤로그

01. 당시에도 많은 중국인은 마오가 저우의 추도식에 불참한 것이 두 사람 사이 기묘한 관계를 드러낸다고 추측했다. 마오의 주치의였던 리즈쑤이(李志綏)는 저우의 죽음에 대해 "1조(마오와 그의 참모들)에서는 별다른 반응이 없었고, 생활은 평소와 같이 계속되었다. 참모들은 여전히 매일 밤 영화를 보았다"라고 회상했다. Li Zhisui, *The Private Life of Chairman Mao*, New York: Random House, 1994, pp.609-610.

02. 《인민일보》 (이하 RMRB), 1976년 1월 16일, 1면.

03. 《문회보(文匯報)》, 1976년 3월 25일.

04. 1976년 난징 사건에 대한 설명은 다음을 참조하라. 史雲, 李丹慧, 『難以繼續的「繼續革命」: 從批林到批鄧, 1972~1976』 (계속하기 어려웠던 계속혁명: 린 비판에서 덩 비판까지), 香港: 中文大學出版社, 2008, 624~628; Roderick MacFarquhar and Michael Schoenhals, *Mao's Last Revolution*, Cambridge, MA: Harvard University Press, 2006, pp.423-425; Frederick C. Teiwes and Warren Sun, *The End of the Maoist Era: Chinese Politics during the Twilight of the Cultural Revolution, 1972~1976*, Armonk, NY: M. E. Sharpe, 2008, pp.466-488.

05. 逄先知 外, 『毛澤東傳, 1949~1976』, 北京: 中央文獻, 2003 (이하 MZ-B), 1774.

06. 1976년 톈안먼 사건에 대한 설명은 다음을 참조하라. Roderick MacFarquhar and Michael Schoenhals, *Mao's Last Revolution*, chapter.24; Frederick C. Teiwes and Warren Sun, *The End of the Maoist Era: Chinese Politics during the Twilight of the Cultural Revolution, 1972~1976*, pp.463-488.

07. 童懷周 編, 『天安門詩抄』 (톈안먼 시 모음), 北京: 人民文學, 1978, 282.

08. 逄先知, 馮蕙 外, 『毛澤東年譜, 1949~1976』, 北京: 中央文獻, 2013 (이하 MNP-B), 645~646.

09. 이 주제에 대한 사려 깊고 유익한 연구로는 다음을 참조하라. Ezra Vogel, *Deng Xiaoping and the Transformation of China*, Cambridge, MA: Harvard University Press, 2011; Odd Arne Westad and Chen Jian, *The Great Transformation: China's Road from Revolution to Reform*, New Haven, CT: Yale University Press, forthcoming.

10. 예를 들어 다음을 참조하라. 編輯部 編, 『敬愛的周總理, 我們永遠懷念您』(경애하는 저우 총리, 우리는 영원히 당신을 그리워할 것입니다), 北京: 人民, 1977.

11. Han Suyin, *Eldest Son: Zhou Enlai and the Making of Modern China, 1898~1976*, New York: Kodansha America, 1994, v.

12. Frank Dikötter, *The Cultural Revolution: A People's History, 1962~1976*, London: Bloomsbury, 2016, p.68.

13. 예를 들어 다음을 참조하라. 高文謙, 『晚年周恩來』(만년의 저우언라이), 香港: 明鏡, 2003; 司馬清揚, 歐陽龍門, 『新發現的周恩來』(새롭게 발견된 저우언라이), Carle Place, NY: 明鏡, 2009.

14. Jung Chang and Jon Halliday, *Mao: The Unknown Story*, New York: Anchor Books, 2005. 장과 할리데이는 이 책에서 저우를 매우 부정적으로 그리기도 한다. 그러나 역사가들은 그들이 자료를 인용하는 방식에 날카롭게 이의를 제기했으며, 이 책은 "신뢰할 수 없고 왜곡된 판단"을 근거로 학계에서 비판받아 왔다. Alexander V. Pantsov with Steven I. Levine, *Mao: The Real Story*, New York: Simon&Schuster, 2012, p.5.

15. 예를 들어 다음을 참조하라. 高文謙, "最後的日子: 病床上的周恩來同志"(마지막 날들: 병상에 계신 저우언라이 동지),《人民日報》, 1986.1.4.; 高文謙, "周恩來與中國共產黨內三次「左傾」錯誤"(저우언라이와 중국공산당 내 세 차례의 '좌경' 실수), 盧興斗, 白雲濤 編, 『周恩來和他的事業』(저우언라이와 그의 사업), 北京: 中央黨校, 1990, 30~51.

16. Andrew J. Nathan, "Introduction," in Gao Wenqian, *Zhou Enlai: The Last Perfect Revolutionary*, New York: PublicAffairs, 2007, ix−xiv.

17. 高, 『晚年周恩來』, 10. 이 책은 중국 본토에서는 금서이지만 중국 독자들, 특히 중국 지식인들 사이에서 막대한 영향력을 미쳤다.

18. Barbara Barnouin and Yu Changgen, *Zhou Enlai: A Political Life*, Hong Kong: Chinese University Press, 2006, p.317.

제1부 유년기

제1장 유년 시절 1898~1910

01. 이 도시의 이름은 근대에 일련의 변화를 겪었다. 저우언라이가 태어났을 때, 이곳은 산양현(山陽縣)에 있었다. 1912년, 그 이름이 산양에서 화이안으로 바뀌었고 그 이후로 계속 그렇게 불리고 있다. 나는 혼란을 피하기 위해 이 책 전체에서 '화이안'을 사용한다.

02. 저우의 아내 덩잉차오는 저우를 "몰락한 관료 가문의 후손"으로 묘사했다. 덩잉차오, "저우언라

이 동지에 관하여", 1940년 2월 22일 코민테른에 제출, f. 495, op. 225, d. 139, RGASPI.

03. 비록 저우언라이는 화이안에서 태어났지만, 언라이의 할아버지를 포함한 저우 가문은 원래 저 장성 사오싱 출신이었기 때문에, 그는 오랜 중국 전통에 따라 항상 사오싱을 자신의 원적(原籍) 또는 고향으로 여겼다.

04. 李海文 外,『周恩來家世』(저우언라이 가문 계보), 北京: 中國靑年, 1998, 1~6.

05. 1938년 10월 20일 자《신화일보(新華日報)》에 실린 저우언라이의 루쉰 사망 2주기 연설. 金冲 及 外,『周恩來傳, 1898~1949』, 北京: 中央文獻, 1998 (이하 ZZ-A), 1에서 인용.

06. 李 外,『周恩來家世』, 142~149.

07. 같은 책, 177~191쪽.

08. 같은 책, 191~196쪽; 周恩來,『周恩來自述』(저우언라이 자서전), 北京: 解放軍文藝, 2002, 2.

09. 같은 책, 2쪽.

10. 저우언라이는 훗날 미국 언론인 에드거 스노에게 첸 부인에 관해 이렇게 말했다. "그는 내가 아기였을 때 나의 진짜 어머니가 되었다. 내가 열 살 때 그와 나의 친어머니가 모두 돌아가시 기까지 나는 단 하루도 그 곁을 떠나지 않았다." Edgar Snow, *Red Star over China*, New York: Random House, 1938, p.46.

11. 이것은 '참된 군자(君子)'가 되는 완벽한 방법에 대한 유교적 표현이다. 그것은 사서(四書) 중 하 나인『대학(大學)』에서 유래했다.

12. "周恩來同志回顧個人與革命經歷 : 與美國記者 Henry R. Lieberman 對話"(저우언라이 동지가 자신의 개인사와 혁명사를 회상하다: 미국 언론인 헨리 R. 리버먼과의 대화),『中共黨史資料』, 1 號, 1982, 5.

13. ZZ-A, 5.

14. "周恩來同志回顧", 5; 덩잉차오, "저우언라이 동지에 관하여"; 編輯部 編,『周總理與故鄕』(저우 총리와 고향), 南京: 江蘇人民, 1985, 17~18.

15. ZZ-A, 6; 李 外,『周恩來家世』272~273; 編輯部 編,『周總理與故鄕』19~21.

제2장 만주에서 난카이까지 1910~1917

01. 編輯部 編,『周總理與故鄕』, 273~274.

02. 같은 책, 206~207쪽; ZZ-A, 6.

03. "周恩來同志回顧", 6.

04. 저우가 난카이학교 학생으로서 이러한 사건들이 중국의 주권과 통합을 어떻게 손상시켰는지 논의한 내용은 다음을 참조하라. "国家与民族如何通过危机得以巩固"(위기가 국가와 주를 공 고히 하는 데 어떤 도움이 될 수 있는가에 대하여, 1915년 겨울 작성), 刘燕 編,『周恩來早期文 集』(저우언라이 초기 문집, 이하 ZZQWJ), 天津: 南開大學, 1993, 1:61~63.

05. ZNP-A, 1:9.

06. ZZ-A, 1:10.

07. "周恩來同志回顧", 6.

08. ZZ-A, 1:11; ZNP-A, 1:11.

09. ZZ-A, 1:13.

10. ZZQWJ, 1:2.

11. ZZ-A, 1:10; ZNP-A, 10.

12. ZZ-A, 1:14; 李 外, 『周恩來家世』, 211.

13. 李冬君, 『中國私學百年記: 嚴修新私學與近代中國政治文化紀年』(중국 사학 백년사: 옌슈의 신 사학과 근대 중국 정치 문화 기년), 天津: 南開大學, 2004.

14. 鄭直官 外, 『張伯苓傳』(장보링 전기), 天津: 天津人民, 1989.

15. 天津南開學校 編, 『周恩來南開中學歲月』(저우언라이 난카이 중학 시절), 北京: 中央文獻, 2017, 216~217.

16. ZZ-A, 1:23; 李愛華, "周恩來是南開唯一的免學費學生嗎?"(저우언라이는 난카이에서 유일한 학비 면제 학생이었는가?), 『黨的文獻』, 2號, 1997, 95~96.

17. 李, 『周恩來南開中學時期』, 2章.

18. "周恩來同志回顧", 6~7; ZZ-A, 1:20.

19. 李, 『周恩來南開中學時期』, 58.

20. 같은 책, 60~61, 138~139쪽.

21. ZZQWJ, 1:55~56; 李, 『周恩來南開中學時期』, 188~193.

22. Stephen R. MacKinnon and Oris Friesen, ed., *China Reporting: An Oral History of American Journalism in the 1930s and 1940s*, Berkeley: University of California Press, 1987, p.81.

23. ZZQWJ, 1:21~22.

24. ZZ-A, 1:25.

25. Immanuel C. Y. Hsu, *The Rise of Modern China*, 5th ed., New York: Oxford University Press, 1995, p.494.

26. 吳國楨, 『夜來臨: 吳國楨見證的國共爭鬥』(밤이 오다: 우궈전이 목격한 국공 정쟁), 香港: 中文大學, 2009, 24~25.

27. ZZQWJ, 1:57.

28. ZNP-A, 1:15; ZZQWJ, 1:45~48.

29. ZZQWJ, 1:169~172.

30. ZNP-A, 1:22.

31. ZZQWJ, 1:14, 75.

32. 李, 『周恩來南開中學時期』, 328~332.

33. ZNP-A, 1:23.

제3장 일본 1917~1919

01. ZZ-A, 1:24; ZNP-A, 1:23.

02. 李愛華 編, 『周恩來中學時代紀實長編』(저우언라이 고등학교 시절의 연대기적 사실 기록), 北京: 中央文獻, 2011, 470~471.

03. 編輯部, 『周恩來青年時代詩選』(젊은 저우언라이 시선), 北京: 人民文選, 1978. 이것은 Nancy T. Lin, *In Quest: Poems of Chou Enlai*, Hong Kong: Joint Publications, 1979, p.9에 있는 시의 영역본을 바탕으로 재번역한 것이다.

04. 이곳은 저우가 도쿄와 교토 등 일본 여러 지역에서 거주했던 많은 셋집 가운데 첫 번째였다. 이 장소에 대한 보다 자세하고 철저한 고찰은 다음을 참조하라. Mayumi Itoh, *The Origins of Contemporary Sino-Japanese Relations: Zhou Enlai and Japan*, New York: Palgrave Macmillan, 2016, pp.43-45.

05. 1940년 2월 22일 자로 코민테른에 제출한 '저우언라이 동지에 관하여'라는 제목의 보고서에서, 덩잉차오는 저우가 친척, 교사 및 좋은 친구 들의 "지속적인 지원"으로 일본 유학을 갔다고 기술했다(f. 495, op. 225, d. 139, RGASPI). 저우의 친구들과 다른 사람들이 그에게 약속했던 주요 재정 지원에 대한 요약은 다음을 참조하라. Itoh, *Zhou Enlai and Japan*, p.201.

06. 周恩來, 『周恩來留日日記, 影印本』(저우언라이 일본 일기, 사진 복사본), 北京: 中央文獻, 1998, 1918년 1월 11일 일기. 일기 사진이 연대순으로 인쇄되어 쪽 번호 없음.

07. 같은 책, 1918년 1월 29일 일기.

08. 같은 책, 1918년 2월 15일 일기.

09. 이 시기 저우의 일기에는 거의 매일 난카이 친구들과 어울렸다는 묘사가 있다.

10. 陳獨秀, 「敬告靑年」, 『靑年雜誌』, 1(1), 1915.9.15, 잡지의 이름은 다음 호부터 《신청년(新靑年)》으로 변경될 것이었다.

11. 『周恩來留日日記, 影印本』, 1918년 2월 15일 일기.

12. 같은 책, 1918년 2월 15일 일기.

13. 같은 책, 1918년 2월 9일 일기.

14. 저우 자신의 일기와 친구들의 회고록이나 다른 어떤 자료에도 그가 동성애자였음을 나타내는 것은 없다. 저우가 동성애자였다는 주장은 자극적인 추측에 지나지 않는다.

15. 『周恩來留日日記, 影印本』, 1918년 2월 14일 일기.

16. 같은 책, 1918년 2월 11일 일기.

17. 같은 책, 1918년 2월 15일 일기.

18. 같은 책, 1918년 2월 17일 일기.

19. 같은 책, 1918년 2월 18일 일기.

20. 같은 책, 1918년 2월 20일 일기.

21. 같은 책, 1918년 2월 20일 일기.

22. 같은 책, 1918년 2월 4일 일기.

23. 같은 책, 1918년 3월 10일 일기.

24. ZZ-A, 36~37.

25. 『周恩來留日日記, 影印本』, 1918년 4월 4일 일기.

26. 같은 책, 1918년 5월 2일 일기.

27. ZNP-A, 1:27.

28. 『周恩來留日日記, 影印本』, 1918년 5월 10일 일기.

29. 같은 책, 1918년 5월 19일 일기.

30. 같은 책, 1918년 7월 4일 일기.

31. 같은 책, 1918년 7월 5일 일기.

32. 같은 책, 1918년 4월 23일 일기.

33. 같은 책, 1918년 10월 20일 일기.

34. ZZQWJ, 1:300. 이것은 Lin, *Poems of Chou Enlai*, pp.11-12에 있는 시의 영역본을 바탕으로 재번

역한 것이다.

35. ZNP-A, 15.

제4장 5·4 운동가 1919~1920

01. 陳獨秀, 『獨秀文存』(천두슈 저작), 合肥: 安徽人民, 1987, 388.
02. 이 주제에 대한 가장 훌륭하고 사려 깊은 연구 중 하나는 여전히 Lin Yusheng, *Crisis of Chinese Consciousness: Radical Antitraditionalism in the May Fourth Era*, Madison: University of Wisconsin Press, 1978이라고 생각한다.
03. 예를 들어 다음을 참조하라. 李大釗, "威爾遜與和平"(윌슨과 평화), 『李大釗文集』(리다자오 문집), 北京: 人民, 1984, 1:285; 唐寶林, 『陳獨秀全傳』(천두슈 완전 전기), 香港: 中文大學, 2011, 113~114.
04. 顧維鈞, 『顧維鈞回憶錄』(웰링턴 쿠 회고록), 北京: 中華書局, 1982, 1:164, 170~171.
05. Chow Tse-tsung, *The May Fourth Movement: Intellectual Revolution in Modern China*, Stanford, CA: Stanford University Press, 1967, p.86.
06. Xu Guoqi, *China and the Great Wars: China's Pursuit of a New National Identity and Internationalization*, New York: Cambridge University Press, 2005, pp.261-262.
07. 1919년 5월 저우언라이가 일본에 있는 난카이 동문에게 보낸 편지 참조. 『周恩來書信選集』(이하 ZSXXJ), 3~4. 저우는 썼다. "나는 난카이를 사랑하기 때문에 지금 매일 난카이에 간다."
08. ZZQWJ, 302~303.
09. ZZ-A, 1:47~48.
10. 덩의 5·4 운동 경험에 대해서는 金鳳, 『鄧穎超傳』(덩잉차오 전기), 北京: 人民, 1993의 2장을 참조하라. 덩 자신의 묘사에 대해서는 덩잉차오 자서전, 1940년 1월 21일 일기, f. 495, op. 225, d. 139, RGASPI를 참조하라.
11. ZZ-A, 1:48.
12. ZZQWJ, 304~305.
13. ZZ-A, 50.
14. ZNP-A, 1:32.
15. ZZQWJ, 310.
16. ZNP-A, 1:32~33.
17. ZZ-A, 1:52.
18. ZZQWJ, 332.
19. 天津歷史博物館 外 編, 『五四運動在天津: 歷史資料選集』(톈진에서의 5·4 운동: 역사 문서 선집), 天津: 天津人民, 1979, 364~365.
20. ZZ-A, 1:54.
21. ZNP-A, 1:35.
22. 같은 책, 1:36.
23. 李萍, 『周恩來一生』(저우언라이: 일생), 北京: 中央文獻, 2001, 39.
24. 저우는 이 사건을 상세히 설명한다. ZZQWJ, 1:338~340.

25. 저우언라이의 설명을 참조하라. 같은 책, 345~347쪽.

26. ZNP-A, 1:43.

27. ZZ-A, 1:58~59.

28. ZNP-A, 1:41.

29. 저우는 자신과 동료 수감자들이 감옥에서 했던 발표 목록을 남겼다. ZZQWJ, 1:419~421.

30. 같은 책, 1:474~475.

31. "周恩來同志回顧", 7.

32. 저우가 천스저우에게, 1921년 1월 30일, ZSXXJ, 23~24.

제5장 유럽에서 공산주의자가 되다 1920~1924

01. 懷恩 編, 『周總理青少年時代詩文 書信集』(저우 총리 청소년 시절 시, 에세이, 편지 모음), 成都: 四川人民, 1979, 258.

02. 嚴仁賡, "周恩來與嚴修"(저우언라이와 옌슈), 『黨的文獻』, 4號, 1990, 86. 또한 옌 자신의 기록을 참조하라. 옌슈의 1921년 2월 27일, 3월 13일 자 일기, 蕭湛彭, 陸興愫 外, 『嚴修日記』(옌슈 일기), 天津: 南開大學, 2003, 4:2354, 2356.

03. 蕭, 陸 外, 『嚴修日記』, 4:2354, 2356.

04. ZNP-A, 1:44.

05. 저우가 옌슈에게, 1921년 2월 8일, ZSXXJ, 29.

06. 謝樹英, "周恩來與我同船赴法"(저우언라이와 같은 배로 프랑스에 가다), 李萍, 『周恩來一生』, 44; 謝樹英, "八十七歲回顧往事"(87세에 과거를 회상하며), 『北京文史資料選集』, 36號, 北京: 北京, 1989.

07. ZZQWJ, 1:390~485; ZNP-A, 1:44~45.

08. 저우가 옌슈에게, 1921년 1월 25일, ZSXXJ, 17.

09. 저우가 옌슈에게, 1921년 2월 8일, ZSXXJ, 28.

10. 같은 책, 28쪽.

11. 『周恩來同志旅歐文集, 續編』(저우언라이 동지 유럽 체류 시절 문집, 보충편), 北京: 文物, 1982, 70.

12. 周恩來, "戰後歐洲之危機"(전쟁 후 유럽의 위기), 『益世報』, 1921年2月1日, ZZQWJ, 1:493~498에서 인용.

13. 저우가 옌슈에게, 1921년 1월 25일, ZSXXJ, 20.

14. 저우가 천스저우에게, 1921년 1월 30일, ZSXXJ, 23~27. 천은 저우의 양어머니인 천 부인의 조카였다. 그는 저우보다 열 살 정도 연상이었고, 저우가 어릴 적에 매우 가깝게 지냈다.

15. 같은 책, 23~24쪽.

16. 저우가 옌슈에게, 1921년 2월 9일, ZSXXJ, 28.

17. 저우가 천스저우에게, 1921년 2월 23일, ZSXXJ, 30~31. 저우는 편지에서 파리에서 생활하면 "경비를 60~70퍼센트 정도 줄일 수 있을 것"이라고 언급했다.

18. 그들은 1920년 12월 27일 프랑스에 도착하여 1921년 새해 첫날 파리에 도착했다. ZNP-A, 1:45; "歐洲黨及團組織活動之回顧: 張先普"(유럽의 당 및 단 조직 활동에 대한 장선푸의 회고), 『天

津文史資料選集』, 15號, 1981年5月, 86~87; Vera Schwarcz, *Time for Telling Truth Is Running Out: Conversations with Zhang Shenfu*, New Haven, CT: Yale University Press, 1992, p.94.

19. 張先普, "中國共産黨成立前後情況之回顧" (중국공산당 창당 전후의 상황에 대한 회고), 『一大前後: 中國共産黨第一次代表大會前後資料選編』 (1대 전후: 중국공산당 제1차 대표대회 전후 자료 선편), 北京: 人民, 1980; Schwarcz, *Conversations with Zhang Shenfu*, pp.97-99.

20. Schwarcz, *Conversations with Zhang Shenfu*, p.100.

21. 같은 책, 4장. 저우언라이는 자신이 공산당에 가입하도록 동기를 부여한 인물로서 장을 회고하면서, "그가 러셀, 마르크스, 프로이트, 아인슈타인의 사상을 융합하고자 했다"라고 언급했다. 저우언라이, "지식인 문제에 관하여", ZXJ, 2:357.

22. "中國共産黨成立前後情況之回顧", 87~92.

23. ZNP-A, 1:48.

24. "中國共産黨成立前後情況之回顧", 87.

25. 저우언라이가 창처어우(常策歐)에게, 1922년 3월 25일, ZSXXJ, 34. 편지에서 당시 프랑스에 있던 저우는 런던에 있던 창에게 자신을 위해 《타임스》지를 구독해 달라고 요청했다.

26. 『周恩來同志旅歐文集』, 71.

27. 같은 책, 5~21쪽.

28. 같은 책, 109~111쪽; ZNP-A, 1:49.

29. 『周恩來同志旅歐文集』, 133~153; ZNP-A, 1:50~51.

30. 『周恩來同志旅歐文集』, 5~21, 83~85, 109~111, 133~153.

31. ZNP-A, 1:51.

32. 저우의 마르크스주의로의 점진적인 전환에 대한 논의는 다음을 참조하라. Marilyn A. Levine, *The Found Generation: Chinese Communists in Europe during the Twenties*, Seattle: University of Washington Press, 1993, pp.147-149. 저우와 그의 동지 세대가 어떻게 유럽에서 활동적이고 헌신적인 공산주의자가 되었는지에 대해서는 레빈의 연구가 어떤 학자가 쓴 것보다도 최고라고 생각한다.

33. 저우가 천샤오천(諶小岑)과 리이타오(李毅韜)에게, 1922년 3월, ZSXXJ, 35~41.

34. 저우가 리시징(李錫錦)과 정지칭(鄭季卿)에게, 1922년 3월, ZSXXJ, 48.

35. 같은 책, 46~48쪽.

36. ZZ-A, 1:81~82.

37. ZNP-A, 1:60.

38. ZZ-A, 1:82.

39. ZNP-A, 1:61.

40. ZSXXJ, 49. 번역은 Lin, *Poems of Zhou Enlai*, pp.27-28에 있는 시의 영역본을 수정했다.

41. ZNP-A, 1:57~58; 伍點耀 外, 『朱德年譜』 (주더 연보), 改訂版, 北京: 中央文獻, 2006, 1:59.

42. ZNP-A, 1:61.

43. ZZ-A, 1:87.

44. 우하오(吳皓), "종교 정신과 공산주의", 1922년 8월, ZZQWJ, 2:85.

45. Alexander V. Pantsov and Steven I. Levine, *Deng Xiaoping: A Revolutionary Life*, New York: Oxford University Press, 2015, pp.31-33; Richard Evans, *Deng and the Making of Modern China*, New York: Penguin Books, 1995, p.19; 楊成權 外, 『鄧小平傳, 1904~1974』 (덩샤오핑전,

1904~1974), 北京: 中央文獻, 2014, 1:47;『天津文史資料』, 15:117.

46. 덩샤오핑 자서전 (중국어), 1926년 1월, f. 530, op. 2, d. 5, RGASPI; Pantsov and Levine, *Deng Xiaoping: A Revolutionary Life*, chapter.1; DNP-A, 1:17~18.

47. ZZ-A, 84.

48. 옌슈는 1921년 11월 8일 자 일기에 다음 해 학비를 보조하기 위해 저우에게 720위안(약 100영 국파운드)을 보냈다고 기록했다.『嚴修日記』, 4:2404.

49. Han, *Eldest Son*, pp.52-53, 422.

50. "中國共産黨成立前後情況之回顧", 87.

51. 같은 책, 84쪽.

52. "現狀態對中國共産黨之態度" (현 상황에 대한 중국공산당의 태도), 1922年6月,『中共中央文獻選集』, 1號, 1989, 45~46. 다음은 중국공산당 지도부가 코민테른의 재촉과 지원을 받아 국민당과 동맹을 맺은 과정에 대한 가장 좋은 설명이다. Tony Saich, *The Origins of the First United Front in China: The Role of Sneevliet (Alias Maring)*, 2 vols. Leiden: Brill, 1991; Hans J. van de Ven, *From Friends to Comrades: The Founding of the Chinese Communist Party, 1920-1927*, Berkeley: University of California Press, 2012.

53. ZZ-A, 1:89.

54. 같은 책, 1:90.

55. 같은 책, 90쪽.

56. 李,『周恩來一生』, 60; ZNP-A, 1:61~63.

57. 李,『周恩來一生』, 60.

58. ZZQWJ, 1:347~350.

59. 周秉德,『我的伯父周恩來』(나의 백부 저우언라이), 瀋陽: 遼寧人民, 2000, 168~169; ZZ-A, 1:96.

60. 黃嫣梨 編,『張若名研究及資料集集』, 香港: 香港大學亞洲研究中心, 1997, 54~55.

61. 저우언라이와 그의 조카 저우빙더의 대화, 1956년, ZZ-A, 1:96에서 인용.

62. 덩잉차오, "서화청에서의 삶을 회상하며", RMRB, 1997년 3월 5일; ZZ-A, 97.

63. ZZ-A, 97~98.

제2부 혁명을 만들다

제6장 대혁명의 폭풍 속으로 1924~1927

01. 아편전쟁과 그것이 근대 중국에 미친 영향에 대한 훌륭한 최근 연구 두 가지는 다음과 같다. Mao Haijian, *The Qing Empire and the Opium War: The Collapse of the Heavenly Dynasty*, Cambridge, UK: Cambridge University Press, 2016; Julia Lovell, *The Opium War: Drugs, Dreams, and the Making of Modern China*, New York: The Overlook Press, 2014.

02. Hans J. van de Ven, *War and Nationalism in China, 1925-1945*, London: Routledge Curzon,

2003, chapter.2–3; Arthur Waldron, *From War to Nationalism: China's Turning Point, 1924–1925*, New York: Cambridge University Press, 2003.

03. 모든 중국공산당 최고 지도자와 코민테른 및 모스크바와 긴밀한 관계를 가진 사람들에게는 가명이 주어졌다.

04. 마오와 저우 모두 광저우에서 서로를 처음 만났다고 회상했다. 1973년 7월, 마오와 저우는 노벨 물리학상 수상자인 양전닝(楊振寧, Chen-Ning Yang)을 만났다. 양이 물었다. "저우 총리, 당신은 마오 주석을 언제부터 알았는가?" 저우는 대답했다. "나는 그를 1925년에 처음 만났다." 마오와 저우의 양전닝과의 만남, 1973년 7월 17일, CCA.

05. 이 책의 서문에서 인용한 장과 할리데이, 판초프와 레빈의 마오 전기 외에 언급하고 싶은 두 권이 더 있다. Philip Short, *Mao: The Man Who Made the World*, rev. ed., London: I. B. Tauris, 2017; Jonathan D. Spence, *Mao Zedong: A Life*, New York: Penguin Books, 2006.

06. 저우언라이가 중국사회주의청년단 중앙위원회에, 1924년 9월 1일, ZSXXJ, 69.

07. ZNP-A, 1:70.

08. 같은 책, 1:70.

09. "歐洲黨及團組織活動之回顧: 張先普", 88.

10. ZNP-A, 1:70.

11. 程舒偉, 鄭瑞峰, 『周恩來與黃埔軍校』(저우언라이와 황푸군관학교), 北京: 中央文獻, 2014, 16~17.

12. 王宜昌, "周恩來與黃埔軍校政治部"(저우언라이와 황푸군관학교 정치부), 廣東革命歷史博物館 編, 『黃埔軍校史料, 1924~1927』(황푸군관학교 사료, 1924~1927), 廣州: 廣東人民, 1985, 181; 李萍, 彭紅, 『周恩來軍事生涯』(저우언라이 군사 생애), 北京: 華文, 1999, 12.

13. 저우언라이, "1924~1926년 우리 당과 국민당의 관계", ZXJ, 1:116; 包惠僧, 『包惠僧回憶錄』(바오후이성 회고록), 北京: 人民, 1983, 156.

14. 장의 삶과 경력에 대해서는 다음의 뛰어난 전기 두 권을 참조하라. Jay Taylor, *The Generalissimo: Chiang Kai-shek and the Struggle for Modern China*, Cambridge, MA: Harvard University Press, 2009; Alexander Pantsov, *Victorious in Defeat: The Life and Times of Chiang Kai-shek, 1887–1975*, New Haven, CT: Yale University Press, 2022.

15. ZNP-A, 1:78.

16. Taylor, *Struggle for Modern China*, p.45.

17. 다음은 이 주제에 대한 유익한 연구다. C. Martin Wilbur, *Sun Yat-Sen, Frustrated Patriot*, New York: Columbia University Press, 1976. 특히 5~7장을 참조하라.

18. 張國燾, 『我的回憶』(나의 회고), 北京: 東方, 1992, 내부 회람용, 2:5; Chang Kuo-t'ao, *The Rise of the Chinese Communist Party, 1928~1938,* Lawrence: University Press of Kansas, 1972, 1:451.

19. Sophie Quinn-Judge, *Ho Chi Minh: The Missing Years*, Singapore: Horizon Books, 2003, p.98; 黃錚, 『胡志明與中國』(호치민과 중국), 北京: 解放軍, 1987, 26~27.

20. 程, 鄭, 『周恩來與黃埔軍校』, 5章.

21. 金鳳, 『鄧穎超傳』(덩잉차오전), 北京: 人民, 1993, 80~81.

22. Han, *Eldest Son*, p.58. 그러나 한의 책 영어판에는 저우가 덩에게 편지를 250통 넘게 썼다는 언급이 없다. 중국공산당 학자들의 "광범위한 도움"으로 준비된 책의 중국어판에는 그 숫자가 나와 있다. 韓素音, 『周恩來和他的世紀』(저우언라이와 그의 세기), 北京: 中央文獻, 1992, 66.

23. Barnouin and Yu Changgen, *Zhou Enlai: A Political Life*, p.33.

24. 金鳳, 『鄧穎超傳』, 1:93~94.

25. 趙煒, 『西花廳歲月』 (서화청 시절), 北京: 社會科學文獻, 2009, 145~146; Gao, *Zhou Enlai*, 47.

26. 마오가 사망한 후, 덩잉차오는 '저우 비판'을 주요 주제로 한 1973년 11월 정치국 확대회의와 저우가 책임자로 있던 류사오치 중앙전안조에 관련된 모든 문서 자료를 파기할 것을 요청했다.

27. 周, 『我的伯父周恩來』, 172~176.

28. ZNP-A, 1:81.

29. ZZ-A, 1:84~85.

30. ZNP-A, 1:85.

31. ZZ-A, 1:128~129.

32. 같은 책, 130쪽.

33. 저우언라이, "1924~1926년, 당과 국민당의 관계", 1944년 봄, ZXJ, 1:118.

34. 같은 책, 119쪽.

35. 장제스 일기, 1926년 3월 19일, 후버연구소도서관, 스탠퍼드, CA (이하 장 일기; 달리 명시되지 않는 한 출처는 후버연구소도서관이다).

36. 장 일기, 1926년 3월 19일.

37. "1926년 3월 20일 광저우 사건에 대한 로가초프의 서면 보고서", 1926년 4월 28일, GCGJZGGM, 3:233. 3월 19일 밤부터 3월 20일까지 장이 취한 조치들에 대한 상세한 논의는 다음을 참조하라. 楊天石, "神秘的中山艦事件" (신비한 중산함 사건), 『歷史硏究』, 2號, 1988, 122~123.

38. ZXJ, 1:120; 包, 『包惠僧回憶錄』, 210~211. 바오는 황푸 정치부 주임으로서 저우의 후임이었고, 장과 저우 모두와 매우 긴밀한 업무 관계를 가졌다.

39. 楊, "神秘的中山艦事件", 119~122. 이 연구에서 양은 더 나아가 해군국에서 일하던 우파 국민당 장교 어우양중(歐陽鐘)을 확인했는데, 그는 장의 이름으로 중산함을 이동시키라는 명령을 내리는 데 '핵심적인 역할'을 하여 사건에 관련된 당사자들 간에 오해를 불러일으켰다(120~121쪽).

40. van de Ven, *War and Nationalism in China*, pp.97~100; 楊天石, "神秘的中山艦事件", 116~118; 楊奎松, 『中間地帶的革命: 國際大背景下看中共成功之道』 (중간지대의 혁명: 국제적 대배경하에서 본 중국공산당 성공의 길), 太原: 山西人民, 2010, 112.

41. 楊, "神秘的中山艦事件", 124.

42. ZZ-A, 132~133; ZNP-A, 1:94.

43. 1943년 11월 27일 중국공산당 정치국 회의에서 저우 발표. 高, 『晚年周恩來』, 18~19에서 인용.

44. 장 일기, 1926년 3월 21일.

45. 楊天石, "中山艦事件相關三個問題" (중산함 사건 관련 세 가지 문제), 『百年潮』, 2號, 1997, 73~74.

46. 楊, 『中間地帶的革命』, 115.

47. 第二歷史檔案館 編, 『中國國民黨第一, 第二次全國代表大會史料』 (중국 국민당 제1, 2차 전국 대표대회 사료), 南京: 江蘇古籍, 1986, 2:712~716.

48. 楊天石, "中山艦事件以後" (중산함 사건 이후), 『歷史硏究』, 5號, 1992, 22~25.

49. 楊, 『中間地帶的革命』, 115~116.

50. 劉武生, 杜宏紀 外, 『周恩來軍事活動紀實』 (저우언라이 군사활동 기실), 北京: 中央文獻,

2000, 1:35.

51. ZNP-A, 1:94.

52. 같은 책, 98쪽.

53. ZZ-A, 1:145.

54. 1927년 3월 19일 저우의 연설 회의록.『上海工人三次武裝起義』(상하이 노동자 3차 무장 봉기), 上海: 上海人民, 1983, 335~336.

55. 1927년 3월 30일 특별위원회 회의에서의 저우의 연설 회의록.『上海工人三次武裝起義』, 436.

56. Taylor, *Struggle for Modern China*, pp.65-66; Pantsov, *Victorious in Defeat*, pp.139-140.

57. ZZ-A, 1:158~159.

58. 1957년 12월 22일 저우의 연설 회의록. ZZ-A, 1:160에서 인용.

59. ZZ-A, 1:160~161.

60. 1927년 4월 19일 특별위원회에서의 저우의 연설 회의록.『上海工人三次武裝起義』, 458.

61. ZXJ, 1:6~7.

62. ZZ-A, 1:164~165.

63. 같은 책, 165쪽.

64. ZNP-A, 1:116~117.

65. 코민테른 중앙집행위원회에서 중국공산당 중앙위원회로, 1927년 5월, GCGJZGGM, 5:446~447.

66. 楊奎松,『國民黨的聯共與反共』(국민당: 공산주의자와의 연합 및 반공산주의), 北京: 社會科學文獻, 2008, 222~228.

67. ZNP-A, 1:121.

68. 같은 책, 1:119.

69. ZZ-A, 1:174.

70. 葉挺, "南昌起義到潮汕失敗"(난창 봉기에서 차오산 패배까지), 蕭克 外,『南昌起義』(난창 봉기), 北京: 人民, 1979.

71. 李立三, "八一革命的過程與經驗"(8·1 혁명의 과정과 교훈에 대하여), 1927年10月,『中共中央文獻選集』, 北京: 中央黨校, 1988, 3:408~411; ZZ-A, 1:185~187.

72. 聶榮臻,『聶榮臻回憶錄』(녜룽전 회고록), 北京: 解放軍, 1983, 74.

73. ZNP-A, 1:129.

제7장 상하이 지하 활동 1927~1931

01. 1920년대 후반과 1930년대 초반 상하이가 '혁명적 중심'으로 출현하고 소멸한 과정에 대한 훌륭한 요약은 Tony Saich, *From Rebel to Ruler: One Hundred Years of the Chinese Communist Party*, Cambridge, MA: Harvard University Press, 2022, pp.83-84에서 볼 수 있다.

02. JDYLZYWX, 4:616~633; ZNP-A, 1:127~130; MNP-A, 1:224.

03. ZZ-A, 1:266, 285~286.

04. Frederik Wakeman, *Policing Shanghai, 1927~1937*, Berkeley: University of California Press, 1995, chapter.1-3.

05. Liang Kan, "The Te Ke in Shanghai: A Study of the Chinese Communist Secret Service, 1927~1934", *Chinese Historians*, 6(2), Fall 1993, pp.27-44; 穆欣, 『隱蔽戰線統帥周恩來』(은폐전선 통수 저우언라이) (이하 『隱蔽戰線』), 北京: 中國青年, 2013, 1章. 구에 대해서는 劉玉崗, 『顧順章: 中共歷史上最危險的叛徒』(구순장: 중국공산당 역사상 가장 위험한 반역자), 北京: 當代中國, 2014를 참고함.

06. Liang, "Te Ke in Shanghai", pp.30-33; 劉, 『顧順章』, 4章.

07. ZNP-A, 1:150.

08. ZZ-A, 1:197.

09. 鄧穎超, 「遇不幸而得脫的經歷」, 『不盡的思念』(끝없는 사념), 北京: 中央文獻, 1987, 46~47.

10. Stephen Kotkin, *Stalin: Paradoxes of Power, 1878~1928*, New York: Penguin, 2014, pp.627-633, 640, 655.

11. 스탈린과 취추바이 및 다른 중국공산당 지도자들과의 회의에 대한 저우의 기록(중국어), 1928년 6월 9일, GCGJZGGM, 7:477~482; 『黨的文獻』, 1988, 1:3~6.

12. ZZ-A, 1:184~185.

13. 楊, 『中間地帶的革命』, 192.

14. 尼古拉, 布哈林, "革命的現狀與我們的任務", 1928年6月29日, 『黨的文獻』, 1988, 1:19~25.

15. ZNP-A, 1:145.

16. 취추바이의 중국공산당 제6차 당대회 정치 보고서, 1928년 6월 28일, JDYLZYWX, 5:329~34.

17. ZZ-A, 1:185~187; ZNP-A, 1:146.

18. 저우언라이, "제6차 당대회 인사 문제에 관한 보고서", 1928년 6월 30일, JDYLZYWX, 5:335~352.

19. 저우언라이, "제6차 당대회 이후 군사 공작의 주요 과업", 1928년 7월 3일, JDYLZYWX, 5:353~362 (362쪽에서 인용); GCGJZGGM, 7:501~503.

20. ZZ-A, 1:144.

21. 『周恩來選集』(이하 ZXJ), 北京: 人民, 1984, 1:157~187.

22. ZZ-A, 1:144.

23. 같은 책, 1:192~193.

24. 羅青長 回憶, 1997年6月26日, 『中共黨史研究』(중공 당사 연구), 1號, 1998, 68에서 인용.

25. ZNP-A, 1:151.

26. '뛰어난 세 영웅'에 대해서는 『隱蔽戰線』, 5章을 참고.

27. 같은 책, 77~88쪽.

28. Wakeman, *Policing Shanghai*, pp.139-142.

29. 『隱蔽戰線』, 154~166.

30. 編輯部 編, 『彭湃傳』(펑파이 전기), 北京: 北京, 1984.

31. Pantsov with Levine, *Mao: The Real Story*, p.223.

32. ZZ-A, 1:210.

33. 중국공산당 중앙위에서 마오와 주에게, 1929년 2월 7일, JDYLZYWX, 6:31~38.

34. 중국공산당 중앙위에서 룬즈(마오쩌둥)에게, 1929년 4월 7일, JDYLZYWX, 6:125~139.

35. 중국공산당 홍군 제4군 위원회에서 중국공산당 중앙위로, 1929년 4월 5일, JDYLZYWX, 6:116~123 (116~117에서 인용).

36. ZNP-A, 1:164; MNP-A, 1:276.
37. MNP-A, 1:278~279.
38. 같은 책, 281쪽.
39. ZZ-A, 1:212.
40. 같은 책, 213쪽.
41. 劉樹發 外, 『陳毅年譜』(천이 연대기), 北京: 人民, 1995, 1:137.
42. 중국공산당 중앙위의 홍군 제4군 전적위원회에 대한 지시, 1929년 9월 28일, ZXJ, 1:29~42 (32에서 인용).
43. 마오가 중국공산당 중앙위에게, 1929년 11월 28일, MJSWJ, 1:84; MZ-A, 209.
44. MJSWX, 1:86~125; MNP-A, 1:290~291 참조.
45. ZNP-A, 1:184; 黃少群, 『周恩來在1927~1935年』, 北京: 中央文獻, 2006, 83.
46. ZNP-A, 180.
47. 중국공산당 문서에서는 그들을 "폴란드 야만인"과 "독일 야만인"이라고 불렀는데, 이는 중국공산당 지도자들이 이 '외국 동지들'에 대해 경멸감을 가졌음을 보여 준다.
48. ZZ-A, 1:232~233.
49. 같은 책, 233쪽.
50. 같은 책, 233쪽.
51. 張穎, 『走在西花廳的小路上』, 北京: 社會科學文獻, 2014, 1~2; ZNP-B, 3:538.
52. ZNP-A, 1:184.
53. 저우언라이의 코민테른 극동국과 중국공산당 중앙의 모순에 대한 소개, 1930년 5월 3일, f. 514, op. 1, d. 1121, RGASPI.
54. 스탈린과의 회담에 대한 저우의 중국공산당 정치국 보고서, 1930년 8월 22일, 楊, 『中間地帶的革命』, 226에서 인용. 또한 ZNP-A, 1:189; ZZ-A, 1:237; 1960년 7월 14~18일 베이다이허 회의에서의 저우의 회고, 855-5-1798, HPA 참조.
55. 제16차 볼셰비키당 대회에서의 쑤 동지(저우언라이) 발표, 1930년 7월 15일, GCGJZGGM, 12:203~208; ZNP-A, 1:187.
56. 코민테른 집행위원회의 중국 문제에 관한 결의안, 1930년 7월 23일, GCGJZGGM, 12:209~211.
57. 楊奎松, "코민테른의 중국공산당에 대한 재정 지원 연구" 1부, 『黨史硏究資料』, 1號, 2004, 1~18.
58. 楊奎松, "코민테른의 중국공산당에 대한 재정 지원 연구" 2부, 『黨史硏究資料』, 2號, 2004, 20~21.
59. ZZ-A, 1:247.
60. JDYLZYWX, 7:183~201.
61. 현 상황에 대한 중국공산당 정치국 결의안, 1930년 6월 11일; 코민테른 상임 간부회에 보내는 중국공산당 중앙의 편지, 1930년 6월 12일, GCGJZGGM, 9:257~273, 202~203.
62. 극동국에서 중국공산당 정치국으로 보낸 편지, 1930년 6월 20일, GCGJZGGM, 9:177~182.
63. 코민테른 상임 간부회에 보내는 중국공산당 정치국 보고서, 1930년 8월 5일, GCGJZGGM, 9:227~229.
64. 코민테른 상임 간부회에 보내는 극동국 전보, 1930년 8월 7일, GCGJZGGM, 9:255~256.
65. ZNP-A, 1:189.

66. 같은 책.

67. 코민테른 집행위원회에 보내는 중국공산당 중앙위 전보, 1930년 8월 25일, GCGJZGGM, 9:333~334; ZNP-A, 1:192~193.

68. 저우언라이, "코민테른 결의안 전달 보고서", 1930년 9월 24일, JDYLZYWX, 7:405~428.

69. 터성(特生, 샹중파), "정치국 업무 보고서", 1930년 9월, ZGZYWJXJ-A, 6:351~358.

70. ZZ-A, 1:245.

71. 같은 책, 245쪽.

72. 코민테른 집행위원회에서 중국공산당 중앙위로 보낸 편지, 1930년 10월(1930년 11월 16일 수신), ZGZYWJXJ-A, 6:644~655.

73. 1960년 7월 14~18일 베이다이허 회의 중 저우의 연설, 855-5-1798, HPA.

74. JDYLZYWX, 7:405.

75. 저우언라이, "신민주주의 혁명 단계에서의 우리 당의 6개 노선 투쟁에 대한 개인적 이해(개요)", 1972년 6월 10일, ZZ-A, 1:285에서 인용.

76. "제4차 전체 회의에서의 코민테른 대표의 결론", ZGZYWJXJ-A, 7:28.

77. ZZ-A, 1:255.

78. 楊, 『中間地帶的革命』, 249.

79. 蔡孟堅, "중국 근대사를 바꿀 뻔했던 이야기", 『傳記文選』, 37(5), 臺北, 1980年11月, 39~48.

80. 같은 책.

81. 『隱蔽戰線』, 358~359쪽.

82. 같은 책, 360~361쪽; ZZ-A, 1:291~292.

83. 吳基民, 『生死搏殺: 周恩來與顧順章』, 北京: 作家, 1993; 劉, 『顧順章』.

84. 천양산(陳養山) 회고, 저자가 소유한 구술 역사 녹취록.

85. 楊, 『中間地帶的革命』, 258.

86. 楊奎松, "샹중파는 어떤 총서기였는가", 『近代史研究』, 1號, 1994.

87. Wakeman, *Policing Shanghai*, pp.147-151; 楊奎松, "눌랑스 사건과 중국 내 코민테른 비밀망", 『民國人物國研錄』, 成都: 四川人民, 2013, 77~99.

88. ZZ-A, 1:293.

89. 張文秋, 『毛澤東的親家張文秋回憶錄』, 廣州: 廣東教育, 2002, 135~136.

90. 제152호 결의안, 코민테른 집행위원회 정치 사무국, 1931년 7월 3일, GCGJZGGM, 10:340.

91. ZNP-A, 1:222; ZZ-A, 1:306.

92. 曾憲新, 『伍豪事件始末』 (우하오 사건의 전말), 北京: 中央文獻, 2011.

제8장 장시 농촌 1931~1934

01. 黃平, 『往事回憶』 (과거 회상), 北京: 人民, 1981, 79~80.

02. ZNP-A, 1:219.

03. 우하오(저우)가 중국공산당 중앙에, 1931년 12월 25일, ZZ-A, 1:297에서 인용.

04. 高華, "AB단 숙청 사건에 대한 역사적 고찰", 『歷史筆記』, 香港: 牛津大學出版社, 2014, 103~123; Stephen C. Averill, "The Origins of the Futian Incident," Tony Saich and Hans J. van

de Ven ed., *New Perspectives on the Chinese Revolution*, New York: Routledge, 1995, pp.79-115;
Chen Yung-fa, "The Futian Incident and the Anti-Bolshevik League: The 'Terror' in the CCP
Revolution", *Republican China*, 19(2), April 1994, pp.1-54.

05. 중국공산당 총전적위원회에서 장시성 위원회로, 1930년 12월 3일, 戴向青 外, 『AB團與富田事件始末』(이하 『AB단』), 鄭州: 河南人民, 1996, 98에서 인용.

06. 1930년 6월, 마오의 홍군 제4군은 다른 두 홍군 부대와 합병하여 제1방면군으로 개칭되었다.

07. 『AB단』, 113~126쪽.

08. 소비에트 중앙국 제2호 회람, 푸톈 사건에 관한 결의안, 1931년 1월 16일, 『中共黨史教學參考資料』, 14:639~642.

09. ZNP-A, 1:207~208.

10. 푸톈 사건에 관한 중국공산당 정치국 결의안, 1931년 3월 28일, JDYLZYWX, 8:317~322.

11. 高華, 『紅太陽是怎樣升起的』(붉은 태양은 어떻게 떠올랐는가), 香港: 中文大學, 2003, 30.

12. 李志英, 『博古傳』(보구 전기), 北京: 當代中國, 1994, 93~96; MNP-A, 1:356.

13. 이것이 바로 저우가 옌안 정풍운동 중 '자기비판'을 통해 스스로를 낙인찍을 방식이었다.

14. 張學新 外, 『任弼時傳』(런비스 전기), 改訂版, 北京: 中央文獻, 2000, 263~264.

15. 중국공산당 중앙위의 중국공산당 소비에트 중앙국 및 홍군 전적위원회에 대한 지시, 1931년 8월 30일, ZGZYWJXJ-A, 7:355~375. 1989년, 권위 있는 『저우언라이 연보』와 『저우언라이전』은 저우가 그 편지의 저자임을 확인했다(ZNP-A, 1:216, ZZ-A, 1:293~294). 그러나 지난 이십 년 동안 중국 본토의 많은 출판물은 그 편지가 임시 중앙위원회의 산물이라고 언급하며, 저우가 그 저자였다는 사실을 생략했다.

16. 楊瑞廣 外, 『任弼時年譜』(런비스 연대기), 北京: 中央文獻, 1993, 173; MNP-A, 1:357.

17. MNP-A, 1:358.

18. 제4호 전보, 중앙위에서 소비에트 중앙국으로, 1931년 10월 20일경; 楊 外, 『任弼時年譜』, 174~175; JDYLZYWX, 8:606~607.

19. 張 外, 『任弼時傳』, 270~272; 楊 外, 『任弼時年譜』, 176; MZ-A, 272.

20. MNP-A, 1:357~358.

21. JDYLZYWX, 8:641~646.

22. MZ-A, 273.

23. 중국공산당 임시 중앙위에서 소비에트 중앙국으로, 1931년 10월 말, MNP-A, 1:358에서 인용.

24. 저우가 중국공산당 정치국에게, 1931년 12월 18일, ZSXXJ, 76~77.

25. 소비에트 지역에서의 반동분자 숙청에 관한 소비에트 중앙국 결의안, 1932년 1월 7일, ZGZYWJXJ-A, 8:18~28.

26. 高, 『晩年周恩來』, 78.

27. 저우언라이, "신민주주의 혁명 단계에서의 우리 당의 6개 노선 투쟁에 대한 개인적 이해", 1972년 6월 10일, CCA.

28. 먼저 한두 개 성에서 승리를 추구하는 것에 관한 중국공산당 중앙위 결의안, 1932년 1월 9일, JDYLZYWX, 9:34~44.

29. ZNP-A, 1:220~221.

30. ZZ-A, 1:273.

31. MZ-A, 283.

32. 같은 책, 283~284쪽.

33. ZNP-A, 1:222; MNP-A, 1:368.

34. MNP-A, 1:368; ZNP-A, 1:222~223.

35. 마오가 저우에게, 1932년 3월 30일, MJSWJ, 1:263.

36. ZNP-A, 1:223.

37. MZ-A, 290; JDYLZYWX, 9:235~252.

38. 마오가 소비에트 중앙국에, 1932년 5월 3일, MJSWJ, 1:271~272.

39. ZNP-A, 1:224.

40. ZGZYWJXJ-A, 8:209~219.

41. MZ-A, 292.

42. 마오쩌둥, "제3차 좌경 노선 반박", 1941년 상반기경, CCA; MZ-A, 294; 張 外, 『任弼時傳』, 1:287.

43. 저우, 마오, 주더, 왕자샹이 소비에트 중앙국에, 1932년 7월 25일, ZJSWX, 1:153; JDYLZYWX, 9:394.

44. 저우가 소비에트 중앙국에, 1932년 7월 29일, ZJSWX, 1:159.

45. MNP-A, 1:380.

46. 같은 책, 384~385쪽.

47. 張 外, 『任弼時傳』, 297.

48. 저우, 마오, 주더, 왕자샹이 소비에트 중앙국에, 1932년 9월 23일, ZJSWX, 1:183~184.

49. 소비에트 중앙국에서 저우, 마오 외에게, 1932년 9월 25일, 張 外, 『任弼時傳』, 1:297에서 인용. 또한 ZJSWX, 1:190~191, 주1 참조.

50. 저우, 마오, 주, 왕이 소비에트 중앙국에, 1932년 9월 25일, ZJSWX, 1:189~190.

51. 張 外, 『任弼時傳』, 1:298; 楊 外, 『任弼時年譜』, 192.

52. 張 外, 『任弼時傳』, 1:299.

53. 닝두 회의에 대한 런비스, 샹잉, 구쭤린, 덩파의 설명과 해명, 1932년 11월 12일, 『任弼時傳』, 300 에서 인용.

54. 수십 년 후, 마오는 당시 상황을 회상하며 논평했다. "음, 적어도 내 머리는 잘리지 않았다." 따라서 만약 문제가 극단으로 치달았다면 마오가 살해되었을 수도 있었다는 것이다. 마오 주석과 아이디트가 이끄는 인도네시아공산당 대표단 간의 대화 회의록, 1965년 8월 5일, CCA 참조.

55. 1960년 7월 14~18일 베이다이허 회의에서의 저우의 연설, 855-5-1798, HPA.

56. ZNP-A, 1:235~236.

57. ZZ-A, 1:316.

58. 닝두 회의에서의 분쟁에 대한 런, 샹, 구, 덩파의 설명, 1932년 11월 12일, 張 外, 『任弼時傳』, 301.

59. ZNP-A, 1:237~238.

60. 같은 책, 1:238.

61. 저우언라이, "개인적 이해", 1972년 6월 10일, CCA.

62. JDYLZYWX, 9:555~557; ZZ-A, 1:316.

63. 마오와 아이디트의 대화, 1965년 8월 5일, CCA; MNP-B, 5:518.

64. 저우가 소비에트 중앙국 및 중국공산당 중앙위에, 1933년 1월 26일; 저우가 소비에트 중앙국 및 중국공산당 중앙위에 전달, 1933년 1월 30일, ZJSWX, 1:239~240, 244~245.

65. 저우가 소비에트 중앙국 및 중국공산당 중앙위에 전달, 1933년 2월 7일, ZJSWX, 1:250~251.

66. 저우가 소비에트 중앙국 및 중국공산당 중앙위에 전달, 1933년 2월 13일, ZJSWX, 1:258~259.

67. 黃道炫, 『張力與界限: 中央蘇區的革命』, 北京: 社會文獻, 2011.

68. ZJSHDJS, 1:203; ZZ-A, 1:336.

69. 저우와 주가 보구, 샹잉, 브라운에게, 1933년 11월 14일, ZJSWX, 1:315; ZJSHDJS, 1:198~199.

70. 코민테른 집행위원회 정치 사무국에서 중국공산당 중앙위로, 1934년 1월 2일, GCGJZGGM, 14:7~8.

제9장 대장정 1934~1935

01. 伍修權, 『回憶與懷念』(회고와 성찰), 北京: 中共中央黨校, 1991, 113~114.

02. 옌안 정풍운동 중 저우가 회고한 바에 따르면, 누가 떠나고 누가 남을지 결정할 때 보구와 브라 운은 저우에게 의견을 구했다. ZZ-A, 1:307.

03. 코민테른 집행위원회 사무국 정치위원회에서 아서 에베르트(Arthur Ewert)와 중국공산당 중앙 위로, 1934년 6월 16일, GCGJZGGM, 14:143~144; ZZ-A, 1:306. 아서 에베르트는 당시 중국공 산당 중앙위의 코민테른 대표였다.

04. Otto Braun, *A Comintern Agent in China*, Stanford, CA: Stanford University Press, 1982, p.76. 그러나 다른 홍군 지휘관들은 '총철수' 계획이 브라운에게서 나왔다고 말했다. 예를 들어 Nie Rongzhen, *Inside the Red Star: The Memoirs of Marshal Nie Rongzhen*, Beijing: New World Press, 1988, p.183.

05. 주더와 저우가 저우쯔쿤(周子昆)과 황카이샹(黃開湘)에게, 광둥 대표들과의 협상을 위한 대표 파견에 관하여, 1934년 10월 5일, ZJSWX, 1:346~347.

06. 何長工, 『何長工回憶錄』, 北京: 解放軍, 1987, 325~328; ZJSWX, 1:346, 주1.

07. Braun, *Comintern Agent in China*, p.76.

08. 장 일기, 1934년 10월 17일.

09. 장이 그의 장군들에게, 1934년 10월 31일; 장이 외교부 및 류원다오(劉文島)에게 전달, 1934년 11월 4일, 『蔣中正先生年譜長編』(장제스 선생 연대기), 臺北: 國史館, 2015, 4:461, 464.

10. 王新生, "대장정 전후 중국공산당 중앙과 코민테른의 전신 통신에 대한 고찰", 『黨的文獻』, 2號, 2010, 77~82.

11. 옌안 정풍운동 중 장원톈의 기록, 1943년 12월 16일, 『遵義會議文獻』(쭌이 회의에 관한 문서), 北京: 人民, 1985, 78~79; 1963년 6월 쭌이 회의에 대한 마오의 회고, 王力, 『現場歷史: 文化大 革命紀實』(현장에서의 역사: 문화대혁명 기록), 香港: 牛津大學出版社, 1993, 126에서 인용.

12. 秦福銓, 『博古和毛澤東: 暨中華蘇維埃的領袖們』(보구와 마오쩌둥: 중화소비에트공화국의 지 도자들), 香港: 大風出版社, 2009, 128. 저자는 보구(친방셴)의 조카이다.

13. Braun, *Comintern Agent in China*, pp.92-93.

14. MZ-A, 337.

15. MZ-A, 341; ZZ-A, 1:310~311. 브라운은 마오가 자신의 제안을 "무뚝뚝하게 거절"하고 "구이저 우 내륙을 향해 계속 서쪽으로 이동할 것을 주장했다"라고 회상했다. 그리고 저우는 "중앙 3인 조'에게 충성을 옮기고 있었다." Braun, *Comintern Agent in China*, pp.94-95.

16. Braun, *Comintern Agent in China*, p.93.

17. 1943년 11월 27일 옌안의 정치국 회의에서의 저우 발표,『遵義會議文獻』, 64.

18. 전략적 이동에 대한 정치국 결정, 1934년 12월 18일, JDYLZYWX, 12:656~657.

19. 저우의 발표,『遵義會議文獻』, 64.

20. 옌안 정풍운동 중 런비스의 기록, 1943년 12월 2일, MZ-A, 342에서 인용.

21. ZNP-A, 1:292.

22. 1932년 국민당 군대의 탄압 작전에서 후베이, 허난, 안후이에 걸친 근거지를 잃은 후, 홍군 제4방면군으로 개칭된 장궈타오의 홍군 부대는 쓰촨 서부로 이동하여 그곳에 새로운 근거지들을 만들었다.

23. 1927년 난창 봉기 동안 저우는 이미 장궈타오와 함께 일하고 논쟁한 적이 있었다. 그는 직접 겪어 보았기에 장이 어울리기 힘든 사람임을 알았다.

24. 周美華 外,『蔣中正總統檔案, 史略稿本』(장제스총통기록보관소: 사건 연대기 초안), 臺北: 國史館, 2017, 28:684.

25. ZZ-A, 1:313; 秦,『博古和毛澤東』, 123.

26. 이 회의의 상세한 회의록은 남아 있지 않다. 우리는 주로 쭌이 회의 후 천윈이 쓴 개요와 몇몇 참가자들의 회고를 통해 그것을 알 수 있다.

27. 陳雲, "쭌이의 정치국 확대회의에 대한 개요",『遵義會議文獻』, 42~43; Braun, *A Comintern Agent in China*, pp.94-95.

28. 周恩來,「黨史教訓」, 1972年 6月,『遵義會議文獻』, 67; MZ-A, 341~342 참조.

29. 秦,『博古和毛澤東』, 128~129; Braun, *Comintern Agent in China*, pp.96-97.

30. 陳雲, "쭌이의 정치국 확대회의에 대한 개요",『遵義會議文獻』, 42.

31. 같은 책, 42~43.

32. 秦,『博古和毛澤東』, 124~132.

33. 陳雲, "쭌이의 정치국 확대회의에 대한 개요",『遵義會議文獻』, 43.

34. MNP-A, 1:445; JDYLZYWX, 10:483.

35. Nie Rongzhen, *Inside the Red Star*, p.222.

36. 李作鵬,『李作鵬回憶錄』, 香港: 北星, 2011, 16~20; 曹索菲, "나의 아버지가 대장정 동안 했던 암호 해독 작업",《人民政協報》, 2006.8.17.

37. 秦,『博古和毛澤東』, 151~152.

38. MZ-A, 347.

39. MZ-A, 353; ZNP-A, 1:281.

40. 編輯部,『紅軍長征: 文獻』(홍군의 대장정: 문서), 北京: 解放軍, 1995, 280; MNP-A, 1:449.

41. 이 기간 동안 장이 거둔 주요한 성취 중 하나는 왕자례를 구이저우성 주석 자리에서 성공적으로 제거한 것이었다. 장은 썼다. "구이저우성 정부는 완전히 재편성되었고…… 왕은 어려움에 직면하여 사임했다. 군사 및 정치 권력은 그 이후로 중앙정부에 의해 통제되었다." 장 일기, 1935년 5월 1일.

42. 장 일기, 1935년 4월 24일, 5월 31일.

43. 장 일기, 1935년 4월 22일, 4월 27일, 5월 12일 참조. 5월 11일, 장은 쓰촨의 실력자인 류샹(劉湘)에게 "하루 종일 화북으로부터 전보가 없어서 깊이 걱정된다"라고 말했다.

44. 許向前,『歷史的回顧』(역사의 회고), 北京: 解放軍, 1988, 411~413.

45. 李滿春 外,『劉伯承傳』(류보청 전기), 北京: 當代中國, 1992, 117~122.

46. Chang, *Rise of the Chinese Communist Party*, 2:377; 張, 『我的回憶』, 1:220~221.

47. ZJSWX, 1:399; ZNP-A, 1:287.

48. Chang, *Chinese Communist Party*, 2:403–405; 張, 『我的回憶』, 1:248~250.

49. ZZ-A, 1:357.

50. ZNP-A, 1:289.

51. JDYLZYWX, 12:256.

52. 1935년 8월 6일 정치국 회의에서의 마오의 발표, 楊, 『中間地帶的革命』, 322에서 인용. 또한 MNP-A, 1:464 참조.

53. Chang, *Rise of the Chinese Communist Party*, 2:418-419; 張, 『我的回憶』, 3:263.

54. 魏國祿, 『隨周副主席長征』(저우 부주석을 따라 대장정에), 北京: 中國青年, 1976, 55~58; 李佐夫, "40일간 병중의 저우 부주석", 編輯部, 『懷念周恩來』, 北京: 人民, 1986, 313~316; ZNP-A, 1:293; 金峰, 『鄧穎超傳』, 北京: 人民, 1993, 202~203, 288.

55. 예를 들어, 1971년 8월 28일 마오와 웨이궈칭(韋國淸), 딩성(丁盛), 류싱위안(劉興元)의 대화, MNP-B, 6:394~395.

56. ZNP-A, 1:295~296; MNP-A, 471.

57. 중국공산당 중앙위에서 장궈타오, 쉬샹첸, 천창평에게, 1935년 9월 9일, JDYLZYWX, 12:304.

58. Chang, *Rise of the Chinese Communist Party*, 2:422~423.

59. 어제 회의에서의 마오의 보고와 결론, 1935년 9월 12일, 『中國工農紅軍第四方面軍戰史資料選編, 長征時期』(중국공농홍군 제4방면군 전사 자료 선편: 대장정 시기), 北京: 解放軍, 1992, 150~151; MNP-A, 1:472~473.

60. MNP-A, 473; ZNP-A, 1:297.

61. MNP-A, 1:477; ZNP-A, 1:298.

62. Nie Rongzhen, *Inside the Red Star*, p.248; MNP-A, 1:476.

63. 장이 주사오량(朱紹良) 외에게, 1935년 9월 29일, 『蔣中正先生年譜長編』, 4:693.

64. MNP-A, 1:488.

65. ZNP-A, 1:299.

제10장 "중국인으로서, 우리는 하나의 국가로 싸워야 한다" 1935~1937

01. MNP-A, 1:465~466; 丁直, "중앙 홍군의 북상 정책 변화", 『文獻與研究』, 5號, 1985; 마오가 뤄푸(洛甫)에게, 1935년 12월 1일, MJSWJ, 1:408~409; 楊奎松, 『西安事變新探: 張學良與中共關係之謎』, 南京: 江蘇人民, 2006, 41에서 인용한 1935년 12월 23일 군사 상황에 대한 마오의 보고서 참조.

02. 예를 들어, 장궈타오가 펑더화이와 마오에게, 1935년 12월 5일, JDYLZYWX, 12:520.

03. 李海文 外, 『張浩傳』(장하오 전기), 北京: 當代中國, 2001, 109.

04. 楊, 『西安事變新探』, 30에서 인용.

05. 李 外, 『張浩傳』, 126.

06. 린위잉(林毓英)이 장궈타오에게, 1936년 1월 16일; 린위잉이 장궈타오와 주더에게, 1936년 1월 24일, 『中國工農紅軍第四方面軍』, 321, 328.

07. 장궈타오가 린위잉과 장원톈에게, 1936년 1월 27일; 린위잉과 장원톈이 장궈타오에게, 1936년 2월 14일, 『中國工農紅軍第四方面軍』, 331~332, 371~372.
08. 李 外, 『張浩傳』, 109~110.
09. JDYLZYWX, 12:473~474.
10. ZNP-A, 1:301.
11. JDYLZYWX, 12:531~551.
12. ZZ-A, 1:376; ZNP-A, 1:303.
13. ZNP-A, 1:301.
14. 楊奎松, 『抗戰前後國共談判實錄』(항일전쟁 전후 국공 협상 사실 기록), 改訂版, 北京: 新星, 2013, 5~7.
15. 장 일기, 1935년 12월 31일.
16. 장 일기, 1935년 10월 2일.
17. 장 일기, 1936년 2월 20일.
18. 楊, 『抗戰前後國共談判實錄』, 15~16.
19. MJSWJ, 1:413~422; MNP-A, 1:507.
20. ZJSWX, 1:437~439.
21. ZNP-A, 1:302.
22. 같은 책, 304쪽.
23. 같은 책, 304~305쪽.
24. ZZ-A, 1:378.
25. 楊, 『抗戰前後國共談判實錄』, 14~15.
26. 저우가 뤄푸와 마오에게, 1936년 3월 2일, 같은 책, 9쪽에서 인용.
27. 楊, 『西安事變新探』, 63.
28. ZZ-A, 1:378; 같은 책, 63쪽.
29. ZNP-A, 1:309~310; ZZ-A, 1:378~379.
30. 저우가 장원톈, 마오, 펑더화이에게, 1936년 4월 10일, 『中共黨史資料』, 33號, 1990年2月, 3~4.
31. 張友坤 外, 『張學良年譜』(장쉐량 연대기), 北京: 社會科學文獻, 2009, 1000.
32. 저우가 장쉐량에게, 1936년 4월 22일, ZSXXJ, 87.
33. 류딩(劉鼎)의 리커눙에 대한 보고, 1936년 4월 30일, 張, 『張學良年譜』, 998~999에서 인용.
34. 楊, 『西安事變新探』, 107에서 인용.
35. 린위잉, 장원톈, 마오가 주더, 류보청, 쉬샹첸에게, 1936년 5월 20일, 『中共中央抗日民族統一戰線文件選編』(중공 중앙 항일 민족 통일전선 문건 선편), 北京: 檔案, 1985, 2:147~148.
36. 1932년 국민당군의 토벌 작전에서 살아남은 후, 허룽이 이끄는 부대는 나중에 홍군 제2방면군으로 개칭되었으며, 후난, 후베이, 쓰촨, 구이저우, 윈난성 변방에 근거지를 만들려 시도했다.
37. 『中共中央』, 2:147~148.
38. ZNP-A, 1:316.
39. 楊, 『抗戰前後國共談判實錄』, 25.
40. 『中國工農紅軍第四方面軍』, 533~540.
41. 중국공산당 중앙서기처에서 왕밍과 캉성에게, 1936년 6월 16일, f. 495, op. 74, d. 249, RGASPI; Alexander Dallin and F. I. Firsov, ed., *Dimitrov and Stalin: Letters from the Soviet Archives,*

1934–1943, New Haven, CT: Yale University Press, 2000, pp.96 – 100.

42. 1936년 8월 10일 정치국 회의에서의 저우 연설, 陳忠志, 『生死關頭』 (생사의 순간), 北京: 三聯, 2016, 220에서 인용.

43. MNP-A, 1:567~568.

44. 코민테른 집행위원회 사무국에서 중국공산당 중앙서기처로, 1937년 8월 15일, GCGJZGGM, 17:465~468.

45. ZNP-A, 1:324.

46. 같은 책, 324쪽.

47. 저우가 천궈푸와 천리푸에게, 1936년 9월 1일, ZTYZXWX, 17~18.

48. 장제스에게 일본에 저항하도록 강요하는 것에 대한 중국공산당 중앙위 지시, 1936년 9월 1일, JDYLZYWX, 13:276~277.

49. 디미트로프 일기, 1936년 9월 7일, 11일, Georgi Dimitrov and Ivo Banac, ed., *The Diary of Georgi Dimitrov, 1933-1949,* New Haven, CT: Yale University Press, 2012, pp.29-30.

50. MJSWJ, 1:578~579, 583, 592~594, 598~599.

51. ZNP-A, 1:327; 楊, 『西安事變新探』, 196.

52. JDYLZYWX, 13:282~288.

53. 판한녠의 중앙위에 대한 보고, 1936년 11월 12일, ZZ-A, 1:329에서 인용.

54. 楊奎松, "시안 사변은 왜 일어났는가?", 『探往閱今』 (과거를 탐구하고 현재를 읽다), 北京: 九州, 2012, 83~85.

55. 장 일기, 1936년 11월 22일.

56. 楊, 『抗戰前後國共談判紀實』, 40.

57. 쉬융창 일기, 1936년 10월 17일, 『徐永昌日記』, 臺北: 中央研究院近代史研究所, 1990, 3:480~481.

58. 張 外, 『張學良年譜』, 1121~1122.

59. MNP-A, 1:621; ZZ-A, 1:399.

60. 중국공산당 중앙위에서 코민테른 집행위원회 사무국으로, 1936년 12월 12일, f. 495, op. 74, d. 280, RGASPI.

61. 楊, 『探往閱今』, 104에서 인용.

62. 張培森 外, "장원톈과 시안 사변", 『黨的文獻』, 3號, 1988, 7~8.

63. ZNP-A, 1:338~339; 張 外, "장원톈과 시안 사변", 8.

64. "중국 사건", *Pravda*, 1936.12.14.

65. 楊, 『西安事變新探』, 334; 장 일기, 1936년 12월 14~16일.

66. ZNP-A, 1:341.

67. 같은 책; 伍點耀, 『劉鼎傳』 (류딩 전기), 北京: 中央文獻, 2012, 289~290.

68. ZZ-A, 1:405~406; ZNP-A, 1:341~342.

69. 저우가 마오와 중국공산당 중앙위에게, 1936년 12월 17일, 『中國共産黨關於西安事變檔案史料選編』 (이하 『시안 사변』), 北京: 中國檔案, 1997, 213~214.

70. 저우가 마오와 중국공산당 중앙위에게, 1936년 12월 17일, 『시안 사변』, 214.

71. 중국공산당 중앙위에서 국민당 중앙위로, 1936년 12월 18일, 『시안 사변』, 218~219.

72. ZNP-A, 1:342.

73. 張培森, 『張聞天年譜』 (장원톈 연대기), 北京: 中共黨史, 2000, 1:398; "시안 사변과 우리의 과업에 대한 중국공산당 중앙위 지시", 1936년 12월 19일, 『시안 사변』, 222~224.

74. 코민테른 집행위원회 사무국에서 중국공산당 중앙위로, 1936년 12월 16일, GCGJZGGM, 15:265~266.

75. ZNP-A, 1:343.

76. 저우가 마오와 장원톈에게, 1936년 12월 21일, 『시안 사변』, 246.

77. 쑹쯔원 일기 (이하 쑹 일기), 1936년 12월 20일, 후버 연구소, 스탠퍼드, CA.

78. 쑹 일기, 1936년 12월 22일. ZXJ, 1:70 참조.

79. 장 일기, 1936년 12월 23일.

80. 쑹쯔원과의 만남, ZXJ, 1:70~71; 쑹 일기, 1936년 12월 23일.

81. 저우와 보구가 중국공산당 중앙서기처에게, 1936년 12월 24일, 『시안 사변』, 269.

82. 장 일기, 1936년 12월 24일; 쑹 일기, 1936년 12월 23일.

83. 쑹 일기, 1936년 12월 25일.

84. 장 일기, 1936년 12월 25일.

85. 저우가 중국공산당 중앙위에게, 1936년 12월 25일, ZTYZXWX, 34.

86. 같은 책.

87. 같은 책; 쑹 일기, 1936년 12월 25일.

88. 龍飛虎, "저우언라이의 시안 사변 평화적 해결 회고", 『文史精華』, 12號, 2001.

89. 張, 『張學良年譜』, 1025~1026.

90. 楊, 『國民黨的聯共與反共』, 349.

91. 코민테른 집행위원회 사무국에서 중국공산당 중앙위로, 1937년 1월 19일, GCGJZGGM, 15:270~271.

92. 저우가 장원톈과 마오쩌둥에게, 1937년 1월 26일; 마오, 주더, 장궈타오가 장원톈과 저우언라이에게, 1937년 1월 27일, 『시안 사변』, 351~352, 354.

93. ZHMGZYSL, 5편, 1:262~263.

94. ZHMGZYSL, 5편, 1:251~253, 264.

95. ZNP-A, 1:358~359.

96. 장 일기, 1937년 3월 6일.

97. 장과의 회담에 대해 코민테른에 보내는 중국공산당 중앙서기처 보고서, 1937년 4월 5일, JDYLZYWX, 14:137~142; 장 일기, 1937년 3월 26일.

98. ZNP-A, 1:369.

99. ZNP-A, 1:372.

100. 장 일기, 1937년 6월 1일.

101. 코민테른에 보내는 중국공산당 중앙위 보고서, 1937년 6월 17일, JDYLZYWX, 14:334~336.

102. 楊, 『抗戰前後國共談判實錄』, 77~78.

103. 7·7 사변이 어떻게 그리고 왜 중일 간 전면전으로 발전했는지에 대한 설명은 다음을 참조하라. Rana Mitter, *Forgotten Ally: China's World War II, 1937-1945,* Boston: Houghton Mifflin Harcourt, 2013, pp.79-85; van de Ven, *War and Nationalism in China*, pp.187-200.

104. MNP-A, 2:12; 陳忠志, "12월 회의에서 제6차 전체 회의까지", 『黨的文獻』, 4號, 2014, 57.

105. MNP-A, 2:14~15; 張 外, 『任弼時傳』, 493~494; 楊奎松, 「抗戰初期中國共產黨軍事政策變化考察」,『近代史硏究』, 6號, 2015.

106. ZNP-A, 386~387; 張,『我的回憶』, 3:389~390; Chang, *Rise of the Chinese Communist Party*, 2:537-538.
107. MNP-A, 2:15~16; ZNP-A, 1:386.
108. ZNP-A, 1:391.
109. 周國全, 郭德宏 編,『王明年譜』(왕밍 연대기), 合肥: 安徽人民, 1991, 92~93.
110. ZNP-A, 1:401~402.
111. 李維漢,『回憶與硏究』(회고와 연구), 北京: 黨史資料, 1986, 1:443.
112. JDYLZYWX, 14:736~737.

제11장 충칭의 안개 1938~1943

01. 장의 연설, 1937년 9월 23일, ZHMGZYSL, 5편, 1:285~286.
02. 장 일기, 1937년 10월 25일.
03. 장과의 회담에 대한 천사오위(陳紹禹)와 저우언라이의 중앙위 보고, 1937년 12월 21일, JDYLZYWX, 14:757~758.
04. 장 일기, 1938년 2월 25일.
05. 천리푸가 장에게, 1938년 2월 1일, ZHMGZYSL, 5편, 1:325.
06. ZZ-A, 2:485~486.
07. 천사오위와 저우가 중국공산당 서기처에, 1938年2月10日,『抗戰初期中共中央長江局』(항일전쟁 초기 중국공산당 양쯔강국), 武漢: 湖北人民, 1991, 156~157; 장 일기, 1938년 2월 10일.
08. ZNP-A, 1:412.
09. 같은 책, 1:415; 喩是, "抗戰初期周恩來與揚子江局",『中共黨史硏究』, 2號, 1988, 17.
10. 王子翔, "코민테른 지시에 대한 보고", 1938년 9월 14일, JDYLZYWX, 15:555~556.
11. ZNP-A, 1:429~430.
12. 저우가 중국공산당 중앙서기처에, 1938年10月28日,『抗戰初期』, 295.
13. ZNP-A, 1:435; 童曉峰,『風雨四十年』(바람과 비 속 40년), 北京: 中央文獻, 1996, 1:186~188.
14. JDYLZYWX, 15:785~786.
15. Elizabeth J. Perry, "Reclaiming the Chinese Revolution", *Journal of Asian Studies*, 67(4), 2008, pp.1147-1164.
16. 천사오위와 저우언라이가 대당(大黨)에 관한 장과의 협상에 대해 중국공산당 중앙위에 보고, 1938년 12월 13일, ZGZYWJXJ-A, 12:5~6; ZZ-A, 2:534.
17. 장과의 회담에 대한 저우의 중앙위 보고, 1939년 1월 21일, JDYLZYWX, 16:25~26.
18. MNP-A, 2:105~106.
19. 저우가 장에게 보내는 회답 편지, 1939년 1월 25일, JDYLZYWX, 16:34~37.
20. 『蔣中正先生年譜長編』, 6:14.
21. ZNP-A, 2:448.
22. 童曉峰 外,『南方局黨史資料』(중국공산당 남방국 당사 자료), 重慶: 重慶出版社, 1990, 3:329~330; 凌靑,『從延安到聯合國: 凌靑外交生涯』, 福州: 福建人民, 2008, 20~21.

23. 같은 책, 1:158.

24. 같은 책, 193쪽.

25. 퉁샤오펑, 『少小離家老大回: 童小鵬回憶錄』 (어릴 때 집 떠나 늙어 돌아오다: 퉁샤오펑 회고록), 福州: 福建人民, 2000, 225~226.

26. MWJ, 2:207.

27. 상황과 우리의 과업에 대한 마오의 보고, 1939년 6월 8일, 楊, 『國民黨的聯共與反共』, 416에서 인용; MWJ, 2:196~234.

28. 장 일기, 1939년 6월 10일.

29. 師哲, 『在歷史巨人身邊: 師哲回憶錄』, 北京: 中央文獻, 1998, 119; 劉久洲, "저우 부주석 곁에서", 『曾與偉人同行』 (위인과 함께한 경험), 北京: 中國文史, 2002; ZNP-A, 2:454; ZZ-A, 2:563. 인도 의료 팀의 일원인 B. K. 바수는 사고에 대해 다른 설명을 제공한다. 저우의 말이 "폭탄 폭발로 인해 길에 생긴 어두운 구멍을 보고 놀란 것 같다"라고 했다. B. K. Basu, *Call of Yenan: Story of the Indian Medical Mission to China*, New Delhi: All India Kortnis Memorial Committee, 1986, p.174.

30. Basu, *Call of Yanan*, p.175.

31. 1939년 8월 4일 정치국 회의에서의 저우의 보고 개요, 『南方國黨史資料』, 3:18~37; ZJSWX, 2:240~249; ZTYZXWX, 43~47.

32. MNP-A, 2:134; ZNP-A, 2:457.

33. ZZ-A, 2:561~562; ZNP-A, 457.

34. Basu, *Call of Yanan*, p.183; ZZ-A, 2:564.

35. 중국공산당 중앙서기처에서 스탈린과 디미트로프에게, 1939년 8월 1일, GCGJZGGM, 18:244.

36. 디미트로프가 중국공산당 중앙위에게, 1939년 8월 11일, GCGJZGGM, 18:247.

37. 저우언라이 동지의 오른쪽 팔 골절 상태 진단, 1939년 9월 16일, f. 495, op. 225, d. 139, RGASPI; 디미트로프가 중국공산당 중앙위에게, 1939년 10월 8일, GCGJZGGM, 18:289.

38. 디미트로프가 중국공산당 중앙위에게, 1939년 10월 8일, GCGJZGGM, 18:289.

39. 저우가 스탈린에게, 1940년 1월 23일, f. 495, op. 225, d. 139, RGASPI.

40. Dallin and Firsov, ed., *Dimitrov and Stalin*, p.122. 스탈린은 디미트로프에게 "너무 바빴다"라고 말했다.

41. 1943년 11월 27일~12월 2일 정치국 회의에서의 저우 보고. 楊奎松, "코민테른의 역할에 대한 저우의 요약과 평가에 대하여", 徐行 外 編, 『周恩來與二十世紀的中國和世界』, 北京: 中央文獻, 2015, 272에서 인용.

42. 師, 『在歷史巨人身邊』, 124.

43. Pantsov and Levine, *Mao: The Real Story*, p.451.

44. GCGJZGGM, 18:302~341.

45. 중국공산당에 대한 재정 지원 제공에 관해 스탈린에게 보내는 디미트로프의 편지, 1940년 2월 23일, GCGJZGGM, 19:27~30; f. 495, op. 74, d. 317, RGASPI; Dallin and Firsov, ed., *Dimitrov and Stalin*, pp.122-125.

46. Dallin and Firsov, ed., *Dimitrov and Stalin*, pp.111-112.

47. 중국공산당 대표단 보고에 대한 코민테른 집행위원회 결의안, 1940년 3월 3일, GCGJZGGM, 19:40~41.

48. 師,『在歷史巨人身邊』, 124.

49. 저우언라이와 런비스의 중국 귀국 신청서, 1940년 1월 20일; 저우, 런, 덩잉차오의 여행 허가서, 1940년 1월 27일, f. 495, op. 225, d. 2835, RGASPI.

50. 秦九鳳, "덩잉차오와 쑨웨이스 사이의 모녀 애정",『黨史縱橫』, 6號, 2004, 26.

51. 쑨웨이스 자서전, 1941년 4월 2일, f. 495, op. 225, d. 1235, RGASPI; 任均,『我這九十年: 一段革命家庭的私人記憶』, 北京: 華文, 2010, 135. 런쥔은 쑨웨이스의 이모였다.

52. 沈國凡,『周恩來養女孫維世』, 北京: 當代中國, 2014, 140~146.

53. 1980년대 후반부터 1990년대 후반까지 중화인민공화국 총리였던 리펑(李鵬)은 저우와 덩의 양자가 아니었다. 스스로 말했듯이, 그와 저우 및 덩의 관계는 "옛 혁명 지도자들과 혁명 열사의 자녀" 사이의 관계였다.『李鵬回憶錄, 1928~1982』, 北京: 中央文獻, 中央電力, 2014, 303 참조.

54. 저우언라이가 덩잉차오에게, 1948년 3월 7일,『周恩來鄧穎超通信選集』, 北京: 中央文獻, 2014, 70.

55. 디미트로프가 중국공산당 중앙위에게, 1940년 3월 17일, GCGJZGGM, 19:62.

56. 스저 인터뷰, 1992년 8월; 師,『在歷史巨人身邊』, 127~132; 張 外,『任弼時傳』, 545.

57. 楊,『抗戰前後國共談判實錄』, 146.

58. 마오가 펑더화이에게, 1940년 4월 4일, MNP-A, 2:183.

59. MJSWJ, 2:547; MNP-A, 2:189; 編輯委員會,『新四軍文獻』, 北京: 解放軍, 1995, 2:159~162.

60. 저우가 중국공산당 중앙위에게, 1940년 6월 4일, ZJSHDDSJ, 1:484; ZZ-A, 2:578~579.

61. 楊,『抗戰前後國共談判實錄』, 153~154.

62. ZHMGZYSL, 5편, 3:506~509.

63. ZNP-A, 2:470.

64. ZZ-A, 2:581~582; ZNP-A, 2:470~472; 중국공산당 중앙위에서 디미트로프에게, 1940년 8월 3일, GCGJZGGM, 19:77~79.

65. ZNP-A, 2:472~473; 중국공산당 중앙서기처에서 펑더화이 외에게, 1940년 8월 12일, JDYLZYWX, 17:459~460, 470~472.

66. MNP-A, 2:201; ZZ-A, 2:582.

67. ZNP-A, 2:473; "유격 지역 및 유격대 조정에 관한 저우언라이의 세 가지 제안", 1940년 9월 1일, ZHMGZYSL, 5편, 2:508~509.

68. ZHMGZYSL, 5편, 2:504~505.

69. 마오의 지시, 1941년 11월 1일; 마오와 왕이 펑더화이에게, 1941년 11월 3일, 中央檔案館 編,『皖南事變: 資料續集』(이하『환남 사변』), 北京: 中共中央黨校, 1982, 71~72, 76;『胡喬木回憶毛澤東』, 改訂版, 北京: 中央文獻, 2003, 119.

70.『胡喬木回憶毛澤東』, 改訂版, 119; ZNP-A, 2:482.

71. MNP-A, 2:215.

72. 저우가 마오에게, 1940년 11월 1일, ZJSWX, 2:277~278.

73. 주더, 펑더화이, 예팅, 샹잉이 허잉친과 바이충시에게, 1940년 11월 9일,『환남 사변』, 83~87.

74. 류즈와 저우 및 예젠잉의 대화, 1941년 11월 30일, ZHMGZYSL, 5편, 4:230~231.

75. 장과의 회담에 관한 저우의 마오 및 중국공산당 중앙위에 대한 보고, 1940년 12월 26일,『환남 사변』, 121~122; 장 일기, 1940년 12월 25일.

76. ZNP-A, 2:491.

77. 마오와 주더가 예팅과 샹잉에게, 1940년 12월 30일, 『환남 사변』, 125.

78. 쉬융창 일기, 1941년 1월 8일, 『徐永昌日記』, 6:6.

79. 楊, 『國民黨的聯共與反共』, 440.

80. 중국공산당 중앙위에서 저우와 예젠잉에게 보낸 지시, 1941년 1월 12일, 『환남 사변』, 137.

81. 저우와 예젠잉이 마오에게, 1941년 1월 13일, 『환남 사변』, 140.

82. 마오, 주, 왕자샹이 류사오치와 예팅에게, 1941년 1월 14일, 『환남 사변』, 144.

83. 마오, 주, 왕자샹이 저우에게, 1941년 1월 14일, 『환남 사변』, 145.

84. MNP-A, 2:256; 楊, 『國民黨的聯共與反共』, 442.

85. 마오가 저우와 예젠잉에게, 1941년 1월 15일, 『환남 사변』, 147.

86. 군사 전략에 관하여 저우가 마오에게 보고, 1941년 1월 16일, 楊, 『國民黨的聯共與反共』, 444에서 인용.

87. 류사오치가 마오에게, 1941년 1월 15일, 『환남 사변』, 148~150.

88. 《中央日報》, 1941年1月17日.

89. MNP-A, 2:257.

90. 마오가 펑더화이와 류사오치에게, 1941년 1월 19일; 마오의 류에 대한 브리핑, 1941년 1월 23일; 마오가 저우에게, 1941년 1월 25일, 『환남 사변』, 180, 187.

91. 같은 책.

92. 《新華日報》, 1941年1月18日.

93. MXJ, 2:775.

94. 마오가 저우에게, 1941년 1월 25일, 『환남 사변』, 190.

95. 마오가 저우, 펑더화이, 류사오치에게, 1941년 1월 20일, 『환남사변』, 183~184.

96. 마오가 저우에게, 1941년 1월 25일; 마오가 저우에게, 1941년 1월 27일, 『환남사변』, 190, 191~192, 193~194.

97. 楊, 『國民黨的聯共與反共』, 445에서 인용.

98. ZNP-A, 2:501; 『환남 사변』, 203.

99. 중국공산당 중앙위 지시, 1941년 2월 2일; 마오의 저우에 대한 브리핑, 1941년 2월 7일; 마오가 저우에게, 2월 14일, 『환남 사변』, 202~203, 205~209.

100. ZHMGZYSL, 3편, 1:533~535.

101. 장 일기, 1941년 2월 1일.

102. ZHMGZYSL, 3편, 1:542~545; FRUS, 1941, 5:82~83, 607.

103. FRUS, 1941, 5:608; ZHMGZYSL, 3편, 1:552~553; ZNP-A, 2:503.

104. 장 일기, 1941년 2월 22일.

105. 저우가 마오에게, 1941년 2월 10일, ZNP-A, 2:503.

106. 마오가 저우에게, 1941년 2월 14일; 중국공산당 중앙서기처에서 저우에게, 1941년 2월 14일, 『환남사변』, 208, 212.

107. 장충과의 협상에 관한 저우의 중국공산당 중앙위 보고, 1941년 2월 25일, 『환남 사변』, 217~218.

108. 저우에게 보내는 중국공산당 중앙위 지시, 1941년 2월 26일, 『환남 사변』, 219~220.

109. 저우에게 보내는 중국공산당 중앙위 지시, 1941년 2월 28일, 『환남 사변』, 222~223.

110. 장충과의 협상에 관한 저우의 중국공산당 중앙위 보고, 1941년 3월 1일, 『환남 사변』, 224.

111. 참정회 참석에 관한 저우의 중국공산당 중앙위 보고, 1941년 3월 1일, 『환남 사변』, 225.

112. 저우, 둥비우, 덩잉차오에게 보내는 중국공산당 중앙위 지시, 1941년 3월 1일; 마오가 저우에게, 1941년 3월 2일, 『환남 사변』, 226, 228~229.
113. 장과의 협상에 관한 저우의 중국공산당 중앙위 보고, 1941년 3월 15일, 『환남 사변』, 235~236.
114. 쉬융창 일기, 1941년 5월 5일, 『徐永昌日記』, 6:101.
115. ZNP-A, 2:512; 마오가 펑 외에게, 1941년 5월 9일, JDYLZYWX, 18:263~264.
116. 저우가 중국공산당 중앙위에, 1941년 5월 10일; 저우의 중국공산당 중앙위에 대한 보고, 1941년 5월 11일, JDYLZYWX, 18:278~282.
117. 저우의 중국공산당 중앙위에 대한 보고, 1941년 5월 11일, JDYLZYWX, 18:278~282.
118. 마오가 저우에게, 1941년 5월 10일; 마오가 저우에게, 1941년 5월 14일, CCA.
119. 마오가 펑더화이에게, 1941년 5월 15일, CCA; 마오가 펑더화이에게, 1941년 5월 14일, MJSWJ, 2:641.
120. ZNP-A, 2:512~513.
121. 같은 책, 2:515.
122. 소비에트 볼셰비키당 정치국 회의 결의안 제34호, 1941년 7월 3일, GCGJZGGM, 19:197.
123. 마오가 저우에게, 1941년 7월 15일, MJSWJ, 2:651~653.
124. 중국공산당 중앙위에서 디미트로프에게, 1941년 7월 18일, GCGJZGGM, 19:206~207; 『게오르기 디미트로프 일기』, 182.
125. 마오가 저우에게, 1941년 12월 12일, MJSWJ, 2:672~673; 마오가 디미트로프에게, 1941년 12월 12일, GCGJZGGM, 19:247.
126. ZNP-A, 2:538.
127. 저우가 마오에게, 1942년 5월 4일; 저우가 마오에게, 1942년 6월 19일, ZJSWX, 2:398~399, 402.
128. 『南方國黨史資料』, 1:172~173.
129. 童, 『風雨四十年』, 1:248~253; 『南方國大事資料』, 1:194~196.
130. 童, 『風雨四十年』, 1:252.
131. ZZ-A, 2:630~631; 『南方國大事資料』, 1:195~196.
132. 데카노조프가 디미트로프에게, 1942년 6월 7일, GCGJZGGM, 19:282.
133. 디미트로프가 마오에게, 1942년 6월 15일, GCGJZGGM, 19:285; 『게오르기 디미트로프 일기』, 227.
134. 마오가 디미트로프에게, 1942년 6월 24일, GCGJZGGM, 19:287; 『게오르기 디미트로프 일기』, 228. 디미트로프는 마오의 전보를 "스탈린, 몰로토프, 데카노조프 동지들"에게 전달했다.
135. 왕스제 일기, 1943년 7월 5일, 『王世杰日記』, 1:442.
136. ZZ-A, 2:671.
137. ZHMGZYSL, 5편, 4:234~235; ZZ-A, 2:671.
138. 저우가 마오에게, 1942년 8월 14일, ZZ-A, 2:672.
139. 저우가 마오에게, 1942년 8월 19일, ZZ-A, 2:672.
140. 마오가 저우에게, 1942년 9월 3일, MNP-A, 2:402.
141. 저우가 마오에게, 1942년 9월 5일, ZNP-A, 2:551.
142. ZHMGZYSL, 5편, 4:236~242, 243~246; 저우가 마오와 중국공산당 서기처에, 1942년 10월 26일, ZNP-A, 2:553~554; 마오가 저우에게, 10월 28일, MNP-A, 2:410~411.

143. 린이 중국공산당 중앙위에, 1943년 12월 16일, ZZ-A, 2:676에서 인용.

144. ZNP-A, 2:569.

145. ZNP-A, 2:569; 장 일기, 1943년 6월 7일, 黃自進, 潘光哲 編, 『省克記』(장제스 일기 속 자기 성찰), 臺北: 國史館, 2011, 234~235.

제12장 옌안의 일출 1941~1945

01. 산베이와 옌안이 어떻게 그리고 왜 중국 공산주의의 '성지'가 되었는지에 대한 훌륭하고 통찰력 있는 최근 연구는 다음을 참조하라. Joseph W. Esherick, *Accidental Holy Land: The Communist Revolution in Northwestern China*, Berkeley: University of California Press, 2022.

02. 천사오위(왕밍)와 저우언라이의 중앙위 보고, 1937년 12월 21일, ZGZYKRTYZXWX, 3:61~62.

03. ZNP-A, 1:415.

04. MNP-A, 2:51; MZ-A, 483~484. 중국공산당의 군사 및 정치 전략에 대한 마오와 저우의 표현을 비교하면, 그 차이점은 명백했다.

05. ZNP-A, 1:415.

06. 喻是, "抗日戰爭初期周恩來與揚子江局", 『中共黨史硏究』, 2號, 1988, 17.

07. 1939년 8월 24일 정치국 회의에서의 마오 발표, MZ-A, 541에서 인용.

08. 張 外, 『任弼時傳』, 522~526.

09. 같은 책, 521쪽; 楊 外, 『任弼時年譜』, 370.

10. ZGZYKRTYZXWX, 3:104~113, 121~133.

11. 楊 外, 『任弼時年譜』, 370~372.

12. 같은 책.

13. 같은 책, 372쪽; 徐則浩 外, 『王稼祥年譜』(왕자샹 연대기), 北京: 中央文獻, 2001, 190.

14. 『毛澤東在七大的報告和講話集』(제7차 당대회에서의 마오의 연설과 보고 모음), 北京: 中央文獻, 1995, 231.

15. 『王稼祥選集』(왕자샹 저작 선집), 北京: 人民, 1989, 141; MNP-A, 2:90.

16. 『毛澤東第七次全國代表大會文集』(마오쩌둥 제7대), 231~232.

17. 1938년 9월 26일 정치국 회의에서의 저우의 연설, ZZ-A, 2:522; ZNP-A, 1:429.

18. 제6기 중국공산당 중앙위 제6차 전체 회의에서의 저우 연설, 1938년 9월 30일, ZZ-A, 523; ZNP-A, 1:429~430.

19. 廖心文, 「抗戰初期中國共產黨揚子江局的組織變化」, 『文獻與硏究』, 1987, 285.

20. 周, 郭, 『王明年譜』, 103.

21. 師, 『在歷史巨人身邊』, 141.

22. MXJ, 3:795~803.

23. JDYLZYWX, 18:443~446, 534~535.

24. MWJ, 2:372~377.

25. MNP-A, 2:329.

26. 고급 학습 소조 설립에 관한 중국공산당 중앙서기처 결정, 1941년 9월 26일, JDYLZYWX, 18:623~624.

27. 『南方國黨史資料』, 1:176; ZZ-A, 2:684.

28. 王明, 『中共五十年』(중국공산당 50년), 北京: 東方, 2004, 38.

29. 『胡喬木回憶毛澤東』, 200.

30. MZ-A, 633.

31. 1941년 10월 13일 중국공산당 중앙서기처 회의록, MZ-A, 633~634에서 인용.

32. MNP-A, 2:333.

33. 『胡喬木回憶毛澤東』, 2

34. 마오가 저우에게 (극비), 1943년 4월 30일, CCA.

35. 李, 『回憶與研究』, 2:513.

36. MZ-A, 2:655.

37. JDYLZYWX, 20:531~537.

38. 『胡喬木回憶毛澤東』, 187.

39. MXJ, 3:811~829, 830~846.

40. 毛, "당풍, 문풍, 학풍을 정돈하자", 1942년 2월 1일, 『整頓學風的22個文件』(삼풍 정돈 운동의 22개 문서), 延安, 1942, 4~5. 주요한 수정과 삭제 끝에 글의 제목은 '우리의 학습을 변혁하자'로 바뀌었고 MXJ에 포함되었다. 그러나 여기에 인용된 텍스트는 삭제되었다. 高華, 『歷史筆記』, 香港: 牛津大學出版社, 2014, 1:190~191의 논의 참조.

41. MNP-A, 2:381.

42. MNP-A, 2:386. 전당에 걸쳐 정풍을 수행하여 세 가지 잘못된 풍조를 바로잡으라는 중국공산당 중앙 선전부 지시, 1942년 6월 8일; 군대와 함께 세 가지 잘못된 풍조를 바로잡기 위한 정풍 수행에 관한 중앙군사위원회 및 총정치부 지시, 1942년 6월 16일, JDYLZYWX, 19:326~330, 336~341.

43. 마오가 저우에게, 1942년 6월 13일, JDYLZYWX, 19:331~332; ZNP-A, 2:546.

44. 程中原, 『張聞天傳』(장원톈 전기), 北京: 當代中國, 1993, 480~493.

45. 徐澤浩, 『王稼祥傳』(왕자샹 전기), 北京: 當代中國, 1996, 360~362; 徐 外, 『王稼祥年譜』, 305~306.

46. LNP, 1:373, 377.

47. 중앙 기관 조정 및 간소화에 관한 중앙위 결정, 1943년 3월 20일, JDYLZYWX, 20:171~176.

48. 師, 『在歷史巨人身邊』, 179; 스저 인터뷰, 1992년 8월.

49. 중국공산당 중앙서기처에서 저우에게, 1953년 5월 24일, ZNP-A, 2:567에서 인용.

50. ZNP-A, 2:568~569; 장 일기, 1943년 6월 7일.

51. ZNP-A, 2:570; ZZ-A, 2:679.

52. 唐縱, 『在蔣介石身邊八年: 侍從室高級幕僚唐縱日記』(장제스 곁에서 8년: 시종실 고급 막료 탕쭝 일기), 北京: 群眾, 1991, 359~360.

53. 熊湘惠, 『我的情報和外交生涯』(나의 정보 및 외교 생애), 北京: 中共黨史, 1999, 13~14.

54. JDYLZYWX, 20:468~469.

55. MNP-A, 2:452.

56. ZNP-A, 2:572.

57. 『胡喬木回憶毛澤東』, 289.

58. ZNP-A, 2:577~579.

59. 『胡喬木回憶毛澤東』, 295.

60. 같은 책, 283~284쪽.

61. MNP-A, 2:482.

62. ZNP-A, 1:579.

63. 1943년 11월 15일 정치국 회의에서의 저우의 발표 개요, ZZ-A, 2:623~624.

64. 楊奎松, "코민테른의 역할에 대한 저우의 요약과 평가에 대하여", 徐星 外 編, 『周恩來與20世紀中國與世界』, 1:271; 高, 『晚年的周恩來』, 78.

65. 高, 『晚年的周恩來』, 78~79에서 인용.

66. 1943년 11월 15일 중국공산당 정치국 회의에서의 저우 연설 개요. 高, 『晚年的周恩來』, 79에서 인용.

67. 『게오르기 디미트로프 일기』, 290.

68. 마오가 디미트로프에게, 1944년 1월 2일, 『게오르기 디미트로프 일기』, 294~295.

69. ZXJ, 1:157~187; 『胡喬木回憶毛澤東』, 298.

70. 여러 역사적 문제들에 관한 결의안, 1945년 4월 20일, JDYLZYWX, 22:73~112.

71. 제7차 당대회 개회식에서의 저우 발언, 1945년 4월, 『中共七大文件選』 (중국공산당 제7차 당대회 문서 선집), 출판사, 출판연도 미상, 저자 소유 사본, 10~12.

72. 저우, "통일전선에 관하여", 1945년 4월 30일, JDYLZYWX, 22:291~319 (297쪽에서 인용).

73. 『中共七大文件選』, 91.

제13장 강대국 정치의 소용돌이 1944~1946

01. 일본 이치고 공세에 직면한 중국군의 참패와 그것이 장에 대한 미국의 신뢰를 어떻게 잠식했는지에 대한 설명은 다음을 참조하라. Rana Mitter, *Forgotten Ally: China's World War II, 1937–1945*, Boston, MA: Houghton Mifflin Harcourt, 2013, pp.318–325.

02. 마오와 펑더화이가 덩샤오핑에게, 1943년 12월 16일, JDYLZYWX, 20:673~674.

03. 장이 루스벨트에게, 1943년 12월 10일, 『蔣中正先生年譜長編』, 7:519; van de Ven, *War and Nationalism in China*, p.46.

04. 장 일기, 1943년 8월 25일, 黃子今, 潘光哲 編, 『困勉記』 (장제스 일기 속 고난과 근면), 台北: 國史館, 2011, 2:920~921; 쉬융창 일기, 1943년 9월 1일, 『許雍昌日記』, 7:157.

05. 장 일기, 1943년 11월 12일.

06. ZHMGZYSL, 5편, 4:261~262.

07. 마오가 둥비우에게, 1944年2月4日, 童 外, 『南方國黨史資料』, 3:96.

08. MNP-A, 2:496; ZHMGZYSL, 5편, 4:262.

09. ZNP-A, 2:583.

10. 같은 책, 585쪽.

11. 저우언라이, "헌정 정치와 단결 문제에 관하여", 1944년 3월 12일; 《解放日報》, 1944年3月14日, 1面; ZNP-A, 2:585~586.

12. MNP-A, 2:508; ZNP-A, 2:586.

13. 왕스제 일기, 1944년 5월 4일, 6일, 『王世杰日記』, 台北: 中央研究院近代史研究所, 2013,

601~602; ZNP-A, 574.

14. 제6기 중국공산당 중앙위 제7차 전체 회의에서의 마오의 업무 보고, 1944년 5월 21일, MWJ, 3:141.

15. 마오가 린보취에게, 1944년 5월 15일, MWJ, 3:130~134.

16. 왕스제 일기, 1944년 5월 22일, 『王世杰日記』, 606.

17. ZNP-A, 2:593; MNP-A, 536.

18. JDYLZYWX, 21:505.

19. MNP-A, 2:517~518.

20. 마오가 중국공산당 중앙 중국국에게, 1944년 8월 3일; 마오와 류가 라오수스 외에게, 1944년 11월 2일, MJSWJ, 2:728, 733~734.

21. 중앙군사위원회가 정웨이산(鄭位三), 리셴녠 외에게, 1944년 10월 14일, MJSWJ, 2:731~732.

22. Ch'i Hsi-sheng, *The Much Trouble Alliance: US-China Military Cooperation during the Pacific War, 1941~1945*, Singapore: World Scientific, 2016, pp.581-582.

23. 왕스제 일기, 1944년 6월 22~23일, 『王世杰日記』, 614~615; Lyman P. Van Slyke, ed., *The China White Paper, August 1949* Stanford, CA: Stanford University Press, 1967, pp.55-57. 또한 월리스의 중국 방문이 장에게 미친 영향에 대한 논의는 Mitter, *Forgotten Ally*, p.327를 참조.

24. "월리스 씨를 환영하며", 《解放日報》, 1944年6月23日, 1面.

25. ZNP-A, 2:591.

26. 『胡喬木回憶毛澤東』, 333.

27. David D. Barrett, *Dixie Mission: The United States Army Observer Group in Yenan, 1944*, Berkeley: Center for Chinese Studies, University of California, 1970.

28. 외교 공작에 관한 중국공산당 중앙위 지시, 1944년 8월 18일, ZGZYWJXJ-A, 14:315.

29. Joseph W. Esherick, ed., *Lost Chance in China: The World War II Dispatches of John S. Service*, New York: Random House, 1974, pp.307, 313–314; ZNP-A, 2:594.

30. FRUS, 1944, 6:562~567; Mitter, *Forgotten Ally*, pp.328-329.

31. Van Slyke, *China White Paper*, p.66.

32. 장 일기, 1944년 7월 7일; ZHMGZYSLCB, 3편, 3:637.

33. Van Slyke, *China White Paper*, p.67.

34. ZNP-A, 2:595.

35. Van Slyke, *China White Paper*, p.72.

36. FRUS, 1944, 6:259.

37. 장 일기, 1944년 9월 24일; ZHMGZYSLCB, 7편, 3:662~671, 673~674.

38. Michael Schaller, *The U.S. Crusade in China, 1938~1945*, New York: Columbia University Press, 1979, pp.173-174.

39. 루스벨트가 장에게 보낸 메시지, 1944년 10월 18일, Charles F. Romanus and Riley Sunderland, *Stilwell's Command Problems*, Washington, DC: Government Printing Office, 1956, pp.468-469.

40. FRUS, 1944, 6:659.

41. 같은 책, 666쪽.

42. Schaller, *U.S. Crusade in China*, pp.195-196.

43. Van Slyke, *China White Paper*, p.19; ZHMGZYSL, 5편, 4:293.

44. FRUS, 1944, 6:699.

45. ZNP-A, 2:600~601.

46. FRUS, 1944, 6:703.

47. ZHMGZYSL, 5편, 4:294.

48. ZNP-A, 1:602.

49. MNP-A, 2:560.

50. ZNP-A, 2:603; 장 일기, 1944년 11월 23일.

51. 『胡喬木回憶毛澤東』, 353; ZNP-A, 2:603.

52. MNP-A, 2:561.

53. ZNP-A, 2:604.

54. 저우가 헐리에게, 1944년 12월 8일, ZNP-A, 2:604~605.

55. Barbara Tuchman, "If Mao Had Come to Washington: An Essay in Alternatives," *Foreign Affairs*, 51, October 1972, pp.44-62.

56. ZNP-A, 2:607.

57. 같은 책, 2:610.

58. 같은 책, 2:610~611.

59. 왕스제 일기, 1945년 2월 14일, 『王世杰日記』, 1:677; ZNP-A, 2:616, ZZ-A, 2:718.

60. ZZ-A, 2:719.

61. 마오가 저우에게, 1945년 2월 3일, 『中共中央抗日民族統一』, 2:790.

62. ZHMGZYSL, 7편, 2:541.

63. 1944년 3월 15일 자 장 일기와 첨부된 "웨이다오밍 대사 전보." 秦曉一 編, 『總統蔣公大事長編初稿』(장 총통 중요 사건 연대기 초안), 台北: 蔣介石文化教育基金會, 1978, 5A:685~687.

64. 牛軍, 『從延安走向世界』, 北京: 中共黨史, 2008, 180에서 인용.

65. FRUS, 1945, 7:317~322.

66. MNP-A, 589; MXJ, 3:1111~1114.

67. 李勇, 張仲田, 『蔣介石年譜』, 北京: 中共黨史, 1995, 311.

68. 마오쩌둥, 중국공산당 제7차 당대회 결론 발언, 1945년 5월 31일, CCA; MWJ, 3:376~421.

69. 저우, "통일전선에 관하여", 1945년 4월 30일, ZTYZXWX, 77~110.

70. 중국공산당 중앙위에서 중국공산당 광둥 지역 위원회로, 1945년 6월 16일, ZGZYWJXJ-A, 15:145.

71. 중국공산당 중앙위에서 정웨이산, 리셴녠, 천사오민(陳少敏)에게, 1945년 8월 4일, ZGZYWJXJ-A, 15:200.

72. ZHMGZYSL, 7편, 2:571~635.

73. 楊魁松, 『中共與莫斯科的關係』, 台北: 東大, 1997, 521에서 인용.

74. 중국공산당 중앙위(마오 초안)에서 정웨이산 외 및 중국공산당 중앙 중국국에 전달, 1945년 8월 10일; 일본 항복 후 당의 과업에 대한 중국공산당 중앙위 결의안, 1945년 8월 11일; 중국공산당 중앙위(마오 초안)에서 왕전(王震)과 왕서우다오(王首道)에게, 1945년 8월 11일, MNP-A, 3:1~2.

75. 王鐵崖 編, 『中外舊約章彙編』(중국 및 외국의 옛 조약 모음), 北京: 三聯, 1957, 3:1329;

ZHMGZYSL, 7편, 2:613~620.

76. 《中央日報》(重慶), 1945年8月16日.

77. 『中共黨史大事記』(중국공산당 역사 중요 사건 기록), 北京: 人民, 1981, 78; 師, 『在歷史巨人身邊』274; f. 45, op. 1, d. 322, APRF.

78. 전략 정책 변경에 대한 중국공산당 중앙위 및 중앙군사위 지시, 1945년 8월 22일, JGYLZYWX, 22:645.

79. ZZ-A, 2:727.

80. 1945년 8월 23일 정치국 회의에서의 마오 연설, MNP-A, 3:10~11.

81. 『胡喬木回憶毛澤東』, 395; ZZ-A, 2:630.

82. 《中央日報》(重慶), 1945年8月25日.

83. MNP-A, 3:12.

84. MNP-A, 3:13; ZNP-A, 2:630.

85. MNP-A, 3:14.

86. MNP-A, 3:16~17; ZZ-A, 729.

87. 장 일기, 1945년 8월 19일, 9월 2일.

88. ZHMGZYSL, 7편, 2:39~41.

89. 같은 책.

90. "國共協商", 1945年9月27日, 中國共産黨重慶市委員會黨史工作委員會 外 編, 『重慶談判紀實』(충칭 협상 사실 기록), 重慶: 重慶, 1984, 219; ZNP-A, 2:636; MNP-A, 3:13.

91. MNP-A, 3:13.

92. MXJ, 4:1151; MNP-A, 3:13~15.

93. 楊, 『中共與莫斯科的關係』, 531~532; 曾克林, 『曾克林將軍自述』(쩡커린 장군 자서전), 瀋陽: 遼寧人民, 1997, 108~111. 쩡은 벨루노소프 중령을 동반하여 옌안을 방문했고, 따라서 이 중요한 사건의 중요한 증인이었다.

94. 중국공산당 중앙위 지시 '남쪽에서는 방어 유지, 북쪽에서는 공세 전개', 1945년 9월 19일, JDYLZYWX, 22:685~686.

95. 중국공산당 동북국에 대한 중국공산당 중앙위 지시, 1945년 10월 19일, JDYLZYWX, 22:753~754.

96. 1945년 12월 15일 자 중국에 대한 미국 정책에 관한 트루먼 대통령 성명, Van Slyke, *China White Paper*, pp.607-609.

97. 楊, 『中間地帶的革命』, 485에서 인용.

98. 미국의 대중국 정책 변화와 우리의 대응에 대한 중국공산당 중앙 지시, 1945년 12월 19일, JDYLZYWX, 22:870~871.

99. ZNP-A, 2:647. 회의에 대한 생생한 설명은 다음을 참고하라. Daniel Kurtz-Phelan, *The China Mission: George Marshall's Unfinished War, 1945~1947*, New York: W. W. Norton, 2018, pp.65-66.

100. 1946년 9월 난징의 《뉴욕타임스》 특파원 리버먼과 저우의 인터뷰, 『周恩來問答錄』(저우언라이와의 대화), 北京: 人民, 2016, 169.

101. 마셜은 심지어 저우가 "매우 유능하고 자유로운 사고를 가진 청렴한 인물"이라는 국민당 장군의 논평에 동의하기까지 했다. FRUS, 1946, 9:1506.

102. 熊湘惠, 『我的外交與情報生涯』, 改訂增補版, 北京: 中共黨史, 2006, 31~34.

103. ZHMGZYSL, 7편, 3:64.

104. MNP-A, 3:54.

105. 孟廣涵 外, 『政治協商會議紀實』 (정치 협상 회의 사실 기록), 重慶: 重慶, 1989, 2:344~349.

106. FRUS, 1946, 9:139~141.

107. 장 일기, 1946년 1월 23일.

108. ZNP-A, 2:656.

109. 류의 연설, 楊, 『中間地帶的革命』, 492에서 인용; LNP, 2:14~15; ZNP-A, 2:656.

110. 현 상황과 과업에 대한 중국공산당 중앙위 지시, 1946년 2월 1일, JDYLZYWX, 23:108.

111. MNP-A, 3:57; LNP, 2:20; 楊, 『中間地帶的革命』, 496.

112. 『周恩來1946年談判文選』 (1946년 저우언라이 협상 문서 선집), 北京: 中央文獻, 1996, 696.

113. 중국공산당 중앙위에서 예젠잉, 라오수스에게, 저우에게 전달, 1946년 2월 28일, 楊, 『中間地帶的革命』, 497에서 인용.

114. ZHMGZYSL, 7편, 1:453~454.

115. 楊, 『中間地帶的革命』, 559~560 참조.

116. 중국공산당 중앙위(마오 초안)에서 중국공산당 동북국으로, 1946년 3월 24일, MNP-A, 3:62~63.

117. FRUS, 1946, 9:802~805.

118. 『周恩來1946年談判文選』, 442.

119. 장 일기, 1946년 7월 2일.

120. ZNP-A, 2:722~723.

121. 저우가 궈모뤄와 위리췬(于立群)에게, 1946년 11월, ZSXXJ, 356.

제14장 내전 1946~1949

01. 마오와 저우 및 류의 대화, 1946년 11월 21일 (후차오무 필기), CCA.

02. ZNP-A, 1:723~724; JDYLZYWX, 23:556~559.

03. 마오와 저우 및 류의 대화, 1946년 11월 21일, CCA; MNP-A, 3:150~151; MWJ, 4:196~200.

04. 마오와 저우 및 류의 대화, 1946년 11월 21일, CCA.

05. 마오, "안나 루이스 스트롱과의 대화", MXJ, 4:1191~1192; RMRB, 1947년 1월 4일.

06. 저우와 루딩이가 팡팡(方方) 외에게, 1947년 1월 20일, JDYKZYWX, 24:41.

07. 장 일기, 1947년 3월 2일; 『胡宗南先生日記』, 臺北: 國史館, 2015, 632; Kenneth W. Rea and John C. Brewer, ed., *The Forgotten Ambassador: The Reports of John Leighton Stuart, 1946–1949*, Boulder, CO: Westview Press, 1981, pp.70-71.

08. 熊湘惠, 『歷史的註腳』 (역사의 각주), 北京: 中共中央黨校, 1995, 100~101.

09. 1946년 11월 21일 류와 저우와의 대화에서 마오는 이미 "이제 우리가 옌안을 잃을 가능성이 있다"라고 언급했다. 마오와 저우 및 류의 대화, 1946년 11월 21일, CCA.

10. 장 일기, 1947년 3월 19일.

11. 스탈린이 알로프(Alof) 박사에게, 1947년 6월 15일, f. 39, op. 1, d. 31, APRF; 師哲, 『在歷史巨人

身邊: 師哲回憶錄』(역사 거인 곁에서: 스저 회고록), 改訂版, 北京: 中共中央黨校, 1998, 308; 스저 인터뷰, 1992년 8월.

12. ZNP-A, 1:746; 산간닝(陝甘寧) 변구 방어에 관한 중국공산당 공고, 1947년 4월 9일, JDYLZYWX, 24:130~131.

13. ZNP-A, 1:765.

14. JDYLZYWX, 24:115.

15. JDYLZYWX, 24:126, 130.

16. 童, 『風雨四十年』, 1:500.

17. ZJSWX, 3:193.

18. ZNP-A, 1:758; 劉繼先 外, 『葉劍英年譜』(예젠잉 연대기), 北京: 中央文獻, 2007, 1:474~475; 王亞志, "周恩來與陝北的情報'機密'通信工作", 李琦 編, 『在周恩來身邊的日子』(저우언라이 곁에서의 나날들), 北京: 中央文獻, 1998, 597; 왕야즈 인터뷰, 1992년 8월.

19. 『胡喬木回憶毛澤東』, 422.

20. ZNP-A, 1:662.

21. 같은 책, 1:726.

22. 『中共中央解放戰爭時期統一戰線文件選編』(해방전쟁 시기 중국공산당 중앙위원회 통일전선 문서 선집), 北京: 檔案, 1988, 139~140; JDYLZYWX, 24:22~23.

23. 1947년 2월 1일 정치국 회의에서의 저우 연설, 金沖及, 『轉折年代: 中國的1947』(전환의 시대: 중국의 1947년), 北京: 中央文獻, 2017, 86에서 인용; ZNP-A, 1:736~737.

24. ZXJ, 1:268~270; JDYLZYWX, 24:98~100.

25. ZNP-A, 1:758.

26. MJSWX, 3:348.

27. MXJ, 4:1187.

28. ZJSWX, 3:181.

29. 秦孝儀 編, 『總統蔣公言論總集』(장제스 총통 연설 및 저작 모음), 台北: 國民黨黨史委員會, 1984, 22:112, 113.

30. MNP-A, 3:78.

31. JGYLZYWX, 24:246, 256.

32. 장 일기, 1947년 6월 22일.

33. ZJSWX, 3:323; ZNP-A, 2:760.

34. MWJ, 4:333.

35. 1947년 12월 26일 중국공산당 중앙위 회의에서의 저우 연설, ZZ-A, 863~864; ZNP-A, 2:775~776.

36. ZJSWX, 3:304.

37. 장 일기, 1948년 2월 23일.

38. 장 일기, 1948년 6월 10일.

39. 쉬융창 일기, 1948년 11월 12일, 『徐永昌日記』, 9:138~139.

40. 장 일기, 1948년 9월 3일.

41. ZJSWX, 3:425~426.

42. 1948년 9월 13일 정치국 회의에서의 저우 연설, ZJSWX, 3:437; 『胡喬木回憶毛澤東』, 2003,

523.

43. MWJ, 5:133; ZJSWX, 3:425~426; 金沖及, 『二十世紀中國史綱』(20세기 중국사 개요), 北京: 社會科學文獻, 2009, 2:645.

44. 『胡喬木回憶毛澤東』, 523.

45. ZNP-A, 2:809.

46. 같은 책, 809쪽.

47. 저우가 정둥궈에게, 1948년 10월 18일, ZSXXJ, 415.

48. ZJSWX, 3:530~531, 538~540; ZZ-A, 902.

49. ZNP-A, 2:828. ZZ-A, 927; 于湛邦, "1949年北平國共和平協商的前後", 『文史資料選集』, 67:56~57.

50. MXJ, 4:1375.

51. MXJ, 4:1391~1394.

52. 장 일기, 1949년 2월 1일.

53. JDYLZYWX, 26:24.

54. ZZ-A, 2:913.

55. MXJ, 4:1438.

56. ZZ-A, 2:826.

57. 黃琪涵, "1949年和平協商的回顧", 『文史資料選集』, 67:13.

58. 1949년 1월 16일 민주 인사들이 참석한 원탁회의에서의 저우 연설, ZZ-A, 2:922.

59. 于, 『國共協商』, 56~57.

60. 楊, 『國民黨的聯共與反共』, 724.

61. 李, 『回憶與研究』, 2:512.

62. 같은 책, 2:513.

63. 같은 책, 2:513~514.

64. 楊, 『國民黨的聯共與反共』, 729.

65. Chen Jian, *Mao's China and the Cold War*, Chapel Hill, NC: University of North Carolina Press, 2001, pp.38-39.

66. 楊奎松, 『中華人民共和國建國史研究』(중화인민공화국 건국사 연구), 南昌: 江西人民, 2010, 54.

67. 중국공산당 중앙위에서 중국공산당 동북국으로 (저우 초안), 1948년 11월 10일, CCA; ZNP-A, 2:816.

68. 워드가 마셜에게, 1948년 11월 15일, FRUS, 1948, 7:834~835; 중국공산당 동북국에서 중국공산당 중앙위로, 1948년 11월 15일, CCA.

69. 마오가 가오강에게, 1948년 11월 17일; 마오가 중국공산당 동북국에게 (저우 초안), 1948년 11월 18일, CCA.

70. 중국공산당 동북국에서 중국공산당 중앙위로, 1948년 11월 21일 12:00; 중국공산당 중앙위에서 중국공산당 동북국으로 (저우 초안), 1948년 11월 23일, CCA; 스튜어트가 마셜에게, 1948년 11월 21일, 클럽(Clubb)이 마셜에게, 1948년 11월 26일, FRUS, 1948, 7:838~840.

71. Chen Jian, "The Ward Case and the Emergence of Sino-American Confrontation, 1948-1950", *Australian Journal of Chinese Affairs*, no.30, July 1993, pp.149-170.

72. 마오가 가오강에게, 1948년 11월 17일, CCA.

73. 중국공산당 중앙위에서 중국공산당 동북국으로, 1948년 11월 23일, CCA.

74. ZNP-A, 2:825~826.

75. 외교 문제에 관한 중국공산당 중앙위 지시, 1949년 1월 19일, JDYLZYWX, 26:55~60; ZNP-A, 2:829.

76. 스저 인터뷰, 1992년 8월.

77. "아나스타스 미코얀과 마오쩌둥 간의 대화 비망록", 1949년 1월 30일, No. 112416, WWCDA, https://digitalarchive.wilsoncenter.org/document/112416; 師,『在歷史巨人身邊』, 334~344.

78. "아나스타스 미코얀과 저우언라이 간의 대화 비망록", 1949년 2월 1일, No. 110003, WWCDA, https://digitalarchive.wilsoncenter.org/document/110003; ZNP-A, 2:831.

79. 師,『在歷史巨人身邊』, 346.

80. Shen Zhihua and Xia Yafeng, *Mao and the Sino-Soviet Partnership, 1945-1959,* Lanham, MD: Lexington Books, 2015, p.27.

81. 제7기 중국공산당 중앙위 제2차 전체 회의에서 마오의 결론 발언, 1949년 3월 13일, CCA.

82. 천밍수 선생의 미국 대사의 두 차례 상하이 비밀 방문에 대한 보고, 1949년 3월 26일, CCA; 스튜어트 일기, 1949년 3월 25~26일

83. MXJ, 4:1436.

84. 중국공산당 중앙군사위에서 중국공산당 총전적위원회로, 1949년 4월 28일, MWJ, 5:280.

85. 중국공산당 중앙위와 중앙군사위에서 중국공산당 총전적위원회로, 1949년 4월 26일, ZJSWX, 3:638~639.

86. JDYLZYWX, 26:23~24.

87. MJSWJ, 5:600.

88. 黃華,『親歷與見聞: 黃華回憶錄』(개인적 경험: 황화 회고록), 北京: 世界知識, 2007, 79; 황화 인터뷰, 1997년 10월.

89. 중국공산당 중앙위에서 중국공산당 난징 위원회로, 1949년 5월 10일, JDYLZYWX, 26:397~398.

90. 黃,『親歷與見聞』, 81.

91. 같은 책, 82쪽.

92. 중국공산당 중앙위에서 중국공산당 난징 위원회로, 1949년 6월 3일, JDYLZYWX, 26:438~439.

93. FRUS, 1949, 8:741~767; 黃,『親歷與見聞』, 81~83.

94. ZWG, 1:21.

95. 같은 책, 21~22쪽.

96. 같은 책, 22쪽.

97. 같은 책, 23쪽.

98. 같은 책, 20쪽.

99. 코발료프가 스탈린에게, 1949년 5월 23일, f. 45, op. 1, d. 331, ARPF.

100. 1949년 6월 27일 류와 스탈린의 만남: 중국 지원, 1949년 7월 28일, f. 45, op. 1, d. 329, APRF; 師,『在歷史巨人身邊』, 361.

101. LWG, 1:1~22; 스탈린에게 보내는 류의 보고서, f. 45, op. 1, d. 328, APRF.

102. 師, 『在歷史巨人身邊』, 368~369; 스저 인터뷰, 1992년 8월.

103. MXJ, 4:1477.

104. 국무장관이 중국 주재 대사에게, 오후 6시, 1949년 7월 1일, FRUS, 1949, 8:766.

105. 1944~1949년 기간에 대한 특별한 참조와 함께 중국과의 미국 관계, 미 국무부 발행, 워싱턴 DC, 1949년 8월.

106. MXJ, 4:1486~1520.

제3부 '신중국'을 건설하다

제15장 "우리 중국인은 일어섰다!" 1949~1950

01. MWJ, 5:343.

02. ZWG, 1:389~396.

03. 마오, 제7기 중앙위 제2차 전체 회의 결론, 1949년 3월 13일, CCA.

04. ZNP-A, 2:850~851.

05. 저우, '신민주주의 공동 강령' 예비 초안, 1949년 8월 22일, ZWG, 1:291~316.

06. 『中共中央文件選集, 1949–1966』, 北京: 人民, 2013 (이하 ZGZYWJXJ-B), 1:62~63.

07. 編輯部, 『民族問題文獻彙編』 (이하 MZWTWX), 北京: 中央黨校, 1991, 177~180, 185~186.

08. Edgar Snow, *Red Star over China*, New York: Random House, 1938, p.444.

09. 『周恩來1946年談判文選』, 723.

10. MZWTWX, 1266~1267.

11. ZNP-A, 2:808; ZZ-A, 2:940~941.

12. 저우가 쑹칭링(宋慶齡)에게, 1949년 6월 21일, ZSXXJ, 418; ZZ-A, 2:950~951.

13. 雲水, 『出使七國紀實: 將軍大使王幼平』 (7개국 외교 사절 기록: 왕유평 장군 대사), 北京: 世界知識, 1996, 5; 뤄구이보(羅貴波) 인터뷰, 1992년 8월.

14. 저우가 왕빙난에게, 1947년 7월 29일; 저우가 예젠잉에게 그리고 왕빙난 외에게 전달, 1947년 11월 10일, ZSXXJ, 401~404; ZNP-A, 1:744.

15. 凌, 『從延安到聯合國』, 58~60.

16. 『周恩來外交文選』 (이하 ZWJWX), 北京, 1990, 7.

17. 그로미코(Gromyko)가 저우에게, 1949년 10월 2일, RMRB, 1949년 10월 4일, 1면; 그로미코가 스탈린에게, 1950년 10월 2일, f. 07, op. 22a, p. 13, d. 198, AVPRF.

18. MXJ, 4:1477~1478.

19. 중국공산당 중앙위에서 왕자샹에게, 1949년 11월 9일, 『建國以來毛澤東文稿』 (이하 MWG), 13권, 北京: 中央文獻, 1987~1998, 1:131.

20. 마오가 스탈린에게, 1949년 11월 12일, MWG, 1:135.

21. 師哲, 『在歷史巨人身邊: 師哲回憶錄』, 改訂版, 北京: 中共中央黨校, 1998, 387; RMRB, 1949년 12월 19일, 1면.

22. 師,『在歷史巨人身邊』, 389~390; 스저 인터뷰, 1992년 8월.

23. 스탈린과 마오의 대화, 모스크바, 1949년 12월 16일, Cold War International History Project (CWIHP) Bulletin, 6~7호 (1995~1996 겨울), pp.5-7; MNP-B, 1:59; f. 45, op. 1, d. 329, APRF.

24. 스탈린과 마오의 대화, 모스크바, 1949년 12월 16일, *CWIHP Bulletin*, 6~7호 (1995~1996 겨울), pp.5-7; f. 45, op. 1, d. 329, APRF; 師,『在歷史巨人身邊』, 389~390.

25. 마오가 류에게, 1949년 12월 18일, MNP-B, 1:60.

26. 류, 주더, 저우가 마오에게, 1950년 12월 21일, LWG, 1:218~219.

27. 師,『在歷史巨人身邊』, 394.

28. MNP-B, 1:62.

29. 같은 책, 1:62~63.

30. 마오가 중국공산당 중앙위에, 1949년 12월 25일, MNP-B, 1:63.

31. 스저 인터뷰, 1992년 8월; 師,『在歷史巨人身邊』, 391.

32. 코발료프의 스탈린에 대한 보고서, "중국공산당 정책의 몇 가지 문제들", 1949년 12월 24일, f. 3, op. 65, d. 584, APRF.

33. 『汪東興日記』, 北京: 中國社會科學, 1993, 166~168.

34. 마오가 중국공산당 중앙위에, 1950년 1월 2일, MWG, 1:211; 스저 인터뷰, 1992년 8월.

35. 마오가 중국공산당 중앙위에, 1950년 1월 2일 오후 11시, MWG, 1:211~212.

36. 마오가 중국공산당 중앙위에, 1950년 1월 3일 오전 4시, MWG, 1:213.

37. 류, 주더, 저우가 마오에게 (저우 초안), 1951년 1월 4일 오후 7시 30분, ZWG, 2:8~9.

38. 李平, 馬芷蓀 外,『周恩來年譜, 1949~1976』 (이하 ZNP-B), 北京: 中央文獻, 1998, 1:20.

39. 스저 인터뷰, 1992년 8월.

40. 스탈린과 마오 회담, 1950년 1월 22일, f. 45, op. 1, d. 319, APRF; MNP-B, 1:84~85; 저우가 류와 중국공산당 정치국에게, 1950년 2월 8일, ZWG, 2:91~92.

41. MNP-B, 1:85~86.

42. 저우가 류와 중국공산당 정치국에게, 1950년 2월 8일, ZWG, 2:92.

43. 마오가 류에게, 1950년 1월 25일 오전 5시, MWG, 1:251.

44. 다롄에 관한 소비에트 초안, 1950년 1월 26일, f. 07, op. 23a, p. 20, d. 248, AVPRF.

45. 뤼순(旅順), 다롄, 중동철도(CER)에 관한 중국 측 협정 초안, 1950년 1월 26일, f. 07, op. 23a, p. 20, d. 248, AVPRF.

46. 중소 우호 동맹 조약(초안), 1950년 1월 24일, ZWG, 2:53~54.

47. 沈志華,『中蘇關係史綱』 (중소 관계사 개요), 北京: 社會科學, 2011, 119~120.

48. 뤼순, 다롄, 중동철도에 관한 중화인민공화국과 소련의 협정 소비에트 초안, 1950년 1월 28일, f. 07, op. 23a, p. 20, d. 248, AVPRF.

49. 중소 우호 동맹 상호원조 조약 중국 측 초안에 대한 소비에트 수정본, 1950년 1월 29일, f. 07, op. 23a, p. 18, d. 235, AVPRF.

50. 저우가 류와 중국공산당 중앙위에게, 1950년 2월 8일, ZWG, 2:91~96.

51. 같은 책, 95쪽.

52. 비신스키(Vyshinsky)가 스탈린에게 보낸 보고서, 1950년 2월 12일, f. 3, op. 65, d. 369, APRF.

53. 『中華人民共和國對外關係文件集』, 北京: 世界知識, 1957, 1:75~77.

54. MNP-B, 1:98~99; MWG, 1:291.

55. 1950년 3월 3일 동북 간부 회의에서의 저우 연설, 金沖及 外, 『周恩來傳, 1898~1949』(이하 ZZ-B), 北京: 中央文獻, 1998, 1:41에서 인용.

56. 마오가 쑤위(粟裕)와 중국공산당 화동국에게, 1949년 6월 14일, CCA.

57. 마오가 쑤위와 중국공산당 화동국에게, 1949년 6월 21일, CCA.

58. 마오가 저우에게, 1949년 7월 10일, CCA.

59. 논의는 Sergei Goncharov, John Lewis, and Xue Litai, *Uncertain Partners: Stalin, Mao, and the Korean War*, Stanford, CA: Stanford University Press, 1993, p.69; 呂黎平, 『通天之路』(하늘로 가는 길), 北京: 解放軍, 1989, 132~169 참조.

60. 呂, 『通天之路』, 137~156.

61. Michael Szonyi, *Cold War Island: Quemoy on the Front Line*, New York: Cambridge University Press, 2008, chapter.2; 인민해방군의 진먼 패배에 대한 중국 공산주의 측의 설명은 『葉飛回憶錄』(예페이 회고록), 北京: 解放軍, 1988, 597~609 참조.

62. 徐焰, 『金門之戰』(진먼 전투), 北京: 中央廣播電影出版社, 1992, 94~102.

63. MWG, 1:100~101.

64. 마오가 저우에게, 1949년 7월 10일, CCA; ZNP-A, 1:854.

65. 로쉰과 저우의 만남, 1949년 12월 5일, f. 100, op. 42, d. 288, AVPRF.

66. 洪學智 外, 『中國人民解放軍第四野戰軍戰史』(인민해방군 제4야전군 전사), 北京: 解放軍, 1998, 12章.

67. 徐, 『金門之戰』 111~116.

68. 『中國人民解放軍戰史』, 北京: 軍事科學出版社, 2011, 4:114.

69. He Di, "The Last Campaign to Unify China", *Chinese Historians*, 5, no.1, 1992, 12; 徐, 『金門之戰』, 116~125, 특히 124~125를 참조.

70. 우스 외의 반역 사건, 국방부 계엄국, 1950년 4월 11일~1953년 6월 29일, B3750347701/0039/3132034/34, 타이완 공식 '기록물 열람 서비스(https://aa.archives.gov.tw)'에서 접속.

71. 중국 고위 군사 역사가 및 당 고위 역사가 두 명과의 인터뷰에서 얻은 정보.

72. 王, 『現場歷史』, 135~136.

73. Melvyn Goldstein, *A History of Modern Tibet: The Demise of the Lamaist State*, Berkeley: University of California Press, 1989, pp.613-614.

74. RMRB, 1949년 9월 3일, 1면.

75. MWG, 1:152.

76. LWG, 1:2; 『和平解放西藏』(티베트 평화 해방), 拉薩: 西藏人民, 1995, 59~60; MXZWX, 9~10.

77. 더 상세한 논의는 Chen Jian, "The Chinese Communist 'Liberation' of Tibet, 1949-1951," Jeremy Brown and Paul Pickowicz ed., *Dilemma of Victory: The Early Years of the People's Republic of China*, Cambridge, MA: Harvard University Press, 2007, pp.136-138를 참조.

78. RMRB, 1950년 1월 21일.

79. Goldstein, *History of Modern Tibet*, pp.623-624.

80. Chen, "Chinese Communist 'Liberation' of Tibet," pp.143-145.

81. 西藏自治區黨史辦公室 編, 『周恩來與西藏』(저우언라이와 티베트), 北京: 中國長江, 1998, 6~7.

82. 같은 책, 16쪽.

83. 같은 책, 16~17쪽.

84. 같은 책, 17쪽.

85. Goldstein, *History of Modern Tibet*, chapter.18.

86. 같은 책, 687쪽.

87. MWG, 1:549.

88. Goldstein, *History of Modern Tibe*, pp.707-708.

89. 인도 각서, 1950년 10월 26일, Margaret Carlyle eds., *Documents on International Affairs, 1949–1950*, London: Oxford University Press, 1953, pp.550-551.

90. 인도 각서, 1950년 10월 31일, Carlyle, *Documents on International Affairs*, pp.552-554.

91. MWG, 1:549.

92. 『毛澤東西藏工作文選』(이하 MXZWX), 北京: 中央文獻, 中国展望, 2001, 33.

93. 같은 책, 34~35쪽.

94. 『和平解放西藏』, 176~178; Carlyle, Documents on International Affairs, pp.554-556.

95. B. N. Mullik, *My Years with Nehru: The Chinese Betrayal*, Bombay: Allied Publishers, 1971, p.80.

96. 『和平解放西藏』, 213~214; Goldstein, *History of Modern Tibet*, pp.742-743.

97. 『和平解放西藏』, 119; 中國共產黨西藏自治區黨史研究室 編, 『周恩來與西藏』, 11~12.

98. Tsering Shakya, *The Dragon in the Land of Snow*, New York: Columbia University Press, 1999, p.62.

99. 丹增, 張向明 外, 『當代中國的西藏』, 北京: 當代中國, 1991, 1:164; Shakya, Tsering Shakya, *The Dragon in the Land of Snow*, p.69.

100. 『和平解放西藏』, 129~130.

101. MXZWX, 56.

102. 『和平解放西藏』, 207.

제16장 한국전쟁 1950~1953

01. 브루스 커밍스는 한국전쟁의 기원에 대해 상세하고 통찰력 있는 설명과 분석을 제공한다. Bruce Cumings, *Origins of the Korean War*, 2 vols., Princeton, NJ: Princeton University Press, 1981, 1990.

02. 시티코프가 비신스키에게, 1949년 5월 15일; 코발료프가 스탈린에게, 1949년 5월 18일, 문서 121117, 114898, WWCDA, https://digitalarchive.wilsoncenter.org/document/121178, https://digitalarchive.wilsoncenter.org/document/114898.

03. Chen Jian, *China's Road to the Korean War*, New York: Columbia University Press, 1994, chapter.6; 김동길, "전쟁의 서곡? 1949~1950년 중국 인민해방군으로부터의 한국인 송환", *Cold War History*, 12(2), 2011.6.30, pp.227-244.

04. "주한 소련 대사에게 보내는 지령 확인에 관한 정치국 결정", 1949년 9월 24일, *CWIHP Bulletin*, 5호, 1995년 봄, pp.6-7.

05. 마오가 스탈린에게, 1949년 10월 21일; 스탈린이 마오에게, 1949년 10월 26일, f. 45, op. 1, d. 332, APRF.

06. 스탈린이 시티코프에게, 1950년 1월 30일, No. 112136, WWCDA, https://digitalarchive. wilsoncenter.org/document/112136; 스탈린이 시티코프에게, 1950년 2월 2일, f. 45, op. 1, d. 347, APRF.

07. A. 이그나티예프(A. Ignatiev)가 비신스키에게, 1950년 4월 10일; 시티코프가 비신스키에게, 1950년 5월 12일, f. 059, op. 5, p. 11, d. 4; f. 0102, op. 6, p. 22, d. 49, AVPRF.

08. 중앙군사위원회 정보부 제2국 및 제5국 전국 공작회의에서의 저우 연설, 1950년 4월 1일, ZWG, 2:249.

09. Sergey Goncharov, John Lewis, and Xu Litai, *Uncertain Partners: Stalin, Mao, and the Korean War*, Stanford, CA: Stanford University Press, 1993, p.145.

10. 시티코프가 비신스키에게, 1950년 5월 12일, No. 112980, WWCDA, https://digitalarchive. wilsoncenter.org/document/112980.

11. 로쉰이 스탈린에게, 1950년 5월 13일, No. 115977, WWCDA, https://digitalarchive.wilsoncenter. org/document/115977.

12. 비신스키가 스탈린을 대신하여 마오에게, 1950년 5월 14일, No. 115976, WWCDA, https:// digitalarchive.wilsoncenter.org/document/115976.

13. 스저 인터뷰, 1992년 8월; 로쉰이 스탈린에게, 1950년 5월 16일, Evgeniy P. Bajanov and Natalia Bajanova, "The Korean Conflict, 1950-1953: The Most Mysterious War of the 20th Century— Based on Secret Soviet Archive", 미출판 원고, 저자 소유 사본, pp.52-53에서 인용.

14. 로쉰이 스탈린에게, 1950년 5월 16일, 같은 책, 52~53쪽.

15. 같은 책, 53쪽.

16. RMRB, 1950년 6월 29일, 1면.

17. 『蕭勁光回憶錄』, 北京: 解放軍, 1988, 2:8, 2:26.

18. ZNP-B, 1:51.

19. 로쉰이 필리포프(스탈린)에게, 1950년 7월 2일, f. 45, op. 1, d. 331, APRF.

20. 스탈린이 로쉰에게, 1950년 7월 5일, *CWIHP Bulletin*, 6~7호, 1995~1996년 겨울, p.43.

21. 녜룽전의 마오에 대한 보고, 1950년 7월 7일, 173-1-1, PLAA; 마오가 녜에게, 1950년 7월 7일 20:00, MWG, 1:428.

22. 시티코프가 스탈린에게, 1950년 7월 20일, f. 5, op. 918795, d. 122, pp.352-353, TsAMO RF(러시아연방국방부중앙기록보관소); ZJSHDJS, 2:131; ZNP-B, 1:55.

23. 시티코프가 스탈린에게, 1950년 7월 15일, f. 5, op. 918795, d. 122, pp.303-305, TsAMO RF.

24. 柴成文, 趙勇田, 『抗美援朝紀實』(항미원조 사실 기록), 北京: 中共中央黨史資料, 1987, 47.

25. ZWG, 3:36-37; ZNP-B, 1:55, 1:66-67.

26. MNP-B, 1:168.

27. ZNP-B, 1:62.

28. 같은 책, 1:67.

29. 柴, 趙, 『板門店談判』(판문점 협상), 北京: 解放軍, 1992, 77.

30. ZJSWX, 4:43~50.

31. 『偉大的抗美援朝運動』, 北京: 人民, 1954, 7~8; JGYLZYWX, 1:358~360.

32. 시티코프가 스탈린에게, 1950년 7월 15일; 시티코프가 스탈린에게, 1950년 7월 20일; 시티코프가 비신스키에게, 1950년 8월 28일, f. 5, op. 918795, d. 122, pp.303-305, 352-355; f. 5, op.

918795, d. 127, pp.666-669, TsAMO RF.

33. 로쉰이 스탈린에게, 1950년 9월 18일, f. 45, op. 1, d. 331, APRF; 齊德學 外, 『抗美援朝戰爭史』 (항미원조 전쟁사), 北京: 軍事科學, 2000, 1:124.

34. 로쉰이 스탈린에게, 1950년 9월 21일, f. 45, op. 1, d. 331, APRF.

35. ZNP-B, 1:80.

36. 로쉰이 스탈린에게, 1950년 9월 21일; 로쉰이 스탈린에게, 1950년 9월 22일, f. 45, op. 1, d. 331, APRF; 시티코프가 그로미코에게, 1950년 9월 21일, f. 5, op. 918795, d. 125, pp.86-88, TsAMO RF.

37. 김일성과 박헌영(朴憲永)이 스탈린에게, 1950년 9월 29일, *CWIHP Bulletin*, 6~7호, 1995~1996년 겨울, 111~112; 김일성과 박헌영이 마오에게, 1950년 10월 1일, 齊 外, 『抗美援朝戰爭史』, 1:148~149; 스탈린이 마오와 저우에게, 1950년 10월 1일, *CWIHP Bulletin*, 6~7호, 1995~1996년 겨울, p.114 참조.

38. 회의에 대한 기록은 없다. 여기서 한 설명은 1984년 펑더화이 전기 그룹이 양상쿤과 한 인터뷰 녹취록에 근거한다. 장시(張曦) 및 왕야즈와의 인터뷰, 1992년 8월.

39. ZJSWX, 4:64; ZNP-B, 1:83.

40. 마오가 스탈린에게, 1950년 10월 2일, MWG, 1:539~540. 단락의 인용문은 MWG의 출판본에는 포함되어 있지 않으며, 저자가 CCA에서 입수한 전보 원본의 사진 복사본에서 가져온 것이다.

41. 스저 인터뷰, 1992년 8월.

42. 로쉰이 스탈린에게, 1950년 10월 3일, *CWIHP Bulletin*, 6~7호, 1995~1996년 겨울, pp.114-116.

43. 파니카르(Panikkar)와 저우의 대화, 1950년 10월 3일, 105-00009-01, CFMA. 파니카르는 저우와의 대화에 대해 상세히 설명한다. 저우는 그에게 말했다. "만약 미국인들이 38선을 넘는다면, 중국은 한국에 개입할 수밖에 없을 것이다." K. M. Panikkar, *In Two Chinas: Memoir of a Diplomat*, London: Allen & Unwin, 1955, pp.109-110; K. M. Panikkar, *An Autobiography*, trans. K. Krishnamurthy, Madras: Oxford University Press, 1977, pp.235-236; 메시지에 대한 미국 측의 해석은 FRUS, 1950, 7:864~865 참조.

44. 費振剛 外, 『新中國外交風雲』(신중국 외교 경험), 北京: 世界知識, 1990, 97.

45. 장양우(張養吾, 펑의 비서) 기록, 1950년 10월 4일, 저자 소유 사본; 王焰 外, 『彭德懷傳』(펑더화이 전기), 北京: 當代中國, 1993, 400.

46. 王 外, 『彭德懷傳』, 401~402; 『彭德懷自述』(펑더화이 자서전), 北京: 人民, 1981, 257.

47. MNP-B, 1:250; 王焰 外, 『彭德懷年譜』, 北京: 人民, 1998 (이하 PNP), 441; 1984년 7월 20일 펑더화이 전기 그룹과 양상쿤의 인터뷰, 王 外, 『彭德懷傳』, 402에서 인용; 장시 및 왕야즈와의 인터뷰, 1993년 8월.

48. 『彭德懷自述』, 258; ZNP-B, 1:84.

49. ZNP-B, 1:84.

50. 중국인민지원군 설립에 관한 마오의 명령, 1950년 10월 8일; 마오가 김일성에게, 1950년 10월 8일, MWG, 1:543~545.

51. 마오가 베이징 주재 소련 대사관을 통해 스탈린에게, 1950년 10월 8일, f. 558, op. 11, d. 334, RGASPI.

52. 師, 『在歷史巨人身邊』, 442~449; 스저 인터뷰, 1992년 8월.

53. 스탈린과 저우가 베이징 주재 소련 대사관에, 그리고 마오에게 전달, 1950년 10월 11일, f. 558,

op. 11, d. 334, RGASPI.

54. 마오가 펑 외에게, 1950년 10월 12일, MWG, 1:552; 마오가 스탈린에게, 1950년 10월 12일, f. 558, op. 11, d. 334, p.141, TsAMO RF.

55. 마오가 저우에게, 1950년 10월 13일, MJSWG, 1:252~253; MWG, 1:556.

56. 마오가 저우에게, 1950년 10월 13일, MWJ, 6:103~104; MJSWG, 1:253.

57. 저우가 스탈린에게, 1950년 10월 14일, ZWG, 3:404~405; 師, 『在歷史巨人身邊』, 447~448.

58. 마오가 저우에게, 1950년 10월 14일, MWG, 1:560.

59. 마오가 펑과 가오강에게, 1950년 10월 17일, MWG, 1:567.

60. 마오가 덩화(鄧華) 외에게, 1950년 10월 18일, MWG, 1:567~568; MNP-B, 1:216.

61. 저우가 마오와 류에게, 1950년 10월 29일, ZWG, 3:427; 사하로프(Saharov)가 스탈린에게, 1950년 11월 2일, f. 45, op. 1, d. 335, APRF.

62. William Stueck, *The Korean War: An International History*, Princeton, NJ: Princeton University Press, 1995, pp.139-140.

63. FRUS, 1950, 7, pt. 1:1542.

64. William Stueck, *The Korean War*, pp.140-141.

65. 저우와 파니카르의 대화, 1950년 12월 12일, 105-00009-01, CFMA; Panikkar, *In Two Chinas*, p.118.

66. 펑이 마오에게, 1950년 12월 8일, PNP, 453~454.

67. 마오와 김일성의 대화, 1950년 12월 3일, MJSWG, 1:388.

68. 마오가 펑에게, 1950년 12월 21일, MWG, 1:731~732.

69. ZNP-B, 1:108; FRUS, 1950, 7:1594~1598.

70. 제안 전문은 FRUS, 1951, 7:64 참조.

71. Dean Acheson, *Present at the Creation: My Years in the State Department*, New York: North, 1969, p.513; William Stueck, *The Korean War*, pp.153-154.

72. RMRB, 1951년 1월 18일; 저우와 파니카르의 대화, 1951년 1월 17일, 113-00068-01, CFMA; FRUS, 1951, 7:91~92.

73. 1월 22일, 중화인민공화국 외교부는 인도 대사에게 보낸 각서에서 수정된 제안을 제기했다. 만약 한국으로부터의 모든 외국 군대 철수가 '원칙적으로' 받아들여진다면, 제한적인 정전을 채택할 수 있고, 다른 모든 조건은 정치적 문제들과 관련하여 추가 협상에서 해결될 수 있다고. (RMRB, 1951년 1월 24일, 1면 참조.) 워싱턴은 이 제안에 응답하지 않았다.

74. 항미원조 애국 운동을 더욱 전개하는 것에 관한 중국공산당 중앙위 지시, 1951년 2월 2일, ZGZYWJXJ-B, 5:93~96.

75. 1951년 2월 18일 중국공산당 정치국 확대회의 요점, MWG, 2:126.

76. PNP, 480~481; 王 外, 『彭德懷傳』, 451~453.

77. 마오가 스탈린에게, 1951년 3월 1일, MWG, 2:151~153.

78. 杜平, 『在志願軍總部』(중국인민지원군 총사령부에서), 北京: 解放軍, 1988, 237~253.

79. ZNP-B, 1:155.

80. 『聶榮臻回憶錄』, 741~742.

81. Chen, *Mao's China and the Cold War*, pp.97-98.

82. FRUS, 1951, 7:735.

83. ZJSWX, 4:234~235; 柴, 趙, 『抗美援朝紀實』, 159~160.

84. 마오가 김일성에게 (저우 초안), 1952년 7월 15일, ZJSXW, 4:289~291.

85. 일본과의 평화 조약에 대한 저우의 성명, 1951년 8월 15일, 118-00087-01; 1951년 9월 18일, 118-00306-39, CFMA; RMRB, 1951년 8월 15일.

86. 스탈린과 저우의 대화, 1952년 8월 20일, CWIHP Bulletin, 6~7호, 1995~1996년 겨울, pp.9-14; f. 45, op. 1, d. 329, APRF; 師, 『在歷史巨人身邊』, 455~456; ZNP-B, 256.

87. MNP-B, 1:582; ZJSWX, 4:292~297.

88. ZNP-B, 1:272~273.

89. 같은 책, 263쪽.

90. ZWJWX, 61.

91. 마오가 스탈린에게 (저우 초안), 1952년 12월 16일, ZJSWX, 4:308~313.

92. 林莉, 『往事瑣記』 (과거사 단상), 北京: 中央文獻, 2006, 56~57; 沈, 『周恩來養女孫維世』, 86~91.

93. 沈, 『周恩來養女孫維世』, 160~161.

94. 任, 『我這九十年』, 141.

95. 林, 『往事瑣記』, 216.

96. 任, 『我這九十年』, 142~143; 沈, 『周恩來養女孫維世』, 169~170.

97. 齊 外, 『抗美援朝戰爭史』, 3:358~372.

98. 같은 책, 380쪽.

99. 소비에트 정부가 마오와 김일성에게, 1953년 3월 19일, f. 3, op. 65, d. 830, APRF.

100. 회의록, 저우와 소비에트 지도자들과의 만남, 1953년 3월 21일, 沈志華, 『毛澤東, 斯大林和朝鮮戰爭』, 廣州: 廣東人民, 2013, 403~404에서 인용.

101. 저우가 마오에게, 1953년 3월 21일, ZWG, 8:200~204.

102. 마오가 저우에게, 1953년 3월 22일, MJSWG, 2:133.

103. ZNP-B, 291.

104. 마오가 김일성에게 (저우 초안), 1953년 3월 27일, ZNP-B, 1:291.

105. ZWG, 8:217; RMRB, 1953년 3월 31일.

106. ZNP-B, 1:293.

107. 외교 문제 회의에서의 저우 보고, 1953년 6월 5일, 102-00163-01, CFMA; ZWJWX, 59, 61~62; MJSWJ, 6:348.

108. FRUS, 1952~1954, 15:1151.

109. MNP-B, 2:118.

110. ZNP-B, 1:316.

111. 저우, "지식인의 개조에 관하여", 1951년 9월 29일, ZXJ, 2:69~80.

112. Wu Ningkun, *A Single Tear: A Family's Persecution, Love, and Endurance in Communist China*, New York: Atlantic Monthly Press, 1993, pp.6-7.

제17장 사회주의 이행 1952~1955

01. MNP-B, 1:302~303; ZNP, 1:130~131.

02. ZNP-B, 1:233.

03. 저우가 마오에게 보고, 1952년 7월 10일, ZWG, 7:14~15.

04. 마오가 필리포프(스탈린)에게 보낸 편지 (저우 초안), 1952년 7월 26일, ZWG, 4:37~39; MNP-B, 5:576~577.

05. ZNP-B, 1:255.

06. 스탈린-저우 회담, 1952년 8월 20일, f. 45, op. 1, d. 329, APRF; 저우가 마오와 중국공산당 중앙위에, 1952년 8월 21일, 房維中, 金沖及 外, 『李富春傳』(리푸춘 전기), 北京: 中央文獻, 2001, 424~425에서 인용.

07. 스탈린-저우 회담, 1950년 9월 3일, f. 45, op. 1, d. 329, APRF; 저우가 마오와 중국공산당 중앙위에 보고, 1952년 9월 6일, ZWG, 7:113~119.

08. ZNP-B, 1:258.

09. 저우가 몰로토프에게, 1952년 9월 6일, ZWG, 7:120~121.

10. ZNP-B, 1:258; 저우가 마오와 중국공산당 중앙위에 보고, 1952년 9월 16일, ZWG, 7:143~147.

11. 1958년 3월 청두 회의에서의 저우 연설, 羅平漢, 『文革前夜的中國』(문화대혁명 전야의 중국), 北京: 人民, 112에서 인용.

12. ZNP-B, 1:261.

13. MNP-B, 1:603; 薄一波, 『若干重大決策與事件的回顧』(이하 『약간 중대 결책』), 北京: 中共中央黨校, 1993, 1:213; MZ-B, 38.

14. 『약간 중대 결책』, 1:213.

15. 趙家梁, 『高崗在北京』(베이징에서의 가오강), 香港: 大風, 2008, 104~105.

16. ZNP-B, 1:275.

17. 王海光, "정책 투쟁인가 권력투쟁인가: 가오-라오 사건의 기원 재해석", 『領導者』, 26號, 2009.2.

18. 마오가 저우 외에게, 1953년 1월 15일, MWG, 4:27.

19. ZNP-B, 1:280.

20. 『약간 중대 결책』, 1:235, 237~238.

21. 같은 책, 1:235.

22. MWJ, 6:252.

23. ZGZYWJXJ-B, 11:289~294.

24. 趙, 『高崗在北京』, 51.

25. MWG, 4:229.

26. MWG, 4:229~230.

27. MZ-B, 278; 1955년 3월 중국공산당 전국 대표 회의에서의 안쯔원(安子文) 연설, 林蘊暉, 『重考高饒反黨事件』(가오-라오 반당 사건 재고찰), 香港: 中文大學, 2017, 135~137에서 인용.

28. 趙, 『高崗在北京』, 117~120.

29. 같은 책, 118쪽.

30. 같은 책, 51, 120쪽.

31. 戴茂林, 趙曉光, 『高崗傳』(가오강 전기), 西安: 陝西人民, 2011, 316~317; 趙, 『高崗在北京』,

118.

32. 가오는 나중에 자신이 "마오의 조언을 듣지 않고 개인적으로 명단을 유포했으며, 자신의 잘못된 생각들을 퍼뜨렸다"라고 인정했다. 趙, 『高崗在北京』, 50~51, 118~119.

33. MNP-B, 2:209.

34. 1953년 6월 12일 제2차 전국 재정 회의 준비 회의에서의 저우 연설, 684-1-185-3, HPA; ZNP-B, 1:307; ZWG, 8:344~345.

35. MWJ, 6:304.

36. MNP-B, 2:116; 『黨的文獻』, 4號, 2003, 20.

37. MWG, 4:251; 『黨的文獻』, 20~22; MXJ, 5:81~82.

38. ZXJ, 2:82.

39. 『黨的文獻』, 4號, 2003, 21; MXJ, 5:81~82.

40. 『약간 중대 결책』, 1:240.

41. MZ-B, 259.

42. 金冲及, 陳群 外, 『陳雲傳』 (천윈 전기), 北京: 中央文獻, 2015, 2:882~884; 楊 外, 『鄧小平傳』, 2:964; 『약간 중대 결책』, 1:243~244.

43. 林蘊暉, 『向社會主義過渡』 (사회주의 이행), 80.

44. 1953년 6월 12일 제2차 전국 재정 회의 준비 회의에서 저우의 결론, 684-1-185-3, HPA; ZGDSJXCKZL, 20:132~143.

45. 1953년 8월 12일 중앙 공작회의에서의 마오 연설, 855-2-249-2, HPA; MXJ, 5:90~94.

46. 저명한 당 역사가 왕하이광이 그의 "정책 투쟁인가 권력투쟁인가: 가오-라오 사건의 기원 재해석"에서 이 점을 제기했다.

47. 林蘊暉, 『向社會主義過渡』, 309; 趙, 『高崗在北京』, 149~154.

48. 趙, 『高崗在北京』, 51~52.

49. 같은 책, 99~100쪽.

50. LWG, 5:299~310.

51. 1956년 11월 15일 제8기 중국공산당 중앙위 제2차 전체 회의에서의 마오 연설, CCA.

52. MNP-B, 2:209; 林, 『重考高饒反黨事件』 118~120.

53. 林, 『向社會主義過渡』, 302; 趙, 『高崗在北京』, 121.

54. CYNP, 2:191; MNP-B, 2:209, 주2; DWX, 2:257.

55. 趙, 『高崗在北京』, 52.

56. MNP-B, 2:209; CYNP, 2:191; DNP-A, 2:1150.

57. MNP-B, 2:210; CYNP, 2:191~192.

58. MNP-B, 2:210.

59. 같은 책, 211쪽.

60. MWG, 4:432~433.

61. MNP-B, 2:216.

62. 같은 책.

63. 같은 책, 218쪽.

64. 같은 책.

65. 『楊尚昆日記』, 北京: 中央文獻, 2001, 1:100~103; MNP-B, 2:218.

66. MNP-B, 2:221.

67. ZNP-B, 1:348; LNP, 2:320; DNP-A, 2:1156.

68. MNP-B, 2:221;『楊尚昆日記』, 102.

69. MNP-B, 2:221; 金沖及 外,『朱德傳』(주더 전기), 北京: 人民, 1993, 647~648.

70. 1954년 2월 제7기 중앙위 제4차 전체 회의에서의 가오강 연설.

71. ZGDSJXCKZL, 20:252~260; LWG, 6:78~92.

72. ZGZYWJXJ-B, 15:249~250.

73. 林,『重考高饒反黨事件』, 207.

74. CYNP, 1:197; 林,『向社會主義過渡』, 313.

75. 趙,『高崗在北京』, 207.

76. ZNP-B, 1:355.

77. 가오강 문제 원탁회의에서의 저우의 연설 개요, 1954년 2월 25일, ZGDSJXCKZL, 20:267~269.

78. MWG, 4:451~452.

79. 趙,『高崗在北京』, 217~221.

80. 張明遠,『我的回憶』(나의 회고), 北京: 中共黨史, 2004, 389~391; 趙,『高崗在北京』, 217~221; 林,『重考高饒反黨事件』, 264~270.

81. 林,『重考高饒反黨事件』, 281~285.

82. 趙,『高崗在北京』, 240~244; 趙家良, "'高-饒事件回顧'的質疑與反駁",『炎黃春秋』, 12號, 2009, 29~36.

83. 李銳,『廬山會議實錄』(루산 회의 사실 기록), 鄭州: 河南人民, 1994, 310.

84. 劉樹發 外,『陳毅傳』(천이 전기), 北京: 當代中國, 2006, 494.

85. MNP-B, 2:211.

86. LNP, 2:320; 景玉川,『饒漱石傳』(라오수스 전기), 香港: 時代國際, 2010, 242.

87. 라오의 자기비판, 1954년 2월 9일, ZGZYWXZLHB, 6편, 1:18~24.

88. 라오 문제 회의에서의 천이 연설, 1954년 2월 23일, ZGZYWXZLHB, 6편, 1:18~24, 51~58.

89. 라오 문제 원탁회의에 대한 덩, 천이, 탄전린의 보고, 1954년 3월 1일, SZ15-3371, 후베이성기록 보관소; LWG, 6:148~149.

90. 라오의 두 번째 자기비판, 1954년 2월 23일, ZGZYWXZLHB, 6편, 1:31~51.

91. 張云,『潘漢年傳奇』(판한녠의 전설적인 삶), 上海: 上海人民, 1996, 353~354.

92. 같은 책, 236~242쪽.

93. 『陳毅傳』, 494.

94. 마오의 '중앙정보부의 본질과 과업'에 대한 논평, 1941년, 羅青長, "정보 공작의 전통을 빛내고, 남은 모든 문제를 해결하자", 1993년 4월 14일,『情報史研究』, 1號, 1994에서 인용.

95. 羅, "전통을 빛내다"; 開誠,『李克農: 中共隱蔽戰線的卓越領導人』(리커눙: 중공 은폐 전선의 탁월한 영도자), 北京: 中共黨史, 2018, 390~396.

96. 彭樹華,『潘漢年案審判前後』(판한녠 사건 재판 전후), 北京: 中國青年, 2010, 39~40.

97. 張,『潘漢年傳奇』, 363~364.

98. 같은 책, 378~383쪽.

99. 金, 陳 外,『陳雲傳』, 1:842.

100. MNP-B, 2:172~173.

101. 汪東林, 『梁漱溟問答錄』(량수밍과의 대화), 香港: 三聯, 1998, 135; 汪東林, 『梁漱溟和毛澤東』(량수밍과 마오쩌둥), 長春: 吉林人民, 1989, 20.

102. 汪, 『梁漱溟問答錄』, 21~22에서 인용.

103. 같은 책, 22~23쪽.

104. 梁培恕, 『中國最後一個大儒: 記父親梁漱溟』(중국 마지막 대유학자: 아버지 량수밍을 기록하다), 南京: 江蘇文藝, 2012, 307.

105. 汪, 『梁漱溟問答錄』, 140.

106. MXJ, 5:107~115; 汪, 『梁漱溟問答錄』, 141~142.

107. 吳永平, "후펑 서신 속 저우언라이 호칭 변화", 『新文學史料』, 3號, 1989, 131~142.

108. 林默涵, "胡風事件前後 (一)", 『新文獻史料』, 3號, 1989, 4~28.

109. ZNP-B, 1:251.

110. MWG, 5:174.

제18장 제네바에서 반둥까지 1954~1955

01. 베를린 외무장관 회의에 관한 유딘 제공 자료, 1951년 2월 17일, 109-00396-01, CFMA; FRUS, 1952~1954, 16:415.

02. 師, 『在歷史巨人身邊』, 479; ZNP-B, 1:356~357.

03. 제네바 회의 중국 초대에 관한 유딘 제공 자료, 1954년 3월 2일, 109-00396-01, CFMA; ZNP-B, 1:355; 師, 『在歷史巨人身邊』, 480.

04. "제네바 회의에 대한 예비 평가 및 준비", 1954년 2월, 206-Y0054, CFMA; ZNP-B, 1:356~357; ZZ-B, 1:154~156.

05. 1954년 4월 13일 리커눙, 리추리(李初梨), 뤄구이보와 저우의 대화, CCA; 뤄구이보 인터뷰, 1992년 8월 22일; ZNP-B, 1:361; 1954년 6월 21일 제네바 회의 참석 중국 대표단에 대한 저우의 연설, 廉正保 外, 『中華人民共和國外交檔案選編: 1954年日內瓦會議』(이하 『제네바 회의』), 北京: 世界知識, 2006, 453~454; 熊華源, 『周恩來初登世界舞台』(저우언라이의 세계 무대 첫 등장), 瀋陽: 遼寧人民, 1999, 19~20.

06. ZNP-B, 1:355; 熊, 『周恩來初登世界舞台』, 12~13.

07. 熊, 『周恩來初登世界舞台』, 13; 李連慶, 『大外交家周恩來: 舌戰日內瓦』(위대한 외교가 저우언라이: 제네바에서의 설전), 香港: 天地圖書, 1994, 2:85~86.

08. 저우가 중국공산당 중앙위에 보낸 전보, 1954년 4월 23일, 206-00048-08, CFMA; 師, 『在歷史巨人身邊』, 480~486; 『제네바 회의』, 18~19; 熊, 『周恩來初登世界舞台』, 13.

09. 마오와 중국공산당 중앙위에 보낸 저우의 전보, 1954년 4월 28일, ZNP-B, 1:363에서 인용.

10. 1954년 4월 30일 몰로토프 주최 만찬에서 저우와 이든의 대화, 206-00091-01; 저우가 중국공산당 중앙위에 보낸 전보, 1954년 5월 1일, 206-00045-03, CFMA; 『제네바 회의』, 97~98; 李, 『大外交家周恩來』, 4:58~62; 국무장관(덜레스)이 국무부로, 1954년 5월 1일, FRUS, 1952~1954, 16:648.

11. 저우가 마오, 류 및 중국공산당 중앙위에 보낸 전보, 1954년 5월 12일, 『제네바 회의』, 122; 熊, 『周恩來初登世界舞台』, 81~82; FRUS, 1952~1954, 16:755~756.

12. 1954년 7월 3일 류저우에서 저우-호 회담 회의록, CCA.
13. 저우가 마오, 류 및 중국공산당 중앙위에 보낸 전보, 1954년 5월 30일, ZZ-B, 1:168~169에서 인용; 熊, 『周恩來初登世界舞台』, 98.
14. ZNP-B, 377~378, 380~384; 熊, 『周恩來初登世界舞台』, 90~91.
15. 저우가 마오와 중국공산당 중앙위에 보낸 전보 1954년 6월 8일 (그날 전보 두 통이 발송됨), ZNP-B, 1:377~378.
16. 저우가 마오, 류 및 중국공산당 중앙위에 보낸 전보, 1954년 6월 14일; 저우가 마오, 류 및 중국공산당 중앙위에 보낸 전보, 1954년 6월 21일, 『제네바 회의』, 166~167, 176~177.
17. 熊, 『周恩來初登世界舞台』, 90~91; ZNP-B, 1:383~384.
18. 1954년 6월 16일 저우와 이든의 대화, 207-0005-05, CFMA; ZNP-B, 1:383; ZZ-B, 169; Anthony Eden, *Full Circle: the Memoirs of Anthony Eden*, Boston: Houghton, 1960, p.145; FRUS, 1952~1954, 16:1158.
19. 1954년 6월 18일 비도와의 회담에 대한 저우의 보고서, 206-00046-22, CFMA; 『제네바 회의』, 281; ZNP-B, 1:387.
20. 1954년 6월 16일 제네바 회의에서 라오스와 캄보디아에 관한 저우 연설, 206-00013-11; FRUS, 1952~1954, 16:1158.
21. 저우가 마오, 류 및 중국공산당 중앙위에 보낸 전보, 1954년 6월 21일, 『제네바 회의』, 176; FRUS, 1952~1954, 16:1204~1205.
22. 저우가 마오 외에게 보낸 전보, 1954년 6월 19일, 熊, 『周恩來初登世界舞台』, 98에서 인용.
23. 같은 책, 98쪽; ZNP-B, 1:385~386; 중국공산당 중앙위가 저우에게 보낸 전보, 1954년 6월 20일, 206-00049-01, CFMA; 중국공산당 중앙위가 베트남 노동당 중앙위에 전달하기 위해 웨이궈칭과 차오샤오광(喬曉光)에게 보내는 전보, 1954년 6월 20일, 206-00049-01, CFMA.
24. 저우와 망데스프랑스의 대화, 1954년 6월 23일, 206-Y0007, CMFA.
25. 저우와 사나니콘의 대화, 1954년 6월 21일, 206-00007-03, CFMA; 저우가 캄보디아 및 라오스 대표단과의 회담에 대해 중국공산당 중앙위에 보내는 전보, 1954년 6월 24일, 106-00046-29, CFMA; ZNP-B, 1:388~389.
26. 1954년 7월 3~4일 류저우에서의 저우-호 회담 회의록, CCA.
27. 같은 책.
28. 같은 책.
29. 같은 책.
30. 같은 책; 뤄구이보 인터뷰, 1992년 8월 22일.
31. ZNP-B, 1:394~395.
32. 胡志明, "1954年7月15日越南勞動黨中央委員會第六次會議報告", Selected Works of Ho Chi Minh, 北京: 外文出版社, 1960, 2:290~298.
33. ZNP-A, 1:395; MNP-A, 2:255; 1954년 7월 7일 정치국 확대회의에서의 마오 연설, MWJ, 6:332~337.
34. 마오, 류, 호에게 전달, 1954년 7월 11일, 熊, 『周恩來初登世界舞台』, 147~148에서 인용; ZNP-B, 1:396~397.
35. 熊, 『周恩來初登世界舞台』, 150.
36. 1954년 7월 12일 저우와 동의 대화 (발췌), 『제네바 회의』, 190~191; 熊, 『周恩來初登世界舞台』,

151~152; ZNP-A, 1:397.

37. 저우와 망데스프랑스의 대화, 1954년 7월 13일, 206-Y0007, CFMA.

38. 저우와 이든의 대화, 1954년 7월 13일, 206-00091-10, CFMA.

39. 저우가 마오, 류 및 중국공산당 중앙위에 보낸 전보, 1954년 7월 20일, 『제네바 회의』, 313~315; ZNP-B, 1:398~402.

40. 레이런민과 트레벨리언 및 테넌트의 회담 기록, 1954년 5월 7일, 중화인민공화국 정부와 영국 간의 무역 관계 (폴더 2) (1954), FO 371/ 110288, UKNA.

41. 저우와 윌슨 및 브라운의 대화, 1954년 5월 30일, 206-00046, 01, CFMA.

42. 저우가 중국공산당 중앙위에 보낸 보고서, 1954년 6월 1일, 206-00046-01, CFMA; 중국공산당 중앙에서 저우에게 보내는 회답, 1954년 6월 3일, 『제네바 회의』, 416.

43. 1954년 6월 1일 저우와 이든의 대화, 110-00023-08; 저우가 중국공산당 중앙위에 보낸 보고서, 1954년 6월 3일, 206-00046-03, CMFA.

44. 1954년 8월 12일 외교 문제에 관한 저우의 연설, 101-5-542, FPA.

45. 스저 인터뷰, 1992년 8월.

46. 환샹과 트레벨리언의 대화, 1954년 5월 19일, 206-00011-03, CFMA.

47. 중국공산당 중앙위에 보낸 저우의 보고서, 1954년 6월 3일, 206-00046-05, CMFA.

48. 환샹과 트레벨리언의 대화, 1954년 6월 4일, 206-00011-05, CFMA.

49. 1954년 6월 4일 오후 환샹과 트레벨리언의 대화, 206-00011-05, CFMA.

50. 『제네바 회의』, 401; FRUS, 1952~1954, 14:478.

51. 중국공산당 중앙위에서 저우에게, 1954년 7월 27일, 206-00048-11(1), CFMA; MNP-B, 2:262~263.

52. 중국공산당 중앙위에서 저우에게, 1954년 7월 27일, 206-00048-11(1), CFMA.

53. 저우의 동료 몇몇은 전보 내용을 알게 된 후 모두 "총리에게 정말 가혹하다"라고 느꼈다. 쉐머우홍(薛謀洪) 인터뷰, 1994년 8월.

54. RMRB, 1954년 7월 23일, 1면.

55. ZNP-B, 1:405.

56. 논의는 Chen, *Mao's China and the Cold War*, chapter.7; Gordon H. Chang, *Friends and Enemies: The United States, China and the Soviet Union, 1948~1972*, Stanford, CA: Stanford University Press, 1990, pp.126-128 참조.

57. 아시아-아프리카 회의에 대한 태도에 관해 중화인민공화국 외교부에서 여러 대사관에 보내는 통지, 1954년 12월 25일, 廉正保 外, 『中華人民和國外交檔案選編: 1955年亞洲-非洲會議中國代表團』(이하 『아시아-아프리카 회의』) 北京: 世界知識, 2007, 25.

58. 저우가 마오, 류 및 중국공산당 중앙위에 보낸 전보, 1955년 6월 22일, 熊, 『周恩來初登世界舞台』, 125에서 인용.

59. 1954년 6월 저우 총리 인도 방문 중 양국 총리 회담 기록, 203-00006-1, CFMA; 熊, 『周恩來初登世界舞台』, 128~129; 1954년 6월 28일 저우와 우 누의 첫 회담, CFMA, 203-00007-03 참조.

60. 裴堅章 編, 『中華人民和國外交史, 1949~1956』, 北京: 世界知識, 1994, 100, 121~122; 薛謀洪 外, 『當代中國外交』, 北京: 中國社會科學, 1988, 80~81.

61. 1954년 6월 28일 저우와 우 누의 첫 번째와 두 번째 회담, 203-00007-03, CFMA.

62. 『아시아-아프리카 회의』, 25.

63. 같은 책, 14, 25쪽.

64. '아시아-아프리카 회의 참여 계획', 1955년 4월 5일, 207-0004-01(1), CFMA.

65. 같은 책; '아시아-아프리카 회의 참여 계획 초안', 1955년 1월 16일, 2007-00005-3(1); 중화인민공화국 외교부 아시아국 편, '아시아-아프리카 회의에 관한 문제들', 1954년 12월 15일, 207-00085-17(1), CFMA.

66. '아시아-아프리카 회의 참여 계획' 문안에 저우가 추가한 단락, 1955년 4월 5일, 207-0004-01(1), CFMA.

67. 캐시미르 프린세스 사건과 관련된 중국 외교부 기록 문서의 상당 부분이 『아시아-아프리카 회의』 144~260쪽에 발표되었다; Steve Tsang, "Target Zhou Enlai: The 'Kashmir Princess Incident' of 1955," *China Quarterly*, 139, 1994.9, pp.766-782.

68. Robert Cottrell, *The End of Hong Kong: The Secret Diplomacy of Imperial Retreat*, London: John Murray, 1993, p.27.

69. 1956년 3월 12일, 베이징 주재 영국 사무소는 중화인민공화국 외교부에 보낸 각서에서 약속했다. FO 371-120966, UKNA.

70. 저우의 아시아-아프리카 회의 연설, 1955년 4월 23일, ZWJWX, 134.

71. 서면 연설 전문은 1955년 4월 30일 자 RMRB에 게재되었다.

72. 저우가 장원톈과 중국공산당 중앙위에 보고, 1955년 4월 25일; 저우가 중국공산당 중앙위와 주석에게 보고, 1955년 4월 30일, 『아시아-아프리카 회의』, 78~79, 87~90.

73. 1954년 4월 19일 아시아-아프리카 회의에서 저우의 보충 발언, ZWJWX, 120~125.

74. 저우와 이집트 대사 하산 라가브의 대화, 1956년 11월 7일, 107-00075-02, CFMA.

75. 裴 外, 『中華人民共和國外交史, 1949~1956』, 283.

76. 1954년 8월 14일 영국 노동당 대표단과 저우의 회담, 110-00027-03, CFMA.

77. 1954년 8월 12일 외교 문제에 관한 저우의 연설, 101-5-542, pp.1-10, FPA.

78. 裴 外, 『中華人民共和國外交史, 1949~1956』, 160.

79. ZNP-B, 1:323~324.

80. 裴 外, 『中華人民共和國外交史, 1949~1956』, 158~159.

81. 1955년 1월 23일 오후 1시 30분 무라타 쇼조와 저우의 대화, 105-00210-03, CFMA; 무라타 쇼조, "저우 총리와의 대화", A-0133, 122~148, 일본 외무성 외교사료관.

82. 1955년 4월 22일 다카사키 다쓰노스케와 저우의 대화, 105-00211-04, CFMA.

83. 裴 外, 『中華人民共和國外交史, 1949~1956』, 158~159.

84. 1955년 10월 14일 일본 산업 및 상업 대표단장 다지마 마사오(田島將雄)와 저우 총리의 대화, 105-00210-06; 1956년 7월 28일 일본 산업 및 상업 대표단과 저우 총리의 대화, 105-00500-06, CFMA.

85. FRUS, 1955~1957, 2:643; 1955년 7월 15일 영국 대리 대사 더글러스 월터 오닐(Douglas Walter O'Neill)과 저우언라이 총리의 대화, 110-00141-04, CFMA.

86. 王炳南, 『中美會談九年回顧』, 46~49; RMRB, 1955년 8월 2일.

87. FRUS, 1955~1957, 3:85~86.

88. Thomas Christensen, *Lost in the Cold War: The Story of Jack Downey, America's Longest-Held POW*, New York: Columbia University Press, 2022, chapter.14.

89. ZWG, 12:333.

90. ZZ-B, 1:477; ZNP-B, 1:542~543.

91. RMRB, 1956년 6월 29일; ZTYZXWX, 320.

92. ZNP-B, 1:623.

93. ZNP-B, 1:624; 李偉,『曹聚仁傳』(차오주런 전기) 鄭州: 河南人民, 2004, 16~17章.

제19장 돌진할 것인가, 말 것인가? 1956~1958

01. MNP-B, 2:536, 545; 趙仲元, "1956年隨朱德參加蘇聯共產黨第二十次代表大會",『中共黨史資料』, 2號, 2004, 89.

02. MNP-B, 2:545; MZ-B, 496; 吳冷西,『十年論戰, 1956-1966: 中蘇關係回憶錄』, 北京: 中央文獻, 1999, 6.

03. MNP-B, 2:545, 549~550; 吳,『十年論戰』, 12~14, 18.

04. MZ-B, 501~502; 吳,『十年論戰』, 12.

05. 吳,『十年論戰』, 9~10.

06. MWJ, 6:500.

07. 『약간 중대 결책』, 1:532; 石仲泉,『我觀周恩來』北京: 中共黨史, 2008, 240.

08. ZZ-B, 1:269.

09. ZNP-B, 1:575.

10. 石,『我觀周恩來』, 241;『약간 중대 결책』, 1:634.

11. LNP, 369;『약간 중대 결책』, 1:536.

12. MNP-B, 2:587; 石,『我觀周恩來』, 248.

13. MXJ, 5:296.

14. ZXJ, 2:218~219.

15. DWX, 1:223.

16. JGYLZYWX, 9:341.

17. 陳曉農 編,『陳伯達最後口述回憶』(천보다의 마지막 구술 회고), 香港: 思想家, 2011, 138.

18. 王光美, 劉源,『你所不知道的劉少奇』, 鄭州: 河南人民, 2000, 25~26.

19. Pawel Machcewicz, *Rebellious Satellite: Poland 1956*, Washington, DC, and Stanford, CA: Woodrow Wilson Center Press and Stanford University Press, 2009, pp.118, 143-144; 바르샤바 주재 중국 대사관의 보고서, 109-01141-01, CFMA.

20. 폴란드 주재 중국 대사관에서 외교부로, 1956년 6월 29일; 왕빙난이 외교부로, 1956년 7월 5일; 폴란드 주재 중국 대사관, "포즈난 폭력 사건에 대한 의견", 1956년 7월 25일, 109-00761-02, 109-00761-04, 109-00761-01, CFMA; 셰원칭, "포즈난 반동 폭동의 원인", 1956년 7월 12일, 『内部參考』, 1945號, 1956년 7월 28일, 591~604; 셰원칭, "상황과 의견: 포즈난 폭력 사건에 관하여",『内部參考』, 1952號, 1956년 7월 25일, 75~89.

21. 제8기 중국공산당 중앙위 제2차 전체 회의에서의 저우 보고, 1956년 11월 10일, CCA; 石,『我觀周恩來』, 244.

22. 1956년 9월 18일 18:00~21:00 마오, 류, 저우와 미코얀의 대화, CCA.

23. 沈志華,『最後的天朝: 毛澤東, 金日成和中朝關係』(마지막 천조: 마오쩌둥, 김일성과 중조 관계), 香港: 中文大學出版社, 2017, 333~334.

24. 1956년 9월 18일 18:00~21:00 마오, 류, 저우와 미코얀의 대화, CCA.

25. 같은 책.

26. 1956년 9월 18일 22:30-24:00 마오와 저우의 최용건과의 대화, CCA.

27. 1956년 9월 23일 19:30-21:00 마오와 저우의 미코얀과의 대화, CCA.

28. 린커(林克) 일기, 1956년 10월 20일 (린커는 마오의 비서였다); MNP-B, 3:14~15; 吳,『十年論戰』, 37~42.

29. 吳,『十年論戰』, 35~36; 師,『在歷史巨人身邊』, 551; 金沖及 外,『劉少奇傳』, 803~804.

30. 吳,『十年論戰』, 44.

31. 린커 일기, 1957년 1월 16일.

32. 師,『在歷史巨人身邊』, 551; "The Malin Notes on the Crises in Hungary and Poland, 1956," *CWIHP Bulletin*, Washington, DC, Woodrow Wilson International Center for Scholars, 8~9호, 1996~1997년 겨울, p.392.

33. MNP-B, 3:18~19; 1956년 11월 10일 제8기 중국공산당 중앙위 제2차 전체 회의에서 류사오치의 상황 보고, CCA.

34. 1956년 11월 10일 제8기 중국공산당 중앙위 제2차 전체 회의에서의 류사오치 보고, CCA; 師,『在歷史巨人身邊』, 562; 吳,『十年論戰』, 53.

35. 1956년 11월 10일 제8기 중국공산당 중앙위 제2차 전체 회의에서의 저우 보고, CCA; ZWG, 13:444; ZXJ, 2:229~238;『약간 중대 결책』, 1:556.

36. MXJ, 5:313~329; MNP-B, 3:32~35.

37. 石,『我觀周恩來』, 248.

38. 국경 충돌에 관한 버마 각서, 1956년 1월 27일, 105-00745-01, CFMA.

39. 1956년 6월 22일 버마 대사 우 흘라 마웅과 저우의 대화, 105-00307-02, CFMA; 楊明偉,『走出困境: 1960~1965年的周恩來』(곤경에서 벗어나다: 1960~1965년의 저우언라이), 北京: 中央文獻, 2000, 95.

40. 1956년 8월 27일 여러 부처 및 부처 지부 지도자 회의에서의 중-버마 국경 문제에 대한 저우 연설,『中共黨史資料』, 4號, 2004, 100~101에서 인용; 1957년 7월 9일 전국인민대표대회 제4차 회의에서 중-버마 국경 문제에 대한 저우의 내부 연설, 1057-8-44, 102~141, HPA.

41. 1956년 8월 7일, 28일 버마 대사 우 흘라 마웅과 저우 총리 회담 요점, 105-00757-02, CFMA; ZNP-B, 1:614.

42. 1956년 9월 5일~12월 24일 버마 지도자들과 저우의 회담 요점, 203-00019-02, CFMA; 李,『大外交家周恩來』, 4:180~181.

43. 저우 총리 베트남 방문 중 토론 주제, 1956년 11월 17일, 203-00016-02, CFMA; ZNP-B, 1:639~642; 李,『大外交家周恩來』, 4:138.

44. 외교부 제2아시아국, "우리 나라의 베트남 원조", 1960년 4월, 203-00147-07, CFMA.

45. 1956년 9월 15일~12월 24일 버마 지도자들과 저우의 회담 요점, 203-00019-02, CFMA; 李,『大外交家周恩來』, 4:180~181 참조.

46. 저우언라이와의 대화, 1957년 1월 1일, *Selected Works of Jawaharlal Nehru*, New Delhi: Oxford University Press, 2005, 2nd ser., 36:614.

47. 네루가 저우에게, 1958년 12월 14일, A. Appadorai ed., *Select Documents on India's Foreign Policy and Relations, 1947–1972*, New Delhi: Oxford University Press, 1982, 1:495-501.

48. 저우와 체르보넨코의 대화, 1962년 10월 8일, 109-03804-01, CFMA; ZZ-B, 1:534.

49. 저우와 달라이 라마의 대화, 1956년 11월 29일, 『周恩來與西藏』, 142~148.

50. 저우와 달라이 라마의 대화, 1956년 12월 30일, 105-00329-02, CFMA; 『黨的文獻』, 2號, 1994, 36~37.

51. 『黨的文獻』, 2號, 1994, 37~39.

52. *Selected Works of Jawaharlal Nehru*, 2nd ser., 36:618~619.

53. MWG, 6:250.

54. MNP-B, 3:60; ZNP-B, 2:2.

55. 石, 『我觀周恩來』, 228~230; 沈志華, 『無奈的選擇: 冷戰和中蘇同盟的命運』, 北京: 社會科學文獻, 2013, 485~487.

56. ZNP-B, 2:5.

57. 沈, 『無奈的選擇』, 488~489.

58. 石, 『我觀周恩來』, 233; 沈, 『無奈的選擇』, 489~490.

59. 石, 『我觀周恩來』, 229; ZNP-B, 2:13.

60. 石, 『我觀周恩來』, 228~230; ZNP-B, 2:15.

61. MNP-B, 3:72.

62. MWJ, 7:236; MNP-B, 3:84, 92.

63. MNP-B, 3:112~113, 116~117.

64. ZNP-B, 2:27; ZZ-B, 1:369.

65. ZNP-B, 2:37; RMRB, 1957년 4월 27일, 1면.

66. ZNP-B, 2:36.

67. ZZ-B, 1:386.

68. MNP-B, 3:169.

69. RMRB, 1957년 7월 1일; MXJ, 5:456~457.

70. ZZ-B, 1:387.

71. RMRB, 1957년 6월 27일.

72. MXJ, 5:456~457.

73. 1957년 8월 4일 민족 공작 원탁회의에서의 저우 연설, SZ1-1-12, 후베이성기록보관소; 편집본은 ZXJ, 2:266~267.

74. MXJ, 5:475; MWG, 6:595; MNP-B, 3:113.

75. MWG, 6:628.

76. MWG, 6:635~636.

77. 당시 마오를 위해 통역했던 리웨란은 마오가 무엇을 말할지 사전에 전혀 알지 못했다고 나에게 말했다. 마오가 말할 때 그는 극도로 긴장해서 마오의 말에 적합한 러시아어 표현을 신중하게 생각할 시간이 전혀 없었다. 그는 단지 "단어 하나하나를 문자 그대로 번역"할 수 있을 뿐이었다. 리웨란 인터뷰, 1997년 10월.

78. 흐루쇼프는 회고록에서 마오의 "발언 뒤에 죽음 같은 정적이 흘렀다…… 회의 후 대표단들은 인상을 교환하기 시작했다. 체코 당 제1서기였던 안토닌 노보트니(Antonín Novotny) 동지

가 "마오쩌둥 동지는 6억 인구 중 3억을 잃을 준비가 되어 있다고 말하지만, 우리에게는 어떨까? 우리는 1200만 명이다. 우리는 모두를 잃을 것이다. 인구를 이전 수치로 회복시킬 사람이 아무도 남지 않을 것이다"라고 말했던 것을 기억한다." "Memoirs of Nikita Khrushchev", vol. 3, *Statesman(1953~1964)*, University Park: The Pennsylvania State University, 2007, 436.

79. 沈, 『最後的天朝』, 418~419.

80. 1958년 1월 8일 유딘과의 저우의 대화, 109-00828-01, CFMA.

81. ZNP-B, 127~129; 沈, 『最後的天朝』, 428.

82. 1958년 2월 21일 중조 관계에 대한 저우의 연설, 1-1411-1958‐94, JLPA.

83. 같은 책.

84. 1958년 3월 20일 청두 회의에서의 마오 연설, 코넬대학 동아시아도서관 소장 사본.

85. RMRB, 1957년 11월 13일.

86. RMRB, 1957년 12월 12일.

87. MNP-B, 5:276.

88. MNP-B, 3:276~287; ZNP-B, 2:120; 童, 『風雨四十年』, 356~357.

89. MNP-B, 5:309~327.

90. ZZ-B, 1:424~425; Chen Xiaolu, "Chen Yi and China's Diplomacy," Michael Hunt and Niu Jun ed., *Chinese Communist Foreign Relations, 1920s~1960s*, Washington, DC: Wilson Center, 1994, pp.91-92.

91. 熊華源, 廖心文, 『周恩來總理生涯』 (저우언라이 총리 경력), 北京: 中央文獻, 1997, 248.

92. 李平, 『開國總理周恩來』 (공화국 초대 총리 저우언라이), 北京: 中共中央黨校, 1994, 361~362.

93. 1958년 5월 30일 제8차 중국공산당 당대회 제2차 전체 회의에서의 저우언라이 연설, 855-4-1573‐3, HPA.

94. 1958년 5월 17일 제8차 중국공산당 당대회 제2차 전체 회의에서의 마오 연설, ZZ-B, 2:417.

95. MNP-B, 3:368; 熊, 廖, 『周恩來總理生涯』, 249.

96. MWG, 7:268~269.

97. 5개 지도 그룹 설립에 관한 중국공산당 중앙위 통지, 1958년 6월 11일, 91-004‐0283, GSPA.

제20장 대약진운동 1958~1960

01. 1958년 5월 8일 제8기 중국공산당 당대회 제2차 전체 회의에서의 마오 연설, 855-4-1262‐1, HPA. MZ-B, 815~817 참조.

02. ZNP-B, 2:169~170.

03. MWG, 7:394.

04. DWX, 2:260.

05. ZNP-B, 2:152.

06. 程華 外, 『周恩來和他的秘書們』, 北京: 中央廣播電視, 1992, 19.

07. 1958년 8월 17일 베이다이허 회의에서의 마오 연설, 91-018-0495, pp.311-333, GSPA; MNP-B, 3:411~420 참조.

08. ZZ-B, 1:453~454.

09. 베이다이허 회의 문서 모음, 1958년 9월 20일, 177-001-0408, 1~95, GSPA.

10. RMRB, 1958년 9월 1일.

11. MWG, 7:381, 368.

12. ZWG, 12:333.

13. RMRB, 1956년 6월 29일; 저우, "타이완 해방은 반드시 달성될 것이다", 1956년 6월 28일, ZXJ, 2:202.

14. MNP-B, 3:4.

15. 1958년 1월 16일 펑더화이와 중국공산당 중앙군사위원회에 대한 예페이(葉飛)의 보고, FPA, 101-12-221, 1~14; 『葉飛回憶錄』, 635~642; 韓懷智 外, 『當代中國軍隊的軍事工作』(당대 중국 군대의 군사 공작), 北京: 中國社會科學, 1989, 2:387.

16. 1958년 8월 17일 베이다이허 정치국 확대 회의에서의 마오 연설, 91-018-0495, 311~333, GSPA; MWG, 7:386.

17. *Public Papers of the Presidents of the United States: Dwight D. Eisenhower, 1958*, Washington, DC: Government Printing Office, 1959, pp.639-650.

18. *Department of State Bulletin*, 1958.9.10; FRUS, 1958~1960, 19:115~122; Dwight Eisenhower, *Waging Peace: The White House Years, 1956-1961*, London: William Heinemann, 1965, 298.

19. ZNP-B, 2:163.

20. 吳冷西, 『憶毛主席』(마오 주석을 회상하며), 北京: 新華出版社, 1995 (이하 『억모주석』), 79~80; MNP-B, 3:433.

21. RMRB, 1958년 9월 5일, 1면.

22. 우, 『억모주석』, 79~80.

23. FRUS, 1958~1960, 19:134~136.

24. RMRB, 1958년 9월 7일, 1면.

25. 우, 『억모주석』, 79~80.

26. 중미 협정 초안, 1958년 9월 10일, 111-00146-01, CFMA.

27. 저우가 왕빙난에게, 1958년 9월 9일, 王炳南, 『中美會談九年回顧』(9년간의 중미 협상), 北京: 世界知識, 1985, 73~74에서 인용.

28. MWG, 7:416; MZ-B, 1:872.

29. 저우가 마오에게, 1958년 9월 13일, ZZ-B, 1:470에서 인용.

30. FRUS, 1958~1960, vol. 19, China, pp.186-187.

31. 왕이 외교부에, 1958년 9월 15일, 111-00146-02, CFMA; FRUS, 19:191~196.

32. 쉐머우훙 인터뷰, 1994년 8월; ZNP-B, 2:470.

33. MNP-B, 3:448.

34. MWJWX, 353.

35. 같은 책.

36. 마오가 저우에게, 1958년 9월 19일, MWJWX, 353; 외교부가 왕에게, 1958년 9월 22일, 111-00147-01, CFMA.

37. 왕이 외교부에, 1958년 9월 22일; 왕이 외교부에, 1958년 9월 23일, 111-00147-01, CFMA.

38. ZZ-B, 2:471.

39. 저우가 마오에게, 1958년 9월 22일, ZJSWX, 4:403.

40. ZNP-B, 2:471~472; 마오가 저우에게, 1958년 9월 22일, MWG, 7:424.

41. FRUS, 1958~1960, 19:301.

42. ZNP-B, 2:177; ZJSHDJS, 2:472.

43. MZ-B, 878~879.

44. MNP-B, 3:456~457.

45. RMRB, 1958년 10월 6일; MWG, 7:439~441.

46. 저우와 수다리코프의 대화, 1958년 9월 5일, 109-00833-04, CFMA; ZNP-B, 2:166.

47. 저우와 유딘의 대화, 1957년 6월 14일, 109-00786-14, CFMA.

48. ZNP-B, 2:67.

49. 류샤오(劉曉)가 외교부 및 중국공산당 중앙위에 전달, 1957년 8월 15일, 109-01726-02, CFMA.

50. 1953년과 1956년 중소 경제협력 협정 개정에 관한 저우와 불가닌의 교환서, 1957년 8월 25일, 109-00792-01; 소련 대리 대사와 장원톈의 대화, 1957년 8월 24일, 109-01787-04, CFMA.

51. 周均倫 外, 『聶榮臻年譜』(녜룽전 연대기), 北京: 人民, 1999, 2:623; 李覺 外, 『當代中國的核工業』, 北京: 當代中國, 1987, 43.

52. 흐루쇼프가 저우에게 보낸 편지 (극비), 1958년 4월 24일, 109-00838-03, CFMA.

53. PNP, 681; 王泰平 外, 『中華人民共和國外交史, 1957~1969』(중화인민공화국 외교사, 1957~1969), 北京: 世界知識, 1999, 224; 『蕭勁光回憶錄』, 2:201.

54. MJSHDJS, 907.

55. 薛 外, 『當代中國外交』, 112~113; 王 外, 『中華人民共和國外交史』, 224.

56. 薛 外, 『當代中國外交』, 113.

57. 王 外, 『中華人民共和國外交史』, 224~225; 薛 外, 『當代中國外交』, 113.

58. 薛 外, 『當代中國外交』, 113.

59. 『蕭勁光回憶錄』, 2:176~181.

60. 저우가 흐루쇼프에게, 1958년 6월 28일, 109-00838-03, CFMA; ZNP-B, 2:149.

61. 마오와 소련 대사 유딘의 첫 번째 대화, 1958년 7월 21일, CCA.

62. 마오와 유딘의 두 번째 대화, 1958년 7월 22일, CCA; 대화의 축약본은 MWJWX, 322~334; 영어 번역본은 *CWIHP Bulletin*, 6~7호, 1995~1996년 겨울, pp.155-159.

63. 마오와 유딘의 두 번째 대화, 1958년 7월 22일, CCA; MWJWX, 329.

64. 吳, 『十年論戰』, 162.

65. 沈, 『中蘇關係史綱』, 230쪽에서 인용.

66. 1958년 7월 31일~8월 3일 마오와 흐루쇼프의 대화, CCA; "1958년 7월 31일 N. S. 흐루쇼프와 마오쩌둥의 대화", Dimitry Volkoganov Collections, Manuscript Division, Library of Congress, Washington, DC.

67. 1968년 7월 31일 마오와 흐루쇼프의 대화, CCA.

68. 王 外, 『中華人民共和國外交史』, 226~227; 薛 外, 『當代中國外交』, 114.

69. RMRB, 1958년 8월 4일, 1면.

70. *Memoirs of Nikita Khrushchev*, 3:423~424.

71. 叢進, 『曲折發展的歲月』(우여곡절 발전의 세월), 鄭州: 河南人民, 1989, 350.

72. MNP-B, 4:186.

73. Vladislav Zubok and Constantine Pleshakov, *Inside the Kremlin's Cold War: From Stalin to Khrushchev*, Cambridge, MA: Harvard University Press, 1996, pp.220-221; Nikita Khrushchev, *Khrushchev Remembers: The Last Testament*, Boston: Little, Brown, 1970, pp.403-405.

74. 閻明復, "1958年金門炮擊與葛羅米柯秘密訪華", 『百年潮』, 5號, 2006, 15; 吳, 『十年論戰』, 178~179.

75. 吳, 『十年論戰』, 179~180.

76. 저우와 안도노프(Andonov)의 대화, 1958년 10월 5일, CFMA; 石, 『我觀周恩來』, 284.

77. "1959년 10월 2일 N. S. 흐루쇼프와 중국공산당 중앙위 주석 마오쩌둥의 대화 비망록", Dimitry Volkoganov Collections, Manuscript Division, LC; 閻明復, 朱瑞真, "1959年赫魯曉夫訪華前後", 『中共黨史資料』, 4號, 2006, 35~52.

78. 錢庠理, 『歷史的變局: 從挽救危機到反修防修』(역사의 변국: 위기 구제에서 반수정주의 및 수정주의 방지까지), 香港: 中文大學出版社, 2008, 306.

79. MNP-B, 3:602~606.

80. MWG, 8:75.

81. 林蘊暉, 『烏托邦運動: 從大躍進到大饑荒』, 香港: 中文大學出版社, 2008, 426~427.

82. MNP-B, 4:21~22.

83. ZZ-B, 599.

84. 1959년 5월 24일 허베이 시찰 중 저우의 담화, 855-1551-1, HPA.

85. 저우와 달라이 라마의 대화, 1956년 12월 30일, 105-00329-02, CFMA; 『黨的文獻』, 2號, 1994, 36~37.

86. 1958년 8월 24일 중국공산당 칭하이(青海)성 위원회 보고서에 대한 마오의 논평, MZ-B, 926쪽에서 인용.

87. 중국공산당 중앙위에서 중국공산당 티베트 공작 위원회로, 1959년 3월 12일, 855-5-1563-22, HPA; 우, 『억모주석』, 119~120.

88. 중국공산당 중앙위에서 중국공산당 시짱(西藏) 공작 위원회로, 1959년 3월 12일, 855-5-1563-22, HPA; 『楊尚昆日記』, 364.

89. 마오가 중국공산당 중앙위에게, 1959년 3월 11일, 編輯委員會, 『中國共產黨西藏歷史大事記, 1949~2004』, 北京: 中共黨史, 2005, 1:130~131; 『楊尚昆日記』, 364.

90. 『시짱 당사 공작 대사기』, 91.

91. ZNP-B, 2:212.

92. 양상쿤 일기, 1959년 3월 20일, 『楊尚昆日記』, 367.

93. LNP, 2:452.

94. ZNP-B, 2:213.

95. RMRB, 1959년 3월 28일.

96. 티베트 '반란군'에 대한 인민해방군의 피비린내 나는 진압에 대한 상세하고 생생한 설명은 광범위한 연구와 많은 인터뷰를 바탕으로 한 다음을 참조하라. Li Jianglin, *When the Iron Bird Flies: China's Secret War in Tibet*, Stanford, CA: Stanford University Press, 2022.

97. 인도 외무장관이 중국 대사에게 전달한 비공식 각서, 1958년 10월 18일, *Notes, Memoranda and Letters Exchanged and Agreements Signed between the Governments of India and China, 1954~1959*, New Delhi: Ministry of External Affairs, Government of India, n.d., pp.26-27.

98. 네루가 저우에게, 1958년 12월 14일, Madhavan K. Palat, ed., *Selected Works of Jawaharlal Nehru*, 2nd ser., vol. 45, New Delhi: Jawaharlal Nehru Memorial Fund, 2014, pp.702~706.

99. 저우가 네루에게, 1959년 1월 23일, ZYBJWTWJHB, 176~179; *Documents on the Sino-Indian Boundary Question*, 北京: 外文出版社, 1960, 1~13.

100. 네루가 저우에게, 1959년 3월 22일, *Selected Works of Jawaharlal Nehru*, 2nd ser., 47:451~454.

101. 吳, 『十年論戰』, 195.

102. ZYBJWTWJHB, 55.

103. 吳, 『十年論戰』, 195.

104. RMRB, 1959년 4월 15일.

105. RMRB, 1959년 4월 19일, 2면.

106. 『억모주석』, 125; MNP-B, 4:28~29.

107. ZJSHDJS, 2:496.

108. 1959년 5월 6일 형제 국가 대표단 및 외교관들과 마오 주석 및 저우 총리의 티베트 문제와 중인 관계에 관한 대화, 『外事動態』 (외교 동향), 49號, 1959년 5月9日, 2~5 (중국 외교부 내부 소식지); ZWJWX, 268~276; MXZWX, 193.

109. 『內部參考』, 2575호, 1958년 9월 5일; 2581호, 1958년 9월 12일, 3~4; 2581호, 1958년 11월 5일, 23~24.

110. 『閻明復回憶錄』, 北京: 人民, 2015, 1:522~523.

111. 같은 책, 523쪽.

112. 李 外, 『當代中國的核工業』, 32; 周 外, 『聶榮臻年譜』, 2:680.

113. 李銳, 『大躍進親歷記』 (대약진 개인 경험기), 海口: 南方, 1999, 2:473.

114. MWG, 8:196.

115. MNP-B, 4:80.

116. MWJ, 8:75~82.

117. ZNP-B, 2:241~242.

118. 王 外, 『彭德懷傳』, 588~590에서 인용.

119. PNP, 741.

120. MWG, 8:358.

121. ZZ-B, 518; 李, 『廬山會議實錄』, 119.

122. 『장원톈 문집』, 4:322~342.

123. MNP-B, 4:111.

124. 1959년 7월 23일 루산 회의에서의 마오 연설, 102~116, GSPA.

125. ZZ-B, 518; 石, 『我觀周恩來』, 274~275.

126. MNP-B, 4:116; MWG, 8:391.

127. ZNP-B, 2:245.

128. 石, 『我觀周恩來』, 276.

129. 李, 『廬山會議實錄』, 163.

130. 石, 『我觀周恩來』, 276.

131. MWG, 4:121~122.

132. 1958년 8월 22일 '현 상황과 미래 과업'에 대한 저우 연설, SZ1-02-0489-001, 후베이성기록보

관소.

133. 1958년 9월 11일 군사 및 외교 문제 회의에서의 마오 연설, 91-008-0238, pp.62-80, GSPA.

제21장 마오, '2선'으로 후퇴하다 1959~1962

01. 『정치 경제학 교과서』, 특히 그 사회주의 부분은 스탈린이 승인한 공식 소비에트 교과서였다.

02. 린커, 마오의 소비에트 사회주의 정치 경제학 독서 기록, 1959년, 저자 소유 원고 사본; MNP-B, 4:315~327; 林, 『烏托邦運動』, 532~533.

03. ZZ-B, 1:580.

04. 1960년 1월 17일 상하이 회의에서 마오의 담화, 855-5-1793 -5(2), HPA.

05. 房, 金 外, 『李富春傳』, 536.

06. MNP-B, 4:303.

07. 같은 책, 382쪽.

08. 1959년 9월 8일 저우가 네루에게 보낸 편지, ZYBJWTWJHB, 184~190; *Documents on the Sino-Indian Boundary Question*, 1~13.

09. 인도 주재 중국 대사관에서 외교부로, 1959년 10월 27일, 105-00408-01, CFMA.

10. MNP-B, 4:232~233; ZZ-B, 1:551.

11. 저우가 네루에게, 1959년 11월 7일, ZYBJWTWJHB, 212~213; *Documents on the Sino-Indian Boundary Question*, 14~17.

12. 1959년 11월 8일 인도 대사 파르타사라티와의 저우의 담화, ZZ-B, 1:553에서 인용.

13. 저우언라이에게 보내는 회답, 1959년 11월 16일, Palat, *Selected Works of Jawaharlal Nehru*, 2nd ser., 54:490; ZYBJWTWJHB, pp.214-219.

14. Neville Maxwell, *India's China War*, Garden City, NY: Anchor Books, 1972, p.138.

15. 저우가 네루에게, 1959년 12월 17일, ZYBJWTWJHB, 220~225; *Documents on Sino-Indian Boundary Question*, pp.18-28.

16. 네루가 저우에게, 1960년 2월 5일, ZYBJWTWJHB, 228~229; *Documents on Sino-Indian Boundary Question*, pp.142-144.

17. 버마 자유 동맹의 다른 파벌들의 중-버마 국경 문제에 대한 관점, 1958년 5월 25일, 105-00858-02, CFMA.

18. 외교부 제1아시아국에 의한 중-버마 국경 문제 해결을 위한 버마 계획 요약, 『外事動態』, 60號, 1959.6.6, 2~3.

19. 저우가 네 윈에게 보낸 편지, 1960년 12월 22일, 204-00114-03, CFMA; 『外事動態』, 118號, 1959.12.24, 2; 네 윈의 저우에 대한 회답, 1960년 1월 3일; 저우가 네 윈에게 보낸 편지, 1960년 1월 12일; 네 윈이 저우에게 보낸 편지, 1960년 1월 18일, 『外事動態』, 1號, 1960.1.6, 2; 3號, 1960.1.17, 4; 4號, 1960.1.23, 2.

20. 네 윈의 6일간의 중국 방문, 『外事動態』, 9號, 1960.2.4, 2; 楊, 『走出困境: 1960~1965年的周恩來』, 110~112.

21. 저우 총리 아시아 5개국 방문, 『外事動態』, 22號, 1960.4.13, 2~3; ZNP-B, 2:302; ZZ-B, 1:557.

22. 『外事動態』, 22號, 1960.4.13,

23. 저우와 우 누의 두 번째 회담, 203-00036-02, CFMA; 중인 국경 문제에 대한 우 누의 문의, 『外事動態』, 25號, 1960.4.25, 2~4.

24. "저우, 뉴델리에서 냉담한 환영 받아", 1960년 4월 20일, *New York Times*, 1면.

25. "첫 번째 회담", 날짜 미상, NMML, P. N. Haksar Papers, Installments I and II, Subject Files, #24; ZNP-B, 2:307.

26. 1960년 4월 20일 오후 5시부터 7시까지 열린 총리와 저우 총리의 회담, P. N. Haksar Papers, Installments I and II, Subject Files, #24, pp.17-26, NMML; ZNP-B, 2:308.

27. 1960년 4월 21일 오후 4시부터 6시 30분까지 열린 총리와 저우언라이 총리의 회담; 1960년 4월 22일 오전[?]부터 오후 1시 10분까지 열린 총리와 저우언라이 총리의 회담; 1960년 4월 24일 오전 10시 30분부터 오후 1시 45분까지 열린 총리와 저우언라이 총리의 회담; 1960년 4월 23일 오후 4시 30분부터 7시 45분까지 열린 총리와 저우언라이 총리의 회담; P. N. Haksar Papers, Installments I and II, Subject Files, #24, pp.27-39, 40-53, 54-68, NMML; ZNP-B, 2:309~312 참조.

28. 1960년 4월 24일 오전 10시 30분부터 오후 2시 40분까지 열린 총리와 저우언라이 총리의 회담, 날짜 미상, P. N. Haksar Papers, Installments I and II, Subject Files, #24, pp.69-85, NMML; ZNP-B, 2:312 참조.

29. 1960년 4월 25일 오전 11시부터 오후 2시 40분까지 열린 총리와 저우 총리의 회담, P. N. Haksar Papers, Installments I and II, Subject Files, #24, pp.86-103, NMML; ZNP-B, 2:313; 중국 총리와 인도 총리의 공동성명, RMRB, 1960년 4월 26일, 1면.

30. 저우는 한때 실론 총리 시리마보 반다라나이케에게 "네루보다 더 어려운 협상 상대는 만나 본 적이 없다"라고 말했다. 204-01493-09, 79, CFMA.

31. 저우와 체르보넨코의 대화, 1961년 5월 9일, 109-03757-01, CFMA.

32. Han, *Eldest Son*, 294.

33. 閻明復, 朱瑞真, "1959년 흐루쇼프 중국 방문 전후", 『中共黨史資料』, 4號, 2006, 33~34; 吳, 『十年論戰』, 220; RMRB, 1949년 10월 1일, 5면.

34. 회의의 러시아 기록 영역본은 "1959년 10월 2일 N. S. 흐루쇼프와 중국공산당 중앙위 주석 마오쩌둥의 토론", No. 112088, WWCDA, https://digitalarchive.wilsoncenter.org/document/112088; 중국 측 기록은 閻明復, 『親歷中蘇關係: 中央辦公廳翻譯組的十年』, 北京: 中國人民大學, 2015, 189~204; 閻, 朱, "1959년 흐루쇼프 중국 방문", 34~52; 吳, 『十年論戰』, 221~227 참조. 중국과 러시아의 회의 기록 사이에는 상당한 차이가 있다.

35. 吳, 『十年論戰』, 227~228.

36. 1959년 10월 9일, 모스크바 주재 중국 대사관은 흐루쇼프의 연설에 대한 상세한 보고서를 베이징에 보냈다. MWG, 8:564~565; 閻, 朱, "1959년 흐루쇼프 중국 방문", 53.

37. 吳, 『十年論戰』, 238~239.

38. 모스크바 주재 중국 대사관에서 외교부로, "소련 외무부로부터의 비우호적인 각서", 1960년 7월 21일, 109-00921-01, CMFA.

39. 吳, 『十年論戰』, 277; 閻, 『親歷中蘇關係』, 234~235.

40. 閻, 『親歷中蘇關係』, 240.

41. 1960년 7월 14~16일 베이다이허 회의에서의 저우 연설, 855-5-1798, HPA; ZXJ, 2:300~312; 吳, 『十年論戰』, 314~332.

42. 같은 책.

43. 중국 내 모든 소비에트 전문가 소환에 관한 중국 외교부에 대한 소비에트 대사관 각서, 1960년 7월 16일, 109-00924-01, CFMA.

44. 1960년 7월 31일 베이다이허 회의에서의 저우 연설, 855-5-1798, HPA; MZ-B, 1089.

45. ZZ-B, 3:588; 石, 『我觀周恩來』, 306.

46. 王維真 外, 『李先念年譜』(리셴녠 연대기) 北京: 中央文獻, 2011, 3:226.

47. MNP-B, 4:414~416.

48. MNP-B, 4:415.

49. MWG, 9:213~216.

50. 1960년 6월 14일 정치국 확대회의에서의 저우 연설, ZZ-B, 1:583~584에서 인용.

51. 저우에게 보낸 리셴녠의 긴급 보고서, 1960년 7월 13일, 『建國以來李先念文稿』, 北京: 中央文獻, 2011, 2:122~123.

52. 같은 책, 123~124쪽.

53. 林, 『烏托邦運動』, 585에서 인용.

54. JGYLZYWX, 13:516~526, 512~515, 527~536.

55. 같은 책, 537~538쪽.

56. CYNP, 3:38.

57. ZZ-B, 2:601~604.

58. ZGZYWJXJ-B, 35:12~13, 41~44, 75~78, 79~81, 98~101, 253~255, 275~277, 492~497.

59. ZNP-B, 2:365; 楊少橋, 趙發生, "周恩來與我國的糧食生產", 『無盡的思念』, 230.

60. 喬培華, 『信陽事件』(신양 사건), 香港: 開放出版社, 2009, 155~156.

61. MWG, 9:326.

62. 1960년 10월 29일 정치국 확대회의에서의 저우 연설, ZZ-B, 2:600.

63. JGYLZYWX, 13:677~681.

64. ZNP-B, 2:363~364.

65. 여러 중앙국 지도자들의 보고 중 주석의 논평, 1960년 12월 30일, 855-6-2047-3, HPA; 『陳雲傳』, 1224, 1226; CYNP, 3:51~52.

66. CYNP, 3:55; 雷任民, "回憶總理對對外貿易工作的關心與指示", 『無盡的思念』, 254.

67. ZNP-B, 2:384; CYNP, 1230~1231; 雷任民, "回憶總理對外貿易工作的關心與指示", 254.

68. 沈覺人 外, 『當代中國對外貿易』, 北京: 當代中國, 1992, 2:38; 林海雲, "回顧周恩來的對外貿易構想", 『無盡的思念』, 259.

69. 沈 外, 『當代中國對外貿易』, 393.

70. 周伯萍, 『糧食部十二年紀實』(양식부에서의 12년), 北京: 藍天商務, 2008.

71. 제8기 중앙위 제9차 전체 회의에서의 저우 연설, 1961년 1월 19일, 91-6-79-1961, GSPA.

72. 1961년 2월 25일 동북국 간부 회의에서의 저우 연설, 1-1-17-171, JLPA; 1961년 2월 26일 중앙통일전선부 원탁회의에서의 저우 연설, 91-018-0560, GPA; 1961년 4월 3일 상황 및 국내 과업에 대한 저우 연설, 91-018-0560, GSPA.

73. ZZ-B, 2:629, 608.

74. 같은 책, 685쪽.

75. LNP, 2:524.

76. 『약간 중대 결책』, 2:1073.

77. JGYLZYWX, 13:512~515.

78. 스즈키 가즈오, 일본-중국 무역촉진협의회 상임 이사와 저우의 대화, 1960년 8월 27일, 105-00735-02, CFMA; ZWJWX, 289~290, *Peking Review*, 37, 1960.9.14, pp.25-26.

79. 廖心文, "周恩來與臺灣和平解放政策", 『黨的文獻』, 5號, 1994, 35.

80. 같은 책.

81. MNP-B, 5:75~77; ZZ-B, 659.

82. 『劉少奇選集』, 北京: 人民, 1981, 2:337.

83. 『劉少奇選集』, 2:421.

84. 『약간 중대 결책』, 1026; 編輯部, 『彭眞傳』 (평전 전기), 北京: 中央文獻, 2012, 3:1063.

85. 王海光, 『時過境未遷: 中國當代史采微』 (세월은 흘렀으나 상황은 변치 않았네: 현대 중국사 에피소드 다시 보기), 成都: 四川人民, 2014, 197.

86. 장, 『변국』, 109~110; 『약간 중대 결책』, 1027~1028.

87. CYNP, 3:110~113.

88. 『鄧力群國史講談錄』 (덩리췬이 국가 역사를 논하다), 北京: 中華人民共和國歷史草案編纂委員會, 2000, 2:456.

89. LNP, 2:549.

90. ZZ-B, 2:674.

91. 徐 外, 『王稼祥年譜』, 486~489; 徐, 『王稼祥傳』, 557~564.

92. 楊勝群, 閻建琪 外, 『鄧小平年譜, 1904~1974』 (이하 DNP-A), 北京: 中央文獻, 2009, 3:1692.

93. CYNP, 3:113; 『鄧力群國史講談錄』, 2:456.

94. CYNP, 3:133~135.

95. ZNP-B, 2:462~463.

제22장 주석이 돌아오다 1962~1963

01. MNP-B, 5:96.

02. 董邊 外, 『毛澤東和他的秘書田家英』, 北京: 中央文獻, 1996, 90~91; 『鄧力群國史講談錄』, 6:364; CYNP, 3:118.

03. MNP-B, 5:102~103.

04. CYNP, 3:119.

05. ZNP-B, 2:481; 董 外, 『毛澤東和他的秘書田家英』, 91.

06. 董 外, 『毛澤東和他的秘書田家英』, 91.

07. 董 外, 『毛澤東和他的秘書田家英』, 91~92; DNP-A, 3:1714; 錢, 『歷史的變局』, 5, 203~204.

08. ZNP-B, 2:488.

09. MNP-B, 5:101~107.

10. MNP-B, 5:111; CYNP, 3:120.

11. MNP-B, 5:111. 톈은 나중에 논평했다. "주석은 정말 예리하다." 그가 의미한 바는 마오가 "다른 사람들의 발언의 본질을 포착하고, 다른 사람들의 예상을 벗어나는 질문들을 제시하여 다른 사

람들이 좋은 답을 내놓기 어렵게 만드는 데 꽤 유능하다"라는 것이었다. 董 外, 『毛澤東和他的秘書田家英』, 93.

12. MNP-B, 5:112; CYNP, 3:120; 董 外, 『毛澤東和他的秘書田家英』, 93.

13. 1963년 6월 18일 중국공산당 헤이룽장(黑龍江)성 위원회 서기처에서의 저우 연설, MBP-B, 5:112에서 인용.

14. CYNP, 3:121; MNP-B, 5:120.

15. 王光美, 劉源, 『歷史應由人民來寫: 你所不知道的劉少奇』, 香港: 天地, 1999, 49.

16. MZ-B, 1234; MNP-B, 5:116.

17. 『楊尚昆日記』, 2:196; MNP-B, 5:115.

18. MZ-B, 1235; MNP-B, 5:122.

19. 1962년 8월 6일 베이다이허 회의에서 마오의 첫 연설, 855-6-2609, HPA; MNP-B, 5:128~129; MZ-B, 1236~1237; ZNP-B, 2:492.

20. LNP, 2:558; 『약간 중대 결책』, 2:1074~1075.

21. 1962년 8월 17일 베이다이허 회의에서의 저우 연설, 855-6-2257-9, HPA; ZZ-B, 691; ZNP-B, 2:492.

22. 1962년 9월 24일 제8기 중앙위 제10차 회의에서의 마오 연설, 101-12-119, pp.22-27, FPA; MNP-B, 5:151~153.

23. 1962년 9월 26일 제8기 중국공산당 중앙위 제10차 전체 회의에서의 저우 연설, 855-6-2008-14, 855-6-2262-2, HPA.

24. 같은 책.

25. 1962년 9월 16일 제8기 중앙위 제10차 전체 회의에서의 저우 연설, 855-6-2008-14, HPA; ZZ-B, 694 참조.

26. 같은 책.

27. Maxwell, India's China War, chapter.2.

28. 朱虹, 『黃鎮傳』(황전 전기), 北京: 人民日報, 2000, 253.

29. 編輯委員會, 『中印邊界自衛反擊作戰史』(중인 국경 자위 반격전쟁사), 北京: 軍事科學, 1994, 122.

30. 張子申 外, 『楊成武年譜』(양청우 연대기), 北京: 解放軍, 2014, 362.

31. ZJSHDJS, 2:564.

32. 林孝庭, 『困守與反攻: 冷戰中的台灣選擇』(방어 또는 반격: 냉전 속 타이완의 선택), 北京: 舊洲, 2017, 5章.

33. ZJSHDJS, 2:564.

34. 黃瑤, 張明哲, 『羅瑞卿傳』(뤄루이칭 전기), 北京: 當代中國, 1991, 369~370.

35. 같은 책, 371~372쪽.

36. 같은 책, 370쪽.

37. 王, 『中美會談九年回顧』, 86.

38. 바르샤바 주재 중국 대사관에서 외교부로, 1962년 5월 31일, 111-00605-01, CFMA.

39. 왕빙난이 외교부로, 1962년 6월 14일, 111-00605-01, CFMA.

40. 외교부가 왕빙난에게, 오후 11시, 1962년 6월 14일; 왕이 외교부로, 1962년 6월 15일, 111-00605-01, CFMA; 王, 『中美會談九年回顧』, 87.

41. 王,『中美會談九年回顧』, 87.

42. 외교부가 왕에게, 1962년 6월 22일, 111-00605-01, CFMA.

43. 외교부가 왕에게, 오후 4시, 1962년 6월 22일, 111-00605-01, CFMA.

44. 클러프(Clough)가 러스크(Rusk)에게, 1962년 6월 21일, No. 799,00/6-2162, USSD 1960 –1963 Internal, reel 6; 클러프가 러스크에게, 1962년 6월 22일, No. 792,00/6-2262, NA.

45. 왕이 외교부로, 1962년 6월 23일, 111-00605-01, CFMA; 王,『中美會談九年回顧』, 86~90; 캐벗이 (미) 국무부로, 1962년 6월 23일, FRUS, 1961~1963, 22:273~275.

46. MJSWG, 3:142; MNP-B, 5:119.

47. 廖心文, "1963年周恩來秘密會見臺灣密使",『百姓生活』, 10號, 2016, 50~51; 랴오신원 인터뷰, 2017년 10월.

48. 랴오신원, 가오전푸(高振普) 인터뷰, 2017년 10월 21일; ZNP-B, 2:599.

49. 耿忠麟 編,『吳瑞林史料』(우루이린 역사 자료), 자비 출판, 출판지, 출판연도 미상, 2:1335~ 1341, 1348~1349; 羅青長, "他護航周恩來的航程: 回憶吳瑞林同志",『最可愛的人: 吳瑞林同志 紀念文集』(가장 사랑스러운 사람: 우루이린 동지 기념 문집), 北京: 改革, 1997.

50. ZNP-B, 2:488.

51. 『中華人民共和國對外關係文件集』, 9:61.

52. 『中印邊界自衛反擊作戰史』, 139.

53. 같은 책, 140~141쪽.

54. MNP-B, 5:113; ZNP-B, 2:489.

55. ZNP-B, 2:488; 張 外,『楊成武年譜』, 366.

56. MNP-B, 5:113; ZNP-B, 2:489.

57. 張 外,『楊成武年譜』, 367;『中印邊界自衛反擊作戰史』, 143.

58. 『中印邊界自衛反擊作戰史』, 146~147.

59. ZNP-B, 2:490; MNP-B, 5:117.

60. 『中印邊界自衛反擊作戰史』, 141.

61. 판쯔리 대사의 네루와의 작별 대화, 1962년 7월 13일; 외교부가 판쯔리 대사에게 (저우 수정), 1962년 7월 16일, 101-01807-01; Allen Whiting, *The Chinese Calculus of Deterrence: India and Indochina*, Ann Arbor: University of Michigan Press, 1975, p.80; "The Afterthoughts of Premier Chou", 네빌 맥스웰과의 인터뷰, *Sunday Times*, 1971.12.19.

62. MNP-B, 5:117; ZNP-B, 2:490; 李,『大外交家周恩來』, 4:316에서 인용.

63. CYNP, 2:926; MNP-B, 5:117; ZNP-B, 2:490; 李,『大外交家周恩來』, 4:316에서 인용.

64. Sarvepalli Gopal, *Jawaharlal Nehru: A Biography*, New Delhi: Oxford University Press, 2014, p.213; Allen Whiting, *Chinese Calculus for Deterrence*, 264n19, 1971년 11월 27일 자 *The Asian Student*에 실린 맥스웰의 책에 대한 아서 랄(Arthur Lall)의 서평 인용.

65. Maxwell, *India's China War*, p.251; ZNP-B, 2:490.

66. MNP-B, 5:138.

67. 『中印邊界自衛反擊作戰史』, 159~160; ZNP-B, 2:496n.

68. ZNP-B, 2:500.

69. ZZ-B, 699; ZNP-B, 2:500.

70. 인민해방군 총참모부 칭하이 및 티베트 군수 사무소, "중인 국경 자위 전쟁 중 군수품 수송 업

무 요약", 1963년 1월 14일; 『當代中國軍隊的後勤工作』, 7章.

71. 張 外, 『楊成武年譜』, 368; ZNP-B, 2:500; MNP-B, 5:164.

72. 張 外, 『楊成武年譜』, 368.

73. 저우와 소비에트 대사 체르보넨코의 대화, 1962년 10월 8일, 109-03804-01, CFMA.

74. 흐루쇼프와 류샤오의 대화, 1962년 10월 13일, 109-03809-06; 1962년 10월 14일 류샤오 송별 만찬에서의 흐루쇼프 담화, 109-03809-04, CFMA; 劉曉, 『出使蘇聯八年』(소련 주재 대사 8년), 北京: 中共黨史資料, 1986, 121.

75. Maxwell, *India's China War*, pp.369-371; *Statesman*, 1962.10.13.

76. RMRB, 1962년 10월 15일.

77. MNP-B, 5:165; PNP, 4:220; 雷英夫, 『在最高統帥部當參謀: 雷英夫將軍回憶錄』(최고사령부에서 참모로 복무하다: 레이잉푸 장군 회고록), 南昌: 百花洲文藝, 1997, 209~210. (레이는 회고록에서 회의가 10월 18일에 열렸다고 잘못 기술했다.)

78. MNP-B, 5:165; 『中印邊界自衛反擊作戰史』, 179~180.

79. 『中印邊界自衛反擊作戰史』, 233~253.

80. ZNP-B, 2:504.

81. RMRB, 1962년 10월 25일.

82. ZNP-B, 2:504.

83. 저우와 버마 대사 초 원의 대화, 1962년 10월 29일, 105-01781-02, CFMA; ZNP-B, 2:571.

84. MNP-B, 5:169.

85. MNP-B, 5:169; ZNP-B, 2:513~514.

86. ZNP-B, 2:513~514; MNP-B, 5:169; Purnendu Kumar Banerjee, *My Peking Memoir of the Chinese Invasion of India*, New Delhi: Clarion Books, 1990, p.72.

87. 1962년 9월 26일 제8기 중앙위 제10차 전체 회의에서의 저우 연설, 855-6-2008-14, HPA.

88. ZNP-B, 2:504.

89. 1962년 9월 26일 제8기 중앙위 제10차 전체 회의에서의 저우 연설, 855-6-2008-14, HPA.

90. 같은 책.

91. 중인 국경 충돌 및 중인 관계 관련 문제에 대한 중국공산당 중앙위 통지, 1962년 11월 14일, 855-6-2288-4, HPA.

92. 編輯委員會, 『中國人民解放軍軍史』(중국인민해방군 역사), 北京: 軍事科學, 2010, 5:337~338; 韓 外, 『當代中國軍隊的軍事工作』, 1:633~634.

93. 선도적인 중국 군사 역사가 두 명과의 인터뷰.

94. 1962년 11월 24일 전국인민대표대회 상무위원회 회의에서의 저우 연설, 1057-8-44, HPA; ZJSHDJS, 575~577; ZJSWX, 4:469~477.

95. 저우가 나세르 대통령 및 다른 아시아 및 아프리카 국가 지도자들에게, 1962년 10월 26일, 107-00528-11, CFMA.

96. 예를 들어, 저우가 '콜롬보 6개국' 지도자들에게 보내는 편지, 1962년 11월 26일, 105-01786-04; 1963년 1월 3일 반다라나이케 여사 및 수반드리오와 저우의 대화, 105-01792-02, CFMA.

97. 중국 정부에 대한 소비에트 정부 각서, 1962년 10월 22일, 109-03801-02, CFMA.

98. 1962년 10월 13일 류샤오 송별 만찬에서의 흐루쇼프 대화, 109-03809-06, CFMA.

99. RMRB, 1962년 10월 29일.

100. 쿠바의 반미 제국주의 투쟁 상황에 대한 중국공산당 중앙위 통지, 1962년 12월 4일, 855-19-884, HPA.

101. 錢,『歷史的變局』, 294~295.

102. MZ-B, 1271.

103. MNP-B, 5:189.

104. MZ-B, 1272, 1311; MNP-B, 5:196~198, 200; 叢進,『曲折發展的歲月』, 527.

105. ZNP-B, 2:533.

106.『闇明復回憶錄』, 2:797~842.

107. 編輯部,『農業集體化重要文件彙編』(농업 집단화 중요 문서 모음), 北京: 中央黨校, 1981, 2:692.

108. MZ-B, 1317.

109. 錢,『歷史的變局』, 299.

110. ZNP-B, 2:580.

111. MWG, 11:85~87.

112.『약간 중대 결책』, 2:1193~1194.

113. 編輯委員會,『中國人民解放軍軍史』, 5:396.

114. MNP-B, 5:347~348.

115. 같은 책, 5:354~355.

116. ZZ-B, 2:812~813; MNP-B, 5:355.

117. MNP-B, 5:358.

118. LNP, 2:592; MNP-B, 4:358.

제23장 중간지대의 혁명들 1962~1965

01. MZ-B, 1267~1268; MNP-B, 5:184.

02. MWJWX, 506~508.

03. 1962년 9월 26일 제8기 중앙위 제10차 전체 회의에서의 저우 연설, 855-6-2008-14, HPA.

04. 저우 총리의 베트남 방문 중 회의 주제 및 중화인민공화국-베트남민주공화국 공동성명, 203-00016-02, CFMA; 石,『我觀周恩來』, 216; 郭明,『中越關係演變四十年』(40년간의 중월 관계 변화), 南寧: 廣西人民, 1992, 65~66.

05. 朱良, "中越關係的若干重要問題",『中共對外關係史料』(중국공산당 대외관계 역사자료, 엄격한 내부 회람용), 2002, 5:164; 郭,『中越關係演變四十年』, 66. 베트남 측 설명은 *The Truth about Vietnamo-Chinese Relations over the Past Thirty Years*, 하노이: 외무부, 1979, pp.29-33 참조.

06. 저우 총리의 베트남 방문 중 팜반동과의 회담 요약, 1960년 5월 11일, 203-00039-01, CFMA; 1960년 5월 12일 저우언라이와 호치민, 레주언 등의 두 번째 대화, 1057-8-44, HPA; ZWJHDDSJ, 279~280.

07. 마오와 동의 대화, 1961년 6월 15일, 204-01445-04; 저우언라이와 동의 첫 번째 및 세 번째 대화, 1961년 6월 12일, 15일, 204-01445-01, CFMA; ZWJHDDSJ, 313~314; 郭,『中越關係演變四十年』, 67.

08. 마오와 보응우옌잡의 대화, 1962년 10월 5일, CCA; 마오와 레주언 외의 대화, 1963년 6월 4일, CCA.

09. 郭, 『中越關係演變四十年』, 67; 曲愛國 外, 『援越抗美: 中國支援部隊在越南』(베트남을 도와 미국에 저항하다: 베트남 주둔 중국 지원군), 北京: 軍事科學, 1995, 8.

10. 저우와 천의 둥과의 만남, 1962년 8월 27일, 106-01386-01; 남방 혁명과 라오스 지원에 관한 저우와 둥의 대화, 1962년 8월 28일, 106-01394-14, CFMA; ZJSHDJS, 2:567.

11. 마오와 잡의 대화, 1962년 10월 5일, CCA; MNP-B, 5:163~164.

12. 曲 外, 『援越抗美: 中國支援部隊在越南』, 9.

13. LNP-B, 2:577; 曲愛國 外, 『援越抗美: 中國支援部隊在越南』, 8~9.

14. 베트남노동당(VLP) 대표단과 마오의 대화, 1963년 6월 4일, CCA.

15. 童, 『風雨四十年』, 2:219~220.

16. 마오와 반띠엔둥 외의 대화, 1964년 6월 24일, 18:30~19:45, CCA.

17. 童, 『風雨四十年』, 2:220~221.

18. 李可, 郝生章, 『文化大革命中的解放軍』(문화대혁명 속의 인민해방군), 北京: 解放軍, 1988, 408.

19. 1964년 8월 6일, 8일 북한 및 루마니아 대사와 저우의 회담, 106-00788-05, CFMA.

20. 1964년 8월 13일 16:00~18:00 마오와 레주언의 대화, CCA.

21. 마오와 둥 및 호앙반호안(Hoang Van Hoan)의 대화, 1964년 10월 5일, Odd Arne Westad 외, *77 Conversations between Chinese and Foreign Leaders on the Wars in Indochina, 1964~1977*, Washington, DC: The Wilson Center, 1998, pp.74~77.

22. 1965년 1월 22일 베트남 군사 대표단과 저우의 대화, 106-00862-01, CFMA.

23. ZWJWX, 393.

24. 저우와 체 게바라의 대화, 1960년 10월 18일, 111-00163-03, CFMA.

25. 1958년 6월 수카르노에게 보낸 마오와 저우의 편지, 105-00363-06, CFMA; 王泰平 外, 『中華人民共和國外交史』, 北京: 世界知識, 1998, 2:57~58.

26. 王 外, 『中華人民共和國外交史』, 2:58; 류사오치가 수카르노에게, 1963년 4월 27일, 105-01834-01, CFMA.

27. 周韜沫, "印尼華僑問題的政治漩渦", 『冷戰國際史研究』, 9號, 2010.6, 155~174.

28. 陳揚, "吳階平以醫療大使身份為蘇卡諾治病", 『世紀風采』, 1號, 2017, 9~15; Olivia Cox-Fill, *Walking a Tightrope: Memoirs of Wu Jieping, Personal Physician to China's Leaders*, Bloxham, UK: Skyscraper Publications, 2019, p.145.

29. 1965년 1월 수반드리오와 저우의 일련의 회담, 105-01319-01, CFMA.

30. 1965년 9월 30일 인도네시아 대표단과 마오와 류의 대화, 105-01917-03, CFMA.

31. 예를 들어, 1963년 1월 5일 반다라나이케 여사 및 수반드리오와 저우의 대화, 204-01493-08, CFMA.

32. RMRB, 1963년 12월 16일.

33. 1963년 12월 20일 나세르와 저우의 일대일 회담, 107-01027-08; 1963년 12월 19일 나세르와 저우의 세 번째 회담, 107-01027-06, CFMA.

34. 1963년 12월 24일 벤 벨라와 저우의 세 번째 회담, 203-614-07, CFMA.

35. 1963년 12월 26일 벤 벨라와 저우의 네 번째 회담, 203-00614-06, CFMA.

36. 모로코 방문에 대한 저우와 천이의 보고, 1964년 1월 5일, 203-00381-01, CFMA; 李,『大外交家周恩來』, 5:145.

37. 王 外,『中華人民共和國外交史』, 3:271~273.

38. 저우 총리, 원래 예정대로 가나 방문 계획, 1964년 1월 6~9일, 108-00387-03, CFMA.

39. ZWJWX, 388~389.

40. 李,『大外交家周恩來』, 5:214~218.

41. 중화인민공화국-파키스탄 공동성명, 1964년 2월 23일,『中華人民共和國國務院公報』, 5號, 1964.3.12, 84.

42. 1964년 2월 29일 반다라나이케 여사와 저우의 세 번째 대화, 105-01890-02, CFMA.

43. 李,『大外交家周恩來』, 5:227~228.

44. MZ-B, 1256.

45. 저우와 다카사키 다쓰노스케의 대화, 1955년 4월 22일, 105-00211-04, CFMA.

46. 王 外,『中華人民共和國外交史』, 20.

47. 저우와 스즈키 가즈오의 만남, 1960년 8월 27일, 105-00735-02, CFMA; ZWJWX, 289~290.

48. 저우와 다카사키의 대화, 1960년 10월 13일, 11월 1일, 105-00736-01, CFMA.

49. 1962년 9월 16~19일 저우와 천이의 마쓰무라와의 대화, 105-01152-04, CFMA.

50. 『中華人民共和國經濟檔案資料選編, 1958~1965, 對外貿易卷』, 北京: 中國財政經濟, 2011 (이하『중화인민공화국 경제 당안 자료 선편』), 432~433, 469~471; MZ-B, 1256~1257.

51. 沈 外,『當代中國對外貿易』, 1:30~31.

52. Edgar Faure, *Serpent and the Tortoise: Problems of the New China*, New York: St. Martin's Press, 1958, p.22.

53. MNP-B, 3:168; Faure, *Serpent and the Tortoise*, pp.31-32.

54. 저우와 포르의 첫 번째 대화, 1963년 10월 23일, 110-01982-08, CFMA.

55. 천이와 포르의 대화, 1964년 10월 24일, 110-01982-09, CFMA.

56. 저우와 천이의 포르와의 대화, 1964년 10월 25일, 110-01983-11, CFMA.

57. 저우가 마오, 류, 덩 외에게 보낸 편지, 1963년 11월 1일, 110-01982-06, CFMA; 저우와 천이의 포르와의 대화, 1963년 11월 1일, 21:15~22:00, 110-01982-14, CFMA.

58. 李,『大外交家周恩來』, 5:77~78; 王 外,『中華人民共和國外交史』, 3:368~369.

59. 『중화인민공화국 경제 당안 자료 선편』, 9.

60. 陸石光 外,『當代中國貿易』, 北京: 當代中國, 1:31~32.

61. 일본 사회당 대표단과 마오의 대화, 1964년 7월 10일, 105-01897-01, CFMA.

62. 일본 사회당 그룹과 저우의 대화, 1964년 7월 19일, 105-01897-04.

63. 《프라우다》, 1964년 9월 2일.

64. 『閻明復回憶錄』, 2:859.

65. 李,『大外交家周恩來』, 5:275.

66. MNP-B, 5:419; 저우의 상황에 대한 연설, 1964년 10월 19일, 1/1~20/145, 지린성기록보관소.

67. MNP-B, 5:422.

68. MNP-B, 5:425.

69. MNP-B, 5:425, 429.

70. 중화인민공화국 외교부 및 중국공산당 중앙 연락부에서 판쯔리 대사에게, 저우의 소비에트 대

사와의 대화에 관하여, 1964년 10월 29일, 109-02678-01, CFMA; 체르보넨코와 저우의 만남, 1964년 10월 29일, f. 0100, op. 57, p. 508, d. 7, AVPRF.

71. 베트남, 루마니아, 알바니아, 쿠바, 북한 대사들과 저우의 대화, 1964년 10월 29일, 109-02678-04, CFMA.

72. 불가리아, 헝가리, 체코슬로바키아, 폴란드, 몽골, 동독 대사들과 저우의 대화, 1965년 10월 30일, 109-02678-05, CFMA.

73. 체르보넨코와 저우의 대화, 1965년 10월 30일, 109-02678-0, CFMA.

74. 모스크바 주재 중국 대사관에서 중국 외교부로, 1964년 11월 6일, 203-00294-01, CFMA.

75. 『閻明復回憶錄』, 2:862.

76. 같은 책, 2:864.

77. 같은 책, 2:864~865.

78. 같은 책, 868쪽.

79. 브레즈네프와 저우 회담 기록, 1964년 11월 8일, f. 3, op. 16, d. 562, RGANI; 『閻明復回憶錄』, 2:865~866; ZNP-B, 2:686.

80. 『閻明復回憶錄』, 2:866~867.

81. ZNP-B, 2:686~687.

82. MNP-B, 5:434.

83. MNP-B, 5:434~435.

84. 李 外, 『當代中國的核工業』, 9.

85. 師, 『在歷史巨人身邊』, 511; 스저 인터뷰, 1992년 8월.

86. 저우가 마오에게, 1955년 1월 14일, ZWG, 12:15; 李 外, 『當代中國的核工業』, 13.

87. ZWHWX, 530.

88. 1955년 1월 31일 국무원 제4차 전체 회의에서의 저우언라이 연설, 『黨的文獻』, 3號, 1994, 18~20.

89. 저우와 유딘의 만남, 1956년 3월 22일, 109-00743-03, CFMA.

90. 저우와 유딘의 대화, 1957년 6월 14일, 109-00786-14, CFMA.

91. ZNP-B, 2:67; 류샤오가 외교부 및 중국공산당 중앙위에 전달, 1957년 8월 15일, 109-01726-02, CFMA.

92. 周 外, 『聶榮臻年譜』, 623; 李 外, 『當代中國的核工業』, 43.

93. 흐루쇼프가 저우에게 보낸 편지, 1958년 4월 24일, 109-00838-03, CFMA.

94. 宋任窮, "蠶死繭方休", 編輯部, 『我們的周總理』, 北京: 中央文獻, 1990, 69.

95. 핵산업 건설 강화에 대한 중국공산당 중앙위 결정, 1961년 7월 16일, ZGZYWJXJ-B, 37:222~224.

96. ZZ-B, 787.

97. ZJSWX, 4:421; ZZ-B, 787.

98. 국방산업사무소 설립에 관한 뤄루이칭 보고서 전달, 1961년 11월 29일, GSPA.

99. 黃, 張, 『羅瑞卿傳』, 393~394; ZZ-B, 788~789.

100. MNP-B, 5:167.

101. ZGZYWJXJ-B, 41:426~427.

102. ZZ-B, 796.

103. 薛 外, 『當代中國外交』, 119~120.

104. 謝益顯 外, 『中國外交史, 1949~1979』 (중국외교사, 1949~1979), 鄭州: 河南人民, 1988, 302~303.

105. 劉傑, "我國核工程的卓越決策者與組織者", 『無盡的思念』, 321.

106. ZZ-B, 796.

107. 李 外, 『當代中國的核工業』, 54; ZZ-B, 796.

108. ZJSWX, 4:484; ZZ-B, 797~798.

109. 東方鶴, 『張愛萍傳』 (장아이핑 전기), 北京: 人民, 2000, 2:776.

110. ZJSWX, 4:484~485; MNP-B, 5:409; ZZ-B, 798.

111. 東, 『張愛萍傳』, 2:776~778; ZZ-B, 799~800.

112. 1964년 10월 11일 저우언라이가 마오쩌둥, 류사오치, 린뱌오, 덩샤오핑, 펑전, 허룽, 녜룽전, 뤄루이칭에게 보낸 편지, 『黨的文獻』, 3號, 1994, 23.

113. 劉傑, "我國核工程的卓越決策者與組織者", 『無盡的思念』, 322~323.

114. ZZ-B, 2:806.

제24장 거센 바람 속의 먹구름 1965~1966

01. MNP-B, 5:449.

02. MNP-B, 5:452~453; 林曉波, 郭德宏, 『文革的預言』 (문화대혁명의 서곡), 北京: 人民, 2013, 171.

03. 曾志, 『一個革命的倖存者: 曾志回憶實錄』 (한 혁명의 생존자: 쩡즈 회고실록), 廣州: 廣州人民, 1999, 433.

04. MZ-B, 1371~1372; MNP-B, 5:456; 『약간 중대 결책』, 2:1131.

05. 주석의 연설, 1964년 12월 28일, 101-12-255, 1~9, FPA; 『楊尚昆日記』, 478~482; MZ-B, 1372~1375; MNP-B, 5:457~458.

06. MNP-B, 5:329~330; 『胡喬木回憶毛澤東』, 212.

07. MNP-B, 5:438; 蕭冬連, 『求索中國: 文革前十年史』, 北京: 中共黨史, 2011, 2:1090; 張光宇, "地名與批判", 『昨天』, 42號, 2014.10.20, 4~5.

08. MWG, 11:50; MNP-B, 5:330.

09. 『周恩來經濟文選』, 北京: 中央文獻, 1993, 563.

10. MWJ, 8:325, 341.

11. 『약간 중대 결책』, 1132.

12. Sergey Radchenko, *Two Suns in the Heavens: The Sino-Soviet Struggle for Supremacy, 1962~1967*, Washington, DC, and Stanford, CA: Woodrow Wilson Center Press and Stanford University Press, 2009, pp.131, 140-141.

13. 1965년 2월 4일, 5일 코시긴과 저우의 네 차례 대화, 109-03957-06; 2월 10일 저우 총리와 천이 부총리의 코시긴과의 대화에 관한 외교부 회람, 109-03958-01, CFMA.

14. 1965년 2월 10일 코시긴과 저우의 다섯 번째 대화, 109-03957-06, CFMA.

15. 1965년 2월 12일 마오와 코시긴의 대화, 109-03957-07, CFMA; "1965년 2월 11일 A. N. 코시긴과 마오쩌둥의 대화 회의록", KC PZPR, XI A / 10, 517, 524, 폴란드현대사기록보관소, No.

118039, WWCDC, https://digitalarchive.wilsoncenter.org/document/118039.

16. 1965년 4월 2일 아유브 칸과 저우의 대화, 106-01267-02, CFMA.

17. 같은 책.

18. Richard N. Goodwin, *Remembering America: A Voice from the Sixties*, New York: Harper & Row Perennial, 1989, pp.394-395; Robert J. McMahon, *The Cold War on the Periphery*, New York: Columbia University Press, 1996, pp.318-324.

19. 파키스탄 대통령은 실제로 외교 채널을 통해 워싱턴에 메시지를 전달했다. FO 371/180/990, 외교정책, 1965년 5~6월, 폴더 3, UKNA.

20. 裴堅章 外, 『周恩來外交活動大事記, 1949~1975』, 北京: 世界知識, 1993 (이하 ZWJHDDSJ), 456~457.

21. 1965년 5월 30일 영국 대리 대사 홉슨과 천이 부총리의 대화, 110-01254-03; 1965년 6월 20일 영국 대리 대사 홉슨과 천이 부총리의 대화에 관한 중국 외교부 회람, 110-01254-01, CFMA; 베이징(홉슨 씨)에서 외무부로, No. 721, 우선/기밀, 1965년 5월 31일, FO 371/180996.

22. 워싱턴(P. 딘 경)에서 외무부로, No. 1460, 우선/기밀, 1965년 6월 4일, FO 371/180996, UKNA; 맥조지 번디(McGeorge Bundy), 대통령에게 보내는 메모, "주제: 베트남에 관한 천이 메시지", 1965년 6월 5일 토요일 오후 6시 50분, NSF-CO, 폴더 "Vietnam Memos (B), Vol. XXXV, 6/1-6/15/65", LBJL.

23. 베이징(홉슨 씨)에서 외무부로, No. 746, 기밀, 1965년 6월 7일, FO 371/180996, UKNA.

24. Chen, *Mao's China and the Cold War*, chapter.8.

25. 1965년 4월 12일 정치국 회의에서의 덩 연설, 101-4-384, FPA; DNP-A, 1855~1856.

26. 전쟁 대비에 관한 저우의 지시, 1965년 4월 10일, 101-4-384, FPA; 855-8-3112-5, HPA; ZNP-B, 724.

27. 1965년 4월 12일 정치국 회의에서의 저우 연설, 101-4-384, FPA.

28. MZ-B, 1391~1392.

29. 1965년 5월 15일 정치국 회의 정신을 전달하는 돤윈(段雲) 동지, 91-009-0576, GSPA; ZNP-B, 729~730.

30. ZNP-B, 751; MNP-B, 5:502.

31. 1965년 11월 23일 국가 계획 회의에서의 저우의 연설, 855-8-3113-3, HBPA.

32. MZ-B, 1398.

33. 1965년 6월 6일 탄자니아 대통령 니에레레(Nyerere)와 저우의 두 번째 대화, 106-01269-05; 1965년 6월 15일 호치민 대통령과 저우의 대화, 106-00861-02; 1965년 6월 2일 알제리 대통령 특사와 저우의 만남, 107-00927-06, CFMA.

34. 1965년 8월 5일 아이디트와 마오의 대화, CCA.

35. 朱良, "인도네시아 9·30 운동", 『中共對外關係史料』, 5號, 2000, 144~146; 주량 인터뷰, 2009년 1월. (나사콤은 인도네시아에서 수카르노가 선호했던 민족주의, 종교, 공산주의 동맹이다.)

36. 1965년 10월 1일 인도네시아 임시인민협의회 대표단과 저우 총리의 두 번째 대화, 105-01687-02, CFMA.

37. 1965년 10월 3일 인도네시아 공군사관학교 대표단과 저우의 대화, 105-01687-02; 1965년 10월 3일 인도네시아 국방협회 대표단과 저우의 대화, 105-01688-05; 1965년 10월 4일 인도네시아 임시인민협의회 대표단과 저우의 세 번째 대화, 105-01917-01, CFMA.

38. 朱, "인도네시아 9·30 운동", 147; 劉益斌, "인도네시아 9·30 사건 이후", 『世界知識』, 1號, 2006, 26.

39. 1965년 10월 12일 중앙 공작회의에서의 저우 연설, 855-8-3112-2, HPA.

40. 1965년 11월 13일 중앙 계획 회의에서의 저우 연설, 855-8-3113-3, HPA.

41. 1965년 11월 11일 조선민주주의인민공화국 부총리 리주연(李周淵)과 저우와 천이의 두 번째 대화, 106-01476-06, CFMA.

42. 朱, "인도네시아 9·30 운동", 148.

43. 저우가 아시아 및 아프리카 국가지도자들에게 보내는 편지, 1965년 10월 22일, 107-00934-02, CFMA.

44. 1965년 11월 11일 조선민주주의인민공화국 부총리 리주연과 저우와 천이의 두 번째 대화, 106-01476-06, CFMA.

45. MZ-B, 1396.

46. 마오와 카보(Kabo), 발루쿠(Balluku)의 대화, 1967년 2월 3일, CCA.

47. 王焰 外, 『彭眞年譜』(이하 PNP), 北京: 中央文獻, 2012, 4:448.

48. ZNP-B, 2:767; 『陳丕顯回憶錄』, 上海: 上海人民, 2005, 34.

49. PNP, 4:450.

50. RMRB, 1965년 11월 30일, 5면.

51. MNP-B, 5:547~548.

52. 린뱌오가 마오에게 보낸 편지, 1965년 11월 30일, 黃, 張, 『羅瑞卿傳』, 538에서 인용; MZ-B, 1399; MNP-B, 5:544.

53. 張耀祠, 『張耀祠回憶毛澤東』(장야오츠의 마오쩌둥 회고), 北京: 中共中央黨校, 1996, 30~31.

54. MWG, 11:486.

55. PNP, 4:451.

56. 『邱會作回憶錄』, 香港: 新世紀出版社, 2011, 377~379; 『李作鵬回憶錄』, 香港: 北星, 2011, 537~538 참조.

57. 高振普, 『周恩來衛士回憶錄』(저우언라이 경호원 회고록), 上海: 上海人民, 2000, 77~78.

58. 卜偉華, 『砸爛舊世界: 文化大革命的動亂與浩劫』, 香港: 中文大學出版社, 2008, 28.

59. 黃, 張, 『羅瑞卿傳』, 547; 錢, 『歷史的變局』, 431.

60. 중국공산당 중앙위 문서 (66), 제267호, 1966년 2월 12일.

61. PNP, 4:486~487.

62. MNP-B, 5:557; PNP, 4:468~469.

63. DNP-A, 1893; 楊 外, 『鄧小平傳』, 1326.

64. MNP-B, 5:554~555, 562~563.

65. MNP-B, 5:562; MWG, 12:23~30.

66. 黃, 張, 『羅瑞卿傳』, 566~572.

67. 吳, 『十年論戰』, 935~936.

68. MNP-B, 5:567; 吳, 『十年論戰』, 937~939; 『閻明復回憶錄』, 2:885~887.

69. Masaru Kojima, ed., *The Record of the Talks between the Japanese Communist Party and the Communist Party of China: How Mao Zedong Scrapped the Joint Communique*, 도쿄: 일본공산당 중앙위원회, 1980, pp.137-160; DNP-A, 2:1897; PNP, 4:469~470.

70. Masaru, *Record of the Talks*, pp.163-168.
71. 같은 책, 169~173쪽.
72. 같은 책, 188~189쪽; ZWJHDDSJ, 491; MNP-B, 5:570.
73. 중국공산당-일본공산당 대표단 공동성명(초안)에 대한 마오의 논평, 1966년 3월 28일, CCA; MNP-B, 5:570~571.
74. 1966년 3월 28일, 29일 미야모토가 이끄는 일본공산 대표단과 마오의 첫 번째 및 두 번째 대화, CCA; MNP-B, 5:571~572.
75. Masaru, *Record of the Talks*, pp.1-4.
76. MNP-B, 5:572~573.
77. ZZ-B, 2:879.
78. MNP-B, 5:373.
79. 조선 당 및 정부 대표단과 마오의 대화, 1964년 10월 7일, CCA. 마오가 물었다. "소련이 우리를 공격할 것인가?"
80. ZNP-B, 3:27.
81. PNP, 4:480; MNP-B, 5:573~574.
82. MZ-B, 1407~1408; MNP-B, 5:580.
83. MWG, 12:53~54.
84. 姜本蓮,『給共和國領導人做翻譯』, 上海: 上海辭書, 2007, 35~36.
85. 같은 책, 37~42쪽.
86. ZNP-B, 3:31.
87. ZJSHDJS, 628~629; ZNP-B, 3:31~32.
88. 중국공산당 중앙위 통지, 1966년 5월 16일, 국방대학 당사 교연조 편,『문화대혁명 연구 자료』(이하 WGYJZL), 베이징: 국방대학, 1988, 1:1~4.
89. 1966년 5월 18일 정치국 확대회의에서의 린 연설, WGYJZL, 1:16~23.
90. 1966년 5월 21일 확정치국 확대회의에서의 저우 연설, ZGWGWK.

제4부 문화대혁명에서 살아남기

제25장 문화대혁명의 서막 1966~1967

01. MWG, 12:62.
02. 王年一,『大動亂的年代』, 鄭州: 河南人民, 1989, 29.
03. ZNP-B, 3:34; MNP-B, 5:589.
04. 黃崢,『風雨無悔: 對話王光美』(폭풍우 속 후회 없어: 왕광메이와의 대화), 北京: 人民文宣, 2015, 407.
05. MNP-B, 5:593; LNP, 2:641 참조.
06. MNP-B, 5:591, 594.

07. Wang Li, "Memoirs of a Year and Two Months, June 1966 – August 1967", *Chinese Law and Government*, 6, 1994, p.27.

08. 6월 18일 사건에 대해서는 MacFarquhar and Schoenhals, *Mao's Last Revolution*, pp.75-76; 王, 『大動亂的年代』, 39~40; WGYJZL, 1:51~52 참조.

09. MNP-B, 5:594~595.

10. 같은 책, 5:598~599.

11. RMRB, 1966년 7월 26일, 1면; MNP-B, 5:599~600.

12. 黃, 『風雨無悔』, 411; 戚本禹, 『戚本禹回憶錄』, 香港: 中國文革歷史, 2016, 444.

13. MNP-B, 5:600; 『戚本禹回憶錄』, 445.

14. MNP-B, 5:600.

15. 李雪峰, "回憶文化大革命初期的五十天", 『中共黨史研究』, 4號, 1998, 5; 『戚本禹回憶錄』, 445~446; DNP-A, 3:1924~1925; 金 外, 『劉少奇傳』, 1027~1028.

16. MNP-B, 5:601.

17. MNP-B, 5:601; 『戚本禹回憶錄』, 447.

18. MNP-B, 5:602.

19. ZNP-B, 3:41~42.

20. MNP-B, 5:603.

21. ZNP-B, 3:41~42.

22. LNP, 646~647; DNP-A, 3:1926; MNP-B, 5:603.

23. 穆欣, 『劫後長憶: 十年動亂紀實』 (재앙 후의 긴 회고: 10년 동란 사실 기록), 香港: 天地, 1997, 152; Li, *Private Life of Chairman Mao*, p.470.

24. MWG, 12:87~88.

25. 金 外, 『劉少奇傳』, 1032~1033; MNP-B, 5:604~605.

26. ZNP-B, 3:45; 金 外, 『劉少奇傳』, 2:1033~1034; 解學恭, "第八屆中央委員會第十一全體會議日記", 『炎黃春秋』, 5號, 2015, 52~53.

27. 『戚本禹回憶錄』, 456.

28. MNP-B, 5:606; 金 外, 『劉少奇傳』, 2:1035~1036.

29. 黃, 『風雨無悔』, 414; ZNP-B, 3:46.

30. MWG, 12:90.

31. MNP-B, 5:609.

32. 같은 책, 611쪽; ZNP-B, 3:48~49.

33. ZNP-B, 3:51, 주1; 『戚本禹回憶錄』, 461~462.

34. 『王力反思錄』 (왕리의 성찰), 香港: 北星, 2001, 950.

35. RMRB, 1966년 8월 19일, 1면.

36. 高, 『周恩來衛士回憶錄』, 83.

37. ZNP-B, 3:51.

38. MWG, 12:112.

39. ZNP-B, 3:57.

40. RMRB, 1966년 9월 16일, 1면.

41. 谷牧, "緬懷我們敬愛的周總理", 編輯部, 『我們的周總理』, 16; ZZ-B, 2:1692.

42. MNP-B, 6:2.

43. 같은 책, 2~3쪽.

44. 1966년 10월 16일 중앙 공작회의에서의 천보다 연설, ZGWGWK.

45. 1966년 10월 23일 중앙 공작회의에서의 류사오치와 덩샤오핑의 자기비판, ZGWGWK.

46. 1966년 10월 25일 중앙 공작회의에서의 마오 연설, WGYJZL, 1:150~151.

47. 1966년 10월 28일 중앙 공작회의에서의 저우 연설, ZGWGWK.

48. 王,『大動亂的年代』, 127~128; 李遜,『革命造反年代: 上海文革運動史稿』(혁명 반란의 시대: 상하이 문화대혁명 운동사 초고), 香港: 牛津大學出版社, 2015.

49. 李,『革命造反年代』, 317~318.

50. 史雲,『張春橋姚文元實傳』(장춘차오 야오원위안 사실 전기), 香港: 三聯, 2012, 368~360.

51. 李,『革命造反年代』, 333.

52. 같은 책, 321~322쪽;『王力反思錄』, 954~955.

53. 卜,『砸爛舊世界』, 310에서 인용;『王力反思錄』, 955~956;『戚本禹回憶錄』, 536.

54. 李,『革命造反年代』, 321~322.

55. 史,『張春橋姚文元實傳』, 351.

56. 王,『大動亂的年代』, 135~137.

57. ZNP-B, 3:92.

58. 史,『張春橋姚文元實傳』, 351쪽에서 인용.

59. ZNP-B, 3:99.

60. WGYJZL, 1:182~183.

61. 전국 공업 및 교통 정치 공작회의에서의 저우 연설, 1966년 11월 24일, ZGWGWK; ZNP-B, 3:99.

62. 『戚本禹回憶錄』, 541~544; 王,『現場歷史』, 100~104.

63. 여기의 설명은 다음 자료들의 비판적 독해에 기초한다.『戚本禹回憶錄』, 541~544; 王,『現場歷史』, 100~104; 장춘차오가 딸 장웨이웨이(張維維)에게 보낸 편지 속 회고, 1992년 12월 1일,『張春橋獄中家書』(감옥에서 보낸 장춘차오의 편지), 香港: 中文大學出版社, 2015, 128; 徐景賢,『十年一夢: 徐景賢回憶錄』(10년의 꿈: 쉬징셴 회고록), 香港: 時代國際, 2003, 8에 있는 야오원위안의 묘사. 저녁 식사에 참석했던 사람들은 마오가 '전면적인 내전'이라고 말했는지에 대해 저마다 다르게 기억한다. 왕리는 마오가 "전국에서의 전면적인 계급투쟁을 위해 건배"라고 말했다고 주장했다. 치는 "왕리는 틀렸다"라고 단언했다. 장은 마오가 "전면적인 내전을 위해 건배했다"라고 했다. 쉬에 따르면, 야오는 다음 날 상하이에 전화하여 마오가 "전국에서의 전면적인 내전 시작을 위해 건배했다!"라고 말했다. 만약 마오가 '전면적인 내전'이라고 말하지 않았다면, 치, 장, 야오가 다른 시간과 다른 상황에서 모두 그가 그렇게 말했다고 회상하기란 불가능했을 것이다.

64. 『戚本禹回憶錄』, 544~545; RMRB, 1967년 1월 1일, 1면.

65. 이것은 중국 고전소설『서유기』의 이야기다.

66. 『戚本禹回憶錄』, 544.

67. MNP-B, 6:27.

68. 王,『大動亂的年代』, 149~150.

69. ZNP-B, 3:108.

70. 『戚本禹回憶錄』, 563.

71. 마오가 장칭에게 보낸 편지, 1966년 7월 8일, MWG, 12:71.
72. 曾, 『一個革命的倖存者』, 449; 『戚本禹回憶錄』, 562~563; 王, 『大動亂的年代』, 150.
73. 李烈 外, 『賀龍年譜』(허룽 연대기), 北京: 中共中央黨校, 1988, 787.
74. ZNP-B, 3:114~115; 李 外, 『賀龍年譜』, 787~788.
75. 李 外, 『賀龍年譜』, 788.
76. 같은 책, 788쪽.
77. 凌, 『從延安到聯合國』, 119.
78. MNP-B, 6:28; 『王力反思錄』, 764.
79. 李, 『革命造反年代』, 580~606.
80. 같은 책, 606쪽.
81. MNP-B, 6:30; MWG, 12:185.
82. 李, 『革命造反年代』, 658~659.
83. MWG, 12:186.
84. 『王力反思錄』, 794.
85. RMRB, 1967년 1월 12일, 1면.
86. ZNP-B, 3:111~112; 『王力反思錄』, 793~794.
87. MNP-B, 6:34; ZNP-B, 3:113.
88. 전국 공업 및 교통 분야 정치 공작회의 대표들에 대한 저우의 연설, 1967년 1월 16일, ZGWGWK; 卜, 『砸爛舊世界』, 356.
89. 『王力反思錄』, 764.
90. MNP-B, 3:403.
91. MNP-B, 6:51~52; MacFarquhar and Schoenhal, *Mao's Last Revolution*, pp.170-171.

제26장 천하대란 1967~1968

01. MNP-B, 6:10; 마오와 카보 및 발루쿠의 대화, 1967년 2월 3일, CCA.
02. MWG, 12:197.
03. WGYJZL, 1:258~259.
04. 史, 『張春橋姚文元實傳』, 356; 房, 金 外, 『李富春傳』, 667.
05. 劉 外, 『葉劍英年譜』, 北京: 中央文獻, 2007, 2:956; 『徐向前年譜』(쉬샹첸 연대기), 北京: 解放軍, 2016, 2:185.
06. ZNP-B, 3:115.
07. ZNP-B, 3:122; ZZ-B, 954~955.
08. ZNP-B, 3:122.
09. MNP-B, 6:47~48.
10. 范碩 外, 『葉劍英傳』(예젠잉 전기), 北京: 當代中國, 1995, 586~587; 劉 外, 『葉劍英年譜』, 2:959~960.
11. 卜, 『砸爛舊世界』, 449~450; 劉志 外, 『徐向前傳』(쉬샹첸 전기), 北京: 當代中國, 1991, 532.
12. 劉武生, 『文革中的周恩來』, 香港: 三聯, 2006, 192.

13. MNP-B, 6:51~52.

14. 王,『大動亂的年代』, 209~211;『王力反思錄』, 977~978;『戚本禹回憶錄』, 2:576~577; ZNP-B, 3:127.

15. ZNP-B, 3:127; ZZ-B, 2:956.

16. 卜,『砸爛舊世界』, 449~450.

17. 『王力反思錄』, 979~980.

18. 같은 책, 980~981, 983쪽.

19. ZNP-B, 3:127;『王力反思錄』, 981.

20. 『王力反思錄』, 983.

21. 劉,『文革中的周恩來』, 198;『王力反思錄』, 982~984.

22. 王,『大動亂的年代』, 216; MNP-B, 6:56.

23. MNP-B, 6:56.

24. 『王力反思錄』, 987.

25. ZNP-B, 3:127;『王力反思錄』, 984.

26. 제13육군급 이상 지휘관 회의에서의 저우 연설, 1967년 3월 13일, ZGWGWK; 吳慶彤,『周恩來 在文化大革命中: 回憶周總理同林彪江青兩個反革命集團的鬪爭』, 北京: 中共黨史, 2013, 92.

27. WGYJZL, 1:361~362.

28. 제13육군급 이상 지휘관 회의에서의 저우 연설, ZGWGWK.

29. ZNP-B, 3:137, 139; MNP-B, 6:87~88.

30. MNP-B, 6:68;『戚本禹回憶錄』, 2:606~607.

31. 卜,『砸爛舊世界』, 504~506; 王年一, "關於'五一六兵團'的若干資料",『黨史硏究資料』, 1號, 2002, 31~45.

32. ZNP-B, 3:154.

33. MWG, 12:359; MNP-B, 6:87.

34. 1967년 8월 11일 대중 회의에서의 장칭, 천보다, 캉성 발표, ZGWGWK.

35. ZNP-B, 3:154~155.

36. MNP-B, 6:85; ZNP-B, 3:155.

37. ZNP-B, 3:150.

38. 1967년 5월 12일, 6월 28일 외교부 혁명 반란군 대표들과의 저우의 담화, ZGWGWK; ZZ-B, 2:965.

39. MNP-B, 6:98;『楊成武將軍自述』(양청우 장군 자서전) 瀋陽: 遼寧人民, 1997, 268~270.

40. ZNP-B, 3:170.

41. MNP-B, 6:99~100.

42. 1967년 7월 18일 후베이 군구 사단급 이상 장교 회의에서의 저우 연설, ZGWGWK; ZNP-B, 3:170.

43. MNP-B, 6:101~103.

44. 같은 책, 6:103.

45. 1967년 7월 19일 우한 군구 사단급 이상 장교 회의에서 셰푸즈와 왕리의 지시; 1967년 7월 19일 우한 수리전력학원에서 셰와 왕의 연설, ZGWGWK.

46. MNP-B, 6:103.

47. 같은 책.

48. MNP-B, 6:103; ZNP-B, 3:171.

49. 徐, 『十年一夢』, 276.

50. 『戚本禹回憶錄』, 2:661; 馬繼森, 『外交部文革紀實』(외교부 문화대혁명 사실 기록), 香港: 中文大學出版社, 2002, 167~169.

51. 馬, 『外交部文革紀實』, 169~171; 『王力反思錄』, 1015~1026; 『戚本禹回憶錄』, 2:661~662.

52. 우디저우(吳荻舟) 업무 기록, 吳輝 編, 『吳荻舟香港文存』(우디저우 홍콩 원고), 香港: 牛津大學出版社, 2022, 145~146.

53. RMRB, 1967년 5월 16일.

54. 陳揚勇, 『孤城危局: 1967年的周恩來』(위험한 상황 속 고립된 성: 1967년의 저우언라이), 北京: 中央文獻, 1999, 353.

55. 같은 책, 353쪽.

56. RMRB, 1967년 5월 24일, 8면.

57. 陳, 『孤城危局』, 353~354; ZNP-B, 3:155; 吳 編, 『吳荻舟香港文存』, 159.

58. 馬, 『外交部文革紀實』, 158.

59. RMRB, 1967년 6월 3일, 1면.

60. 陳, 『孤城危局』, 355~356; ZNP-B, 3:155.

61. 같은 책.

62. RMRB, 1967년 8월 21일, 2면.

63. 馬, 『外交部文革紀實』, 161.

64. 홉슨 씨가 브라운 씨에게, '베이징 주재 영국 사무소 방화 사건', 기밀, 1967년 9월 8일, FC1/14, FCO 21/34, UKNA.

65. 吳法憲, 『歲月艱難: 吳法憲回憶錄』, 香港: 北星, 2007, 694.

66. 외교 문제 관련 여러 조직의 혁명 반란 부대 지도자들과 저우의 담화, 1967년 8월 23일 오전 3시, ZGWGWK; ZNP-B, 3:181; 馬, 『外交部文革紀實』, 179~180.

67. ZNP-B, 3:182; ZZ-B, 2:967; 張 外, 『楊成武年譜』, 455.

68. 張 外, 『楊成武年譜』, 455.

69. Sidney Rittenberg, *The Man Who Stayed Behind*, Durham, NC: Duke University Press, 2001, p.381. 하버드대학 래드클리프칼리지에 보관된 그레이엄의 파일에는 이 회의에 대한 내용이 없다. 그러나 한 중국 공식 자료는 저우가 실제로 8월 25일 저녁에 그레이엄을 만났다고 기록했다(ZWJHDDSJ, 515). 만약 그레이엄이 말해 주지 않았다면 리튼버그는 그 회의에 대해 알지 못했을 것이다.

70. 張 外, 『楊成武年譜』, 455; ZNP-B, 3:182~183.

71. ZNP-B, 3:183; 張 外, 『楊成武年譜』, 455~456.

72. MWG, 12:464.

73. 1968년 3월 24일 군급 이상 지휘관 회의에서의 린뱌오 연설, ZGWGWK.

74. 1969년 3월 24일 군급 이상 지휘관 회의에서의 저우 연설, ZGWGWK.

75. MNP-B, 6:157.

76. MWG-B, 12:276.

77. 1968년 7월 17일 소련 및 다른 6개국 교통 책임자 회의에 대한 철도 교통부의 성명에 관한 저우

언라이와 리셴녠의 지시, 1-1-7403, CTDA.

78. ZNP-B, 3:242~243; "7·3 명령", WGYJZL, 2:138~139; MWG, 12:506.

79. ZNP-B, 3:248.

80. "7·24 통지", WGYJZL, 2:152~153; ZNP, 3:247.

81. 王, 『大動亂的年代』, 301~302.

82. MWG, 6:175~177.

83. ZNP-B, 3:249.

84. 姜, 『給共和國領導人做翻譯』, 80; ZNP-B, 3:252~253.

85. MNP-B, 6:185; ZNP-B, 3:252.

86. 姜, 『給共和國領導人做翻譯』, 80.

87. RMRB, 1968년 8월 23일, 1면.

88. ZNP-B, 3:252~253; "저우언라이 총리의 루마니아 국경절 환영회에서의 중요 연설", 1968년 8월 22일, 보충, Peking Review, 34, 1968.8.23, iii~iv.

89. 1968년 9월 7일 베이징 혁명 대중 축하 집회에서의 저우 연설, WGYJZL, 2:197~199.

90. 제8기 중국공산당 중앙위 제12차 전체 회의 개회식에서의 저우 연설, 1968년 10월 13일, ZGWGWK; 王, 『大動亂的年代』, 311.

91. 저우가 장칭에게, 1968년 9월 25일, 高, 『晚年周恩來』, 251에서 인용.

92. 장칭은 아마도 마오가 한때 쑨에게 연애 감정을 가졌다는 소문에 집착했을 것이고, 예췬은 모스크바에서 쑨을 쫓아다녔던 린뱌오를 경계하고 있었다.

93. 沈, 『周恩來養女孫維世』, 228; ZNP-B, 3:264.

94. 周, 『我的伯父周恩來』, 263~281.

95. RMRB, 1968년 12월 22일, 1면.

96. RMRB, 1968년 11월 2일, 1면; MWG, 12:593.

제27장 린뱌오의 죽음 1969~1971

01. MWG, 13:23~24.

02. MZ-B, 1545; 王文耀, 王報春, 『文革前後時期的陳伯達: 秘書的證言』(문혁 전후 시기의 천보다: 비서의 증언), 香港: 天地圖書, 2014, 136~142.

03. 陳, 『陳伯達最後口述回憶』, 363; 張雲生, 『毛家灣紀實: 林彪秘書回憶錄』(마오자완 사실 기록: 린뱌오 비서 회고록), 北京: 春秋, 1988, 214.

04. 張, 『毛家灣紀實』, 214~215; 邱, 『邱會作回憶錄』, 2:620.

05. 1969년 4월 14일 제9차 당대회에서의 저우 연설, 91-019-0006, GSPA.

06. MWG, 13:4.

07. 邱, 『邱會作回憶錄』, 2:646~647.

08. 1970년 6월 27일 조선민주주의인민공화국 대표단과 마오의 대화; 1971년 8월 7일 네 원과 마오의 대화, CCA.

09. Ma Jisen, The Cultural Revolution in the Foreign Ministry of China: A True Story, Hong Kong: The Chinese University Press, 2005, chapter.11-12.

10. 1960년 3월 14일 국가 계획 공작회의에서의 저우 연설, 921-5-31, HPA; B246-2-385-91, SHMA.

11. 王, 『大動亂的年代』, 360.

12. 국무부 대화 비망록, "중화인민공화국 핵 능력에 대한 소비에트 파괴에 대한 미국 반응", 1969년 8월 18일, SN 67-69, Def 12 Chicom, NA; Henry Kissinger, *White House Years*, New York: Little, Brown, 1978, 183. 8월 30일, 『참고 자료』는 이틀 전《워싱턴 스타》지에 게재된 모스크바의 중국에 대한 선제 핵 공격 준비에 관한 보고서를 게재했는데, 마오와 저우가 주목하지 않았을 리 없다.

13. 중국공산당 중앙위 명령, 1968년 8월 28일, WGYJZL, 2:365~367.

14. MNP-B, 6:267.

15. 이에 대해서는 28장에서 더 자세히 다룰 것이다.

16. MNP-B, 6:270.

17. 같은 책, 6:270~271쪽; ZNP-B, 3:329.

18. 李根清, "林彪緊急指示前後", 『炎黃春秋』, 11號, 2015, 47.

19. 같은 책, 47쪽; 張雲生 外, 『文革期間我給林彪當秘書』(문화대혁명 기간 동안 린뱌오의 비서로 일하다), 香港: 中華兒女, 2003, 568.

20. 張嵩家, "閻仲川與一號命令", 『炎黃春秋』, 9號, 2015, 50.

21. 汪東興, 『毛澤東與林彪反革命集團的鬥爭』, 北京: 當代中國, 2010, 14~15.

22. 같은 책, 15쪽.

23. MNP-B, 6:283.

24. ZNP-B, 3:353; MNP-B, 6:283.

25. MNP-B, 6:285.

26. 같은 책, 6:291.

27. MWG, 13:94; ZNP-B, 3:361.

28. MNP-B, 6:295.

29. 吳法憲, 『歲月艱難』, 777~778.

30. MWG, 13:244~245.

31. 邱, 『邱會作回憶錄』, 684; MNP-B, 6:318.

32. ZNP-B, 3:385; MNP-B, 6:318~319; 吳法憲, 『歲月艱難』, 783~784.

33. 紀東, 『難忘的八年: 周恩來秘書回憶錄』, 北京: 中央文獻, 2007, 139.

34. MNP-B, 6:319~320; ZNP-B, 3:386~387.

35. 陳曉農 編, 『陳伯達遺稿: 獄中自述及其他』(천보다의 유고: 감옥에서 쓴 자서전 및 기타), 香港: 天地圖書, 1998, 118. 예천에 따르면, 린의 동료 몇몇은 린이 연설하기 전에 마오와 상의했으며, 전체 회의에서 "그에게 공유했던 것과 정확히 같은 말을 했다"라고 회상했다.

36. 1970년 8월 23일 제9기 중국공산당 중앙위 제2차 전체 회의에서의 린뱌오 연설, ZGWGWK.

37. MZ-B, 1573.

38. 陳 編, 『陳伯達遺稿』, 118.

39. 1970년 8월 24일 제9기 중국공산당 중앙위 제2차 전체 회의 화북 그룹에서의 왕둥싱 발표, ZGWGWK.

40. MNP-B, 6:325.

41. 徐, 『十年一夢』, 213~214; 제6호 전체 회의 브리핑, 1970년 8월 24일, ZGWGWK.

42. MNP-B, 6:326.

43. ZNP-B, 3:388.

44. MNP-B, 6:326~327; ZNP-B, 3:388.

45. ZNP-B, 3:389.

46. ZNP-B, 3:389; 왕, 『마오 주석과 린뱌오』, 48.

47. MNP-B, 6:329~331; ZNP-B, 3:389.

48. MNP-B, 6:327; 陳, 『陳伯達最後口述回憶』, 375.

49. MNP-B, 6:328.

50. 吳, 『歲月艱難』, 806.

51. ZNP-B, 3:389~390; MNP-B, 6:329.

52. 마오, "나의 몇 가지 의견", 1970년 8월 31일, MWG, 13:114~115.

53. MNP-B, 6:331; ZNP-B, 3:391.

54. MWG, 13:126.

55. MNP-B, 6:333.

56. 邱, 『邱會作回憶錄』, 777.

57. MNP-B, 6:335~336; 『李德生回憶錄』(리더성 회고록), 北京: 解放軍, 1997, 404.

58. 왕, 『마오쩌둥과 린뱌오』, 59~65.

59. MNP-B, 6:338; ZNP-B, 3:395~396.

60. 邱, 『邱會作回憶錄』, 775.

61. 같은 책, 733쪽.

62. 우파셴의 첫 번째 서면 자기비판, 1970년 9월 29일; 예췬의 첫 번째 서면 자기비판, 1970년 10월 12일, ZGWGWK.

63. MWG, 13:143, 137.

64. ZNP-B, 3:403.

65. MWG, 13:174.

66. ZNP-B, 3:422; MNP-B, 6:361.

67. 북중국 회의 참고 자료, 1971년 1월 17일, 919-6-102-5, HPA; ZZ-B, 1028.

68. 북중국 회의에서의 저우 연설 개요, 1971년 1월 24일, 중국공산당 중앙위 문서, 6호, 1971년, 919-6-103-3, 855-10-2-2, HPA.

69. MNP-B, 6:369; MWG, 13:206~207.

70. MNP-B, 6:369; MWG, 13:208.

71. ZNP-B, 3:438.

72. 邱, 『邱會作回憶錄』, 747.

73. MNP-B, 6:374; 邱, 『邱會作回憶錄』, 2:754.

74. MNP-B, 6:374.

75. 같은 책, 6:375.

76. 邱, 『邱會作回憶錄』, 2:758~759; 『李德生回憶錄』, 409.

77. 1971년 3월 30일, 31일 저우언라이와 린뱌오의 대화, 高, 『晚年周恩來』, 314~315에서 인용; 邱, 『邱會作回憶錄』, 2:779; ZNP-B, 3:447; MNP-B, 6:376.

78. MNP-B, 6:377; 邱, 『邱會作回憶錄』, 2:759~762.

79. 邱, 『邱會作回憶錄』, 2:760.

80. ZNP-B, 3:453.

81. 邱, 『邱會作回憶錄』, 2:763~765; 吳, 『歲月艱難』, 2:841.

82. MWG, 13:231.

83. ZNP-B, 3:454.

84. '571 공정 개요' 인쇄 및 배포에 관한 중국공산당 중앙위 통지, 1971년 11월 14일, 중국공산당 중앙 문서, 74호, 1971.

85. ZNP-B, 3:455; 杜修賢, "向毛澤東'不辭而別'的林彪", 熊華源 外, 『林彪反革命集團覆滅紀實』 (린뱌오 반혁명 집단 궤멸 사실 기록), 北京: 中央文獻, 1995, 63~72.

86. 吳忠, "談九一三事件", 『炎黃春秋』, 1號, 2012, 26.

87. 같은 책, 27쪽.

88. 장춘차오가 장웨이웨이에게 보낸 편지, 1991년 5월 24일, 『張春橋獄中家書』, 97.

89. MWG, 13:242~250.

90. ZNP-B, 3:478, 480.

91. 李文普, "林彪的第一警衛有話說", 李海文 編, 『中共重大歷史事件親歷記』 (중국공산당 중요 역사 사건 직접 경험기), 成都: 四川人民, 2006.

92. 『歷史的審判』 (역사의 심판), 北京: 群眾, 1981, 40~42.

93. MNP-B, 6:403; 張, 『張耀祠回憶毛澤東』, 105.

94. 왕, 『마오쩌둥과 린뱌오』, 197.

95. ZNP-B, 3:480; MNP-B, 6:404.

96. 李, "林彪的第一警衛有話說."

97. ZNP-B, 3:480.

98. 같은 책, 3:481.

99. 같은 책.

100. MNP-B, 6:405; ZNP-B, 3:481.

101. ZNP-B, 3:481.

102. MNP-B, 6:405; 吳, 『吳法憲回憶錄』, 863.

103. ZZ-B, 1041; 紀, 『難忘的八年』, 125.

104. ZNP-B, 3:483; ZZ-B, 2:1040.

105. ZNP-B, 3:483.

106. MNP-B, 6:406; ZNP-B, 3:482; 邱, 『邱會作回憶錄』, 797~798.

107. ZNP-B, 3:482.

108. MNP-B, 6:406; ZNP-B, 3:482~483; 왕, 『마오쩌둥과 린뱌오』, 212.

109. 邱, 『邱會作回憶錄』, 788.

110. 중국공산당 중앙위 통지, 1971년 9월 18일; 중국공산당 중앙위 통지, 1971년 10월 6일, WGYJZL, 2:557~559, 643~645; MNP-B, 6:406~407.

111. 중국공산당 중앙위 통지, 1971년 9월 29일, WGYJZL, 2:642.

112. 린뱌오의 당과 국가 배신 사건을 전국 대중에게 전달하는 것에 관한 중국공산당 중앙위 통지, 1971년 10월 24일, ZGWGWK.

113. WGYJZL, 2:649~667.

114. 1971년 10월 광저우 군구 지도 간부들에 대한 저우의 보고, 薛慶超, 『毛澤東南方決策』(마오쩌 둥의 남방 결책), 北京: 華文, 2013, 245에서 인용; ZNP, 3:488~489.

115. 陳揚勇, 『重拳出擊: 913事件之後的周恩來』(강편치 출격: 9·13 사건 이후의 저우언라이), 重慶: 重慶, 2006, 48.

116. ZNP-B, 3:510; 高, 『晚年周恩來』, 447.

117. MZ-B, 1616.

118. 張佐良, 『周恩來的最後十年: 一位保健醫生的回憶』(저우언라이의 마지막 10년: 한 보건 의사 의 회고), 上海: 上海人民, 1997, 245~247; Li, *Private Life of Chairman Mao*, p.560.

119. 周, 『我的伯父周恩來』, 330.

제28장 닉슨과 키신저, 중국에 오다 1969~1972

01. RMRB, 1968년 11월 27일, 5면; 駱亦粟, 『在風起雲湧的年代』(격변의 시대에), 北京: 新華, 2011, 120; John H. Holdridge, *Crossing the Divide: An Insider's Account of Normalization of U.S.-China Relations*, Lanham, MD: Rowman and Littlefield, 1997, p.25.

02. ZNP-B, 3:267.

03. 陳小魯, "陳毅與中國外交", 『環球同此涼熱: 一代領袖們的國際戰略思想』(온 세계가 같은 뜨거 움과 차가움을 공유하다: 한 세대 지도자들의 국제 전략 사상), 北京: 中央文獻, 1993, 155.

04. MNP-B, 6:229~230; 周 外, 『聶榮臻年譜』, 2:1107.

05. 『徐向前年譜』, 2:250; 劉 外, 『陳毅年譜』, 1213; 陳, "陳毅與中國外交", 155.

06. 徐焰, "1969年中蘇邊界衝突", 『黨史研究資料』, 5號, 1994, 6~8.

07. 천시롄(陳錫聯) 인터뷰 녹취록, 1995년 7월, 저자 소유 사본.

08. 徐, "1969年中蘇邊界衝突", 8~9.

09. 王 外, 『中華人民共和國外交史』, 273; 李, 『大外交家周恩來』, 6:137.

10. 李, 『大外交家周恩來』, 6:137.

11. 같은 책, 138쪽; MNP-B, 6:236~237; MWG, 13:21.

12. 楊, 『中華人民共和國建國史研究』, 2:358.

13. MNP-B, 6:234; 1969년 3월 15일 중앙 지도 그룹 회의에서의 마오 연설, ZGWGWK; 1969년 4 월 28일 제9기 중국공산당 중앙위 제1차 전체 회의에서의 마오 연설, MWG, 13:35~41.

14. 李, 『大外交家周恩來』, 6:143.

15. 范 外, 『葉劍英傳』, 598~599; 魏 外, 『聶榮臻傳』, 614; 劉 外, 『徐向前傳』, 541~542; 鄭謙, "第九 次黨代會前後的戰爭準備", 『中共黨史資料』, 41號, 1992, 211.

16. 熊向暉, "中美關係改善的序曲", 『中共黨史資料』, 42號, 1992, 61~62.

17. 중국 원수 네 명이 중앙위에 보낸 보고서, '전쟁 상황에 대한 예비 평가', 1969년 7월 11일, *CWIHP Bulletin*, 11호, 1998년 겨울, pp.166-168.

18. ZNP-B, 3:312; 熊, "中美關係改善的序曲", 76~77.

19. 熊, "中美關係改善的序曲", 78~79.

20. 徐, "1969年中蘇邊界衝突", 『中共黨史資料』, 5號, 1994, 10.

21. MJSWG, 3:357.

22. 중앙군사위원회 행정 사무실, "전국 인민 방공 준비 강화에 관한 보고서", 1969년 8월 27일, ZNP-B, 3:316~317.

23. 국경 성 및 지역 총동원에 관한 중국공산당 중앙위 명령, 1969년 8월 28일, *CWIHP Bulletin*, 11호, 1998년 겨울, pp.168-169.

24. ZNP-B, 3:319; 王 外, 『李先念年譜』, 4:620.

25. 王 外, 『李先念年譜』, 4:620.

26. 李, 『大外交家周恩來』, 6:145; ZZ-B, 2:1083.

27. 1969년 9월 11일 저우언라이와 A. N. 코시긴의 대화 정보, https://digitalarchive.wilsoncenter.org/document/116973; 저우가 코시긴에게 보낸 편지, 1969년 9월 18일, ZWJWX, 462~464; ZZ-B, 1840.

28. MNP-B, 6:266.

29. 중국 원수 네 명의 보고서, "현 상황에 대한 우리의 견해", 1969년 9월 17일, *CWIHP Bulletin*, 11호, 1998년 겨울, p.170.

30. 熊, "中美關係改善的序曲", 87.

31. MNP-B, 6:266.

32. 熊, "中美關係改善的序曲", 83.

33. 저우가 코시긴에게 보낸 편지, 1969년 9월 18일, ZWJWX, 462~464.

34. ZNP-B, 3:323~324.

35. MNP-B, 6:267.

36. ZJSHDJS, 2:699; ZNP-B, 3:322.

37. 張, 『毛家灣紀實』, 308; 鄭謙, "第九次黨代會前後的全國戰爭準備", 『中共黨史資料』, 41號, 219; ZNP-B, 3:325.

38. 王 外, 『中華人民共和國外交史, 1970~1978』, 北京: 世界知識, 1999, 36~37.

39. 1969년 10월 1일 최용건과 마오의 대화, CCA.

40. ZNP-B, 3:325.

41. MNP-B, 6:270.

42. MNP-B, 6:270~271; ZNP-B, 3:329.

43. 李根清, "林彪緊急命令前後", 『炎黃春秋』, 11號, 2015, 47; 劉崇文 外, 『劉少奇年譜』, 2:661; DNP-A, 3:1948~1950.

44. 편집자 주, FRUS, 1969~1976, 17:51~52.

45. ZZ-B, 1088; ZNP-B, 3:334.

46. 駱亦粟, "我在波蘭的歲月", 王泰平 編, 『當代中國的世界外交生涯』, 北京: 世界知識, 1996, 179~180; 스토셀이 국무장관에게, 1969년 12월 3일, 기록 그룹(RG) 59, 국무부 기록, 주제-숫자 파일, 1967~1969, POL 23 - 8 US, NA.

47. ZZ-B, 1087; 耿飈, "新中國外交的光榮旗幟", 田曾佩, 王泰平 編, 『老外交官回憶周恩來』(베테랑 외교관들의 저우언라이 회고), 北京: 世界知識, 1998, 18.

48. ZNP-B, 3:336; ZZ-B, 1088.

49. Kissinger, *White House Years*, p.188.

50. ZNP-B, 3:338; ZWJHDDSJ, 546; Kissinger, *White House Years*, p.191.

51. 스토셀이 국무장관에게, 1970년 1월 8일, 주제-숫자 파일, 1970~1973, Pol Chicom US RG 59, NA.

52. 스토셀이 국무부로, 1970년 1월 20일, FRUS, 1969~1976, 17:167~169.

53. ZNP-B, 3:348; ZZ-B, 1089; MNP-B, 6:281.

54. 스토셀이 국무부로, 1970년 2월 20일, FRUS, 1969~1976, 17:180~183; 宮力, 『跨越鴻溝: 1969~1979年中美關係的演變』, 鄭州: 河南人民, 1992, 50~51.

55. F. S. Aijazuddin, *From a Head, Through a Head, to a Head: The Secret Channel between the US and China through Pakistan*, New York: Oxford University Press, 2000, pp.31-32; ZNP-B, 3:356.

56. ZNP-B, 3:356; ZZ-B, 4:1089~1090.

57. ZNP-B, 3:355~356; 裴堅章, 王泰平 外, 『中華人民共和國外交史, 1970~1978』, 72.

58. ZNP-B, 3:356; Philip Short, *Pol Pot: The History of a Nightmare*, London: John Murray, 2004, pp.197-200.

59. ZNP-B, 3:357; MWG, 13:86.

60. ZNP-B, 3:367.

61. RMRB, 1970년 5월 20일, 1면.

62. Kissinger, *White House Years*, p.696; FRUS, 1969~1976, 17:220~221; ZNP-B, 3:372; 宮, 『跨越鴻溝』, 59.

63. RMRB, 1970년 7월 11일.

64. Richard Nixon, *Memoirs of Richard Nixon*, New York: Grosset and Dunlap, 1978, pp.546-547; ZNP-B, 3:406.

65. Aijazuddin, From a Head, 43; ZZ-B, 4:1091; ZNP-B, 3:410~411; Nixon, Memoirs, pp.546-547.

66. ZNP-B, 3:417; 楊明偉, 陳揚勇, 『周恩來外交風雲』 (저우언라이 외교 풍운), 北京: 解放軍文藝, 1995, 244.

67. Kissinger, *White House Years*, pp.700-703; Nixon, *Memoirs*, pp.546-547.

68. 尹家民, 『黃鎮將軍的大使生涯』 (황전 장군의 대사 경력), 南京: 江蘇人民, 1998, 205~206.

69. RMRB, 1970년 12월 25일, 1면; 저우는 심지어 《인민일보》에 게재될 사진 크기에도 개입했다. 楊, 陳, 『周恩來外交風雲』, 243 참조.

70. Kissinger, *White House Years*, p.698.

71. ZNP-B, 3:407~408.

72. 마오와 에드거 스노의 대화, 1970년 12월 18일, MWG, 13:163~187; *Mao Zedong on Diplomacy*, 北京: 外文出版社, 1998, 449~451; Edgar Snow, "A Conversation with Mao Tse-tung [Mao Zedong]", *Life*, 1971.4.30, pp.46-48.

73. Nixon, *Memoirs*, p.547.

74. ZNP-B, 3:443~444; MWG, 12:284~285; MNP-B, 6:373.

75. 趙正洪, "我所知道的乒乓外交", 『中共黨史資料』, 39號, 1991, 144; 李可, 徐濤, 吳樹軍, 『歷史的眞實』, 香港: 利文, 1995, 302; MNP-B, 6:373

76. 錢江, 『乒乓外交幕後』 (핑퐁 외교 배후), 上海: 東方, 1997, 170~172.

77. ZNP-B, 3:449; 凌, 『從延安到聯合國』, 129; 錢, 『乒乓外交幕後』, 211.

78. 林, 徐, 吳, 『歷史的眞實』, 308~309.

79. 趙, "我所知道的乒乓外交", 144~145.

80. 凌, 『從延安到聯合國』, 131.

81. 외국 탁구 팀 활동 일정에 대한 저우 총리 발언, 1971년 4월 11일, B126-2-107.1, SHMA.

82. ZNP-B, 3:450~451; ZWJWX, 469~475; John Roderick, "Chou (Zhou) Says 'New Page' Has Opened," *New York Times*, 1971.4.15.

83. Kissinger, *White House Years*, p.710.

84. ZNP-B, 3:452~453; Kissinger, *White House Years*, p.714.

85. 미국 정부에서 중화인민공화국 정부로 보내는 메시지, 1971년 5월 10일, FRUS, 1969~1976, 17:318~319; Kissinger, *White House Years*, pp.723-724; ZZ-B, 1095~1096; 宮, 『跨越鴻溝』, 97~98.

86. 중미 협상에 관한 중국공산당 정치국 보고서 (저우언라이 초안), 1971년 5월 26일, 중국공산당 중앙 문서 (1971) 제40호.

87. 같은 책.

88. 닉슨 대통령에게 보내는 저우언라이 총리의 구두 메시지, 1971년 5월 29일 (저우의 친필 메시지 사진 복사본), 中國中央檔案館 編, 『共和國50年珍貴檔案』, 北京: 中國檔案, 1999, 2:1030~1032; 저우언라이 총리가 닉슨 대통령에게 보낸 메시지, FRUS, 1969~1976, 17:332~333.

89. Nixon, *Memoirs*, p.552.

90. 중앙 공작회의에서의 저우 연설, 1971년 6월 4일, 91-007-0028-0001, GSPA.

91. 마오 주석과 에드거 스노의 대화 녹취록, 1971년 5월 31일, 중국공산당 중앙위 토론용 문서 (1971), 제133호.

92. 중앙 공작회의에서의 저우 연설, 1971년 6월 18일, 91-007-0028-0001, GSPA.

93. 孔東梅, 『改變世界的日子: 和王海容談毛澤東外交往事』, 北京: 中央文獻, 2006, 92; 唐龍彬, "神秘的外交任務: 接待基辛格秘密訪華", 『世界知識』, 6號, 1995, 30~31.

94. 이 회의들의 녹취록은 현재 FRUS, 1969~1976, 17:359~452에 발표되었으며, RG 59, Policy Planning Staff (Director's) Files, 1969~1977, NA에서 볼 수 있다. 유익한 중국 측 기록은 魏史言, "基辛格秘密訪華內幕", 裴 外, 『新中國外交風雲』, 2:33~45 참조.

95. 저우, "중미 코뮈니케 설명", 1972년 3월 3일, CCA (연설 발췌문은 ZNP-B, 3:515에 발표됨); Kissinger, *White House Years*, p.745.

96. 헤이그(Haig)가 엘리엇(Eliot)에게, 1972년 1월 28일, 키신저가 대통령에게 보낸 "저우언라이와 나의 회담" 동봉, 1971년 7월 17일, RG 59, Top Secret Subject-Numeric Files, 1970~1972, POL 7 Kissinger, NA; 魏, "基辛格秘密訪華內幕", 41~42.

97. 魏, "基辛格秘密訪華內幕", 41~42.

98. Kissinger, *White House Years*, p.750; 魏, "基辛格秘密訪華內幕", 42~43.

99. ZWJHDDSJ, 596~597; ZNP-B, 3:469.

100. ZNP-B, 469~470; 郭, 『中越關係演變四十年』, 102~103.

101. ZWJHDDSJ, 597; ZNP-B, 3:469.

102. 1971년 8월 10일 저우와 김일성의 대화 발췌, HPA.

103. ZWJHDDSJ, 597; ZNP-B, 3:469.

104. 알바니아중앙국립기록보관소 (1971), F. 14./AP-MPKK, File, No. 3, Gjon Borici, "The Fall of the

Albanian-Chinese Relations, 1971-1978", *ILIRIA International Review*, 6(1), 2016, pp.108-109 에서 인용; ZNP-B, 3:474; 范承祚, '中-阿爾巴尼亞關係的春夏秋冬', 王, 『當代中國世界外交生涯』, 4:245~246

105. 曹桂生, "秘密中美『巴黎通道』回顧", 裴 外, 『新中國外交風雲』, 2:46~55
106. FRUS, 1969~1976, 17:498~558; 헤이그가 엘리엇에게, 1972년 1월 28일, RG 59, Top Secret Subject-Numeric Files, 1970~1973, POL 7 Kissinger, NA; 魏史言, "基辛格第二次北京訪問", 裴 外, 『新中國外交風雲』, 3:59~70
107. 魏, "基辛格第二次北京訪問", 66~67.
108. Kissinger, *White House Years*, p.782.
109. 魏, "基辛格第二次北京訪問", 69~70; Kissinger, *White House Years*, p.787.
110. 저우의 상하이 코뮈니케 설명, 1972년 3월 3일, 1057-8-44, 206, HPA.
111. Chen Jian, "마이크 맨스필드의 양안 관계에 대한 논평", *Asia Perspective*, 2(3), 2003년 봄, pp.17-18.
112. 宮力, 『毛澤東和美國』, 北京: 世界知識, 1999, 301.
113. MNP-B, 6:412~413.
114. MNP-B, 6:426; Li, *Private Life of Chairman Mao*, p.560.
115. Li, *Private Life of Chairman Mao*, p.562.
116. 吳曙君, "我見證了中美關係改善的細節", 『神州』.
117. Nixon, *Memoirs*, p.500.
118. 마오와 닉슨의 대화, 1972년 2월 21일, CCA; 대화 비망록, 베이징, 1972년 2월 21일, 오후 2:50~3:55, FRUS, 1969~1972, 17:677~684.
119. 저우의 상하이 코뮈니케 설명, 1972년 3월 3일, 1057-8-44, 194~217, HPA.
120. 같은 책.
121. 羅銀生, 『紅色名媛章含之』(붉은 명사 장한즈), 銀川: 寧夏人民, 2009, 165
122. 저우의 상하이 코뮈니케 설명, 1057-8-44, HPA.

제29장 영광이 눈물을 거두다 1972~1974

01. 1988년 봄 중국공산당 중앙문헌연구실과 지덩쿠이의 인터뷰, 史, 李, 『難以繼續的「繼續革命」』, 10쪽에서 인용.
02. 저우와 덴슨의 대화, 1971년 3월 2일, 『外事動態』, 1971년 3월 18일; 1971년 3월 3일 저우언라이와 덴슨 씨의 만남, FCO-21/839, UKNA; 裴, 王 外, 『中華人民共和國外交史, 1970~1978』, 301~302.
03. 王殊, "從記者到大使", 王殊 外, 『不尋常的談判』, 南京: 江蘇人民, 1994, 26~29
04. ZNP-B, 3:538; 王, "從記者到大使", 31; 1972년 8월 1일 중국 대사 및 외교부 지도 간부들과 저우의 대화, 1057-8-44, HPA.
05. ZNP-B, 3:538.
06. MNP-B, 6:440~442; 王, "從記者到大使", 38.
07. ZNP-B, 3:535.

08. 顧保孜,『周恩來最後600天』,北京: 中國青年, 2015, 180~181.

09. 裴, 王 外,『中華人民共和國外交史, 1970~1978』, 20.

10. 1972년 8월 1일 중국 대사 및 외교부 지도 간부들과 저우의 대화, 1057-8-44, HPA.

11. 周斌,『我為中國領導人當翻譯: 見證中日外交秘史』, 香港: 大山文化, 2013, 236~237.

12. ZNP-B, 3:536.

13. 1972년 7월 28일 일본 공명당 위원장 다케이리 요시카츠와 저우언라이 총리의 두 번째 회담 요점, 田桓 編,『戰後中日關係文獻集, 1971~1995』, 北京: 中國社會科學, 1997, 89~95; ZNP-B, 3:540.

14. 마유미 이토는 Palgrave Macmillan, *Making Peace with Japan: What Xi Jinping Can Learn from Zhou Enlai*, Singapore, 2017, pp.129-131에서 이 사건을 상세하고 훌륭하게 설명한다. 이토는 이 사건에 중국인 통역사가 잘못 통역한 탓도 있다고 지적한다. 그는 다나카의 표현에 대해 더 심각한 문제를 가리키는 '메이와쿠(迷惑)' 대신 가벼운 문제를 가리키는 '미훠(麻煩)'를 사용했다.

15. 周斌,『我為周恩來總理當翻譯: 見聞和感悟』, 香港: 大山文化, 2018, 111~112.

16. 마오와 다나카의 대화, 1972년 9월 27일, CCA; MNP-B, 6:449.

17. 周,『我為周恩來總理當翻譯』, 121~122.

18. 張香山, "中日邦交正常化談判回顧",『日本學刊』, 1號, 1998, 47. 저우-다나카 회담에 참석했던 일본 외교관 하시모토 히로시(橋本恕)의 기록에 따르면, 다나카는 저우의 논평에 이어 "맞다. 다른 기회를 기다리자"라고 말했다.

19. 대화의 중국어 녹취록은 기밀 해제되지 않았다. 여기서 설명한 내용은 회의의 중국어 녹취록에 근거한 장샹산의 묘사를 따른다.

20. 王維澄 外,『李先念傳』(리셴녠 전기), 北京: 中央文獻, 2009, 763~764.

21. 리셴녠, 화궈펑, 위추리가 저우언라이에게, 1972년 1월 23일,『中共黨史資料』, 90號, 2004, 4~8;『建國以來李先念文稿』, 北京: 中央文獻, 3:158~159; 王 外,『李先念傳』, 764.

22. ZNP-B, 3:511.

23. 1700mm 압연기 수입에 관한 국가계획위원회 보고서, 1972년 8월 6일,『中共黨史資料』, 90號, 9~10; 陳錦華,『國事憶述』(국사에 대한 회고), 北京: 中共黨史, 2005, 10~14; 王 外,『李先念傳』, 766~767; 王 外,『李先念年譜』, 5:208~209.

24. 王 外,『李先念傳』, 767.

25. 장비 수입 증대 및 경제 교류 확대에 관한 국가계획위원회 보고서, 1973년 1월 2일,『中共黨史資料』, 90號, 12~19; ZNP-B, 3:570~571; 陳,『國事憶述』, 14~15.

26. MWG, 8:196.

27. 楊 外,『鄧小平傳』, 2:1363에서 인용.

28. 같은 책, 2:1368~1369.

29. DNP-A, 3:1958.

30. 같은 책, 2:1958.

31. 덩이 마오에게 보낸 편지, 1973년 8월 3일, ZGWGWK.

32. MWG, 13:308; MNP-B, 6:445.

33. ZNP-B, 3:545.

34. ZNP-B, 3:567.

35. MWG, 13:347; ZNP-B, 3:583; DNP-A, 3:1972.

36. Deng Rong, *Deng Xiaoping and the Cultural Revolution: A Daughter Recalls the Critical Years*, 北京: 外文出版社, 2002, 245.

37. 張, 『周恩來的最後十年』, 295~300.

38. 李靜, "吳階平: 一代國家醫生", 『三聯生活週刊』, 12號, 2011.

39. 周, 『我的伯父周恩來』, 335~336; 李靜, "吳階平".

40. MZ-B, 1618.

41. 李, "吳階平".

42. ZNP-B, 3:523; MNP-B, 6:433, 436.

43. MNP-B, 6:433; ZNP-B, 3:523~524; '林批整風會議'召開的中共中央通知, 中共中央文獻研究室編, 『文革十年資料選』(內部刊行物, 出版年度未詳), 1篇, 2:172~175

44. 張, 『周恩來的最後十年』, 308~309.

45. '林批整風會議'全體會議上周恩來的講話 (節錄), 中共中央文獻研究室編, 『文革十年資料選』, 1篇, 1:176~189; 史, 李, 『難以繼續的「繼續革命」』, 34~35.

46. 史, 李, 『難以繼續的「繼續革命」』, 35~36에서 인용.

47. 趙, 『西花廳歲月』, 211~212.

48. 같은 책, 211쪽.

49. 1972년 8월 1, 2일 중국 대사 및 외교부 지도 간부들과 저우의 대화, 1057-8-44, HPA; ZNP-B, 3:541~542.

50. MZ-B, 1646.

51. ZNP-B, 3:565.

52. MZ-B, 1647; ZNP-B, 3:565.

53. "王若水給毛澤東的信", 余習廣 編, 『位卑未敢忘憂國: 文化大革命上書集』, 長沙: 湖南人民, 1989, 178~180

54. ZNP-B, 3:566.

55. 陳, 『重拳出擊』, 280.

56. 李, "吳階平".

57. ZZ-B, 1056.

58. 張, 『周恩來的最後十年』, 301; 周, 『我的伯父周恩來』, 337~338; 李, "吳階平".

59. ZNP-B, 3:583~584.

60. 李, "吳階平".

61. 周, 『我的伯父周恩來』, 336~337; 張, 『周恩來的最後十年』, 327; 高, 『周恩來衛士回憶錄』, 166.

62. 高, 『周恩來衛士回憶錄』, 166.

63. ZNP-B, 3:603; MNP-B, 6:484; 馬, 『外交部文革紀實』, 328.

64. MNP-B, 6:485.

65. ZNP-B, 3:604.

66. ZNP-B, 3:604; MNP-B, 6:485~486.

67. MWG, 13:402.

68. 張, 『周恩來的最後十年』, 321.

69. FRUS, 1969~1976, 17:431.

70. 마오와 키신저의 대화 회의록, 1973년 11월 12일, 중국 외교부, 마오 담화 모음, 17:273~306; 대화

비망록, 마오와 키신저, 1973년 11월 12일, 오후 5:50~8:25, FRUS, 1969~1976, 17:380~400. 문자 그대로 '공기를 방출하는 것과 같은 문제'를 의미하는 '피스(屁事)'라는 용어를 번역하기 위해 탕은 긴 설명을 했다.

71. 마오와 키신저의 대화 비망록, 1973년 11월 12일, 오후 5:40~8:25, FRUS, 1969~1976, 17:384. 키신저의 마지막 문장은 대화의 중국어 녹취록과 다르다. 중국어 녹취록은 "따라서 우리는 그것에 반대하기로 결심했다. 우리는 중국의 안보가 훼손되는 것을 허용하지 않기로 결정했다"라고 되어 있다. MZ-B, 1669; 중국 외교부, 마오 담화 모음, 17:273~306 참조.

72. 저우와 키신저의 대화 비망록, 1973년 11월 10일, 오후 9:25~10:00, FRUS, 1969~1976, 326~331.

73. 저우와 키신저의 비망록, 1973년 11월 13일, 오후 10:00~오전 12:30, NSA.

74. 장한즈 인터뷰 녹취록, 1998년 4월 3일, 저자 소유 사본, 1~2.

75. 저우와 키신저의 대화 비망록, 1973년 11월 14일, 오전 7:25~8:25, 키신저 파일, NSA.

76. 같은 책.

77. 중국 측 기록에 따르면 저우는 키신저에게 말했다. "우리는 이 문제를 고려해 봐야 하고, 마오 주석에게 보고해야 하며, 모든 것은 마오 주석이 결정할 것이다." 1973년 11월 14일 키신저와의 저우언라이의 세 번째 일대일 회담, MZ-B, 1669에서 인용.

78. 저자와 키신저의 교환, 2012년 3월 31일.

79. ZNP-B, 3:634.

80. 1973년 11월 17일 저우와 마오의 대화, 李捷, "從和解到正常化 : 中國的政治變遷與中美關係", 宮力 外 編, 『從解凍到建交 : 中美關係正常化再探討』, 北京 : 中央文獻, 2004, 274에서 인용.

81. 장한즈 인터뷰 녹취록, 1998년 4월 3일, 3.

82. ZNP-B, 3:634.

83. 장한즈 인터뷰 녹취록, 6; 『徐景賢最後回憶』(쉬징셴의 마지막 회고), 香港 : 思想家, 2013, 305.

84. 장한즈 인터뷰 녹취록, 4.

85. 같은 책, 9~10쪽.

86. 張, 『周恩來的最後十年』, 310~314.

87. 장한즈 인터뷰 녹취록, 6; 『徐景賢最後回憶』, 305.

88. 장한즈 인터뷰 녹취록, 114; 高, 『晩年周恩來』, 474.

89. Deng, *Deng Xiaoping and the Cultural Revolution*, pp.255-256.

90. 張, 『周恩來的最後十年』, 312.

91. MZ-B, 1671.

92. ZNP-B, 3:636; MZ-B, 1672.

93. 중국공산당 중앙위 통지, 1973년 12월 22일, 중발 (중국공산당 중앙위원회 발행 문서), 44호; ZNP-B, 3:638.

94. 1974년 11월 28일 덩과 마오의 대화, 李捷, "從和解到正常化", 274에서 인용.

제30장 마지막 날들 1974~1976

01. 張, 『周恩來的最後十年』, 321~323; ZNP-B, 3:657.

02. 張, 『周恩來的最後十年』, 334.

03. 高, 『周恩來衛士回憶錄』, 167.

04. MNP-B, 6:480.

05. 같은 책.

06. 중국공산당 중앙위 문서 제1호, 1974; 마오, 문서 발행 승인, MWG, 13:371.

07. ZNP-B, 2:647~648; 吳, 『周恩來在文化大革命中』, 255~256.

08. 『耿飈回憶錄』, 南京: 江蘇人民, 1998, 270; ZZ-B, 1130.

09. 마오가 장칭에게, 1974년 3월 20일, MWG, 13:372; MNP-B, 6:523.

10. ZNP-B, 3:649.

11. 『마오쩌둥 외교론』, 454.

12. MNP-B, 6:523.

13. 劉武生, 『周恩來的晚年歲月』, 北京: 人民, 2006, 291; ZZ-B, 2:1134.

14. 劉, 『周恩來的晚年歲月』, 291.

15. MNP-B, 6:523.

16. ZZ-B, 2:1134.

17. ZNP-B, 3:658.

18. 같은 책, 3:661.

19. RMRB, 1974년 4월 11일.

20. Li, *Private Life of Chairman Mao*, pp.580-581; MNP-B, 6:539.

21. MNP-B, 6:545~546.

22. MWG, 13:402.

23. MNP-B, 6:540~541.

24. 같은 책, 540쪽.

25. 『胡喬木回憶毛澤東』, 215.

26. MNP-B, 6:538~539.

27. MNP-B, 6:549.

28. DNP-A, 3:2058.

29. MNP-B, 6:662; ZNP-B, 3:679.

30. ZNP-B, 3:679; MNP-B, 6:552; 高振普, 『陪伴病中周恩來的日日夜夜』, 北京: 中國青年, 2016, 353.

31. MNP-B, 6:554; DNP-A, 3:2060; Deng, *Deng Xiaoping and the Cultural Revolution*, p.280.

32. MNP-B, 6:562.

33. MWG, 13:413~414; MNP-B, 6:564; ZNP-B, 3:687; MZ-B, 1713~1714.

34. ZNP-B, 3:687~688; Deng, *Deng Xiaoping and the Cultural Revolution*, pp.286-287.

35. ZNP-B, 3:688.

36. 같은 책.

37. ZNP-B, 3:689; 王 外, 『李先念年譜』, 5:394; DNP-A, 3:1.

38. ZZ-B, 2:1137; ZNP-B, 3:689; 冷溶, 汪作玲 外, 『鄧小平年譜, 1975~1997』 (이하 DNP-B), 北京: 中央文獻, 2004, 1:1.

39. 저우가 마오에게 보낸 보고서, 1975년 1월 2, 4일, ZZ-B, 2:1157에서 인용.

40. MNP-B, 6:566~567.

41. ZNP-B, 690; MZ-B, 1716.

42. 毛華鶴, "第四屆人民代表大會第一次會議的秘密召開",『炎黃春秋』, 2號, 2013, 37.

43. RMRB, 1975년 1월 21일, 1면.

44. ZNP-B, 3:693~694.

45. 高,『周恩來衛士回憶錄』, 167; 張,『周恩來的最後十年』, 345.

46. MNP-B, 6:577.

47. 같은 책, 6:582~583.

48. 吳德,『十年風雨紀實: 我在北京的一些公經』(10년 풍파 사실 기록: 베이징에서의 나의 몇 가지 경험), 北京: 當代中國, 2008, 163.

49. DNP-B, 1:41.

50. 『胡喬木回憶毛澤東』, 215.

51. 저우가 마오에게, 1975년 6월 16일, 顧,『周恩來最後600天』, 399~400에서 인용.

52. ZNP-B, 711; 薛明, "저우언라이와 허룽",『無盡的思念』, 617~618; 李 外,『賀龍年譜』, 804; 高,『陪伴病中周恩來的日日夜夜』, 211.

53. MNP-B, 6:593; DNP-B, 1:61~62.

54. 吳,『十年風雨紀實』, 162.

55. MZ-B, 2:1704; ZNP-B, 3:679.

56. MNP-B, 6:603.

57. MWG, 13:457; MNP-B, 6:603.

58. MNP-B, 6:607~608.

59. ZNP-B, 717.

60. ZNP-B, 720.

61. 程中原 編,『鄧小平的24次談話』(덩샤오핑의 24차례 대화), 北京: 人民, 2004, 104.

62. ZWJHDDSJ, 709; 高,『陪伴病中周恩來的日日夜夜』, 197.

63. 마오와 김일성의 대화, 1975년 4월 18일 오후 4시, CCA.

64. 張青, "周恩來與西哈努克交流事實記錄", 田, 王 編,『老外交官回憶周恩來』, 172.

65. ZNP-B, 719~720; 姜,『給共和國領導人做翻譯』, 112~116.

66. ZNP-B, 3:721.

67. 吳,『周恩來在文化大革命中』, 184.

68. DNP-B, 102; 張,『周恩來的最後十年』, 350; 高,『周恩來衛士回憶錄』, 181.

69. 趙,『西花廳歲月』, 266.

70. MNP-B, 6:613.

71. MNP-B, 6:619; DNP-B, 1:125.

72. MNP-B, 6:619.

73. DNP-B, 1:127.

74. MWG, 13:488; MNP-B, 6:620~621.

75. DNP-B, 1:131~132; MNP-B, 6:625.

76. 마오 주석의 중요 지시, 1975년 10월~1976년 1월, ZGWGWK; MWG, 13:486~490 (비록 이 책에 발표된 텍스트에서는 한 문장이 삭제되었지만.)

77. Deng, *Deng Xiaoping and the Cultural Revolution*, p.373.
78. 羅慶昌, "永遠銘記", RMRB, 1979年1月9日; 高, 『陪伴病中周恩來的日日夜夜』, 265~268; 張, 『周恩來的最後十年』, 370; ZZ-B, 1192.
79. ZZ-B, 2:1193의 설명에 따르면, 저우는 의사들에게 "다른 동지들을 돌보러 가야 한다"라고 말했다. 사실 저우는 "다른 동지들" 대신 "캉성 동지"라고 말했는데, 그는 당시 이미 사망했다. 여러 고위 당 역사가들과의 인터뷰에서 얻은 정보, 2008~2017.
80. 趙, 『西花廳歲月』, 271, 274.

· 이 책의 찾아보기는 원서의 색인을 저본으로 하였다.
· 하위 색인들은 연대기 순으로 정렬하였다.

기타

Philos 046

저우언라이

1판 1쇄 인쇄 2025년 12월 30일
1판 1쇄 발행 2026년 1월 19일

지은이 천젠
옮긴이 이성현
감수 조영남
펴낸이 김영곤
펴낸곳 (주)북이십일 아르테

책임편집 최윤지 이수연
기획편집 장미희 김지영
디자인 박대성

영업 정지은 한충희 남정한 장철용 강경남 황성진 김도연 이민재
해외기획 최연순 소은선 홍희정
제작 이영민 권경민

출판등록 2000년 5월 6일 제406-2003-061호
주소 (10881) 경기도 파주시 회동길 201(문발동)
대표전화 031-955-2100 팩스 031-955-2151
이메일 book21@book21.co.kr

ISBN 979-11-7357-736-9 03990

아르테는 (주)북이십일의 문학·교양 브랜드입니다.

(주)북이십일 경계를 허무는 콘텐츠 리더

북이십일 채널에서 도서 정보와 다양한 영상자료, 이벤트를 만나세요!
페이스북 facebook.com/21arte   블로그 arte.kro.kr
인스타그램 instagram.com/21_arte   홈페이지 arte.book21.com

★ ★ ★ ★ ★

저우언라이는 마오쩌둥과 함께 중국을 세우고 다스린 대표적인 혁명가이자 정치가다.
이 책은 저우의 최신 전기로 몇 가지 뛰어난 장점을 가지고 있다. 첫째는 입체적 분석이다.
저우는 탁월한 행정가이자 외교관이며 동시에 군사 전략가였다. 이 책은
이런 저우의 면모를 종합적으로 잘 분석하고 있다. 둘째는 균형 잡힌 시각이다.
중국에서 저우는 고매한 인품으로 인민을 사랑하고, 거듭된 국난으로부터 나라를 구한
'영원한 총리'로 추앙받는다. 반면 일부 학자들은 그를 '독재자(마오)의 충견(忠犬)'이자
'역사적 비극의 조력자'로 비판한다. 이 책은 저우가 이런 상반된 평가를 동시에 받을
수밖에 없는 맥락을 설득력 있게 설명한다. 셋째는 새로운 사실의 발굴이다. 이 책은
광범위한 자료에 근거하여 기존에 잘못 알려졌거나, 아예 알려지지 않았던 많은 사실을
알려 준다. 한마디로, 이 책은 중국 현대사나 중국 정치에 조금이라도 관심이 있다면
읽자마자 사랑에 빠질 수밖에 없는 역작이다.

— 조영남 (서울대학교 국제대학원 교수)

저우언라이의 생애는 중국공산당의 역사 그 자체다. '계속혁명'에 매몰되어 중국을
거센 풍랑 속에 밀어 넣은 마오쩌둥이 길을 잃고 헤맬 때, 온갖 수모를 견디며
이를 바로잡았던 사람이 저우였다. 몇 차례의 수술로 몸이 만신창이가 된 상태에서도
베이징에서 창사까지 날아가 마오를 설득해 덩샤오핑에게 중국 근대화의 임무를
처음 맡긴 사람도 저우였다. 이는 그의 수많은 비행기 여행의 마지막이기도 했다.
저우가 있었기에 오늘의 중국이 있을 수 있었다.
그런 저우언라이의 일대기를 북이십일 아르테 출판사가 출간했다. 중국의 한국전
참전 연구로 학문적 명성을 쌓은 후, 30년 넘게 저우언라이 연구에 매진해 온 국제
냉전사의 거목 천젠이 내놓은 회심작이다. 이용 가능한 모든 사료를 총동원한
매우 균형 잡힌 대작이다. 저우 사망 반세기를 맞아, 저우언라이와 중국 현대사에
관심 있는 국내 지식인들에게 뜻깊은 경사가 아닐 수 없다.

— 정종욱 (전 중국 대사, 서울대학교 정치외교학부 명예교수)

★★★★★

권위주의 통치의 자의성과 그로 인한 낭비를 이보다 잘 보여 주는 저술은 없다.
— 존 루이스 개디스(John Lewis Gaddis, 냉전사 연구자, 예일대학교 석좌교수)

저우언라이의 생애를 섬세함과 공감, 깊이 있는 학문적 서술로 비춘다.
— 세르게이 라드첸코(Sergey Radchenko, 냉전사 연구자, 존스홉킨스 SAIS 석좌교수)

마침내 저우언라이에게 마땅한 본격적인 전기가 출간되었다. 풍부한 문헌을 바탕으로,
그가 20세기 중국뿐 아니라 전 세계에 미친 지속적인 영향력을 객관적으로 평가한다.
— 라나 미터(Rana Mitter, 현대 중국사 연구자, 하버드 케네디스쿨 석좌교수)

공산주의 중국은 미로와 같다. 이 뛰어난 저우언라이 연구는
그 미로를 이해하기 위한 열쇠와 지도를 제공한다.
— 쉬궈치(Xu Guoqi, 徐国琦, 근현대 중국 국제사 연구자, 홍콩대학 석좌교수)

난해한 저우언라이의 실체를 생생하고 복합적으로 무대 위에 올려놓아,
독자들이 그의 역설을 스스로 마주하게 한다.
— 《포린어페어스(Foreign Affairs)》

탁월한 전기이자, 중국공산당 발전의 복잡한 메커니즘을 훌륭히 해부한 저작.
— 《커커스리뷰(Kirkus Reviews)》

천젠은 저우언라이에 대한 기념비적 전기를 펴내며,
현대 중국 디아스포라 연구의 최고 권위자로 자리매김했다.
— 《런던리뷰오브북스(London Review of Books)》

마오의 그늘에 가려진 영향력 있는 인물을 세밀하게 복원한 전기.
— 《퍼블리셔스위클리(Publishers Weekly)》

저우언라이의 일대기를 읽는 것은 곧 20세기 중국사의 대부분을 탐구하는 일이다.
— 《리터러리리뷰(Literary Review)》